나홀로 하는 제2판

부동산소송실무

변 호 사 **정 동 근** 감수
법학박사 **김 동 근** 저

진 원 사

개정판 머리말

개정판은 초판에서 다소 부족하다고 지적을 받은 이론부분 서식 부분을 보완하는데 주안점을 두어 누구라도 쉽게 이 한권의 책으로 각종 부동산관련 소송을 충분히 수행하도록 정리를 하였다는데 그 특징이 있습니다.

이에 따라 초판에서 언급되지는 아니하였지만 부동산관련 소송에서 상당한 비중을 차지하고 있는 일조권 및 조망관련 소송에 대한 이론은 물론 그와 관련된 소장 및 감정신청서 등 관련 소송수행에 필요한 사항을 빠짐없이 적시였습니다. 뿐만 아니라, 부동산소송의 진행시 가중 중요한 부분 중 하나인 감정신청 절차와 관련된 부분도 상당히 보강을 하면서 이와 관련된 사실조회, 감정신청 등 여러 신청서들도 추가적으로 보강함은 물론 초판에서 다소 부족하다고 지적받은 각종 사건유형별 소장들도 내용에 맞추어 모두 보강을 함으로써 독자들의 요구에 최대한 부응하려고 노력하였습니다.

아무쪼록 본소가 부동산소송 관련 당사자나 실무 종사자 등에게 충분한 길라잡이 역할을 해낼 수 있기를 바라고, 혹 부족하거나 미비한 점은 독자 여러분들의 질책에 힘입어 계속 보완하고자 합니다.

끝으로 코로나 등 여러 어려운 가운데에서도 본서의 출판을 위하여 불철주야 노력하신 진원사 양진수 사장님을 비롯하여 편집자 및 여러 임직원들에게도 깊은 감사를 드리는 바이다.

2023. 5.

저자 김동근 씀

머 리 말

법은 고도화된 전문분야이기 때문에 아직까지도 일반인들의 인식 속에서는 막연히 법은 어려운 것이라는 선입견이 자리 잡고 있다. 심지어 오랜 기간 법학을 공부하고, 또 실무에서 이를 활용하는 전문가들조차도 때로는 법률을 잘못 이해하고 해석하여 피해자의 권익을 제대로 보호하지 못한 채, 오히려 피해를 당하게 하는 경우도 종종 있다.

따라서 이들의 입장에서 볼 때 무엇보다 더 절실히 필요한 것은 어떠한 사건을 접하였을 때 곧바로 대응이 가능한 법률의 핵심적인 내용 및 관련 판례 등에 관한 핵심적인 내용들이 일목요연하게 정리되어 있는 법률서적일 것이다. 특히 민사소송 중 부동산과 그 관련된 소송(토지·건물 등의 소유권 귀속과 관련된 분쟁, 소유권이전등기·말소등기 절차 등 등기와 관련된 분쟁, 토지의 인도, 건물의 철거 등과 관련된 분쟁, 토지의 경계확정과 관련된 분쟁, 공유물분할과 관련된 분쟁, 주택임대차·상가임대차 분쟁과 관련된 분쟁 등)은 그 어느 분야보다도 분쟁도 많고, 유형도 다양하며, 소송물의 가액도 다액으로 큰 비중을 차지할 만큼 일반인들의 생활과 상당히 밀접한 관계가 있는 분야일 경우에는 더욱 그러하다.

하지만 민사관련 분쟁에서 부동산관련 소송이 이처럼 큰 비중을 차지하고 일반인들에게 중대한 영향을 미치는 분야임에도 불구하고, 지금껏 위 관련된 사건들을 모두 종합하여 유형화하고 이를 한 곳에 모아 실무적 관점에서 체계적으로 정리·해설한 책은 국내에 그리 많지 않은 실정이다. 따라서 본서는 위와 같은 현실적인 필요성에 부응하고자 법률전문가 뿐만 아니라 법률실무에 입문하거나 부동산소송 분야에 관심에 있는 독자분들에게 부동산소송의 방대한 내용 중 핵심적인 내용의 습득 및 그 관련한 핵심판례의 습득, 관련 실무례(서식) 등의 습득을 용이케 하여 손쉽게 부동산관련 소송실무를 수행할 수 있도록 그 내용을 구성하였다는데 특징이 있다.

아무쪼록 소송 당사자나 관련 실무 종사자 또는 법조인, 민사소송 실무를 수행하는 독자분들께 본서가 길라잡이 역할을 충분히 해낼 수 있기를 바라고, 다만 다소 미흡하거나 부족한 점은 독자분들의 지도편달을 바라며, 계속 판을 거듭하면서 이를 보완하고자 한다.

또한 본서의 출간을 위하여 많은 자료와 협조를 아낌없이 해주신 법원 및 여러 법무법인(LAW FIRM) 관계자 여러분께 이면을 빌어 고마움을 표시하고자 한다,

끝으로 어려운 가운데에서도 본서의 출판을 위하여 불철주야 노력하신 진원사 양진수 사장님을 비롯하여 편집자 및 여러 임직원들에게도 깊은 감사를 드리는 바이다.

2014. 4.

저자 김동근 씀

목 차

제1장 부동산 소송에 있어서 보전처분 / 3

제2장 부동산 소송 / 127

제5장 사실조회 등 / 786

부동산 소송 실무

| 제1장 부동산 소송에 있어서 보전처분 |

제1절 서 설

I. 보전처분의 의의와 필요성

보전처분은 권리 또는 법률관계에 관한 쟁송이 있을 것을 전제로 하여, 이에 대한 판결의 집행을 용이하게 하거나 확정판결이 있을 때까지 손해가 발생하는 것을 방지할 목적으로 일시적으로 현상을 동결하거나 임시적 법률관계를 형성하게 하는 재판이다. 민사소송절차는 많은 시일을 소요하게 되므로 그 사이에 채무자의 재산상태가 변하거나 다툼의 대상(계쟁물)이 멸실·처분되는 등 사실상 또는 법률상 변경이 생기게 되면, 채권자는 민사소송에서 승소하고도 많은 시간과 노력과 비용을 소비하였을 뿐 실질적인 권리의 만족은 얻지 못하는 수가 있다. 이러한 결과를 방지하기 위해서, 확정판결을 받기 전에 미리 채무자의 일반재산이나 다툼의 대상의 현상을 동결시켜 두거나 임시로 잠정적인 법률관계를 형성시켜 두는 조치를 취함으로써, 나중에 확정판결을 얻었을 때 그 판결의 집행을 용이하게 하고 그때까지 채권자가 입게 될지도 모르는 손해를 예방할 수 있는 수단이 필요하게 된다. 이러한 수단이 바로 보전처분이다.

[표 1] 가압류·가처분절차 도해

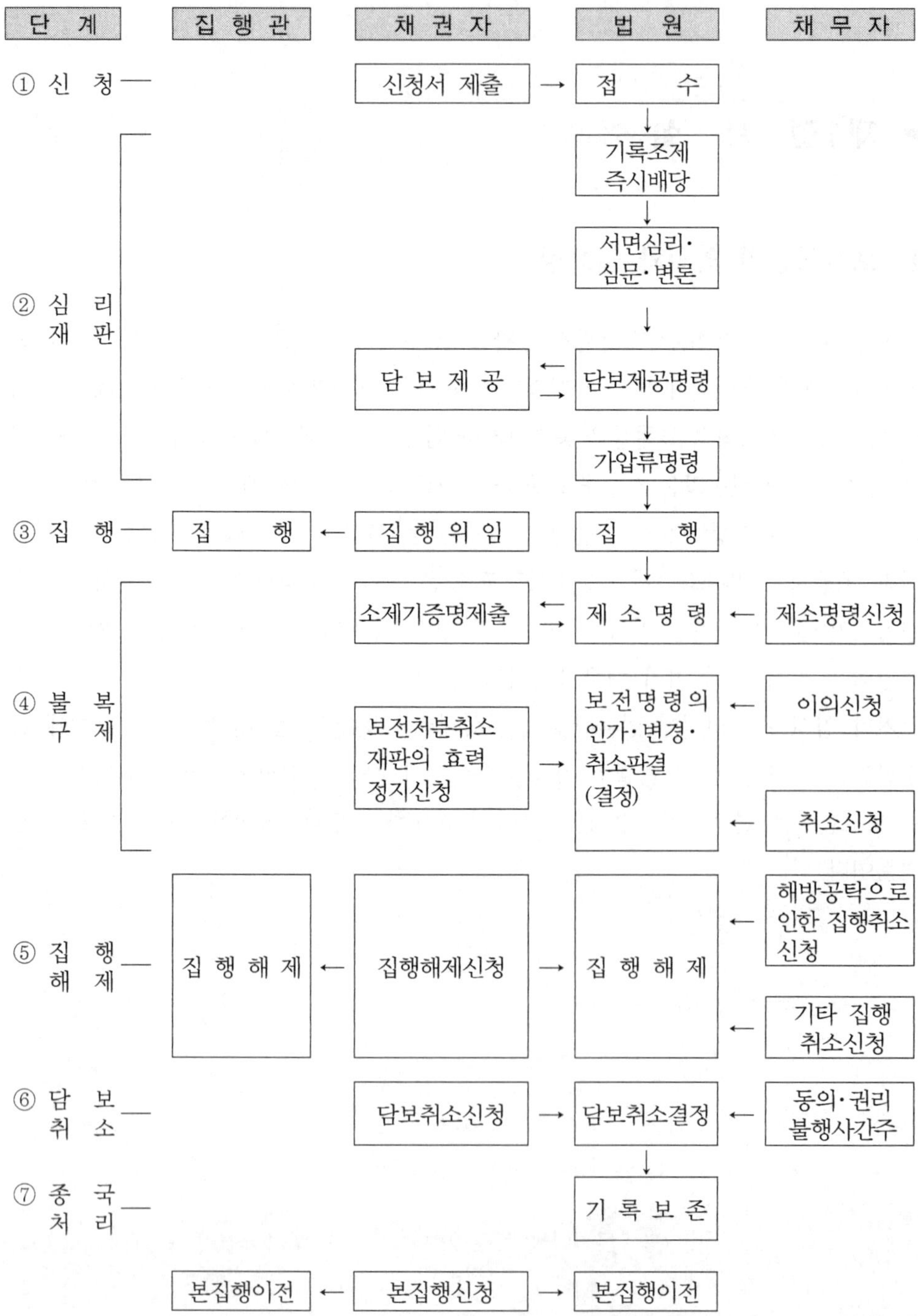

Ⅱ. 보전처분의 특질

1. 잠정성(임시성)

보전처분은 확정판결의 집행보전을 위하여 다툼이 있는 법률관계를 잠정적으로 규율하기 위한 처분이므로 당연히 잠정적 처분이 된다. 임금지급가처분, 건물인도단행가처분과 같은 이른바 단행적 가처분은 외관상 권리의 실현을 가져오는 것과 같은 형태를 취하고 있으나, 이 역시 손해를 피하기 위한 최소한의 권리관계 형성만을 목적으로 하는 것에 지나지 않으므로 직접 본안청구권 자체를 만족시키는 것은 아니다.

2. 긴 급 성

보전처분은 민사소송절차를 거치기 위한 시일의 경과에서 오는 피해를 방지하는 것이 그 으뜸가는 목적이므로, 당연히 그 재판절차와 집행절차에서 신속성이 요구된다. 가압류와 다툼의 대상에 대한 가처분 신청에 대한 재판은 변론 없이 할 수 있도록 되어 있고(민집 제280조 1항, 제301조), 임시의 지위를 정하기 위한 가처분의 경우만 원칙적으로 변론기일 또는 채무자가 참석할 수 있는 심문기일을 열어야 하는 것으로 되어 있다(민집 304조). 또한 보전처분 신청사건에 관한 재판은 결정의 형식으로 하고(민집 제281조), 증거도 소명으로 족하도록 하고 있다(민집 제280조 3항, 제301조).

3. 부 수 성

보전처분은 장래에 있을 확정판결의 집행을 보전하기 위한 것으로 당연히 그 확정판결을 얻기 위한 민사소송절차가 현재 또는 장래에 계속 될 것을 전제로 하고 있다. 따라서 본안소송에 의하여 얻을 수 있는 권리 범위를 초과하는 보전처분은 있을 수 없고, 제소명령을 어기고 본안소송을 제기하지 않으면 보전처분이 취소될 수 있다(민집 제287조, 제301조).

4. 밀행성·자유재량성

보전처분을 위한 절차는 원칙적으로 상대방이 알 수 없는 상태에서 비밀리에 심리되고 발령되며, 그 처분이 송달되기 전에 미리 집행에 착수하게 하는 것이 보통이다

(밀행성). 또한 변론을 거칠 것인가, 서면심리에 의할 것인가, 소명만으로 발령할 것인가, 담보를 제공하게 할 것인가, 그 담보의 종류와 범위는 어떻게 할 것인가 등은 모두 법원의 자유재량에 속한다(자유재량성).

제2절 가압류절차

I. 서 론

가압류는 금전채권이나 금전으로 환산할 수 있는 채권에 대하여 동산 또는 부동산에 대한 강제집행을 보전하기 위하여 할 수 있다. 이러한 채권이 조건이 붙어 있는 것이거나 기한이 되지 아니한 것인 경우에도 가압류를 할 수 있다(민집 제276조). 가압류는 이를 하지 아니하면 판결을 집행할 수 없거나 판결을 집행하는 것이 매우 곤란할 염려가 있을 경우에 할 수 있다(민집 제277조).

Ⅱ. 가압류의 요건

1. 피보전권리(민집 제276조)

가. 금전채권이나 금전으로 환산할 수 있는 채권일 것

가압류는 금전채권의 강제집행을 보전하기 위한 제도이다. 따라서 강제집행은 금전채권의 집행방법에 의하는 것이어야 하므로 그 피보전권리는 반드시 금전채권이나 금전으로 환산할 수 있는 채권[1]이어야 한다. 따라서 친족법상의 청구권이라든지 금전으로 평가할 수 없는 청구권은 가압류에 의하여 보전될 수 없다. 이러한 경우 본래의 채권에 관하여는 계쟁물에 관한 가처분을 하여야 할 것이나, 본래의 청구권이 손해배상채권 등 금전채권으로 변경된 때에는 가압류의 피보전권리가 될 수 있다. 그러나

1) 금전으로 환산할 수 있는 채권이라 함은, 특정물의 이행 그 밖의 재산상의 청구권이 채무불이행에 의하여 손해배상채권으로 변하거나, 강제집행 불능시의 대상청구권과 같이 금전채권으로 바뀔 수 있는 채권을 말한다.

가압류명령을 발할 당시에 금전채권으로 되어 있을 필요는 없다.

나. 청구권이 성립하여 있을 것

재판시까지 청구권이 성립하여 있어야 하므로 청구권이 생기게 될지 여부가 전혀 불확정적인 채권은 피보전권리가 될 수 없다. 그러나 보전될 청구권은 조건이 붙어 있는 것이거나 기한이 차지 아니한 것이라도 무방하다(민집 제276조 2항). 나아가 가압류의 피보전권리는 가압류신청 당시 확정적으로 발생되어 있어야 하는 것은 아니고, 이미 그 발생의 기초가 존재하는 한 조건부 채권이나 장래에 발생할 채권도 가압류의 피보전권리가 될 수 있다.[2)]

다. 통상의 강제집행에 적합한 권리일 것

보전처분은 민사집행법상의 강제집행을 보전하기 위한 제도이므로 그 피보전권리는 통상의 강제집행방법에 따라 집행이 가능한 권리이어야 한다. 따라서 특수한 절차에 따라 집행되는 청구권(예컨대, 국세징수절차에 의하여 집행할 수 있는 조세채권 그 밖의 공법상의 청구권), 또 통상은 강제집행이 가능하나 특별한 사유로 인하여 집행할 수 없는 청구권(예컨대, 부집행의 특약이 있거나 파산절차에 의하여 면책된 채권이나 이른바 자연채무의 이행을 구하는 것) 등은 가압류의 피보전권리가 될 수 없다.

2. 보전의 필요성

가압류의 보전의 필요성은 가압류를 하지 아니하면 판결 그 밖의 집행권원을 집행할 수 없거나 집행하는 것이 매우 곤란할 염려가 있을 경우에 인정된다(민집 제277조). 보전의 필요성은 채무자의 신분, 직업, 자산상태 등 여러 가지 사정을 종합적으로 고려하여 판단하여야 한다. 채권자의 금전채권에 관하여 충분한 물적 담보가 설정되어 있거나 채무자에게 재산이 충분히 있음이 소명된 경우에는 가압류의 필요성이 부인된다. 채권자가 피보전권리에 관하여 이미 확정판결이나 그 밖의 집행권원(조정·화해 등의

2) 보증인의 주채무자에 대한 장래의 구상권이나 상대방이 패소할 경우 그에 대한 소송비용상환청구권 등이 그 예이다. 수급인의 보수청구권은 도급계약의 성립과 동시에 발생하고 단지 그 행사의 시기가 특약이 없는 한 일을 완성한 후에 도래하는 것이며, 고용계약상의 보수청구권도 고용계약 성립과 동시에 발생하고 단지 그 행사의 시기가 노무제공 후에 도래하는 것이므로 이러한 채권을 위해서도 가압류도 가능하다.

조서 또는 집행증서)을 가지고 있는 때에는 즉시 집행할 수 있는 상태에 있으므로(가압류가 아닌 본압류를 선택할 수 있으므로) 원칙적으로 보전의 필요성이 인정되지 않는다.[3)]

Ⅲ. 재 판

1. 가압류신청에 대한 결정

가압류신청에 대한 재판은 결정으로 한다. 변론을 거친 경우에도 결정으로 한다. 신청요건이 흠이 있는 경우 가압류신청을 각하한다. 가압류요건이 소명되지 아니한 경우 가압류신청을 기각한다.

[서식 1] 부동산가압류신청(공사대금)

부동산가압류신청

채 권 자 전 ○ ○ (000000-0000000)
OO시 OO구 OO동 000-00

채권자의 소송대리인 법무법인 OO
담당변호사 박 ○ ○
서울 OO구 OO동 000-0 OO빌딩 101층
(전화 : 00-000-0000 / 팩스 : 00-000-0000)

채 무 자 서 ○ ○ (000000-0000000)
OO시 OO구 OO동 000-0

청구채권의 표시 : 금 100,000,000원
피보전권리의 요지 : 공사대금청구권
가압류할 부동산의 표시 : 별지목록기재와 같음

신 청 취 지

1. 채권자의 채무자에 대한 위 청구채권을 보전하기 위하여 채무자 소유의 별지

3) 대법원 2005. 5. 26. 선고 2005다7672 판결.

목록 기재 부동산을 가압류한다.
2. 소송비용은 채무자의 부담으로 한다.
라는 재판을 구합니다.

신 청 이 유

1. 피보전권리

가. 이 사건의 경위

(1) 건물신축공사 도급계약체결 및 건물의 완공공사수급인인 채권자는 공사도급인인 채무자와 20○○. ○. ○. ○○시 ○○구 ○○동 000-0번지(○○지구 D16-5-4) 200㎡ 지상에 상가주택 건물(이하 '이 사건 건물'이라 합니다)을 신축하는 내용의 공사도급계약을 체결하였습니다(소갑 제1호증). 채권자와 채무자는 연면적 약 100평의 3층 건물 신축공사로서 평당 건축비를 3,200,000원으로 계산하여 기본공사비를 396,800,000원(124×3,200,000=396,800,000)으로 책정하였습니다. 기본공사비 중 계약금 40,000,000원은 계약 당일 채무자가 채권자에게 지급하고, 1차 중도금 120,000,000원은 20○○. ○. ○.에 채무자가 채권자에게 지급하며, 2차 중도금 120,000,000원은 20○○. ○. ○.에 채무자가 채권자에게 지급하고, 잔금 116,800,000원은 건물 완공시 채무자가 채권자에게 지급하기로 약정하였습니다(소갑 제1호증). 채권자와 채무자는 기본 공사 이외에 발코니 확장공사와 다락확장공사를 추가하되, 발코니확장공사는 준공 전에 하고 다락확장공사는 준공 후에 하기로 약정하였습니다. 채권자와 채무자는 면적 19평의 발코니확장공사에 대해서는 평당 건축비를 1,600,000원으로 계산하여 발코니확장공사비로 30,400,000원(19×1,600,000=30,400,000)을 책정하였고, 면적 28평의 다락확장공사에 대해서는 평당 건축비를 3,200,000원으로 계산하여 다락확장공사비로 89,600,000원(28×3,200,000=89,600,000)을 책정하였습니다. 발코니 확장공사 및 다락확장공사의 구체적 내용은 설계도면에 정확히 반영되어 있습니다(소갑 제2호증). 채권자는 20○○. ○. ○. 채무자를 건축주로 하여 ○○시 ○○자유구역청장으로부터 건축허가를 받아(허가번호 : 2000-신축허가-00, 소갑 제3호증), 20○○. ○. ○. 이 사건 건물에 착공한 후, 20○○. ○. ○. 이 사건 건물에 대한 사용승인을 받았습니다(소갑 제4호증). 채권자는 준공 전에 발코니확장공사까지도 완성하였습니다(소갑 제5호증의 1~3). 채권자는 준공 후 다락확장공사를 4,000,000원만 투입하면 완성될 정도(95.54%)까지 진행하였으나

(소갑 제6호증의 1~11), 채무자가 20○○. ○. ○. 갑자기 출입문을 잠가버린 후 채권자에게 더 이상 공사를 하지 말라고 통보하였습니다. 채권자는 다락확장공사를 95.54%(85,600,000/89,600,000×100=95.54) 완성하였으나, 채무자의 고의적인 방해로 100% 완성을 하지 못하였으므로, 채권자가 다락확장공사까지 100% 완공한 것으로 간주되어야 할 것입니다.

(2) 공사대금미지급채무자는 채권자가 이 사건 건물에 대하여 건물신축기본공사, 발코니확장공사, 다락확장공사까지 모두 완성하였음에도 불구하고, 기본 공사대금의 일부인 71,800,000원(396,800,000−325,000,000=71,800,000) 및 발코니 확장공사대금 전부인 30,400,0000원, 다락확장공사대금 전부인 89,600,000원 도합 191,800,000원을 채권자에게 지급하지 않고 있습니다. 채무자는 20○○. ○. ○.부터 현재까지 20○○. ○. ○. 10,000,000원, 20○○. ○. ○. 15,000,000원, 20○○. ○. ○. 50,000,000원, 20○○. ○. ○. 50,000,000원, 20○○. ○. ○. 50,000,000원, 20○○. ○. ○. 40,000,000원, 20○○. ○. ○. 50,000,000원(1차), 20○○. ○. ○. 20,000,000원(2차), 20○○. ○. ○. 20,000,000원, 20○○. ○. ○. 20,000,000원 도합 325,000,000원만을 채권자에게 지급하였습니다(소갑 제7호증). 채무자는 나머지 공사대금 191,800,000원을 채권자에게 지급할 의무가 있습니다.

나. 공사대금청구권채권자는 위 가.에서 전술한 바와 같이 채무자에 대하여 금 191,800,000원의 공사대금청구권을 가지고 있습니다.

2. 보전의 필요성

채권자는 20○○. ○.부터 현재까지 한 달에 2~3회씩 총 10여 차례 채무자에게 직접 전화를 하여 공사대금 지급을 독촉하였으나, 채무자는 돈이 없다는 소리만 반복하면서 막무가내로 돈을 주지 않고 있습니다. 채권자는 채무자에게 임의지급의사가 없음을 확인하였고 조만간 채무자를 피고로 인천지방법원에 손해배상청구소송을 제기할 예정입니다. 그런데 채무자에게는 별지목록기재 부동산 이외에 별다른 재산이 없어 만일 채무자가 별지목록기재 부동산을 타에 매매, 담보제공 등 어떠한 형태로든 처분을 해버린다면 채권자는 후일 위 본안소송에서 승소판결을 얻는다 하여도 강제집행을 못할 우려가 있기에 채권자는 부득이 신청취지와 같은 재판을 구하고자 이 사건 신청에 이른 것입니다.

3. 담보제공

다만 채권자는 현재 공탁금을 현금으로 제공할 형편이 되지 못하므로 민사집행법 제19조 제3항, 민사소송법 제122조에 의하여 보증보험주식회사와 지급보증위탁계약을 체결한 문서를 제출하는 방법으로 담보제공을 할 수 있도록 허가하여 주시기 바랍니다.

소 명 방 법

1. 소갑 제1호증 시공계약서
1. 소갑 제2호증 설계도면
1. 소갑 제3호증 건축허가서
1. 소갑 제4호증 건축물대장
1. 소갑 제5호증의 1 사진(발코니 확장)
1. 소갑 제5호증의 2 사진(발코니 확장)
1. 소갑 제5호증의 3 공사비내역서(발코니 확장)
1. 소갑 제6호증의 1 사진(이 사건 건물 전경)

이하 생략

첨 부 서 류

1. 위 각 소명방법 각 1통
1. 소송위임장 1통
1. 담당변호사지정서 1통
1. 납부서 1통
1. 부동산등기부등본 1통

20○○. . .

채권자의 소송대리인 법무법인 ○○
담당변호사 박 ○ ○

○○지방법원 민사신청과 귀중

[별지]

가압류할 부동산의 표시

청구금액 : 금 100,000,000원 (공사대금청구권)

1. [건물] [고유번호 : 1249-2011-016172]OO시 OO구 OO동 000-0 철근콘크리트구조 경사지붕 3층1층 147.16㎡2층 137.53㎡3층 124.27㎡. 끝.

[참고] 1. 신청서 1부를 법원에 제출한다. 신청서에는 부동산등기부등본, 가압류신청진술서, 당사자가 법인인 경우 법인등기부등본, 부동산 목록(5통)을 첨부한다.
2. 가압류할 부동산이 있는 시군구청에 등록세과세표준 및 세액신고서를 작성하여 신고하고 등록세 고지서를 발급 받아 납부하고 부동산 수마다 증지 3,000원을 첩부해야 한다. 그러나 실무상 신청서를 법원에 제출한 다음 법원으로부터 담보제공 명령이 나오면 그때 보증보험회사 등을 통해 보증보험으로 담보제공을 하면서 등록세, 증지 등도 같이 납부해 처리할 수 있다.
3. 인지는 10,000원 송달료는 31,200원(= 당사자 2 × 3회분 × 5,200원)을 은행에 납부하고 그 납부서를 신청서에 첨부한다.

[서식 2] **채권가압류신청서(공사대금)**

채권가압류신청

채 권 자	경 O O (000000-0000000) 서울 OO구 OO동 000-00 OO빌딩 000호
채권자의 소송대리인	법무법인 OO 담당변호사 김 O O 서울 OO구 OO동 0000-00 OO빌딩 O층 (전화 : 00-000-0000 / 팩스 : 00-000-0000)
채 무 자	주식회사 OO OO시 OO구 000 000-0

대표이사 전 ○ ○

제3채무자 1. 주식회사 ○○은행
서울 ○○구 ○○동 ○가 000
대표이사 이 ○ ○
2. 주식회사 ○○은행
서울 ○○구 ○○로 ○가 00-0
대표이사 신 ○ ○

청구채권의 표시 : 57,472,000원
피보전채권의 요지 : 공사대금채권
가압류할 채권의 표시 : 별지 목록 기재와 같음

신 청 취 지

1. 채무자의 제3채무자들에 대한 별지 기재 각 채권을 가압류한다.
2. 제3채무자들은 채무자에게 위 채권에 관한 지급을 하여서는 아니 된다.
3. 소송비용은 채무자의 부담으로 한다.

라는 재판을 구합니다.

신 청 원 인

1. 당사자의 지위

채권자는 'OO'이라는 상호로 사업자등록을 하고 인테리어공사를 하는 개인사업자이고, 채무자 주식회사 OO는 이동통신기기 도소매업을 주된 사업으로 하는 회사입니다(소갑 제1호증 법인등기부등본).

2. 1차 공사－OO시 휴대폰매장 인테리어공사

채권자의 대리인 정OO는 20OO. O. O. 채무자 주식회사 OO 대표이사 전OO과 주식회사 OO휴대폰매장 'OO시 지점' 실내인테리어 공사에 대하여 총 공사대금 6,435만 원(공급가액 5,850만 원＋부가가치세 585만 원)으로 하는 인테리어 공사계약을 체결하였습니다(소갑 제2호증의 1 인테리어공사 표준계약서). 채권자는 계약 당일 즉시 공사에 착수하였고, 20OO. O. O. 공사를 완료하였습니다. 채권자는 채무자로부터 20OO. O. O. 계약금과 착수금 일부 명목으로 3,000만 원을, 같은 해 O. O. 중도금 명목으로 그 일부인 2,000만 원을, 20OO. O. O.경 미지급된 일부 착수금과 중도금 및 일부 부가가치세 명목으로 1,000만 원을 각 지급받아 합계 6,000만 원(3,000만 원+2,000만 원+1,000만 원)을 채무자로부터 지급받았으나 나머지공사대금잔액 435만 원(6,435만 원-6,000만 원)은 지급받지 못하였습니다. 따라서 채무자는 채권자에게 1차 공사 잔금 435만 원을 지급할 의무가 있습니다.

3. 2차 공사-OO시 휴대폰매장 공사 등

채권자는 20OO. O. O. 말경 채무자 주식회사 OO 대표이사 전OO과 주식회사 OO의 휴대폰매장 'OO시 지점' 공사 및 위 매장 공간 옆의 '커피숍'에 대하여 총 공사대금 3억 3,000만 원(공급가액 3억 원+부가가치세 3,000만 원)으로 하는 실내인테리어 공사계약을 체결하였습니다(소갑 제2호증의 2 인테리어공사표준계약서).채권자는 20OO. O. O. 공사에 착수하였고, 공사를 진행하는 도중 채무자의 요청에 따라 당초 예정에 없었던 추가공사 2가지(위 2항 OO시 OO 휴대폰매장 추가공사+OO시 커피숍 추가공사)를 하게 되었는데, 추가공사금액은 총합계 7,150만 원(공급가액 6,500만 원+부가가치세 650만 원)으로 정하였습니다(소갑 제3호증). 채권자는 위 2건의 추가공사를 포함하여 전체 2차 공사를 20OO. O. O.경 완료하였습니다. 공사가 완료된 후에도 채권자는 2주일가량 OO과 OO를 오가면서 채무자가 요청한 보완이나 교체공사를 성실히 처리해 주었습니다. 특히, 위 '커피숍' 공사의 경우 프랜차이즈의 특성상 본사에서 도면과 디자인을 지정하여 주고 공사업자들은 그 지정된 도면에 따라 공사를 하여야 하는데, 공사를 진행하는 과정에서 채무자는 무리하게 수정을 요구하였고(예를 들면, 벽 위치를 바꿔 달라거나 천정 높이를 변경해 달라거나 하는 등으로), 이로 인해 채권자는 공사를 하면서 노고가 많았습니다. 채권자는 채무자로부터 20OO. O. O. 계약금 3,000만 원을, O. O. 1차 중도금 명목으로 8,000만 원을, O. O. 2차 중도금 명목으로 그 일부인 8,000만 원을, O. O. 2차 중도금 중 나머지 2,000만 원을 각 지급받았습니다. 그리고 채권자는 원 2차 공사계약의 잔금과 추가공사에 따른 대금 명목으로 O. O.에 9,000만 원을, O. O.에 4,000만 원을, O. O.에 2,500만 원을 채무자로부터 각 지급 받아 총합계 3억 6,500만 원을 지급받았습니다(3,000만 원+8,000만 원+8,000만 원+2,000만 원+9,000만 원+4,000만 원+2,500만 원).그러나 채무자는 채권자에게 공사대금 잔액 3,650만 원(원 2차 공사대금 3억 3,000만 원+추가 공사대금 7,150만 원-수령액 합계 3억 6,500만 원)은 아직 지급하고 있지 아니한바, 채무자는 채권자에게 2차 공사 잔금 3,650만 원을 지급할 의무가 있습니다.

4. 3차 공사-OO시 휴대폰매장 공사

가. 3차 인테리어공사계약 체결채권자는 20OO. O. O.말경 채무자 주식회사 OO

대표이사 전OO과 주식회사 OO 휴대폰매장 'OO시점' 실내인테리어 공사 및 위 '커피숍' 추가공사에 대하여 총 공사대금 9,790만 원(공급가액8,900만 원+부가가치세 890만 원)으로 하는 실내인테리어공사계약을 당초 체결하였었습니다. 그러나 이후 위 채무자가 가구 추가비용 중 일부(150만 원)를 철회한다고 하여 9,625만 원(공급가액 8,750+부가가치세 875만 원)을 총 공사대금으로 하기로 하였습니다(소갑 제2호증의 3 인테리어공사 표준계약서). 3차 공사도급계약 내용은 20OO. O. O. 착공하여 같은 해 O. O. 준공하기로 하였고, 계약체결 후 1일 이내에 계약금 2,000만 원, 20OO. O. O.까지 1차 중도금 2,850만 원, 20OO. O. O.까지 2차 중도금 3,000만 원, 공사준공일인 20OO. O. O. 잔금 900만 원을 각 지급하기로 약정하였습니다.

나. 채무자의 일방적인 공사중단 요구 및 미지급 공사대금의 존재채권자는 위 공사계약에 따라 20OO. O. O.부터 공사를 진행하였는데, 공사진행 도중 채무자의 실제 사장인 손OO 이사가 채권자에게 무리한 요구를 하기 시작하였습니다. 채권자는 인테리어공사를 할 때 보통 공사완료 4~5일 전에 도급인에게 간판 시안을 보여주고 수정작업을 거쳐 공사완료일에 간판작업을 하는데, 위 손OO 이사가 공사 시작 3~4일 후 갑자기 간판 시안을 만들어달라고 요구하는 것이었습니다(재질에 따라 다르게 2가지 시안을 요구하였습니다). 채권자는 채무자와 공사계약을 체결할 당시 간판에 대해서는 다른 협력업체에 의뢰하기로 하였으므로 처음에는 난감했지만 채무자의 요청에 따라 간판 시안을 만들어주기로 하였고, 이로 인해 간판 작업이 늦어지게 되었습니다. 간판 작업이 늦어지자 손OO 이사는 채권자에게 "매장 오픈이 늦어지니 무슨 일이 있더라도 준공기한인 20OO. O. O. O요일까지 공사를 완료하라."고 하였고, 채권자는 "내부공사는 O요일까지 가능하지만 간판은 우리가 직접 제작하는 게 아닌데다 공사 중간에 변경된 부분이 있기 때문에 일요일까지 맞추기는 힘들 듯하다."고 하자 손OO이사는 여러 가지 트집을 잡더니 일방적으로 공사 중단을 요구하였습니다(공사가 중단될 무렵 공정률은 90% 이상 진행된 상태였습니다). 이러한 상황에서도 채권자는 연체된 중도금 및 잔금, 기존 2건 공사의 부가가치세를 지급받고자 손OO 이사를 설득하여 원만하게 공사를 끝내기를 원했고, 언제든지 다시 공사를 진행하여 완공할 수 있도록 채권자의 직원들과 인부들을 OO에 계속 머물게 하며 채무자와 원만한 해결을 모색하였습니다. 그 후 20OO. O. O. 채무자의 직원인 O실장으로부터 다시 공사를 재개해달라는 요청을 받았고, 이에 채권자는 위 O실장에게 공사를 재개하는 대신 억지 하자 주장이나 무리한 설계 변경 및 다른 추가변경공사 요청을 삼가 줄 것을 부탁하였고 O실장은 그렇게 하겠다고 하였습니다.

이에 채권자는 공사를 재개하였고, 공사 재개 이후 다시 채무자의 추가공사(387만 2,000원=공급가액 352만 원+부가가치세 35만 2,000원) 요청이 있어 채권자는 20○○. ○. ○.부터 추가공사를 시작하여, 20○○. ○. ○.경 추가공사를 포함한 모든 3차 공사를 완료하였습니다(소갑 제4호증). 채권자는 채무자로부터 원 공사계약금 2,000만 원 및 1차 중도금 2,850만 원을 지급받았고 20○○. ○. ○. 2차 중도금 3,000만 원을 지급받았으며(2차 중도금 지급기일은 20○○. ○. ○.이었습니다), 20○○. ○. ○. 원 계약 잔금명목으로 일부인 500만 원을 지급받아 총 8,350만 원(2,000만 원+2,850만 원+3,000만 원+500만 원)을 원 공사대금 명목으로 채무자로부터 지급받았습니다. 그러나 채무자는 원 공사대금 중 1,275만 원(원 공사대금 9,625만 원−8,350만 원)과 추가공사대금 387만 2,000원(추가공사대금 352만 원+부가가치세 35만 2,000원) 합계 16,622,000원(1,275만 원+387만 2,000원)을 채권자에게 지급하지 않고 있습니다. 따라서 채무자는 채권자에게 3차 공사 잔금 16,622,000원을 지급할 의무가 있습니다.

5. 소결론

따라서 채무자는 채권자에게 57,472,000원(4,350,000원+36,500,000원+16,622,000원) 및 그중 4,350,000원에 대해서는 1차 공사 완료 다음날인 20○○. ○. ○.부터, 36,500,000원에 대해서는 2차 공사 완료 다음날인 20○○. ○. ○.부터, 16,622,000원에 대해서는 3차 공사 완료 다음날인 20○○. ○. ○.부터, 다 갚는 날까지 상법에서 정한 연 6%의 지연손해금을 지급할 의무가 있습니다.

6. 이 사건 채권에 관한 가압류

보전의 필요성현재 채권자는 채무자가 보유하고 있는 재산에 대해 전혀 아는 바가 없습니다. 다만 채무자 명의의 금융계좌에 대해서만 알고 있는데, 예금채권은 언제든지 인출하는 등으로 처분할 위험성이 높은바, 채무자가 위 예금채권을 인출하는 경우 채권자는 본안에서 승소하고도 집행불능에 이를 염려가 농후합니다. 따라서 채권자는 그 집행을 보전하고자 본건 가압류 신청을 하기에 이르렀습니다.

7. 지급보증위탁계약에 의한 담보신청

경기불황으로 인해 실내인테리어 공사 일이 감소하고 있어 채권자는 현재 어려움에 처해있습니다. 이와 같은 경제적 여건 등 제반사정을 참작하시어 부디 본건 가압류 결정에 제공할 공탁금은 민사집행법 제19조, 민사소송법 제122조에 의하여 보증보험회사와 지급보증위탁계약을 체결한 문서를 제출하는 것으로 갈음하는 것을 허가하여 주시기 바랍니다.

소 명 방 법

1. 소갑 제1호증	법인등기부등본
2. 소갑 제2호증의 1, 2, 3	각 인테리어공사 표준계약서
3. 소갑 제3호증	추가공사 내역서(6,500만 원)
4. 소갑 제4호증	추가공사 내역서(352만 원)
5. 소갑 제5호증	입금내역서

첨 부 서 류

1. 위 소명방법	각 1부
2. 가압류신청진술서	1부
3 위임장 사본	1부
4 납부서	1부

20○○. . .

위 채권자의 소송대리인 법무법인 ○○
담당변호사 김 ○ ○

○○지방법원 민사신청과 귀중

[별지]

채 권 목 록

1. 제3채무자 주식회사 ○○은행－청구금액 : 금 30,000,000원정
2. 제3채무자 주식회사 ○○은행－청구금액 : 금 27,472,000원정

채무자 주식회사 OO(000000-0000000)이 위 제3채무자들에 개설한 예금계좌 및 기타계좌에 관한 채권 중 다음에서 기재된 순서에 따라 위 청구금액에 이를 때까지의 금액

다　　　음

가. 압류되지 않은 예금과 압류된 예금이 있을 때에는 다음 순서에 의하여 압류한다.
(1) 선행 압류가압류가 되지 않은 예금
(2) 선행 압류가압류가 된 예금

나. 여러 종류의 예금이 있는 때에는 다음 순서에 의하여 압류한다.
(1) 보통예금 (2) 당좌예금 (3) 정기예금
(4) 정기적금 (5) 별단예금

다. 같은 종류의 예금이 여러 개 있을 때에는 계좌번호가 빠른 예금부터 가압류한다. 끝.

[참고] 1. 신청서 1부를 법원에 제출한다. 신청서에는 가압류신청진술서, 당사자가 법인인 경우 법인등기부등본, 채무자 주소지 부동산등기부등본(채무자 소유 부동산이 아니어도 첨부한다), 별지목록(보험금채권)5통 등을 첨부한다.
2. 인지는 10,000원 송달료는 21,300원(=당사자2×3회분×3,550원)을 은행에 납부하고 그 납부서를 신청서에 첨부한다.
3. 담보제공 명령이 법원으로부터 나오면 보증보험 회사 등을 통해 보증보험으로 담보제공을 하면 된다.

[서식 3] 부동산가압류신청(채무불이행을 원인으로 한 손해배상청구권)

부동산가압류 신청서

채 권 자　　신 ○ ○
경기 OO시 OO동 000-00
위 채권자의 소송대리인 변호사 ○ ○ ○

경기 OO시 OO동 000-00 OO빌딩 3층(우: 00000)
(전화 : 000-000-0000 / 팩스 : 000-000-0000)

채 무 자　　강 O O
경기 OO시 OO동 000-0

청구금액 : 금 600,000,000원
피보전권리의 요지 : 채무불이행으로 인한 손해배상청구채권
가압류할 부동산 표시 : 별지 목록 표시와 같음

신 청 취 지

채권자의 채무자에 대한 위 청구채권의 집행을 보전하기 위하여 채무자 소유 별지 목록 기재 부동산을 가압류한다.
라는 재판을 구합니다.

신 청 이 유

1. 임대차계약의 체결

가. 채권자는 채무자소유의 별지 목록 기재 부동산에 대하여 20OO. 11. 25.경 보증금 3억 원(계약금을 3억원으로 하되 지급된 계약금은 모두 보증금으로 인정하기로 약정함), 월차임 금 3,000만 원(부가세보함)(매월 5일에 지급), 임대차기간 20OO. 12. 26.부터 60개월로 정하는 임대차계약을 체결하고(소갑 제1호증 : 부동산임대차계약서 참조), 계약당일 계약금으로 보증금 전부인 금 3억 원을 지급하였습니다(소갑 제2호증 : 영수증 참조).

나. 그러면서 같은 날 채무자는 채권자의 월 3,000만 원에 이르는 고액의 월차임 부담에 대하여 임대차기간의 보장차원에서 '**위 임대차계약기간내 별지 목록 기재 부동산을 매각하지 않기로 각서함**'이라는 내용의 각서를 작성하여 채권자에게 교부하였습니다(소갑 제3호증 : 각서 참조).

다. 특히, 당시 위와 같은 조건의 계약을 체결함에 있어 채권자와 채무자는 추후 양당사자 사이의 계약의 이행 및 그 실효성 확보의 수단으로 양당사자 중, 만일 채무자가 임대차계약을 위반할 시에는 계약금의 배액을 배상하고, 만일 채권자가 계약을 위반할 시에는 임대차계약을 무효로 하고 채권자가 기지급한 매매대금의 반환을 청구할 수 없다는 내용의 손해배상예약을 하였습니다(소갑 제1호증 매매계약서 제7조 참조).

2. 채무자의 채무불이행

가. 그 후, 채권자는 채무자가 스스로 소갑 제3호증 상의 각서까지 작성하여 교부하여준 까닭에 당연히 채무자가 그 내용을 준수할 것으로 믿고, 그 곳에 전 재산이나 다름없는 금원을 투자하여 시설공사를 마친 후 현재까지 'OOOO'이라는 상호로 입시학원을 운영해왔습니다.

나. 그러나 채권자의 기대와는 달리 채무자는 채권자로부터 보증금을 지급받은 20OO. 12. 29. 이후부터(소갑 제2호증 : 영수증 참조) 점차 그 본색을 드러내며 각서상의 의무이행은 고사하고, 더 나아가 사회상규마저도 저버린 행위를 일삼기 시작하였습니다.

다. ① 구체적으로, 채무자는 위와 같이 임대차기간의 보장을 위해 채권자에게 각서를 작성하여 준 후에도 보증금을 교부받은 20OO. 12.말부터 부동산 중개업자인 신청외 김OO(010-000-OOOO), 이OO(010- 000-OOOO), 권OO(010-000-OOOO) 등을 수시로 채권자 운영의 학원으로 보내 별지 목록 기재 부동산을 타에 매도하려는 움직임을 보여 왔고,

② 20OO. 7. 3.자에는 인터넷부동산매매전문 사이트인 'OOO사이트'에 별지 목록 기재 부동산을 각서에 반하여 매도 의뢰한 사실을 발견되었으며(소갑 제4호증 : 부동산 114 매도의뢰사실검색내용 참조),

③ 급기야 현재는 별지 목록 기재 부동산이 제3에게 매도되어 이미 계약금과 중도금까지 수수되었고, 잔금지급만이 남아 있다는 사실을 채무자 밑에서 일을 하고 있는 신청외 김OO 및 채무자의 막내처남인 신청외 공OO으로부터 직접 확인까지 한 상태이며, 위와 같은 일련의 행위들에 비추어 볼 때, 더 이상 채무자가 이 사건 임대차계약상의 의무를 성실히 이행한다는 것은 불가능한 상태에 이르렀고, 이는 채무자의 명백한 각서위반행위로서 임대차계약위반에 해당되는 것입니다.

3. 보전의 필요성

가. 한편, 상가임대차보호법 제2호 1항 단서, 같은 법 시행령 제2조 제2호, 수도권정비계획법 제6조 제1호, 같은 법 시행령 제9조 별표 1의 규정에 따라 이 사건 부동산이 위치한 'OO시' 안의 상가임대차의 경우, 보증금이 1억 9,000원 이하인 경우에만 상가임대차보호법에 의하여 보호되는 상가건물의 임대차에 해당할 뿐, 이 사건 임대차의 경우와 같이 보증금이 금 3억 원에 이르는 'OO시'내의 상가임대차의 경우 위 법에 의하여 보호를 받지 못하게 되고, 따라서 이 사건 상가가 제3자에게 매각될 경우 채권자는 제3취득자에게는 아무런 대항력을 가질 수가 없어 제3취득자가 채권자를 상대로 명도청구의 소를 제

기할 경우, 채권자는 아무런 대항을 하지 못하고 이 사건 상가를 명도하여 주어야 할 처지에 놓이게 됩니다.

나. 그리하여 만약 기존 임대인과 제3취득자 사이의 별도의 특약이 없는 한 임대차보증금의 반환 등과 같은 기존 임대인의 의무는 새로운 임대인에게 전혀 승계되지 않아 채무자가 위와 같은 내용의 각서 및 임대차계약상의 의무를 위반하여 별지 목록기재 부동산을 타에 매각하여 채무자가 아닌 제3취득자에게 소유권이전등기가 경료되어 버린다면 채권자로서는 새로운 소유자에게 채무자와의 위와 같은 임대차계약사실을 가지고 대항할 수 없으며, 그렇게 된다면 별지 목록 기재 부동산을 임차하여 5년간의 임대차기간을 보장받았던 의미가 전혀 없게 됨은 물론, 그 곳에 학원을 운영하고자 투자하였던 시설비 등의 막대한 손실까지 입게 되는 등 막대한 손실을 감내하여야 하는 상황에 놓이게 됩니다.

다. 따라서 채권자는 이상과 같은 이유로 채무자의 이 사건 임대차계약위반을 이유로 채무자에게 지급한 계약금 300,000,000원의 2배인 금 6,000,000,000원의 지급에 대한 손해배상청구의 본안소송을 준비 중이나, 채권자가 알아본 바에 의하면 채무자는 최근의 경제 불황의 여파로 사정이 어려워 주변사람들로부터 돈을 차용한 후 이를 제때에 변제하지 못하여 신용상태가 극도로 악화된 상태이며, 본 건 부동산외에는 별다른 재산도 없는 상태로, 채무자가 이를 타에 매매 등 처분을 하거나, 채권자이외의 다른 채권자들로부터 그 채무를 변제하지 못하여 강제집행을 당할 우려도 심히 많은 상황으로, 시급히 가압류하여 두지 아니하면 후일 본안소송에서 승소판결을 얻는다 하여도 강제집행을 못할 우려가 있어 채권자는 부득이 신청취지와 같은 결정을 구하기 위하여 본 신청에 이른 것입니다(채무자는 20OO. 8. 10.자로 이 사건 부동산을 제3취득자 앞으로 소유권이전등기를 경료할 것이라는 풍문이 있사오니 하루 속히 결정을 내려주시기를 바랍니다).

4. 담보제공에 대하여

채권자가 이 사건의 채무자에 대한 손해담보를 위하여 귀 법원에 공탁을 함에 있어서 민사집행법 제19조 및 민사소송법 제122조에 의거, 서울보증보험증권(주)과 체결한 지급보증보험증권을 제출하오니 이 사건 신청을 허가하여 주시기를 바랍니다.

소 명 방 법

1. 소갑 제1호증 부동산임대차계약서 1부

2. 소갑 제2호증　　영수증　　1부
3. 소갑 제3호증　　각서　　1부
4. 소갑 제4호증　　OOO 매도의뢰사실검색내용　　1부

첨 부 서 류

1. 위 각 소명방법　　각 1부
1. 송달료 납부서　　1부
1. 부동산등기부 등본　　1부
1. 별지 목록　　1부
1. 가압류진술서　　1부
1. 소송위임장　　1부
1. 보증보험증권　　1부

20OO.　　.　　.

위 채권자의 소송대리인
변호사 백 O O

OO 지방법원 민사신청과 귀중

[별지]

별 지 목 록

* 소재지번 및 건물번호 : 경기도 OO시 OO동 000-00, 000-00 OO빌딩
* 건물내역 : 철근콘크리트구조 (철근)콘크리트지붕
O층 교육연구및 복지시설, 학원
1층 279.05㎡, 2층 279.05㎡, 3층 279.05㎡, 4층 279.05㎡,

5층 279.05㎡, 지하1층 429.06㎡, 옥탑1층 32.03㎡. 끝.

[서식 4] 부동산가압류(약정금)

부동산가압류신청

채 권 자　　민 ○ ○ (000000-0000000)
　　　　　　서울 ○○구 ○○로 000 ○○아파트 000동 000호

송달장소 : 서울 ○○구 ○○로 000-0 ○○빌딩 0층
　　　　　(우 : 00000, 전화 : 00-000-0000 / 팩스 : 00-000-0000)

채 무 자　　권 ○ ○ (000000-0000000)
　　　　　　경기 ○○시 ○○구 ○○로 00-0 (○○동)

청구금액 : 금 105,500,000원
피보전권리의 요지 : 약정금청구채권
가압류할 부동산의 표시 : 별지 목록 표시와 같음

신 청 취 지

채권자는 채무자에 대하여 가지는 위 청구채권의 집행을 보전하기 위하여 채무자 소유의 별지목록 기재 부동산을 가압류한다.
라는 재판을 구합니다.

신 청 이 유

1. 당사자의 지위

채무자는 개인사업자로서 ○○○○ ○&○라는 상호로 건설업을 영위하며, '경기 ○○시 ○○동 000-00 ○단지' 및 '경기 ○○시 ○○읍 ○○동 000-00 ○○○○ ○ ○○○○'에 각각 신축할 타운하우스를 분양한 자이고, 채권자는 채무자로부터 '○단지 05호' 및 '○○○○ ○ ○○○○ 06호(이하 '이 사건 주택'이라 합니다)'를 각각 분양받은 자입니다(소갑 제1호증의 1, 2 각 분양계약서 각 참조).

위 계약의 이행으로 채권자는 O단지 05호에 대하여는 20OO. 4. 8. 계약금 2,000,000원, 같은 달 25. 계약잔금 61,500,000원 합계 63,500,000원을, OOOO O OOOO 06호에 대하여는 20OO. 2. 10. 계약금 1,000,000원, 같은 달 15. 계약잔금 41,000,000원, 합계 42,000,000원을 각 지급하였습니다.

2. **약정금청구채권의 발생**

하지만 채무자는 채권자와 위 제1.항의 분양계약체결 후, 계속된 경기불황 및 분양저조의 여파로 정상적인 사업추진이 어렵게 되자(**4단지의 경우 2012. 4. 25. 계약이 체결된 상태이지만 분양저조로 인하여 지금까지 부지평탄작업만 마친 채 공사착공조차 되지 아니한 상태입니다.**), 20OO. 5. 15. 채권자와의 합의하에, 채권자가 채무자에게 이 사건 주택에 대한 분양계약체결 시 계약금으로 기 지급하였던 금 105,500,000원{= O단지 05호(금 63,500,000원) + OOOO O OOOO 06호(금 42,000,000원)}을 20OO. 8. 30.자까지 모두 반환하기로 하는 합의를 하였습니다(소갑 제2호증 확인증 참조).

따라서 채무자는 위 합의에 따른 이행으로 채권자에게 금 105,500,000원의 지급하여야 할 의무가 있습니다.

3. **보전의 필요성**

가. 채무자는 약정금 채무를 지급할 능력이 없습니다.

채무자는 현재'OOOO O OOOO'도 경제적인 사정으로 준공조차 하지 못하고 있는 상태이고, 'O단지'의 경우에는 아예 착공조차도 하지 못하여 사업이 무산될 수도 있는 매우 어려운 상황에 놓여 처해 있어, 채권자에게 약정금 채무를 변제할 능력이 전혀 없습니다.

그러한 사실은 채무자가 이 사건 주택의 신축을 위하여 이 사건 부동산을 담보로 주식회사 OOOO은행으로부터 대출받은 금원에 대한 이자조차 수개월째 제대로 납부하지 못하고 있다는 사실(**이는 사실은 채권자가 주식회사 OOOO은행의 담당자로부터 직접 확인한 내용입니다**) 및 공사자금조달이 어려워 이 사건 주택들에 대한 공사가 수개월째 중단된 상황이라는 사실에서도 명확히 알 수 있습니다.

따라서 채무자가 현재 처해 있는 경제적인 사정에 비추어 보면 채무자는 지금 당장은 물론 앞으로도 채권자에게 이 사건 약정금을 변제할 것을 기대하는 것은 매우 어려운 상황입니다.

나. 채무자는 별지 목록 부동산을 처분할 가능성이 매우 높습니다.

이처럼 채무자는 분양저조 및 자금조달의 어려움으로 인하여 당장 대출금에 대한 이자조차 감당하기 어려운 상황에 처해 있습니다. 더구나 그러한 이유 때문에 이 사건 주택의 공사조차 중단됨으로 인하여 여러 수분양자들 및 채권자들로부터 많은 압박을 받고 있는 상황이기도 하지만 현재 채무자가 처해있는 경제적인 형편으로 이를 감당하거나 해결하는 것 자체가 불가능한 상황입니다.

특히나 별지 목록 부동산이채무자의유일한재산이라는점을감안하면, 채권자 이외의 다른 채권자들이 언제든지 자신들의 채권확보를 위하여 별지 목록 부동산에 대하여 강제집행할 가능성도 매우 높고, 또한 채무자도 자신의 채무를 감당할 수 없는 상황이라면, 결국 그 채무를 면탈할 목적으로 별지 기재 목록 부동산을 은닉 또는 허위 양도하거나 처분해 버릴 개연성도 매우 높은 상황이기도 합니다.

그러므로 이를 시급히 가압류하여 두지 아니할 경우 후일 본안 소송에서 승소판결을 얻는다 하여도 강제집행을 못할 우려가 있어 채권자는 부득이 신청취지와 같은 결정을 구하기 위하여 본 신청에 이른 것입니다.

4. 담보제공

채권자가 채무자에 대한 손해담보를 위하여 귀 법원에 공탁을 함에 있어서 위와 같은 제반사정 및 특히 이 사건이 전적으로 채무자의 귀책사유에서 기인하는 점, 이 사건 이후 채권자가 신용불량 상태에 놓일 정도로 경제적 어려움에 있다는 점 등을 적의 살피시어 보증보험증권회사와 지급보증위탁계약을 체결한 지급보증보험증권으로 대신할 수 있도록 허가하여 주시기를 바랍니다.

입 증 방 법

1. 소갑 제1호증의 1, 2 각 분양계약서
1. 소갑 제2호증 확인증

첨 부 서 류

1. 위 각 소명방법 1부
1. 부동산등기부등본 각 1부
1. 송달료 납부영수증 3부
1. 가압류진술서 1부

2OOO. . .

채권자 민 ○ ○

OO 지방법원 OO 지원 민사신청과 귀중

[별지]

부동산 목록

1. 경기 OO시 OO동 000-0 대 5096㎡

   위 부동산에 대하여 105,500,000원 중 42,000,000원

2. 가. 경기 OO시 OO구 OO동 000-0 대 143㎡

   나. 경기 OO시 OO구 OO동 000-0, 000-0

   위 양지상

   경량철골조 샌드위치판넬 단층단독주택

   1층 114.30㎡

   위 부동산에 대하여 105,500,000원 중 63,500,000원. 끝.

별지목록 부동산들에도 이미 수십억원 상당의 근저당권이 설정된 상태라 실제 재산적 가치는 거의 없는 상태입니다.

[서식 5] 부동산가압류(불법행위를 원인으로 한 손해배상청구권)

부동산가압류신청

채 권 자 1. 강 ○ ○ (000000-0000000)

서울 OO구 OO동 OO아파트 000호
2. 김 O O (000000-0000000)
서울 OO구 OO동 0000-0 OO빌라 O호
3. 김 O O (000000-0000000)
충북 OO군 OO읍 OO리 OO아파트 000-000

채권자들의 소송대리인 법무법인 OO
담당변호사 김OO, 김OO, 김OO, 고OO
서울 OO구 OO동 0000-OO OO빌딩 O층(우 : 00000)
(전화 : 00-000-0000 / 팩스 : 00-000-0000)

채 무 자 김 O O (000000-0000000)
서울 OO구 OO동 00-000

청구금액 합계 금 261,000,000원(별지목록 2 채권자별 투자내역 참조)
피보전권리의 요지 : 불법행위를 원인으로 한 손해배상청구권
가압류할 부동산의 표시 : 별지목록 1 표시와 같음

신 청 취 지

채권자들이 채무자에 대하여 가지는 위 청구채권의 집행을 보전하기 위하여 채무자 소유의 별지목록 1 기재 부동산을 가압류한다.
라는 재판을 구합니다.

신 청 이 유

1. 당사자들의 관계

가. 채무자 OOO은 주식회사 OO의 대표이사로서(소갑 제1호증 : 등기부사항전부증명서 참조), 그 산하에 주식회사 OO, 주식회사 OO, 주식회사 OO를 두고, 채무자가 대표이사로 재직하였던 OOO가 영업총괄, 총무, 경리 등의 업무를 담당하고, 나머지 OOO 등의 회사는 영업부분을 담당하는 형태로 각각 운영하며 부실채권매입, 매각 및 자산관리업무, 중개컨설팅의 사업을 한다는 명목으로 채권자들과 같은 투자자를 끌어 모아 아래 제2항과 같은 기망(불법)행위를 통하여 그들로부터 투자금 상당의 금원을 교부받아 편취한 자입니다.

나. 채권자들은 평범한 가정주부들로서 위 채무자 김OO의 기망행위에 속아 돈을

투자하였다가 막대한 금원을 편취당한(피해규모는 아래 제3항과 같습니다) 피해자들 입니다.

2. **채무자의 불법행위**

가. 채무자들의 불법행위 태양 - 투자원금 보장 및 확정금리 보장

채무자는 통상의 사기 및 유사수신행위위반(금융다단계) 등의 범죄에서 전형적으로 보여지는 범죄행태와 같이 문어발식으로 계열사를 운영하며 마치 회사가 크고 안정적인 것과 같은 외형을 갖춘 후 회사의 영업사원들을 통하여 채권자들과 같은 투자자들을 끌어 모은 다음 회사에 마련된 교육장에서 투자관련 전문교육자들로{**김OO(주식회사 OO 사내이사), 조OO(같은 회사 지점장), 이OO(같은 회사 팀장)**} 하여금 투자자들에게 '회사의 규모, 사업형태, 투자자 현황 및 투자자들의 얻게 되는 수익률, 특히 신규투자시 어떠한 경우라도 원금은 보장된다'라는 등의 말로 현혹한 후 그들로부터 투자금을 교부받아 편취하는 형태로 회사를 운영하였는데,

채무자가 피해자인 채권자들로부터 투자를 받기 위해 동인들을 기망하였던 구체적인 내용은, 투자원금 및 수익률보장, 다시 말하면, '만일, 채권자들이 금 1억 원을 투자할 경우 매달 20% 상당의 확정수익금을 지급하고, 1억 원 미만일 경우에는 매달 18%의 확정수익금을 지급하며, 원금은 어떠한 경우라도 보장해준다', 또한 "투자한 채권액의 담보를 위하여 회사에서 구매한 부실채권(NPL)을 투자액대비 10배 상당을 1년 후 다시 매입하는 환매조건부 담보로 제공해 줄 것이고, 위 채권은 만일 회사에 어떠한 문제가 발생하더라도 독자적으로 회수가 가능한 채권이기 때문에 절대 손해는 없을 것이다"라는 등의 말이었습니다. 이렇듯 채권자들은 채무자가 은행금리도보도 더 높은 수익률을 보장해 주고 투자원금까지 보장해 줌은 물론 투자액 대비 10배에 달하는 담보까지 제공해주겠다는 사탕발림에 속에 결국 나.항과 같은 거액의 돈을 투자하게 되었던 것입니다.

더구나 채무자는 위와 같은 방법으로 투자를 유인하고, 그에 속아 실제 투자를 하게 되면, 그때부터는 채권자들을 각 팀에 배속(**투자를 하게 되면 회사의 영업부직원으로 자동으로 가입됩니다**)시킨 후 일주일에 한 번씩 조회를 통하여 투자유치 강화교육을 하거나, 각 팀 별 회식, 워크숍, 1년에 한 번씩 정신대회를 겸한 체육대회, 별도의 투자유치를 위한 특별교육(**예를 들면, 전국에 회사의 지점 200개를 만들어 성적이 좋은 사람을 지점장으로 임명하겠다**), 특별이벤트(**예를 들면, 특별이벤트 기간 동안 투자금 1,000만 원을 기준으로 10만 원씩을 추가로 지급하는 행사**), 선행투자자들을 통한 정신교육(**자신들이 몇 년을 회사에서 근무를 하였고 그 동안 수입이 얼마나 되었는지 및 투자유치를 위한**

노하우 등) 등을 통하여 계속된 투자를 독려하였고, 나아가 한 달에 한 건이라도 투자를 유치하지 못하면 수당을 삭감하였으며, 반면 투자유치 성적이 좋은 사람은 많은 직원들 앞에서 포상금을 주는 등의 방법으로 서로간의 경쟁을 부추겼습니다.

그로 인하여 실적이 눈이 멀게 된 채권자들은 마냥 주변의 친인척 및 지인들로부터도 돈을 빌려 투자를 하게 되면서 피해는 더욱 배가될 수밖에 없었습니다.

나. 채권자들의 투자금액 및 채무자 등의 구속

(1) 채권자 강OO의 손해액 : 총 3억 5,000만 원

채권자 강OO는 지인인 추OO 및 위 가.항과 같은 채무자의 기망행위 및 투자독려 행위에 속아 결국 자신이 보유하고 있는 돈은 물론 주변의 친인척 및 지인들로부터 돈을 빌려서 2009. 8.경부터 2011.5.30.경까지 총 33회에 걸쳐 총 3억 5,000만 원을 투자 하였는데(별지 2 : 채권자별 투자내역 참조), <u>그 중 채권자 강OO의 돈이 201,000,000원</u>, 주변 친인척 및 지인으로 빌려서 투자한 돈이 153,000,000원 입니다(소갑 제2호증의 1, 입출금내역(OO종합통장), 2 : 입출금내역(OO은행 직장인우대종합통장), 3 : 입출금내역(OOOO금융증권), 4 : 입출금내역(OO은행), 5 : 입출금내역(김OO - OO), 6 : 입출금내역(고OO - OO종합통장), 7 : 입출금내역(강OO), 8 : 입금증 각 참조).

강OO는 위 금원을 투자한 후 채무자로부터 실제 금 35억 4,000만 원 상당의 채권을 교부 받았습니다(소갑 제3호증의 1 내지 8 : 채권양도통지서 각 참조).

(2) 채권자 김OO의 손해액 : 총 3,000만 원

채권자 김OO도 지인인 이OO 및 위와 같은 채무자의 기망행위에 속아 결국 이 사건으로 20OO. 3경부터 같은 해 6.경까지 총 3회에 걸쳐 자신이 보유하고 있던 돈 3,000만 원을 투자(별지 2 : 채권자별 투자내역 참조)하였습니다(소갑 제4호증의 1 내지 3 : 영수증 각 참조).

김OO은 위 금원을 투자한 후 회사로부터 실제 금 3억 원 상당의 채권을 교부 받았습니다(소갑 제5호증의 1 내지 3 : 채권양도통지서 각 참조).

(3) 채권자 김OO의 손해액 : 총 3,000만 원

채권자 김OO도 지인 및 이와 같은 채무자의 기망행위에 속아 결국 이 사건으로 자신이 보유하고 있던 돈 및 주변지인들로부터 돈을 빌려 20OO. 4. 29. 금 1,000만 원 및 같은 해 6. 25. 금 2,000만 원 합계 3,000만 원을

투자(별지 2 : 채권자별 투자내역 참조)하였습니다(소갑 제6호증의 1 내지 3 : 각 입금확인증, 4 : 입출금내역[OO은행, 김OO는 채권자 김OO의 친언니입니다]. 각 참조).

김OO은 위 금원을 투자한 후 회사로부터 실제 금 3억 원 상당의 채권을 교부 받았습니다(소갑 제7호증의 1 내지 2 : 채권양도통지서 각 참조)

이렇듯 채권자들은 돈을 투자할 당시 회사로부터 실제 그에 대한 담보조로 투자액의 10배에 달하는 채권을 교부 받았기 때문에 더욱 믿고 투자를 하였던 것이지만 이 또한 아래 다.항에서 설명 드리는 바와 같이 전혀 회수가능성조차 없는 쓰레기들로 단지 투자를 유치 받기 위한 미끼에 불과한 것이었습니다.

(4) 회사의 영업정지 및 채무자의 구속 등

하지만, 사실상 금융다단계사건과 다름없었던 이 사건은 결국 20OO. 5.경 한계에 다다라 그 무렵 채무자는 잠적을 하였고, 연이어 같은 해 7. 1.경 회사도 영업정지처분을 받았으며, 또한 같은 달 채무자를 비롯한 계열사 사장들이 하나 둘씩 사기죄 등의 죄목 구속 수감되면서 다행히도 채무자의 사기행각 또한 멈추게 되었습니다.

다. 현재 채무자는 이 사건과 관련하여 사기, 유사수신행위위반 등의 죄로 2011.5.31.기소되어 현재 그 재판(<u>OO법원 OO지원 20OO고단OOOO호</u>)이 계속 중인 상황입니다.

채무자를 비롯하여 이 사건에 연루 된 위 각 계열사의 임직원들인 신청외 양OO(주식회사 OO 사내이사), 이OO(같은 회사 사내이사), 최OO(같은회사 감사), 차OO(계열사인 주식회사 OO 사내이사), 김OO(계열사인 OO 사내이사) 등은 모두 이 사건으로 채무자와 같이 사기 및 유사수신행위반죄 등의 공모공동정범으로 20OO. O. O.기소된 후 현재 OO법원 OO지원 20OO고단OOO호 사건으로 재판계류 중에 있고, 위 사건의 공판기일이 20OO. 7. 15. 16:00으로 지정되어 있는 상황입니다(소갑 제8호증의 1 내지 6 : 대법원 사건검색표 각 참조).

채권자는 최근에 위 재판과정에 알게 된 사실이지만, <u>채권자가 채무자들로부터 투자를 받아 사들였고 또한 투자자들에게 담보조로 교부까지 하였던 채권의 대부분이 채권소멸시효가 만료된 것들이거나(소갑 제9호증의 1,2 : 채권카드 각 참조), 만료되기 직전인 것들로서, 회수가능성이 불과 0.1%로도 되지 않는 아무런 담보가치가 없는 쓰레기에 불과한 것들이었음은 물론, 채무자가 이미 2011.초부터 수사기관에서 소환조사를 받는 등 회사의 운영이 현실적으로 불가능한 상황이었음에도 불구하고 그러한 사실을 감춘 채 자신이 구속되</u>

기 바로 직전까지도 채권자들을 비롯한 다른 투자자들에게 특별이벤트 명목으로 수당을 더 올려 준다고 기망하는 방법으로 동인들로부터 수십억원이 넘는 투자금을 유치한 후 이를 개인적으로 유용하거나 은닉해버려 회사가 영업정지 처분을 받은 2007. 7.경 법인통장에는 단 한 푼의 잔고조차 남기지 않았다는 것입니다. 채무자는 이처럼 자신이 구속 수감되는 마지막 순간까지도 아주 지능적이고 대담하게 채권자들을 기망하여 동인들로 많은 돈을 편취하였습니다.

위 일련의 과정들을 모두 종합하여보면, 결국 채무자는 처음부터 채권자들로부터 돈을 투자 받더라도 통상의 금융다단계 사건과 마찬가지로 또 다른 피해자들로부터 계속된 투자가 이루어지지 아니할 경우 당초 채권자들에게 약속하였던 투자이익은 물론 투자원금의 보장은 결코 불가능하다는 사실을 알고 있었음에도 불명하고, 마치 그것을 보장해 줄 수 있는 양 채권자들을 기망하여 동인들로부터 돈을 교부 받아 그 금액상당을 편취한 것입니다.

3. **채권자들의 피해금액**

채권자들의 이 사건으로 인하여 편취당한 금원은 위 제2의 나.항(별지 2 : 채권자별투자내역 참고)에 언급하였던 것과 같이, 채권자 강OO 3억 5,000만 원, 채권자 김OO 3,000만 원, 김OO 3,000만 원 입니다.

4. **보전의 필요성**

채권자들이 채무자를 상대로 불법행위를 원인으로 한 손해배상청구의 소송을 준비 중에 있습니다.

그런데 채권자들이 알아 본 바에 의하면 채무자의 재산이라고 해봐야 서울 OO구 OO동 00-000 대 63㎡, 위 지상 벽돌조 슬래브지붕 위기와 2층 단독주택이 전부인데, 채무자는 이중 위 대 63㎡를 이미 최근에 타에 매도를 해버린 상태이고, 또한 소문에 의하면 나머지 위 지상건물 또한 모두 처분해 버리려는 온갖 획책을 자행하고 있는 상황이라는 것입니다.

따라서 만일 채무자 위 지상건물을 또한 타에 매매, 담보제공 등 어떠한 형태로든 처분을 해버린다면 채권자들은 후일 본안소송에서 승소판결을 얻는다 하여도 강제집행을 못할 우려가 있기에 부득이 신청취지와 같은 판결을 구하고자 이 사건 신청에 이른 것입니다.

5. **담보제공**

채권자들이 채무자에 대한 손해담보를 위하여 귀 법원에 공탁을 함에 있어서 위와 같은 사건의 중대성, 피해의 다대성, 사안의 긴급성 등의 사유로, 담보제공에 관하여는 보증보험회사와 지급보증위탁계약을 체결한 문서로서 선담보로 제출하오니 이를 허가하여 주시기 바랍니다.

소 명 방 법

1. 소갑 제1호증의	등기사항전부증명서
1. 소갑 제2호증의 1	입출금내역(OO종합통장)
2	입출금내역(OO은행 직장인우대종합통장)
3	입출금내역(OO금융증권)
4	입출금내역(OO은행)
5	입출금내역(김OO - OO)
6	입출금내역(고OO - OO종합통장)
7	입출금내역(강OO)
8	입금증
1. 소갑 제3호증의 1 내지 8	각 채권양도계약서
1. 소갑 제4호증의 1 내지 3	각 영수증
1. 소갑 제5호증의 1 내지 3	각 채권양도통지서
1. 소갑 제6호증의 1 내지 3	각 입금확인증

첨 부 서 류

(등기부사항전부증명서 소갑 제1호증으로 첨부하였습니다)

1. 위 각 입증방법	각 1부
1. 소송위임장	1부
1. 담당변호사지정서	1부
1. 부동산등기부등본	1부
1. 법인등기부등본	3부
1. 공탁보증보험 보험료 납부영수증	1부

20OO. . .

채권자들의 소송대리인
법무법인 OO
담당변호사 김 O O

김 ○ ○
김 ○ ○
고 ○ ○

OO지방법원 OO신청과 귀중

[별지]

부동산 목록

청구금액 : 합계 금 261,000,000원

(별지 2 채권자별 투자내역 중, ① 채권자 강OO 201,000,000원, ② 김OO 3,000만 원, ③ 김OO 3,000만 원)

1. 건물의 표시
   서울 OO구 OO동 00-0000
   벽돌조 슬래브지붕 위기와 2층 다가구 단독주택(3)
   1층 32.60㎡
   2층 32.60㎡
   지층 32.60㎡. 끝.

2. 담보의 제공

담보를 조건으로 하는 보전명령은 일부기각과 같은 재판의 성격을 가진다. 보전처분은 피보전권리의 존부에 관한 확정적 판단 없이 소명으로 사실을 인정하고 채무자의 재산을 동결하고 일정한 행위를 금지시키거나 임시의 법률관계 등을 형성하는 처분을 하는 것이기 때문에 채무자는 때에 따라서 아무런 의무 없이 손해를 입게 되는 수가 있다. 따라서 비교적 간이한 절차에 따라 채권자에게 채권보전수단을 마련해 주는 대신 나중에 그 보전처분이 잘못된 것으로 밝혀질 경우 채무자가 그 손해를 쉽게 회복할 수 있도록 담보를 마련해 두는 것이 형평에 적합하다. 민사집행법 제280조 제2항, 3항은 가압류에 관하여 청구채권이나 가압류의 이유가 소명되지 아니한 때에도 법원은 보전처분이 필요하다고 판단되면 채무자의 손해에 대한 담보를 제공하게 하고 가압류를 명할 수 있으며, 소명이 있는 때에도 법원은 필요에 따라 담보를 제공하게 하고 가압류를 명할 수 있다고 규정하고, 위 규정은 민사집행법 제301조에 의하여 가처분에 그대로 준용되고 있다.[4)]

가. 담보액의 산정

담보로 제공할 금액은 법원의 재량에 의하여 결정되며 소명의 유무, 보전처분의 종류와 내용 및 그로 인하여 채무자가 입게 될 예상손해액, 채권자와 채무자의 자력 등을 고려하여 산정하므로 피보전권리의 가액과 보전처분 목적물의 가액이 동일한 경우에도 담보액이 서로 다를 수 있는 것이 원칙이다.

보전처분의 종류	산정기준	목 적 물		
		부 동 산 (자동차, 건설기계)	유체동산	채권 기타 재산권
가압류	청구채권액	1/10	4/5	2/5
처분금지 가처분	목적물가액	1/10	1/3	1/5
점유이전금지 가처분	목적물가액	1/20	1/5	–

나. 담보제공명령

법원은 통상 보전처분을 발하기에 앞서 일정한 기간(보통 3일 내지 5일)을 정하여 일정액의 담보를 제공하라는 명령을 발하는데, 변론 또는 심문절차에 채무자가 참가한

4) 이 담보는 소명의 대용으로서 공탁시키는 담보와는 그 성질이 다르다. 즉 민사소송법 제299조 2항의 담보는 법원에 대하여 진실성을 보증하기 위하여 제공되는 것으로 그 진술이 거짓인 때에도 법원이 이를 몰취할 수 있음에 그칠 뿐 그 거짓진술로 인하여 채무자가 입게 되는 손해에 대하여는 아무런 담보가 되지 않는 것이나, 민사집행법 제280조의 담보는 직접 채무자의 손해를 담보하는 것으로서 채무자는 보전처분이 부적절한 경우 그 보전처분으로 인하여 입은 손해의 배상청구권에 관하여 질권자로서의 권리를 갖게 되는 것이다(민집 제19조 3항, 민소 제123조). 이 담보는 민사집행법상의 담보의 일종으로 소송비용의 담보에 관한 민사소송법 제120조 1항, 제121조 내지 제126조의 규정이 준용된다(민소 제127조).

사건 등에서는 통상 채권자가 담보를 제공할 것을 조건으로 하는 저지조건부 보전처분을 하고 있다.[5]

담보를 제공하게 하는 재판은 채권자에게만 고지하면 되고 채무자에게 고지할 필요가 없다(민집 제281조 3항, 제301조). 담보제공명령은 채무자의 권리를 침해하는 것이 아니기 때문에 채무자는 이에 대하여 불복할 수 없다. 채권자가 무담보의 보전처분신청을 하였는데 법원이 담보제공명령을 한 경우, 법원이 정한 담보액이 지나치게 많다고 생각될 경우에 채권자는 담보제공명령을 이행하지 아니하고, 담보제공명령의 불이행을 이유로 보전처분신청이 각하되면 그 각하결정에 대하여 즉시항고할 수 있음은 물론이다(민집 제281조 2항, 제301조).[6]

다. 담보제공의 방법

담보의 제공은 금전 또는 법원이 인정하는 유가증권을 공탁하거나[7] 대법원규칙이 정하는 바에 따라 지급을 보증하겠다는 위탁계약을 맺은 문서를 제출하는 방법[8]으로 한다(민소 제122조). 담보제공명령을 받은 채권자가 그 결정에 정하여진 기일 안에 담보를 제공하지 않으면 법원은 신청을 각하하게 된다. 그러나 위 기간이 지난 후라도 재판 전에 담보가 제공되면 특별한 사정이 없는 한 보전처분을 발한다(민소 제124조 단서, 제127조).

라. 담보권의 실행

1) 보전처분이 발령 또는 집행으로 인하여 생긴 손해배상청구권의 존재 및 범위가

---

5) 채무자가 여럿인 경우에도 각 채무자에 대하여 개별적으로 담보제공을 명하는 것이 원칙이지만, 손해가 여러 채무자에게 불가분적으로 생기거나 본안소송이 필수적 공동소송인 경우에는 채권자는 채무자를 위하여 공동보증으로 금 OOO원을 공탁하라는 내용의 이른바 공동보증을 명할 수 있다. 이 경우에는 채무자 전원에 대하여 담보사유가 소멸되어야 담보취소를 할 수 있다. 채권자가 여럿인 경우에도 개별보증이 원칙이나, 연대하여 제공할 것을 명할 수 있다.

6) 그와는 별개로 담보제공명령 자체에 대하여 불복할 수 있는가에 대하여 견해가 나뉘나, 담보제공명령은 나중에 있을 보전재판에 대한 중간적 재판에 해당하므로, 보전재판 이전의 담보제공명령에 대하여 독립적으로 불복할 수 없다고 할 것이다.

7) 유가증권인 때에는 담보의 목적을 달성하는데 상당한 것이어야 하는데, 상당성의 유무는 시가의 존재, 현금화의 용이, 가격 변동의 폭 등을 고려하여 판단한다. 현금화가 쉽지 아니하거나 시세의 변동이 심하여 안정성이 없는 유가증권은 담보로서 부적당하다고 할 것이다.

8) 지급보증위탁계약을 맺은 문서를 제출하는 방법으로 담보를 제공하려면 미리 법원의 허가를 받아야 한다(민소규 제22조 1항). 다만, 부동산·자동차·건설기계 또는 금전채권에 대한 가압류신청을 하는 때에는 미리 은행 등과 지급보증위탁계약을 맺은 문서를 제출하고, 이에 대하여 법원의 허가를 받는 방법으로 할 수 있다. 이 경우에는 허가신청의 의사표시를 가압류신청서에 기재한다.

확정되었을 때 담보권자가 담보권을 행사할 수 있는 방법은 그 담보가 현금 또는 유가증권이냐, 지급보증위탁계약을 맺은 문서이냐에 따라 다르다.

2) 담보로서 현금 또는 유가증권이 제공된 경우에 담보공탁물의 지급청구방법에 관하여는 민사집행법 제19조 3항에 의하여 준용되는 민사소송법 제123조의 …담보물에 관하여 질권자와 동일한 권리를 가진다 라는 규정의 해석과 관련하여 대립되는 법정질권설과 우선적 출급청구권설의 어느 입장에 서느냐에 따라 다르다. 대법원은 2003. 7. 25. '재판상 담보공탁금의 지급청구절차 등에 관한 예규(행정예규 제517호)'를 제정하여 금전이 담보공탁된 경우 담보권리자(피공탁자)가 담보권을 실행하는 방법에 관하여 위 두 가지 견해를 적절히 반영하여 다음과 같이 규정하였다.

가) 담보권리자의 담보권실행방법[9)]

보전명령의 발령 집행으로 인하여 생긴 손해배상청구권의 존재, 범위가 확정되었을 때 담보권자가 담보권을 행사할 수 있는 방법은 담보의 종류에 따라 다르다. 판례는 가압류를 위하여 법원의 명령으로 제공된 공탁금은 부당한 가압류로 인하여 채무자가 입은 손해를 담보하는 것인바, 채권자가 본안의 소를 제기함에 따라 그 응소를 위하여 채무자가 지출한 소송비용은 가압류로 인하여 입은 손해라고 할 수 없으므로, 가압류의 본안 소송에 관한 소송비용은 가압류를 위하여 제공된 공탁금이 담보하는 손해의 범위에 포함되지 않는다고 한다.[10)]

(1) 현금 또는 유가증권

(가) 채권자의 동의가 있는 경우

손해배상청구권이 발생하였고 채권자가 공탁물출급에 동의한 경우, 채무자는 동의서를 첨부하여 보전명령을 발령한 법원으로부터 공탁서를 넘겨받아 이를 공탁공무원에게 제출하고 공탁물을 수령할 수 있다.

(나) 채권자의 동의가 없는 경우

손해배상청구권이 발생하였으나 채권자가 공탁물출급에 동의하지 아니한 경우에는 채무자는 다음과 같은 방법 중에 하나를 선택할 수 있다.

---

9) 주석민사집행법(Ⅶ), 321 내지 324면.
10) 대법원 2009. 10. 23.선고 2009마1105 결정.

① 직접 출급청구를 하는 경우

채무자(피공탁자)는 공탁금출급청구서에 피담보채권의 존재 및 범위를 밝힌 확정판결이나 이와 동일한 효력이 있는 화해·조정·인낙조서, 확정된 지급명령 등을 첨부하여 보전명령을 발령한 법원으로부터 공탁서를 넘겨받아 이를 공탁공무원에게 제출하고 공탁물을 수령할 수 있다. 공탁공무원은 담보권리자가 공탁원인사실에 기재된 피담보채권이 발생하였음을 증명하는 서면을 제출하여 공탁금을 출급청구(청구서에 회수청구라고 기재한 때에도 출급청구한 것으로 본다)한 경우에는 공탁금을 피공탁자에게 교부한다. 담보권의 실행을 위해서 집행권원이 필요한 것은 아니므로 확인판결도 좋고, 강제집행의 실시는 아니므로 집행문을 부여받을 필요는 없다. 그러나 담보취소결정정본 및 확정증명이 이미 제출된 경우에는 담보사유가 이미 소멸되었음을 의미하므로 더 이상 공탁물출급청구를 할 수 없다.

② 질권 실행을 위한 압류 등을 하는 경우

피담보채권에 의하여 채권질권의 실행방법으로서 민사집행법 제273조에서 정한 강제집행절차에 따라, 채무자는 공탁자의 공탁물회수청구권에 대하여 압류 및 전부(또는 추심) 명령을 발령받아 공탁물을 수령할 수 있다. 이 경우에는 집행권원이 필요하고, 강제집행의 실시이므로 집행문을 부여받아야 하며 압류 및 전부 또는 추심명령 정본, 위 명령의 송달증명, 전부명령에 관한 확정증명 퉁이 필요하지만 담보취소결정을 받을 필요는 없다. 공탁공무원은 담보공탁의 피공탁자가 피담보채권에 터 잡아 민사집행법 제273조에서 정한 채권에 대한 강제집행절차에 따라 공탁자의 공탁금회수청구권을 압류하고 추심명령이나 확정된 전부명령을 얻어 공탁금출급청구(청구서의 표시를 회수청구라고 기재한 때에도 같다)를 한 경우에도 공탁물을 피공탁자에게 교부한다.

③ 담보취소에 기초한 공탁금회수청구

채무자는 공탁자가 가지는 공탁물회수청구권에 대하여 압류 및 전부(또는 추심) 명령을 발령받은 후, 담보제공자를 대신하여 담보취소를 신청하고 담보취소 결정을 받아 공탁물을 회수할 수 있다.[11] 이 경우에도 집행권원이 필요하고, 강제집행의 실시이므로 집행문을 부여받아야 하며, 압류 및 전부 또는 추심명령 정본, 위 명령의 송달증명, 전부명령에 관한 확정증명 등이 필요하다.[12]

---

11) 대법원 2004. 11. 26. 선고 2003다19183 판결.

12) 위 판례에 의하면 담보권리자가 위 셋째 방법에 의하여 공탁금회수청구를 하는 경우에도 그에게는

(다) 담보권이 공탁물의 원본에 한정되는지 여부

보전명령에서 담보권은 통상의 질권은 아니므로 민법 제345조, 제343조, 제323조가 적용되지 않는다. 따라서 담보권의 효력은 공탁물의 원본에 한정되고, 공탁물의 이자나 배당금에는 미치지 않는다.

(2) 지급보증위탁계약을 맺은 문서

지급보증위탁계약상의 피보험자인 채무자는 지급보증위탁계약을 맺은 보험증권에 기재된 보통약관이 정한 바에 따라, ① '보험증권(또는 사본)이나 회사가 교부한 공탁보증보험계약 체결사실을 증명하는 서면'과 ② '손해배상에 관한 승소의 확정판결(이행판결에 한하지 않고, 집행문도 필요 없다) 등을 증명할 수 있는 서류'를 첨부하여 청구하여야 한다. ①의 서류와 관련하여 보전명령에 별지로 공탁보증보험증권의 사본이 첨부된 경우에는 첨부된 사본을 사용할 수 있고, 사본이 첨부되지 아니하고 보증보험증권번호만 기재된 경우에는 그 증권번호가 기재된 보전명령서 정본이 증명서류가 될 수 있다. ②의 서류와 관련하여, 지급보증위탁 계약상의 피보험자인 보전처분의 채무자는 보전명령을 신청한 채권자를 상대로 먼저 확정판결 등을 취득한 후 이를 바탕으로 보험자에게 보험금청구를 하여야 하고, 보험자에게 직접 손해배상을 구할 수는 없다.[13] 다만 담보제공자와 담보권리자가 통모하여 진실에 반하는 서면을 작성할 수 있으므로, 증명서류는 위와 같은 서류로 제한되고 집행력 있는 공정증서는 이에 해당하지 아니한다. 은행·보험회사 등은 이러한 문서를 제시받은 때에는 그 내용에 관한 실체적인 심사를 하지 아니하고 바로 법원이 정한 금액을 한도로 하여 그 문서에 표시된 금액을 지급하여야 한다(민소규칙 22조).

마. 담보취소

1) 신 청 인

채권자가 제공한 담보는 채권자가 법원으로부터 담보취소결정을 받아 다시 찾을 수 있다(민집 제19조, 민소 제125조).

담보제공자의 담보물회수청구권에 대한 양수인이나 추심 또는 전부채권자와 같은 특정승계인도 담보취소신청권이 있고, 담보제공자의 일반채권자가 채권자대위권의

질권자와 동일한 권리가 인정된다.

13) 대법원 1999. 4. 9. 선고 98다19011 판결.

요건을 갖춘 경우에도 취소신청을 할 수 있다.

2) 담보취소의 사유

가) 담보사유의 소멸

담보를 제공한 원인이 부존재한 경우는 물론이고 그 후 담보의 존속을 계속시킬 원인이 부존재하게 된 경우 또는 장래에 있어서 손해발생의 가능성이 없게 된 경우 등을 의미하는 것으로서, 가압류채권자가 본안소송에서 승소의 확정판결을 얻은 경우와 같이 이미 집행된 가압류 등 보전처분의 정당성이 인용됨으로써 손해가 발생되지 아니할 것이 확실하게 된 때가 이에 해당한다.

채권자가 보전처분 결정 전에 보전처분의 신청을 취하한 경우에는 권리행사최고 등 담보의 취소절차 없이 취하증명을 제출하여 공탁금을 회수할 수 있다. 그러나 보전처분의 존재만으로도 채무자에게 신용훼손이나 정신적 손해를 주었을 수 있고, 또한 보증공탁이 담보하는 손해배상의 범위에는 보전처분 자체를 다투는데 필요한 소송비용도 포함되기 때문에 보전처분 결정 후 집행기간의 경과, 보전처분의 집행불능 후 보전처분 신청의 취하만으로는 담보사유가 소멸하지 않는다.

나) 채무자의 동의

채무자의 동의는 담보권의 포기를 의미하므로 담보취소사유로 한 것이다. 채무자의 동의는 서면으로 하며, 법원이 담보취소결정을 할 경우 그에 대한 항고권을 포기한다는 채무자의 서면까지 동의서에 첨부하여 채권자가 담보취소신청을 하는 것이 실무례이다. 채무자가 채권자의 공탁금회수청구권을 압류 및 추심 또는 전부 받아 채권자를 대신하여 담보취소를 신청하는 경우에는 담보권리자와 담보취소신청인이 동일인이므로 별도의 동의서나 항고권포기서를 제출할 필요가 없다.

다) 소송 완결 후의 권리행사 최고

소송이 완결된 때에는 손해발생 여부도 확정되므로, 담보제공자의 신청에 따라 법원이 일정한 기간(통상 1 내지 2주 정도)을 정하여 담보권자에게 담보권의 행사를 최고하고, 위 기간이 지나도록 담보권을 행사하지 않으면 담보취소에 동의한 것으로 간주하여 담보취소결정을 할 수 있다. 소송의 완결은 보전소송절차가 완결되어 더 이상 손해액이 증가할 염려가 없는 것을 말하며, 본안소송이 제기된 때에는 그 본안소송도 완결되어야 한다. 담보권자의 담보권의 행사는 담보의무자에 대하여 소송 기타 재판상 청구의 방법으로 하여야 한다. 권리행사최고를 거쳐 담보취소결정이 발하여진 후 그 결정이 확정되기 전에 담보권리자가 권리행사를 하고 이것을 증명한 경우에는 담보권리자가 담보취소에 동의한 것으로 간주하여 발하여진 담보취소결정은 그대로 유지될 수 없다. 한편, 권리행사기간 안에 또는 담보취소결정이 확정되기 전에 일단 담보권자에 의한 소의 제기 등의 권리행사가 있었으나 그 후 그 소가 취하되거나 취하간주되는 등의 이유로 권리행사가 처음부터 없었던 것으로 보는 때에는 권리행사기간이 경과함으로써 담보취소에 관하여 담보권자의 동의가 있는 것으로 간주하여야 한다. 채무자는 담보취소결정에 대하여 즉시항고로 불복할 수 있다(민소 제127조, 제125조 4항).

바. 해방금액의 공탁

가압류명령에는 가압류의 집행을 정지시키거나 집행한 가압류를 취소시키기 위하여 채무자가 공탁할 금액을 적어야 한다(법 282조). 이를 해방금액의 공탁이라고 한다. 채무자는 해방금액을 공탁하고 집행취소결정을 받을 수 있다(법299조 1항). 해방금액의 공탁은 금전에 의한 공탁만이 가능하다. 실질적 효용가치가 있는 유가증권이라도 허용되지 않는다. 가압류해방금액을 공탁하는 경우에는 담보공탁의 경우(민소 502조)와 그 성질이 다를 뿐만 아니라 현행법상 형식적 심사권을 가지고 있는 공탁관이 유가증권의 실질적 통용가치를 평가하여야 하는 실무상 어려운 문제점이 제기되고 있으므로, 해방금액의 공탁은 금전에 의한 공탁만 가능하다고 본다. 따라서 보증서 제출에 의한 담보제공도 허용되지 않는다. 집행이 취소되면 해방공탁금은 가압류의 목적물에 갈음한다. 즉 가압류권자가 본안에서 승소확정판결을 받게 될 경우 집행의 목적물이 된다.

[서식 6] 해방공탁서

공 탁 서(금전)

처리인	접수	조사	수 리	원표작성	납 입	출납부정리	통지서발송
			년 월 일 ㉑		년 월 일 ㉑		년 월 일 ㉑

의정부지방법원			공탁공무원 귀하			
공 탁 번 호		2000년 금 제 호	2000년 12월 일 신청		법령조항	민사집행법 제282조
공 탁 자	성 명 (사업자등록번호)	OO건설 주식회사 (000000-0000000)	피공탁자	성 명		
	주 소	OO시 OO읍 OO리 00 OO빌딩 401호		주 소		
공 탁 금 액		(숫자) 금 135,668,610원	(한글) 금 일억삼천오백육십육만팔천육백일십원			

공탁원인사실	OO지방법원 2000카단OOOOO호 채권가압류 채권자 : OO건설 주식회사 채무자 : OO건설 주식회사 OO 제3채무자 : 경기도 교육청 위 사건의 집행취소를 위하여 해방공탁함
비 고(첨부서류등)	가압류결정문 사본 1부, 위임장
1. 공탁으로 인하여 소멸하는 질권, 전세권 또는 저당권 2. 반대급부 내용	없음

위와 같이 공탁합니다.
공탁자 성명 ㉑

주 소 OO시 OO동 000-00 OO빌딩 O층
대리인 변호사 O O O ㉑

위 공탁을 수리합니다.
공탁금을 년 월 일까지 신한은행 공탁공무원의 계좌에 납입하시기 바랍니다.
동일까지 납입하지 않을 때는 이 공탁의 수리는 효력을 상실합니다.
2000년 12월 일
OO지방법원 공탁공무원 ㉑

(영수증) 위 공탁금이 납입되었음을 증명합니다.
2000년 12월 일
공탁물보관자(OO지방법원 공탁공무원) ㉑

※ 대리인에 의한 공탁일 때에는 공탁자의 인을 날인하는 대신 대리인의 주소, 성명을 기재하고 대인의 인을 날인합니다.
※ 공탁금은 그 회수청구권의 소멸시효 완성으로 인하여 국고에 귀속될 수 있음을 알려 드립니다.

Ⅳ. 가압류집행의 효력

1. 처분금지의 효력

가. 상대적 무효

가압류명령의 집행은 가압류의 목적물에 대하여 채무자가 매매, 증여, 질권 등의 담보권설정, 그밖에 일체의 처분을 금지하는 효력을 생기게 한다. 그러나 채무자가 처분금지를 어기고 일정한 처분행위를 하였을 경우 그 처분행위가 절대적으로 무효가 되는 것은 아니다. 가압류의 목적이 장차 목적물을 현금화하여 그로부터 금전적 만족을 얻자는 데 있는 것이므로, 그러한 목적 달성에 필요한 범위를 넘어서까지 채무자의 처분행위를 막을 필요는 없다. 그것은 채무자의 이익 내지 일반 거래상의 안전을 지나치게 해치는 결과가 되기 때문이다.

따라서 처분행위의 당사자, 즉 채무자와 제3취득자(소유권 또는 담보권을 취득한 자) 사이에서는 그들 사이의 거래행위가 전적으로 유효하고, 단지 그것을 가압류채권자 또는 가압류에 기한 집행절차에 참가하는 다른 채권자에 대하여 주장할 수 없음에 그치는 것이다.[14] 그 때문에 만일 채무자와 제3취득자 사이의 거래행위가 있은 후에 가압류가 취소, 해제되거나, 피보전권리가 변제 등으로 소멸하거나, 가압류가 무효인 것으로 판명된 경우에는 채무자와 제3취득자 사이의 거래행위는 완전히 유효한 것으로 된다. 따라서 가압류에 반하는 처분행위는 가압류(압류)채권자 및 처분행위 전에 집행에 참가한 자에 대한 관계에서만 무효일 뿐 처분행위 후에 집행에 참가한 채권자에 대하여는 그 처분의 유효를 주장할 수 있다(개별상대효설).[15][16]

---

14) 대법원 1987. 6. 9. 선고 86다카2570 판결.

15) 개별상대효설을 취하는 판례에 의하면, 그 효력은 다음과 같다. 첫째, 가압류 후에 저당권을 취득한 자는 가압류권자와 동순위로 배당을 받는다. 저당권자보다 후순위의 일반채권자도 배당요구를 하였을 경우에는 위 세 사람에게 안분배당을 한 후 담보물권자가 후순위 일반채권의 배당을 흡수한다(대법원 1994. 11. 29.자 94마417 결정). 둘째, 가압류 후 목적물이 제3자에게 양도된 경우 양도 전에 목적물을 압류 또는 가압류 한 채권자들은 처분금지적 효력이 미치는 매가대금 부분에 관하여 제3취득자의 채권자에 대하여 우선적인 권리를 행사할 수 있고, 따라서 제3취득자의 채권자는 그 매각절차에서 제3취득자의 재산매각대금부분에서 배당 받을 수 있을 뿐, 처분금지적 효력이 미치는 범위의 금액에 대해서는 배당 받을 수 없다(대법원 1992. 2. 11. 선고 91누5228 판결). 셋째, 가압류 후 목적물이 제3자에게 양도된 후에는 구 소유자에 대한 일반 채권자들은 배당요구를 할 수 없다.

16) 개별상대효설은 또한 가압류의 상대적 효력의 객관적 범위에 관하여, 가압류의 처분금지적 효력은 목적물의 교환가치 중 피보전채권에 대응하는 목적물의 교환가치에만 미치고(저촉처분은 그 처분이 있기 전까지의 가압류 채권액에 대한 관계에서만 무효로 된다), 따라서 제3취득자는 완전한 권리를

나. 유형별 효력

1) 부동산에 대하여 가압류등기가 경료되면 채무자가 그 부동산을 처분하더라도 가압류채권자에 대한 관계에서는 무효이나, 채무자의 처분행위로 부동산을 취득한 자가 이에 따른 등기를 신청하면 등기관은 가압류집행 중임을 내세워 이를 거부할 수 없고, 취득자가 그 등기를 마치면 가압류채권자 이외의 자에 대해서는 그 취득의 효과를 주장할 수 있다. 한편 토지에 대하여 가압류가 집행되어 있어도 토지의 수용으로 기업자가 그 소유권을 원시취득하면 가압류의 효력은 소멸되고, 토지에 대한 가압류가 수용보상금 청구권에 당연히 이전되지는 않는다.[17]

2) 부동산소유권이전등기청구권에 대한 가압류는 채권에 대한 것이지 부동산 자체에 대한 것이 아니어서 결정정본을 송달하는 외에 등기부에 공시할 방법이 없으므로, 채무자와 제3채무자 이외의 제3자에 대해서는 처분금지적 효력을 주장할 수 없고, 부동산 자체의 처분을 금지하는 대물적 효력은 없다. 따라서 부동산소유권이전등기청구권이 가압류된 후 제3채무자나 채무자로부터 소유권이전등기를 넘겨받는 제3자에 대하여 가압류채권자는 그 등기가 원인무효라고 주장하여 말소를 청구할 수 없다. 다만, 가등기된 부동산소유권이전등기청구권에 대한 가압류의 기입등기가 마쳐진 후 가등기에 기한 본등기와 이에 터 잡아 제3자 명의의 소유권이전등기가 경료된 경우에는, 가압류채권자는 제3자에 대하여 위 가압류의 처분금지적 효력을 주장할 수 있다 할 것이어서, 제3자 명의의 소유권이전등기는 등기된 가압류의 채권자와의 관계에서 무효이다.[18]

한편 부동산소유권이전등기청구권에 대한 가압류는 채무자 명의로 소유권을 이전하여 이에 대하여 강제집행을 할 것을 전제로 하고 있으므로, 소유권이전등기청구권을 가압류하였다 하더라도 어떠한 경료로 제3채무자로부터 채무자 명의로 소유권이전등기가 마쳐졌다면 채권자는 부동산 자체를 가압류하거나 압류하면 될 뿐 그 등기를 말소할 필요는 없다. 다만, 그에 기하여 채무자가 당해 부동산을 다른 곳에 처분함

취득하기 위하여 저촉처분이 있기 전까지의 가압류 채권액만 변제하면 되며, 그 처분 후에 추가, 확장된 채권까지 변제할 필요는 없다고 한다. 판례도 가압류 집행 후 가압류목적물의 소유권이 제3자에게 이전된 경우 가압류채권자는 가압류목적무의 매각대금에서 가압류결정 당시의 청구금액을 넘어서는 이자와 소송비용채권을 배당받을 수 없다고 하여 이러한 법리를 따르고 있다(대법원 1998. 11. 10. 선고 98다43441 판결).

17) 대법원 2004. 4. 16. 선고 2003다64206 판결.

18) 대법원 1998. 8. 21. 선고 96다29564 판결.

으로써 채권자가 손해를 입게 되면 제3채무자가 손해배상책임을 질 수 있다.[19)]

일반적으로 채권에 대한 가압류가 있더라도 채무자는 제3채무자를 상대로 그 이행을 구하는 소를 제기할 수 있고, 법원은 가압류가 되어 있음을 이유로 이를 배척할 수 없는 것이 원칙이나, 부동산소유권이전등기청구권이 가압류된 후 채무자가 제3채무자를 상대로 소유권이전등기청구의 소를 제기한 경우에는 법원은 가압류 해제를 조건으로 하여서만 청구를 인용할 수 있다.[20)] 무조건 인용하면 채무자의 일방적인 이전등기신청을 저지할 방법이 없기 때문이다.

2. 사용·관리·수익에 관한 효력

가압류의 집행은 채무자에 대하여 처분금지의 제한에만 그치지 않고 그 목적달성을 위한 범위 내에서 가압류 물건의 사용·관리·수익까지 제한하는 효력이 있는 것이 원칙이다. 그러나 부동산이 가압류된 경우에는 채무자가 목적물의 이용 및 관리의 권리를 갖는다(민집 제291조, 제83조 2항).

3. 다른 절차와의 경합

가. 가압류와의 경합

동일한 가압류 대상물에 대한 가압류 집행의 경합이 허용되며, 중복압류절차에 의하여 집행한다. 가압류채권자 상호간의 우열도 없다. 가압류집행이 경합되는 경우 그 중 하나가 본압류로 이행된 때에는 다른 가압류채권자는 배당받을 채권자로서의 지위를 갖는다(민집 제148조 3호).

나. 가처분과의 경합

가압류와 가처분은 그 내용이 서로 모순, 저촉되지 않는 한 경합이 가능하다. 그 내용이 모순, 저촉되는 경우 효력의 우열은 부동산의 경우 집행의 선후에 의하여 결정한다.[21)]

등기관이 동일한 부동산에 관한 가압류등기 촉탁서와 처분금지가처분 등기 촉탁서

---

19) 대법원 2002. 10. 25. 선고 2002다39371 판결.
20) 대법원 1999. 2. 9. 선고 98다42615 판결.
21) 대법원 2005. 1. 14. 선고 2003다33004 판결.

를 동시에 받아 양 등기에 대하여 동일 접수번호와 순위번호를 기재하여 처리한 경우, 그 등기의 순위는 동일하고, 순위가 같은 가압류와 가처분채권자 상호간에 한해서는 처분금지적 효력을 서로 주장할 수 없다. 따라서 가압류권자가 집행권원을 얻어 강제경매를 신청하기 전에 가처분권자 명의로 소유권이전등기가 경료되면 가압류권자가 그 소유권이전등기의 효력을 부정할 수 없으므로 가압류권자의 강제경매신청은 타인 소유의 부동산에 대한 것으로서 부적법하게 된다.[22)]

다. 강제집행과의 경합

가압류의 목적물에 대하여 금전채권의 강제집행을 하는 것이 가능하다. 그 경우 가압류채권자는 배당요구의 필요 없이 당연히 배당받을 권리를 가진다(민집 138조 3호). 첫 경매개시결정 기입등기 후에 부동산을 가압류한 채권자는 배당요구를 하여야 한다(민집 제88조 1항).

[서식 7] 가압류취소신청(사정변경)

채권가압류취소신청

신청인(채무자)	OO건설 주식회사 OO도 OO시 OO동 00 대표이사 O O O
신청인 소송대리인	법무법인 OO 담당변호사 O O O
피신청인(채권자)	대한민국 서울 OO구 OO동 O가 000 (소관: 서울지방 철도청) 법률상 대표자 법무부장관 O O O

신 청 취 지

1. 신청인과 피신청인 사이의 OO지방법원 20OO카단OOOO호, 20OO카단OOOO

22) 대법원 1998. 10. 30.자 98마475 결정.

호 각 가압류 사건에서 동 법원이 각 2000. O. O.에 한, 2000카단OOOO호 가압류 사건에서 동 법원이 2000. O. O.에 한 각 채권가압류 결정은 이를 각 취소한다.

2. 소송비용은 피신청인의 부담으로 한다.

라는 판결 및 가집행의 선고를 구합니다.

신 청 이 유

1. 가. 피신청인은 신청인에 대한 손해배상 채권 및 지연이자금 2억 5,792만 원을 피보전권리로 하여 신청인의 신청외 대한민국(소관 OO지방철도청: 2000카단OOOO호 금 4,500만 원, 소관 OO지방철도청: 2000카단OOOO호 금 9,393만 원, 소관 OO지방철도청: 2000카단OOOO호 금 1억 5,000만 원)에 대한 공사대금채권을 가압류하였습니다.

   나. 그 후 피신청인이 신청인을 상대로 손해배상원금 및 지연이자채권을 원인으로 제소한 OO지방법원 2000가합OOOO호 손해배상(기)청구 본안사건에서 피신청인이 패소하였으며, 상소심에서 위 본안사건 1심 판결이 변경될 가능성은 없습니다.

2. 그러므로 위 각 가압류 결정은 사정이 변경되어 유지함이 상당하지 아니하게 되었으므로 민사집행법 제288조에 의하여 위 각 가압류 결정의 취소를 구하기 위하여 본 신청을 하는 바입니다.

입 증 방 법

1. 갑 제1호증	가압류 결정문(2000카단OOOO)
2. 갑 제2호증	가압류 결정문(2000카단OOOO)
3. 갑 제3호증	가압류 결정문(2000카단OOOO)
4. 갑 제4호증	본안판결문

첨 부 서 류

1. 위 각 입증방법	각 1통
2. 신청서 부본	1통
3. 납부서	1통
4. 위임장	1통
5. 법인등기부등본	1통

20OO. . .

위 신청인(채무자) 소송대리인 법무법인 OO
담당변호사 O O O

OO지방법원 귀중

[서식 8] **가압류취소**(제소기간 도과)

가압류취소신청

신 청 인(채무자) O O O
서울시 OO구 OO동 48
신청인 대리인 법무법인 OO
서울시 OO구 OO동 107
담당변호사 O O O

피신청인(채권자) O O O
서울시 OO구 OO동 28

신 청 취 지

1. 위 당사자 사이의 귀원 20OO카단OOOO호 부동산 가압류 신청사건에 관하여 귀원이 20OO. O. O.자로 한 가압류 결정은 이를 취소한다.
2. 소송비용은 피신청인의 부담으로 한다.

라는 재판을 구합니다.

신 청 이 유

1. 피신청인은 신청인에 대하여 OO지방법원 20OO카단OOOO 부동산 가압류신청을 하여 신청인 소유의 별지목록기재 부동산에 대하여 귀원에서 20OO. 5. 9.

가압류 결정을 받아 집행을 하였습니다.

2. 그러나 피신청인은 그 본안 소송을 제기치 아니하므로 신청인은 제소명령 신청을 한 바 귀원에서 피신청인에 대하여 2000. 6. 22. 제소명령을 받은 날로부터 OO일 이내에 관할법원에 본안의 소를 제기하라는 명령을 하였음에도 불구하고 피신청인은 소정 기간 내에 본안의 소를 제기치 아니하므로 가압류결정취소를 구하기 위하여 본 신청에 이르렀습니다.

2OOO. . .

신청인대리인
법무법인 OO
담당변호사 O O O

OO지방법원 귀중

[서식 9] 담보취소신청

담보취소신청

신 청 인(채권자) 강 O O (000000-0000000)
서울 OO구 OO로 00-00
송달장소 : 서울 OO구 OO로 000-00 OO빌딩 O층
(전화 : 00-000-0000 / 팩스 : 00-000-0000)

피신청인(채무자) 정 O O (000000-0000000)
서울 OO구 OO로 00-00

위 당사자간 귀원 2OOO카단OOO 점유이전금지가처분신청사건에 관하여 신청인은 피신청인의 손해를 담보하기 위하여 금 3,500,000원을 귀원 2OOO금제OOO

호로 공탁하였지만, 본안소송에서 신청인과 피신청인 사이에 조정이 성립되어 그 담보사유가 소멸하였으므로 위 담보의 취소신청을 합니다.

첨 부 서 류

1. 조정조서정본	1부
1. 금전 공탁서(재판상의 보증)	1부
1. 납부서	1부

2000. . .

신청인 강 ○ ○

서울OO지방법원 귀중

제3절 가처분절차

I. 서 설

가처분은 금전채권 이외의 특정급여청구의 보전을 위한 보전처분이다. 크게 다툼의 대상에 대한 가처분 임시의 지위를 정하기 위한 가처분이었다. 가처분절차는 가처분명령절차와 가처분집행절차로 이루어진다. 가처분, 특히 임시의 지위를 정하기 위한 가처분에 있어서 보전처분의 성격 가운데, ① 잠정성에 있어서 본안소송을 대체화하는 경향을, ② 부수성에 있어서는 본안소송을 생략하는 경향을, ③ 신속성에 있어서는 가처분심리의 장기화의 경향을 지적할 수 있다. 이와 같이 가처분의 본래의 목적을 넘어서 본안소송을 대신하여 통상의 권리구제수단이 되고 있는 경향을 가처분의

본안화 경향이라 한다.[23)]

Ⅱ. 가처분의 신청요건

1. 피보전권리

가. 다툼의 대상에 관한 가처분(민집 제300조 제1항)

1) 특정물에 관한 이행청구권일 것

다툼의 대상에 관한 가처분은 다툼의 대상의 현상이 바뀌면 채권자가 권리를 실행하지 못하거나 이를 실행하는 것이 매우 곤란한 염려가 있을 경우에 허용되므로, 그 피보전권리는 금전채권을 제외한 특정물에 관한 이행청구권이다. 여기에서 계쟁물이라고 함은 당사자 사이에 다투어지고 있는 물건 또는 권리를 가리킨다고 해석하는 것이 통설이다. 계쟁물에 관한 가처분은 그 피보전권리가 특정물에 관한 이행청구권이므로 가처분의 결정 및 집행에 있어서 그 대상 목적물인 다툼의 대상이 명확히 특정되어야 한다.

다툼의 대상은 가처분에 의하여 보전될 강제집행의 대상이 될 수 있는 물건이어야 하므로, 처분금지가처분에 있어서 제3자 소유의 물건은 가처분의 대상이 될 수 없다. 다툼의 대상에 관한 이행청구권에 있어서 그 의무의 내용에는 물건의 인도나 철거, 물건에 대한 권리의 이전이나 설정과 같은 작위의무, 물건의 소유 또는 이용에 관한 부작위의무(예컨대, 물건을 타에 양도하지 아니할 의무) 또는 출입을 허용하는 의무와 같은 수인의무 등이 포함된다. 따라서 토지거래허가 신청절차이행청구권도 매매목적토지의 처분을 금지하는 가처분의 피보전권리 적격이 인정된다.

2) 청구권이 성립하여 있을 것

다툼의 대상에 대하여 가처분명령을 발하려면 그 청구권이 이미 성립하였거나 적어도 그 내용, 주체 등을 특정할 수 있을 정도로 요건이 갖추어져야 한다. 따라서 계쟁 부동산에 관하여 실체상 아무런 권리가 없는 사람의 신청에 의하여 처분금지가처분 결정이 내려졌다면, 그에 기한 가처분등기가 마쳐졌다 하더라도 그 가처분권리자

23) 김홍엽, 민사집행법, 434면.

는 가처분의 효력을 채무자나 제3자에게 주장할 수 없는 것이므로, 그 가처분 등기 후에 부동산 소유권이전등기를 마친 자는 가처분권리자에 대하여도 유효하게 소유권을 취득하였음을 주장할 수 있다.[24] 한편 판례는 채무자의 차용금 채무를 담보하기 위하여 부동산에 관하여 채권자 명의의 가등기 및 본등기가 경료된 경우에 채무자가 아직 그 차용금채무를 변제하지 아니한 상태라 할지라도, 채무변제를 조건으로 한 말소등기청구권을 보전하기 위하여 그 담보목적 부동산에 관하여 처분금지가처분을 신청할 수도 있으며, 그 경우 채권자가 담보목적 부동산에 대한 담보권 행사가 아닌 다른 처분행위를 하거나, 피담보채무를 변제받고서도 담보목적 부동산을 처분하는 것을 방지하는 목적 범위 내에서는 보전의 필요성도 있다고 한다.[25]

그러나 가압류의 경우와 마찬가지로 기한부, 조건부청구권이라도 좋다. 또한 동시 이행의 항변권이나 유치권이 부착되어 있는 청구권도 무방하다. 법원의 형성판결에 의하여 비로소 발생하는 청구권도 피보전권리의 적격을 갖는다. 예컨대, 사해행위취소에 의한 원상회복청구권을 피보전권리로 하여 처분금지가처분을 발하거나, 부동산의 공유지분권자가 공유물 분할의 소를 본안으로 제기하기에 앞서 그 승소판결이 확정됨으로써 취득할 특정부분에 대한 소유권을 피보전권리로 하여 부동산 전부에 대한 처분금지가처분을 발하는 것도 가능하다.[26]

3) 민사소송절차에 의하여 보호받을 수 있는 권리로서 강제집행에 적합한 권리일 것

보전처분은 민사소송절차에 의하여 보호를 받을 수 있는 권리에 한하여 허용된다. 따라서 행정사건에 관한 권리나 비송사건절차법에 의한 권리 등은 원칙적으로 가처분의 피보전권리의 적격이 없다. 다만, 행정사건에 관한 권리 중, 처분행정청을 상대로 한 항고소송을 본안으로 한 것이 아니고, 행정처분이 당연무효임을 전제로 하여 사법

---

24) 판례는 차용금채무를 담보하기 위하여 부동산에 관하여 채권자 명의의 가등기 및 본등기가 경료되었는데, 채무자가 아직 위 차용금채무를 변제하지 아니한 상태에서 채무변제를 조건으로 한 말소등기청구권을 보전하기 위하여 부동산에 관한 처분금지가처분결정을 얻어 그 기입등기를 마친 사안에서, 위 처분금지가처분의 피보전권리가 될 말소등기청구권은 가처분 당시까지도 발생하지 아니하였음이 분명하여 위 가처분결정은 담보목적부동산에 대한 담보권행사로서의 처분행위를 방지할 효력이 없고, 그 후 채권자가 담보권을 행사하여 위 부동산을 처분하고 그 등기까지 마쳤다면 채무자가 차용금채무의 변제를 조건으로 가등기 및 본등기의 말소를 구하는 것은 이행불능상태에 빠졌고, 따라서 위 처분금지가처분의 피보전권리는 소멸되었다고 한다(대법원 1991. 5. 14. 선고 91다8678 판결).

25) 대법원 2002. 8. 23. 선고 2002다1567 판결.

26) 대법원 2002. 9. 27.자 2000마6135 결정.

상의 권리관계의 존부확인 등을 본안의 소송물로 하는 경우에는, 가처분의 피보전권리 적격을 인정할 수 있다고 할 것이다.

다툼의 대상에 관한 가처분은 실체적 청구권이 장래의 집행을 위한 것이므로 그 피보전권리는 후에 강제집행이 가능한 것이어야 한다. 따라서 소송으로 청구할 수 없는 이른바 자연채무, 소송상 청구는 가능하나 집행이 불가능한 책임 없는 채무(예컨대, 강제집행을 하지 아니하기로 하는 특약이 있는 가옥인도청구권) 등은 피보전권리가 되지 못한다.

4) 다툼의 대상의 현상에 관한 것일 것

다툼의 대상에 관한 가처분은 다툼의 대상의 현상이 변경되는 불안을 제거하는 것을 목적으로 한다. 민법 제208조에 의하면 점유권에 기인한 소는 본권에 관한 이유로 재판하지 못하므로, 점유권을 피보전권리로 하는 때에는 본권이 존재하지 아니하더라도 피보전권리는 존재한다고 볼 것이다.

나. 임시의 지위를 정하기 위한 가처분의 피보전권리(민집 제300조 2항)

1) 권리관계가 현존할 것

임시의 지위를 정하기 위한 가처분은 장래의 집행보전이 아닌 현존하는 위험방지를 위한 것이므로 엄밀한 의미에서는 피보전권리라고 할 것이 없지만, 보통 다툼이 있는 권리관계를 피보전권리라고 한다. 그 권리확정이 아직 이루어지기 전에 임시로 신청인에게 권리자로서의 지위를 주려는 것이다. 따라서 그 피보전권리는 반드시 집행에 적합하지 아니한 것이라도 상관없다.

2) 권리관계에 다툼이 있을 것

임시의 지위를 정하기 위한 가처분은 다툼이 있는 권리관계에 관하여 현재 위험을 방지할 것을 목적으로 하여 권리확정이 이루어지기 전에 임시로 신청인에게 권리자의 지위를 주려는 것으로서, 그 개념 요소로서 다툼 있는 권리관계의 존재를 그 요건으로 한다. 다툼이라 함은 권리관계에 관하여 당사자의 주장이 대립되기 때문에 소송에 의한 권리보호가 요구되는 것을 말한다. 그러나 반드시 재판이 계속 중이거나 당사자가 적극적으로 분쟁을 벌이고 있는 상태에 있을 필요는 없다. 따라서 가처분채권자의 점유가 침해되거나 이행기가 도래하였는데도 상대방이 이행을 하지 아니하는 경우 또는 권리에 대한 위법한 침해의 위험이 가까워진 것도 다툼이 있는 경우에 포함된다.

2. 보전의 필요성

가. 다툼의 대상에 관한 가처분

다툼의 대상에 관한 가처분은 대상물의 현상이 바뀌면 당사자가 권리를 실행하지 못하거나 이를 실행하는 것이 매우 곤란할 염려가 있을 경우에 허용된다(민집 제300조 1항).[27] 또한 가처분의 필요성이 일응 인정되어도 다른 사정으로 그 필요성이 조각될 경우, 예컨대 즉시 집행가능한 집행권원을 확보한 경우, 법률상 다른 구제수단이 있는 경우 부작위채권자가 자기의 권리침해를 장기간 방치하였을 경우, 가처분신청이 권리남용으로 인정되는 경우 등은 보전의 필요성이 인정되지 않는다. 다툼의 대상이 되는 가처분의 경우 피보전권리에 관한 소명이 인정된다면 보전의 필요성도 인정되는지 여부에 관하여, 판례는 이른바 만족적 가처분의 경우와 달리 보전처분의 잠정성·신속성 등에 비추어 피보전권리에 관한 소명이 인정된다면 다른 특별한 사정이 없는 한 보전의 필요성도 인정되는 것으로 보아야 한다는 입장이다.

[서식 10] 토지출입금지 가처분신청서(토지불법점유사용)

토지출입금지가처분신청

채 권 자　○ ○ ○
ＯＯ시 ＯＯ구 ＯＯ길 00 (우편번호 00000)
전화·휴대폰번호 :
팩스번호, 전자우편(e-mail)주소 :

채 무 자　○ ○ ○
ＯＯ시 ＯＯ구 ＯＯ길 00 (우편번호 00000)

---

27) 여기서 대상물의 변경은 물리적 상태의 변경과 법률적 상태의 변경을 포함한다. 타인의 토지를 그 소유자의 의사에 반하여 계속 점유경작하고 있는 이상 출입금지가처분의 필요성이 인정되고, 토지의 처분행위를 금하는 가처분이 인정된다면 그 토지에 공작물설치와 수목벌채 등 행위의 금지를 구하는 가처분도 보전의 필요가 있고 또 그 소명이 되어 있다고 보아야 하며, 불법점유라 하더라도 정당한 절차를 밟아 그 목적물을 인도할 때까지는 그 점유의 방해예방을 청구할 수 있으므로 가처분 채권자의 점유가 불법점유라고 하여도 보전의 필요성을 부정할 것은 아니다.

전화·휴대폰번호 :
팩스번호, 전자우편(e-mail)주소 :

목적물의 표시 : 별지목록 기재와 같습니다.
목적물의 가격 : 4,127,590원

신 청 취 지

채무자는 별지목록 기재 토지에 출입하여서는 아니 된다.
라는 재판을 구합니다.

신 청 이 유

1. 원래 채권자의 소유인 별지목록 기재 토지에 대하여, 20OO. O.경 신청외 OOO가 판결문을 위조하여 자신의 명의로 소유권보존등기를 마치고 이를 신청외 OOO에게 양도하였으며, 신청외 OOO는 이를 다시 신청외 OOO에게 양도하여 20OO. O. O.자 매매를 원인으로 한 소유권이전등기가 되었습니다.

2. 그러나 채권자는 위와 같은 등기는 무효의 등기이므로 OO지방법원 20OO가합 OOO호로 소송을 제기하여 별지목록 기재 토지에 관하여 차례로 이전된 위 등기의 말소를 구함과 동시에 국가를 상대로 위 토지가 채권자의 진정한 소유임을 확인하는 소송을 제기하여 채권자 승소판결이 선고되고, 항소심과 상고심에서 위 판결이 확정되어 위 등기는 원인무효로써 20OO. O. O. 각 말소되고 폐쇄등기가 되었으며 채권자 명의로 소유권보존등기가 되었습니다.

3. 그런데, 신청외 OOO는 20OO. O.경 별지목록 기재 토지를 채무자에게 점유·경작케 하여 채무자가 별지목록 기재 토지 위에 비닐하우스 1동을 설치하고 있어 그 소유권자인 채권자의 권리행사를 불가능하게 하고 있으므로, 만일 지금에 있어서 채무자의 출입을 방치하고 비닐하우스의 설치를 방지하지 아니하면 채권자가 나중에 승소판결을 받아 확정된다고 하더라도 토지사용권이 침해당하게 되어 결국 판결의 집행을 보전하지 못하게 될 것이므로, 채무자에 대하여 별지목록 기재 토지의 출입금지가처분명령을 구하기 위하여 이 사건 신청에 이르렀습니다.

4. 한편, 이 사건 출입금지가처분명령의 손해담보에 대한 담보제공은 민사집행법 제19조 제3항, 민사소송법 제122조에 의하여 보증보험주식회사와 지급보증위탁계약을 맺은 문서를 제출하는 방법으로 담보제공을 할 수 있도록 허가하여

주시기 바랍니다.

소 명 방 법

1. 소갑 제1호증	부동산등기사항증명서
1. 소갑 제2호증	토지대장등본
1. 소갑 제3호증의 1, 2	판결정본

첨 부 서 류

1. 위 소명방법	각 1통
1. 송달료납부서	1통

20○○. . .

위 신청인 ○ ○ ○ (서명 또는 날인)

○○지방법원 ○○지원 귀중

나. 임시의 지위를 정하기 위한 가처분

이 가처분의 보전의 필요성에 관한 현저한 손해를 피하거나 급박한 위험을 막기 위하여(민집 제300조 2항)라는 사유는 단순한 예시규정에 지나지 않으며, 그러한 예시적 사유 외에는 그 밖의 필요한 이유가 있을 경우에 라고 하는 일반조항만을 두고 있기 때문에 이 가처분의 필요성은 법원의 재량 판단에 맡겨질 문제이다. 그러나 이 가처분은 본안판결 전에 채권자에게 만족을 주는 경우도 있는 것이어서 채무자에게 주는 고통 또한 크다고 할 것이므로 그 필요성의 인정에 신중을 기하여야 할 것이고, 그 심리에 있어서는 원칙적으로 변론기일 또는 채무자가 참석할 수 있는 심문기일을 열어야 한다(민집 제304조).

실무상으로 가압류나 다툼의 대상에 관한 가처분에서는 채무불이행 그 밖의 필요성을 엿볼 수 있는 소명이 있으면 별다른 사정이 없는 한 보전처분의 필요성이 있다고 보는 데 반하여, 임시의 지위를 정하기 위한 가처분에서는 그 필요성을 인정할 만한 특별한 사정의 소명이 없는 한 가처분신청을 배척하는 예가 많다. 특히 만족적 가처분에 있어서는 고도의 보전의 필요성이 존재하지 않으면 안 된다고 할 것이다. 이러한 가처분이 필요한지의 여부는 당사자 쌍방의 이해득실관계를 고려하여 정하여야 한다. 예컨대, 건축공사중지가처분 신청 당시에 굴착공사가 거의 종료하였다면 피신청인이 그 후 그 대지상에 출입하며 남은 공사를 진행하여도 이에 인접한 신청인의 대지가 침하하거나 건물이 균열될 염려가 있다고 할 수 없어 보전의 필요성을 인정할 수 없다.[28)]

가처분채권자가 본안소송에서 승소판결을 받은 그 집행채권이 정지조건부인 경우라 할지라도 그 조건이 집행채권자의 의사에 따라 즉시 이행할 수 있는 의무의 이행인 경우 정당한 이유 없이 그 의무의 이행을 게을리하고 집행에 착수하지 않고 있다면 보전의 필요성은 소멸되었다고 보아야 한다.

[서식 11] 공사중지 가처분신청서(인근 지하 굴착공사로 주택 균열의 경우)

공사중지 가처분 신청서

신 청 인 　○ ○ ○ (000000-0000000)
　　　　　○○시 ○○구 ○○길 000
　　　　　전화번호 :

피신청인 　1. ○ ○ ○ (000000-0000000)
　　　　　　○○시 ○○구 ○○길 000
　　　　　2. ○○건설 주식회사
　　　　　　○○시 ○○구 ○○길 000
　　　　　　대표이사 ○ ○ ○

목적물 가액 : 금○○○○○○원
목적물의 표시 : 별지기재와 같음

28) 대법원 1981. 3. 10. 선고 80다2832 판결.

피보전권리의 요지 : 신청인의 소유권에 기한 방해배제청구권 및 손해배상 청구권

신 청 취 지

1. 피신청인들은 별지목록기재 부동산에 대한 지하굴착공사를 하여서는 아니 된다.
2. 집행관은 위 취지를 적당한 방법으로 공시하여야 한다.
3. 담보제공은 채권자와 OO보증보험주식회사간에 체결한 지급보증위탁계약 문서의 제출에 의한다.
4. 신청비용은 피신청인들의 부담으로 한다.

라는 재판을 구합니다.

신 청 이 유

1. 신청인은 OO시 OO구 OO동 000 대지상 연와조 스라브위 기와지붕 지상 1,2층 각 110.76평방미터, 지하실 25.08평방미터(이하 이 사건 건물이라고 한다)의 소유자이며, 피신청인 1.은 이 사건 건물과 인접한 같은동 000 대 275.6평방미터의 소유자입니다.

2. 피신청인 1.은 20OO. O. 초순경 OO구청장으로부터 피신청인 1.명의로 건축허가를 받아 위 지상에 지하1층, 지상4층 건평 821.14평방미터의 주거용 근린생활 시설을 세우기 위하여 피신청인 2.와 건축도급계약을 체결하였고, 피신청인 2.는 장비를 동원하여 이 사건 건물의 지층으로부터 근접한 거리에서 굴토작업을 하고 있습니다.

3. 위 굴토공사후인 20OO. O. 16:00경부터 굴토면에 접한 이 사건 건물의 담장이 약 13내지 15미터 가량 붕괴되고, 위 담장과 이 사건 건물사이의 폭 약 1미터의 시멘트바닥이 약 10센티미터 침하되면서 이 사건 건물의 내, 외벽 및 바닥에 수많은 균열이 발생하게 된 사실이 있습니다.

4. 위 지하굴착작업을 시행하게 되면 지하수 및 토사가 유출되거나 진동이 발생되고 이에 따른 인접지반의 교란에 의한 부동침하나 진동의 전달로 인하여 인접지 건물에 균열을 발생시키거나 심한 경우에는 붕괴에 이르게 할 위험성이 불구하고 피신청인들은 이를 방지하기 위한 제반안전조치를 취하지 아니한 채 굴토면에 콘크리트기둥을 설치하는 씨.아이.피공법을 사용하여 지하 약 4미터 깊이로 굴토공사를 강행하고 있습니다.

5. 이 사건 건물과 인접대지에서 공사를 시행하는 피신청인들로서는 위와 같은

지하굴토작업을 할 경우 위와 같은 위험 이 당연히 예상되므로 사전에 지하수 및 토사유출방지를 위하여 흙막이 시공을 철저히 하고 지반이 동요되지 않도록 받침대를 세우거나 진동전달 방지를 위한 안전조치를 취하여야 할 주의의무가 있음에도 이를 게을리하고 공사를 진행하고 있어, 이는 신청인의 수인의 한도를 넘는 것이라고 할 것입니다.

6. 따라서, 신청인은 피신청인들을 상대로 소유권방해배제청구의 소와 발생된 손해에 대해 손해 배상 청구의 소제기를 준비 중입니다. 그러나, 재판 받기 까지는 상당한 시일이 소요되고 피신청인이 공사를 강행하고 있으므로 피신청인의 위 공사를 방치 한다면 신청인은 건축물 붕괴 등으로 신체 및 생명 그리고 금전상 막대한 손해를 입을 것이 명백하므로 시급히 공사 중지를 할 필요성이 있어 본안 소송에 앞서 이건 신청에 이르게 되었습니다.

7. 이 사건 담보제공은 보증보험회사와 체결한 지급보증위탁계약체결문서의 제출에 의할 수 있도록 허가하여 주시기 바랍니다.

첨 부 서 류

1. 부동산등기사항전부증명서	1통
1. 진정서	1통
1. 토지대장등본	1통
1. 사진	1통
1. 현장약도	1통
1. 주민등록표등본	1통
1. 법인등기사항전부증명서	1통

20OO. . .

위 신청인 ○ ○ ○

OO지방법원 귀중

Ⅲ. 재 판

1. 심리방식

가처분신청에 대한 심리방식은 임의적 변론의 방식이다. 즉 서면심리, 심문을 거치는 심리, 변론심리로 할 수 있다. 다만 임시의 지위를 정하기 위한 가처분의 경우는 변론기일 또는 채무자가 참석할 수 있는 심문기일을 열어야 한다. 이 경우에도 기일을 열어 심리하면 가처분의 목적을 달성할 수 없는 경우에는 심문없이 한다(법 304조). 가처분신청사건과 본안소송이 같은 재판부에 계속된 경우에는 병행심리를 한다.

2. 가처분의 내용결정상 제약

가. 신청의 목적에 의한 제약

법원은 신청목적을 이루는 데 필요한 처분을 직권으로 정한다(법 305조 1항). 채권자는 반드시 구체적인 처분방법을 신청할 필요는 없다. 한편 법원은 신청서의 문언만에 의하여 결정하는 것은 아니다. 특히 임시지위를 정하는 가처분은 법원의 재량에 따라 합목적적으로 정한다. 다만 재량에는 제약사항이었다. 피보전권리의 종류와 성질, 보전의 필요성, 강제집행과의 관련성 등에 의하여 일정한 제한을 받게 된다. 채권자와 채무자간의 이익교량 등 비례의 원칙이 적용된다.

나. 본안청구권에 의한 제약

가처분은 본안청구권에 의한 제약을 받는다. 법률에 명문의 규정이 없는 형성의 소를 본안소송으로 한 가처분은 인정되지 아니한다.

다. 가처분의 목적에 의한 제약

가처분은 가처분의 목적에 의한 제약을 받는다. 채권자를 완전히 만족시키는 처분은 가처분의 목적을 벗어난 것으로 허용되지 아니한다. 예컨대 의사표시를 명하는 가처분은 허용되지 아니한다. 의사표시를 명하는 재판은 확정된 때에 비로소 의사표시를 한 것으로 간주되기 때문이다. 만족적 가처분의 경우에도 본안 승소판결이 확정되어 집행된 경우에 이루어지는 종국적 상태와 완전히 동일한 내용으로서 원상회복이 불능한 내용으로 만족을 주는 것은 가처분의 목적에 반하여 허용되지 않는다.

3. 가처분신청에 대한 결정

심리결과 소송요건의 흠이나 담보제공의 불이행의 경우에는 신청을 각하한다. 피보전권리나 보전의 필요성의 불소명의 경우에는 신청을 기각한다.

Ⅳ. 가처분 집행의 효력

1. 개 요

가처분의 내용은 다종다양하고 그 효력도 상이하여 일률적으로 말하기가 어렵다. 효력의 범위도 상대적인 것이 있는가 하면 절대적인 것도 있다.

2. 처분금지가처분의 효력

가. 등기와의 관계

처분금지가처분은 그 집행인 등기에 의하여 가처분채무자 및 제3자에 대하여 그 내용에 다른 구속력을 갖게 한다. 이러한 의미에서 처분금지가처분의 효력이라고 하는 것은 그 가처분결정자체의 효력이라기보다는 그 집행의 효력이라고 할 수 있다. 따라서 가처분명령이 발하여졌다고 하더라도 아직 가처분등기가 마쳐지기 전에 가처분채무자가 그 가처분의 내용에 위반하여 처분행위를 하고 그에 기하여 제3자 명의로 소유권이전등기가 마쳐졌다면 그 등기는 완전히 유효하고 단지 위 명령이 집행불능이 될 따름이다. 반면에 처분금지가처분 이전에 가처분채무자로부터 제3자에의 양도나 그 밖의 처분행위가 있었으나 그 등기만이 가처분등기 후에 마쳐진 경우에는 제3취득자가 가처분채권자에게 대항할 수 없다.

그러나 가처분등기보다 먼저 등기된 가등기에 의하여 본등기가 경료된 경우에는 그 본등기가 설사 가처분등기 후에 경료되었다 하더라도 가처분채권자에게 대항할 수 있다.

나. 처분금지가처분 등기 후의 처분행위의 효력 및 그 범위

처분금지가처분이 등기되면 채무자 및 제3자에 대하여 구속력을 갖는다는 것은 그 등기 후에 채무자가 가처분의 내용에 위배하여 제3자에게 목적부동산에 관하여 양도,

담보권설정 등의 처분행위를 한 경우에 채권자가 그 처분행위의 효력을 부정할 수 있다는 것, 즉 무효로 할 수 있다는 것을 의미한다. 그러나 처분금지가처분이 등기되었으나 그 가처분 당시의 가처분채무자 명의의 등기가 원인무효인 관계로 확정판결에 의해 말소되어 전소유자의 소유명의로 복귀된 후 다시 제3자 앞으로 이전등기가 된 경우는 금지되는 처분행위에 해당한다고 볼 수 없다.

가처분채권자가 가처분 위반행위의 효력을 부정할 수 있는 시기는 본안소송에서 승소확정판결을 받거나 이와 동일시할 수 있는 사정이 발생한 때(예컨대, 화해, 조정, 청구의 인낙 등에 의하여 가처분채권자의 권리의 존재가 확정된 때)이며, 단순히 가처분채권자인 지위만으로는 가처분 채무자로부터 목적부동산의 소유권이전등기를 경료받은 제3자에 대하여 말소등기를 청구하는 등 위법한 처분행위의 효력을 부인할 수 없다. 따라서 가처분채권자의 권리가 본안에서 확정될 때까지는 가처분등기 후의 처분행위라도 등기가 허용됨은 물론이고, 그 제3취득자는 비록 목적부동산에 관하여 처분금지가처분 등기가 되어 있더라도 그 부동산이 임대된 경우에는 임차인에게 차임의 지급을 청구할 수 있으며, 가처분채무자에게 목적부동산의 인도를 구할 수 있고, 가처분채무자를 상대방으로 하는 타인의 강제집행에 대하여 제3자이의의 소를 제기할 수 있으며, 제3취득자의 채권자도 제3취득자를 채무자로 하여 목적부동산에 대하여 강제집행이나 보전처분을 할 수 있다.

1) 주관적 범위

처분금지가처분에 위반한 처분행위에 대하여 판례는 가처분위반의 처분행위는 가처분채무자와 그 상대방 및 제3자 사이에서는 완전히 유효하고 단지 가처분채권자에게만 대항할 수 없음에 그친다는 입장을 취하고 있다(상대적 효력설).[29)]

2) 객관적 효력

가처분에 의한 처분금지의 효력은 가처분채권자의 권리를 침해하는 한도에서만 생기는 것이므로 가처분채권자는 피보전권리의 한도에서 가처분위반의 효력을 부정할 수 있다(실체적 효력설). 예를 들면, 저당권 또는 임차권 설정등기청구권을 피보전권리로 한 처분금지가처분 후에 행하여진 소유권이전행위는 저당권, 임차권의 존재를 인정한 채로 제3취득자에게 넘어가는 것이므로, 그 소유권이전등기는 위 가처분에 위배

29) 대법원 2004. 5. 14. 선고 2004다13601 판결.

되지 않아 유효하다. 판례도 임차권은 목적물의 사용·수익을 내용으로 하는 권리로서 저당권의 존속이 임차권의 실현에 장애가 되지 아니한다고 할 것이고, 임차권설정등기청구권 보전을 위한 가처분등기 후 설정된 저당권의 실행이 있다고 하더라도 선행된 가처분등기와 임차권설정등기청구를 인용한 본안판결에 기하여 제3자에게 대항할 수 있다고 할 것이니, 근저당권의 설정으로 인하여 가처분에 의하여 보전된 임차권이 아무런 침해를 받지 아니한다 할 것이므로 위 임차권자는 그 가처분등기 후에 마쳐진 근저당권설정등기의 말소를 구할 수 없다고 하였다.[30)]

다. 피보전권리와의 관계

1) 피보전권리가 없이 내려진 처분금지가처분

다툼의 대상인 부동산에 관하여 실체상 아무런 권리가 없는 사람의 신청에 따라 처분금지가처분 결정이 내려졌다면, 그에 기한 가처분등기가 마쳐졌다 하더라도 그 가처분 권리자는 가처분의 효력을 채무자나 제3자에게 주장할 수 없는 것이므로, 그 가처분 등기 후에 부동산 소유권이전등기를 마친 자는 가처분권리자에 대하여도 유효하게 소유권을 취득하였음을 주장할 수 있다. 또한 당초 유효한 피보전권리에 기하여 처분금지가처분 등기가 경료되었다고 하여도 후일에 그 가처분이 취하 또는 처분금지가처분재판이 취소되는 등으로 그 가처분등기가 적법하게 말소되거나 가처분채권자가 본안소송에서 패소확정되어 그 가처분이 취소당할 운명에 있게 되면 위 가처분등기 이후에 마쳐진 소유권이전 또는 저당권설정등기는 완전히 유효하게 된다. 그러나 그 처분금지가처분등기가 실효됨이 없이 그 본안에서 가처분채권자가 승소한 경우에는 제3자는 가처분채무자로부터 양수한 권리를 확정적으로 취득할 수 없게 된다.

2) 대위에 의한 처분금지가처분

가처분등기 후에 어떤 경로로 그 피보전권리를 실현하는 등기가 경료된 경우, 그 등기는 완전히 유효하다는 것이 판례의 계속된 태도이다.

부동산이 甲→乙→ 丙 순으로 순차 양도된 경우, 丙이 乙을 대위하여 乙이 甲에 대하여 가지는 소유권이전등기청구권을 보전하기 위하여 甲을 상대로 부동산에 대한 처분금지가처분결정을 받아 집행한 후에 甲이 乙에게 소유권이전등기를 경료하더라

30) 대법원 1984. 4. 16.자 84마7 결정.

도 가처분에 위배되는 것이 아니므로 유효하며, 乙 명의의 등기에 터 잡아 丙이 아닌 丁 명의로 경료된 소유권이전등기도 유효하다.[31] 위 가처분은 丙의 乙에 대한 소유권이전등기청구권을 보전하기 위하여 甲이 乙 이외의 자에게 소유권의 이전 등 처분행위를 하지 못하게 하는 데에 그 목적이 있는 것으로서 그 피보전권리는 乙의 甲에 대한 소유권이전등기청구권이고, 丙의 乙에 대한 소유권이전등기청구권까지 포함하는 것은 아닐 뿐만 아니라, 그 가처분결정에서 제3자에 대한 처분을 금지하였다고 하여도 그 제3자 중에는 乙은 포함되지 아니하기 때문이다.

반면에, 부동산이 甲→乙→丙→丁 순으로 순차 매도된 경우에 丁이 丙, 乙을 순차 대위하여 甲을 상대로 처분금지가처분을 하였는데, 甲으로부터 丙 앞으로 중간생략의 소유권이전등기가 경료된 경우 이 등기는 처분금지가처분에 위배되어 丁에게 대항할 수 없다.[32]

3) 채권자취소권에 기한 처분금지가처분

채권자취소권은 사해행위로 이루어진 채무자의 재산처분행위를 취소하고 그 원상회복을 구하기 위한 권리로서 사해행위에 의해 일탈된 채무자의 책임재산을 총채권자를 위하여 채무자에게 복귀시키기 위한 것이지 채권자취소권을 행사하는 특정채권자에게만 독점적 만족을 주기 위한 권리가 아니므로, 지명채권이 양도되어 제3자에 대하여 대항요건까지 갖춘 후 양도인의 채권자가 양수인을 상대로 사해행위취소로 인한 원상회복청구권을 피보전권리로 하여 그 피양수채권에 대한 처분금지가처분을 발령받은 경우에, 위 가처분채권자가 본안소송으로 제기한 사해행위취소소송에서 승소 확정된 후 그에 기하여 채무자에게 그 채권이 원상회복되는 때뿐만 아니라 양수인이 임의로 양도인에게 그 채권을 반환하거나 양도인의 다른 채권자가 양수인을 상대로 제기한 사해행위취소소송의 결과에 따라 원상회복의무의 이행으로서 그 채권을 반환하더라도, 이는 위 가처분채권자의 피보전권리인 채권자취소권에 의한 원상회복청구권을 침해하는 것이 아니라 채권자취소권을 목적을 실현시키는 것과 동일한 결과가 되어 오히려 그 피보전권리에 부합하는 것이므로 위 가처분의 처분금지 효력에 저촉된다고 할 수 없다.[33]

---

31) 대법원 1994. 3. 8. 선고 93다42665 판결.

32) 대법원 1998. 2. 13. 선고 97다47897 판결.

33) 대법원 2006. 8. 24. 선고 2004다23110 판결.

[서식 12] 부동산처분금지가처분신청서(이혼 재산분할)

부동산처분금지가처분신청

채 권 자 1. 유 ○ ○ (000000-0000000)
경기 ○○시 ○○읍 ○○리 000

2. 유 ○ ○ (000000-0000000)
서울 ○○구 ○○동 000 ○○신시가지아파트 000동 000호

3. 유 ○ ○ (000000-0000000)
경기 ○○시 ○○동 ○○

4. 유 ○ ○ (000000-0000000)
경기 ○○시 ○○동 00 ○○아파트 000동 0000호

5. 유 ○ ○ (000000-0000000)
경기 ○○시 ○○동 000-0

채 무 자 유 ○ ○
서울 ○○구 ○○동 00 ○○아파트 000동 000호

목적물의 표시 : 별지 목록 기재와 같음
목적물의 가격 : 금 148,107,600원
피보전권리의 요지 : 원인무효의 소유권이전등기말소 청구채권

신 청 취 지

채무자는 그 소유명의의 별지 제1목록 각 기재 부동산에 대하여 양도, 전세권, 저당권, 임차권 및 기타 일체의 처분행위를 하여서는 아니된다.
라는 재판을 구합니다.

신 청 이 유

1. 당사자들의 지위
채권자 유○○, 유○○, 유○○, 유○○, 유○○ 및 채무자 유○○은 모두 신청외 亡 유○○의 자녀들이고, 위 유○○은 1997. 1. 19.자에 사망하였습니다.

위 亡 유OO이 사망할 당시 그 소유의 재산으로는 별지 제1목록 각 기재 부동산 등이 남아 있었으며, 채권자들 및 채무자는 위 망 유OO이 사망함에 따라 별지 제1목록 각 기재 부동산에 대하여 별지 제2목록 기재와 같이 각 1/6씩의 비율에 따라 상속한 지위에 있는 자들입니다(소갑 제1호증 : 제적등본 참조).

2. 별지 제1목록 각 기재 부동산은 모두 채권자들 및 채무자 공유의 부동산입니다.

가. 이 사건 부동산들은, 본래 1948. 3. 10.경 위 亡 유OO과 신청외 송OO가 신청외 구OO 소유의 '경기 OO군 OO면 OO리 000번지 답 1,685평'을 공동으로 매수한 후 경작해 오다가, 1974. 5. 5. 농지개량사업정리 후 농지개량환지등기 과정에서 분필된 것입니다.

나. 이 사건 부동산의 분필과정

위에서 본바와 같이 위 亡 유OO과 신청외 송OO는 위 부동산을 신청외 구OO로부터 매수하여 약 20여 년 동안 직접 경작해 오다가 1974. 5. 5.경 농지개량사업정리 후 농지개량환지등기 과정에서 각자의 지분대로 분필등기를 하게 되었는데,

그 중, 신청외 송OO 지분은 '경기 OO시 OO읍 OO리 000-0번지 답 276평'으로 분필되었고(소갑 제2호증의 7 : 폐쇄등기부등본 참조),

그 외, 나머지 亡 유OO 지분은 다시 별지 제1목록 기재와 같이 새로이 지번이 부여되면서, '경기 OO시 OO읍 OO리 000-0 답 545평', '경기 OO시 OO읍 OO리 000-0 답 153평, '경기 OO시 OO읍 OO리 000-0 답 183평', '경기 OO시 OO읍 OO리 000-0 답 1041㎡'(면적단위환산으로 인하여 2004. 12. 27. 315평이 1041㎡로 변경되었습니다)로 각 분필 등기되었습니다(소갑 제2호증의 7 : 폐쇄등기부등본 참조).

다. 명의신탁 과정

그 후 위 亡 유OO은 위 각 부동산들에 대한 농지개량후 환지등기과정에서 이를 큰아들인 채무자에게 명의신탁을 한 후 그 명의로 각 소유권이전등기를 경료(OO지방법원 OO등기소 1977. 5. 30. 접수 제OOOO호)하였던 것입니다(소갑 제2호증의 1 : 폐쇄등기부등본, 같은 호증의 2 : 등기부등본, 같은 호증의 3 : 폐쇄등기부등본, 같은 호증의 4 : 등기부등본, 같은 호증의 5 : 폐쇄등기부등본, 같은 호증의 6 : 등기부등본, 같은 호증의 7 : 폐쇄등기부등본, 같은 호증의 8 : 등기부등본 각 참조).

즉, 신청외 亡 유OO은 별지 제1목록 기재 부동산의 명의신탁자이고, 채무자는 위 각 부동산의 명의수탁자입니다.

라. 그런데 이 사건과 같은 명의신탁의 경우, 부동산실권리자명의등기에관한법

률(제11조, 제4조 제1항, 제2항)에 의하여 신탁자인 위 亡 유OO과 수탁자인 채무자와의 명의신탁약정은 무효이고, 그 약정에 따라 행하여진 등기 또한 원인무효의 등기라 할 것입니다.

결국 별지 제1목록 기재 순번 1, 2, 3, 4번 부동산은 채권자들 및 채무자 모두의 공유이었습니다.

3. 소유권이전등기말소청구

별지 제1목록 기재 순번 1, 2, 3번 각 기재 부동산은 현재도 채권자들 및 채무자 공유의 부동산입니다(다만 별지 제1목록 기재 순번 4번 부동산인 '경기 OO시 OO읍 OO리 000-0 답 1041㎡'는 20OO. 12. 27. 학교부지로 수용된 상태라, 본건 부동산처분금지가처분신청서에는 제외하는 것입니다).

따라서 별지 제1목록 기재 순번 1, 2, 3번 부동산에 관한 피고 명의의 소유권이전등기는 원인을 결여한 무효의 등기라 할 것인바, 채권자들은 채무자에게 각 공유지분 침해에 따른 방해배제청구로서 원인무효의 소유권이전등기의 말소를 구할 권리가 있다 할 것입니다.

4. 보전의 필요성

가. 그래서 채권자는 그 동안 채무자에게 별지 제1목록 각 기재 부동산들에 대하여 별지 제2목록 기재 각 상속지분에 상응하는 소유명의를 이전하여 줄 것을 요구하였지만, 이를 거절당하였습니다.

나. 그러므로 채권자들은 현재 채무자를 상대로 소유이전등기말소 등 청구의 본안의 소를 준비 중이나, 채권자가 알아 본 바에 의하면 채무자는 최근의 경제 불황의 여파로 사정이 너무 어려워 주변사람들로부터 돈을 차용한 후 이를 제때에 변제하지 못하여 신용상태가 극도로 악화된 상태로 그 변제를 위하여 별지 제1목록 각 기재 부동산을 급히 처분하려고 혈안이 되어있는 상태입니다.

다. 따라서 채무자가 만일 별지 제1목록 각 기재 부동산의 소유명의자라는 것을 기화로 이를 타에 매도하거나 담보로 제공하고 그 타인이 그 등기를 경료하게 된다면 추후 채권자가 본안소송에서 승소판결을 얻는다 해도 직접 그 목적을 달성할 수 없을 우려가 있어 채권자는 부득이 신청취지와 같은 결정을 구하고자 이 신청에 이른 것입니다.

5. 담보제공에 대하여

채권자들이 이 사건 채무자에 대한 손해담보를 위하여 귀법원에 공탁함에 있어서 민사집행법 제 19호, 민사소송법 제122조에 의거 서울보증보험증권(주)와 지급보증위탁계약을 체결한 문서를 제출할 것을 신청하오니 허가하여 주기기 바랍니다.

소 명 방 법

1. 소갑 제1호증	제적등본	1부
2. 소갑 제2호증의 1	폐쇄등기부등본	1부
2	부동산등기부등본	1부

첨 부 서 류

1. 위 각 입증자료	각 1부
1. 각 납부영수증	1부
1. 토지대장	각 1부

2000. . .

위 채권자 1. 유 ○ ○
2. 유 ○ ○

OO 지방법원 민사신청과 귀중

[별지] 소가계산

소가 계산

소 가 : 금 148,107,600원

1. 경기 OO시 OO읍 OO리 000-0 답 545평(1,802㎡)
1,802㎡ × 170,000원 = 306,340,000원 × 0.3 = 91,902,000원

2. 경기 OO시 OO읍 OO리 000-0 답 153평(506㎡)
506㎡ × 167,000원 = 84,502,000원 × 0.3 = 25,350,600원
3. 경기 OO시 OO읍 OO리 000-0 답 183평(605㎡)
605㎡ × 170,000원 = 102,850,000원 × 0.3 = 30,855,000원

1+2+3 = 금 148,107,600원

3. 점유이전금지가처분의 효력

통상의 점유이전금지가처분은 가처분집행 당시의 목적물의 현상을 본집행시까지 그대로 유지함을 목적으로 하여 그 목적물의 점유이전과 현상의 변경을 금지하는 것에 불과하여, 이러한 가처분결정에도 불구하고 점유가 이전되었을 때에는 가처분채무자는 가처분채권자에 대한 관계에서 여전히 그 점유자의 지위에 있는 것으로 취급되는 것일 뿐 가처분집행만으로 소유에 의한 목적물의 처분을 금지 또한 제한하는 것은 아니다. 따라서 점유이전금지가처분의 대상이 된 목적물의 소유자가 그 의사에 기하여 가처분채무자에게 직접점유를 하게 한 경우에는 그 점유에 관한 현상을 고정시키는 것만으로 소유권이 침해되거나 침해될 우려가 있다고 할 수 없고, 소유자의 간접점유권이 침해되는 것도 아니므로 간접점유자에 불과한 소유자는 직접점유자를 가처분채무자로 하는 점유이전금지가처분의 집행에 대하여 제3자이의의 소를 제기할 수 없다.[34]

가. 객관적 현상변경의 경우

1) 의 의

기본형의 점유이전금지가처분이 있으면 채무자는 목적물의 객관적 현상변경을 할 수 없다. 어느 정도까지의 현상변경이 객관적 현상변경으로 허용되지 않는 것인가는 가처분의 목적과 관련하여 구체적으로 결정할 수밖에 없는바, ① 목적물인 건축을 증·개축하여 동일성을 상실하게 하는 것, 동일성은 상실하지 않더라도 과다한 유익비의 상환의무를 부담시키는 것, 본래의 용도에 맞지 않게 개조하는 것 등과 나대지 상

34) 대법원 2002. 3. 29. 선고 2000다33010 판결.

에 건물을 축조하는 것, 임야를 개간하여 대지화시키는 것 등은 현상변경에 해당하나, ② 단순히 목적물의 현상을 보전하기 위하여 수선을 한다거나 점포 등의 내부장식을 바꾸는 정도 등은 현상변경에 해당하지 않는다.

2) 채무자 퇴거의 가부와 방법

채무자가 목적물의 객관적 현상을 변경한 경우(주관적 현상을 변경한 경어, 특히 그 점유의 일부를 제3자에게 이전한 경우에도 같은 문제이다) 이를 사용허가조건 위반이라고 하여 채무자의 사용을 금하고 집행관이 직접 보관할 수 있는지에 대하여 실무는 민사집행법 제260조, 민법 제389조 3항의 집행명령을 얻어야 한다는 입장에 있다.

3) 본안소송에 미치는 효과

목적물의 객관적 현상변경을 금지하고자 하는 목적을 가진 이 가처분의 효력은 채무자의 그 후의 위반행위를 채권자와의 관계에서 무효로 하고 또한 금지하는 것이므로 이는 본안소송에서도 당연히 고려되어야 한다. 예를 들어, 피고(채무자)가 가처분명령에 위반하여 목적물에 관하여 객관적 현상을 변경하여 필요비, 유익비 등의 상환청구권에 기한 유치권 항변을 하거나 부속물매수청구권 행사에 의한 인도거절의 항변을 하는 경우, 피고는 가처분집행 후의 현상변경을 원고에게 유효하게 주장할 수 없으므로 현상변경에 해당하는 한도에서 이러한 항변을 주장할 수 없게 된다. 항변으로서 주장할 수 없다는 의미는 민법 규정의 취지 등에 비추어 유익비상환청구권 등의 성립 자체는 인정하되 위 청구권에 기한 유치권은 이를 주장할 수 없다고 해석하여야 할 것이다.

현상변경의 결과 목적물의 동일성이 상실된 경우 본안소송에서 청구의 취지 등을 변경할 필요가 있는지에 대해 가처분 후의 현상변경은 채권자에게 대항할 수 없는 것이기는 하나 집행법상 구 목적물을 표시한 본안판결을 집행권원으로 하여 신 목적물에 대하여 집행할 수 없고, 또한 본안판결이나 가처분명령에 관하여 주관적 변경에 있어서의 승계집행문과 같은 방법도 취할 수 없으며, 일단 발령된 가처분명령을 변경하는 방법도 마땅치 않으므로 결국 본안소송에서 청구취지를 신 목적물로 변경할 수 밖에 없고, 이를 게을리 하면 본집행은 불능으로 된다.

나. 주관적 현상변경의 경우

1) 의 의

집행관 보관 채무자 사용형의 점유이전금지가처분이 집행된 뒤에 채무자가 임대·전대·임차권양도·사용대차·매도·증여 등으로 제3자에게 목적물의 전부 또는 일부의 점유를 이전하거나 제3자가 채무자의 의사와는 상관없이 점유하게 된 것을 말한다.

2) 제3자에 대한 퇴거의 강제

주관적 현상변경의 경우 본집행 전 가처분단계에서 점유취득자인 제3자의 퇴거를 강제할 수 있는가, 있다면 어떠한 방법에 의하여야 할 것인가에 관하여 판례는 점유이전금지가처분은 그 목적물의 점유이전을 금지하는 것으로서 그럼에도 불구하고 점유가 이전되었을 때에는 가처분채무자는 가처분채권자에 대한 관계에 있어서 여전히 그 점유자의 지위에 있다는 의미로서의 당사자항정의 효력이 인정될 뿐, 가처분 이후에 매매나 임대차 등에 기하여 가처분채무자로부터 점유를 이전받은 제3자에 대하여 가처분채권자가 가처분 자체의 효력으로 직접 퇴거를 강제할 수는 없고, 가처분 채권자로서는 본안판결의 집행단계에서 승계집행문을 부여받아서 그 제3자의 점유를 배제할 수 있다고 한다.[35)]

3) 본안소송에 미치는 효과

점유이전금지가처분이 있었음에도 점유가 이전되었을 대에는 가처분채무자는 가처분채권자에 대한 관계에서 여전히 점유자의 지위에 있고, 따라서 가처분채권자는 가처분채무자의 점유상실을 고려하지 아니하고 가처분채무자를 피고로 한 채로 본안소송을 계속할 수 있다. 그러나 가처분채무자가 가처분채권자가 아닌 제3자에 대한 관계에서도 점유자의 지위에 있다고 볼 수는 없다. 당사자항정효에 의하여 강제집행을 수인하여야 할 자의 범위에 선의의 제3자도 포함되는가에 관하여도 견해가 대립하고 있다.

---

35) 대법원 1999. 3. 23. 선고 98다59118 판결.

[서식 13] 부동산점유이전금지가처분(소유권에 기한 건물명도청구권)

부동산점유이전금지가처분신청

채 권 자 ○ ○ ○
ㅇㅇ시 ㅇㅇ구 ㅇㅇ길 00 (우편번호 00000)
전화·휴대폰번호 :
팩스번호, 전자우편(e-mail)주소 :

채 무 자 ○ ○ ○
ㅇㅇ시 ㅇㅇ구 ㅇㅇ길 00 (우편번호 00000)
전화·휴대폰번호 :
팩스번호, 전자우편(e-mail)주소 :

목적물의 표시 : 별지 목록 기재와 같습니다.
피보전권리의 내용 : 소유권에 기한 건물명도청구권
목적물의 가격 : 7,500,000원

신 청 취 지

1. 채무자는 별지목록 기재 부동산에 대한 점유를 풀고 채권자가 위임하는 집행관에게 인도하여야 한다.
2. 위 집행관은 현상을 변경하지 아니하는 것을 조건으로 하여 채무자에게 이를 사용하게 하여야 한다.
3. 채무자는 그 점유를 타인에게 이전하거나 또는 점유명의를 변경하여서는 아니된다.
4. 집행관은 위 명령의 취지를 적당한 방법으로 공시하여야 한다.

라는 재판을 구합니다.

신 청 이 유

1. 채권자는 20ㅇㅇ. ㅇ. ㅇ. 이 사건 부동산인 별지목록 기재 부동산에 대하여 전 소유자인 국가로부터 적법하게 매수한 소유권자입니다.

2. 채무자는 아무런 권리나 권한 없이 별지 목록 기재 부동산을 점유하고 있습

니다.

3. 채권자는 이 사건 부동산의 소유권에 기초하여 채무자에게 위 건물 점유부분의 명도청구소송을 준비하고 있으나, 만약 채무자가 그 점유를 다른 사람에게 이전해줄 경우 위 본안판결의 집행이 불가능해질 위험이 있으므로 이 사건 신청에 이른 것입니다.

4. 한편, 이 사건 부동산점유이전금지가처분명령의 손해담보에 대한 담보제공은 민사집행법 제19조 제3항, 민사소송법 제122조에 의하여 보증보험주식회사와 지급보증위탁계약을 맺은 문서를 제출하는 방법으로 담보제공을 할 수 있도록 허가하여 주시기 바랍니다.

소 명 방 법

1. 소갑 제1호증의 1, 2　　　각 부동산등기사항전부증명서
1. 소갑 제2호증　　　건축물대장등본

첨 부 서 류

1. 위 소명방법　　　각 1통
1. 토지대장등본　　　1통
1. 송달료납부서　　　1통

20○○.　.　.

위 채권자 ○ ○ ○ (서명 또는 날인)

○○지방법원 귀중

[별 지]

부동산의 표시

OO시 OO구 OO동 00

[도로명주소] OO시 OO구 OO길 00 지상

철근콘트리트조 슬래브지붕 2층 주택

1층 80.35㎡

2층 50㎡

중 2층 50㎡. 끝.

[서식 14] 부동산점유이전금지가처분(임대차계약해지를 원인으로 한 건물명도청구권)

부동산점유이전금지가처분신청

채 권 자 강 O O (000000-0000000)
서울 OO구 OO동 00-00
채권자의 소송대리인 법무법인 OO
서울 OO구 OO동 0000-00
OO빌딩 O층(우 : 000-OOOO)
(전화 : 00-000-0000 / 팩스 : 00-000-0000)

채 무 자 정 O O (000000-0000000)
서울 OO구 OO동 00-00

목적물의 표시 : 별지 부동산 목록기재와 같음.

목적물의 가액 : 금 원

피보전권리의 내용 : 임대차계약해지를 원인으로 한 건물명도청구권

신 청 취 지

1. 채무자는 별지 목록 기재 부동산에 대한 점유를 풀고 이를 채권자가 위임하는 집행관에게 인도하여야 한다.
2. 집행관은 그 현상을 변경하지 않을 것을 조건으로 하여 채무자에게 이를 사용하게 할 수 있다.
3. 채무자는 그 점유를 타인에게 이전하거나 또는 점유명의를 변경하여서는 아니 된다.
4. 집행관은 위 명령의 취지를 적당한 방법으로 공시하여야 한다.

라는 재판을 구합니다.

신 청 이 유

1. 당사자들의 지위

채권자는 '서울 OO구 OO동 00-00 벽돌조평슬래브지붕 3층 다가구용 단독주택 1층 49.95㎡, 2층 49.95㎡, 3층 49.95㎡, 지층 49.95㎡, 옥탑 29.46㎡(이하 '이 사건 건물'이라고만 합니다)'의 임대인(소유자)이고(소갑 제1호증 : 부동산등기부등본 각 참조), 채무자는 이 사건 건물의 임차인입니다.

2. 임대차계약의 체결

가. 채권자는 20OO. 2. 7.경 채무자와 사이에 이 사건 건물 중, '지층 49.95㎡, 2층 49.95㎡, 3층 49.95㎡, 옥탑 29.46㎡'에 대하여, 보증금은 금 90,000,000원으로 하면서 계약금 9,000,000원은 계약당일에, 잔금 81,000,000원은 20OO. 2. 17.자에, 월차임 900,000원은 매월 30일 자에 각 지급하며, 임대차기간은 20OO. 2. 15.부터 20OO. 2. 15.까지 24개월로 각 정하는 임대차계약(이하 '이 사건 계약'이라 합니다)을 체결하였습니다(소갑 제2호증 : 부동산임대차계약서 참조).

나. 채권자는 위 계약에 따른 이행으로 채무자에게 20OO. 2. 15.이 사건 건물을 채무자에게 명도하였고, 그 후로 채무자는 현재까지 이 사건 건물에서 주로 대학생들을 상대로 하여 하숙집(방 13개)을 운영하고 있습니다.

3. 채무자의 임차인으로서의 의무위반 행위 및 배신행위

가. 채무자의 임차인으로서의 의무위반 행위

(1) 채무자는 이 사건 건물을 점유하던 기간 중 건물보존을 위한 관리자로서 계약종료로 목적물을 반환할 때까지 선량한 관리자의 주의로써 임차물을

보존하여야 함에도, 아래에서 설명 드리는 바와 같이 그와 같은 주의의무를 소홀히 하여 이 사건 건물의 일부 시설물을 손괴하는 등 채권자에게 손해를 입게 하였습니다.

(2) 채권자는 2000. 2. 15. 채무자가 이 사건 건물에 입주할 당시 수백 만 원의 인테리어 비용을 들여, 지층, 2층, 3층 옥탑 등의 각 임대부분에 대하여 도배 및 장판교체, 욕실의 수전교체, 욕실보수, 방 문, 욕실 문의 교체 및 수리를 모두 해주는 등, 채무자가 계약 목적에 따라 이 사건 건물의 사용, 수익케 할 수 있는 필요한 상태를 유지하기 위한 모든 의무를 다 하였습니다. 또한, 임차 후에도 지속적으로 2층 부분에 대한 방충방 교체, 양변기 부품교체, 3층 부분에 대하여 욕실 바닥 타일보수 공사, 옥탑 부분의 양변기 부품교체 등을 지속적으로 해주었고, 심지어는 채무자의 부탁에 의하여 지층에 있는 채권자 소유의 가스레인지와 세탁기까지 사용하게 하는 모든 편의를 다 제공하였습니다.

(3) 그럼에도 채무자는 이 사건 건물을 점유하던 기간 중 건물 보존을 위한 관리자로서의 주의의무를 소홀히 하여, ① 2000. 2.경 하숙방으로 사용하던 방 13곳에 인터넷 전용선을 설치할 당시 채권자가 건물의 외박을 드릴로 뚫거나 각 방문을 드릴로 뚫어 구멍을 낸 후 그 곳을 통하여 전용선을 설치할 경우 그에 따른 건물외벽의 손상 및 방문에 뚫린 구멍으로 인한 미관상의 이유로 채무자에게 무선공유기를 설치해 줄 것을 강력히 요구하였고, 채무자도 채권자의 요구에 따르기로 약속하였습니다. 하지만 채무자는 그 후 채권자가 집을 비운 사이 자신의 임의대로 2층, 3층의 현관문과 방문들, 옥탑의 외벽에 드릴로 구멍을 뚫어 그 곳을 통하여 인터넷 전용선을 설치하면서 건물의 외벽 및 각 층의 방문과 현관문을 손괴하였습니다(소갑 제3호증의 1 내지 17 : 각 사진 각 참조).

② 채무자는 하숙집을 운영하면서 평소 하숙생들이 버리는 쓰레기나 형광등 등을 분리수거 하지 않고 집안밖에 마구잡이로 버리며 이 사건 건물을 아주 지저분하게 관리하였습니다. 그로 인하여 여름철에는 집 안 밖으로 파리가 들끓고 악취가 나는 일도 다반사였으며, 심지어 채무자가 마구 버려 깨져 버린 형광등 유리조각 위로 채권자의 딸 및 동네 어린이들이 집 앞에서 놀다가 넘어져 큰 사고로 이어질 뻔하기도 하였습니다. 이 때문에 채권자는 동네사람들로부터 "집주인이 건물관리를 잘못하여 이런 일이 발생한 것이다"는 항의를 여러 차례 듣기도 하였고 그때마다 채무자에게 이를 항의하기도 하였지만 채무자는 이에는 전혀 귀를 기울이지 아니하였습니다. 채권자는 결국 지난 2년 동안 채권자는 단지 집주인이라는 이유로 채무자가 버리는 쓰레기까지 모두 처리하는 수고를 감내할 수밖에 없었습니다.

③ 채무자는 이 사건 건물에 설치되어 있는 시설물에 대한 관리도 아주 소홀하였습니다. 채권자는 20OO. 6.경 OO수도사업국으로부터 이 사건 건물에 누수가 발생한다는 통보를 받고 그 곳 수도사업부에 누수탐지 의뢰를 한 결과 채무자가 하숙방으로 사용하는 2, 3층 화장실에 설치된 양변기의 소모품을 제때에 교환하지 아니한 관리 소홀로 고장이나 누수가 발생하였고, 그로 인하여 수개월간 수 십 만원씩의 수도세가 부가되었다는 사실을 알게 되었습니다. 채권자는 그 사실을 채무자에게 즉시 통보하면서 양변기 내의 소모품 등의 교체와 관리를 요구하였지만 채무자는 여전히 이를 태만히 하였고 결국엔 채권자가 더 많은 수도세가 부과되는 것을 우려한 나머지 채권자 비용으로 이를 교체하였으며, 그 후로도 여러 차례 설비업자에게 의뢰하여 이를 수리 한 사실이 있을 정도로 채무자는 평소 이 사건 건물에 설치된 시설물 관리를 태만히 하였습니다(소갑 제4호증 : 영수증 참조). 이렇듯 채무자는 이 사건 건물에 대한 임차인으로서 이를 사용하는 동안 임차목적물의 본존에 관한 선량한 관리자의 주의의무를 다하지 아니하였고, 그로 인하여 채권자에게 정신적으로 많은 스트레스를 주었을 뿐만 아니라 금전적으로도 많은 손실을 주었습니다.

나. 배신행위

(1) 임대차계약은 본래 당사자들의 인적 신뢰관계를 기초로 한 계속적 법률관계이지만, 채무자는 아래에서 설명 드리는 바와 같이 임대인인 채권자에게 임대차관계를 계속시키기 어려운 배신적 행위를 하였습니다.

(2) 채무자는 주변 이웃들과의 각종 분쟁으로 채권자를 곤욕스럽게 하였습니다. 채무자는 위 가의 (3)항의 ②와 같은 행위로 채권자로 곤욕스럽게 한 것 이외에도, 최근에는 채권자의 주변이웃들이 자신들 소유의 건물을 증축하는 것에 대하여도 소음, 분진 등의 공사 중 발생할 수 있는 아주 사소한 것들을 빌미로 관할 구청에 각종 민원을 제기하는 분쟁을 일으켰습니다. 물론 그로 인하여 주변이웃들로부터 "이웃끼리 이럴 수 있느냐"는 등의 원망은 모두 이 사건 건물 1층에 거주하는 집주인인 채권자가 들어야 했습니다. 그때마다 채권자는 채무자에게 더 이상의 분쟁을 유발하지 말고 자중하여 줄 것을 여러 차례 부탁하기도 하였습니다. 그럼에도 채무자는 이에는 아랑곳하지 않는 듯 급기야 채권자의 주변 이웃인 소외 김OO, 황OO, 천OO 등을 상대로 공사중지 가처분 신청을 함으로써 위 김OO 등의 채권자에 대한 감정 또한 극도로 악화시켜 버렸습니다(소갑 제5호증 : 심문기일통지서 참조). 그 결과 주변이웃들은 채권자에 대한 반감의 표시로 채권자가 지난 10년 이상을 이 사건 건물 옥탑에 판넬로 증축하여 사용한 부분에 대하여, 관할 OO구청에 위법건축물이라는 신고를 하였고, 채권자는 위 OO구청으로부터

2009.1.30.까지 이를 철거하라는 내용의 위법건축물정비통고서 및 위반(무허가)건축물에 대한 1차 시정명령 까지 받은 상황입니다{소갑 제6호증의 1 : 위법건축물정비통고서, 같은 호증의 2 : 위반(무허가)건축물에 대한 1차 시정명령(강태광) 각 참조}.

이렇듯 채무자의 주변이웃들과의 각종 분쟁으로 결국 그 피해는 모두 채권자에게 전가되었고, 현재는 주변이웃들과 관계도 아주 소원한 상태입니다.

(3) 위와 같은 이유로 채권자는 임대차기간이 끝나기 3개월 전인 2007. 11.경부터 채무자에게 계약갱신의 의사가 없다는 통지를 하자, 채무자는 "젊은 것들이 집 하나 가졌다고 유세를 떠는 것이냐, 어디 한 번 끝까지 해보자"라는 등의 말로 채권자를 모욕하였고, 심지어는 "너희 같은 것들은 월세도 편히 받아서는 아니 된다"고 하더니 20OO. 2.부터 같은 해 12.까지의 차임을 채권자에게 직접 지급하지 아니하고 모두 공탁해 버렸습니다(소갑 제7호증의 1 내지 10 : 각 공탁통지서 각 참조).

만일, 채무자가 조금이라도 채권자와의 신뢰관계를 회복하려는 의사 및 임대차관계를 존속하고픈 의사가 남아 있었다면, 공탁이라는 극단적인 방법을 행사하지는 아니하였을 것입니다.

4. 계약기간의 만료에 따른 계약해지 통고

앞서 말씀 드린 바와 같이, 채권자는 본건 임대차기간이 끝나기 3개월 전인 2007. 11.경 채무자에게 구두로 계약갱신의 의사가 없다는 표시를 함으로써 본건 임대차계약을 적법하게 해지하였습니다.

그러나 채무자가 그때까지는 개인사정으로 이사를 하는 것이 어렵다고 하소연하기에, 채권자는 그러한 사정을 배려하여 일단 임대차는 종료하는 것으로 하고 다만 명도기한만 유예하여 2008. 5. 15.까지는이사건건물을명도해줄것을요구하였습니다. 또한 그 사실을 명확히 하고자 2008.2.12.경 채무자에게 내용증명우편으로 재차 통고하기도 하였습니다(소갑 제8호증 : 내용증명통지 참조).

그런데 이제 와서 채무자는 도리어 채권자에게 "나는 죽어도 이곳에서 나 갈 수 없으니, 법대로 하라"며 윽박지르면서 막무가내로 버티고 있는 실정입니다.

5. 보전의 필요성

위와 같은 이유로 채권자는 채무자를 부득이 건물명도청구의 소를 제기할 예정이나, 채권자가 최근에 알아 본 바에 의하면 채무자는 채권자가 건물명도청구의 소송을 제기할 것을 우려한 이를 제3자에게 전대하거나, 그도 아니면 이를 아예 처분을 하려고 준비 중에 있다는 정보를 입수하였습니다.

따라서 시급히 이를 가처분하여 두지 아니할 경우 후일 채권자가 본안소송에서 승소판결을 얻는다 하여도 강제집행을 하지 못할 우려가 있어 채권자는 부득이 신청취지와 같은 결정을 구하기 위하여 이 사건 신청에 이른 것입니다.

6. 담보제공에 대하여

채권자가 채무자에 대한 손해담보를 위하여 귀 원에 공탁함에 있어서 민사집행법 제19호, 민사소송법 제122조에 의거 보증보험회사와 지급보증위탁계약을 체결한 문서를 제출할 것을 신청하오니 허가하여 주시기 바랍니다.

소 명 방 법

1. 소갑 제1호증　　　부동산등기부등본
1. 소갑 제2호증　　　부동산임대차계약서
1. 소갑 제3호증의 1 내지 17　　　각 사진
1. 소갑 제4호증　　　영수증

첨 부 서 류

(가처분할 부동산의 등기부등본은 소갑 제1호증으로 첨부되어 있음)

1. 위 각 입증방법
1. 건축물대장
1. 토지대장
1. 송달료 납부영수증
1. 소송위임장
1. 담당변호사 지정서

20OO. . .

채권자의 소송대리인
법무법인 OO
담당변호사 함 O O
김 O O

서울OO지방법원 귀중

4. 다른 절차와의 경합

가. 가처분과의 경합

가처분은 그 내용이 다양하므로 상호 모순·저촉되지 않는 범위 내에서만 경합이 허용된다. 수 개의 가처분이 서로 모순·저촉되는지의 여부는 당사자, 피보전권리, 보전의 필요성, 주문 또는 신청취지 등을 비교하여 판단한다. 예컨대, 甲의 乙에 대한 건물의 집행관 보관, 채무자 사용의 점유이전금지가처분과 丙의 甲에 대한 건물철거 및 乙에 대한 건물퇴거의 가처분은 경합될 수 있다. 반면에, 동일 건물에 대하여 甲의 채무자 乙을 상대로 한 집행관 보관, 채무자 乙 사용의 점유이전금지가처분(제1차 가처분)이 집행된 후에 丙의 채무자 丁을 상대로 한 집행관 보관, 채무자 丁 사용의 점유이전금지가처분(제2차 가처분)이 다시 발령되어 집행된 경우 양자는 비록 당사자는 서로 다르다 할지라도 각기 서로 다른 채무자에게 같은 건물의 사용을 허락한 한도 내에서 모순·저촉된다고 볼 여지가 있다. 이 경우 제2차 가처분은 허용되지 않는 것인가? 이에 대하여는 두 가지의 경우로 나누어 생각해 볼 수 있다.

우선 점유이전금지가처분은 목적물의 직접 점유자를 채무자로 삼아야 하므로, 특정시점을 기준으로 채무자가 서로 다르다는 것은 있을 수 없을 것이다. 그럼에도 불구하고 서로 다른 채무자를 상대로 한 점유이전금지가처분결정이 동일 목적물에 대하여 모두 집행되었다면 그 결정 중 적어도 하나는 점유자를 오인한 것으로 볼 수밖에 없고 이러한 점유이전금지가처분은 허용될 수 없으며 그 집행은 위법하게 된다고 할 것이다. 그러한 경우에는 실제로 그 물건을 점유하고 있는 자를 채무자로 한 가처분결정의 집행만이 집행보전의 효력이 있고 채무자가 실제의 점유자와 다른 가처분집행은 집행보전의 효력을 발휘할 수 없다. 한편 동일한 목적물에 대한 것이라도 시점을 달리 한다면 점유자가 달라질 수 있다. 따라서 예컨대 甲이 乙을 상대로 한 제1차 가처분의 집행이 있은 후 乙이 그 점유를 丁에게 이전하고 채권자 丙은 丁을 채무자로 하여 제2차 가처분 신청을 하여 그 집행을 한 경우라면, 각 가처분집행이 상호 모순·저촉된다고 보아야 할 필요가 없으며 서로의 병존을 인정하되 본집행의 단계에서는 제1차 가처분에 우선적 지위가 인정된다고 볼 것이다. 그러나 동일 당사자 사이에서 서로 모순·저촉되는 가처분이 발령된 경우에는 제2차 가처분의 명령 자체가 위법하다고 할 것이다.

나. 가압류와의 경합

가압류와 가처분은 그 내용이 서로 모순, 저촉되지 않는 한 경합이 가능하다. 그 내용이 모순, 저촉되는 경우 효력의 우열은 부동산의 경우 집행의 선후에 의하여 결정한다.[36)]

등기관이 동일한 부동산에 관한 가압류등기 촉탁서와 처분금지가처분 등기 촉탁서를 동시에 받아 양 등기에 대하여 동일 접수번호와 순위번호를 기재하여 처리한 경우, 그 등기의 순위는 동일하고, 순위가 같은 가압류와 가처분채권자 상호간에 한해서는 처분금지적 효력을 서로 주장할 수 없다. 따라서 가압류권자가 집행권원을 얻어 강제경매를 신청하기 전에 가처분권자 명의로 소유권이전등기가 경료되면 가압류권자가 그 소유권이전등기의 효력을 부정할 수 없으므로 가압류권자의 강제경매신청은 타인 소유의 부동산에 대한 것으로서 부적법하게 된다.[37)]

다. 강제집행과의 경합

처분금지가처분이 되어 있는 부동산에 대하여도 본안에 관한 승소판결확정시까지는 다른 채권자가 강제집행을 할 수 있다. 이와 같이 강제집행이 허용되는 경우 가처분과의 우열은 어떻게 되는지에 관해 판례는 처분금지가처분이 되어 있는 부동산에 대한 강제집행은 적법 유효하고, 강제집행의 진행 중에 가처분의 존재만으로는 제3자 이의의 소를 제기할 권한이 없으며, 가처분채권자가 후에 본안소송에서 승소확정판결을 얻는 때에 비로소 그 강제집행의 결과를 부인할 수 있음에 불과하다고 한다.[38)] 실무상으로는 최선순위의 처분금지가처분이 있는 부동산에 대하여는 경매개시결정을 하고 이를 등기한 다음 경매절차를 사실상 정지하여 가처분의 결과를 기다리는 것이 일반적이다. 강제집행에 의하여 이미 압류된 동산에 대하여도 처분금지가처분을 할 수는 있으나, 가처분채권자는 매수인에게 대항할 수 없다.[39)]

---

36) 대법원 2005. 1. 14. 선고 2003다33004 판결.
37) 대법원 1998. 10. 30.자 98마475 결정.
38) 대법원 1998. 10. 27. 선고 97다26104, 26111 판결.
39) 대법원 1964. 12. 15. 선고 63다1071 판결.

[서식 15] 강제집행정지 공탁서(재판상보증)

공 탁 서(금전)

<table>
<tr><td rowspan="2">처리인</td><td>접수</td><td>조사</td><td>수 리</td><td>원표작성</td><td>납 입</td><td>출납부정리</td><td>통지서발송</td></tr>
<tr><td></td><td></td><td>년 월 일 ㊞</td><td></td><td>년 월 일 ㊞</td><td></td><td>년 월 일 ㊞</td></tr>
</table>

<table>
<tr><td colspan="7">의정부지방법원 공탁공무원 귀하</td></tr>
<tr><td colspan="2">공탁번호</td><td>20OO년 금 제 호</td><td colspan="2">20OO년 2월 일 신청</td><td>법령조항</td><td>민법 제487조</td></tr>
<tr><td rowspan="2">공탁자</td><td>성 명</td><td>박 O O</td><td rowspan="2">피공탁자</td><td>성 명</td><td colspan="2">김 O O</td></tr>
<tr><td>주 소</td><td>OO시 OO읍 OO리 00
OO아파트 000동 0000호</td><td>주 소</td><td colspan="2">OO시 OO동 000-0
주공아파트 000동 0000호</td></tr>
<tr><td colspan="2">공탁금액</td><td colspan="5">금 30,000,000원</td></tr>
<tr><td colspan="2">공탁원인사실</td><td colspan="5">공탁자는 피공탁자와 20OO. 10. 24. '경기 OO시 OO동 000-0 주공아파트 000동 000호' 에 대하여 매매계약을 체결하고 당일 계약금 2,000만원 및 중도금 1,000만원을 수령하였으나, 그 후 피공탁자가 잔금지급일이 지나도록 나머지 잔금을 지급치 아니하는 등 더 이상 계약이행의 의사를 보이지 아니하여 그 무렵 공탁자는 부득이 피공탁자와 협의 하에 본건 매매계약을 해제하기에 이르렀습니다. 그래서 공탁자는 그 후 본 건 계약이 해제됨에 따라 피공탁자로부터 계약금 및 중도금으로 수령한 금 3,000만원을 현실 제공하였으나, 피공탁자가 그 수령을 거절하므로 공탁함.</td></tr>
<tr><td colspan="2">비 고(첨부서류등)</td><td colspan="5">주민등록초본 1통, 공탁통지서 1통 □ 가상계좌납입 신청</td></tr>
<tr><td colspan="3">1. 공탁으로 인하여 소멸하는 질권, 전세권 또는 저당권
2. 반대급부 내용</td><td colspan="4">없음</td></tr>
<tr><td colspan="3">위와 같이 공탁합니다.
공탁자 성명 ㊞</td><td colspan="4">주 소
대리인 성명 ㊞</td></tr>
<tr><td colspan="7">위 공탁을 수리합니다.
공탁금을 년 월 일까지 은행 공탁공무원의 계좌에 납입하시기 바랍니다.
동일까지 납입하지 않을 때는 이 공탁의 수리는 효력을 상실합니다.
20OO년 2월 일
OO지방법원 공탁공무원 ㊞</td></tr>
<tr><td colspan="7">(영수증) 위 공탁금이 납입되었음을 증명합니다.
20OO년 2월 일
공탁물보관자(OO지방법원 공탁공무원) ㊞</td></tr>
</table>

※ 가상계좌납입의 경우는 비고 가상계좌납입 신청란에 □ 표시하여야 하고, 공탁공무원이 납입증명을 합니다.
※ 대리인에 의한 공탁일 때에는 공탁자의 인을 날인하는 대신 대리인의 주소, 성명을 기재하고 대리인의 인을 날인합니다.
※ 공탁금은 그 회수청구권의 소멸시효 완성으로 인하여 국고에 귀속될 수 있음을 알려 드립니다.

제4절 가처분재판의 집행

I. 서 론

가처분결정 중 공시명령은 가처분결정이 고지된 날로부터 2주 이내에 집행하여야 할 것이나(민사집행법 제301조, 제292조, 2항; 대법원 1982. 7. 16.자 82마카50 결정; 대법원 2001. 1. 29.자 99마6107 결정), 공사금지나 공사방해금지를 명하는 명령은 부작위의무를 지우는 것이기 때문에 가처분의 내용을 채무자에게 고지함으로써 그 효력이 발생하며, 별도의 집행이라는 개념이 존재하지 아니하게 된다. 다만, 채무자의 가처분결정 위반시 일반적으로 채무자의 위반행위가 물적 상태를 남기는 경우(예컨대, 공사금지명령에 위반하여 건물을 완성한 경우)에는 대체집행의 방법에 의하여 이른바 수권결정을 얻어 위반결과의 제각(예컨대, 완성된 건물의 철거를 집행관에게 위임)을 하게 되고, 위반행위가 물적 상대를 남기지 않은 경우(예컨대, 공사 현장에 사람들을 배치하여 공사를 방해하는 경우)에는 간접강제의 방법에 의하여 위반행위가 있을 때마다 금전배상을 하도록 명하고 금전집행의 방법으로 강제하게 된다. 이러한 대체집행이나 간접강제를 함에 있어서는 채무자를 반드시 심문하여야 한다(민사집행법 제262조).

가처분은 소급효가 없으므로 신청인이 이러한 종류의 가처분명령을 얻을 때까지 사이에 피신청인이 가처분에 의하여 금지시키려는 행위를 하여 이미 발생한 물적 상태(건축공사금지가처분 전에 이미 완료된 공사부분)를 제거할 수는 없고, 그 제거를 위해서는 새로운 가처분을 얻어야 한다. 한편 위 가처분에 공시명령이나 집행관 보관명령이 부가되어 있는 경우, 그 부분의 집행에 관하여는 즉시 집행이 가능하므로 집행기간 제한에 관한 규정이 준용된다.

[서식 16] 굴착착공사방해금지가처분신청서(임대차계약종료에 따른 방해배제)

<table>
<tr><td colspan="2" align="center">굴착공사방해금지가처분신청</td></tr>
<tr><td>신 청 인</td><td>○ ○ ○
서울 OO구 OO동 00</td></tr>
</table>

신청인 대리인　　법무법인 ○○
　　　　　　　　서울 ○○구 ○○동 00
　　　　　　　　담당변호사 ○ ○ ○, ○ ○ ○

피신청인　　　　○ ○ ○
　　　　　　　　서울 ○○구 ○○동 00

목적물의 표시 : 별지 목록 기재와 같음
피보전권리의 내용 : 건물의 소유권자로서 임대차계약의 종료에 따른 방해배제청구권
목적물의 가격 : 금 103,479,005원

신 청 취 지

1. 피신청인은 신청인이 별지 목록 기재 부동산에 대하여 시행하는 지반조사와 관련된 일체의 굴착공사를 방해하는 행위를 하여서는 아니 된다.
2. 피신청인은 20○○년 ○월 첫째 주부터 넷째 주까지 사이에 매일 오전 6시부터 오전 10시까지의 시간 중 최소한 2차례에 걸쳐 신청인이 지정하는 시간과 장소에서 신청인 또는 그가 지정한 자가 시행하는 지반조사업무를 수인하여야 한다.

라는 재판을 구합니다.

신 청 이 유

1. 임대차계약의 체결신청인은 피신청인과 20○○. ○. 초경 피신청인과 신청인 소유의 별지목록기재 부동산에 대하여 임대보증금 금 1억 원, 월 임대료 금 720만 원, 임대기간 20○○. ○. ○.부터 20○○. ○. ○.로 하는 임대차계약을 체결하고 그 시경 이후 피신청인은 위 부동산을 점유, 사용하면서 "○○스시"라는 상호로 유명 일식집을 운영하고 있으며, 그 이후 이 사건 임대차계약은 계속하여 1년마다 갱신되다가 최종적으로 임대보증금 금 1억 원, 월 임대료 금 1,170만 원, 임대기간 20○○. ○. ○.부터 20○○. ○. ○.까지로 갱신되었습니다(소갑 제3호증의 1 내지 5 각 인증서 참조).
2. 임대차계약의 종료신청인은 별지목록기재 부동산이 낡고 노후하여 많은 수리비가 들어 차제에 위 부동산을 철거하고 빌딩을 신축하기 위하여 위 임대기간을 최종적으로 연장한 20○○. ○.경부터 피신청인에게 구두로 신청인의 처지를 여러 번 설명하면서 하루 속히 다른 영업장소를 찾아 이전할 것을 간곡히 요청하

였고, 피신청인도 그간 7년 넘게 이곳에서 영업하면서 15억 원 이상의 큰돈을 모으는 동안 신청인이 임대보증금을 인상하지도 않고 월 임대료도 크게 올리지 않아 고맙다고 하면서 기간 중이지만 늦어도 20OO. O. 초순까지는 이전하겠다고 약정하였습니다. 신청인은 피신청인의 이와 같은 약정을 진실로 믿고 조속한 건축착수를 위하여 같은 건물 내의 다른 임차인을 설득하여 20OO. O.경 퇴거시키는 한편, 설계사를 위촉하여 20OO. O. O.에는 설계도면을 작성하여 관할 구청인 OO구청에 건축심의를 신청하여 건축허가를 받았고, 나아가 이 사건 부동산의 인근에 건축업무를 전담하기 위한 사무실을 설치하였으며, 건축사의 요청에 따라 건축공사 도급가액을 결정하기 위한 필수전제조건인 지반조사를 실시하고자 20OO. O.경부터 피신청인에게 협조를 구하였습니다. 당시 신청인은 어차피 피신청인이 20OO. O.까지는 인도하여 주겠다고 약정한 상태에서 아직 영업을 계속중이니 만큼 영업을 하지 않는 일요일 새벽시간을 이용하여 2~3시간 정도면 충분히 영업에 방해됨이 없이 지질 조사를 할 수 있으니 이를 허락하여 달라고 요청하였고 피신청인도 이를 승낙하였으나, 막상 당일 새벽에 허락할 수 없다고 거부하였고, 피신청인은 그 후 무려 4차례나 이와 같은 일을 반복하여 신청인은 그때마다 지질조사회사에게 헛돈을 지불하거나 지질조사회사로부터 항의를 받았으며 무엇보다도 건축공사의 적시착공에 상당한 지연을 초래하게 되었습니다.

3. 피신청인의 인도 불응 이에 신청인은 피신청인 계약 기간 내에 퇴거할 의도가 없다는 것을 확인하고 기간 종료 후 즉시 인도하여 줄 것을 요청하였으나 피신청인은 도리어 이 건 부지를 시가대로 매수하여 주겠으니 자기에게 매도하라는 얼토당토않은 요구를 하는가 하면, 임대기간 만료 후에도 연장을 바란다는 요청을 함으로써 임대 기간이 종료되어도 인도하지 아니할 뜻을 명백히 하고 있습니다. 신청인이 확인한 바에 의하면 피신청인은 심지어 권리금을 받고 이 건 점포를 타에 전대하고자 획책하고 있는 것으로 알고 있습니다.

4. 가처분의 필요와 급박한 사정현재 신청인은 이 사건 부지에 지하 1층 지상 7층의 사무용 건물을 신축하기로 하고 건축허가를 받는 등 모든 제반준비를 갖추었으나 고층건물의 신축에 필수적인 사전지반조사를 하지 못하여 가사 다행히 피신청인이 기간 만료 후 별지목록기재 부동산을 순순히 인도한다고 하더라도 상당한 건축지연이 명약관화한 실정입니다. 더구나 피신청인은 만료 후에도 임의인도하지 아니하고 지연책을 강구할 의도가 역력한 바, 만약 그렇게 된다면 신청인의 건축은 언제 시작될지도 알 수 없습니다. 건축물의 신축에는 설계 도면의 작성 외에도 건물의 안전도 및 시공비용의 정확한 산정을 위하여 반드시 지반조사가 선행되어야 하는바, 이 지반조사라는 것이 그렇게 큰 작업을

요하는 것은 아닙니다. 별지목록기재 부동산 정도의 규모에 대한 지반조사를 위하여는 지반 굴착을 위한 시추장비 반입 후 1개소당 2~3시간 정도 밖에는 필요하지 않으며 시추도 2개소 정도만 필요할 것입니다. 당해 토지에 대한 지반조사는 건축을 위한 가장 중요한 기초조사입니다. 지반조사를 통하여 얻은 정보를 토대로 당해 건축물의 지반에 대한 기초형식을 결정하는 등 건축물의 설계에 필요한 가장 기본적인 정보를 얻을 수 있기 때문에 별지 목록 기재 부동산의 경우와 같이 건축허가가 이미 결정된 상태에서는 그 지반에 대한 지질조사 없이는 어떠한 건축 절차도 진행될 수 없습니다(원래 지반조사는 당해 토지에 대한 토질, 지층, 두께, 심도 및 지하수위 등을 조사하기 위하여 지반에 구멍을 굴착하여 당해 토지의 상대밀도 및 연경도 등을 파악하고자 표준관입시험, 정수위 상태에서 시추공내 지하수위측정 등의 과정을 통하여 지반에 대한 종합적인 정보를 얻는 과정입니다). 피신청인의 영업시간은 매일 오전 11시부터 오후 10시이므로 신청인이 지정하는 12월 첫째 주부터 넷째 주 사이에 오전 6시부터 오전 10시까지의 시간 중 신청인 또는 신청인이 지정하는 자가 지반조사를 위한 굴착공사를 하여도 피신청인의 영업에는 지장이 없을 것으로 사료되며 위 굴착공사도 단 2차례에 한정된 것입니다. 현재 신청인은 피신청인을 상대로 건물인도 본안소송을 제기하여 20OO가단 제OOOO호로 귀원 민사 단독에 계류중인바, 피신청인은 이 사건 임대차계약이 기간이 만료되어 적법하게 해지된다고 하여도 별지목록 기재 부동산의 인도를 거부하고 나아가 신청인이 신규건축물 건축을 위한 지질조사마저도 방해할 것이 명백하게 예상되는 바, 신청인이 후일 본안 소송에서 승소한다 하여도 일정한 기간 내에 지반조사를 시행하지 못한다면 신청인으로서는 건축이 장기간 지연됨으로써 금전으로 회복하기 어려운 손해를 입을 것이 명백하여 부득이 이 사건 신청에 이른 것입니다.

5. 담보제공에 대하여는 민사집행법 제19조 제3항, 민사소송법 제122조에 의하여 보증보험주식회사와 체결한 지급보증위탁계약문서를 제출하는 방법에 의할 수 있도록 허가하여 주시기 바랍니다.

소 명 방 법

1. 소갑 제1호증	등기부등본
2. 소갑 제2호증	일반건축물대장등본
3. 소갑 제3호증의 1 내지 5	각 인증서
4. 소갑 제4호증	화해조서
5. 소갑 제5호	증심의결과통보

6. 소갑 제6호증　　　　　　　　　건축물허가동의통보

첨 부 사 항

1. 신청서 부본　　　　　　　　　　　　　1통
2. 공시지가확인원　　　　　　　　　　　　1통
3. 위임장　　　　　　　　　　　　　　　　1통
4. 납부서　　　　　　　　　　　　　　　　1통

20OO.　.　.

위 채권자 ○ ○ ○ (인)

OO지방법원 귀중

[서식 17] 공사중지가처분신청서(도로 위 공작물 설치로 상사 영업방행)

공사중지가처분신청서

신 청 인　○ ○ ○
　　　　　OO시 OO구 OO동 00

피신청인　OO광역시
　　　　　위 대표자 시장 ○ ○ ○

목적물 가액 : 금 OOOOOO원정

목적물의 표시 : OO시 OO구 OO동 000의 0 도로 중 별지 도면 표시 1, 2, 3, 4, 1의 각 점을 순차로 연결한 선으로 둘러싸인 28.82㎡

피보전권리의 요지 : 신청인의 소유권에 기한 방해배제 및 예방청구권

신 청 취 지

1. 피신청인은 OO도시철도 1호선 1-7공구 공사 중 OO시 OO구 OO동 224의 1 도로 지상 부분에 돌출되는 환기탑 설치공사를 시행함에 있어 그 환기탑의 폭은 2.2m, 길이는 13m, 높이는 도로 지면에서 1.5m를 각 초과하여 시공하여서는 안 되고, 도로 지면에서 높이 1.2m를 초과하는 부분은 신청인의 건물을 가리는 불투명한 소재로 시공하여서는 안 된다.
2. 집행관은 위 취지를 적당한 방법으로 공시하여야 한다.
3. 담보제공은 채권자와 OO보증보험주식회사 간에 체결한 지급보증위탁계약 문서의 제출에 의한다.
4. 신청비용은 피신청인의 부담으로 한다.

라는 재판을 구합니다.

신 청 이 유

1. 신청인은 OO시 OO구 OO동 543의 41 대 56.1㎡, 같은 동 543의 42 대 78.4㎡, 같은 동 543의 43 대 87.4㎡ 등 3필지의 토지와 그 지상 철근콘크리트조 슬래브지붕 4층 영업소 건물(1 내지 3층 : 165㎡, 4층 : 75.9㎡, 지하실 : 85㎡, 이하 '이 사건 건물'이라 한다)을 소유하고 있습니다.

2. 피신청인은 OO도시철도 1호선 중 1-7공구 토목공사(본선 1,306m, 정거장 2개소 302m, 총연장 1,608m)를 시공하면서, 이 사건 건물의 전면에 위치한 OO시 OO구 OO동 224의 1 도로(노폭 5.5m, 이하 '이 사건 보도'라 한다) 중 별지 도면 표시 1, 2, 3, 4, 1의 각 점을 순차로 연결한 선으로 둘러싸인 28.82㎡ 부분의 지하굴착 토목공사를 마무리 짓고, 앞으로 그 지상에 폭 2.2m, 길이 13m, 높이 2m 정도 규모의 철제 환기탑(이하 '이 사건 환기탑'이라 한다) 설치공사를 실시하려 하고 있습니다.

3. 일반인들의 통행에 제공되는 보도 상에 구조물을 설치하는 경우 그 구조물의 설치로 인하여 그에 인접한 건물이나 대지를 이용함에 있어 커다란 불편을 초래하고 건물 본래의 기능 및 활용성을 극도로 저하시키는 결과를 낳게 될 뿐만 아니라 그 건물에 입주한 상점 영업에 중대한 손해를 초래하는 경우와 같이 그 건물 본래의 효용을 방해하는 경우에는, 그 방해가 사회통념상 일반적으로 수인할 정도를 넘어선다고 인정되는 한 그 건물이나 대지의 소유권에 기하여 그 방해의 제거나 예방을 청구할 수 있다고 할 것입니다. 이 경우 그 침해가 사회통념상 일반적으로 수인할 정도를 넘어서는지 여부는 피해의 성질 및 정도,

피해이익의 공공성, 가해행위의 태양, 가해행위의 공공성, 가해자의 방지조치 또는 손해회피의 가능성, 인허가 관계 등 공법상 기준에의 적합 여부, 지역성, 토지이용의 선후 관계 등 모든 사정을 종합적으로 고려하여 판단하여야 합니다(대법원 1997. 7. 22. 선고 96다56153 판결 참조).

4. 이 사건 건물은 도시계획상 일반 상업지역 안에 위치한 상가 및 병원 건물로서, 그 인근에 OO역 지하상가 및 OO시장이 있고, 그 앞에 왕복 8차선 도로와 접하여 있으며, 특히 그 1층의 점포들은 보도와 바로 접하여 있어 그 보도 앞을 지나가는 행인들이 직접 점포로 출입할 수 있을 뿐 아니라 이 사건 보도가 바로 차도에 접하여 있어 이 사건 보도나 그 앞의 차도 및 반대편 쪽 보도를 통행하는 행인들에 대한 홍보 효과도 매우 커서 그 경제적인 효용가치가 매우 큽니다. 그러나 이 사건 환기탑이 설치되는 경우에는 이 사건 보도의 도로폭이 5.38m에서 3.18m로 40%나 줄게 되어, 위 건물의 1층 점포로 출입하는 사람들이 불편을 겪게 되고, 자연히 일반 통행인이 이 사건 건물 1층 점포 내부의 진열물을 구경하기도 어렵게 되어 영업에 지장을 주게 될 우려가 매우 큽니다. 더구나 이 사건 건물 전면 길이 15m 중 그 73%나 되는 11m가 이 사건 환기탑과 중복되는데 이 사건 환기탑의 높이가 2m가량이나 되어 이 사건 환기탑의 길이와 중복되는 부분은 그 전면의 유리창이 가려져 이 그 안에 진열된 상품이나 선전 포스터 등에 대하여 그 앞 차도나 그 반대편 쪽의 보도에서 모두 시야가 차단되어 그 홍보나 광고효과는 거의 상실되게 됩니다. 따라서 결과적으로 이 사건 건물의 본래의 용도에 따른 사용을 실질적으로 방해하는 결과를 초래하고 나아가 이로 인하여 이 사건 건물 1층 점포들의 경제적 가치는 급격히 하락하여 그 소유자인 신청인에게 매우 심각한 손해를 입히게 될 것입니다.

5. 피신청인이 설치하려는 이 사건 환기탑은 인천 지역의 주민들의 편의를 위하여 설치하는 도시철도를 위한 필요불가결한 구조물로서 공공의 이익을 위한 것임은 인정됩니다. 그러나 피신청인으로서는 구조물의 규모를 최소한으로 하여 신청인의 피해를 최소화할 수 있도록 최대한의 노력을 보였어야 함에도 불구하고, 환기탑의 높이를 다른 지하철역의 환기탑보다 더 높여 2m로 정함으로써 이 사건 건물에 대한 피해를 더욱 심화시켰다 할 것입니다[공사 노선 내 다른 환기탑의 시설현황 참조]. 이는 결과적으로 행정편의와 공공이익을 앞세워 신청인에게만 중대한 불이익을 감수하라는 것이어서 형평에 어긋난다 할 것이고, 이 사건 환기탑의 설치로 인하여 이 사건 건물에 대하여 미치는 방해 내지 피해의 정도는 사회관념상 일반적으로 요구되는 수인의 정도를 초과하였다 할 것입니다.

6. 이 사건 환기탑의 설치로 인하여 신청인의 이 사건 건물에 대한 소유권이 침해

되고 그 침해의 정도가 사회관념상 요구되는 수인의 정도를 초과하는 이상, 피신청인으로서는 그 침해를 최소화하여 일반적으로 수인될 수 있는 범위 안에서 위 환기탑 설치공사를 시행하여야 할 것입니다. 이 사건 환기탑의 폭은 2.2m, 길이는 13m, 높이는 도로 지면에서 1.5m 이하로 각 제한하고, 도로 지면에서 높이 1.2m를 초과하는 부분은 신청인의 건물을 가리는 불투명한 소재로 시공하지 못하도록 제한하는 것이 상당합니다.

7. 신청인은 피신청인에 대하여 신청인의 이 사건 건물에 대한 소유권 행사를 방해할 우려가 있는 이 사건 환기탑 설치 공사를 위에서 인정한 범위를 초과하여 시행하지 못하도록 청구할 수 있는 피보전권리가 있다고 할 것입니다. 보전의 필요성에 관하여 보더라도, 피신청인이 위에서 본 규모대로 이 사건 환기탑을 설치하는 경우 신청인에게는 앞서 기술한 바와 같은 회복할 수 없는 손해가 발생할 염려가 명백하므로 시급히 공사 중지를 할 필요성이 있다고 할 것이므로 이건 신청에 이르게 되었습니다.

8. 이 사건 담보제공은 보증보험회사와 체결한 지급보증위탁계약체결문서의 제출에 의할 수 있도록 허가하여 주시기 바랍니다.

첨 부 서 류

1. 부동산등기부등본	1통
1. 진정서	1통
1. 토지대장등본	1통
1. 건물 및 도로 사진	7매
1. 공사 현장 사진	10매
1. 공사 노선 내 다른 환기탑의 시설현황	1부

20OO. . .

위 신청인 ○ ○ ○

OO지방법원 귀중

[서식 18] **공사중지가처분**(인근 지하 굴착공사로 주택 균열의 경우)

공사중지가처분신청서

신 청 인　　○ ○ ○ (000000-0000000)
　　　　　　○○시 ○○구 ○○동 000
　　　　　　전화번호 :

피신청인　　1. ○ ○ ○ (000000-0000000)
　　　　　　　○○시 ○○구 ○○동 000
　　　　　　2. ○○건설 주식회사
　　　　　　　○○시 ○○구 ○○동 000
　　　　　　　대표이사 ○ ○ ○

목적물 가액 : 금 ○○○○○○원정
목적물의 표시 : 별지기재와 같음
피보전권리의 요지 : 소유권에 기한 방해배제청구권 및 손해배상 청구권

신 청 취 지

1. 피신청인들은 별지목록기재 부동산에 대한 지하굴착공사를 하여서는 아니 된다.
2. 집행관은 위 취지를 적당한 방법으로 공시하여야 한다.
3. 담보제공은 채권자와 ○○보증보험주식회사 간에 체결한 지급보증위탁계약 문서의 제출에 의한다.
4. 신청비용은 피신청인들의 부담으로 한다.

라는 재판을 구합니다.

신 청 이 유

1. 신청인은 ○○시 ○○구 ○○동 000 대지상 연와조 스라브 기와지붕 지상 1, 2층 각 110.76㎡, 지하실 25.08㎡(이하 이 사건 건물이라고 한다)의 소유자이며, 피신청인 1.은 이 사건 건물과 인접한 같은 동 000 대 275.6㎡의 소유자입니다.

2. 피신청인 1.은 20○○. ○. 초순경 ○○구청장으로부터 피신청인 1.명의로 건축허가를 받아 위 지상에 지하 1층, 지상 4층 건평 821.14㎡의 주거용 근린생활시설

을 세우기 위하여 피신청인 2.와 건축도급계약을 체결하였고, 피신청인 2.는 장비를 동원하여 이 사건 건물의 지층으로부터 근접한 거리에서 굴토작업을 하고 있습니다.

3. 위 굴토공사 후인 2000. 0. 16:00경부터 굴토면에 접한 이 사건 건물의 담장이 약 13 내지 15m가량 붕괴되고, 위 담장과 이 사건 건물 사이의 폭 약 1m의 시멘트바닥이 약 10㎝ 침하되면서 이 사건 건물의 내, 외벽 및 바닥에 수많은 균열이 발생하게 된 사실이 있습니다.

4. 위 지하굴착작업을 시행하게 되면 지하수 및 토사가 유출되거나 진동이 발생되고 이에 따른 인접지반의 교란에 의한 부동침하나 진동의 전달로 인하여 인접지 건물에 균열을 발생시키거나 심한 경우에는 붕괴에 이르게 할 위험성이 불구하고 피신청인들은 이를 방지하기 위한 제반안전조치를 취하지 아니한 채 굴토면에 콘크리트기둥을 설치하는 씨.아이.피공법을 사용하여 지하 약 4m 깊이로 굴토공사를 강행하고 있습니다.

5. 이 사건 건물과 인접대지에서 공사를 시행하는 피신청인들로서는 위와 같은 지하굴토작업을 할 경우 위와 같은 위험 이 당연히 예상되므로 사전에 지하수 및 토사유출방지를 위하여 흙막이 시공을 철저히 하고 지반이 동요되지 않도록 받침대를 세우거나 진동전달 방지를 위한 안전조치를 취하여야 할 주의의무가 있음에도 이를 게을리하고 공사를 진행하고 있어, 이는 신청인의 수인의 한도를 넘는 것이라고 할 것입니다.

6. 따라서, 신청인은 피신청인들을 상대로 소유권방해배제청구의 소와 발생된 손해에 대해 손해 배상 청구의 소제기를 준비 중입니다. 그러나, 재판받기까지는 상당한 시일이 소요되고 피신청인이 공사를 강행하고 있으므로 피신청인의 위 공사를 방치 한다면 신청인은 건축물 붕괴 등으로 신체 및 생명 그리고 금전상 막대한 손해를 입을 것이 명백하므로 시급히 공사 중지를 할 필요성이 있어 본안 소송에 앞서 이건 신청에 이르게 되었습니다.

7. 이 사건 담보제공은 보증보험회사와 체결한 지급보증위탁계약체결문서의 제출에 의할 수 있도록 허가하여 주시기 바랍니다.

첨 부 서 류

1. 부동산등기부등본 1통
1. 진정서 1통

1. 토지대장등본 1통
1. 사진 1통
1. 현장약도 1통
1. 주민등록표등본 1통
1. 법인등기부 1통

20○○. . .

위 신청인 ○ ○ ○

○○지방법원 귀중

[서식 19] **공사중지가처분신청**(일조권 침해)

건축공사금지 가처분신청

신 청 인 김 ○ ○
서울 ○○구 ○○동 000-000
신청인의 소송 대리인 법무법인 ○○
담당변호사 김○○, 윤○○, 김○○, 서○○
서울 ○○구 ○○동 000-0 ○○빌딩 101층
(우 : 00000, 전화 : 00-000-0000 / 팩스 : 00-000-0000)

피신청인 1. ○○신탁주식회사
서울 ○○구 ○○로 000, 201층
대표이사 이 ○ ○
2. 주식회사 ○○엔지니어링
○○시 ○○구 ○○동 00-0

대표이사 김 ○ ○

피보전권리의 요지 : 소유권에 기한 방해배제청구권

신 청 취 지

1. 피신청인은 별지목록 기재 토지상에 건축 중인 건축물 축조공사를 중지하고, 이를 속행하여서는 아니된다.
2. 집행관은 제1항의 취지를 적당한 방법으로 공시하여야 한다.
3. 신청비용은 피신청인의 부담으로 한다.

라는 재판을 구합니다.

신 청 이 유

1. 당사자의 관계

신청인은 서울 OO구 OO동 000-000의 소유자이며(소갑 제1호증의 1,2 각 부동산등기부등본), 피신청인 OO신탁 주식회사는 위 부동산 바로 남동쪽에 인접한 별지목록 기재 토지상에 지하 4층 지상 15층 규모의 OO산업센터 신축공사에 착수한 건축주이며(소갑 제2호증 1 내지 6 각 토지등기부등본, 소갑 제3호증 법인등기부등본), 피신청인 주식회사 OO엔지리어링은 위 OO산업센터의 시공자입니다(소갑 제4호증 법인등기부등본).

2. 일조권 및 프라이버시권 등의 명백한 침해

가. 신축건물의 규모

피신청인들이 신축하려는 이 사건 OO산업센터의 대지에는 원래 3층 규모의 공장이 소재하고 있었습니다. 그런데 피신청인들은 최근에 이를 허물고 그 자리에 지하 4층, 지상 15층의 공장형건물인 OO산업센터를 신축할 예정입니다.

나. 신청인소유의 건물과의 비교 및 근접성 등

신청인 소유의 건물은 3층 단독주택으로서, 지상 15층 규모인 OO산업센터의 1/5 수준에 불과합니다. 더구나 신축예정인 OO산업센터는 신청인 소유의 건물 남동쪽에 위치할 예정이며, 두 건물 사이의 거리 또한 불과 1~3m 내외로 아주 근접해 있는 상태여서, 만일 15층의 OO산업센터가 예정대로 신축될 경우 위 건물은 신청인 소유의 건물을 마치 엄마가 아기를 품듯 감싸는 형국이 됩니다.

다. 일조권 등의 침해

그렇게 된다면 이 사건 OO산업센터의 신축으로 인하여 신청인은 사생침해(건물 뒷면의 창문들이 모두 OO산업센터와 마주보고 있음, 따라서 야간에는 전등불을 밝히고 생활하는 관계로 내부가 모두 환하게 들여다 보이는 등 프라이버시권 침해가 심각한 상황이 됨)는 물론 시야차단으로 인한 압박감, 나아가 공사 중 발생하는 소음, 분진, 진동 등의 생활이익이 심대하게 침해됨은 명약관화한 사실입니다.

특히, 문제가 되는 것은 일조저하로 인한 침해로서 하루 온종일 햇볕이 차단되는 결과 동짓날을 기준으로 오전 9시부터 오후 15까지 사이의 6시간 중 연속해서 2시간 이상의 일조 확보 또는 오전 8시부터 오후 16시까지 사이의 8시간 중 일조시간이 통틀어 최소한 4시간의 확보가 불가능하게 되어 낮 시간에도 전등불을 밝히지 아니하고는 집안에서 일상적인 생활을 하는 것이 불가능한 상황에 놓이게 되는 등(일조저하의 결과 광열비, 세탁물의 건조비 증가로 인한 피해는 별론), 신청인이 건강하고 쾌적한 주거생활을 영위할 일조권 등 생활권을 심대하게 침해당하는 상황에 이르게 된다는 것입니다.

신청인은 이 사건 OO산업센터의 신축으로 인하여 신청인이 입게 될 일조권 및 사생활침해 등에 관하여 구체적이고 과학적인 입증 자료를 준비하려고 하고 있습니다. 그러나 이 사건 OO산업센터의 건축설계도면이나 관련 자료를 전혀 가지고 있지 아니하여 준비에 많은 어려움이 있습니다. 그리하여 OO구청에 대한 사실조회를 신청함으로써 이 사건 OO산업센터 신축에 관한 최소한의 정보를 확인하고, 이에 기하여 변론을 추가하고자 합니다.

3. 신청인소유 단독주택의 지반침하 등 구조와 안전성의 위험 등

신청인 소유의 단독주택 및 피신청인이 OO산업센터를 신축하려는 부지는 그 지반이 모두 모래나 뻘로 이루어진 토양이라 일반토양에 비하여 지력에 매우 약한 특성이라 터파기 공사를 할 때 토사유출 및 지반침하의 가능성이 매우 높은 지역이기도 합니다.

따라서 피신청인이 기존 3층의 건물을 철거하고 15층 규모의 고층건물을 신축하기 위한 목적으로 대지를 굴착함에 있어서는 인근 토지 및 건물에 대한 침해(토사유출 및 지반침하 등)나 파손행위를 방지하기 위한 충분한 조치를 취한 후 공사를 진행하여야 함에도 불구하고 전혀 이러한 조치를 취하지 아니한 채 공사를 감행하고 있는 상황입니다.

그리하여 이 사건 OO산업센터와 불과 1~3m 정도 사이에 위치한 신청인 소유의 단독주택에는 심각한 크랙 및 지반침하 등이 발생한 개연성이 높아 신청인 소유 단독주택의 구조와 안정상의 위험에 처해 있습니다. 나아가 그로 인하여 신청인의 생명, 신체, 재산상의 피해가 심대히 우려되는 상황이기도 합니다.

4. 가처분의 필요성 – 긴급성

신청인은 피신청인들에게 일조권 및 사생활을 침해하지 않도록 신축건물의 층수를 낮추고 신청인의 건물 쪽으로 설계된 창문을 없애거나 위치를 바꾸는 등 설계를 변경할 것 및 적절한 안전조치를 취한 상태에서 공사를 진행할 것을 요구하였으나, 피신청인은 이에 응하지 아니한 채 현재 터파기 공사를 시작한 상태입니다(이러한 이유로 인근지역 주민 중 일부는 이미 피신청인들을 상대로 공사중지가처분신청을 한 상태이기도 합니다).

따라서 이 사건 OO산업센터의 터파기공사 등 기초공사가 본격적으로 시작되기 전에 하루속히 공사를 중단하지 않으면 신청인의 위험과 손해를 막기에 불가능하게 됩니다.

신청인이 본안의 소를 제기하여 승소판결을 받을 때가지 많은 시일이 소요될 것이 예상되는바, 터파기공사 등 기초공사가 진행됨으로써 신청인에게는 너무나 막대한 위험과 손해가 발생하게 될 것이 명약관화하고, 향후 본안소송에서 승소하더라도 이러한 위험과 손해는 회복되기 곤란한 것이어서 부득이 이 사건 신청에 이른 것입니다.

5. 결 론

신청인의 단독주택과 불과 1~3m에 근접하여 신축되는 높이 15층의 OO산업센터로 인하여 신청인의 일조권과 사생활 및 생명, 신체, 재산상의 안전이 침해되지 않도록 신청취지와 같은 공사금지명령을 하여 주시기를 바랍니다.

그리고 이 사건 가처분의 손해담보로 제공할 공탁금은 지급보증위탁계약을 체결한 문서를 제출하는 방법에 의하여 제공할 것을 허가하여 주시기를 바랍니다.

소 명 방 법

1. 소갑 제1호증의 1, 2	각 부동산등기부등본
1. 소갑 제2호증의 1 내지 6	각 부동산등기부등본
1. 소갑 제3호증	법인등기부등본
1. 소갑 제4호증	법인등기부등본

첨 부 서 류

[부동산등기부등본 및 법인등기부등본은 소갑 제1호증~제4호증으로 첨부 되

었습니다.]

1.위 소명방법 각1통

1.위임장 1통

1.담당변호사 지정서 1통

20○○. . .

신청인의 대리인 법무법인 ○○

담당변호사 김 ○ ○

서울○○지방법원 귀중

[별지]

1. 서울시 ○○구 ○○동 000-276 대 1107㎡
2. 서울시 ○○구 ○○동 000-830 대 129㎡
3. 서울시 ○○구 ○○동 000-1886 전 200㎡
4. 서울시 ○○구 ○○동 000-1616 전 11㎡
5. 서울시 ○○구 ○○동 000-277 대 121㎡
6. 서울시 ○○구 ○○동 000-828 대 129㎡. 끝.

제5절 집행의 취소

Ⅰ. 집행취소의 의의

집행의 취소는 이미 실시한 집행처분의 전부 또는 일부의 효력을 상실시키는 집행기관의 행위를 말한다. 집행취소는 채권자 또는 채무자의 신청에 의하거나 집행법원이 직권으로 행한다.

Ⅱ. 집행취소의 사유

1. 채권자의 집행취소(해제)신청

가. 개 요

채권자는 보전처분의 집행상태가 계속되고 있는 한 언제든지 그 집행취소를 신청할 수 있다. 집행취소는 채무자에게 전혀 불이익하지 아니하므로, 채권자의 집행취소신청에는 채무자의 동의가 필요 없다.

나. 신청절차

채권자의 집행취소신청은 집행기관에 대하여 한다. 즉 채권·부동산가압류, 부동산의 처분금지가처분과 같이 법원이 집행한 보전처분에 대하여는 법원에, 동산가압류, 부동산점유이전금지가처분 등 집행관이 집행을 한 보전처분에 대하여는 집행관에게 각각 취소신청서를 제출한다. 집행취소신청을 함에는 그 취소절차에 필요한 비용(송달료, 등록세 등)을 예납하여야 하나, 인지를 붙일 필요는 없다.

다. 집행취소결정의 필요 여부

집행법원에 대한 취소신청에 대하여 제3채무자에게 취소되었음을 명백히 고지할 필요가 있다는 이유로 집행취소결정을 하는 예도 있으나, 대다수의 실무례는 집행취소결정을 하지 않고 바로 집행취소의 절차를 밟는다. 이와 같이 집행취소신청은 집행절차를 이루는 행위이고, 그 신청이 채권자의 의사에 기한 것인지 여부는 집행법원이 조사·판단하여야 할 사항이므로, 그 신청서가 위조되었다는 사유는 그 신청에 기한 집행행위, 즉 보전처분기입등기의 말소촉탁에 대한 집행이의 사유가 된다. 따라서 보전처분취소신청서 등이 위조되었다고 주장하는 채권자로서는 집행법원에 대하여 집행이의를 통하여 말소회복을 구할 수 있고, 그 집행이의가 이유 있다면 집행법원이 보전처분기입등기의 말소회복등기를 촉탁하여야 하므로, 이러한 경우 채권자가 말소된 보전처분기입등기의 회복등기절차의 이행을 소구할 이익은 없다. 다만, 보전처분기입등기 후 소유권이전등기를 마친 말소 당시의 소유자와 같이 말소회복과 관련하여 등기상 이해관계가 있는 제3자가 있는 경우에는 그의 승낙서를 집행법원에 제출하여야 하므로 승낙을 하지 않는다면 그 이해관계인을 상대로 보전처분기입등기의 회복절차에 대한 승낙청구의 소를 제기할 수 있다.

2. 해방금액의 공탁을 이유로 한 채무자의 가압류집행취소신청

가. 개 요

채무자가 가압류명령에 기재된 해방금액을 공탁하였을 때에는 법원은 결정으로써 집행한 가압류를 취소하여야 한다(민집 제299조 1항). 가압류해방금액은 금전에 의한 공탁만이 허용되고, 유가증권에 의한 공탁은 그 유가증권이 실질적 통용가치가 있는 것이라고 하더라도 허용되지 않는다.[40] 또 해방금액의 일부만을 공탁하고 가압류집행 일부만을 취소신청하는 것도 허용되지 않는다.

나. 신청과 결정

1) 해방금액을 공탁한 채무자는 그 공탁서를 첨부하여 집행법원 또는 가압류명령을 발한 법원에 가압류집행의 취소를 신청한다. 절차비용을 예납하여야 함은 채권자가 신청한 경우와 같다.

2) 이 신청이 있으면 집행취소의 결정을 한다. 취소결정은 확정되지 아니하여도 고지와 동시에 효력이 생긴다(민집 제299조 4항). 채권자는 이 결정에 대하여 즉시항고할 수 있다(민집 제299조 3항).

3) 이와 같이 가압류집행이 취소되더라도 가압류명령 그 자체의 효력이 소멸되는

40) 대법원 1996. 10. 1.자 96마162 전원합의체 결정.

것은 아니다. 그리고 집행이 취소되면 해방공탁금은 앞으로 가압류채권자가 본안청구에 관하여 승소의 확정판결을 받거나 가집행선고가 붙은 승소판결을 얻은 때에 집행의 목적물로 된다. 이 경우 가압류의 효력은 공탁금 자체가 아니라 공탁자인 채무자의 공탁금회수청구권에 대하여 미치는 것이고 가압류채권자는 본안승소판결의 집행력 있는 집행권원에 기하여 가압류채무자가 가지는 해방공탁금회수청구권에 대하여 집행법원의 현금화명령(전부명령 또는 추심명령)을 받아서 공탁금을 회수할 수 있다고 하는 것이 실무의 태도이다.[41] 따라서 채무자의 다른 채권자가 가압류해방공탁금 회수청권에 대하여 압류명령을 받은 경우에는 가압류채권자의 가압류와 다른 채권자의 압류는 그 집행대상이 같아 서로 경합하게 된다. 다만, 가압류채무자에게 해방공탁금의 용도로 금원을 대여하여 가압류집행을 취소할 수 있도록 한 자는 특별한 사정이 없는 한 가압류 채권자에 대한 관계에서 가압류해방공탁금 회수청구권에 대하여 위 대여금채권에 의한 압류 또는 가압류의 효력을 주장할 수는 없다.[42]

4) 한편, 가압류채권자가 가압류신청을 취하하거나 집행을 해제하면 채무자는 그 증명서를 첨부하여 해방공탁금의 반환을 청구할 수 있다. 또한 채무자가 본안소송에서 승소하면 이를 이유로 사정변경에 따른 가압류취소 신청을 하여 가압류취소결정을 받은 후 그 결정정본을 첨부하여 행방공탁금을 반환받을 수 있다.

[서식 20] 해방공탁을 이유로 하는 가압류취소

부동산가압류집행취소신청

신청인(채무자) ○ ○ ○
ㅇㅇ시 ㅇㅇ구 ㅇㅇ길 00 (우편번호 00000)
전화·휴대폰번호 :
팩스번호, 전자우편(e-mail)주소 :

피신청인(채권자) ○ ○ ○
ㅇㅇ시 ㅇㅇ구 ㅇㅇ길 00 (우편번호 00000)

41) 대법원 1996. 11. 11.자 95마252 결정.
42) 대법원 1998. 6. 26. 선고 97다30820 판결.

전화·휴대폰번호 :
팩스번호, 전자우편(e-mail)주소 :

신 청 취 지

위 당사자 사이의 OO지방법원 20OO카단OOOO호 부동산가압류사건에 관하여, 신청인(채무자)은 가압류결정에서 정한 청구금액 금 OOO원의 해방금을 공탁하였으므로, 별지목록 기재 부동산에 대한 가압류집행은 이를 취소한다.
라는 재판을 구합니다.

신 청 이 유

1. 피신청인(채권자)은 귀원에 신청인(채무자) 소유의 별지목록 기재 부동산에 관하여 손해배상 금 OOO원을 청구금액으로 하여 귀원 20OO카단OOOO호로 20OO. O. O. 부동산가압류결정을 받고, 위 결정에서 가압류해방금으로 금 OOO원을 정하였습니다.
2. 신청인은 위 결정에서 정한 해방금을 20OO. O. O. 귀원 공탁공무원에게 20OO년 금 제OO호로 공탁하였으므로, 위 부동산에 대한 가압류집행의 취소를 신청합니다.

첨 부 서 류

1. 가압류결정등본	1통
1. 가압류집행조서등본	1통
1. 공탁서	1통
1. 송달료납부서	1통

20OO. . .

위 신청인(채무자) O O O (서명 또는 날인)

OO지방법원 귀중

3. 보전처분 신청의 취하를 이유로 한 채무자의 집행취소신청

가. 개 요

보전처분 발령법원이 집행기관인 경우 보전처분신청이 취하되면 당연히 집행취소 신청의 의사도 포함되어 있는 것으로 보아 별도의 집행취소결정 없이 바로 집행취소 절차를 밟는다. 다만 이 때 채권자가 송달료, 등록세 등을 미납한 경우에는 집행취소 신청의사가 확실하지 아니한 것으로 보아 촉탁 등을 하지 않는다. 이 경우 채무자가 신청이 취하되었음을 이유로 집행취소의 신청을 할 수 있는가에 관하여는 견해가 엇갈리나 실무상은 할 수 있는 것으로 취급한다. 또 이 집행취소의 신청을 민사집행법 제299조에 준하는 것으로 볼 것인가, 민사집행법 제49조, 제50조에 준하는 것으로 볼 것인가에 대하여도 역시 논의가 있으나 실무례로는 보전처분신청 취하증명서 또는 취하서 부본을 민사집행법 제49조의 서면에 준하는 것으로 보고 민사집행법 제50조에 따라 집행을 취소하는 것으로 본다.

보전처분신청 취하의 효력이 발생하는 시점과 집행의 효력이 소멸하는 시점이 일치하는 것은 아니다. 예컨대, 채권가압류에 있어서 채권자가 채권가압류신청을 취하하면 채권가압류결정은 그로써 효력이 소멸되지만, 채권가압류결정정본이 제3채무자에게 이미 송달되어 채권가압류결정이 집행되었다면 그 취하통지서가 제3채무자에게 송달되었을 때에 비로소 그 가압류집행의 효력이 장래를 향하여 소멸된다.

나. 신청과 결정

이 집행취소신청에 따른 집행의 취소를 실무례와 같이 민사집행법 제50조에 의한 취소로 본다면 채무자는 집행기관에 보전처분신청 취하증명서를 첨부하여 비용과 함께 집행취소의 신청을 하여야 하고 집행기관은 별도의 결정 없이 집행취소절차에 착수한다.

제6절 보전처분에 대한 채무자의 구제

I. 보전처분에 대한 이의

1. 이의절차의 구조

가. 이의신청은 보전처분 신청을 인용한 재판에 대하여 할 수 있다(민집 제283조 1항, 제301조). 보전처분의 신청을 배척하는 재판(각하·기각)에 대하여는 즉시항고의 방식에 의하여 불복하게 된다(민집 제281조 2항, 제301조).

나. 이의절차에서 심리의 대상이 되는 것이 보전처분신청의 당부인가 보전처분재판의 당부인가에 관하여 논의가 있으나, 보전처분에 대한 이의는 지급명령에 대한 의의와 같이 같은 심급에서의 불복신청으로서 변론 또는 당사자 쌍방이 참여할 수 있는 심문을 거쳐 다시 보전처분신청의 당부를 심리 판단하여 달라는 신청으로 보는 것이 실무례이다. 따라서 판단의 기준시도 보전처분시가 아닌 이의소송의 심리종결시이다. 그리고 보전처분 신청의 소송대리인은 보전처분에 대한 이의소송에서도 여전히 소송대리인의 지위를 유지한다.

2. 신 청

가. 이의신청인

이의신청을 할 수 있는 사람은 보전처분의 채무자와 그 일반승계인, 파산관재인 등이다. 이의신청은 보전절차 내에서 채무자에게 주어진 소송법상의 불복신청방법이므로 채무자의 특정승계인은 직접 자기 이름으로 이의신청을 할 수는 없고, 다만 민사소송법 제81조의 참가승계의 절차를 거쳐 승계인으로서 이의신청을 할 수 있을 뿐이다. 채무자의 채권자도 마찬가지의 이유에서 채무자를 대위하여 이의신청을 할 수 없으며, 다만, 이해관계인으로서 보조참가신청과 동시에 이의신청을 할 수 있다. 그러나 사정변경 또는 특별사정 등에 따른 보전처분 취소신청은 이미 개시된 보전소송과는 별개 독립의 신청이므로 대위에 의한 취소신청이 가능하다.

가압류의 제3채무자는 당사자가 아니므로 가압류결정에 대한 이의신청을 할 수 없다. 가압류의 목적물이 처음부터 제3자에게 속하거나 가압류 후 가압류목적물의 소유권을 취득한 제3자가 가압류의 효력을 부정할 수 있는 경우, 제3자이의의 소로써 가압류 집행의 배제를 구할 수는 있으나 제3자 명의로 직접 가압류이의신청을 할 수는 없다.

나. 신청의 시기

법률상 제한이 없으므로 보전처분이 유효하게 존재하고 취소·변경을 구할 이익이 있는 한 언제든지 할 수 있다. 취소·변경을 구할 이익은 보전명령이 갖는 효력의 제거에 대한 이익을 말하므로 보전명령이 집행되었는지 여부에 관계없다. 즉, 집행의 유무, 집행기간의 경과, 본안소송의 계속 여부 및 그 본안소송에서 피보전권리의 부존재를 이유로 채권자 패소로 확정된 사정 등은 보전명령의 효력에 영향을 주지 않으므로 이의신청의 장애사유가 되지 아니한다.

그러나 임시의 지위를 정하기 위한 가처분에서 채권자 승소의 본안판결이 확정된 때, 가압류와 다툼의 대상에 관한 가처분에서 채권자 승소의 본안확정판결 또는 가집행선고가 붙은 본안판결에 기하여 강제집행에 착수한 때에는 보전처분은 그 목적을 달성하므로 이러한 경우 채무자는 이의로써 그 결정의 취소를 구할 여지가 없다.

다. 신청의 방식

이의신청은 신청의 취지와 이유를 적은 서면으로 하여야 한다(규칙 제303조). 신청이유에는 보전처분의 취소나 변경을 신청하는 이유를 밝혀야 한다(민집 제283조 2항, 제301조). 그러나 이의신청서는 소장의 구실을 하는 서면이 아니고 일종의 답변서와 같은 구실을 하는 것이므로 이 규정은 변론의 준비를 명하는 훈시적 규정에 불과하여 구체적인 취소·변경사유가 기재되어 있지 아니하여도 신청이 부적법한 것은 아니다.

이의사유는 채권자의 보전처분요건의 주장에 대한 채무자의 방법에 지나지 않기 때문에 채무자의 이의사유가 여럿이라면 이를 한꺼번에 주장하여야 하고 각별로 이의신청을 함은 허용되지 아니한다. 따라서 이의사건 계속 중에 별개의 이의사유를 주장하여 새로운 이의신청을 하는 것은 부적법하므로 각하하여야 한다.

라. 이의신청의 취하

이의사건 진행 중에도 채권자는 보전처분신청을 취하할 수 있음은 물론이고, 채무자 역시 채권자의 동의 없이 이의신청을 취하할 수 있다(민집 제385조 1항, 제301조). 이의

신청의 취하는 서면으로 하여야 하나 변론 또는 심문기일에서는 말로 할 수 있다(민집 제285조 3항). 이의신청서를 송달한 후에 이의신청이 취하된 경우에는 취하의 서면을 채권자에게 송달하여야 하고, 변론기일 등에서 말로 취하한 경우에 채권자가 그 기일에 출석하지 아니한 때에는 그 기일의 조서등본을 송달하여야 한다(민집 제285조 4항, 5항). 채권자가 무익한 변론 준비를 하는 것을 방지하기 위한 조치이다. 이의신청의 취하는 이의신청에 대한 재판이 있기 전까지만 허용된다(민집 제285조 1항). 이의신청이 취하되면 보전명령 당시의 상태로 돌아간다.

[서식 21] 이의신청서(채무변제)

가압류결정에 대한 이의신청

신청인(채무자) ○ ○ ○ (000000-0000000)
OO시 OO구 OO길 00 (우편번호 00000)
전화·휴대폰번호 :
팩스번호, 전자우편(e-mail)주소 :

피신청인(채권자) ○ ○ ○ (000000-0000000)
OO시 OO구 OO길 00 (우편번호 00000)
전화·휴대폰번호 :
팩스번호, 전자우편(e-mail)주소 :

신 청 취 지

1. 피신청인의 신청인에 대한 OO지방법원 20OO카단OOO호 유체동산가압류신청 사건에 관하여 귀원이 20OO. O. O.자에 한 가압류결정을 취소한다.
2. 피신청인의 위 가압류신청을 기각한다.
3. 소송비용은 피신청인의 부담으로 한다.

라는 재판을 구합니다.

신 청 원 인

1. 피신청인(채권자)은 20OO. O. O. 신청인(채무자)에게 대여한 대여금채권이 있

는데도 변제기일이 지난 뒤에도 변제하지 않고 있다고 주장하고 같은 채권의 집행보전을 위하여 신청인(채무자) 소유의 유체동산가압류신청에 이른 것이라고 주장하여 OO지방법원 20OO카단OOO호 유체동산가압류결정에 의하여 신청인(채무자) 소유의 유체동산을 가압류집행한 사실이 있습니다.

2. 그러나 신청인(채무자)은 20OO. O. O. 피신청인(채권자)으로부터 금 OOO원을 차용한 사실은 인정하나 변제기일이 지난 현재에 이르도록 변제하지 않고 있다는 사실은 부인합니다. 왜냐하면, 피신청인(채권자)이 위 채권을 20OO. O. O. OO시 OO구 OO동 000에 주소를 둔 신청외 OOO에게 양도하고 같은 날짜로 채권양도통지와 함께 변제기일이 도래하면 양수인인 신청외 OOO에게 지급하라는 당부까지 있어서 신청인(채무자)은 변제기일인 20OO. O. O. 신청외 OOO에게 채무전액을 변제하였기 때문입니다.

3. 그러므로 신청인(채무자)의 피신청인(채권자)에 대한 채무는 소멸하였으므로 이에 기한 이 사건 유체동산가압류신청은 그 이유가 없으므로 이의 취소를 구하고자 이 사건 신청을 하기에 이른 것입니다.

소 명 방 법

1. 소을 제1호증 유체동산가압류집행조서
1. 소을 제2호증 채권양도통지서
1. 소을 제3호증 영수증

첨 부 서 류

1. 위 소명방법 각 1통
1. 송달료납부서 1통

20OO. . .

위 신청인(채무자) O O O (서명 또는 날인)

OO지방법원 귀중

3. 즉시항고

가. 기 간

이의신청에 대한 결정에 대하여는 즉시항고로 불복할 수 있다(민집 제286조 7항). 즉시항고기간은 보전처분과 관련하여 민사집행법에 특별한 규정이 없으므로 고지받은 날로부터 1주 이내에 하여야 한다. 결정은 송달에 의하여 고지되므로 불복기간은 송달받은 날부터 기산한다.

나. 방 법

즉시항고는 서면으로 하여야 하고, 신청의 취지와 이유 및 사실상의 주장을 소명하기 위한 증거방법을 적어야 한다(규칙 제203조 2항). 다만 위 규정은 훈시적 규정에 불과하여 구체적인 취소·변경사유나 증거가 적혀 있지 아니하여도 그 신청이 부적법한 것은 아니다.

[서식 22] 즉시항고

즉 시 항 고

항 고 인(채권자) ○ ○ ○
주소 :
송달장소 :
전화·휴대폰 번호 :
팩스번호, 전자우편(e-mail)주소 :

피항고인(채무자) ○ ○ ○
주소 :
송달장소 :
전화·휴대폰 번호 :
팩스번호, 전자우편(e-mail)주소 :

위 당사자 간 ○○법원 20○○카기0000호 부동산가압류집행 취소신청사건에 관하여 동원이 20OO. O. O.자로 한 동 집행취소결정은 동년 동월 O일에 그 정본송달을 받았으나 불복이므로 항소함.

원 결 정 표 시

본건 가압류결정에 의하여 별지목록 기재 부동산에 대한 가압류집행을 취소한다.

항 고 취 지

원 결정을 취소하고 다시 상당한 재판을 구함.

항 고 이 유

1. 원심법원은 본건 취소신청서에 첨부된 소위 해방공탁서로, 적법한 해방공탁이 있은 것으로 보고, 이를 전제로 본건 집행취소결정을 하였다.
2. 그러나 위 공탁서에는 공탁공무원의 수리인가 기재가 있을 뿐 공탁물보관자의 공탁금영수증의 기재는 없다. 따라서 동 공탁서에 의한 행방공탁은 공탁물의 미납으로 공탁이 성립되지 아니하였으며, 따라서 이러한 공탁서를 해방공탁이 있는 공탁증명서면으로 보고 본건 취소결정을 하였음은 민사집행법 제299조 제1항의 가압류집행취소요건을 충족하지 못한 하자가 있습니다.
3. 따라서 항고취지 기재와 같은 재판을 구하기 위하여 이 항고에 이르렀습니다.

첨 부 서 류

1. 해방공탁서 등본 1통

20OO. . .

위 항고인(채권자) O O O (인)

OO지방법원 귀중

Ⅱ. 보전처분의 취소

1. 서 론

가. 취소소송의 구조

보전처분의 취소를 구하는 소송은 보전처분의 발령요건의 존부(피보전권리의 존부, 보전의 필요성의 유무)를 다투는 것이 아니라, 현재 보전처분을 유지할 수 없는 사유(취소사유)가 존재함을 이유로 하는 것이므로 적극적으로 그와 같은 사유가 있음을 주장하게 되는 신청인, 즉 채무자가 원고에 대응하는 지위를 갖게 되고, 그 부존재를 주장하는 채권자가 피고에 대응하는 지위에서 방어하게 된다. 취소절차는 일단 유효하게 발령된 보전처분을 보전처분 신청절차와는 별개의 절차에 의하여 실효시키는 제도라는 점에서, 당해 보전처분 신청 절차 내에서 보전처분 신청의 당부를 재심사하는 이의제도와 구별된다. 따라서 보전처분을 소송대리인이 신청하였더라도 그 소송위임의 효력이 보전처분 취소소송에까지 유지되는 것은 아니므로 취소신청서 및 기일소환장 등은 채권자 본인에게 송달하여야 한다.

나. 관할법원과 이송

원칙적으로 보전처분을 명한 법원의 전속관할에 속한다(민집 제287조 1항, 288조 2항, 제301조). 다만, 본안이 이미 계속되어 있는 경우에는 그 본안의 관할법원이 취소사건을 관할한다(민집 제288조 2항 단서). 본안의 관할법원은 원칙적으로 제1심 법원이지만 보전명령의 취소신청 당시에 본안소송이 항소심에 계속된 때에는 항소심의 전속관할에 속하며(민집 제311조), 보전명령의 취소를 신청할 당시 본안이 계속되어 있으면 족하고 그 취소신청의 심리종결시까지 본안이 계속됨을 요하지 아니한다. 반대로 본안소송이 계속된 일이 있어도 취소신청 당시에 그 계속이 이탈된 때에는 그 본안법원은 관할권이 없다. 제1심법원은 본안판결 선고 후에도 항소장이 접수되기 전에 신청된 취소사건에 대해서는 여전히 관할을 가진다고 볼 것이다.[43]

---

43) 한편, 당사자가 취소신청을 한 법원과 다른 법원에 본안의 소를 제기한 경우처럼, 취소소송과 본안소송이 다른 법원에서 계속되는 경우가 생길 수 있다. 그럴 경우 이의사건에서와 마찬가지로 재판결과가 달라지는 등의 문제가 있을 수 있으므로 민사집행법은 이의신청사건의 이송규정을 준용하여 보전처분 취소사건을 관할권이 있는 다른 법원으로 이송할 수 있도록 하였다(민집 제290조 1항, 제301조, 제307조, 제284조).

다. 신 청

1) 신 청 인

보전처분의 취소신청을 할 수 있는 자는 채무자와 그 일반승계인, 파산관재인 등이다. 채무자는 그 보전처분의 목적물을 타에 양도한 후에도 취소신청을 할 수 있다. 목적물의 특정승계인도 취소신청을 할 수 있다는 것이 통설이다. 판례도 사정변경에 따른 취소신청사건에서 가처분이 집행된 이후에 가처분 목적물에 대한 물권을 취득한 전득자는 가처분의 대항을 받는 이른바 가처분절차에 있어서의 소송상태가 반영·부착된 물권을 취득하는 것이므로, 그 목적물의 양수인은 사정변경에 따른 가처분명령의 취소신청을 할 수 있는 채무자의 지위에 있다고 해석함이 상당하다고 하였다. 보전처분의 취소를 신청할 수 있는 권리는 보전처분신청에 기한 소송을 수행하기 우한 소송절차상의 개개의 권리가 아니라 보전처분신청에 기한 소송절차와는 별개의 독립된 소송절차를 개시하게 하는 권리이므로 채권자대위권의 목적이 될 수 있는 권리이다. 한편 채권가압류나 채권의 처분금지가처분에 있어서 제3채무자는 제3자에 불과하므로 취소신청권자가 될 수 없다.

2) 신청의 시기

채무자는 보전처분이 유효하게 존재하는 한 그 취소신청을 할 수 있다. 따라서 이의사건에서 보천처분을 인가하는 결정이 확정된 후에도 취소신청은 가능하다. 도한 제소기간 도과로 인한 보전처분의 취소신청을 한 후 그 신청을 기각하는 결정이 확정되어도 사정변경에 따른 취소신청은 가능하다.

3) 신청의 방법

보전처분취소 신청서는 소장의 구실을 하므로 취소신청은 반드시 서면으로 하여야 하고, 그 신청서에는 보전처분의 취소를 구한다는 신청의 취지와 이유를 적어야 한다(규칙 203조).

4) 신청의 취하

보전처분의 취소신청은 보전처분 발령 후에 발생한 사정에 기하여 행해지는 것이어서 사정이 변경되면 몇 회라도 신청이 가능하고 그 취하에 의해서 상대방인 채권자가 불이익을 입을 염려도 없으므로 그 취하에 채권자의 동의가 불필요한 것은 이의신청의 취하의 경우와 다를 바 없다. 따라서 채무자는 취소신청에 대한 재판이 있기 전까지 채권자의 동의 없이 보전처분 취소신청 및 제소명령 신청을 취하할 수 있다(민집 제290조 2항, 제285조, 제301조, 제307조). 취하의 방식과 채권자에 대한 취하서 등의 송달절차는 이의신청 취하의 경우와 같다.

5) 취소신청과 집행정지

가처분에 대한 취소신청은 그 목적이 가처분의 취소를 구하는 점에서 가처분에 대한 이의신청과 동일하여 집행정지에 관하여 양자를 달리 취급할 필요가 없으므로, 가처분 취소에도 가처분 이의신청시의 집행정지에 관한 규정이 준용된다(민집 제310조, 제309조).

라. 즉시항고

제소기간 도과를 이유로 한 보전처분취소신청에 관한 재판에 대하여는 즉시항고를 할 수 있고(민집 제287조 5항, 제301조), 한편 이의신청 재판에 대한 즉시항고에 관한 규정이 사정변경 등에 의한 보전처분취소신청이나 특별사정에 의한 가처분취소신청에 대한 재판에 대한 즉시항고의 경우에 준용되므로(민집 제288조 3항, 제301조, 제307조, 제286조 7항), 앞서 본 이의신청 재판에 대한 즉시항고에 관한 설명이 보전처분취소신청 재판에 대한 즉시항고의 경우에도 그대로 타당하다.

2. 제소기간 도과로 인한 취소

가. 의 의

보전처분은 본안에서 얻고자 하는 집행권원의 집행을 보전함에 그 목적이 있는 것이므로 본안의 소가 제기될 것을 당연히 예상할 수 있다. 그러나 일단 보전처분이 발령되면 채권자는 구태여 본안의 소를 제기할 필요를 느끼지 않고 권리의 보전만으로 만족하여 채무자의 자진이행을 기다리는 경우가 많기 때문에, 채무자로 하여금 채권자가 본안의 소를 제기할 때가지 일방적으로 보전처분으로 인한 불이익을 수인하도록 한다면 불합리하게 된다. 그러므로 채무자에게 채권자로 하여금 상당한 기간 내에 본안의 소를 제기하고 이를 증명하는 서류를 제출할 것을 명하도록 법원에 신청할 권리를 주고, 채권자가 이 명령을 이행하지 않으면 피보전권리를 조속히 실현할 의사가 없다고 보아 채무자의 신청에 의하여 보전추분을 취소하도록 한 것이 이 제도이다(민집 제287조, 제301조).

나. 본안의 제소명령

1) 제소명령의 신청

보전처분이 발령되어 유효하게 존속함에도 불구하고 채권자가 본안소송을 제기하지 않는 경우 채무자는 보전처분의 발령법원에 채권자를 상대로 본안의 제소명령을 신청할 수 있다. 따라서 이의사건에서 보전처분을 인가하는 결정이 확정된 후에도 신청할 수 있다. 그러나 채무자가 이미 피보전권리에 관하여 채권자를 상대로 소극적 확인의 소를 제기한 때에는 제소명령을 신청할 수 없다.

신청은 신청취지와 이유를 적은 서면으로 하여야 한다(규칙 제203조 1항 4호, 2항). 채무자는 보전명령이 발하여진 사실을 소명하여야 하나, 본안의 소가 아직 제소되지 아니한 사실은 주장만 하면 되고 입증까지 할 필요는 없다.

[서식 23] 제소명령신청서

제소명령신청

신청인(채무자) ○ ○ ○ (000000-0000000)
○○시 ○○구 ○○길 00 (우편번호 00000)
전화·휴대폰번호 :
팩스번호, 전자우편(e-mail)주소 :

피신청인(채권자) ○ ○ ○ (000000-0000000)
○○시 ○○구 ○○길 00 (우편번호 00000)
전화·휴대폰번호 :
팩스번호, 전자우편(e-mail)주소 :

위 당사자 사이의 피신청인이 신청인에 대하여 한 귀원 20○○카단○○○호 부동산가압류신청사건에 대하여 피신청인은 신청인에 대하여 본안소송을 제기하지 않고 있으므로 금번 귀원에서 피신청인에게 소정의 기간 내에 소를 제기하라는 명령을 내려 주시기 바랍니다.

2000.   .   .

위 신청인 ○ ○ ○ (서명 또는 날인)

OO지방법원 귀중

2) 제소명령

제소명령은 변론 없이 결정의 형식으로 한다. 제소명령에서는 채권자에게 본안의 소를 제기하여 이를 증명하는 서류를 제출하거나 이미 소를 제기하였다면 소송계속사실을 증명하는 서류를 제출할 것을 명하고 그 기간(제소기간)을 정하면 된다. 제소할 법원이나 본안의 소의 내용까지 정하지는 않는다. 제소기간을 정하지 아니한 제소명령은 아무런 효력이 생길 수 없고, 따라서 이러한 재판의 정본이 송달되어도 소제기기간 도과에 의한 취소권은 생기지 아니한다. 제소기간은 2주 이상으로 정하여야 한다(민집 제287조 2항).

제소명령을 발할 수 있는 법원은 보전명령을 발한 법원이다(전속관할). 항고법원이 스스로 보전명령을 발한 경우에 제소명령을 발할 수 있는 법원은 상급심에 관할이 있다.

제소명령신청을 기각 또는 각하하는 결정에 대하여는 일반항고로써 불복할 수 있음은 물론이다(민소 제439조). 제소기간을 너무 장기간으로 정한 제소명령은 실질적으로 신청을 기각한 것과 다름이 없으므로 이에 대하여도 불복할 수 있다. 반면에, 채권자는 제소명령의 내용이 부당하더라도 항고를 할 수 없고, 뒤에 제소기간 도과로 이한 보전처분취소결정이 내려지면 이에 대하여 즉시항고를 하여 그 절차에서 제소명령의 당부를 주장할 수밖에 없다.

제소명령은 채무자의 신청이 있어야 하는 재판이므로 신청을 인용하는 경우에는 채권자와 채무자에게 고지하고, 이를 배척하는 경우에는 채무자에게만 고지한다(규칙 제7조 2항). 채권자에게 제소명령을 고지함에는 송달의 방법에 의하여야 한다(규칙 제206

조 1항). 만일 보전처분의 신청을 대리한 소송대리인이 있는 경우에는 그 위임의 효력이 제소명령 신청사건에도 미치므로 제소명령의 송달은 그에 대하여 할 수 있다.

다. 제소기간 도과로 인한 취소

1) 취소신청

채권자가 법원이 정한 제소기간 내에 제소증명서 등을 제출하지 않으면 채무자는 보전처분의 취소를 신청할 수 있다. 제소명령의 신청이 취소의 신청까지를 포함하는 것은 아니므로 별도로 신청하여야 한다. 취소신청은 신청의 취지와 이유를 적은 서면으로 하여야 한다(규칙 제203조).

2) 소제기증명서 등의 제출기간

채권자는 지정된 기간 내에 소를 제기하고 그 사실을 증명하는 서류를 제출하거나 이미 소를 제기하였으면 소송계속사실을 증명하는 서류를 제출하여야 하고, 그 기간 내에 증명이 없는 경우에는 이후 소제기증명서 등이 제출되더라도 보전처분을 취소하여야 한다(민집 제287조 3항). 소제기를 증명하는 서류를 제출한 뒤에 본안의 소가 취하되거나 각하된 경우에는 그 서류를 제출하지 아니한 것으로 본다(민집 제287조 4항). 제소명령에 응하여 제기한 본안의 소를 각하한 판결이나 중재절차를 종료한 선언이 확정되면 그 절차에 위법이 있다 하더라도, 제소기간의 도과 여부를 판단함에 있어서는 아무런 영향도 미칠 수 없다.

3) 본안의 소의 의미

본안소송은 반드시 판결을 목적으로 하는 일반소송의 제기 만을 의미하는 것은 아니고, 그 외에 조정, 지급명령, 제소 전 화해, 중재의 신청 등도 포함된다. 소의 종류에 관하여는 피보전권리를 확정할 수 있는 경우이면 족하므로 확인소송이나 형성소송도 가능하다. 또 본안소송의 소송물은 보전소송의 피보전권리와 사이에 청구의 기초가 동일하면 족하다.

4) 심리와 재판

취소신청에 대하여는 결정으로 재판한다(민집 제287조 3항). 심리의 방식에 관해서는 특별한 제한이 없으므로 변론, 심문 또는 서면심리 모두 가능하다. 제소기간 도과로 인한 취소절차에서도 채무자가 원고의 지위에 서게 되는 것이지만 그 쟁점의 성격상 채무자는 제소기간 내에 제소증명서 등이 제출되지 않았음을 주장하기만 하면 족하고, 채권자가 오히려 제소증명서 등이 기간 내에 제출되었음을 소명하여야 한다.

제소기간 도과로 인한 보전처분 취소절차에서는 제소기간 도과 여부 외에도 제소기간의 상당성 여부, 제소기간 도과의 원인, 본안소송의 소송물과 피보전권리의 동일성 여부, 본안의 적격성 등도 함께 심리하게 된다. 위와 같은 사유들에 간한 판단에 대하여는 상급심의 심사를 받을 기회를 부여함이 상당하고 보전처분의 취소 여부도 그 결과가 중대하므로 민사집행법은 제소기간 도과로 인한 보전처분 취소신청에 관한 결정에 대하여는 쌍방 당사자가 즉시항고로 불복할 수 있도록 하였다. 다만, 이 즉시항고에는 집행정지의 효력이 없다(민집 제287조 5항).

3. 사정변경에 따른 보전처분의 취소

가. 의 의

보전처분의 발령 후 보전처분의 이유가 소멸되거나 그밖에 사정이 바뀌어 보전처분을 유지함이 상당하지 않게 된 때에는 채무자는 보전처분의 취소를 구할 수 있다(민집 제288조 1항, 제301조). 보전처분은 일정한 시점을 기준으로 하여 그 당시의 피보전권리나 보전의 필요성이 있는가를 판단하고 발령하는 것이므로, 시일의 경과로 그 사정이 변경되면 피보전권리가 소멸되거나 보전의 필요성이 없게 되는 경우가 많고, 그때까지도 보전처분을 유지하는 것은 채무자의 이익을 크게 침해하는 것이 되므로 그 이익 구제를 위하여 마련된 제도이다.

사정변경에 따른 보전처분 취소의 재판은 보전처분을 명한 법원이 관할법원이 되나, 다만 본안이 이미 계속된 때에는 본안법원이 재판한다. 한편, 보전처분이 집행된 뒤에 채권자가 3년간 본안의 소를 제기하지 아니한 때에는 그것을 이유로 채무자나 이해관계인이 보전처분의 취소신청을 할 수 있다(민집 제288조 1항 3호).

나. 사정의 변경

보전처분을 취소할 사정은 그 발령 전의 것이든 그 후의 것이든 관계없고, 취소사건의 심리종결시까지 발생한 사유면 족하다. 여기에는 보전처분 발령 후에 그 요건이 흠결되기에 이른 경우(사정의 객관적 변경)뿐만 아니라 발령 당시에 이미 존재하고 있는 요건의 흠을 채무자가 그 후에 알게 된 경우(사정의 주관적 변경)도 포함된다. 사정변경의 사유는 채권자 측에서 발생하였든 채무자 측에서 발생하였든 묻지 아니한다.

사정의 변경은 피보전권리에 관한 것과 보전의 필요성에 관한 것으로 나누어 볼 수 있다.

1) 피보전권리의 소멸, 변경

피보전권리에 관한 사정변경은 피보전권리의 전부 또는 일부가 변제·상계·소멸시효의 완성 등으로 소멸하거나 변경된 경우가 전형적이다. 즉 가압류의 피보전권리가 변제로 소멸된 사실은 사정변경에 따른 취소사유가 된다. 다만, 자기의 부담부분을 넘은 변제를 한 보증인은 채권자의 승계인으로서 가압류에 의한 보전의 이익을 자신을 위하여 주장할 수 있으므로 다른 공동보증인의 사정변경에 따른 가압류취소신청을 다툴 수 있다.[44] 피보전권리의 부존재가 분명하게 된 경우도 또한 사정변경에 해당된다. 그러나 가압류의 목적인 채무자의 제3채무자에 대한 채권이 존재하지 않음이 밝혀졌다 하더라도 이는 가압류결정이 결과적으로 채권보전의 실효를 거둘 수 없게 됨에 그칠 뿐 가압류결정을 취소할 사유는 되지 못한다.

본안소송과의 관계에서 보면, 본안소송이나 채무자가 제기한 피보전권리 부존재확인청구소송에서 채권자가 실체법상의 이유로 패소 확정된 때에는 사정변경의 사유가 된다. 채권자가 위 확정판결에 대하여 재심의 소를 제기하더라도 위 사유에 영향을 미칠 수 없다. 그러나 재심의 소에 의하여 확정판결이 취소되었다면 그 재심의 본안판결의 내용을 심리하여 보전처분 후에 사정변경이 있었는가 여부를 판단하여야 한다. 문제는 채권자 패소의 판결이 아직 확정되지 아니한 경우인데, 판례는 패소판결이 청구 자체에 관한 것으로 원고의 청구권이 부정되고 그 판결이 판결이유, 증거 등에 비추어 상소심에서 취소나 파기될 염려가 없다고 인정되면 사정변경이 있는 것으로 본다.

제1의 본안소송을 위하여 발하여진 보전처분을 제2의 본안소송을 위하여 유용하는 것은 허용되지 아니하므로 제1소송에서 채권자가 패소 확정되면 사정변경에 따른 취소를 인정할 수 있다. 예컨대, 본안소송으로 연대채무의 이행을 구하였다가 채권자가 패소확정된 경우에는, 다시 보증채무의 이행을 구하는 소송을 제기하였고 그 청구의 기초가 동일하다 하더라도 보전처분의 유용은 허용되지 않는다. 채권자가 여러 개의

44) 대법원 1993. 7. 13. 선고 92다33251 판결.

피보전권리를 주장하여 보전명령을 얻은 후 그 중 일부의 권리만을 주장한 본안소송에서 패소확정된 경우에도 사정변경에 따른 취소를 인정할 수 있다(보전의 일회성의 문제). 예컨대, 채권자가 점유권에 기한 인도청구권과 소유권에 기한 인도청구권을 피보전권리로 하여 보전처분을 받았는데 소유권에 기한 인도청구권을 본안으로 한 소송에서 패소확정되었다면, 그 후 다시 점유권에 기한 인도청구소송이 계속 중이더라도 사정이 변경된 경우에 해당한다.[45] 본안소송에서의 원고패소가 기한미도래 또는 조건불성취를 이유로 한때에는 아직 피보전권리가 부정된 것이 아니기 때문에 반드시 사정변경이 되었다고 말할 수 없지만, 기한도래 또는 조건성취를 전제로 한 보전처분인 때에는 그 시점에서 사정변경이 발생하였다고 할 것이다. 본안소송이 이송된 것만으로는 사정변경이라고 볼 수 없으며, 본안소송에서 소송법상의 이유로 각하판결을 받은 경우에는 일반적으로 사정변경이 있다고 할 수 없다.[46]

2) 보전의 필요성의 소멸, 변경

보전의 필요성에 관한 사정변경의 사유는 보전이유의 소멸, 변경이다. 보전의 필요성의 소멸은 확실한 물적·인적 담보의 제공, 상당한 액수의 채무액의 공탁 등을 그 예로 들 수 있다. 보전명령의 집행기간을 도과한 경우(민집 제292조 2항, 제301조) 또는 담보를 조건으로 하여 보전처분을 인가하였으나 그 담보를 제공하지 아니한 때에는 사정변경에 준하여 취소의 사유가 된다고 할 것이다.

피보전권리에 관하여 본안에서 재판상 화해가 성립된 경우에는 채권자가 보전의 이익을 포기하였는가를 구체적으로 검토하여 이를 긍정할 수 있는 때에 한하여 사정의 변경이 있다고 볼 수 있다. 채권자가 본안에서 패소판결을 받고 항소심에서 소를 취하하여 재소금지 원칙의 적용을 받는 경우는 사정변경에 해당한다. 반면에, 본안소송에서 소의 취하 또는 취하간주가 있다 하여도 재소금지에 해당하지 아니하는 이상 보전의사를 포기하였다고 볼 수 있는 경우가 아니면 그 자체만으로는 사정변경사유로 볼 수 없다. 위와 같은 경우 이외에도 채권자가 보전의사를 포기 또는 상실하였다고 인정되는 때에는 사정변경으로 될 수 있다. 판례는 채권자가 본안소송에서 승소하고 집행권원을 얻어 즉시 본집행을 할 수 있는 요건을 갖추었음에도 불구하고 그 집행을 하지 아니하고 있는 경우, 가처분채권자가 본안소송에서 승소판결을 받은 그 집행채

45) 대법원 1973. 3. 20. 선고 73다165 판결.
46) 대법원 2004. 12. 24. 선고 2004다53715 판결.

권이 정지조건부 채권이고 그 조건이 매매잔대금의 지급과 같이 집행채권자의 의사에 따라 즉시 이행할 수 있는 반대의무의 이행인데 정당한 이유 없이 그 반대의무의 이행을 게을리하고 집행에 착수하지 아니하고 있는 경우에는 보전의 필요성이 소멸되어 사정변경이 있다고 본다.

3) 보전처분 집행 후 3년간 본안의 소를 제기하지 아니한 때

민사집행법 제288조 1항 3호의 가압류가 집행된 뒤에 3년간 본안의 소를 제기하지 아니한 때라는 것도 채권자의 보전의사의 포기 또는 상실이 있는 경우의 한 예라고 볼 수 있다. 3년이 경과하면 취소의 요건이 완성되며, 그 후에 본안의 소를 제기하여도 가압류, 가처분의 취소를 배제하는 효력이 생기지 아니한다.

[서식 24] 부동산가압류취소신청(채무변제)

부동산가압류취소신청

신청인(채무자)	○ ○ ○ (000000-0000000) ○○시 ○○구 ○○길 00 (우편번호 00000) 전화·휴대폰번호 : 팩스번호, 전자우편(e-mail)주소 :
피신청인(채권자)	○ ○ ○ (000000-0000000) ○○시 ○○구 ○○길 00 (우편번호 00000) 전화·휴대폰번호 : 팩스번호, 전자우편(e-mail)주소 :

신 청 취 지

1. 피신청인의 신청인에 대한 귀원 20○○카단○○○○호 부동산가압류신청사건에 관하여 귀원이 20○○. ○. ○. 신청인 소유의 별지목록 기재 부동산에 대하여 한 가압류결정은 이를 취소한다.
2. 소송비용은 피신청인의 부담으로 한다.
3. 위 제1항은 가집행할 수 있다.

라는 재판을 구합니다.

신 청 이 유

1. 피신청인(채권자)은 신청인(채무자)에 대한 대여금청구채권의 집행보전을 위하여 귀원으로부터 20OO카OOOO호 부동산가압류결정을 받아 신청인 소유의 별지목록 기재 부동산을 가압류하였습니다.
2. 그러나 신청인은 피신청인으로부터 차용한 금 OOO원 및 이에 대한 이자를 20OO. O. O.에 모두 변제하였습니다.
3. 따라서 피보전채권이 모두 소멸되었으므로, 신청인 소유의 부동산에 대한 위 가압류결정은 마땅히 취소되어야 하나, 아직까지도 위 가압류결정이 취소되지 않고 있어 신청인의 재산권행사에 막대한 지장을 주고 있으므로 부득이 신청취지와 같은 재판을 구하고자 이 사건 신청에 이르게 되었습니다.

첨 부 서 류

1. 변제영수증 1통
1. 부동산가압류결정문 1통
1. 부동산등기사항증명서 1통
1. 송달료납부서 1통

20OO. . .

위 신청인(채무자) O O O (인)

OO 지방법원 OO 지원 귀중

4. 담보제공으로 인한 가압류의 취소

가. 의 의

가압류는 금전채권의 집행보전을 목적으로 채무자의 일반재산을 확보하는 제도이므로 채무자가 적당한 담보를 제공한다면 구태여 일반재산을 가압류할 필요가 없게 된다. 채무자는 가압류결정상의 해방금액을 공탁하고 가압류집행의 취소·정지를 구할 수도 있으나(민집 제282조), 법원이 자유재량에 의하여 명한 담보를 제공하고서 그 가압류 자체의 취소를 구할 수도 있다(민집 제288조 1항 2호). 이 규정은 금전채권의 보전을 목적으로 하지 않는 가처분의 경우에는 성질상 준용되지 않으며, 가처분에 대하여 같은 취지에서 특별사정에 따른 취소의 절차가 따로 마련되어 있다.

나 담보와 그 성질

민사집행법 제282조의 가압류해방금액이 가압류목적물을 대신하는 것으로 채권자는 그 공탁금회수청구권을 가압류하는 것과 동일한 효과를 가질 뿐 여기에 대해 어떤 우선변제권을 갖는 것이 아님에 대하여, 민사집행법 제288조 1항 2호의 담보는 직접 피보전권리를 담보하는 것으로 채권자는 여기에 대하여 일종의 질권을 갖게 된다. 이는 가압류취소로 인한 손해배상청구권만을 담보하는 이의사건에서의 취소결정시에 제공하는 담보(민집 제286조)와도 구별된다.

5. 특별사정에 의한 가처분취소

가. 의 의

가처분은 금전채권의 집행을 목적으로 하는 것이 아니므로 채무자가 담보만을 제공한다 해서 곧 이를 취소하기에는 적당하지 않다. 그러나 가처분으로 인하여 채무자가 큰 손해를 입게 된다든지 또는 채권자의 피보전권리가 금전적 보상으로도 종국적 만족을 얻을 수 있다는 등의 특수한 사정이 있을 때에는 채무자의 피해를 경감하기 위하여 담보를 제공하게 하고 가처분을 취소하는 것이 양 당사자의 이익교량상 필요하게 된다. 민사집행법은 가압류에서 담보를 제공하고 가압류를 취소할 수 있는 것과 궤를 같이 하여 특수한 사정이 있는 가처분에 있어서도 채무자로 하여금 담보를 제공하게 하고 가처분을 취소할 수 있도록 하는 제도를 마련하였다(민집 제307조).

이 취소제도는 다툼의 대상(계쟁물)에 관한 가처분과 임시의 지위를 정하기 위한 가처분에 모두 적용된다. 민사집행법 제307조는 제288조 1항 2호의 제도에 상응하는 가처분에서의 특별규정이며 1호의 사정변경과는 별개의 취소사유이다 그러므로 사정변경이 인정되는 이상 담보의 제공이나 특별사정의 존재 등은 고려할 필요 없이 바로 민사집행법 제301조, 288조 1항 1호에 따라 가처분을 취소할 수 있다. 반대로 특별사정이 존재하고 담보제공이 있으면 사정변경이 없어도 가처분명령을 취소할 수 있다.

나. 특별사정

1) 특별사정의 의의

특별사정이란 ① 가처분으로 보전되는 피보전권리가 금전적 보상에 의하여 종국적으로 만족을 얻을 수 있는 것이라는 사정, ② 채무자가 가처분에 의하여 통상 입는 손해보다 훨씬 큰 손해를 입게 될 사정을 말하며 이 두 사정 중 어느 하나라도 있으면 특별사정에 해당한다고 하는 것이 판례의 확립된 견해이다.[47] 다만, 위 두 기준은 엄격히 구별되어 상호 배척하는 관계에 있는 것이 아니므로 채무자가 위 두 기준 중 어느 하나를 주장한 경우에도 법원은 그 주장에 구애됨이 없이 나머지 다른 사유로 취소할 수 있다고 할 것이다.

2) 금전보상의 가능성

금전보상이 가능한가의 여부는 장래 본안소송에서 청구의 내용, 당해 가처분의 목적 등 모든 사정을 참작하여 사회통념에 따라 객관적으로 판단하여야 한다. 예컨대, 공사잔대금 채권의 담보를 위한 유치권을 보전하기 위하여 발령된 출입금지등가처분, 사해행위취소에 의한 소유권이전등기말소청구권을 피보전권리로 하여 발령된 처분금지가처분, 금전채권의 처분금지가처분은 금전보상이 가능하다고 본다. 피보전권리가 담보물권, 입목의 벌채를 목적으로 하는 토지인도청구권인 가처분도 금전보상이 가능하다.

3) 채무자의 이상손해

채무자가 특히 현저한 손해를 입게 될 사정이 있는지 여부는 가처분의 종류, 내용 등 제반 사정을 종합적으로 고려하여 채무자가 입을 손해가 가처분 당시 예상된 것보다 훨씬 클 염려가 있어 가처분을 유지하는 것이 채무자에게 가혹하고 공평의 이념에 반하는지 여부에 의하여 결정할 것이며, 위 채무자가 입을 손해는 반드시 공익적 손해임이 요구되는 것은 아니다.

유치권에 기한 출입금지가처분으로 인하여 공원묘원의 설치 운영을 목적으로 하여

47) 대법원 1997. 3. 14. 선고 96다21188 판결.

설립된 재단법인인 채무자가 공원묘원에 출입조차 할 수 없게 되어 그의 유일한 재산인 공원묘원의 보존관리상태가 악화되고 사용권의 분양과 공원묘원의 관리 유지라는 목적사업에 중대한 지장을 받아 온 경우, 공사금지가처분 발령 후 채무자가 채권자에 대한 피해를 줄이기 위하여 지하굴착공법을 변경하였으며, 공사가 금지된 당해 오피스텔이 50% 이상 분양된 경우가 판례상 특별사정에 다른 가처분 취소가 인정된 사례이나, 하급심에서는 채무자의 이상 손해의 발생을 이유로 가처분취소를 인정한 사례가 많다.

다. 심리와 재판

사건의 심리에 있어서는 피보전권리의 존부나 보전의 필요성 유무, 즉 가처분의 당부는 심리의 대상이 되지 아니하므로(다만, 특별사정의 유무에 관한 하나의 자료에 불과하다), 이에 관하여는 심리판단할 필요가 없고 오직 가처분취소사유인 특별사정의 유무를 심리판단하면 된다.

법원은 특별사정을 심리한 후 그 사정이 인정되면 채무자가 제공할 담보의 종류와 금액을 정하여 미리 담보를 제공하게 하고 가처분을 취소하는 결정을 하거나 담보제공을 조건으로 가처분을 취소하는 결정을 하며, 그 특별사정이 인정되지 않거나 담보를 제공하지 않으면 취소신청을 기각하는 결정을 한다. 특별사정이 없는데 담보제공만으로 가처분을 취소하는 것은 허용되지 아니한다.

이 담보는 가처분의 성질상 피보전권리 자체를 담보하는 것이 될 수 없고, 가처분채권자가 본안소송에서 승소하였음에도 가처분의 취소로 말미암아 가처분 목적물이 존재하지 않게 됨으로써 이게 되는 손해를 담보하기 위한 것이므로, 가처분채권자는 가처분취소로 인하여 입은 손해배상청구소송의 승소판결을 얻은 후에 민사집행법 제19조 3항, 민사소송법 제123조에 따라 그 담보에 대하여 질권자와 동일한 권리를 가지고 우선변제를 받을 수 있다.[48]

48) 대법원 1998. 5. 15. 선고 97다58316 판결.

[서식 25] 가처분취소신청서(사정변경)

가처분취소신청

신청인(채무자) ○ ○ ○ (000000-0000000)
○○시 ○○구 ○○길 00 (우편번호 00000)
전화·휴대폰번호 :
팩스번호, 전자우편(e-mail)주소 :

피신청인(채권자) ○ ○ ○ (000000-0000000)
현재 소재불명
최후주소 : ○○시 ○○구 ○○길 00 (우편번호000-000)

신 청 취 지

1. 위 당사사 사이의 ○○지방법원 20○○카단○○○ 가처분신청사건에 관하여 같은 법원에서 20○○. ○. ○.에 한 가처분결정을 취소한다.
2. 소송비용은 피신청인의 부담으로 한다.
3. 제1항은 가집행 할 수 있다.

라는 재판을 구합니다.

신 청 이 유

1. 가처분명령의 발령사실에 관하여

피신청인(채권자)은 신청인(채무자)을 상대로 ○○지방법원 20○○카단○○○ 가처분결정을 20○○. ○. ○.에 받고 같은 날 별지목록 기재 부동산에 가처분기입등기를 하였습니다(소갑 제1호증의 1, 2 참조).

2. 신청인의 손해배상 및 가처분 해제의 합의

신청인은 위 가처분 집행 후 가처분집행의 해제를 구하기 위하여 그간의 이자 및 손해배상금으로 20○○. ○. ○. 금 18,000,000원을 피신청인에게 지급하고 위 가처분을 해제하기로 합의하였습니다(소갑 제2호증 참조).

3. 피신청인의 출국

피신청인은 신청인에게 인감증명 하나만을 주고 돌연 외국으로 출국하여 신청인은 가처분을 해제할 수 없어 이 사건 신청을 하게 되었습니다(소갑 제3 내지

4호증 참조).

4. **결 론**

따라서 피신청인의 신청인에 대한 위 소유권이전등기청구권은 소멸하였고, 가처분당시의 사정은 변경되었으므로 민사집행법 제288조 제1항, 제301조의 규정에 따라 위 가처분의 취소신청을 하는 바입니다.

소 명 방 법

1. 소갑 제1호증의 1, 2	각 부동산등기사항증명서
1. 소갑 제2호증	영수증
1. 소갑 제3호증	인감증명서
1. 소갑 제4호증	출입국에 관한 사실증명

첨 부 서 류

1. 소명방법	각 1통
1. 주민등록말소자등본	1통

20○○. . .

위 채권자 ○ ○ ○ (서명 또는 날인)

○○지방법원 ○○지원 귀중

6. 집행정지

민사집행법 제309조 제1항, 제310조는 '소송물인 권리 또는 법률관계가 이행되는 것과 같은 내용의 가처분을 명한 재판'에 대한 가처분이의나 취소신청이 있을 때 이의나 취소신청으로 주장한 사유가 법률상 정당한 이유가 있다고 인정되고 주장사실에 대한 소명이 있으며, 그 집행에 의하여 회복할 수 없는 손해가 생길 위험이 있다는 사정에 대한 소명이 있는 때에 한하여 가처분의 집행정지나 취소가 가능하다고 규정하고 있다.

그렇다면 공사금지나 공사방해금지를 명하는 가처분결정이 위 규정에 해당하여 집행정지나 취소를 신청할 수 있는 경우에 속하는지 여부가 문제되는데, 이론상 공사금지가처분 등 부작위를 명하는 가처분에 대하여는 그 본안소송이 이행소송이고, 본안소송으로 피고에게 명하는 부작위의무나 가처분으로 명하는 채무자의 부작위의무에 아무런 차이가 없음을 이유로 집행정지가 가능하다는 주장이 유력하다. 일본 민사보전법 제27조에서는 집행정지의 요건으로 보전명령의 취소원인으로 되는 명백한 사정 및 보전집행으로 인하여 변상받을 수 없는 손해가 생길 우려에 대한 소명만을 요구하고, 우리 민사집행법과 같이 소송물인 권리 또는 법률관계가 이행되는 것과 같은 내용의 가처분임을 요건으로 규정하지 아니하여 부작위를 명하는 가처분에서도 집행정지가 가능한 것으로 보고 있다.

그러나 실무상 위 규정에 기한 집행정지나 취소를 인용하는 사례는 거의 없고, 이를 인용하더라도 상당한 현금공탁을 조건으로 명하고 있다.

[서식 26] 강제집행정지신청

강 제 집 행 정 지 신 청

신 청 인	한 ○ ○ (000000-0000000) ○○시 ○○구 ○○동 000-00 ○○아파트 00-000
위 신청인 대리인	법무법인 ○○ 담당변호사 ○ ○ ○ 서울 ○○구 ○○동 000-00 ○○빌딩 전화 : 00-000-0000 팩스 : 00-000-0000
피신청인	하 ○ ○ (000000-0000000) ○○시 ○○구 ○○동 000-0 ○○빌라 000호

신 청 취 지

신청인과 피신청인 사이의 수원지방법원 20○○. ○. ○. 선고 20○○가단0000호 공사대금청구사건의 집행력 있는 가집행 선고가 있는 판결에 의한 강제집행은 항소심판결선고시까지 이를 정지한다.
라는 재판을 구합니다.

신 청 이 유

1. 신청인은 ○○지방법원 20○○가단0000 공사대금 사건의 피고로서 20○○. ○. ○. 패소 판결을 받았습니다(소갑 제1호증 판결).

2. 그러나 이 사건 건물 현장에는 1심에서 주장, 인정된 것보다 훨씬 더 많은 하자가 있음에도 불구하고 1심에서 신청인 측(본안 피고)은 이에 대한 주장과 입증을 다하지 아니하여 하자보수에 갈음하는 손해배상액을 과소하게 인정받았습니다. 예를 들어 옥상 배수관의 설치 잘못으로 인하여 3층 베란다에 물이 쏟아지고 그로 인하여 3층 피고 주택 내부로 물이 넘쳐 들어와 원목마루의 들뜸 현상으로 원목마루를 전부 철거하고 새로 시공하는 손해를 입었으나, 이에 대해서도 전혀 주장입증이 되지 않은 상태입니다. 더 나아가 각 층의 내측 화장실에서 하수구냄새가 역류해 올라와 도저히 화장실을 사용할 수 없는 상태임에도 이에 대한 주장입증이 없는 상태입니다.

3. 이에 새로 건설부동산 전문 법무법인을 항소심의 소송대리인으로 선임하여 1심에서 주장, 입증하지 못한 많은 하자들에 대하여 주장, 입증을 하고, 또 현장검증신청 및 감정신청을 함으로써 1심에서 인용된 금액이 대폭 감액되어야 한다는 요지의 변론을 계획하고 있습니다.

4. 신청인은 위와 같은 변론계획을 가지고 20○○. ○. ○.에 항소를 제기하였으므로 위 강제집행을 항소심판결선고시까지 정지시켜 주시기를 삼가 두 손 모아 청원드립니다. 이에 이 사건 신청서를 제출합니다(소갑 제2호증의 1 항소장 사본, 2 접수증명원).

소 명 방 법

1. 소갑 제1호증	판결문 사본
1. 소갑 제2호증의 1	항소장 사본
1. 소갑 제2호증의 2	접수증명원

첨 부 서 류

1. 위 소명방법　　　　　　　　　　각 1통
2. 납부서　　　　　　　　　　　　　1통

2000.　　.　　.

신청인의 대리인 법무법인 OO
담당변호사 이 O O

OO지방법원 귀중

| | 제2장 부동산 소송 | |

제1절 부동산등기

Ⅰ. 개 설

부동산등기라 함은 등기관이라는 국가기관이 부동산에 관한 물권변동을 등기부라는 공적 장부에 법정절차에 따라 기록하는 것 또는 그러한 기록 자체를 말한다. 등기는 등기관이 등기부에 일정한 사항을 기록함으로써 이루어지며(부동산등기법 제11조 2항, 이하 '부등법'이라고 한다), 등기사무의 처리는 신청서 등의 접수순서에 따라 부여되는 접수번호의 순서에 따른다(부등법 제11조 3항).

현행 부동산등기제도는 등기부의 조직에 있어서 물적편성주의를, 등기절차에 있어서 공동신청의 원칙과 형식적 심사주의를, 등기의 효력에 관하여 성립요건주의(형식주의)를 취하고 있고, 등기의 공신력은 인정되지 않으며, 등기부와 대장이 이원화되어 있다는 점을 그 특징으로 한다.

Ⅱ. 등기부와 대장

1. 등 기 부

등기부란 부동산에 관한 권리관계 또는 부동산의 표시에 관한 사항을 기재하는 공적 장부를 말하며, 부동산등기법상으로는 토지등기부와 건물등기부로 구분된다(부등법 제14조 1항).

수작업등기부에서는 1필의 토지 또는 1동의 건물에 대하여 1등기용지를 사용하였으나(1부동산 1등기용지주의), 전산등기부에서는 1필의 토지 또는 1동의 건물에 대하여 1개의 등기기록[49]을 준다(1부동산 1등기기록주의, 부등법 제15조 1항 본문). 다만 1동의 건물을

---

49) 대법원은 수작업으로 이루어지는 등기사무의 비효율을 개선하기 위하여 전산화사업을 진행하여 등기부가

구분한 건물에 있어서는 1동의 건물에 속하는 전부에 대하여 1개의 등기기록을 사용한다(같은 항 단서).

등기기록에는 부동산의 표시에 관한 사항을 기록하는 표제부와 소유권에 관한 사항을 기록하는 갑구(甲區), 소유권 외의 권리에 관한 사항을 기록하는 을구(乙區)를 둔다(부등법 제15조 1항). 다만 구분건물등기기록에는 1동의 건물에 대한 표제부를 두고 전유부분마다 표제부·갑구·을구를 둔다(부동산등기규칙 제14조 1항).

2. 대 장

부동산 자체의 현황을 명확히 파악하기 위하여 시장·군수·구청장이 작성하는 장부로서, 조세의 부과징수라는 행정목적 달성을 위하여 작성되어 왔으며, 여기에는 토지대장과 임야대장 및 건축물대장이 있다. 한편 현행 집합건물의 소유 및 관리에 관한 법률(이하 '집합건물법'이라고 한다)은 집합건물의 건축물대장에 관한 사항을 규정하고 있다(집합건물법 제53조 내지 제64조).

3. 등기부와 대장의 관계

가. 최초의 등기인 소유권보존등기는 대장에 터 잡아 이루어진다(부등법 제65조 1호). 그 후 부동산의 권리관계의 변동은 등기부를 중심으로 이루어지고 변경된 등기부에 터 잡아 대장상 권리관계의 변동이 이루어진다. 반면에 권리관계 이외의 부동산에 사실적 사항, 즉 현황이나 지번, 지목 등의 변경은 대장을 중심으로 이루어지고 변경된 대장에 터 잡아 등기부의 변경이 이루어진다.

나. 두 장부상의 표시는 일치되어야 함이 원칙이지만 양자가 불일치할 경우

권리관계는 등기부의 기재가, 권리관계 이외의 사항은 대장의 기재가 우선하게 됨이 원칙이다. 따라서 등기부상 어떤 토지 중 일부가 분할되고 그 분할된 토지에 대하여 지번과 지적이 부여되어 있어도, 지적공부 소관청에 의한 분필절차를 거친 바가 없다면, 그 등기가 표상하는 목적물은 특정되었다고 할 수 없어 분필의 효과가 발생할 수 없고 분할 전 토지는 여전히 한 필지의 토지로 존재한다고 보아야 한다.[50]

전산등기부로 전환되었다. 그 결과 등기부는 "전산정보처리조직에 의하여 입력·처리된 등기정보자료를 대법원규칙이 정하는 바에 따라 편성한 것"으로 정되었고, 그 중 "1필의 토지 또는 1동의 건물에 관한 등기정보자료"를 등기기록이라 부르게 되었다(부등법 제2조 제1호, 제3호).

50) 대법원 1997. 9. 9. 선고 95다47664 판결 등.

Ⅲ. 등기사항

1. 실체법상의 등기사항과 절차법상의 등기사항

등기사항에는 실체법상의 것과 절차법상의 것이 있다. 실체법상의 등기사항은 등기하지 않으면 사법상의 일정한 효력(권리변동의 효력이나 추정적 효력 등)이 생기지 않는 사항 즉 등기가 필요한 사항이며, 그것은 대체로 민법 제186조와 제187조에 의하여 정하여 진다. 그에 비하여 절차법상의 등기사항은 부동산등기법상 등기를 할 수 있는 사항이며, 이에 해당하는 사항에 대하여는 등기능력이 있다고 표현한다. 이 두 등기사항은 일치하지 않는다. 실체법상의 것은 모두 절차법상의 것이 되나, 절차법상의 것 가운데에는 실체법상의 것이 아닌 것도 있다.[51]

2. 등기되는 물건

부동산등기법상 등기의 목적물의 되는 것은 토지와 건물뿐이고, 건물 이외의 토지 정착물은 입목에 관한 법률 등 특별법에 의한 예외를 제외하고는 독립한 등기사항의 대상이 되지 않는다.[52]

가. 토 지

인위적으로 지표에 선을 그어 경계를 삼고 구획하여 이를 1필로 등록하여 1개의 토지로 취급한다. 일정한 토지가 지적공부에 1필의 토지로 등록된 경우, 그 토지의 소재 지번, 지목, 지적 및 경계는 일응 그 등록으로써 특정되고, 그 토지의 소유권의 범위는 지적공부상의 경계에 의하여 확정되며, 토지의 개수는 지적공부상의 토지의 필수를 표준으로 하여 결정된다.

1필의 토지의 일부만은 원칙적으로 등기의 대상이 될 수 없다.[53] 그러나 지상권,

---

51) 피담보채권의 변제에 의한 저당권 소멸의 경우, 건물 신축의 경우 등.

52) 공유수면과 같이 사권의 목적이 되지 못하는 것은 등기의 목적이 되지 않는 반면, 도로법상의 도로나 하천은 4가능하다. 2007. 4. 11. 개정된 하천법(법률 제8338호)은 하천의 국유제를 폐지하는 대신, 하천을 구성하는 사유의 토지 등에 대하여 원칙적으로 공용목적을 위하여 사권을 행사할 수 없도록 하면서, 예외적으로 소유권 이전, 저당권의 설정 등의 일부 사권을 행사할 수 있도록 하였다. 또한 방조제도 등기할 수 있으나, 토지정착물이라도 터널, 교량, 농지개량시설의 공작물(방수문, 잠관 등), 방조제 부대시설물(배수갑문, 권양기, 양수기 등) 등은 등기할 수 없다.

53) 저당권과 같이 토지의 특정 부분에 존속할 수 없는 권리가 등기되어 있는 토지에 관하여는 합필의 등기를 할 수 없다(부등법 제37조 제1항). 다만, 합필제한 사유가 없는 상태에서 대장상 합병이 이루어졌으

지역권, 전세권[54] 등 용익물권은 1필 토지의 일부 위에 설정할 수 있다. 저당권은 1필의 토지의 일부 위에 설정할 수 없으나 지분에는 설정할 수 있다. 한편, 등기부상 1필지 토지의 특정된 일부분에 대한 처분금지가처분등기는 할 수 없으므로, 1필지 토지의 특정 일부분에 관한 소유권이전등기청구권을 보전하기 위하여는 바로 분할등기가 될 수 있다는 등 특별한 사정이 없으면 그 1필지 토지 전부에 대한 처분금지가처분결정에 기한 등기촉탁에 의하여 그 1필지 토지 전부에 대한 처분금지가처분등기를 할 수밖에 없다.

나. 건 물

지붕, 주벽 또는 이와 유사한 것을 가지고 토지에 정착한 건조물로서 그 목적으로 하는 용도에 공할 수 있는 상태에 있는 것을 말한다. 건물의 개수는 물리적 구조, 거래 또는 이용의 면에서 본 건물의 상태, 건축자의 의사 등을 고려하여 판단한다. 권리자의 주관적 의사가 고려되는 결과, 본 건물의 사용에만 제공되는 부속건물이라 하더라도 소유자의 신청에 따라 본 건물과 합하여 1개의 건물로 등기를 할 수 있고 또는 그 부속건물을 본 건물과는 별도로 1개의 독립건물로 등기할 수 있다.[55] 또한 한 동의 건물을 구분한 건물이 구조상·이용상의 독립성을 가지면 소유자의 의사에 따라 독립한 건물로 할 수 있다(집합건물법 제1조). 즉 1동의 건물 중 구분된 각 부분이 구조상·이용상 독립성을 갖추어 집합건물로서의 객관적 요건은 충족하더라도 소유자가 구분소유를 하고자 하는 구분의사를 가지고 그 구분의사를 표시하는 구분행위를 하여야만 집합건물이 된다.

다. 등기할 수 있는 권리

등기할 수 있는 권리는 원칙적으로 부동산물권이지만, 실체법상 인정되는 부동산물

나, 그 합병에 따른 등기를 하기 전에 합필 전 토지가 다른 사람에게 이전되었거나 가압류 등기가 마쳐진 경우 등 합필제한 사유가 발생한 경우에는, 이해관계인의 동의서를 합필등기 신청서에 첨부하여 당사자의 소유관계를 공유관계로 변경하거나 또는 합필 전 토지 위에 존속한 권리를 합필 후 토지의 지분 위에 존속하는 권리로 변경하는 합필등기를 실행할 수 있다(부등법 제38조).

54) 부동산의 일부에 대한 전세권의 경우 전세권자의 경매청구권과 관련하여 판례는 전세권의 목적물이 아닌 나머지 건물부분에 대하여는 우선변제권은 별론으로 하고 경매신청권은 없다고 보고 있다(대법원 1992. 3. 10.자 91마256, 257 결정). 나아가, 전세권의 목적이 된 부분이 구조상 또는 이용상 독립성이 없어 독립한 소유권의 객체로 분할할 수 없고 따라서 그 부분만의 경매신청이 불가능한 사안이라 하더라도 전세권의 목적을 초과하는 경매신청은 허용되지 않는다고 한다(대법원 2001. 7. 2.자 2001마212 결정).

55) 대법원 1974. 12. 24. 선고 74다1163 판결.

권이라도 절차법에 등기할 수 있다는 규정이 없으면 등기를 할 수 없다. 예컨대 부동산물권 중 점유권, 유치권, 분묘기지권, 특수지역권 등은 근거규정이 없으므로 등기능력이 없다. 반면 권리질권은 부동산물권이 아니지만 질권의 효력이 저당권에도 미친다는 점을 공시하기 위하여, 부동산임차권·환매권은 물권이 아니지만 대항력을 공시하기 위하여 각 등기능력을 인정한다. 나아가 동산·채권 등의 담보에 관한 법률 제37조는 채권담보권에 관하여 권리질권에 관한 민법 제348조를 준용하고 있어 역시 등기능력을 인정할 필요가 있다. 결국 현행법상 등기할 수 있는 권리는 소유권·지상권·지역권·전세권·저당권·권리질권·채권담보권 및 부동산 임차권(부등법 제3조 각 호), 부동산 환매권(부등법 제53조)과 신탁(부등법 제82조 이하)이다.

라. 등기할 수 있는 권리변동

등기할 수 있는 권리의 설정, 보존, 이전, 변경, 처분의 제한 또는 소멸에 대하여 한다(부등법 제3조).

1) 설 정

등기되는 권리 중 소유권 이외의 권리를 발생시키는 것이다. 그 권리의 설정에 대한 등기는 설정등기에 의한다. 지상권 또는 전세권도 저당권의 목적이 될 수 있고, 설정 원인은 법정지상권과 같은 법률의 규정에 의한 경우도 있다.

2) 보 존

소유권자가 소유권을 최초로 등기기록에 등재하는 것으로, 그에 대한 등기는 보존등기에 의한다. 보존등기는 다른 모든 등기의 출발로서, 소유권만이 보존등할 수 있는 권리이다.

3) 이 전

이미 발생된 권리의 주체를 변경하는 것으로, 그에 대한 등기는 이전등기에 의한다. 이전등기는 원칙적으로 승계취득의 경우에 하는 등기이나, 수용, 취득시효완성, 공유자 1인의 지분포기로 다른 공유자가 그 지분을 취득하게 된 경우 등은 원시취득이라도 그 부동산이 이미 타인에게 등기가 되어 있는 부동산이면 이전등기의 형식을 취하여 이전한다.

4) 변 경

이미 발생한 권리에 관하여 주체를 제외한 내용을 바꾸는 것으로, 그에 대한 등기는 변경등기에 의한다. 권리의 존속기간의 신축, 지대 또는 차임의 증감, 지급시기의 변경, 전대허용 특약의 변경, 피담보채권액의 원본의 감소, 그 이율의 증감, 변제기의 변경, 부동산 표시의 변경, 등기명의인 표시의 변경 등의 경우가 이에 해당한다.

5) 처분의 제한

공유물 분할의 금지, 압류, 가압류, 가처분 등 처분제한의 등기를 할 수 있는 법률상 근거규정이 있는 경우에만 등기가 가능하고, 당사자 사이의 계약에 의한 처분의 제한은 등기가 불가능하다. 가등기에 기하여 본등기를 하는 것을 금하는 가처분은 그 가등기에 기하여 순위보전된 권리의 '취득'에 대한 제한이지 권리 자체의 '처분'의 제한에 해당되지 않아 등기할 수 없고, 따라서 그러한 가처분이 잘못 기입등기되었다 하더라도 그 기재사항은 아무런 효력을 발생할 수 없다는 것이 판례이다.[56]

6) 소 멸

등기원인의 무효나 취소, 목적부동산의 멸실 등으로 등기된 권리가 상실되는 것으로, 그에 대한 등기는 말소등기 또는 멸실등기에 의한다.

Ⅳ. 등기절차

등기는 원칙적으로 당사자의 신청 또는 관공서의 촉탁에 의하여서만 할 수 있고, 그 밖에는 법률의 규정이 있는 때[57]에만 할 수 있다(부등법 제22조 1항).

1. 등기의 신청

가. 공동신청의 원칙

등기의 신청은 등기권리자와 등기의무자가 공동으로 하는 것이 원칙이다. 이와 같

---

56) 대법원 1992. 9. 25. 선고 92다21258 판결.

57) 등기관의 직권에 의한 경우(부등법 제32조, 36조, 58조 등)와 법원의 명령에 의한 경우(부등법 제106조, 107조 등).

은 공동신청주의를 취하는 이유는 이해관계를 달리하는 양 당사자로 하여금 등기신청을 하게 하여 등기가 올바르게 행하여지도록 하기 위하여서이다. 여기서 등기권리자·등기의무자라 함은 등기절차상의 개념인데, 전자는 신청된 등기가 행하여짐으로써 실체적 권리관계에서 권리의 취득 기타 이익을 받는 자라는 것이 등기부상 형식적으로 표시되는 자이고, 후자는 등기가 행하여짐으로써 실체적 권리관계에서 권리의 상실 기타 불이익을 받는다는 것이 등기부상 형식적으로 표시되는 자이다.[58]

나. 단독신청이 인정되는 경우

공동신청이 아니더라도 판결에 의한 등기와 같이 등기가 올바르게 행하여질 수 있는 경우와 등기의 성질상 등기의무자가 없는 경우[59]에는 등기권리자 또는 등기명의인에 의한 단독신청이 인정된다.

다. 대위신청

등기의 공동신청시 등기신청은 등기권리자·등기의무자 또는 등기명의인이 하여야 하는데, 부동산등기법은 이에 대한 예외를 인정하여 민법 제404조에 따라 채권자로 하여금 채무자가 가지는 등기신청권을 대위할 수 있도록 하고 있다. 등기의 대위신청은 채권자가 채무자를 대위하여 등기신청을 하는 '등기신청권'의 대위행사이며, 채무자의 상대방이 등기신청을 하지 않는 경우에 등기신청에 협력을 청구할 수 있는 채무자의 권리를 채권자가 대위하는 '등기청구권'의 대위행사가 아니다. 무자력이 문제되지 아니하고, 대위원인 등을 증명하는 정보를 첨부정보로 등기소에 제공하여야 하며, 등기관은 등기할 때 대위원인 등을 기록하여야 한다.

구분건물의 소유자는 1동의 건물에 속하는 다른 구분건물의 소유자를 대위하여 그 건물의 표시에 관한 등기를 신청할 수 있고(부등법 제131조의2 1항, 2항), 건물의 신축으로 인하여 구분건물이 아닌 건물이 구분건물이 된 경우에 건물의 소유자는 다른 건물의

58) 이러한 등기절차상의 등기권리자·등기의무자는 실체법상의 등기권리자·등기의무자와는 구별된다. 실체법상 등기권리자는 등기청구권을 가지는 자이고, 그 상대방이 실체법상의 등기의무자이다. 등기절차상의 등기권리자·등기의무자와 실체법상의 등기권리자·등기의무자는 대부분 일치하나 그렇지 않은 때도 많다. 실체법상 등기권리자를 등기청구권자, 실체법상 등기의무자를 등기청구권자의 상대방이라고 부른다.

59) 미등기 부동산의 소유권보존등기, 부동산의 분할·합병이 있는 경우의 변경등기, 부동산 표시의 변경등기, 상속에 의한 등기 등.

소유자를 대위하여 건물의 표시에 관한 등기 또는 표시변경등기를 신청할 수 있다(부등법 제131조의2 4항).

라. 대리인에 의한 신청

등기신청은 등기권리자·등기의무자의 대리인에 의하여서도 할 수 있다(부등법 제24조). 여기의 대리인은 등기신청이라는 공법상의 행위를 대리하기 때문에 사법상의 법률해우이의 대리인은 아니다. 대리에 관한 규정이 성질이 허용되는 한 유추적용되지만 자기계약·쌍방대리의 금지(민법 제124조)는 적용되지 않는다.

마. 등기신청의 방법

1) 등기는 다음 두 가지 중 어느 하나의 방법으로 신청한다. 하나는 방문신청으로, 신청인 또는 그 대리인이 등기소에 출석하여 신청정보 및 첨부정보를 적은 서면을 제출하는 방법이다(부등법 제24조 1항 1호). 다만, 대리인이 변호사나 법무사인 경우에는 대법원규칙으로 정하는 사무원을 등기소에 출석하게 하여 그 서면을 제출할 수 있다. 다른 하나는 전자신청으로, 대법원규칙으로 정하는 바에 따라 전산정보처리조직을 이용하여 신청정보 및 첨부정보를 보내는 방법이다(부등법 제24조 1항 2호). 그런데 이 방법으로 할 수 있는 것은 법원행정처장이 지정하는 등기유형에 한정된다.

2) 등기신청인이 제공하여야 하는 신청정보 및 첨부정보는 대법원규칙 즉 부동산등기규칙이 정한다(부등법 제24조 2항). 그에 따르면, 이들 두 정보의 내용은 방문신청이나 전자신청이나 동일하며, 단지 정보를 제공하는 방식에서 차이가 있을 뿐이다. 즉 방문신청의 경우에는, 신청정보는 등기신청서에 적어서 제출하고, 첨부정보는 그 정보를 담고 있는 서면을 첨부하여 제출하여야 한다. 그에 비하여 전자신청의 경우에는 신청정보는 전자문서로 등기소에 송신하여야 하고, 첨부정보는 전자문서로 등기소에 송신하거나 대법원예규로 정하는 바에 따라 등기소에 제공하여야 한다.

2. 등기신청에 대한 심사

등기는 실질관계와 일치하여야 한다. 따라서 등기신청이 있으면 등기관으로 하여금 이를 심사하게 하여야 한다. 그런데 심사를 신중하게 하면 절차가 지연되는 문제가 생긴다. 부동산등기법은 심사에 관한 일반적 규정은 두지 않고, 신청을 각하하여야 할 경우를 열거하고 있을 뿐이다(부등법 제29조). 그런데 거기에는 형식적·절차적 사항 뿐만 아니라 실질적·실체법적 사항도 포함되어 있다(등기원인을 증명하는 정보 등). 여기서 우리 등기법이 실질적 심사주의를 취한 것으로 볼 수 있느냐가 문제되나 그 심사는 정보(기록)에 의한 것이고 또 그 정보는 사인에 의한 것에 지나지 않으므로 등기법은 형식적 심사주의에 머물러 있다고 보아야 한다. 판례도 '등기관은 등기신청에 대하여 실체법적 권리관계와 일치 여부를 심사할 권한은 없고, 오직 신청서류와 등기부에 의하여 등기요건에 합당한지 여부를 심사할 권한밖에 없다'라고 판시하여 법이 형식적 심사주의를 채택하고 있다고 보았다.[60]

3. 등기의 실행

등기신청이 적법하다고 인정된 경우에는 등기관이 등기를 실행한다. 등기관은 접수번호의 순서에 따라 등기사무를 처리하여야 한다(부등법 제11조 3항). 등기관은 등기사무를 전산정보처리조직을 이용하여 등기부에 등기사항을 기록하는 방식으로 처리하여야 한다(부등법 제11조 2항). 등기관이 등기부에 기록할 등기사항은 표제부 또는 갑구·을구에 하는 등기 각각에 대하여 부동산등기법에 규정해 두고 있다. 등기관이 등기사무를 처리한 때에는 등기사무를 처리한 등기관이 누구인지 알 수 있는 조치를 하여야 한다.

등기관이 등기를 마쳤을 때에는 대법원규칙으로 정하는 바에 따라 신청인 등에게 그 사실을 알려야 한다(부등법 제30조, 부등규칙 제53조). 이것이 등기완료통지이다. 그리고 등기관이 새로운 권리에 관하여 등기를 마쳤을 때에는 등기필정보를 작성하여 등기권리자에게 통지하여야 한다(부등법 제50조 1항). 또한 부동산매매계약서 등 일정한 등기원인증서를 신청인에게 돌려주어야 한다(부등규칙 제66조 1항). 그 외에 등기관이 소유권의 보존 또는 이전의 등기(가등기를 포함한다)를 하였을 때에는 대법원규칙으로 정하는 바에 따라 지체없이 그 사실을 부동산 소재지 관할 세무서장에게 통지하여야 한다(부등법 제63조, 부등규칙 제120조).

4. 등기관의 처분에 대한 이의

등기관의 결정 또는 처분이 부당한 경우에는 이의신청을 할 수 있다(부등법 제100조

60) 대법원 2005. 2. 25. 선고 2003다13048 판결.

이하). 그리고 그와는 별도로 국가배상법에 의하여 손해배상을 청구할 수도 있다.

Ⅴ. 등기의 종류

1. 사실의 등기·권리의 등기

사실의 등기는 등기기록 중 표제부에 하는 부동산 표시의 등기이며, 표제부의 등기라고도 한다. 그리고 권리의 등기는 등기기록 중 갑구·을구에 하는 부동산의 권리관계에 관한 등기이다. 부동산의 권리변동의 효력은 권리의 등기에 의하여서만 발생한다.

2. 보존등기·권리변동의 등기

보존등기는 미등기의 부동산에 관하여 그 소유자의 신청으로 맨 처음 행하여지는 소유권의 등기이다. 보존등기가 신청되면 등기관은 등기기록을 새로 마련하여 표제부에 표시의 등기를 하고 갑구에 소유권자의 등기를 한다. 그리고 그 후의 그 부동산에 관한 등기는 모두 이 보존등기를 기초로 하여 행하여진다. 한편 권리변동의 등기는 보존등기를 기초로 하여 그 후에 행하여지는 권리변동에 관한 등기이다.

3. 등기의 내용에 의한 분류

가. 기입등기

새로운 등기원인에 의하여 어떤 사항을 등기부에 새로이 기입하는 등기이며, 보통 등기라고 하면 기입등기를 의미한다.

나. 경정등기

어떤 등기를 하였는데 그 절차에 착오 또는 빠진 부분이 있어서 '원시적'으로 등기와 실체관계가 불일치한 경우에 이를 바로잡기 위하여 하는 등기이다(부등법 제32조 1항). 만약 착오 또는 빠진 부분이 등기관의 잘못으로 인하여 생긴 때에는 직권으로 경정한다(부등법 제32조 2항 본문).

다. 변경등기

어떤 등기가 행하여진 후에 등기된 사항에 변경이 생겨서 '후발적'으로 등기와 실체관계가 불일치한 경우에 그 불일치를 바로잡기 위하여 하는 등기이다.

라. 말소등기

기존의 등기의 전부(일부만을 바로잡는 변경등기와 다름)를 말소하는 등기이다(부등법 제55조 내지 58조 제87조). 말소되어야 하는 등기는 그것이 유효하게 성립한 뒤에 부적법하게 된 것일 수도 있고(변제에 의한 저당권의 소멸), 처음부터 부적법하여 무효인 것일 수도 있다(매매 등 등기원인이 무효인 경우).

마. 회복등기

기존의 등기가 부당하게 소멸한 경우에 이를 회복하는 등기이다. 현행 부동산등기법상 회복등기로는 그 등기의 전부 또는 일부가 부적법하게 말소된 때에 행하여지는 말소회복등기가 있다(부등법 제59조). 이러한 말소회복등기를 신청하는 경우에 등기상 이해관계 있는 제3자가 있을 때에는 그 제3자의 승낙이 있어야 한다(부등법 제59조). 그에 비하여 과거의 멸실회복등기는 현행 등기법에는 없다(부등법 제17조, 부등규칙 17조 참조).

4. 등기의 방법 내지 형식에 의한 분류

가. 주 등 기

이는 표시번호란(표제부 등기의 경우) 또는 순위번호란(갑구 또는 을구의 등기의 경우)에 독립한 번호를 붙여서 하는 등기이며, 독립등기라고도 한다. 등기는 대부분 주등기이다.

나. 부기등기

이는 독립한 번호를 갖지 않고 기존의 어떤 등기(이를 부기등기에 대하여 주등기라고 함)의 번호를 그대로 사용하면서 그 번호 아래에 부기 몇 호라는 가지번호를 붙여서 하는 등기이다(부등규칙 2조 참조). 부기등기는 기존의 등기와의 동일성을 유지하거나(변경

등기·경정등기) 또는 기존의 등기의 순위를 유지하게 할 필요가 있을 때(저당권의 이전등기)에 하게 된다.

5. 등기의 효력에 의한 분류

가. 종국등기

등기의 본래의 효력, 즉 물권변동의 효력(다만 민법 제592조·621조의 경우에는 대항력)을 발생하게 하는 등기이며, 보통의 등기는 종국등기이다. 종국등기는 가등기에 대하여 본등기라고도 한다.

나. 예비등기

물권변동과는 관계가 없고 그에 대비하여 하는 등기이다. 예비등기에는 가등기와 예고등기가 있다.

1) 가 등 기

가) 의 의

가등기는 부동산 물권변동을 목적으로 하는 청구권을 보전하기 위하여 인정되는 등기이다. 우리 민법처럼 채권행위만으로 물권변동이 일어나지 않는 법제 하에서는 청구권의 발생과 물권변동 사이에 시간적인 간격이 있게 된다. 여기서 그러한 청구권을 지키게 할 필요가 있게 되는데, 그러한 목적의 제도가 가등기이다. 이는 부동산 물권변동을 목적으로 하는 청구권이 이미 존재하고 있음을 등기부에 미리 기재하여 그 후에 물권을 취득하려는 자에게 알려서 계산에 넣도록 하는 것이다.

가등기는 본래 청구권을 보전하기 위하여 행하여지나 변칙적으로 채권담보의 목적으로 행하여지는 때도 자주 있다. 후자의 가등기를 담보가등기라고 하며(등기부에는 '담보가등기'라고 적음. 그리고 그 원인은 '대물반환예약'이라고 기재함), 그에 대하여는 '가등기담보 등에 관한 법률'이 규율하고 있다.

나) 요 건

가등기는 ① 장차 권리변동을 발생하게 할 청구권을 보전하려 할 때(부동산매매의 경우의 매수인의 소유권), ② 그러한 청구권이 시기부 또는 정지조건부인 때, ③ 그 밖에 그러한 청구권이 장래에 있어서 확정될 것인 때에 할 수 있다(부등법 제88조).

다) 절 차

가등기도 일종의 등기이기 때문에 그 신청은 가등기권리자와 가등기의무자가 공동으로 하는 것이 원칙이다. 그러나 가등기의무자의 승낙이 있거나 가등기를 명하는 법원의 가처분명령이 있을 때에는 가등기권리자가 단독으로 신청할 수 있다(부등법 제89조). 가등기의 말소는 가등기명의인이 단독으로 신청할 수 있으며(부등법 제93조 1항), 가등기의무자 또는 가등기에 관하여 등기상 이해관계 있는 자가 가등기명의인의 승낙을 받아 단독으로 가등기의 말소를 신청할 수 있다(부등법 제93조 2항).

라) 가등기의 가등기

가등기에 의하여 보전된 청구권을 양도받은 경우 또는 장차 소유권을 취득하면 저당권을 설정받기로 한 경우에, 그 가등기를 기초로 하여 다시 가등기를 할 수 있는가가 문제된다. 이것이 가등기의 가등기 문제이다. 판례는 가등기에 의하여 보전된 청구권의 양도를 인정하면서 그 경우에는 가등기된 권리의 이전등기를 가등기에 대한 부기등기의 형식으로 할 수 있다고 하여 긍정설의 입장이다.[61]

2) 예고등기

예고등기는 등기원인의 무효나 취소로 인한 등기의 말소 또는 회복의 소(패소한 원고가 재심의 소를 제기한 경우를 포함한다)가 제기된 경우에 이를 제3자에게 경고하기 위하여 소를 수리한 법원의 촉탁에 의하여 행하여지는 등기이다(개정전 부등법 제4조·제39조).

예고등기는 부동산에 관한 기존의 등기에 대하여 어떤 소가 제기되었다는 사실을 공시함으로써 제3자에게 경고하는 사실상의 효과만 가진다. 따라서 예고등기가 있다고 하여 그 부동산에 관하여 처분금지의 효력이 생기지는 않는다. 그리고 예고등기가 있다고 하여 등기원인의 무효 또는 취소원인의 존재가 추정되지도 않는다.

이러한 예고등기는 본래 등기의 공신력이 인정되지 않는 우리 법제에서 제3자 내지 거래의 안전을 보호하기 위하여 채용된 제도이다. 그런데 실제에 있어서 예고등기가 된 부동산에 대하여 일반인이 거래를 꺼리게 되어 등기명의인이 불이익이 클 뿐만 아니라, 집행을 방해할 목적으로 소를 제기하여 예고등기가 행하여지는 사례가 있는 등으로 폐해가 커서, 2011년 부동산등기법을 개정하면서 이 제도를 폐지하였다.

61) 대법원 1998. 11. 19. 선고 98다24105 전원합의체 판결.

제2절 등기의 효력

Ⅰ. 개 설

공시방법으로서의 등기의 효력에는 물권변동적 효력, 순위확정적 효력, 대항적 효력, 권리추정적 효력이 인정되고 있다. 그러나 부실등기의 신뢰자를 보호하는 등기의 공신력은 제도상의 미비로 현행법 하에서는 인정될 수 없다.

Ⅱ. 물권변동적 효력

등기는 법률행위로 인한 부동산 물권변동의 성립요건이다. 등기하여야 부동산 물권변동의 효력이 발생한다(민법 제186조). 특히 부동산 양도에 있어서 목적물의 인도는 그 요건이 아니다. 또한 부동산 매매에 있어서 매매대금의 지급은 부동산 양도의 요건이 아니다. 따라서 부동산 매수인이 그 매매대금을 완불하였다 하더라도 압류 등기시까지 매수인 앞으로 소유권 이전등기가 경료되지 아니하였다면, 아직 위 부동산은 여전히 매도인의 소유라 할 것이므로 과세관청이 매도인의 체납세액을 확보하기 위해 위 부동산을 압류처분한 것은 적법한 것으로 된다.

문제는 미등기 양수인을 어떻게 보호할 것인가에 있다. 토지의 매수인이 아직 소유권 이전등기를 경료받지 아니하였다 하여도 매매계약의 이행으로 그 토지를 인도받은 때에는 매매계약의 효력으로서 이를 점유·사용할 권리가 생기게 된 것으로 보아야 하고,[62] 따라서 매도인은 매수인에 대하여 토지 소유권에 기한 물권적 청구권을 행사할 수 없다.[63] 이러한 법리는 전매인에 대한 관계에서도 관철되어야 할 것이다.

이에 관한 이론 구성에 여러 가지 학설이 있으나 민법 제213조 단서 소정의 '점유할 권리'를 가진다고 이해하면 족할 것으로 생각된다.[64]

62) 대법원 1998. 6. 26. 선고 97다42823 판결.
63) 대법원 1996. 6. 25. 선고 95다12682, 12699 판결.
64) 양창수, 민법주해(Ⅴ), 224면 이하.

Ⅲ. 권리추정적 효력

1. 등기의 추정력의 의의

등기가 존재하면 그에 상응하는 실체적 권리관계가 있는 것으로 추정되는 효력이 등기의 추정력이다. 따라서 추정되는 권리관계와 다른 사실을 주장하는 자는 이를 증거에 의하여 입증하여 그 추정을 번복하여야 한다. 등기의 추정력을 명문으로 규정하고 있는 입법례도 있지만(독일민법 891조), 민법은 동산 물권의 공시방법인 점유의 추정력에 관하여는 명문의 규정을 두고 있지만(민법 제200조), 부동산 물권의 공시방법인 등기의 추정력에 관해서는 명문의 규정을 두고 있지는 않다. 그러나 학설·판례는 일치하여 이를 인정한다. 그 근거에 관하여는 다수설과 판례는 등기는 제도상 그 절차에 있어서 유효한 실체적 권리관계에 기하도록 상당히 보장되어 있으며 또한 국가기관에 의하여 관리되므로 등기가 실제에 부합할 개연성이 크기 때문이라고 한다.[65] 또한 판례는 민법 제200조 소정 점유자의 권리추정의 규정은 특별한 사정이 없는 한 부동산 물권에 대하여는 적용되지 아니하고 다만 그 등기에 대하여서만 추정력이 부여된다고 한다.[66]

2. 권리추정력의 내용과 범위

등기의 추정력에 대하여 추정력의 내용을 사실추정으로 이해할 것인지 법률상의 권리추정으로 이해할 것인지가 문제되는데, 등기에 공신력이 인정되지 않는 현행 법제하에서 거래의 안전을 고려하고 또 등기가 물권 변동의 성립요건이라는 점에서 등기의 추정력을 법률상의 권리추정으로 이해함이 타당하다. 법률상의 권리추정으로 보게 되면 그 추정을 번복하기 위해서는 반증이 아닌 본증을 제출하여야 한다.

등기에 의하여 추정되는 것은 권리이다. 문제는 권리의 발생원인도 추정되는가에 있다. 판례는 대체로 권리의 발생원인 사실도 추정되는 것으로 본다. 다만 등기부상의 권리변동의 당사자 사이에서 등기의 추정력을 원용할 수 있겠는가는 문제이다.

판례는 이전등기 또는 멸실회복등기의 경우에는 이를 인정한다.[67] 즉, 부동산 등기

65) 이른바 개연성설. 대법원 1970. 7. 24. 70다249. 이에 대하여 유력설은 개연적인 사실로부터는 사실추정이 가능할 뿐이고 권리추정은 불가능한 것이라고 하면서, 오히려 권리추정의 근거는 점유의 추정에서와 동일하게 등기가 부동산 물권행위의 요소라는 데 있다고 한다.

66) 대법원 1970. 7. 24. 선고 70다2490 판결.

부에 소유권 이전등기가 경료되어 있는 경우에 그 등기 명의자는 등기원인에 의하여 적법한 소유권을 취득한 것으로 추정받고, 회복등기도 별다른 사정이 없는 한 등기공무원에 의하여 적법하게 수리되어 처리된 것으로 추정되며, 그와 같은 멸실회복등기의 추정력에 관한 법리는 그 소유권 이전등기가 등기부 멸실 후의 회복등기절차에 의하여 이루어진 경우에도 마찬가지로 적용된다고 한다.[68] 또한 전 등기의 접수일자, 접수번호 및 원인일자 등이 불명으로 기재된 멸실회복등기라도, 특별한 사정이 없는 한, 멸실회복등기의 실시요강에 따라 등기공무원이 토지대장등본 등 전 등기의 권리를 증명할 공문서가 첨부된 등기신청서에 의하여 적법하게 처리된 것으로 추정한다.[69]

그러나 보존등기[70]의 경우에는 부정한다. 즉, 보존등기의 경우 전 소유자가 양도사실을 부인하는 경우라든가,[71] 타인명의로 사정된 바 있는 부동산에 대한 소유권 보존등기의 경우(따라서 등기 명의인이 그 구체적인 승계취득 사실을 주장·입증하지 못하는 한 그 등기는 원인무효로 된다),[72] 또는 신축한 사람이 아닌 자 명의로 건물의 소유권 보존등기가 되어 있는 경우,[73] 화해조서에 기한 소유권 보존등기의 경우에는 그 추정력을 인정하지 않는다.[74] 그런데 등기에 관한 각종의 특별조치법에 의한 보존등기에는 추정력이 인정된다고 한다.[75] 다만, 상대방이 등기의 기초가 된 보증서나 확인서가 위조되거나 또는 그 실체적 기재 내용이 허위임을 자인하거나 실체적 기재 내용이 진실이 아님을 의심할 만큼 증명이 된 때에는 등기의 추정력은 번복된 것으로 보아야 하고, 보증서 등의 허위의 입증 정도가 법관이 확신할 정도가 되어야만 하는 것은 아니라고 한다.[76]

한편 판례는 가옥대장 및 토지대장의 기재 또는 지세명기장 및 임야세명기장 기재의 권리추정력을 인정하지 않는다.[77] 그러나 구 토지조사령(1912. 8. 13. 제령 제2호)에 의한 토지조사부에 토지 소유자로 등재되어 있는 자는 재결에 의하여 사정 내용이 변

---

67) 대법원 1982. 6. 22. 선고 81다791 판결; 대법원 1979. 11. 13. 선고 79다1550 판결.
68) 대법원 1996. 10. 29. 선고 96다19338 판결.
69) 대법원 1981. 11. 24. 선고 80다3286 전원합의체 판결.
70) 소유권 보존등기는 새로 등기용지를 개설함으로써 그 부동산을 등기부상 확정하고 이후는 그에 대한 권리변동은 모두 보존등기를 시발점으로 하게 되는 까닭에 등기가 실체법상의 권리관계와 합치할 것을 보장하는 관문이다(대법원 2007. 10. 25. 선고 2007다46138 판결).
71) 대법원 1980. 1. 15. 선고 79다1200 판결.
72) 대법원 2007. 10. 25. 선고 2007다46138 판결.
73) 대법원 1996. 3. 22. 선고 66다64, 65 판결.
74) 대법원 1982. 5. 11. 선고 81다188 판결
75) 대법원 1987. 10. 13. 선고 86다카2928 전원합의체 판결.
76) 대법원 1997. 3. 11. 선고 96다49902 판결.
77) 대법원 1983. 2. 22. 선고 82도2616 판결.

경되었다는 등의 반증이 없는 이상 토지 소유자로 사정받고 그 사정이 확정된 것으로 추정할 것이다.[78]라고 하거나, 조선임야조사령에 의한 임야조사서에 소유자로 등재되어 있는 자는 재결에 의하여 사정 내용이 변경되었다는 등의 반증이 없는 이상 토지 소유자로 사정받고 그 사정이 확정된 것으로 추정된다[79]고 하여, 토지조사부 또는 임야조사부의 소유자란 등재의 권리추정력을 인정한다.

Ⅳ. 중간생략등기의 문제

중간생략등기는 소유 명의자와 직접적인 매매계약을 체결한 바 없는 최후의 매수인이 그러한 계약이 체결된 것처럼 소유권 이전등기를 하는 것을 말한다. 즉, 권리이전의 경로와 등기 이전의 경로가 다르다는 데에 그 특징이 있다. 본래 등기는 권리변동의 과정을 반영함을 그 이상으로 하고, 또 등기가 유효하기 위해서는 등기의 유효요건을 갖추어야 한다. 이러한 측면에서 보면 중간생략등기는 무효라고 보아야 한다. 그러나 학설과 판례는 실체관계이론을 들어 일정한 요건 하에 중간생략등기의 유효성을 인정하고 있다.

1. 중간생략등기의 유효성

학설은 무효설이 없는 것은 아니지만, 일반적으로 그 유효성을 인정하고 있다. 중간생략등기는 물권적 기대권의 양도로서 유효하다고 하거나,[80] 중간생략등기의 합의는 등기의 방법과 효력에 간한 관계 당사자 간의 등기법상의 합의로서 무효등기의 유용의 합의와 동일한 절차법적 성질을 가지기 때문에 유효하다고 한다.[81] 그리고 이를 무효라고 한다면 거래의 안전에 커다란 위험이 있기 때문에 유효로 보지 않을 수 없다는 것이다.

판례는 이미 중간생략등기가 이루어진 경우에는 그 방법 여하를 묻지 아니하고 당사자들 사이에 양도계약이 적법하게 이루어진 이상, 즉 등기가 실체관계에 부합하는 한 이를 무효라 할 수 없다고 한다.[82] 따라서 중간생략등기에 관한 합의가 없었다는

---

78) 대법원 1986. 6. 10. 선고 84다카1773 전원합의체 판결.
79) 대법원 1989. 10. 24. 선고 88다카9852, 9869 판결.
80) 김용한, 물권법론, 132면.
81) 이영준, 물권법, 131면.

사유만으로 그 소유권 이전등기를 무효라고 할 수 없을 것이다.[83)]

2. 중간생략등기청구권

문제는 미등기전매가 이루어진 경우에 최후 매수인의 소유 명의자에 대한 중간생략등기청구권을 인정할 것이냐이다. 판례는 관계 당사자 전원의 합의를 요건으로 최후의 매수인은 등기 명의자를 상대로 소유권 이전등기 청구권을 행사할 수 있다고 한다.[84)] 이 경우 합의는 중간등기를 생략하여도 당사자 간에 이의를 제기하지 아니하고 그 등기의 효력에 영향을 미치지 않겠다는 의미가 있을 뿐이기 때문에, 중간자의 전매도인에 대한 등기청구권은 소멸하지 않는다는 것이다.[85)] 그리고 이러한 합의는 묵시적 그리고 순차적으로 행하였더라도 상관없다고 한다.[86)]

이와 같이 판례는 원칙적으로 관계 당사자 전원의 합의를 요건으로 최후 매수인의 소유 명의자에 대한 소유권 이전등기 청구권을 인정하고, 그렇지 않은 경우에는 중간 매도인이 소유명의자에 대하여 가지는 등기청구권을 대위행사하여 자기 명의로 등기 이전을 할 수밖에 없다고 한다.[87)] 물론 이러한 중간생략등기의 합의가 인정됨을 이유로 하여 최후 매수인의 소유 명의자에 대한 소유권 이전등기 청구권을 인정한 판결은 거의 없다. 만약 중간생략등기의 합의가 존재한다면 아마도 소송에까지 이르지는 않았을 것이기 때문이다.[88)]

학설은 일반적으로 중간생략등기의 유효성을 인정함과 동시에 중간생략등기청구권도 인정한다. 독일 민법 185조 제1항의 법리를 도입하여 매수인의 전매행위는 소유자 즉 최초의 매도인의 동의하에 이루어진 것이므로 전득자는 최초 매도인에 대하여 직접 자기에게 등기를 이전하여 줄 것을 청구할 수 있고, 최초의 매도인이 등기에 협

---

82) 대법원 1979. 7. 10. 선고 79다847 판결.
83) 대법원 1980. 2. 12. 선고 79다2104 판결.
84) 대법원 1967. 5. 30. 선고 67다588 판결.
85) 대법원 1965. 3. 23. 선고 64다1742 판결.
86) 대법원 1982. 7. 13. 선고 81다254 판결.
87) 대법원 1969. 10. 28. 선고 69다1351 판결.
88) 특히 대법원 1991. 4. 23. 선고 91다5761 판결은 최초 양도인이 중간등기 생략을 거부하고 있는 경우에는 매수인란이 공란으로 된 백지의 매도증서와 위임장 및 인감증명서를 교부했다고 하더라도 중간생략등기에 관한 합의가 있었다고 할 수 없다고 한다. 또한 부동산등기특별조치법의 시행 후 대법원은 동법상의 미등기 전매행위의 금지조항을 단순한 단속규정으로 새기면서 또 중간생략등기의 합의를 민법 제103조 또는 신의칙에 위반되어 무효라고 볼 수 없다고 하거나(대법원 1993. 1. 26. 선고 92다39112 판결), 원심이 중간생략등기의 합의가 존재함을 이유로 최후매수인의 소유 명의자에 대한 소유권 이전 등기 청구권을 인정한 것에 잘못이 없다고 판시한 바 있다(대법원 1994. 5. 24. 선고 93다47738 판결).

력할 의무가 있다는 견해, 부동산 매수인은 등기하기 전 소유권 이전등기 청구권이라고 하는 채권을 취득하였고 전매자는 이러한 채권을 양도한 것이므로 최후의 매수인은 채권양수에 의하여 최초 매도인에 대하여 직접 등기청구권을 행사할 수 있다는 견해, 물권적 기대권을 인정하는 입장에서 물권적 기대권의 양도는 채권양도가 아니라 물권적 권리의 양도인 이상 채권양도와 같은 대항요건도 필요 없고 또 전매자의 동의도 필요 없이 소유 명의자에게 직접 소유권 이전등기 청구권을 행사할 수 있다는 견해 등이 있다.

물권법적 측면에서 볼 때 등기주의를 취하는 현행 민법의 해석상 중간 매도인의 처분행위는 타인물의 매매에 지나지 않는다. 즉, 처분권 없는 자의 처분으로서 무효로 된다. 채권양도에 의하여 중간생략등기청구권을 인정한다면 등기주의를 취하고 있는 민법 제186조 내지 187조 단서의 규정을 무의미하게 할 염려가 있다. 판례는 소유권 이전등기청구권은 성질상 양도가 제한되는 채권으로 새기고 양도의 통지만으로는 대항력이 발생하지 않는다고 한다.[89] 결국 등기주의를 취하고 있는 현행 민법 하에서 물권행위를 물권변동의 요건으로 인정하고 또 그 유인성을 인정하는 한, 최후의 매수인은 최초의 매도인에 대하여 중간생략등기 청구권을 행사할 수 없다고 보는 것이 옳을 것이다.

제3절 부동산소송의 소송물

I. 개 설

민사소송에 있어서 소송의 객체를 소송물 즉 소송상의 청구 혹은 심판의 대상이라고 한다. 부동산소송에 있어서 소송물로 중요한 것은 등기청구권, 부동산인도청구권이다.

89) 대법원 2005. 3. 10. 선고 2004다67653, 67660 판결.

Ⅱ. 등기청구권

1. 의 의

등기청구권은 특정인이 상대방에게 등기절차에 협력하도록 청구할 수 있는 실체법상의 권리이다.[90] 등기는 등기권리자와 등기의무자의 공동신청에 의하여 행하여지는 것이 원칙이다. 따라서 일방은 상대방의 협력이 있어야 등기를 마칠 수 있다. 상대방이 등기절차에 협력하지 않는다면 이를 상대방에게 강제할 수 있는 사법상의 권리가 등기청구권이다. 이와는 반대로 A가 그의 토지를 B에게 매도하였는데 B의 명의로 소유권이전등기를 하지 않은 경우, B에게 등기신청 지연으로 인하여 A에게 세금부담 기타의 불이익이 생길 수 있다. 이 때 A가 B에게 등기를 넘겨가라고 요구할 수 있는 권리를 등기수취청구권이라고 하는데 판례는 부등법 제29조를 근거로 등기의 인수를 구할 수 있다고 한다.[91]

2. 성 질

등기청구권의 법적 성질에 대하여는 명문의 규정이 없다. 판례와 학설은 등기청구권의 법적 성질을 그 발생원인에 따라 달리 이해하고 있으며, 그 발생원인이 법률행위인 경우에는 물권행위론의 이해에 따라 견해가 다양하게 전개되고 있다. 이러한 견해의 대립은 등기청구권이 시효로 인하여 소멸하는지와 관련하여 그 결론을 달리하게 된다.

가. 실체관계와 등기가 일치하지 않는 경우

무권리자가 위조문서 등을 이용하여 무권리자의 이름으로 등기를 한 경우와 같이 등기와 실체관계가 일치하지 않는 때에는 그 불일치를 제거하기 위하여 등기권리자에게 등기청구권을 인정하여야 하는데, 이 경우의 등기청구권은 물권의 효력으로서 발생하는 일종의 물권적 청구권이라고 할 것이다. 이와 관련하여 판례는 소유권 이전등기 말소청구에 갈음하여 진정명의회복을 위한 소유권 이전등기 청구권을 인정한다. 이와 같이 말소등기에 갈음하여 허용되는 진정명의회복을 원인으로 한 소유권 이전등

---

90) '등기절차협력청구권'이라고도 한다.

91) 대법원 2001. 2. 9. 선고 2000다60708 판결.

기 청구권과 무효등기의 말소청구권은 어느 것이나 진정한 소유자의 등기명의를 회복하기 위한 것으로서 실질적으로 그 목적이 동일하고, 두 청구권 모두 소유권에 기한 방해배제청구권으로서 그 법적 근거와 성질이 동일하므로, 비록 전자는 이전등기, 후자는 말소등기의 형식을 취하고 있다고 하더라도 그 소송물은 실질상 동일한 것으로 보아야 하고, 따라서 소유권 이전등기 말소청구 소송에서 패소판결을 받았다면 그 기판력은 그 후 제기된 진정명의회복을 원인으로 한 소유권 이전 등기 청구소송에도 미친다.[92)]

나. 법률행위에 의한 부동산 물권변동의 경우

판례는 법률행위로 인한 부동산 물권변동에 있어서, "매매계약에 따라 물권을 이전하라는 채권적 청구권에 의하여 소유권의 이전등기를 청구할 수 있다고 해야 할 것이다."라고 하여, 등기청구권의 법적 성질을 채권적 청구권으로 이해하고 있다.

이에 관하여 종래 등기청구권의 발생원인을 채권행위로 이해하고 그 법적 성질을 채권적으로 해석하는 견해[93)], 물권적 합의의 효력으로 물권적 기대권을 인정하는 입정에서 등기청구권의 법적 성질을 물권적으로 이해하는 견해[94)]와 민법 제186조 소정의 법률행위의 의미를 물권적 의사표시로 이해하고 등기청구권은 이 물권적 합의로부터 나오는 것이지만 등기 전 단계로서의 물권적 합의는 물권행위로까지 완성된 것이 아니므로 여전히 등기청구권은 채권적 청구권일 수밖에 없다는 견해[95)]가 대립한다.

요컨대 법률행위로 인한 부동산 물권변동에 있어서의 등기청구권의 발생원인은 민법 186조 소정의 법률행위이므로 동조 소정의 법률행위의 의미 및 그 효력을 어떻게 규정지을 것이냐에 따라 등기청구권의 이해를 달리할 것이다. 그런데 동조 소정의 법률행위의 의미는 물권적 합의를 포함하는 채권행위로 이해하여야 할 것이다. 따라서 물권적 합의의 효력으로 물권적 기대권을 인정하지 않는 이상 동조의 법률행위의 효력을 물권적으로 파악할 수는 없다. 결국 법률행위로 인한 부동산 물권변동에 있어서의 등기청구권은 등기원인으로서의 물권적 합의를 포함하는 채권행위로부터 발생하고 그 법적 성질을 채권적 청구권으로 보아야 한다.

92) 대법원 2001. 9. 20. 선고 99다37894 전원합의체 판결.
93) 곽윤직, 물권법, 156면.
94) 김증한, 물권법, 92면.
95) 이영준, 물권법, 191면.

3. 등기청구권의 시효 소멸 여부

가. 판례와 학설

판례는 등기청구권의 법적 성질을 채권적으로 이해하면서도, 부동산 매수인이 목적물을 인도받아 점유하여 사용·수익하는 경우에는 등기청구권은 시효로 인하여 소멸하지 않는다고 한다. 특히 위 전원합의체 판결[96]에는 다수의견과 결론을 같이 하는 별개의견이 2개 있다. 별개의견 1은 승인에 의한 시효중단을 이유로, 별개의견 Ⅱ는 물권적 기대권의 효력으로 발생하는 등기청구권은 물권적 성질을 가진다는 이유를 들어 등기청구권은 시효로 인하여 소멸하지 않는다는 것이다. 이와 관련하여 매매대금청구권은 시효로 소멸하나 이와 동시이행의 관계에 있는 소유권 이전등기청구권은 시효로 인하여 소멸하지 않는다고 한다.[97] 그리고 판례는 토지 매수인이 인도를 받지 아니한 관계로 민법 부칙 10조 또는 소멸시효에 의하여 등기청구권이 소멸되었다 하더라도 그 후 그 앞으로 소유권보존등기가 마쳐졌다면 특별한 사정이 없는 한 위 등기는 실체관계에 부합하는 유효한 등기라고 한다.[98]

이에 대하여 "부동산의 매매에 있어서, 매도인은 그 부동산의 소유권을 이전할 의무와 목적 부동산의 점유를 이전하여야 할 인도의무라는 두 의무를 부담하는데, 매도인이 목적물을 인도하여 매수인이 현재 점유하고 있다고 하여도, 그것은 어디까지나 매도인이 부담하는 목적 부동산 인도의무의 이행이 있는 상태일 뿐이며, 그것이 동시에 매수인이 등기청구권을 행사하고 있는 것으로 인정할 수 없으므로 부동산 매수인의 등기청구권은 목적 부동산을 인도하고 있느냐의 여부를 묻지 않고서 언제나 소멸시효에 걸린다.",[99] "등기청구권은 일종의 물권적 청구권으로 소멸시효에 걸리지 않는다.[100] 또는 매도인이 목적물을 매수인에게 인도하고 그 상태가 계속된다면 채무의 승인에 의해서 중단 상태는 계속되므로 소멸시효에 걸리지 않는다."[101]는 학설의 비판이 있다.

---

96) 대법원 1976. 11. 6. 선고 76다148 전원합의체 판결.
97) 대법원 1991. 3. 22. 선고 90다9797 판결.
98) 대법원 1991. 8. 27. 선고 91다17825 판결.
99) 곽윤직, 민법총칙, 324면.
100) 정옥태, "물권적 기대권", 사법연구 제1집, 청림출판, 1992, 105면 이하.
101) 고상룡, 민법총칙, 725면.

나. 점유를 상실한 매수인의 등기청구권의 시효 소멸 여부

종래 판례는 매수인이 목적물의 점유를 상실하여 더 이상 사용·수익하고 있는 상태가 아니라면 그 점유 상실 시점으로부터 매수인의 이전등기 청구권에 관한 소멸시효는 다시 진행한다고 하였다.[102] 그러나 최근 전원합의체 판결은 이 경우에도 권리행사의 상태는 계속된다고 보아 소멸시효는 진행하지 않는다고 판시하였다.[103] 즉 부동산의 매수인이 그 부동산을 인도받은 이상 이를 사용·수익하다가 그 부동산에 대한 보다 적극적인 권리 행사의 일환으로 다른 사람에게 그 부동산을 처분하고 그 점유를 승계하여 준 경우에도 그 이전등기 청구권의 행사 여부에 관하여 그가 그 부동산을 스스로 계속 사용·수익만 하고 있는 경우와 특별히 다를 바 없으므로 위 두 어느 경우에나 이전등기 청구권의 소멸시효는 진행되지 않는다고 보아야 한다는 것이다.

Ⅲ. 부동산 인도청구권 등

1. 의 의

부동산소송에 있어서 등기청구소송과 나란히 중요한 위치를 점하는 소송으로는 부동산의 인도, 퇴거, 부동산의 점유이전 청구 등이 있다. 등기청구권의 경우에는 부동산등기제도라고 하는 특별한 법목적을 가진 기술적 제도가 배경에 있고, 등기절차법과의 관련도 있어 인도청구권과는 다른 복잡한 문제가 있다. 그러나 인도청구권 등의 경우에는 특별히 복잡한 문제가 없다.

2. 채권적 청구관계

채권적 관계의 대표적인 사례로서 부동산매매계약의 경우, 매도인은 목적 부동산의 소유권을 매수인에게 완전히 이전하고 목적 부동산을 매수인에게 인도하여 그 점유를 취득하게 할 의무를 부담한다.

소유권·지상권·임차권 등 점유를 내용으로 하는 재산권의 양도를 목적으로 하는 계약에 있어서는 양수인이 목적 부동산의 점유를 취득하게 하는 것은 양도인의 의무

---

102) 대법원 1997. 7. 22. 선고 95다17298 판결.
103) 대법원 1999. 3. 18. 선고 98다32175 전원합의체 판결.

가 된다. 가령 임차인 등 제3자가 점유하고 있는 경우에는 이를 퇴거케 한 후 현실의 점유를 취득하게 할 의무가 있다. 그러나 당사자 간의 별도의 합의에 의하여 임차인을 그대로 두고 목적물반환청구권의 양도에 의한 점유권의 양도(민법 제190조), 양수인이 이미 점유하고 있는 경우에 간이인도에 의한 양도(민법 제196조 2항, 제188조 2항), 점유개정에 의한 양도(민법 제189조)도 가능하다. 또한 별도의 합의가 없는 한 매도인의 목적 부동산 인도의무와 매수인의 대금지급의무는 동시이행 관계에 있다.

3. 물권적 청구관계

가. 의의 및 민법의 규정

물권의 내용인 부동산에 대한 완전한 현실적 지배가 방해받거나 또는 방해받을 염려가 있는 경우에, 물권자가 방해자에 대하여 그 방해의 제거 또는 예방에 필요한 행위를 청구할 수 있는 권리이다. 이를 인정하는 이유는 물권의 효력(목적물에 대한 직접적이고 배타적인 지배권)을 확보하기 위한 것이다. 이처럼 물권적 청구권은 물권에 기초한 권리이지만 구체적으로는 특정인에게 행사되기 때문에 물권적 '청구권' 또는 물상 '청구권'이라 한다. 우리 민법은 물권적 청구권에 관한 일반규정 대신에, 점유권에 기한 물권적 청구권(민법 제204조 내지 206조)과 소유권에 기한 물권적 청구권(민법 제213조, 제214조)에 관한 규정을 두고, 소유권에 기한 물권적 청구권에 관한 규정을 다른 물권에 준용한다(지상권: 제290조, 지역권: 제301조, 전세권: 319조, 저당권: 370조). 따라서 민법의 규정체계는 그 기초가 되는 물권의 성질에 따라 크게 점유권에 기한 물권적 청구권과 본권에 기한 물권적 청구권으로 나누어진다고 할 수 있다. 점유권에 기한 소와 본권에 기한 소는 서로 영향을 미치지 아니한다.

나. 종 류

물권적 청구권은 방해의 모습과 내용의 근거에 따라서 다음과 같이 나눌 수 있으며, 방해의 '모습'에 따라 각 청구권이 경합할 수 있다.

1) 물권적 반환청구권

물권의 객체인 목적물의 점유를 침탈당하거나 그 반환이 거부되는 경우에 물권의 침해를 받은 물권자가 점유자에 대하여 그 반환을 청구할 수 있는 권리이다(민법 제204

조, 제213조)

2) 물권적 방해제거청구권

물권의 목적물에 대한 점유의 침탈 및 반환거부 이외의 방법으로 물권의 행사가 방해되는 경우에, 물권자가 방해자에 대하여 방해 제거를 청구하는 권리이다(민법 제205조, 제214조).

3) 물권적 방해예방청구권

물권의 침해가 현실적으로 발생하지 않았지만, 장래 발생할 염려가 있는 때에, 그 발생을 방지하는 데 필요한 일체의 작위·부작위를 청구할 수 있는 권리이다.

Ⅳ. 부동산소송 소가계산방법

1. 부동산(소송목적물) 가액산정 방법

요 분		계 산 방 법
물건	토 지	개별공시지가(개별공시지가가 없으면 토지가격비분표를 사용하여 계산한 지가) × 면 × 30/100
	건 물	과세시가표준액 × 면적 × 30/100 시가표준액 : 건물 시가표준액 비주표상의 지역지수(공시지가) ▶ 구조 ▶ 용도 ▶ 건축연도에 의하여 기준가액/㎡ ▶ 기준가액 × 가감산특례
권리	소유권	목적물 가액
	점유권, 지역권	점유 : 목적물 가액의 1/3, 지역권 : 승역지가액의 1/3
	지상권, 임차권	목적물 가액의 1/2
	담보물권	목적물 가액을 한도로 한 피담보채권액 (근저당권의 경우 채권최고액)
	전세권	목적물 가액을 한도로 한 전세금액

2. 부동산소송 사건유형별 소송목적의 값 산정 방법

가. 소유권이전등기청구

1) 매매 등 계약에 의한 경우

부동산의 가액을 소송목적의 값으로 한다.

사례 : 매매를 원인으로 한 부동산(목적물 가액 1억원)에 관하여 소유권이전등기절차의 이행을 구하는 경우 소송목적물의 값은

해결 : 소유권이전등기의 소송목적물의 값은 부동산의 가액인 1억원이다.

2) 진정명의회복을 원인으로 한 경우

부동산 가액×1/2을 소송목적의 값으로 한다.

사례 : 원고 소유의 부동산(목적물 가액 1억원)에 대해 소외 갑이 등기서류를 위조하여 자신의 명의로 소유권이전등기를 경료하고, 갑▶을▶병▶정 순으로 순차 양도하여 정 명의로 소유권이전등기가 경료된 상태이다, 원고가 정을 피고로 하여 진정한 등기명의의 회복을 원인으로 하는 소유권이전등기절차이행을 구하는 소를 제기하였다. 이 경우 소송목적의 값은

해결 : 무효를 원인으로 순차 경료된 등기에서 소유자가 권리를 회복하는 방법으로 순차 경료된 모든 등기의 말소를 구하는 방법과 최종 등기 명의자에 대한 진정명의회복을 원인으로 한 소유권이전등기를 구하는 방법이 있다. 모든 등기의 말소를 구하는 경우 소송목적물의 값은 목적물 가액의 1/2을 곱하여 산정한 값으로 하고, 순차 경료된 소유권이전등기의 말소에 대하여는 흡수원칙에 의한다.

동일한 방법인 진정명의회복을 원인으로 한 소유권이전등기는 말소를 대신하고 소유권이전등기의 형식에 의하면서 말소등기의 실질을 구비한 것이며, 원고가 실제로 받는 경제적 이익도 말소의 경우와도 다르지 않다. 소송목적의 값 산정은 특별규정이 없는 한 원고가 전부 승소할 경우 직접 받게 될 경제적 이익을 기준으로 해야 하고, 소송목적을 달성하는 방법이 동일하느냐를 기준으로 할 것이 아니므로 소유권이전등기말소청구의 경우와 같이 산

정이 함이 타당하다.

따라서 진정명의회복을 원인으로 한 소유권이전등기의 소송목적의 값은 5,00마원(1억원×1/2)이다.

3) 소유권등기의 인수를 구하는 소유권이전등기의 경우

부동산 가액×1/10을 소송목적물의 값으로 한다.

사례 : 매매를 원인으로 한 부동산(부동산 가액 1억원)에 관하여 소유권이전등기신청절차의 인수를 구하는 경우의 소송목적의 값은

해결 : 소유권이전등기신청절차의 등기 인수를 구하는 소의 소송목적의 값은 부동산가액 1억원의 1/10이므로, 이 경우 소송목적의 값은 1,000만원(1억원×1/10)이다.

나. 가등기에 기한 본등기청구

1) 소유권이전에 관한 가등기에 기한 본등기청구

부동산 가액×1/2을 소송목적의 값으로 한다.

2) 지상권, 임차권의 설정 또는 이전의 가등기에 기한 본등기청구

부동산 가액×1/4을 소송목적의 값으로 한다.

3) 근저당권의 설정 또는 이전에 관한 가등기에 기한 본등기청구

채권최고액과 부동산 가액을 비교하여 그 중 적은 금액×1/2을 소송목적의 값으로 한다.

4) 지역권의 설정 또는 이전에 관한 가등기에 기한 본등기청구

승역지 가액×1/6을 소송목적의 값으로 한다.

※ 소송목적의 값 산정례

사례 : 매매예약을 원인으로 부동산(부동산 가액 1억 원)에 관하여 소유권이전등기청구권보전을 위한 가등기를 구하는 경우의 소송목적의 값은?

해결 : 목적 부동산에 대해서 가등기가 설정되어 있는 경우, 이에 기초해서 본등기를 구하는 경우에 소송목적의 값은 부동산가액 1억 원의 1/2이므로, 이 경우 소송목적의 값은 5,000만 원(1억 원×1/2)이다.

다. 말소등기 또는 말소회복등기청구

1) 등기에 대한 말소승낙의 의사표시를 구하는 청구

말소등기와 병합하여 청구하는 경우가 실무에서 많은데, 이때에 말소등기 승낙의 사표시청구의 소송목적의 값은 비재산권상의 소이므로 2,000만 100원이나 말소등기청구와 경제적 이익이 중복되므로 흡수원칙이 적용되어 다액이 소송목적의 값이 된다.

2) 소유권이전등기의 말소등기 또는 말소회복등기청구

가) 소유권이전계약(매매, 증여, 교환, 명의신탁 등)의 해제나 해지에 기한 경우

부동산 가액을 소송목적의 값으로 한다.

나) 소유권이전등기의 등기원인의 무효, 또는 취소에 기한 경우(방해배제청구임)

부동산 가액×1/2을 소송목적의 값으로 한다.

3) 지상권, 임차권 등기의 말소등기 또는 말소회복등기청구

가) 지상권, 임차권 등기의 설정계약 또는 양도계약의 해제나 해지에 기한 경우

부동산 가액×1/2을 소송목적의 값으로 한다.

나) 지상권, 임차권 등기원인의 무효나 취소에 기한 경우

부동산 가액×1/4을 소송목적의 값으로 한다.

4) 근저당권, 전세권 등기의 말소등기 또는 말소회복등기청구

가) 근저당권, 전세권 등기의 설정계약 또는 양도계약의 해지나 해제에 기한 경우

부동산 가액을 한도로 한 피담보채권액(전세보증금, 채권최고액)을 소송목적의 값으로 한다.

나) 근저당권, 전세권 등기원인의 무효나 취소에 기한 경우

피담보채권액(전세보증금, 채권최고액)과 부동산 가액 중 적은 쪽의 1/2을 소송 목적의 값으로 한다.

5) 지역권등기의 말소등기 또는 말소회복등기청구

가) 지역권등기의 설정계약 또는 양도계약의 해제나 해지에 기한 경우

승역지 가액×1/3을 소송목적의 값으로 한다.

나) 지역권 등기원인의 무효나 취소에 기한 경우

승역지 가액×1/6을 소송목적의 값으로 한다.

※ 소송목적의 값 산정례

사례 1 : 매매계약 해제를 원인으로 부동산(부동산 가액 1억 원)에 관하여 소유권이전등기말소를 구하는 경우의 소송목적의 값은?

해결 1 : 매매계약의 해제에 기한 소유권이전등기말소등기청구의 소송목적의 값은 소유권이전등기를 청구할 때의 부동산가액 1억 원과 같은 액수이므로, 이 경우 소송목적의 값은 1억 원이다.

사례 2 : 매매계약 무효를 원인으로 부동산(부동산 가액 1억 원)에 관하여 소유권이전등기말소를 구하는 경우의 소송목적의 값은?

해결 2 : 매매계약 무효를 원인으로 한 소유권이전등기말소등기청구의 소송목적의 값은 소유권이전등기를 청구할 때의 부동산가액 1억 원의 1/2이므로, 이 경우 소송목적의 값은 5,000만 원(1억 원×1/2)이다.

사례 3 : 원고 소유의 건물(건물 가액 3억 원)에 설정된 1번 근저당권자 갑(채권최고액 3억 원), 2번 근저당권자 을(채권최고액 2억 원), 3번 근저당권자 병(채권최고액 2억 원) 명의로 마쳐진 근저당권설정등기에 관하여 등기원인의 무효를 이유로 각 말소등기를 구하는 소를 1개의 소장으로 제기된 경우의 소송목적의 값은?

해결 3 : 수개의 청구 실질이 방해배제청구에 해당하는 경우 원칙적으로 흡수원칙을 적용할 것이나, 수개의 근저당권등기의 말소를 구하는 경우에는 달리 보아야 할 것이므로, 합산원칙을 적용하여 산정하여야 한다. 다만, 건물가액의 한도로 하여야 한다.

갑에 대한 청구 1억 5,000만 원(3억 원×1/2)을 +을에 대한 청구 1억 원(2억

원×1/2) +병에 대한 청구 1억 원(2억 원×1/2) 합계 3억 5,000만 원이나, 건물 가액 3억 원을 한도로 하므로 소송목적의 값은 3억 원이다.

사례 4 : 두 개 이상의 부동산에 설정된 공동근저당권의 소송목적 값

【1】 A, B 두 부동산에 설정된 공동근저당권등기 중 A 부동산에 대해서만 원인무효를 이유로 근저당권등기의 말소를 구하는 경우(A 부동산의 가액 8,000만 원, B 부동산의 가액 1억 4,000만 원, 채권최고액 1억 원)의 소송목적의 값은?

해결 4-1 : A 부동산만을 기준으로 한다는 견해와 소 제기되지 않은 B 부동산도 고려한다는 견해로 나뉘지만, 전자의 견해가 타당하므로, 소송목적의 값은 4,000만 원(A 부동산 가액 8,000만 원과 채권최고액 1억 원 중 적은 쪽인 8,000만 원×1/2)이다.

【2】 A, B 두 부동산에 설정된 공동근저당권등기의 각 부동산에 대해서 원인무효를 이유로 한 근저당권의 말소를 구하는 경우(A 부동산의 가액 8,000만 원, B 부동산의 가액 1억 4,000만 원, 채권최고액 1억 원)의 소송목적의 값은?

해결 4-2 : A, B 두 부동산 가액 2억 2,000만 원의 합계와 공동근저당권등기 채권최고액 1억 원 중 적은 쪽으로 산정하므로 소송목적의 값은 5,000만 원(1억 원×1/2)이다.

【3】 갑은 A(부동산의 가액 2억 원), B(부동산의 가액 4억 원) 두 부동산에 대한 공동근저당권자, 을은 B 부동산에 대한 2번 근저당권자인데, 부동산의 소유자가 갑·을(갑, 을의 근저당권의 채권최고액 각 3억 원)에 대하여 원인무효를 이유로 근저당권등기의 각 말소를 구한 경우의 소송목적의 값은?

해결 4-3 : 소송목적의 값은 3억 원이다. ① 갑에 대한 청구 1억 5,000만 원(두 부동산 전체의 가액 합산액 6억 원과 채권최고액 3억 원 중 적은 쪽에 2분의 1을 곱한 값), ② 을에 대한 청구 1억 5,000만 원(B 부동산의 가액 4억 원과 채권최고액 3억 원 중 적은 쪽에 2분의 1을 곱한 값), ①과 ②를 합산한 3억 원이다.

사례 5 : 한 개의 부동산에 설정된 근저당권 및 전세권의 소송목적 값

A 부동산(부동산 가액 1억 원)에 설정된 1번 근저당권등기(채권최고액 6,000만 원), 2번 근저당권등기(채권최고액 8,000만 원), 3번 전세권등기(전세보증금 8,000만 원)에 대해 원인무효를 이요로 각 말소등기를 청구하는 경우의 소송목적의 값은?

해결 5 : 소송목적의 값은 근저당권 채권최고액과 전세권 전세보증금에 대하여 합산원칙을 적용하되 부동산 가액을 한도로 하므로, 소송목적의 값은 1억 원이다.

왜냐하면 ① 1번 근저당권말소등기청구 3,000만 원(6,000만 원과×1/2), ② 2번 저당권말소등기청구 4,000만 원(8,000만 원×1/2), ③ 3번 전세권말소등기청구 4,000만 원(8,000만 원×1/2)으로 ①, ②, ③을 합하면 1억 1,000만 원이나, 소송목적의 값은 A 부동산의 가액인 1억 원을 한도로 하므로 A 부동산의 가액 1억 원이 소송목적의 값이 된다.

라. 부동산 인도 또는 방해배제(예방)청구

1) 소유권에 기한 부동산 인도·방해배제 청구, 부동산매매계약해제로 인한 매도인의 부동산반환청구

부동산 가액×1/2을 소송목적의 값으로 한다. 다만, 매매계약에 기한 부동산 인도청구는 소유권 이전을 목적으로 한 것이므로 부동산 가액이 된다.

가) 아파트 등 집합건물 인도청구

전유부분의 가액×1/2을 소송목적의 값으로 한다.

나) 토지소유권에 기한 지상건물의 철거청구

토지 가액×1/2을 소송목적의 값으로 한다.

2) 점유권에 기한 부동산 인도 또는 방해배제(예방)청구

부동산 가액×1/3을 소송목적의 값으로 한다.

3) 임차권, 지상권, 전세권, 담보물권에 기한 부동산 인도·방해배제청구

목적물 가액×1/2을 소송목적의 값으로 한다.

4) 임대차계약, 지상권·전세권·담보물권설정계약의 해제·해지, 계약기간의 만료를 원인으로 한 부동산 인도 또는 방해배제(예방)청구

부동산 가액×1/2을 소송목적의 값으로 한다.

※ 소송목적의 값 산정례

사례 1 : 매도인 갑과 매수인 을이 갑 소유 건물(건물 가액 1억 원)에 대하여 매매계약을 체결한 후에 매도인 갑이 매매계약을 해제를 원인으로 하여 건물의 인도를 구하는 경우의 소송목적의 값은?

해결 1 : 이 경우는 소유권에 기한 경우와 유사하므로, 소송목적의 값은 5,000만 원(1억 원×1/2)이다.

사례 2 : 갑이 본인 소유의 토지(토지의 가액 1억 원)의 지상에 불법으로 건축한 을을 상대로 건물(건물의 가액 2억 원)의 철거를 구하는 경우의 소송목적의 값은?

해결 2 : 토지소유권에 기한 그 지상 불법건물철거청구의 소송목적의 값은 토지가액 1억 원의 1/2(※ 주의 : 건물가액의 1/2 아님)이므로, 이 경우 소송목적의 값은 5,000만 원(1억 원 ×1/2)이다.

사례 3 : 갑 소유의 토지(토지의 가액 1억 원)의 지상에 을이 불법으로 건물(건물의 가액 1억 5,000만 원)을 건축하였다. 그 후에 을은 병에게 자기의 건물을 임차하여 병이 점유하고 있다. 이 경우에 갑이 을을 상대로 건물의 철거 및 임료 상당의 부당이득(부당 이득금 5,000만 원)을 구하면서 병을 상대로 퇴거를 구하는 경우에 소송목적의 값은?

해결 3 : 주청구가 토지인도청구 소송에서 건물철거·퇴거 청구나 임료상당 부당이득청구 등은 토지인도청구에 대한 수단 내지 부대청구이므로 불산입원칙이 적용된다. 따라서 이 경우 소송목적의 값은 주청구인 5,000만 원(1억 원×1/2)이다.

사례 4 : 임대인 갑과 임차인 을이 건물(건물 가액 5,000만 원)에 대한 임대차계약(임차보증금 3,000만 원, 월 임료 100만 원)을 체결한 후 임차인인 을이 월 임료를 2년간 미납하였다. 이에 갑이 을을 상대로 연체된 임료 2,400만 원과 건물 인도시까지의 임료를 청구하는 경우에 소송목적의 값은?

해결 4 : 임대차계약해지를 원인으로 건물인도 청구와 연체임료를 함께 청구할 때에는 임료는 부대청구에 해당하여 불산입의 원칙이 적용되나, 임료만을 별로로 청구하는 경우에는 이에 따라 소송목적의 값을 산정한다. 따라서 연체임료 기발생분인 2,400만 원과 장래발생 임료는 기간의 특정이 없으므로 장래 1년분(1,200만 원)만을 합산하여 소송목적의 값을 산정한다. 따라서 소송목적의 값은 3,600만 원(기발생분 2,400만 원 + 장래 1년분의 임료 합산액 1,200만 원)이다.

사례 5 : 임대인 갑과 임차인 을이 건물(건물 가액 5,000만 원)에 대한 임대차계약(임대차 보증금 3,000만 원, 월 임료 100만 원)을 체결한 후 임차인인 을이 월 임료를 장기간 미납하여 이를 이유로 임대차계약을 해지하고 건물의 인도 및 연체차임과 부당이득금반환을 청구하는 경우에 소송목적의 값은? (단, 연체차임과 부당이득금의 합계가 4,000만 원인 경우)

해결 5 : 건물의 인도는 주된 청구, 연체차임과 부당이득금 반환은 부대청구에 해당하므로 부대청구 불산입원칙이 적용된다. 따라서 이 경우의 소송목적의 값은 2,500만 원(건물 가액의 1/2)이다.

마. 부동산 공유물분할청구

부동산 가액 × 원고의 공유지분 × 1/3 소송목적의 값으로 한다.

※ 소송목적의 값 산정례

사례 : 공유의 토지(토지 가액 15억 원)에 대하여 갑,을,병,정,무가 각 5분의 1지분씩 공동소유관계에서 갑이 을,병,정,무를 상대로 토지에 관하여 공유물분할청구를 한 경우의 소송목적의 값은?

해결 : 공유물분할청구의 소송목적의 값은 분할 대상 토지의 가액에 원고의 지분 비율을 곱하여 산출한 가액의 × 1/3이므로, 이 경우 소송목적의 값은 1억 원 {15억 원 × 1/5(원고의 지분) × 1/3}이다.

바. 경계확정의 소

다툼이 있는 범위의 토지 부분의 가액을 소송목적의 값으로 한다. 다툼이 있는 토지의 범위가 불명확하면, 소장접수단계에서는 잠정적으로 2,000만 100원으로 계산하여 접수하고 심리 중 범위가 명백해지면 소송목적의 값을 다시 산정하여 인지의 보정 또는 환급절차를 밟는다.

※ 소송목적의 값 산정례

사례 1 : 경계확정청구와 다툼이 있는 토지 부분에 위치한 입목을 피고가 벌채했음을 이유로 1,000만 원의 손해배상청구를 병합하여 제기한 경우 소송목적의 값은? (단, 원고 소유의 토지 1,000㎡의 가액 1억 원, 피고 소유의 토지 800㎡의 가액 8,000만 원, 계쟁 토지 300㎡의 가액 3,000만 원이다)

해결 1 : 경계확정청구의 소송목적의 값은 다툼이 있는 토지 부분의 가액인 3,000만 원이고, 손해배상청구의 소송목적의 값은 청구금액인 1,000만 원이다. 경계확정청구와 손해배상청구는 경제적 이익이 독립한 별개의 것에 해당하므로 합산원칙을 적용하면, 이 경우의 소송목적의 값은 4,000만 원(3,000만 원 + 1,000만 원)이다.

사례 2 : 경계확정청구와 다툼이 있는 토지 부분에 피고가 공작물을 설치하여, 소유권에 기한 공작물의 철거청구 및 다툼이 있는 토지 부분의 인도청구를 병합하여 제기한 경우 소송목적의 값은? (단, 원고 소유의 토지 1,000㎡의 가액 1억 원, 피고 소유의 토지 800㎡의 가액 8,000만 원, 계쟁 토지 300㎡의 가액 3,000만 원이다)

해결 2 : 경계확정청구의 소송목적의 값은 다툼이 있는 토지 부분의 가액인 3,000만 원이고, 공작물철거청구의 소송목적의 값은 소유권에 기한 방해배제청구이므로 목적물건 가액의 1/2인 1,500만 원이며, 소유권에 기한 토지인도청구의 소송목적의 값은 토지 가액의 1/2인 1,500만 원이다.

소유권에 기한 공작물철거청구(1,500만 원)는 토지인도청구(1,500만 원)의 수단인 청구에 해당하여 불산입원칙이 적용되므로, 양 청구의 소송목적의 값은 1,500만 원이다. 그리고 경계확정청구(3,000만 원)와 토지인도청구의 경우에 그 실질이 동일 목적물에 대한 소유권확인청구와 인도청구를 병합한 경우와 유사하므로 경제적 이익이 동일·중복되므로 흡수의 원칙이 적용된다. 따라서 병합청구의 소송목적의 값은 3,000만 원(토지인도청구 1,500만 원 보다 다액인 경계확정청구 3,000만 원)이 된다.

사. 건물의 소가산정

건물기준가액[104] × 구조지수(등기사항전부증명서) × 용도지수(건축물대장) × 위치지수(토지대장) × 경과년수잔가율(건축물대장) × 면적(㎡)(건축대장) × 가감산율 = 과세시가표준액 × 50 /100 = 건물가액

[계산식] - 적용지수 등은 모두 시가표준액에서 건축물기준가액을 기준을 찾는다.

<table>
<tr><td rowspan="11">건물시가표준액 및 소송물가액</td><td colspan="2">신축건물기준가액</td><td>670,000원</td><td rowspan="11">건물시가표준액
: 76,600,00원
소가 : 19,150,000원</td></tr>
<tr><td rowspan="3">적용지수</td><td>구조지수</td><td>135</td></tr>
<tr><td>용도지수</td><td>130</td></tr>
<tr><td>위치지수</td><td>80</td></tr>
<tr><td rowspan="2">경과년수별 잔가율</td><td>건물구조</td><td>1</td></tr>
<tr><td>건축년도</td><td>1980년</td></tr>
<tr><td>면적</td><td colspan="2">200㎡</td></tr>
<tr><td>가감산특례</td><td colspan="2">1.00</td></tr>
<tr><td>건물가액산정비율</td><td colspan="2">0.5</td></tr>
<tr><td>권리 및 소의 종류 산정기준</td><td colspan="2">50/100</td></tr>
</table>

참고 : 건물의 소가산정을 위한 건물시가표준액 계산이 어려울 경우, 대한법률구조공단 소송비용 자동계산 기타사건 비용계산 탭에 들어가서 건물의 소가를 산정할 수 있다.

3. 인지액 기준표

소장에는 소송목적의 값을 기준으로 다음 표의 산출방식에 따라 계산한 인지액을 첨부하여야 한다.

[인지액 기준표]

<table>
<tr><td rowspan="4">1심 소가</td><td>1,000만원 미만</td><td>소가 × 0.005</td></tr>
<tr><td>1,000만원 이상 1억원 이상</td><td>소가 × 0.0045 + 5,000원</td></tr>
<tr><td>1억원 이상 10억 미만</td><td>소가 × 0.004 + 55,000원</td></tr>
<tr><td>10억원 이상</td><td>소가 × 0.0035 + 555,000원</td></tr>
<tr><td>항소심 소가</td><td colspan="2">1심 첨부액의 1.5배</td></tr>
<tr><td>상고심 소가</td><td colspan="2">1심 첨부액의 2배</td></tr>
</table>

104) 토지에 대한 개별공시지가를 기준으로 시가표준액에서 해당 금액을 찾는다.

위와 같이 산출된 인지액이 1,000원 미만인 때에는 이를 1,000원으로 하고, 1,000원 이상인 경우에 100원 미만의 단수가 있는 때에는 그 단수는 이를 계산하지 아니한다.

4. 송달료 - 1회분 5,200원

상대방에게 송달하여야 하는 소송서류를 제출하는 때에는 송달료를 예납하여야 한다. 이때 1회분 송달료는 5,200원이며, 각 심급별로 아래표 상에 계산된 송달료를 납부하여야 한다.

[송달료 계산식]

심급	송달료 1회분		납부 횟수		원·피고 수
1심	5,200원	×	15회분	×	2(원고 1인, 피고 1인 기준 – 원피고 숫자가 늘어나면 그 숫자를 기준) = 156,000원
2심	5,200원	×	12회분	×	2 = 124,800원
3심	5,200원	×	8회분	×	2 = 83,200원

제4절 등기관련 소송

Ⅰ. 소유권이전등기청구(매매)

1. 총 설

[민사소송절차 개관]

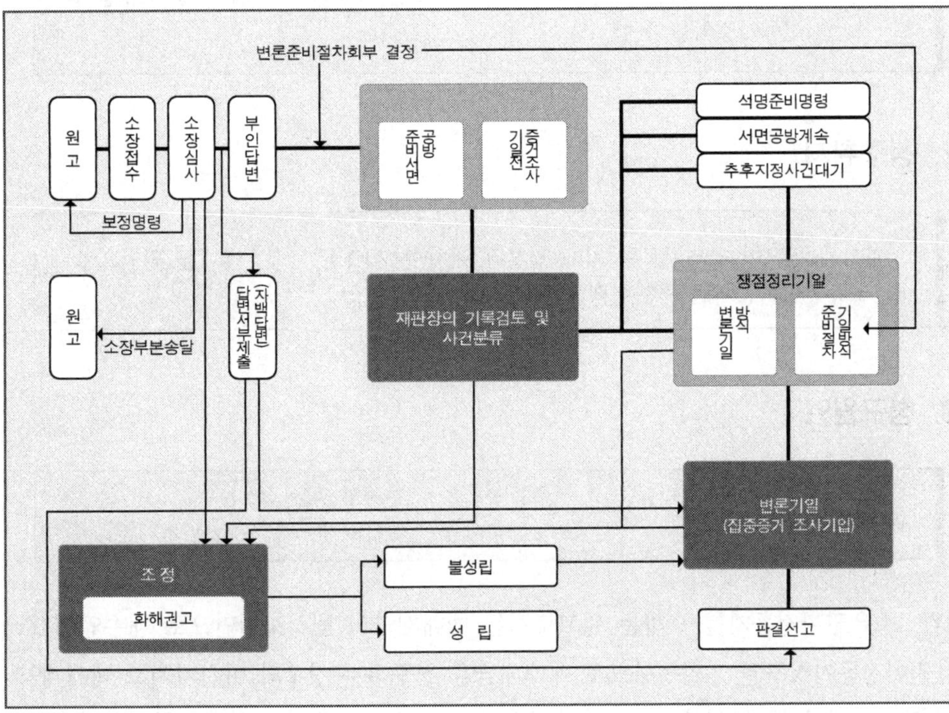

부동산소유권의 이전등기는 어떤 사람에게 귀속되어 있던 소유권이 다른 사람에게 옮겨가거나 그 지위가 승계되는 때 이를 공시하기 위하여 하는 등기를 말한다. 민법은 부동산소유권의 이전이 매매·증여 등 법률행위로 인한 경우에는 등기하여야 물권변동의 효력이 생기고(민법 제186조), 상속·공용징수·판결·경매 기타 법률의 규정에 의한 경우에는 등기 없이도 물권변동의 효력이 발생한다고 규정하여(민법 제187조 본문) "법률행위"와 "법률규정"이라는 등기원인에 의한 소유권이전등기를 분류하고 있다.

위와 같이 원고가 "매매"라는 법률행위를 원인으로 소유권이전등기청구의 소를 제기한 경우, 원고가 승소하여 피고의 (등기신청의 의사표시를 갈음하는) 의사의 진술을 명하는 판결이 선고된 때에는 그 판결이 확정됨으로써 피고가 특정한 등기신청의사의 진술을 한 것으로 간주되므로(민사집행법 제263조), 등기권리자가 판결을 첨부하여 그 판결에서 명한 특정한 등기신청의 의사를 등기소에 도달시킴으로써 매매를 원인으로 한 소유권이전의 공시 절차를 마치게 된다.

> [기본사례] 원고(매수인) → 피고(매도인)
> 원고가 2000. 1. 1. 피고로부터 건물을 매수하여 이에 기한 소유권이전등기절차를 구함

2. 청구취지

> 피고는 원고에게 별지목록 기재 건물에 관하여 2000. 1. 1. 매매를 원인으로 한 소유권이전등기절차를 이행하라.

3. 청구원인

> [청구원인] 매매계약체결 사실

가. 소유권이전등기를 구하는 원고로서는 매매계약의 체결사실만으로 매수인의 소유권이전등기청구권이 발생하므로 매매대금을 청구하는 경우와 마찬가지고 매매계약의 체결사실만 주장·입증하면 되며, 매수인이 대금을 지급하였다거나 목적물이 매도인의 소유라는 사실을 주장·입증할 필요는 없다. 다만, 매매 목적물의 특정과 관련하여, 지적법에 의하여 어떤 토지가 지적공부에 1필지의 토지로 등록되면 그 소유권의 범위는 현실의 경계와 관계없이 공부상의 경계에 의하여 확정되는 것이어서, 토지에 대한 매매는 매매당사자가 지적공부에 의하여 소유권의 범위가 확정된 토지를 매매할 의사가 아니고 사실상의 경계대로의 토지를 매매할 의사를 가지고 매매한 사실이 인정되는 등 특별한 사정이 없으면, 현실의 경계와 관계없이 지적공부상의 경계와 지적에 의하여 확정된 토지를 매매의 대상으로 하는 것으로 보아야 할 것이고, 또한 매매

당사자가 그 토지의 실제의 경계가 지적공부상의 경계와 상이한 것을 모르는 상태에서 당시 실제의 경계를 대지의 경계로 알고 매매하였다고 해서 매매당사자들이 지적공부상의 경계를 떠나 현실의 경계에 따라 매매목적물을 특정하여 매매한 것이라고 볼 수는 없다는 것이 판례의 태도이다.105)

그리고 매매예약을 체결한 경우, 그 예약은 일방예약으로 추정되므로, 원고로서는 매도인과의 매매예약 체결사실과 매매예약 완결의 의사표시를 한 사실을 주장·입증함으로써 매매계약 체결사실을 대시할 수도 있다. 이 경우 매매예약 완결의 의사표시는 소장의 송달로써도 할 수 있을 것이다. 수인이 공동매수인으로서 매매예약을 체결할 경우 그 매매예약 완결권을 반드시 공동으로 행사하여야 하는지, 아니면 각자의 지분에 관하여 단독으로 행사할 수 있는 것인지 논란이 있다.106)

한편, 부동산의 매매로 인한 소유권이전등기청구권은 물권의 이전을 목적으로 하는 매매의 효과로서 매도인이 부담하는 재산권이전의무의 한 내용을 이루는 것이고, 매도인이 물권행위의 성립요건을 갖추도록 의무를 부담하는 경우에 발생하는 채권적 청구권으로 그 이행과정에 신뢰관계가 따르므로, 특별한 사정이 없는 이상 그 권리의 성질상 양도가 제한되고 그 양도에 채무자의 승낙이나 동의를 요한다고 할 것이므로 통상의 채권양도와 달리 양도인의 채무자에 대한 통지만으로는 채무자에 대한 대항력이 생기지 않으며 반드시 채무자의 동의나 승낙을 받아야 대항력이 생기는 것이어서, 결국 소유권이전등기청구권을 양도받은 양수인이 매수인의 지위를 주장하며 소유권이전등기를 구하기 위해서는, 원 매매계약 및 양도계약의 체결사실과 양도에 대한 채무자(매도인)의 동의나 승낙이 있은 사실을 함께 주장하여야 한다.107)

---

105) 대법원 2005. 3. 24. 선고 2004다71522, 71539 판결.

106) 공동매수의 경우는 아니나 복수채권자가 1인 채무자에 대한 채권을 담보하기 위하여 채무자 소유의 부동산에 관하여 복수채권자를 공동관리자로 하는 매매계약을 체결하고 그에 따른 소유권이전등기청구권보전의 가등기를 한 경우 복수채권자가 매매예약 완결의 의사표시를 하고 이에 따른 소유권이전의 본등기를 구하는 소는 필수적공동소송이므로 매매예약 완결권을 준공유하고 있는 복수 채권자 전원이 제기하여야 한다는 판례가 있으나(대법원 1984. 6. 12. 선고 83다카2282 판결), 이와 달리 복수권리자가 명의신탁해지를 원인으로 하여 이미 발생한 소유권이전청구권을 보전하기 위하여 매매예약의 형식으로 가등기를 마쳐둔 경우에는 특별한 사정이 없는 한 그 권리자 중 1인은 자신의 지분에 관하여 단독으로 가등기에 기한 본등기를 청구할 수 있다는 판례도 있다(대법원 2002. 7. 9. 선고 2001다43922, 43939 판결).

107) 〈다세대건물에 대한 분양계약상의 매수인의 지위를 양수하지 않은 이상〉 매수인으로부터 채권으로서의 소유권이전등기청구권을 양도받은 것만으로써는 양수인이 매도인에 대하여 그 다세대건물의 매수인임을 주장할 수 없는 것이고, 이와 같은 매수인의 지위를 양수함에 있어서는 계약의 상대방인 매도인과의 합의(승낙)가 있어야 한다. 따라서 원심의 인정과 같이 원고가 김OO로부터 이 사건 쟁점 세대에 관한 분양권을 양수한 것이 소유권이전등기청구권을 양수한 것이라고 하면, 설사 채권양도의 통지를 하였다고

나. 한편, ① 시효제도의 존재이유에 비추어 보아 부동산 매수인이 그 목적물을 인도받아서 이를 사용수익하고 있는 경우에는 그 매수인을 권리 위에 잠자는 것으로 볼 수도 없고 또 매도인 명의로 등기가 남아 있는 상태와 매수인이 인도받아 이를 사용수익하고 있는 상태를 비교하면 매도인 명의로 잔존하고 있는 등기를 보호하기 보다는 매수인의 사용수익상태를 더욱 보호하여야 할 것이므로 그 매수인의 등기청구권은 다른 채권과는 달리 소멸시효에 걸리지 않고,[108] ② 부동산의 매수인이 그 부동산을 인도받은 이상 이를 사용·수익하다가 그 부동산에 대한 보다 적극적인 권리 행사의 일환으로 다른 사람에게 그 부동산을 처분하고 그 점유를 승계하여 준 경우에도 그 이전등기청구권의 행사 여부에 관하여 그가 그 부동산을 스스로 계속 사용·수익만 하고 있는 경우와 특별히 다를 바 없으므로 위 두 어느 경우에나 이전등기청구권의 소멸시효는 진행되지 않는 바,[109][110] 따라서 이러한 피고의 항변은 유효하지 않다.

한편 ③ 부동산실명법 시행 이전에 부동산의 소유명의를 신탁한 자는 특별한 사정이 없는 한 언제든지 명의신탁을 해지하고 소유권에 기하여 신탁해지를 원인으로 한 소유권이전등기절차의 이행을 청구할 수 있는 것으로서, 이와 같은 등기청구권은 소멸시효의 대상이 되지 않으나,[111] ④ 부동산실명법 시행 전에 명의수탁자가 명의신탁 약정에 따라 부동산에 관한 소유명의를 취득한 다음 위 법률의 시행 후 같은 법 제11조의 유예기간이 경과하기 전까지 실명화 등의 조치 없이 위 유예기간이 경과함으로

하더라도, 채무자인 피고의 승낙이나 동의가 없는 이상에는, 피고에게 대항할 수 없으므로 원고는 피고에 대하여 이 사건 쟁점 세대에 관한 소유권이전등기절차의 이행을 청구할 수 없다고 할 것인데도 {만약, 원고가 김OO로부터 이 사건 쟁점 세대를 전매한 것이라고 하더라도, 중간생략등기의 합의가 있었다는 등의 특별한 사정이 없는 이상, 원고가 직접 피고로부터 이 사건 쟁점 세대에 대한 소유권이전등기절차의 이행을 구할 수도 없다.}, 원심은 피고의 승낙이나 동의가 있었는지에 대하여 살펴보지 아니한 채로 이러한 절차의 이행의무가 있다고 판단하고 말았으니, 원심판결에는 필요한 심리를 다하지 아니하였거나 소유권이전청구권의 양도에 관한 법리를 오해한 위법이 있다고 할 것이다(대법원 2005. 3. 10. 선고 2004다67653, 67660 판결).

108) 대법원 1976. 11. 6. 선고 76다148 전원합의체 판결.

109) 대법원 1999. 3. 18. 선고 98다32175 전원합의체 판결.

110) 이 경우에 '소유권이전등기청구권'의 소멸시효가 진행하지 않을 뿐임을 명심하여야 하고, 다음의 판례의 사안과 혼동해서는 안 된다. 담보가등기를 경료한 토지를 인도받아 점유할 경우 담보가등기의 피담보채권의 소멸시효가 중단된다는 피고의 주장은 독자적인 견해로서 받아들일 수 없다. 한편, 담보가등기에 기한 소유권이전등기청구권의 소멸시효가 완성되기 전에 그 대상 토지를 인도받아 점유함으로써 〈소유권이전등기청구권의 소멸시효가 중단된다 하더라도〉 위 담보가등기의 피담보채권이 시효로 소멸한 이상 위 담보가등기 및 그에 기한 소유권이전등기는 결국 말소되어야 할 운명의 것이어서 담보가등기에 기한 소유권이전등기청구권의 소멸시효 중단 여부를 별도로 살필 필요가 없으므로 이 점에 관한 피고의 주장은 나아가 살피지 아니한다(대법원 2007. 3. 15. 선고 2006다12701 판결).

111) 대법원 1991. 11. 26. 선고 91다34387 판결.

써 같은 법 제12조 제1항, 제4조에 의해 명의신탁약정이 무효로 됨으로써 명의수탁자가 명의신탁자에게 자신이 취득한 당해 부동산을 부당이득으로 반환할 의무가 있는 경우, 이와 같은 경위로 명의신탁자가 부당이득의 법리에 따라 당해 부동산의 회복을 위해 명의수탁자에 대해 가지는 소유권이전등기청구권[112]은 그 성질상 법률의 규정에 의한 부당이득반환청구권으로서 민법 제162조 제1항에 따라 10년의 기간이 경과함으로써 시효로 소멸[113]하고, 명의신탁자가 그 부동산을 점유·사용하여 온 경우에도 여전히 소멸시효가 진행됨을 주의하여야 한다.[114][115]

112) 부동산 실권리자명의 등기에 관한 법률 시행 전에 명의수탁자가 명의신탁 약정에 따라 부동산에 관한 소유명의를 취득한 경우 위 법률의 시행 후 같은 법 제11조의 유예기간이 경과하기 전까지 명의신탁자는 언제라도 명의신탁 약정을 해지하고 당해 부동산에 관한 소유권을 취득할 수 있었던 것으로, 실명화 등의 조치 없이 위 유예기간이 경과함으로써 같은 법 제12조 제1항, 제4조에 의해 명의신탁 약정은 무효로 되는 한편, 명의수탁자가 당해 부동산에 관한 완전한 소유권을 취득하게 된다 할 것인데, 같은 법 제3조 및 제4조가 명의신탁자에게 소유권이 귀속되는 것을 막는 취지의 규정은 아니므로 명의수탁자는 명의신탁자에게 자신이 취득한 당해 부동산을 부당이득으로 반환할 의무가 있다(대법원 2009. 7. 9. 선고 2009다23313 판결).
그러나, 그 계약명의신탁약정이 '부동산 실권리자명의 등기에 관한 법률' 시행 후인 경우에는 명의신탁자는 애초부터 당해 부동산의 소유권을 취득할 수 없었으므로, 위 계약명의신탁약정의 무효로 인하여 명의신탁자가 입은 손해는 당해 부동산 자체가 아니라 명의수탁자에게 제공한 매수자금이고, 따라서 명의수탁자는 당해 부동산 자체가 아니라 명의신탁자로부터 제공받은 매수자금 상당액을 부당이득하였다고 할 것이다. 이때 명의수탁자가 소유권이전등기를 위하여 지출하여야 할 취득세, 등록세 등을 명의신탁자로부터 제공받았다면, 이러한 자금 역시 위 계약명의신탁약정에 따라 명의수탁자가 당해 부동산의 소유권을 취득하기 위하여 매매대금과 함께 지출된 것이므로, 당해 부동산의 매매대금 상당액 이외에 명의신탁자가 명의수탁자에게 지급한 취득세, 등록세 등의 취득비용도 특별한 사정이 없는 한 위 계약명의신탁약정의 무효로 인하여 명의신탁자가 입은 손해에 포함되어 명의수탁자는 이 역시 명의신탁자에게 부당이득으로 반환하여야(대법원 2010. 10. 14. 선고 2007다90432 판결) 함을 주의하여야 한다.

113) 그 소멸시효는 위 법률의 유예기간이 경과한 이후부터 진행된다.

114) 명의신탁자의 명의수탁자에 대한 부당이득반환청구권에 기한 등기청구권의 소멸시효가 진행되지 않는다고 본다면, 이는 명의신탁자가 부동산 실권리자명의 등기에 관한 법률의 유예기간 및 시효기간 경과 후 여전히 실명전환을 하지 않아 위 법률을 위반한 경우임에도 그 권리를 보호하여 주는 결과로 되어 부동산 거래의 실정 및 부동산 실권리자명의 등기에 관한 법률 등 관련 법률의 취지에도 맞지 않기 때문이다(위 대법원 2009다23313 판결).

115) 부수적으로 위 대법원 판결에서는 상속회복청구의 제척기간도 문제되었는바, 대법원은 "상속회복청구는 자신이 진정한 상속인임을 전제로 그 상속으로 인한 소유권 또는 지분권 등 재산권의 귀속을 주장하면서 참칭상속인 또는 참칭상속인으로부터 상속재산에 관한 권리를 취득하거나 새로운 이해관계를 맺은 제3자를 상대로 상속재산인 부동산에 관한 등기의 말소 또는 진정명의 회복을 위한 등기의 이전 등을 청구하는 것이다(대법원 1992. 10. 9. 선고 92다11046 판결, 대법원 2007. 4. 26. 선고 2004다5570 판결 등 참조). 그리고 피상속인 사망 후 공동상속인 중 1인이 다른 공동상속인에게 자신의 상속지분을 중간생략등기 방식으로 명의신탁하였다가 그 명의신탁이 부동산실명법이 정한 유예기간의 도과로 무효가 되었음을 이유로 명의수탁자를 상대로 상속지분의 반환을 구하는 경우, 그러한 청구는 명의신탁이 유예기간의 도과로 무효로 되었음을 원인으로 하여 소유권의 귀속을 주장하는 것일 뿐 상속으로 인한 재산권의 귀속을 주장하는 것이라고 볼 수 없고, 나아가 명의수탁자로 주장된 피고를 두고 진정상속인의 상속권을 침해하고 있는 참칭상속인이라고 할 수도 없으므로, 위와 같은 청구가 상속회복청구에

다. ① 비법인사단의 사원총회가 그 총유물에 관한 매매계약의 체결을 승인하는 결의를 하였다면, 통상 그러한 결의에는 그 매매계약의 체결에 따라 발생하는 채무의 부담과 이행을 승인하는 결의까지 포함되었다고 봄이 상당하므로, 비법인사단의 대표자가 그 채무에 대하여 소멸시효 중단의 효력이 있는 승인을 하거나 그 채무를 이행할 경우에는 특별한 사정이 없는 한 별도로 그에 대한 사원총회의 결의를 거칠 필요는 없다고 보아야 하고, ② 비법인사단이 총유물에 관한 매매계약을 체결하는 행위는 총유물 그 자체의 처분이 따르는 채무부담행위로서 총유물의 처분행위에 해당하나, 그 매매계약에 의하여 부담되고 있는 채무의 존재를 인식하고 있다는 뜻을 표시하는 데 불과한 소멸시효 중단사유로서 승인은 총유물 그 자체의 관리·처분이 따르는 행위가 아니어서 총유물의 관리·처분행위라고 볼 수 없다.116)

4. 요건사실

요건사실	매매계약을 체결한 사실

가. 부동산에 관하여 매매계약을 체결한 사실(매매대금을 지급한 사실은 요건사실이 아님(약정된 대금액만을 기재))이다. 입증방법으로는 매매계약서, 등기부등본 등이 있다.

나. 대리의 경우117)

1) 계약 당사자인 본인이 아니라 제3자가 대리인으로서 행위하였음을 이유로 상대

해당한다고 할 수 없다"라고 하여 그 주장을 배척하였다(위 대법원 2007다76726 판결 참조).

116) 비법인사단의 대표자가 총유물의 매수인에게 소유권이전등기를 해주기 위하여 매수인과 함께 법무사 사무실을 방문한 행위가 소유권이전등기청구권의 소멸시효 중단의 효력이 있는 승인에 해당한다(대법원 2009. 11. 26. 선고 2009다64383 판결).

117) 이른바 대리권 남용에 관한 최근의 판례로, 진의 아닌 의사표시가 대리인에 의하여 이루어지고 그 대리인의 진의가 본인의 이익이나 의사에 반하여 자기 또는 제3자의 이익을 위한 배임적인 것임을 그 상대방이 알았거나 알 수 있었을 경우에는 민법 제107조 제1항 단서의 유추해석상 그 대리인의 행위에 대하여 본인은 책임을 지지 아니하므로, 금융기관의 임·직원이 예금 명목으로 돈을 교부받을 때의 진의가 예금주와 예금계약을 맺으려는 것이 아니라 그 돈을 사적인 용도로 사용하거나 비정상적인 방법으로 운용하는 데 있었던 경우에 예금주가 그 임·직원의 예금에 관한 비진의 내지 배임적 의사를 알았거나 알 수 있었다면 금융기관은 그러한 예금에 대하여 예금계약에 기한 반환책임을 지지 아니한다. 원심판결의 이유를 위 법리 및 기록에 비추어 살펴보면, 원심이 그 판결에서 채용하고 있는 증거들을 종합하여 그 판시와 같은 사실을 인정한 다음, 그 판사와 같은 사정을 들어 남부신협에서 부장, 상무

방에게 이행을 구할 경우에는. ① 대리인이 계약을 체결한 사실, ② 대리인이 본인을 위한 것임을 표시한 사실, 즉 현명이 있었다는 사실, ③ 대리권의 발생원인 사실(수권행위 혹은 법정대리권의 발생원인사실)을 주장·입증하여야 한다. 즉, 대리권 존재의 입증책임은 대리의 효과를 주장하는 자에게 있다.[118)]

2) 만일 대리권이 없는 경우라면, 그에 갈음하여 본인이 무권대리행위를 추인하였음을 주장하거나, 표현대리의 요건사실을 주장·입증하면 된다.

가) 민법 제126조의 표현대리[119)]의 요건사실은 ① 대리인에게 일정한 범위의 기본대리권이 있는 사실 ② 대리인이 기본대리권을 넘어 상대방과 법률행위를 한 사실 ③ 상대방이 대리인에게 기본대리권을 넘는 법률행위를 할 권한이 있다고 믿을만한 정당한 사유가 있다는 사실이다. 즉, 민법 제126조에서 말하는 권한을 넘는 표현대리는 현재에 대리권을 가진 자가 그 권한을 넘는 경우에 성립하는 것이지, 현재에 아무런 대리권도 가지지 아니한 자가 본인을 위하여 한 어떤 대리행위가 과거에 이미 가졌던 대리권을 넘은 경우에까지 성립하는 것은 아니라고 할 것이고, 한편 과거에 가졌던 대리권이 소멸되어 민법 제129조에 의하여 표현대리로 인정되는 경우에 그 표현대리의 권한을 넘는 대리행위가 있을 때에는 민법 제126조에 의한 표현대리가 성립할 수 있다. 한편, 민법 제126조의 정당한 이유의 존부는 자칭 대리인의 대리행위가 행하여 질 때에 존재하는 제반 사정을 객관적으로 관찰하여 판단하여야 한다.[120)]

나) 민법 제125조의 표현대리의 요건사실은 ① 본인이 대리인에게 대리권을 수여한 것을 상대방에게 표시한 사실, ② 대리인으로 표시된 자가 본인을 위한 것임을 표

등으로 근무하면서 시재금 관리, 대출 및 예금 등 남부신협의 업무 전반을 실질적으로 집행하던 소외인이 예금자로부터 예금 명목으로 돈을 받은 후 이를 개인적인 용도로 사용하고 이를 전산원장에 누락시키는 등의 방법으로 수백억 원을 입금 받아 임의로 소비하는 비정상거래를 하였는데, 원고 2, 4, 5가 남부신협을 대리한 소외인과 이 사건 각 예금계약을 체결할 당시에 소외인의 예금에 관한 비진의 내지 배임적 의사를 알았거나 알 수 있었다고 판단한 것은 정당하다(대법원 2007. 4. 12. 선고 2004다51542 판결).

118) 가처분재판에 의하여 법인 등 대표자의 직무대행자가 선임된 상태에서 피대행자의 후임자가 적법하게 소집된 총회의 결의에 따라 새로 선출되었다 해도 그 직무대행자의 권한은 위 총회의 결의에 의하여 당연히 소멸하는 것은 아니므로 사정변경 등을 이유로 가처분결정이 취소되지 않는 한 직무대행자만이 적법하게 위 법인 등을 대표할 수 있고, 총회에서 선임된 후임자는 그 선임결의의 적법 여부에 관계없이 대표권을 가지지 못한다(대법원 2010. 2. 11. 선고 2009다70395 판결).

119) 다만, 비법인사단인 주택조합의 대표자가 조합총회의 결의를 거쳐야 하는 조합원 총유에 속하는 재산의 처분에 관하여는 조합원 총회의 결의를 거치지 아니하고는 이를 대리하여 결정할 권한이 없다 할 것이어서 주택조합의 대표자가 행한 총유물인 이 사건 건물의 처분행위에 관하여는 민법 제126조의 표현대리에 관한 규정이 준용될 여지가 없다(대법원 2003. 7. 11. 선고 2001다73626 판결).

120) 대법원 2008. 1. 31. 선고 2007다74713 판결.

시하고 법률행위를 한 사실, ③ 위 법률행위가 위 대리권의 범위 내에 속하는 사실이다(이에 대하여 본인은 상대방의 악의·과실을 주장하며 항변할 수 있다).

3) 어떠한 계약의 체결에 관한 대리권을 수여받은 대리인이 수권된 법률행위를 하게 되면 그것으로 대리권의 원인된 법률관계(기초적 내부관계)는 원칙적으로 목적을 달성하여 종료되는 것이고, 법률행위에 의하여 수여된 대리권은 그 원인된 법률관계의 종료에 의하여 소멸하는 것이므로(민법 제128조), 그 계약을 대리하여 체결하였다 하여 곧바로 그 사람이 체결된 계약의 해제 등 일체의 처분권과 상대방의 의사를 수령할 권한까지 가지고 있다고 볼 수는 없다.[121)]

다. 소유권유보부 매매의 법률관계

동산의 매매에서 그 대금을 모두 지급할 때까지는 목적물의 소유권을 매도인이 그대로 보유하기로 하면서 목적물을 미리 매수인에게 인도하는 이른바 소유권유보약정이 있는 경우에, 다른 특별한 사정이 없는 한 매수인 앞으로의 소유권 이전에 관한 당사자 사이의 물권적 합의는 대금이 모두 지급되는 것을 정지조건으로 하여 행하여진다고 해석된다. 따라서 그 대금이 모두 지급되지 아니하고 있는 동안에는 비록 매수인이 목적물을 인도받았어도 목적물의 소유권은 위 약정대로 여전히 매도인이 이를

121) 원심판결 이유에 의하면, 원심은 채용 증거에 의하여 그 판시와 같이 원고와 소외인 사이의 고철수거에 관한 수익배분약정, 소외인이 원고를 대리하여 피고와 체결한 계약금액 6,000만 원의 고철수거계약(이하 '이 사건 계약'이라 한다)의 경위와 내용, 이에 따른 원고의 피고에 대한 위 계약금액의 송금 과정, 소외인이 원고를 대리하여 피고와 체결한 별도의 고철수거계약(계약금액 2억 원)과 그 계약에 따른 담보설정의 경위와 내용, 이후 위 2억 원이 원고에게 반환된 과정 등을 인정한 후, 원고가 소장 부본의 송달로써 이 사건 계약의 해제를 주장하며 피고에게 계약금액 6,000만 원의 반환을 구하는 데 대하여, 그 판시와 같은 사정을 종합하여 피고의 계약상대방이 소외인이라는 피고의 주장을 배척하고 원고에 대하여 위 계약금액의 반환의무가 있다고 전제한 다음, 〈원고의 대리인인 소외인에게 이미 이 사건 계약금액 6,000만 원을 반환하였다는 피고의 항변에 대하여는〉, 피고가 이 사건 계약금액의 반환 명목으로 소외인에게 2005. 2. 2부터 2005. 3. 11.까지 합계 5,100만 원을 지급하고 나머지 900만 원 등은 자신의 소외인에 대한 1,500만 원의 공사대금채권과 상계 처리하여 소외인으로부터 이 사건 계약금액을 지급받았다는 내용의 계약철회서를 작성, 교부받은 사실이 인정되고, 원고 대표이사가 피고를 대면함이 없이 소외인이 대리하여 피고와 사이에 이 사건 계약 외에 계약금액 2억 원으로 하는 별도의 고철수거계약을 체결하고 그 계약금액이 지급된 사정도 나타나지만, 금원수수의 계약체결에 관한 대리권을 수여하였다는 사실만으로 계약관계의 해소로 인하여 반환되는 계약금액의 수령행위에 관한 대리권까지 당연히 수여하였다고 볼 수는 없는 이상 위와 같은 사정만으로 원고가 소외인에게 원고를 대리하여 피고로부터 이 사건 계약금액을 반환받을 권한까지 부여하였다고 보기 어렵고 달리 이에 관한 피고의 증명이 없다는 이유로, 피고의 대리권에 관한 항변을 배척하였다. 원심의 위와 같은 판단은 위 법리에 기초한 것으로서 기록에 비추어 정당하다(대법원 2008. 1. 31. 선고 2007다74713 판결).

가지고, 대금이 모두 지급됨으로써 그 정지조건이 완성되어 별도의 의사표시 없이 바로 목적물의 소유권이 매수인에게 이전되며, 이는 매수인이 매매대금의 상당 부분을 지급하였다고 하여도 다를 바 없는 것이므로, 대금이 모두 지급되지 아니한 상태에서 매수인이 목적물을 다른 사람에게 양도하더라도, 양수인이 선의취득의 요건을 갖추거나 그 소유자인 소유권유보매도인이 후에 처분을 추인하는 등의 특별한 사정이 없는 한 그 양도는 목적물의 소유자가 아닌 사람이 행한 것으로서 효력이 없어서, 그 양도로써 목적물의 소유권이 매수인에게 이전되지 아니한다.[122]

라. 법정해제

법정해제는 채무자의 채무불이행을 원인으로 하는 것으로서, 법정해제에 관한 민법의 규정은 임의규정이므로 당사자 간의 특약으로 이들 규정의 적용을 배제하는 것은 가능하지만, 계약당사자 사이의 채무불이행에 따른 법정해제권을 배제하는 약정은 비록 손해배상의 청구가 보장된다고 하더라도 그 자체로서 채무불이행을 용인하는 결과가 되므로 계약당사자의 합의에 따라 명시적으로 법정해제권을 배제하기로 약정하였다고 볼 수 있는 경우가 아닌 이상 엄격하게 제한 해석하여야 하는바, 계약서상에 명문으로 위약시의 법정해제권의 포기 또는 배제를 규정하지 아니한 이상, 계약서에 어느 일방에 대한 약정해제권의 유보 또는 채무불이행의 당연한 효과인 손해배상의 조항이나 위약벌에 관한 조항만이 기재되어 있다 하여 법정 계약해제권을 배제한 취지라고는 볼 수 없다.[123][124] 한편, ① 일방 당사자의 계약위반을 이유로 한 상대방의

122) 대법원 2010. 2. 11. 선고 2009다93671 판결. 이 판결은, 소유권유보약정이 있는 동산 매매계약의 매수인이 대금을 모구 지급하지 않은 상태에서 목적물을 다른 사람에게 양도한 사안에 관한 것으로서, 위 목적물의 양수 당시 양도인이 매매계약의 할부금 중 일부를 원래의 매도인에게 지급하지 못하고 있음을 알았으면서, 소유권이 유보되어 있는지에 관하여 조사하는 등 양수인에게 통상적으로 요구되는 양도인의 양도권원에 관한 주의의무를 다하지 아니한 과실이 있음을 이유로 선의취득이 인정되지 않는다 하였다.

123) 특정한 사유에 의한 해약은 물론 일방적인 계약 해약의 경우도 상정하여 그 계약금의 몰취 또는 배액상환 및 손해배상 등을 규정한 이 사건 매매계약서 제7조는 해약금에 관한 특약조항일 뿐, 이를 이행지체로 인한 법정해제를 제한하는 약정이라고 볼 수는 없다고 본 원심의 조치는 위 법리에 따른 정당한 것으로 수긍이 가고, …(대법원 2006. 12. 21. 선고 2005다40754 판결).

124) 이러한 법리와 기록에 나타난 사실관계를 종합해보면, 원심 판시 주택건설사업권 및 주식회사 리전건설 주식의 양도계약(이하 '양도계약'이라 한다)의 계약서 제5조 제3항의 전단, 즉 '미지급된 토지잔금이 지급된 후에는 해제할 수 없으며'라는 부분은 문언적 의미 그대로 볼 때 일응 일정한 범위의 해제권을 배제하는 것으로 보이나, 한편 연이은 '양도인이 해제할 시는 토지잔금의 배액을 배상하기로 한다'라는 문언에 의하여 제약을 받게 되므로 전단의 해제권 배제 문언을 후단의 해제권 허용 문언과 전후 문맥상 모순 없이 합리적으로 해석하려면 결국 계약서 제5조 제3항은 '토지잔금이 지급된 후에는 통상적인 계약금 배액 상환에 의하여 양도계약을 해제할 수 없고, 양도인이 해제할 경우 토지잔금의 배액을

계약해제 의사표시에 의하여 계약이 해제되었음에도 상대방이 계약이 존속함을 전제로 계약상 의무의 이행을 구하는 경우 계약을 위하한 당사자도 당해 계약이 상대방의 해제로 소멸되었음을 들어 그 이행을 거절할 수 있는 것이고, 다른 특별한 사정이 없는 한 그러한 주장이 신의칙이나 금반언의 원칙에 위배된다고 할 수도 없으며,[125] ② 계약이 일단 성립한 후 그 해제원인의 존부에 대한 다툼이 있는 경우에는 그 계약해제권을 주장하는 자가 이를 증명하여야 하나, 이미 발생한 계약해제권이 다른 사유로 소멸되었거나 그 행사가 저지되는지 여부에 대해 다툼이 있는 경우에는 이를 주장하는 상대방이 이를 증명하여야 한다.[126]

마. 이행지체를 이유로 한 경우

1) 피고가 원고의 이행지체를 이유로 한 매매계약의 해제를 항변으로 주장할 경우에는, ① 원고가 채무의 이행을 지체한 사실, ② 원고에게 상당한 기간을 정하여 이행을 최고한 사실, ③ 원고가 상당한 기간 내에 이행 또는 이행의 제공을 하지 않은 사실, ④ 해제의 의사표시를 한 사실 및 그 의사표시가 원고에게 도달한 사실을 주장·입증하여야 한다.

2) 위 4가지 요건사실 중 이행지체사실을 채무의 이행기의 종류에 따라 구체적인 태양을 달리하는바,

가) 이행기의 정함이 없는 경우[127]라면, ⓐ 원고에게 채무의 이행을 청구한 사실, ⓑ 원고가 자기 채무를 이행 또는 이행의 제공을 하지 않은 사실, ⓒ 피고에게 원고의 채무와 동시이행관계에 있는 채무가 있는 경우에는 피고가 자기 채무를 이행 또는 이행의 제공을 한 사실을 주장·입증하여야 한다.

㉮ 이행기의 정함이 없는 경우에 있어서 이행지체에 빠지게 하는 최고가 있었다면, 해제권 발생요건으로서의 중복적인 최고를 다시 할 필요는 없다. ㉯ 그리고 채무의

상환하여야 한다'라는 의미로서 양수인이 토지매매대금의 잔금을 지급한 이후에도 양도인은 그 금액의 배액을 상환하고 양도계약을 해제할 수 있다는 약정해제권 유보조항이라고 볼 것이지 이를 양수인의 채무불이행에 의한 양도인의 법정해제권을 배제하는 조항이라고 해석할 수는 없다 할 것인바, 같은 취지의 원심 판단은 정당하고, 거기에 상고이유에서 주장하는 바와 같은 의사해석에 관한 법리오해 등의 위법이 없다(대법원 2006. 11. 9. 선고 2004다22971 판결).

125) 대법원 2008. 10. 23. 선고 2007다54979 판결.

126) 대법원 2009. 7. 9. 선고 2006다67602, 67619 판결.

127) 매매형 계약에서는 대차형 계약과 달리 이행기에 관한 약정이 본질적 요소가 아니므로, '이행기의 정함이 없다는 사실'자체는 피고가 주장·입증할 필요가 없다.

이행이 권리소멸원인으로 다루어지는 경우라면 채무자측이 입증하여야 하는 것이지만, 계약 해제에 있어서는 채무자의 이행지체사실이 계약해제권의 발생사실이 되므로 그 주장·입증책임이 채권자에게 있게 된다(채권자설). ㉰ 매매계약과 같은 쌍무계약에 있어서는 특별한 사정이 없는 한 대가관계에 있는 쌍방의 채무가 동시이행관계에 있으므로, 해제를 주장하는 피고로서는 ⓒ항의 자기채무의 이행제공사실을 주장·입증하여야 한다.[128)][129)] 다만, 쌍무계약에 있어서 그 해제를 위하여 일방 당사자의 자기채무에 대한 이행의 제공을 엄격히 요구하면 오히려 불성실한 당사자에게 구실을 주는 것이 될 수도 있으므로, 일방당사자가 하여야 할 제공의 정도는 그 시기와 구체적인 상황에 따라 신의성실의 원칙에 어긋나기 않게 합리적으로 정하여야 하며,[130)] 매수인이 계약의 이행에 비협조적인 태도를 취하면서 잔대금의 지급을 미루는 등 소유권이전등기서류를 수령할 준비를 아니한 경우에는 매도인으로서도 그에 상응한 이행의 준비를 하면 족하다 할 것이다.[131)] 만일 그 채무를 이행함에 있어 상대방의 행위를

---

128) 이 경우에는 일방이 자기 채무에 대한 이행 또는 이행의 제공을 하지 않는 한 상대방이 갖는 동시이행항변권의 존재로 인하여 상대방의 채무가 이행지체에 빠지지 않기 때문이다(이른바 동시이행항변권의 당연효).

129) 다만, 특별한 약정이 있는 경우에는 당연히 동시이행관계가 부정될 수 있다. "원심은 또한, 〈원고들의 미지급 중도금 및 잔금지급의무와 피고의 소유권이전등기의무는 동시이행관계에 있는 것인데, 피고는 자기 채무의 이행제공 없이 원고들에게 채무의 이행을 최고하고 이 사건 매매계약을 해제하였으므로 위 해제는 부적법하다는 원고들의 주장에 대하여〉, 이 사건 매매계약을 체결함에 있어 피고는 원고들로부터 매매대금을 전액 수납한 경우에는 원고들에게 이 사건 토지의 소유권을 이전하여야 한다고 약정한 사실과 피고의 용지규정(을 제8호증) 제45조는 "공공용지의 소유권이전 및 사용승낙은 매매대금을 전액 수납한 후에 행함을 원칙으로 한다."고 규정하고 있는 점에 비추어 보면, 원고들의 매매대금 지급의무는 피고의 소유권이전등기의무와 동시이행의 관계에 있는 것이 아니라 〈선이행의 관계〉에 있다고 할 것이고, 매매잔금의 최종지급기일이 경과하였다고 하여 선이행관계가 동시이행으로 바뀌는 것도 아니라는(!!) 이유로 이를 배척하였는바, 관계 법리와 기록에 비추어 살펴보면, 원심의 이러한 사실인정과 판단은 옳은 것으로 수긍이 가고, 거기에 동시이행관계 또는 해제권의 행사에 관한 법리오해 등의 위법이 있다고 할 수 없다(대법원 2005. 12. 8. 선고 2003다41463 판결)."

130) 매도인이 제공하여야 할 소유권이전등기신청에 필요한 일체의 서류라 함은 〈등기권리증, 위임장 및 부동산매도용 인감증명서 등 등기신청행위에 필요한 모든 구비서류를 말하는 것〉임은 원심이 설시한 바와 같다고 하겠다. 그러나 그렇다고 하여 매수인의 잔대금의 준비나 제공 여부와는 관계없이 매도인에게 일률적으로 즉시 소유권이전등기가 가능할 정도로 구비서류를 완성하여 매수인에게 현실의 제공을 할 의무까지는 없다고 할 것이고, 매수인으로서는 매도인이 이와 같은 모든 구비서류를 완비하여 제공하지 아니한 때에는 그 잔대금의 지급을 거절할 수 있고 매도인으로서는 매수인이 이와 같은 이유로 잔대금의 지급을 거절할 때에는 이를 이유로 매수인을 지체에 빠뜨릴 수 없다고 할 것이나, 〈매수인이 매매대금을 준비하지 아니하고 대금지급기일을 넘기는 등 계약을 이행함과 동시에 소유권이전등기를 수령할 준비를 하지 아니한 경우〉에는 매도인으로서는 부동산 매도용 인감증명서를 발급받아 놓고, 인감도장이나 등기권리증 등을 준비하여 놓아, 잔대금수령과 동시에 법무사 등에게 위임하여 이전등기신청행위에 필요한 서류를 작성할 수 있도록 준비함으로써 이행의 제공을 하고 잔대금지급의 최고를 할 수 있다고 보아야 할 것이고, 이와 같은 경우 위의 서류 등은 〈자신의 집에 소지하고 있음으로써 족하다〉고 할 것이다(대법원 1992. 7. 14. 선고 92다5713 판결).

필요로 하는 때에는 〈언제든지 현실로 이행할 수 있는 준비를 완료〉하고, 〈그 뜻을 상대방에게 통지하여 그 수령을 최고〉하면 상대방으로 하여금 이행지체에 빠지게 할 수 있으나, 단순히 이행의 준비태세를 갖추고 있는 것만으로는 부족하다. 쌍무계약의 일방 당사자가 이행기에 한 번 이행제공을 하여서 상대방을 이행지체에 빠지게 한 경우에는 그 신의성실의 원칙상 그 채무이행의 제공을 계속할 필요는 없다. 다만, 상대방이 최고기간 내에 이행 또는 이행의 제공을 하면 계약 해제권은 소멸하는 것이므로, 상대방의 이행을 수령하고 자신의 채무를 이행할 수 있는 정도의 준비가 되어 있어야 한다.[132]

나) 이행기의 정함이 있는 경우에는, 확정기한의 약정사실 및 그 기한의 도래사실을, 또는 불확정기한의 약정사실, 기한의 확정 및 확정된 기한의 도래사실, 원고가 기한의 도래를 안 사실을 위의 ⓑ, ⓒ 사실과 함께 주장·입증하면, 이행지체사실이 충족된다(이에 대하여 원고로서는 기한 유예의 합의가 있었음을 재항변으로 주장할 수도 있다).

다) 한편, 민법 제544조에 의하여 채무불이행을 이유로 계약을 해제하려면, 당해 채무가 계약의 목적 달성에 있어 필요불가결하고 이를 이행하지 아니하면 계약의 목적이 달성되지 아니하여 채권자가 그 계약을 체결하지 아니하였을 것이라고 여겨질

---

131) 원심이, 피고들이 이 사건 합의에서 정한 이행기일인 2001. 2. 말이 도과하였음에도 해당 매매대금을 반환하지 아니하자 원고들이 2003. 4. 9. 해당 매매대금의 반환을 구하는 이 사건 소를 제기한 사실, 피고들은 제1심 및 원심에서 일관하여 이 사건 약정의 무효 내지 취소를 주장하면서 매매대금의 반환 및 소유권이전등기절차 인수거절의사를 명백히 하여 온 사실, 제1심판결(피고들에 대하여, 원고들로부터 해당 이전등기절차를 경료받음과 동시에, 해당 매매대금의 반환을 명하였다. 또한, 가집행을 붙였다.)이 선고된 후 원고 안○○은 2004. 8. 4.에, 원고 김○○은 같은 달 5.에 각 부동산매도용 인감증명서를 발급받아 놓고, 같은 달 6. 피고들에게 제1심판결에 따른 소유권이전등기절차에 필요한 인감증명 등의 제반 서류를 준비하여 놓았음을 통지하면서 매매대금을 반환함과 동시에 위 서류들을 수령하여 갈 것을 각 최고하였으나 피고들이 이에 응하지 아니한 사실을 각 인정한 다음에, 위 인정 사실에 의하면, 〈피고들이 소유권이전등기절차 인수거절의사를 명백히 하고 있는 상황에서는〉, 원고 안○○, 김○○이 부동산매도용 인감증명서를 발급받는 등 소유권이전등기에 필요한 제반 서류를 준비하여 두고 피고들에게 그 수령을 최고함으로써 위 원고들로서는 위 최고일 이후로는 자신의 의무인 소유권이전등기절차 의무에 관한 충분한 이행의 제공을 마치고 그러한 상태를 계속 유지하고 있었다고 할 것이므로 피고들은 위 최고일 이후로는 매매대금 반환을 지체함으로 인한 책임을 면할 수 없다는 이유로, 피고들이 반환할 해당 매매대금에 대하여 위 원고들이 구하는 2004. 8. 10.부터의 지연손해금을 가산하여 지급할 것을 명한 조치는 정당하여 수긍할 수 있고, 거기에 상고이유의 주장과 같은 동시이행 내지 이행제공에 관한 법리오해의 위법이 없다(대법원 2005. 4. 29. 선고 2005다8637 판결).

132) 이 사건에 있어 원심이 적법히 이정한 사실관계와 같이 피고가 원고에게 이행을 최고함에 있어서 현실로 이행 제공하였던 잔대금으로 양도성예금증서를 구입하여 보관하고 있으면서 자신의 채무를 이행할 수 있는 준비를 하고 있었다면 이는 해제권 발생을 위한 적법한 최고라고 할 것이다(대법원 1996. 11. 26. 선고 96다35590, 35506 판결).

정도의 주된 채무이어야 하고 그렇지 아니한 부수적 채무를 불이행한 데에 지나지 아니한 경우에는 계약을 해제할 수 없으며, 계약상의 의무 가운데 주된 채무와 부수적 채무를 구별함에 있어서는 급부의 독립된 가치와는 관계없이 계약을 체결할 때 표명되었거나 그 당시 상황으로 보아 분명하게 객관적으로 나타난 당사자의 합리적 의사에 의하여 결정하되, 계약의 내용·목적·불이행의 결과 등의 여러 사정을 고려하여야 한다.[133]

3) ① 이행의 최고는 반드시 미리 일정기간을 명시하여 최고하여야 하는 것은 아니며, 최고한 때로부터 상당한 기간이 경과하면 해제권이 발생하므로, 최고 당시 상당한 기간을 정하였는지 여부는 최고의 적법성과는 무관하다. ② 그러나 채권자의 이행최고가 본래 이행하여야 할 채무액을 초과하는 경우, 〈그 과다한 정도가 현저〉하고 〈채권자가 청구한 금액을 제고하지 않으면 그것을 수령하지 않을 것이라는 의사가 분명한 경우〉에는 그 최고는 부적법하고, 이러한 최고에 터 잡은 계약의 해제는 그 효력이 없다[134][135][136](다만, 본래 급부하여야 할 수량과의 차이가 비교적 적거나 채권자가 급부의 수량을

---

133) 대기환경보전법상의 배출시설설치신고에 필요한 사양서 등 서류의 교부의무는 배출시설설치계약에 있어서 그 설치업자의 주된 채무라 볼 수 없으므로, 이 의무의 불이행을 사유로 한 계약해제는 효력이 없다(대법원 2005. 11. 25. 선고 2005다53705, 53712 판결).

134) 대지에 관하여 매매계약을 체결한 당사자사이에 그 매매목적물 중 이중 매매된 부분과 타인소유 건물일부의 부지로 들어간 부분에 관하여 그 면적을 측량한 후 매매대금을 감액조정하기로 합의하였다면, 이러한 합의사항에 따르지 않고 전혀 감액조정이 안된 대금전액의 지급을 최고하고 이에 불응한다 하여 계약을 해제한 것은 적법한 해제권의 행사라고 볼 수 없다(대법원 1988. 10. 24. 선고 87다카1371 판결).

135) 매수인이 매매목적물의 수량일부가 부족하여 감액청구를 할 수 있는 경우에 매도인이 이를 거절하고 원래의 약정매매대금 전액의 이행을 청구하거나, 또는 계약상 의무가 없거나 소유권이전등기와 동시이행 관계에 있지도 아니한 과다한 금액의 이행을 구하는 이행의 최고는 부적법하고, 따라서 그 최고가 적법함을 전제로 하는 계약의 해제는 효력을 발생할 수 없다 할 것인바, 위 사실과 기록에 의하면, 매수자인 원고가 이 사건 매매계약서에서 매매목적물의 수량일부가 부족하여 대금감액을 청구할 수 있었고, 피고 스스로 실제면적에 상응하는 매매잔대금 13,580,000원의 지급을 최고하다가 원고의 대금감액요구를 거절하고 약정매매잔대금 전액 및 이에 대한 약정잔대금 지급기일 익일부터의 지연손해금과 이 사건 토지소유권이전등기채무와 동시행관계에 있지도 아니한 별소의 소송비용을 합하여 그 전액을 이행할 것을 구한 피고의 1987. 12. 24.자 최고는 그 자체가 과다한 최고이어서 부적법하다 할 것이고, 이에 기한 계약해제의 의사표시가 있다하더라도 그 효력을 발생할 수 없다 할 것이다"(대법원 1989. 9. 26. 선고 89다카10767 판결) 그러나, "〈원고들과 피고 사이에 연체이자의 감면에 관하여 합의가 성립되었다고 볼 자료가 없는 이상〉 피고가 그 동안의 연체이자 전액에 대하여 지급의 최고를 하였다고 하여 그것이 과다한 최고라고 볼 수는 없다(대법원 2005. 12. 8. 선고 2003다41463 판결).

136) 원심은, 그 채용 증거에 의하여, 원고가 이 사건 부동산을 90억 1,500만 원에 매수하는 매매계약을 체결하고 피고에게 계약금 및 중도금 16억 5,000만 원을 지급하면서, 이 사건 부동산에 관한 임대차보증금 10억 원의 반환채무 및 근저당권의 피담보채무인 농업협동조합중앙회에 대한 대출금 40억 원의 상환채무를 원고가 인수하고, 잔금 23억 6,500만 원을 소유권이전등기서류와 상환하여 지급하기로 한 사실,

잘못 알고 과다한 최고를 한 것으로서 과다하게 최고한 진의가 본래의 급부를 청구하는 취지라면, 그 최고는 본래 급부하여야 할 수량의 범위 내에서 유효하다).

③ 그리고 매도인이 매수인을 상대로 한 소송 도중에 매수인이 잔대금을 지급하지 아니하였으니 매매계약을 해제하겠다는 주장을 한 때에는 이로써 잔대금 지급의 최고가 있었다고 보아야 한다(따라서 그로부터 상당한 기간이 경과하도록 매수인이 잔대금을 지급하지 아니하였다면 매도인은 매매계약을 해제할 수 있다).[137] ④ 한편, 채무자가 미리 이행하지 아니할 의사를 표시한 경우, 정기행위인 경우, 지체 후의 이행이 채권자에게 이익이 없는 경우에는 채권자가 최고를 하지 않고 계약을 해제할 수 있으므로, 이러한 사실을 주장·입증하면, 상당한 기간을 정하여 이행을 최고하였음에도 그 기간 내에 이행 또는 이행의 제공을 하지 않은 사실을 주장하지 않아도 된다.

4) 최고를 하면서 일정기간 내에 이행을 하지 않으면 해제의 의사표시를 하지 않더라도 당연히 해제된다고 통지한 경우, 이는 최고된 기간 내의 채무불이행을 정지조건으로 하는 해제의 의사표시로서 그 유효성이 인정되므로, 위와 같은 통지를 한 사실을 주장·입증하면, 해제의 의사표시 및 그 도달사실을 따로 주장·입증할 필요가 없다.

5) 한편 이 경우 해제의 효과를 다투는 원고로서는,

가) ① 채무불이행에 귀책사유가 없었다거나(다만, 채권이 가압류되었다는 주장은 귀책사유가 없음에 관한 유효한 항변이 되지 못한다),[138][139] ② 채무이행이 불가능하였음을 주장하

피고는 2002. 11. 26. 및 같은 해 12. 17. 원고에게 서울 노원구 공릉도 소재 법무사 사무실에 소유권이전등기서류를 보관시켜 놓았으니 잔금 지급과 동시에 이를 수령할 것을 통보함으로써 소유권이전등기서류 교부의무의 이행을 제공함과 동시에, 〈원고에게 농업협동조합중앙회에 대한 대출금상환채무를 공제하지 아니하고〉 계약금, 중도금 및 임대차보증금반환채무만을 공제하여 산정한 잔금을 2002. 12. 20.까지 현금으로 지급할 것을 최고하면서 기일 내에 완불하지 않는 경우 원고에게 전적으로 위약책임이 있음을 통보한 사실을 인정한 다음, 원고가 지급할 잔금은 매매대금에서 계약금, 중도금, 임대차보증금반환채무 및 농업협동조합중앙회에 대한 대출금 40억 원의 상환채무를 공제한 나머지 23억 6,500만 원임에도 불구하고, 피고의 위 이행최고는 비록 자신의 소유권이전등기서류 교부의무의 이행제공을 하였다고 하더라고 원고가 본래 이행하여야 할 잔금 채무액을 과다하게 초과하는 금액의 지급을 청구하면서 청구한 금액을 제공하지 않으면 그것을 수령하지 않을 것이라는 의사를 분명히 한 것이므로, 이러한 부적법한 과다 최고에 터 잡은 계약해제는 그 효력이 없다는 이유로 피고의 해제주장을 배척하였다. (…) 피고의 위 이행최고는 농업협동조합중앙회에 대한 대출금상환채무를 포함하여 63억 6,500만 원의 지급을 구하는 취지로서 과다 최고에 해당하여 부적법하다고 할 것인바, 같은 취지의 원심의 사실인정과 판단은 옳은 것으로 수긍이 가고, 거기에 채증법칙을 위배하여 사실을 오인하거나 이행의 최고나 계약해제에 관한 법리를 오해한 위법이 있다고 할 수 없다(대법원 2004. 7. 9. 선고 2004다13083 판결).

137) 대법원 1990. 1. 12. 선고 89다카11685 판결.

138) 대법원 1994. 12. 13. 선고 93다951 판결.

139) 이행보증계약에 기한 보증인의 보증금지급의무에 관하여 지급금지가처분결정이 있었다고 하더라도 그것으로써 보증인에게 그 지급을 거절할 수 있는 사유, 즉 지급거절의 권능이 발생한다고 할 수

여 재항변할 수 있고,[140] ③ 그 밖의 해제권을 포기하였다거나, ④ 해제권이 실효[141] 되었다거나, ⑤ 해제권자의 고의 또는 과실로 계약의 목적물이 현저히 훼손되거나 이를 반환할 수 없게 되었거나 혹은 가공이나 개조로 인하여 다른 종류의 물건으로 변경되었다는 사유(민법 제553조)를 들어 재항변할 수도 있다.

나) 그리고, 원고는 피고가 해제권을 행사하기 전에 원고가 채무내용에 좇은 이행을 하였다는 등의 재항변을 할 수 있다. ① 가령, 해제의 의사표시 전에 공탁이 되었다고 주장한다면, 이는 해제권 소멸의 재항변으로 보아야 한다.[142] ② 다만, 채무자가 이행지체에 빠진 이상, 채무자의 이행제공이 이행지체를 종료시키려면 완전한 이행을 제공하여야 하므로, 채무자가 원본뿐 아니라 지연이자도 지급할 의무가 있는 때에는 원본과 지연이자를 합한 전액에 대하여 이행의 제공을 하여야 할 것이고, 〈그에 미치지 못하는 이행제공을 하면서 이를 원본에 대한 변제로 지정하였더라도〉, 그 지정은 민법 제479조 제1항에 반하여 채권자에 대하여 효력이 없으므로, 채권자는 그 수령을 거절할 수 있고,[143] 이러한 이행제공만으로는 이행지체 상태가 종료되지 않는다.

다) 한편, 매매계약이 해제된 후에도 매도인이 별다른 이의 없이 일부변제를 수령한 경우 특별한 사정이 없는 한 당사자 사이에 해제된 계약을 부활시키는 약정이 있

없고, 보증금지급의무가 실제로 발생하여 그 이행기가 도래하면 보증인은 보증채권자에게 이를 이행하여야 하며, 이를 이행하지 아니하는 경우에는 지체책임 발생의 다른 요건이 갖추어지는 한 그 이행의 지체로 인한 손해배상 등 법적 책임을 져야 한다. 다만, 그는 보증금을 채권자의 수령불능을 이유로 변제공탁함으로써 자신의 보증금지급채무로부터 벗어날 수 있고, 그에 따라 위에서 본 바와 같은 지체책임도 면하게 된다(대법원 2010. 2. 25. 선고 2009다22778 판결). 위 2009다 22778 판결에서는, 가처분결정이 유효하게 존속하고 있는 동안에는 보증금의 지급을 거절할 수 있고 가처분결정에 기한 지급금지의 효력이 상실된 다음날부터 지체책임을 부담한다고 한 원심판결을 파기하였다.

140) 이행지체를 원인으로 한 해제항변에 대하여 원고는 채무의 이행불능을 주장하며 재항변할 수 있으나, 채무자의 책임 있는 사유로 이행불능이 된 때에는 별도의 해제원인이 되므로, 피고는 다시 이행불능을 원인으로 한 해제항변을 할 수 있게 된다.

141) 해제의 의사표시가 있은 무렵을 기준으로 볼 때 무려 1년 4개월 가량 전에 발생한 해제권을 장기간 행사하지 아니하고 오히려 매매계약이 여전히 유효함을 전제로 잔존채무의 이행을 최고함에 따라 상대방으로서는 그 해제권이 더 이상 행사되지 아니할 것으로 신뢰하였고 또 매매계약상의 매매대금 자체는 거의 전부가 지급된 점 등에 비추어 보면 그와 같이 신뢰한 데에는 정당한 사유도 있었다고 봄이 상당하다면, 그 후 새삼스럽게 그 해제권을 행사한다는 것은 신의성실의 원칙에 반하여 허용되지 아니한다 할 것이므로, 이제 와서 매매계약을 해제하기 위하여는 다시 이행제공을 하면서 최고를 할 필요가 있다(대법원 1994. 11. 25. 선고 94다12234 판결).

142) 이와 달리 매수인이 잔금을 공탁하였다는 주장이 자신의 채무불이행이 없었다거나 그로 인하여 원고의 해제가 부적법하다는 취지의 주장이라면, 이는 원고가 주장·입증하여야 할 채무불이행 사실에 대한 부인에 불과하다(채권자설).

143) 대법원 2005. 8. 19. 선고 2003다22042 판결.

었다고 해석함이 상당하고, 이러한 경우 매도인으로서는 새로운 이행의 최고 없이 바로 해제권을 행사할 수 없으므로, 위와 같은 사정을 재항변으로 주장할 수 있다.

라) 그리고, 민법 제552조에 의하여, 해제권의 행사의 기간을 정하지 아니한 때에는 상대방은 상당한 기간을 정하여 해제권 행사 여부의 확답을 해제권자에게 최고할 수 있고, 그 기간 내에 해제의 통지를 받지 못한 때에는 해제권은 소멸하는 것이지만, 이로 인하여 그 후 새로운 사유에 의하여 발생한 해제권까지 행사할 수 없게 되는 것은 아님[144]은 당연하다.

마) 이행불능을 이유로 한 경우

요건사실	매도인인 원고의 채무이행의 불가능한 사실 + 해제 의사표시를 한 사실

① 매도인이 목적물을 이중매매한 사실만으로는 이행불능이라 할 수 없고, 제3자에게 그 이전등기를 마쳐준 사실까지 주장·입증하여야 이행불능이 되고, ② 제3자에게 지상권설정등기 및 저당권설정등기를 한 경우에도 매도인의 소유권이전의무는 이행불능이 되며,[145] ③ 제3자 앞으로 채무담보를 위하여 소유권이전등기를 마쳐주었다 하더라도 〈그 채무자가 채무를 변제할 자력이 없는 경우〉에는 특단의 사정이 없는 한 그 소유권이전등기 의무는 이행불능이 된다. ④ 매매목적물에 대하여 가압류 또는 처분금지가처분 집행이 되어 있다고 하여 매매에 따른 소유권이전등기가 불가능한 것은 아니며, 이러한 법리는 가압류 또는 가처분집행의 대상이 매매목적물 자체가 아니

144) 원심은, 〈피고의 계약해제가 민법 제552조에 의하여 해제권이 소멸하였거나 피고가 해제권을 포기한 이후의 해제로서 부적법하다는 원고들의 주장에 대하여〉, 피고의 직원 정OO 등이 단순한 계약해제를 거부하고 계약 해제 후 재계약체결을 제안함으로써 해제권을 행사하지 않을 뜻을 표시하여 1999. 6. 20. 이전에 발생한 원고들의 미납잔대금 연체와 관련하여 갖게 된 해제권을 상실하였다고 하더라도, 정OO 등의 의사표시는 이 사건 매매계약상의 해제권을 절대적으로 포기한다는 취지는 아니며, 새로운 상황이 발생하여 새로이 해제권이 발생하는 경우에는 해제권을 행사할 수 있다고 보아야 한다고 전제하고, 그 채용 증거들을 종합하여, 원고들이 그 후에도 미납잔대금을 납부하거나 재계약 체결에 대한 명확한 의사표시도 하지 아니한 상태에서, 피고는 부동산 경기의 호전으로 원고들과의 계약을 미확정인 상태에 두는 것은 부적절하다고 판단하여 2000. 2. 3. 및 같은 해 3. 6. 2회에 걸쳐 미납잔대금의 지급을 최고하였고 원고들이 위 최고에도 불구하고 미납잔대금을 납부하지 아니하자, 같은 해 4. 10. 이를 이유로 이 사건 매매계약을 해제한 사실을 인정한 다음, 이는 새로운 사유에 의한 해제권의 행사로서 적법하다고 판단하였는바, 원심의 이러한 조치는 옳고, 거기에 해제권의 소멸 또는 행사에 관한 법리를 오해한 위법이 있다고 할 수 없다(대법원 2005. 12. 8. 선고 2003다41463 판결).

145) 대법원 1974. 5. 28. 선고 73다1133 판결.

라 매도인이 매매목적물의 원소유자에 대하여 가지는 소유권이전등기청구권인 경우에도 마찬가지이나, 매도인의 소유권이전등기청구권이 가압류되어 있거나 처분금지가처분이 있는 경우에는 그 가압류 또는 가처분의 해제를 조건으로 하여서만 소유권이전등기절차의 이행을 명받을 수 있는 것이어서, 매도인은 그 가압류 또는 가처분을 해제하지 아니하고서는 매도인 명의의 소유권이전등기를 마칠 수 없고, 따라서 매수인 명의의 소유권이전등기도 경료하여 줄 수 없다고 할 것이므로, 매도인이 그 가압류 또는 가처분 집행을 모두 해제할 수 없는 무자력의 상태에 있다고 인정되는 경우에는 매수인이 매도인의 소유권이전등기의무가 이행불능임을 이유로 매매계약을 해제할 수 있다.[146] ⑤ 매매목적물인 부동산에 근저당권설정등기나 가압류등기가 있는 경우에 매도인으로서는 위 근저당권설정등기나 가압류등기를 말소하여 완전한 소유권이전등기를 해 주어야 할 의무를 부담한다고 할 것이지만, 매매목적물인 부동산에 대한 근저당권설정등기나 가압류등기가 말소되지 아니하였다고 하여 바로 매도인의 소유권이전등기의무가 이행불능으로 되었다고 할 수 없고, 매도인이 미리 이행하지 아니할 의사를 표시한 경우가 아닌 한, 매수인이 매도인에게 상당한 기간을 정하여 그 이행을 최고하고 그 기간 내에 이행하지 아니한 때에 한하여 계약을 해제할 수 있다(즉, 이 경우에는 해제의 원인으로 이행불능을 주장할 수는 없고, 상대방을 이행지체에 빠뜨려 이를 이유로 해제할 수 있게 되는 것이다).[147]

바) 매도인의 매매목적물에 관한 소유권이전의무가 이행불능이 되었다고 할지라도, 그 이행불능이 매수인의 귀책사유에 의한 경우에는 매수인은 그 이행불능을 이유로 계약을 해제할 수 없고,[148] 경매로 낙찰 받은 부동산에 관하여 낙찰대금의 납부 전에 체결한 매매계약[149]에서 매수인이 그 낙찰대금의 납입을 대신하기로 약정하였으나 이를 이행하지 않아 위 부동산이 재경매됨으로써 매도인의 채무가 이행불능이 된 경우, 그 이행불능에 대한 책임은 매수인에게 있다.[150]

---

146) 대법원 2006. 6. 16. 선고 2005다39211 판결.

147) 대법원 2003. 5. 13. 선고 2000다50688 판결.

148) 대법원 2009. 4. 9. 선고 2008다88207 판결.

149) 민법 제569조에 정해진 타인의 권리의 매매에 해당한다(대법원 2008. 8. 11. 선고 2008다25824 판결).

150) 원심은, 〈피고가 이 사건 매매계약 체결 당시 원고 대신 낙찰대금을 납부하기로 약정하였다가 그 의무를 불이행한 것은 사실이지만, 위 약정은 이 사건 매매계약에 따른 잔금지급방법을 정한 것에 지나지 아니하므로 피고가 이를 불이행하였다 하더라도 그것은 위 매매계약에 따른 대금지급의무를 위반한 것에 불과할 뿐이고, 매매목적물인 타인 소유의 물건을 취득하여 매수인인 피고에게 이전하여야 할 의무는 여전히 원고에게 있는 것이므로 그 이전등기의무가 이행불능에 이르렀다면 그 귀책사유는 원고에게 있다고 본 다음, 위와 같이 귀책사유 있는 원고로서는 위험부담에 관한 법리에 따라 피고에

바. 이행거절을 이유로 한 경우

1) 채무자가 채무를 이행하지 아니할 의사를 명백히 표시한 경우에 채권자는 신의성실의 원칙상 〈이행기 전이라도 이행의 최고 없이〉, 〈그리고 동시이행관계에 있는 자기 채무의 이행제공 없이도〉 채무자의 이행거절을 이유로 계약을 해제하거나 채무자를 상대로 손해배상을 청구할 수 있고,[151] 이 경우 채무자가 채무를 이행하지 아니할 의사를 명백히 표시하였는지 여부는 채무 이행에 관한 당사자의 행동과 계약 전후의 구체적인 사정 등을 종합적으로 살펴서 판단[152]하여야 하고, 상대방이 채무를 이행할 수 없음이 명백한지의 여부는 계약해제시를 기준으로 하여 판단[153]하여야 한다.

대하여 매매계약상의 채무이행을 구할 수 없다〉는 취지로 판시하고 있다. 그러나 원심의 위와 같은 판단은 결국 이 사건 매매계약상 원고가 부담하는 채무가 이행불능 되었다면 그 이행불능이 누구의 잘못에서 기인한 것이든 그 책임은 채무자인 원고에게 있다는 취지로서, 이러한 결론은 수긍하기 어렵다.(…) 원심판결 이유에 의하더라도 원고와 피고는 이 사건 매매계약을 체결하면서 이 사건 토지의 소유권을 취득하여 피고에게 이전하여야 한다는 원고의 채무이행을 위해 필수적으로 요구되는 낙찰대금 납입은 그 이전등기청구권자인 피고가 대신하기로 약정하였음에도, 피고는 위 약정을 위반하여 그 납입의무를 이행하지 아니하였고, 그로 인하여 위 토지가 재경매되어 원고가 자신의 채무를 이행할 수 없게 되었다는 것인바, 위와 같은 사정을 앞서 본 법리에 비추어 보면, 원고의 채무가 이행불능된 책임은 원고가 아니라 피고에게 있다고 하지 않을 수 없다. 따라서 이에 어긋나는 원심의 앞서 본 판단에는 책임의 귀속에 관한 법리를 오해하여 판결 결과에 영향을 미친 위법이 있다고 할 것이므로, 원심판결은 더 나아가 살펴볼 필요 없이 파기를 면할 수 없다(위 2008다25824 판결【약정금】).

151) 대법원 2007. 9. 20. 선고 2005다63337 판결.

152) 부동산 매수인이 계약상 지위양도에 관한 매도인의 승낙을 받지 못하여 매도인에 대한 관계에서 여전히 잔금지급채무를 부담하는데도, 매수인 지위가 양수인에게 이전되었다고 주장하면서 양수인에 의한 잔금지급의 보장책도 없이, 계약상 지위 양도에 의한 잔금지급채무 이행에 명시적으로 반대하는 매도인에게 양수인에 대한 소유권이전등기서류 이행제공 및 잔금지급 최고를 요구하는 한편, 매수인 스스로 매도인에게 잔금지급채무를 이행할 계획이 없다면, 매수인인 매매계약상 자기 채무를 이행하지 아니할 의사를 표명하였다고 볼 것이므로, 매도인은 잔금지급의무의 이행최고나 소유권이전등기의무의 이행제공 없이 이 사건 매매계약을 해제할 수 있다고 봄이 상당하다고 할 것이다. 그런데도 원심은, 이 사건 각 매매계약에 기한 피고(매수인)의 잔금지급의무가 아직 그 이행기가 도래하지 않았고, 피고가 청광실업에게 이 사건 매매계약상의 매수인 지위를 양도하고 이를 원고들(매도인)에게 통지한 것은 사실이나, 이는 이 사건 각 매매계약이 유효하게 존속하고 있음을 전제로 한 것이고, 원고들이 위 매수인 지위의 양도에 부동의함으로써 피고에 대하여 여전히 매매계약의 이행을 요구할 수 있으며, 피고측이 언제라도 원고들의 소유권이전등기의무의 이행과 상환으로 이 사건 매매잔대금을 지급할 의사를 표시하고 있는 점 등에 비추어 보면, 피고가 원고들에게 한 위 통지만으로는 이행거절의사를 표명한 것이라고 볼 수 없으므로, 소유권이전등기의무의 이행제공과 잔금지급의 최고 없이 이루어진 원고들의 계약해제 의사표시는 효력이 없다고 판단하였는바, 이러한 원심판결에는 이행거절과 계약해제에 관한 법리를 오해하는 등으로 판결 결과에 영향을 미친 위법이 있다 할 것이다(대법원 2006. 9. 28. 선고 2006다24353판결).

153) 원고가 계약해제의 의사표시를 한 것은 같은 해 6. 19.이라는 것인바, 피고가 이 사건 건물을 완공하여 준공검사를 받았다는 같은 해 6. 27.에 근접한 시기(즉, 피고가 이 사건 건물을 약정기일인 1991. 4. 30.까지 완공하지 못하여 준공검사를 받지 못하였다가 같은해 6. 27.에야 완공하여 준공검사를 마쳤다는 것)로서 그 당시에 있어서는 피고가 상당한 기간 내에 채무의 이행을 할 수 없음이 객관적으로 명백하였다

다만, 이와 같은 이른바 '이행거절'을 이유로 한 해제의 경우, 이행지체시의 계약해제와 비교할 때 계약해제의 요건이 매우 완화되어 있으므로, 명시적으로 이행거절의사를 표명하는 경우 이외에 계약 당시나 계약 후의 여러 사정을 종합하여 묵시적 이행거절의사를 인정함에 있어서는 이행거절의사가 명백하고 종국적으로 표시되어야 할 것이다[154][155](물론, 채무자가 이행을 거절하고 있는 채무가 계약상 주된 채무이어야 함은 이행지체

고 인정하기는 어려울 것이고, 그 기간의 근접함에 비추어 볼 때 만일 원고가 계약해제의 의사표시를 하기에 앞서 이행의 최고를 하였다면 피고는 그 최고기한에 맞추어 또는 상당한 기간 내에 서둘러 준공검사를 받고 본래의 채무를 이행할 가능성이 있었다고 보이므로, 이러한 사정이 있는 이 사건에 있어서는 원고가 같은 해 6. 19. 이행의 최고나 이행의 제공 없이 막바로 한 계약해제의 효력을 인정할 수는 없을 것이다(대법원 1993. 8. 24. 선고 93다7204 판결).

154) 이 사건과 같은 2인 공유자 사이에서의 공유물분할협의에 따른 각 공유자들이 지분소유권 이전등기의무와 관련하여서도 공유자의 일방이 미리 자기 채무를 이행하지 아니할 의사를 표명한 때에는 다른 공유자는 그 이행의 최고 없이 계약을 해제할 수 있다고 할 것이다. 그런데 원고가 2003. 1. 4. 이 사건 소를 제기하였고 이 사건 소장은 같은 달 23. 피고에게 송달되었으며, 그 소로써 원고는 이 사건 분할 약정을 청구원인으로 삼아 지분소유권이전등기 등을 청구하고 있었던 반면에 원고가 이 사건 소를 취하하지 아니하였음은 물론 이를 취하하겠다는 등의 의사를 표명한 바 없고, 〈그 밖에 원고가 이 사건 분할 약정의 불성립이나 무효 또는 해제 등을 주장하거나, 그 약정의 내용조건을 다투거나 그 약정 등에 따른 자신의 채무의 감경을 구하거나 새로운 조건을 내세워 계약 내용의 변경을 주장하는 등으로 자신의 채무의 이행과 관련하여 부당한 요구 또는 주장을 하는 등의 사정도 없이〉, 같은 달 23. 이 사건 소 제기행위 등과 명백히 모순되게 기존의 확정판결에 기한 경매를 신청한 것만으로는 원고가 자신의 채무를 이행할 의사가 없음을 피고에 대하여 진지하고 종국적으로 표시하여 객관적으로 보아 원고가 그 의도를 바꾸어 채무의 이행으로 나아갈 가능성이 인정되지 않거나, 피고로 하여금 원고의 임의의 이행을 더 이상 기대할 수 없는 형태를 보였다고 단정할 수는 없다고 보아야 하고, 이는 위 경매신청이 이 사건 분할 약정에 따른 분할을 촉구하는 의미에서 한 것이라는 원고의 주장을 그대로 받아들이기는 어려운 것으로 보이고, 원고가 2002. 12. 초순경 원심 판시와 같은 문제들을 자신이 책임지고 처리하겠다고 하고는 2002. 12. 15.을 도과할 때까지 별다른 조치를 취하지 아니하였으며, 또 2003. 1. 18. 이 사건 제1, 제2 부동산에 관하여 근저당권자 박OO, 채권최고액 20,000,000원인 근저당권을 설정한 사정까지 보태어 보더라도 마찬가지라고 할 것이다. 그럼에도 불구하고, 〈원심은 원고가 이 사건 분할 약정에 따른 자신의 채무 이행을 지체하던 중 대금분할을 명한 기존의 서울고등법원 판결에 기하여 이 사건 각 부동산에 대하여 경매신청을 함으로써 이 사건 분할 약정에 의한 자신의 채무를 이행하지 아니할 의사를 명백히 표시하였다고 단정하고는 이 사건 분할 약정은 피고의 위 해제의 의사표시에 의하여 적법하게 해제되었다고 판단〉하였으니, 거기에는 공유물분할협의의 해제에 관한 법리를 오해하고, 필요한 심리를 다하지 아니하여 사실을 오인함으로써 판결 결과에 영향을 미친 위법이 있다고 하지 않을 수 없고, 따라서 이 점을 지적하는 상고이유의 주장은 이유 있다(대법원 2005. 4. 15. 선고 2004다71096 판결).

155) 원심은, 그 채용 증거에 의하여 ① 소외인은 2006. 7. 경 피고 2에게 동생인 원고가 경제적으로 어려운 상황이니 이 사건 토지와 건물을 원고에게 매도하여 원고로 하여금 임대사업을 할 수 있게 해 달라는 부탁을 하였고, 피고 2가 이에 동의한 사실, ② 이에 원고와 피고 2는 그 무렵 '원고가 이 사건 토지에 설정된 근저당권의 피담보채무 41,000,000원과 이 사건 건물의 임대차보증금 반환채무 47,000,000원을 인수하고, 150,000,000원을 피고 2에게 지급하며, 피고 2는 이 사건 토지와 건물을 원고에게 양도한다'는 내용의 약정(이하 '이 사건 약정' 이라고 한다)을 체결한 사실을 인정하고, 원고의 1억 5,000만 원 지급의무 등과 피고 2의 이전등기의무가 동시이행의 관계에 있는 것으로 판단하였다. (…) 〈원심은 그 판시사실을 인정한 다음, 원고와 피고 2 사이의 이 사건 약정은 원고가 1억 5,000만 원의 지급을 거부한 채 이 사건 토지의 소유권이전을 시도하고, 피고 2가 이 사건 토지의 소유권을 유지하기 위하여 피고 1에게

의 경우에서 본 바와 같다).[156)]

가등기를 경료하여 준 2006. 9.경 혹은 원고가 피고 2를 상대로 가압류를 신청하여 서로간의 의무를 이행할 의사가 없음을 분명히 한 2007. 3.경 이미 해제(원심판결상으로는 합의해제인지 원고의 이행거절로 인한 해제인지가 불분명하다)되었다고 판단)하였다. 그러나 원심의 이러한 판단은 다음과 같은 이유에서 수긍하기 어렵다. 기록에 의하면 ① 이 사건 약정에 따라 원고는 2006. 7. 14. 피고 2의 농협 대출금 4,100만원을 변제하고 이 사건 토지에 설정된 근저당권과 지상권을 모두 말소하였고, 피고 2는 2006. 7. 18. 이 사건 건물의 건축주명의를 원고로 변경해 주었으며, 원고는 2006. 9. 4. 위 건물에 관한 소유권보존등기를 마쳤는데, 피고 2가 2006. 9. 7. 갑자기 동생인 피고 1 명의로 이 사건 토지에 관하여 2006. 9. 6.자 매매계약을 원인으로 한 소유권이전등기청구권가등기(이하 '이 사건 가등기'라 한다)를 마친 사실, ② 이러한 상황에서 위 약정을 해제하기 위하여는 위 대출금의 반환, 건물의 소유권이전 등의 문제가 논의·결정됨이 순리인데, 원고와 피고 2 사이에 이에 관하여 아무런 협의가 없었고, 오히려 쌍방은 이 사건 약정의 내용부터 다투고 있는 사실, ③ 원고는 2007년경부터 이 사건 건물을 임대하는 방법 등으로 사용해 오고 있고, 2008. 10. 10. 이 사건 약정에 기해 이 사건 이전등기소송까지 제기하는 등 위 약정의 존속과 이행을 원하는 것으로 보이는 사실, ④ 원고와 피고 2가 구두로 이 사건 약정을 체결한 관계로 위 약정의 내용에 관해 다툼의 여지가 있었고, 실제로도 쌍방이 서로 자신에게 유리한 주장을 하고 있는 사실, ⑤ 원고는 피고 2가 이 사건 가등기를 마친 채 위 약정에 따른 소유권이전등기를 지체하자 2007. 3. 20. 이 사건 토지에 관한 가압류를 신청하였으나, 위 신청서에 자신의 채무이행의 거절의사를 표명한 내용은 포함되어 있지 않고, 그 후 본안소송으로 금원청구소송이 아닌 소유권이전등기소송을 제기한 사실, ⑥ 원고가 법원에 위 부동산가압류신청서 내지 이 사건 소장을 제출할 무렵까지 피고 2가 원고의 이행거절을 이유로 해제통지를 하였음을 인정할 아무런 자료도 찾아볼 수 없는 사실 등을 알 수 있다. 이러한 사실관계를 앞서 본 법리에 비추어 보면, 피고 2가 이 사건 가등기를 마친 2006. 9.경 또는 원고가 부동산가압류신청서를 제출한 2007. 3.경 원고와 피고 2 사이에 이 사건 약정을 해제하기로 하는 합의가 성립하였다거나 원고에게 계약을 실현할 의사가 없거나 계약을 포기할 의사가 있다고 볼 정도에 이르렀다고 할 수는 없고, 또한 가압류신청 전후의 여러 사정들을 감안하면 원고가 위 가압류신청서를 제출한 사실만으로 원고의 이행거절의사가 명백하고 종국적으로 표시되었다고 단정하기도 어렵다. 따라서 2006. 9.경 또는 2007. 3.경 이 사건 약정이 합의 해제되었다거나 원고의 이행거절로 해제되었다고 볼 순 없다. 그럼에도 원심이 2006. 9.경 또는 2007. 3.경 이 사건 약정이 해제되었다고 판단한 데에는 계약의 합의해제나 이행거절로 인한 해제의 법리를 오해하여 판결 결과에 영향을 미친 잘못이 있다(대법원 2011. 2. 10. 선고 2010다77385 판결).

156) 원심판결 이유에 의하면, 원심은 판시 사실을 종합하여 피고 1이 양도계약 잔금 지급의무를 이행하지 아니하여 원고 1이 그 이행을 최고하였음에도 판시 계약서 및 1997. 11. 17.자 합의각서에 의한 약정을 위반하여 임원을 마음대로 변경한 것은 피고 1이 그의 채무를 이행하지 아니할 의사를 명백히 표명한 것에 해당하므로 원고 1의 이 사건 소장 부본의 송달로써 양도계약이 적법하게 해제되었다고 판단하였다. 그러나 위와 같은 원심의 판단은 앞서 본 법리에 비추어 볼 때 다음과 같은 점에서 수긍할 수 없다. 기록에 의하면, 피고 1이 양도계약 잔금을 지급하지 아니하겠다는 명시적인 의사를 표명한 적은 없고, 1997. 12.까지 원고 1에게 1997. 11. 17.자 추가약정에 따라 선지급 하기로 한 양도대금 잔금 중 일부인 3,800만 원만을 지급하고 나머지를 지체하기는 하였으나, 그 경위를 보면 원고 1이 이 사건 토지매매대금 등에 대한 지출 증빙자료를 교부하기로 약정하고도 이를 이행하지 아니하였을 뿐만 아니라, 양도대금 산정의 기초가 된 토지대금 지급내역도 일부 허위이기도 하였기 때문에 피고 1로서는 우선 위 지출내역자료의 교부를 요구하면서 선지급하기로 한 잔금 일부를 지급하지 아니한 것이므로 위와 같은 경위에 비추어 위 잔대금 일부의 지급자체를 가지고 나머지 잔대금 전체를 지급하지 아니하겠다는 뜻을 묵시적으로 표시한 것으로 보기는 어렵다. 나아가 1997. 11. 17.자 추가약정내용에 비추어 보면, 주식이전에 필요한 제반 서류를 교부받은 피고 1이 양도받은 주식을 제3자에게 다시 양도한 것이 위 추가약정에 위반된다고 볼 수 없고, 다만 양도계약 잔금의 지급시까지 대표이사 외의 임원변경 등기를 경료하지 아니하기로 약정하였음에도 원고 1로부터 주식회사 리전건설 대표이사 지위를 이전받아 등기를 마치고, 주식회사 리전건설 주식의 55%를 양도받은 피고 1이 일부 주식을 나머지 피고들에게 양도한 후 주주권을

2) 이행거절로 인정된 경우를 몇 가지 살펴보면, ① 채무자가 계약의 불성립이나 무효 등을 주장하는 경우(제조물 공급계약 체결 후 계약의 무효를 주장하면서 물품의 제조에도 착수하지 아니하고 상대방이 부담하는 선이행 의무에 대한 이행의 수령을 거부하는 경우), ② 채무자가 오히려 채권자가 계약을 위반하였다고 근거 없이 주장하거나, 나아가 이를 이유로 계약을 해제하는 등의 조치에 나아가는 경우,[157] ③ 계약의 내용 조건을 다투거나 채무의 감경을 구하거나, 새로운 조건을 내세워 계약내용의 변경을 주장하거나 혹은 채무가 완제되었다고 적극적으로 주장하는 등으로 채무의 이행과 관련하여 부당한 요구 또는 주장을 하는 경우[158][159](다만, 매매대금이 일부 지급되지 않았음에도 전부 지급되었다고 주

행사하여 임원을 개임한 것은 위 약정 위반에 해당한다 할 것이나, 잔금지급시까지 임원변경등기를 경료하지 아니하기로 한 약정은 이 사건 양도계약의 전체 내용에 비추어 단지 부수적 채무에 불과하다 할 것이어서 이러한 부수적 채무를 불이행한 사정만으로 피고 1이 주된 채무인 양도대금 잔금의 지급의무를 이행하지 아니할 의사를 명백히 표시한 것으로 볼 수는 없다(대법원 2006. 11. 9. 선고 2004다22971 판결).

157) 매매계약에 있어서 매수인이 매도인에게 중도금을 그 지급기일에 지급하려 하였으나 매도인이나 그 대리인인 처가 그 수령을 회피한 다음 불과 이틀 만에 부동산가격이 올랐다는 이유로 매매계약을 해제하여 줄 것을 요구하고, 매수인이 이를 거절하자 오히려 매수인으로부터 중도금지급기일에 중도금의 지급이 없었다는 이유로 매도인이 계약해제의 통지를 함으로써 매매계약을 이행하지 아니할 뜻을 분명히 하였다면, 비록 중도금지급이 선이행관계에 있다 하더라도 매수인은 다시 중도금의 이행이나 제공은 물론 매도인에 대한 이행의 최고 없이도 매매계약을 해제할 수 있다 할 것이다(대법원 1990. 3. 9. 선고 89다카29 판결).

158) 채무자의 이행거절로 인한 채무불이행에서의 손해액 산정은, 채무자가 이행거절의 의사를 명백히 표시하여 최고 없이 계약의 해제나 손해배상을 청구할 수 있는 경우에는, 이행거절 당시의 급부목적물의 시가를 표준으로 해야 할 것이다. (…)위 법리와 기록에 비추어 원심판결 이유를 살펴보면, 원심이 피고의 대구 롯데백화점 지점장이 임의로 피고 발행의 상품권을 반출하여 직접 내지 유통업체를 통해 원고들을 비롯한 상품권 도소매업자들에게 정상적인 할인가보다 약 10% 저렴하게 판매한 사실, 원고들은 구입한 상품권을 다른 중간판매상들에게는 구입가에 1% 내지 2%의 이윤을, 일반 소비자들에게는 약 10%의 이윤을 붙여 판매하였는데, 원고들로부터 상품권을 매수한 소비자들이 피고에게 그 상품권을 제시하면서 상품권에 따른 제품의 제공을 요구하였으나 피고가 해당 상품권들이 도난품이라는 이유로 제품의 제공을 확정적으로 거절한 사실, 이에 원고들이 중간판매상이나 소비자들로부터 원심 판결문의 상품권 목록 기재 상품권(이하 '이 사건 상품권'이라고 한다)을 회수하여 소지하고 있는 사실을 인정한 다음, 피고가 이 사건 상품권의 발행인으로서 그 소지인이 피고에게 상품권을 제시하며 상품권에 기재된 내용에 따라 피고 제품의 공급을 요구할 경우 그 소지인에게 그 액면금 상당의 제품을 공급할 의무가 있다고 할 것인데, 피고가 이 사건 상품권을 구입한 실수요자들로부터 상품권을 제시받고도 그 의무이행을 거절하였으므로, 이 사건 상품권의 최종 소지인인 원고들은 발행인인 피고에 대하여 제품제공의무에 대한 이해의 최고 없이 곧바로 그 이행에 갈음한 손해배상을 청구할 수 있고, 나아가 피고가 위 의무를 이행하지 아니함으로써 그 소지인인 원고들이 입은 손해는 통상의 경우 이 사건 상품권의 액면금 상당이라고 판단한 것은 정당한 것으로 수긍이 간다(대법원 2007. 9. 20. 선고 2005다63337 판결).

159) 가옥을 매매하는 경우 매수인이 계약금과 중도금을 지급한 후 매도인과 협의하여 그 가옥을 제3자에게 임대하거나 전매하고, 또는 담보를 설정하여 잔대금을 마련하여 지급하는 것이 관례화되었다고 할 수 없고, 매수인은 매도인이 동의하지 아니하는 한 위와 같은 방법으로 잔대금을 마련하여 계약을 이행하겠다고 주장할 수 없는 것이다. 그러므로 원심이 이 사건 건물을 피고 김OO으로부터 매수인

장하면서 매수인이 무조건의 소유권이전등기절차의 이행을 구한다고 하여 그것만으로 곧바로 잔대금 지급의무를 이행하지 아니할 의사를 표시한 것이라고는 할 수 없다),[160] ④ 채권자가 제공하는 반대채무의 이행을 수령하지 않는 경우 등이 있다. 최근 판례가, 매수인이 잔금 지급을 제공하였음에도 매도인이 자신의 의무에 관하여 스스로 이행지체에 빠진 후에 오히려 매수인의 귀책사유로 자신에 의하여 계약이 해제되었다고 주장하면서 계약금 상당액을 공탁한 사안에서, 매수인은 이해의 최고 없이 매매계약을 해제할 수 있다[161]

피고 윤OO이 자신이 매도하기로 한 시골의 부동산 매매계약은 해약되었고, 이 사건 건물은 원고에게 전매하였는데 원고가 잔금을 지급하지 아니하므로 자신도 잔금을 지급하지 못하며, 이 사건 건물을 전세 또는 매매하려고 하는데 피고 김OO이 방해하고 있다는 내용의 답변서를 피고 김OO에게 보냈고, 이에 피고 김OO은 매매계약해제의 의사표시를 하였다고 확정하고, 피고 윤OO이 피고 김OO에게 원고가 자신에게 잔금을 지급하지 않으므로 자신도 피고 김OO에게 잔금을 지급하지 못하겠다거나 또는 피고 김OO의 협조로 이 사건 건물을 전세 놓거나 전매하여 그 대금으로 잔금을 지급하겠다는 등의 의사를 표시한 것은 결국 스스로는 잔금채무를 이행하지 아니할 의사를 미리 표시한 것으로 보아 피고 김OO이 한 위 계약해제의 의사표시가 유효하다고 판단한 것은 정당하고, 피고 윤OO이 피고 김OO에게 잔금채무를 이행하지 아니할 의사를 표시한 이상 가사 피고 김OO이 매도인으로서의 의무를 제공을 한 바 없이 계약해제의 의사표시를 하였다고 하여도 이를 이유로 계약해제의 의사표시가 효력이 없다고 할 수 없다(대법원 1991. 11. 12. 선고 91다21244 판결).

160) 그러나, 이와 함께 계약이행에 관한 당사자의 행동과 계약전후의 구체적인 사정에 따라서는 그 계약상의 의무를 이행하지 아니할 의사를 표시한 것이라고 인정할 수 있다 할 것인바, 갑 제7호증의 4, 5, 6, 7, 8의 각 기재와 증인 김OO, 김OO의 각 증언 및 이 사건 소송에서 제출되어 진술된 원고 및 피고의 소장, 답변서, 기타 준비서면 등에 의하면 원고는 이 사건 매매대금 21,380,000원 중 계약금 3,500,000원, 1988. 8. 30.에 지불하기로 한 중도금 중 3,500,000원만 지급하였을 뿐인데도 같은 해 12. 5. 위 매매대금이 15,000,000원인데 이를 다 지급하였다고 하면서 피고에게 이 사건 부동산에 관한 소유권이전등기절차의 이행을 요구하여 시비 중 피고로부터 폭행을 당하자 같은 달 27. 피고를 고소한 사실, 실제는 원고가 돈 2,000,000원을 변제하고 이 사건 부동산에 관하여 설정된 근저당권을 1987. 12. 2. 말소하였음에도 위 근저당채무 원리금 16,500,000원을 1988. 8. 30.에 변제하고 그 뒤 2회에 걸쳐 잔대금을 전부 지급하여 이 사건 매매의 대금 21,380,000원을 완불하였다고 주장하면서 잔대금지급기일인 같은 해 10. 30.로부터 2년 6개월도 더 지난 1991. 6. 12. 이 사건 소송을 제기하여 서증과 증인 등의 증거신청을 하고 피고가 1992. 10. 26. 준비서면으로 같은 해 11. 10.까지 나머지 중도금 및 잔대금을 지급하지 아니하면 이 사건 계약을 해제한다는 의사표시를 하였음에도 원고는 그 심급의 변론종결일까지 6개월 가까이 지나도록 나머지 잔대금을 지급할 의사가 있음을 밝히거나 예비적으로 잔대금의 수령과 동시이행으로 소유권이전등기절차의 이행을 구하는 등 잔대금을 지급할 의사가 있음을 알 수 있는 아무런 조치도 취하지 아니한 사실 등을 알 수 있고, 이러한 사실엘 비추어 보면 원심의 설시에 다소 미흡한 점이 없지 아니하나 피고가 위 매매에 따른 채무의 이행을 제공하지 아니하고서 한 위 해제의 의사표시에 의해 이 사건 매매계약이 적법히 해제되었다고 본 원심의 판단은 수긍할 수 있고, 거기에 소론과 같은 계약해제에 관한 법리오해의 위법이 있다고 할 수 없으며…(대법원 1993. 12. 7. 선고 93다32361 판결).

161) 원심이 인정한 사실에 의하면, 피고는 위와 같이 원고가 잔금 지급을 제공하였음에도 자신의 의무에 관하여 스스로 이행지체에 빠진 후에 이 사건 계약이 오히려 원고의 귀책사유로 피고에 의하여 해제되었다고 주장하면서 자신이 수령하였던 계약금 상당액을 공탁하였다는 것이다. 그렇다면 다른 특별한 사정이 없는 한 피고는 원고가 이행을 최고하더라도 자신의 의무를 이행하지 아니할 의사를 미리 표시하였다고 할 것이다. 그리고 그러한 경우에 원고는 민법 제544조 단서에 의하여 이행의 최고 없이도 이 사건 매매계약을 해제할 수 있다. 원심은 위와 같은 사실을 인정하고도 피고가 자신의 채무를 이행할 의사가 없음을 확정적·종국적으로 표시하였다고 하기 어렵다고 판단하여 원고의 계약해제 주장을 배척하였다. 그러나 이행지체 등과 대등하게 채무불이행의 한 유형으로서 민법 제390조에

고 한 것도 이와 같은 맥락이다.

그러나, 매매계약서상의 매수인란에 주소와 주민등록번호 등이 기재되어 있지 않았다는 사유만으로 매수인에게 채무를 이행할 의사가 없는 것으로 단정할 수는 없고, 그러한 사유로 매수인에게 채무이행의 의사가 없었던 것으로 보려면 매수인이 매도인의 계약해제권의 행사를 회피할 목적으로 자신의 주소를 기재하지 아니하고 소재를 밝히지 아니하였거나, 매도인이 과실 없이 매수인의 소재를 알지 못함으로써 자신의 채무의 이행을 제공하여 상대방의 이행을 최고할 수 없게 되는 등의 사정이 있어야 한다.[162)]

3) 이처럼 쌍무계약에 있어서 계약당사자의 일방은 상대방이 채무를 이행하지 아니할 의사를 명백히 표시한 경우에는 최고나 자기 채무의 이행제공 없이 그 계약을 적법하게 해제할 수 있으나, 그 이행거절의 의사표시가 적법하게 철회된 경우 상대방으로서는 자기 채무의 이행을 제공하고 상당한 기간을 정하여 이행을 최고한 후가 아니면 채무불이행을 이유로 계약을 해제할 수 없으므로, 원고로서는 이러한 사유를 주장하며 재항변할 수 있을 것이다(그러나, 부동산매매계약에서 매매목적물에 대한 소유권이전등기를 매수인이 지정하는 자의 명의로 이행키로 약정하였음에도 매수인이 근거 없는 대금감액 요구를 내세울 뿐 아니라 매도인의 소유권이전등기 의무이행에 필요한 등기명의인의 지정조차 이행하지 아니하였다면 매수인으로서 계약이행의 의사가 없음을 표명한 것이라고 볼 수밖에 없고, 그 후 매도인에게 단지 화해하자고 말한 것만 가지고는 자기의 채무를 이행하지 아니할 의사표명을 철회한 것이라고 보기 어렵다).[163)]

사. 민법 제580조의 하자담보책임을 이유로 한 경우

요건사실	매매계약 당시 목적물에 하자가 있는 사실[164)]＋하자로 인하여 계약목적을 달성할 수 없는 사실＋해제의 의사표시를 한 사실

기하여 손해배상청구권 등을 발생시키는 요건으로서의 이행거절(대법원 2005. 8. 19. 선고 2004다53173 판결 참조)과 이미 이행지체 등에 빠진 채무자에 대하여 이행의 최고 없이 계약 해제권이 발생하기 위한 요건으로서의 "미리 이행하지 아니할 의사를 표시한 경우"를 반드시 동일하게 볼 이유는 없는 것이다. 결국 원심의 판단에는 해제권의 발생요건으로서의 이행의 최고에 관한 법리를 오해하여 판결 결과에 영향을 미친 위법이 있다(대법원 2009. 3. 12. 선고 2008다29635 판결).

162) 대법원 1991. 11. 26. 선고 91다23103 판결.

163) 대법원 1991. 3. 27. 선고 90다8374 판결(따라서 위와 같은 사실에 관한 증거는 부족증거로 설시하여야 할 것이다).

164) 원심은, 그 채용 증거들을 종합하여, 피고 소유인 이 사건 토지는 부산광역시 해운대구가 도시관리계획상

1) ① 이에 대하여 원고로서는 매수인인 피고가 하자 있음을 알았거나 과실로 인하여 이를 알지 못한 사실을 재항변으로 주장할 수 있고, ② 한편, 제척기간의 준수 여부는 법원의 직권조사사항이므로, 민법 제582조의 권리행사기간이 도과되어 권리가 소멸되었다고 주장하는 것은 법원의 직권발동을 촉구하는 것에 불과하다. ③ 한편 상법 제69조는 상인 간[165]의 매매에 있어서는 매수인의 매매목적물에 대한 검사와 하자통지의무를 매수인이 매도인에 대하여 매매목적물에 관한 하자담보책임을 묻기 위한 전제요건으로 삼고 있음이 분명하므로 그와 같은 하자담보책임의 전제요건, 즉 매수인이 목적물을 수령한 때에 지체 없이 그 목적물을 검사하여 즉시 매도인에게 그 하자를 통지한 사실, 만약 매매의 목적물에 즉시 발견할 수 없는 하자가 있는 경우에는 6월 내에 이를 발견하여 즉시 통지한 사실 등에 관한 입증책임은 매수인에게 있는 것이므로,[166] 매수인이 상사매매를 하자담보책임을 근거로 해제하기 위해서는 위와 같은 검사·통지 의무를 이행한 사실도 주장·입증하여야 한다(하자담보책임을 이유로 한 해제의 요건사실).

2) 임대차계약에 기한 임차권(임대차보증금반환청구권을 포함한다)을 그 목적물로 한 매매계약이 성립한 경우, 매도인이 임대인의 임대차계약상의 의무이행을 담보한다는 특별한 약정(민법 제579조 참조)을 하지 아니한 이상, 임차권 매매계약 당시 임대차 목적물에 이미 설정되어 있던 근저당권이 임차권 매매계약 이후에 실행되어 낙찰인이 임대차 목적물의 소유권을 취득함으로써 임대인의 목적물을 사용 수익하게 할 의무가 이행불능으로 되었다거나, 임대인의 무자력으로 인하여 임대차보증금반환의무가 사실

체육시설 부지인 주차장과 운동장 용도로 지정하여 둔 토지인 사실, 원고들은 이 사건 토지를 매수하여 그 지상에 공동주택 및 호텔, 상업 및 부대시설을 신축하여 개발할 의도로 피고로부터 수의계약에 의하여 이를 매수한 사실, 피고는 이 사건 매매 이전에 공매에 의한 매각을 시도하였으나 수차례 유찰된 바 있었는데, 공매 공고시 '매각재산은 각종 토지이용 관계 법령에 의한 토지이용 제한사항이나 특정 목적 외의 사용제한 상태로 그대로 매각하는 것임'을 조건으로 하였던 바 있으며, 이 사건 매매에 있어서도 건축을 전제로 하거나 건축의 법령상 제한을 철폐할 것을 보증한 바 없는 사실 등을 인정한 다음, 이 사건 토지상에 공동주택 및 호텔 등을 건축할 수 없는 법률상의 장애가 있다는 사정만으로는 이 사건 토지가 거래통념상 기대되는 객관적 성질·성능을 결여하였다고 볼 수는 없는 것이고, 〈피고가 원고들에게 이 사건 토지에 관하여 위와 같은 법률상의 장애가 없다고 보증하였거나, 이러한 장애가 없을 것을 전제로 하여 매도하였다고 볼 증거가 없는 이상〉 원고들 주장의 사유는 이 사건 매매계약상 목적물의 하자에 해당한다고 할 수 없다고 판단 …(대법원 2007. 8. 23. 선고 2006다15755 판결).

165) 매매의 양 당사자가 상인이어야 함을 주의하여야 한다. 일방적 상행위인 경우에도 적용되는 상사소멸시효와 다르다.

166) 대법원 1990. 12. 21. 선고 90다카28498, 28504 판결.

상 이행되지 않고 있다고 하더라도, 임차권 매도인에게 민법 제576조에 따른 담보책임이 있다고 할 수 없고, 이러한 법리는 임차권을 교환계약의 목적물로 한 경우에도 마찬가지라 할 것이므로,[167] 이를 원인으로 하는 해제는 인정되지 않는다.

3) 한편, 담보책임에 관한 규정은 아니나, 매수인의 항변이 아닌 매도인의 구제수단으로 인정되고 있는 민법 제571조 제1항은 '매도인이 계약 당시에 매매의 목적이 된 권리가 자기에게 속하지 아니함을 알지 못한 경우에 그 권리를 취득하여 매수인에게 이전할 수 없는 때에는 매도인은 손해를 배상하고 계약을 해제할 수 있다.'고 규정하고 있는바, 위 조항은 선의의 매도인이 매매의 목적인 권리의 전부를 이전할 수 없는 경우에 적용될 뿐 매매의 목적인 권리의 일부를 이전할 수 없는 경우에는 적용될 수 없고, 마찬가지로 수 개의 권리를 일괄하여 매매의 목적으로 정하였으나 그 중 일부의 권리를 이전할 수 없는 경우에도 위 조항은 적용될 수 없으므로, 이러한 경우에는 위 조항을 근거로 한 매도인의 해제 주장이 받아들여질 수 없다.[168]

---

167) 원심이, 〈이 사건 교환계약의 체결 당시 이 사건 목욕탕 건물에 관하여 설정된 근저당권의 피담보채무가 채권최고액을 초과하여 그에 기한 경매절차의 진행이 임박한 상황이었으므로 이를 목적으로 한 임차권에는 이 사건 교환계약의 목적을 달성할 수 없는 하자가 있었던 것이고 따라서 하자를 원인으로 이 사건 교환계약을 해제한다는 취지의 피고의 주장〉을 그 판시와 같은 이유로 배척한 것은, 기록에 비추어 정당하고, 또 원심의 이유설시에 다소 부족한 점이 있기는 하나 원심의 판단 속에는 앞서 본 법리에 따라 민법 제576조에 근거한 소외 1의 담보책임이 성립하지 않는다는 판단도 포함되어 있다고 할 것이어서, 원심의 판단에 상고이유 제3점의 주장과 같은 교환계약의 담보책임에 관한 법리오해, 판단유탈, 심리미진 등의 위법이 없다. 또 기록에 의하면, 소외 1이 피고와 사이에 이 사건 교환계약을 체결할 당시, 임대인인 소외 3의 임대인으로서의 의무이행을 담보한다는 특별한 약정을 한 사실을 인정할 수 없으므로, 그러한 특약이 있었음을 전제로 한 상고이유 제6점의 주장도 받아들일 수 없다(대법원 2007. 4. 26. 선고 2005다34018, 34025 판결).

168) 원심은 〈피고가 선의의 매도인으로서 민법 제571조에 의하여 이 사건 전체 토지에 관한 매매계약 중 이 사건 토지에 대한 부분을 해제하였고 따라서 원고는 해제로 인한 원상회복으로서 피고에게 이 사건 토지를 인도하고 이 사건 토지를 사용함으로써 얻은 이익을 반환할 의무가 있으므로 원고로부터 위 원상회복의무를 이행받기 전에는 원고의 손해배상청구에 응할 수 없다는 피고의 동시이행의 항변에 대하여〉, 이 사건 전체 토지에 관한 매매계약 중 이 사건 토지 부분이 적법하게 해제되었다고 판단하면서도 다른 이유를 들어 위 항변을 배척하였다. (…) 앞서 본 바와 같이 피고는 이 사건 토지 3필지를 포함한 이 사건 전체 토지 15필지를 일괄하여 대금 5,848,200,000원에 매도하였으므로, 매매의 목적의 일부인 이 사건 토지의 소유권을 이전할 수 없게 되었다고 하더라도 민법 제571조에 의하여 매매계약의 일부를 해제할 수는 없다고 할 것이다. 그렇다면 피고가 매매계약의 일부를 해제할 수 있음을 전제로 하는 피고의 동시이행의 항변은 더 나아가 판단할 필요 없이 이유 없다고 할 것이므로, 이 사건 전체 토지에 관한 매매계약 중 이 사건 토지에 대한 부분은 적법하게 해제되었다고 본 원심의 판단에는 민법 제571조의 법리를 오해한 위법이 있다고 할 것이나, 원심이 다른 이유에서 피고의 동시이행의 항변을 배척하여 결국 정당하므로, 동시이행에 관한 상고이유의 주장은 받아들일 수 없다(대법원 2004. 12. 9. 선고 2002다33557 판결).

아. 사정변경으로 인한 계약의 해제

계약성립 당시 당사자가 예견할 수 없었던 현저한 사정의 변경이 발생하였고 그러한 사정의 변경이 해제권을 취득하는 당사자에게 책임 없는 사유로 생긴 것으로서, 계약내용대로의 구속력을 인정한다면 신의칙에 현저히 반하는 결과가 생기는 경우에 계약준수 원칙의 예외로서 사정변경으로 인한 계약 해제가 인정된다. 다만, 여기에서 말하는 사정이라 함은 계약의 기초가 되었던 객관적인 사정으로서, 일방당사자의 주관적 또는 개인적인 사정을 의미하는 것은 아니고, 계약의 성립에 기초가 되지 아니한 사정이 그 후 변경되어 일방당사자가 계약 당시 의도한 계약목적을 달성할 수 없게 됨으로써 손해를 입게 되었다 하더라도 특별한 사정이 없는 한 그 계약내용의 효력을 그대로 유지하는 것이 신의칙에 반한다고 볼 수도 없다.[169)]

자. 약정해제[170)]

요건사실	해제권 유보의 약정을 한 사실+약정상의 해제권 발생요건에 해당하는 사실이 일어난 사실+해제의 의사표시를 한 사실

---

169) <원심은 그 판시와 같은 사실을 인정한 다음, 이 사건 토지에 대한 개발제한구역 지정이 해제됨에 따라 원고가 건축 등기 가능한 토지로 알고 당시의 객관적인 시가보다 훨씬 비싼 가격에 이 사건 토지를 피고로부터 매수하였는데, 그 후 피고에 의하여 이 사건 토지가 공공공지로 지정되어 건축개발이 불가능해지고, 공공공지 개발계획에 따라 이 사건 토지가 수용될 상황이 되는 등 이 사건 매매계약 당시에 원고가 예상하지도 않았고 예상할 수도 없었던 현저한 사정변경이 생겼고, 이러한 사정변경은 원고에게 책임을 돌릴 수 없는 것으로서, 이로 인해 원고에게 이 사건 매매계약 당시에는 예상하지 못한 엄청난 손해가 발생하게 되어 이 사건 매매계약을 그대로 유지하는 것은 신의칙에 반한다고 보아 원고는 사정변경 또는 신의칙을 사유로 하여 이 사건 매매계약을 해제할 수 있다고 판단>하였다. 그러나 원심이 인정한 사실과 기록에 의하면, 이 사건 매매계약은 일반 매수예상자들을 대상으로 한 피고의 공개매각절차를 거쳐 이루어진 것으로서, 공개매각조건에는 이 사건 토지가 개발제한구역에 속해 있고, 이 사건 토지의 매각 후 행정상의 제한 등이 있을 경우 피고가 이에 대하여 책임을 지지 아니한다는 내용이 명시되어 있으며, 이 사건 매매계약에서도 피고는 이 사건 토지의 인도 후에 발생한 일체의 위험부담에 대하여 책임지지 않는다는 내용이 명시되어 있을 뿐 당시 이 사건 토지상의 건축가능 여부에 관하여 논의가 이루어졌다고 볼 만한 자료를 찾아볼 수 없다. 그렇다면 이 사건 토지상의 건축가능 여부는 원고가 이 사건 토지를 매수하게 된 주관적인 목적에 불과할 뿐 이 사건 매매계약의 성립에 있어 기초가 되었다고 보기 어렵다 할 것이므로, 이 사건 매매계약 후 이 사건 토지가 공공공지에 편입됨으로써 원고가 의도한 음식점 등의 건축이 불가능하게 되었다 하더라도 이러한 사정변경은 이 사건 매매계약을 해제할 만한 사정변경에 해당한다고 할 수 없다 할 것이고, 이러한 사정변경으로 인하여 원고가 의도한 주관적인 매수목적을 달성할 수 없게 되어 손해를 입었다 하더라도 특별한 사정이 없는 한 이 사건 매매계약의 효력을 그대로 유지하는 것이 신의칙에 반한다고 볼 수도 없다 할 것이다(대법원 2007. 3. 29. 선고 2004다31302 판결).…

170) 갑이 매매계약상의 특약에 근거하여 매매계약을 해제한다면서 계약금을 반환해달라는 의사를 명백히 표시하고, 그 후에도 계약금반환을 구하는 소를 제기한 사안에서, 갑의 해제통지는 매매계약의 특약에

1) ① 계약금이 수수된 경우에는, 매매계약 체결시 계약금을 교부한 사실 + 계약해제의 목적으로 계약금의 배액을 현실제공하거나, 계약금 반환청구권 포기의 의사표시를 한 사실 + 해제의 의사표시를 한 사실을 주장·입증하면 되고, ② 이에 대하여 상대방으로서는 당사자 일방이 해제의 의사표시가 있기 전에 이행에 착수한 사실(민법 제565조 1항에서 말하는 당사자의 일방이라는 것은 매매 쌍방 중 어느 일방을 지칭하는 것이고 상대방이라고 국한하여 해석할 것이 아니며 따라서 매매계약의 일부이행에 착수한 당사자는 비록 상대방이 이행에 착수하지 않았다 하더라도 해제권을 행사할 수 없다)[171] 또는 계약금을 해약금으로 하지 않기로 약정한 사실[172] 등을 주장하며 재항변할 수 있다. ③ 그러나, 매매당사자 사이에 수수된 계약금에 대하여 매수인이 위약하였을 때에는 이를 무효로 하고 매도인이 위약하였을 때에는 그 배액을 상환할 뜻의 약정이 있는 경우에는 특별한 사정이 없는 한 그 계약금은 민법 제398조 제1항 소정의 손해배상액의 예정의 성질을 가질 뿐 아니라 민법 제565조 소정의 해약금의 성질도 가진 것으로 볼 것이므로,[173] 이러한 위약금 약정이 제565조의 "당사자간 다른 약정"에 해당하여 해약금으로서의 성격이 부정된다는 주장은 유효한 재항변이 될 수 없다.

2) 계약이 일단 성립한 후에는 당사자의 일방이 이를 마음대로 해제할 수 없는 것이 원칙이고, 다만 주된 계약과 더불어 계약금계약을 한 경우에는 예외적으로 민법 제565조 제1항의 규정에 따라 임의 해제를 할 수 있게 된다. 그러나 계약금계약은 금전 기타 유가물의 교부를 요건으로 하므로 단지 계약금을 지급하기로 약정만 한 단계에서는 아직 계약금으로서의 효력, 즉 위 민법 규정에 의해 계약해제를 할 수 있는 권리는 발생하지 않는다는 점을 주의하여야 한다. 따라서 당사자가 계약금의 일부만을 먼저 지급하고 잔액은 나중에 지급하기로 약정하거나 계약금 전부를 나중에 지급

따른 약정해제권을 행사하는 취지이지, 해약금약정에 기한 해제권 행사로 볼 수는 없다고 한 사례로, 대법원 2010. 4. 29. 선고 2007다24930 판결 참조 위와 같은 경우 계약금을 포기하고서라도 계약을 해제하려는 의사로 볼 수는 없다는 것이다.

171) 대법원 1970. 4. 18. 선고 70다105 판결.

172) 민법 제565조의 해약권은 당사자 간에 다른 약정이 없는 경우에 한하여 인정되는 것이고, 만일 당사자가 위 조항의 해약권을 배제하기로 하는 약정을 하였다면 더 이상 그 해제권을 행사할 수 없다(대법원 2009. 4. 23. 선고 2008다50615 판결). 해석규정의 법률효과를 뒤집기 위해서는 그 법률효과를 다투는 자가 적극적으로 그 법률효과를 발생시키지 않기로 하는 합의의 성립을 주장·입증하여야 하므로, 해제권 유보의 약정을 하지 않았다는 사실을 주장·입증하는 것만으로는 민법 제565조 제1항의 해석규정에 따른 약정해제권의 유보라는 법률효과를 막을 수가 없고, 이를 위해서는 매매당사자 간에 계약금의 수수에도 불구하고 약정해제권을 유보하지 않기로 합의하였다는 사실을 적극적으로 주장·입증하여야 한다.

173) 대법원 1992. 5. 12. 선고 91다2151 판결.

하기로 약정한 경우, 교부자가 계약금의 잔금이나 전부를 약정대로 지급하지 않으면 상대방은 계약금 지급의무의 이행을 청구하거나 채무불이행을 이유로 계약금약정을 해제할 수 있고, 나아가 위 약정이 없었더라면 주계약을 체결하지 않았을 것이라는 사정이 인정된다면 주계약도 해제할 수도 있을 것이나, 교부자가 〈계약금의 잔금 또는 전부를 지급하지 아니하는 한〉 계약금계약은 성립하지 아니하므로 당사자가 임의로 주계약을 해제할 수는 없다.[174)]

3) 이행에 착수한다는 것은 단순한 이행의 준비를 하는 것만으로는 부족하고, 이행행위의 일부를 하거나 또는 이행의 제공을 하기 위하여 필요한 전제행위를 하는 경우를 의미한다. ① 가령 매수인이 매도인의 동의하에 매매계약의 계약금 및 중도금 지급을 위하여 은행도 어음을 교부한 경우,[175)] ② 공장설립부지로 사용하기 위하여 토지를 매수한 매수인에게 매도인이 자신 명의로 받아두었던 공장설립허가 명의변경에 필요한 토지사용승낙서와 인감증명서를 제공한 경우[176)]에는 이행의 착수가 있었다고 할 수 있고, ③ 매매계약 당시 매수인이 중도금 일부의 지급에 갈음하여 매도인에게 제3자에 대한 대여금채권을 양도하기로 약정하고, 그 자리에 제3자도 참석한 경우에도, 매수인인 매매계약과 함께 채무의 일부 이행에 착수하였으므로, 매도인은 민법 제565조 제1항에 정한 해제권을 행사할 수 없다.[177)] ④ 그러나, 매도인이 매수인에 대하여 매매계약의 이행을 최고하고, 매매잔대금의 지급을 구하는 소송을 제기한 것만으로는 이행에 착수하였다고 볼 수 없다는 것이 최근의 판례임을 주의하여야 하고,[178)] ⑤ 국토의 계획 및 이용에 관한 법률에 정한 토지거래계약에 관한 허가구역으

---

174) 원심이 인정한 사실관계에 의하면, 이 사건 매매계약 체결 당시 그 계약서 비고란에 계약금 6,000만 원 중 300만 원은 계약 당일(이름 생략)공인계좌로 넣고, 나머지 5,700만 원은 그 다음날 원심공동피고 1의 한미은행 예금계좌로 송금하기로 약정하였는데, 피고 1은 위 계약을 체결한 당일 밤 그가 대리한 원심공동피고 1이 이 사건 아파트를 처분할 의사가 없다는 것을 확인하고 그 다음날 원고가 계약금을 입금하기 전에 피고 2 등을 통하여 원고에게 이 사건 매매계약 파기의 의사표시를 하였다는 것인바, 사실관계가 그와 같다면, 계약금이 교부되지 아니한 이상 아직 계약금계약은 성립되지 아니하였다고 할 것이니, 매도인측은 매수인인 원고의 채무불이행이 없는 한 이 사건 매매계약을 임의로 해제할 수 없다고 할 것이므로, 이 사건 계약금을 수령하기 전에 피고측이 일방적으로 한 이 사건 매매계약 해제의 의사표시는 부적법하여 효력이 없다고 할 것이다. 그럼에도 불구하고, 원심은 이 사건 매매계약이 계약금이 지급되지 전에 매도인측에 의하여 적법하게 해제되었음을 전제로 매수인인 원고로서는 무권대리인인 피고 1에 대하여 원고가 구하는 손해배상책임을 물을 수 없다고 하여 원고의 피고 1에 대한 청구를 기각하고 말았으니, 이러한 원심 판단에는 계약금계약의 법리를 오해하여 판결 결과에 영향을 미친 위법이 있다고 할 것이다(대법원 2008. 3. 13. 선고 2007다73611 판결).

175) 대법원 2002. 11. 26. 선고 2002다46492 판결.

176) 대법원 2005. 2. 25. 선고 2004다52392 판결.

177) 대법원 2006. 11. 24. 선고 2005다39594 판결.

로 지정된 구역 안의 토지에 관하여 매매계약이 체결된 후 계약금만 수수한 상태에서 당사자가 토지거래허가신청을 하고 이에 따라 관할관청으로부터 그 허가를 받았다 하더라도, 그러한 사정만으로는 아직 이행의 착수가 있다고 볼 수 없어 매도인으로서는 민법 제565조에 의하여 계약금의 배액을 상환하여 매매계약을 해제할 수 있다.[179)]

4) 한편, 이행기 전에 착수하였다는 사실은 이행 착수의 재항변에 대한 유효한 재재항변이 될 수 없는데, 민법 제565조가 해제권 행사의 시기를 당사자의 일방이 이행에 착수할 때까지로 제한한 것은 당사자의 일방이 이미 이행에 착수한 때에는 그 당

---

178) 원심판결 이유에 의하면, 원심은 그 채택 증거들을 종합하여 원고(반소피고, 이하 '원고'라고만 한다)는 2004. 3. 31. 피고(반소원고, 이하 '피고'라고만 한다)로부터 소외 주식회사의 주식 11,600주를 대금 174,000,000원에 매수하기로 하는 계약을 체결하면서 계약금 50,000,000원은 2004. 4. 1.에, 잔금 124,000,000원은 2004. 11. 1.까지 각 지급하기로 한 사실, 이에 따라 원고는 2004. 4. 1. 피고에게 계약금 50,000,000원을 지급하였는데, 잔금은 위 지급기일이 도과하도록 지급하지 아니한 사실, 그 후 원고는 이 사건 매매계약이 취소 또는 해제되었음을 이유로 이미 지급한 계약금의 반환을 구하는 본소청구를 하였고, 이에 대하여 피고는 이 사건 매매계약의 유효를 주장하면서 잔대금의 지급을 구하는 반소청구를 하였는데, 제1심은 본소청구 기각, 반소청구 인용의 판결을 선고하였고, 이에 원고는 제1심판결이 선고된 2006. 6. 13. 피고에게 민법 제565조 제1항의 규정에 기하여 계약금을 포기하고 이 사건 매매계약을 해제한다는 의사표시를 한 사실을 인정한 다음, <u>반소로써 매매잔대금의 지급을 구하였다는 사유만으로는 이 사건 매매계약의 당사자 일방이 이행에 착수하였다고 볼 수 없으므로, 위 법조에 기한 원고의 해제권의 행사에 따라 이 사건 매매계약은 적법하게 해제</u>되었다고 하여 피고의 반소청구를 기각하였다. 원심의 위와 같은 판단은 앞서 본 법리에 따른 것으로 옳고, 거기에 상고이유의 주장과 같은 법리오해 등의 위법이 있다고 할 수 없다(대법원 2008. 10. 23. 선고 2007다72274, 72281 판결). 한편, 위 판결은 "주권발행 전 주식의 매매에 있어서는 매수인은 스스로 이행에 착수하거나, 매도인이 회사에 대하여 주식의 양도사실을 통지하거나 통지하기 위하여 필요한 전제행위를 하기 전까지는 계약금을 포기하고 매매계약을 해제할 수 있다고 보아야 한다."라고 하여, 주권발행 전 주식의 매매에 있어서의 이행의 착수에 관하여 기준을 제시하고 있다.

179) 국토의 계획 및 이용에 관한 법률에 정한 토지거래계약에 관한 허가구역으로 지정된 구역 안에 위치한 토지에 관하여 매매계약이 체결된 경우 당사자는 그 매매계약이 효력이 있는 것으로 완성될 수 있도록 서로 <u>협력할 의무</u>가 있지만, 이러한 의무는 그 매매계약의 효력으로서 발생하는 매도인의 재산권이전의무나 매수인의 대금지급의무와는 달리 신의칙상의 의무에 해당하는 것이어서 <u>당사자 쌍방이 위 협력의무에 기초해 토지거래허가신청을 하고 이에 따라 관할관청으로부터 그 허가를 받았다 하더라도, 아직 그 단계에서는 당사자 쌍방 모두 매매계약의 효력으로서 발생하는 의무를 이행하였거나 이행에 착수하였다고 할 수 없을 뿐만 아니라</u>, 그 단계에서 매매계약에 대한이행의 착수가 있다고 보아 민법 제565조의 규정에 의한 해제권 행사를 부정하게 되면 당사자 쌍방 모두에게 해제권의 행사 기한을 부당하게 단축시키는 결과를 가져올 수도 있다. … 그런데 원심이 인정한 사실관계에 의하면, 국토이용법 소정의 토지거래계약에 관한 허가구역으로 지정된 구역 안에 위치한 이 사건 토지에 관하여 이 사건 매매계약이 체결되고 <u>계약금만 수수된 상태에서 매수인인 원고가 거래허가신청을 하고 이에 따라 관할관청으로부터 토지거리허가를 받은 다음 이 사건 매매계약상의 채무에 대한 별다른 이행이 없는 상태에서 매도인인 피고가 이 사건 매매계약의 해제 통지를 하고 이어 계약금의 배액 이상을 공탁</u>하였다는 것이므로, 앞서 본 법리에 비추어 피고가 이 사건 매매계약을 해제할 당시에는 아직 이행의 착수가 있었다고 볼 수 없고, 따라서 이 사건 매매계약은 피고의 해제 의사표시에 따라 적법하게 해제되었다 할 것이다(대법원 2009. 4. 23. 선고 2008다62427 판결).

사자는 그에 필요한 비용을 지출하였을 것이고, 또 그 당사자는 계약이 이행될 것으로 기대하고 있는데 만일 이러한 단계에서 상대방으로부터 계약이 해제된다면 예측하지 못한 손해를 입게 될 우려가 있으므로 이를 방지하고나 함에 있는 것이어서 이행기의 약정이 있더라도 당사자가 이행기 전에는 착수하지 아니하기로 하는 특약을 하는 등의 특별한 사정이 없는 한 이행기 전에도 이행에 착수할 수 있기 때문이다.180)

차. 실권약관에 의한 해제(잔대금 미지급을 이유로 한 경우)

요건사실	매수인이 이행기가 도과하도록 잔대금지급의무를 이행하지 않은 사실+ 매도인이 잔대금지급기일에 매수인의 의무와 동시이행관계에 있는 자신의 의무를 이행하였거나 이행 제공한 사실

180) 이행기 전 이행 착수와 관련하여 서로 다른 결론을 내리고 있는 다음 두 판례를 주의하여야 한다.
① 매매계약의 체결 이후 시가 상승이 예상되자 매도인이 구두로 구체적인 금액의 제시 없이 매매대금의 증액요청을 하였고, 매수인은 이에 대하여 확답하지 않은 상태에서 중도금을 이행기 전에 제공하였는데 그 이후 매도인이 계약금의 배액을 공탁하여 해제권을 행사한 사안에서, 시가 상승만으로 매매계약의 기초적 사실관계가 변경되었다고 볼 수 없어 '매도인을 당초의 계약에 구속시키는 것이 특히 불공평하다'거나 '매수인에게 계약내용 변경요청이 상당성이 인정된다'고 할 수 없고, 이행기 전의 이행의 착수가 허용되어서는 안 될 만한 불가피한 사정이 있는 것도 아니므로 매도인은 위의 해제권을 행사할 수 없다(대법원 2006. 2. 10. 선고 2004다11599 판결).
② 매도인이 민법 제565조에 의하여 계약을 해제한다는 의사표시를 하고 일정한 기한까지 해약금의 수령을 최고하며, 그 기한을 넘기면 공탁하겠다고 통지를 한 이상, 중도금 지급기일은 매도인인 피고를 위하여서도 그 기한의 이익이 있다고 보는 것이 옳고, 따라서 이 사건과 같은 경우에는 매수인인 원고들은 이행기 전에 이행에 착수할 수 없는 특별한 사정이 있는 경우에 해당하여 원고들은 피고의 의사에 반하여 이행할 수 없다고 보는 것이 옳을 것이고, 원고들이 그 이행기 전에 더욱이 피고가 정한 해약금 수령기한 이전에 일방적으로 이행에 착수하였다고 하여도 피고의 계약해제권 행사에 영향을 미칠 수 없다고 보아야 할 것이다. 이 사건에서 원고들이 서둘러 중도금의 6분의 1에도 미치지 아니하는 금 200,000,000원을 피고의 은행거래 구좌에 일방적으로 입금시킨 것은 피고의 계약해제권을 소멸시키고자 한 것으로서 통상적인 계약의 이행이라고 볼 수 없고, 또 이와 같은 원고들의 행위는 피고의 해약금의 수령을 거절할 의사를 명백히 한 것으로 볼 수도 있을 것이다. 그리고 매도인이 민법 제565조에 의하여 계약을 해제하고자 하는 경우에는 계약금의 배액을 제공하고 하여야 할 것이나, 이 해약금의 제공이 적법하지 못하다면 해제권을 보유하고 있는 기간 안에 적법한 제공을 한 때에 계약이 해제된다고 볼 것이고, 또 매도인이 계약을 해제하기 위하여 계약금의 배액을 공탁하는 경우에는 그 공탁원인사실에 계약해제의 의사가 포함되어 있다고 할 것이므로, 상대방에게 그 공탁통지가 도달한 때에는 계약해제 의사표시가 있었다고 보는 것이 옳을 것이다(대법원 1993. 1. 19. 선고 92다31323 판결).
③ 위의 2004다11599 판결에서는 "매수인의 중도금 지급에 불구하고 매도인의 약정해제권을 인정한 92다31323 판결은 매도인이 매수인의 이행 전에 이미 계약해제를 통지하고 계약보증금 배액의 수령을 독촉한 사안에 관한 것으로서 이 사건과는 그 구체적 내용을 달리 한다."라고 하여, 구체적인 법률관계에서 매도인과 매수인의 이행의 정도와 상대방의 구체적인 행위의 시기 등을 고려하여야 함을 밝히고 있다.

1) 이행지체에 의한 법정해제권의 발생요건을 경감하는 특약은 원칙적으로 유효하므로, 최고 없이도 해제할 수 있게 하거나, 최고는 물론 해제의 의사표시조차도 필요 없이 자동적으로 해제된 것으로 간주하는 특약도 가능하다.

2) ① 부동산매매계약에 있어서 매수인이 잔대금지급을 이행하지 않을 때에 매매계약을 자동해제하기로 하는 특약이 있더라도 이는 이행지체를 전제로 하는 것[181]이므로, 부동산 매매계약에 있어서 매수인이 잔금지급기일까지 그 대금을 지급하지 못하면 매도인이 그 계약을 해제할 수 있다는 취지의 약정을 하였더라도 매도인이 이행의 제공을 하여 매수인을 이행지체에 빠뜨리지 않는 한 위와 같은 해제통지만으로는 매매계약이 해제된 것으로 볼 수 없다. ② 이에 비하여 중도금 미지급과 관련된 자동이체의 약정이 있을 경우에는 매수인의 중도금 지급의무는 매도인의 소유권이전의무에 대하여 선이행의무이므로, 중도금을 미지급한 사실 자체로 매매계약이 자동해제된다는 점이 잔대금 미지급의 경우와 다르다.[182]

3) 다만, ① 매수인이 수회에 걸친 채무불이행에 대하여 책임을 느끼고 잔금 지급

---

181) 원심이 그 내세운 증거에 의하여 판시와 같은 사실을 인정한 다음, 〈원고가 이 사건 부동산 매매계약의 잔대금 지급기일인 1996. 4. 30. 까지 잔대금을 지급하지 않아 그 지급기일을 같은 해 5. 13.까지 연기하여 주면서 그 때까지 잔대금을 지급하지 않으면 별도의 통지 없이 매매계약이 해제되는 것으로 하기로 약정하였는데 원고가 결국 같은 해 5. 13.까지 잔대금 지급채무를 불이행함으로써 이 사건 매매계약은 적법히 해제되었다는 피고의 주장에 대하여〉, 원고가 연기된 지급기일까지 잔대금을 피고에게 지급하지 못한 사실은 인정되나, 이 사건 부동산 매매에 관하여 원고가 피고로부터 부동산매도용 인감증명서, 등기권리증, 위임장 등 소유권이전등기신청에 필요한 일체의 서류를 제공받음이 없이 위 잔대금을 같은 해 5. 13.까지 무조건으로 지급하기로 약정하였다고 볼 아무런 증거가 없으므로 원고의 잔대금 지급의무와 피고의 소유권이전 등기서류의 제공의무는 서로 동시이행의 관계에 있다고 할 것인데, 피고 제출의 전 증거에 의하더라도 피고는 당초의 잔대금 지급기일인 같은 해 4. 30.에는 위와 같은 서류를 전혀 준비하지 않았고, 그 후 다시 정한 잔대금 지급기일인 같은 해 5. 13.에도 매수인란이 공란으로 된 자신의 인감증명서와 주민등록번호만을 준비하고 있었을 뿐 달리 원고에게 부동산의 소유권이전등기절차를 이행할 서류들을 준비하고 있었음을 인정할 증거가 없으므로 피고가 자신의 의무이행의 제공을 하지 아니한 이상 단지 잔대금 지급기일이 도과하였다는 이유만으로는 위 계약의 해제사유가 발생한 것으로 볼 수 없다고 판단하였는바, 기록과 앞서 본 법리에 비추어 보면 원심의 이러한 인정과 판단은 옳다고 여겨지고, 거기에 상고이유의 주장과 같은 위법이 있다고 할 수 없다(대법원 1998. 6. 12. 선고 98다505 판결).

182) 매매계약에 있어서 매수인이 중도금을 약정한 일자에 지급하지 아니하면 그 계약을 무효로 한다고 하는 특약이 있는 경우 매수인이 약정한대로 중도금을 지급하지 아니하면(해제의 의사표시를 요하지 않고) 그 불이행 자체로써 계약은 그 일자에 자동적으로 해제된 것이라고 보아야 한다(대법원 1991. 8. 13. 선고 91다13717 판결). 한편 동시이행 관계에 있는 쌍무계약에 있어서 '위약시는 자동 해제된다'는 약정은, 위약한 당사자가 상대방에게 계약금을 포기하거나 그 배액을 배상하여 계약을 해제할 수 있다는 일종의 해제권 유보조항이라 할 것이지 상대방의 위약을 들어 최고나 통지 없이 해제할 수 있다거나, 그 위약사유의 존재만으로 당연히 계약이 해제된다는 특약이라고 볼 수는 없다.

기일의 연기를 요청하면서 새로운 약정기일까지는 반드시 계약을 이행할 것을 확약하고 불이행시에는 매매계약이 자동적으로 해제되는 것을 감수하겠다는 내용의 약정을 한 특별한 사정이 있다면, 매수인이 잔금 지급기일까지 잔금을 지급하지 아니함으로써 그 매매계약은 자동적으로 실효된다고 보아야 하고,[183] ② 부동산 매매계약에 있어서 매수인이 잔금지급기일까지 그 대금을 지급하지 못하면 매도인이 그 계약을 해제할 수 있다는 취지의 약정이 매도인이 소유권이전등기 등 소요서류를 갖추었는지 여부를 묻지 않고 매수인의 지급기한 도과 및 매도인의 해제통지만으로 계약을 해제시키기로 하는 특약이라고 볼 특별한 사정이 있는 경우에는 매수인의 지급기한 도과 및 매도인의 해제통지로써 위 매매계약은 해제된다고 보아야 함을 주의하여야 한다.[184]

---

183) 원심은 그 채택 증거에 의하여, 원고가 2007. 10. 19. 피고와 사이에 토지거래허가구역 내에 위치한 토지 2필지(이하 '이 사건 토지'라 한다)와 지상 건물을 매수하기로 하는 계약(이하 '이 사건 매매계약'이라 한다)을 체결한 후 잔금지급기일에 잔금을 지급하지 못하게 되자 피고와 사이에 잔금지급기일을 2008. 2. 1. 16:00까지로 연기하되, 그 때까지도 잔금을 지급하지 못할 경우 이 사건 매매계약은 해제된 것으로 처리하고 기지급된 계약금의 반환청구권은 포기하기로 합의(이하 '이 사건 합의'라고 한다)한 사실을 인정한 다음, 이 사건 매매계약이 이 사건 토지에 대한 토지거래허가를 받지 않아 유동적 무효인 상태에서도 이 사건 합의는 유효하고, 그 합의에 따라 원고가 연장된 잔금지급기일까지 잔금을 지급하지 아니하는 경우 이 사건 매매계약은 자동적으로 해제된다는 취지로 판단하였다. 위 법리와 기록에 비추어 살펴보면, 이러한 원심 판단은 정당하고, 거기에 토지거래허가구역 내 토지에 대한 매매계약의 효력이나 계약해제 등에 관한 법리오해 등의 위법이 없다(대법원 2010. 7. 22. 선고 2010다1456 판결).

184) 원심판결의 이유 및 이 사건 기록에 의하면, 원고는 피고로부터 피고 소유의 이 사건 부동산과 그 지상의 미완성건물 및 피고 명의의 주택사업권 일체를 매수하기 위하여 우선 2005. 6. 16. 피고와 사이에 정식 매매계약체결일을 2005. 6. 30.로, 매매대금을 260억 원으로, 계약금을 26억 원으로 하고 중도금 없이 잔금 234억 원을 2005. 8. 31.에 지급하기로 하는 내용의 양해각서를 작성하고, 당일 그 이행보증금으로 5억 원을 지급한 사실, 위 양해각서를 작성하면서, 원고는 계약체결일의 연기를 요구할 수 없고 계약체결시 여하한 사유로도 매매대금 또는 지급기일 등 계약조건의 변경을 요구할 수 없는 것으로 합의한 사실(제5조), 원고는 위 양해각서에 따라 2005. 6. 30. 피고와 사이에 이 사건 부동산과 그 지상 미완성건물 및 주택사업권 일체에 관하여 매매대금을 260억 원으로 하여 정식 매매계약(이하 '이 사건 매매계약'이라 한다)을 체결하고, 같은 날 위 이행보증금 5억 원을 계약금의 지급으로 갈음함에 따라 피고에게 나머지 계약금 21억 원을 지급한 사실, 나머지 매매대금은 위 양해각서의 취지에 따라 중도금 없이 잔금 234억 원을 2005. 8. 31.에 지급하기로 되어 있었는데, 이 사건 매매계약서에는 그 지급에 관하여 "매매대금은 피고의 본점 소재지에서 지급하되, 원고는 피고가 지정한 계좌로 온라인 송금을 함으로써 이를 갈음할 수 있다. 원고가 잔금지급일을 경과할 경우 피고는 일방적으로 계약을 해제할 수 있으며, 원고는 계약금의 반환을 요구할 수 없다(제1조 제4항 본문). 다만, 피고가 상당한 사유가 있다고 판단되어 인정한 경우 1회에 한하여 15일간 잔금지급일을 연장할 수 있다(제1조 제4항 단서)."라고 규정되어 있는 한편, "원고가 매매대금을 납부기한까지 납부하지 아니한 때에는 피고가 계약을 해제할 수 있다(제4조 제1호)."는 별도의 규정을 둔 사실, 그런데 원고는 2005. 8. 29. 피고에게 이 사건 매매계약서 제1조 제4항 단서에 기하여 잔금지급기일을 2005. 9. 15.까지 연장해 달라고 요청하였고, 피고가 이를 받아 들여 잔금지급기일을 2005. 9. 15.까지로 연장해 준 사실, 그러나 원고는 2005. 9. 15.까지도 잔금을 지급하지 못하였고, 피고에게 잔금지급기일을 2005. 9. 22.까지

카. 합의해제

1) 합의해제란, 계약 당사자 쌍방이 합의에 의하여 기존의 계약의 효과를 소멸시켜 당초부터 계약이 체결되지 않았던 것과 같은 상태로 복귀시킬 것을 내용으로 하는 새로운 계약을 말한다. 합의해제에 의한 법률관계는 원칙적으로 합의해제의 내용 및 부당이득에 관한 규정에 의하여 결정되나, 그에 의하여 계약을 맺지 않았던 것과 같은 효과가 발생하는 것이므로, 피고로서는 합의해제 사실을 주장하며 항변할 수도 있다.

2) 계약이 합의해제 되기 위하여는 일반적으로 계약이 성립하는 경우와 마찬가지로 계약의 청약과 승낙이라는 서로 대립하는 의사표시가 합치될 것(합의)을 그 요건으로 하는바, 이와 같은 합의가 성립하기 위하여는 쌍방당사자의 표시행위에 나타난 의사의 내용이 객관적으로 일치하여야 한다. ① 매매계약 당사자 중 매도인이 매수인에게 매매계약의 합의해제를 청약하였다고 할지라도, 매수인이 그 청약에 대하여 조건을 붙이거나 변경을 가하여 승낙한 때에는 민법 제534조의 규정에 비추어 그 청약의 거절과 동시에 새로 청약한 것으로 보게 되는 것이고, 그로 인하여 종전의 매도인의

다시 연장해 달라고 요청하였으나 피고는 연장요청을 거절한 사실, 2005. 9. 17.부터 9. 19.까지는 추석 연휴기간으로서 피고와 같은 건설업체가 자금을 필요로 하는 시기였던 사실, 피고는 추석 연휴기간이 끝난 2005. 9. 20.에도 원고가 잔금을 지급하지 아니하자 원고에게 이 사건 매매계약의 해제를 통지한 사실, 원고는 그 다음날인 2005. 9. 21. 피고에게 잔금을 지급하겠다는 의사표시를 하였으나, 피고는 이미 위 해제통지에 의하여 이 사건 매매계약이 해제되었다고 주장하며 응하지 아니한 사실을 알 수 있다. 앞서 본 법리에 비추어 이 사건 양해각서와 매매계약의 체결 경위 및 그 내용을 살펴보면, 원고는 이 사건 매매계약을 체결하면서 중도금 없이 계약금을 제외한 나머지 매매대금 전부를 2005. 8. 31.까지 반드시 지급할 것을 약속하면서 이를 다짐하는 의미에서 만일 원고가 그날까지 계약금을 제외한 나머지 매매대금을 지급하지 아니하면 피고가 일방적으로 계약을 해제하여도 불이익을 감수하겠다는 의사를 가지고 "원고가 잔금지급일을 경과할 경우 피고는 일방적으로 계약을 해제할 수 있다(매매계약서 제1조 제4항 본문)."는 특약을 하였다고 봄이 상당하다. 더구나 피고가 잔금지급기일을 2005. 9. 15.까지 1차 연장해주었음에도 불구하고 원고가 다시 잔금지급기일을 지키지 못한 이 사건에 있어서는, 피고가 위 해제통지 당시 소유권이전등기 등 소요서류를 갖추었는지 여부에 관계없이 1차 연장된 잔금지급기일을 원고가 도과한 사실 및 피고의 해제통지만으로 이 사건 매매계약이 해제되었다고 봄이 상당하다고 할 것이다. 그런데도 원심은, 피고가 이 사건 매매계약을 해제하기 위해서는 먼저 원고에게 이행의 제공을 하여 원고를 잔금지급채무의 이행지체에 빠지게 하였어야 한다고 잘못 판단을 하여, 피고가 당초 잔금지급기일인 2005. 8. 31. 당시 이 사건 부동산의 소유권이전등기 및 주택사업권의 명의변경에 필요한 서류들을 준비하기는 하였으나 매도인용 법인 인감증명서는 준비하지 아니하였고, 나아가 1차 연장기일인 2005. 9. 15.이나 같은 달 20. 이 사건 해제통지를 하면서 원고에게 위 서류들을 제공하거나 위 서류들이 준비되었음을 통지하지 아니하였으므로, 피고의 이 사건 해제통지는 부적법하다고 판단함으로써 원고의 이 사건 소유권이전등기 등 청구를 인용하고 말았으니, 원심판결에는 이 사건 매매계약의 해석 및 매매계약의 해제에 관한 법리를 오해한 위법이 있고, 이러한 위법은 판결 결과에 영향을 미쳤음이 명백하다. 이 점을 지적하는 상고이유의 주장은 이유 있다(대법원 2007. 11. 29. 선고 2007다576 판결).

청약은 실효된다.[185] ② 한편 계약의 합의해제는 명시적으로 이루어진 경우뿐만 아니라 묵시적으로 이루어질 수도 있는 것으로, 계약의 성립 후에 당사자 쌍방의 계약실현 의사의 결여 또는 포기로 인하여 쌍방 모두 이행의 제공이나 최고에 이름이 없이 장기간 이를 방치하였다면, 그 계약은 당사자 쌍방이 계약을 실현하지 아니할 의사가 일치함으로써 묵시적으로 합의 해제되었다고 할 것이므로,[186] 묵시적 합의해제를 주장하는 피고로서는 위와 같은 사실을 추인하게 하는 사실을 주장하여 항변할 수 있게 된다(다만, 당사자 쌍방이 계약을 이행하지 아니한 채 장기간 방치하였다고 하더라도 그와 같은 사유만으로 당사자 쌍방의 계약을 실현하지 아니할 의사의 합치로 계약이 묵시적으로 합의 해제되었다고 볼 수는 없고 당사자 쌍방이 계약을 실현할 의사가 있었는지의 여부는 계약이 체결된 후의 여러 가지 사정을 종합적으로 고려하여 판단하여야 한다).[187] ③ 한편, 계약을 합의해제할 때에 원상회복에 관하여 반드시 약정을 하여야 하는 것은 아니지만, 매매계약을 합의해제하는 경우에 이미 지급된 계약금, 중도금의 반환 및 손해배상금에 관하여는 아무런 약정도 하지 아니한 채 매매계약을 해제하기만 하는 것은 우리의 경험칙에 비추어 이례에 속하는 일이라는 것이 판례[188][189]이다(이는 합의해제 주장에 대한 간접반증이 될 것이다).

---

185) 원심은, 원고가 피고에게 발송한 각 내용증명의 취지는 피고에 대하여 원심판결 별지 목록 기재 각 부동산 중 10분의 1 지분(이하 '이 사건 토지 지분'이라고 한다)에 관하여 체결한 2003. 12. 29.자 매매계약(이하 '이 사건 매매계약'이라고 한다)의 이행을 촉구하면서 그 이행이 곤란한 경우 원고가 지급한 바 있는 9,000만 원을 즉시 반환하여 달라는 것인데, 피고가 원고에게 그 답신으로 발송한 각 내용증명에는 원고의 위와 같은 의사표시를 이 사건 매매계약에 대한 해제의 의사표시로 받아들이면서 피고도 원고의 해제 의사표시에 관하여 승낙한다고 기재되어 있을 뿐 위 9,000만 원을 지급하겠다는 내용은 없고, 오히려 위 돈의 반환과 관련하여 원고가 위 토지 전부를 사용, 수익한 것에 따른 정산을 하여야 한다는 것이므로, 피고의 위와 같은 통지는 새로운 해제계약의 청약으로 볼 수 있을지언정 원고의 해제계약의 청약을 그대로 받아들이기로 승낙한 것으로 볼 수는 없다고 판단하고 있는바, 앞서 본 법리와 원심이 적법하게 채택한 증거를 종합하여 보면, 원심의 위와 같은 판단은 정당하며, 거기에 선택채권 또는 계약의 합의해제에 관한 법리를 오해한 위법이 있다고 할 수 없다(대법원 2009. 2. 12. 선고 2008다71926 판결).

186) 대법원 2007. 6. 15. 선고 2004다37904, 37911 판결.

187) 대법원 1993. 7. 27. 선고 93다19030 판결.

188) 원고가 2004. 5. 6. 피고, 피고 3에게 한 말의 취지는 위 피고와 사이에 체결한 주식회사 월간국제골프사(이하 '이 사건 법인'이라고만 한다)의 주식양수도계약(이하 '이 사건 계약'이라고만 한다)을 해제할 테니 원상회복 및 손해배상 등으로서 즉시 1억 원을 지급하여 달라는 것이고, 이에 대하여 위 피고가 2004. 5. 7. 원고에게 발송한 내용증명(을 제1호증)에는 위 피고가 이 사건 계약에 대한 원고의 해제의사표시를 승낙한다고만 기재되어 있을 뿐 위 1억 원을 지급하겠다는 내용은 없고, 오히려 위 피고가 2004. 5. 10. 원고에게 발송한 내용증명(을 제2호증)의 취지는 원고에게 2004. 5. 31.까지 5,000만 원, 2004. 6. 30.까지 25,154,810원 등 합계 75,154,810원 만을 지급하겠다는 것인바, 위 피고의 위와 같은 통지내용은 이를 새로운 해제계약의 청약으로는 볼 수 있을지언정, 원고의 해제계약의 청약을 그대로 받아들이기로 승낙을 한 것으로 볼 수는 없고, 한편 기록상 원고와 위 피고 사이에 계약해제시의 원상회복 및 손해배상액 등에 관하여 다툼이 계속되어 온 사정이 엿보이는 점에 비추어 위 피고의 위 새로운 해제계약의 청약에 대하여 원고의 승낙이 있었다고 볼 수도 없다. 따라서 원심이, 원고와 위 피고 사이에 이 사건 계약이

3) 계약의 합의해제에 있어서도 민법 제548조의 계약해제의 경우와 같이 이로써 제3자의 권리를 해할 수 없고, 계약 해제 시 계약은 소급하여 소멸하게 되어 해약 당사자는 각 원상회복의 의무를 부담하게 되나 이 경우 계약 해제 후 계약해제로 인한 원상회복등기 등이 이루어지기 이전에 해약당사자와 양립되지 아니하는 법률관계를 가지게 되었고 계약해제 사실을 몰랐던 제3자에 대하여는 계약해제를 주장할 수 없고, 이 경우 제3자가 악의라는 사실의 주장·입증책임은 계약해제를 주장하는 자에게 있다[190](즉, 계약의 해제를 주장하면서 소유권이전등기의 말소 등을 구하는 원고가 청구원인 사실로서 피고가 보호받는 제3자에게 해당하지 아니함을 주장하여야 하는 것이다).[191]

4) 한편, ① 합의해제의 효력은 그 합의의 내용에 의하여 결정하고 여기에는 해제에 관한 민법 제548조 제2항의 규정은 적용되지 아니하므로, 당사자 사이에 약정이 없는 이상 합의해제로 인하여 반환할 금전에 그 받은 날로부터의 이자를 가하여야 할 의무가 있는 것은 아니며,[192] ② 〈그 해제시에 당사자 일방이 상대방에게 손해배상을

합의해제 되었다고 볼 수 없다고 판단한 결론에 있어서는 정당하여 위의 잘못이 판결 결과에 영향을 미쳤다고 볼 수 없으므로, 이 부분 상고이유의 주장은 결국 이유 없다(대법원 2007. 11. 29. 선고 2006다2490, 2506 판결).

189) 채권채무관계에 있는 갑, 을, 병 사이에 을의 갑에 대한 대여금채무는 갑에 대한 채무자가 을에서 병으로, 병의 을에 대한 대여금채무는 병에 대한 채권자가 을에서 갑으로 각 변경되고, 기존의 위 각 채무의 내용도 갑과 병 사이의 매매계약상 채무 이행으로 바뀌게 되는 정산약정 및 매매계약을 체결한 사안에서, 위 정산약정 및 매매계약은 민법 제500조에서 규정한 경개계약에 해당하는데, 갑과 을 사이에 위 정산약정을 합의 해제하는 것만으로는 그 해제의 효력일 병에게 미칠 수 없어 병과 사이의 각 법률관계가 해결되지 않으므로 갑과 을이 그에 관하여 아무런 약정이나 논의도 없이 정산약정만을 합의 해제하였다는 것은 경험칙상 이례적이라는 점을 감안하면, 갑이 지급한 매매대금을 을로부터 회수하였다는 사정만으로 갑과 을이 정산약정을 합의 해제하였다고 인정할 수 없다(대법원 2010. 7. 29. 선고 2010다699 판결).

190) 계약 해제 후 원상회복등기 등이 이루어지기 전에 새로운 법률관계를 맺은 경우에는 선의의 제3자에 한하여 보호받지만, 새로운 법률관계를 맺은 시점이 계약 해제 전인 경우라면 다르다. 계약당사자의 일방이 계약을 해제한 경우 그 계약의 해제 전에 그 해제와 양립되지 아니하는 법률관계를 가진 제3자에 대하여는 계약의 해제에 따른 법률효과를 주장할 수 없고, 이는 제3자가 그 계약의 해제 전에 계약이 해제될 가능성이 있다는 것을 알았거나 알 수 있었다 하더라도 달라지지 아니한다. 원심판결 이유에 의하면, 원심은 그 판시 증거를 종합하여 주식회사 대청교역(이하 '대청교역'이라 한다)이 2003. 10. 29. 이 사건 건물 및 대지 등의 매수인인 주식회사 황금리조트(이하 '황금리조트'라 한다)에게 매매계약의 해제를 통보하기 전에 원고가 2003. 10. 22.자로 이 사건 건물 및 대지 등에 관하여 가등기를 마친 사실을 인정한 다음, 원고는 위 매매계약의 해제 사실을 알았는지 여부와 관계없이 민법 제548조 제1항 단서 소정의 제3자에 해당하므로, 대청교역은 원고에게 위 해제의 효과를 주장할 수 없다는 취지로 판단하였다. 앞에서 본 법리와 기록에 비추어 살펴보면, 위와 같은 원심의 판단은 정당하고, 거기에 상고이유에서 주장하는 바와 같은 민법 제548조 제1항 단서의 해석·적용, 신의성실의 원칙 및 권리남용에 관한 법리오해, 석명의무 위반 등의 위법이 없다(대법원 2010. 12. 23. 선고 2008다57746 판결).

191) 대법원 2005. 6. 9. 선고 2005다6341 판결.

하기로 특약하거나 손해배상청구를 유보하는 의사표시를 하는 등 다른 사정이 없는 한〉 채무 불이행으로 인한 손해배상을 청구할 수 없다.[193]

타. 계약의 무효 및 취소

1) 피고는 매매계약이 무효라거나, 계약을 취소하였다는 점을 주장하며 항변할 수도 있다.

가) 불공정한 법률행위[194]로 무효임을 주장하기 위해서는, ① 행위자가 궁박, 경솔 또는 무경험 등의 상태에 있었던 사실, ② 상대방이 위와 같은 사실을 알고 있었던 사실,[195] ③ 급부와 반대급부 사이에 현저한 불균형이 있는 사실을 주장·입증하여야 한다. 한편, 대리인에 의하여 법률행위가 이루어진 경우 그 법률행위가 민법 제104조의 불공정한 법률행위에 해당하는지 여부를 판단함에 있어서 경솔과 무경험은 대리인을 기준으로 하여 판단하고, 궁박은 본인의 입장에서 판단하여야 한다.

나) 착오에 의한 의사표시임을 이유로 계약을 취소하기 위해서는, ① 법률행위 내용에 관하여 착오가 있는 사실,[196] ② 그 착오가 중요부분의 착오인 사실, ③ 취소의 의사표시를 하고, 상대방에게 그 의사표시가 도달된 사실[197][198]을 주장·입증하면 되

---

192) 대법원 1996. 7. 30. 선고 95다16011 판결.

193) 대법원 1989. 4. 25. 선고 86다카1147, 86다카1148 판결.

194) 매매계약과 같은 쌍무계약이 급부와 반대급부와의 불균형으로 말미암아 민법 제104조에서 정하는 '불공정한 법률행위'에 해당하여 무효라고 한다면, 그 계약으로 인하여 불이익을 입는 당사자로 하여금 위와 같은 불공정성을 소송 등 사법적 구제수단을 통하여 주장하지 못하도록 하는 부제소합의 역시 다른 특별한 사정이 없는 한 무효라고 할 것이다(대법원 2010. 7. 15. 선고 2009다50308 판결).

195) 민법 제104조는, 약자적 지위에 있는 자의 궁박, 경솔 또는 무경험을 이용한 폭리행위를 규제하려는 데에 그 목적이 있으므로, 피해당사자가 궁박, 경솔 또는 무경험의 상태에 있었다고 하더라도 그 상대방 당사자에게 위와 같은 피해당사자 측의 사정을 알면서 이를 이용하려는 의사 즉 폭리행위의 악의가 없었다면 불공정한 법률행위는 성립하지 않는다(대법원 1991. 7. 9. 선고 91다5907 판결).

196) 원심은, 그 채용 증거들을 종합하여 판시와 같은 사실을 인정한 다음, 〈원고들이 이 사건 매매 당시 장차 도시계획이 변경되어 자신들이 이 사건 토지 상에 공동주택, 호텔 등을 신축하는 사업에 대한 인·허가를 받을 수 있을 것이라고 생각하였으나 그 후 생각대로 되지 않았다 하더라도〉, 이는 법률행위 당시를 기준으로 장래의 미필적 사실의 발생에 대한 기대 또는 예상이 빗나간 것에 불과할 뿐 이를 착오라고 할 수는 없다는 이유로, 원고들이 착오를 이유로 이 사건 매매를 취소하는 바이므로 피고는 이 사건 매매계약에 따라 수령한 계약금을 원고들에게 반환할 의무가 있다는 원고들의 예비적 청구원인 주장을 배척하였는바, 기록에 의하여 살펴보면, 이러한 원심의 조치 역시 옳은 것으로 수긍이 가고, 거기에 채증법칙 위배나 착오에 의한 의사표시의 취소에 관한 법리오해, 대법원판례와 상반되는 판단을 한 위법 등이 있다고 할 수 없다(대법원 2007. 8. 23. 선고 2006다15755 판결). (한편 이 판결에서는, 뒷부분 내용 확인 요망).

197) 의사표시의 도달 여부가 문제되는 경우는 그리 많지 않다. 다만, "우편물이 수취인 가구의 우편함에 투입되었다고 하더라도 분실 등을 이유로 그 우편물이 수취인의 수중에 들어가지 않을 가능성이 적지

고, 이에 대하여 원고로서는 그 착오가 표의자의 중대한 과실에 의한 것임을 주장하며 재항변할 수 있다.

(1) ① 동기의 착오가 법률행위의 내용의 중요부분의 착오에 해당함을 이유로 표의자가 법률행위를 취소하려면 그 동기를 당해 의사표시의 내용으로 삼을 것을 상대방에게 표시하고 의사표시의 해석상 법률행위의 내용으로 되어 있다고 인정되면 충분[199)][200)]하고 당사자들 사이에 별도로 그 동기를 의사표시의 내용으로 삼기로 하는 합의까지 이루어질 필요는 없다.

(2) ① 법률행위의 내용의 착오는 보통 일반인이 표의자의 입장에 섰더라면 그와 같은 의사표시를 하지 아니하였으리라고 여겨질 정도로 그 착오가 중요한 부분에 관

않게 존재하는 현실에 비추어, 〈우편함의 구조를 비롯하여 수취인인 우편물을 수취하였음을 추인할 만한 특별한 사정에 대하여 심리를 다하지 아니한 채〉 아파트 경비원이 집배원으로부터 우편물을 수령한 후 이를 우편함에 넣어 둔 사실만으로 수취인이 그 우편물을 수취하였다고 추단한 원심판결을 파기한 사례(대법원 2006. 3. 24. 선고 2005다66411 판결)"가 있음을 주의할 것이다. 결국 구체적인 사실 관계 아래에서 의사표시의 도달을 인정할 수 있는지, 즉 객관적으로 보아 상대방이 요지할 수 있는 상태에 있는지 여부를 판단할 수밖에 없다.

198) 취소권자가 취소의 의사표시를 담은 반소장 부본을 원고에게 송달함으로써 취소권을 재판상 행사하는 경우에는 반소장 부본이 원고에게 도달한 때에 비로소 취소권 행사의 효력이 발생하여 취소권자와 원고 사이에 취소의 효력이 생기므로, 취소의 의사표시가 담긴 반소장 부본이 제척 기간 내에 송달되어야만 취소권자가 제척기간 내에 적법하게 취소권을 행사하였다고 할 것이다(대법원 2008. 9. 11. 선고 2008다27301, 27318 판결).

199) 원심은, 원고 등이 1996. 6. 25. 피고로부터 그 소유의 충남 서천군 장항읍 옥산리 639의4 답 11,081㎡ 중 1,680㎡을 특정하여 금 6,500만 원에 매수하기로 하되, 계약금 1,000만 원은 계약당일에, 잔금 5,500만 원은 1996. 10. 20. 피고가 위 토지를 매립함과 동시에 지급하기로 하고, 피고는 위 토지의 북서쪽에 폭 3m의 진입로를 개설하여 주기로 약정한 사실, 이에 따라 원고 등은 피고에게 계약금 1,000만 원 및 잔금 중 금 5,150만 원을 지급한 후 1997. 2. 24. 원고 최OO 앞으로 위 토지에 대한 소유권이전등기를 마친 사실, 그런데 원고 등은 위 토지 위에 주택을 신축하기 위하여 토지를 매입하였고, 피고도 그와 같은 사정을 알고 있었는데, 실제로 이 사건 토지는 농촌진흥지역으로서 농업인은 농업인주택과 농업용 시설을 건축할 수 있으나 농업인이 아닌 사람은 그 지상에 주택을 건축할 수 없는 토지로서 원고 등은 위 토지에 주택을 건축할 수 없는 사실 등을 인정한 다음, 위와 같은 사실관계를 기초로 하여 원고 등이 이 사건 매매계약을 체결할 당시에 이 사건 토지에 일반주택을 건축할 수 있다고 생각한 것은 동기의 착오라고 할 것이나, 이는 원·피고 사이에 매매계약의 내용으로 표시되었다고 볼 것이고, 이는 이 사건 매매계약의 중요한 부분으로서 결국 원고 등은 이 사건 매매계약을 체결함에 있어 법률행위의 내용의 중요부분에 착오가 있었다는 취지로 판단하였다. 기록에 비추어 살펴보면, 원심의 위와 같은 인정과 판단은 수긍이 가고, 거기에 채증법칙 위반 내지 동기의 착오에 관한 법리오해 등의 위법은 없다(대법원 2001. 7. 10. 선고 2001다3764 판결).

200) 원심은 거시증거에 의하여 이 사건 부동산지상에 설시와 같이 고층아파트를 건축할 수 없게 된 사실과 원고가 이 사건 부동산을 매수하게 된 동기에 착오가 있었다는 사실을 인정한 다음, 의사표시의 동기에 착오가 있었음을 이유로 표의자가 이를 취소하기 위하여는 그 동기가 상대방에 표시되고 의사표시내용의 중요부분이 착오로 인정될 경우이어야 한다고 하고서 원고가 이 사건 부동산에 대한 매매계약을 체결함에 있어 그 매수하는 동기를 피고에게 표시하였다고 볼 증거가 없다는 이유로 원고의 위 주장을 배척하였다. 원심의 조치는 정당하고,…(대법원 1990. 5. 22. 자 90다카7026 결정).

한 것이어야 한다.[201] ② 착오가 법률행위 내용의 중요 부분에 있다고 하기 위하여는 표의자에 의하여 추구된 목적을 고려하여 합리적으로 판단하여 볼 때 표시와 의사의 불일치가 객관적으로 현저하여야 하고, 만일 그 착오로 인하여 표의자가 무슨 경제적인 불이익을 입은 것이 아니라면 이를 법률행위 내용의 중요 부분의 착오라고 할 수 없다.[202]

(3) 중대한 과실이라 함은 표의자의 직업, 행위의 종류, 목적 등에 비추어 보통 요구되는 주의를 현저하게 결여한 것을 말하는데, 이는 의사표시를 할 당시를 기준으로 판단하고, 원고가 재항변으로 주장하여야 한다.[203][204]

---

201) 대법원 2000. 5. 12. 선고 2000다12259 판결.

202) 〈원심은 그 채용 증거를 종합하여 판시와 같은 사실을 인정한 다음, 원고는 강○○이 피고로부터 차용할 3,750만 원의 반환채무를 보증할 의사로 이 사건 공정증서에 연대보증인으로 서명·날인하였으나, 원고의 의사와 달리 이 사건 공정증서는 강○○의 피고에 대한 기존의 구상금채무등에 관한 준소비대차계약 공정증서였으므로, 원고의 서명·날인행위는 착오에 의한 것이고, 이와 같은 착오는 법률행위의 중요 부분에 관한 착오에 해당한다고 판단〉하였다.
그러나 소비대차계약과 준소비대차계약의 법률효과는 동일한 것이어서, 비록 원고가 이 사건 준소비대차계약 공정증서를 읽지 않거나 올바르게 이해하지 못한 채 서명·날인을 하였다고 하더라도 그 공정증서가 원고의 의사와 다른 법률효과를 발생시키는 내용의 서면이라고 할 수는 없으므로 표시와 의사의 불일치가 객관적으로 현저한 경우에 해당하지 않을 뿐만 아니라, 원고로서는 강○○이 피고에게 부담하는 3,750만 원의 차용금반환채무를 연대 보증할 의사를 가지고 있었던 이상, 그 차용금이 공정증서 작성 후에 비로소 강○○에게 교부되는 것이 아니라 강○○이 피고에게 지급하여야 할 구상금 등을 소비대차의 목적으로 삼은 것이라는 점에 대하여 원고가 착오를 일으켰다고 하더라도 그로 인해 원고가 무슨 경제적인 불이익을 입었거나 장차 불이익을 당할 염려가 있는 것은 아니므로, 위와 같은 착오는 이 사건 연대보증계약의 중요 부분에 관한 착오라고 할 수 없다(그러한 착오는 이른바 동기의 착오에 해당한다고 할 것인데, 설령 원고가 이 사건 연대보증계약에 이르게 된 동기가 상대방인 피고에게 표시되고 의사표시의 해석상 법률행위의 내용으로 되어있음이 인정된다고 해도 그것이 연대보증계약의 중요 부분의 착오로 될 수 없음은 마찬가지이다). 그렇다면 원고의 착오에 의한 연대보증 취소 주장을 받아들여 이 사건 공정증서에 의한 강제집행을 불허한 원심판결에는 착오로 인한 의사표시의 취소에 관한 법리를 오해하여 판결 결과에 영향을 미친 위법이 있고, 이 점을 지적하는 상고이유의 주장은 이유가 있다(대법원 2006. 12. 7. 선고 2006다41457 판결). 이 판결은 중요부분의 착오의 판단 기준을 제시하면서, 동기의 착오가 상대방에게 표시되어 법률행위의 내용으로 인정된다고 하더라도, 그 착오가 중요부분의 것인지 여부는 따로 판단하여야 할 문제라는 점을 밝히고 있다는 점에서 의미가 있다.

203) 원고는 부천시 소재 100평 정도의 건물을 임차하여 분말야금, 세라믹, 플라스틱 금형 및 각종 치공구를 제작하는 공장을 경영하고 있었는데 매출액 및 종업원의 수가 증감함에 따라 그 공장이 협소하게 되어 새로운 공장을 설립할 목적으로 이 사건 토지를 매수하게 된 것이므로, 원고로서는 먼저 위 토지상에 원고가 설립하고자 하는 공장을 건축할 수 있는지의 여부를 관할구청에 알아보아야 할 주의의무가 있고, 또 이와 같이 알아보았다면 위 토지상에 원고가 의도한 공장의 건축이 불가능함을 쉽게 알 수 있었다고 보이므로, 원고가 이러한 주의의무를 다하지 아니한 채 이 사건 매매계약을 체결한 것에는 중대한 과실이 있다고 보아야 할 것이다(대법원 1993. 6. 29. 선고 92다38881 판결).

204) 피고가 이 사건 임대차계약을 체결하기 약 2개월 이전부터 씨비닐을 생산, 판매하기 위하여 사무실을 차린 뒤 기계발주 및 제품생산계획을 세우고 씨비닐생산공장을 물색하다가 이 사건 건물을 임차하게 된 것으로서 피고가 이 사건 건물에 씨비닐생산공장의 설치허가를 받은 공장을 경영할 동기에서 위 건물을 임차하려고 하였다면, 피고로서는 먼저 위 건물에 그가 경영하고자 하는 공장의 신설이 가능한지

(4) 사기에 의한 의사표시[205]란 타인의 기망행위로 말미암아 착오에 빠지게 된 결과 어떠한 의사표시를 하게 되는 경우이므로 거기에는 의사와 표시의 불일치가 있을 수 없고, 단지 의사의 형성과정 즉 의사표시의 동기에 착오가 있는 것에 불과하며, 이 점에서 고유한 의미의 착오에 의한 의사표시와 구분되는데, 신원보증 서류에 서명날인한다는 착각에 빠진 상태로 연대보증의 서면에 서명 날인한 경우, 결국 위와 같은 행위는 강OO 기명날인의 착오(또는 서명의 착오), 즉 어떤 사람이 자신의 의사와 다른 법률효과를 발생시키는 내용의 서면에, 그것을 읽지 않거나 올바르게 이해하지 못한 채 기명날인을 하는 이른바 표시상의 착오에 해당하므로, 비록 위와 같은 착오가 〈제3자의 기망행위에 의하여 일어난 것이라 하더라도〉 그에 관하여는 사기에 의한 의사표시에 관한 법리, 특히 상대방이 그러한 제3자의 기망행위 사실을 알았거나 알 수 있었을 경우가 아닌 한 의사표시자가 취소권을 행사할 수 없다는 민법 제110조 제2항의 규정을 적용할 것이 아니라, 착오에 의한 의사표시에 관한 법리만을 적용하여 취소권 행사의 가부를 가려야 함을 주의하여야 한다.[206]

(5) 한편, 계약당사자가 쌍방이 계약의 전제나 기초가 되는 사항에 관하여 같은 내용으로 착오가 있고 이로 인하여 그에 관한 구체적 약정을 하지 아니하였다면, 당사자가 그러한 착오가 없을 때에 약정하였을 것으로 보이는 내용으로 당사자의 의사를 보충하여 계약을 해석할 수 있다. 여기서 보충되는 당사자의 의사는 당사자의 실제 의사 또는 주관적 의사가 아니라 계약의 목적, 거래관행, 적용법규, 신의칙 등에 비추어 객관적으로 추인되는 정당한 이익조정 의사를 말한다는 것이 판례이다.[207]

를 관할관청에 알아 보아야 할 주의의무가 있고 또 이와 같이 알아보았다면 쉽게 위 건물에 대한 공장신설허가가 불가능하다는 사실을 알 수 있었다고 보이므로, 피고가 이러한 주의의무를 다하지 아니한 채 이 사건 임대차계약을 체결한 것에는 중대한 과실이 있다고 보아야 할 것이다(대법원 1992. 11. 24. 선고 92다25830, 25847 판결).

205) 최근 대법원은, 임차인이 임대인의 승낙을 받아 임대차보증금반환채권을 담보로 금전을 차용한 사안에서, 임대인이 금전을 대여하는 사람에게 다른 공동임차인의 존재, 차임 등의 연체 사실 등을 고지할 신의칙상의 의무가 있다고 하여, 일정한 경우 부작위에 위한 기망행위가 성립할 수 있다고 판시한 바 있다(대법원 2009. 2. 26. 선고 2006다45688 판결).

206) 한편 위 판결에서는, "취소의 의사표시란 반드시 명시적이어야 하는 것은 아니고, 취소자가 그 착오를 이유로 자신의 법률행위의 효력을 처음부터 배제하려고 한다는 의사가 드러나면 족한 것이며, 취소원인의 진술 없이도 취소의 의사표시는 유효한 것이므로, 신원보증서류에 서명 날인하는 것으로 잘못 알고 이행보증보험약정서를 읽어보지 않은 채 서명 날인한 것일 뿐 연대보증약정을 한 사실이 없다는 주장은 위 연대보증약정을 착오를 이유로 취소한다는 취지로 볼 수 있다"고 하고 있다(대법원 2005. 5. 27. 선고 2004다43824 판결).

207) "국가와 기부채납자가 국유지인 대지 위에 건물을 신축하여 기부채납하고 위 대지 및 건물에 대한 사용수익권을 받기로 약정하면서 그 기부채납이 부가가치세 부과대상인 것을 모른 채 계약을 체결한

2) 쌍무계약이 무효로 되어 각 당사자가 서로 취득한 것을 반환하여야 하는 경우, 매매계약이 취소된 경우에 당사자 쌍방의 원상회복의무는 동시이행의 관계에 있다.[208)][209)]

가) 이 경우 선의의 점유자에게는 민법 제201조 제1항이 적용되어 과실수취권이 인정되므로 매수인은 매매 목적물 등의 사용이익을 반환할 의무가 없고, 선의의 매수인에게 민법 제201조가 적용되어 과실취득권이 인정되는 이상 선의의 매도인에게도 민법 제587조의 유추적용에 의하여 대금의 운용이익 내지 법정이자의 반환을 부정함이 형평에 맞는 것이라 할 것이므로, 매도인도 매매대금에 대한 이자 등을 반환할 의무가 없다(이는 계약 해제의 경우와 다른 점이다).[210)] 다만, 민법은 보호의 필요성이 없는

사안에서, 두 계약당사자의 진의가 국가가 부가가치세를 부담하는 것이었다고 추정하여 그러한 내용으로 계약을 수정 해석하여야 한다고 본 원심판결을 파기"하면서, "부가가치세법 제15조가 사업자가 재화 또는 용역을 공급하는 때에는 부가가치세 상당액을 그 공급을 받는 자로부터 징수하여야 한다고 규정하고 있으나 공급자가 위 규정을 근거로 공급을 받는 자로부터 부가가치세 상당액을 징수한 권리가 없는 이상(대법원 2002. 11. 22. 선고 2002다38828 판결 등 참조), 부가가치세의 부담에 관한 별도의 약정이 없을 경우에 공급받는 자가 부가가치세를 부담한다는 일반적인 거래관행이 확립되어 있거나 기부채납에 있어 부가가치세를 국가가 부담하는 관행이 있다고 단정할 수 없음"을 그 근거로 들고 있다(대법원 2006. 11. 23. 선고 2005다13288 판결).

208) 부당이득반환의 경우 수익자가 반환해야 할 이득의 범위는 손실자가 입은 손해의 범위에 한정되고, 여기서 손실자의 손해는 사회통념상 손실자가 당해 재산으로부터 통상 수익할 수 있을 것으로 예상되는 이익 상당이라 할 것이며, 부당이득한 재산에 수익자의 행위가 개입되어 얻어진 이른바 운용이익의 경우, 그것이 사회통념상 수익자의 행위가 개입되지 아니하였더라도 부당이득된 재산으로부터 손실자가 통상 취득하였으리라고 생각되는 범위 내에서는 반환해야 할 이득의 범위에 포함되는 바, 매매계약이 무효인 경우, 매도인이 매매대금으로 받은 금전을 정기예금에 예치하여 얻은 이자가 반환해야 할 부당이익의 범위에 포함된다(대법원 2008. 1. 18. 선고 2005다34711 판결).

209) 원고가 선정자와 사이의 이 사건 제1토지에 관한 매매계약을 기망을 이유로 취소함으로써 그 원상회복으로서 원고가 선정자에게 이 사건 제1토지에 관하여 소유권이전등기의 말소등기절차를 이행할 의무가 있고, 또한 선정자는 원고에게 수령한 매매대금을 반환할 의무가 있는바, 원고와 선정자 사이의 이러한 각 의무는 동시이행의 관계에 있는 것이므로, 선정자는 원고로부터 이 사건 제1토지에 관한 소유권이전등기의 말소등기절차를 이행받음과 동시에 위 매매대금을 반환할 의무가 있는 것이어서 원고가 선정자를 이행지체에 빠뜨리기 위해서는 소유권이전등기의 말소등기에 필요한 서류 등을 현실적으로 제공할 필요까지는 없으나, 최소한 위 서류 등을 준비하여 두고 그 뜻을 선정자에게 통지하여 매매대금의 반환과 아울러 이를 수령하여 갈 것을 최고함을 요한다. 사정이 이러하다면 원심으로서는 원고가 선정자에게 이 사건 제1토지에 관한 소유권이전등기의 말소등기에 필요한 서류를 준비하여 이를 선정자에게 통지하여 수령을 최고하였는지 여부를 심리하여 확정하기 전에는 선정자에게 매매대금의 반환에 대한 이행지체의 책임이 있다고 단정할 수 없다. 그럼에도 불구하고, 원심이 위와 같은 점에 관하여 심리하지 아니하고 선정자에게 원고에 대한 매매대금반환채무의 이행지체로 인한 지연손해금을 지급할 의무가 있다고 판단한 것은 동시이행의 관계에 있는 채무의 이행지체로 인한 손해배상책임에 관한 법리를 오해하였거나 심리를 다하지 아니하여 판결에 영향을 미친 위법을 저지른 것이다(대법원 2010. 10. 14. 선고 2010다47438 판결).

210) 대법원 1993. 5. 14. 선고 92다45025 판결

악의 점유자에 관하여는 민법 제201조 제2항을 두어 과실수취권이 인정되는 않는다는 취지를 규정하는 것으로 해석되므로, 악의 수익자가 반환하여야 할 범위는 민법 제748조 제2항에 따라 정하여지는 결과 그는 받은 이익에 이자를 붙여 반환하여야 한다.[211)]

나) 한편, 계약상 급부가 실제적으로 제3자에게 행하여진 이른바 '제3자방 이행'의 경우에도 그것은 계약상 채무의 적법한 이행이라고 할 것이고,[212)] 이 때 계약의 효력이 불발생하였으면, 그와 같이 적법한 이행을 한 계약당사자는 다른 특별한 사정이 없는 한 그 제3자가 아니라 계약의 상대방당사자에 대하여 계약의 효력불발생으로 인한 부당이득을 이유로 자신의 급부 또는 그 가액의 반환을 청구하여야 한다.[213)] 유사

---

211) 즉, 악의 점유자는 과실을 반환하여야 한다고만 규정한 민법 제201조 제2항이, 민법 제748조 제2항에 의한 악의 수익자의 이자지급의무까지 배제하는 취지는 아니기 때문에, 악의 수익자의 부당이득금 반환범위에 있어서 민법 제201조 제2항이 민법 제748조 제2항의 특칙이라거나 우선적으로 적용되는 관계를 이루는 것은 아니다. 그리고 위 조문에서 규정하는 이자는 당해 침해행위가 없었더라면 원고가 위 임료로부터 통상 얻었을 법정이자상당액을 말하는 것이므로 악의 수익자는 위 이자의 이행지체로 인한 지연손해금도 지급하여야 할 것이다(대법원 2003. 11. 14. 선고 2001다61869 판결). 위 판결에서는, 한국전력공사가 권원 없이 타인 소유 토지의 상공에 송전선을 설치함으로써 토지를 사용·수익한 경우, 구분지상권에 상응하는 임료 상당의 부당이득금에 대하여 점유일 이후의 법정이자 및 그 이자에 대한 지연손해금을 인정하였다.

212) 계약당사자 사이에서 그 계약의 이행으로 급부된 것은 그 급부의 원인관계가 적법하게 실효되지 아니하는 한 부당이득이 될 수 없는 것이고, 한편 계약에 따른 어떤 급부가 그 계약의 상대방 아닌 제3자의 이익으로 된 경우에도 급부를 한 계약당사자는 계약상대방에 대하여 계약상의 반대급부를 청구할 수 있을 뿐이고 그 제3자에 대하여 직접 부당이득을 주장하여 반환을 청구할 수 없다(대법원 2005. 4. 15. 선고 2004다49976 판결).

213) 계약상 채무의 이행으로 당사자가 상대방에게 급부를 행하였는데 그 계약이 무효하거나 취소되는 등으로 효력을 가지지 못하는 경우에 당사자들은 각기 상대방에 대하여 계약이 없었던 상태의 회복으로 자신이 행한 급부의 반환을 청구할 수 있다. 계약의 효력불발생에서의 이러한 원상회복의무를 법적으로 뒷받침하는 것이 민법 제741조 이하에서 정하는 부당이득법이 수행하는 핵심적인 기능의 하나이다. 이 경우의 부당이득반환의무에서는, 예를 들면 소유권 등의 권리에 기하여 소유자 기타의 사람에게 배타적으로 귀속되어야 하는 이익이 제3자에게 귀속됨으로써 그 권리가 객관적으로 침해당하였으나 그 이익취득자에게 이익의 보유를 법적으로 정당화하는 권원이 없어서 권리자가 그에 대하여 그 취득한 이익을 부당이득으로 반환 청구하는 경우에 상대방이 얻는 이익의 구체적인 내용을 따져서 과연 부당이득 반환의대상이 될 만한 것인지를 살펴보아야 하는 것(대법원 2009. 11. 26. 선고 2009다35903 판결도 참조 종전의 재판례가 부당이득반환청구소송에서 피고에게 '실질적인 이득'이 있어야 한다고 설시하는 것은 대체로 이러한 사건맥락에서이다)과는 달리, 상대방이 얻은 계약상 급부는 다른 특별한 사정이 없는 한 당연히 부당이득으로 반환되어야 한다. 다시 말하면 이경우의 부당이득반환의무에서 민법 제741조가 정하는 '이익' 또는 '그로 인한 손해'의 요건은 계약상 급부의 실행이라는 하나의 사실에 해소되는 것이다. (…) 원심은, 이 사건 대차계약은 사립학교법 제16조 제1항 또는 구 사립학교법 제28조 제1항의 규정을 위반하여 모두 무효라고 판단한 다음, 곧바로 "피고 법인은 위 각 대여금 합계금 8천만 원 상당액을 법률상 원인 없이 이익을 얻고 이로 인하여 원고에게 동액 상당의 손해를 가하였다 할 것이어서 피고 법인은 위 금액 상당의 부당이득을 반환할 의무가 있다는 결론을 내렸다. 앞서 본 법리에 비추어 보면, 원심의 이러한 조치는 정당하고, 대여금이 직접 피고 법인에게 지급되지 아니하고

한 맥락에서, 제3자를 위한 계약관계에서 낙약자와 요약자 사이의 법률관계(이른바 기본관계)를 이루는 계약이 무효이거나 해제된 경우 그 계약관계의 청산은 계약의 당사자인 낙약자와 요약자 사이에 이루어져야 하므로, 특별한 사정이 없는 한 낙약자가 이미 제3자에게 급부한 것이 있더라도 낙약자는 계약해제 등에 기한 원상회복 또는 부당이득을 원인으로 제3자를 상대로 그 반환을 구할 수 없다.[214)]

다) 미성년자가 신용카드발행인과 사이에 신용카드이용계약을 체결하여 신용카드거래를 하다가 신용카드 이용계약을 취소하는 경우 미성년자는 그 행위로 인하여 받은 이익이 현존하는 한도에서 상환할 책임이 있는바, 신용카드발행인의 가맹점에 대한 신용카드이용대금의 지급으로써 신용카드회원인 미성년자는 자신의 가맹점에 대한 매매대금 지급채무를 법률상 원인 없이 면제받는 이익을 얻었으며, 이러한 이익은 금전상의 이득으로서 특별한 사정이 없는 한 현존하는 것으로 추정된다.[215)]

파. 계약관계의 소멸

민법 제537조는 채무자위험부담주의를 채택하고 있는바, 쌍무계약에서 당사자 쌍방의 귀책사유 없이 채무가 이행불능된 경우 채무자는 급부의무를 면함과 더불어 반대급부도 청구하지 못하므로, 쌍방 급부가 없었던 경우에는 계약관계는 소멸하고 이미 이행한 급부는 법률상 원인 없는 급부가 되어 부당이득의 법리에 따라 반환 청구할 수 있다. 따라서 매매 목적물이 경매절차에서 매각됨으로써 당사자 쌍방의 귀책사유 없이 이행불능에 이르러 매매계약이 종료되었다면, 위험부담의 법리에 따라 매도인은 이미 지급받은 계약금을 반환하여야 하고 매수인은 목적물을 점유·사용함으로써 취득한 임료 상당의 부당이득을 반환할 의무가 있다.[216)]

소외 의료법인에게 지급되었으므로 피고가 얻은 급부가 없다거나 피고 법인에게 '실질적인 이득'이 없다는 상고이유의 주장은 받아들일 수 없다(대법원 2010. 3. 11. 선고 2009다98706 판결)."

214) 대법원 2010. 8. 19. 선고 2010다31860, 31877 판결. 제3자를 위한 계약에서의 제3자가 계약해제시 보호되는 민법 제548조 제1항 단서의 제3자에 해당하지 않음은 물론이나, 그렇다고 당연히 계약해제로 인한 원상회복의무를 부담해야 하는 것은 아니고, 또한 낙약자는 미지급급부에 대해서는 민법 제542조에 따라 계약해제에 따른 항변으로 제3자에게 그 지급을 거절할 수 있는 것이나, 이는 이미 지급한 급부에 대해 계약해제에 다른 원상회복을 구하는 것과는 다른 경우로서 동일한 법리가 적용될 수는 없는 것이다(대법원 2005. 7. 22. 선고 2005다7566, 7573 판결).

215) 신용카드 이용계약이 취소됨에도 불구하고 신용카드회원과 해당 가맹점 사이에 체결된 개별적인 매매계약은 특별한 사정이 없는 한 신용카드 이용계약취소와 무관하게 유효하게 존속한다 할 것이고, 신용카드발행인이 가맹점들에 대하여 그 신용카드사용대금을 지급한 것은 신용카드 이용계약과는 별개로 신용카드발행인과 가맹점 사이에 체결된 가맹점 계약에 따른 것으로서 유효하기 때문이다(대법원 2005. 4. 15. 선고 2003다60297, 60303, 60310, 60327 판결).

하. 변 제

1) 실체법상 변제의 효력이 발생하기 위해서는 ① 채무의 내용에 좇은 급부가 현실 제공되고 ② 급부가 당해 채무에 관하여 행하여질 것을 요한다. '②', 즉 급부와 채무의 결합사실에 대하여 피고가 주장·입증책임을 부담하는지에 대해서는 견해대립이 있으나, 실무적으로는 급부제공사실 중에 '채무의 이행으로', '채무의 변제명목으로', '채무의 변제를 위하여' 등으로 간략히 위 결합사실을 표현하거나, 결합관계의 유무가 쟁점으로 되지 않은 경우에는 간단히 '금 O원을 변제한 사실'이라고 설시하기도 한다.

2) 채권관계에 있어서는, 채무의 본지에 따른 이행의 제공이 있어야만 채권의 목적이 달성될 수 있고 그로써 채권관계는 종료하게 된다. 그런데, 채무의 본지에 따른 이행의 제공이 되기 위하여는 당사자가 계약에서 정한 급부의 구체적 내용인 대상·장소·시간적 요소에 부합하여야 할 뿐만 아니라 그 이행되는 방법도 계약에서 정한 바에 따라야 하고, 그렇지 않은 경우에는 채무의 본지에 따른 이행의 제공이라 할 수 있다.[217)]

거. 조건과 기한

1) ① 매매대금청구권의 발생이 장래의 불확실한 사실의 발생에 달려 있다면(정지조건), 매수인인 피고는 정지조건의 약정사실을 항변으로 주장할 수 있고, 이에 대해 매도인인 원고는 정지조건의 성취사실을 재항변으로 주장하면 된다. ② 한편 매매대

216) 대법원 2009. 5. 28. 선고 2008다98655, 98662 판결.

217) 차량소유자와 자동차 운송사업자 사이에 대외적으로 차량소유자(이하 '지입차주'라 한다)가 그 소유의 차량명의를 자동차 운송사업자(이하 '지입회사'라 한다)에게 신탁하여 그 소유권과 운행관리권을 지입회사에 귀속시키되, 대내적으로는 위 지입차량의 운행관리권을 위탁받아 자신의 독자적인 계산 하에 운행하면서 지입회사에 일정액의 관리비를 지급하기로 하는 내용의 '차량 위·수탁 관리계약'을 체결하는 경우, 이는 명의신탁과 위임이 혼합된 형태의 계약이기 때문에, 위 계약이 해지되면 지입차주는 지입회사에 대하여 명의신탁 해지에 따른 청산의무의 이행으로서 신탁재산의 반환을 청구할 수 있으므로, 위·수탁 관리계약 종료를 원인으로 한 소유권이전등록절차의 이행을 구할 수 있다. 이와 같은 경우 지입회사가 소유권이전등록절차를 이행할 때에는 지입차주로 하여금 위·수탁관리계약 해지를 원인으로 소유권이전등록을 할 수 있도록 지입회사의 인감증명서, 자동차등록증과 함께 위·수탁 관리계약 해지 관련 서류를 교부하여야 하고, 위 해지 관련 서류를 교부하거나 그 해지가 양도의 원인으로 기재된 자동차양도증명서를 교부하지 않은 채 매매나 다른 사유가 양도 원인으로 기재된 자동차양도증명서를 교부한 것만으로는 그로써 채무의 본지에 따른 이행의 제공을 한 것이라 볼 수 없다(대법원 2010. 2. 11. 선고 2009다71534, 71541 판결). 사견으로는, ① 이는 차량에 관한 판례이나, 부동산의 경우에도 동일하게 적용될 수 있을 것으로 생각되고 ② 채무의 이행이 계약의 내용에 따른 것인지에 관한 판례로, 사실과 다른 등록·등기원인에 의하여 등록·등기가 된 경우 실체관계에 부합함을 이유로 그 등록·등기의 유효성을 인정하는 것과는 별개의 문제로 보아야 할 것이다(사견).

금청구권이 해제조건부로 발생하는 것이라면, 매수인인 피고로서는 해제조건의 약정사실 외에 해제조건의 성취사실까지 항변으로 주장·입증하여야 한다. ③ 매매계약상 의무에 관하여 이행기의 약정이 있는 경우에는 그 약정사실은 의무자의 항변사실로, 이행기의 도래사실은 권리자의 재항변사유로 된다.

2) 실제 사안에 있어서 당해 부분의 법적 성질이 문제되는 경우가 있을 수 있는데, ① 부관에 표시된 사실이 발생하지 아니하면 채무를 이행하지 아니하여도 된다고 보는 것이 상당한 경우에는 조건으로 보아야 하고, 표시된 사실이 발생한 때에는 물론이고 반대로 발생하지 아니하는 것이 확정된 때에도 그 채무를 이행하여야 한다고 보는 것이 상당한 경우에는 표시된 사실의 발생 여부가 확정되는 것을 불확정기한으로 정한 것으로 보아야 하며,[218] ② 특히 이미 부담하고 있는 채무의 변제에 관하여 일정한 사실이 부관으로 붙여진 경우에는 특별한 사정이 없는 한 그것은 변제기를 유예한 것으로서 그 사실이 발생한 때 또는 발생하지 아니하는 것으로 확정된 때에 기한이 도래한다.[219]

너. 동시이행의 항변[220]

1) 일반적으로 동시이행의 항변을 하기 위해서는 반대의무의 발생사실을 주장·입증하여야 하나, 이미 청구원인 단계에서 매매계약의 체결사실이 인정되어 있는 상황이라면, 그 사실을 항변권자가 별도로 주장할 필요는 없고, 동시이행의 항변권을 행사한다는 의사만 표시하면 족하다. 반대채무의 이행기가 도래하지 않았다거나, 그 이행

218) 같은 취지에서 원심이, 정리회사 동아건설 주식회사 관리인 김OO이 원고에 대하여 2000. 12. 4.부터 2000. 12. 8.까지 희망퇴직신청을 하는 경우에는 회사정리계획 인가결정일로부터 1개월 이내에 평균임금 3개월분의 퇴직위로금을 지급하겠다는 의사표시는 회사정리계획인가를 조건으로 정한 것이 아니라 불확정한 사실의 도래를 변제기로 정한 것이고, 따라서 회사정리절차가 폐지되어 정리계획인가를 받을 수 없는 것으로 확정되었으므로 그 때에 기한이 도래하였다고 판단한 것은 옳고, 거기에 상고이유로 든 주장과 같은 잘못이 없다(대법원 2003. 8. 19. 선고 2003다24215 판결).

219) 대법원 2003. 8. 19. 선고 2003다24215 판결.

220) 동시이행의 항변권은 당사자가 이를 원용하여야 그 인정 여부에 대하여 심리할 수 있는 것이다. 기록에 의하면, 피고는 매매계약에 따라 소유권이전등기의무의 이행을 구하는 원고의 본소에 대하여, 제1심에서 소유권이전등기의무의 이행과 동시에 매매잔대금의 지급을 구하는 반소를 제기하였다가 원심에서 이를 취하하였으나, 위 반소는 본소와 병합되어 그에 대한 변론이 공통으로 진행되었고, 그 취하 전에 제출하여 진술된 항소이유에서 본, 반소에 걸쳐 원고에 대하여 매매잔대금의 지급을 구하는 취지로 주장하여 동시이행의 항변을 하였다고 못 볼 바 아니므로, 원심이 피고의 동시이행의 항변에 대하여 판단한 것에 변론주의와 당사자처분권주의에 위반한 위법이 없다(대법원 2006. 2. 23. 선고 2005다53187 판결).

또는 이행의 제공을 하였다는 사실은 반대채무자이 원고의 재항변사유로 된다.

2) 동시이행의 범위와 관련하여,

① 매수인이 매도인을 상대로 매매목적 부동산 중 일부에 대해서만 소유권이전등기의무의 이행을 구하고 있는 경우에도 매도인은 특별한 사정이 없는 한 그 매매잔대금 전부에 대하여 동시이행의 항변권을 행사할 수 있고,[221)]

② 부동산 매매계약에 있어 매수인이 부가가치세를 부담하기로 약정한 경우, 〈부가가치세를 매매대금과 별도로 지급하기로 했다는 등의 특별한 사정이 없는 한〉 부가가치세를 포함한 매매대금 전부와 부동산의 소유권이전등기의무가 동시이행의 관계에 있다.[222)]

③ 그리고, 분양권매매계약의 체결 당시 양도소득세의 일부 회피 목적으로 매매계약서상의 명목상 매매대금을 실제 매매대금보다 줄여서 기재하고 그 차액에 해당하는 금원에 관해 따로 현금보관증을 작성하여 둔 사안에서, 그 금원도 매매대금의 일부에 해당하므로 달리 매수인과 매도인이 위 금원의 지급의무를 위 매매계약과 무관한 별개의 독립된 채무로 하기로 특별히 약정하였다고 볼 만한 사정이 없는 한, 매수인의 위 금원 지급의무와 매도인의 수분양자명의 변경절차이행의무가 서로 대가관계에 있는 것으로 동시이행의 관계에 있다고 본 사례도 있다.[223)]

---

221) 원심판결 이유에 의하면, 원심은, 원고가 이 사건 매매계약의 매매목적 부동산이 476-13 토지 외에 분할 후 476-1 토지 중 원심판결 별지 도면의 (ㄴ) 부분 및 476-10 토지 중 같은 도면의 (ㄷ) 부분이라고 주장하면서 위 각 부분에 대한 소유권이전등기의무의 이행을 구함에 대하여, 매매목적 부동산은 476-13 토지와 472-3 토지이고 매매잔대금은 4,795만 원이라고 인정한 후 피고에 대하여 위 매매목적 부동산 중 원고가 이 사건 소로서 등기이전을 구하는 476-13 토지에 대하여 매매잔대금 전부를 지급받음과 동시에 등기를 이전할 것을 명하고 있는바, 원심의 판단은 위 법리에 따른 것으로 정당하여 수긍할 수 있고, 거기에 동시이행의 항변권에 대한 법리오해 위법이 없다(위 2005다53187 판결).

222) 〈원심은, 원고로부터 부가가치세를 지급받음과 상환으로만 이 사건 건물에 관한 지분이전등기를 경료할 의무가 있다는 피고의 주장에 대하여, 이 사건 계약서에 의하면 매수인인 원고가 이 사건 건물의 공급에 따른 부가가치세를 부담하기로 약정한 사실은 인정되나, 이러한 원고의 부가가치세 지급의무는 피고의 세금계산서 교부의무와 동시에 이행 관계에 있을 뿐, 그것이 피고의 이전등기의무와 서로 대가적 의미를 갖는다고 볼 수는 없다는 이유로 위 동시이행 주장을 배척〉하였다. 그러나 (…) 기록에 의하면, 원심이 인정한 바와 같이 이 사건 건물의 공급에 따라 부과될 부가가치세는 원고가 부담하기로 약정한 사실을 알 수 있으므로, 원심으로서는 원고가 부가가치세를 부담하기 위한 이행제공의 형태, 방법, 시기 등에 관하여 당사자 간에 어떤 약정이 있었는지를 확정한 다음, 만약 매매대금과는 별도의 시기와 방법으로 부가가치세를 지급하기로 한 것이 아니라면 부가가치세를 포함한 매매대금 전부와 피고의 이전등기의무가 동시이행의 관계에 있다고 보아야 할 것임에도 불구하고, 만연히 원고의 부가가치세 지급의무는 피고의 소유권이전등기의무와 서로 대가적 의미를 갖는 채무가 아니어서 동시이행관계에 있다고 볼 수 없다고 판단하였으니, 이러한 원심의 판단에는 심리를 다하지 아니하고 동시이행의 항변권에 관한 법리를 오해하여 판결에 영향을 미친 위법이 있다(대법원 2006. 2. 24. 선고 2005다58656, 58663 판결).

3) 한편, 중간생략등기의 합의란 부동산이 전전 매도된 경우 각 매매계약이 유효하게 성립함을 전제로 그 이행의 편의상 최초의 매도인으로부터 최종의 매수인 앞으로 소유권이전등기를 경료하기로 한다는 당사자 사이의 합의에 불과할 뿐이므로, 이러한 합의가 있다고 하여 최초의 매도인이 자신이 당사자가 된 매매계약상의 매수인인 중간자에 대하여 갖고 있는 매매대금청구권의 행사가 제한되는 것은 아닌바, 최초 매도인과 중간 매수인, 중간 매수인과 최종 매수인 사이에 순차로 매매계약이 체결되고 이들 간에 중간생략등기의 합의가 있은 후에 최초 매도인과 중간 매수인 간에 매매대금을 인상하는 약정이 체결된 경우, 최초 매도인은 인상된 매매대금이 지급되지 않았음을 이유로 최종 매수인 명의로서 소유권이전등기의무의 이행을 거절할 수 있으므로, 최초의 매도인의 인상된 매매대금 부분에 관한 동시이행 항변은 전부 인용하여야 한다.[224]

---

223) 〈원심은, 〈'이 사건 매매계약 체결시 매매대금 중 매매계약서에 기재하지 않고 따로 원고들이 현금보관증을 작성하여 피고에게 교부한 7,300만 원 부분도 이 사건 매매대금의 일부로서 중도금에 해당한 할 것이고, 따라서 원고들이 현금보관증에 기재된 바에 따라 위 금원을 피고에게 지급해야 할 의무는 피고의 이 사건 아파트에 관한 수분양자명의 변경절차이행의무와 서로 동시이행관계에 있으므로, 피고로서는 원고들이 위 의무를 이행할 때까지 이 사건 청구에 응할 수 없다'는 피고의 항변〉에 대하여, 위 현금보관증상의 금원은 실질적으로는 이 사건 매매대금의 일환이라고 할 것이나 원· 피고들은 위 금원의 지급에 관하여 이 사건 매매계약서상의 채무의 이행과는 별도로 그 지급방법과 시기 등을 정한 바 있으므로, 원고들의 피고에 대한 위 금원의 지급의무와 피고의 원고들에 대한 이 사건 아파트에 관한 수분양자명의 변경절차이행의무는 서로 대가적 의미가 있는 견련관계에 있다고 할 수 없다는 이유로, 위 항변을 배척〉하였다. 그러나 원심의 이러한 판단은 다음과 같은 이유로 수긍할 수 없다. 기록에 의하여 살펴보면, 원고들은 이 사건 매매계약 체결당시 실제 매매대금과 양도소득세의 일부 회피 목적으로 실제보다 줄여서 매매계약서에 기재한 명목상의 매매대금과의 차액인 7,300만 원에 관하여 원고들이 위 매매계약서상의 약정 자금지급일(2005. 3. 17.)보다 전인 2005. 3. 15.까지 피고에게 위 금원을 지급하기로 한다는 취지의 현금보관증을 작성하여 피고에게 교부한 점, 당시 원· 피고들은 실제 거래가액을 은폐하기 위하여 원고들이 피고에게 위 금원을 지급할 때 원고들의 통장이 아닌 타인의 통장에서 이를 인출하여 지급하기로 하되, 원고들 명의의 통장에서 돈을 인출하여 지급할 경우에는 이 사건 매매계약을 무효로 하기로 약정한 점을 알 수 있는바, 위와 같이 위 금원의 지급시기를 이 사건 매매계약서상의 잔금지급일 이전으로 정한 점, 위 금원의 지급방법에 관한 약정 위반시는 이 사건 매매계약 자체를 무효로 하기로 한 점 등에 비추어 보면, 비록 원· 피고들이 위 금원을 매매계약서상의 매매대금에 포함시키지 아니하고 따로 이에 관한 현금보관증을 작성하였다 하더라도, 위 금원은 어디까지나 이 사건 매매대금의 일부에 해당하는 것이라고 하지 않을 수 없는 것이므로, 달리 원· 피고들이 위 금원의 지급의무를 이 사건 매매계약과는 무관한 별개의 독립된 채무로 하기로 특별히 약정하였다고 볼 만한 사정이 없는 이상, 원고들의 위 금원 지급의무와 피고의 수분양자명의 변경절차이행의무는 서로 대가관계에 있는 것이어서 당연히 동시이행의 관계에 있다고 보아야 할 것이다(대법원 2007. 6. 14. 선고 2007다3285 판결).

224) 대법원 2005. 4. 29. 선고 2003다66431 판결. 이 판결은, 당초의 매매계약 및 중간생략등기 합의 이후에 피고들과 소외 회사 사이에서 이루어진 매매대금 인상의 합의를 가지고 원고에게 대항할 수 없다는 이유를 들어 피고들의 동시이행의 항변을 일부 배척한 원심판결을 파기하였다.

4) 부동산에 관한 매매계약을 체결한 후 매수인 앞으로 소유권이전등기를 마치기 전에 매수인으로부터 그 부동산을 다시 매수한 제3자의 처분금지가처분신청으로 매매목적부동산에 관하여 가처분등기가 이루어진 상태에서 매도인과 매수인 사이의 매매계약이 해제된 경우, 매도인만이 가처분이의 등을 신청할 수 있을 뿐 매수인은 가처분의 당사자가 아니어서 가처분이의 등에 의하여 가처분등기를 말소할 수 있는 법률상의 지위에 있지 않고, 제3자가 한 가처분을 매도인의 매수인에 대한 소유권이전등기의무의 일부이행으로 평가할 수 없어 그 가처분등기를 말소하는 것이 매매계약 해제에 따른 매수인의 원상회복의무에 포함된다고 보기도 어려우므로, 위와 같은 가처분등기의 말소와 매도인의 대금반환의무는 동시이행의 관계에 있다고 할 수 없다.[225]

5. 항변 등

[주요항변] ① (가)압류 항변
② 동시이행 항변
③ (대금 미지급을 원인으로) 계약해제 항변

가. 부동산이전약정의 무효·취소(사기, 강박, 착오 등) 또는 원고의 채무불이행(예컨대, 매매대금 미지급)을 이유로 한 계약해제의 항변을 할 수 있다. 입증방법으로, 예컨대 형사기록 송부촉탁신청을 할 수 있고, 취소통지서, 이행최고서, 해제통지서 등을 제출할 수 있다.

나. 원고의 소유권이전등기청구권을 제3자가 (가)압류·가처분을 하였다는 항변이 가능하다. 이때는 원고에게 (가)압류·가처분해제조건부 이전등기청구로 청구취지 변경이 가능하지만, 목적물이 (가)압류·가처분되었다는 항변은 할 수 없다. 입증방법으로, 예컨대 가압류·가처분 결정문 등이 있다. 이때 금전채권의 압류의 경우는 무조건 청구인용[226]판결을 하게 되고, 소유권이전등기청구권의 압류의 경우에는 즉시 이행청구가 가능하나 압류의 해제를 조건으로 청구인용[227]판결을 하게 된다.

225) 대법원 2009. 7. 9. 선고 2009다18526 판결.
226) 대법원 1989. 11. 24. 선고 88다카25036 판결.
227) 대법원 1992. 11. 10. 선고 92다카4680 전원합의체 판결.

다. 피고는 매매대금 잔액을 지급받을 때까지 동시이행항변을 할 수 있다(이 경우 대금 잔액이 있음을 주장만 하고 되고, 미변제 사실을 입증할 필요는 없다). 이에 대하여 원고는 잔금의 지급 또는 이행제공의 계속을 주장·입증하여 동시이행항변권이 소멸되었다는 재항변을 할 수 있다. 입증방법으로는, 예컨대 이행수령최고서, 예금통장 등이 있다.

라. 동시이행할 원고의 채무(예 : 잔금지금의무)에 관하여 반소가 제기되어 본소청구(소유권이전등기청구)와 반소청구(잔금지급청구) 모두 인용되는 경우에는 본소와 반소 양쪽 주문에 모두 동시이행의 내용을 기재하여야 하고, 그렇게 하여야 각 청구에 기판력과 집행력이 생긴다.

마. 피고가 원고의 대금 미지급을 이유로 매매계약이 해제되었다는 항변을 할 수 있는데, 그러기 위해서는 이전등기의무의 이행제공을 계속하였다는 사실과 상당한 기간을 정해 최고하였는데도 잔금을 지급받지 못하였다는 사실(최고불요특약이 있는 경우에는 이 사실은 필요 엇음) 및 해제통지를 한 사실을 주장·입증하여야 한다. 입증서면으로 최고서, 매도용 인감증명, 해제통지서 등이 있다.

바. 계약 본래의 채무이행을 구하는 경우, 채무의 이행이 권리소멸사실로 되어 채무자측에 그 주장·입증책임이 있으나, 계약해제에 있어서는 채무자의 이행지체 사실이 계약해제권의 발생사실이 되므로 그 주장·입증책임은 채권자에게 있다. 피고가 원고의 이행지체를 이유로 한 매매계약의 해제를 항변으로 주장하는 경우, 원고가 채무의 이행을 지체한 사실, 원고에게 상당한 기간을 정하여 이행을 최고한 사실, 원고가 상당기간 내에 이행 또는 이행의 제공을 하지 않은 사실, 해제의 의사표시를 한 사실을 주장·입증하여야 한다. 상대방 있는 의사표시는 그 통지가 상대방에게 도달한 때로부터 그 효력이 생기므로(민법 제111조 1항), 해제의 의사표시를 한 사실을 주장·입증하는 경우에는, 해제의 의사표시사실에는 피고가 해제의 의사표시를 한 사실 외에 그 통지가 원고에게 도달한 사실까지 포함한다.

사. 매매계약과 같은 쌍무계약에서는 특별한 사정이 없는 한 대가관계에 있는 쌍방의 채무가 동시이행관계에 있으므로, 일방이 자기 채무에 대한 이행 또는 이행의 제공을 하지 않는 한 상대방이 가지는 동시이행항변권의 존재로 인하여 상대방의 채무가 이행지체에 빠지지 아니한다. 따라서 해제를 주장하는 피고로서는 자기채무를 이행 또는 이행의 제공을 한 사실을 주장·입증하여야 한다.

아. 쌍무계약의 일방 당사자가 이행기에 한번 이행제공을 하여서 상대방을 이행지체에 빠지게 한 경우에는 그 채무이행의 제공을 계속할 필요는 없다 하더라도 상대방이 최고기간 내에 이행 또는 이행제공을 하면 자신의 채무를 이행할 수 있는 정도의 준비가 되어 있어야 한다.

자. 일반적으로 동시이행항변을 하기 위해서는 반대의무의 발생사실을 주장·입증하여야 하나, 이미 청구원인 단계에서 매매계약의 체결사실이 인정되어 있는 상황이라면 그 사실을 항변자가 별도로 주장할 필요는 없고, 동시이행항변권을 행사한다는 의사만 표시하면 족하다. 반대의무의 이행기가 도래하지 않았다거나, 그 이행 또는 이행의 제공을 하였다는 사실은 반대채무자인 원고의 재항변사유가 되지만, 과거에 이행의 제공이 있었다 하더라도 그 이행의 제공이 계속되지 않는 한 동시이행의 항변권이 소멸하는 것은 아니므로 소 제기 이전에 이행의 제공을 한 적이 있다고만 주장하는 것은 유효한 항변이 되지 못한다.

피고는 원고의 소유권이전등기청구권을 제3자가 (가)압류하였다는 항변을 할 수 있다. 소유권이전등기청구권에 대한 압류, 가압류 또는 처분금지가처분이 되어 있는 경우, 채무자가 제3채무자를 상대로 그 이행을 청구하는 소송을 제기할 수 있고, 법원은 "가압류의 집행해제를 조건"으로 판결선고(대법원 1999. 2. 9. 선고 98다42615 판결)를 한다. 입증방법으로는 가압류결정문 등이 있다.

[서식 27] 소유권이전등기청구의 소(매매)

소 장

피 고 ○ ○ ○ (000000-0000000)
OO시 OO구 OO길 00 (우편번호 00000)
전화·휴대폰번호 :
팩스번호, 전자우편(e-mail)주소 :

원 고 ○ ○ ○ (000000-0000000)
OO시 OO구 OO길 00 (우편번호 00000)
전화·휴대폰번호 :

팩스번호, 전자우편(e-mail)주소 :

소유권이전등기청구의 소

청 구 취 지

1. 피고는 원고에게 별지목록 기재 부동산에 관하여 20OO. O. O. 매매를 원인으로 한 소유권이전등기절차를 이행하라.
2. 소송비용은 피고의 부담으로 한다.

라는 판결을 구합니다.

청 구 원 인

1. 원고는 20OO. O. O. 피고로부터 별지목록 기재 부동산을 매매대금 OOO만원에 매수함에 있어서 계약금 OOO만원은 계약당일 지급하고, 중도금 OOO만원은 같은 해 O. O.에 지급한 바 있으며, 잔금은 같은 해 O. O. 지급하기로 약정하였습니다.

2. 그런데 원고가 위 중도금 및 잔금을 각 지급기일에 지급하여 매매대금 전액이 지급되었음에도 피고는 별지목록 기재 부동산을 원고에게 인도하였을 뿐이고, 지금까지 원고에게 별지목록 기재 부동산에 대한 소유권이전등기절차에 협력하지 않고 있습니다.

3. 따라서 원고는 피고에 대하여 별지목록 기재 부동산에 관하여 위 매매계약을 원인으로 한 소유권이전등기절차의 이행을 청구하기 위하여 이 사건 소송을 제기합니다.

입 증 방 법

1. 갑 제1호증 부동산등기사항증명서
1. 갑 제2호증 임야매매계약서
1. 갑 제3호증의 1, 2 각 영수증

첨 부 서 류

1. 위 입증방법 각 1통

1. 임야대장등본 1통
1. 공시지가확인원 1통
1. 소장부본 1통
1. 송달료납부서 1통

20〇〇. . .

위 원고 〇 〇 〇 (서명 또는 날인)

〇〇지방법원 귀중

[주] 소가계산은 제1장 Ⅳ. '부동산소송 소가계산방법'을 참고하고, 송달료는 별첨 부록 '송달료 조견표'를 참조하기 바랍니다. 이하 같습니다.

[서식 28] 소유권이전등기청구의 소(여러 명에게 차례로 이전청구)

소 장

원 고 〇 〇 〇 (000000-0000000)
〇〇시 〇〇구 〇〇길 00 (우편번호 00000)
전화·휴대폰번호 :
팩스번호, 전자우편(e-mail)주소 :

피 고 1. ◇ ● ◇ (000000-0000000)
〇〇시 〇〇구 〇〇길 00 (우편번호 00000)
전화·휴대폰번호 :
팩스번호, 전자우편(e-mail)주소 :

2. ◇ ① ◇ (000000-0000000)
〇〇시 〇〇구 〇〇길 00-0 (우편번호 00000)
전화·휴대폰번호 :

팩스번호, 전자우편(e-mail)주소 :

3. ◇ ② ◇ (000000-0000000)
OO시 OO구 OO길 000 (우편번호 00000)
전화·휴대폰번호 :
팩스번호, 전자우편(e-mail)주소 :

4. ◇ ③ ◇ (000000-0000000)
OO시 OO구 OO길 00-00 (우편번호 00000)
전화·휴대폰번호 :
팩스번호, 전자우편(e-mail)주소 :

5. ◇ ④ ◇ (000000-0000000)
OO시 OO구 OO길 000-00 (우편번호 00000)
전화·휴대폰번호 :
팩스번호, 전자우편(e-mail)주소 :

6. ◇ ⑤ ◇ (000000-0000000)
OO시 OO구 OO길 000 (우편번호 00000)
전화·휴대폰번호 :
팩스번호, 전자우편(e-mail)주소 :

7. ◇ ⑥ ◇ (000000-0000000)
OO시 OO구 OO길 00-0 (우편번호 00000)
전화·휴대폰번호 :
팩스번호, 전자우편(e-mail)주소 :

8. ◆ ◆ ◆ (000000-0000000)
OO시 OO구 OO길 000 (우편번호 00000)
전화·휴대폰번호 :
팩스번호, 전자우편(e-mail)주소 :

9. ◈ ◈ ◈ (000000-0000000)
OO시 OO구 OO길 00 (우편번호 00000)
전화·휴대폰번호 :
팩스번호, 전자우편(e-mail)주소 :

소유권이전등기청구의 소

청 구 취 지

1. 피고 ◆◆◆에게, 별지목록 기재 부동산 중
   가. 피고 ◇●◇는 3/15지분에 관하여,
   나. 피고 ◇①◇, 피고 ◇②◇, 피고 ◇③◇, 피고 ◇④◇, 피고 ◇⑤◇, 피고 ◇⑥◇는 각 2/15지분에 관하여
   각 1973. 11. 13. 매매를 원인으로 한 소유권이전등기절차를 이행하고,
2. 피고 ◆◆◆는 피고 ◈◈◈에게 별지목록 기재 부동산에 관하여 19OO. 11. 30. 매매를 원인으로 한 소유권이전등기절차를 이행하고,
3. 피고 ◈◈◈는 원고에게 별지목록 기재 부동산에 관하여 19OO. 12. 29. 매매를 원인으로 한 소유권이전등기절차를 이행하라.
4. 소송비용은 피고들의 부담으로 한다.

라는 판결을 구합니다.

청 구 원 인

1. 피고 ◆◆◆는 1973. 11. 23. 소외 망 ◉◉◉로부터 별지목록 기재 부동산(다음부터 "이 사건 부동산"이라고 함)을 매수하였습니다

2. 당시 소외 망 ◉◉◉는 이 사건 부동산을 비롯하여 주위의 대부분의 토지를 소유하고 있었던 바, 그 소유권의 일부는 자신의 명의로 하고 있었으나 일부는 동생인 소외 ◎◎◎ 명의로 하고 있었습니다. 그런데 소외 망 ◉◉◉는 OO OO군 OO면 OO리 00-2에서 분할된 이 사건 부동산에 관한 자신 명의의 진정한 등기의 존재를 알지 못한 채, 같은 리 00-3에서 분할된 것으로 잘못 등기된 원인무효의 소외 ◎◎◎ 명의의 등기를 진정한 등기로 알고 그에 터 잡아 피고 ◆◆◆ 명의의 소유권이전등기를 하여 주었습니다.

3. 그 뒤 피고 ◆◆◆는 이 사건 부동산을 경작하여 오다가 1978. 11. 30. 피고 ◈◈◈에게, 피고 ◈◈◈는 자신 명의의 등기를 하지 아니하고 1982. 12. 29. 원고에게 각 이 사건 부동산을 매도하였습니다.

4. 그리고 위 원인무효인 피고 ◆◆◆ 명의의 소유권이전등기에 터 잡아 1986. 8. 4. 원고 명의의 소유권이전등기가 되었습니다.

5. 한편, 소외 망 ◉◉◉는 1991. 3. 27. 사망하여 피고 ◇●◇, 피고 ◇①◇, 피고 ◇②◇, 피고 ◇③◇, 피고 ◇④◇, 피고 ◇⑤◇, 피고 ◇⑥◇가 이 사건 부동산을 청구취지 기재 해당지분만큼씩 각 공동상속 하여 권리, 의무를 승계 하였

습니다.

6. 그러므로 이 사건 부동산에 관하여 피고 ◇●◇, 피고 ◇①◇, 피고 ◇②◇, 피고 ◇③◇, 피고 ◇④◇, 피고 ◇⑤◇, 피고 ◇⑥◇는 청구취지 기재 각 해당 지분만큼씩 피고 ◆◆◆에게, 피고 ◆◆◆는 피고 ◈◈◈에게, 피고 ◈◈◈는 원고에게 각 소유권이전등기를 하여 줄 의무가 있다고 할 것인데, 피고들은 현재 이를 거절하고 있습니다.

7. 그렇다면 원고는 이 사건 부동산이 원고 소유의 다른 토지와 함께 같은 리 249 토지로 환지됨으로써 환지등기를 하기 위하여 소외 망 ◉◉◉의 상속인들을 상대로 한 중복등기말소소송을 제기하여 재판이 진행되는 과정에서 자신 명의의 등기가 원인무효인 중복등기임을 발견하여 위 소송을 취하하고 피고들을 상대로 부득이 이 사건 소송을 제기하게 된 것입니다.

입 증 방 법

1. 갑 제1호증	제적등본 (단, 2008. 1. 1. 이후 사망한 경우 기본증명서)
1. 갑 제2호증	상속관계를 확인할 수 있는 제적등본 (또는, 가족관계등록사항에 관한 증명서)
1. 갑 제3호증의 1 내지 4	각 부동산등기사항증명서
1. 갑 제4호증의 1, 2	각 폐쇄등기부등본
1. 갑 제5호증의 1 내지 4	각 토지대장등본
1. 갑 제6호증	지적도등본

첨 부 서 류

1. 위 입증방법	각 1통
1. 소장부본	9통
1. 송달료납부서	1통

20○○. . .

위 원고 ○ ○ ○ (인)

OO지방법원 귀중

[서식 29] 소유권이전등기청구의 소(매매잔금 지급과 동시에 하는 경우)

소 장

피 고 ○ ○ ○ (000000-0000000)
OO시 OO구 OO길 00 (우편번호 00000)
전화·휴대폰번호 :
팩스번호, 전자우편(e-mail)주소 :

원 고 ○ ○ ○ (000000-0000000)
OO시 OO구 OO길 00 (우편번호 00000)
전화·휴대폰번호 :
팩스번호, 전자우편(e-mail)주소 :

소유권이전등기청구의 소

청 구 취 지

1. 피고는 원고로부터 45,000,000원을 지급 받음과 동시에 원고에게 별지목록 기재 부동산에 관하여 20OO. O. O. 매매를 원인으로 하는 소유권이전등기절차를 이행하고, 별지목록 기재 부동산을 인도하라.
2. 소송비용은 피고의 부담으로 한다.
3. 위 제1항 중 부동산인도부분은 가집행 할 수 있다.

라는 판결을 구합니다.

청 구 원 인

1. 원고는 20OO. O. O. 피고로부터 피고의 소유인 별지목록 기재 부동산을 매매대금 1억 원에 매수하기로 하는 매매계약을 체결하고, 그 계약내용에 따라 계약금 1,000만원은 계약당일에 지급하고, 같은 해 O. O.에 중도금 4,500만원을 지급하

였습니다.

2. 그런데 원고가 별지목록 기재 부동산의 매매대금 중 잔금 4,500만원을 그 지급기일인 2000. O. O.에 피고에게 지급제시하고 별지목록 기재 부동산의 소유권이전에 필요한 서류의 교부와 별지목록 기재 부동산의 명도를 요구였으나, 피고는 별지목록 기재 부동산을 싸게 팔았다는 이유로 잔금의 수령을 거절하고 현재까지 별지목록 기재 부동산의 소유권이전등기절차를 이행하지 않고, 별지목록 기재 부동산의 명도도 이행하지 않고 있습니다.

3. 따라서 원고는 피고에 대하여 금 4,500만원을 지급 받음과 동시에 원고에게 별지목록 기재 부동산에 관하여 2000. O. O. 매매를 원인으로 하는 소유권이전등기절차의 이행과 별지목록 기재 부동산의 명도를 구하기 위하여 이 사건 소송제기에 이른 것입니다.

입 증 방 법

1. 갑 제1호증	부동산등기사항증명서
1. 갑 제2호증	매매계약서
1. 갑 제3호증의 1, 2	각 영수증

첨 부 서 류

1. 위 입증방법	각 1통
1. 토지대장등본	1통
1. 건축물대장등본	1통
1. 소장부본	1통
1. 송달료납부서	1통

2000. . .

위 원고 ○ ○ ○ (서명 또는 날인)

OO지방법원 귀중

[별 지]

부동산의 표시

1동의 건물의 표시
OO시 OO구 OO동 000 OOO아파트
제 OOO동
[도로명주소] OO시 OO구 OO길 00
전유부분의 건물의 표시
건물번호 : OOO - 5 - 508
구　　조 : 철근콘크리트조
면　　적 : 5층 508호 OO.OO㎡
대지권의 목적인 토지의 표시
1. OO시 O구 OO동 OOO　　대 OOOO.O㎡
2. OO시 O구 OO동 OOO-2　대　OOOO.OO㎡
대지권의 종류 : 소유권
대지권의 비율 : OOOO.OO분의 OO.OO. 끝.

[서식 30] 소유권이전등기청구의 소(변제공탁)

소　　　장

원　고　　O　O　O (000000-0000000)
OO시 OO구 OO로 00 (우편번호 00000)
전화·휴대폰번호 :
팩스번호, 전자우편(e-mail)주소 :

피　고　　O　O　O (000000-0000000)
OO시 OO구 OO로 00-0 (우편번호 00000)
전화·휴대폰번호 :
팩스번호, 전자우편(e-mail)주소 :

소유권이전등기청구의 소

청 구 취 지

1. 피고는 원고에게 별지목록 기재의 부동산에 관하여 20OO. O. O. 매매를 원인으로 한 소유권이전등기절차를 이행하라.
2. 소송비용은 피고의 부담으로 한다.

라는 판결을 구합니다.

청 구 원 인

1. 원고는 20OO. O. O. 피고로부터 별지목록 기재의 부동산을 매매대금 OOO만원에 매수하기로 매매계약을 체결하면서 그 계약금으로 OO만원을 계약당일 지급하고, 중도금 OO만원은 같은 해 O. OO.에 지급하였으며, 잔금 OO만원은 같은 해 OO. OO.까지 소유권이전등기신청서류와 상환으로 지급하기로 약정하였습니다.

2. 그런데 피고는 원고가 위와 같은 약정 내용에 따라 중도금지급기일에 중도금을 지급하고 잔금지급기일인 20OO. O. O. 잔금 OO만원을 변제제공하고 소유권이전등기에 필요한 서류를 요구하였으나, 피고는 그 요구에 응하지 않으므로 OO지방법원 공탁공무원에게 변제공탁으로 위 잔금을 공탁하였음에도 불구하고, 피고는 별지목록 기재 부동산의 소유권이전등기절차를 이행하지 않고 있습니다.

3. 따라서 원고는 피고에게 별지목록 기재의 부동산에 관하여 20OO. O. O. 매매를 원인으로 한 소유권이전등기를 받고자 이 사건 청구에 이른 것입니다.

입 증 방 법

1. 갑 제1호증의 1, 2	각 부동산등기사항증명서
1. 갑 제2호증	매매계약서
1. 갑 제3호증	중도금영수증
1. 갑 제4호증	변제공탁서

첨 부 서 류

1. 위 입증방법 　　　　각 1통

1. 토지대장등본 1통
1. 건축물대장등본 1통
1. 소장부본 1통
1. 송달료납부서 1통

20○○. . .

위 원고 ○ ○ ○ (서명 또는 날인)

○○지방법원 귀중

[별지]

부동산의 표시

1. ○○시 ○○구 ○○동 ○○-○○ 대 157.4㎡

1. 위 지상 벽돌조 평슬래브 지붕 2층 주택
   1층 74.82㎡
   2층 74.82㎡
   지층 97.89㎡. 끝.

Ⅱ. 취득시효완성으로 인한 소유권이전등기청구

1. 취득시효의 의의

취득시효란 물건에 대하여 권리를 가지고 있는 듯한 외관이 일정기간 계속되는 경우에, 그것이 진실한 권리관계와 일치하는지 여부를 묻지 않고 그 외관상의 권리자에게 권리취득의 효과를 생기게 하는 제도를 말한다.

2. 존재이유

취득시효제도는 어떤 목적물을 상당한 기간 이전부터 소유의 의사로써 점유하고 있는 자에 대하여, 자기가 진정한 소유자임을 주장하는 자가 나타나서 그 목적물의 반환을 청구하여 분쟁이 발생한 경우에 그 법적 해결 기준으로서의 기능을 하게 된다. 즉 위와 같은 경우에, 소유자임을 주장하는 자가 과연 진정한 소유자인가 혹은 자주점유자가 진정한 소유자인가의 측면보다는 자주점유자가 일정한 요건을 갖추었는지 여부를 검토하여 그 점유자에게 소유권을 인정하는 제도가 취득시효이다.

취득시효의 존재이유에 관해서는 다양한 학설이 있지만, 일반적으로 사실상태가 오랫동안 계속된 경우에, 그 상태가 진실한 권리관계에 합치되지 않더라도 그 사실상태대로 권리관계를 인정함으로써 법질서의 안정을 기하려는 데 있다고 한다.

대법원 전원합의체의 판결이유 중에도, 취득시효제도는 일정한 기간 점유를 계속한 자를 보호하여 그에 실체법상의 권리를 부여하는 제도라는 설명이 있다.[228] 사회는 그 사실상태를 정당한 권리관계에 기한 것이라고 신뢰하여 그것을 기초로 여러 법률관계를 쌓아 가므로, 오랜 기간이 경과한 후에 새삼스럽게 그 사실 상태를 뒤집어 놓는다면 사회의 법적 안정을 저해하는 결과가 되기 때문이다.

취득시효제도는 불명확한 법률관계를 확정하는 제도이며 점유자에게 본권에 대한 증명책임을 면제해 주는 제도이다. 즉 점유자의 사실상 지배의 상태가 오랫동안 계속된 경우에 그 점유자가 처음부터 본권을 갖고 점유한 것으로 간주함으로써 당사자의 법률관계를 확정하려는 취지에서 시효취득이 인정된다고 할 수 있다.

3. 취득시효의 종류

민법 제245조는 부동산소유권의 취득시효에 관하여 규정하고 있는데, 동조 제1항의 것을 점유취득시효라고 하는 반면, 제2항의 것을 등기부취득시효라고 한다.

그 밖에 제246조는 동산소유권의 취득시효를 규정하고, 제248조는 동산 및 부동산 소유권의 취득시효에 관한 규정을 그 밖의 재산권의 취득시효에 준용한다.

---

228) 대법원 1995. 3. 28. 선고 93다47745 전원합의체 판결.

4. 요 건

가. 시효취득의 대상

1) 시효취득의 목적이 될 수 있는 권리

민법은 취득시효를 소유권에 관하여 규정하고(민법 제245조 내지 제247조), 이를 소유권 이외의 재산권에 준용하고 있다(민법 제248조). 다만 지역권에 관하여는 별도로 제294조가 계속되고 표현된 것에 한하여 취득시효의 대상이 됨을 규정하고 있다.

구체적으로, 우선 소유권과 지역권이 그 대상임은 분명하다. 나아가 지상권[229]과 질권도 시효취득의 대상이 될 수 있다. 그러나 점유권, 유치권, 저당권 등은 시효취득의 대상이 되지 못한다.[230]

2) 시효취득의 대상이 되는 물건

가) 종래 국유재산법 제5조 제2항이 국유재산은 민법 제245조의 규정에 불구하고 시효취득의 대상이 되지 아니한다고 하여 이를 부정하였으나, 헌법재판소가 위 규정이 위헌이라고 판시함[231]에 따라 1994년 위 조항에 "다만, 잡종재산의 경우는 그러하지 아니하다."라는 단서가 추가되었다. 그 결과 행정재산과 보존재산은 여전히 시효취득의 대상으로 되지 않지만, 잡종재산에 대하여 시효취득이 가능하게 되었다. 다만, 잡종재산에 대하여 취득시효가 완성된 후 그 잡종재산이 행정재산으로 된 경우에 시효 완성을 이유로 소유권이전등기를 청구할 수 없다.[232]

나) 시효취득의 목적물은 타인이 물건에 한정되지 않으며, 자기의 소유물이나 성명불상자의 소유물에 대해서도 시효취득이 가능하다. 그러나 상호명의신탁에서 배타적 사용·수익의 대상인 특정부분의 점유 또는 자기 소유의 종전 토지에 대한 환지예정지의 점유는 자기 소유의 토지를 점유하는 것이어서 취득시효의 기초로서의 점유가 아니라고 한다.

다) 부동산의 일부에 대한 시효취득도 가능하지만, 이를 위해서는 시효를 주장하는

---

229) 대법원 1989. 3. 28. 선고 87다카2587 판결.
230) 왜냐하면 점유권과 유치권은 법률의 규정에 의하여 성립하는 권리이고, 저당권은 그 성질상 점유를 수반하지 않기 때문이다.
231) 헌법재판소 1991. 5. 13. 선고 89헌가97 결정.
232) 대법원 1997. 11. 14. 선고 96다10782 판결.

점유자가 점유한 부분이 다른 부분과 객관적으로 구분되어야 하고, 소유권 취득에 분필등기가 선행되어야 한다.

나. 부동산소유권의 점유취득시효의 요건

1) 점 유

가) 점유취득시효의 요건으로서 점유는 소유의 의사로 하는 자주점유이어야 하고, 평온·공연한 점유이여야 한다. 그리고 직접점유 뿐만 아니라 간접점유도 포함된다.

나) 자주점유는 민법 제197조 제1항에 의하여 추정되므로 소유의 의사가 추정되는 경우에, 점유자 스스로 그 점유권원의 성질에 의하여 자주점유임을 입증할 책임이 없고, 점유자의 점유가 소유의 의사 없는 타주점유임을 주장하는 상대방에게 타주점유에 대한 입증책임이 있다.

다) 소유의 의사는 점유개시 당시 존재하여야 하고, 그것으로 족하며, 나중에 매도인에게 처분권이 없음을 알았더라도 자주점유의 성질이 변하지 않는다.

2) 시효기간(20년)의 경과 및 기산점

부동산취득시효가 성립되려면 점유를 일정한 기간 계속하여야 한다. 시효기간은 취득시효의 모습에 따라 다르다. 부동산의 점유취득시효기간은 20년, 부동산의 등기부취득시효기간은 10년이다.

취득시효의 기초가 되는 사실이 법정시효기간 이상으로 계속된 경우 시효주장자는 기산점을 확정하여 그날부터 가산하야야 하는가, 그렇지 않으면 시효완성시점을 기준으로 하여 거꾸로 계산하여 시효완성에 해당하는 기간 동안 점유하였다고 주장하면 족한가가 문제된다.

취득시효가 완성된다고 하는 점만을 보면 사실심 변론종결시를 기준으로 하여 시효기간이 경과하면 족할 것이므로 변론종결시점으로부터 역산하여 시효기간이 완료되는 시점을 기산점으로 선택하여도 좋을 듯하다. 그러나 점유의 개시시점은 취득시효에 있어서 중요한 의미를 갖는다. 부동산취득시효의 요건인 소유의 의사, 평온·공연 및 선의·무과실은 점유의 개시시점을 기준으로 하여 이의 유무를 판단하여야 하며 취득시효의 효과는 점유개시시에 소급하여 발생하기 때문이다. 뿐만 아니라 시효기간 만료 후 이해관계 있는 제3자가 있는 경우에 시효이익을 주장하는 자가 시효기산점을 임의로 선택할 수 있다고 한다면 제3자의 법적 지위는 시효취득자의 자의에 의하여 좌우되는 것으로 되어 부당하다. 그러므로 원칙적으로 취득시효의 기산점은 점유의 개시시라고 해석하는 것이 타당하다.

초기의 판례는 기산점은 반드시 시효의 기초가 되는 점유가 시작한 때로 하여야 하고 그 시효이익을 받으려는 자가 자기 마음대로 적당한 시기를 선택하여 시효의 기산점으로 할 수 없다고 하였으나[233] 그 이후에는 태도를 바꾸어 시효취득의 대상인 부동산에 대한 소유명의자가 동일하고 그 변동이 없는 경우에는 시효취득자가 임의로 그 기산점을 선택할 수 있다고 하고, 그 태도는 현재까지 일관되어 있다.[234] 그러나 소유명의자가 변동된 경우에는 원칙적으로 시효취득의 기초가 되는 점유가 개시된 시점이 기산점이 되고, 당사자가 기산점을 임의로 선택할 수 없다고 한다.[235] 따라서 기산점을 기초로 취득시효가 일단 완성된 후에 제3취득자가 소유권이전등기를 마친 경우에는 그 자에 대하여 취득시효로 대항할 수 없다고 보아야 한다.[236] 이러한 원칙의 예외로서, 판례는 취득시효가 완성된 후에 제3취득자가 소유권이전등기를 마친 경우에도 당초의 점유자가 계속 점유하고 있고, 또 소유자가 변동된 시점을 새로운 기산점으로 삼아도 다시 취득시효의 점유기간이 완성되는 경우에는 취득시효를 주장하는 점유자로서는 소유권변동시를 새로운 취득시효의 기산점으로 삼아 취득시효를 주장하는 점유자로서는 소유권변동시를 새로운 취득시효의 기산점으로 삼아 취득시효의 완성을 주장할 수 있고,[237] 이와 같은 법리는 (2차의) 취득시효가 개시되어 그 취득시효기간이 경과하기 전에 등기부상의 소유명의자가 다시 변경된 경우에도 시효완성자는 그 소유자에게 시효취득을 주장할 수 있다.[238]

3) 등 기

가) 취득시효에 의한 소유권취득은 법률행위에 의한 것이 아니므로 원칙적으로 등기를 요하지 않지만, 민법 제187조에 대한 유일한 예외로 제245조 제1항은 등기를 하여야 소유권을 취득하도록 규정하고 있다.

나) 점유취득시효의 완성에 의한 권리의 취득은 원시취득이므로, 보존등기의 형식

233) 대법원 1971. 9. 28. 선고 71다1446, 1447 판결.
234) 대법원 1998. 5. 12. 선고 97다8496 판결.
235) 대법원 1999. 2. 12. 선고 98다40688 판결.
236) 대법원 1998. 4. 10. 선고 97다56495 판결.
237) 대법원 1998. 5. 12. 선고 97다34037 판결.
238) 대법원 2009. 7. 16. 선고 2007다15172, 15189 전원합의체 판결.

에 의할 것이지만, 실무상 이전등기의 형식에 의한다.

다. 부동산소유권의 등기부취득시효의 요건

1) 점 유

가) 등기부취득시효의 요건으로 점유취득시효의 요건인 평온·공연한 자주점유에 덧붙여 점유자의 선의·무과실이 요구된다.

나) 선의·무과실

(1) 선의는 민법 제197조 제1항에 의하여 추정되지만, 무과실을 추정하는 규정은 없다. 따라서 시효취득을 주장하는 점유자가 무과실에 대한 입증책임을 진다.[239)]

(2) 등기부상의 명의인을 소유자로 믿고 부동산을 매수하여 점유하는 자는 특별한 사정이 없는 한 과실 없는 점유자에 해당한다.

반면 등기명의인이 아닌 제3자를 소유자로 믿은 경우, 처분자 명의로 등기가 경료되어 있더라도 그 등기가 정당하지 아니한 것으로 의심할 만한 상당한 이유가 있는 경우, 부동산을 매수하는 자가 매도인에게 그 부동산을 처분할 권한이 있는지 여부를 조사하지 않은 경우 또는 본인의 대리인으로서 처분권한을 위임받았다고 칭하는 자로부터 부동산을 매수하는 자가 직접 본인에 대하여 대리권의 유무를 확인하지 않은 경우 등은 과실 있는 점유의 예이다.

(3) 선의·무과실은 등기에 관한 것이 아니라 점유에 관한 것이다. 그리고 선의·무과실이 전 시효기간을 통하여 계속되어야 하는 것은 아니다. 즉 점유개시 시에 선의·무과실이면 된다.

2) 등 기

(1) 등기부취득시효의 요건으로서 "소유자로 등기한 자"가 적법·유효한 등기를 마친 자일 필요는 없으며, 무효인 등기를 마친 자라도 무방하다.[240)] 그러나 외관상 부적법한 등기 또는 이중의 보존등기에서 선차등기가 원인무효로 되지 않는 경우의 후차등기인 보존증기 또는 그에 터 잡은 이전등기를 근거로 한 등기부취득시효는 부정된다.

---

239) 대법원 1995. 2. 10. 선고 94다22651 판결.
240) 대법원 1994. 2. 8. 선고 93다23367 판결.

(2) 판례는 상속등기를 경료하지 않은 상속인도 민법 제245조 제2항 소정의 "부동산의 소유자로 등기한 자"에 해당한다고 하여 등기부취득시효를 할 수 있다고 한다.241)

3) 점유와 등기의 계속

등기기간과 점유기간은 각각 10년이어야 한다. 그런데 민법 제199조에 의하여 점유의 승계가 인정되는데, 등기의 승계를 인정하는 규정은 없다.

등기의 승계 여부에 관하여 종래의 판례는 이를 부정하였으나, 그 후 태도를 바꾸어 현재 등기의 승계를 인정하고 있다.242)

[기본사례] 원고(매수인) → 피고(매도인)
원고가 2000. 10. 1.피고로부터 건물을 매수하여 이에 기한 소유권이전등기절차를 구함

5. 청구취지

피고는 원고에게 별지목록기재 토지에 관하여 2000. 10. 1. 취득시효완성을 원인으로 한 소유권이전등기절차를 이행하라.

6. 청구원인

[청구원인] 20년간 자주, 평온, 공연하게 부동산을 점유한 사실

7. 요건사실

요건사실	* 20년간 자주·평온·공연하게 부동산을 점유한 사실

241) 대법원 1989. 12. 26. 선고 89다카6140 판결.
242) 대법원 1989. 12. 26. 선고 87다카2176 전원합의체 판결.

가. 민법 제197조 제1항에서 점유자는 소유의 의사로 선의, 평온 및 공연하게 점유하는 것으로 추정되고 있으므로, 시효취득을 주장하기 위해서는 당해 부동산을 20년간 점유한 사실만 주장·입증하면 된다(상대방으로서는 타주, 폭력 또는 은비 점유에 대한 사실을 항변으로서 주장하여야 한다). 점유취득시효완성을 원인으로 한 소유권이전등기청구는 시효완성 당시의 소유자를 상대로 하여야 하므로 시효완성 당시의 소유권보존등기 또는 이전등기가 무효라면 원칙적으로 그 등기명의인은 시효취득을 원인으로 한 소유권이전등기청구의 상대방이 될 수 없고,[243] 이 경우 시효 취득자는 소유자를 대위하여 위 무효등기의 말소를 구하고 다시 위 소유자를 상대로 취득시효완성을 이유로 한 소유권이전등기를 구하여야 하는 것이 원칙이다.[244]

---

243) 이와 관련하여 구분소유적 공유관계가 문제된 다음의 대법원 판결 참조. 내부적으로는 토지의 특정부분을 소유하나 등기부상으로는 공유지분을 가지는 이른바 구분소유적 공유관계에서 구분공유자 중 1인이 소유하는 부분이 후에 독립한 필지로 분할되고 그 구분공유자가 그 필지에 관하여 단독명의로 소유권이전등기를 경료 받았다면, 그 소유권이전등기는 실체관계에 부합하는 것으로서 유효하고, 그 구분공유자는 당해 토지에 대한 단독소유권을 적법하게 취득하게 되어, 결국 당해 구분공유자에 관한 한 이제 구분소유적 공유관계는 해소된다. 따라서 그 구분공유자이었던 사람이 위와 같이 분할되지 아니한 나머지 토지에 관하여 여전히 등기부상 공유지분을 가진다고 하여도, 그 공유지분등기는 명의인이 아무런 권리를 가지지 아니하는 목적물에 관한 것으로서 효력이 없게 되고, 명의인은 대외적으로도 위의 나머지 토지에 대하여 공유지분권을 가진다고 할 수 없으며, 종전의 다른 구분공유자는 자신의 소유권 또는 공유지분권에 기하여 위와 같이 효력 없는 공유지분등기의 말소 기타 정정을 청구할 수 있다. 이상은 구분소유적 공유관계에서 구분공유자중 1인이 자신이 소유하는 부분을 제3자에게 양도하였는데 후에 그 부분이 독립된 필지로 분할되고 위 양수인이 그 필지에 관하여 단독 명의로 소유권이전등기를 경료받은 경우에도 다를 바 없다(대법원 2009. 12. 24. 선고 2008다71858 판결). 즉, 이러한 경우에는 분할되지 아니한 나머지 토지에 대한 등기부상 공유지분을 가지고 있다고 하여도 구분소유적 공유관계의 해소로 인하여 그 공유지분등기는 효력이 없게 되므로, 그 등기부상 공유지분권자는 시효취득을 원인으로 한 소유권이전등기청구의 상대방이 될 수 없다는 것이다.

244) 다만 일정한 경우에는 예외가 인정된다. 이 사건에서는 앞서 인정한 사정에 비추어 보면 <u>이 사건 토지가 누구에겐가 사정된 것은 분명하되</u> 현존하는 토지조사부로는 사정명의인을 도저히 확인할 수 없게 되었고 지적원도 기타 지적공부를 가지고도 <u>원고가 사전명의인 또는 그의 상속인을 찾을 수 없어 취득시효완성을 원인으로 하는 소유권이전등기에 의하여 소유권을 취득하는 것이 사실상 불가능하게 되었다고 볼 여지가 있는바</u>, 그럼에도 불구하고 단지 피고의 위 보존등기가 무효라는 이유만으로 피고의 원고에 대한 소유권이전등기의무를 부정한다면 <u>원고는 취득시효가 완성되었음에도 불구하고 소유권이전등기청구의 상대방을 찾을 수 없어 소유권이전등기를 구할 수 없게 되어 결국 이 사건 토지의 진실한 소유관계를 등기부상에 제대로 그것도 영구히 공시하지 못하게 되는 불합리한 결과</u>에 이르게 된다. 그리고 부동산의 점유로 인한 시효취득은 소유권의 원시취득의 일종이고 또한 법률의 규정에 의한 소유권취득임에도 민법 제245조 제1항이 등기함으로써 소유권을 취득한다고 규정하고 있어서 점유취득시효 완성의 효과로서 소유자에 대한 이전등기청구권이 발생함에 불과하나 이 경우에도 소유자가 시효취득자에 대하여 소유권을 주장하여 부동산의 인도를 구하는 것이 허용되지 않는 등 시효취득자의 소유권이전등기청구권은 법률행위에 기한 채권적 권리보다 강하게 보호받는다는 점, 나아가 기록에 의하여 인정되는 바와 같이 원고는 박OO의 차남인데 박OO의 장손인 박OO은 이 사건 토지를 원고가 박OO으로부터 증여받아 경작하여 온 사실을 인정하고 있으며, <u>피고도 원고의 점유사실 자체는 다투지 않고 오히려 이 사건 토지는 원고가 주장하는 취득시효완성일 무렵 사정명의인의 소유였다</u>

나. ① 점유기간 중에 당해 부동산의 소유권자에 변동이 있는 경우에는 취득시효를 주장하는 자가 임의로 기산점을 선택하거나 소급하여 20년 이상 점유한 사실만 내세워 시효완성을 주장할 수 없고, 현실적으로 점유를 개시한 시점을 확정하여 그 때로부터 20년의 기간을 기산하여야 한다(고정시설). ② 점유가 순차로 승계된 경우, 원고로서는 자기의 점유만을 주장하거나 자기의 점유와 전 점유자의 점유를 아울러 주장할 수 있으나,[245] 이 경우에도 점유의 개시시기를 전 점유자의 점유 기간 중 임의시점을 택하여 주장할 수는 없다.[246] 취득시효의 기산점은 간접사실이므로, 법원도 당사자의 주장에 구속되지 않고 소송자료에 의하여 진정한 점유 개시시점을 인정하여야[247] 한다.

가 피고가 그 후 국유재산법의 절차에 따라 소유권을 취득하였다고 주장함으로써 그 주장 자체로 보더라도 결국 피고 명의의 소유권보존등기는 무효라는 점을 자인하는 것이나 마찬가지인 데다가 피고 이외에는 이 사건 토지의 등기부상 다른 이해관계인이 존재하지 않기 때문에 직접 원고에게 소유권이전등기를 하더라도 이로 인하여 불이익을 받는 자가 없다는 점까지 모두 고려할 때 이 사건의 경우에는 원고는 취득시효완성 당시 진정한 소유자는 아니지만 소유권보존등기명의를 가지고 있는 피고에 대하여 직접 취득시효완성을 원인으로 하는 소유권이전등기를 청구할 수 있다고 할 것이다. 그럼에도 불구하고, 원심은 원고가 이사건 토지의 현재의 소유자를 찾아 그를 상대로 소유권이전등기청구를 하여 권리를 실현할 수 있는지 여부 등에 관하여 심리하지 아니한 채 피고 명의의 소유권보존등기가 무효라는 이유만으로 원고의 청구를 배척하였으니 이러한 원심의 판단에는 취득시효완성의 효과에 관한 법리오해 및 심리미진 등으로 판결에 영향을 미친 위법이 있다(대법원 2005. 5. 26. 선고 2002다43417 판결).

245) 다만, 이러한 현점유자의 선택권은 전점유자의 점유기간만으로는 시효가 완성이 되지 않는 경우에 한하여 인정됨을 주의하여야 한다. 전 점유자의 점유를 승계한 자는 그 점유 자체와 하자만을 승계하는 것이지 그 점유로 인한 법률효과까지 승계하는 것은 아니므로 부동산을 취득시효기간 만료당시의 점유자로부터 양수하여 점유를 승계한 현 점유자는 자신의 전 점유자에 대한 소유권이전등기청구권을 보전하기 위하여 전 점유자의 소유자에 대한 소유권이전등기청구권을 대위 행사할 수 있을 뿐, 전 점유자의 취득시효 완성의 효과를 주장하여 직접 자기에게 소유권이전등기를 청구할 권원은 없다(대법원 1995. 3. 28. 선고 93다47745 전원합의체 판결).

246) 원심이 같은 취지에서 원고가 전점유자인 소외 망 민OO의 점유를 아울러 주장하는 이상 이 사건 대지에 관한 취득시효의 기산점은 위 민OO이 이 사건 대지에 대하여 점유를 개시한 1952년이라고 판단한 조치는 정당하다(대법원 1993. 10. 26. 선고 93다7358, 7365 판결).

247) 부동산의 취득시효에 있어서 점유기간의 산정기준이 되는 점유개시의 시기나 그 점유가 자주점유인지의 여부를 가리는 점유의 권원과 같은 사실은 모두 취득시효의 요건사실인 점유기간이나 자주점유를 추정하는 징표인 간접사실에 불과하여 법원으로서는 이에 관한 당사자의 주장에 구속되지 아니하고 소송자료에 의하여 인정하여야 하는 것이므로, 전소에서 취득시효완성을 원인으로 한 소유권이전등기청구를 하였다가 그 점유가 타주점유라는 이유로 패소판결을 받은 당사자가 전소의 청구원인을 이루고 있던 전소 변론종결전의 점유사실 중의 일부나 전부를 다시 후소의 청구원인으로 삼으면서 그 점유권원과 점유개시의 시기를 달리 주장하는 것은 전소의 변론종결에 존재하였으나 제출하지 않은 공격방법을 그 뒤 후소에 제출하여 전소와 다른 판단을 구하는 것에 해당하여, 전소판결의 기판력에 저촉되어 허용될 수 없다 할 것이다. 〈비록 원고가 이 사건 소에서 취득시효완성일은 전소에서와 다르게 주장하고 있기는 하지만〉, 이는 전소의 예비적 청구의 청구원인을 이루고 있던 전소 변론종결전의 점유사실을 그대로 다시 이 사건 소의 청구원인을 이루는 점유사실로 주장하면서 자주점유의 개시일만을 달리 주장하고 있는데 기인하는 것이므로, 그로 인하여 전소의 예비적 청구와 이 사건 소가 그 소송물을 달리하게 된다고 볼 수 없다(대법원 1995. 1. 24. 선고 94다28017 판결).

③ 다만, 점유기간 중 부동산에 대한 소유명의자가 동일하고 그 변동이 없는 경우에는, 취득시효 기산점을 임의로 선택할 수 있다[248](이 경우에는 취득시효의 완성을 주장하는 날로부터 역산하여 20년 이상의 점유사실만 인정하면 된다).

④ 취득시효 완성 후 제3자 앞으로 소유권이전등기가 이루어지는 등 소유자의 변동이 있더라도, 그 때로부터 다시 취득시효의 점유기간이 완성되는 경우에는 소유권의 변동시를 새로운 취득시효의 기산점으로 주장[249]할 수 있다(이는 취득시효완성 후 토지소유자에 변동이 있어도 그 이후 당초의 점유자가 계속 20년간 점유하고 있거나 또는 전점유자의 점유를 승계하여 자신의 점유기간은 20년에 이르지 못하지만 소유자변동이후의 전점유자의 점유기간을 통산하여 20년이 경과함으로써 소유자가 변동된 시점을 새로운 기산점으로 삼아 다시 취득시효가 완성되는 경우에도 역시 타당하다).

위와 같은 법리는 새로이 2차의 취득시효가 개시되어 그 취득시효기간이 경과하기 전에 등기부상의 소유명의자가 다시 변경된 경우에도 마찬가지로 적용된다.[250]

---

248) 그러나, 당초 동일인의 소유에 속하던 토지와 그 지상 건물 중 어느 하나의 소유권이 다른 사람에게 이전됨으로써 그 소유자가 다르게 된 경우에 토지와 건물이 동일인의 소유에 속하고 있던 기간 동안의 토지 소유자의 자기 소유 토지의 점유는 취득시효의 기초가 되는 점유가 될 수 없고, <u>토지와 건물의 소유자가 다르게 된 때로부터 비로소 취득시효의 기초로서의 점유가 개시되는 것으로 보아야 할 것</u>이므로, 동일인의 소유에 속하던 토지와 그 지상 건물 중 건물만을 양수하여 점유하는 자나 그로부터 이를 순차로 양수하여 점유하고 있는 자가 그 토지를 시효취득함에 있어서는 <u>토지와 건물의 소유자가 다르게 된 이후의 건물 소유자의 그 토지에 대한 점유만을 주장할 수 있을 뿐이고, 토지 및 건물을 같이 소유하고 있던 전 소유자의 점유까지 함께 주장할 수는 없다</u>(대법원 1997. 1. 21. 선고 96다40080 판결).

249) 원심은 〈피고의 태안교육청 산하 남면국민학교가 1929. 6. 20. 개교한 이래 피고가 늦어도 1946. 3. 경부터 현재까지 계속하여 이 사건 토지를 위 학교의 교장, 교사 관사대지 및 원예실습장으로 사용함에 있어 소유의 의사로 점유〉하여 왔고, 〈한편 원고가 1970. 6. 12. 이 사건 토지에 관한 소유권보존등기를 한 이후에도 그 점유 태양의 변동 없이 점유하여 오고 있는 사실〉을 인정한 다음, … 피고는 1990. 6. 12.(원심의 1990. 7. 12.은 오기로 보인다)자 <u>취득시효완성을 원인으로 이 사건 토지의 소유권이전등기청구권을 취득하였다</u>고 할 것이고 그 효과는 점유시에 소급하는 것이므로 <u>이와 같은 지위에 있는 피고에 대하여 취득시효기간 중인 이 사건 토지에 대한 점유사용으로 인한 부당이득을 구함은 신의칙에 반하여 허용할 수 없다고 판단</u>하였는바, 이와 같은 원심판단은 정당하여 수긍할 수 있고 거기에 소론이 지적하는 취득시효의 기산점에 관한 법리오해의 위법은 없다(대법원 1994. 3. 22. 선고 93다46360 판결)." 취득시효 완성의 요건사실과 법리판단의 설시 방법을 눈여겨 볼 필요가 있다.

250) 원심판결 및 원심이 적법하게 채용한 증거들에 의하면, 밀양시 삼문동 (이하 지번 1 생략) 대 155㎡ 외 3필지는 1987. 9. 26. 같은 동 (이하 지번 1 생략) 대 360㎡(이하 '이 사건 대지'라 한다)로 합병된 사실, 합병 전의 이 사건 대지에 관하여 1982. 2. 15. 소외 1 명의로 소유권이전등기가 경료된 후, 이 사건 대지에 관하여 1988. 3. 25. 소외 2 명의로, 1988. 9. 10. 원고(반소피고, 이하 '원고'라 한다) 명의로 각 소유권이전등기가 순차로 마쳐진 사실, 피고(반소원고, 이하 '피고'라 한다)는 1961. 1.경 이 사건 대지와 연접한 같은 동 (이하 지번 2 생략) 대 79㎡(이하 '이 사건 매수토지'라 한다)를 소외 3으로부터 매수하면서 이 사건 대지의 일부인 이 사건 계쟁토지의 점유를 승계하여 텃밭으로 점유·사용하여 온 사실 등을 알 수 있다. 앞에서 본 법리를 위 사실관계에 비추어 살펴보면, <u>피고는 최초 점유일로부터 기산하여 이 사건 계쟁토지에 관한 1차의 취득시효가 완성된 후 이를 등기하지 않고 있는 사이에 이 사건 대지에 관하여 이루어진 소외 1 앞으로의 소유권 변동시를 새로이 2차의 취득시효 기산점으로</u>

과거 대법원 판례는 이 경우에도 그 점유기간 중에는 등기명의자가 동일하고 소유자의 변동이 없어야만 한다고 판시하여 왔으나,[251] 최근 대법원은 전원합의체 판결로 판례를 변경하였다.

다. 원고는 20년간 계속하여 점유하여 온 사실을 주장·입증할 수도 있지만, 민법 제198조에 의하여 점유의 계속이 추정되므로, 특정 시점에서의 점유와 그로부터 20년 후의 특정시점에서 점유만을 입증하여도 된다. 이 경우 전후 양 시점의 점유자가 다른 경우에도 점유의 승계가 인정되는 이상 점유 계속은 추정되며, 상속인이 미성년자인 경우에도 그 법정대리인은 점유권을 승계받아 점유를 계속할 수 있으므로 달리 볼 것이 아니다.

라. 건물 공유자 중 일부만이 당해 건물을 점유하고 있는 경우라도 그 건물의 부지는 건물 소유를 위하여 공유명의자 전원이 공동으로 이를 점유하고 있는 것으로 볼 것이며, 건물 공유자들이 건물부지의 공동점유로 인하여 건물부지에 대한 소유권을 시효취득하는 경우라면 그 취득시효 완성을 원인으로 한 소유권이전등기청구권은 당해 건물의 공유지분비율과 같은 비율로 건물 공유자들에게 귀속된다.[252][253]

삼을 수 있고, 그때로부터 2차의 취득시효기간이 경과하기 전에 이 사건 대지의 등기부상 소유명의를 취득한 원고에게 이 사건 계쟁토지에 관한 시효취득을 주장할 수 있다고 할 것이다. 그럼에도 불구하고 이와 달리 원심은, 소외 1 명의로 소유권이 전등기가 마쳐진 이후에 소외 2 및 원고 명의로 소유권이전등기가 순차로 마쳐졌다는 이유로 소외 1 명의로 소유권이전등기가 마쳐진 시점을 새로운 취득시효의 기산점으로 삼을 수는 없다고 판단하여 피고의 취득시효완성 주장을 배척한 후 이를 이유로 이 사건 계쟁토지에 관한 소유권이전등기를 구하는 피고의 반소청구를 기각하고 인도를 구하는 원고의 본소청구를 인용하였으니, 이러한 원심판결에는 부동산 점유취득시효가 완성된 후의 새로운 점유취득시효 진행에 관한 법리를 오해함으로써 판결에 영향을 미친 위법이 있다. 이 점을 지적하는 상고이유의 주장은 이유 있다(대법원 2009. 7. 16. 선고 2007다15172,15189 전원합의체 판결).

251) 대법원 1999. 2. 12. 선고 98다40688 판결. 위 전원합의체 판결에 의하여 폐기되었다.

252) 사회통념상 건물은 그 부지를 떠나서는 존재할 수 없는 것이므로 건물의 부지가 된 토지는 그 건물의 소유자가 점유하는 것으로 볼 것이고, 이 경우 건물의 소유자가 현실적으로 건물이나 그 부지를 점거하고 있지 아니하고 있더라도 그 건물의 소유를 위하여 그 부지를 점유한다고 보아야 하고, 미등기건물을 양수하여 건물에 관한 사실상의 처분권을 보유하게 됨으로써 그 양수인이 건물부지 역시 아울러 점유하고 있다고 볼 수 있는 등의 다른 특별한 사정이 없는 한 건물의 소유명의자가 아닌 자로서는 실제로 그 건물을 점유하고 있다고 하더라도 그 건물의 부지를 점유하는 자로는 볼 수 없기 때문이다(대법원 2003. 11. 13. 선고 2002다57935 판결).

253) 위 2002다57935 판결은 대지 점유와 취득시효, 공유자의 법률관계에 관한 논점을 모두 포괄하고 있으므로, 논리 전개의 흐름을 살펴볼 필요가 있다. 돌이켜 이 사건에 관하여 살피건대, 피고가 1979. 12. 31. 이 사건 피고 주택에 대한 1/2 지분에 관한 소유권이전등기를 경료할 시점에서 이미 이 사건 피고 주택 전체를 매수하여 그에 관한 사실상의 처분권 일체를 보유하게 되었다는 점을 인정할 아무런 자료도 없는 이 사건에 있어서, 원심판결을 기록에 비추어 살펴보면, 피고가 이 사건 제1대지 부분 중 1/2 지분에 관하여서만 1999. 12. 31. 취득시효 완성을 원인으로 한 소유권을 취득하였다고 한

8. 항변 등

[주요항변] ① 타주점유
② 무단점유
③ 시효중단 항변

가. 타주점유

1) 자주점유의 판단은 점유취득의 원인이나 점유와 관계있는 사정에 의하여 객관적으로 결정되는 것이므로, 자주점유의 추정을 깨기 위해서는, ① 점유자가 성질상 소유의 의사가 없는 것으로 보이는 권원에 바탕을 두고 점유를 취득한 사실, 혹은 ② 점유자가 진정한 소유자라면 통상적으로 취하지 않을 태도를 나타내거나 소유자라면 당연히 취했을 것으로 보이는 행동을 하지 않는 경우 등 외형적·객관적으로 보아 유자가 타인의 소유권을 배척하여 점유할 의사를 갖지 않았던 것으로 볼 만한 사정을 입증하여야 한다. 다만, 어디까지나 타주점유사실 자체가 주요사실이 되므로, 자주점유 여부의 판단근거가 되는 위와 같은 사정은 간접사실에 불과하며, 따라서 법원은 당사자의 주장에 구애되지 않고 소송자료에 의하여 이를 인정할 수 있다.[254)255)]

원심의 사실인정과 판단은 위 법리를 따른 것으로서 정당하고, 거기에 원고나 피고가 주장하는 바와 같은 채증법칙 위배로 인한 사실오인, 심리미진의 위법이 없다(나머지 1/2 지분에 관하여 피고가 정OO의 점유 승계를 전제로 1971. 1. 28.을 그 취득시효의 기산점으로 보는 경우라면 그로부터 20년이 경과한 시점에서 그 나머지 지분에 관하여 시효가 완성되었지만 피고로서는 그 이후에 소유권을 취득한 원고에 대하여는 그 시효완성을 주장할 수도 없다.) 그런데 앞서 본 바와 같이 피고가 이 사건 제1대지 부분 중 1/2 지분에 관하여 취득시효 완성을 원인으로 한 소유권을 취득할 수 있게 됨으로써 이 사건 제1대지 부분은 장차 원고와 피고의 각 1/2지분 비율에 의한 공유토지가 될 것이기는 하지만, 물건을 공유자 양인이 각 1/2 지분씩 균분하여 공유하고 있는 경우 1/2 지분권자로서는 다른 1/2 지분권자와의 협의 없이는 이를 배타적으로 독점사용 할 수 없고, 나머지 지분권자는 공유물보존행위로서 그 배타적 사용의 배제, 즉 그 지상 건물이 철거와 토지의 인도 등 점유배제를 구할 권리가 있다고 할 것인바, 따라서 다른 특별한 사정이 없는 한 장차 이 사건 제1대지 부분 중 1/2 지분에 관한 공유지분만을 취득할 뿐인 피고로서는 나머지지 지분을 보유하고 있는 원고와의 협의 없이는 이를 배타적으로 독점사용할 수는 없는 노릇이므로 원고가 공유물의 보존행위로서 그 지상의 이 사건 제1, 2건물 부분의 철거 및 이 사건 제1대지 부분의 인도를 구하는 이 부분 청구를 거절할 수는 없는 것이 원칙이라고 할 것이고, 원심이 들고 있는 것과 같은 정도의 사유만으로는 원고의 피고에 대한 이 부분 건물철거와 토지인도가 권리남용에 해당된다고 보기도 어렵다고 판단된다. 따라서 원고의 이 사건 제1, 2 건물 부분의 철거 및 이 사건 제1대지 부분의 인도청구를 배척한 원심의 판단에는 위에서 이 법원이 설시한 법리를 오해하여 판결 결과에 영향을 미친 위법이 있다고 할 것이므로(단, 이 사건 제1대지 부분 중 1/2 지분에 한하여 원고의 부당이득반환 청구를 인용한 원심의 판단은 정당하다.) 이 점을 지적하는 취지의 원고의 상고이유의 주장은 이유 있다(대법원 2003. 11. 13. 선고 2002다57935 판결).

가) ① 권원의 성질상 타주점유라고 할 수 있는 경우로는 ㉠ 임대차에 의하여 점유를 취득한 경우, ㉡ 토지를 매도하여 그 인도의무를 지고 있는 매도인의 점유,[256)][257)]

254) 부동산의 시효취득에 있어서 그 점유가 자주점유인지의 여부를 가리는 기준이 되는 점유의 권원은 간접사실에 지나지 아니하는 것이므로, 법원은 당사자의 주장에 구애됨이 없이 소송자료에 의하여 인정되는 바에 따라 진정한 점유의 권원을 심리하여 취득시효의 완성 여부를 판단할 수 있다(대법원 1997. 2. 28. 선고 96다53789 판결).

255) 자주점유 추정의 번복을 인정한 다음 대법원 판결을 참고할 것. "아파트의 수분양자들과 그 승계인들이 아파트의 구분소유권을 취득한 이래 오랜 기간 동안 아무 장애도 없었음에도 그 대지 지분에 관한 이전등기 요구를 전혀 하지 않은 사실 등에 비추어 점유자가 진정한 소유자라면 통상 취하지 아니할 태도를 나타내거나 소유자라면 당연히 취했을 것으로 보이는 행동을 취하지 아니한 경우 등 외형적·객관적으로 보아 점유자가 타인의 소유권을 배척하고 점유할 의사를 갖고 있지 아니하였던 경우에 해당한다고 볼 만한 사정이 증명되었다고 볼 수 있고, 또한 아파트가 최초 분양된 시점에는 아직 '집합건물의 소유 및 관리에 관한 법률'이 제정되기 전이어서 대지 지분을 포함하는 완벽한 아파트의 취득을 위해서는 건물과 대지에 관하여 각각 별도의 소유권이전등기 절차가 필요하였는데 그 수분양자들은 모두 구분소유의 대상인 건물에 관해서만 소유권이전등기를 마쳤을 뿐 대지의 지분에 관하여는 소유권이전등기를 넘겨받지 않았고, 그 결과 이를 전전 양수한자들도 모두 대지권 지분이 없는 해당 건물에 관한 소유권이전등기만을 이어받은 사실 등 아파트의 구분소유권을 최초 분양받거나 이를 전전 양수함으로 인해 대지를 점유하게 된 자들이 아파트 분양 당시 건물과 함께 대지까지도 분양이 되었다고 인정할 아무 자료를 제출하지 못하고 있어 아파트의 수분양자들이나 그 승계인들이 점유 개시 당시에 소유권 취득의 원인이 될 수 있는 법률행위 기타 법률요건이 없이 그와 같은 법률요건이 없다는 사실을 잘 알면서 타인 소유의 부동산을 무단 점유한 것이라고 볼 여지가 많으므로, 아파트 구분소유권자들의 대지 지분에 관한 자주점유의 추정이 번복되었다고 본 사례(대법원 2011. 1. 13. 선고 2010다66699 판결)이다.

256) 다음 판결의 논리 전개를 참고할 것. 〈원심은, 분할 전의 울산 울주군 상북면 궁근정리 887 임야 3,590평(이하 '분할 전 토지'라 한다)은 1937. 3. 7. 원고의 부 김OO 명의로 소유권이전등기가 경료되었다가 1961. 5. 2. 매매를 원인으로 하여 피고 명의로 소유권이전등기가 경료된 사실, 분할 전 토지는 1985. 4. 4. 같은 리 887-1 임야 3,469평(11,468m²)과 같은 리 887-2 임야 121평으로 분할되었는데, 위 887-1 임야 11,468m²는 1992. 11. 2. 같은 리 887-1 임야 7,880m², 같은 리 887-3 임야 887-4 임야 1,230m²와 887-6 전 161m² '이 사건 토지'라 한다)로 각 분할된 사실, 김OO은 피고 명의의 소유권이전등기가 경료된 이후에도 분할 후의 이 사건 토지 부분을 논으로 경작하여 왔고, 김OO이 1970. 5. 29. 사망한 이후에는 상속인인 원고가 이 사건 토지 부분을 논으로 경작하여 온 사실을 인정한 다음, 원고는 김OO을 승계하여 이 사건 토지를 소유의 의사로 평온·공연하게 점유한 것으로 추정되므로, 피고 명의의 소유권이전등기가 경료된 1961. 5. 2.경부터 20년이 경과한 1981. 5. 2. 이 사건 토지에 관한 점유취득시효가 완성되었다고 판단〉하였다. 그러나, 원심이 인정한 사실관계와 기록에 의하면, 이 사건 토지가 속한 분할 전 토지는 1937. 3. 7. 원고의 부 김OO 명의로 소유권이전등기가 경료되었다가 1961. 5. 2. 같은 해 3. 25. 매매를 원인으로 하여 김OO으로부터 피고 앞으로 소유권이전등기가 경료되었음을 알 수 있는바, ① 소유권이전등기가 경료되어 있는 경우에는 그 등기명의자는 제3자에 대하여서 뿐만 아니라 그 전소유자에 대하여도 적법한 등기원인에 의하여 소유권을 취득한 것으로 추정되는 것이므로, 특별한 사정이 없는 한 김OO은 1961. 3. 25. 이 사건 토지를 포함한 분할 전 토지 전부를 피고에게 매도한 것으로 추정된다고 할 것이다. ② 한편, 부동산을 다른 사람에게 매도하여 그 인도의무를 지고 있는 매도인의 점유는 특별한 사정이 없는 한 타주점유로 변경된다고 할 것이고, ③ 또한 상속에 의하여 점유권을 취득한 경우에는 상속인이 새로운 권원에 의하여 자기 고유의 점유를 시작하지 않는 한 피상속인의 점유를 떠나 자기만의 점유를 주장할 수 없고, 선대의 점유가 타주점유의 경우 선대로부터 상속에 의하여 점유를 승계한 자의 점유도 그 성질 내지 태양을 달리하는 것이 아니어서 특단의 사정이 없는 한 그 점유가 자주점유로 될 수 없고, 그 점유가 자주점유가 되기 위하여는 점유자가 소유자에 대하여 소유의 의사가 있는 것을 표시하거나 새로운 권원에 의하여 다시 소유의 의사로써 점유를 시작하여야 하는 것이다. 따라서 김OO이 이 사건 토지가 포함된 분할 전 토지를 피고에게 매도한

㉢ 명의수탁자의 점유, ㉣ 국유지를 장차 불하받을 생각으로 그 점유·사용권만을 양도받아 점유한 자의 점유 등이 있고, ㉤ 지상 건물과 함께 그 대지를 매수·취득하여 점유를 개시함에 있어서 매수인이 인접 토지와의 경계선을 정확하게 확인하여 보지 아니하여 착오로 인접 토지의 일부를 그가 매수·취득한 대지에 속하는 것으로 믿고 점유를 하여 왔다고 하더라도 위 인접 토지의 일부를 현실적으로 인도받아 점유하고 있는 이상 인접 토지에 대한 점유 역시 소유의 의사에 기한 것이라고 보아야 할 것[258]이나, 통상 부동산을 매수하려는 사람은 매매계약을 체결하기 전에 그 등기부등본이나 지적공부 등에 의하여 소유관계 및 면적 등을 확인한 다음 매매계약을 체결하므로 매매 대상 토지의 면적이 공부상 면적을 상당히 초과하는 경우에는 계약 당사자들이 이러한 사실을 알고 있었다고 보는 것이 상당하며, 그러한 경우에는 매도인이 그 초과 부분에 대한 소유권을 취득하여 이전하여 주기로 약정하는 등의 특별한 사정이 없는 한 그 초과 부분은 단순한 점용권의 매매로 보아야 할 것이므로, 그 초과부분에 대한 점유도 타주점유에 해당한다.[259][260]

이후에도 이 사건 토지를 점유하다가 1970. 5. 29. 사망한 후 원고가 김OO의 점유를 상속에 의하여 승계취득하였다면, 매도인 김OO의 점유는 피고 앞으로 소유권이전등기를 경료한 이후에는 타주점유로 보아야 할 것이므로, 원고가 소유자인 피고에 대하여 소유의 의사가 있다는 것을 표시하였거나 새로운 권원에 의하여 소유의 의사로 점유를 시작하였다는 등의 특단의 사정이 없는 이상, 원심은 원고의 이 사건 토지의 점유가 타주점유라는 피고의 〈항변〉을 배척할 수 없을 것임에도 불구하고 그 판시와 같은 이유만으로 김OO 및 원고의 이 사건 토지에 대한 점유를 자주점유라고 판단한 것은 등기의 추정력 및 취득시효에 있어서 자주점유에 관한 법리를 오해하여 판결에 영향을 미친 위법을 저질렀다 할 것이다(대법원 2004. 9. 24. 선고 2004다27273 판결).

257) 부동산을 타인에게 매도하여 그 인도의무를 지고 있는 매도인의 점유는 특별한 사정이 없는 한 타주점유로 변경된다. 따라서 매도인이 토지의 매매대금 전액을 지급받지 못하였을 뿐 아니라 매매계약 당시 잔대금의 지급과 상환으로 토지를 인도하여 주기로 약정하였다 하더라도 매도인이 잔대금을 지급받기 전에 매수인 앞으로 소유권이전등기를 마쳐주었고, 그 후 매수인이 나머지 대금을 지급하지 않자 그 대금지급을 구하는 소를 제기한 경우, 매도인이 매수인과 매매계약을 체결하고 그에 따른 소유권이전등기를 마쳐준 이후에도 토지를 소유자와 동일한 의사를 가지고 계속 점유하여 오고 있다고 볼 수 없다(대법원 1997. 4. 11. 선고 97다5824 판결).

258) 이 경우 그 인접 토지의 점유 방법이 분묘를 설치·관리하는 것이었다고 하여 점유자의 소유의사를 부정할 것은 아니다(대법원 2007. 6. 14. 선고 2006다84423 판결). 타안의 토지 위에 분묘를 설치 또는 소유하는 자는 다른 특별한 사정이 없는 한 그 분묘의 보존·관리에 필요한 범위 내에서만 타인의 토지를 점유하는 것이므로 그 점유의 성질상 소유의 의사가 추정되지 않는다(대법원 1997. 3. 28. 선고 97다3651, 3668 판결)고 보는 것과는 별개의 문제이다. 즉, 매수한 대지에 포함되는 것이라고 인식한 이상, 자주점유라고 보아야 하지, 그 대지의 이용방법이 분묘의 설치, 관리에 있었다고 하여 타주점유라고 볼 것은 아니라는 것이다.

259) 그와 같이 〈매도인으로부터 점유를 넘겨받게 되는 토지 중 일부분이 매도인에게 처분권한이 없는 타인 소유의 토지라는 사실을 매수인이 알고 있는 경우〉에는 매수인은 그 타인 소유 토지의 매수인 점유 부분 전체에 대하여 타주점유를 하는 것이라고 볼 것이지, 그 점유 부분 중 일부 지상에 매수인이 소유하게 되는 건물이 있다고 하여 매수인이 그 건물이 건축된 토지 부분에 대하여 만 따로 소유의

ⓑ 점유자가 점유개시 당시에 소유권 취득의 원인이 될 수 있는 법률행위 기타 법률요건이 없이 그와 같은 법률요건이 없다는 사실을 잘 알면서 타인 소유의 부동산을 점유한 경우, 즉 악의의 무단점유의 경우에도 특별한 사정이 없는 한 점유자는 타인의 소유권을 배척하고 점유할 의사를 갖고 있지 않다고 보아야 할 것이므로 권원의 성질상 자주점유의 추정은 번복[261]된다.

ⓢ 한편 처분권한이 없는 자로부터 그 사실을 알면서 부동산을 취득하거나 어떠한 법률행위가 무효임을 알면서 그 법률행위에 의하여 부동산을 취득하여 점유를 시작한 때에는 그 점유의 시작에 있어 이미 자신이 그 부동산의 진정한 소유자의 소유권을 배제하고 마치 자기의 소유물처럼 배타적 지배를 할 수 없다는 것을 알면서 점유하는 자이므로 점유 시작 당시에 소유의 의사가 있다고 할 수 없다.

② 그러나, ㉠ 점유자가 스스로 매매 또는 증여와 같이 자주점유의 권원을 주장하였으나 이것이 인정되지 않은 경우에도, 원래 자주점유의 권원에 관한 입증책임이 점유자에게 있지 아니한 이상 그 주장의 점유권원이 인정되지 않는다는 사유만으로는 자주점유의 추정이 번복된다거나 또는 점유권원의 성질상 타주점유라고 볼 수 없고,

---

의사로서 점유를 한다고 볼 것은 아니다. 원심이, 원고가 이OO재로부터 매수한 53-11 대지는 그 면적이 131.9㎡이고 이OO재로부터 점유를 넘겨받게 된 담장 안쪽 토지 중의 일부분(약 70%)에 지나지 않는다는 사실을 원고가 알았다고 봄이 상당하며, 이OO가 원고에게 피고 소유인 위 (나), (다), (바)부분 토지의 소유권을 취득하여 이전하여 주기로 약정하였다는 등의 특별한 사정도 보이지 아니한다고 판단하면서도, 그 중 (나)부분 토지에 대하여는 단지 그 지상에 원고가 이 53-11 대지와 함께 매수한 이 사건 건물과 처마가 위치하고 있고 그 면적도 10.4㎡에 지나지 않는다는 이유를 들어, 원고가 그 부분에 한하여 타주점유를 한 것이 아니라고 판단한 것은, 자주점유에 관한 법리를 오해하여 판결 결과에 영향을 미친 위법이 있다고 할 것이므로, 이 점을 지적하는 상고이유의 주장은 그 이유가 있다(대법원 2005. 6. 23. 선고 2005다13059 판결).

260) 그러나 이 사건에서는 피고가 위 탁OO으로부터 매수한 위 204의 100 대지의 공부상 면적은 69평(=228㎡)인데 피고가 인도받은 토지는 270㎡(=228㎡+42㎡)로서 공부상 면적의 118.4%(≒270㎡÷228㎡)정도인 점, 이 사건 토지 주변이 경사지인 점 등의 형태로 보아 피고가 인도받은 대지의 면적이 공부상의 면적을 초과하여 이 사건 토지를 침범하고 있다는 사실을 알고 있었다고 볼 특별한 사정이 있다고 하기는 어렵다고 할 것이다. 같은 취지의 원심 판단은 수긍이 가고, 거기에 시효취득에 관한 법리를 오해한 위법이 있다고 할 수 없다(대법원 1998. 11. 10. 선고 98다32878 판결).

261) 피고 소유의 위 각 대지는 위 강OO조가 1971. 8. 12.경 점유를 시작하기 오래 전부터 피고의 소유로 등기되어 있는 경사지로서 잡목이 자라고 있던 공터였는데, 그 무렵 위 강OO는 자신의 소유인 위 공항동 14의 81 대지와 피고 소유의 위 각 대지 사이에 설치되어 있던 철조망을 임의로 제거하고 피고 소유의 위 각 대지를 점유하기 시작하였던 사실이 인정되므로, 위 강OO는 피고 소유의 위 각 대지에 대한 점유를 개시할 당시에 성질상 소유권 취득의 원인이 될 수 있는 법률행위 기타 법률요건이 없이 그와 같은 법률요건이 없다는 사정을 잘 알면서 피고 소유인 위 각 대지 중 원심판시 각 부분을 점유하였다고 보아야 할 것이다. 따라서 위 강OO가 위 각 대지 부분을 소유의 의사로 점유한 것이라는 추정은 깨어졌다고 보아야 할 것이고, 달리 특별한 사정이 없는 한 그의 점유는 타주점유라고 할 것이다(대법원 1997. 8. 21. 선고 95다28625 전원합의체 판결).

ⓛ 토지의 매수인이 매매계약에 의하여 목적 토지의 점유를 취득한 경우 설사 그것이 타인의 토지의 매매에 해당하여 그에 의하여 곧바로 소유권을 취득할 수 없다고 하더라도 그것만으로 매수인이 점유권원의 성질상 소유의 의사가 없는 것으로 보이는 권원에 바탕을 두고 점유를 취득한 사실이 증명되었다고 단정할 수 없을 뿐만 아니라, 〈매도인에게 처분권한이 없다는 것을 잘 알면서 이를 매수하였다는 등의 다른 특별한 사정이 입증되지 않는 한〉, 그 사실만으로 바로 그 매수인의 점유가 소유의 의사가 있는 점유라는 추정이 깨어지는 것이라고 할 수 없고, 민법 제197조 제1항이 규정하고 있는 점유자에게 추정되는 소유의 의사는 사실상 소유할 의사가 있는 것으로 충분한 것이지 반드시 등기를 수반하여야 하는 것은 아니므로 등기를 수반하지 아니한 점유임이 밝혀졌다고 하여 이 사실만 가지고 바로 점유권원의 성질상 소유의 의사가 결여된 타주점유라고 할 수 없는 것이므로, 이러한 피고의 주장은 유효한 항변이 될 수 없다.[262]

나) ① 판례상 외형적·객관적 사정에 비추어 타주점유라고 본 경우로는, ㉠ 점유자가 담당공무원에게 국유토지를 점유 중임을 인정하고 매수의사를 명백히 표시한 경우, 점유하고 있는 국유재산에 관하여 대부계약을 체결한 경우, 지방자치단체가 사실상 지배주체로서 점유하던 도로부지를 협의취득하기 위해 손실보상금을 산정하여 소유자에게 수령하여 갈 것을 통보한 경우 등이 있다. ㉡ 그리고 〈진정 소유자가〉 자신의 소유권을 주장하며 점유자 명의의 소유권이전등기는 원인무효의 등기라 하여 〈점유자를 상대로〉 토지에 관한 점유자 명의의 소유권이전등기의 말소등기청구소송을 제기하여 그 소송사건이 점유자의 패소로 확정되었다면, 그 점유자는 민법 제197조 제2항의 규정에 의하여 〈그 소송의 제기 시부터는 토지에 대한 악의의 점유자〉로 간주되고, 또 이러한 경우 토지 점유자가 시공사등기청구소송의 직접 당사자가 되어 소송을 수행하였고 결국 그 소송을 통해 대지의 정당한 소유자를 알게 되었으며, 나아가 패소판결의 확정으로 점유자로서는 토지에 관한 점유자 명의의 소유권이전등기에 관하여 정당한 소유자에 대하여 말소등기의무를 부담하게 되었음이 확정되었으므로, 단순한 악의점유의 상태와는 달리 객관적으로 그와 같은 의무를 부담하고 있는 점유자로 변한 것이어서 〈점유자의 토지에 대한 점유는 패소판결 확정 후부터는 타주점유로 전환되었다〉고 보아야 할 것이므로, 피고로서는 이러한 사실을 주장하며 항변할 수도

262) 대법원 2000. 3. 16. 선고 97다37661 전원합의체 판결.

있다.[263)]

② 그러나, ㉠ 〈토지의 점유자가 소유자를 상대로〉 매매를 원인으로 한 소유권이전등기청구의 소를 제기하였다가 패소하였거나, ㉡ 〈점유자가 이전에 소유자를 상대로〉 소유권이전등기말소절차의 이행을 구하는 소를 제기하였다가 패소하고 그 판결이 확정되었다 하더라도 그 소송은 점유자가 소유자를 상대로 소유권이전등기의 말소를 구하는 것이므로 그 패소판결의 확정으로 점유자의 소유자에 대한 말소등기청구권이 부정될 뿐, 그로써 점유자가 소유자에 대하여 어떠한 의무를 부담하게 되었다든가 그러한 의무가 확인되었다고 볼 수는 없으므로, 점유자의 자주점유의 추정이 번복된다고 할 수 없고,[264)] ㉢ 점유자가 취득시효기간이 경과한 후에 상대방에게 토지의 매수를 제의한 일이 있다고 하여도 일반적으로 점유자는 취득시효가 완성된 후에도 소유권자와의 분쟁을 간편히 해결하기 위하여 매수를 시도하는 사례가 허다함에 비추어 이와 같은 매수 제의를 하였다는 사실을 가지고는 위 점유자의 점유를 타주점유라고 볼 수 없으므로, 이러한 피고의 항변은 유효하지 않다. ㉣ 지적측량 결과 토지의 등기부상 소유자가 밝혀진 자가 점유자를 상대로 그 지상건축물의 철거 및 대지의 인도를 요구하는 등 경계문제로 상호분쟁이 있었다는 사정만으로 점유자의 자주점유가 타주점유로 바뀌는 것도 아니다.

2) ① 일반적으로 점유의 승계가 있는 경우 〈전 점유자의 점유가 타주점유라고 하여도〉 점유자의 승계인이 자기의 점유만을 주장한다면 현 점유자의 점유는 자주점유로 추정되나, ② 상속에 의하여 점유권을 취득한 경우에는 〈상속인이 새로운 권원에 의하여 자기 고유의 점유를 시작하지 않는 한〉 피상속인의 점유를 떠나 자기만의 점유를 주장할 수 없으므로, 선대의 점유가 타주점유인 경우 선대로부터 상속에 의하여 점유를 승계한 자의 점유도 그 성질 내지 태양을 달리하는 것이 아니어서 특단의 사정이 없는 한 그 점유가 자주점유로 될 수 없다.

3) 피고가 타주점유의 입증에 성공하면, 원고로서는 ① 점유자가 소유자에 대하여 소유의 의사가 있는 것을 표시하였거나, ② 새로운 권원에 의하여 다시 소유의 의사로 점유를 시작한 사실을 주장하며, 자주점유로의 전환의 재항변을 할 수 있다. 다만 ⓐ 귀속재산의 점유자가 지세를 납부하였거나, ⓑ 타주점유자가 대상토지상에 자신

263) 점유자가 소유권이전등기청구의 소나 말소등기절차이행을 구하는 소를 제기하고 패소 확정된 경우와 비교하여야 한다.

264) 대법원 1999. 9. 17. 선고 98다63018 판결.

의 건물을 신축하였거나, ⓒ 점유자가 자기 명의로의 보존등기 또는 이전등기를 하였다고 하더라도 이 사실만으로는 자주점유로의 전환이 인정되지 않는다.

나. 점유중단

① 민법 제198조에 의한 점유의 계속 추정은 법률상 추정이므로, 그 사이에 점유가 중단 또는 상실되었다는 사실은 상대방이 주장·입증하여야 할 항변사유가 된다(물론 원고가 20년간의 계속 점유사실 자체를 직접 입증한 경우라면, 점유 중단에 관한 피고의 주장은 부인에 불과하다). ② 한편, 부동산을 20년 간 소유의 의사로 평온·공연하게 점유한 자는 민법 제245조 제1항에 의하여 점유부동산에 관하여 소유자에 대한 소유권이전등기청구권을 취득하게 되며, 점유자가 취득시효기간의 만료로 일단 소유권이전등기청구권을 취득한 이상, 그 후 점유를 상실하였다고 하더라도 〈이를 시효이익의 포기로 볼 수 있는 경우가 아닌 한〉, 이미 취득한 소유권이전등기청구권은 소멸되지 아니하는 것이므로, 원고가 취득시효 기간 만료 후 점유를 상실하였다는 주장은 유효한 항변사유가 되지 않는다.

다. 시효중단

1) 시효중단사유의 주장·입증책임은 시효완성을 다투는 피고가 부담하며, 취득시효가 중단되었다는 명시적 주장을 하지 않더라도 중단사유에 속하는 사실을 주장하면 주장책임을 다한 것으로 보아야 한다.

2) ① 재판상 청구에는 시효취득의 대상인 목적물의 인도 내지는 소유권 존부 확인이나 소유권에 관한 등기청구소송은 물론, 소유권 침해의 경우 그 소유권을 기초로 하는 방해배제 및 손해배상 혹은 부당이득반환청구소송도 이에 포함된다(이 경우도 권리자가 자기의 권리를 자각하여 재판상 그 권리를 행사하는 점에 있어 서로 다를 바 없고, 또 재판상의 청구를 기판력이 미치는 범위와 일치시켜 고찰할 필요가 없기 때문이다). ② 권리자가 시효를 주장하는 자로부터 제소당하여 직접 응소 행위로서 상대방의 청구를 적극적으로 다투면서 자신의 권리를 주장하여 그것이 받아들여진 경우에는 민법 제247조 제2항에 의하여 취득시효기간에 준용되는 민법 제168조 제1호, 제170조 제1항에서 시효중단사유의 하나로 규정하고 있는 재판상의 청구에 포함[265]되는 것으로 해석함이 상당하나, 점유

265) 시효를 주장하는 자가 원고가 되어 소를 제기한 경우에 있어서, 피고가 응소행위를 하였다고 하여 바로 시효중단의 효과가 발생하는 것은 아니고, 변론주의 원칙상 시효주단의 효과를 원하는 피고로서는

자가 소유자를 상대로 소유권이전등기 청구소송을 제기하면서 그 청구원인으로 '취득시효 완성'이 아닌 '매매'를 주장함에 대하여, 소유자가 이에 응소하여 원고 청구기각의 판결을 구하면서 원고의 주장 사실을 부인하는 경우에는, 이는 원고 주장의 매매사실을 부인하여 원고에게 그 매매로 인한 소유권이전등기청구권이 없음을 주장함에 불과한 것이고 소유자가 자신의 소유권을 적극적으로 주장한 것이라 볼 수 없으므로 시효중단사유의 하나인 재판상의 청구에 해당한다고 할 수 없다.[266)]

3) 최고가 있었다고 볼 수 있는 경우로는, ① 토지 소유자측과 점유자 사이에 경계시비가 있었고 그로 인한 고소까지 제기되었던 경우 ② 토지 소유자가 점유자에게 토지의 인도를 통지한 경우[267)] 등이 있다(물론 이 경우에도 그로부터 6월내에 재판상 청구 등의 사유가 있었음을 아울러 주장하여야 한다). 다만, 국가나 지방자치단체가 국·공유 토지의 점유자에 대하여 그 사용료를 부과·고지하는 것만으로는 바로 취득시효가 중단되지 않으므로, 이러한 원고의 재항변은 유효하지 않다.

4) 점유자를 상대로 점유이전금지가처분을 한 경우 유효한 시효중단사유가 되나, 직접점유자 이외에 간접점유자가 따로 있다면 직접점유자를 상대로 점유이전금지가처분을 한 뜻을 간접점유자에게 통지한 사실까지 주장·입증하여야 간접점유자에 대하여 취득시효 중단을 주장할 수 있다(민법 제176조).

5) 취득시효기간의 만료 전에 등기부상의 소유명의가 변경되었다 하더라도 이로써 종래의 점유상태의 계속이 파괴되었다고 할 수 없으므로 이는 취득시효의 중단사유가 될 수 없다.[268)]

당해 소송 또는 다른 소송에서의 응소행위로서 시효가 중단되었다고 주장하지 않으면 아니 되고, 피고가 변론에서 시효중단의 주장 또는 이러한 취지가 포함되었다고 볼 만한 주장을 하지 아니하는 한, 피고의 응소행위가 있었다는 사정만으로 당연히 시효중단의 효력이 발생한다고 할 수는 없는 것이나, 응소행위로 인한 시효중단의 주장은 취득시효가 완성된 후라도 사실심 변론 종결 전에는 언제든지 할 수 있다고 할 것이다. 원심이 확정한 사실관계 및 기록에 의하면, 피고들이 제1심부터 원심변론종결에 이르기까지 원고들의 취득시효 주장에 대하여 응소하면서 한 주장은 단순한 부인을 넘어서 분할 전 토지의 소유권이 피고들에게 있다는 내용까지 포함된 것으로서 이는 소멸시효의 중단사유가 되는 재판상의 청구에 준하는 것이라 할 것이고, 한편 피고들이 원심 제8차 변론기일에서 진술한 2003. 1. 7.자 준비서면으로 시효중단의 주장을 하였음이 기록상 명백하므로 원심판결에 상고이유의 주장과 같은 위법이 있다 할 수 없다(대법원 2003. 6. 13. 선고 2003다17927,17934 판결).

266) 대법원 1997. 12. 12. 선고 97다30288 판결.

267) 그러나, 토지를 분할측량하고 분할등기를 하고, 또는 이 사건 토지의 인도를 요구하였다고 하여 이것만 가지고 원고의 점유의 평온성이 깨어진다고 할 수 없고, 피고가 이 사건 토지에 대한 세금을 납부하였다고 하여도 마찬가지이다(대법원 1992. 6. 23. 선고 92다12698, 12704 판결).

268) 대법원 1997. 4. 25. 선고 97다6186 판결.

라. 시효이익의 포기

1) 점유자의 취득시효가 완성된 후에는 취득시효 중단의 효력이 발생할 여지가 없고, 오직 시효이익의 포기가 문제될 뿐이다. 취득시효 완성으로 인한 권리변동의 당사자는 시효취득자와 취득시효 완성 당시의 진정한 소유자이므로, 시효이익의 포기는 특별한 사정이 없는 한 시효취득자가 취득시효 완성 당시의 진정한 소유자에 대하여 하여야 그 효력이 발생한다[269](점유보조자에 불과한 자가 한 포기의 의사표시는 시효이익을 받을 자에 대한 관계에서 아무런 효력이 없고, 원인무효인 등기의 소유명의자에 대하여 포기하였다고 하여도 효력이 없다). 점유자가 시효완성사실을 알면서 그 이익을 포기하여야 함은 물론이다.

2) ① 취득시효 완성 후 소유자가 점유자를 상대로 한 소송에서 점유자가 시효취득 주장을 하지 아니하여 소유자가 승소한 경우, ② 점유자가 취득시효 완성 후 매도하여 줄 것을 요청하였으나, 매수대금에 대한 견해 차이로 매수교섭이 결렬된 경우, ③ 국·공유재산의 점유자가 취득시효 완성 후 국가 또는 지방자치단체와 대부계약을 체결하고 납입한 사정만이 있는 경우(매수제의까지 있었더라도), 위 사실만으로 취득시효 이익의 포기로 볼 수는 없다.[270]

마. 취득시효 완성 후 소유명의의 변경

1) ① 취득시효가 완성되면 점유자는 완성 당시의 소유명의자에 대하여 채권적인 소유권이전등기청구권을 가지게 될 뿐이므로, 취득시효 완성 후 그에 따른 소유권이전등기를 하기 전에 제3자 명의의 소유권이전등기가 마쳐지면 〈그 소유권이전등기가 당연무효가 아닌 이상〉 소유명의자의 소유권이전등기의무는 이행불능이 되므로,[271] 피고로서는 이러한 사유를 들어 항변할 수 있다. ② 이에 대해 원고는 제3자

---

269) 원심이 같은 취지에서, 피고 2가 대부나 매수신청, 각서의 제출을 한 것은 그 당시 이미 성년이 된 아들인 피고 1의 의사에 반하여 한 것으로 보일 뿐이므로, 그러한 사정만으로는 피고 1이 시효이익을 포기한 것으로 인정할 수 없다고 판단한 조치는 정당하고, 거기에 상고이유에서 주장하는 바와 같은 채증법칙에 관한 법령 위반, 심리미진 등의 위법은 없다(대법원 2009. 12. 10. 선고 2006다19177 판결).

270) 다만, ① 여러 차례에 걸쳐 국유재산 대부계약을 체결하고 매년 대부료를 납부하였거나, ② 대부계약의 체결에 그치지 않고 계약 전 밀린 점용료를 변상금 명목으로 납부한 경우, ③ 부동산이 국가 소유임을 인정함과 아울러 이를 권원 없이 무단으로 점유·사용하고 있음을 시인하고 국가로부터 매수 또는 대부계약 및 변상금납부 기한유예를 받으려는 의사표시를 한 경우 등에는 취득시효 이익을 포기하는 적극적 의사표시를 한 것으로 볼 수 있다.

271) 이는 제3자 명의의 소유권이전등기의 등기원인이 점유자의 취득시효 완성 전에 있었더라도 마찬가지이다.

명의의 소유권이전등기가 민법 제103조 또는 제108조 등에 의하여 무효라거나, 그 후 취득시효 완성 당시의 소유자에게 소유권이 회복되었다는 등의 사유로 재항변[272]할 수 있다.

2) 만일 취득시효 완성 후 변경된 소유명의자를 피고로 삼고 있는 경우라면, 이는 취득시효 완성으로 인한 권리의무변동의 당사자가 아닌 자를 상대로 한 것이므로, 청구원인 단계에서 기각하여야 한다.

3) 한편, 취득시효기간의 만료 전에 등기부상의 소유명의가 변경되었다 하더라도 이로써 종래의 점유상태의 계속이 파괴되었다고 할 수 없으므로 이는 취득시효의 중단사유가 될 수 없음은 앞서 본 바와 같다.

4) 주의할 것은, 점유로 인한 소유권취득시효 완성 당시 미등기로 남아있던 토지에 관하여 소유권을 가지고 있던 자가 취득시효 완성 후에 그 명의로 소유권보존등기를 마쳤다 하더라도 이는 소유권의 변경에 관한 등기가 아니므로 그러한 자를 그 취득시효 완성 후의 새로운 이해관계인으로 볼 수 없고, 또 그 미등기 토지에 대하여 소유자의 상속인 명의로 소유권보존등기를 마친 것도 시효취득에 영향을 미치는 소유자의 변경에 해당하지 않으므로, 이러한 경우에는 그 등기명의인에게 취득시효 완성을 주장할 수 있다는 것이다.[273]

---

272) 부동산에 대한 점유취득시효가 완성된 후 이를 등기하지 않고 있는 사이에 그 부동산에 관하여 제3자 명의의 소유권이전등기가 경료되어 점유자가 그 제3자에게 시효취득으로 대항할 수 없게 된 경우에도 점유자가 취득시효 완성 당시의 소유자에 대한 시효취득으로 인한 소유권이전등기청구권을 상실하게 되는 것이 아니라 단지 그 소유자의 점유자에 대한 소유권이전등기의무가 이행불능으로 된 것에 불과하므로, 그 후 어떠한 사유로 취득시효 완성 당시의 소유자에게로 소유권이 회복되면 그 소유자에게 시효취득의 효과를 주장할 수 있다. 그러나 취득시효 완성 후에 원 소유자가 일시 상실하였던 소유권을 회복한 것이 아니라 그 상속인이 소유권이전등기를 마쳤을 뿐인 경우에는 〈그 상속인의 등기가 실질적으로 상속재산의 협의분할과 동일시할 수 있는 등의 특별한 사정이 없는 한〉 그 상속인은 점유자에 대한 관계에서 종전 소유자와 같은 지위에 있는 자로 볼 수 없고, 취득시효 완성 후의 새로운 이해관계인으로 보아야 하므로, 그에 대하여는 취득시효의 완성으로 대항할 수 없다(대법원 1999. 2. 12. 선고 98다40688 판결).

273) 대법원 2007. 6. 14. 선고 2006다84423 판결. 다만, 타인 소유의 토지에 관하여 〈부동산 소유권이전등기등에 관한 특별조치법에 따라〉 소유권보존등기를 마친 자는 그 보존등기에 의하여 비로소 소유자로 된다고 할 것이고, 그 등기가 마쳐지기 전에 그 토지를 점유하는 자의 취득시효 기간이 경과되었다면 특별한 사정이 없는 한 등기명의인은 점유자의 시효 완성 후의 새로운 이해관계자라 할 것이므로 점유자로서는 취득시효 완성으로 그 등기명의인에 대항할 수 없다(위 2006다84423 판결)는 것을 주의하여야 한다. 즉, 소유권의 변경이 있는지 여부에 따라 결론이 달라지고 있는데, 취득시효를 완성한 자가 시효 완성 당시의 소유자에 대하여 〈채권적 청구권〉을 갖는다는 기본 원칙을 다시 상기해보면 위 두 가지 차이를 이해할 수 있을 것이다.

바. 시효 소멸

취득시효 완성으로 점유자가 취득하는 소유권이전등기청구권은 채권적 청구권이므로 소멸시효의 대상이 된다. 단, 이 권리는 〈점유자의 점유가 계속되는 한〉 시효로 소멸하지 않으므로[274] 피고가 시효소멸을 주장하기 위해서는, 점유자가 점유를 상실한 때로부터 10년의 소멸시효기간이 도과한 사실을 주장·입증하여야 한다.

사. 기 판 력

1) 원고가 "피고는 갑, 을의 점유를 전전승계한 원고에게 취득시효완성을 원인으로 한 소유권이전등기절차를 이행하라"는 소를 제기하였다가 그 소송에서 "원고 주장에 의하더라도 취득시효완성 당시의 점유자는 을이므로 그로부터 토지를 매수한 원고가 직접 피고에 대하여 시효취득을 원인으로 한 소유권이전등기절차이행을 구할 수는 없다"는 이유로 청구기각의 판결을 선고받고 그 판결이 확정된 후, 을 이래의 점유를 승계하였음을 이유로 시효취득을 원인으로 한 소유권이전등기절차의 이행을 구하는 경우 후소는 위 확정판결의 사안과는 취득시효의 기초가 되는 〈점유의 주체〉와 〈시효완성시기〉 및 〈시효취득으로 인한 효과의 귀속자〉를 달리하는 것으로서 양자를 동일한 소송이라 할 수 없고, 따라서 위 확정판결의 기판력에 저촉되는 것이라 할 수 없다.[275]

2) 다만, 부동산의 취득시효에 있어서 점유기간의 산정기준이 되는 점유개시의 시기나 그 점유가 자주점유인지의 여부를 가리는 점유의 권원과 같은 사실은 모두 취득시효의 요건사실인 점유기간이나 자주점유를 추정하는 징표인 간접사실에 불과하여 법원으로서는 이에 관한 당사자의 주장에 구속되지 아니하고 소송자료에 의하여 인정

---

274) 비교할 판례로, 시효제도의 존재이유에 비추어 보아 부동산 매수인이 그 목적물을 인도받아서 이를 사용수익하고 있는 경우에는 그 매수인을 권리 위에 잠자는 것으로 볼 수도 없고 또 매도인 명의로 등기가 남아 있는 상태와 매수인이 인도받아 이를 사용수익하고 있는 상태를 비교하면 매도인 명의로 잔존하고 있는 등기를 보호하기 보다는 매수인의 사용수익상태를 더욱 보호하여야 할 것이므로 그 매수인의 등기청구권은 다른 채권과는 달리 소멸시효에 걸리지 않는다(대법원 1976. 11. 6. 선고 76다148 전원합의체 판결). 부동산의 매수인이 그 부동산을 인도받은 이상 이를 사용수익하다가 그 부동산에 대한 보다 적극적인 권리 행사의 일환으로 다른 사람에게 그 부동산을 처분하고 그 점유를 승계하여 준 경우에도 그 이전등기청구권의 행사 여부에 관하여 그가 그 부동산을 스스로 계속 사용·수익만 하고 있는 경우와 특별히 다를 바 없으므로 위 두 어느 경우에나 이전등기청구권의 소멸시효는 진행되지 않는다(대법원 1999. 3. 18. 선고 98다32175 전원합의체 판결).

275) 대법원 1994. 2. 8. 선고 93다41303 판결.

하여야 하는 것이므로, 전소에서 취득시효완성을 원인으로 한 소유권이전등기청구를 하였다가 그 점유가 타주점유라는 이유로 패소판결을 받은 당사자가 전소의 청구원인을 이루고 있던 전소 변론종결전의 점유사실중의 일부나 전부를 다시 후소의 청구원인으로 삼으면서 그 점유권원과 점유개시의 시기를 달리 주장하는 것은 전소의 변론종결 전에 존재하였으나 제출하지 않은 공격방법을 그 뒤 후소에 제출하여 전소와 다른 판단을 구하는 것에 해당하여, 전소판결의 기판력에 저촉되어 허용될 수 없다 할 것이다.276)

3) 같은 맥락에서, 갑이 을에 대하여 전소에서 토지를 대물변제 받아 점유하기 시작하여 취득시효가 완성되었다는 사실을 그 이유로 하여 소유권이전등기절차이행을 구하였다가 배척되었음에도 불구하고 후소에서는 이를 증여받아 점유하기 시작하여 취득시효가 완성되었다고 주장하는 것은 전소의 소송물인 취득시효완성을 원인으로 한 소유권이전등기청구권의 존부에 관한 공격방법의 하나에 불과한 사실을 후소에서 다시 주장하는 것으로 이는 전소의 사실심 변론종결 전에 주장할 수 있었던 사유임이 명백할 뿐만 아니라, 후소에서 갑이 이러한 주장을 하는 것을 허용한다면 위 토지에 관한 취득시효완성을 이유로 하여 을의 위 토지상의 건물철거청구를 거부할 수 있게 된다는 결론에 도달하게 되는 것이니, 갑의 위와 같은 주장은 전소판결의 소송물과 서로 모순관계에 있다고 하지 않을 수 없고, 따라서 전소판결의 기판력에 저촉되어 허용될 수 없다.277)

아. 기타 – 원소유자의 권리행사의 문제

타인의 토지를 20년간 소유의 의사로 평온·공연하게 점유한 자는 등기를 함으로써 비로소 그 소유권을 취득하게 되므로 〈점유자가 원소유자에 대하여 점유로 인한 취득시효기간이 만료되었음을 원인으로 소유권이전등기청구를 하는 등 그 권리행사를 하거나 원소유자가 취득시효완성 사실을 알고 점유자의 권리취득을 방해하려고 하는 등의 특별한 사정이 없는 한〉 원소유자는 점유자 명의로 소유권이전등기가 마쳐지기까

---

276) 비록 원고가 이 사건 소에서 취득시효완성일을 전소에서와 다르게 주장하고 있기는 하지만, 이는 전소의 예비적 청구의 청구원인을 이루고 있던 전소 변론종결전의 점유사실을 그대로 다시 이 사건 소의 청구원인을 이루는 점유사실로 주장하면서 자주점유의 개시일만을 달리 주장하고 있는데 기인하는 것이므로, 그로 인하여 전소의 예비적 청구와 이 사건 소가 그 소송물을 달리하게 된다고 볼 수 없다(대법원 1995. 1. 24. 선고 94다28017 판결).

277) 대법원 1995. 3. 24. 선고 94다46114 판결.

지는 소유자로서 그 토지에 관한 적법한 권리를 행사할 수 있는 것인바, 원 소유자가 취득시효의 완성 이후 그 등기가 있기 전에 그 토지를 제3자에게 처분하거나 제한물권의 설정, 토지의 현상 변경 등 소유자로서의 권리를 행사하였다 하여 시효취득자에 대한 관계에서 불법행위가 성립하는 것이 아님은 물론 위 처분행위를 통하여 그 토지의 소유권이나 제한물권 등을 취득한 제3자에 대하여 취득시효의 완성 및 그 권리취득의 소급효를 들어 대항할 수도 없다[278] 할 것이니, 이 경우 시효취득자로서는 원소유자의 적법한 권리행사로 인한 현상의 변경이나 제한물권의 설정 등이 이루어진 그 토지의 사실상 혹은 법률상 현상 그대로의 상태에서 등기에 의하여 그 소유권을 취득하게 된다. 따라서 시효취득자가 원소유자에 대하여 그 토지에 설정된 근저당권의 피담보채무를 변제하는 것은 시효취득자가 용인하여야 할 그 토지상의 부담을 제거하여 완전한 소유권을 확보하기 위한 것으로서 그 자신의 이익을 위한 행위라 할 것이니, 위 변제액 상당에 대하여 원소유자에 대위변제를 이유로 구상권을 행사하거나 부당이득을 이유로 그 반환청구권을 행사할 수는 없다.[279]

---

278) 취득시효의 완성으로 소유권을 취득한 자의 소유물 방해제거청구권 등 물권적 청구권은 소유권이전등기를 경료하여 소유권을 취득한 이후에 발생하는 것이고, 소유권 취득의 효력이 점유를 개시한 때에 소급한다는 민법 제247조 제1항의 규정은 시효취득자의 소유권 취득 이전의 점유가 종전 소유자에 대한 관계에서 불법점유가 아니라는 소극적 효과를 의미하는 것에 불과하므로 시효취득자가 취득시효의 완성을 주장하여 그 소유권을 취득하기 이전에 종전 소유자가 자신의 소유권에 기하여 한 권리행사의 효과까지도 부정하여 그 때까지 조성된 현상을 소급하여 뒤엎고 강제로 변경을 구할 수 있는 권리를 의미하는 것은 아니기 때문이다(대법원 1999. 7. 9. 선고 97다53632 판결). 이 부분 법리의 설시의 원심판결의 것이나, 대법원은 이를 특별히 문제 삼지 않고 원심의 결론을 긍정하였다. 위 97다53632 판결의 구체적인 사실관계는 다음과 같다. 원심판결 이유와 기록에 의하면, 원고는 피고가 그 소유의 이 사건 2층 건물을 신축할 때까지 이 사건 대지를 그의 소유인 위 1525의 2 대지의 일부로 알고 있었을 뿐 피고에 대하여 이 사건 2층 건물의 이 사건 대지에 대한 취득시효완성을 이유로 그 권리를 주장하거나 이전등기청구권을 행사한 적이 없고, 피고 자신도 이 사건 2층 건물의 신축 당시 그와 같은 취득시효완성 사실을 알지 못하고 있었음을 알 수 있으므로, 피고가 자신의 토지 상에 신축한 위 건물의 일부 중 이 사건 건물 부분이 이 사건 대지의 상공으로 돌출됨으로써 원고의 이 사건 대지에 대한 점유의 상태가 변경된 뒤 이 사건 대지에 관하여 소유권이전등기를 경료한 이상 원고로서는 그 지상에 이 사건 건물 부분이 존재한 상태로 이 사건 대지의 소유권을 취득하였다고 할 것이고, 따라서 이 사건 건물 부분의 철거를 구할 수 없다고 할 것이다. 같은 취지의 원심판결은 정당한 것으로 수긍이 가고, 거기에 취득시효에 관한 법리오해의 위법이 있다고 할 수 없다(대법원 1999. 7. 9. 선고 97다53632 판결).

279) 대법원 2006. 5. 12. 선고 2005다75910 판결.

[서식 31] 소유권이전등기청구의 소(취득시효완성)

소 장

원 고 ○ ○ ○ (66****-*******)
서울 OO구 OO동 OO아파트 110-1000
송달장소 : 서울 OO구 OO동 1700-4 OO빌딩 401호

피 고 망 ○ ○ ○의 상속인(성명 불상자)
(사정명부상 주소 : 경기도 OO군 OO리)

소유권이전등기청구의 소

청 구 취 지

1. 피고는 원고에게 별지목록 기재 부동산 중 별지도면 1, 2, 3, 4, 5를 순차 연결한 '가'부분 60㎡에 대해 2OOO. 8. 30.자 점유취득시효완성을 원인으로 소유권이전등기절차를 이행하라.
2. 소송비용은 피고부담으로 한다.

청 구 원 인

1. 당사자기초사실

원고는 별지목록 기재부동산 중 별지도면 부분(이하 '이 사건 부동산'이라고 합니다)에 대하여 선대부터 점유하고 있는 자이고, 위 망 OOO는 이 사건 부동산에 대한 구대장상 사정명의자로 되어 있는 자로서 이미 사망한 것으로 사료되나, 그 상속인이 누구인지 알 길이 없어 추후 보정하여 정정 하고자 우선 피고를 '망 OOO의 상속인(성명불상자)'으로 표시하였습니다.

(현재 각 행정기관에서 제적등본 내지 가족관계등록부 등의 서류에 대해서 법원의 보정명령 없이는 발부가 되지 않아 망 OOO의 상속인을 구체적으로 특정할 수가 없었는바, 귀원이 망 이OO와 그 상속인들을 특정할 수 있도록 보정명령을 내려주시면 행정관청에서 제적등본과 주민등록초본 등을 발급받아 망 OOO의 상속인인 피고들을 구체적으로 특정하고 그에 따른 청구취지 및 청구원인을 변경하도록 하겠습니다)

2. **청구의 기초사실**

이 사건 부동산은 원고의 증조부께서 임야인 땅을 개간하여 밭으로 만들어 농사를 짓다가 망 이OO로부터 1920년경 매수한 땅으로 원고의 할아버지와 아버지를 거쳐 원고에 이어져 온 땅으로 현재까지 원고가 점유하고 있습니다.

그간 이 사건 부동산의 소유권을 이전하려고 하였으나, 망 OOO의 상속인인 성명불상 피고들을 찾을 길이 없어 포기하여 오다가 그 동안 몇 번의 이사과정에서 그나마 가지고 있던 이 사건 부동산의 매도증서마저 분실하였습니다. 이와 같은 관계로 망 OOO의 상속인에게 이 사건 부동산이 원고의 소유라는 사실을 입증할 길이 없어 원고는 선대부터 수 십여 년 동안에 걸쳐 소유의사를 가지고 관리하여 온 관계로 망 이덕수의 상속인을 상대로 점유취득시효를 원인으로 한 이 사건 청구에 이르게 되었습니다.

3. **청구권의 내용**

이 사건 별지목록 기재 부동산 중 별지도면 1, 2, 3, 4, 5를 순차 연결한 '가'부분 60㎡은 원고의 조부 때인 1920년경부터 매수하여 원고에 이르고 있어 점유취득시효의 점유기간인 20년이 훨씬 도과하였고, 그 동안 선대부터 원고에 이르기까지 평온하고 공연하게 소유의사로 이 사건 부동산을 점유하여 왔습니다. 따라서 원고는 민법 제245조가 인정하고 있는 점유취득시효 요건을 모두 갖추고 있는 적법한 점유자로써 점유취득시효완성으로 이 사건 소유권을 취득하였습니다.

다만 원고는 시효기간의 기산점에 대하여 이 사건 부동산은 망 OOO로부터 매수한 이후 현재까지 소유자의 변동이 없는 관계로 편의상 취득시효기간은 역산하여 1988. 8. 20.부터 20년이 도과한 20OO. 8. 30.자 취득시효 완성일로 하였습니다.

4. **결 어**

그렇다면 망 OOO의 상속인인 성명불상 피고들은 원고에게 이 사건 부동산에 대하여 20OO. 8. 30.자 취득시효 완성을 원인으로 소유권이전등기절차에 협력할 의무가 있다할 것입니다.

입 증 방 법

1. 갑 제1호증 구 임야대장

첨 부 서 면

1. 위 입증서류	각 1통
1. 토지대장	1통
1. 위임장	1통
1. 송달료 납부 영수증	1통

20○○. . .

원고 ○ ○ ○

○○지방법원 귀중

Ⅲ. 가등기에 기한 본등기 청구

1. 의 의

가등기에 기한 본등기도 등기신청에 관한 일반원칙에 따라 공동신청하는 것이 원칙이며(부동산등기법 제28조), 그 등기가 경료됨에 따라 가등기를 한 때에 본등기를 한 것과 같은 순위보정의 효력에 의하여 물권변동의 효력이 생기는 것은 통상의 등기와 다르지 않지만, 등기의무자의 협력이 없는 경우는 의사진술을 명하는 판결을 받아 단독으로 신청할 수 있다(부동산등기법 제29조).

따라서 가등기에 관한 본등기 이행판결에 의하여 본등기를 신청하는 경우에는 주문에 피고에게 소유권이전청구권가등기에 의한 본등기절차의 이행을 명하는 내용이 있어야 한다. 만일, 주문에 그러한 내용이 없더라고 판결이유에서 가등기에 기한 본등기임이 명백히 표시된다면(그 가등기의 원인일자와 판결주문에 나타난 원인일자가 상이하더라도), 그 판결로 가등기에 기한 본등기를 할 수 있을 것이다.[280]

280) 2002. 8. 14. 등기예규 제1057호.

[기본사례] 원고(가등기권자) → 피고소유자)
피고에게 10,000,000원을 대여하고, 만일 변제하지 아니하면 부동산을 대물로 변제받기로 하여 가등기를 경료받았는데, 대물변제 예약완결의 의사표시를 하여 본등기를 구함

2. 청구취지

피고는 원고에게 별지목록 기재의 부동산에 관하여 OO지방법원 OO등기소 2000. 10. 1. 접수 제1234호로 마친 가등기에 기하여 2000. 10. 1. 대물변제 예약완결을 원인으로 한 소유권이전등기절차를 이행하라.

3. 청구원인

[청구원인] ○ 돈을 대여한 사실
○ 대물변제예약을 한 사실
○ 가등기한 사실
○ 대물변제예약 완결의 의사표시가 도달한 사실

[가등기담보등에 관한 법률] 청산절차를 마친 사실

4. 요건사실

요건사실	* 돈을 대여한 사실 * 대물변제(매매)예약을 한 사실 * 가등기한 사실 * 대물변제(매매)예약 완결의 의사표시가 도달한 사실 * 위 예약 당시를 기준으로 볼 때, 부동산 가액이 위 대여금원리금을 초과하는 경우, 원고가 변제기후 청산금평가액을 피고에게 도달시킨 사실 * 그 도달일로부터 2개월(청산기간)이 경과한 사실 [가등기담보등에 관한 법률] * 청산절차를 마친 사실

가. 청구원인에 위 요건사실 중 돈을 대여한 사실, 변제하지 아니하면 부동산을 대물로 변제받기로 약정(대물변제예약)한 사실, 그 약정에 따라 가등기한 사실, 변제기가 지나서 위 대물변제예약을 완결하는 의사를 표시하여 도달시킨 사실 등을 확인한다. 입증방법으로는 등기부등본, 차용증서, 대물변제예약서, 예약완결 통지서 등이 있다.

만약, 위 예약 당시를 기준으로 볼 때, 부동산 가액이 위 대여금원리금을 초과하는 경우에는 위 요건사실 중 위 예약 당시를 기준으로 볼 때, 부동산 가액이 위 대여금원리금을 초과하는 경우, 원고가 변제기후 청산금평가액을 피고에게 도달시킨 사실, 그 도달일로부터 2개월(청산기간)이 경과한 사실에 해당하는 내용이 추가로 기재되었는지 확인한다. 입증방법으로는 청산금통지서 등을 제출할 수 있다.

– 부동산 가액과 대여 원리금의 차액을 알 수 없는 경우 보정권고

※ 보정권고 1 : 대물변제예약 당시의 부동산 가액을 밝히고 그에 대한 증거를 제출할 것

※ 보정권고 2 : 가등기담보등에 관한 법률에 따른 청산절차를 밟았다는 점을 입증할 것

※ 주요서증 : 청산금 통지서

나. 가등기권리 중 일부 지분만에 대한 본등기, 가등기권자가 복수인 경우에 종전의 판례는 1인만의 본등기는 허용되지 않았으나,[281] 이후 판례[282]가 이를 인정함에 따라 등기예규도 가등기에 기한 본등기 신청은 가등기된 권리 중 일부지분에 관해서도 할 수 있고 가등기권자가 수인일 경우 1인만의 본등기 신청도 가능하도록 함으로써 이제는 필수적공동소송이 아니다(등기예규 제1057호).

다. 가등기에 기한 본등기 청구에 있어서 원고는 그 청구시의 가등기명의인이 될 것이고, 가등기가 있은 후에 제3자를 위한 소유권이전등기 등 다른 등기가 경료된 바가 없다면 피고는 가등기의무자가 되는 것은 당연하다 하겠으나 본등기 청구의 피고는 가등기를 경료할 때의 소유자(가등기의무자)이다.

281) 대법원 1984. 6. 26. 선고 83다카2282 판결.

282) 공유자가 다른 공유자의 동의 없이 공유물을 처분할 수는 없으나 그 지분은 단독으로 처분할 수 있으므로, 하나의 가등기에 관하여 여러 사람의 가등기권자가 있는 경우에, 가등기권자 모두가 공동의 이름으로 본등기를 신청하거나, 그 중 일부의 가등기권자가 자기의 가등기지분에 대하여 본등기를 신청할 수 있다(대법원 2002. 7. 9. 선고 2001다43922, 43939 판결).

5. 항변 등

[주요항변] ① 동시이행 항변
② 취소 항변
③ 해제 항변

가. 동시이행 항변

피고는 청산금을 지급할 때까지 본등기를 해 줄 수 없다는 동시이행 항변할 수 있다. 청산금 지급의 입증방법으로는 청산금 통지서 등을 제출할 수 있다.

나. 취소항변

대물변제예약이 무효이거나 또는 취소사유가 있어 취소하였다는 항변이 가능하다. 입증방법으로는 취소통지서 등이 있다.

다. 해제항변

대여하기로 한 돈을 일부 대여하지 아니하였기에 (채무불이행)대물변제예약을 해제하였다는 항변이 가능하다. 입증방법으로는 해제통지서 등이 있다.

예 원고가 10,000,000원을 대여하였다고 주장함에 대하여, 피고는 원고로부터 20,000,000원을 대여받기로 하였는데, 10,000,000원만 대여받아 대물변제예약을 해제한다고 항변

[서식 32] 소유권이전등기청구의 소(가등기에 기한 본등기청구)

소 장

원 고 ○ ○ ○ (50****－******)
서울 OO구 OO로 000 OO아파트 107-201
원고의 대리인 변호사 ○ ○ ○
서울 OO구 OO로 000 OO빌딩 401호
(전화 : 02-000-0000, 팩스 : 02-000-0000, 우편 00000)

피 고 ○ ○ ○ (62****－*******)
서울 OO구 OO로 00 OOO 204호(우 : 00000)

소유권이전등기청구권가등기에 기한 본등기

청 구 취 지

1. 피고는 원고에게 별지목록 기재 부동산에 대하여 OO지방법원 OO등기소 별지 접수번호로 마친 소유권이전등기청구권가등기에 기하여 20OO. O. O. 예약완결권 행사를 원인으로 한 소유권이전의 본등기절차를 이행하라.
2. 소송비용은 피고의 부담으로 한다.

라는 판결을 구합니다.

청 구 원 인

1. 당사자 기초사실

원고는 서울시 OO구 OOO 000 대 199㎡(이하 '위 토지'라고 합니다)에 대한 소유자로 있었던 자이고, 피고는 신축주택을 건설하여 분양사업을 하는 자입니다.

피고는 위 토지에 주택을 신축 분양하여 원고에게 토지대금 4억 8,000만원과 투자수익금 1억 3500만원을 보전하여 주기로 하고 원고 명의로 위 토지 상에 신축주택의 건축허가 받은 뒤 20OO. O. O. 건축허가권자 명의를 원고에서 피고로 변경과 동시에 20OO. O. O. 위 토지의 소유명의를 원고에서 피고명의로 소유권이전등기를 하였습니다(갑제1호증 토지 등기부등본 참조).

2. 청구의 기초사실

가. 원고는 위와 같이 위 토지 명의를 피고 명의로 이전하기 전인 20○○. ○. ○. 위 토지에 대한 매매대금과 투자 수익금의 정산 및 변제 담보와 관련하여 합의이행각서를 작성하였습니다(갑 제2호증).

위 합의이행각서에 따라 위 토지의 소유명의를 피고로 이전함과 동시에 원고 명의로 가등기하여 두었고, 피고는 위 신축주택이 분양될 경우 분양대금에서 원고의 토지대금 4억8,000만원과 피고가 원고에게 약속한 투자 이득금 1억 3500만원을 최우선적으로 변제하여 주기로 하였습니다.

그리고 원, 피고는 신축한 주택이 20○○. ○.말경까지 분양이 이루어지지 않을 경우 위 토지대금 4억8,000만원 및 투자수익금 1억 3500만원의 지급하는 방법으로 신축주택의 설계도면상 3개 호수(201호, 301호, 401호, 이하 '이 사건 부동산' 이라고 합니다)를 원고에게 대물변제 방법으로 소유권이전등기를 하여 주기로 하였습니다.

나. 그런데 피고가 위 토지상에 신축한 신축 주택은 주택경기의 불황으로 전혀 분양이 이루어지지 않은 상태로 장기간의 시간이 흘러만 갔고,

이에 원고는 20○○. ○. ○. 피고는 원고와 20○○. ○. ○.자 합의이행각서에 기초하여 피고가 원고에게 지급하여야 할 토지대금과 투자수익금을 대신해서 이 사건 부동산인 별지 목록 기재부동산의 소유권을 원고에게 대물변제하기로 한 합의를 재확인함과 동시에 원고의 선택에 따라 이 사건 부동산에 대해 가등기 내지 소유권이전등기를 해 주기로 하는 합의를 하였고,

원고명의로 소유권이전등기를 하여 놓더라도 이 사건 부동산에 대해 피고가 분양사무를 지속으로 시도하기로 하였으며, 제3자에게 분양이 이루어질 경우 이 사건 부동산의 분양대금 전액을 원고에게 지급하기로 하였습니다(갑 제3호증 대물변제 이행각서 참조).

다. 원고는 위와 같은 합의에 따라 원고의 권리 보전을 위해 우선 원고 명의로 이 사건 부동산에 대해 소유권이전등기청구권가등기를 하여 두었습니다(갑 제4호증의 1 내지 3 각 건물 등기부등본 각 참조).

3. 청구권의 내용

가. 위와 같은 원고와 피고 사이의 20○○. ○. ○. 대물변제 이행 합의 이후에도 이 사건 주택은 전혀 분양이 이루어지지 않았습니다. 그리고 주어진 경기상황으로 보아 앞으로도 분양이 이루어지기까지는 장시간을 요할 것으로 예상되었습니다. 이에 원고는 20○○. ○. ○. 이 사건 부동산을 원고 명의로 소유권이전등기를 하여 놓고 임대라도 놓을 요량으로 피고에게 소유권이전등기

를 해 줄 것을 요구하였습니다.

나. 그런데 피고는 원, 피고 사이에 합의한 내용을 인정하면서도 위 가등기에 기한 본등기절차에 협력해 달라는 원고의 요구를 차일피일 미루기만 하여 옴에 따라 원고는 부득이 이 사건 소를 제기하게 되었습니다.

4. 결 어

이상에서 보는 바와 같이 피고는 원고와 피고 사이의 20OO. O. O. 합의이행각서와 20OO. O. O. 대물변제 이행각서에 기한 20OO. O. O.자 매매예약완결행사를 원인으로 한 이 사건 부동산에 대해 소유권이전등기청구권 가등기에 기한 본등기절차에 협력할 의무가 있습니다.

입 증 방 법

1. 갑 제1호증　　토지등기부등본
1. 갑 제2호증　　합의이행각서
1. 갑 제3호증　　대물변제이행각서
1. 갑 제4호증의 1 내지 3　　각 건물등기부등본

첨 부 서 류

1. 위 입증서면　　각 1통
1. 집합건축물대장　　3통
1. 토지대장　　1통
1. 위임장　　1통
1. 송달료 납부서　　1통

20OO. . .

원고의 소송대리인
변호사 O O O

OO지방법원 귀중

Ⅳ. 소유권보존등기말소청구

1. 의 의

등기의 대상인 토지와 건물의 소유권에 관한 사항을 등기부라는 공적 장부에 최초로 등기하여 등기부를 개설함에 있어서 그 소유 명의의 등기사항 전부가 원시적으로 부적법하게 된 경우에 원인무효를 원인으로 한 당해 보전등기 전부를 법률적으로 소멸시킬 목적으로 행하여지는 소송의 절차를 말한다.

[기본사례] 원고(소유자) → 피고(등기명의인)
원고 명의로 되어 있던 부동산에 관하여 피고 명의로 소유권 보존(이전) 등기가 경료되어 그 말소를 구함

2. 청구취지

피고는 원고에게 별지목록기재의 건물에 관하여 OO지방법원 OO등기소 2000. 10. 1. 접수 제1234호로 마친 소유권보존등기의 말소등기절차를 이행하라.

3. 청구원인

[청구원인] ○ 원고 소유인 사실
○ 피고 명의의 등기가 마친 사실

[특별조치법] 허위의 보증서, 확인서에 의하여 경료된 사실

청구원인이 원인무효인 등기말소 청구사건은 예고등기를 촉탁하여야 한다. 다만, 등기원인의 무효, 취소, 해제로써 선의의 제3자에게 대항할 수 없는 경우(비진의 의사표시, 통정허위표시, 착오의사표시, 사기·강박의사표시, 채권자취소, 계약해제)는 예고등기촉탁 사안이 아니다.

4. 요건사실

요건사실	* 원고 소유인 사실 * 피고명의의 등기가 마쳐진 사실 [특별조치법] * 허위의 보증서, 확인서에 의하여 경료된 사실

가. 원인무효로 인한 보존등기 말소청구의 요건사실은 원고 소유의 부동산인데 피고명의의 보존등기가 마처져 있는 사실이다.

이때 원고의 소유라는 점과 관련하여 토지사정인 또는 일제시대 토지 취득자의 후손임을 주장하는 경우가 많다. 토지사정인 등과 원고 선친과의 동일인 여부에 관한 판단은 한자성명, 주거 및 본적 등 제반사정을 모두 종합하여 판단한다. 예컨대 토지조사부, 임야조사서, 일제시대 매도증서, 등기필증, 제적등본, 가족관계증명서, 지명천에 관한 자료 등이 필요하다.

나. 소유권보존등기의 추정력은 소유권이전등기의 그것보다 약하여 권리변동에 대하여는 미치지 아니하므로 원시취득자(예컨대 사정받은 자)가 따로 있음을 원고가 주장, 입증하거나 또는 피고가 스스로 원시취득한 것이 아니라 원시취득자로부터 매수한 것이라고 자인하고 원시취득자가 양도사실을 부인하면 추정력은 깨어진다.[283]

다. 특별조치법에 의한 등기

부동산소유권이전등기등에관한특별조치법에 의한 등기는 그 추정력이 더욱 강력하여 보존등기이든 이전등기이든 가리지 아니하고 그 등기원인 서류인 보증서와 확인서가 허위, 위조되었다거나 그밖에 적법하게 등기된 것이 아니라는 점이 주장 입증되어야만 권리보유의 추정력이 깨어지고[284] 원인무효의 등기가 되는 것이지만,[285] 여기서 허위의 보증서나 확인서라 함은 권리변동의 원인에 관한 실체적 기재내용이 진실에 부합하지 않는 보증서나 확인서를 뜻하는 것인바(여기서의 허위의 확인서나 보증서의 의미는 형사사건에서의 특별조치법상 허위의 보증서나 확인서의 의미와 다를 수 있다), 특별조치법에 따라 등기를 마친 자가 보증서나 확인서에 기재된 취득원인이 사실과 다름을 인정하

---

283) 대법원 1982. 9. 14. 선고 82다카707 판결.
284) 대법원 1987. 10. 13. 선고86다카2928 판결.
285) 대법원 1987. 10. 13. 선고 86다카2928 전원합의체 판결.

더라도 그가 다른 취득원인에 따라 권리를 취득하였다는 주장을 하는 때에는, 특별조치법 적용을 받을 수 없는 시점의 취득원인 일자를 내세우는 경우와 같이 그 주장 자체에서 특별조치법에 따른 등기를 마칠 수 없음이 명백하거나 그 주장하는 내용이 구체성이 전혀 없다든지 그 자체로서 허구임이 명백한 경우 등 특별한 사정이 없는 한 위의 사유만으로 특별조치법에 따라 마쳐진 등기의 추정력이 깨어진다고 볼 수는 없으며, 그 밖의 자료에 의하여 새로이 주장된 취득원인사실에 관하여도 진실이 아님을 의심할 만큼 증명되어야 그 등기의 추정력이 깨진다 할 것이다.[286] 입증방법으로는 형사사건 기록, 형사기록송부촉탁신청, 확인서 등이 있다.

5. 항변 등

[주요항변] ① 실체관계에 부합하는 유효한 등기라는 항변
② 취득시효 항변
③ 등기의 유용 항변

가. 실체관계에 부합하는 유효한 등기라는 항변(매수항변 등)

피고는 비록 불법하게 등기를 하기는 하였지만 실제로 원고로부터 매수하고 그 대금을 모두 지급하였다는 점을 들어 실체관계에 부합하는 유효한 등기라는 항변이 가능하다. 입증방법으로는 매매계약서와 영수증 등이 있다.

나. 취득시효 항변

피고는 10년간 등기부상 소유자로 등재되어 있으면서 같은 기간 자주, 평온, 공연, 선의, 무과실 점유한 사실(자주, 평온, 공연, 선의 점유는 민법 제197조에 의하여 법률상 추정 됨)을 주장하여 등기부 시효취득하였다고 주장하거나, 앞서 본 점유취득시효를 주장하여 실체관계에 부합한다는 항변할 수 있다. 입증방법으로는 등기부등본, 주민등록표 등을 제출할 수 있다.

286) 대법원 2001. 11. 22. 선고 2000다71388, 71395 판결.

다. 등기의 유용항변

피고는 비록 원인무효의 등기이지만 이를 원고에 대한 채권의 양도담보등기로 유용하기 로 원고와 합의하였다는 항변을 할 수 있다. 입증방법으로는 등기유용합의서 등을 제출할 수 있다.

라. 무주부동산 공고를 거쳐 적법하게 국가명의로 취득하였다는 주장

무주부동산 공고를 거쳐 적법하게 국가명의로 취득하였다는 주장의 경우, 사정명의자가 사망하고 상속인도 없다는 점이 입증되거나 그 토지에 대하여 민법소정의 국가귀속 절차가 이루어지지 아니한 이상 무조부동산의 처리절차를 밟아 국유재산으로 등록하였다 하여 국가 소유로 되는 것도 아니므로 정당한 항변사유가 될 수 없다.[287)]

[서식 33] 소유권보존등기말소 청구의 소(원인무효)

소 장

원 고 신 ○ ○
서울 ○○구 ○○동 20 ○○아파트 2동 202호
(전화·휴대폰·팩스·e-mail)
소송대리인 변호사 ○ ○ ○
서울 ○○구 ○○동 1050 ○○빌딩 203호

피 고 1. 대 한 민 국
법률상대표자 법무부장관 ○ ○ ○
2. ○ ○ ○
대표자 군수 ○ ○ ○

소유권보존등기등 말소 청구의 소

청 구 취 지

1. 원고에게,

287) 대법원 1999. 23. 선고 98다59132 판결.

가. 피고 대한민국은 별지목록기재 각 부동산에 관하여,
(1) OO지방법원 OO등기소 20OO. 8. 10. 접수 제OOOO호로 마친 소유권보존등기의 말소등기절차를 이행하고,
(2) 원고가 2660분의408 지분권자임을 확인하고,
나. 피고 OO군은 같은 등기소 20OO. 5. 20.
(1) 별지 제2토지목록 중 2기재 토지에 관하여는 접수 제OOOO호, 3기재토지에 관하여는 접수 제OOOO호, 4기재 토지에 관하여는 접수 제OOOO호로 각 마친 소유권이전등기의,
(2) 별지 제3토지목록 중 1기재 토지에 관하여는 접수 제OOOO호, 2기재토지에 관하여는 접수 제OOOO호, 3기재 토지에 관하여는 접수 제OOOO호로 각 마친 소유권이전등기의, 각 말소등기절차를 이행하라.
2. 소송비용은 피고들의 부담으로 한다.
라는 판결을 구합니다.

청 구 원 인

1. 가. 강원 OO군 OO면 OO리 275의1 전 5, 200평은 원래 소외 조OO의 소유였으나, 위 조OO이 20OO. 2. 5. 소외 신OO에게 매도하여 같은달 20. 위 신OO 앞으로 소유권이전등기까지 경료된 위 신OO의 소유재산입니다.

나. 위 토지 소재지는 북위 38도 이북의 수복지구로서 1945. 8. 15. 해방이후 토지등기부, 토지대장 등의 지적공부가 모두 멸실되었고, 이에 따라 1974. 11. 6. 뒤늦게 그 지적이 복구되었습니다.
그런데 피고 대한민국은 지적을 복구함에 있어서 위 토지를 강원 OO군 OO읍 OO리 275 답 5,332평으로 등재하였고, 그 후인 1981. 5. 3. 현재와 같이 같은 번지의 1내지 3을 부쳐 이를 분할하였으며, 위와 같이 분할되어 현존하는 토지가 바로 별지1목록 기재의 토지 3필지입니다.

다. 한편 피고 대한민국은 위 3필지 토지에 관하여 아무런 권원없이 1983. 8. 10. 청구취지 제1항의 가. 기재와 같은 소유권보존등기를 경료하였습니다.

라. 따라서 별지 제1토지목록 기재의 각 토지에 관하여 경료된 피고 대한민국 명의의 소유권보존등기는 원인무효의 등기인 것입니다.

2. 가. 강원 OO군 OO면 OO리 285의1 답 330평과 같은리 288의1 전 189평은 원래 소외 김OO의 소유였으나, 위 김OO가 1931. 1. 20. 소외 신OO에게 매도하여 같은 해 5. 23. 위 신OO 앞으로 소유권이전등기까지 경료된 위 신OO의 소유

재산입니다(갑제1호증의2 및 갑제2호증의2 각 참조).

그리고 위 토지중 285의1 답 330평은 그 후 286의2 답 150평 및 286의3 답 40평으로 분할되고, 위 288의1은 지목이 대지로 변경된 바 있었습니다.

나. 위의 각 토지소재지 역시 같은 수복지구로서 토지공부가 모두 멸실되었다가 1974. 11. 6. 복구되었습니다.

그런데 피고 대한민국은 지적을 복구함에 있어서는 멸실 전의 분할 및 지목 변경 등의 사유를 간과한 채 위 285의1 답 330평은 강원 OO군 OO읍 OO리 285 답 332평으로 등재하였고, 같은리 288의1 전 180평은 같은리 288 전 182평으로 등재하였습니다.

그리고 1981. 5. 3. 위와 같이 복구 등재한 강원 OO군 OO읍 OO리 285 답 332평은 별지 제2토지목록 기재와 같이 3필지로 분할되었으며, 같은리 288 전 182평은 별지 제3토지목록 기재와 같이 3필지로 분할되었습니다.

다. (1) 위의 제2토지목록 기재 3필지의 토지 및 제3토지목록 기재 3필지의 토지에 관하여도 피고 대한민국은 아무런 권원없이 1983. 8. 10. 청구취지 제1항의 가. 기재와 같은 소유권보존등기를 경료하였습니다.

(2) 그리고 같은 토지중 일부에 관하여 1984. 5. 18. 청구취지 제1항의나. 기재와 같은 소유권이전등기가 피고 철원군 앞으로 경료되었습니다.

라. 따라서 별지 제2토지목록 및 제3토지목록 기재의 각 토지에 관하여 경료된 피고 대한민국 명의의 소유권보존등기는 원인무효의 등기이고 그 후 경료된 피고 철원군 명의의 소유권이전등기 역시 원인무효의 등기입니다.

3. 이 사건 토지 소유자인 위 신OO은 1966. 5. 19. 사망하였고 망인의 재산은 유처인 소외 심OO 14분의2, 장남인 소외 신OO 14분의6, 차남인 소외 신OO 14분의4, 차녀인 소외 신OO 및 3녀인 소외 신OO 각 14분의1의 각 비율로 공동상속 하였습니다.

그 후 위 망인의 유처인 위 심OO도 1976. 12. 20. 사망함으로써 위 심OO의 상속지분 14분의2 역시 나머지 공동상속인들이 상속분의 비율로 상속하였으며, 이에 따라 상속지분은 위 신OO 140분의68(6/14 + 8/140), 위 신OO 140분의48(4/14 + 8/140), 위 신OO, 신OO 각 140분의12(1/14 + 2/140)로 되었습니다.

그리고 위 신OO 역시 1990. 12. 23. 사망하였으며, 위 신OO의 이 사건 토지에 관한 상속지분 140분의68은 유처인 소외 강OO 및 장남인 원고가 각 19분의6, 장녀인 소외 신OO 19분의4, 출가한 3녀 내지 5녀인 소외 신OO, 신OO, 신OO 각 19분의1의 비율로 공동 상속하였습니다.

4. 그러므로 원고는 이 사건 토지의 공유지분권자(2660분의 408 지분)로서 공유물

의 보존을 위하여 피고 대한민국에 대하여는 소유권보존등기의 말소등기절차의 이행을, 피고 철원군에 대하여는 소유권이전등기의 말소등기절차의 이행을 각 구하기 위하여 이건 청구에 이른 것입니다.

입 증 방 법

1. 갑제1호증의 1 내지 2 각 매도증서
2. 갑제2호증의 1 내지 2 각 분필등기신청
3. 갑제3호증의 1 내지 10 각 등기부등본
4. 갑제4호증의 1 내지 10 각 토지대장등본
5. 갑제5호증의 1 내지 10 각 구토지대장등본
6. 갑제6호증의 1 내지 3 각 제적등본

첨 부 서 류

1. 위임장 1통
1. 납부서 1통

20○○. . .

원고 소송대리인
변호사 ○ ○ ○ (인)

○○지방법원 귀중

[서식 34] 지상권설정등기말소 청구의 소(원인무효)

소 장

원 고 정 ○ ○
서울 ○○구 ○○동 1642-27 ○○연립 205호
소송대리인 변호사 ○ ○ ○
서울 ○○구 ○○동 2가 822-13 ○○빌딩 297호

피 고 1. 김 ○ ○
서울 ○○구 ○○동 129-28
2. 양 ○ ○
등기부상 주소: ○○시 ○○동 산127의66
(송달주소: 서울 ○○구 ○○동 1295-28 김○○)

청 구 취 지

1. 피고들은 원고에 대하여 별지목록기재 부동산에 관하여 각 ○○지방법원 ○○등기소 20○○. 3. 13. 접수 제○○○○호로써 경유한 각 지상권설정등기의 말소등기절차를 이행하라.
2. 소송비용은 피고들의 부담으로 한다.

라는 판결을 구합니다.

청 구 원 인

1. 가. 별지목록기재 부동산은 원고가 20○○. 2.경 소외 임○○으로부터 매수하여 같은 해 3. 12.경 소유권이전등기를 경료한 원고 소유의 부동산입니다.
   나. 그런데 원고는 최근에 위 부동산에 관하여 각 ○○지방법원 ○○등기소 20○○. 3. 13. 접수 제○○○○호로써 아래와 같이 원고가 모르는 사이에 지상권설정등기가 되어 있음을 발견하였습니다.
      (1) 20○○. 3. 10. 설정계약
      (2) 목적 벽돌조 건물의 소유
      (3) 범위 토지의 전부
      (4) 존속기간 20○○. 3. 10.부터 15년간
      (5) 지상권자 김○○, 양○○

2. 가. 그러나 원고는 피고 김OO, 양OO과 피고 소외 진OO을 전혀 알지 못하고, 또한 피고 양인에게 피고 소외 한OO을 위하여 지상권설정등기를 할 아무런 법률상의 이유가 없습니다.

   나. 원고는 이 사건 부동산에 대하여 20OO. 2. 13.경 소외 윤OO에게 대금 85,000,000원에 매도계약을 체결하여 당일 계약금조로 금 9,000,000원을 수령 한 사실이 있고, 위 윤OO의 잔대금 지급확보용이라는 감언이설에 속아 인감증명과 백지에 인감도장을 날인하여 교부해 준 사실이 있는데, 위 소외 윤OO과 위 소외 한OO이 공모하여 위 인감증명등의 서류를 이용, 불법으로 원고명의의 문서로 위조한 후 이 사건 부동산에 관하여 각 지상권설정등기를 경료한 것입니다.

3. 따라서 원고 소유의 이 사건 부동산에 관한 피고들의 각 지상권설정등기는 소유자인 원고의 의사에 의하지 아니한 것으로서 불법적으로 잘못 설정된 원인무효의 등기이므로 원고는 피고들에 대하여 위 각 말소등기의 절차이행을 구하고자 이 사건 제소에 이른 것입니다.

입 증 방 법

1. 갑제1호증의 1 내지 2　　각 부동산등기부등본
2. 갑제2호2증　　매매계약서 사본

첨 부 서 류

1. 토지대장 등본　　1통
1. 건축물관리대장　　1통
1. 위임장　　1통
1. 납부서　　1통

20OO.　.　.

원고　소송대리인
변호사　O O O　(인)

OO지방법원　귀중

V. 소유권이전등기말소청구

1. 개 념

소유권이전등기말소는 기존 등기에 대응하는 실체관계가 없는 경우에 그 등기 사항 전부를 법률적으로 소멸시킬 목적으로 행하여지는 등기로서, 등기원인서류가 위조되었다거나 등기원인인 매매가 무효·취소·해제된 사실을 요건으로 하여 등기의무자가 말소등기의 신청에 협력하지 않는 때에는 의사표시에 갈음하는 이행판결(판결과 같은 효력이 있는 화해조서, 인낙조서, 조정조서 등 포함)을 받아 등기권리자 단독으로 말소등기를 신청할 수 있다.

2. 청구취지

> 피고는 원고에게 별지목록기재의 건물에 관하여 OO지방법원 OO등기소 2000. 10. 1. 접수 제1234호로 마친 소유권이전등기의 말소등기절차를 이행하라.

3. 청구원인

> [청구원인] ㅇ 원고의 소유
> ㅇ 피고의 소유권이전등기 경료
> ㅇ 원인무효의 등기인 사실

가. 청구원인이 원인무효인 말소등기, 말소회복등기청구사건(멸실회복등기는 불포함)은 예고등기를 촉탁하여야 한다. 다만, 등기원인의 무효, 취소, 해제로써 선의의 제3자에게 대항할 수 없는 경우(비진의 의사표시, 통정허위표시, 착오의 의사표시, 사기·강박에 의한 의사표시, 채권자취소, 계약해제)는 예고 등기촉탁 사항이 아니다.

나. 등기말소나 회복을 구한 원고 패소판결이 재심대상판결인 경우가 예고등기의 대상인 것이고, 원고승소판결인 경우는 재심의 소의 청구취지가 원판결 취소, 원고

청구기각이 될 것이어서 그 청구가 인용되더라도 그 판결만으로 곧 등기가 말소 또는 회복되는 것이 아니므로 예고등기를 할 필요가 없다.

다. 진정명의회복을 원인으로 한 이전등기(등기예규 제950호), 파산관재인(관리인, 개인회생절차의 부인권자 포함)의 부인권 행사에 의한 부인의 등기(등기예규 제1237호), '부동산실권리자명의등기에 관한 법률위반'으로 마친 소유권이전등기에 대하여 무효임을 이유로 한 소유권이전등기말소의 소(동법 제4조 3항)의 경우는 예고등기의 대상이 아니다.

라. 청구원인의 변경으로 비로소 선의의 제3자에게 대항할 수 있게 된 경우, 예고등기를 간과하기 쉬우므로 각별한 주의를 요한다.

4. 요건사실

요건사실	* 원고의 소유 * 피고의 소유권이전등기 경료 * 등기의 원인무효 [특별조치법] * 허위의 보증서, 확인서에 의하여 경료된 사실

가. 소유권이전등기말소청구

원고의 소유사실에 대하여는 재판상 자백이 가능하므로 피고가 일단 그 사실을 인정하면 자유로운 철회가 허용되지 않는다. 피고가 그 사실을 다툴 경우 원고로서는 법률의 규정에 의하여 당해 토지의 소유권을 취득한 사실을 주장·입증하거나, 소유자로서 등기된 사실을 주장·입증함으로써 소유사실을 법률상 추정받을 수 있으며, 피상속인의 등기사실 및 원고의 상속사실을 주장·입증할 수도 있다. 등기사실로써 원고의 소유사실을 주장·입증할 경우에는 개개의 등기원인이나 구체적인 등기경위를 따질 필요는 없다. 또 원고의 소유권취득시점과 피고의 등기시점 사이에 제3자에 의한 소유권이전등기가 경료되어 있는 경우에는 피고가 등기를 경료하기 전에 이미 원고가 소유권을 상실한 것으로 법률상 추정되므로 원고로서는 제3자 명의의 소유권이전등기의 무효까지 주장·입증하여야만 원고의 소유사실을 완전하게 주장·입증하는 셈이 된다. 피고 명의의 소유권이전등기는 원고의 소유권에 대한 방해로서의 의미를 가지나, 일단 등기가 경료된 이상 적법하게 이루어진 것으로 법률상 추정되므로[288] 원고는 그 반대사실, 즉 등기원인의 무효사실 또는 등기절차의 위법사실까지 주장·입증하여야 한다. 이때 원인무효로 인한 소유권이전등기 말소청구의 요건사실은 원고 소유의 부동산인데 피고 명의로 등기가 마쳐진 사실, 등기원인서류가 위조되었거나 등기원인인 매매가 무효 취소 해제된 사실 등이다. 입증방법으로는 등기부등본, 형사판결 또는 공소장, 형사기록송부촉탁신청, 취소, 해제통지서 있다.

나. 소유권이전등기의 추정력

소유권이전등기의 추정력은 권리변동(등기원인)에 대하여도 미치므로 그 등기원인이 처음부터 없었다거나 처음엔 있었지만 나중에 소급하여 소멸되었다는 사정을 입증하여야만 추정력이 깨어진다.

다. 특별조치법에 의한 등기

특별조치법에 의한 등기는 그 추정력이 더욱 강력하여 보존등기이든 이전등기이든 가리지 아니하고 그 등기원인서류인 보증서와 확인서가 허위, 위조되었다거나 그밖에 적법하게 등기된 것이 아니 라는 점이 주장 입증되어야만 권리보유의 추정력이 깨어지고 원인무효의 등기가 된다고 보았으나(대법원 1987. 10. 13. 선고86다카2928 판결), 대법원 2001. 11. 22. 선고 2000다71388, 71395 전원합의체 판결에 의하여, 특별조치법에 따라 등기를 마친 자가 보증서나 확인서에 기재된 취득원인이 사실과 다름을 인정하더라도 그가 다른 취득원인에 따라 권리를 취득하였음을 주장하는 때에는, 특별조치법의 적용을 받을 수 없는 시점의 취득원인 일자를 내세우는 경우와 같이 그 주장 자체에서 특별조치법에 따른 등기를 마칠 수 없음이 명백하거나 그 주장하는 내용이 구체성이 전혀 없다든지 그 자체로서 허구임이 명백한 경우 등 특별한 사정이 없는 한, 위의 사유만으로 특별조치법에 따라 마친 추정력이 깨어진다고 볼 수는 없으며, 그 밖의 자료에 의하여 새로이 주장된 취득원인 사실에 관하여도 진실이 아님을 의심할 만큼 증명되어야 그 등기의 추정력이 깨어진다고 판시함으로써 위 종전판례를 폐기하였다.

입증방법으로는 형사사건 기록, 형사기록송부촉탁신청, 확인서 등이 있다.

---

288) 대법원 1983. 11. 22. 83다카950호 판결.

5. 항변 등

[주요항변] ① 실체관계에 부합하는 유효한 등기라는 항변
② 취득시효 항변
③ 등기의 유용 항변
④ 원고 명의 등기의 원인무효
⑤ 원고의 후발적 소유권 상실

가. 실체관계에 부합하는 유효한 등기라는 항변(매수항변 등)

피고는 비록 불법하게 등기를 하기는 하였지만 실제로 원고로부터 매수하고 그 대금을 모두 지급하였다는 점을 들어 실체관계에 부합하는 유효한 등기라는 항변이 가능하다. 예컨대 원고가 피고와의 매매계약을 해제하였다고 주장하면서 소유권에 기하여 피고 명의의 등기말소를 구할 경우 피고로서는 해제의 의사표시가 도달하기 전에 채무내용에 좇은 이행을 하였다거나, 해제권의 행사가 신의성실의 원칙에 위배된다[289]는 등의 사실을 주장하며 항변할 수 있다.

또, 피고가 무권리인 또는 무권리자로부터 매수한 것이라며 원고가 그 등기원인의 무효를 주장할 경우에는 피고로서는 원고가 그 매매계약을 추인하였다고 항변할 수도 없다.[290] 만일 채권자인 원고가 채무자인 소유자를 대위하여 말소등기청구를 하고 있는 경우라면 소유자가 그 매매계약을 추인하였다고 하더라도 소유자가 원고의 대위권 행사사실을 안 때로부터는 그 권리처분으로 채권자에게 대항할 수 없으므로,[291] 원고로서는 추인 전에 소유자가 대위권 행사사실을 안 사실을 재항변사유로 주장·입증하여야 추인의 효과를 다툴 수 있다.

실체적권리관계에 부합하는 항변의 예로서는 전소유명의자와 피고 사이에 중간생략등기의 합의가 없었더라도 관계 당사자들 사이에 매매계약이 체결되어 이행되는 등 적법한 원인행위가 성립하였다는 항변,[292] 피고가 미등기부동산을 전전 매수하여 최종 매수인으로서 소유권보존등기를 경료하였다는 항변,[293] 등기기록상 등기원인(매매)

289) 대법원 1990. 4. 27. 선고 89다카14080 판결.
290) 대법원 2003. 5. 30. 선고 2003다14713 판결.
291) 대법원 1975. 12. 23. 선고 73다카1086 판결.
292) 대법원 1980. 2. 12. 선고 79다2104 판결.

과 다른 등기원인(증여)이 있었다는 항변,[294] 등을 들수 있다. 입증방법으로는 매매계약서, 영수증 등을 제출할 수 있다.

나. 취득시효 주장

피고는 10년간 등기부상 소유자로 등재되어 있으면서 같은 기간에 자주·평온·공연·선의·무과실로 점유한 사실(자주·평온·공연·선의 점유는 민법 제197조에 의하여 법률상 추정된다)을 주장하여 등기부 취득시효 취득하였다고 주장하거나, 점유취득시효를 주장하여 실체관계에 부합하다는 항변을 할 수 있다. 입증방법으로는 등기부등본, 주민등록표 등이 있다.

다. 무효등기의 유용합의

피고는 비록 원인무효의 등기이지만 이를 원고에 대한 채권의 양도담보등기로 유용하기로 원고와 합의하였음을 들어 항변할 수 있다. 입증방법으로는 등기유용합의서 등을 제출할 수 있다.

라. 원고 명의 등기의 원인무효

원고가 목적 부동산에 관하여 원고 명의로 소유권이전등기를 경료한 사실을 입증함으로써 원고 소유로 법률상 추정을 받은 경우 피고로서는 원고 명의의 소유권이전등기가 원인무효임을 주장·입증함으로써 위 추정을 번복시킬 수 있다. 피고 명의의 소유권이전등기가 원고 명의의 소우권이전등기로부터 전전하여 경료된 것으로서 선행하는 원고 명의의 소유권이전등기의 유효함으로 전제로 하여야만 그 효력을 주장할 수 있는 경우에도 마찬가지이다.[295]

마. 원고의 후발적 소유권 상실

원고가 피고의 등기 이후에 후발적으로 당해 부동산에 대한 소유권을 사실한 경우 유효한 항변사유가 될 때가 있다. 예컨대 피고로서는 자신의 등기가 원인무효라고 하더라도 그 이후의 최종 등기명의자 등기부시효취득의 항변을 제출하여 법원에서 그것

293) 대법원 1984. 1. 24.선고 83다카1152 판결.
294) 대법원 1980. 7. 22. 선고 80다791 판결.
295) 대법원 2005. 9. 28. 선고 2004다50044 판결.

이 받아들여진 사실을 주장·입증하여 원고의 소유권 사실을 주장할 수 있다.[296]

[서식 35] 소유권이전등기말소 청구의 소(원인무효)

소　　장

원　고　　1. ○ ○ ○ (60**** − *******)
　　　　　　남양주시 OOO 776 OO아파트 101동 704호
　　　　　2. ○ ○ ○ (78**** − *******)
　　　　　　남양주시 OOO 167-4 OO아파트 123동 101호
　　　　　3. ○ ○ ○ (39**** − ********)
　　　　　　원고 2와 같음
　　　　　원고들 소송대리인 법무법인 OO
　　　　　담당변호사 OOO
　　　　　서울 OO구 OO동 1714-17 OO빌딩 1층
　　　　　(우 : 00000, 전화 : 000-0000, 팩스 : 000-0000)

피　고　　1. ○ ○ ○ (69**** − 이하 불상)
　　　　　　남양주시 OOO 567
　　　　　2. ○ ○ ○ (48**** − 이하 불상)
　　　　　　인천 OO구 OOO 1300-6 OO빌라 201

소유권이전등기말소등기 청구의 소

청 구 취 지

1. 원고에게, 별지 목록 기재 부동산에 관하여,
   가. 피고 OOO은 OO지방법원 OO등기소 20OO. 6. 2. 접수 제OOOO호로 마친 소유권이전등기의
   나. 피고 OOO은 같은 등기소 19OO. 3. 27. 접수 제OOOO호로 마친 유권이전등기의, 각 말소등기절차를 이행하라.
2. 소송비용은 피고들의 부담으로 한다.

296) 대법원 1995. 3. 3. 선고 94다카7348 판결.

라는 재판을 구합니다.

청 구 원 인

1. 원고들은 별지 목록 기재 부동산의 공유자입니다.

가. OOO의 소유권 취득

별지 목록 기재 부동산(이하 필요에 따라 '이 사건 토지'라고 합니다)은 원래 미금시 이패동 372 전 771평(이하 '분할 전 토지'라 합니다)에서 1900. 12. 30. 분할된 토지인데, 그 소유관계를 살펴보면, 다음과 같습니다(갑제1호증 판결문, 갑제2호증 폐쇄등기부등본).

- 다 음 -

① OOO이 분할 전 토지를 원시 취득함(사정명의자)

② 구 토지대장상 OOO으로부터 박OO 명의로 소유권이전등록 됨

③ OOO이 OOO, OOO에게 증여하여 구 토지대장상 OOO, OOO 공동명의로 소유권이전등록 됨

④ 1900. 12. 30. 분할 전 토지가 미금시 OOO 372의 1 전 76평(이하 '**분할 후 1 토지**'라 합니다)과 미금시 이패동 372의 2 전 2298㎡('이 사건 토지'의 행정구 역변경 전 명칭입니다)로 분할 됨

⑤ OOO, OOO은 1900. 5. 28. 분할 후 1토지에 관하여 일반농지의 소유권이전 등기등에 관한 특별조치법(법률 제1657호)에 따라 공동명의로 소유권보존등기를 함

⑥ 그러나 이 사건 토지에 관하여는 보존등기를 경료하지 않고 있던 중 아무런 말소 근거 없이 구 토지대장상 OOO, OOO 공동명의의 소유권이전등록이 말소 됨

⑦ 이후 OOO라는 사람이 자신이 1900. 9. 10. OOO으로부터 이 사건 토지를 매 수하여 사실상 소유하고 있다는 내용의 허위 보증서(실제 'OOO'는 OOO의 개명으로 동일인인바, 자기가 자기한테 매수하였다는 내용의 허위 보증서인 것임) 를 발급받고 그에 기한 확인서에 의하여 1900. 5. 18. 부동산소유권이전등기등에 관한 특별조치법(법률 제3094호)에 따라 소유권보존등기를 마침

⑧ 1900. 5. 3. 위 OOO가 사망하였고, 1900. 11. 10. OOO의 상속인인 OOO이 협의분할에 의한 재산상속을 이유로 소유권이전등기를 마침

⑨ OOO이 OOO을 상대로 소유권보존등기 및 소유권이전등기말소청구 소송을

제 기하여 승소하였고, 동 판결은 1900. 7. 7. 확정됨

나. OOO의 사망으로 인한 원고들의 상속

따라서 이 사건 토지는 OOO과 OOO의 공유라고 할 것인데, OOO이 1900. 4. 19. 사망함에 따라 그 상속인들인 원고들이 이 사건 토지에 대한 공유지분을 취득하였습니다(갑제3호증 제적등본).

2. 피고 OOO 명의 이전등기 및 피고 OOO 명의 이전등기는 아무런 원인 없이 경료된 것입니다.

그런데 1900. 3. 27. 원고들의 의사와는 무관하게 아무런 원인 없이 이 사건 토지에 관하여 피고 OOO에게 증여를 원인으로 한 소유권이전등기가 경료되었고, 이후 다시 2000. 6. 2. 피고 OOO에게 매매를 원인으로 한 소유권이전등기가 경료되었습니다(갑제4호증 등기부등본).

위에서 본 바와 같이 원고들의 피상속인인 OOO이 OOO을 상대로 한 소유권보존등기 및 소유권이전등기 말소청구 소송에서 승소하고도 등기 말소를 집행하지 않고 있음을 기화로 무효인 등기에 터 잡아 새로운 등기들을 경료한 것입니다.

3. 결 론

앞서 본 바와 같이 피고들의 각 소유권이전등기는 원인 무효인 OOO 명의 소유권이전등기에 터 잡아 이루어진 것으로 역시 원인 무효의 등기라고 할 것입니다. 따라서 원고들은 별지 목록 기재 부동산에 관한 공유자로서 피고들을 상대로 위 각 원인 무효인 소유권이전등기의 말소를 구하기 위하여 이 사건 소제기에 이르게 되었습니다.

입 증 방 법

1. 갑제1호증	판결문
1. 갑제2호증	폐쇄등기부등본
1. 갑제3호증	제적등본
1. 갑제4호증	부동산등기부등본

첨 부 서 류

1. 위임장 및 담당변호사지정서	각1통
1. 송달료납부서	1통

1. 위 입증방법 각1통

20OO. . .

원고들 소송대리인
법무법인 OO
담당변호사 O O O

OO지방법원 귀중

Ⅵ. (근)저당권말소청구

1. 총 설

근저당권은 설정계약의 해제, 취소, 근저당권의 포기, 혼동 등의 사유로 소멸하며, 이때 근저당권말소등기를 한다. 근저당권은 보통 저당권과 달리 피담보채권의 소멸만으로는 소멸하지 않고 근저당권 설정의 기초가 되는 기본계약이 해지 등의 사유로 종료되어야만 이를 원인으로 말소등기를 신청할 수 있다.

근저당권 말소와 근저당권의 이전등기의 말소를 구별하여야 한다. 전자는 주등기의 말소이고, 후자는 부기등기를 말소하고 양도인의 명의로 회복한다는 차이가 있다.

[기본사례] 원고(근저당권설정자) → 피고(근저당권자)
위조에 의하여 근저당권이 설정되어 그 말소를 구함

2. 청구취지

가. 원인무효에 의한 말소청구

피고는 원고에게 별지목록 기재 부동산에 관하여 OO지방법원 OO등기소 19OO.

> 4. 12. 접수 제 1234호로 마친 근저당권 설정등기에 대하여 2000. 1. 10. 해지를 원인으로 한 말소등기절차를 이행하라.의 말소등기절차를 이행하라.

나. 후발적 실효사유에 의한 말소청구

- 청구취지에 말소등기의 원인("2004. 1. 10. 변제", "2004. 1.10.해지")을 기재하여야 함
- 다만, 선이행이나 동시이행으로 말소청구하는 경우에는 원인기재 못함

> 피고는 원고에게 별지목록 기재 부동산에 관하여 OO지방법원 OO등기소 1900. 4. 12. 접수 제 1234호로 마친 근저당권 설정등기의 말소등기절차를 이행하라.

3. 청구원인

> [청구원인] ㅇ 원고 소유인 사실
> ㅇ 피고 명의의 등기가 마친 사실
> ㅇ 등기원인서류 위조, 등기원인의 무효, 취소, 해제
>
> [청구원인] 피담보채무가 변제된 사실

가. 청구원인 사실

1) 원인무효형의 청구원인사실은 원고 소유부동산인 사실, 피고 명의의 (근)저당권 등기가 마쳐진 사실, 등기원인서류의 위조 또는 등기원인의 무효취소·해제 사유의 사실이다. 입증방법으로는 예컨대 부동산등기부등본, 형사판결문, 취소·해제통지서, 형사기록송부촉탁신청 등이 있다.

2) 후발적실효형의 경우는, 원고 소유 부동산인 사실, 피고 명의의 (근)저당권등기가 마쳐진 사실, 저당권 피담보채무의 변제 또는 근저당권설정계약의 해지(피담보채무가 없는 상황에서 근저당권이 해지) 등의 사실이다. 입증방법으로는 부동산등기부등본, 영수증, 입금증, 통장사본, 해지통지서 등이 있다.

나. 원고적격

(근)저당권설정 후 소유자가 변경된 경우, 원인무효형은 현재 소유자에게만 있으나, 후발적 실효형은 현재 소유자(소유권에 기하여) 및 종전 소유자(근저당권설정계약의 당사자로서)에게 모두 있다.

다. 피고적격

피담보채권의 이전에 따라 근저당권도 이전되어 부기등기가 마쳐진 경우, 피고적격은 근저당권 양수인에게만 있다. 단 이때도 부기등기의 말소를 구할 것이 아니라 (근)저당권설정등기 자체의 말소를 구하여야 하므로, 흠결시 보정을 권고한다.

라. 청구취지 기재 중 후발적 실효형에 관하여는 말소등기의 원인을 기재하여야 한다(예컨대 "2011. 1. 1. 변제", "2001. 1. 1. 해지" 등). 단, 선이행 또는 동시이행으로 구하는 경우에는 등기원인의 기재를 요하지 않는다.

마. 원고가 (근)저당부동산의 제3취득자 또는 피담보채권의 물상보증인인 경우 실체 피담보채무액이 이를 초과하더라도 민법 제360조의 금액(저당권의 경우) 또는 채권최고액(근저당권의 경우)만을 변제하고 근저당권말소를 구할 수 있다.

바. 강제집행정지신청이 기각되는 등의 이유로, (근)저당권말소송 중 부동산이 경락되어 (근)저당권설정등기가 이미 말소된 경우에는 소의 이익이 없게 된다.

4. 요건사실

요건사실	○ 원인무효 사유에 의한 경우 * 원고 소유의 부동산인 사실 * 피고 명의 (근)저당권등기가 경료된 사실 * 등기원인서류의 위조 또는 등기원인이 무효·취소·해제된 사실
	○ 후발적 실효사유에 의한 경우 * 원고 소유의 부동산인 사실 * 피고 명의 (근)저당권등기가 경료된 사실 * 저당권의 피담보채무가 변제 또는 피담보채무가 없는 상황에서 근저당권이 해지된 사실

가. 원인무효에 의한 말소 청구

원인무효에 의한 말소 청구시에는 원고 소유인 사실, 피고 명의의 등기가 마친 사실, 등기원인서류가 위조되었다거나 등기원인인(근저당권 설정계약이 무효, 취소, 해제된 사실) 등이 요건사실이 이다.

나. 후발적 실효사유에 의한 말소청구

원·피고간의 근저당권설정계약의 체결사실은 이 소송에서 더 이상 요건사실이 아니며, 원고가 목적 부동산을 소유하고 있는 사실이 이를 대체하게 된다. 이러한 소송은 피담보채무가 확정되어 전부 소멸한 경우도 있지만, 근저당권설정계약 자체가 무효·취소되거나 피고 명의의 근저당권설정등기 원인무효의 소유권이전등기에 터잡고 있는 경우에도 가능하다. 그럴 경우 근저당권설정계약의 무효·취소사실 또는 피고의 근저당권설정등기가 원인무효의 소유권이전등기에 터잡고 있는 사실 등이 피담보채무의 확정 및 소멸사실을 대체하게 된다. 후발적 실효사유에 의한 말소청구시에는 원고 소유인 사실, 피고 명의의 등기가 마친 사실, (근)저당권의 피담보채무가 변제된 사실, 피담보채무가 없는 상황에서 근저당권이 해지된 사실 등이 요건사실이며, 그에 관한 입증방법으로는 등기부등본, 영수증, 해지통보서 등이 있다.

다. (근)저당권이전의 부기등기

피담보채권이 이전, 전부되어(근저당권의 경우에는 피담보채권이 확정된 후에 이전, 전부 되어) (근)저당권이전의 부기등기가 되어 있는 경우, 그 양수인만을 상대로 부기등 기가 아닌 설정등기의 말소를 청구하여야 하고 양도인은 피고적격이 없다(대법원 2004. 4. 11. 선고 2000다5640 판결).

예 소외 OO 을 근저당권자로 하는 1995. 10. 23. 자 근저당권 설정등기가 마쳐졌다 가 피고가 OOO의 원고에 대한 근저당권부 채권에 관하여 1998. 2. 8. 자 압류 및 전부명령을 받아 확정됨에 따라 이를 원인으로 한 피고 명의의 1998. 2,19.자 근저당 권 이전의 부기등기가 마친 경우 피고를 상대로 근저당권설정등기의 말소등기절차이행 을 구하여야 한다.

라. (근)저당권 부동산의 제3취득자나 물상보증인

채무자의 채무가 더 많더라도 민법 360조의 금액(저당권의 경우) 또는 채권최고액(근저당권의 경우)만을 변제하고 근저당권 말소청구를 할 수 있다(민법 제364조).

마. 전(前) 소유자

(근)저당권을 설정해 준 후 당해 부동산의 소유권을 타에 이전해준 전 소유자도, 비록 소유자는 아니지만 (근)저당권설정계약자의 지위에서 매도인의 채무이행을 위하여 확정된 피담보채무의 소멸을 이유로 말소청구할 수 있다. 그러나 원인무효로 인한 말소청구는 소유자만이 할 수 있으므로 전 소유자는 할 수 없다.

5. 항변 등

[주요항변] 피담보채무의 소멸
등기유용합의

가. 피담보채무의 소멸

피담보채무 소멸의 효력을 다투는 피고의 주장이 원고의 주장과 양립 가능할 경우에는 항변으로 된다. 예컨대, 원고가 변제를 주장함에 대하여 피고는 그 변제금이 원고의 다른 채무에 충당되었다고 항변할 수 있고, 원고가 피고에 대한 채권으로 피담보채권과 대등액에서 상계하였다고 주장함에 대하여 피고는 원고의 채권에 동시이행항변권이 붙어 있는 사실을 주장하며 상계가 허용되지 아니한다[297]고 항변할 수 있다.

원고가 피담보채무의 시효소멸을 주장함에 대하여 피고는 소멸시효의 중단사유를 들어 항변할 수 있다.

그런데 물상보증인이 그 피담보채무의 부존재 또는 소멸을 이유로 제기한 저당권설정등기의 말소등기절차이행청구소송에서 피고로 된 채권자 겸 저당권자가 청구기각의 판결을 구하고 피담보채권의 존재를 주장하였다고 하더라도 물상보증인은 채권자에 대하여 아무런 채무를 부담하고 있지 아니하므로 이로서 채권자가 직접 채무자

---

297) 대법원 1975. 10. 10. 21. 선고 75다48호 판결, 1993. 9. 28. 선고 92다55794호 판결.

에 대하여 재판상 청구를 한 것으로는 볼 수 없다.[298]

한편, 원고가 피담보채무가 도박채무임을 이유로 근저당권설정등기의 말소를 구함에 대하여 피고가 그와 같은 근저당권의 설정이 민법 제746조의 불법원인급여에 해당한다고 주장하면서 그 반환을 거부하는 것은 민법 제746조에서의 이익이란 재산상 가치가 있는 종국적인 것으로서 근저당권의 설정과 같이 그로 인한 이익을 향수하려면 경매신청을 하는 등 별도의 조치를 취하여야 하는 경우는 이에 해당하지 아니하므로, 그와 같은 주장은 유효한 항변이 되지 않는다.[299]

나. 등기유용의 합의

확정된 피담보채무가 이미 소멸하였다 하더라도 피고는 원·피고간에 다른 채무의 담보로 (근)저당권을 유용하기로 원고와 합의하였다는 항변을 할 수 있다. 등기유용의 합의시까지 등기기록상 이해관계 있는 제3자가 생기지 않는 경우에 한하여 유효한 것이나,[300] 이해관계 있는 제3자가 있더라도 제3자에 대한 관계에서만 유용합의를 이유로 근저당권설정등기의 유효를 주장할 수 없을 뿐이므로[301] 합의 당사자인 원고에 대하여는 등기유용의 합의사실만 주장·입증하면 원고의 말소청구에 대항할 수 있다. 입증방법으로는 등기유용합의서 등이 있다.

[서식 36] 근저당권말소등기청구의 소(원인무효)

소 장

원 고 주식회사 OOO
이천시 OO면 OO리 157-10
대표이사 최 O O
원고의 소송대리인 변호사 O O O
서울 OO구 OO동 17OO-4 OO빌딩 401호

298) 대법원 2004. 1. 16. 선고 2003다30890호 판결.
299) 대법원 1994. 12. 22. 선고 93다55234호 판결.
300) 대법원 2002. 12. 6. 선고 2001다2846호 판결.
301) 대법원 1998. 3. 24. 선고 97다56242호 판결.
302) 위 이중철은 이 사건 부동산을 무단 처분한 후 2008. 12.경 사망함.

(우 : 00000, 전화 : 000-0000, 팩스 : 000-0000)

피 고 이 ○ ○
서울 ○○구 ○○동 981-50 ○○빌라 2-303(우 : 00000)

근저당권말소등기

청 구 취 지

[주위적 청구]

1. 피고는 원고에게 별지목록 기재부동산에 관하여 ○○지방법원 ○○등기소 20○○. 11. 6. 접수○○○○호 채권최고액 450,000,000원, 피고 주식회사 ○○○앤씨로 하는 근저당권설정등기의 말소절차를 이행하라.
2. 소송비용은 피고들의 부담으로 한다.

라는 판결을 구합니다.

[예비적 청구]

1. 피고는 원고에게 별지목록 기재부동산에 관하여 ○○지방법원 ○○등기소 20○○. 11. 6. 접수○○○○호 채권최고액 450,000,000원, 피고 주식회사 ○○○앤씨로 하는 근저당권설정등기에 대해 20○○. 11. 18. ○○지방법원(공탁번호 ○○○○호) 변제공탁을 원인으로 말소등기절차를 이행하라.
2. 소송비용은 피고들의 부담으로 한다.

라는 판결을 구합니다.

청 구 원 인

1. 당사자의 기초사실

원고는 별지목록 기재 부동산(이하 '이 사건 부동산'이라고 합니다)의 소유명의자 이고, 피고는 이 사건 부동산에 대해 ○○지방법원 ○○등기소 20○○. 11. 6. 접수 ○○○○호, 채권최고액 금 450,000,000원으로 하는 근저당권에 기해 ○○지방법원 ○○등기소 20○○. 11. 6. 접수○○○○호 근저당권의 피보전채권에 해당하는 금 176,000,000원 채권을 확보하기 위하여 20○○. 5. 9. ○○지방법원 ○○지원 20○○타경○○○○호 경매신청을 한 자입니다(갑 제1호증 부동산 등기부등본, 갑 제2호증 경매사건내역표 각 참조).

2. 이 사건 청구의 기초사실

가. 이 사건 부동산은 소외 '전주○○밀성군파참판공종파종친회(일명, 전주○○밀

성군파참판공종친회 또는 전주○○밀성군파참판공종파종중으로 칭함, 이하 '참판공종파종중'이라고 합니다)과 소외 전주○○밀성군파참판공종파헌효공종중(이하 '헌효공종중'이라고 합니다) 사이에 진행 된 20○○머○○○○(○○가합○○○○호)호로 이루어진 조정에 기해 '헌효공중중'에 분재된 부동산입니다(갑 제3호증 조정조서 참조).

나. 그런데 이 사건 부동산이 ○○공종중 명의로 있는 것을 기화로 참판공종중의 종원 '이○○[302]'은 신청 외 홍○○와 공모하여 '○○공종파종중'의 대표자 지위를 참칭하여 무단으로 홍○○가 대표이사로 있는 신청외 (주)○○○앤씨 명의로 소유권이전등기를 하여 놓았고, 위 홍○○는 또 다시 이○○ 몰래 피고에게 금 300,000,000원을 차용하고 ○○지방법원 ○○등기소 20○○. 11. 6. 접수 ○○○○호, 채권최고액 금450,000,000원으로 하는 근저당권설정등기를 해버렸습니다.
(그 후 (주)○○○앤씨 대표자 홍○○는 피신청인에게 금 134,000,000원을 변제하고, 남은 차용금은 176,000,000원임.)
위 사실을 알게 된 ○○공종파종중은 소외 ○○○앤씨와 피고를 상대로 ○○지방법원 20○○가단○○○○호 말소등기소송 등 청구의 소를 제기하였고(갑제4호증 대법원 사건검색표 참조), 이○○과 홍○○를 형사고소하려 하자, 이○○은 자신도 홍○○에 사기를 당했다며 홍○○를 고소하여 현재 홍○○에 대한 사기 부분에 대한 수사는 서울 도봉경찰서에서 이루어지고 있습니다.

다. 위와 같은 상황에서 ○○공종중은 (주)○○○앤씨의 대표이사 홍○○를 만나 당시 (주)○○○앤씨 명의로 되어 있던 이 사건 부동산의 소유권을 (주)○○○앤시의 원인 무효등기를 말소하고 ○○공종파종중 명의로 환원한 뒤, 다시 ○○공종중으로 이전하는 절차가 복잡하여 ○○공종중 또는 ○○공종중이 지정하는 매수인에게 소유권이전등기를 해 주기로 하는 합의를 하였고, ○○공종중은 ○○공종중에게 위 민사소송을 통해서 피고 명의의 근저당권을 말소시켜 주기로 하였습니다.
그 후 20○○. 2. 19. ○○공종중은 원고는 이 사건 부동산에 대해 매매계약을 체결하였고, 이 사건 부동산에 대한 소유권이전방식은 (주)○○○앤시 명의에서 직접 신청인 명의로 하는 소유권이전등기 방식을 취하였으며(갑 제1호증 부동산등기부등본 참조), 피고의 위 근저당권 피보전채권액 176,000,000원은 위 소송의 종결되어 피고의 근저당권이 말소되면 ○○공종중에게 지급하여 주기로 합의하였습니다.

라. 그런데 피고는 위와 같이 ○○공종파종중과 피고 사이에 근저당권 말소등기소송이 진행되고 있던 중 ○○지방법원 ○○등기소 20○○. 11. 6. 접수 ○○○○○

호 근저당권에 기해 20OO. 5. 9. OO지방법원 OO지원 20OO타경OOOO호로 경매신청을 하였고, 위 신청에 따라 20OO. 5. 28. 경매개시결정 되어 현재 경매절차가 진행되게 되었습니다(갑 제2호증 경매사건검색표 참조).

마. 원고는 위와 같이 담보권실행을 위한 경매절차가 진행되자, 또 다른 피해가 우려되어 위 OO지방법원 20OO가단 OOOOO호 사건의 소송의 종결 후 OO공종중에게 지급하기로 한 잔금을 OO공종중이 승소로 확정된 경우 OO공중중에게, OO공종중의 패소로 확정된 경우 근저당권자인 피고에게 지급하는 상대적불확지 변제공탁(20OO. 11. 18. OO지방법원 공탁번호 OOOO호)을 하게 되었습니다(갑제5호증 공탁서 참조).

3. 청구권의 내용

가. 주위위적 청구

이상에서 보는바와 같이 피고는 이 사건 부동산에 대해 무권리자인 (주)OOO앤씨로부터 근저당권을 취득한 것으로 원인무효인 소유권등기를 바탕으로 하는 피고의 이 사건 근저당권설정등기 또한 무효등기입니다.

따라서 원고는 이 사건 부동산의 소유권을 실체관계에 부합한 등기를 통해 적법하게 취득한 소유권자로서 이 사건 부동산에 설정된 OO지방법원 OO등기소 20OO. 11. 6. 접수 OOOOO호 채권최고액 450,000,000원, 피고 주식회사 OOO앤씨로 하는 피고의 원인무효의 근저당설정등기에 대해 소유권에 기한 방해배제청구권에 기해 피고의 무효인 근저당권설정등기를 말소 청구할 권리가 있습니다.

나. 예비적 청구

이 사건 부동산에 설정된 피고의 근저당권은 피고가 경매절차를 진행함에 따라 원고는 이 사건 부동산의 제3취득자로서 20OO. 11. 18. OO지방법원 공탁번호 OOOO호로 위에서 본바와 같이 변제공탁을 하였습니다.

따라서 피고의 근저당권의 원인채권이 소멸된 이상 근저당권설정등기 또한 원인무효가 되었다할 것이어서 예비적으로 변제를 원인으로 피고의 이 사건 근저당권등기의 말소를 청구할 권리가 있습니다.

4. 결 어

이 사건 부동산은 원고의 소유부동산이고, 피고의 이 사건 부동산에 설정된 근저당권등기는 주위적, 예비적 청구와 같이 원인무효의 등기입니다.

따라서 피고는 원고에게 이 사건 부동산에 설정된 청구취지의 근저당권등기의 말소등기절차를 협력할 의무가 있다할 것입니다.

입 증 방 법

1. 갑 제1호증 부동산등기부등본
1. 갑 제2호증 경매사건검색표
1. 갑 제3호증의 1 조정조서
2 확정증명서
1. 갑 제 4호증 대법원사건검색표
1. 갑 제 5호증 공탁서

첨 부 서 류

1. 위 입증서류 각 1통
1. 소장 부본 1통
1. 인지현금납부영수증 1통
1. 임야대장 1통

20OO. . .

원고의 소송대리인
변호사 O O O

OO지방법원 귀중

[서식 37] 근저당권말소등기청구의 소(원인무효)

소 장

원 고 1. 박 O O (36****-*******)
2. 진 O O (40****-*******)

위 원고 1, 2의 주소 서울 OO구 OO동 318-10 OO쉐르빌 1A-2304

3. 박 O O (45****－*******)

인천광역시 OO구 OO동 70-5 OO아파트 2-802

위 원고들의 소송대리인 법무법인 OO

서울 OO구 OO동 1552-13 OO빌딩 3층

Tel. (02) 000-0000, Fax. (02) 000-0000(우 : 00000)

피 고 김 O O (60****－*******)

의정부시 OO동 20 OO아파트 101-1202

근저당설정등기말소청구

청 구 취 지

1. 피고는 원고에게 별지기재 부동산에 관하여 OO지방법원 OO등기소 20OO. 11. 23. 접수 제OOOO호로 마친 근저당설정등기에 대하여 말소등기절차를 이행하라.
2. 소송비용은 피고의 부담으로 한다.

라는 판결을 구합니다.

청 구 원 인

1. 당사자기초사실

피고는 소외 장OO과 물품공급계약 체결에 기한 장래 발생하는 외상대금 채권을 담보하기 위해 별기기재 부동산(이하 '이 사건 부동산'이라고 합니다)에 관하여 서울북부지방법원 20OO. 11. 23. 접수 제OOOO호로 마친 근저당권(이하 '이 사건 근저당권'이라고 합니다) 양수원고로서 근저당권자이며, 원고는 이 사건 부동산의 소유자 겸 물상보증인의 지위에 있습니다.

2. 이 사건 기초사실

가. 원고들과 소외 장형만 사이의 매매계약

원고 박OO은 나머지 원고들을 대리하여 20OO. 10. 26. 소외 장OO과 이 사건 부동산에 대해 매매대금 450,000,000원으로 하는 매매계약을 체결하였습니다.

매매대금은 계약 당일 계약금 50,000,000원을, 나머지 잔금 400,000,000원에 대해서는 위 장OO이 소외 주식회사 OO홈푸드(이하 '(주)OO홈프드'라고 합니다)

에게 이 사건 부동산을 담보로 제공하고, 위 '장OO'이 '(주)OO홈프드'로부터 미곡을 공급받아 매도하여 받은 대금으로 2OOO. 11. 27.까지 변제하기로 하였습니다(갑 제1호증 부동산매매계약서 참조).

나. 원고들의 소외회사에 대한 근저당설정

원고 박OO(이하 '원고'라고 합니다)은 위 '장OO'의 요청에 따라 '(주) OO홈프드'에게 위 장OO과 사이에 계속적 공급계약에 기하여 장래 발생할 미곡 외상대금을 담보할 목적으로 2OOO. 10. 27. 원고와 장OO이 공동피고로 하는 서울북부지방법원 접수 제OOOO호 근저당권설정등기를 하여 주었습니다(갑 제2호증 부동산등기부등본 참조).

그런데, 위 '장OO'은 위와 같이 근저당권설정등기를 해준 후 1달 정도 지나 잔금을 달라는 원고에게 '(주) OO홈프드'가 미곡을 공급하여 주지 않는다며 거래처를 바꾸어 잔금을 지급하겠다고 하였습니다.

다. 원고들의 (주)라이스리치로 근저당권자 변경

2OOO. 11. 23. 위 '장OO'은 원고가 76세의 고령으로 혼자 사는 서울 OO구 OO동 집으로 (주)OOOOO(이하 '소외회사'라고 합니다)의 사람이라는 '배OO'과 법무사 사무실 직원과 함께 찾아와서 위 배OO을 장OO에게 새로 미곡에 대해 계속적 공급계약을 체결한 회사의 직원이라고 소개하였습니다.

원고는 위 '장OO'과 '배OO'에게 빠른 시일 이내에 미곡을 공급하여 잔금을 지급할 것을 당부하였고, 소외회사의 배OO도 이 사건 근저당권을 설정한 이후 곧 바로 미곡을 공급하겠다고 하였습니다. 이에 원고는 종전과 마찬가지로 장OO과 소외회사 사이 미곡의 장래공급계약에 따른 미곡 외상대금을 담보할 목적으로 배OO 등이 가져온 서류에 원고가 보관하고 있던 원고 진OO과 동 박OO의 도장을 위들이 가리키는 곳에 날인하여 주었습니다.

이와 같은 경위로 2OOO. 11. 23. 원고와 '(주) OO홈프드'사이에 근저당권을 말소하고, 위 같은 날 새로이 소외회사 명의로 근저당권설정등기가 되었습니다(갑 제2호증 부동산등기부등본 참조).

3. 이 사건 근저당권등기는 원인채권이 존재하지 않습니다.

가. 이 사건 근저당권설정계약은 사기에 의해 설정된 것으로 무효입니다.

원고들 소유의 이 사건 아파트를 소외회사에 담보로 제공하면, 위 장OO이 소외회사로부터 미곡을 외상으로 공급받아 그 미곡을 처분하여 이 사건 아파트에 대한 매매대금 잔금을 지급하기로 하였습니다.

그러나 <u>소외회사는 2OOO. 11. 1. 설립등기</u>를 하고, <u>원고로부터 이 사건 근저당권설정등기를 받은 시점이 2OOO. 11. 23.</u>자로 소외 장OO과 소외회사 사이에 미곡을 계속적으로 공급하기로 하는 계속적 공급계약을 체결한 사실이 없음에도 마치 계속적 공급계약을 체결한 것처럼 원고 박OO을 속여 원고들로부터 이 사건 근저당권을 설정한 것으로 이 사건 근저당권등기는 사기로 무효입니다(갑 제3호증 법인등기부등본 참조).

나. 소외회사의 피보전채권이 부존재합니다.
소외회사는 위 장OO과 미곡에 대한 계속적 공급계약에 따른 장래 발생할 외상대금 채무의 담보를 위해 이 사건 근저당권을 설정해 주었는바, 이 사건 근저당권의 설정한 이후 계속적 공급계약에 따라 소외회사가 장OO에게 물품을 공급한 사실조차 없으며, 현재 위 장OO은 도주한 상태로 소외회사와 계속적 공급계약은 종료하였습니다.

다. 이 사건 근저당권등기의 말소 청구
원고는 미곡의 공급도 없고, 장OO이 매매대금을 주기로 한 기일을 도과하였음에도 전혀 잔금을 지급하지 않았기 때문에 그 동안 소외회사에게 계속적 공급계약의 종료와 사기를 원인으로 이 사건 근저당권의 말소를 청구하여 왔습니다. 그러나 위 장OO은 도주하였고, 소외회사는 이 사건 근저당권등기를 기화로 OO지방법원 20OO타경OOOO로 임의경매를 진행하였습니다(첨부자료 : 대법원 경매사건 검색 참조).

4. 이 사건 근저당권등기의 악의적 양도

원고는 위와 같이 이 사건 근저당권등기가 무효임을 전제로 말소하여 줄 것을 수차 요구하였으나, 오히려 소외회사가 이 사건 근저당권등기를 기화로 경매절차를 진행함에 따라 20OO. 4. 22. OO지방법원 20OO가단 OOOO호로 근저당권말소소송을 제기함과 동시에 20OO. 5. 9. 귀원 20OO카기OOOO로 강제집행정지 결정을 받았습니다(갑제4호증 집행정지결정, 갑제5호증의 1. 대법원기일내역 참조).

그런데 소외회사는 위와 같은 사실을 안 후, 원고가 제기한 근저당권말소청구를 무력화시키기 위해 20OO. 5. 9. 위 근저당권등기를 OO지방법원 OO등기소 접수 제OOOO호로 피고에게 이전등기 하였습니다(갑 제2호증 부동산등기부등본 참조).

그러나 이 사건 근저당권등기는 위 장OO과 소외회사가 원고 박OO을 기망하여 이루어진 근저당설정계약에 기초한 것으로 취소의 의사표시를 수차례 하였을 뿐만 아니라, 이 사건 근저당권을 담보할 원인채권 자체가 처음부터 존재하지 않는 외형만 존재하는 무효의 등기입니다.

참고로 소외회사와 위 장OO은 원고 박OO으로부터 금원을 편취하기 위해 사전 공모 하에 전혀 <u>실체가 없는 소외회사를 20OO. 11. 1. 설립하고(갑 제3호증 법인등기부등본 참조), 20OO. 11. 23. 원고를 속여 이 사건 근저당권설정등기를 받은</u>

것으로 사료됩니다. 현재 소외회사는 원고가 소외회사를 상대로 20○○. 4. 22. 귀원 20○○가단○○○○호로 근저당권말소소송의 소장부본조차도 송달되지 않는 유령회사임이 확인되고 있습니다(갑 제5호증의 2 보정명령 참조).

5. 결 어

이 사건 근저당권은 원인채권이 존재하는 않는 무효의 등기로서, 피고가 소외회사로부터 양수받았다는 근저당권채권은 존재하지 않는 채권입니다. 따라서 피고는 원고에게 이 사건 근저당권말소등기절차에 협력할 의무가 있다할 것입니다.

입 증 방 법

1. 갑제1호증	부동산매매계약서
1. 갑제2호증	부동산등기부등본
1. 갑제3호증	법인등기부등본
1. 갑제4호증	집행정지결정
1. 갑제5호증의 1	대법원 기일내역
2	보정명령

첨 부 서 류

1. 위 각 입증서류	1부
1. 대법원 경매사건검색	1부
1. 건축물대장	1부
1. 토지대장	1부
1. 송달료납부서	1부
1. 영수필확인서 및 통지서	각 1부
1. 소장부본	1부
1. 위임장	1부

20○○. . .

원고의 소송대리인
법무법인 ○ ○

담당변호사 ○ ○ ○
○ ○ ○

OO지방법원 귀중

Ⅶ. 말소승낙의 의사표시를 구하는 소

1. 서 설

권리에 관한 변경·경정의 부기등기, 말소회복등기, 말소등기를 신청하려고 하는자는 등기상 이해관계 있는 제3자가 있는 경우에는 그 승낙을 받아야 한다. 그러나 그 제3자가 승낙에 응하지 아니하는 때에는 그 자에 대하여 승낙의 의사표시를 구하는 소송을 제기할 수 있고, 이것을 승낙청구소송이라고 한다.

등기청구소송은 등기권리자와 등기의무자 사이의 등기청구권을 소송물로 하는 의사표시소송이고, 여기서 소구 당하는 의사표시는 등기의무자의 등기관에 대한 등기신청이라는 의사표시이다. 이에 대하여, 승낙청구소송은 등기신청인과 승낙의무자 사이의 승낙청구권을 소송물로 하는 의사표시소송이고, 여기서 소구당하는 것은 승낙의무자의 등기관에 대한 승낙이라는 의사표시이다.

2. 등기청구소송과의 관계

등기의무자에 대하여 등기의 말소 또는 회복을 구하는 소송과 등기상 이행관계 있는 제3자에 대하여 그 등기의 말소 또는 회복에 대한 승낙을 구하는 소송은 별개의 소송이고, 이를 병합하여 제기하는 경우 이는 통상의 공동소송에 해당한다. 따라서 이들 소송을 별도로 제기할 수도 있고, 또 그 중 어느 일방이 등기협력의무를 이행하는 경우에는 협력해 주지 않는 다른 일방만을 상대로 그 소송을 제기하면 족하다.

예컨대, 甲 소유의 부동산에 대하여 원인무효인 乙 명의의 소유권이전등기가 경료된 후 乙이 丙을 위해 저당권을 설정하고 그 취지의 등기가 이루어진 경우, 甲은 소유권에 기한 물권적 방해배제청구권의 행사로서 乙 명의의 소유권이전등기의 말소를 구할 수 있지만, 乙 명의의 소유권이전등기는 乙 에 대한 승소판결만으로는 말소할 수 없고, 부동산등기법 제171조에 의하여 丙의 승낙서 또는 이에 대항할 수 있는 재판의 등본을 첨부하여야 말소할 수 있으므로, 丙에 대하여 그 승낙을 구하는 소송을 제기하여 판결을 받아 乙의 소유권이전등기를 말소하면서 같은 법 제172조 제2항에 의하여 직권으로 丙 명의의 저당권설정등기를 말소하게 할 수 있다.[303)]

이 경우 丙의 승낙은 자기 명의의 저당권설정등기를 말소하는 것에 대한 승낙이 아니라 그 등기가 기초하고 있는 乙 명의의 소유권이전등기를 말소하는 것에 대한 승낙을 말한다.

> [기본사례] 원고(소유권자) → 피고(이해관계인)
> 위조에 의하여 경료된 소유권이전등기에 터 잡은 근저당권자에 대한 말소 승낙의 의사표시

3. 청구취지

> 피고는 원고에게 별지목록 기재 부동산에 관하여 대구지방법원 동대구등기소 1900. 4. 12. 접수 제1234호로 마친 소유권이전등기의 말소등기에 대하여 승낙의 의사표시를 하라.

4. 청구원인

> [청구원인] ○ 피고 명의의 등기가 마친 사실
> ○ 말소원인이 있는 등기에 터 잡아 마쳐진 사실

5. 요건사실

요건사실	* 말소원인이 있는 등기에 터 잡아 제3자인 피고 명의의 등기가 마친 사실

303) 대법원 1998. 11. 27. 선고 97다41103 판결.

가. 요건사실

말소승낙 의사표시 청구의 요건사실은 말소원인이 있는 등기에 터 잡아 제3자인 피고 명의의 등기가 마친 사실이다. 입증방법으로는 예컨대, 등기부등본, 형사판결 또는 공소장, 형사기록송부촉탁신청 등이 있다.

나. 등기의 기재에 따라 보더라도 당해 말소등기에 의하여 손해를 받을 우려가 전혀 없다고 인정되는 자는 이해관계에 있는 제3자에 해당하지 않는다(예컨대, 1번 저당권 말소에 관한 2번 저당권자).

다. 피고 명의의 등기가 이전등기인 경우에는 피고가 제3자가 아닌 당사자이므로 바로 말소청구를 할 수 있을 뿐이고 피고명의의 등기가 이전등기인 경우에는 피고가 제3자가 아닌 당사자이므로 그를 상대로 바로 말소청구를 할 수 있을 뿐이고(이견 있음), (근)저당권설정등기인 경우에는 제3자의 등기이어서 그를 상대로 말소승낙의 의사표시를 구하여야 할 것이지만, 판례가 말소청구를 하는 것도 허용한다.[304] 위 두 경우가 아닌 이상, 원고가 말소청구를 한 경우에 있는 부적법하므로, "말소에 대한 승낙의 의사표시를 하라"는 청구취지로 보정권고 한다.

라. 제3자가 당해 말소등기에 대하여 승낙을 하여야 할 의무가 있는지는 오로지 실체법상의 권리관계에 이하여 결정된다.[305] 즉, 주장하는 말소원인이 기존의 등기명의인에게 권리가 없다는 점에 있을 때에는 우리 부동산등기법이 등기의 공신력을 인정하지 않기 때문에 말소등기에 관하여 등기상 이해관계 있는 자 역시 실체법상 무권리자로서 승낙의무를 부담한다. 그러나 등기의 명의인이 실체법상 무권리자라 하더라도 제3자가 실체법상 무권리자가 아닌 경우에는(예컨대 통정허위표시에 있어 선의의 제3자) 승낙의무를 부담하지 아니한다.

마. 소유자가 원인무효인 소유권이전등기의 말소와 함께 그에 터 잡은 가압류등기의 말소를 구하는 것으로 해석할 여지가 있다는 것이 판례[306]의 태도이므로, 그에 맞추어 청구취지를 보정하도록 권고한다.

---

304) 대법원 2002. 4. 12. 선고 2001다84367 판결.
305) 대법원 1996. 8. 20. 선고 94다58988 판결.
306) 대법원 1998. 11. 27. 선고 97다41103 판결.

6. 항변 등

[주요항변] 시효취득을 하여 말소승낙의무가 소멸되었다는 항변

가. 시효취득을 하여 말소승낙의무가 소멸되었다는 항변이 가능하다. 이에 대한 항변의 입증은 시효취득항변에 관한 입증과 동일하다.

나. 말소원인이 통정 허위표시인 경우 선의의 제3자에게는 대항할 수 없어 원고가 피고의 악의를 주장·입증하여야 하므로 피고에게 실체법상의 승낙의무가 없다는 피고의 주장은 항변이 아니라 부인이다.

[서식 38] 소유권이전등기말소등청구 소장(승낙청구)

소 장

원 고 박 ○ ○ (000000-0000000)
○○시 ○○구 ○○로 00 (우 : 00000)

피 고 1. 김 ○ ○ (000000-0000000)
2. 이 ○ ○ (000000-0000000)
위 피고들의 주소 : ○○시 ○○구 ○○동 00 (우 : 00000)

소유권이전등기말소 등 청구의 소

청 구 취 지

1. 피고 김○○은 원고에 대하여 별지 목록 기재의 토지에 관하여 ○○지방법원 ○○등기국 20○○. ○. ○. 접수 제○○○○호로 마친 소유권이전등기의 말소등기절차를 이행하라.
2. 피고 이○○는 원고에 대하여 전항의 말소등기에 대하여 승낙의 의사표시를 하라.

3. 소송비용은 피고들의 부담으로 한다.
라는 판결을 구합니다.

청 구 원 인

1. 청구취지 기재의 토지(이하, '이 사건 토지'라고 한다)는 원고가 20OO. 7. 1. 소외 장OO로부터 매수하여 그 날 원고 앞으로 소유권이전등기를 마친 원고의 소유로서 피고 김OO에게 소유권을 이전하거나 피고 이00에게 저당권을 설정한 사실이 없습니다.

2. 그런데 이 사건 토지에는 20OO. O. O. OO지방법원 OO등기국 접수 제OOOO호로 원고로부터 피고 김OO에 대하여 소유권이전등기가 경료되고, 다시 20OO. O. O. 같은 등기과 접수 제OOOO호로 피고 이OO를 권리자로 한 저당권설정등기가 경료되어 있습니다.

3. 따라서 피고 김OO은 원인무효인 위 소유권이전등기를 말소할 의무가 있고, 피고 이OO는 등기부상 이해관계가 있는 자로서 위 소유권이전등기의 말소등기절차를 이행함에 있어서 이를 승낙할 의무가 있다고 하겠습니다.

4. 그러므로 원고는 피고 김OO에 대하여 전기 소유권이전등기의 말소등기절차의 이행을 구하고, 피고 이OO에 대하여 전기 소유권이전등기의 말소등기절차의 이행에 대한 승낙을 구하기 위하여 이 사건 청구에 이르렀습니다.

입 증 방 법

변론시 수시 제출하겠습니다.

첨 부 서 류

1. 주민등록초본	2통
1. 토지가격확인원	1통
1. 소장부본	1통
1. 송달료납부서	1통

20OO. . .

위 원고 박 O O (인)

OO지방법원 귀중

Ⅷ. 말소등기회복청구

1. 의 의

말소회복등기(부동산등기법 제75, 76조)라 함은, 실질관계에 대응하는 유효한 등기가 있었음에도 불구하고 후에 그 등기의 전부 또는 일부가 부적법하게 말소된 경우에, 그 말소된 등기를 회복 내지 재현함으로써 처음부터 그러한 말소가 없었던 것과 같은 효력을 보유하게 할 목적으로 행하여지는 등기를 말한다.

말소등기는 등기의 전부에 관하여 하는 것이고 등기사항의 일부의 말소는 할 수 없는 것이지만, 변경등기, 경정등기 등에 수반하여 기존등기의 일부가 말소되는 경우와 같이 등기사항의 일부에 관하여 부적법한 말소가 있는 경우 등기사항의 일부에 관하여도 회복등기를 할 수 있고, 이러한 경우 그 회복등기는 부기등기의 방법으로 하게 된다(부동산등기법 제76조).

말소회복등기는 등기의 전부 또는 일부가 부적법하게 말소된 경우에 하는 등기이므로 등기부의 전부 또는 일부가 물리적으로 멸실된 경우에 그로 말미암아 소멸된 등기를 회복할 목적으로 행하여지는 멸실회복등기(부동산등기법 제24조)와 구별되고, 또 말소회복등기는 부동산의 권리에 관한 등기를 회복할 것을 목적으로 하는 등기이므로 부동산의 표시에 관한 등기의 회복등기는 할 수 없다는 것이 판례[307]의 입장이다.

어떤 동기가 부적합하게 말소된 경우에 그 말소등기 자체가 무효이므로 '말소등기의 말소등기'를 하면 되는 것처럼 보이나, 말소등기의 말소등기를 하여도 먼저 한 말소등

307) 대법원 1994. 12. 23. 선고 93다37441 판결. 위 판결은 부동산등기용지가 폐쇄된 경우 설사 그 폐쇄가 위법하게 이루어진 것이라고 하더라도 소송의 방법으로 그 회복절차의 이행을 청구할 수 없고, 폐쇄된 부동산등기용지의 회복은 그 표제부이 주말된 부동산의 표시, 표시번호와 등기번호를 되살리는 절차에 의할 수밖에 없는 것으로서 그 성질상 이를 권리에 관한 등기의 일종이라고 볼 수 없고 등기의무자의 존재 또한 상정할 수 없다할 것이므로, 설사 법률이 규정하는 폐쇄사유가 없음에도 불구하고 부동산등기용지가 폐쇄되었거나 또는 그 폐쇄가 위법한 절차나 방법에 의하여 이루어진 것이 객관적으로 명백하다고 하더라도 등기공무원이 그 폐쇄사유와 절차 등에 관한 법률 규정을 준용하여 직권으로 이를 회복할 수 있음은 별론으로 하고 소송의 방법으로 그 회복을 청구할 수는 없다는 취지이다.

기로 말미암아 말소된 등기는 등기부상 회복되지 못하고 여전히 주말된 상태로 남아있게 되므로 말소된 등기를 회복하려면 언제나 말소회복등기를 하여야 하는 것이다.

> [기본사례] 원고(말소등기된자) → 피고(등기부상 이득자)
> 부당하게 말소등기된 소유권이전등기의 회복을 구함

2. 청구취지

> 피고는 원고에게 별지목록 기재 부동산에 관하여 대구지방법원 동대구등기소 1900. 4. 12 접수 제 1234호로 말소등기된 대구지방법원 동대구등기소 2000. 1. 10. 접수 제2341호 소유권이전등기의 회복등기절차를 이행하라.

3. 청구원인

> [청구원인] ○ 피고 명의의 등기가 마친 사실
> ○ 말소원인이 없었거나 무효, 취소된 사실

피고는 회복등기의 등기의무자(등기가 말소됨으로써 등기부상 이익을 본 사람)가 되어야 한다(제3자에 의하여 불법 말소되었다고 해서 그 제3자를 피고로 하면 기고적격이 없음). 제3자에 의하여 불법 말소되었다고 해서 그3자를 피고로 하면 피고적격이 없다.

말소등기 후에 등기부상 이해관계 있는 제3자가 생겼다면 그 사람도 함께 피고로 하여 회복등기에 대한 승낙의 의사표시를 하라는 내용의 청구를 하여야만 회복등기의 목적을 달성할 수 있다.

4. 요건사실

요건사실	* 원고명의의 등기가 말소된 사실 * 말소원인이 없었거나 무효·취소된 사실

요건사실은 원고 명의의 말소된 등기에 대응하는 실질관계가 여전히 존속함에도 불구하고 부적법하게 되었고, 그 말소원인이 부존재 또는 무효, 취소된 사실 등이 요건사실이다. 그에 대한 입증방법으로는 부동산등기부, 형사판결 또는 공소장, 취소통지서, 형사기록송부촉탁신청 등을 할 수 있다.

5. 항변 등

> [주요항변] 실체관계에 부합하는 등기

피고는 말소된 상태가 다른 실체적 원인에 의하여 실체관계에 부합하게 되었다는 항변을 할 수 있다.

[서식 39] 소유권이전등기말소회복청구의 소(판결편취 말소)

소　　　장

원　고　　○ ○ ○ (000000-0000000)
　　　　　○○시 ○○구 ○○길 00 (우편번호 00000)
　　　　　전화·휴대폰번호 :
　　　　　팩스번호, 전자우편(e-mail)주소 :

피　고　　1. 김 ○ ○ (000000-0000000)
　　　　　　○○시 ○○구 ○○길 00 (우편번호 00000)
　　　　　　전화·휴대폰번호 :
　　　　　　팩스번호, 전자우편(e-mail)주소 :
　　　　　2. 이 ○ ○ (000000-0000000)
　　　　　　○○시 ○○구 ○○길 00 (우편번호 00000)
　　　　　　전화·휴대폰번호 :
　　　　　　팩스번호, 전자우편(e-mail)주소 :

소유권이전등기말소회복청구의 소

청 구 취 지

1. 원고에게 피고 이OO는 별지목록 기재의 각 부동산을 인도하고 위 부동산에 관하여 OO지방법원 OO등기소 20OO. O. O. 접수 제OO호 소유권이전등기의 말소등기절차를, 피고 김OO는 별지목록 기재의 각 부동산에 관하여 OO지방법원 OO등기소 20OO. O. O. 접수 제OOOO호에 의하여 말소된 같은 등기소 20OO. O. O. 접수 제OOO호로서 마쳐진 원고 명의의 소유권이전등기의 회복등기절차를 이행하라.
2. 소송비용은 피고들의 부담으로 한다.
3. 위 제1항 중 인도부분에 한하여 가집행 할 수 있다.

라는 판결을 구합니다.

청 구 원 인

1. 별지목록 기재 각 부동산은 원래 김OO의 소유이던 것을 소외 OOO가 김OO로부터 매수하여 소유권이전등기를 마쳤고, 원고는 소외 OOO로부터 매수하여 20OO. O. O. 소유권이전등기를 마쳤습니다.

2. 그런데 피고 김OO은 아무런 이유 없이 20OO. O. O. 소외 OOO 및 원고를 상대로 OO지방법원 20OO가합OOO호로 위 각 소유권이전등기의 말소청구소송을 제기한 바 있으나, 위 소송에서 피고 김OO는 소장, 기일소환장 등을 원고와 아무런 관계도 없는 OO시 OO구 OO동 OO의 소외 OOO에게 송달시켰으며 20OO. O. O. 선고된 피고 김OO 승소의 제1심 판결정본이 공시송달에 의하여 송달효과를 발생시킴으로써 형식상 피고 김OO의 승소판결이 확정된 바 있고, 피고 김OO는 20OO. O. O. 위 확정판결을 가지고 소외 OOO 및 원고의 별지목록 기재 각 부동산에 대한 등기명의를 말소하여 자기명의로 환원시킨 다음, 피고 이OO에게 매도하여 20OO. O. O. 피고 이OO 명의로 소유권이전등기를 마친 바 있습니다.

3. 그런데 원고는 위와 같은 사실을 전혀 모르고 있다가 20OO. O. O. 우연한 기회에 별지목록 기재 각 부동산의 등기를 열람하는 기회에 위와 같은 사실을 발견하고 피고 김OO를 상대로 OO고등법원에 추완항소를 제기한 바 있는데 OO고등법원에서 원고의 추완항소가 인정됨으로써 위 피고1. 김OO의 청구가 기각되었고 피고 김OO는 이에 불복하여 대법원에 상고를 제기하였으나 상고가 기각됨으로써 피고 김OO의 청구기각 판결이 확정된 것입니다.

4. 그렇다면 원고가 추완항소를 제기하기 전에 불법으로 형식상 확정된 피고 김OO

승소의 제1심 판결은 판결확정의 효력이 없게 되었고, 따라서 무효인 판결에 의한 등기는 말소되어야 할 것이며, 무권리자인 피고 김OO로부터 별지목록 기재 각 부동산을 양수한 피고 이OO의 소유권이전등기 역시 원인무효인 것으로서 말소되어야 하고, 피고 이OO는 별지목록 기재 각 부동산을 소유권자인 원고에게 인도하여야 할 것이므로 원고는 청구취지와 같은 청구를 구하기 위하여 이 사건 소제기에 이르렀습니다.

입 증 방 법

1. 갑 제1호증	판결문사본
1. 갑 제2호증	부동산매매계약서
1. 갑 제3호증의 1, 2	각 부동산등기사항증명서
1. 갑 제4호증	토지대장등본
1. 갑 제5호증	건축물대장등본

첨 부 서 류

1. 위 입증방법	각 1통
1. 소장부본	1통
1. 송달료납부서	1통

20OO. . .

위 원고 O O O (서명 또는 날인)

OO지방법원 귀중

[별지]

부동산의 표시

1. ○○시 ○○구 ○○동 00-00 대 157.4㎡
2. 위 지상 벽돌조 평슬래브 지붕 2층 주택
   1층 74.82㎡
   2층 74.82㎡
   지층 97.89㎡. 끝.

[서식 40] 근저당권말소등기의 회복등기절차이행청구 등의 소(불법말소)

소 장

원 고 ○ ○ ○ (000000-0000000)
○○시 ○○구 ○○길 00 (우편번호 00000)
전화·휴대폰번호 :
팩스번호, 전자우편(e-mail)주소 :

피 고 1. 김 ○ ○ (000000-0000000)
○○시 ○○구 ○○길 00 (우편번호 00000)
전화·휴대폰번호 :
팩스번호, 전자우편(e-mail)주소 :

2. 박 ○ ○ (000000-0000000)
○○시 ○○구 ○○길 00 (우편번호 00000)
전화·휴대폰번호 :
팩스번호, 전자우편(e-mail)주소 :

근저당권말소등기의 회복등기절차이행청구 등의 소

청 구 취 지

1. **원고에게**

가. 피고 김OO는 원고에게 별지목록 기재 부동산에 관하여, OO지방법원 OO등기소 20OO. O. O. 접수 제OOOO호로 말소등기된 같은 등기소 20OO. O. O. 접수 제OOO호 근저당권설정등기의 회복등기절차를 이행하고,

나. 피고 박OO는 위 회복등기에 대하여 승낙의 의사표시를 하라.

2. 소송비용은 피고의 부담으로 한다.

라는 판결을 구합니다.

청 구 원 인

1. 원고는 20OO. O. O. 피고 김OO에게 금 OOO만원을 대여하고 그 채무를 담보하기 위하여 피고 김OO의 소유인 별지목록 기재 부동산에 OO지방법원 OO등기소 20OO. O. O. 접수 제OOO호 근저당권설정등기를 마쳤습니다.

2. 그런데 피고 김OO는 정신박약아인 원고의 아들에게 원고의 인감도장과 신분증 등을 교부받아 OO지방법원 OO등기소 20OO. O. O. 접수 제OOOO호로 위 근저당권설정등기를 말소하고서, 피고 박OO에게 별지목록 기재 부동산에 관하여 OO지방법원 OO등기소 20OO. O. O. 접수 제OOOOO호 근저당권설정등기를 해주고 돈을 차용하였습니다.

3. 따라서 원고는 피고 김OO에게 원고의 의사에 기하지 않고 불법말소된 별지목록 기재 부동산에 대한 OO지방법원 OO등기소 20OO. O. O. 접수 제OOO호 근저당권설정등기의 회복등기절차의 이행을 구하고, 피고 박OO에게는 위 회복등기에 대한 승낙의 의사표시를 구하기 위하여 이 사건 청구에 이르게 된 것입니다.

입 증 방 법

1. 갑 제1호증	부동산등기사항전부증명서
1. 갑 제2호증	고소사건처분결과통지

첨 부 서 류

1. 위 입증방법	각 1통
1. 소장부본	1통
1. 송달료납부서	1통

2000. . .

위 원고 ○ ○ ○ (서명 또는 날인)

OO지방법원 귀중

[별지]

부동산의 표시

1. OO시 OO구 OO동 00-00
대 157.4㎡
1. 위 지상
벽돌조 평슬래브지붕 2층 주택
1층 74.82㎡
2층 74.82㎡
지층 97.89㎡. 끝.

Ⅸ. 진정명의회복을 원인으로 한 소유권이전등기청구

1. 개 설

진정명의회복을 원인으로 하는 소유권이전등기청구는 진정한 소유자가 그의 등기명의를 회복하기 위한 방법으로 현재의 등기명의인을 상대로 그 등기의 말소를 구하는 것에 갈음되는 것인데, 말소등기에 갈음하여 허용되는 진정명의회복을 원인으로 한 소유권이전등기청구권과 무효등기의 말소청구권은 어느 것이나 진정한 소유자의 등기명의를 회복하기 위한 것으로서 실질적으로 그 목적이 동일하고 두 청구권 모두 소유권에 기한 방해배제청구권으로서 그 법적근거와 성질이 동일하므로 그 소송물은

실질상 동일한 것으로 보아야 한다.[308]

2. 청구취지

> 원고에게, 피고 갑은 별지목록 기재 1 내지 12 토지에 관하여 1900. 7. 5. 매매를 원인으로 한 소유권이전등기절차를 이행하고, 피고 을은 별지목록 기재 13 내지 18 토지에 관하여 이 사건 판결확정일자 진정한 등기명의회복을 원인으로 한 소유권이전등기절차를 이행하라.

3. 청구원인

> [청구원인] 원고의 소유
> 피고의 소유권이전등기 경료
> 등기의 원인무효

4. 요건사실

요건사실	원고의 소유 피고의 소유권이전등기 경료 등기의 원인무효

가. 원고는 자신의 소유사실로서 이미 자기 앞으로 소유권을 표상하는 등기가 되어 있었거나 법률의 규정에 의하여 소유권을 취득한 사실을 입증하지 않으면 안된다.[309] 따라서 명의신탁자의 지위에 있는 종중은 대외적으로 소유자가 아니므로 명의수탁자의 지위에 있는 종원을 대위함이 없이 직접 현재의 등기명의인을 상대로 진정명의회복을 원인으로 한 소유권이전등기를 청구하는 것은 허용되지 않으나,[310] 부동산실권리자의 명의 등기에 관한 법률 소정의 유예기간 내에 실명등기를 하지 아니하여 명의

308) 대법원 2001. 9. 20. 선고 93다37894호 판결, 대법원 2003. 3. 28. 선고 2000다24856호 판결.
309) 대법원 2003. 5. 13. 선고 2002다64148호 판결.
310) 대법원2003. 1. 10. 선고 2002다41435호 판결.

신탁약정이 무효로 된 경우 명의신탁자가 종전에 명의신탁 대상 부동산에 관하여 소유권이전등기를 경료한 적이 있었다면 자기명의로 소유권을 표상하는 등기가 되어 있던 자에 해당하므로 명의수탁자를 상대로 진정명의회복을 원으로 한 소유권이전등기를 구할 수 있다.[311] 한편, 부동산의 공유자 중 한 사람은 공유물에 대한 보존행위로서 그 공유물에 곤한 원인무효의 등기 전부의 말소를 구할 수 있는 이상, 공유물에 경료된 원인무효의 등기에 관하여 각 공유자에게 해당 지분별로 진정명의회복을 원인으로 한 소유권이전등기를 이행할 것을 청구할 수 있다.[312]

나. 소유권이전등기말소청구에서와 마찬가지로 원고는 피고 명의의 소유권이전등기가 원인무효임을 주장·입증하여야 한다. 그런데 진정명의회복을 원인으로 한 소유권이전등기의 등기의무자는 원칙적으로 현재의 등기명의인이므로,[313] 피고가 현재의 등기의무자 또는 포괄승계인인 사실이 나타나야 한다.

5. 항변 등

[주요항변] ① 실체관계에 부합하는 유효한 등기라는 항변
② 취득시효 항변
③ 등기의 유용 항변
④ 원고 명의 등기의 원인무효
⑤ 원고의 후발적 소유권 상실

가. 소유권이전등기말소청구에서의 공격방어방법이 그대로 적용된다.

나. 진정명의회복을 원인으로 한 소유권이전등기청구의 특유한 문제로서 종전에 원고가 피고를 상대로 한 소유권이전등기말소청구소송에서 패소확정판결을 받았다면 그 기판력은 그 후 제기된 진정명의회복을 원인으로 한 소유권이전등기청구소송에서도 미치므로, 피고로서는 원고의 청구가 전소의 패소확정판결의 기판력에 저촉되는 주장을 할 수 있다. 다만, 기판력의 저촉에 관한 주장을 본안에 관한 항변으로 취급하는 데에는 신중을 요한다. 일반적으로 전소의 패소확정판결은 원고의 청구를 기각시

311) 대법원 2002. 9. 6. 선고 2002다35157호 판결.
312) 대법원 2005. 9. 29. 선고 2003다40651호 판결.
313) 대법원 1990. 11. 27. 선고 89다카12398호 판결.

키는 본안에 관한 항변으로 기능하지만, 후소가 채권자대위소송인 경우에는 전소의 패소확정판결은 소송요건 중 하나인 채무자의 권리불행사요건을 흠결케 하는 역할을 할 때가 있고 이 경우 본안전 항변으로서 기능한다. 본안에 관한 항변인 경우에도 이를 방들일 때에는 원고의 주장에 대한 판단과정을 거치지 않고 곧바로 기판력 저촉에 관한 항변을 판단한다는 점에서 일반적인 항변의 판단례와 다른 판단구조를 가진다.

[서식 41] 소유권이전등기청구의 소(진정명의회복 원인)

소 장

원 고 1. ○ ○ ○ (000000-0000000)
OO시 OO면 OO리 12-32
2. ○ ○ ○ (000000-0000000)
OO시 OO읍 OO리 633-1 OO아파트 101동 101호
소송대리인 법무법인 OO
담당변호사 OOO
서울 OO구 OO동 1714-17 OO빌딩 1층
(우 : 00000, 전화 : 000-0000, 팩스 : 000-000)

피 고 1. ○ ○ ○ (000000-0000000)
서울 OO구 OO동 12 OO아파트 101-1006
2. ○ ○ ○ (000000-0000000)
OO시 OO읍 OO리 371

소유권이전등기 등 청구의 소

청 구 취 지

1. 별지 목록 기재 부동산에 관하여,
   가. 피고 OOO은 피고 OOO에게 진정명의회복을 원인으로 한 소유권이전등기 절차를 이행하고,
   나. 피고 OOO는 원고 OOO에게 20OO. 4. 13. 매매를 원인으로 한 소유권이전등기 절차를 이행하라.

2. 피고 OOO은 원고 OOO에게 금 1,500만원 및 이에 대한 20OO. 4. 17.부터 이 사건 소장부본 송달일까지는 월 80,000원, 그 다음날부터 다 갚는 날까지는 연 12%의 비율에 의한 금원을 지급하라.
3. 제2항은 가집행할 수 있다.
4. 소송비용은 피고들의 부담으로 한다.

라는 재판을 구합니다.

신 청 이 유

1. 원고 OOO의 소유권이전등기 청구

가. 별지 목록 기재 부동산의 현 소유자는 중간생략형 명의신탁의 법률관계에 따라 현재의 등기명의에 불구하고 전 소유자이자 매도인인 피고 신동귀입니다.

20OO. 4. 13. 원고 OOO은 별지 목록 기재 부동산(이하 필요에 따라 "본건 부동산"이라 합니다)을 피고 OOO로부터 매수하는 계약을 체결하면서 사정상 원고 OOO의 모친 원고 OOO의 지인인 피고 OOO 명의로 소유권이전등기를 받기로 매수인인 원고 OOO, 매도인인 피고 OOO, 명의수탁자인 피고 OOO 등 3자 간에 합의를 하였습니다.

그리고, 그 합의에 따라 원고 OOO이 피고 OOO에게 매매대금 1,950만원을 지급하였고(총 매매대금은 4,150만원으로 하였으나 2,200만원은 기존에 본건 부동산을 담보로 설정되어 있던 근저당권부 채무를 인수하는 것으로 갈음하기로 하였습니다), 등기 명의는 피고 OOO 명의로 하였습니다(갑 제1호증 부동산매매계약서, 갑 제2호증의 1 내지 3 각 매매대금 영수증, 갑제3호증 복비영수증, 갑 제4호증 등기이전 영수증, 갑 제5호증 등기권리증, 갑 제6호증 부동산등기부등본, 갑 제7호증 사실확인서, 갑 제8호증 통장사본(OOO 명의 국민은행 통장), 갑 제9호증 재산세납부영수증, 갑 제10호증 통장사본(OOO - 원고의 부친 - 명의 우리은행 통장)). 본건 부동산에는 피고 OOO로부터 매수한 이후 계속하여 원고 OOO의 모친인 원고 OOO와 부친인 소외 OOO이 거주하고 있습니다.

그런데, 부동산실권리자등기명의에 관한 법률 제4조 제1항 및 제2항에 의하면, 명의신탁약정과 명의신탁약정에 따른 등기로 이루어진 부동산에 관한 물권변동은 모두 무효입니다.

따라서, 이 사건에 있어 원고 OOO과 피고 이간난 사이의 명의신탁약정이나 피고 OOO로부터 피고 OOO으로 이전된 등기로 이루어진 부동산 물권변동이 모두 무효이므로, 결국 이 사건에 있어 본건 부동산의 소유권은 여전히 피고 OOO에게 남아 있습니다.

나. 피고 OOO는 피고 OOO에게 진정명의회복을 위한 소유권이전등기를 청구할 수 있으며, 원고 OOO은 피고 OOO에 대하여 매매를 원인으로 한 소유권이전등기를 청구할 수 있습니다.

위에서 본 바와 같이 본건 부동산의 소유권은 여전히 피고 OOO에게 남아 있으므로, 피고 OOO는 소유권에 기한 방해배제청구권의 행사로서 피고 OOO에 대하여 소유권이전등기말소청구를 하거나 진정명의 회복을 위한 소유권이전등기청구를 할 수 있습니다.

한편, 명의신탁약정 및 그에 따른 물권변동의 무효와는 별개로, 원고 OOO과 피고 OOO 사이의 본건 부동산에 관한 부동산매매계약은 여전히 유효하므로 원고 OOO은 피고 OOO에 대하여 본건 부동산에 관한 소유권이전등기청구권이 존재합니다.

따라서, 원고 OOO은 ① 피고 OOO에 대하여 가지는 "부동산매매계약에 따른 소유권이전등기청구권"을 보전하기 위하여 OOO가 피고에 대하여 가지는 "진정명의 회복을 위한 소유권이전등기청구권"을 대위행사하는 바이며, ② 피고 OOO에 대하여는 위 "부동산매매계약에 따른 소유권이전등기청구권"을 행사하는 바입니다.

2. **대여금 청구**

원고 OOO는 2000. 2. 17.경 "1,500만원을 빌려주면 돈이 생기는 대로 갚겠다." 고 하는 피고 OOO의 말에 따라 월 8만원의 이자를 받기로 하고 같은 날 1,500만원을 피고 OOO에게 빌려 주었습니다.

그런데 피고 OOO은 2000. 3. 17. 마지막으로 이자를 지급한 이후로는 이자도 지급하지 않고 있으며, 원금도 상환하지 않고 있습니다(위 갑제7호증 참조, 갑제11호증 자유저축 거래명세표).

이에 원고 OOO는 피고 OOO에게 대여 원금 1,500만원 및 이에 대한 2000. 4. 17.부터 이 사건 소장부본 송달일까지는 약정 이자인 월 8만원, 그 다음날부터 다 갚는 날까지는 소송촉진등에 관한 특례법 소정의 연 12%의 지연손해금을 지급할 의무가 있다고 할 것입니다.

여론이지만, 원고 OOO가 피고 OOO에게 돈을 빌려 준 경위는 다음과 같습니다. 원고 OOO와 원고 OOO은 한 동네에 살며 잘 알고 지내던 사이였고, 원고 가족들이 셋집을 사는 반면 피고 OOO은 여러 가구를 세입자에게 세를 주고 있었습니다. 그런데, 원고 OOO의 가족이 세 들어 살던 집 주인이 계약 갱신을 거부함에 따라 마땅히 갈 곳이 없었던 상황이 발생하였고 그 때 피고 OOO이 원고 OOO에게 돈을 빌려달라고 하였습니다. 원고 OOO는 피고 OOO에게 호의를 보이면 피고 OOO이 자신의 집을 세 줄 수도 있다는 기대에 이전 셋집에서 반환 받아 온 보증금을 피고 OOO에게 빌려주었던 것입니다.
그러나, 이후로 피고 OOO의 사정상 원고 가족은 피고 OOO의 집에 세를 얻어 들어가지 못하였고, 마침 매물로 나온 별지 목록 기재 부동산이 저당권을 인수하는 것으로 하면 실 입주가가 크게 높지 않아 저당권부 채무를 인수한 채로 매수하였던 것입니다.

3. 결 론
따라서, 원고들은 청구취지와 같은 판결을 구하고자 이 사건 소제기에 이르게 되었습니다.

입 증 방 법

1. 갑 제1호증 부동산매매계약서
1. 갑 제2호증의 1 내지 3 각 매매대금 영수증

첨 부 서 류

1. 위임장 및 담당변호사지정서 각 1통
1. 위 입증방법 각 1통
1. 송달료납부서 1통

20OO. . .

원고 소송대리인
법무법인 OO
담당변호사 O O O

OO지방법원 귀중

[서식 42] 소유권이전등기청구의 소(진정명의회복 원인)

소 장

원 고 김 ○ ○
서울 ○○구
원고 소송대리인 변호사 고 ○ ○
서울 ○○구

피 고 김 ○ ○
서울 ○○구

소유권이전등기청구의 소

청 구 취 지

1. 피고는 원고에게 별지 목록 기재 1, 2, 3부동산 중 각 1/5 지분에 관하여 진정명의회복을 원인으로 한 소유권이전등기절차를 이행하라.
2. 소송비용은 피고가 부담한다.

라는 판결을 구합니다.

청 구 원 인

원고는 소외 망 김○○의 4남 3매 중 막내로서 피고와는 남매지간입니다.

별지 목록 기재 1, 2, 3 부동산(이하 '이 사건 각 부동산'이라 합니다)은 소외 망 김○○의 소유였다가, 망 김○○가 20○○. 6. 15. 사망함으로써 망 김○○의 원고 및 피고를 비롯한 자식들(장남 소외 김○○, 장녀 소외 김○○, 차남 소외 김○○, 차녀 소외 김○○, 사망한 3남 소외 망 김○○의 자 소외 김○○)이 상속재산을 분할하게 되었는데, 장남과 장녀인 위 김○○과 김○○는 상속을 포기하고, 나머지 5명의 상속인들(그 중 위 김○○는 대습상속인임)이 법정 상속분대로 상속을 하기로 하였습니다.

이에 따라 원고는, 피고가 상속인들 명의의 상속등기를 할 수 있도록 원고의 인감과 인감증명서를 피고에게 맡겼습니다.

그러나 피고는 원고의 인감과 인감증명서를 소지하고 있음을 기화로 임의로 원고 명의의 상속포기서를 위조하여 등기소에 제출하는 방식으로 이 사건 각 부동산에 피고 단독 명의로 소유권이전등기를 마침으로써 원고의 상속권을 침해하였습니다(갑 제2호증의 1 내지 3 각 부동산등기부등본).

이에 원고는 상속회복청구의 일환으로 피고에게 이 사건 각 부동산 중 원고의 상속분인 1/5에 관하여 진정명의 회복을 원인으로 하는 소유권이전등기를 청구하고자 이 사건 소송을 제기하게 되었습니다.

자세한 사항은 추후 준비서면을 통하여 보완하겠습니다.

입 증 방 법

1. 갑 제1호증 제적등본
1. 갑 제2호증의 1 내지 3 각 부동산등기부등본

첨 부 서 류

1. 부동산 목록 1부
1. 소가산출내역 1부
1. 토지대장 1부
1. 건축물대장 각 1부
1. 소송위임장 1부

20○○. . .

원고 소송대리인
변호사 고 ○ ○

○○지방법원 귀중

| 제3장 건물·토지관련 청구 |

제1절 점 유 권

I. 총 설

1. 점유제도와 점유권의 개념

물건을 직접 지배하는 것을 내용으로 하는 물권이 반드시 현실적으로 그 물건을 지배하는 것을 의미하지는 않으며, 오히려 현실적 지배를 수반하지 않는 관념적 상태에 머무르기도 한다. 그런데 점유제도는 사실적 지배상태 자체를 법적으로 보호하기 위하여 물건을 사실상 지배하고 있는 경우에, 본권이 있는지 여부 및 그 원인이 무엇인지를 불문하고 사살상의 지배상태에 대하여 일정한 법률효과를 부여하는 제도를 말한다.

점유권은 사실적 지배, 즉 점유라는 사실을 법률요건으로 하여 안정되는 일종의 물권이다. 이를 '법률요건으로서 점유 → 법률효과로서 점유권 → 그 내용으로서 법률효과'로 도식화할 수 있다. 점유권도 물권의 일종이지만 일반적인 물권과 다르다. 즉 점유권은 그 본질에서 배타적 지배가 아니고 사실적인 관계에 불과하지만, 원칙적으로 다른 모든 사람에 의하여 존중되어야 한다는 점에서 다소의 물권성을 가질 뿐이다.

점유권은 점유할 수 있는 권리, 즉 본권과 구별되어야 한다. 점유할 권리는 점유를 법률상 정당화하는 권원으로서 '있어야 할 상태'를 지향하는 반면, 점유권은 '있는 상태'를 그대로 보호하기 위한 잠정적인 것이다. 즉 점유권은 원칙적으로 점유를 취득하면 발생하고 점유를 상실하면 소멸한다.[314)]

---

314) 지원림, 민법강의, 534면 내지 544면.

2. 점유의 개념

가. 사실적 지배로서 점유

점유의 요건으로서 사실적 지배란 사회관념상 물건이 어떤 사람의 지배 아래에 있다고 인정되는 객관적 관계를 말한다. 사실적 지배가 있다고 하기 위하여 반드시 물건을 물리적, 현실적으로 지배하여야 하는 것은 아니고, 물건과 사람과의 시간적 공간적 관계와 본권관계, 타인지배의 배제가능성 등을 고려하여 사회통념에 따라 합목적적으로 판단하여야 한다.[315] 결국 점유의 인정에 규범적·비사실적 요소가 포함될 수도 있다. 점유가 성립하기 위하여 '점유의사'가 있어야 하는 것은 아니지만, 적어도 사실적 지배관계를 가지려는 의사는 필요하다. 이러한 의사조차 없다면 지배라는 것을 생각할 수 없기 때문이다. 이러한 의사를 점유설정의사라고 하는데 이 의사는 —일정한 법률효과와 결부된— 법적 의미에서의 의사가 아니라 '자연적' 의사이다. 점유설정의사는 명시적일 필요가 없고 보통 추단되며, 개개의 물건에 관하여 의식되어야 하는 것이 아니라 포괄적으로 표시될 수도 있다. 그리고 법률적 의사가 아니므로 점유자에게 행위능력이 있어야 하는 것도 아니다. 그러나 점유권의 취득에는 행위능력이 필요함에는 주의를 요한다. 점유는 사실적 지배에 의하여 성립하지만, 그에는 일정한 예외가 인정된다. 즉 점유가 관념화되어 사실적 지배가 없음에도 점유의 성립이 인정되는가 하면(상속인에 의한 점유의 포괄승계와 간접점유), 반대로 사실상 지배를 함에도 점유가 성립하지 않는 경우도 있다(점유보조자).

나. 점유보조자

1) 개 념

점유보조자란 물건에 대하여 사실상 지배력을 행사하면서도 점유를 인정받지 못하는 자를 말한다(제195조). 간접점유자에게 점유권이 안정되는 반면, 점유보조자에게는 점유권이 인정되지 않는다는 점에서 양자는 다르다. 점유보조자에게 점유권이 인정되지 않는 이유는 사회관념상 —특히 점유주에 대한 관계에서— 점유보조자의 점유를 보호할 가치가 없기 때문이다. 즉 점유보조자는 점유주의 기관으로 점유주의 지배력을 행사할 뿐이어서 그의 점유를 인정하여 보호할 필요가 없다.

315) 대법원 2001. 1. 16. 선고 98다20110 판결.

2) 요 건

어떤 자가 물건에 대하여 직접적으로 실력을 행사하여야 하는데, 점유주를 위한 의사의 유무나 점유주가 물건에 대한 소유권을 가지고 있는지 여부를 불문한다. 점유보조관계, 즉 점유주와 점유보조자 사이의 사회적 종속관계가 있어야 한다. 점유보조관계란 지시에 의한 명령 복종관계를 말하는데, 제195조에 예시된 가사상, 영업상의 관계 외에 계약, 친족법 또는 공법에 기해서도 발생할 수 있다. 가정부, 은행출납원, 공장의 근로자, 관청의 공무원이 그 예이다. 이러한 관계는 반드시 유효한 것이어야 하는 것은 아니고, 계속적일 것을 요하지 않는다. 외부에서 용이하게 안식할 수 있는 것이어야 하는지에 대해서는 견해대립이 있다.

3) 효 과

점유보조자는 점유자가 아니고, 점유주만이 점유자이므로(제195조), 점유보조자의 점유권 및 그 효력으로서 가령 점유보호청구권이 안정되지 않는다. 점유보조관계가 존재하는 경우에, 점유주의 점유의 취득 및 상실이 점유보조자를 기준으로 결정된다. 즉, 점유보조자가 물건에 대한 사실적 지배를 취득 또는 상실함으로써 점유주는 점유를 취득 또는 상실하게 된다. 나아가 점유취득시의 선악의를 누구를 기준으로 판단할 것이냐의 문제도 제197조에 의하여 점유자인 점유주의 선의가 추정되더라도 점유보조자가 악의라면 그 악의는 점유주의 불이익으로 돌아간다고 할 것이다(제116조 유추). 점유보조관계는 사회적 종속관계의 종료로 소멸하지만, 점유보조자만의 의사로 점유보조자의 지위가 소멸되는 것은 아니며 외부에서 명백히 인식될 수 있어야 한다.

다. 간접점유

1) 개 념

간접점유란 점유자와 물건 사이에 타인이 개재하여 그 타인의 점유를 매개로 하여 점유하는 것을 말한다. 민법 제194조는 '지상권, 전세권, 질권, 사용대차, 임대차, 임치, 기타의 관계로 타인으로 하여금 물건을 점유하게 한 자는 간접으로 점유권이 있다.'고 규정하고 있는데, 간접점유는 점유가 관념화된 형태이다. 간접점유자는 점유보조자와는 달라 점유권을 가진다. 민법이 간접점유를 규정하고 간접점유자에게 점유권을 인정하는 이유는, 타인을 매개로 하여 물건에 대한 사실상의 지배를 행사하고 있는 자에게도 법적 보호를 해야 할 가치가 있기 때문이다.

2) 성립요건

가) 점유매개자의 직접점유가 있어야 한다. 점유매개자의 직접점유는 타주점유이어야 한다.

나) 간접점유자로 권리를 행사하기 위해서는 점유매개관계가 있어야 한다. 점유매개관계는 일시적으로 타인으로 하여금 점유할 수 있는 권리·의무를 발생하게 하는 법률관계라고 할 수 있다. 점유매개관계는 계약에 의하여 성립한 것이든 법률에 의하여 성립한 것이든, 구체적인 법률관계에 기초하고 있어야 한다. 점유매개관계는 중첩적으로 있을 수 있다. 임차인이 목적물을 전대한 경우가 그 예이다. 이러한 점유매개관계로서 민법 제194조는 지상권·전세권·질권·사용대차·임대차·임치를 예시하고 그 밖에 '기타의 관계'를 들고 있다. '기타의 관계'로서는 ① 계약에 의하는 경우(근로계약·위임계약·도급계약 등), ② 법률의 규정에 의하는 경우(제916조, 제949조, 제1101조), ③ 공법관계(예컨대, 집행관이 압류물을 소지할 경우 집행관과 집행채권자 사이) 등이 있다.

점유매개관계가 반드시 유효한 것일 필요는 없다. 따라서 그 법률관계가 뒤에 무효 취소되었다 하더라도 간접점유는 성립한다(예컨대, 임대차계약이 무효라도 부당이득반환청구에 의하여 점유매개관계는 성립한다). 간접점유자는 점유매개자(직접점유자)에 대하여 반환청구권을 가진다. 이 반환청구권의 존재는 간접점유자가 물건에 지배력을 미치고 있다는 데 대한 최소한의 요건이라고 할 수 있다. 이 때 간접점유자의 반환청구권의 성질은 점유매개관계를 성립시킨 법률관계에 따라 물권적 청구권일 수도 있고 채권적 청구권일 수도 있다. 이들 반환청구권은 조건부 또는 기한부라도 무방하며, 또한 반환청구권에 대하여 항변권이 존재하여도 상관없다.

3) 효과(간접점유자의 지위)

간접점유자도 점유권을 가진다(제194조).

가) 대내관계

간접점유자는 직접점유자에 대해서 점유보호청구권(제207조)이나 자력구제권(제209조)을 행사할 수 없고, 다만 간접점유의 기초가 되는 법률관계, 즉 점유매개관계 또는 본권에 의거한 청구권을 행사할 수 있을 뿐이다. 이에 반하여 직접점유자는 간접점유자에 대하여 점유매개관계에 기한 청구권을 행사할 수 있을 뿐만 아니라 점유보호청구권과 자력구제권을 행사할 수 있다.

나) 대외관계

(1) 점유매개자인 직접점유자에 의한 침탈

점유매개자인 직접점유자가 무단으로 제3자에게 점유물을 처분한 경우에 간접점유자에게는 점유보호청구권이 없다.[316)]

(2) 제3자가 무단으로 점유매개자인 직접점유자의 점유를 침탈한 경우

이 경우 간접점유자도 점유보호청구권을 가진다. 간접점유자는 그 물건을 점유자에게 반환할 것을 청구할 수 있고, 만약 그 점유자가 물건의 반환을 받을 수 없거나 이를 원하지 아니한 때에는 자기에게 반환할 것을 청구할 수 있다(제207조 2항).

(3) 무단으로 점유한 자가 점유물을 제3자에게 임대한 경우

판례는 불법점유를 이유로 한 건물명도청구소송에 있어서는 현실적으로 그 건물을 불법점유하고 있는 사람을 상대로 하여야 할 것이지만,[317)] 그렇지 않은 경우, 가령 무단 점유자와 제3자 사이의 임대차관계 존재 등에는 간접점유자를 상대로 명도를 청구할 수 있다고 한다.[318)]

(4) 무단으로 점유하면서 제3자에게 점유물을 양도한 경우

불법점유를 이유로 하여 명도를 청구하려면 현실적으로 그 목적물을 점유하고 있는 자를 상대로 하여야 하고 불법점유자라 하여도 그 물건을 다른 사람에게 인도하여 현실적으로 점유를 하고 있지 않은 이상, 그 자를 상대로 한 명도청구를 할 수는 없고,[319)] 만약 양수인이 악의이면 점유보호청구권도 행사할 수 있다(제204조 2항).[320)]

Ⅱ. 점유권의 취득과 소멸

1. 점유권의 취득

가. 직접점유의 취득

직접점유의 취득에는 원시취득과 승계취득이 있다. 원시취득이란 물건에 대한 사

316) 곽윤직, 물권법, 146면.
317) 대법원 1969. 2. 4. 선고 68다1594 판결.
318) 대법원 1995. 6. 30. 선고 95다12927 판결.
319) 대법원 2000. 4. 7. 선고 99다68768 판결.
320) 김형배, 민법학강의, 535면.

실적 지배가 성립하면 직접점유의 취득, 즉 점유권을 원시취득하는 것으로서(제192조 1항) 그 취득행위는 사실행위이다. 무주물선점(제252조), 유실물습득(제253조), 매장물발견(제254조), 절취 등이 원시취득이다. 반면에 승계취득이란 전 점유자로부터 해당물건에 대한 사실상의 지배를 인수함으로써 점유를 취득하는 것이다. 따라서 승계취득을 하려면 그 물건의 인도가 있어야 한다. 승계취득의 유형은 아래와 같다.

1) 특정승계(점유권의 양도)

가) 현실의 인도에 의한 양도

물건에 대한 사실상의 지배를 이전하는 것을 현실의 인도라고 한다. 현실의 인도에 의하여 양수인은 직접점유를 취득한다.

나) 간이인도에 의한 양도

양수인이 이미 물건을 점유하고 있는 때에는 당사자의 의사표시만으로도 인도한 것이 된다(제188조 2항). 이러한 간이인도에 의해서도 점유권이 양도될 수 있다(제196조 2항).

2) 포괄승계(상속에 의한 점유권의 취득)

민법 제193조는 '점유권은 상속인에 이전한다'고 함으로써 상속에 의한 점유의 승계를 인정하고 있다. 상속개시로 피상속언이 점유하고 있던 물건은 당연히 상속인의 점유가 되므로, 상속인이 그 물건에 대한 사실상의 지배를 취득하기 전이라도 상속재산의 침해에 대하여 보호청구권을 행사할 수 있다. 상속인이 수인인 경우, 판례는 민법 제1009조 이하의 상속분에 관한 규정의 적용을 부정하고 상속인들이 공동점유 할 뿐이라고 한다.[321] 따라서 피상속인이 사망하고 상속인 중 일부만이 상속부동산의 점유를 계속한 때에는 특별한 사정이 없는 한 수인의 상속인 전부가 그 부동산을 점유한 것으로 된다.[322]

나. 간접점유의 취득

1) 간접점유의 설정

점유매개관계를 맺은 경우에 그에 기하여 직접점유자가 점유를 개시하면 간접점유

321) 대법원 1962. 10. 11. 선고 62다460 판결.
322) 대법원 1989. 4. 11. 선고 88다카17389 판결.

가 성립한다. ① 점유매개관계를 통하여 직접점유자가 간접점유자로 되는 방법, ② 점유개정에 의한 방법(제196조 2항, 제189조), ③ 점유자 아닌 자가 자기를 위해서는 직접점유를 취득하고 타인을 위해서는 간접점유를 취득하는 방법이 있다.[323)]

2) 간접점유의 양도(목적물반환청구권의 양도에 의한 점유권의 양도)

간접점유자는 목적물반환청구권을 양도에 의하여 간접점유를 승계시킬 수 있다(제196조 2항, 제190조). 이때의 반환청구권은 점유매개관계를 성립시킨 법률관계의 성질에 따라 채권적 청구권이거나 물권적 청구권일 수 있는데, 채권적 청구권일 경우에는 채권양도에 관한 규정이 준용된다(제450조 이하).

3) 상속에 의한 취득

피상속인이 간접점유를 하고 있었던 경우에는 상속에 의하여 피상속인의 권리가 상속인에게 승계되어(제1005조), 상속인은 간접점유를 취득하게 된다(제193조).

2. 점유권의 소멸

가. 직접점유의 소멸원인

직접점유는 목적물에 대한 사실상의 지배를 상실함으로써 소멸한다(제192조 2항). 사실상의 지배가 상실되었는지의 여부는 거래관념에 따라 결정된다. 사실상의 지배가 상실되어 소멸하는 경우로는, 타인에게 점유물을 양도하거나 포기하는 경우와 같이 점유자의 자유의사에 의한 소멸과 절도, 유실, 횡령에 의하여 점유를 상실하는 경우와 같이 점유자의 자유의사에 의 하지 않은 소멸로 나누어질 수 있다. 다만, 타인의 침탈에 의하여 점유를 상실한 때에는, 점유자는 제204조의 규정에 의하여 1년 이내에 점유회수의 청구에 의하여 점유를 회수할 수 있다. 점유를 회수한 때에는 점유는 처음부터 상실되지 않았던 것으로 된다(제192조 2항 단서).

나. 간접점유의 소멸원인

간접점유는 직접점유자가 점유를 상실하거나, 또는 직접점유자가 점유물을 횡령하는 경우와 같이 더 이상 점유매개자로서의 역할을 하지 않는 경우에 소멸한다.

---

323) 후견인이 피후견인을 대리하여 물건을 매수하고 그 인도를 받는 경우.

Ⅲ. 점유권의 효력

1. 총 설

점유권의 효력에 관하여 민법은 점유권의 장에서뿐만 아니라 그 외 여러 다른 규정에서도 이를 규정하고 있다. 이 중 특히 민법의 점유권의 장에 규정되어있는 점유권의 효력을 정리해보면, 점유의 추정적 효력, 점유자와 회복자의 관계, 점유보호청구권, 자력구제를 들 수 있다. 권리의 적법추정과 자력구제권은 진실한 지배권을 전제로 하는 Gewere에서 나머지는 사실적 지배 그 자체를 보호의 대상으로 삼는 possessio에서 유래하였다. 우리 민법의 규정 속에는 점유(권)에 관하여 이러한 두 관념과 법리가 혼합 반영되어 있다.[324)]

2. 점유의 추정적 효력

가. 자주점유의 추정

점유자는 소유의 의사로 선의, 평온 및 공연하게 점유한 것으로 추정한다(제197조 1항). 민법 제197조 1항에 의하여 점유자는 소유의 의사로 점유한 것으로 추정되므로, 점유가 타주점유라는 데 대한 증명책임은 상대방에게 있다. 따라서 점유자가 스스로 자주점유의 권원을 주장하였으나, 이것이 안정되지 않는 경우에도 그러한 사유만으로는 자주점유의 추정이 깨지지 않는다.[325)] 그러나 선의의 점유에 관하여 과실이 없었다는 것은 점유자가 증명하여야 한다.

선의의 점유자라 하더라도 본권에 관한 소에 패소한 때에는 그 소가 제기된 때로부터 악의의 점유자로 본다(제197조 2항). 이때 본권에 관한 소는 보통 소유자가 제기한 소유물반환청구의 소를 의미한다. 본권에 관한 소에 패소한 때란 종국판결에 의하여 점유자의 패소로 확정된 경우를 말한다.[326)] 소유자가 본권의 소에서 패소한 경우 점유자에 대한 악의의제가 적용되는지가 문제된다. 이에 대해서는 개별적 사안에 따라 구체적으로 판단하여야 한다. 예를 들어 회복자가 목적물반환청구 및 점유자의 사용이익에 대한 부당득반환청구를 제기할 당시에는 본권이 있었으나, 점유자가 불법점유

---

324) 김형배, 민법학강의, 545면.
325) 대법원 1983. 7. 12. 선고 82다708, 709 전원합의체 판결.
326) 대법원 1974. 6. 25. 선고 74다128 판결.

였음에도 불구하고 소송의 변론종결 전에 회복자의 소유권이 상실되거나 혹은 점유자의 불법점유원인이 소멸한 경우라 하더라도 점유자에 대한 악의의제가 이루어져야 한다. 판례도 이러한 경우에 소유권에 기한 반환청구가 소유권이 상실되었음을 이유로 배척된다고 하더라도 점유자의 점유가 부당한 것이라면 소제기일부터는 점유자의 점유를 악의로 의제하여 부당이득을 반환해야 한다고 하였다.[327]

나. 점유계속의 추정

전후양시에 점유한 사실이 있는 때에는 그 점유는 계속한 것으로 추정한다(제198조). 이러한 점유계속의 추정은 동일인이 전후 양 시점에 점유한 것이 증명된 때에만 적용되는 것이 아니고, 전후 양 시점의 점유자가 다른 경우에도 점유의 승계(제199조)가 입증되는 한 점유계속은 추정된다.[328] 점유취득을 저지하려는 자가 양 시점 사이에 점유상실이 있었다는 사실을 증명하여야 한다.

다. 권리적법의 추정

점유에 대한 권리의 추정은 동산에 관해서만 적용되고, 부동산에 대해서는 그에 관하여 등기가 되어 있지 않을지라도 적용되지 않는다.[329] 따라서 등기명의인과 점유자가 불일치하는 경우에는 당연히 등기명의인이 적법한 권리자로 추정된다.

3. 점유자와 회복자의 관계

가. 서 설

타인의 물건을 소유권 기타 본권 없이 점유하는 자는 본권자의 반환청구권에 응해야 한다. 이 경우에 점유자와 회복자 사이에는 과실취득의 문제 목적물의 멸실·훼손에 따른 책임문제, 지출비용의 상환문제 등이 수반된다. 민법은 제201조 내지 제203조에서 이러한 문제를 해결하기 위한 규정을 두고 있다.

---

327) 대법원 2002. 11. 22. 선고 2001다6213 판결.
328) 대법원 1996. 9. 20. 선고 96다24279, 24286 판결.
329) 대법원 1964. 9. 22. 선고 64다471 판결; 대법원 1982. 4. 13. 선고 81다780 판결.

나. 점유와 과실의 취득(제201조)

1) 선의점유자의 과실취득권

민법 제201조 제1항은 '선의의 점유자는 점유물의 과실을 취득한다.'고 규정하고 있다. 과실은 천연과실(제101조 1항)과 법정과실(제101조 2항)을 모두 포함한다. 물건을 점유하여 사용함으로써 취득하게 되는 이익, 이른바 사용이익도 과실에 준한다고 해석하는 것이 통설과 판례의 태도이다.[330] 제201조 1항에 규정된 '과실을 취득한다'는 것은 선의의 점유자는 단순히 소비한 과실뿐만 아니라 수취한 과실 전부에 대하여 소유권을 취득하는 것을 뜻한다.[331] 이에 대해 선의점유자가 취득할 수 있는 것은 이미 소비한 과실에 한하고, 현존하는 과실에 대해서는 부당이득에 기한 반환의무(제741조)를 지게 된다는 견해가 있다.[332]

2) 과실취득의 요건

가) 선 의

선의의 점유자란, 실제로는 과실을 수취할 수 있는 본권을 갖고 있지 않음에도 불구하고 과실을 수취할 수 있는 권리를 가지고 있다고 오신하고, 그와 같이 오신한 데 대해서는 오신할 만한 정당한 근거가 있는 점유자를 말한다.[333] 즉, 제201조에서 의미하는 선의는 적극적인 오신, 다시 말해서 실제로는 없는 권리를 존재하는 것으로 적극적으로 믿고 있을 것을 요구한다.

나) 무과실의 요부

폭력 또는 은비의 점유자에 대해서는 비록 선의의 점유자라 하더라도 과실취득권을 인정하지 않고 있는 것으로 보아(제201조 3항), 과실취득권이 인정되기 위해서는 오신할 만한 근거 내지 이유가 있어야 할 것이다. 즉, 선의의 점유자로서 과실을 취득할 수 있기 위해서는 단순한 오신으로는 부족하고 오신할 만한 근거가 함께 존재해야 한다. 판례 또한 오신을 함에는 오신할 만한 정당한 근거가 있어야 한다고 판시하고 있다.[334] 따라서 점유자가 점유를 취득할 당시에 과실을 취득할 권리가 없음을 안 경우

---

330) 대법원 1996. 1. 26. 선고 95다44290 판결.
331) 대법원 1996. 1. 26. 선고 95다44290 판결.
332) 곽윤직, 215면.
333) 대법원 2000. 3. 10. 선고 99다63350 판결.
334) 대법원 1995. 8. 25. 선고 94다27069 판결.

에는 제201조 1항이 적용되지 않는다.

다) 과실을 취득할 당사에는 선의였더라도 후에 자신에게 과실취득권이 없음을 적극적으로 알게 된 때부터는 악의가 된다. 천연과실의 경우에는 원물로부터 분리될 때의 선의 여부가 과실취득의 기준이 된다. 법정과실이나 사용이익은 선의가 존속한 일수의 비율에 따라 취득한다(제102조 2항). 선의의 점유자가 본권에 관한 소에 패소한 때에는 그 소를 제기한 때로부터 악의의 점유자로 간주되며(제197조 2항), 점유자가 선의이더라도 폭력 또는 은비에 의한 점유인 경우에는 악의의 점유자로 다루어진다(제201조 3항).

3) 과실취득의 효과

선의점유자의 과실취득권의 범위는 모든 과실에 미치는 것이 아니라 일반적으로 정상적인 경제적 용법에 따른 과실의 취득에 한한다고 보는 것이 공평 타당하므로, 통상의 경우보다 과도하게 취득한 과실은 부당이득으로서 반환해야 할 것이다. 제201조 1항과 불법행위에 의한 손해배상책임과의 관계에 있어서 통설 및 판례는 제201조 1항과 불법행위에 의한 손해배상책임이 경합한다고 한다. 즉, 선의의 점유자에게 과실취득권을 인정하면서도 그에게 과실이 있는 경우에는 불법행위로 인한 손해배상책임을 인정하고 있다. 이에 대해서 점유자가 과실(넓은 의미의 선의)로 타인의 물건으로부터 과실을 수취하였다고 하여 그로 인한 손해를 전부 배상하여야 한다면 이는 오히려 경미한 불법에 대하여 과도한 제재를 가하는 것이 되어 민법 제201조 제1항의 입법목적을 무의미하게 할 우려가 있다는 비판이 있다.[335)]

계약이 무효가 되거나 취소 또는 해제된 경우에도 제201조를 적용할 것인가? 통설과 판례는 매매계약이 무효 또는 취소되는 경우 제748조의 1항의 특칙으로서 제201조의 적용을 긍정한다.[336)] 해제의 경우에도 제548조가 있기 때문에 그 적용을 부정해야 할 것이다. 판례는 계약해제의 효과로서의 원상회복의무를 규정한 민법 제548조 1항 본문은 부당이득에 관한 특별규정의 성격을 가진 것이라 할 것이어서, 그 이익반환의 범위는 이익의 현존 여부나 선의·악의에 불문하고 특단의 사유가 없는 한 받은 이익의 전부라고 할 것이라고 한다.[337)]

335) 양창수, 민법주해 Ⅳ, 395 내지 396면.
336) 대법원 1993. 5. 14. 선고 92다45025 판결.
337) 대법원 1998. 12. 23. 선고 98다43175 판결.

4) 악의점유자의 과실반환의무

악의의 점유자(폭력 또는 은비에 의한 점유자를 포함한다, 제201조 3항)는 수취한 과실을 반환하여야 하며, 소비하였거나 과실로 훼손 또는 수취하지 못한 경우에는 그 과실의 대가를 보상하여야 한다(제201조 2항). 과실취득권이 없는 본권(유치권, 질권, 저당권)에 관하여 오신한 자, 또는 본권에 관한 소가 계속 중인 점유자는 선의라 하더라도 패소한 때에는 그 소가 제기된 때로부터 악의점유자가 된다. 제201조 제2항과 제750조에 기한 손해배상의무와의 관계가 문제되는데, 판례는 일반불법행위규정(제750조)의 적용이 배제되지 않는다고 한다.[338)]

민법 제201조 2항이 민법 제748조 2항의 특칙인지에 대해 판례는 제201조 2항의 구체적 내용은 제748조 2항에 따라서 정하여져야 하고 따라서 이자를 가산하여 지급하여야 한다고 한다.[339)] 이에 반해 학설은 이자를 가산할 필요가 없다는 것이 다수의 입장이다.

다. 목적물의 멸실·훼손에 대한 책임(제202조)

1) 서 설

점유물이 점유자의 책임 있는 사유로 인하여 멸실 또는 훼손된 경우에 본권이 없는 점유자는 점유물의 회복자에 대하여 그 손해를 배상할 의무가 있다. 그 배상범위는 점유자의 선의·악의에 따라 차이가 있다(제202조). 멸실은 단순히 물리적인 파손뿐만 아니라 그 물건의 가치를 저하시키는 일체의 행위, 즉 통상적인 관리·수리행위를 하지 않아 물건의 가치가 저하되는 것을 말한다.

2) 선의점유자의 책임

선의점유자라 하더라도 자주점유를 하였는가 또는 타주점유를 하였는가(소유의사의 유무)에 따라 책임범위가 달라진다. 자주점유자는 회복자에 대하여 '이익이 현존하는 한도'에서 배상할 책임을 진다(제202조 전단). 예를 들면, 주택의 점유자가 그것을 파손하여 그 재료를 점유하는 때에는 그것을 반환하고, 주택을 매도하였으면 이익이 현존하는 한도에서 그 대금을 반환해야 한다. 타주점유자(임차인, 수치인, 질권자 등)는 선의이더라도 점유물의 멸실 훼손에 대한 전 손해를 배상하여야 한다(제202조 후단). 제202조

---

338) 대법원 2003. 11. 14. 선고 2001다61869 판결.
339) 대법원 2003. 11. 14. 선고 2001다61869 판결.

에서 말하는 '책임있는 사유'는 '자기 재산에 대하여 베푸는 것과 동일한 주의'(제695조)를 게을리한 것을 뜻한다.

3) 악의점유자의 책임

악의의 점유자는 소유의 의사 여부와 상관없이 손해의 전부를 배상할 의무를 부담한다(제202조 전단). 점유자가 본권이 없는 것을 알면서 점유한 것이므로 보호의 필요성이 없기 때문이다.

4) 불법행위로 인한 손해배상청구권과의 경합

임대차계약 등에 의한 임차물반환의무의 불이행과 같이 계약의무위반이 있는 경우에 이는 계약책임에 의해 해결될 수 있으므로, 제202조는 채무불이행으로 인한 손해배상청구권이 존재하지 않는 경우에만 적용된다. 다만, 문제가 되는 것은 불법행위로 인한 손해배상청구권과의 관계인데, 서로 경합한다는 것이 판례도 같은 태도이다.[340]

라. 점유자의 비용상환청구권(제203조)

1) 의 의

점유자가 비용을 지출하여 목적물을 보존하거나 목적물의 가격이 증가한 후, 소유자(회복자)가 그 목적물을 반환받으면 그 이익은 소유자에게 귀속된다. 그런데 이처럼 보존개량된 목적물을 소유자가 점유자에게 아무 보상을 하지 않고 보유할 수 있도록 하는 것은 형평성에 어긋난다. 이에 민법은 점유자가 점유물을 반환하는 때에는 회복자에 대하여 지출된 비용의 상환을 청구할 수 있도록 규정하고 있다(제203조).

2) 요 건

비용상환청구권을 취득하려면 물건의 점유자가 그 물건에 대하여 비용을 지출하여야 한다. 제203조가 규정하는 비용은 물건의 보존·개량을 위한 지출을 의미하며, 우리 민법은 필요비와 유익비를 구별한다.

가) 필 요 비

점유자는 선의·악의 또는 소유의 의사 유무를 묻지 않고 필요비의 상환을 청구할

340) 대법원 1996. 7. 19. 선고 66다994 판결.

수 있다(제203조 1항 본문). 필요비라 함은 물건을 통상 사용함에 있어 적합한 상태로 보존하고 관리하는 데 지출되는 비용을 말한다. 필요비는 다시 통상의 필요비와 특별한 필요비로 나뉜다. 통상의 필요비란 평상적인 보존에 필요한 비용으로서, 예를 들면 보존비, 수리비, 조세, 보험료, 공과금 등이 이에 속한다. 특별한 필요비는 태풍으로 인해 주택이 피해를 입은 경우에 주택을 수선하는데 드는 비용과 같이 평상적인 보존 이외에 지출하는 필요비용을 말한다. '점유자가 과실을 취득한 때'에는 통상의 필요비에 대하여 그 상환을 청구할 수 없다(제203조 1항 단서). 그리고 유익비의 경우와 달리 필요비에 대하여는 그 상환기간의 유예가 허용되지 않는다고 할 것이다(제203조 3항 반대해석).[341]

나) 유 익 비

유익비라 함은 필요비 이외의 비용, 즉 물건의 기량이나 물건의 가치를 증가시키기 위하여 지출된 비용을 말한다. 점유자는 이러한 유익비에 관하여 그의 선의·악의를 묻지 않고 그 가액의 증가가 현존한 경우에 한하여 회복자의 선택에 좇아 그 지출금액이나 증가액의 상환을 청구할 수 있다. 유익비상환청구권이 행사된 경우 법원은 회복자의 청구에 의하여 상당한 상환기간을 허여할 수 있다(제203조 3항).

다) 비용상환관계의 당사자

(1) 상환청구권자

비용상환을 청구할 수 있는 자는 현재의 점유자이다. 그런데 비용상환청구와 관련하여 다음과 같은 문제를 생각할 수 있다.

① A 소유의 물건을 임차한 B가 이를 수급인 C에게 수령을 맡긴 경우 C는 A에 대하여 비용상환청구권을 갖는가? 우선 부당이득반환청구를 생각할 수 있다. 그런데 A의 수령(임차물의 수령)은 법률상 원인이 있는 것이므로 C가 부당 이득에 의하여 A에게 비용상환을 청구할 수 없다. 전용물소권에 의한 비용상환의 경우도 판례는 이를 안정하지 않는다.[342] 한편, 제203조 2항에 의한 비용상환을 청구할 수 있는가에 대해서 판례는 제203조 2항에 의한 C의 비용상환을 부정하고 B가 비용상환청구권을 갖는다고 한다.[343]

---

341) 김형배, 민법학강의, 552면.
342) 대법원 1970. 11. 24. 선고 70다1012 판결.
343) 대법원 2002. 8. 23. 선고 99다66564, 66571 판결.

② B로부터 물건을 임차하여 설비를 투자하고 영업장으로 사용하고 있는 C는, 그 물건을 경매로 매입한 A에 대하여 비용상환청구를 할 수 있는가? 판례는 C가 제203조 2항에 의한 비용상환을 A에 대하여 청구하는 것을 부정하고, 이러한 경우에는 임대인인 B에 대하여 제626조 2항에 의해 임대차계약상의 유익비상환청구를 할 수 있다고 한다.[344)]

③ 점유가 승계된 경우에 현재의 점유자는 전 점유자의 비용상환청구권을 행사할 수 있는가? 이에 대하여 비용상환청구권은 물건에 부착되어 있는 성질이 강하고, 점유이전 시에 현 점유자가 전 점유자에게 지급하는 반대급부는 이러한 전 점유자의 비용상환청구권올 고려하여 행하여지는 경우가 많으므로 전 점유자의 비용상환청구권도 현재의 점유자가 행사할 수 있다는 견해와, 구체적인 경우에 따라 달리 판단해야 한다는 견해가 있다. 후자의 견해에 의하면, 현재의 점유자가 전 점유자의 지위를 포괄승계한 경우에는 전 점유자가 지출 한 비용의 상환을 아울러 청구할 수 있지만, 점유승계만이 행하여진 데 불과하고 그것이 점유할 권리의 승계행위에 기하여 이루어진 것이 아닌 경우 또는 권리승계행위가 있는 경우에는 현재의 점유자가 전 점유자의 비용상환청구권을 행사할 수 없다고 한다.[345)]

(2) 상환의무자

점유자의 비용지출 후에 소유자가 교체된 경우에는 현재의 소유자가 전 소유자의 반환범위에 속하는 것을 포함하여 함께 책임을 진다.[346)]

3) 비용상환청구권과 유치권

점유자의 비용상환청구권은 필요비이든 유익비이든 제320조의 '물건에 관하여 생긴 채권'이므로 유치권을 행사할 수 있다(제320조 1항). 이러한 유치권 주장을 배척하려면 점유가 불법행위로 개시되었거나 점유자가 비용을 지출할 당시 점유권원이 없음을 알았거나 중과실로 알지 못했다고 인정할 만한 사유를 회복자가 주장·증명해야 한다.[347)] 한편, 점유자가 유익비의 상환청구를 하는 경우에 회복자는 법원으로부터 상

344) 대법원 2003. 7. 25. 선고 2001다64752 판결.
345) 김형배, 민법학 강의, 553면.
346) 대법원 1966. 6. 15. 선고 65다598 판결.
347) 대법원 2011. 12. 13. 선고 2009다5162 판결.

당한 상환기간을 허락해 줄 것을 요청할 수 있고(제203조 3항), 그 유예기간이 허락되면 점유자의 유치권은 성립하지 않는다.

[서식 43] 임대차보증금 등 청구 소장(점유자의 유익비청구)

소 장

원 고 박 ○ ○ (○○○○○○-○○○○○○○) (전화 :)
서울 ○○구 ○○로 00 (우 :)

피 고 정 ○ ○ (○○○○○○-○○○○○○○)
서울 ○○구 ○○로 40 (우 :)

임차보증금 등 청구의 소

청 구 취 지

1. 피고는 원고에게 13,341,965원과 이에 대하여 2010. 1. 1.부터 소장부본 송달일까지는 연 5%, 그 다음 날부터 다 갚는 날까지는 연 20%의 각 비율로 계산한 돈을 지급하고, 5,000,000원 또는 5,500,000원과 이에 대하여 이 사건 소장부본 송달다음날부터 다 갚는 날까지 연 12%의 비율로 계산한 돈을 지급하라.
2. 소송비용은 피고의 부담으로 한다.
3. 위 제1항은 가집행할 수 있다.

라는 판결을 구합니다.

청 구 원 인

1. 원고는 2008. 1. 1. 피고로부터 ○○역사 지하에 있는 ○○유흥음식점(이하 '이 사건 점포'라 한다)을 보증금은 금 25,000,000원, 차임은 부가가치세 금 1,000,000원을 포함한 연 금 11,000,000원, 기간은 2009. 12. 31.까지로 정하여 임차한 사실이 있습니다.
   이 때 보증금은 계약기간만료 후 원고가 이 사건 점포를 원상회복하여 반환함과 동시에 이를 반환받기로 약정하였습니다. 원고는 2009. 12. 27. 이 사건 점포에서 퇴거하고 원상회복을 완료하여 피고에게 이 사건 점포를 반환하였습니다.

현재 위 임대차계약은 기간만료로 인하여 종료된 상태입니다. 그런데 피고는 원고에게 위 보증금 25,000,000원 중 13,341,965원을 반환하지 않고 있습니다. 원고는 피고가 원상회복이 불충분하다며 보증금의 반환을 거부하여 2010. 6. 30.까지 금 5,000,000원 정도의 비용을 들여 이 사건 점포의 천정 및 조명시설 등 복구공사를 하며 유익비를 지출하였고 그 가액의 증가는 현존하며 증가액은 금 5,500,000원 상당입니다.

2. 그러므로 원고는 피고에 대하여 위 보증금계약에 따라 아직까지 반환받지 못한 임차보증금 13,341,965원의 반환을 청구하고, 아울러 민법 제203조의 점유자의 유익비상환청구권에 기하여 지출액 금 5,000,000원 또는 증가액 5,500,000원을 선택하여 지급할 것을 청구하고, 이행지체를 원인으로 하여 미반환보증금에 대하여 계약기간만료 다음 날부터 이 소장부본 송달일까지는 연 5%, 그 다음날부터 다 갚는 날까지는 연 12%의 각 비율로 계산한 지연손해금의 지급을 청구하고, 마찬가지로 이행지체를 원인으로 하여 유익비에 대하여 이 소장부본 송달다음날부터 다 갚는 날까지 연 12%의 비율로 계산한 지연손해금의 지급을 청구하여 이 사건 소를 제기합니다.

입 증 방 법

변론시 수시 제출하겠습니다.

첨 부 서 류

1. 주민등록초본	2통
1. 소장 부본	1통
1. 납부서	1통

20○○.　　.　　.

위 원고　박 ○ ○　(인)

○○지방법원　귀중

Ⅳ. 점유의 보호

1. 점유보호청구권

가. 개념 및 당사자

점유보호청구권은 본권 유무와 관계없이 점유 그 자체를 보호하기 위하여 인정되는 일종의 물권적 청구권이다. 점유보호청구권을 인정하는 이유는 점유보호의 근거에 덧붙여 자력구제가 원칙적으로 금지됨에 따라 점유에 대한 침해로부터 점유자를 보호할 필요가 있기 때문이다.

점유보호청구권자는 점유자인바, 간접점유자도 점유보호청구권을 행사할 수 있다. 그리고 본권이 있는지 여부와 무관하다. 그러나 점유보조자에게 점유권이 인정되지 않으므로, 그는 점유보호청구권의 주체가 될 수 없다. 물권적 청구로서 점유보호청구의 상대방은 현재(사실심의 변론종결시) 점유를 참해하는 상태에 있는 자이다. 그리고 점유회수청구에서 침탈자의 포괄승계인은 당연히 상대방으로 되며, 침탈자의 특별승계인도 악의라면 상대방이 될 수 있다(제204조 2항). 다만 침탈자로부터 선의승계인을 거쳐 악의승계인에게 물건이 이전된 경우에, 그 악의승계인에 대하여 점유회수청구권을 행사할 수 없다. 왜냐하면 선의승계인에게 점유가 이전됨으로써 점유침탈의 교란상태는 종료되었으므로 이러한 경우에도 점유보호청구권을 인정하는 것은 제도목적에 비추어 적절하지 않기 때문이다. 한편 악의의 침탈자가 목적물을 제3자에게 임대한 경우에, 특별승계인인 임차인이 선의인 한 그에게 반환을 청구할 수 없으나, 악의의 간접점유자인 침탈자에게 반환청구권의 양도를 구할 수 있다. 한편 손해배상청구의 상대방은 스스로 손해를 발생케 한 자만이고, 그의 특별승계인은 상대방으로 될 수 없다.

나. 유 형

1) 점유물반환청구권

가) 의 의

점유자의 점유의 침탈을 당한 경우에 점유자는 점유권에 기한 반환청구권을 행사할 수 있다(제204조).

나) 요 건

점유의 침탈이 있어야 한다. 즉 위법한 강제집행 의하여 인도받은 경우와 같이 점유자의 의사에 기하지 않은 채 점유를 상실하는 것과 같이 점유자가 그이 의사에 의하지 않고서 사실적 지배를 빼앗기는 것이다. 따라서 사기에 의하여 목적물을 이전한 경우에는 점유회수청구권을 행사할 수 없다.[348] 그리고 직접점유자가 임의로 점유를 타에 양도하였다면, 그 점유이전이 간접점유자의 의사에 반하더라도 간접점유자는 점유의 회수를 구할 수 없다.[349] 즉, 침탈여부는 직접점유자를 기준으로 판단하여야 한다. 악의의 점유나 권원 없는 점유라도 점유권에 기한 반환청구권을 행사할 수 있다.[350]

점유침탈자의 고의 또는 과실은 요건이 아니다. 따라서 정당하게 인도청구할 수 있는 자에 의한 점유침탈이 있더라도 점유회수청구권을 행사할 수 있다. 다만 점유침탈을 이유로 손해배상을 청구하기 위해서는 점유침탈자에게 고의 또는 과실이 있어야 한다. 한편 점유에 대한 침탈이 법률의 규정 또는 상대방의 동의에 기한 것이라면 점유회수청구권이 부정되는데, 이에 대한 증명책임을 점유침탈자가 진다.

다) 내 용

물건의 반환 및 손해배상을 청구하는 것이다. 물권적 청구로서 점유회수청구의 내용은 물건 자체의 인도이다. 그런데 인도가 불가능한 경우, 가령 매각되어 금전화된 경우에는 손해배상만이 문제된다 할 것이다. 한편 간접점유자에게도 점유회수청구권이 안정되지만, 점유매개자의 점유보호를 위해 제207조 제2항의 제한을 받는다.

반환비용은 상대방이 부담한다. 점유를 침탈당한 경우에 점유회수청구권을 행사하여 점유를 회수하면 점유권은 상실되지 않은 것으로 다루어진다. 한편 손해배상에서 손해는 물건의 교환가격이 아니고 물건의 점유를 계속함으로써 얻을 수 있는 이익(사용이익)을 기준으로 산정한다.

라) 행사기간

점유회수청구권은 점유를 침탈당한 날부터 1년 내에 행사하여야 한다(제204조 3항). 이 기간은 제척기간이고, 손해배상청구의 경우에도 마찬가지라 할 것인데, 판례는 일

348) 대법원 1992. 2. 28. 선고 91다17443 판결.
349) 대법원 1993. 3. 9. 선고 92다5300 판결.
350) 대법원 1962. 1. 25. 선고 4294민상793 판결.

반적인 경우에서와 달리 그 의미를 출소기간으로 새긴다.[351)]

[서식 44] 점유회수청구의 소(점유권 침탈에 대한 점유회수청구)

소 장

원 고 ○ ○ ○ (000000-0000000)
OO시 OO구 OO길 00 (우편번호 00000)
전화·휴대폰번호 :
팩스번호, 전자우편(e-mail)주소 :

피 고 ○ ○ ○ (000000-0000000)
OO시 OO구 OO길 00 (우편번호 00000)
전화·휴대폰번호 :
팩스번호, 전자우편(e-mail)주소 :

점유회수청구의 소

청 구 취 지

1. 피고는 원고에게 별지목록 기재 건물을 명도하라.
2. 소송비용은 피고의 부담으로 한다.
3. 위 제1항은 가집행 할 수 있다.

라는 판결을 원합니다.

청 구 원 인

1. 원고의 별지목록 기재 건물의 점유

별지목록 기재 건물(다음부터 '이 사건 건물'이라고 함)은 소외 김OO의 소유입니다. 원고는 이 사건 건물에 대하여 20OO. O. O. 소외 김OO로부터 임차보증금 10,000,000원, 임차기간 1년으로 정하여 임대차계약을 체결하고, 이 사건 건물에서 비디오테이프 대여점을 운영하면서 이를 점유·사용하여 왔습니다.

20OO. O. O.자로 위 약정 임대차기간이 만료하자, 원고는 20OO. O. O. 인근

351) 대법원 2002. 4. 26. 선고 2001다8097, 8103 판결.

상가의 소유자인 소외 이OO로부터 그 소유 상가를 임차하여 이 사건 건물에 있던 비디오테이프, 선반 등의 비품을 모두 그 곳으로 옮긴 다음, 소외 김OO에게 임차보증금의 반환을 요구하면서 이 사건 건물의 출입문에 자물쇠를 채워두었습니다. 따라서 원고의 이 사건 건물에 대한 점유는 계속되고 있다고 할 것입니다.

2. 소외 강OO의 이 사건 건물에 대한 점유침탈

소외 강OO은 소외 김OO의 동서로서, 이 사건 건물 등 소외 김OO의 재산관리 업무를 담당하여 오던 중, 20OO. O. O. 이 사건 건물에 원고가 채워 둔 자물쇠를 강제로 따고 들어간 다음, 이 사건 건물에서 분식점을 경영하여 이를 점유·사용하였습니다. 즉, 소외 강OO는 원고의 계속된 점유를 침탈한 사람이라 할 것입니다.

3. 피고의 이 사건 점유침탈의 특별승계

소외 강OO는 분식점의 영업이 뜻대로 되지 않던 중 평소 부채를 감당하지 못하여 피고에게 이 사건 건물을 무상으로 사용하라고 하면서 잠적하였고, 피고는 여기에서 오락실을 차려 운영하였습니다. 즉, 피고와 소외 강OO는 이 사건 건물에 대하여 사용대차계약을 체결하였으므로, 피고는 침탈자인 소외 강OO는 피고의 특별승계인에 해당한다 할 것입니다.

4. 피고의 점유침탈에 대한 악의

피고는 소외 강OO와는 둘도 없는 동네 친구이고, 피고의 주거는 이 사건 건물과는 50m도 떨어지지 않아, 피고는 소외 강OO의 이 사건 점유침탈사실을 보아서 알고 있었고, 또한 소외 강OO도 피고에게 점유침탈사실을 알리고 떠났습니다. 따라서 피고는 소외 강OO의 점유침탈에 대한 악의의 특별승계인이라 할 것입니다.

5. 결 론

그렇다면 이 사건 건물에 대한 원고의 점유는 계속되고 있고, 소외 강OO는 원고의 점유에 대한 침탈자에 해당하며, 피고는 점유침탈자인 소외 강OO의 악의의 특별승계인이라 할 것입니다. 따라서 피고는 원고에게 이 사건 건물을 민법 제204조 제1항, 제2항에 의거 반환하여야 할 것이나, 이에 응하지 않아 부득이 이 사건 소를 제기하게 된 것입니다.

입 증 방 법

1. 갑 제1호증 부동산등기사항증명서

1. 갑 제2호증　　　　임대차계약서
1. 갑 제3호증　　　　사실확인서

첨 부 서 류

1. 위 입증방법　　　　각 1통
1. 소장부본　　　　1통
1. 송달료납부서　　　　1통

20○○. . .

위 원고 ○ ○ ○ (서명 또는 날인)

○○지방법원 귀중

2) 점유물방해제거청구권

가) 의 의

점유자의 점유가 방해받는 경우를 위하여 제205조는 점유권에 기한 방해제거청구권을 규정하고 있다.

나) 요 건

점유의 방해가 있어야 한다. 여기서 방해란 점유침탈 외의 방법에 의해 침해되고 있는 것이다.[352] 방해자의 고의 또는 과실을 요하지 않지만 손해배상을 청구하는 경우에 고의 또는 과실을 요한다.

다) 내 용

점유보유청구권의 내용은 방해의 제거 '및/또는' 손해의 배상이다. 제205조 제1항의 법문은 방해의 제거 및 손해의 배상으로 되어 있지만, 방해는 있어도 손해가 없는 경

352) 대법원 1987. 6. 9. 선고 86다카2942 판결.

우 또는 손해가 있지만 방해가 종료된 경우도 있으므로, 위와 같이 해석할 것이다. 여기서 손해배상이란 근본적으로 점유권의 행사가 방해되고 있음으로 인하여 발생하는 손해의 배상을 의미하는 것이지 그 방해의 제거비용을 의미하는 것은 아니다.

라) 행사기간

점유보유청구권은 방해가 종료한 날부터 1년 내에 행사하여야 한다(제205조 2항). 이 기간은 점유회수청구권에서와 같이 출소기간이다. 그런데 방해가 종료한 후에는 방해제거의 문제가 생기지 않으므로, 제척기간은 손해배상의 청구에만 관련된다. 공사로 인한 점유의 방해에 관하여는 제205조 제3항이 제척기간을 규정한다.

[서식 45] **점유보호의 소**(점유권에 기한 방해배제청구)

소 장

원 고 ○ ○ ○ (000000-0000000)
OO시 OO구 OO길 00 (우편번호 00000)
전화·휴대폰번호 :
팩스번호, 전자우편(e-mail)주소 :

피 고 ○ ○ ○ (000000-0000000)
OO시 OO구 OO길 00 (우편번호 00000)
전화·휴대폰번호 :
팩스번호, 전자우편(e-mail)주소 :

점유보유의 소

청 구 취 지

1. 피고는 원고에 대하여 별지목록 기재 토지 위의 터파기 공사를 중지하라.
2. 피고는 20OO. O. O.부터 위 터파기 공사를 중지할 때까지 월 금 500,000원의 비율에 의한 돈을 지급하라.
3. 소송비용은 피고의 부담으로 한다.
4. 위 제1항은 가집행 할 수 있다.

라는 판결을 원합니다.

청 구 원 인

1. 별지목록 기재 토지에 대한 원고의 점유

별지목록 기재 토지(다음부터 '이 사건 토지'라고 함)는 소외 김OO 소유이고, 원고는 이 사건 토지 인근에서 농사를 짓고 있습니다. 원고는 추수된 쌀을 보관할 마땅한 창고가 없어서 창고를 지을 땅을 빌리려고 수소문 하다가, 20OO. O. O. 소외 김OO와 임차보증금은 금 10,000,000원, 임대기간은 특별히 정하지 않고 이 사건 토지를 임차하였습니다. 원고는 계획대로 이 사건 토지 위에 창고를 지어 농산물이 수확될 때마다 이를 판매할 때까지 보관하고 있었습니다.

2. 피고의 점유방해 및 원고의 손해

원고와 토지경계문제로 평소 사이가 좋지 않던 피고는 20OO. O. O.경 이 사건 토지가 자신의 소유라고 주장하더니, 20OO. O. O.경에는 이 사건 토지에 건물을 지어야 한다면서 터파기 공사를 하였습니다. 그런데 터파기 공사부분은 원고가 축조한 창고의 진입로로서, 원고는 피고의 터파기 공사로 인하여 창고에 출입할 수 없게 되었습니다.

결국 원고는 수확한 농산물을 위 창고에 보관하지 못하고 다른 창고를 빌려 월 금 500,000원의 보관료를 지급하고 있습니다.

3. 결 론

그렇다면 피고는 원고의 정당한 점유를 방해한 것이고 이로 인하여 원고는 보관료 상당의 손해를 입고 있습니다. 따라서 원고는 피고에 대하여 민법 제205조에 의한 점유의 방해배제 및 민법 제750조에 의한 손해배상을 청구하기 위하여 이 사건 소제기에 이르게 된 것입니다.

입 증 방 법

1. 갑 제1호증	부동산등기사항증명서
1. 갑 제2호증	임대차계약서
1. 갑 제3호증	사진
1. 갑 제4호증	보관료영수증

첨 부 서 류

1. 위 입증방법	각 1통
1. 소장부본	1통

1. 송달료납부서 1통

20OO. . .

위 원고 O O O (서명 또는 날인)

OO지방법원 귀중

3) 점유물방해예방청구권

가) 의 의

점유자의 점유가 방해받을 염려가 있는 경우를 위하여 제206조는 점유권에 기한 방해예방청구권을 규정하고 있다.

나) 요 건

점유의 방해를 받을 염려가 있어야 한다. 즉 구체적 사정 하에서 일반 경험법칙에 따라 객관적으로 판단된 방해의 염려가 있어야 한다.

다) 내 용

방해의 예방 또는 손해배상의 담보를 청구하는 것이다. 한편 손해배상의 담보를 청구함에 있어서 방해의 염려가 있는 한 상대방의 고의 또는 과실을 요하지 않는다.

라) 제척기간

공사로 인하여 방해의 염려가 있는 경우에 대하여 제206조 체2항이 제척기간을 규정한다.

다. 점유의 소와 본권의 소

본권의 소란 소유권, 지상권 전세권 기타 실질적인 권리를 기초로 한 소를 말하고, 점유의 소란 점유보호청구권을 행사하는 소를 말한다. 점유의 소와 본권의 소는 통일한 이익을 목적으로 하지만, 제도목적이 상이하기 때문에 서로 영향을 마치지 않는다(제208조 1항). 점유를 침탈당한 본권자는 본권의 소와 점유의 소를 동시에 제기하거나 양소를 선택적으로 병합할 수 있다. 점유의 소는 본권에 관한 이유로 재판하지 못한다(제208조 2항). 따라서 점유의 소에서 본권에 기한 항변을 제출할 수 없다.

다만, 제208조 2항의 규정은 점유의 소에 대하여 그 반소로서 본권에 기한 반환청구소송의 제기를 방해하지 않는다.[353] 이와 같이 반소가 인정되고 있는 만큼 소유자의 본권의 소와 점유자의 점유의 소가 각각 승소로 확정되었다면, 최종적으로 본권의 소에서 승리한 소유자가 보호받게 된다.

[서식 46] 점유보전의 소(점유권에 기한 방해예방청구)

소 장

원 고 ○ ○ ○ (000000-0000000)
OO시 OO구 OO길 00 (우편번호 00000)
전화·휴대폰번호 :
팩스번호, 전자우편(e-mail)주소 :

피 고 ○ ○ ○ (000000-0000000)
OO시 OO구 OO길 00 (우편번호 00000)
전화·휴대폰번호 :
팩스번호, 전자우편(e-mail)주소 :

점유보전의 소

청 구 취 지

1. 피고는 원고에게 원고점유의 OO시 OO구 OO동 00-0 대지와 피고소유의 OO시 OO구 OO동 00-00 대지의 경계에 있는 피고소유의 평균높이 5.9m, 길이 10m의 축대에 대하여 원고의 OO시 OO구 OO동 00-0 대지 및 그 지상 건물의 점유에 대한 위험예방을 위하여 필요한 보수공사를 하여야 한다.

353) 대법원 1962. 8. 2. 선고 62다259 판결.

2. 소송비용은 피고의 부담으로 한다.
3. 위 제1항은 가집행 할 수 있다.
라는 판결을 원합니다.

청 구 원 인

1. 계쟁물의 소유관계 및 인접상황

피고소유 OO시 OO구 OO동 00-00 대지(다음부터 피고소유의 위 대지라고 함)와 소외 김OO의 소유를 원고가 임차한 OO시 OO구 OO동 00-0 대지(다음부터 원고점유의 위 대지라고 함)는 인접된 부동산입니다. 그런데 피고소유의 위 대지는 원고점유의 위 대지보다 약 10m 위에 위치하고 있습니다. 즉, 원고점유의 위 대지는 피고소유의 위 대지보다 약 10m 아래 위치하며 계단식으로 이루어져 있으며, 원고점유의 위 대지와 피고소유의 위 대지의 경계에는 피고소유의 평균높이 5.9m, 길이 10m의 축대(다음부터 이 사건 축대라고 함)가 축조되어 있습니다.

2. 원고의 점유권

원고는 2OOO. O. O. OO시 OO구 OO동 00-0 대지 및 그 지상 단층주택(다음부터 원고점유의 위 주택이라고 함)을 소외 김OO로부터 임차보증금 20,000,000원, 임대기간 2년으로 임차하여 거주하고 있습니다.

3. 원고점유의 대지 및 건물의 점유가 방해받을 염려

그런데 피고소유의 위 대지상에 건축된 단층주택(다음부터 피고소유의 위 주택이라고 함)은 지은 지 약 40년이 된 노후한 것이고, 원고점유의 위 주택 쪽으로 피고소유의 위 주택을 떠받치고 있는 이 사건 축대 역시 약 40년 동안 한 차례도 보수된 바 없습니다. 이와 같은 경위로 이 사건 축대는 거북이 등처럼 틈이 갈라져 금방이라도 10m 높이 위에서 원고점유의 위 주택을 향하여 무너져 내릴 듯한 상태입니다. 특히 장마철이 되면 그 틈에서 물이 새어 나오는 등으로 인하여 원고는 공포감에 시달리고 있는 것입니다. 그럼에도 불구하고 피고는 원고의 계속된 보수요구에도 불구하고 아무런 답변이 없습니다.

4. 결 론

따라서 원고는 피고에 대하여 이 사건 축대가 무너져 원고의 OO시 OO구 OO동 00-0 대지 및 그 지상 단층주택의 점유가 방해받지 않도록 필요한 보수공사를 이행시키기 위하여 민법 제206조에 의거하여 부득이 이 사건 소를 제기하기에 이르렀습니다.

입 증 방 법

1. 갑 제1호증의 1, 2	각 부동산등기사항증명서
1. 갑 제2호증	지적도등본
1. 갑 제3호증	임대차계약서
1. 갑 제4호증	사실확인서
1. 갑 제5호증의 1 내지 3	각 사진
1. 갑 제6호증	통고서(내용증명우편)

첨 부 서 류

1. 위 입증방법	각 1통
1. 소장부본	1통
1. 송달료납부서	1통

20○○. . .

위 원고 ○ ○ ○ (서명 또는 날인)

○○지방법원 귀중

제2절 소 유 권

I. 총 설

소유권이란 법률의 범위 내에서 그 소유물을 사용·수익·처분할 수 있는 권리이다(민법 제211조). 이러한 소유권은 본질적으로 물건이 갖는 가치를 전면적으로 지배할 수 있는 완전물권이라는 점에서 물건이 갖는 가치의 일부만을 지배할 수 있는 제한물권과는 구별된다. 소유권은 소유자의 자유로운 의사에 따라 이와 같은 사용·수익·처분 권능뿐만 아니라 보관, 관리 등 모든 면에서 물권을 지배할 수 있는 전면적인 포괄적인 지배권이다. 이러한 소유권의 전면성으로부터 다음과 같은 소유권의 특성이 도출된다. ① 소유권은 사용·수익·처분 등의 모든 권능이 융화되어 이루어진 권리이다(혼일성). 소유권의 혼일성으로 말미암아 소유권과 제한물권이 동일인에게 귀속하면 제한물권이 혼동으로 소멸하게 된다. ② 소유권을 제한하는 제한물권이 소멸하면 이에 의한 소유권의 제한이 자동적으로 소멸되고 소유권은 종전대로 소유권은 종전대로 회복된다(탄력성). ③ 소유권은 시간적으로 존속기간의 제한의 없고 또한 소멸시효의 대상이 되지도 않는다(항구성, 민법 제162조 2항).[354]

Ⅱ. 부동산소유권의 범위

1. 토지소유권의 경계와 범위

가. 토지소유권의 경계

토지소유권이 경계는 현실의 경계와 관계없이 지적공부상의 경계에 의하여 확정된다.[355] 즉 어떤 토지가 '측량·수로조사 및 지적에 관한 법률'에 의하여 지적공부에 1필의 토지로 등록되면 그 토지의 소재, 지번, 지목, 지적 및 경계는 이 등록으로써 특정된다. 그러나 지적공부에 등록된 토지의 경계가 기술적인 착오로 말미암아 진실한 경계선과 다르게 작성되었다면 토지의 경계는 지적도에 의하지 않고 실제의 경계에 의한다.[356] 만약 그 토지에 인접한 토지의 소유자 등 이해관계인들이 그 토지의 실제의 경계선을 지적공부상의 경계선에 일치시키기로 합의하였다면 적어도 그때부터는 지적공부상의 경계에 의하여 그 토지의 공간적 범위가 특정된다.[357]

나. 토지소유권의 상·하의 범위

1) 의 의

토지의 소유권은 정당한 이익이 있는 범위 내에서 토지의 상하에 미친다(민법 제212

354) 김형배, 민법학강의, 563면 내지 564면.
355) 대법원 2000. 10. 24. 선고 99다44090 판결.
356) 대법원 2000. 5. 26. 선고 98다15446 판결.
357) 대법원 2006. 9. 22. 선고 2006다24971 판결.

조). 그러므로 토지소유자는 지표뿐만 아니라 지상의 공중이나 지하도 이용할 수 있다. 이는 토지를 완전히 이용하기 위해서는 지표뿐만 아니라 지상의 공간(건물을 짓는 경우)이나 지하의 지각(샘을 파는 경우)에도 소유권의 효력을 미치게 할 필요가 있기 때문이다. 그러나 공중이나 지하는 정당한 이익이 있는 범위 내에서만 이용할 수 있으며, 항공기의 고공 운행과 같이 정당한 이익이 없는 경우에는 타인의 이용을 금지할 수 없다.

2) 민법 제212조의 '정당한 이익이 있는 범위 내'

토지소유권의 효력을 토지의 상하에 미치게 한 것은 결국 그 이용을 충분히 보장하려는 취지이므로, 토지의 이용과 관계없는 범위까지 소유권의 효력을 주장하는 것은 허용되지 않는다.

따라서 토지소유권은 정당한 이익의 범위 내에서만 인정되는데, '정당한 이익의 범위 내'는 구체적 상황을 고려해서 거래관념에 따라 결정된다. 예컨대, 타인의 토지 위로 송전선을 가설하여 지상의 활용을 방해하거나 토지 밑으로 터널을 굴착하여 토지가 붕괴될 우려가 있는 경우에는, 원칙적으로 정당한 이익의 범위 내에서 소유권의 침해가 있는 것이라고 판단해야 한다.

3) 아직 채굴하지 않은 광물

광업법에 의하면 일정한 종류의 미채굴광물(동법 제3조)에 대해서는 국가에 채굴취득권이 유보되어 있기 때문에(동법 제2조),[358] 위와 같은 미채굴의 광물은 법률상 토지의 구성부분이 되지 않고 토지소유권의 내용이 되지 않는다. 반면에 암석·토사 등은 토지의 구성부분으로서 토지소유권의 효력이 미친다.

4) 지 하 수

자연히 용출되는 지하수는 토지의 구성부분을 이루므로 토지소유자가 자유로이 사용할 수 있다. 그러나 계속해서 솟아나와 타인의 토지에 흘러들어가는 경우에 그 타인에게는 관습법상의 유수사용권이 인정된다. 토지소유자는 자기 토지에 있는 지하수를 개발하여 이용할 수 있다. 다만 그로 인하여 기존의 지하수 이용자의 용수이용권이 침해된 경우에는 위법하다고 할 것이므로 기존 이용자는 방해의 제거나 예방을 구

358) 이에 대해 광물이 국가소유의 물건이라는 견해가 있다. 송덕수, 민법강의, 664면.

할 수 있다.[359)]

민법 제236조 제1항은 '필요한 용도나 수익이 있는 원천이나 수도가 타인의 건축, 기타의 공사로 인하여 단수, 감수, 기타의 용도에 장해가 생긴 때에는 용수권자는 손해배상을 청구할 수 있다'고 규정하고 있다. 그리고 이러한 공사로 인하여 음용수, 기타 생활상 필요한 용수에 장해가 있을 때에는 원상회복을 청구할 수 있다(민법 제236조 2항). 또한 지하수를 토지소유자뿐만 아니라 이웃사람들도 이용하고 있는 경우에 상린자들은 각자의 수요의 정도에 따라 타인의 용수를 방해하지 않는 범위 내에서 각각 용수할 수 있다(민법 제235조). 지하수는 토지의 구성부분이므로 토지소유자의 지하수 이용권은 토지소유권의 하나의 권능을 행사하는 데 불과하지만, 토지소유자가 아닌 자가 지하수이용권을 갖는 것은 타인의 토지를 특정인의 편익에 제공하는 인역권과 유사한 독립된 물권을 가지는 것이라고 할 수 있다.

5) 온 천 수

온천수도 지하수의 일종이므로, 토지소유자가 그 소유지 안에서 솟아나는 온천수를 자유로이 처분할 수 있는 것이 원칙이지만, 온천수는 공용수 또는 생활용수가 아니기 때문에 상린관계에 관한 제235조 내지 제236조는 적용되지 않는다.[360)] 다만, 온천은 온천수의 수질상의 특수성으로 인하여 온천법에 의하여 별도로 규율되고 있다.

문제는 온천수에 관해서 온천권, 광천권 또는 온천수이용권이라는 독립된 물권이 인정될 수 있는가 하는 것인데, 판례에 의하면 온천수는 그것이 용출되는 토지의 구성부분이지 독립한 물권의 객체가 아니며, 따라서 온천권이라는 관습법상의 물권은 인정되지 않는다고 한다.[361)]

2. 상린관계

가. 상린관계의 의의와 성질

서로 인접하고 있는 부동산에 있어서 그 소유자가 각기 자기의 소유권을 제한없이 행사하면 그 이용을 둘러싸고 이해의 충돌이 생기게 된다. 이에 민법은 그 이용을 조절하기 위하여 그들 사이의 권리관계를 규율하는 상린관계 규정을 두고 있다. 여기서

359) 대법원 1998. 6. 12. 선고 98두6180 판결.
360) 대법원 1972. 8. 20. 선고 72다1243 판결.
361) 대법원 1970. 5. 26. 선고 69다1239 판결.

규율의 대상이 되는 상린관계로부터 발생하는 권리를 상린권이라고 하는데 상린권은 지역권과 같이 독립된 물권은 아니고, 소유권의 내용 자체이다.

상린관계는 이와 같이 인접한 부동산 상호간의 이용의 조절을 위한 제도이므로, 한편으로는 소유권을 제한하는 측면이 있지만 다른 한편으로는 타인에게 그 소유권의 제한을 요구할 수도 있으므로, 소유권을 확장하는 측면도 있다.

나. 상린관계에 관한 민법규정

상린관계에 관하여 민법은 제215조 내지 제244조의 규정들을 두고 있다.

1) 인지사용청구권(제216조)

「토지소유자는 경계나 그 근방에서 담 또는 건물을 축조하거나 수선하기 위하여 필요한 범위 내에서 이웃토지의 사용을 청구할 수 있다」(제216조 1항 본문). 인지의 토지 소유자는 당연히 사용권을 갖는 것이 아니라 사용청구를 할 수 있을 뿐이다. 따라서 이웃사람의 승낙이 없으면 승낙에 갈음하는 판결을 구해야 한다(제389조 2항 참조). 그 상대방은 인지를 소유·이용하고 있는 자, 즉 토지소유자·지상권자·전세권자·임차인 등이다. 또한 인지의 주거에 들어가려면 이웃사람의 승낙이 있어야 한다(제216조 1항 단서). 이웃사람은 주거의 출입을 거절할 수 있으며, 이 경우에는 판결이 승낙에 갈음할 수 없다(통설). 이상의 두 경우에 있어서 이웃사람이 손해를 입은 때에는 사용자에게 보상을 청구할 수 있다(제216조 2항).

2) 생활방해의 금지(제217조)

가) 생활방해의 의의

생활방해란 매연·열기체·액체·음향·진동 기타 이와 유사한 것이 다른 토지로부터 발산·유입되어 자기 토지의 사용을 방해하거나 거주자의 생활에 고통을 주는 것 또는 방사된 유해한 간섭 그 자체를 말한다.

나) 요건(제217조)

(1) 매연, 열기체, 액체, 음향, 진동 기타 이에 유사한 것에 의한 생활방해

제217조의 규정은 생활방해(공해)의 종류를 예시적으로 열거한 다음 '기타 이와 유사한 것'이라고만 규정하고 있어서, '기타 이와 유사한 것'이 무엇을 의미하는가에 대

하여 견해가 나뉘고 있다. 다수의 견해는 열·연기·소리·냄새와 같이 측정이 어려운 대상물, 즉 불가량물이라고 이해한다.

(2) 토지·생활방해

위와 같은 간섭으로 이웃 토지의 사용을 방해하거나, 이웃 거주자의 생활에 고통을 주는 것은 금지된다(제217조 1항).

① 토지사용의 방해와 주거자의 생활고통에 관한 여부는 피해자의 주관적인 기준에 의할 것이 아니라 객관적인 사회관념에 의하여 판단하여야 한다. 예를 들어 인접 대지에 건물이 건축됨으로써 입는 환경 등 생활이익에의 침해를 이유로 건축공사를 금지하기 위해서는, 그 침해가 사회통념상 일반적으로 수인할 정도를 넘어서는 것이어야 한다. 수인한도를 넘어서는 것인지의 여부는 피해의 성질 및 정도, 피해이익의 공공성, 가해행위의 태양, 가해행위의 공공성, 가해자의 방지조치 또는 손해회피의 가능성, 인·허가관계 등 공법상 기준에의 적합 여부, 지역성, 토지이용의 선후관계 등 모든 사정을 종합적으로 고려하여 판단하여야 한다.[362)]

② 이웃 토지가 반드시 인접하고 있어야 하는 것은 아니다. 예컨대, 폭파작업장으로부터 나오는 소음·진동은 그 작업장으로부터 100미터 내지 190미터 거리에 있는 양계장에 대해서도 생활방해가 도리 수 있다.[363)]

③ 토지·생활방해는 소극적 침해와 정신적 침해를 포함한다. 그러므로 건축에 의한 전망의 방해, 광선과 바람의 차단, 통로의 장애, 또는 주거지역에 사창가를 설치하는 것, 건축자재를 적재하여 미관을 해치는 것도 본 규정의 적용을 받는다.

다) 인용의무

금지되는 것은 토지의 통상의 용도에 적당한 정도를 넘어서, 위와 같은 유해한 간섭이 방산 내지 발산되는 경우이다. 따라서 이웃 거주자는 생활방해가 이웃토지의 용도에 적당한 것인 때에는 이를 인용하여야 한다(제217조 2항).

라) 생활방해방지조치의무

토지소유자는 자신의 토지로부터 발산되는 방해물에 의하여 이웃 거주자의 생활에 고통을 주는 생활방해를 방지하기 위한 적당한 조치를 할 의무를 부담한다(제217조 1

362) 대법원 1997. 7. 22. 선고 96다56153 판결.
363) 대법원 1974. 11. 12. 선고 74다1321 판결.

항). 예를 들어 주거지역과 인접하여 종합병원을 신축하는 경우 병원에서 나는 소음(곡성, 구급차소리 등)이나 일반인들이 직접 보기를 꺼려하는 장면 등이 인근주거지역주민에게 고통을 주지 않도록 조치를 취할 의무가 있다.[364)]

마) 수인한도 일탈의 생활방해에 따른 법률효과

생활방해가 인용의무의 한계를 넘는 경우에 피해자인 이웃토지의 이용자나 거주자는 소유권 기타의 물권에 기한 물권적 청구권을 행사하여 적당한 조치를 청구하거나 방해의 중지 내지 금지를 청구할 수 있고, 손해가 생긴 때에는 불법행위에 의한 손해배상을 청구할 수 있다.

① 피해자의 수인한도를 넘는 경우에는 피해자에게 그 생활방해에 대한 방해배제 청구권이 인정된다. 따라서 생활방해가 수인한도를 넘는 것이고 장래에도 그러한 생활방해의 방산이 예상된다면 방해예방청구를 인정하는 것이 타당할 것이다. 판례도 수인한도를 넘는 경우 방해예방청구를 인정하고 있다.[365)]

② 생활방해를 원인으로 하는 손해배상청구에 있어서 가해자의 고의·과실을 요건으로 하는 것은 적절하지 않으므로 간섭자가 그 방해행위가 수인한도 내의 것이라는 사실과 적당한 조치를 할 의무를 다했다는 사실을 증명하지 못하면 손해배상책임을 면할 수 없다.

③ 생활방해금지와 환경오염에 따른 손해배상과의 관계
생활방해금지는 권능의 충돌에 따른 이익조정이 목적인 반면, 환경오염에 따른 손해배상은 행위의 위법성과 가해자의 과책을 근거로 불특정 피해자에게 발생한 손해전보를 목적으로 한다. 따라서 수인한도를 판단함에 있어서도 그 평가가 다를 수밖에 없다. 생활방해금지는 인접지 소유자들 사이의 이해관계와 인접지 사이의 상호관계 등이 판단의 중요한 요소가 되지만, 불법행위로 인한 손해배상에 있어서는 가해자의 과책, 행위의 위법성, 피해자의 생명·신체·건강에 가해진 침해의 정도, 정신적 손해 등이 그 판단의 중요한 요소이다.

3) 수도 등의 시설권

가) 내 용

토지소유자가 타인의 토지를 통과하지 않으면 필요한 수도·소수관(疏水管)·가스관·

364) 대법원 1997. 10. 28. 선고 95다15599 판결.
365) 대법원 2007. 6. 15. 선고 2004다37904, 37911 판결.

전선 등을 시설할 수 없거나 과다한 비용을 요하는 경우에는 타인의 토지를 통과하여 이를 시설할 수 있다[366](제218조 1항 본문). 그러나 실제에 있어서 개인이 이러한 시설을 할 수 있는 경우는 제한되어 있기 때문에 민법의 규정이 적용되는 일은 거의 없다(전기사업법 제61조 내지 제68조 참조).

나) 손해의 보상

손해가 가장 적은 장소와 방법을 선택하여 시설해야 하며, 이러한 시설을 위한 공사로 말미암아 시설통과지의 소유자에게 손해를 준 경우에는 그 토지소유자의 청구에 의하여 손해를 보상하여야 한다(제218조 1항 단서).

다) 시설통과지 소유자의 시설변경청구권

시설을 한 후 사정이 변경된 때에는 시설통과지의 소유자(타 토지소유자)는 그 시설의 변경을 청구할 수 있다(제218 2항 전단). 시설변경의 비용은 토지소유자(시설통과권자)가 부담한다(제218조 2항 후단).

4) 주위토지통행권(제219조, 제220조)

가) 주위토지통행권의 의의

어느 토지와 공로와의 사이에 그 토지의 용도에 필요한 통로가 없는 경우, 그 토지소유자는 주위의 토지를 통행 또는 통로로 하지 아니하면 공로에 출입할 수 없거나 과다한 비용을 요하는 때에는 그 주위의 토지를 통행할 수 있고, 필요한 경우에는 통로를 개설할 수도 있다(제219조 1항 본문).

주위토지통행권은 어느 토지가 타인 소유의 토지에 둘러싸여 공로에 통할 수 없는 경우에 인정되는 것이므로, 필요한 통로가 있음에도 생활에 더 편리하다는 이유만으로 다른 통로를 이용하는 것은 인정되지 않는다.[367] 그러나 이미 기존 도로의 통로가 있더라도 그것이 너무 협소하거나 개조의 과다한 비용이 드는 등의 이유로 이용에 부적합하여 실제로 통로로서의 충분한 기능을 하지 못하고 있는 경우에는 인정된다.[368] 공로가 새로이 개설되는 등의 이유로 통행권을 인정할 필요성이 없어진 때에는 그 통행권은 소멸한다.[369] 주위토지통행권은 통행을 위한 지역권과는 달리 통행로가 항상

366) 대법원 2003. 8. 19. 선고 2002다53469 판결.
367) 대법원 1995. 6. 13. 선고 95다1088, 95다1095 판결.
368) 대법원 2003. 8. 19. 2002다53469 판결.
369) 대법원 1998. 3. 10. 97다47118 판결.

특정한 장소로 고정되어 있는 것은 아니다. 주위토지의 현황이나 사용방법이 달라졌을 때에는 민법 제219조의 입법 취지나 신의성실의 원칙 등에 비추어 주위토지 소유자를 위하여 보다 손해가 적은 다른 장소로 구체적 상황에 맞게 통행로를 변경할 수 있다.[370] 주위토지통행권자는 주위토지통행권이 인정되는 때에도 그 통로개설이나 유지비용을 부담하여야 한다.[371]

나) 주위토지통행권의 범위

주위토지통행권의 정도와 범위는 사회통념에 비추어 쌍방토지의 지형과 위치 및 이용관계, 부근의 지리상황, 상린지 이용자의 이해득실 기타 제반사정을 참작한 뒤 구체적 사례에 응하여 판단해야 한다. 통행로는 통상적으로 사람이 주택에 출입하여 다소의 물건을 공로로 운반하는 등의 일상생활을 영위하는 데 필요한 범위의 노폭까지 인정된다고 할 것이다. 이러한 경우에 통행지 또는 통로개설시에 가장 손해가 적은 장소와 방법을 선택하여야 한다(제219조 1항 단서서).[372] 예를 들어 토지의 이용방법에 따라서는 자동차 등이 통과할 수 있는 통로의 개설도 허용되겠지만 단지 토지이용의 편의를 위해 다소 필요한 상태라고 여겨지는 정도에 그치는 경우까지 자동차의 통행을 허용할 수는 없을 것이다.[373] 또한 주위토지통행권은 현재의 토지의 용법에 따른 이용의 범위에서 인정되는 것이지, 더 나아가 장차의 이용상황, 예컨대 그 토지에 건축할 것에 대비하여 건축허가에 필요한 폭의 통행로를 미리 보장 하는 것은 아니다.[374]

주위토지통행권이 통행지에 대한 통행지 소유자의 점유를 배제할 권능까지 있는 것은 아니다.[375] 따라서 통행지 소유자는 통행지를 전 적으로 점유하고 있는 주위토지통행권자에 대하여 그 통행지의 인도를 구할 수 있겠지만, 통행지 소유자의 점유를 배제할 정도의 배타적인 점유를 하고 있지 않다면 통행지 소유자가 주위토지통행권자에 대하여 주위토지통행권이 미치는 범위 내의 통로 부분의 인도를 구하거나 그 통로에 설치된 시설물의 철거를 구할 수는 없을 것이다. 나아가 그 통행에 방해가 되는 담장과 같은 축조물도 주위토지통행권의 본래적 기능발휘를 위해서 필요하다면 통행

370) 대법원 2004. 5. 13. 선고 2004다10268 판결.
371) 대법원 2006. 10. 26. 선고 2005다30993 판결.
372) 대법원 2006. 10. 26. 선고 2005다30993 판결.
373) 대법원 2006. 6. 2. 선고 2005다70144 판결.
374) 대법원 1996. 11 29. 선고 96다33433, 33440 판결.
375) 대법원 2003. 8. 19. 선고 2002다53469 판결.

권의 행사에 의하여 철거될 수 있을 것이다.[376]

다) 손해의 보상

통행 또는 통로개설로 인하여 통행지소유자에게 손해가 발생한 때에는 통행권자는 그 손해를 보상하여야 한다(제219조 2항). 이 보상의무는 주위의 토지를 통행하는 것과 필연적 관계가 있으므로 통로가 없는 피포위지가 양도되면 이 보상의무도 당연히 이전된다. 손해보상의무는 통행권자에게 있는 것이므로 통행권자의 허락을 얻어 사실상 통행하고 있는 자는 그 의무가 없다.[377] 보상의 지급은 법률상 통행권성립의 요건이 아니므로 통행권자가 손해를 보상하지 않더라도 통행권은 소멸되지 않고 채무불이행의 책임만이 발생할 뿐이다.

라) 분할, 일부양도와 주위토지통행권[378]

토지의 분할 또는 일부양도로 공로에의 출입이 막힌 경우에는, 다른 분할자의 토지나 양도 당사자의 토지를 통행할 수 있으며, 이때에는 보상의무를 지지 않는다(제220조). 이러한 무상의 통행권이 인정되는 이유는 분할 또는 양도 당사자가 분할 또는 일부양도로 인하여 자기의 토지가 통행될 것임을 예견할 수 있었기 때문이다. 그러나 여기서도 무상통행권을 인정하기 위해서는 다음과 같은 점들이 검토되어야 한다.

(1) 토지가 분필되어 동시에 모두 양도된 경우에도 그 양수인 사이에는 무상통행권이 인정되는지 여부

동시전부양도에 의하여 어느 한 토지가 피포위지가 된 경우이라도 양도된 토지 내에서 통행의 문제를 해결하여야 할 것이며, 양도된 토지 이외의 다른 제3자의 토지에 주위토지통행권을 인정하는 것은 합리적이지 못하다. 그러나 여러 개의 분할양도된 토지 가운데 어느 것이 통행지로 될 것인가는 바로 결정할 수 없는 경우도 있고, 그것이 결정되지 않는다면 분양지의 가격에 통행권의 부담을 고려하여 산정하기가 어려운 경우가 많을 것이다. 이러한 때에는 분할양도된 토지 내부에서는 민법 219조의 원칙으로 돌아가 유상의 주위토지통행권의 원리에 의하여야 할 것이다. 다만, 동시양도라 함은 반드시 동일한 일시에 양도되는 것을 말하는 것은 아니고 널리 동일한 기회에 행해지는 것이라면 이에 해당한다고 볼 것이다. 또 양도시기의 터울이 길고 짧은 것

---

376) 대법원 2006. 6. 2. 선고 2005다70144 판결.
377) 대법원 1991. 9. 10. 선고 91다19623 판결.
378) 김형배, 민법학강의, 579면 내지 580면.

만으로 동시양도 여부를 판단할 수는 없다. 특히 기존의 거주자(토지임차인주택임차인)에게 토지를 분양하는 경우에는 본조의 취지를 생각하여도, 그 양도시기의 차이는 중요성을 가지는 것은 아니다.

결국, 제220조 2항에 의하면 무상통행권이 공유토지의 직접 분할자 상호간 또는 일부양도의 당사자, 즉 본래 토지소유자와 일부양수인 사이에서만 인정되는 것으로 해석되므로 그 양수인 사인에서는 무상통행권이 인정되지 않는다고 보아야 한다.[379]

(2) 무상통행권의 부담이 해당토지의 특정승계인에게도 승계되는지 여부

통행의 수인의무를 부담하고 있는 토지를 상속으로 인하여 포괄승계한 자는 그 통행의 수인의무도 승계한다.[380] 그런데 특별승계의 경우에는 문제가 있다. 토지의 분할일부양도에 의해서 무상통행권이 성립하고 있는 경우에, 분할피포위지 또는 잔여지가 매각 등 다시 타인에게 양도된 때, 포위된 토지의 양수인은 무상통행권을 승계하는지 또는 잔여지의 양수인은 그 무상통행의 부담을 승계하는지가 문제된다. 판례는 일관되게, 공유지의 분할 또는 토지의 일부 양도로 인하여 공로에 통하지 못하는 토지가 생긴 경우에, 그 포위된 토지를 위한 통행권은 분할 또는 일부 양도 전의 종전 토지에만 있고 그 경우 통행에 대한 보상의 의무가 없다고 하는 민법 220조의 규정은 직접 분할자 또는 일부양도의 당사자 사이에만 적용되고, 포위된 토지 또는 통행지의 특정승계인에게는 적용되지 않으며, 특정승계인의 경우에는 주위토지통행에 관한 민법 219조의 일반원칙에 돌아가 통행권의 유무를 가려야 한다고 한다.[381] 다만, 종래의 민법 220조를 적용하지 아니하는 입장을 취하여 온 결과 발생하는 불합리한 점, 즉 무상통행권이 유상통행권으로 바뀌는 점에 대하여 신의칙에 의한 조정을 모색한 판례가 있다.[382]

379) 대법원 2002. 5. 31. 선고 2002다9202 판결.
380) 대법원 1973. 8. 21. 선고 73다401 판결.
381) 대법원 2009. 8. 20. 선고 2009다38247, 38354 판결.
382) 대법원 1987. 10. 13. 선고 86다카731 판결.

[서식 47] 주위토지통행권확인 등 청구의 소(도로폐쇄, 장애물설치)

소 장

피 고 O O O (000000-0000000)
OO시 OO구 OO길 00 (우편번호 00000)
전화·휴대폰번호 :
팩스번호, 전자우편(e-mail)주소 :

원 고 1. O ① O (000000-0000000)
OO시 OO구 OO길 00 (우편번호 00000)
전화·휴대폰번호 :
팩스번호, 전자우편(e-mail)주소 :

2. O ② O (000000-0000000)
OO시 OO구 OO길 00 (우편번호 00000)
전화·휴대폰번호 :
팩스번호, 전자우편(e-mail)주소 :

주위토지통행권확인 등 청구의 소

청 구 취 지

1. 원고에게,
피고 O①O는 OO시 OO군 OO면 OO리 000-0 전 2109㎡ 중 별지도면 표시 1, 2, 3, 6, 1의 각 점을 차례로 잇는 선내 (가)부분 43.2㎡에 관하여,
피고 O②O는 같은 리 000-00 전 274㎡ 중 별지도면 표시 3, 4, 5, 6, 3의 각 점을 차례로 잇는 선내 (나)부분 26.4㎡에 관하여 각 통행권이 있음을 확인한다.
2. 피고 O①O는 전항 기재 (가)부분 43.2㎡ 위에, 피고 O②O는 전항 기재 (나)부분 26.4㎡ 위에 있는 막대와 망을 각 철거하라.
3. 피고 O①O는 전항 기재 (가)부분 43.2㎡, 피고 O②O는 전항 기재 (나)부분 26.4㎡에 관하여 각 원고의 통행에 방해가 되는 장애물을 설치하거나 기타 통행에 방해가 되는 일체의 행위를 하여서는 아니 된다.
4. 소송비용은 피고들의 부담으로 한다.
5. 제2항은 가집행 할 수 있다.

라는 판결을 구합니다.

청 구 원 인

1. 원고는 OO시 OO군 OO면 OO리 000 전 2674㎡(다음부터 이 사건 토지라고 함)를 소유·경작하고 있었고, 피고 O①O의 소유인 같은 리 000-0 전 2109㎡, 피고 O②O의 소유인 000-00 전 274㎡ 위에 경운기가 통과할 정도의 넓은 통로가 수십년 전부터 있어 왔으나(피고 O①O와 피고 O②O는 형제임), 피고 O①O가 같은 리 000-0 지상에 건물을 신축하면서 위 통로를 모두 폐쇄하였습니다.

2. 그런데 이 사건 토지는 위 통로가 없으면 사실상 같은 리 000 공로로 통하는 통로가 없으므로, 원고는 피고 O①O, O②O에게 주위토지통행권을 주장하여 같은 리 000-0, 000-00 중 별지도면 표시 1, 2, 3, 6, 1의 각 점을 차례로 잇는 선내 (가)부분 43.2㎡, 별지도면 표시 3, 4, 5, 6, 3의 각 점을 차례로 잇는 선내 (나)부분 26.4㎡를 원고에게 통행로(폭 2m)로 제공하도록 요청하고 그 손해보상금으로 금 2,000,000원을 피고들에게 지급하기로 약정하고 위 보상금을 전액 지급하고 위 (가), (나)부분을 통행로로 사용하였습니다.

3. 그런데 피고들은 20OO. O. O.경부터 아무런 이유 없이 막대를 박고 망을 치는 등 같은 리 000-0, 같은 리 000-00 중 별지도면 표시 1, 2, 3, 6, 1의 각 점을 차례로 잇는 선내 (가)부분 43.2㎡, 별지도면 표시 3, 4, 5, 6, 3의 각 점을 차례로 잇는 선내 (나)부분 26.4㎡에 대한 원고의 통행을 방해하고 있습니다.

4. 따라서 원고는 피고들에 대하여 위 같은 리 000-0, 000-00 중 위 (가)부분 43.2㎡, (나)부분 26.4㎡에 대하여 원고에게 약정에 의한 통행권이 있음의 확인을 구하고, 아울러 통행에 방해가 되는 막대와 망의 철거를 청구하며, 또한 장차 통행방해행위의 금지를 청구하고자 이 사건 청구에 이르게 된 것입니다.

입 증 방 법

1. 갑 제1호증의 1 내지 3	각 부동산등기사항증명서
1. 갑 제2호증의 1 내지 3	각 토지대장등본
1. 갑 제3호증	지적도등본
1. 갑 제4호증	합의각서
1. 갑 제5호증	영수증
1. 갑 제6호증의 1 내지 3	각 사진

첨 부 서 류

1. 위 입증서류 각 1통
1. 소장부본 2통
1. 송달료납부서 1통

2OOO. . .

위 원고 O O O (인)

OO지방법원 귀중

[별지]

도 면

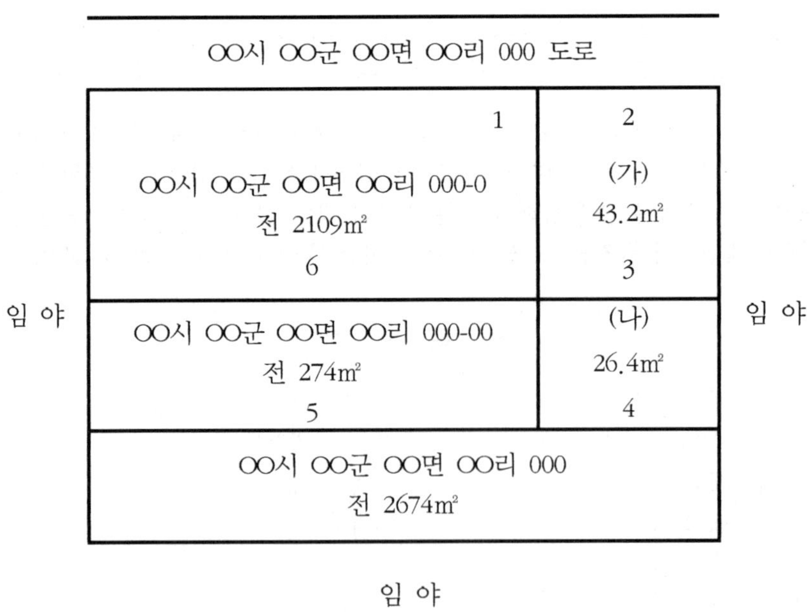

3. 건물의 구분소유자의 상린관계

가. 의 의

1) 1동의 건물을 구분하여 그 각각의 부분을 수인이 소유하는 것을 가리켜 건물의 구분소유라고 한고, 그러한 건물의 일부에 대하여 독립한 소유권을 인정하는 것을 구분소유권이라고 한다. 그런데 1동의 건물을 수인이 구분하여 소유하는 경우 건물의 각 부분에 대해서는 독립한 소유권(건물구분소유권)의 성립이 인정되지만, 외벽, 계단, 공동의 문과 같은 건물의 나머지 부분이나 대지에 대한 소유관계에서는 어떻게 되는지, 즉 다수의 구분소유자 사이에 구분소유물건의 관리이용에 대한 이해관계를 법률상 어떻게 규율할 것인가 하는 문제가 된다. 이러한 법률관계를 규율하기 위한 민법상의 규정이 제215조이다.

2) 민법 제215조 1항에서는 수인이 한 채의 건물을 구분하여 그 일부분을 소유하는 때에는 건물 중의 공용부분(복도, 계단, 지붕, 벽)과 부속물 중의 공용부분은 공유로 추정한다고 규정하고 있다 이에 의하여 상린관계는 원칙적으로 공유의 규정(제262조 내지 제270조)에 의하여 규율되지만, 그 예외로서 ① 각 공유자는 단독으로 분할청구하지 못하며(제268조 3항), ② 공유부분의 보존에 관한 비용(수리비 등), ③ 기타 부담(조세 등)은 각자의 소유부분의 가액에 비례하여 분담하여야 하고(제215조 2항), ④ 공유부분에 대해서 타 공유자가 가지는 채권은 공유부분의 특별승계인에 대해서 주장할 수 있다.

나. 집합건물의 소유 및 관리에 관한 법률

동법은 집합건물이 전유부분·공용부분·대지로 구성되어 있음을 전제로 하여, 전유부분에 대해서는 단독소유권을 인정하고 공용부분과 대지에 대해서는 전유부분에 따른 공유지분을 인정한다.

1) 구분소유권

구분소유권이라 함은 1동의 건물 중 구조상의 독립성 및 이용상의 독립성을 가진 전유부분을 목적으로 하는 소유권을 말한다(동법 제2조 1호). 건물이 구분소유의 객체가 되기 위해서는 첫째 1동의 건물이 구조상 구분될 수 있어야 하고(구조상 독립성), 둘째 구분된 수개의 부분이 독립한 건물로서 사용될 수 있어야(기능상 독립성) 한다(동법 제1조).

2) 전유부분과 공용부분

가) 전유부분

구분소유권의 목적인 건물부분이 전유부분이다(동법 제2조 3호). 전유부분이 되려면 그 부분이 구조상으로나 이용상으로 다른 부분과 구분되는 독립성이 있어야 한다. 그리고 이러한 전유부분에 성립하는 소유권이 구분소유권이다.

나) 공용부분

공용부분은 건물 중 전유부분 외의 건물부분(지붕, 계단, 복도), 전유부분에 속하지 않는 건물의 부속물(전기배선, 수도, 가스의 배관, 저수탱크)과 같은 법정공용부분과 규약에 의하여 공용부분으로 된 부속의 건물(창고, 주차장)과 같은 규약공용부분으로 구성된다(동법 제2조 4호). 이 공용부분은 원칙적으로 구분소유자 전원의 공유에 속하나, 일부의 구분소유자만의 공유로 제공되는 것이 명백한 경우(일부 공용부분)에는 그들만의 공유로 된다(동법 제10조 1항). 이 때 각 공유자의 지분은 그가 가지는 전유부분의 면적의 비율에 의하나(동법 제12조 1항), 규약으로 달리 정할 수 있다(동법 제10조 2항). 공용부분의 지분은 전유부분의 처분에 따르며, 전유부분과 분리하여 그 지분만을 처분할 수 없다(동법 제13조).

3) 대지사용권

대지사용권이라 함은 전유부분을 소유하기 위하여 건물의 대지에 대해서 가지는 권리를 말한다(동법 제2조 6호). 대지사용권은 토지소유권의 공유지분인 것이 보통이나, 지상권·임차권을 준공유할 수도 있다. 이러한 대지사용권 중 건물과 분리하여 처분할 수 없는 것을 대지권이라고 한다(부등법 제40조 3항, 규약이나 공정증서로써 분리처분을 정할 수 있음). 대지사용권과 구분소유권은 매우 밀접한 관계에 있기 때문에 집합건물법은 이들의 일체화를 도모하고 있다. 즉 구분소유자의 대지사용권은 그의 전유부분의 처분에 따르도록 하고, 전유부분과 분리하여 대지사용권만을 처분할 수 없도록 한다(동법 20조). 다만 위 분리처분금지는 그 취지를 등기하지 않으면 선의로 물권을 취득한 제3자에게 대항하지 못한다.[383] 선의의 제3자는, 원칙적으로 집합건물의 대지로 되어 있는 사정을 모른 채 대지사용권의 목적이 되는 토지를 취득한 제3자를 의미한다.[384]

---

383) 동법 제20조 3항, 위 규정의 취지는 집합건물의 전유부분과 대지사용권이 분리되는 것을 최대한 억제하여 대지사용권 없는 구분소유권의 발생을 방지함으로써 집합건물에 관한 법률관계의 안정과 합리적 규율을 도모하려는 데 있다. 대법원 2006. 3. 10. 선고 2004다742 판결.

다만 분리 처분이 금지되는 대지사용권이란 구분소유자가 전유부분을 소유하기 위하여 건물의 대지에 대하여 가지는 권리이므로(동법 2조 호 참조), 구분소유자 아닌 자가 집합건물의 건축 전부부터 전유부분의 소유와 무관하게 집합건물의 대지로 된 토지에 대하여 가지고 있던 권리는 같은 법 제20조에 규정된 분리처분금지의 제한을 받지 않는다.[385)]

그리고 대지사용권은 권리로서 유효하게 존속하고 있어야 하므로 사후에 효력을 상실하여 소멸한 토지사용권은 더 이상 전유부분을 위한 대지사용권이 될 수 없고, 구분소유자의 의사에 기하지 않고 대지사용권 발생의 원인이 된 계약에 따라 대지사용권이 소멸한 경우 이를 대지사용권의 분리처분에 해당한다고 볼 수 없으며, 집합건물의 부지가 되는 토지의 소유자로서 구분소유자 아닌 자가 토지를 처분하였다고 하여 위 조항에 위배된다고 볼 수도 없다.[386)] 구분건물을 신축한 자가 대지사용권을 가지고 있는 경우에 대지권에 관한 등기를 하지 아니하고 구분건물에 관하여만 소유권 이전등기를 마쳤거나, 구분건물을 신축하여 양도한 자가 그 건물의 대지사용권을 나중에 취득하여 이전하기로 약정하였을 때에는 현재의 구분소유자와 공동으로 대지사용권에 관한 이전등기를 신청할 수 있다(부등법 제60조).[387)]

4) 구분소유자의 권리·의무

구분소유권에는 일종의 상린관계라고 할 수 있는 일정한 권리의무가 수반된다. 즉 구분소유자(전유부분을 점유하는 자 포함)는 건물의 보존에 해로운 행위 기타 건물의 관리 사용에 관하여 구분소유자의 공통의 이익에 어긋나는 행위를 하지 않아 하며,[388)] 이에 위반한 때에는 행위의 정지, 사용금지, 구분소유권과 대지사용권의 경매 등을 청구할 수 있도록 하였다(동법 제43조 내지 제45조). 그리고 구분소유자는 전유부분·공용부분의 보존개량을 위하여 다른 구분소유자의 전유부분 등의 사용을 청구할 수 있다(동법 제5조 3항). 구분소유자는 공용부분을 그 용도에 따라 사용할 수 있다.[389)] 공용부분의

---

384) 대법원 2009. 6. 23. 선고 2009다26145 판결.
385) 대법원 2010. 5. 27. 선고 2010다6017 판결.
386) 대법원 2011. 9. 8. 선고 2010다15158 판결.
387) 대법원 2008. 9. 11. 선고 2007다45777 판결.
388) 대법원 2007. 6. 1. 선고 2005두17201 판결은 동법 제5조 1항의 취지가 집합건물인 상가건물의 구분소유자가 해당 전유부분에 대한 용도변경행위를 함에 있어 다른 구분소유자들과 함께 하여야 한다거나 그들의 동의를 얻어야 한다는 것까지 포함한다고 볼 수 없다고 한다.
389) 동법 제11조. 지분비율로 사용할 수 있는 것이 아니다. 제263조 참조.

보존행위는 각 공유자가 할 수 있으나(동법 제16조 1항 단서), 공용부분의 변경에 관한 사항은 특별한 경우(동법 제15조 1항 1호·2호의 경우)를 제외하고는 구분소유자 및 의결권의 각 4분의 3 이상의 다수에 의한 집회 결의로 결정하여야 하며,[390] 그 밖의 공용부분의 관리에 관한 사항은 통상의 집회 결의로써 결정한다(동법 제16조 1항 본문). 각 공유자는 규약에 달리 정함이 없는 한 그 지분의 비율에 따라 공용부분의 관리비용 기타 의무를 부담하고 공용부분에서 생기는 이익을 취득한다(동법 제17조). 그리고 공유자가 공용부분에 관하여 다른 공유자에 대하여 가지는 채권은 그 특별승계인에 대하여도 행사할 수 있다(동법 제18조).

5) 관리단·규약

1동의 건물에 관하여 구분소유관계가 성립되면 구분소유자들 전원으로 건물, 대지, 부속시설의 관리를 목적으로 하는 관리단이 구성된다(동법 제23조 1항). 이 관리단은 구분소유관계가 성립하는 건물이 있는 경우 특별한 조직행위가 없어도 당연히 성립하는 단체이며(대판 2002. 12. 27. 2002다45284), 그 성격은 특별한 사정이 없는 한 법인 아닌 사단이다(대판 1991. 4. 23. 91다4478). 그리고 구분소유자가 10인 이상일 때에는 관리인을 선임하여야 한다(동법 제24조 1항). 건물과 대지 또는 부속시설의 관리 또는 사용에 관한 구분소유자들 사이의 사항 중 집합건물법에서 규정하지 않은 사항은 규약으로써 정할 수 있다(동법 제28조 1항). 그런가 하면 집합건물법에 규정을 두면서도 규약으로 달리 정할 수 있도록 한 것도 적지 않다.[391]

Ⅲ. 소유권의 취득

1. 서 설

소유권의 취득에는 크게 '법률행위'에 의한 취득과 '법률의 규정'에 의한 취득 두 가지가 있다. 민법은 제245조 이하에서 소유권의 취득에 관하여 규정하고 있는데, 취득시효·선의취득·무주물선점·유실물습득·매장물발견·첨부(부합, 혼화, 가공)에 관한 규정이 그것이다.

---

390) 동법 제15조 1항. 이 때 공용부분의 변경이 다른 구분소유자에게 특별한 영향을 미칠 경우에 그 구분소유자의 승낙을 얻어야 한다. 동법 제15조 2항.

391) 동법 제3조 2항, 4조 1항, 제16조 2항 제17조, 제20조 2항, 제21조 1항 등.

2. 취득시효

가. 개 념

취득시효란 물건 또는 권리를 점유하는 사실상태가 일정기간 계속되는 경우, 그것이 진실한 권리관계와 일치하는가의 여부를 묻지 않고 처음부터 권리자이었던 것으로 인정하는 제도이다. 이에 더하여 부동산의 등기부 취득시효는 부동산의 소유자로 등기하고서 점유하는 자의 신뢰를 보호하려는 데 그 취지가 있다.

나. 시효취득되는 권리

시효로 취득되는 권리로서 민법이 인정하는 것은 소유권(제245조)과 그 밖의 재산권(제248조)이다. 그 밖의 재산권은 분묘기지권·지상권·지역권·질권과 이와 유사한 성질을 가지는 것(광업권, 어업권, 무체재산권 등)에 한한다. 점유권·유치권·저당권은 시효취득의 대상이 되지 못한다.

다. 시효취득의 대상

시효취득의 대상이 되는 것은 부동산(토지와 건물)과 동산이다. 특히 문제가 되는 것은 다음과 같다.

1) 타인성 여부

시효로 인한 부동산 소유권의 취득은 원시취득으로서 취득시효의 요건을 갖추면 등기청구권을 취득하는 것이지, 타인의 소유권을 승계취득하는 것이 아니므로 시효취득의 대상이 반드시 타인의 소유물이어야 하거나 그 타인이 특정되어있을 필요는 없다. 따라서 자기의 소유물[392] 또는 소유자불명의 물건에 대해서도 시효취득을 인정할 수 있다.

그러나 판례는 토지소유자가 특정한 토지 일부분을 타인에게 매도하면서 등기부상으로는 전체 토지의 일부 지분에 관한 소유권이전등기를 경료해 준 후 매도 대상에서 제외된 나머지 특정부분을 계속 점유하는 경우[393]나 토지의 특정한 일부분을 매수한

---

392) 자기 소유물의 취득시효의 기산점은 타인명의로 소유권이전등기가 경료된 날이다. 대법원 1997. 3. 14. 선고 96다55860 판결.

393) 대법원 2001. 4. 13. 선고 99다62036, 62043 판결.

자가 등기부상으로는 전체 토지의 일부 지분에 관한 소유권이전등기를 경료받고 매수 대상인 특정 부분을 점유하는 경우[394], 종전토지에 대한 환지예정지를 점유하는 것[395] 등은 취득시효의 기초가 되는 점유라고 할 수 없다고 한다.

2) 1필의 토지의 일부

판례는 1필의 토지의 일부에 대한 시효취득을 인정하지만, 그를 위해서는 그 부분이 다른 부분과 구분되어 시효완성자의 점유에 속한다는 것을 인식하기에 족한 객관적 징표(예컨대 나무의 식재, 분묘의 설치, 수호, 경계표시)가 계속하여 존재할 것을 요한다.[396] 토지의 일부에 시효취득이 인정되더라도 이에 대한 소유권을 취득하기 위해서는 분필등기를 하여야 한다. 공유지분도 취득시효의 대상이 되는데, 이때에는 점유의 범위를 특정할 수 있는 객관적인 징표가 계속 존재할 필요가 없다. 한편 공유물분할은 공유자 상호간의 지분의 교환 또는 매매라고 할 것이므로, 2인 공유인 1필지 토지의 일부에 대한 점유취득시효가 완성된 이후 그 1필지 토지가 공유물분할에 의하여 시효취득의 대상이 된 토지 부분과 나머지 토지로 분할된 경우, 시효취득의 대상이 된 부분에 관한 공유자 1인의 공유지분은 공유물분할에 의하여 다른 공유자 1인에게 이전되었다 할 것이고, 따라서 점유자는 취득시효가 완성된 부분에 관한 공유자 1인의 공유지분에 대하여는 이를 이전받은 다른 공유자에게 시효완성으로써 대항할 수 없다.[397]

3) 국유 또는 공공단체의 소유재산

국유재산법 제7조 제2항(법률 제9774호, 2009.6.9. 개정, 2009.12.10 시행)은 "행정재산은 민법 제245조에도 불구하고 시효취득의 대상이 되지 아니한다고 규정하고 있다. 종래의 국유재산법은 국유재산에 대한 시효취득을 배제하고 있었으나, 「헌법재판소 1991. 5. 13. 89헌가79 결정」이 국유재산 중 잡종재산(현행법상 일반재산. 국재 7조 2항, 공유재산 및 물품관리법 제6조 2항)에 대하여 시효취득을 인정하지 않는 것은 헌법상의 평등원칙에 위배되어 위헌이라고 판시하였고, 이후 일반재산은 취득시효의 대상이 되게 되었다. 일반재산인지의 여부에 대한 증명책임은 시효이익을 주장하는 측에 있다.[398]

---

394) 대법원 2009. 10. 15. 선고 2007다83632 판결.
395) 대법원 2002. 9. 4. 선고 2000다22083, 22090 판결.
396) 대법원 2009. 6. 25. 선고 2009다10386 판결.
397) 대법원 2009. 12. 10. 선고 2006다55784, 55791 판결.

나아가 판례는 원래 잡종재산이던 것이 행정재산으로 된 경우 잡종재산일 당시에 취득시효가 완성되었다고 하더라도 행정재산으로 된 이상 이를 원인으로 하는 소유권 이전등기를 청구할 수 없다고 한다.[399] 또한 자연의 상태 그대로 공공용에 제공될 수 있는 이른바 자연공물은 공물로서의 성질을 상실하지 아니하는 한 시효취득의 대상이 되지 아니한다.[400] 그리고 국유토지는 국립공원으로 지정·고시된 이후에는 시효취득의 대상이 되지 아니한다.[401]

3. 부동산소유권의 취득시효(제245조)

민법은 부동산취득시효에 대해서 그 요건의 차이에 따라 제245조 1항과 2항으로 나누어 규정하고 있다. 제1항은 그 요건으로서 20년간 소유의 의사를 가지고 평온·공연하게 부동산을 점유하고 등기할 것을 요구하며, 제2항은 10년간 소유의 의사로 평온·공연하게 점유할 것과 아울러 소유자로 등기되었을 것 및 선의·무과실의 요건이 추가되어 있다.

가. 점유취득시효에 의한 소유권취득 요건

20년간 소유의 의사로 평온·공연하게 부동산을 점유하는 자는 '등기함으로써' 그 소유권을 취득한다(제245조 1항).

1) 소유의 의사

점유취득시효의 요건으로서의 점유 자주점유이어야 한다. 매수인에게 부동산인도의무를 지는 매도인의 점유는 특별한 사정이 없는 한 타주점유이다. 건물소유자가 6.25 당시 피난간 사이에 그 건물에 거주한 경우에도 타주점유이다.[402] 나아가 공유부동산은 공유자 한 사람이 공유물 전부를 점유하고 있더라도 다른 특별한 사정이 없는 한 권원의 성질상 다른 공유자의 지분비율의 범위 내에서는 타주점유이다.[403] 귀속농지를 포함한 귀속재산의 점유자는 국가에 대한 보관자의 지위에 있게 되므로 권

398) 대법원 1996. 10. 15. 선고 96다11785 판결.
399) 대법원 1997. 11. 14. 선고 96다10782 판결.
400) 대법원 1994. 8. 12. 선고 94다12593 판결.
401) 대법원 1996. 7. 30. 선고 95다21280 판결.
402) 대법원 1993. 9. 28. 선고 92다50904 판결.
403) 대법원 1996. 7. 26. 선고 95다51861 판결.

원의 성질상 타주점유이다.[404] 한편 매매나 증여대상 토지면적이 공부상의 면적을 상당히 초과하는 경우에는 계약 당사자들이 이러한 사실을 알고 있었다고 보아 그 점유는 권원의 성질상 타주점유에 해당한다.[405] 판례는, 상속이 자주점유를 인정할 수 있는 새로운 점유가 아니며, 타주점유자의 상속인의 점유가 자주점유가 되기 위해서는 점유자가 점유를 시킨 자에게 소유의 의사가 있음을 표시하거나 또는 신권원에 의하여 다시 소유의 의사로써 점유를 시작하여야 하는 것으로 본다.[406] 자주점유가 인정된 후에도 사정의 변화가 있으면 타주점유로 전환된다. 예컨대 진정한 소유자가 점유자 명의의 소유권이전등기는 원인무효의 등기라고 하여 점유자 명의의 소유권이전등기의 말소등기청구소송을 제기하여 그 소송사건이 점유자의 패소로 확정되었다면 점유자의 토지에 대한 점유는 패소판결 확정 후부터는 타주점유로 전환된다.[407]

권원의 성질이 불분명하여 자주점유인지 타주점유인지 확정하기 어려운 경우에는 자주점유로 추정된다(제197조 1항).[408] 따라서 그 점유가 타주점유라는 사실은 이를 주장하는 상대방이 증명하여야 한다.[409] 어느 때에 자주점유의 추정이 깨어진다고 볼 것이냐가 문제되는데, 판례[410]는 "점유자가 성질상 소유의 의사가 없는 것으로 보이는 권원에 바탕을 두고 점유를 취득한 사실이 증명되었거나, 점유자가 타인의 소유권을 배제하여 자기의 소유물처럼 배타적 지배를 행사하는 의사를 가지고 점유하는 것으로 볼 수 없는 객관적 사정, 즉 점유자가 진정한 소유자라면 통상 취하지 아니할 태도를 나타내거나 소유자라면 당연히 취했을 것으로 보이는 행동을 취하지 아니한 경우 등 외형적·객관적으로 보아 점유자가 타인의 소유권을 배척하고 점유할 의사를 갖고 있지 아니하였던 것이라고 볼 만한 사정이 증명된 경우에도 그 추정은 깨어진다고 한다. 그러한 사정으로는 대표적으로 점유자가 점유 개시 당시에 소유권 취득의 원인이 될 수 있는 법률행위 기타 법률요건이 없이 그와 같은 법률요건이 없다는 사실을 잘 알면서 타인 소유의 부동산을 무단 점유한 것임이 입증된 경우를 든다. 즉

404) 대법원 2000. 6. 9. 선고 99다36778 판결.
405) 대법원 2009. 10. 15. 선고 2007다83632 판결.
406) 대법원 2004. 9. 24. 선고 2004다27273 판결.
407) 대법원 1999. 9. 17. 선고 98다63018 판결.
408) 대법원 1997. 12. 9. 선고 97다18549 판결.
409) 대법원 2002. 2. 26. 선고 99다72743 판결은 "점유자가 스스로 매매 또는 증여와 같은 자주점유의 권원을 주장하였으나 이것이 인정되지 않는 경우에도, 원래 자주점유에 관한 입증책임이 점유자에게 있지 아니한 이상 그 주장의 점유권원이 인정되지 않는다는 사유만으로 자주점유의 추정이 번복된다거나 또는 점유권원의 성질상 타주점유라고 볼 수 없다"고 한다.
410) 대법원 1997. 8. 21. 선고 95다28625 전원합의체 판결.

악의의 무단점유가 증명된 때에는 자주점유 의 추정이 번복된다는 것이다. 그러한 악의의 무단점유는, 일반적으로 ① 점유개시 당시에 소유권 취득의 원인이 될 수 있는 법률행위 기타 법률요건이 부존재하고(객관적 요소), ② 점유자가 그와 같은 법률행위나 법률요건이 없다는 사실을 잘 알고 있는(주관적 요소) 경우에 인정된다.

판례에 의하면, 소유의 의사는 사실상 소유할 의사가 있는 것으로 충분한 것이지 반드시 등기를 수반하여야 하는 것은 아니므로, 등기를 수반하지 아니한 점유임이 밝혀졌다고 하여 그것만 가지고 바로 점유권원의 성질상 소유의 의사가 결여된 타주점유라고 할 수 없다고 한다.[411] 이것은 일반적으로 악의의 무단점유가 되기 위해서는 점유개시 당시에 소유권 취득의 원인이 될 수 있는 법률행위 기타 법률요건이 부존재하고(객관적 요소), 점유자가 그와 같은 법률행위나 법률요건이 없다는 사실을 잘 알고 있어야(주관적 요소) 하는데, 위 객관적 요소가 인정된다고 하여 바로 주관적 요소가 안정되는 것이라고 볼 수는 없다는 의미이다. 한편 직접점유뿐만 아니라 간접점유도 점유취득시효 요건으로서의 점유로 인정된다.[412]

2) 평온·공연한 점유

점유취득시효의 요건으로서의 점유는 평온·공연한 소유의 의사로 하는 점유이면 충분하고 선의·무과실은 그 요건이 아니다. 여기서 평온한 점유라 함은 강포한 점유가 아닌 점유로서, 점유자가 그 점유를 취득 또는 보유함에 있어 법률상 허용되지 않는 강포한 행위를 쓰지 아니 하는 점유를 말하며, 공연한 점유라 함은 은비의 점유가 아닌 점유를 말한다.

점유자는 특별한 사정이 없는 한 평온·공연하게 점유하는 것으로 추정된다(제197조 1항). 따라서 점유자가 점유의 평온·공연성을 증명할 필요는 없고, 점유자의 시효취득을 부정하는 자가 평온·공연한 점유가 아님을 증명하여야 한다.[413] 그 점유가 불법이라고 주장하는 자로부터 이의를 받은 사실이 있거나 점유물의 소유권을 둘러싸고 당사자 사이에 법률상의 분쟁이 있었다고 하더라도 그러한 사실만으로 곧 그 점유의 평온·공연성이 상실된다고는 할 수 없다.[414]

---

411) 대법원 2000. 3. 16. 선고 97다37661 전원합의체 판결.
412) 대법원 1998. 2. 24. 선고 97다49053 판결.
413) 대법원 1986. 2. 25. 선고 85다카1891 판결.
414) 대법원 1982. 9. 28. 선고 81사9 전원합의체 판결.

3) 20년간의 점유

가) 시효기간의 기산점

(1) 시효기산점에 관하여 역산설에 따라 점유자가 점유기간의 기산점을 임의로 선택할 수 있고, 따라서 현재로부터 거슬러 올라가 20년 이상 점유한 사실을 증명하면 그것으로 점유취득시효의 완성을 인정할 수 있는지 아니면 고정시설에 따라 점유자가 임의로 기산점을 선택할 수 없고 현실적으로 점유를 개시한 시점을 확정하여 그때부터 20년의 기간을 기산하여야 하는지가 문제된다. 이 문제는 시효가 완성되었으나 점유자가 아직 등기를 경료하지 않고 있는 사이에 부동산이 양도되어 그 등기를 마친 제3자에 대해서도 점유자가 시효취득을 주장할 수 있는가 하는 문제와 표리관계에 있다. 이에 관한 판례의 원칙적 태도는 취득시효의 기산점은 법률효과의 판단에 관하여 직접 필요한 주요사실이 아니라 간접사실에 속하고, 따라서 법원으로서는 당사자의 주장에 구속되지 않고 소송자료에 의하여 진정한 점유의 시기를 인정하여야 하며, 그 시기가방사자의 주장과 일치하지 않더라도 변론주의에 위배되지 않는다고 하여 원칙적으로 고정시설을 취하면서 일정한 예외적인 경우에 역산설을 가미하는 것으로 보인다.

(2) 취득시효의 기산점에 관한 판례의 태도[415]

① A 소유의 부동산에 대한 B의 점유취득시효자 완성된 경우에, A는 취득시효관계의 당사자이므로, B는 등기 없이 A에 대하여 시효취득을 주장할 수 있다.
② A가 시효진행 중 그 부동산을 C에게 양도하고 등기를 넘겨준 경우에, 그 후 시효가 완성되면 B는 등기 없이 C에 대하여 시효취득을 주장할 수 있다. 등기명의의 변경으로 종래의 점유상태가 파괴되었다고 볼 수 없어서, 이를 취득시효의 중단사유라고 할 수 없기 때문이다.[416]
③ A가 B의 시효기간이 만료된 후에 그 부동산을 C에게 양도하고 등기를 넘겨준 경우에, C는 B에 대하여 제3자이고, 따라서 B는 C에 대하여 시효취득으로써 대항할 수 없다.[417] 즉 취득시효완성 후 그 등기 전에 제3자가 소유자로부터 그 부동산을 양수하여 등기를 마쳤다면, 점유자는 제3자에 대하여 취득시효의 완성을 주장할 수 없는데, 제3자가 악의라도 문제되지 않으며[418], 제3자 앞으로의 이전등기의 원인이 취득시효완성 전의 것이라도 마찬가지이다.[419]
④ 취득시효기간의 계산에서 점유기간 중에 당해 부동산의 소유권자의 변동이 있

415) 지원림, 민법강의, 603면 내지 605면.
416) 대법원 1997. 4. 25. 선고 97다6186 판결.

는 경우에 취득시효를 주장하는 자가 임의로 기산점을 선택하거나 소급하여 20년 이상 점유한 사실만 내세워 시효완성을 주장할 수 없고, 이러한 경우에 법원이 '당사자의 주장에 구애됨이 없이' 소송자료에 의하여 인정되는 바에 따라 진정한 점유의 개시시기를 인정하고, 그에 터 잡아 취득시효 주장의 당부를 판단하여야 한다.[420] 따라서 ③의 예에서 B가 시효기간의 기산점을 실제보다 뒤로 정하여 C에 대하여 그 양도 후에 취득시효가 완성하는 것으로 주장할 수 없다.

다만 全 점유기간을 통틀어 등기명의인이 동일하다면(상속 등 포괄승계의 경우에는 소유자의 변동이 없다고 할 것이다), 취득시효의 완성을 주장할 수 있는 시점에 시효기간이 경과한 사실만 확정되면 충분하므로 임의의 시점을 기산점으로 삼을 수 있고[421], 취득시효를 주장하는 날로부터 역산하여 20년 이상의 점유사실이 인정되고 그것이 자주점유가 아닌 것으로 밝혀지지 않는 한 취득시효를 안정할 수 있다.

한편 대판 2006. 10. 12. 2006다44753은 구분소유적 공유관계에 있는 토지 중 공유자 1인의 특정구분소유부분에 관한 점유취득시효가 완성된 경우에, 다른 공유자의 특정 구분소유부분이 다른 사람에게 양도되고 그에 따라 토지 전체의 공유지분에 관한 지분이전등기가 경료되었다면, 대외적 관계에서는 점유취득시효가 완성된 특정 구분소유부분 중 다른 공유자 명의의 지분에 관하여 소유명의자가 변동된 경우에 해당하므로, 점유자는 취득시효의 기산점을 임의로 선택하여 주장할 수 없다고 하였다.

⑤ ③의 예에서 C의 양수 및 등기경료 후 B가 다시 시효취득에 필요한 기간 동안 점유를 계속하면, C에 대하여 시효취득을 주장할 수 있다. 즉 시효기간이 만료되고 나서 이루어진 제3자에게의 등기 후 다시 시효취득에 필요한 기간을 경과한 경우에 관하여 종래의 판례는 시효완성 후에 등기명의자의 변경이 있는 것으로 보았으나, 대판(전) 1994. 3. 22. 93다46360은 —앞에서 본 역산설을 확장하여— 취득시효완성 후 토지소유자에 변동이 있어도 당초의 점유자가 계속 점유하고 있고 소유자가 변동된 시점을 새로운 기산점으로 삼아도 다시 취득시효의 점유기간이 완성되는 경우에 시효취득을 주장하는 점유자로서는 소유권 변동시를 새로운 취득시효의 기산점으로 삼아 취득시효의 완성을 주장할 수 있다고 하였다. 나아가 대판(전) 2009. 7. 16. 2007다15172, 15189의 다수의견은 취득시효기간이 경과하기 전에 등기부상의 소유명의자가 변경된다고 하더라도 그 사유만으로는 점유자의 종래의 사실상태의 계속을 파괴한 것이라고 볼 수 없어 취득시효를 중단할 사유가 되지 못하므로, 새로운 소유명의자는 취득시효완성 당시 권리의무 변동의 당사자로서 취득시효완성으로 인한 불이

> 익을 받게 된다 할 것이어서 시효완성자는 그 소유명의자에게 시효취득을 주장할 수 있는바, 이러한 법리는 새로이 2차의 취득시효가 개시되어 그 취득시효기간이 경과하기 전에 등기부상의 소유명의자가 다시 변경된 경우에도 마찬가지로 적용된다고 봄이 상당하다고 하였다.

나) 점유의 승계가 있는 경우[422)]

(1) 취득시효의 기초인 점유가 승계된 경우에, 점유자는 제199조에 의하여 자신의 점유만을 주장할 수도 있고 전 점유자의 점유를 합산하여 주장할 수도 있지만, 합산의 경우에 전 점유자의 하자도 승계한다. 그리고 전후 양시에 점유한 사실이 있으면, 그 점유는 계속한 것으로 추정된다(제198조). 그런데 제193조에 따라 상속으로 인하여 점유권은 현실적인 점유의 이전과 관계없이 상속인에게 당연히 이전되는바, 상속인 자신도 현실적 지배를 취득하는 경우에 자기 자신의 점유권을 취득하는 것으로 볼 것인지 여부에 관하여 학설이 대립한다. 이는 특히 피상속인의 점유는 타주점유인 반면 상속인은 소유의 의사로 현실적 지배를 개시한 경우에, 그때부터라도 상속인의 자주점유를 인정할 수 있는가에 관한 문제로, 판례는 원칙적으로, 즉 새로운 권원에 의하여 자기 고유의 점유를 개시하지 않는 한 이를 부정한다.[423)]

(2) 전 점유자의 점유를 함께 주장하는 경우에(제199조) 어느 점유자의 점유까지를

---

417) 대법원 1991. 4. 9. 선고 89다카1305 판결.
418) 대법원 1994. 4. 12. 선고 93다50666, 50673 판결.
419) 대법원 1998. 7. 10. 선고 97다45402 판결. 한편 취득시효 완성 전에 경료된 가등기에 기하여 시효완성 후에 본등기가 경료된 경우를 어떻게 처리할 것인가가 문제된다. 가등기에 기하여 본등기가 경료되면, 물권변동의 시기는 시효완성 후이지만, 등기순위에서 그 본등기는 경료되어야 할 시효권리자명의의 등기보다 선순위의 것으로 된다. 그런데 만일 등기순위의 선후를 기준으로 한다면, 자기 권리의 보전을 위하여 가등기를 경료하여 둔 경우에 그렇지 않은 경우에서보다 더 불리하게 되어 평가모순이 발생할 수 있다. 이러한 이익상황의 고려하여, 그 본등기는 시효완성 후의 등기라 할 것이고, 따라서 시효권리자는 본등기의 명의인에게 시효완성을 주장하지 못한다 할 것이다(대법원 1992. 9. 25. 선고 92다21258 판결). 시효완성 후 제3자를 위하여 가등기가 경료된 경우에, 시효권리자는 가등기의 부담있는 소유권을 취득하고 가등기에 기한 본등기가 경료되면 시효권리자명의의 등기는 이른바 중간처분등기로 직권말소될 것이다. 그런데 본등기가 경료되기 전이라면 소유명의자의 이전등기의무가 이행불능이라고 할 수 없다(대법원 1993. 9. 14. 선고 93다12268 판결).
420) 대법원 1995. 5. 23. 선고 94다39987 판결.
421) 대법원 1998. 5. 12. 선고 97다8496, 8502 판결.
422) 지원림, 민법강의, 605면 내지 607면.
423) 대법원 1992. 9. 22. 선고 92다22602, 22619 판결.

주장할 것인가에 대하여 선택권을 가지지만, 전 점유자의 점유를 아울러 주장하면 서 그 점유의 개시시기를 어느 점유자의 점유기간 중의 임의의 시점으로 선택할 수는 없다.[424] 그러나 전 점유기간 중 소유명의에 변동이 없다면, 현재의 시점으로부터 역산하여 20년이 경과한 시점을 취득시효의 기산점으로 삼아 자신이 시효취득하였음을 주장하여 '직접' 소유권이전등기를 청구할 수 있다.[425]

4) 등 기

점유취득시효에 의하여 부동산의 소유권을 최종적으로 취득하기 위해서는 등기를 하여야 한다(제245조 1항). 점유취득시효 완성으로 인한 부동산 소유권 취득은 법률의 규정에 의한 소유권취득임에도 제187조의 예외가 된다.

가) 등기의 종류와 절차

법률행위에 의한 물권변동과는 달리 법률의 규정에 의한 물권변동은 법정지상권이나 법정저당권을 제외하고는 등기권리자의 단독 또는 관공서의 촉탁에 의하여 등기가 행해지므로 등기청구권의 문제는 일어나지 않는다. 취득시효 완성으로 인한 소유권의 취득은 원시취득이므로 그 등기는 성질상 보존등기여야 하지만 보존등기가 절차상 매우 번거롭고 종전의 권리변동관계를 단절시키는 점 등 여러 가지 문제점이 있어 실무상 이전등기 절차에 의하고 있다.

나) 등기청구의 상대방

점유취득시효완성을 원인으로 한 소유권이전등기청구는 시효완성 당시의 소유자를 상대로 하여야 한다.[426] 따라서 시효완성 당시의 소유권보존등기 또는 이전등기가 무효라면 원칙적으로 그 등기명의인은 시효취득을 원인으로 한 소유권이전등기청구의 상대방이 될 수 없고, 이 경우 시효취득자는 소유자를 대위하여 위 무효등기의 말소를 구하고 다시 위 소유자를 상대로 취득시효완성을 원인으로 한 소유권이전등기를 구하여야 한다.[427] 그러나 진정한 소유자를 찾는 것이 불가능할 경우[428]에 시효취득

---

424) 대법원 1998. 4. 10. 선고 97다56822 판결. 이와 같은 법리가 반드시 소유자의 변동이 없는 경우에만 적용되는 것은 아니다. 즉 소유자의 변동이 있더라도 점유의 병합이 허용된다.

425) 대법원 1998. 5. 12. 선고 97다8496, 8502 판결.

426) 대법원 1997. 4. 25. 선고 96다53420 판결.

427) 대법원 2009. 12. 24. 선고 2008다71858 판결. 다만 취득시효 완성 당시 그 부동산의 등기부상 소유명의자의 등기가 원인무효의 흠결이 있다 하더라도 그 등기명의의 소유자가 진정한 소유자를 상대로 제기한 소유권이전등기 청구소송의 기판력 있는 확정판결에 의하여 소유권이전등기를 경료하였던

자는 취득시효완성 당시 진정한 소유자는 아니지만 소유권보존등기명의를 가지고 있는 자에 대하여 직접 취득시효완성을 원인으로 하는 소유권이전등기를 청구할 수 있다.429)

다) 시효취득에 의한 등기청구권의 성질

위에서 설명한 바와 같이 제245조 1항은 제187조의 원칙에 대한 예외이고, 시효취득으로 인한 등기청구권은 채권적 성질을 갖는다. 등기청구권은 원칙적으로 소멸시효의 대상이 된다고 할 것이지만 법률행위에 의한 등기청구권의 경우와 같이 시효취득자가 목적물을 계속 점유하고 있는 한 소멸시효에 걸리지 않는다.430)

라) 시효취득 완성 후 등기 전의 법률관계431)

(1) 소유자가 취득시효완성 이전에 제3자에게 부동산을 양도한 경우

취득시효기간 만료 전에 제3자가 소유자로부터 등기명의를 넘겨받은 경우에는 시효취득자는 그 취득시효기간 완성 당시의 등기명의자에 대하여 그 소유권취득을 주장할 수 있다. 제3자 앞으로의 소유권등기이전 자체가 취득시효의 중단을 가져오는 사유는 아니기 때문이다(제247조 2항, 제168조 참조).

(2) 소유자가 취득시효완성 후에 제3자에게 부동산을 양도한 경우

(가) 취득시효로 인한 등기청구권은 채권적 청구권이므로 취득시효완성 후 점유자가 소유권이전등기를 하기 전에 제3자가 현재의 소유자로부터 소유권이전기를 경료하면, 점유자는 그 제3자에 대하여 시효취득을 주장할 수 없다.432) 즉, 취득시효완성자는 시효기간 만료 당시의 토지소유자에 대하여 소유권이전등기 청구권을 취득한다. 그러나 미등기 토지에 대한 취득시효 완성 후 완성 당시 소유자명의로 소유권보존등기를 마쳤다고 하더라고 소유자에 변경이 있다고 볼 수 없고, 그에 기한 상속등기가 경료되었다고 하더라도 그에게 취득시효 완성을 주장할 수 있다.433) 또한, 제3자

것이라면, 시효취득자는 그 등기부상 소유명의자를 상대로 취득시효를 원인으로 한 소유권이전등기를 청구할 수 있다고 보아야 할 것이다(대법원 1999. 7. 9. 선고98다29575 판결).

428) 예컨대, 토지조사부의 소유자란 부분이 훼손되어 사정명의인이 누구인지 확인할 수 없지만 누군가에게 사정된 것은 분명하고 사정명의인 또는 상속인을 찾을 수 없는 경우.

429) 대법원 2005. 5. 26. 선고 2002다43417 판결.

430) 대법원 1996. 3. 8. 선고 95다34866 판결.

431) 김형배, 민법학강의, 603면 내지 605면.

432) 대법원 2007. 6. 14. 선고 2006다84423 판결.

433) 대법원 1998. 4. 14. 선고 97다44089 판결.

가 취득시효기간만료 당시의 등기명의인으로부터 신탁 또는 명의신탁 받은 경우라면 종전 등기명의인으로서는 언제든지 이를 해지하고 소유권이전등기를 청구할 수 있고, 점유시효취득자로서는 종전등기명의인을 대위하여 이러한 권리를 행사할 수 있으므로, 그러한 제3자가 소유자로서의 권리를 행사하는 경우 점유자로서는 취득시효완성을 이유로 이를 저지할 수 있다.[434] 제3자에게 시효취득을 주장할 수 없다고 하더라도 점유자가 취득시효완성 당시의 소유자에 대한 시효취득으로 인한 소유권이전등기청구권을 상실하게 되는 것은 아니고 위 소유자의 점유자에 대한 소유권이전등기의무가 이행불능으로 된 것에 불과하므로, 그 후 어떠한 사유로 취득시효완성 당시의 소유자에게로 소유권이 회복되면 그 소유자에게 시효취득의 효과를 주장할 수 있다.[435] 제3자에 대하여 시효취득을 주장할 수 없는 것은 어디까지나 그 제3자 명의의 등기가 적법·유효함을 전제로 하는 것이다. 즉, 제3자 명의의 등기가 원인무효인 경우에는 점유자는 취득시효 완성 당시의 소유자를 대위하여 위 제3자 앞으로 경료된 원인무효인 등기의 말소를 구함과 아울러 위 소유자에게 취득시효완성을 원인으로 한 소유권이전등기를 구할 수 있고, 또 위 제3자가 취득시효완성 당시의 소유자의 상속인인 경우에는 그 상속분에 한하여는 위 제3자에 대하여 직접 취득시효 완성을 원인으로 한 소유권이전등기를 구할 수 있다.[436] 제3자의 선의·악의는 묻지 않는다. 한편 취득시효 완성 후 등기 전의 점유자라 하더라도 계속 점유를 하고 있고 새로운 소유자(제3자)가 등기를 한 시점을 기산점으로 삼아 다시 시효기간이 완성된 경우, 점유자는 제3자를 상대로 소유권이전등기를 청구할 수 있다.[437]

한편 취득시효로 인한 소유권이전등기청구권이 발생한 후 시효완성 당시 등기명의자가 파산한 경우 파산선고시까지 이전등기를 마치지 않은 점유자는 파산관재인을 상대로 이전등기절차의 이행을 청구할 수 없으며, 파산절차에 의해서만 그 권리를 행사할 수 있다.[438] 결국 점유자는 목적부동산의 파산선고시 평가액을 기준으로 한 금전지급채권을 파산재단에 대하여 행사하게 될 것이다(채회파법 제423조, 제424조, 제426조 1항 및 제440조 참조).

---

434) 대법원 1995. 9. 5. 선고 95다24586 판결.
435) 대법원 1999. 2. 12. 선고 98다40688 판결.
436) 대법원 2002. 3. 15. 선고 2001다77352, 77369 판결.
437) 대법원 1994. 3. 22. 선고 93다46360 판결.
438) 대법원 2008. 2. 1. 선고 2006다32187 판결.

(나) 점유자와 소유자와의 관계

시효취득사실을 알고 있는 등기명의자가 고의로 취득시효대상이 되는 부동산을 제3자에게 처분한 경우에는 불법행위가 성립하고, 제3자가 부동산 소유자의 이와 같은 불법행위에 적극 가담하였다면 이는 사회질서에 반하는 행위로서 무효가 된다.[439] 그렇지만 점유자의 권리취득을 방해하려고 하는 등의 특별한 사정이 없는 한, 점유자 명의로 소유권이전등기가 마쳐지기 전까지 원소유자는 소유자로서 그 토지에 관한 적법한 권리를 행사할 수 있다. 즉, 원소유자가 취득시효의 완성 이후 그 등기가 있기 전에 그 토지를 제3자에게 처분하거나 제한물권의 설정, 토지의 현상 변경 등 소유자로서의 권리를 행사할 수 있다.[440]

마) 시효완성자로부터 점유를 승계한 자의 법적 지위

시효취득자는 취득시효완성 후 점유를 상실한 때부터 10년이 지나기 전에는 승계 등으로 점유를 상실하였다고 하더라도 소유명의자에 대하여 소유권이전등기청구권을 행사할 수 있고, 취득시효 완성 당시의 점유자(매도인)로부터 부동산을 매수한 자는 그 부동산의명의인에게 직접 소유권이전등기를 청구할 수는 없지만, 매도인의 명의인에 대한소유권이전등기청구권을 대위행사할 수는 있다.[441]

바) 대상청구권의 행사

취득시효가 완성자에게 시효취득으로 인한 소유권이전등기 청구권이 있다고 하더라도 이로 인하여 부동산소유자와 시효취득자 사이에 계약상 채권·채무관계가 성립하는 것은 아니므로, 그 부동산을 처분한 소유자에게 채무불이행책임을 물을 수 없다.[442] 하지만 판례는 채무불이행책임은 인정하지 않으면서 토지가 수용됨으로써 취득시효 완성을 원인으로 하는 소유권이전등기의무가 이행불능된 경우에는 점유자는 대상청구권을 행사하여 등기명의자가 지급받은 수용보상금을 반환청구할 수 있다고 한다.[443] 다만, 소유권이전등기청권의 이행불능 전에(토지수용 전에) 등기명의자에 대하여 점유로 인한 취득시효기간이 만료되었음을 이유로 권리를 주장하거나, 등기청구권을 행사하지 않았다면 대상청구권을 행사할 수 없다.[444]

---

439) 대법원 1993. 2. 9. 선고 92다47892 판결.
440) 대법원 2006. 5. 12. 선고 2005다75910 판결.
441) 대법원 1995. 3. 28. 선고 93다47745 전원합의체 판결.
442) 대법원 1995. 7. 11. 선고 94다4509 판결.
443) 대법원 1992. 5. 12. 선고 92다4581, 4598 판결.

나. 등기부취득시효의 특별요건

부동산의 소유자로 등기한 자가 10년간 소유의 의사로 평온·공연하게 선의이며 과실 없이 그 부동산을 점유한 때에는 소유권을 취득한다(제245조 2항). 즉, 등기부취득시효는 점유취득시효의 요건 외에 그 부동산에 관하여 취득자의 명의로 등기되어 있을 것과 점유가 선의·무과실일 것을 특별요건으로 한다.

1) 선의·무과실의 점유

등기부취득시효에 있어서는 선의·무과실의 점유가 요건으로 추가된다. 예컨대, 정당한 절차에 의하지 않은 부동산등기를 하고 이를 점유하고 있는 자는 선의·무과실이라고 할 수 없고,[445] 등기부상 소유명의자 아닌 자로부터 매수하여 점유한 자는 일단 과실있는 점유자라고 할 수 있다.[446]

이러한 점유자의 선의 및 무과실은 점유취득에 관한 것이며, 점유개시 시에만 있으면 되고, 전 시효기간 동안 계속되어야 하는 것은 아니다. 점유의 선의는 추정되므로(제197조 1항), 이를 다투는 자가 악의를 증명하여야 한다. 반면 무과실은 추정되지 않으므로, 이에 대해서는 점유자가 증명해야 한다.[447]

2) 10년의 등기 및 점유

가) 등기부취득시효의 경우 점유는 10년간 계속되어야 한다. 그런데 이 경우 소유자로 등기된 기간과 점유기간이 때를 같이하여 모두 10년이어야 하는지 여부가 문제된다. 종래의 판례는 이를 긍정하였지만 태도를 변경하여 시효취득자명의뿐만 아니라 앞 등기명의까지 합쳐 10년간 소유자로 등기되어 있으면 충분하다고 입장에 있다.[448]

나) 등기부취득시효의 요건으로서의 소유자로 등기한 자라 함은 적법 ·유효한 등기를 마친 자일 필요는 없고 무효의 등기를 마친 자라도 상관없다.[449] 다만, 등기부는 적법·유효하게 개설된 것이어야 하므로 등기명의인을 달리하여 소유권보존등기가 2중으로 경료된 경우에 있어서 먼저 이루어진 소유권보존등기가 원인무효가 아니어서

---

444) 대법원 1996. 12. 10. 선고 94다43825 판결.
445) 대법원 1981. 6. 9. 선고 80다1341 판결.
446) 대법원 1964. 10. 20. 선고 64다445 판결.
447) 대법원 1981. 6. 23. 선고 80다1642 판결.
448) 대법원 1989. 12. 26. 선고 87다카2176 전원합의체 판결.
449) 대법원 1998. 1. 20. 선고 96다48527 판결.

뒤에 된 소유권보존등기가 무효로 되는 때에는, 뒤에 된 소유권보존등기나 이에 터 잡은 소유권이전등기를 근거로 하여서는 등기부취득시효의 완성을 주장할 수 없다.[450] 또한 상속의 경우에 있어서, 피상속인의 명의로 등기가 되어 있다면 상속등기가 없다 하여도 상속인은 등기부시효취득을 할 수 있다.[451]

Ⅳ. 소유권에 기한 물권적 청구권

1. 총 설

물권 내용의 실현이 어떠한 사정으로 방해되는 경우에는, 물권의 일반적 효력으로서 물권적 청구권이 발생하는데, 가장 보편적이고 완전한 물권인 소유권에 있어서는 그 물권적 청구권도 가장 완전하게 인정된다. 민법은 소유권에 기한 물권적 청구권으로서, 소유물반환청구권(제213조), 소유물방해제거청구권(제214조), 소유물방해예방청구권(제214조)의 세 가지를 모두 인정하고, 이를 각종의 물권에 준용하고 있다(제290조, 제301조, 제319조, 제370조 참조).

2. 소유물반환청구권

소유자가 그의 소유에 속하는 물건을 점유한 자에 대하여 반환을 청구할 수 있는 권리이다(제213조).

가. 요 건

1) 소 유 자

소유물반환청구권의 주체는 점유하고 있지 않은 소유자이다. 따라서 등기를 갖추지 않은 부동산 매수인, 명의신탁자[452] 등은 소유자가 아니므로 소유물반환청구권을 행사할 수 없다. 소유물반환소송에 있어서 소유권존부의 판단시점은 사실심변론종결 당시이다. 따라서 소유물반환청구의 소제기 후 사실심변론종결 전에 소유권을 상실한 전 소유자는 소유물반환청구권을 행사할 수 없으나,[453] 소유자가 동업계약에 의하여

450) 대법원 1996. 10. 17. 선고 96다12511 전원합의체 판결.
451) 대법원 1989. 12. 26. 선고 89다카6140 판결.
452) 수탁자를 대위하여 권리를 행사할 수 있을 뿐이다.

소유권을 투자하기로 하였으나 아직 그의 소유로 등기가 남아 있는 경우에는 제3자에 대하여 소유물반환청구권을 행사할 수 있다.[454)]

부동산 양도담보의 경우에도 가등기담보등에 관한 법률 제4조 등에 의해 청산금지급 전까지는 소유권의 취득이 인정되지 않으므로 비록 등기명의가 채권자에게 이전되어 있다고 하더라도 진정한 소유자인 양도담보 설정자, 즉 채무자가 소유물반환청구권을 행사할 수 있다.[455)] 그러나 가등기담보등에 관한 법률이 제정 된 이후에도 기존의 태도를 변경하지 않고 있는 판례나[456)] 기존의 다수설적인 견해였던 신탁적양도설에 의하면 외부관계에서 물건의 소유자는 양도담보권자로 해석하고 있기 때문에 양도담보권자가 소유물 반환청구권을 행사할 수 있다고 본다.

공유물이 침탈당한 경우에 공유자 1인은 침탈자에게 소유물 전부를 자기 또는 공유자 전원에게 반환할 것을 청구할 수 있다(제265조 단서). 또한 합유의 경우에 합유자 1인도 단독으로 보존행위를 할 수 있기 때문에(272조 단서) 자기에게 합유물의 반환을 청구할 수 있다는 것이 판례의 태도이다. 그러나 총유의 경우에는 그 단체성이 강하고, 구성원 개인들에게는 총유재산에 대한 지분권마저도 인정되지 아니하기 때문에 총유자 개인은 단독으로 총유물의 반환을 청구할 수 없다.[457)]

2) 점 유 자

청구의 상대방은 현재의 점유자이다. 따라서 점유침탈자라도 현재 그 물건에 대한 점유를 상실한 때에는 청구의 상대방이 되지 않는다.[458)] 점유보조자는 반환청구의 상대방으로 되지 않지만, 점유주에 대하여 얻은 승소판결에 기하여 점유보조자에게 반환명령을 집행할 수는 있다.

상대방이 간접점유를 하고 있는 경우에는 소유자는 직접점유자뿐만 아니라 간접점유자에 대하여도 반환을 청구할 수 있다.[459)]

---

453) 대법원 1980. 9. 9. 선고 80다7 판결.
454) 대법원 1991. 7. 12. 선고 90다13161 판결.
455) 이은영, 446면.
456) 대법원 1999. 9. 7. 선고 98다47283 판결에서 대법원은 "동산에 대하여 양도담보권설정계약이 이루어진 경우에 양도담보권자는 양도담보권설정자를 제외한 제3자에 대한 관계에 있어서는 자신이 그 동산의 소유자임을 주장하여 권리를 행사할 수 있다"고 판시하여 기존의 태도를 그대로 견지하고 있다.
457) 대법원 2005. 9. 15. 선고 2004다44971 전원합의체 판결.
458) 대법원 1970. 9. 29. 선고 70다1508 판결.
459) 이에 대해 소유자는 간접점유자가 직접점유자에 대하여 가지는 반환청구권의 양도를 청구할 수 있을 뿐이라고 한다. 곽윤직, 278면.

판례는 대체로 불법점유를 이유로 한 소유물반환청구의 경우에는 불법점유자를 상대로 하여야 한다고 하면서도, 계약의 종료를 이유로 한 반환청구의 경우에는 간접점유자에 대한 청구를 긍정하고 있다.[460] 예컨대 대판 1983. 5. 10. 81다187에서는 불법점유를 이유로 한 건물명도청구에 있어서는 현실적으로 불법점유하고 있는 사람을 상대로 하여야 함은 소론과 같으나 원심판결 이유에 의하면 원심은 원·피고 사이에 이 사건 토지임대차계약을 체결함에 있어서 피고는 임차토지 위에 정구장시설 및 그 부대시설인 가건물 등을 피고의 비용으로 설치, 건축하여 정구장을 운영하되 임대차가 종료되었을 때에는 피고가 시설한 주위시설물 및 가건물을 원고에게 증여하기로 약정한 사실을 확정하고 임대차 종료를 이유로 위 계약에 따른 가건물 동의 명도를 구하는 원고의 청구를 인용하고 있는 것이나 이 사건에 있어서는 소론의 경우와는 그 전제사실을 달리하고 있어 원심판결이 피고가 간접점유하고 있는 건물부분의 명도를 명하였다 하여 소론과 같은 위법이 있다고 할 수 없다"고 판시하였다. 또한 대판 1991. 4. 23. 90다19695에서도 "피고가 위 대지부분의 직접 점유자가 아님을 자백한 것일 뿐 간접점유자가 아닌 것까지도 자백한 취지는 아님이 명백한 바, 소장의 청구원인기재에 의하면 원고들의 이사건 대지인도청구에는 임대차계약종료로 인한 원상회복으로서 임차물의 반환을 구하는 취지도 포함되어 있다고 볼 여지가 있고, 이러한 원상회복으로서의 임차물반환청구라면 피고가 임차목적물을 직접 점유하지 않다는 이유로 그 반환을 거부할 수는 없는 것이다 라고 판시하여 간접점유자에게 반환을 청구할 수 있다고 한다. 이와는 달리 대판 1970. 9. 29. 70다1508에서는 불법점유를 이유로 하여 그 명도 또는 안도를 청구하려면 현실적으로 그 목적물을 점유하고 있는 자를 상대로 하여야 하고 불법점유자라 하여도 그 물건을 다른 사람에게 인도하여 현실적으로 점유를 하고 있지 않은 이상, 그 자를 상대로 한 인도 또는 명도청구는 부당하다"고 판시하여 간접점유자에게 반환을 청구하는 것을 부정하고 있다.

3) 점유할 권리의 부존재

점유자가 어떠한 경우에나 소유자에게 그 점유물을 반환해야 하는 것은 아니다. 즉, 점유자가 그 물건을 점유할 권리를 가진 때에는 반환을 거부할 수 있다(제213조 단서). 여기서 '점유할 권리'라 함은 물권(지상권, 전세권, 질권, 유치권 등), 채권 또는 동시이행의 항변권 등을 말한다. 다만 "점유할 권리 입증책임에 관해서 판례는 청구자(소유

---

460) 대법원 1995. 6. 30. 선고 95다12927 판결.

자)가 목적물에 대한 그의 소유권과 상대방이 그를 점유하고 있다는 사실만 주장 입증하면 된다고 한다.[461] 이로써 상대방의 점유에 따른 적법성의 추정(제200조)이 깨진다고 보는 것이다. 상대방은 이 점유가 정당한 권리에 기한 것임을 입증하여 그를 배척할 수 있다.

가) 제한물권

점유할 권리가 지상권, 지역권, 전세권과 같은 용익물권과 유치권, 질권과 같은 담보물권인 경우에는 누구에게나 물권의 효력을 주장할 수 있다. 따라서 소유자에게 이러한 제한물권을 가지고 대항할 수 있음은 당연하다. 정당한 점유자는 소유자가 물건의 양수인, 물상보증인, 담보물의 제3취득자 등과 같이 제한물권의 설정자가 아닌 경우에도 대항할 수 있다. 그러나 용익물권의 존속기간이 종료하였거나 담보물권의 피담보채권이 소멸한 경우에는 그 제한물권 역시 소멸하게 되므로, 점유자는 자신이 점유하고 있는 물건을 소유자에게 반환해 주어야 한다.

나) 채 권

임차권, 임치, 도급 등과 같이 점유를 수반하는 채권도 점유할 권리에 포함된다. 점유할 권리가 채권인 경우에는 소유자에 대한 채권이어야 한다. 왜냐하면 채권은 채무자에 대한 상대적 권리이므로 제3자에 대한 채권을 가지고 소유자에게는 대항할 수 없기 때문이다. 물권적 기대권을 인정하는 견해에 따른다고 해도 소유권을 행사할 수는 없을 것이다. 사실상 소유권을 가지고 있는 미등기매수인은 채권자의 지위에 있을 뿐이다. 그러므로 매도인의 양수인이 소유물반환을 청구하면, 이에 응하여야 한다. 그러나 소유자가 매도인이고, 매수인이 그로부터 물건을 인도받은 경우에 매수인은 매도인의 청구에 대해 그 매매계약상의 채권에 기해 반환을 거절할 수 있음은 당연하다. 또한 취득시효완성자는 취득시효의 완성 시에 소유자에 대하여 채권을 가진 것과 같은 지위에 있게 되므로 완성 당시의 소유자에 대하여는 반환을 거절할 수 있다. 그러나 원소유자가 제3자에게 소유권을 이전해준 경우에는, 이러한 양수인의 반환청구에는 응해야 한다. 또한 임차권, 임치, 도급 등과 같이 점유를 수반하는 채권에 기한 동시이행의 항변권도 점유할 권리에 포함되느냐도 문제된다. 이에 대해 동시이행의 항변권도 점유할 권리에 포함된다는 긍정설이 지배적인 견해이다.[462]

---

461) 대법원 1962. 5. 17. 선고 62다76 판결.
462) 곽윤직, 43면.

다) 대항력 있는 임차권

임대차에 기한 점유할 권리는 그것이 소유자로부터 유래한 것이거나 또는 제3자에게 대항력 있는 권리, 예컨대 등기(제621조)나 기타 대항요건을 갖춘 주택이나 상가건물에 대한 임차권(주택 임대차보호법 3조; 상가건물임대채보호법 3조)인 경우에만 소유자의 반환청구를 거부할 수 있다. 특히 대항력 있는 임차권의 경우에 임차인은 제한물권자와 유사한 지위에 서게 되며, 그 임차권을 가지고 임대인이 아닌 소유자에게도 대항할 수 있다. 대항력 있는 임차권은 제3자의 침해에 대하여 용익물권자와 유사한 물권적 청구권을 가지므로 방해배제나 방해예방청구를 인정할 수 있으나,[463] 반환청구권을 안정할 수 없다는 것이 통설적인 견해이다.

4) 상대방의 귀책사유

상대방에게 점유취득에 대한 고의·과실 등의 귀책사유는 요구되지 않는다. 즉, 점유취득이 타인의 행위에 의한 것이든(도둑이 훔친 물건을 상대방의 집에 놓고 간 때) 또는 자연력에 의한 것이든(빨래가 바람에 날려 상대방의 마당에 떨어진 때) 상관없다. 그러나 뒷산의 바위가 폭우로 인해 상대방의 마당에 굴러 떨어져 놓여 있는 경우와 같이 점유취득이 순수한 자연현상에 의한 경우에는 뒷산 소유자의 소유물반환청구권은 성립하지 않는다는 견해가 있다.[464] 그러나 이 경우에도 소유자의 반환청구권을 인정하되, 반환비용은 청구권자가 부담해야 할 것으로 생각된다.

---

463) 대법원 2002. 2. 26. 선고 99다67079 판결에서는 "등기된 임차권에는 용익권적 권능 외에 임차보증금반환채권에 대한담보권적 권능이 있고, 임대차기간이 종료되면 용익권적 권능은 임차권등기의 말소등기 없이도 곧바로 소멸하나 담보권적 권능은 곧바로 소멸하지 않는다고 할 것이어서 임차권자는 임대차기간이 종료한 후에도 임차보증금을 반환 받기까지는 임대인이나 그 승계인에 대하여 임차권등기의 말소를 거부할 수 있다고 할 것이고, 따라서 임차권등기가 원인 없이 말소된 때에는 그 방해를 배제하기 위한 청구를 할 수 있다"고 판시하고 있다.

464) 이영준, 522면.

[서식 48] **건물인도등청구 소장**(건물인도, 토지인도, 건물철거, 건물퇴거, 수목수거, 물권적 청구권, 간접점유자사건)

소 장

원 고 최 O 배 (000000-0000000)
서울 OO구 OO로 000 (우 : 00000)

피 고 1. 이 O 만 (000000-0000000)
2. 고 O 수 (000000-0000000)
3. 최 O 자 (000000-0000000)
4. 이 O 주 (000000-0000000)
위 피고들의 주소 : OOO시 OO로 000 (우 : 00000)

건물인도 등 청구의 소

청 구 취 지

1. 원고에게,

가. 피고 이O만은
별지 부동산 목록 기재 부동산 중 별지 도면 표시 ⓜ 지상 시멘트블록조 스레트지붕 단층 주택 18㎡와 같은 도면 표시 ⓑ 지상 스레트벽돌조 스레트 지붕 단층 주택 18㎡를 각 철거하고, 같은 도면 표시 ⓢ 부분 약 200㎡ 지상 8년생 조생종 귤나무 130주를 수거하고, 같은 도면 표시 ㉡ 지상 시멘트블록조 스레트지붕 단층 주택 40㎡와 같은 도면 표시 ㉣ 지상 시멘트블록 및 석조 스레트지붕 화장실 및 창고 9㎡를 각 명도하고, 별지 부동산 목록 기재 부동산을 인도하고,

나. 피고 고O수는 별지 부동산 목록 기재 부동산 중 별지 도면 표시 ㉠ 지상 시멘트블록조 스레트지붕 단층 주택 65㎡를 명도하고,

다. 피고 최O자는 별지 부동산 목록 기재부동산 중 별지 도면 표시 ㉢ 지상 시멘트블록조 스레트지붕 창고 30㎡를 명도하고,

라. 피고 이O주는 별지 부동산 목록 기재부동산 중 별지 도면 표시 ⓜ 지상 시멘트블록조 스레트지붕 단층 주택 18㎡에서 퇴거하라.

2. 소송비용은 피고들의 부담으로 한다.
3. 위 제1항은 가집행할 수 있다.
라는 판결을 구합니다.

청 구 원 인

1. 별지 부동산 목록 기재 부동산과 그 지상의 별지 도면 표시 ㉠, ㉡, ㉢, ㉣ 건물은 원고의 소유입니다.
   그런데 피고 이O만은 함부로 별지 부동산 목록 기재 부동산 중 별지 도면 표시 ㉤ 지상에 시멘트블록조 스레트지붕 단층 주택 18㎡를 건축하고, 같은 도면 표시 ㉥ 지상에 스레트벽 스레트지붕 단층 주택 18㎡를 건축하고, 같은 도면 표시 ㉦ 부분 약 200㎡ 지상에 8년생 조생종 귤나무 130주를 식재 하였습니다.

2. 원고는 2005. 5. 1. 피고 이O만에게 별지 부동산 목록 기재 부동산과 그 지상의 별지 도면 표시 ㉠, ㉡, ㉢, ㉣ 건물을 기간 2년, 임료 연 5,000,000원으로 정하여 임대하고 그 후 묵시의 갱신을 거듭해 왔습니다.
   그런데 피고 이O만은 원고의 동의 없이 위 ㉠ 건물을 피고 고O수에게 전대하고 위 ㉢ 건물을 피고 최O자에게 전대하였습니다.
   따라서 원고는 무단전대를 이유로 이 사건 소장의 송달로 위 임대차계약 해지의 의사를 표시합니다.
   한편 피고 이O만은 위 ㉤ 건물을 피고 이O주에게 임대하였습니다.
   따라서 피고 이O만의 위 ㉡, ㉣ 건물에 대한 점유와 피고 고O수의 위 ㉠ 건물에 대한 점유, 피고 최O자의 위 ㉢ 건물에 대한 점유, 그리고 피고 이O주의 위 ㉤ 건물에 대한 점유는 원고에게 대항할 수 없는 불법점유입니다.

3. 그러므로 원고는 별지 부동산 목록 기재 부동산과 그 지상의 별지 도면 표시 ㉠, ㉡, ㉢, ㉣ 건물의 소유권에 기하여 피고들에 대하여 소유물방해제거 내지 소유물반환을 청구합니다.

입 증 방 법

변론시 수시 제출하겠습니다.

첨 부 서 류

1. 주민등록초본 5통

1. 개별토지가격확인원 1통
1. 소장 부본 4통
1. 납부서 1통

2000. O. O.

위 원고 최 O 배 (인)

OO지방법원 귀중

[별 지]

부 동 산 목 록

1. 서귀포시 서귀로 783 대 1574㎡.

- 이 상 -

해 설

1. 건물명도청구에서 직접점유자와 간접점유자가 있는 경우에 누구를 상대로 하여야 할 것인가. 대법원 1969. 2. 4. 선고 69다234 판결은 불법점유를 이유로 한 명도청구에서는 오직 현실로 불법점유를 하고 있는 자만을 상대로 하여야 한다고 한다.
다만 대법원 1983. 5. 10. 선고 81다187 판결은 명도하기로 약정을 한 경우에는 간접점유자에 대해서도 명도를 청구할 수 있다고 한다. 이 사례에서 피고 이광만은 ㉠, ㉢, ㉤ 건물의 간접점유자이다.
2. 명도와 퇴거의 차이점은 명도는 점유이전임에 반하여 퇴거는 점유해제인 점에 있다. 따라서 명도는 건물소유자가 자기에게로의 건물점유이전을 청구하는 경우 등에 할 수 있는 것이고, 퇴거는 토지소유자가 건물소유자에게 건물철거를 청구하면서 그 건물점유자를 상대로 그 건물철거에 방해가 되지 아니하도록 비켜달라는 청구로서 토지소유자에게로의 건물점유의 이전까지 청구하는 것은 아니고 단지 건물점유를 해제만 해달라는 것이다.

3. 소유물반환청구의 요건사실은 청구자가 소유자인 사실과 상대방이 점유자인 사실이다. 그리고 소유물방해제거청구의 요건사실은 청구자가 소유자인 사실과 상대방이 점유 이외의 방법으로 소유권행사를 방해하고 있는 사실이다. 임차물반환청구의 요건사실은 청구자와 상대방 간의 임대차계약체결사실과 해지·기간만료 기타 사유로 인하여 그 계약이 종료된 사실이다. 소유물반환청구권과 임차물반환청구권은 서로 경합하여 성립할 수 있다.
이 사례에서도 이들 청구권이 경합하고 있으나 소유물반환청구권을 행사하고 있다.

[서식 49] 건물소유권확인 및 인도청구의 소

소 장

원 고 ○ ○ ○ (000000-0000000)
ㅇㅇ시 ㅇㅇ구 ㅇㅇ길 00 (우편번호 00000)
전화·휴대폰번호 :
팩스번호, 전자우편(e-mail)주소 :

피 고 ○ ○ ○ (000000-0000000)
ㅇㅇ시 ㅇㅇ구 ㅇㅇ길 00 (우편번호 00000)
전화·휴대폰번호 :
팩스번호, 전자우편(e-mail)주소 :

건물소유권확인 및 인도청구의 소

청 구 취 지

1. ㅇㅇ시 ㅇㅇ구 ㅇㅇ길 00 지상 벽돌조 기와지붕 단층주택 ㅇㅇㅇ㎡가 원고의 소유임을 확인한다.
2. 피고는 원고에게 위 제1항 기재 부동산을 인도하라.
3. 소송비용은 피고가 부담한다.
4. 위 제2항은 가집행할 수 있다.

라는 판결을 구합니다.

청 구 원 인

1. 원고는 20○○. ○. ○. 소외 ○○○으로부터 ○○시 ○○구 ○○동 00의 0 대 ○○○㎡를 대금 100,000,000원에 매수하고, 계약금 10,000,000원은 계약당일, 중도금 40,000,000원은 같은 달 15., 잔금 50,000,000원은 같은 해 ○. ○.에 지급하기로 하였습니다.
   원고는 위 매매대금 중 계약금과 중도금은 모두 변제기일에 지급하였으나, 잔금 50,000,000원을 지급할 능력이 되지 않았으므로, 피고와 합의하여 위 잔금의 지급기일을 20○○. ○. ○.로 연장하기로 하고 이 잔금지급채무의 담보를 위하여 위 대지의 위에 소외 ○○○ 명의로 건축허가를 받아 원고의 자재와 비용으로 주택을 신축하기로 하였습니다(갑 제1호증 매매계약서, 갑 제2호증의 1, 2 각 영수증, 갑 제3호증 약정서 참조).

2. 원고는 20○○. ○. ○. 위 약정대로 소외 ○○○의 명의로 건축허가를 받아 같은 날부터 위 대지의 위에 원고의 자재와 비용으로 주택을 신축하기 시작하였고, 청구취지 기재 주택은 같은 해 10. 31. 완공되었습니다. 이와 같이 원고가 위 주택을 완공하자 소외 ○○○는 다음날인 11. 1. 원고에게 위 대지에 관하여 소유권이전등기를 마쳐 주었습니다(갑 제4호증 건축물대장등본, 갑 제5호증 자재공급계약서, 갑 제6호증의 1 부동산등기사항증명서 참조).
   한편, 앞에서 본 바와 같이 원고는 소외 ○○○에게 11. 15.까지 위 대지에 관한 잔금 50,000,000원을 지급할 채무가 있었으나 위 주택신축공사에 소요된 자재비 등을 변제하기도 벅차 위 잔금의 지급기일이 도래하였음에도 불구하고 원고가 위 잔금을 변제하지 못하자, 소외 ○○○는 원고가 이 사건 대지매매의 잔금을 지급하지 못한 것을 이유로 20○○. ○. ○. 소외 ○○○ 명의로 되어 있던 건축허가 명의를 이용하여 이 사건 신축주택에 대한 소유권보존등기를 마쳤으며, 같은 달 15. 피고에게 위 주택을 임대하였습니다(갑 제6호증의2 부동산등기사항증명서, 갑 제7호증 부동산임대차계약서 참조).

3. 원고는 위 대지매매의 잔금 50,000,000원의 지급기일 이후인 20○○. ○. ○.에서야 소외 ○○○에게 위 원리금을 모두 지급할 수 있었습니다. 그 후 원고는 이와 같이 소외 ○○○에게 위 매매대금을 모두 지급하여 위 신축주택은 더 이상 위 잔금지급채무를 담보하지 않게 되어 원고가 완전하게 소유권을 회복하였음을 이유로 임차인으로서 위 주택의 점유자인 피고에게 위 주택을 인도하여 줄 것을 요구하였습니다. 그러나 피고는 피고가 위 주택을 임차할 당시 주택의 소유권보존등기는 소외 ○○○의 명의였고 피고는 소유자로부터 적법하게 이 사건 주택을 임차하였고 피고는 소외 ○○○에게 위 임차권으로 대항할 수 있음을 이유로 원

고의 인도청구에 응하지 않고 있습니다. 더욱이 피고는 건축허가와 소유권보존등기가 소외 OOO 명의로 되어 있으므로 소외 OOO가 현재까지 소유자이고, 원고 앞으로 소유권이전등기가 마쳐지기 전까지는 원고에게 소유권이 없다고 주장하고 있습니다.

4. 그러나 이 사건 주택은 매매대금 중 잔금채무를 담보하기 위하여 건축허가 명의는 채권자인 소외 OOO의 명의로 하고 위 잔금채무자인 원고가 자기의 비용과 노력으로 신축한 주택으로서, 위와 같은 경우 주택의 소유권은 자기의 노력과 재료를 들여 신축한 원고에게 원시적으로 귀속하는 것입니다. 다만 위 주택의 건축허가 명의를 채권자인 소외 OOO의 명의로 하였다면 이는 완성될 건물을 담보로 제공하기로 하는 합의로서 법률행위에 의한 담보물권의 설정과 동일한 것이고, 완성된 주택의 소유권은 일단 이를 건축한 원고가 원시적으로 취득한 후 채권자인 소외 OOO 명의로 소유권보존등기를 마침으로써 담보목적의 범위 내에서 소외 OOO에게 소유권이 이전된다고 할 것입니다.

5. 따라서 소외 OOO는 소유권보존등기를 하였다고 하더라도 담보목적의 범위 내에서만 소유자라고 할 것이어서 피고에게 이 사건 주택을 임대할 권한은 없었다고 할 것이며, 이러한 지위에 있는 피고는 소유자인 원고에게 위 임차권을 주장할 수 없으므로, 원고가 이 사건 주택의 소유자임을 인정하여야 할 것이며 이 사건 주택을 인도 하여야 할 의무가 있다고 할 것입니다.

입 증 방 법

1. 갑 제1호증　　매매계약서
1. 갑 제2호증의 1, 2　　각 영수증
1. 갑 제3호증　　약정서
1. 갑 제4호증　　건축물대장등본

첨 부 서 류

1. 위 입증방법　　각 1통
1. 토지대장등본　　1통
1. 소장부본　　1통
1. 송달료납부서　　1통

20○○. . .

위 원고 ○ ○ ○ (서명 또는 날인)

○○지방법원 귀중

나. 효과 및 비용부담문제

소유물반환청구권의 내용은 소유물의 반환, 즉 점유의 이전을 하는 것이다. 판례는 물권적 청구권의 본질이 상대방의 적극적인 행위를 청구하는 권리임을 분명히 하고 있다.465) 물권적 청구권은 물권의 실현 수단인 점을 그 본질로 한다. 따라서 물권의 침해에 대한 대응 수단으로 물권자는 그러한 침해 내지 침해가능성을 침해자로 하여금 제거 또는 예방하도록 요구할 수 있을 뿐만 아니라 적극적으로 직접 침해 행위를 제거할 수도 있다. 나아가 물권자는 침해자가 스스로 그러한 침해상태를 제거하는 것을 용인할 수도 있는 것이다. 그런 점에서 물권자는 반드시 물권적 청구권을 행사해야 하는 것은 아니다. 다만, 물권적 청구권이 일반적으로 상대방의 적극적인 행위를 요구하는 방식으로 실현된다는 점에서 청구권으로서의 실질적 의의를 가지고 있다.

그러나 비용부담은 이러한 물권적 청구권의 본질문제와는 차원을 달리하는 것 이다. 생각건대 비용부담은 책임법의 원리에 따라 해결되는 것이 타당하다. 따라서 물권의 침해상태에 대하여 귀책사유가 있는 자가 그 제거에 따른 비용을 부담하고, 다만 방해자에게 귀책사유가 없는 경우에는 책임법 규정의 확장해석 내지 유추해석을 통하여 해결할 수 있을 것이다.466)

다. 점유자와 회복자의 관계

제201조 내지 제203조는 소유자와 물건반환의무를 부담하는 점유자, 즉 불법점유

465) 대법원 1990. 5. 8. 선고 90다684 판결.

466) 가령 양당사자가 모두 귀책사유가 있는 경우에는 과실상계 등의 법리를 적용하고, 양자에게 책임이 없는 경우에도 원래 물권적 청구권이 귀책사유를 요건으로 하지 않기 때문에 방해를 야기한 원인을 제공한 상대방의 비용으로 처리하면 될 것이다.

자 혹은 무권점유자 사이의 법률관계를 규율하고 있다. 그러나 당해 조문들은, 그 민법전상의 위치에도 불구하고, 제213조에 기한 소유물반환관계가 존재하는 경우를 전제로 하여 그에 부수하여 또는 그에 갈음하여 발생하는 소유자의 점유자에 대한 권리(제201조, 제202조)와 점유자의 소유자에 대한 권리(제203조)를 정하고 있는 것이다.

1) 과실반환의무

선의의 점유자는 점유물의 과실을 취득하며(제201조 1항), 악의의 점유자는 수취한 과실을 반환하여야 하며 소비하였거나 과실로 인하여 훼손 또는 수취하지 못한 경우에는 그 과실의 대가를 보상하여야 한다(같은 조 2항). 제2항은 폭력 또는 은비에 의한 점유자에 준용된다(같은 조 3항).

2) 목적물의 멸실·훼손에 대한 손해배상의무

가) 개 관

점유물이 점유자의 책임 있는 사유로 인하여 멸실 또는 훼손된 때에는 악의의 점유자는 그 손해의 전부를 배상하여야 하며 선의의 점유자는 이익이 현존하는 한도에서 배상하여야 한다. 소유의 의사가 없는 점유자는 선의인 경우에도 손해의 전부를 배상하여야 한다(제202조). 이처럼 선의의 자주점유자에 대해 그 책임을 완화하는 이유는, 선의의 자주점유자는 타인의 물건을 자신의 것으로 취급하며 그것이 전적으로 자신의 의사의 지배를 받는다고 생각한다는 점에 기인한다. 그러므로 그는 그 물건을 마음대로 멸실시키기도 하고 훼손하기도 하며, 그에 있어서 타인의 권리를 침해한다는 생각, 무슨 위법을 범하고 있다는 의식은 전혀 가지지 않는다. 실제 상황이 이런데 법이 선의의 자주점유자에게 통상의 불법행위책임에 상응하는 책임을 부과하는 것은 지나치게 가혹한 것이다.

나) 요 건

(1) 점유물의 멸실·훼손

여기서 '멸실'이란 물리적인 파손에 한정되는 것이 아니라 반환불능 일반을 의미하는 것이다. 따라서 가령 점유물을 분실하거나 소재를 알 수 없는 제3자에게 양도하여 소유자가 그 물건의 반환청구권을 실제적으로 관철할 수 없는 경우도 이에 해당한다. '훼손'도 비단 물리적 완전성을 해치는 경우뿐만 아니라, 그 물건의 가치를 저하시키는 일체의 행위를 가리킨다.

(2) 멸실 등에 대한 책임 있는 사유의 존재

여기서 말하는 '책임 있는 사유'란 일반적으로 고의 또는 과실을 의미한다. 그러나 '선의의 자주점유자'의 경우에는 '자기재산에 대한 주의'(제695조) 혹은 '고유재산에 대한 것과 동일한 주의'(제1022조, 제1048조)를 게을리하는 것으로 해석함이 상당하다. 왜냐하면 선의의 자주점유자는 자신이 점유물의 소유자라고 믿는 것이 일반적이므로, 그가 가령 그 물건을 스스로 손괴하였다고 하더라도, 그에게는 위와 같은 의미의 고의 혹은 과실이 있을 수 없을 것이기 때문이다.

다) 효 과

(1) 선의·자주점유자의 책임

선의의 자주점유자는, '이익이 현존하는 한에서' 배상하여야 한다. '선의'란 점유자가 그 물건에 대하여 '소유권'467)을 가진다고 오신하는 경우를 말한다. 그리고 제201조의 경우와 마찬가지로 그 오신에는 오신할 만한 근거가 있어야 한다고 볼 것이다. 점유자의 선의를 추정하는 제197조 제1항, 본권에 관한 소에서 패소함으로써 악의가 의제된다고 정하는 제197조 제2항은 여기에서도 그 적용이 있다. 여기서 말하는 '이익'은 점유자가 물건을 점유하는 동안에 취득한 모든 이익을 의미하는 것이 아니고, '그 멸실 또는 훼손으로부터 얻은 이익'만을 의미한다. 가령 건물의 점유자가 그것을 파손하여 그 목재를 점유하는 경우 그것을 반환하여야 한다.

(2) 악의·타주점유자의 책임

악의의 점유자 그리고 타주점유자는 그로 인한 이익의 현존 여부와 무관하게 '손해의 전부'를 배상하여야 한다. 이는 불법행위에 관한 일반원칙에 따라서 배상하여야 함을 의미한다. 따라서 악의의 점유자라도 그가 알 수 없었던 특별한 사정으로 인한 손해는 배상할 의무가 없다

3) 점유자의 비용상환청구권

점유자가 점유물을 반환할 때에는 회복자에 대하여 점유물을 보존하기 위하여 지출한 금액 기타 필요비의 상환을 청구할 수 있다. 그러나 점유자가 과실을 취득한 경

467) 소유권이 아니라 전세권이나 지상권과 같은 과실수취권이 있는 본권이 있다고 오신하는 경우는 이에 해당하지 않음을 주의해야 한다(제201조와 다른 점이 이것이다). 왜냐하면 물건의 멸실 또는 훼손은 일반적으로 소유권에 기하여서만 허용되기 때문이다.

우에는 통상의 필요비는 청구하지 못한다(제203조 1항). 점유자가 점유물을 개량하기 위하여 지출한 금액 기타 유익비에 관하여는 그 가액의 증가가 현존한 경우에 한하여 회복자의 선택에 좇아 그 지출금액이나 증가액의 상환을 청구할 수 있다(같은 조 2항). 유익비상환청구의 경우 법원은 회복자의 청구에 의하여 상당한 상환기간을 허여할 수 있다(같은 조 3항).

가) 공동요건

(1) 비용지출

'비용지출'이란 '어떠한 물건 자체의 유지나 향상에 기여하는 모든 재산소비'를 말한다. 그 물건 자체의 유지나 향상과 무관한 경우 가령 점유물 취득을 위한 매수대금 혹은 그 물건의 직접적인 이용을 위하여 소비하는 비용은 이에 해당하지 않는다.

(2) 상환청구권자

(가) 점 유 자

비용상환청구권을 가지게 되는 점유자는 '그 물건을 반환할 의무를 부담하는 자'이다. 따라서 그가 소유권을 가지고 있는 동안에 한 지출에 대하여는 그 반환청구를 하지 못한다. 다만 비용을 지출할 당시에는 물건의 소유자이었다고 하더라도 후에 그 소유권을 소급적으로 상실함으로써 결국 그 지출 당시에도 소유권을 가지지 않은 것으로 된 경우에는 그 비용상환청구를 긍정할 것이다.

(나) 현재의 점유자

비용상환을 청구할 수 있는 점유자는 '현재의 점유자'에 한정된다. 현점유자가 전점유자가 지출한 비용을 아울러 청구할 수 있는지에 대해서는 다툼이 있다. 이에 대해 학설은 비용상환청구권은 물건에 부착되어 있는 성질이 강할 뿐만 아니라, 점유이전시에 신점유자가 구점유자에게 지급하는 반대급부는 이러한 구점유자의 비용상환청구권을 고려에 넣어 정하여지는 수가 많다는 점을 근거로 이를 긍정하는 견해와 경우를 나누어, ① 현점유자가 구점유자의 지위를 포괄승계하는 경우에는 비용상환청구권도 아울러 승계한다고 보아야 하고, ② 단지 점유승계만이 있는 경우에는, 설령 비용상환청구권이 물건에 부착되어 있는 성질이 강하나 그 성질은 어디까지나 채권적 청구권이므로 당연히 현점유자가 소유자를 상대로 그 반환을 청구할 수는 없으며, ③ 권리승계행위가 있는 경우 독일민법과 같은 명문의 규정이 없는 상황에서 이를 안정하는 것은 매우 조심스럽다는 견해가 대립하고 있다.

(다) 문제되는 경우

① 수급인이 제3자 소유 물건을 수리한 경우 소유자를 상대로 비용상환청구를 할 수 있는지 여부

유효한 도급계약에 기하여 수급인이 도급인으로부터 제3자 소유 물건의 점유를 이전 받아 이를 수리한 결과 그 물건의 가치가 증가한 경우 수급인은 3자를 상대로 제203조 제2항에 의한 비용상환을 청구할 수 있는가? 이에 대해 대법원은 도급인이 그 물건을 간접점유하면서 궁극적으로 자신의 계산으로 비용지출과정을 관리한 것이므로, 도급인만이 소유자에 대한 관계에 있어서 민법 제203조에 의한 비용상환청구권을 행사할 수 있는 비용지출자라고 할 것이고, 수급인은 그러한 비용지출자에 해당하지 않는다고 하였다.[468] 아울러 위 대법원 판결에서는 수급인이 제3자를 상대로 부당이득반환을 구할 수 있는지도 문제되었다(이른바 '전용물소권'의 문제). 이에 대해 대법원은 계약상의 급부가 계약의 상대방뿐만 아니라 제3자의 이익으로 된 경우에 급부를 한 계약당사자가 계약 상대방에 대하여 계약상의 반대급부를 청구할 수 있는 이외에 그 제3자에 대하여 직접 부당이득반환청구를 할 수 있다고 보면, 자기 책임 하에 체결된 계약에 따른 위험부담을 제3자에게 전가시키는 것이 되어 계약법의 기본원리에 반하는 결과를 초래할 뿐만 아니라, 채권자인 계약당사자가 채무자인 계약 상대방의 일반채권자에 비하여 우대 받는 결과가 되어 일반채권자의 이익을 해치게 되고, 수익자인 제3자가 계약 상대방에 대하여 가지는 항변권 등을 침해하게 되어 부당하므로, 위와 같은 경우 계약상의 급부를 한 계약당사자는 이익의 귀속 주체인 제3자에 대하여 직접 부당이득반환을 청구할 수는 없다고 보아야 한다고 판시하였다.

② 임차인이 목적물에 배용을 지출한 후 소유자가 교체된 경우 신소유자를 상대로 비용상환을 청구할 수 있는지 여부

乙로부터 물건을 임차하여 설비를 투자하고 영업장으로 사용하고 있는 丙이 그 물건을 낙찰 받은 甲을 상대로 제203조에 기하여 비용(유익비)상환청구권을 행사할 수 있는가? 대법원은 이를 부정하고, 이 경우 丙은 임대인인 乙을 상대로 제626조 제2항에 의해 임대차계약상의 유익비상환청구만을 할 수 있다고 하였다.[469] 대법원은 그 논거로 제203조 제2항에 의한 점유자의 회복자에 대한 유익비상환청구권은 점유자가

468) 대법원 2002. 8. 23. 선고 99다66564 판결.
469) 대법원 2003. 7. 25. 선고 2001다64752 판결.

계약관계 등 적법하게 점유할 권리를 가지지 않아 소유자의 소유물반환청구에 응하여야 할 의무가 있는 경우에 성립되는 것으로서, 점유자가 유익비를 지출할 당시 계약관계 등 적법한 점유의 권원을 가진 경우에 그 지출비용의 상환에 관하여는 그 계약관계를 규율하는 법조항이나 법리 등이 적용되어야 한다는 점을 들고 있다. 다만 이와 관련하여 ㉠ 丙이 甲을 상대로 위 비용상환채권을 피담보채권으로 하여 유치권을 행사하는 것은 얼마든지 가능하다는 점, ㉡ 만일 丙이 갖고 있던 임차권이 대항력 있는 임차권이라면, 丙은 자신의 임차권을 신소유자인 甲에게 얼마든지 주장할 수 있기 때문에, 甲을 상대로(제203조 2항이 아닌) 제626조 제2항에 기하여 유익비의 상환을 구할 수 있다는 점은 주의를 요한다.

(3) 상환의무자

가) 점유자의 비용지출 후에 소유자가 교체되었다면 '현재의 소유자'가 책임을 진다.[470] 왜냐하면 제203조는 점유자가 그 점유물을 반환함에 있어서 그 반대권리로서 비용상환청구권을 인정하는 것이므로, 그 비용지출이 전소유자의 소유기간 동안에 일어났다고 하여 현재 물건의 반환을 구하고 있는 현재의 권리자에 대하여 이 권리를 주장할 수 없다고 하면 그 규정의 취지가 몰각되기 쉽기 때문이다.

나) 소유자 이외의 사람, 가령 전세권자나 지상권자가 무권원 점유자에게 대하여 물건의 반환을 청구할 수 있는 권리를 가지는 경우(제290조 1항, 제319조, 제213조)에 점유자는 그에 대하여 비용상환청구권을 가진다고 할 것인가? 이는 경우를 나누어 살펴보아야 한다. 우선, 원칙적으로 전세권자 등에 대한 비용상환청구권은 부인되어야 한다. 그 상환이 인정되는 필요비 등은 모두 물건의 보존·관리나 효용증가를 위하여 지출된 비용이고, 그로 인한 이익은 물건 자체에 돌아가게 된다. 따라서 결국 그 비용지출에 따른 궁극적인 이익은 그러한 비용이 투여된 물건의 소유자에게 돌아간다고 보아야 하고, 그 결과 소유권자가 비용상환의무를 진다고 해야 한다. 그리고 점유자가 원칙적으로 소유자에 대한 비용상환청구권만을 가진다고 하더라도 점유자는 유치권을 행사할 수 있으므로 특별히 불리하지도 않다. 다음으로, 전세권자 등이 소유자에 대하여 비용지출의무를 부담하는 범위, 즉 목적물의 현상을 유지하고 그 통상의 관리에 속한 수선을 하여야 할 범위 내(제309조)에서는 점유자에 대하여 비용상환의무를 부담한다고 보아야 한다. 왜냐하면 이 경우 무권한 점유자가 그 목적물에 필요비를 지출하였

470) 대법원 2003. 7. 25. 선고 2001다64725 판결.

다고 한다면, 원래 전세권자 등이 하여야 할 비용지출을 점유자의 출연에 의하여 면하였다고 평가될 수 있기 때문이다.

나) '필요비' 상환청구권

(1) 필 요 비

'필요비'란 물건의 보존·관리를 위하여 지출되는 비용을 말한다. 어떠한 비용이 필요비라고 하기 위해서는, '그것이 단지 점유자가 점유물과 관련하여 운영하는 사업에 필요한 것이라는 사정만으로는 부족하고, 그것이 그 물건자체의 보존이나 원래의 용법에 따른 사용에 기여하는 것이어야 한다. 가령 타인의 임야로부터 土石을 채취하기 위한 시설을 설치하는 데 든 비용은 그것이 점유자의 사업에는 필요한 갓이라도 그 임야를 보존하는 데 필요한 비용도 유익비도 아니다.[471] 민법은 필요비를 '통상의 필요비'와 '특별한 필요비'로 나누어 달리 취급하고 있다. 우선, '통상의 필요비' 혹은 '통상비'란 평상적인 보존·관리에 필요한 비용으로서 통상 반복되는 지출을 말한다. 이러한 통상의 필요비는 점유자가 과실을 취득한 때에는 그 상환을 청구하지 못한다(제203조 1항 단서). 여기서 말하는 '점유자가 과실을 취득한 때'란 그 자가 선의의 점유자로서 과실을 취득할 권리가 있는 경우를 말한다. 다음으로, '특별한 필요비' 혹은 '임시비'란 통상비 이외의 필요비를 말한다.

(2) 필요비 상환청구

점유자는 선의이든 악의이든 또 자주점유자인지 타주점유자인지를 불문하고 필요비 전부의 상환을 구할 수 있다. 그 비용지출이 실제로 물건의 가치를 증가시켰는지 그 증가가치가 현존하고 있는지 여부는 이에 영향을 미치지 못하며, 또 그 비용지출이 소유자에게 실질적으로 이익이 되었는지 여부도 상관없다. 다만 통상의 필요비의 경우에는, 위에서 서술한 바와 같이 예외가 있다. 필요비상환청구권은 '점유물을 반환할 때'에 발생하는데, 구체적으로는 점유자가 소유자로부터 '그 물건의 반환을 청구 받을 때'에 이행기가 도래한다고 볼 것이다. 필요비에 대하여는 유익비와 달리 그 상환기간의 유예는 허용되지 않는다.

다) '유익비' 상환청구권

(1) 유 익 비

유익비란 점유자가 물건의 개량 기타 그 효용의 적극적인 증진을 위하여 지출한

---

471) 대법원 1957. 10. 21. 선고 4290민상153 판결

비용을 말한다.

(2) 유익비 상환청구

유익비의 상환을 구하기 위해서는, 그 出費로 말미암아 '그 물건의 가액의 증가가 현존'하여야 한다. 가액증가의 현존시기에 대해서는 ① 소유자가 다시 점유를 취득할 때라는 견해와 ② 소유자가 그 반환을 청구할 때라는 견해가 대립하고 있다. 유익비 상환청구권이 소유자의 반환청구에 대항하기 위하여 인정되는 권리라는 점을 생각한다면 후자의 견해가 타당하다. 점유자는 회복자의 선택에 좇아 '그 지출금액'이나 '증가액'의 상환을 청구할 수 있다. 이 경우 회복자의 선택권을 위하여 그 유익비는 실제로 지출한 비용과 현존하는 증가액을 모두 산정하여야 한다.[472] 유익비상환청구권이 행사된 경우에, 법원은 회복자의 청구에 의하여 상당한 상환기간을 허여할 수 있다. 이에 의하여 유예기간이 설정되면 그 기간 동안에는 점유자의비용상환청구권은 아직 이행기가 도래하지 않으며, 따라서 점유자는 그 상환청구권에 기하여 유치권을 행사할 수 없게 된다.

제203조에 의하여 인정되는 비용상환청구권은 "그 물건에 관하여 생긴 채권"(제320조 1항)로서 그에 기하여 점유자가 유치권을 가지게 됨은 의문이 없다. 점유자의 비용상환청구권이 소유자의 반환청구에 대한 반대권리(제213조 단서에서 말하는 '정당한 권리')로서 인정된다는 것도 실은 비용상환청구권에 기한 유치권을 행사하여 소유권자의 반환청구를 정당하게 거부할 수 있음을 뜻한다. "불법행위로 인한" 경우에는 유치권을 발생하지 않는다(제320조 2항).

라. 권리의 경합

1) 부당이득반환청구권과의 관계

계약이 무효·취소된 경우 각 계약당사자는 원칙적으로 그 수령한 급부를 상대방에게 반환함으로써 계약이 없었던 상태로 돌아가야 할 의무를 부담한다. 이는 원칙적으로 부당이득법의 영역에 속하는 문제이다. 그런데 계약이 무효로 될 경우 통설 및 판례의 입장인 '유인성설'에 따르면, 물권변동도 당연히 무효가 되어 물권은 기존의 권리자에게 바로 복귀된다. 이 경우 원소유자는 부당이득반환청구권 이외에 소유물반환청구권도 행사할 수 있는지에 관해 판례는 경합을 전제로 하여 불법원인급여로 판명된

472) 대법원 2002. 11. 22. 선고 2001다40381 판결.

경우 부당이득반환청구권뿐만 아니라 소유권에 기한 물권적 청구권도 행사할 수 없다는 입장을 취하고 있다.[473)]

2) 계약상의 반환청구권과의 관계

계약에 기한 물건의 반환청구권, 특히 임대차와 같은 계속적인 물건사용관계의 종료로 인하여 발생하는 물건의 반환청구권과 가령 임대인의 소유권에 기한 물권적 청구권도 경합된다는 것이 통설이다. 그러나 그 반환에 따르는 부수적 이해관계의 조정은, 그 반환청구권이 어떠한 것이든 상관없이, 계약법(가령 제626조)이 우선적으로 적용되어야 한다. 왜냐하면 계약법은 계약당사자 사이의 이해관계를 보다 세밀하고 구체적인 사정에 맞게 법적으로 음미한 결과를 나타낸 것이어서, 그에 대하여는 배타적으로 규율한다고 보아야 할 것이기 때문이다.[474)]

[서식 50] 유익비상환청구의 소(임대차, 유익비지출)

소　　장

원 고　　이 ○ ○
　　　　충남 OO시 OO길 000 (OO유조사)
　　　　(전화, 휴대폰, 팩스, e-mail)

피 고　　OO통운 주식회사
　　　　경기 OO시 OO구 OO로 00
　　　　대표이사 ○ ○ ○
　　　　(전화, 휴대폰, 팩스, e-mail)

유익비상환청구의 소

청 구 취 지

1. 피고는 원고에게 240,000,000원 및 이에 대하여 이 사건 소장부본 송달 다음날

473) 대법원 1979. 11. 13. 선고 79다483 전원합의체 판결.
474) 대법원 2003. 7. 25. 선고 2001다64752 판결.

부터 다 갚은 날까지 연 12%의 비율에 의한 금원을 지급하라.
2. 소송비용은 피고의 부담으로 한다.
3. 위 제1항은 가집행할 수 있다.
라는 판결을 구합니다.

청 구 원 인

1. 원, 피고의 공사도급계약의 체결

원고와 피고는 20○○. 4. 16. 서울 ○○구 ○○길 000 지상 목조 세멘와지붕 3층 주택에 대하여 임대차보증금 200,000,000원, 계약기간 20○○. 6. 16.부터 2년으로 정하는 내용의 임대차계약을 체결하였습니다(갑 제1호증 : 부동산임대차계약서 참조).

위 계약에 따른 이행으로 원고에는 계약당일 피고에게 계약금 2,000만 원을 지급하였고, 중도금 80,000,000원은 20○○. 5. 16.자에, 잔금 100,000,000원은 입주일인 20○○. 6. 16.자에 각 지급하였습니다(갑 제2호증의 1, 2 : 각 영수증 각 참조).

2. 피고의 명도소송

그 후 원고는 위 계약에 따른 임대차계약이 만료될 무렵인 20○○. 3. 15. 피고와의 임대차계약을 더 이상 갱신할 의사가 없다는 의사표시를 하였고, 계약만료 후 곧바로 건물명도소송을 제기하였습니다.

3. 원고의 유익비지출

원고는 피고가 몇 년간 공가를 방치하여 거의 폐가나 다름없는 상태에 있었던 이 사건 부동산을 임차한 후 그 곳에 내외벽 리모델링, 페인팅, 문짝교체, 축대설치, 보일러교체 등에 총 4,000만 원을 지출하였습니다(갑 제3호증의 1 내지 5 : 각 영수증 각 참조).

원고의 위와 같은 공사로 인하여 이 사건 부동산의 가치는 그 이상으로 현존하고 있는바, 원고는 위 유익비의 상환을 받고자 합니다.

4. 임차보증금반환

원고는 피고에게 지급한 위 임차보증금을 전혀 반환받지 못하였음으로 이 또한 청구합니다.

5. 결 론

따라서 피고는 원고에게 금 240,000,000원을 지급하여야 의무가 있다고 할 것인바, 이에 대하여 이 사건 소장부본 송달 다음날부터 다 갚은 날까지 연 12%의 비율에 의한 지연손해금의 지급을 구하고자 이 사건 청구에 이른 것입니다.

입 증 방 법

1. 갑 제1호증 부동산임대차계약서
1. 갑 제2호증의 1,2 각 영수증
1. 갑 제3호증의 1 내지 5 각 영수증

첨 부 서 류

1. 위 각 입증방법
1. 납부서

20○○. . .

원고 이 ○ ○

○○지방법원 귀중

3. 소유물 방해제거·방해예방청구권

가. 의 의

1) 민법의 규정

소유자는 소유권을 방해하는 자에 대하여 방해의 제거를 청구할 수 있고, 소유권을 방해할 염려가 있는 행위를 하는 자에 대하여 그 예방이나 손해배상의 담보를 청구할 수 있다(제214조). 전자는 점유 이외의 방법으로 소유권에 대한 방해가 현재 계속적으로 행하여지고 있는 경우에 그 방해의 제거를 청구하는 것을 내용으로 하는 권리이고, 후자는 그러한 구분 없이 포괄적으로 소유권이 장래에 방해를 받을 염려가 있는 경우에 그 예방 등을 청구하는 것을 내용으로 하는 권리이다.

2) 상린관계법상의 각종 권리와 제214조와의 관계

상린관계법에 있어서는 매연 등에 의한 방해금지(제217조), 저수 등 시설의 공사청구(제223조), 수교 등의 제거청구(제240조), 토지의 심굴금지(제241조), 경계건축(제242조 2항), 차면시설의무(제243조), 지하시설 등에 대한 제한(제244조) 등 많은 규정이 명확하게 방해배제청구로서의 실질을 가지고 있으며, 기타 인지사용청구(제216조), 주변토지통행권(제219조) 등도 인지소유자에게 이러한 사용을 인용할 의무를 부과하고 그 배제를 청구할 수 없다는 관점에서 보면 역시 소극적인 방해배제청구에 관한 규정이라고 할 수 있다. 이들 규정은 제214조에 대해 일종의 특칙으로서 성격을 가짐은 의문이 없으나, 그렇다고 하여 이들 규정이 그 적용범위 내에서는 제214조의 적용을 배제한다고 일률적으로 말할 수 없다. 가령 건물을 건축함에 있어서 경계선으로부터 반 미터 이상의 거리를 두었다고 하더라도(제242조 1항), 그 건축이 이웃토지의 소유권을 방해한다면 제214조에 기하여 그 방해의 배제를 청구할 수 있는 것이다.

나. 행사요건

1) 소 유 자

제214조에서 정하고 있는 청구권을 가지는 사람은 '소유자'이다.

2) '방해' 또는 '방해의 염려'

가) 방 해

(1) 개 념

'방해'란 소유권에 의하여 법적으로 보장되는 물건에 대한 전면적인 지배의 권능 내지 가능성이 타인의 개입에 의하여 실제에 있어서는 실현되지 못하고 있는 상태라고 할 수 있다. 방해배제청구권은 현재 계속되고 있는 소유권에 대한 '방해의 원인'을 제거함으로써 소유권의 내용을 실현하려는 것을 목적으로 하는 것이고, 이미 발생한 "방해결과"의 제거를 내용으로 하여서는 안 된다. 방해결과의 제거는 손해배상법의 영역에 속하는 것으로서 '유책성 원칙'이 적용된다. 이와 관련하여 대법원은 쓰레기 매립으로 조성한 토지에 소유자가 매립에 동의하지 않은 쓰레기가 매립되어 있다 하더라도 그 쓰레기가 현재 소유권에 대하여 별도의 침해를 지속하고 있다고 볼 수 없으므로 소유권에 기한 방해배제청구권을 행사할 수 없다고 한다.[475]

방해는 이미 과거에 종결되어 버린 것이어서는 안 되며, 현재도 '지속'되고 있어야 한다. 이미 종결되어 버린 것이라면 이것을 제거한다는 것은 있을 수 없기 때문이다. 방해는 '위법'한 것이어야 한다. 소유권의 방해는 일단 위법한 것으로 추정되므로, 상대방이 그 정당화 사유를 주장·입증해야 한다.

(2) 방해의 구체적 모습

(가) 물건의 사용수익에 대한 사실적 방해

재판실무에 있어서 가장 빈번하게 등장하는 것은 토지소유자의 건물소유자에 대한 건물철거청구이다 이 청구는 대개 건물철거와 아울러 그 대지의 안도도 함께 청구하는 것이 통상이기 때문에 제213조와도 관련이 된다. 이와 관련하여 판례는 건물의 소유자가 그 건물의 소유를 통하여 타인 소유의 토지를 점유하고 있다고 하더라도 그 토지 소유자로서는 그 건물의 철거와 그 대지 부분의 인도를 청구할 수 있을 뿐, 자기 소유의 건물을 점유하고 있는 자에 대하여 그 건물에서 퇴거할 것을 청구할 수는 없다고 한다.[476] 타인의 토지 위에 권원 없이 설치되어 있는 분묘도 그 토지소유권을 방해하고 있는 것이고, 토지소유자는 '분묘의 관리처분권을 가진 자'를 상대로 그 철거를 구할 수 있다. 토지소유자가 그 건물의 철거를 청구함과 동시에 권원 없이 건립된 건물을 임차하거나 기타 건물소유자와의 계약에 의하여 그 건물을 점유하는 자에 대하여 그 건물로부터의 퇴거를 구하는 경우가 있는데, 이는 소유권방해배제청구권의 내용으로서 인용될 수 있다. 그러나 건물의 임차인 등은 토지를 점유하고 있는 것은 아니므로, 그 자를 상대로 토지의 인도를 구할 수는 없다고 해야 한다. 그러나 판례는 그 건물로부터의 퇴거와 아울러 그 대지의 반환까지 구할 수 있다고 하며,[477] 그 점거에 필요한 한도에서 건물이 세워진 부지도 아울러 점유하고 있다고 볼 것이라고 한다.[478]

(나) 권리로서의 소유권에 대한 추상적 방해

실무상 가장 빈번하게 문제되는 것은 부동산의 소유자가 그 부동산에 관하여 이루어진 부실한 등기의 정정을 방해배제로서 구하는 경우이다. 가령 소유권자가 따로 있는데 제3자의 명의로 소유권등기가 행하여진 경우를 들 수 있다. 이 경우 이러한 등기

475) 대법원 2003. 3. 28. 선고 2003다5917 판결.
476) 대법원 1999. 7. 9. 선고 98다57457 판결.
477) 대법원 1965. 9. 28. 선고 65다1571 판결.
478) 대법원 1967. 11. 28. 선고 67다2155 판결.

의 존재는, 등기연속의 원칙에 의하여, 진정한 소유자가 등기신청을 하더라도 그에 따른 실제의 등기가 이루어질 수 없어서 소유자의 처분을 매우 어렵게 할 뿐 아니라, 소유자의 소유권 증명에도 현저한 장애가 된다. 그러므로 그러한 부실등기는 당연히 소유권에 대한 방해가 된다고 할 수 있다. 이러한 청구는 대개 그 부실등기의 말소를 청구하는 형태로 이루어지나, 반드시 이에 한정되지 않고 '진정명의회복을 위한 이전등기청구권'도 인정된다.[479]

나) 방해의 염려

'방해의 염려'란 방해가 현존하고 있지는 않으나 장래 발생할 개연성이 있는 것을 말한다. 방해의 염려는 객관적 사실에 기하여 인정되는 것이어야지 주관적인 의심이나 신념에 기한 것이어서는 안 된다.

3) 청구의 상대방(방해하는 자)

청구의 상대방인 소유권을 방해하는 자 혹은 그 염려가 있는 자란 '방해하는 사정을 지배하는 지위에 있는 자'를 말하며, 이러한 지위의 존재 여부는 그 방해를 발생시켰다는 사실과는 무관하다. 가령 토지소유권을 방해하는 건물을 건축하였더라도 나중에 이를 제3자에게 양도한 경우에는 그 제3자가 상대방이 된다. 방해자의 고의 혹은 과실은 불필요하다.

다. 효 과

1) 소유물방해배제청구권

소유자는 소유권을 방해하는 자에 대하여는 그 '방해의 제거'를 청구할 수 있다. 여기서 말하는 '방해'란 '방해원인'을 말하고 '방해의 결과'는 포함되지 않는다.

2) 소유물방해예방청구권

소유자는 소유권을 침해할 우려가 있는 자에 대하여는 '그 예방이나 손해배상의 담보'를 청구할 수 있다. '방해의 예방'이란 방해를 일으킬 우려를 발생시키고 있는 원인을 제거하여 방해의 발생을 미리 막는 데 적절한 조치를 하는 것을 말한다. '손해배상의 담보'란 장차 방해가 현실적으로 발생할 경우에 상대방이 부담할 손해배상의무를

479) 대법원 1990. 11. 27. 선고 89다카12398 판결.

미리 담보하는 것이다. 소유자는 위와 같은 방해의 예방과 손해배상의 담보의 양자를 모두 청구할 수는 없고, 그 중 어느 하나를 선택하여 행사하여야 한다.

[서식 51] 소유권이전등기말소청구의 소(소유물방해배제청구)

소 장

원 고 ○ ○ ○ (000000-0000000)
○○시 ○○구 ○○길 00 (우편번호 00000)
전화·휴대폰번호 :
팩스번호, 전자우편(e-mail)주소 :

피 고 ○ ○ ○ (000000-0000000)
○○시 ○○구 ○○길 00 (우편번호 00000)
전화·휴대폰번호 :
팩스번호, 전자우편(e-mail)주소 :

소유권이전등기말소청구의 소

청 구 취 지

1. 피고는 원고에게 별지목록 기재 부동산에 관하여 ○○지방법원 ○○지원 20○○. ○. ○. 접수 제○○○○호로 마친 소유권이전등기의 말소등기절차를 이행하라.
2. 소송비용은 피고의 부담으로 한다.

라는 판결을 구합니다.

청 구 원 인

1. 원고는 별지목록 기재 부동산을 20○○. ○. ○. 소외 김○○로부터 매수하여 20○○. ○. ○.에 ○○지방법원 ○○지원 접수 제○○○호로 소유권이전등기를 마친 사람입니다.

2. 그런데 소외 이○○는 원고가 미국에 거주함을 기화로 마치 그 자신이 원고인 양 행세하면서 원고의 인감증명 등 등기절차에 필요한 모든 서류를 위조하여

2000. O. O. 피고에게 별지목록 기재 부동산을 매도하였습니다. 그 뒤 피고는 OO지방법원 OO지원 2000. O. O. 접수 제OOOO호로써 소유권이전등기를 마쳤습니다.

3. 그러나 원고가 별지목록 기재 부동산을 피고에게 매도한 사실이 없으므로 피고 앞으로 마쳐진 위 소유권이전등기는 무효라 할 것입니다.

4. 따라서 원고는 피고에 대하여 OO지방법원 OO지원 2000. O. O. 접수 제OOOO호로서 마친 피고 명의의 소유권이전등기말소등기절차의 이행을 구하기 위하여 이 사건 청구에 이른 것입니다.

입 증 방 법

1. 갑 제1호증 부동산등기사항전부증명서
1. 갑 제2호증 토지대장등본
1. 갑 제3호증 등기신청서류사본

첨 부 서 류

1. 위 입증방법 각 1통
1. 소장부본 1통
1. 송달료납부서 1통

2000. . .

위 원고 O O O (서명 또는 날인)

OO지방법원 OO지원 귀중

[서식 52] 건물철거 및 토지인도청구의 소(소유물방해배제청구)

소 장

원 고 O O O (000000-0000000)
OO시 OO구 OO길 00 (우편번호 00000)
전화·휴대폰번호 :
팩스번호, 전자우편(e-mail)주소 :

피 고 O O O (000000-0000000)
OO시 OO구 OO길 00 (우편번호 00000)
전화·휴대폰번호 :
팩스번호, 전자우편(e-mail)주소 :

건물철거 및 토지인도청구의 소

청 구 취 지

1. 피고는 원고에게
   가. 경기 OO군 OO면 OO리 000의 00 대 OOO㎡ 및 같은 리 000의 0 과수원 OOO㎡ 양 지상 블록조 스레트지붕 단층창고 중 별지도면 표시 1, 2, 3, 4, 1의 각 점을 차례로 연결한 선내 (가)부분 OO.OO㎡를 철거하고,
   나. 경기 OO군 OO면 OO리 000의 0 과수원 OOO㎡ 중 별지도면 표시 1, 2, 3, 4, 1의 각 점을 차례로 연결한 선내 (가)부분 OO.OO㎡ 지상 담장을 철거하여 위 과수원을 인도하라.
2. 소송비용은 피고가 부담한다.
3. 위 제1항은 가집행 할 수 있다.

라는 판결을 구합니다.

청 구 원 인

1. 원고는 소외 OOO의 소유였던 경기 OO군 OO면 OO리 000의 0 과수원 OOO㎡를 20OO. O. O. 귀 법원 20OO타경OOOO호 경매절차에서 매수인으로 매각허가결정을 받아 매각대금을 다 내고 그 소유권을 취득하여 귀 법원 등기과 20OO. O. O. 접수 제OOOO호로 그 소유권이전등기까지 마쳤습니다.

2. 그런데 피고는 그 소유의 경기 OO군 OO면 OO리 000의 00 대지에 20OO년경 주택과 창고, 화장실을 신축하면서 인접해 있는 위 제1항 기재 과수원의 경계를 침범하여 담장을 설치하고 이 사건 창고건물을 지어서 현재까지 권원없이 점유해오고 있습니다. 그렇다면 피고는 원고에게 경기 OO군 OO면 OO리 000의 00 대 OOO㎡ 및 같은 리 000의 0 과수원 OOO㎡ 양 지상 블록조 스레트지붕 단층창고 중 별지도면 표시 1, 2, 3, 4, 1의 각 점을 차례로 연결한 선내 (가)부분 OO.OO㎡를 철거하고, 위 과수원 OOO㎡ 중 별지도면 표시 1, 2, 3, 4, 1의 각 점을 차례로 연결한 선내 (가)부분 OO.OO㎡ 지상 담장을 철거하여 위 과수원을 인도할 의무가 있다 할 것입니다.

3. 따라서 원고는 여러 차례에 걸쳐 피고에게 경계침범 부분의 창고 및 담장을 철거하고 그 대지를 인도할 것을 요구하였으나 피고는 이에 응하지 않고 있으므로 청구취지와 같은 판결을 구하고자 이 사건 청구에 이른 것입니다.

입 증 방 법

1. 갑 제1호증의 1, 2 각 부동산등기사항증명서(토지, 건물)
1. 갑 제2호증 토지경계측량성과도
1. 갑 제3호증 토지대장등본
1. 갑 제4호증 건축물대장등본

첨 부 서 류

1. 위 입증방법 각 1통
1. 소장부본 1통
1. 송달료납부서 1통

20OO. . .

위 원고 O O O (서명 또는 날인)

OO지방법원 OO지원 귀중

[서식 53] 방해예방 및 위자료청구의 소(소유물방해예방청구권)

소 장

원 고 ○ ○ ○ (000000-0000000)
OO시 OO구 OO길 00 (우편번호 00000)
전화·휴대폰번호 :
팩스번호, 전자우편(e-mail)주소 :

피 고 ○ ○ ○ (000000-0000000)
OO시 OO구 OO길 00 (우편번호 00000)
전화·휴대폰번호 :
팩스번호, 전자우편(e-mail)주소 :

방해예방 및 위자료청구의 소

청 구 취 지

1. 피고는 원고에게 원고 소유의 OO시 OO구 OO동 00와 피고소유의 OO시 OO구 OO동 00-00의 대지경계에 있는 피고 소유의 평균높이 5m 70㎝, 길이 10m 80㎝의 축대에 대하여 위 원고소유의 대지에 대한 위험예방을 위하여 필요한 공사를 하여야 한다.
2. 피고는 원고에게 금 5,000,000원 및 이에 대하여 이 사건 소장부본 송달 다음날부터 이 사건 판결선고일까지는 연 5%의, 그 다음날부터 다 갚을 때까지는 연 12%의 각 비율에 의한 돈을 지급하라
3. 소송비용은 피고의 부담으로 한다.
4. 위 제2항은 가집행 할 수 있다.

라는 판결을 구합니다.

청 구 원 인

1. 원고는 19OO. O. O.부터 OO시 OO구 OO동 00 대 OOO.Om²와 그 지상에 시멘트벽돌조 기와지붕 단층주택 OO.OOm²의 소유권을 취득하여 가족과 함께 여기에 거주하고 있는 사람이고, 피고는 원고의 위 대지의 인접지번인 OO시 OO구 OO동 00-00 대 OOOm²와 그 지상에 시멘트벽돌조 슬래브지붕 단층주

택 OO.OO㎡를 소유하면서 거주하고 있는 사람입니다.

2. 그런데 원고소유의 위 대지와 피고소유의 위 대지의 경계부근에는 피고소유인 평균높이 5m 70㎝, 길이 10m 80㎝의 축대가 있는데, 위 축대는 현재 여러 곳에 균열이 생겼을 뿐만 아니라 일부는 붕괴되기도 하였으며, 더욱이 피고가 사용하는 하수구의 물이 새어 나와 위 축대 전체의 붕괴의 위험이 있으므로 원고는 피고에게 여러 차례에 걸쳐 위 축대의 보완공사를 요청하였으나, 피고는 원고의 요청을 무시한 채 지금까지 방치하고 있습니다.

3. 위와 같이 위 축대가 언제 붕괴될지 알 수 없는 위험한 상태에 있고, 원고와 원고의 가족들은 위 축대의 바로 밑에 거주하면서 항상 생명과 재산에 대한 위험에 노출되어 있으므로 원고는 피고에게 위 축대의 붕괴예방에 필요한 공사의 시공을 청구합니다.

4. 또한, 위와 같이 언제 붕괴될지 알 수 없는 위험한 위 축대의 아래에서 불안에 떨며 생활하는 원고는 정신적으로 막대한 손해를 입었다고 할 것이므로 피고는 이러한 원고의 정신적 피해에 대한 위자료로 금 5,000,000원을 지급하여야 할 것입니다.

5. 따라서 원고는 청구취지와 같은 판결을 구하고자 이 사건 소제기에 이르렀습니다.

입 증 방 법

1. 갑 제1호증의 1 내지 4　　각 부동산등기사항전부증명서
1. 갑 제2호증　　지적도등본
1. 갑 제3호증의 1 내지 5　　사진(축대의 균열 등)

첨 부 서 류

1. 위 입증방법　　각 1통
1. 소장부본　　1통
1. 송달료납부서　　1통

20OO. . .

위 원고 ○ ○ ○ (서명 또는 날인)

OO지방법원 귀중

[서식 54] 소유권이전등기말소청구 소장(소유권에 기한 물권적 청구, 피고의 방어방법, 원인 무효의 공매처분)

소 장

원 고 김 ○ 희 (000000-0000000) (전화 : 000-0000)
서울 OO구 OO로 OO (우 : 00000)

피 고 주 ○ 희 (000000-0000000)
서울 OO구 OO로 OO길 OO (우 : 00000)

소유권이전등기말소 청구의 소

청 구 취 지

1. 피고는 원고에게 별지 부동산 목록 기재 부동산에 관하여 제주지방법원 20OO. 11. 16. 접수 제4545호로 마친 소유권이전등기의 말소등기절차를 이행하라.
2. 소송비용은 피고의 부담으로 한다.

라는 판결을 구합니다.

청 구 원 인

1. 별지 부동산 목록 기재 부동산(이하 "이 사건 부동산"이라 한다.)은 원고의 소유입니다. 그런데 피고는 20OO. 11. 16. 이 사건 부동산에 관하여 20OO. 6. 17. 매매를 원인으로 한 소유권이전등기를 마쳤습니다. 그러나 원고는 피고에게 이 사건 부동산을 매도하거나 기타 소유권을 이전하여 준 사실이 없습니다.

2. 따라서 피고 명의의 위 소유권이전등기는 원인무효입니다. 그러므로 원고는 소유권에 기하여 피고에 대하여 피고 명의의 위 등기의 말소등기를 청구하여 이 사건 소를 제기합니다.

입 증 방 법

1. 갑 제1호증의 1, 2 각 부동산등기부등본
그 밖의 입증서류는 변론시 수시 제출하겠습니다.

첨 부 서 류

1. 위 입증서류 1통
1. 주민등록초본 4통
1. 소장부본 3통

20○○. ○. ○.

위 원고 김 ○ 희 (인)

서울북부지방법원 귀중

V. 공동소유

1. 총 설480)

공동소유라 함은 하나의 물건을 2인 이상의 다수인이 공동으로 소유하는 것을 말한다. 학설에 따라서는 "1개의 물건에 대한 소유권이 다수인에게 속하는 것" "수인이 1개의 소유권을 분량적(수량적)으로 가지는 상태" 또는 "하나의 물건에 대하여 여러 소

480) 주석민법 물권(2), 33면 내지 34면.

유자가 있는 소유상태"라고 정의되고 있으나, 이는 표현상의 차이에 지나지 아니할 뿐 내용상으로는 차이가 없다. 소유권은 모든 관계에 있어서 물건을 직접 배타적으로 지배하는 것을 내용으로 하는 권리이기 때문에 원칙적으로 한 개의 물건에는 한 개의 소유권만이 성립할 수 있는바(일물일권주의), 따라서 공동소유를 인정한다고 하는 것은 일견이 원칙과 모순되는 것같이 보인다. 그러나 공동소유는 한 개의 물건 위에 존재하고 있는 1개의 소유권이 수인에게 귀속되는 형태에 불과하기 때문에 일물일권주의와 직접적으로 아무런 관계가 없다. 다만 1개의 소유권이 수인에게 귀속된다고 하는 점에서 일종의 소유권의 변형에 불과할 뿐이다.

민법은 제3장 제3절에서 공동소유의 형태로 공유(제262-270조), 합유(제271-274조), 총유(제275-277조)의 세 가지를 규정하고 있지만, 공동소유의 형태에는 이 외에도 관념적으로는 얼마든지 또 다른 유형을 생각할 수 있다. 여기에서 공동소유를 이해하기 위한 방법론으로는 먼저 공동소유를 공동소유자 상호간의 인적 결합형태가 물권법에 반영된 결과로 보아 공동소유자들이 하나의 단체(비법인단체)로서 결합되어 있으면 총유, 그 들간에 아무런 인적 결합관계가 없으면 공유, 그 중간형태로서 그들이 조합을 이루고 있으면 합유라고 보는 견해와, 공동소유의 목적물에 대한 사용수익권능과 관리처분권능이 공동소유자들간에 어떻게 귀속되는가에 따라 위 두 가지 모두가 각 공동소유자에게 속하면 공유, 관리처분권능은 공동소유자 전원에게 귀속하고 각 공동소유자는 일정범위 내에서 사용·수익할 수 있을 뿐이면 총유, 그 중간이면 합유라고 보는 견해의 두 가지가 있다. 그리고 소유권이 공동소유자에게 양적으로 분할되면 공유, 질적으로 분할되면 총유라고 보는 견해기도 크게 보아 후자의 방법론에 속한다고 할 것이다. 그러나 위 두 가지 방법론은 각기 공동소유의 형태라는 동일한 대상을 어떠한 측면에서 고찰하였느냐에 따라 차이가 있는 것일 뿐으로 오히려 공유·합유·총유의 특질을 보다 더 정확하게 파악하기 위하여는 위 두 가지 측면을 아울러 고찰함이 타당하다고 하겠다.

2. 공 유

공유란 물건이 지분에 의하여 수인의 소유로 된 것(제262조 1항), 즉 공동목적을 위한 인적 결합관계가 없는 수인이 물건을 공동으로 소유하는 것을 말한다. 공유관계는 법률행위 또는 법률의 규정에 의하여 성립이 되는데, 수인이 하나의 물건을 공동으로 소유하기로 합의하는 경우에서와 같이 법률행위에 의한 것이 공유가 성립하는 전형적인 형태이다. 공유를 성립시키는 의사표시는 묵시적이라도 무방하지만, 부동산에 관해서는 등기요건 때문에 묵시적 의사표시에 의한 공유의 성립을 인정하기가 쉽지 않다. 법률행위에 의하여 부동산에 관한 공유를 성립시키기 위해서는 공유의 등기와 지분의 등기(부동산등기법 제44조 1항)를 하여야 한다(제186조). 이에 반해 타인의 물건 속에서의 매장물의 발견(제254조)이나 주종을 구별할 수 없는 동산의 부합 또는 혼화(제257조, 제258조)에 의하여 공유가 성립한다. 구분소유에서의 공용부분(제215조 1항)과 경계에 설치된 경계표 담, 구거 등(제239조)도 공유에 속하는데, 이러한 경우에는 분할청구권이 인정되지 않는다. 그 밖에 귀속불명의 부부재산도 부부의 공유로 추정된다(제830조). 공동상속재산의 법적 성질에 관하여, 지분의 처분이 제한되어 있으며(제1011조) 공동상속재산의 분할 역시 상당히 제한되어 있는 점(제1012조) 등을 이유로 합유로 이해하는 입장도 있으나, 제1006조의 법문대로 공유로 새길 것이다. 공동포괄수증재산도 마찬가지이다(제1078조).

3. 합 유

가. 의 의

합유는 수인이 조합체를 이루어 물건을 소유하는 공동소유의 형태이다(제271조 1항). 조합체란 동일한 목적으로 결합되어 있으나 구성원의 개별성이 강하여 단체의 체제를 갖추지 못한 수인의 결합체를 말한다. 합유는 소유권이 양적으로 다수인에게 분속한다는 점에서 공유와 같지만, 합유자의 지분은 공동사업을 위하여 구속되며, 따라서 이를 자유롭게 처분하지 못한다는 점에서 다르다.

나. 합유의 성립

제271조는 합유의 주체인 조합체의 성립원인으로 법률의 규정 또는 계약을 들고 있다. 계약으로 조합체가 성립하는 경우로 조합계약(제703조)이 있고, 그 전형적인 예가 동업계약이다. 합유는 조합체가 물건의 소유권을 취득함으로써 성립한다. 법률의 규정에 의한 예로 신탁법상의 조합(동법 제45조)과 광업법상의 조합(동법 제19조)을 들 수 있다. 부동산을 합유하는 경우에 그 취지를 등기하여야 한다(부동산등기법 제48조 4항).[481)]

---

481) 대판 2002. 6. 14. 2000다30622는 수인이 부동산을 공동으로 매수한 경우에, 매수인들 사이의 법률관계는 공유관계로서 단순한 공동매수인에 불과하여 매도인은 매수인 수인에게 그 지분에 대한 소유권이전등기

다. 합유의 법률관계

1) 지 분

합유에서도 지분이 존재한다. 그런데 공유지분이 소유권의 분량적 일부분임과 달리, 합유지분은 조합관계에서 생기는 각 합유자의 권리의무의 총체, 따라서 조합체의 일원으로서의 지위를 가리킨다. 그러므로 합유자는 전원의 동의 없이 합유물에 대한 지분을 처분하지 못한다(제273조 1항). 지분의 양도는 조합원으로서의 지위의 양도를 의미하기 때문이다. 이러한 법리는 합유자 중 일부가 사망한 경우에도 유지된다. 판례는 상속인이 합유자로서의 지위를 승계하지 않음을 이유로 사망한 합유자의 지분은 잔존 합유자에게 귀속되는 것으로 보았다(제717조, 제719조).[482] 한편 제273조와 다른 특약을 할 수 있음은 물론이다.

2) 합유물의 처분·변경과 보존

합유물을 처분 또는 변경함에는 합유자 전원의 동의가 있어야 한다(제272조). 반면 조합에 관한 제706조 제2항은 "조합의 업무집행은 조합원의 과반수로써 결정한다. 업무집행자가 수인인 때에는 그 과반수로써 결정한다고 그런데 합유물의 처분이나 변경이 조합의 업무집행에 속함에 의문이 없는데, 그를 위하여 제272조에 의하면 합유자, 즉 조합원 전원의 동의가 있어야 하는 반면, 제706조 제2항에 의하면 조합원의 과반수

의무를 부담하는 경우도 있을 수 있고, 그 수인을 조합원으로 하는 동업체에서 매수한 것으로서 매도인이 소유권 전부의 이전의무를 그 동업체에 대하여 부담하는 경우도 있을 수 있고, 부동산의 소유자가 동업계약(조합계약)에 의하여 부동산의 소유권을 투자하기로 하였으나 아직 그 소유로 등기가 되어 있고 조합원의 합유로 등기되어 있지 않다면, 그와 조합 사이에 채권적인 권리의무가 발생하여 그로 하여금 조합에 대하여 그 소유권을 이전할 의무 내지 그 사용을 인용할 의무가 있지만, 그 동업계약을 이유로 조합계약 당사자 아닌 사람에 대한 관계에서 그 부동산이 조합원의 합유에 속한다고 할 근거는 없으므로 조합원 아닌 제3자에 대하여 여전히 소유자로서 그 소유권을 행사할 수 있으며, 제271조 제1항과 제704조에 비추어 동업을 목적으로 한 조합이 조합체로서 또는 조합재산으로서 부동산의 소유권을 취득하였다면 제271조 제1항의 규정에 의하여 당연히 그 조합체의 합유물이 되고, 다만 그 조합체가 합유등기를 하지 않고 그 대신 조합원들 명의로 각 지분에 관하여 공유등기를 하였다면 이는 그 조합체가 조합원들에게 각 지분에 관하여 명의신탁한 것으로 보아야 한다고 하면서 이때 부동산 실권리자명의 등기에 관한 법률 제4조 제2항 본문이 적용되어 명의수탁자인 조합원들 명의의 소유권이전등기는 무효여서 그 부동산지분은 조합원들의 소유가 아니기 때문에 이를 일반채권자들의 공동담보에 공하여지는 책임재산이라고 볼 수 없고, 따라서 조합원들 중 1인이 조합에서 탈퇴하면서 나머지 조합원들에게 그 지분에 관한 소유권이전등기를 경료하여 주었다 하더라도 그로써 채무자인 그 해당 조합원의 책임재산에 감소를 초래한 것이라고 할 수 없으므로 이를 들어 일반채권자를 해하는 사해행위라고 볼 수는 없으며, 그에게 사해의 의사가 있다고 볼 수도 없다고 하였다.

482) 대법원 1994. 2. 25. 선고 93다39225 판결.

의 동의가 있으면 된다. 판례는 2인조합에서 조합원 1인이 다른 조합원의 동의 없이 조합재산을 타에 양도하는 행위는 무효라고 하는 반면,[483] 업무집행조합원이 수인인 경우에 제706조 제2항에 따라 업무집행조합원 과반수의 결정으로 조합재산을 타에 양도할 수 있고, 업무집행조합원이 없는 경우에도 원칙적으로 조합원 과반수의 결정으로 조합재산을 양도할 수 있다는 입장이다.[484] 즉, 합유에 관한 제272조 내지 제274조는 조합에 관한 규정 또는 조합계약에 의하여 규율되지 않는 사항에 보충적으로 적용될 뿐이며 따라서 제706조 제2항과 저촉되는 한 제272조는 적용될 수 없다. 대판 2010. 4. 29. 2007다18911은 민법 제272조에 따르면 합유물을 처분 또는 변경함에는 합유자 전원의 동의가 있어야 하나, 합유물 가운데서도 조합재산의 경우 그 처분변경에 관한 행위는 조합의 특별사무에 해당하는 업무집행으로서 이에 대하여는 특별한 사정이 없는 한 민법 제706조 제2항이 민법 제272조에 우선하여 적용되므로, 조합재산의 처분변경은 업무집행자가 없는 경우에는 조합원의 과반수로 결정하고, 업무집행자가 수인 있는 경우에는 그 업무집행자의 과반수로써 결정하며 업무집행자가 1인만 있는 경우에는 그 업무집행자가 단독으로 결정한다고 하여 결론에서는 본문과 같은 입장이다.

합유물에 관한 소송은 필수적 공동소송이다. 따라서 합유로 등기된 부동산에 관하여 명의신탁 해지를 원인으로 하는 소유권이전등기절차의 이행을 구하는 소에 대해서는 제272조가 적용된다.[485] 합유물의 보존행위는 합유자 각자가 단독으로 할 수 있다(제272조 단서).

3) 합유관계의 종료

합유는 조합체의 해산 또는 합유물의 양도로 인하여 종료된다(제274조). 그리고 조합체의 해산에 따른 합유물의 분할에 대하여 보충적으로 공유물분할에 관한 규정이 준용된다(동조 2항). 조합체가 존속하는 한 합유자는 합유물의 분할을 청구할 수 없다(제273조 2항). 다만 부득이한 사유가 있으면 각 조합원은 조합체의 해산을 청구할 수 있으며(제720조), 이러한 경우에 합유의 종료에 따라 합유물이 분할될 수 있을 뿐이다.

---

483) 대법원 1991. 5. 15.자 91마186 결정.
484) 대법원 1998. 3. 13. 선고 95다30345 판결.
485) 대법원 1996. 12. 10. 선고 96다23238 판결.

4. 총 유

가. 의 의

총유는 법인 아닌 사단의 사원이 집합체로서 물건을 소유하는 공동소유의 형태이다(제275조 1항). 즉 총유의 주체는 권리능력 없는 사단인데, 그 대표적인 예로 종중과 교회를 들 수 있다. 대판 2008. 10. 23. 2008다43693은 토지매수인이 그 토지에 사후 자신의 분묘를 설치하게 한 경우에는, 후손 중의 1인이 개인의 자금으로 분묘지를 단독 매수하여 조상의 분묘를 설치한 경우와는 달리, 장손에게 단독 상속시킨 후에 용이하게 처분할 수 있게 하기보다는 오히려 자신을 공동선조로 하는 종중의 총유재산으로 하여 자손들로 하여금 영구보존하게 할 의사였다고 봄이 우리의 전통적 사고에 부합한다. 그러나 이러한 법리가 토지매수인이 현행부동산등기법이 시행된 이후에 토지를 매수하여 소유권이전등기를 마쳤다가 생존 중에 자녀에게 소유권이전등기를 해 준 경우에까지 적용될 수는 없다고 하였다.

나. 총유의 법률관계

총유에서는 소유권의 내용이 관리·처분의 권능과 사용·수익의 권능으로 분해되어, 전자는 일체로서 사원의 총합체에 속하고(제276조 1항), 후자는 개개의 사원에게 귀속된다(동조 2항).

다. 총유물에 관한 권리의무의 득실

총유물에 관한 사원의 권리의무는 사원의 지위를 취득 또는 상실함으로써 취득 또는 상실된다(제277조).

Ⅵ. 명의신탁

1. 총 설[486]

가. 의 의

'명의신탁(名義信託)'에 관하여 민법은 아무런 규정을 두고 있지 않다. 판례는 명의신

486) 김형배, 민법학강의, 647면 이하.

탁에 대해 '신탁자가 소유권을 보류하여 이를 관리·수익하면서, 공부상의 소유명의만을 수탁자로 하여 두는 것'이라고 한다.[487] 즉, 이 는 진정한 소유자가 아닌 자를 대외적으로 마치 소유자인 것처럼 공부상 표시해놓는 것을 말한다. 이때의 명의는 소유자로서의 명의를 의미한다. 이러한 명의신탁관계는 판례이론에 의하여 형성되어온 것이지만, 학설은 이에 대하여 긍정적으로 수용하는 견해와 강하게 비판적 태도를 취하는 견해로 양분되어 왔다. 명의신탁의 문제점을 보다 정확하게 파악하기 위해서는 신탁법상의 신탁행위와 민법상의 신탁행위의 차이를 명확히 해둘 필요가 있다.

나. 신탁법상의 신탁행위와 민법상의 신탁행위

1) 신탁법상의 신탁행위

신탁이라 함은 위탁자(설정자)가 특정한 재산권을 수탁자에게 새 이전하거나 기타의 처분을 하고, 수탁자로 하여금 일정한 자(수익자: 위탁자 또는 제3자)의 이익을 위하여 또는 특정의 목적을 위하여 그 재산권을 관리·처분하는 법률관계를 말한다(동법 제1조). 이와 같은 신탁관계는 위탁자와 수탁자 사이의 계약 또는 위탁자의 유언에 의하여 성립한다(동법 제2조). 그리고 부동산과 같이 등기해야 할 재산권에 관해서는 그 등기를 함으로써 제3자에게 대항할 수 있다(동법 제3조). 따라서 신탁법에 의한 신탁관계는 위탁자가 수탁자에게 ① 재산권을 이전하고, ② 자기 또는 제3자를 위하여 재산을 관리(관리신탁) 또는 채권의 담보(담보신탁) 등의 목적을 수행하도록 하는 것이다. 이러한 신탁행위와 신탁관계가 유효한 것은 당연하다.

신탁에 있어서 신탁자의 위탁에 의하여 수탁자 앞으로 그 소유권이전등기를 마치게 되면 대내외적으로 소유권이 수탁자에게 완전히 이전되고, 신탁의 해지 등 신탁종료의 사유가 발생하더라도 수탁자가 신탁재산의 귀속 권리자인 수익자나 위탁자 등에게 새로이 목적 부동산의 소유권 등 신탁재산을 이전할 의무를 부담하게 될 뿐 신탁재산이 수익자나 위탁자 등에게 당연히 복귀되거나 승계된다고 할 수 없다. 따라서 제3자가 신탁재산에 대하여 부당이득을 취한 경우 신탁자의 상속인이 제 3 자에 대하여 부당이득반환청구권을 행사할 수는 없다.[488] 신탁법에 의한 신탁이 종료되었으나 수탁자가 신탁재산에 관하여 부담한 비용을 상환받지 못하고 있고, 신탁계약서상 이와 같은 경우에 수탁자가 신탁재산을 처분하여 위 비용의 변제에 충당할 수 있도록

487) 대법원 1965. 5. 18. 선고 65다312 판결.
488) 대법원 1994. 10. 14. 선고 93다62119 판결.

되어 있는 경우 수탁자는 위와 같은 처분권을 행사하기 위한 환가절차의 일환으로 신탁재산을 점유하고 있는 수익자를 상대로 인도를 청구할 수 있다.[489]

2) 민법상의 신탁관계

민법해석학에 있어서는 당사자들이 양도담보 또는 추심을 위한 채권양도 등을 하는 경우에 이를 설명하기 위하여 신탁행위 내지 신탁관계를 원용하고 있다. 일정한 경제적 목적을 달성하기 위하여 당사자의 일방이 상대방에게 그 목적달성에 필요한 한도 이상의 권리(소유권)를 이전하는경우에 이를 신탁자와 수탁자 사이의 신탁관계가 설정되는 것으로 해석하는 것이다. 다시 말하면, 재산권을 이전한 위탁자와 재산권의 이전을 받은 수탁자 사이에서는 일정한 경제적 목적을 수행하기 위한 범위 내에서만 그 재산권을 행사해야 하는 신탁관계가 성립하는 것으로 설명되고 있다. 이러한 신탁관계를 신탁법이 규정하고 있는 본래적인 의미의 신탁관계와 구별하기 위하여, '민법상의 신탁관계' 또는 '일반적 신탁관계'라고 하며, 이러한 신탁관계를 설정하는 신탁행위는 법률행위로서 유효한 것으로 해석되고 있다.

3) 명의신탁

명의신탁이라 함은 신탁자와 수탁자 사이에 실체적인 거래관계 없이, 예컨대 매매 등의 채권계약의 형식을 빌려 목적재산의 명의만을 수탁자 앞으로 이전해두는 것을 말한다.[490] 주로 문제가 되는 부동산의 명의신탁에 있어서는 신탁자가 자기의 부동산을 수탁자의 명의로 등기해놓고, 그 부동산에 관한 사용·수익 및 처분권 등 실질적인 권한은 모두 신탁자 자신이 보유하고 있다. 따라서 등기부상의 소유명의자인 수탁자는 그 재산권을 기초로 재산을 관리·처분할 권한을 갖는다거나 또는 채권담보의 목적으로 재산권을 행사하거나, 채권을 추심하는 등 어떠한 권한도 보유하고 있지 않다.

4) 신탁행위와 명의신탁의 구별

신탁법상의 신탁관계와 민법상의 신탁관계를 설정하는 법률행위를 '신탁행위'라고 하여, 이를 명의신탁과는 구별하고 있다. 전자의 신탁행위에 의한 신탁관계에 있어서는 재산권인 소유권이 수탁자에게 이전하지만, 수탁자가 신탁자의 이해관계와 독립해서 소유권의 내용인 사용·수익·처분권을 행사할 수 있는 것은 아니다. 즉 수탁자는

489) 대법원 2005. 4. 15. 선고 2003다47621 판결.
490) 대법원 1993. 11. 9. 선고 92다31699 판결.

위탁자와의 사이에 존재하는 신탁관계에 구속되며, 다만 그 구속의 내용과 정도에 차이가 있을 뿐이다. 한편 명의신탁에 있어서는 소유권의 등기상의 명의만이 수탁자에게 이전되어있을 뿐이고, 실질적인 사용·수익·처분권은 신탁자에게 유보되어 있기 때문에 신탁자와 수탁자 사이에는 신탁법상의 또는 민법상의 신탁관계가 존재하지 않는다. 따라서 명의신탁의 경우에는 등기권리증과 같은 권리관계를 증명하는 서류를 실질적 소유자인 신탁자가 소지하는 것이 보통이다.[491)]

2. 명의신탁관계[492)]

가. 판례이론

부동산 실권리자명의 등기에 관한 법률(이하 '부실법'이라 한다)에 의해 명의신탁약정은 원칙적으로 무효이지만 종중, 부부간의 명의신탁, 상호명의신탁 등 일정한 경우 유효하다고 보고 있으므로 종래의 판례이론은 이 한도에서는 여전히 의미가 있다. 구체적으로 판례가 명의신탁을 유효한 것으로 보는 경우로는 ① 재단법인의 설립을 목적으로 재산을 출연하는 때에 그 성립 전까지 발기인명의로 등기해 놓는 경우, ② 대지소유자명의로 건축허가를 받은 후 신축된 건물에 대해서 대지소유자명의로 보존등기를 하는 경우, ③ 종중의 재산을 종가의 자손이나 대표자의 소유명의로 등기해 놓는 경우, ④ 미분할토지의 일부를 매수하고 그 전부에 대해서 등기한 경우 등이 있다.[493)] 판례에 의하면 명의신탁관계가 성립하려면 신탁자와 수탁자 사이에 명의신탁약정이 있어야 한다.[494)] 또한 토지의 일부매매에 있어서 그 전부에 관하여 매수인 앞으로 이전등기가 경료된 경우에는 매매하지 않은 부분에 대하여는 당사자 사이에 명의신탁관계가 성립한 것으로 의제된다.[495)]

1) 대내적 효력

신탁자와 수탁자의 대내적 관계에서는 '신탁자'가 신탁재산의 소유권을 보유하며, 이를 관리·수익한다. 따라서 신탁자는 그 신탁계약에 기하여 명의수탁자에 대한 관계에서는 등기 없이도 그 부동산에 관한 실질적 소유권을 주장할 수 있으며,[496)] 자신의

491) 대법원 1985. 1. 29. 선고 84다카1750 판결.
492) 김형배, 민법학강의, 649면 이하.
493) 대법원 2010. 2. 11. 선고 2009다40264 판결.
494) 대법원 1981. 12. 8. 선고 81다카16175 판결.
495) 대법원 1981. 7. 20. 선고 81다1819 판결.

소유권을 다투는 수탁자를 상대로 소유권확인을 구할 수도 있다.[497] 반면 수탁자는 자기 앞으로 등기가 되어 있다고 하더라도 신탁자에 대하여 소유권을 주장할 수 없다.[498] 이러한 신탁관계는 당사자의 일방의 사망으로 당연히 소멸하지는 않고 상속인과의 사이에 그대로 존속한다.[499] 신탁자는 신탁재산을 처분할 권한을 가진다. 따라서 명의신탁 부동산을 명의신탁자가 처분한 경우 이를 민법 제569조 소정의 '타인의 권리의 매매'라고 할 수 없다.[500] 명의신탁자로부터 적법하게 명의신탁된 주택을 임차한 경우에 주택임대자보호법이 적용된다.[501] 따라서 부동산의 소유자로 등기된 수탁자는 점유권원의 성질상 자주점유를 할 수 없어 신탁부동산의 소유권을 시효취득할 수 없다.[502] 또한 명의신탁한 대지 위에 제3자가 신탁자의 승낙을 얻어 공작물을 설치한 경우에도 수탁자에게는 그 제3자에 대한 관계에서 물권적 청구권이 인정되지 않기 때문에 수탁자는 그 공작물을 철거를 청구할 수 없다.[503] 토지소유권을 명의신탁 받은 수탁자가 명의신탁관계의 존속 중에 그 토지상에 건물을 신축하였다가 명의신탁이 해지되어 등기명의가 환원된 경우, 그 수탁자는 신탁자와의 대내적 관계에 있어서 그 토지가 자기의 소유였다고 주장할 수 없으므로 관습법상법정지상 권을 취득하지 못한다.[504]

명의수탁자가 대외적으로 소유권을 취득하더라도, 그의 소유권은 명의신탁자에 대한 관계에서 제약된다. 따라서 원칙적으로 명의신탁자는 명의신탁재산을 점유할 권리를 가지며, 명의수탁자의 소유물반환청구에 대항할 수 있다. 나아가 명의신탁자가 소유자는 아니더라도 매매 또는 임대차를 통하여 제3자로 하여금 명의신탁재산을 점유하게 할 수 있으므로, 이들도 명의수탁자의 소유물반환청구에 대항할 수 있다. 그리고 명의신탁자가 (대내적) 소유자로서 명의신탁재산을 처분하면, 명의수탁자는 그 처분에 따른 등기를 하여 줄 의무를 부담한다. 명의수탁자는 명의신탁약정에 따라 대상재산의 소유명의를 보존하고 이와 관련된 사무를 처리하게 된다는 점에서 명의신탁은 위

---

496) 대법원 1982. 11. 23. 선고 81다372 판결.
497) 대법원 1977. 10. 11. 선고 77다1316 판결.
498) 대법원 1993. 11. 9. 선고 92다31669 판결.
499) 대법원 1996. 5. 31. 선고 94다35985 판결.
500) 대법원 1996. 8. 20. 선고 96다19581 판결.
501) 대법원 1999. 11. 9. 선고 92다31669 판결.
502) 대법원 1987. 11. 10. 선고 85다카1644 판결.
503) 대법원 1965. 8. 24. 선고 65다1081 판결.
504) 대법원 1986. 5. 27. 선고 86다카62 판결.

임과 유사한 성질을 가지며, 당사자 사이에 특약이 없는 한 위임에 관한 규정이 준용된다.[505] 따라서 명의수탁자는 선량한 관리자의 주의로 명의신탁재산에 관한 소유명의를 보존하고 명의신탁약정이 해지되면 명의신탁부동산을 반환하여야 할 의무를 지며(제681조), 명의신탁 받은 '재산을 임의로 처분하면 횡령죄의 죄책을 진다.[506] 판례는 종중원의 1인에게 명의신탁 해두었던 종중 소유의 토지를 토지개발공사에 협의양도하고 종중이 그 대금을 모두 수령하였는데, 위 공사가 보상적 의미에서 일정한 택지분양권을 준 결과 명의수탁자였던 종중원이 위 공사와 분양계약을 체결하여 그 택지를 매수하자 종중이 그 종중원을 상대로 그 택지의 소유권이전등기를 구한 사안에 서 위 택지의 소유권도 원래 명의신탁되었던 토지의 소유권과 관련하여 발생한 것이므로 신탁자인 종중에게 이전하여야 한다고 판시하였고,[507] 수탁자는 신탁재산에 대한 손실보상금을 신탁자에게 반환할 의무가 있다고 판시하였다.[508] 한편 명의신탁약정에 달리 정함이 없으면 명의수탁자는 등기비용이나 공과금의 부담 등과 관련하여 명의신탁자에게 그 비용의 선급을 요구하거나 이미 지출한 경우에 지출한 날 이후의 이자를 붙여 명의신탁자로부터 상환받을 수 있다(제687조, 제688조).

2) 대외적 효력

대외적 관계에서는 '수탁자'가 소유권을 가진다. 따라서 '수탁자의 일반채권자'는 수탁자명의의 재산에 대해 강제집행 내지 경매를 할 수 있고, 신탁자는 신탁을 이유로 그 일반채권 자에게 소유권을 주장할 수 없다.[509] 그리고 '신탁자의 일반채권자'는 수탁자명의의 재산에 대하여 강제집행할 수 없고, 수탁자는 제3자이의의 소를 제기할 수 있다.[510] 이 경우 신탁자의 채권자는 그 채권의 보존을 위하여 신탁자의 수탁자에 대한 해지권을 대위행사하여 신탁재산을 신탁자명의로 환원시킬 수 있을 뿐이다.[511] 불법점유자에 대하여는 수탁자만이 방해배제청구권을 행사할 수 있고, 신탁자는 명의인을 대위하여서만 이를 행사할 수 있다.[512] 그러나 제3자의 무단점유로 인한 임료

505) 양창수, 민법연구(5), 108~110쪽.
506) 대법원 2002. 2. 22. 선고 2001도6209 판결.
507) 대법원 1987. 5. 12. 선고 86다카2653 판결.
508) 대법원 1996. 5. 31. 선고 94다35985 판결.
509) 대법원 1974. 6. 25. 선고 74다423 판결.
510) 대법원 1971. 3. 23. 선고 71다225 판결.
511) 대법원 1960. 4. 21. 선고 4292민상483 판결.
512) 대법원 1979. 9. 25. 선고 77다1079 전원합의체 판결.

상당의 부당이득반환청구에 관하여는 신탁자의 채권자대위권행사가 부정된다.[513] 그러나 제3자에 대한 모든 관계에서 명의수탁자만이 소유자로 취급되는 것은 아니다. 판례는 명의신탁된 건물에 관한 공작물책임이 문제된 사안에서 신탁자에게 소유자의 무과실책임을 인정함으로써 명의신탁자가 소유자로서 그 책임을 진다고 하였다.[514]

수탁자로부터 명의신탁된 부동산을 양수한 제3자는 그의 선의·악의를 불문하고 소유권을 취득하게 된다.[515] 다만, 제3자가 수탁자의 신탁자에 대한 배임행위에 적극 가담한 경우에는 제3자와 수탁자 사이의 계약은 제103조에 의하여 무효가 될 수 있다.[516]

3) 명의신탁의 해지

가) 해지권의 행사

해지는 해지권자의 일방적 의사표시로 행하게 된다(제543조). 신탁자는 특별한 사정이 없는 한 언제든지 명의신탁계약관계를 해지하고 수탁자에 대하여 명의신탁재산의 반환을 청구할 수 있다. 수탁자도 특별한 사정이 없는 한 명의신탁을 해지할 수 있다. 신탁자는 신탁관계의 종료를 이유로 소유명의의 이전등기절차의 이행을 청구할 수 있으며, 소유권에 기한 말소등기를 청구할 수도 있다.[517] 이와 같은 등기청구권은 (내부적) 소유권에 기하여 행사하는 것이므로 소멸시효의 대상이 되지 않는다.[518]소유권에 기한 반환청구와 명의신탁 해지를 이유로 한 반환청구는 청구원인을 달리하는 별개의 소송물이다.[519] 명의신탁의 해지는 일방적 의사표시로 행하여지는데, 묵시적으로도 할 수 있다.[520] 수탁자가 수인이더라도 계약의 해제, 해지의 불가분성에 관한 제547조 제1항이 적용되지 않는다.[521]

나) 내부관계

신탁자는 언제든지 신탁을 해지하고 수탁자에 대하여 신탁관계의 종료만을 이유로

---

513) 대법원 1991. 10. 22. 선고 91다17207 판결.
514) 대법원 1977. 8. 23. 선고 77다246 판결.
515) 대법원 1963. 9. 19. 선고 63다388 판결.
516) 대법원 1991. 4. 23. 선고 91다6221 판결.
517) 대법원 1998. 4. 24. 선고 97다44416 판결
518) 대법원 1991. 11. 26. 선고 91다34387 판결.
519) 대법원 1980. 12. 9. 선고 79다634 전원합의체 판결.
520) 대법원 1975. 12. 23. 선고 75다1466 판결.
521) 대법원 1992. 6. 9. 선고 92다9579 판결.

하여 소유명의의 이전등기절차이행을 구할 수 있음은 물론 신탁해지를 원인으로 하고 소유권에 기하여 그와 같은 청구를 할 수 있다 할 것이고 이 소유권에 기한 동 등기청구권은 시효에 의해서 소멸되는 것이 아니다.[522]

다) 외부관계

또한 명의신탁의 해지는 채권적 효력을 가질 뿐이다.[523] 따라서 등기명의가 신탁자에게 반환 또는 이전되기 전까지는 외부적 소유권은 수탁자에게 있으므로 수탁자로부터 부동산을 양수받아 등기한 제3자는 유효하게 소유권을 취득한다.[524] 다만, 명의신탁계약이 있었으나 수탁자에게 이전등기가 경료되기 전에 신탁계약이 해지되면 그 후에 수탁자명의의 소유권이전등기가 경료되더라도 이는 원인무효의 등기이므로 위 수탁자로부터 이를 양수한 제3자는 적법하게 소유권을 취득할 수 없다.[525]

[서식 55] 명의신탁해지를 원인으로 한 소유권이전등기청구의 소

소 장

원 고 ○ ○ ○
서울 ○○구 ○○동 000-000
위 원고 소송대리인 변호사 ○ ○ ○
경기 ○○시 ○○동 000 ○○빌딩 3층 (우 : 00000)
(전화 : 031－000-0000, 팩스 : 031－000-0000)
(E-mail :)

피 고 1. ○ ○ ○ (000000-0000000)
서울 ○○구 ○○동 000
2. ○ ○ ○ (000000-0000000)
경기 ○○시 ○○동 00-0
○○아파트5단지 511-1003
3. ○ ○ ○ (20○○년 ○월 ○일생)

522) 대법원 1991. 11. 26. 선고 91다34387 판결.
523) 대법원 1996. 5. 31. 선고 94다35985 판결.
524) 대법원 1991. 8. 29. 선고 90다19848 판결.
525) 대법원 1980. 10. 14. 선고 79다232 판결.

위 같은 곳
[피고는 미성년자이므로 법정대리인 모 안○○]

소유권이전등청구의 소

청 구 취 지

1. 별지 목록 제1항 기재 부동산에 관하여,
  가. 피고 ○○○, 같은 ○○○은 피고 ○○○에게 별지 목록 제2항 기재 각 지분에 대한 소유권이전등기의 각 말소등기절차를 이행하고,
  나. 피고 ○○○는 원고에게 19○○. 4. 15. 매매를 원인으로 한 소유권이전등기절차를 이행하라.
2. 소송비용은 피고들의 부담으로 한다.
라는 재판을 구합니다.

청 구 원 인

1. 당사자들의 지위
  가. 원고는 19○○. 4. 15. 매도인인 피고 ○○○로부터 경기 ○○군 ○○면 ○○○ 산 17-10 임야 640㎡(이하 이사건 부동산이라고만 합니다) 를 매수하였고, 이를 같은 날 수탁자인 소외 ○○○(원고의 남동생입니다)에게 명의신탁을 하였던, 즉 3자간 명의신탁관계의 명의신탁자이고,
  나. 소외 ○○○은 원고로부터 이 사건 부동산을 명의신탁받은 명의수탁자이며,
  다. 피고 ○○○, 같은 ○○○은 명의수탁자인 위 ○○○의 처와 딸로서, 위 ○○○이 20○○. 11. 1. 사망함에 따라 이 사건 부동산을 상속한 지위에 있는 자들입니다(갑 제1호증 : 호적등본 참조).

2. 원고의 이 사건 부동산의 매수 및 명의신탁 배경
  가. 원고의 이 사건 부동산의 매수
  원고는 19○○. 4. 15. 피고 ○○○과 그의 소유인 이 사건 부동산에 관하여, 매매대금은 금 3,500,000원으로 정하고, 계약금 1,500,000원은 계약체결시에, 잔금 2,000,000원은 1998. 5. 6.까지 각 지급하기로 하는 매매계약을 체결하고 이를 매수한 진정한 소유자입니다(갑 제2호증 : 매매계약서 참조), 다만, 같은 날 소유권이전등기를 경료하는 과정에서 동생인 소외 亡 ○○○과 합의하에, 원고가 위 ○○○로부터 매수한 이 사건 부동산을 원고명의의 등기

를 경료하지 않은 채, 바로 수탁자인 위 OOO명의로 소유권이전등기를 경료하였던 것입니다.

그래서 원고는 이 사건 부동산 명의를 수탁자인 亡 OOO으로 하면서도, 그 권리관계를 뒷받침해 주는 중용한 문서인 등기권리증은 계약과 동시에 위 OOO로부터 직접 넘겨받아 소지하였던 것입니다(갑 제3호증 : 등기권리증 참조).

나. 명의신탁 배경

원고가 위와 같이 이 사건 부동산을 매도인인 위 OOO로부터 매수하면서 그 명의를 진정한 소유자인 원고 명의가 아닌 피고 亡 OOO 명의로 등기하였던 것은 다음과 같은 이유 때문입니다.

이 사건 명의신탁무렵 원고의 남편인 OOO가 가정생활을 등한시한 채, 외도 및 낭비벽 등으로 계속해서 재산을 탕진하자, 원고가 동생인 亡 OOO과 그와 같은 일을 협의하면서, 만일 위 OOO가 원고 명의로 이 사건 부동산을 매수한 사실을 알게 될 경우, 원고를 부추기거나 강박하여 처분하여 사용하지는 않을까 하는 우려 때문에, 가정의 경제적인 파탄만은 막아보고자 부득이 원고가 동생인 亡 OOO과 상의 하에 매도인인 위 OOO로부터 바로 수탁자인 위 OOO 명의로 소유권이전등기를 경료하였던 것입니다.

3. **원고의 대위청구**

가. 그 후, 원고는 가정생활이 안정되자 위 부동산을 매수한 때로부터 7년여가 지난 20OO. 10.경 수탁자인 亡 OOO 명의의 등기를 말소하고 이를 실체적 권리관계에 부합하도록 원고 명의로 소유권이전등기를 경료하고자, 동인에게 소유권이전등기에 필요한 서류를 요구하였고, 동인으로부터 같은 달 24. 소유권이전등기에 필요한 서류인 '주민등록등본 3통, 인감증명서 3통, 위 OOO의 인감도장이 날인된 위임장 및 매매계약서'등을 각 교부받았습니다(갑 제4호증의 1 : 주민등록등본 1통, 같은 호증의 2 : 인감증명서 1통, 같은 호증의 3 : 위임장, 같은 호증의 4 : 매매계약서 각 참조).

나. 그러나 원고가 막상 그 명의로 소유권이전등기를 경료하려고 준비하는 과정에서 수탁자이자 동생인 위 OOO이 지병으로 사망(20OO. 11. 1.)하자 그 상중인 관계로 소유권이전등기를 차일피일 미루어 오던 중, 최근에 다시 亡 OOO의 상속인인 피고 OOO에게 이 사건 부동산에 대한 소유명의를 이전해 줄 것을 요구하였지만, 피고 OOO은 자신들의 소유라며 이를 완강히 거절할 뿐만 아니라, 소유명의가 남편인 亡 OOO으로 등기되어 있음을 기화로 이를

처분하려고 시도하고 있습니다.

다. 그런데, 이 사건과 같은 명의신탁의 경우, 부동산실권리자명의등기에 관한 법률(제4조 제1항, 제2항)위반으로 신탁자인 원고와 수탁자인 위 OOO과의 명의신탁약정은 무효이고, 그 약정에 따라 행하여진 등기에 의한 부동산의 물권변동은 무효라고 할 것이어서, 원고는 매도인인 위 OOO를 대위하여 위 亡 OOO명의로 되어 있는 원인무효의 소유권이전등기를 말소하고 아울러 매도인인 위 OOO를 상대로 소유권이전등기를 청구할 권리가 있다할 것입니다.

4. 결 론

그러므로 원고는 청구취지 기재와 같이, 피고 OOO를 대위하여 소외 亡 OOO명의로 되어 있는 원인무효의 소유권이전등기를 말소하고, 아울러 피고 OOO를 상대로 소유권이전등기를 구하고자 이 사건 청구에 이른 것입니다.

입 증 방 법

1. 갑 제1호증	호적등본	1부
2. 갑 제2호증	매매계약서	1부
3. 갑 제3호증	등기권리증	1부
4. 갑 제4호증의 1	주민등록등본	1부
2	인감증명서	1부
3	위임장	1부
4	매매계약서	1부

첨 부 서 류

1. 위 각 입증자료	각 1부
1. 등기부등본	1부
1. 임야대장	1부
1. 각 납부영수증	각 1부

20OO. . .

원고의 소송대리인
변호사 ○ ○ ○

OO지방법원 귀중

[서식 56] 소유권이전등기청구의 소(토지, 종중이 명의신탁해지)

소 장

원 고 OO김씨 OO공파 OO문중
OO시 OO구 OO길 00 (우편번호 00000)
대표자 OOO
전화·휴대폰번호 :
팩스번호, 전자우편(e-mail)주소 :

피 고 ○ ○ ○ (000000-0000000)
OO시 OO구 OO길 00 (우편번호 00000)
전화·휴대폰번호 :
팩스번호, 전자우편(e-mail)주소 :

소유권이전등기청구의 소

청 구 취 지

1. 피고는 원고에게 OO시 OO구 OO동 00 답 2,000㎡에 관하여 20OO. O. O. 명의신탁해지를 원인으로 한 소유권이전등기절차를 이행하라.
2. 소송비용은 피고의 부담으로 한다.

라는 판결을 구합니다.

청 구 원 인

1. ○○시 ○○구 ○○동 00 답 2,000㎡(다음부터 이 사건 토지라고 함)는 원래 원고의 소유인데, 원고는 19○○. ○. ○. 이 사건 토지를 피고의 아버지인 소외 망 ○○○에게 명의신탁에 의한 소유권이전등기를 하였는바, 소외 망 ○○○가 20○○. ○. ○. 사망함으로써 피고가 그 상속인으로서 명의수탁자로서의 지위를 승계하였습니다.

2. 그런데 원고는 20○○. ○. ○. 피고에 대하여 위 명의신탁을 해지하겠다는 의사표시를 한 바 있으므로, 피고는 원고에게 이 사건 토지에 관하여 20○○. ○. ○. 명의신탁해지를 원인으로 한 소유권이전등기절차를 이행할 의무가 있다고 할 것입니다.

3. 따라서 원고는 피고에 대하여 이 사건 토지에 관하여 20○○. ○. ○. 명의신탁해지를 원인으로 한 소유권이전등기절차의 이행을 구하고자 이 사건 청구에 이르렀습니다.

입 증 방 법

1. 갑 제1호증	부동산등기사항증명서
1. 갑 제2호증	기본증명서
	(단, 20○○.12.31. 이전 사망한 경우 제적등본)
1. 갑 제3호증	가족관계증명서
	(또는, 상속관계를 확인할 수 있는 제적등본)
1. 갑 제4호증	토지대장등본
1. 갑 제5호증	문중회칙
1. 갑 제6호증	대표자선임결의서
1. 갑 제7호증	통고서(내용증명우편)

첨 부 서 류

1. 위 입증방법	각 1통
1. 소장부본	1통
1. 송달료납부서	1통

2000. . .

위 원고 OO김씨 OO공파 OO문중

대표자 O O O (서명 또는 날인)

OO지방법원 귀중

[서식 57] **특별대리인선임신청서**(종중의 소송무능력 대자에 대한)

특별대리인선임신청

신 청 인 OO김씨 OO공파 종중
서울 OO구 OO길 000
대표자 김 O O
서울 OO구 OO길 00-0
(전화·휴대폰·e-mail)

신 청 취 지

신청인이 전북 OO군 OO면 OO리 000 임야 2,400㎡에 관하여 명의신탁해지를 원인로 한 소유권이전등기를 신청인 대표자 김OO을 상대로 제기할 소송에 있어서, OO시 OO구 OO길 00 김OO을 신청인의 특별대리인으로 선임한다.
라는 재판을 구합니다.

신 청 이 유

1. 신청인 OO김씨 OO공파 종중은 1900. 11. 20. 신청외 추OO으로부터 전북 OO군 OO면 OO리 341 임야 2,400㎡를 매입할 당시 위 대표자 김OO 명의로 명의신탁하였는바, 금번에 종중총회의 결의에 따라 위 임야의 소유명의를 신청인

종중 명의로 환원하기로 하였습니다.

2. 그러한 연유로 신청인 종중 대표자 김OO에 대해서 명의신탁해지를 원인으로 한 소유권이전등기소송을 제기하려고 준비 중인데, 위 대표자 김OO은 종중의 위 재산에 관한 명의수탁자로서 소유명의자이기도 하고, 상호 이해관계가 상반되므로 현 종중 대표자 김OO은 대표권을 행사할 수가 없기 때문에 법인의 대표자가 없는 경우와 마찬가지 인 사정입니다.

3. 따라서 신청인이 통상의 절차에 의하여 종중의 대표자를 재선출할 때까지 기다린다면 상당한 기일지연으로 손해를 입게 될 우려가 있으므로 신청인 종중을 위한 이 사건 소송의 특별대리인으로서 OO시 OO구 OO길 00 김OO을 선임하고자 이 사건 신청에 이른 것입니다.

첨 부 서 류

1. 종중결의서	1통
1. 대표자선임결의서	1통
1. 등기부등본	1통
1. 주민등록표등본	1통
1. 족보사본	1통

20OO. . .

신청인 OO김씨 OO공파 종중
대표자 김 O O (인)

OO지방법원 OO지원 귀중

3. 부동산 실권리자명의 등기에 관한 법률

가. 적용범위

1) 부동산에 관한 소유권 기타 물권을 보유한 자 또는 사실상 취득하거나 취득하려고 하는 자(실권리자)가 타인과의 사이에서 대내적으로는 실권리자가 부동산에 관한 물권을 보유하거나 보유하기로 하고 그에 관한 등기(가등기를 포함)는 그 타인의 명의로 하기로 하는 약정(명의신탁약정, 동법 제2조 1호)에 대하여 적용된다. 따라서 담보목적의 가등기, 저당권등기[526]도 규제대상이 된다. 명의신탁관계가 성립하기 위하여 명의수탁자 앞으로 새로운 소유권이전등기가 행하여지는 것이 반드시 필요한 것은 부동산 소유자가 그 소유하는 부동산의 전부 또는 일부 지분에 관하여 명의신탁자를 위하여 '대외적으로만' 보유하는 관계에 관한 약정(명의신탁약정)을 하는 것도 가능하다.[527]

그러나 다음의 경우는 동법상 규제되는 명의신탁약정으로 보지 않는다(동법 제2조 1호).

가) 채무의 변제를 담보하기 위하여 채권자가 부동산에 관한 물권을 이전받거나(양도담보) 가등기하는 경우(가등기담보)와 신탁법 또는 자본시장과 금융투자업에 관한 법률에 의한 신탁재산인 사실을 등기한 경우에는 실명법의 규제대상에서 배제된다(동법 제2조 1호 가·다). 앞에서 이미 설명한 바와 같이 이러한 유형의 신탁행위는 유효한 법률행위로서 학설과 판례가 일치하여 안정하고 있다.

나) 부동산의 위치와 면적을 특정하여 2인 이상이 구분소유하기로 약정하고, 그 구분소유자의 공유로 등기하는 경우는 실명법이 규제하려고 하는 대상에 해당하지 않는다(동법 제2조 1호 나). 상호명의신탁이 성립하는 경우, 내부관계에 있어서 공유자는 특정부분에 한하여 소유권을 취득하고 이를 배타적으로 사용·수익할 수 있지만, 외부관계에 있어서는 1필지 전체에 관하여 공유관계가 성립하고 공유자로서의 권리만을 주장할 수 있을 뿐이다.

다) 종중재산의 명의신탁과 부부[528] 간의 명의신탁은, 그것이 조세포탈 및 강제집

---

526) 판례는 부동산 매매대금의 지급을 담보하기 위하여 당사자간의 합의에 의하여 소유권이전등기를 매수인에게 경료하지 않은 상태에서 목적부동산 위에 근저당권자를 매도인이 지정하는 제3자로, 매도인을 채무자로 하여 근저당권을 설정한 경우에 그 근저당권설정등기는 부동산실명법의 취지나 담보물권의 부종성에 반하지 않기 때문에 유효하다고 보았다(대법원 2001. 3. 15. 선고 99다48948 전원합의체 판결).

527) 대법원 2010. 2. 11. 선고 2008다16899 판결.

행의 면제 또는 법령상 제한의 회피를 목적으로 하지 않는 한 유효하다(동법 제8조 1호). 따라서 동법상의 과징금이나 벌칙 등의 적용을 받지 않는다. 나아가 수탁자가 수탁재산에 대하여 한 처분행위 등은 완전히 유효하게 된다. 명의신탁이 해지되었음에도 등기명의가 회복되지 않았다면 신탁자는 소유권을 가지고 제3자에게 대항할 수 없다.

나. 실권리자명의등기의무(제3조) 및 과징금(제5조)

누구든지 부동산에 관한 물권을 명의신탁약정에 의하여 명의수탁자의 명의로 등기하여서는 아니 된다(동법 제3조 1항). 부동산 양도담보에 있어서는 채무자·채권금액 및 채무변제를 위한 담보라는 뜻이 기재된 서면을 등기신청서와 함께 등기관에게 제출하여야 한다(동법 제3조 2항). 이를 위반한 명의신탁자와 양도담보채무자(실채무자)에 대해서는 과징금(부동산가액의 30% 범위 내)이 부과되고, 아울러 5년 이하의 징역 또는 2억원 이하의 벌금에 처해진다(동법 제5조 1항, 제7조 1항). 명의수탁자는 3년 이하의 징역 또는 1억원 이하의 벌금에 처해진다(동법 제7조 2항).

다. 명의신탁의 효력(제4조)[529]

명의신탁약정은 무효로 한다(제4조). 그리고 이 약정에 따라 행하여진 등기에 의한 물권변동도 무효가 된다(동법 제4조 2항 본문). 다만, 이러한 무효는 제3자에게 대항하지 못한다. 제3자가 수탁자의 배임행위에 적극적으로 가담하지 않는 한 명의신탁사실에 대한 선의·악의를 불문하고 소유권을 취득한다. 여기서 말하는 제3자란 명의수탁자가 물권자임을 기초로 그와의 사이에 새로운 이해관계를 맺은 사람을 말한다. 다라서 오로지 명의신탁자와 부동산에 관한 물권을 취득하기 위한 계약을 맺고 단지 등기명의만을 명의수탁자로부터 경료받은 것과 같은 외관을 갖춘 자는 위 법률조항의 제3자에 해당되지 아니하므로 동법 제4조 3항을 들어 무효인 명의신탁등기에 터 잡아 경료된 자신의 등기의 유효를 주장할 수는 없다. 물론 이러한 자가 자신의 등기가 실체관계에 부합하여 유효라고 주장하는 것은 별론이다.[530] 또한 명의수탁자가 아닌 제3자와 사이에 이해관계를 맺은 전득자는 제3자에 해당되지 않는다.

또한 명의신탁약정은 부동산에 관한 물권의 실권리자가 타인과의 사이에서 대내적

528) 사실혼 배우자는 포함되지 않는다. 대법원 1999. 5. 14. 선고 99두35 판결.
529) 김형배, 민법학강의, 657면 이하.
530) 대법원 2004. 8. 30. 선고 2002다48771 판결.

으로는 실권리자가 부동산에 관한 물권을 보유하거나 보유하기로 하고 그에 관한 등기는 그 타인의 명의로 하기로 하는 약정을 말하는 것일 뿐이므로, 그 자체로 선량한 풍속 기타 사회질서에 위반하는 경우에 해당한다고 단정할 수 없을 뿐만 아니라, 위 법률은 원칙적으로 명의신탁약정과 그 등기에 기한 물권변동만을 무효로 하고 명의신탁자가 다른 법률관계에 기하여 등기회복 등의 권리행사를 하는 것까지 금지하지는 않는 대신, 명의신탁자에 대하여 행정적 제재나 형벌을 부과함으로써 사적자치 및 재산권보장의 본질을 침해하지 않도록 규정하고 있으므로, 위 법률이 이 비록 부동산등기제도를 악용한 투기탈세탈법행위 등 반사회적 행위를 방지하는 것 등을 목적으로 제정되었다고 하더라도, 무효인 명의신탁약정에 기하여 타인 명의의 등기가 마쳐졌다는 이유만으로 그것이 당연히 불법원인급여에 해당한다고 볼 수 없다.[531] 무효에 따른 법률관계는 명의신탁의 유형에 따라 조금씩 차이가 난다.

1) 등기명의신탁(이전형)

가) 신탁자와 수탁자간의 관계

명의신탁자 및 수탁자간의 부동산취득을 목적으로 하는 명의신탁약정은 무효이다(동법 제4조 1항). 이처럼 명의신탁약정이 무효로 됨으로써 명의신탁자 및 수탁자 사이에는 약정에 따른 채권채무관계가 전혀 존재하지 않게 된다. 따라서 명의신탁자 및 수탁자는 서로 명의신탁약정에 따른 이행을 청구할 수 없고, 일방이 이행을 하지 아니한 경우에도 계약불이행에 따른 책임을 지지 않는다. 위약금약정 역시 무효이다.

나) 물권변동의 효력

이는 신탁자의 명의로 되어 있는 부동산의 등기를 명의신탁약정에 의하여 수탁자에게 이전등기한 경우, 그 이전등기는 무효가 된다. 이때 명의신탁자는 계약관계가 무효이기 때문에 해지에 기한 소유권이전등기를 청구할 수 없고 수탁자를 상대로 소유권에 기한 방해배제청구권을 행사하여 수탁자 명의의 등기의 말소를 구하거나 진정명의회복을 원인으로 하는 소유권이전등기를 구할 수 있다.[532]

다) 명의수탁자의 신탁재산의 처분과 그 법률관계

명의수탁자가 그 신탁재산을 제3에게 처분하면 그 처분행위는, 제3자의 악의 여부

---

531) 대법원 2003. 11. 27. 선고 2003다41772 판결.
532) 대법원 2002. 9. 6. 선고 2002다35157 판결.

를 불문하고, 유효한 것이 된다(동법 제4조 3항). 이 경우 명의수탁자는 신탁자에게 '불법행위에 기한 손해배상책임' 혹은 '부당이득반환책임'을 지게 된다. 형사적으로는 '횡령죄'에 해당한다.

2) 3자간 등기명의신탁(중간생략형)

가) 신탁자와 수탁자간의 관계

등기명의신탁형과 동일하다.

나) 물권변동의 효력

명의신탁자가 매도인으로부터 부동산 매입계약을 체결한 후 신탁자의 명의가 아닌 수탁자의 명의로 이전등기를 하는 경우, 명의신탁약정이 무효이므로 수탁자는 소유권을 취득하지 못한다(동법 제4조 2항, 수탁자를 이를 처분하면 횡령죄 성립). 이때 매도인은 직접 수탁자에게 등기말소청구를 할 수 있다.

다만 매도인과 신탁자 사이의 매매계약이 무효가 되는 것은 아니므로 매수인(신탁자)은 매매계약에 따른 소유권이전등기청구권을 보전하기 위하여 매도인을 대위해서 명의수탁자 명의의 등기말소를 청구할 수 있다.[533] 즉, 동법 소정의 유예기간경과에 의하여 기존 명의신탁약정과 그에 의한 등기가 무효로 되면 명의신탁부동산은 매도인 소유로 복귀하므로 매도인은 명의수탁자에게 무효인 명의수탁자명의의 등기의 말소를 구할 수 있게 되고, 한편 같은 법은 매도인과 명의신탁자 사이의 매매계약의 효력을 부정하는 규정을 두고 있지 아니하여 위 유예기간 경과 후에도 매도인과 명의신탁자 사이의 매매계약은 여전히 유효하므로, 명의신탁자는 위 매매계약에 기한 매도인에 대한 소유권이전등기청구권을 보전하기 위하여 매도인을 대위하여 명의수탁자에게 무효인 명의수탁자의 등기의 말소를 구할 수 있는 것이다.

한편 3자간 등기명의신탁의 경우 부동산실명법에서 정한 유예기간 경과에 의하여 그 명의신탁약정과 그에 의한 등기가 무효로 되더라도 명의신탁자는 매도인에 대하여 매매계약에 기한 소유권이전등기청구권을 보유하고 있어 그 유예기간의 경과로 그 등기 명의를 보유하지 못하는 손해를 입었다고 볼 수 없고, 또한 명의신탁 부동산의 소유권이 매도인에게 복귀된 마당에 명의신탁자가 무효의 등기명의인인 명의수탁자를 상대로 그 이전등기를 구할 수도 없다고 보아야 하므로, 결국 3자간 등기명의신탁에

---

533) 대법원 2002. 11. 22. 선고 2002다11496 판결.

서 명의신탁자는 명의수탁자를 상대로 부당이득반환을 원인으로 한 소유권이전등기를 구할 수 없다.[534)]

한편 명의수탁자가 부동산실명법에서 정한 유예기간이 경과한 후에 자의로 명의신탁자에게 소유권이전등기를 경료해 준 경우, 판례는 유예기간 경과 후에도 매도인과 명의신탁자(매수인) 사이의 매매계약은 여전히 유효하여 명의신탁자는 매도인에 대해 갖고 있는 매매계약에 기한 소유권이전등기청구권을 보전하기 위하여 대위하여 명의수탁자를 상대로 무효인 그 명의 등기의 말소를 구할 수 있으므로, 명의수탁자가 명의신탁자 앞으로 바로 경료해 준 소유권이전등기는 실체관계에 부합하는 등기로서 유효하다고 한다.[535)]

다) 명의수탁자의 신탁재산의 처분과 그 법률관계

명의수탁자가 그 신탁재산을 제3에게 처분하면 그 처분행위는, 제3자의 악의 여부를 불문하고, 유효한 것이 된다(동법 제4조 3항).

3) 계약명의신탁(위임형)

매도인의 선의·악의 여부에 따라 법률관계가 달라진다. 매도인의 선의·악의 여부는 계약체결시를 기준으로 판단해야 할 것이다.

가) 신탁자와 수탁자간의 관계

명의신탁자 및 수탁자간의 부동산취득을 목적으로 하는 명의신탁약정은 무효이다(동법 제4조 1항). 그리고 '계약명의에 관한 명의신탁약정'은 같은 법 자체에 의해서는 그 효력이 부인되지 않지만, 민법 제137조(일부무효) 본문에 따라 역시 무효라고 봄이 상당하다. 이처럼 명의신탁약정이 무효로 됨으로써 명의신탁자 및 수탁자 사이에는 약정에 따른 채권채무관계가 전혀 존재하지 않게 된다. 따라서 명의신탁자 및 수탁자는 서로 명의신탁약정에 따른 이행청구를 할 수 없고, 일방이 이행을 하지 아니한 경우에도 계약불이행에 따른 책임을 지지 않는다. 또한, 위약금약정 역시 무효이다. 그리고 설령, 명의수탁자가 소유권이전등기를 이전 받은 경우에도, 명의신탁해지를 원인으로 한 소유권이전등기청구가 허용되지 않음은 당연하다.

---

534) 대법원 2008. 11. 27. 선고 2008다55290, 55306 판결.
535) 대법원 2004. 6. 25. 선고 2004다6764 판결.

나) 물권변동의 효력

(1) 상대방이 선의인 경우

매도인이 선의인 경우에는 부동산실명법에 의하여 예외적으로 그 수탁자의 등기명의는 유효한 것으로 처리된다(동법 제4조 2항 단서). 이 경우 명의신탁자는 수탁자에 대하여 부동산(소유권) 자체의 반환을 청구할 수 있으며, 명의신탁자가 당해 부동산의 회복을 위해 명의수탁자에 대해 가지는 소유권이전등기청구권은 그 성질상 법률의 규정에 의한 부당이득반환청구권으로서 민법 제162조 1항에 따라 10년의 기간이 경과함으로써 시효로 소멸한다.[536] 그러나 명의신탁약정이 부동산실명법 시행 이후에 이루어졌거나, 부동산실명법 제11조에서 정한 유예기간이 경과하기까지 명의신탁자가 그 명의로 당해 부동산을 등기이전하는 데 법률상 장애가 있었던 경우에는 명의신탁자가 제공한 매수자금에 대한 부당이득반환을 구할 수 있을 뿐이다.[537] 명의신탁자의 이러한 부당이득반환청구권은 부동산 자체로부터 발생한 채권이 아닐 뿐만 아니라 소유권 등에 기한 부동산의 반환청구권과 동일한 법률관계나 사실관계로부터 발생한 채권이라고 보기도 어려우므로, 결국 민법 제320조 1항에서 정한 유치권 성립요건으로서의 목적물과 채권 사이의 견련관계를 인정할 수 없기 때문에 명의신탁자가 설령 부동산을 점유하고 있더라도 유치권을 행사할 수 없게 된다.[538]

(2) 상대방이 악의인 경우

매도인이 명의신탁약정 사실을 알고 있는 경우(악의)에는 물권변동은 무효가 되고 소유권은 매도인에게 귀속된다(동법 제4조 2항). 신탁자는 상대방이나 수탁자에 대하여 계약상의 권리를 갖지 못하므로 상대방이나 수탁자에 대하여 부동산에 대한 소유권이전등기를 청구할 수 없다. 다만 판례는 무효사실이 밝혀진 후에 매도인이 계약명의자인 명의수탁자 대신 명의신탁자가 그 계약의 매수인으로 되는 것에 대하여 동의 내지 승낙을 함으로써 당해 부동산을 명의신탁자에게 양도할 의사를 표시하였다면, 매도인과 명의신탁자 사이에는 종전의 매매계약과 동일한 내용의 양도약정이 별도로 체결된 것으로 볼 수 있고, 따라서 명의신탁자는 매도인에 대하여 이러한 별도약정을 근거로 하는 소유권이전등기청구를 할 수 있다고 한다.[539] 신탁자는 수탁자에 대하여 부당이

536) 대법원 2009. 7. 9. 선고 2009다23313 판결.
537) 대법원 2005. 1. 28. 선고 2002다66922 판결.
538) 대법원 2009. 3. 26. 선고 2008다34828 판결.
539) 대법원 2003. 9. 5. 선고 2001다32120 판결.

득반환청구권을 갖게 되는데, 수탁자에 대한 부당이득반환청구권을 피보전권리로 하여 수탁자를 대위하여 수탁자의 상대방에 대한 부당이득반환청구권을 행사할 수도 있다. 나아가 신탁자가 상대방에 대하여 직접 부당이득반환청구권을 행사할 수는 없을 것이다.

다) 명의수탁자의 신탁재산의 처분과 그 법률관계

명의수탁자가 그 신탁재산을 제3에게 처분하면 그 처분행위는, 제3자의 악의 여부를 불문하고, 유효한 것이 된다(동법 제4조 3항).

라. 장기미등기자에 대한 벌칙

소유권이전등기를 신청할 수 있는 때로부터 3년 이내에 그 등기를 신청하지 아니한 미등기자는 부동산평가액의 30%에 해당하는 범위 안에서 과징금을 부과받고 그래도 계속 실명등기를 하지 않는 경우에는 첫해에는 10%, 둘째 해에는 20%의 이행강제금이 부과된다(동법 제10조).

마. 기존 명의신탁약정에 의한 등기의 실명등기와 그 위반의 효력

기존의 명의신탁자는 동법 시행일로부터 1년 이내에 설명등기로 전환하여야 한다(동법 제11조). 이를 위반하여 실명등기로 전환하지 않는 경우 그 명의신탁약정에 관해서는 동법 제4조를 적용하며, 아울러 과징금과 벌칙이 주어진다(동법 제12조).

바. 기존 양도담보권자의 서면제출의무

동법 시행 전에 부동산을 양도담보로 받은 경우에는 동법 시행일로부터 1년 이내에 양도담보의 취지가 기재된 서면을 등기관에게 제출하여야 한다(동법 제14조). 이를 위반한 채권자 및 그 서면에 채무자를 허위로 기재하여 제출하게 한 실채무자에 대해서는 그 부동산평가액의 30%에 해당하는 금액의 범위 안에서 과징금을 부과한다(동법 제14).

[서식 58] 소유권이전등기말소 등 청구의 소(명의신탁 무효)

소 장

원 고 ○ ○ ○ (000000-0000000)
OO시 OO구 OO길 00 (우편번호 00000)
전화·휴대폰번호 :
팩스번호, 전자우편(e-mail)주소 :

피 고 1. 김 ○ ○ (000000-0000000)
OO시 OO구 OO길 00 (우편번호 00000)
전화·휴대폰번호 :
팩스번호, 전자우편(e-mail)주소 :

2. 이 ○ ○ (000000-0000000)
OO시 OO구 OO길 00 (우편번호 00000)
전화·휴대폰번호 :
팩스번호, 전자우편(e-mail)주소 :

소유권이전등기말소 등 청구의 소

청 구 취 지

1. OO시 OO구 OO동 00 전 1,428㎡에 관하여,
  가. 피고 이OO는 피고 김OO에게 OO지방법원 OO지원 OO등기소 19OO. O. O. 접수 제OOO호로 마친 소유권이전등기의 말소등기절차를 이행하고,
  나. 피고 김OO는 원고에게 19OO. O. O. 매매를 원인으로 한 소유권이전등기절차를 이행하라.
2. 소송비용은 피고들의 부담으로 한다.

라는 판결을 구합니다.

청 구 원 인

1. 원고는 19OO. O. O. 피고 김OO로부터 OO시 OO구 OO동 00 전 1,428㎡(다음부터 이 사건 부동산이라고만 함)를 금 112,000,000원에 매수하였으나, 피고 김OO

와 합의하여 소유권이전등기는 친척인 피고 이OO 명의로 하여 OO지방법원 OO지원 OO등기소 19OO. O. O. 접수 제OOO호로 소유권이전등기를 마쳤습니다.

2. 그런데 부동산실권리자명의등기에관한법률(다음부터 부동산실명법이라고만 함)에서 정한 유예기간이 경과하여 원고와 피고 이OO 사이의 위 명의신탁약정과 그에 의한 위 소유권이전등기는 무효로 되었습니다. 그렇다면 명의신탁된 이 사건 부동산은 매도인인 피고 김OO 소유로 복귀한다고 할 것이고, 피고 김OO와 원고 사이의 위 매매계약은 여전히 유효하다고 할 것입니다.

3. 따라서 원고는 이 사건 부동산에 대하여 피고 김OO에 대한 소유권이전등기청구권을 보전하기 위하여 피고 김OO를 대위하여 명의수탁자인 피고 이OO 명의의 소유권이전등기의 말소를 구하고, 또한 위 매매계약에 따라 피고 김OO에게 소유권이전등기절차의 이행을 구하고자 이 사건 청구에 이른 것입니다.

입 증 방 법

1. 갑 제1호증 등기사항전부증명서(토지)
1. 갑 제2호증 토지대장등본
1. 갑 제3호증 인증서
1. 갑 제4호증 합의각서
1. 갑 제5호증 처분금지가처분결정

첨 부 서 류

1. 위 입증방법 각 1통
1. 소장부본 2통
1. 송달료납부서 1통

20OO. . .

위 원고 O O O (서명 또는 날인)

OO지방법원 OO지원 귀중

제3절 토지·건물에 관한 소송

Ⅰ. 불법점유를 원인으로 한 건물인도 청구

1. 개념 및 인정근거

가. 개 념

1) 유치권이란, 타인의 물건 또는 유가증권을 점유하는 자가 그 물건 등에 관하여 생긴 채권을 가지는 경우에, 그 채권을 변제받을 때까지 그 목적물을 유치할 수 있는 권리를 말한다(민법 제320조 1항).

2) 담보물권으로서 유치권은, 목적물을 유치함으로써 심리적 압박에 의하여 채무자의 변제를 간접적으로 강제함을 주된 목적으로 한다는 점에서, 목적물의 교환가치를 직접 목표로 하는, 즉 우선변제권을 가지는 전형적인 담보물권과 상이하다. 그뿐만 아니라 유치권은 법률상 당연히 법정담보물권이라는 점에서도 다른 담보물권과 다르다.

나. 인정근거

유치권은 법률상 당연히 성립하는 법정담보물권으로 공평의 원칙에 기한 것이다. 즉 타인의 물건 등을 점유하는 자는 그 물건에 관하여 생긴 채권을 가지고 있다면, 그 채권의 변제를 받을 때까지 그 물건의 반환을 거절할 수 있도록 하는 것이 공평의 원칙에 부합하기 때문에 유치권이 인정된다.

그러나 실제로 유치권은 물권적 인도거절권으서 주로 위법성 조각사유로 기능함에 주의할 것이다.

2. 유치권의 법적 성질

가. 유치권의 의의

타인의 물건 또는 유가증권을 점유한 자가 그 물건이나 유가증권에 관하여 생긴 채권을 가지는 경우에, 그 채권의 변제를 받을 때까지 그 물건 또는 유가증권을 유치함으로써 채무자의 변제를 간접적으로 강제하는 담보물권이다(제320조 1항). 유치권은 해당물건에 관해서 생긴 채권의 채권자에게 법률상 당연히 주어지는 법정담보물권이지만, 우선변제권이 인정되지 않으므로 그러한 한도에서 담보적 효력이 상대적으로 약하다고 할 수 있다. 타인의 물건이나 유가증권을 점유하는 자가 그 물건이나 유가증권에 관하여 채권을 가지는 경우에 채권의 변제를 받을 때까지 그 물건이나 유가증권의 반환을 거절할 수 있게 함으로써, 다른 채권자보다 '사실상' 우선변제를 받게 하는 것이다. 즉, 유치권은 간접적으로 채무의 이행을 강제하는 데에 주안점이 있고, 적극적으로 담보물건의 교환가치를 직접목표로 하여 설정하는 전형적·가치권적 담보물권은 아니다. 실제로 유치권은 물권적 인도거절권으로 경매에서의 매수인을 포함하여 그 누구에게도 대항할 수 있는 강력한 힘으로 기능한다.

나. 유치권의 법적 성질과 특징

유치권은 일정한 요건이 존재하는 경우에 법률상 당연히 생기는 권리로서, 당사자간의 합의에 의하여 성립하는 것이 아니다. 유치권은 점유를 그 성립 및 존속요건으로 하므로 점유의 상실에 의하여 소멸한다(제328조). 따라서 유치물의 점유를 침탈당한 경우에는 제204조 제1항에 의해 그 점유의 회복을 기할 수밖에 없고 유치권 자체의 효력으로서 그 반환을 청구할 수 없다. 유치권은 법률상 당연히 생기는 권리이므로 그 대상이 부동산안 경우에도 그 성립에 등기를 요하지 않는다.

유치권은 담보물권이므로 담보물권이 가지고 있는 공통된 특성을 갖는다. 즉, 부종성이 강하고, 수반성과 불가분성이 있다. 유치권의 경우 '우선변제적 효력'은 원칙적으로 부정된다. 이처럼 우선변제적 효력이 없으므로 이를 보호하기 위한 '물상대위권'도 인정되지 않는다.

3. 유치권의 성립

가. 성립요건

1) 유치권의 목적물

유치권의 목적이 될 수 있는 것은 물건, 즉 동산·부동산과 유가증권이다. 부동산유치권의 경우에는 등기를 필요로 하지 않는다.

2) 채권과 목적물과의 견련관계

채권이 유치권의 목적물(물건 또는 유가증권)에 '관하여 생긴 것'이어야 한다(제320조 1항). 즉 채권과 목적물 사이에 견련관계가 있어야 한다. 유치권은 피담보채권의 공시가 불가능하므로, 유치권의 성립을 통제하는 역할로서 견련관계는 매우 중요하다.[540] 한편 유치권이 발생하기 위해서 '채권과 물건의 점유'사이에 견련성이 있어야 하는 것은 아니다. 따라서 채권이 발생한 후 그 물건의 점유를 취득하더라도 유치권은 성립한다. 판례는 민법 제320조 제1항에서 '그 물건에 관하여 생긴 채권'은 채권이 목적물 자체로부터 발생한 경우는 물론이고 채권이 목적물의 반환청구권과 동일한 법률관계나 사실관계로부터 발생한 경우도 포함한다고 한다.[541] 예컨대 목적물에 지출한 비용의 상환청구권(제203조), 목적물로부터 받은 손해에 대한 손해배상청구권(제758조) 등이 성립한 경우에는 목적물과 채권 사이에 견련성이 인정된다. 그러나 채권이 목적물 그 '자체'를 '목적'으로 하는 경우에는 견련관계가 인정되지 않는다. 따라서 주택임차인에게는 보증금채권에 대해서 유치권이 인정되지 않는다. 주택임차인은 동시이행의 항변권(제536조)을 가질 뿐이다(제317조). 한편 우연히 서로 물건을 바꾸어간 경우와 같이 동일한 사실관계로부터 생긴 상호간의 반환청구권 사이에도 견련관계가 성립한다고 한다.

3) 채권변제기의 도래(제320조 제1항)

채권이 변제기에 있어야 한다(제320조). 피담보채권의 변제기 도래는 다른 담보물권에 있어서는 실행요건에 불과하나 유치권에 있어서는 성립요건이 된다. 변제기가 도래하기 전에, 유치권을 인정하면 변제기 전에 상대방의 채무이행을 간접적으로 강제하는 결과로 되기 때문이다. 다만 채무자가 법원으로부터 기한을 허여받은 경우에는 채권자는 유치권을 잃게 된다. 예컨대 유익비상환청구에 관하여 변제의 유예가 허여된 때에는 유치권은 소멸된다.

---

540) 상법에서는 이른바 상사유치권이 안정된다(동법 제58조). 즉, 상인 간의 상행위로 인한 채권이 변제기에 있는 때에는 채권자는 변제를 받을 때까지 그 채무자에 대한 상행위로 인하여 자기가 점유하고 있는 채무자소유의 물건 또는 유가증권을 유치할 수 있다(동법 제58조 본문). 이는 민법상 유치권과는 달려 상인간의 유치권에 관하여 그 성립요건을 완화하려는 데 그 취지가 있는 것으로 민법에 있어서와 같이 엄격한 견련성을 요건으로 하지 않는다. 채권의 성립과 물건의 점유의 취득이 당사자 쌍방간의 상행위로부터 생긴 것이면 그것으로 충분하다.

541) 대법원 2007. 9. 7. 선고 2005다16942 판결.

4) 적법한 점유(제320조 제1항)

가) 점유의 존속

유치권자가 목적물의 점유를 잃으면 유치권은 당연히 소멸한다(제328조). 그러나 점유를 일시적으로 상실하였다가 다시 회복한 경우에는 유치권을 그대로 유지한다고 본다. 유치권자의 점유는 직접점유이든 간접점유이든 묻지 않는다.[542] 다만 채무자의 직접점유를 매개로 하는 간접점유는 유치권의 성립요건으로서 점유에 해당하지 않는다.[543] 채권자와 채무자가 목적물을 공동으로 점유하는 경우에도 채권자는 유치권을 가진다고 보아야 한다.

나) 점유의 적법성

점유는 불법행위에 의하여 시작된 것이어서는 안 된다(제320조 2항). 불법행위에 의하여 점유를 취득한 자에게까지 유치권을 안정하여 그의 채권을 보호할 필요나 이유가 없기 때문이다. 예컨대 점유의 취득이 점유의 침탈이나 사기강박 등에 의한 경우뿐만 아니라, 채무자에게 대항할 수 있는 점유의 권원 없이 점유를 시작한 경우가 그렇다. 처음에는 권원에 의하여 점유를 개시하였더라도 후에 권원이 소멸한 경우에는 유치권의 성립이 인정되지 않는다. 그러므로 건물임차인이 임대차계약의 해제·해지 후에도 계속 건물을 점유하고 그 기간 동안에 필요비나 유익비를 지출하더라도 그 상환청구권에 관해서는 유치권이 성립되지 않는다.[544] 매매계약의 해제 후 비용을 지출하는 경우, 또는 저당목적물을 취득한 제3자가 저당권실행 후에 비용을 지출한 때에도 마찬가지이다. 판례는 점유자의 비용상환청구권을 기초로 하는 유치권의 주장은 그 점유가 불법행위로 인하여 개시된 경우만이 아니라 비용지출 당시에 점유자가 이를 점유할 권원이 없음을 알았거나 이를 알지 못함에 중대한 과실이 있는 경우에는 배척된다고 한다.[545] 점유자는 선의·평온·공연하게 점유하는 것으로 추정되며(제197조 1항), 점유자가 점유물에 대하여 행사하는 권리는 적법하게 보유한 것으로 추정(제200조)되므로 점유가 불법행위에 의하여 시작되었다는 것은 목적물의 반환을 청구하는 소유자가 주장·증명하여야 한다.

542) 대법원 2002. 11. 27.자 2002마3516 결정.
543) 대법원 2008. 4. 11. 선고 2007다27236 판결.
544) 대법원 1967. 1. 24. 선고 66다2144 판결, 비용상환청구권 자체는 별개의 문제이다.
545) 대법원 1966. 6. 7. 선고 66다600 판결.

5) 타인의 소유

유치권의 대상은 '타인의 물건'이어야 한다. 따라서 유치권은 타물권인 점에 비추어 볼 때 수급인의 재료와 노력으로 건축되었고 독립한 건물에 해당되는 기성 부분은 수급인의 소유라 할 것이므로 수급인은 공사대금을 지급받을 때까지 이에 대하여 유치권을 가질 수 없다.[546] '타인'의 범위에 관하여 통설과 판례는 유치권의 기초인 공평의 원칙의 요청에 따라 채무자뿐 아니라 제3자도 포함된다고 한다. 타인의 소유이기만 하면 목적물이 누구의 소유인 것은 묻지 않는다.[547] 이 점이 '채무자 소유'임을 요하는 상사유치권(상법 제58조)과 다른 점이다.

4. 유치권의 효력

가. 유치권자의 권리

1) 목적물을 유치할 권리

유치권자는 그의 채권을 변제받을 때까지 목적물을 유치할 수 있다. 여기서 "유치"란 점유를 계속하고 인도를 거절함을 의미한다.

가령 부동산임대차에서 유치권자인 임차인은 '유치'방법으로 종전의 점유상태(즉 사용상태)를 계속할 수 있다. 이러한 사용이 제324조 제2항 단서 소정의 보존행위에 해당하지 않지만 그렇다고 하여 가령 가속 또는 토지의 임차인이 그의 비용상환청구권을 위하여 유치권을 행사하기 위하여 목적물의 종전의 점유상태를 변경하여 목적물의 보관만을 위한 특별한 수단을 별도로 강구하여야 한다면, 유치권자에게 지나치게 가혹할 뿐만 아니라 공평에 부합하지도 않는 점에 기한 것이다. 다만 사용상태의 계속에 따른 이득에 대해서는 부당이득이 성립한다. 즉 유치는 인도거절을 의미할 뿐이고, 사용수익권능을 부여하지는 않기 때문에, 유치권이 이익보유의 권원으로 될 수 없다.[548] 대판 2009. 9. 24. 2009다40684는 공사대금채권에 기하여 유치권을 행사하는 자가 스스로 유치물인 주택에 거주하며 사용하는 것은 특별한 사정이 없는 한 유치물인 주택의 보존에 도움이 되는 행위로서 유치물의 보존에 필요한 사용에 해당한다고 할 것이다. 그리고 유치권자가 유치물의 보존에 필요한 사용을 한 경우에도 특별한

546) 대법원 1993. 3. 26. 선고 91다14116 판결.
547) 대법원 1975. 2. 10. 선고 73다746 판결.
548) 이러한 경우에 성립할 수 있는 부당이득의 유형은 침해이득이다.

사정이 없는 한 차임에 상당한 이득을 소유자에게 반환할 의무가 있다고 하였다. 한편 임대목적인 가옥에 대한 유치권이 발생하면, 가옥에 대한 유치권의 실효성을 위하여 임차건물의 유지사용에 필요한 범위 내에서 그 부지인 대지의인도도 거절할 수 있다.[549]

유치권은 물권이기 때문에 채무자뿐만 아니라 모든 사람에 대하여 행사될 수 있다. 특히 경락인에 대해서는 명문의 규정이 있다(민사집행법 제91조 5항). 즉 목적물의 양수인은 물론 경매에서의 매수인에 대해서도 채권의 변제가 있을 때까지 인도를 거절할 수 있다(민사집행법 제91조 5항, 제268조). 소유자의 목적물인도의 소에 대하여 점유자인 피고가 유치권을 행사한 경우에, 유치권이 물권인 점에 비추어 이론적으로 원고 패소의 판결을 하여야 할 것이지만, 소송경제상 상환급부판결이 선고된다.[550]

2) 강제집행에 의한 매각에서 부동산 위의 유치권의 처리[551]

강제집행에 의하여 부동산이 매각되면 그 위에 존재하던 용익권이나 담보권의 부담이 어떻게 되느냐에 관하여 부담을 소멸시켜 매수인이 아무런 부담 없는 부동산을 취득하게 하는 소멸주의와 그러한 부담을 그대로 매수인에게 인수시키는 인수주의의 두 입장이 있는바, 민사집행법은 소멸주의를 원칙으로 한다. 즉 저당권은 그 설정시기가 압류등기(경매개시결정등기) 전이든 후이든 막론하고 전부 매각에 의하여 소멸한다(동법 제91조 2항. 가등기담보권도 같다. 가등기담보 등에 관한 법률 제15조). 지상권이나 전세권 등의 용익권(대항력 있는 임차권도 같다)은 저당권·(가)압류채권보다 후순위의 것이라면 매각에 의하여 소멸되지만(민사집행법 제91조 3항), 저당권·(가)압류채권보다 선순위의 것이라면 매수인이 그 부담을 인수한다(동조 4항). 이때 순위의 비교는 최선순위의 저당권을 기준으로 한다(저당권 전부가 소멸하기 때문이다). 반면 유치권은 저당권설정등기가 (가)압류등기 전후를 막론하고 매각에 의하여 소멸되지 않는다(동조 5항). 즉 무조건 불소멸의 인수주의가 적용된다.

유치권에 관하여 인수주의가 적용되므로, 매수인은 유치권에 의하여 담보되는 채권을 변제할 책임을 진다. 그런데 동조 제5항에 따라 매수인이 유치권자에게 그 유치권으로 담보하는 채권을 '변제할 책임이 있다'는 의미는 부동산상의 부담을 승계한다

549) 대법원 1980. 10. 14. 선고 79다1170 판결.
550) 대법원 1969. 11. 25. 선고 69다1592 판결.
551) 이시윤, 신민사집행법, 235면 이하.

는 취지로서 인적 채무까지 인수한다는 취지는 아니므로, 유치권자는 경락인에 대하여 그 피담보채권의 변제가 있을 때까지 유치목적물인 부동산의 인도를 거절할 수 있을 뿐이고 그 피담보채권의 변제를 청구할 수는 없다.[552] 그럼에도 불구하고 매수인은 유치권의 피담보채무를 변제하지 않고서는 목적물을 인도받을 수 없다. 따라서 유치권에 우선변제권이 인정되지 않지만, 유치권자는 사실상의 우선변제를 받게 된다.

다만 유치권을 주하는 자의 존재로 인하여 매수인이 예기치 않은 불이익을 업을 가능성이 적지 않으므로 이를 제한하고자 하는 노력이 기울어진다. 가령 대판 2009. 1. 15. 2008다70763; 대판 2005. 8. 19. 2005다22688은 채무자 소유의 건물 등 부동산에 '경매개시결정의 기입등기가 경료되어 압류의 효력이 발생한 후에 채무자가' 위 부동산에 관한 공사대금채권자에게 그 점유를 이전함으로써 그로 하여금 유치권을 취득하게 한 경우에, 그와 같은 점유의 이전은 목적물의 교환가치를 감소시킬 우려가 있는 처분행위에 해당하여 민사집행법 제92조 제1항, 제83조 제4항에 따른 '압류의 처분금지효'에 저촉되므로 점유자로서는 위 유치권을 내세워 그 부동산에 관한 경매절차의 매수인에게 대항할 수 없다고 하였는데,[553] 이러한 경우에 위 부동산에 경매개시결정의 기입등기가 경료되었음에 관하여 채권자가 선의인지 여부나 과실의 유무 등은 결론에 영향을 미치지 않는다.[554] 그리고 대판 2011. 10. 13. 2011다55214는 같은 취지에 기하여 채무자 소유의 건물에 관하여 증·개축 등 공사를 도급받은 수급인이 경매개시결정의 기입등기가 마쳐지기 전에 채무자에게서 건물의 점유를 이전받았다 하더라도 경매개시결정의 기입등기가 마쳐져 압류의 효력이 발생한 후에 공사를 완공하여 공사대금채권을 취득함으로써 그때 비로소 유치권이 성립한 경우에는 수급인은 유치권을 내세워 경매절차의 매수인에게 대항할 수 없다고 하였다.

부동산경매에서 유치권의 존재가 새로 밝혀진 경우에 관하여 대결 2005. 8. 8. 2005마643은 매각허가에 대한 이의신청사유를 규정한 민사집행법 제121조 제6호에서 말하는 '부동산에 관한 중대한 권리관계의 변동'이라 함은 부동산에 물리적 훼손이 없는 경우라도 선순위 근저당권의 존재로 후순위 처분금지가처분(내지 가등기)이나 대항력 있는 임차권 등이 소멸하거나 또는 부동산에 관하여 유치권이 존재하지 않는 것으로

---

552) 대법원 1996. 8. 23. 선고 95다8713 판결.

553) 다만 이러한 법리는 경매로 인한 압류의 효력이 발생하기 전에 유치권을 취득한 경우에는 적용되지 않고, 유치권 취득시기가 근저당설정 후라거나 유치권 취득 전에 설정된 근저당권에 기하여 경매절차가 개시되었다고 하여 달리 볼 것은 아니라고 하였다.

554) 대법원 2006. 8. 25. 선고 2006다22050 판결.

알고 매수신청을 하여 매각허가결정까지 받았으나 그 이후 선순위 근저당권의 소멸로 인하여 처분금지가처분(내지 가등기)이나 임차권의 대항력이 존속하는 것으로 변경되거나 또는 부동산에 관하여 유치권이 존재하는 사실이 새로 밝혀지는 경우와 같이 매수인이 소유권을 취득하지 못하거나 또는 매각부동산의 부담이 현저히 증가하여 매수인이 인수할 권리가 중대하게 변동되는 경우를 말한다고 하였는데, 이러한 취지에 따라 대결 2007. 5. 15. 2007마128은 부동산 임의경매절차에서 매수신고인이 당해 부동산에 관하여 유치권이 존재하지 않는 것으로 알고 매수신청을 하여 이미 최고가 매수신고인으로 정하여졌음에도 그 이후 매각결정기일까지 사이에 유치권의 신고가 있을 뿐만 아니라 그 유치권이 성립될 여지가 없음이 명백하지 아니한 경우에, 집행법원으로서는 장차 매수신고인이 인수할 매각부동산에 관한 권리의 부담이 현저히 증가하여 민사집행법 제121조 제6호가 규정하는 이의사유가 발생된 것으로 보아 이해관계인의 이의 또는 직권으로 매각을 허가하지 아니하는 결정을 하는 것이 상당하다고 하였다.

3) 경매신청권과 우선변제권

가) 경매신청권

유치권자는 그 채권의 변제를 받기 위하여 유치물을 경매할 수 있다. 현금화의 방법은 경매에 의하는 것이 원칙이지만, 특별한 경우에 감정인의 평가에 의한 현금화도 가능하다(제322조. 민사집행법 제214조). 경매는 담보권 실행을 위한 경매의 예에 따라 실시한다(민사집행법 제274조). 제322조 제2항은 평가에 의한 현금화를 함에 있어서 미리 채무자에게 통지하여야 한다고 규정하고 있는데, 제327조의 취지에 비추어 경매의 경우에도 채무자에게 목적물을 되찾을 기회를 주기 위하여 마찬가지로 새겨야 한다. 유치권에 의한 경매절차 진행 중 같은 목적물에 대하여 일반의 강제 집행의 신청이 있는 때에는 유치권에 의한 경매는 이를 정지하고 일반의 강제집행절차를 진행하여야 한다(민사집행법 제274조 2항). 다만 일반의 강제집행절차가 취소되면 유치권에 의한 경매절차를 계속하여 진행한다(같은 조 3항). 유치권에 기한 경매에서 매각대금이 지급된 경우에, 우선변제권이 없는 유치권자가 배당을 받을 수 없지만,[555] 매각대금을 교부받으면 충당 또는 상계의 법리에 의하여 사실상 우선변제를 받게 된다.

(1) 간이변제충당

경매에는 복잡한 절차와 적지 않은 비용이 소요되므로, 언제나 경매에 의할 것을

---

555) 대법원 1996. 8. 23. 선고 95다8713 판결.

요구하는 것은 가령 소액의 채권을 담보하기 위한 유치권에서 부적절할 수 있다. 이에 민법은 유치물로써 직접 변제에 충당하는 방법, 즉 간이변제충당을 인정한다(제322조 2항). 간이변제충당은 정당한 이유가 있어야 허용된다. 가령 목적물의 가치가 적어서 경매에 붙이면 그 경매가보다 경매비용이 더 커져버리는 경우가 대표적인 예라고 할 수 있다. 다만 유치물의 처분에 관하여 이해관계를 달리하는 다수의 권리자가 존재하거나 유치물의 공정한 가격을 쉽게 알 수 없는 경우에는 정당한 이유가 있다고 할 수 없다.556)

(2) 우선변제권과 별제권

유치권자는 원칙적으로 우선변제권을 갖지 않지만 유치적 효력에 의해 변제를 받을 때까지 목적물의 인도를 거절할 수 있기 때문에 간접적으로 우선변제 받을 수 있는 효력이 있다. 유치권자에게 '물상대위권'이 부정되는 것도 우선변제권이 없기 때문이다. 다만 제322조에 의하여 유치물로 직접 변제에 충당하는 경우와 유치물로부터 생기는 과실을 수취하여 이를 우선적으로 변제에 충당하는 경우에, 그 범위에서 유치권자가 우선변제권을 가진다. 그러나 특히 부동산에 관해서는 민사집행법 제268조, 제91조 제5항에 따라 실제로 우선변제를 받는 것과 같은 결과로 된다. 채무자가 파산한 경우에 유치권자는 별제권을 가진다(채무자 회생 및 파산에 관한 법률 제411조).

나. 과실수취권

유치권자는 유치물의 과실을 수취하여 다른 채권보다 먼저 그 채권의 변제에 충당할 수 있다(제323조 1항). 유치권자의 과실수취권을 인정하는 이유는 유치권자의 선관주의의무(제324조 1항)를 부담하고 있고, 과실수취권을 인정하더라도 채무자의 이익을 해하지 않기 때문에 인정된다. 여기서의 과실은 천연과실뿐만 아니라 법정과실도 포함하며, 사용수익도 마찬가지이다. 과실을 변제에 충당하기 위하여 금전 외의 것은 경매하나(제323조 1항 단서). 당사자의 합의에 의한 평가, 지체로 인하여 손해가 생길 경우의 매각 등도 유효하다. 과실은 먼저 이자에 충당하고, 다음에 원본에 충당한다(동조 2항). 이는 강행규정이 아니므로 이와 다른 당사자의 특약은 허용된다.

1) 유치물 사용권

유치권은 채권담보를 위하여 목적물을 점유하는 권리이므로, 유치권은 원칙적으로

---

556) 대법원 2000. 10. 30.자 2000마4002 결정.

유치물을 사용을 그 내용으로 하지 않는다. 만일 유치권자가 함부로 유치물을 이용한 때에는 이로 인하여 손해가 생긴 때에는 손해배상을 청구할 수 있으며(제390조), 유치권의 소멸을 청구할 수도 있다(제324조 3항). 다만, 다음 두 경우는 예외이다(제324조 2항).

가) 보존에 필요한 사용

유치권자는 유치물의 보존에 필요한 범위 안에서 채무자(소유자가 다르다면 소유자)의 승낙이 없더라도 목적물을 사용할 수 있다(제324조 2항 단서). 이러한 사용을 하지 않으면 유치물을 보존할 수 없게 되어 선량한 관리자의 주의(제324조 1항)에 위배되기 때문이다. 보존에 필요한 사용인지 여부는 개개의 경우에 구체적으로 판단되어야 한다. 보존에 필요한 사용에 의하여 얻은 이익의 처리에 관하여 유치물에서 생긴 과실과 동일시할 것이고 따라서 제323조가 적용된다고 보아야 한다.557) 다만 보존에 필요한 사용에 의하여 언제나 이익이 발생하는 것은 아니다.

나) 승낙에 의한 사용

채무자의 승낙이 있으면 유치권자는 유치물을 사용·수익할 수 있다(제324조 2항의 반대해석). 소유자와 채무자가 동일인이 아닌 때에는 소유자가 승낙해야 한다. 그리고 사용으로 인한 차임 등의 수익은 우선적으로 채권의 변제에 충당된다. 유치권자는 채무자의 승낙이 없는 이상 유치물을 임대하더라도 그것을 가지고 소유권자나 경매로 인한 매수인에게 대항할 수 없다.558)

2) 비용상환청구권

유치권자가 유치물에 관하여 비용을 지출한 경우에, 제325조에 따라 그 상환을 청구할 수 있다. 비용상환청구의 상대방은 유치물의 소유자이다. 점유자의 회복자에 대한 비용상환청구권(제203조) 및 임차인의 임대인에 대한 비용상환청구권(제626조)보다도 유치권자의 비용상환청구권에 관하여 보다 유리한 규정을 둔 취지는 유치권자가 사용수익권능을 가지지 않으면서도 유치권에 관한 선량한 관리자의 주의의무를 부담한다는 데 대한 보상의 의미를 가지고 있기 때문이다. 비용상환청구권에 기하여 유치권자는 다시 유치물 위에 유치권을 취득할 수 있다.559)

---

557) 이에 대해 부당이득으로 반환하여야 한다는 견해도 있다.
558) 대법원 2002. 11. 27.자 2002마3516 결정.
559) 대법원 1972. 1. 31. 선고 71다2414 판결.

[서식 59] 유치권에 의한 부동산경매신청서

유치권에 의한 부동산 경매신청서

신 청 인 OO건설 주식회사
충청북도 OO군 OO면 OO리 3
대표이사 O O O

상 대 방 O O O
충청북도 OO군 OO면 OO리 456

경매할 부동산의 표시

별지 목록 기재 부동산 표시와 같음.

경매신청권의 표시

금 4억 1,000만원
공증인가 법무법인 국민합동법률사무소 공증의 20OO년 제OOO호 공사대금 채권

신 청 취 지

신청인이 상대방에 대하여 가지는 위 채권의 변제에 충당하기 위하여 상대방 소유의 별지목록 표시의 부동산에 대한 경매 절차를 개시하고 신청인을 위하여 이를 압류한다.
라는 결정을 구합니다.

신 청 이 유

1. 신청인과 상대방은 20OO. 1. 22. OO시 OO구 OO동 123-23 대 298.8평방미터 지상에 별지목록기재와 같은 건물을 총공사비 11억 3,000만원으로 정하고 별첨 공증서와 같이 준공검사(사용검사)가 완료되면 공사비 전액을 지급하기로 하는 공사도급계약을 체결하였습니다.
2. 그런데 상대방은 위 건축공사가 완료되어 준공검사와 소유권보존등기까지 마쳤는데도 불구하고 위 공사비 중 금 7억 2,000만원만 지급하고 나머지 4억 1,000만원에 대하여는 지금까지 지급하지 않고 있습니다.

3. 따라서 신청인은 상대방 소유의 별지목록기재 부동산에 대하여 경매를 실시하여 나머지 채권의 변제에 충당하고자 이 신청에 이른 것입니다.

첨 부 서 류

1. 공증서	1통
2. 법인등기부 등본	1통
3. 부동산등기부등본	1통
4. 건축물대장	1통
5. 목 록	30통
6. 위임장	1통
7. 납부서	1통

20OO. . .

위 채권자 대리인
OO 법무법인
담당변호사 O O O

OO지방법원 OO지원 귀하

[별지]

부동산의 표시

1. 서울특별시 OO구 OO동 123-23
   대 298.8평방미터

2. 위 지상
   철근콘크리트조 평 슬래브지붕
   주택 및 근린생활시설

1층 175.95평방미터
2층 175.95평방미터
3층 175.95평방미터
지층 148.99평방미터

다. 유치권자의 의무

유치권자는 선량한 관리자의 주의로 유치물을 점유하여야 한다(제324조 1항). 유치권자는 채무자(소유자와 다르다면 소유자)의 승낙 없이 유치물의 사용, 대여 또는 담보제공을 하지 못한다(동조 2항 본문). 판례도 유치권자가 승낙 없이 유치물을 임대를 한 경우에, 이는 소유자의 처분권한을 침해하는 것으로서 소유자에게 그 효력을 주장할 수 없고, 따라서 소유자의 동의 없이 유치권자로부터 유치권의 목적물을 임차한 자의 점유는 민사집행법 제136조 제1항 단서 소정의 경락인에게 대항할 수 있는 권원에 기한 것이라고 볼 수 없다고 하였다.[560] 이상의 의무를 위반한 경우에 소유자는 유치권의 소멸을 청구할 수 있다(제324조 3항). 유치권자가 이에 위반하여 채무자 또는 소유자에게 손해를 입힌 경우에는 채무불이행으로 인한 손해배상책임을 부담한다(제390조).

5. 유치권의 소멸

가. 일반적 소멸사유

유치권은 멸실, 혼동, 포기 등 물권에 공통된 소멸사유에 의하여 소멸한다. 그 밖에 유치권은 담보물권에 공통된 소멸사유인 피담보채권의 소멸에 의하여 소멸한다. 주의할 것은, 채권자가 유치권을 행사하고 있더라도 피담보채권의 소멸시효가 진행하는 것을 방해하지 않는다는 점이다(제326조).

나. 유치권의 특유한 소멸사유

1) 제324조 제3항의 소멸청구

유치권자는 선량한 관리자의 주의로 유치물을 점유하여야 하고, 또한 채무자의 승

560) 대법원 2002. 11. 27.자 2002마3516 결정.

낙없이 유치물의 사용, 대여 또는 담보제공을 하지 못하는데, 만일 유치권자가 이를 위반한 때에는 채무자는 유치권의 소멸을 청구할 수 있다.

2) 제327조의 소멸청구

채무자는 상당한 담보를 제공하여 유치권의 소멸을 청구할 수 있다. 유치권이 공평의 원칙에 기한 것이기 때문이며 제327조가 채무자라고만 규정하고 있으나 소유자도 포함된다. 그리고 다른 담보의 종류는 불문한다. 즉, 인적 담보와 물적 담보를 가리지 않는다. 제공하는 담보가 상당한지 여부는 그 담보의 가치가 채권의 담보로서 상당한지, 태양에 있어 유치물에 의하였던 담보력을 저하시키지는 않는지 등을 종합하여 판단하여야 할 것인바, 유치물의 가격이 채권액에 비하여 과다한 경우에 채권액 상당의 가치가 있는 담보를 제공하면 족하고, 한편 당해 유치물에 관하여 이해관계를 가지는 자인 채무자나 유치물의 소유자는 상당한 담보가 제공되어 있는 이상 유치권소멸청구의 의사표시를 할 수 있다.[561)]

물건의 유치를 본체로 하는 권리인 유치권은 점유의 상실로 인하여 소멸한다(제328조, 제192조). 그런데 간접점유도 점유에 포함되므로, 점유매개관계의 설정에 의해서는 소멸하지 않는다.

유치권에 특유한 소멸사유로서, 민법 제324조 제3항의 소멸청구, 동법 제327조에 의한 소멸청구, 점유의 상실로 인하여 소멸한다(민법 제328조).

Ⅱ. 불법점유 원인으로 한 건물인도 청구

1. 기본사례

[기본사례]	원고(소유자) → 피고(점유자) 불법점유되어 그 회복을 구함 전등기의 회복을 구함
[부대청구]	차임상당 손해배상 청구

561) 대법원 2001. 12. 11. 선고 2001다59866 판결.

2. 청구취지

> [주 청 구] 피고는 원고에게 별지목록 기재 건물(토지)을 인도하라.
> [부대청구] 피고는 원고에게 20OO. 10. 1.부터 인도완료일까지 금 500,000원의 비율에 의한 금원을 지급하라.

가. 민사집행법에서 "인도"라는 용어를 사용하므로, 통상 사용하는"명도"라는 용어는 사용하지 않는 것이 좋다.

나. 건물의 어느 한 층 전부가 목적물인 경우에는 "별지목록 기재 부동산 중 2층 20㎡"로, 어느 한 층의 일부가 목적물인 경우는 "별지목록 기재 부동산의 2층중 별지도면 표시 ㄱ, ㄴ, ㄷ, ㄹ, ㄱ.을 차례로 연결한 선내 (가)부분 사무실 20㎡"로 기재하여야한다.

다. 목적물의 현황과 등기부상의 기재가 다른 경우에는 현황을 우선하여 표시한 다음, 등기 부상의 기재도 괄호 안에 표시하여야 하며, 현황을 표시할 때에는 목적물의 구조, 층수, 면적 등을 정확히 기재하여야 한다.

예 서울 강남구 삼성동 756의 18 및 같은 동 757의 양 5 양지상 벽돌조 기와지붕 단층 주택 90㎡(등기부상 표시 같은 동 756의 18 지상 시멘트벽돌조 기와지붕 단층 주택 80㎡)

라. 목적물 전체에 관하여 등기가 없는 무허가 건물의 경우 현황(목적물의 구조, 층수, 면적 등)을 특히 정확히 표시하여야 한다.

마. 도면작성

도면을 작성할 때에는 주위도로, 주요 건물 등을 표시함과 아울러 방위도 표시하여 목적물의 위치, 형상의 파악에 지장이 없도록 하여야 하고, 목적물의 특정을 위하여 방점이 있는 도면을 제출하여야 하며, 방점은 모든 모서리에 표시되어야 하고, 모든 방점을 빠짐없이 직선으로 연결하여야 하고, 도면에는 방위표시가 기재되어야 하며, 건물의 측면도가 아닌 평면도를 제출하여야 한다. 단층 건물이 아닌 경우 측면도를 제출하는 경우가 많은데, 이때 어느 한층 정부가 목적물이 아니라면 집행불능의 우려가 크기 때문이다.

3. 청구원인

> [청구원인] ○ 원고 소유의 부동산인 사실
> ○ 피고가 점유중인 사실
> [부대청구] 차임 상당 손해가 발생한 사실

가. ① 원고의 목적물 소유사실은 목적물의 소유권이 원고에게 귀속되어 있다는 권리관계가 아니라 원고가 목적물의 소유권을 취득한 구체적 사실을 의미하는 것이므로, 그 취득경위가 원시취득 또는 승계취득인지, 법률규정에 의한 취득 또는 법률행위에 의한 취득인지를 불문하고 그에 해당하는 구체적 사실을 주장·입증하여야 한다. 다만, 민법 제245조 제1항의 취득시효기간의 완성만으로는 소유권취득의 효력이 바로 생기는 것이 아니라. 다만 이를 원인으로 하여 소유권취득을 위한 등기청구권이 발생할 뿐이고, 미등기 부동산의 경우라고 하여 취득시효기간의 완성만으로 등기 없이도 점유자가 소유권을 취득한다고 볼 수 없고,[562][563] 미등기 무허가건물의 양수인이라도 그 소유권이전등기를 경료하지 않는 한 그 건물의 소유권을 취득할 수 없고, 소유권에 준하는 관습상의 물권이 있다고도 할 수 없으며, 현행법상 사실상의 소유권이라고 하는 포괄적인 권리 또는 법률상의 지위를 인정하기도 어렵다.[564] ② 목적물이 부동산

---

562) 대법원 2006. 9. 28. 선고 2006다22074, 22081 판결.

563) 다만, "<u>취득시효가 완성된 점유자는 〈점유권에 기하여〉 등기부상의 명의인을 상대로 점유방해의 배제를 청구할 수 있다</u> 할 것인데, 원고는 점유취득시효의 완성을 원인으로 하여 소유권이전등기를 청구하면서, 그와 동시에 시효 완성 후에 피고가 멋대로 설치한 담장 등의 철거를 구하고 있을 뿐, 소유권에 기한 방배배제청구권에 기하여 위 담장 등의 철거를 구한 바 없고, 오히려 "피고가 기존의 담장을 허물로 새로운 담장을 쌓은 것은 원고의 점유를 침탈한 행위에 해당한다."고 주장하였으며(기록 551면 참조), 원심이 변론종결 직전에는 소유권에 기한 주장은 하지 아니하고 담장 등 철거청구도 시효취득에 의하여서만 구하는 것이라고 진술하였는바, 그렇다면 <u>원고는 점유권에 기한 방해배제청구권의 행사로서 피고를 상대로 담장 등의 철거를 청구하고 있는 것으로 보아야</u> 한다. 따라서 원심이 취득시효 완성 후 아직 등기를 하지 않은 상태에서는 소유권이 없다는 이유로 담장 등의 철거청구를 기각한 조치는 원고가 이 부분 청구원인으로 주장하는 취지를 오인하여 판단을 유탈한 위법이 있다 할 것이므로, 이 점을 지적하는 원고의 상고이유 주장은 이유 있다(대법원 2005. 3. 25. 선고 2004다23899, 23905 판결)."

564) 대법원 2006. 10. 27. 선고 2006다49000 판결. 따라서, "건물을 신축하여 그 소유권을 원시취득한자로부터 그 건물을 매수하였으나 아직 소유권이전등기를 갖추지 못한 자는 그 건물의 불법점거자에 대하여 직접 자신의 소유권 등에 기하여 명도를 청구할 수는 없다고 할 것이다. 그럼에도 불구하고, <u>원고가 매도인인 소외인을 대위하여 명도를 청구한 것도 아닌 이 사건에서</u>, 만연히 "피고들은 원고에서 이

인 경우에는 이에 관한 소유권이전등기를 마친 사실을 입증함으로써 등기의 추정력을 이용하여 원고의 소유사실을 추정 받을 수도 있다(이는 법률상의 추정이므로, 등기원인의 무효를 주장하며 원고의 소유사실을 다투는 것은 피고의 주장·입증하여야 할 항변사유가 된다). ③ 법원은 권리자백에는 구속되지 않는 것이지만, 피고가 원고의 소유권을 인정하는 진술은 원고의 소유권 내용을 이루는 구체적 사실에 대한 자백으로 볼 수 있으므로, 이 경우에는 원고의 소유사실에 대한 자백이 성립한다.[565] ④ 한편, 공유자는 보존행위의 일환으로 점유자를 상대로 공유물 전부의 반환을 구할 수 있으므로, 원고가 목적물 소유사실 외에 목적물의 공유자인 사실을 주장·입증하여도 된다(이 경우 피고는 자신이 목적물의 과반수 지분을 가지고 있음을 주장하여 정당한 점유권원이 있음을 항변할 수 있다. 과반수 지분권자자 공유물을 배타적으로 사용·수익하는 것은 공유물의 관리방법으로 적법하기 때문이다. 그리고 이는 피고가 과반수지분권자로부터 그 사용·수익을 허락받은 제3자인 경우에도 마찬가지이다). ⑤ 한편, 원고의 소유 여부를 판단하는 기준시점은 사실심 변론종결 당시이므로, 소 제기 후 변론 종결 전에 소유권을 제3자에게 이전한 경우에는, 원고와 제3자 사이에 소유권 방해배제청구권을 원고에게 유보하여 두기로 하는 특약을 체결하였다 하더라도 소유권의 절대적 권리성에 비추어 그 청구는 기각될 수밖에 없다.[566]

사건 각 건물을 명도할 의무가 있다."고 판단한 원심판결에는 미등기 건물 양수인의 법적 지위에 관한 법리를 오해하여 판결에 영향을 미친 위법이 있다(대법원 2007. 6. 15. 선고 2007다11347 판결)."

565) 다만, 이는 사실에 대한 법적 추론의 결과에 대하여 의문의 여지가 없는 단순한 법개념에 대한 자백의 경우에 한하여 인정되는 것이고, 추론의 결과에 대한 다툼이 있을 수 있는 경우에는 이른바 권리의 자백으로서 법원이 이에 기속을 받을 이유는 없다. 기록에 의하면, 원고(선정당사자) 및 선정자(이하 '원고등'이라 한다)가 소장에서 주장한 이 사건 건물이 원고 등의 소유라는 주장은 원고등과 시공업자인 소외인 사이의 도급계약에 기한 소유권귀속의 문제는 거론되지 아니한 상태에서 단순히 이 사건 건물의 소유권보존등기가 원고등 명의로 되어 있으므로 원고 등의 소유라는 주장에 불과하고, 따라서 피고들이 답변서에서 자백한 소유권의 내용을 이루는 사실 역시 원고 등이 이 사건 건물의 등기부상 소유명의자라는 점에 그칠 뿐 소외인과 체결한 도급계약의 해석상 원고 등이 이 사건 건물의 소유자라는 점에 대한 자백까지 포함하는 것은 아니라고 할 것인바, 비록 건물의 등기명의자가 건물의 소유자로 추정된다 하더라도 이 사건에서와 같이 시공업자의 건물의 원시취득이 문제되는 경우에는 위와 같은 법리가 당연히 적용되는 것은 아니며, 피고들이 궁극적으로 이 사건 건물의 소유권은 시공업자로서 원시취득자인 소외인에게 있다고 주장함으로써 그 소유권이 원고 등에게 있다는 원고 등의 주장에 대항하고 있으므로, 이 사건 건물의 소유권의 귀속에 관한 피고들의 자백은 이른바 권리의 자백으로서 법원이 이에 기속을 받을 이유는 없다(대법원 2007. 5. 11. 선고 2006다6836 판결).

566) 소유권을 양도함에 있어 소유권에 의하여 발생되는 물상청구권을 소유권과 분리, 소유권 없는 전 소유자에게 유보하여 제3자에게 대하여 이를 행사케 한다는 것은 소유권의 절대적 권리인 점에 비추어 허용될 수 없는 것이라 할 것으로서, 이는 양도인인 전소유자가 그 목적물을 양수인에게 인도할 의무 있고 그 의무이행이 매매대금 잔액의 지급과 동시이행관계에 있다거나 그 소유권의 양도가 소송계속 중에 있었다 하여 다를 리 없고 일단 소유권을 상실한 전소유자는 제3자인 불법점유자에 대하여 물권적 청구권에 의한 방해배제를 청구할 수 없다(대법원 1969. 5. 27. 68다725 전원합의체 판결).

나. 피고의 점유사실은 원고의 소유권을 현실적으로 방해하는 직접 점유사실을 의미하므로, 제3자에게 그 부동산을 임대한 간접점유자를 상대로 인도청구를 하는 것은 주장 그 자체로 이유 없게 된다[567](물론 계약상 반환청구권에 기한 청구라면 간접점유자를 상대로 할 수도 있다. 가령 임대차계약의 종료를 청구원인으로 하는 경우가 그러하다). 한편, 피고의 점유 여부를 판단하는 기준시점은 사실심 변론종결 당시이나, 피고를 상대로 점유이전금지가처분한 사실 및 그 당시 피고가 점유하고 있었던 사실을 주장·입증하여도 된다(점유이전금지가처분의 당사자항정 효과).

① 한편, 사회통념상 건물은 그 부지를 떠나서는 존재할 수 없는 것이므로 건물의 부지가 된 토지는 그 건물의 소유자가 점유하는 것으로 볼 것이고, 이 경우 〈건물의 소유자가 현실적으로 건물이나 그 부지를 점거하고 있지 아니하고 있더라도〉 그 건물의 소유를 위하여 그 부지를 점유한다고 보아야 하고, ② 미등기건물을 양수하여 건물에 관한 사실상의 처분권을 보유하게 됨으로써 그 양수인이 건물부지 역시 아울러 점유하고 있다고 볼 수 있는 등의 다른 특별한 사정이 없는 한 건물의 소유명의자가 아닌 자로서는 실제로 그 건물을 점유하고 있다고 하더라도 그 건물의 부지를 점유하는 자로는 볼 수 없다.[568][569] ③ 같은 맥락에서, 〈건물에 관한 소유권보존등기가 제3자에 대한 채권을 담보하기 위하여 한 것이라고 하여도〉 건물이 서 있는 토지의 소유자에 대한 관계에 있어서는 보존등기명의인이 건물의 소유권자이고 그 부지의 점유자라고 할 것이고, 위 제3자가 그 건물에 거주하고 있다고 하여도 마찬가지[570]이다.

다. 피고에게 정당한 점유권원이 있다는 사실은 피고의 항변사유이다. 한편, 민법 제200조 소정의 점유자의 권리추정은 특별한 사정이 없는 한 부동산물권에 대하여 적용되지 않고, 물권의 소유자에 대하여도 주장할 수 없으므로, 이에 관한 피고의 주장은 항변 유사의 주장이 된다.

---

567) "불법점유를 이유로 하여 그 명도 또는 인도를 청구하려면 현실적으로 그 목적물을 점유하고 있는 자를 상대로 하여야 하고 불법점유자라 하여도 그 물건을 다른 사람에게 인도하여 현실적으로 점유를 하고 있지 않은 이상, 그 자를 상대로 한 인도 또는 명도청구는 부당하다. 원심은, 갑 제9호증, 을 제1호증의 각 기재와 제1심 및 원심 증인 엄○○의 각 증언만으로는 피고 이○○이 이 사건 증여 건물을 점유하고 있음을 인정하기에 부족하고, 달리 피고 이○○이 이 사건 증여 건물을 점유하고 있다거나 이를 원고 법인에게 명도하기로 약정하였음을 인정할 증거가 없다고 판단…(대법원 1999. 7. 9. 선고 98다9045 판결)."

568) 대법원 2003. 11. 13. 선고 2002다57935 판결.

569) 따라서, 건물에 대하여 철거를 구하는 토지의 소유자는 상대방이 자신의 토지에 건물을 소유한 사실을 입증하면 그 대지의 점유사실까지 입증하는 셈이 된다.

570) 대법원 1991. 6. 25. 선고 91다10329 판결.

4. 요건사실

요건사실	* 원고 소유의 부동산인 사실 * 피고가 점유중인 사실

가. 요건사실

원고의 소유의 건물을 피고가 점유 중인 사실이 요건사실이다. 불법하게 점유하고 있다는 것은 요건사실이 아니고, 적법하게 점유하고 있다는 사실은 피고의 항변사실이다. 입증방법으로는 부동산 등기부, 사진, 주민등록표 등이 있다.

나. 원고의 목적물 소유사실은 목적물의 소유권이 원고에게 귀속되어 있다는 권리관계가 아니라 원고가 목적물의 소유권을 취득한 구체적 사실을 의미하는 것이므로, 그 취득경위가 원시취득 또는 승계취득인지, 법률규정에 의한 취득 또는 법률행위에 의한 취득인지 여부를 불문하고 원고는 그에 해당하는 구체적 사실을 주장·입증하여야 한다, 그런데 목적물이 부동산인 경우에는 이에 관한 소유권이전등기를 마친 사실을 입증함으로써 등기의 추정력을 이용하여 원고의 소유사실을 추정받을 수 있다, 여기서의 추정은 법률상의 추정이므로, 등기원인의 무효를 주장하며 원고의 소유사실을 다투는 것은 피고가 주장·입증하여야할 항변사유이다.

다. 등기를 갖추지 않은 부동산매수인은 소유자가 아니므로 소유물반환청구권을 행사할 수 없으며, 매도인의 소유물반환청구권을 대위 행사할 수 있을 뿐이다. 명의신탁의 경우에 수탁자만이 소유자로서 소유물반환청구권을 가진다.[571] 공유자나 합의자도 소유물반환청구권을 가진다. 그런데 합의의 경우에 종래 합유자가 단독으로 합유물의 반환을 청구할 수 없다는 입장이 다수설이었지만, 민법 제272조 단서에 따라 합유자가 각각 보존행위를 할 수 있다고 할 것이다. 소유자 인지 여부의 판단은 사실심의 변론종결시를 기준으로 한다. 따라서 소유권을 상실한 전 소유자에 기한 물권적 청구권을 행사할 수 없다.

라. 피고의 점유사실은 원고의 소유권을 현실적으로 방해하는 직접 점유사실을 의미

571) 대법원 1979. 9. 25. 선고 77다1079 전원합의체 판결.

하므로, 제3자에게 그 부동산을 임대한 간접점유자를 상대로 인도청구를 하는 것은 주장 자체로 이유 없게 된다. 그러므로 불법점유를 이유로 그 명도 또는 인도를 청구하려면 현실적으로 그 목적물을 점유하고 있는 자로 상대로 하여야 하고, 불법점유자라 하여도 그 물건을 다른 사람에게 인도하여 현실적으로 점유를 하고 있지 않은 이상, 그 자를 상대로 한 인도 또는 명도청구는 부당하다.[572] 그러나 불법점유를 이유로 한 인도청구가 아니라면 간접점유자를 상대로 인도를 청구할 수 있다.[573]

마. 불법점유로 인한 손해배상청구를 부대청구하는 경우에는 손해가 임료 상당액으로 추정되므로 임료가 요건사실이다. 입증방법으로는 차임 시세표 제출 및 차임감정 신청을 할 수 있다.

바. 별지목록의 기재와 증거서류로 첨부되어 있는 등기부등본, 각종 대장 등을 비교하여 원 고가 소로써 인도 등을 구하고 있는 목적물(중, 피고의 점유부분)이 공부상의 기재와 상이한 경우 원칙적으로 측량감정을 요하나, 원고가 강제집행이 가능한 정도의 도면을 첨부하는 경우도 적지 아니하므로, 소장에 첨부된 별지목록과 별지도면의 상세한 검토를 요한다.

※ 원고가 경락을 받아 인도 및 차임 상당의 손해배상을 청구하는 경우 대금완납일이 소유권취득일로 차임청구 기준일이 되므로, 대금완납증명서가 서증으로 제출되어야 함(누락시 보정권고)

5. 항변 등

[주요항변] ① 적법한 권원(임대차 등)에 의한 점유 항변
② 유치권 항변

가. 적법한 권원(임대차 등)에 의한 점유 항변

피고는 임대차 등의 적법한 권원에 의하여 점유하고 있다고 항변이 가능하고, 이에 대한 입증방법으로는 임대차 계약서 등을 제출할 수 있다. 이에 대하여 원고는 임대

572) 대법원 1999. 7. 9. 선고 98다9045 판결.
573) 대법원 1983. 5. 3. 선고 81다187 판결.

차가 종료되었다는 재항변할 수 있는데 이렇게 되면 다음의 임대차종료를 원인으로 한 건물인도청구와 같이 되므로, 처음부터 임대차종료를 원인으로 한 건물인도청구로 구성할 것을 보정권고 한다.

※ 보정권고 : 불법점유를 원인으로 한 건물인도를 구하면서 임대차 종료를 주장하고 있는바, 임대차 관계가 존재하는 것이라면 청구원인을 정리할 것

나. 유치권 항변(민법 제203조, 제320조)

피고는 점유 중에 얼마의 돈을 들여 화장실 등을 보수하였거나 개축하였고 개축으로 인하여 현재 그 지출액 이상으로 건물의 가치가 증가되었음을 들어 그 필요비나 유익비를 상환받기까지는 인도해 줄 수 없다는 항변을 할 수 있다. 입증방법으로는 개축공사계약서, 개축공사대금영수증, 현장사진 등을 제출하고, 검증, 감정신청을 할 수 있다.

피고가 전 소유자와의 임대차에 기하여 점유 중에 유익비 등을 지출한 경우, 전 소유자에 대하여 민법 626조에 의한 유익비 등 상환청구를 할 수 있을 뿐, 원고에게는 민법 203조에 의한 유익비 등 상환청구를 할 수 없지만(대법원 2003. 7. 25. 선 고 2001다64752 판결), 전 소유자에 대한 유익비상환청구권을 위하여 현 소유자인 원고에게 유치권항변을 할 수는 있다. 이에 대하여 원고는 피고가 선의의 점유자로서 과실취득권을 가지고 과실을 취득하였으니 통상의 필요비 부분에 한하여는 상환청구권이 없다는 재항변(민법 제203조 1항 단서, 제201조 1항)할 수 있다.

[서식 60] 토지인도 및 건물철거 청구의 소(불법점유사용)

소 장

원 고 OOO종중
OO시 OO구 OO동 000
대표자 정 O O

소송대리인 법무법인 OO
담당변호사 김 O O

서울 OO구 OO동 000-00 OO빌딩 1층
(우 : 00000, 전화 : 00-000-0000 / 팩스 : 00-000-0000)

피　고　　정　O　O (000000-0000000)
OO시 OO동 000-0

토지인도 및 건물철거 청구의 소

청 구 취 지

1. 피고는 원고에게 별지 목록 제2항 기재 건물을 철거하고, 같은 목록 제1항 기재 토지를 인도하라.
2. 소송비용은 피고의 부담으로 한다.
3. 제1항은 가집행할 수 있다.

라는 판결을 구합니다.

청 구 원 인

1. 당사자 관계

원고는 망 정OO을 시조로 하고 그의 10세 손인 조선 세조조 영의정을 지낸 문OO 정OO를 중시조로 하여 다시 그의 5대 손으로서 선조조 당시 정3품 어해장군과 자산부사를 지낸 자산공 정OO의 후손 중 성년자를 종원으로 하여 형성된 종중이며, 19OO.경에 OO시에 종중등록을 하였습니다(갑 제1호증 종중등록증).
피고는 1980년대 이전부터 원고 종중의 대표를 역임하여 현 대표자인 정OO가 20OO. 2. 24. 선출되기 직전까지 원고 종중의 대표를 맡아 본 자입니다.

2. 별지 목록 제1항 기재 토지는 원고 소유인데, 피고는 그 위에 아무런 권원 없이 같은 목록 제2항 기재 건물을 지어 소유하면서 위 토지를 점유하고 있습니다.
별지 목록 제1항 기재 토지(이하 "이 사건 토지"라고 합니다)는 원고의 소유입니다(갑 제2호증 부동산등기부등본). 그런데 피고는 아무런 권원이 없음에도 위 토지 위에 별지 목록 제2항 기재 건물(이하 "이 사건 건물"이라고 합니다)을 지어 이를 소유함으로써 위 토지를 점유하여 왔으며, 원고의 처분금지가처분에 불구하고 최근에는 이 사건 건물을 타에 처분하기까지 하였습니다(갑 제3호증 부동산등기부등본).
원고는 이전부터 수차 피고에게 위 건물을 철거하고 토지를 인도할 것을 구하여 왔으나, 피고는 이에 응하지 않고 있습니다. 이 사건 토지는 원고 종중의 선산 바로 입구에 위치하는 중요 토지로서, 원고 종중으로서는 하루 속히 피고로부터 인도 받아 종중 사옥을 짓고 묘소와 위토를 관리하여야 합니다.

그럼에도 불구하고 피고는 그 동안 간곡한 종중의 인도요청에 불응하는 것에 나아가 종산 입구를 막고 온갖 폭언과 폭력으로 출입하는 종원을 위협하고 있어 묘소 관리, 시제 봉향 등의 기본적인 종사마저 마비 지경에 있습니다.

3. 결 론

이에 부득이 원고 종중은 이 사건 청구에 이르게 되었습니다. 속히 원고 청구대로의 판결을 선고하여 주시기 바랍니다.

입 증 방 법

1. 갑 제1호증	종중등록증
1. 갑 제2호증	부동산등기부등본(토지)
1. 갑 제3호증	부동산등기부등본(건물)

첨 부 서 류

1. 위임장 및 담당변호사지정서	각 1통
1. 위 소명방법	각 1통
1. 송달료납부서	1통

20○○. . .

원고 소송대리인
법무법인 ○○
담당변호사 김 ○ ○
문 ○ ○
김 ○ ○
신 ○ ○
이 ○ ○

○○지방법원 귀중

Ⅲ. 임대차종료를 이유로 한 건물인도 청구

1. 임대차의 의의

임대차는 당사자 일방(임대인)이 상대방(임차인)에게 목적물(임대물)을 사용·수익하게 할 것을 약정하고, 상대방이 이에 대하여 차임을 지급할 것을 약정함으로써 성립하는 계약이다(제618조). 임대차는 임차물 자체를 반환하여야 하는 점에서 소비대차와 다르고 사용대차와 같으며, 사용·수익의 대가를 지급하는 점에서 사용대차와 다르다. 임대차는 낙성·쌍무·유상·불요식의 계약이다. 한편 임대차는 목적물의 소유권을 상대방에게 이전하는 것이 아니므로, 임대인이 임대물에 대한 소유권이나 또는 그것을 처분할 권한을 가질 것을 요하지 않는다.[574] 따라서 타인 소유의 부동산을 임대한 것이 임대차계약을 해지할 사유는 될 수 없고, 목적물이 반드시 임대인의 소유일 것을 특히 계약의 내용으로 삼은 경우라야 착오를 이유로 임차인이 임대차계약을 취소할 수 있다.[575]

2. 임대차의 성립

임대차는 낙성계약이므로 임대인과 임차인 사이에 일정한 합의만 있으면 성립한다. 그 합의는 적어도 본질적인 구성부분인 목적물과 차임에 관하여는 반드시 있어야 한다.

임대차의 목적물은 물건이며, 권리는 포함되지 않는다. 권리가 객체인 경우에는 임대차와 유사한 무명계약이 성립한다고 할 것이다. 그리고 임대차에 있어서는 목적물 자체를 반환하여야 하기 때문에 물건 중 '관리할 수 있는 자연력'은 임대차의 목적물이 되지 못한다. 부동산은 당연히 임대차의 목적물이 되나, 농지에 관하여 농지법은 농지의 임대차를 원칙적으로 금지하고 일정한 경우에만 예외를 인정한다(동법 제23조).

574) 대법원 1996. 3. 8. 선고 95다15087 판결.
575) 대법원 1975. 1. 28. 선고 74다2069 판결.

[서식 61] 임대차계약서(건물 소유목적)

토지임대차계약서

OOO을 갑, OOO을 을로 하여 갑, 을 사이에 갑 소유의 별지목록 1 기재 토지(이하 '이건 토지'라 함)의 임대차에 관하여 다음과 같이 계약한다.

다 음

제1조 (계약목적) 갑은 이건 토지를 을에게 임대하고, 을은 이건 토지를 임차하며 차임을 지급할 것을 약정한다.

제2조 (사용목적) ① 을은 이건 토지 위에 별지목록2 기재 건물(이하 '이건 건물'이라 함)을 건축하고 소유할 수 있다.

② 을이 이건 건물에 대하여 증축을 하거나 개축을 하고자 할 때에는 사전에 갑의 서면에 의한 승낙을 얻어야 한다.

③ 을이 위 항을 위반하였을 때에는 갑은 최고 없이 이건 계약을 해지할 수 있다.

제3조 (기간) 이건 계약의 기간은 20OO년 O월 O일부터 20OO년 O월 O일까지 사이 OO년으로 한다.

제4조 (차임) ① 을은 계약 체결 후 즉시 금 OOO원을 권리금으로 갑에게 지급한다.(임차보증금은 금 OOO원으로 한다.)

② 차임은 월 금 OOO원으로 하기로 하되 매달 말일에 지급하기로 한다. 지급방법은 을이 갑에 대하여 송금(지참) 방식에 의하여 지급하기로 한다.

③ 을이 제1항의 금원을 지급하지 않거나, 제2항의 금원을 연속 여부에 관계없이 2회 이상 연체하였을 때에는 갑은 아무런 최고 없이 이 계약을 해제, 해지할 수 있다.

제5조 (전대 등) ① 을은 사전에 갑의 서면에 의한 승낙 없이 이건 토지임차권을 제3자에게 양도하거나 이건 토지를 무단으로 제3자에게 사용케(제3자에게 전대)하여서는 아니 된다.

② 을이 위 항의 규정을 위반하였을 때에는 갑은 아무런 최고 없이 이 계약을 해지할 수 있다.

제6조 (계약의 실효 등) ① 천재지변, 토지수용 등 갑, 을 누구의 책임으로도 돌릴

수 없는 사유에 의해 이건 토지를 사용치 못하게 되었을 때에는 이 계약은 해지된 것으로 본다.

② 위 항의 경우에는 당사자 상호간 손해배상의 청구를 하지 않기로 한다.

제7조 (상린관계) 을은 건물을 짓고 본 건 토지를 이용함에 있어서는 이웃과의 조화로운 이용을 도모하고, 타인에게 일체의 불쾌감을 주는 행위를 하여서는 아니된다.

제8조 (계약종료후의 조치) ① 이 계약이 종료된 때에는 을은 즉시 이건 토지를 원상복구한 뒤 갑에게 반환하여야 한다. 다만, 을이 지상물매수청구권을 행사하고, 갑이 건물을 매입할 의무가 있을 때에는 을은 갑에 대해 이건 토지를 그 건물과 함께 인도함으로써 족한 것으로 한다.

② 을이 위 항 본문의 의무를 이행하지 않을 경우 갑은 을의 비용으로 이건 토지를 원상복구할 수 있다.

제9조 (기타) 갑, 을은 성실하게 이 계약을 이행하기로 하며, 이 계약이 정하지 않은 사항이 발생했을 때나, 이 계약 각 조항의 해석에 이의가 있을 때에는 상호간에 성심성의껏 협의하여 해결한다.

이상과 같이 계약했으므로 계약서 2통을 작성하고, 갑과 을이 서명, 날인한 후 각자 1통을 보관하기로 한다.

20○○ 년 ○월 ○일

임대인	주 소					
	성 명	인	주민등록번호	–	전화번호	
임차인	주 소					
	성명	인	주민등록번호	–	전화번호	

[별지 1]

부동산 목록

○○시 ○○구 ○○동 ○○○

대 ○○○○㎡. 끝.

[별지 2]

부동산 목록

ㅇㅇ시 ㅇㅇ구 ㅇㅇ동 000
[도로명주소] ㅇㅇ시 ㅇㅇ구 ㅇㅇ길 000
위 지상
철근콘트리트조 슬래브지붕 2층 주택
1층 80.35㎡
2층 50㎡. 끝.

3. 임대차의 존속기간

가. 계약으로 기간을 정한 경우

1) 계약으로 정한 기간

임대차의 당사자가 그 존속기간을 계약으로 정한 경우에는 원칙적으로 그 기간이 존속기간이 된다. 다만, 민법은 최장기간에 대하여 제한하는 규정을 두고 있을 뿐, 최단기간을 보장하는 규정은 두고 있지 않다. 임대차의 존속기간은 20년을 넘지 못하며, 석조·석회조·연와조 또는 이와 유사한 견고한 건물이나 공작물의 소유를 목적으로 하는 토지 임대차나 식목·채염(소금채취)을 목적으로 하는 토지임대차의 경우를 제외하고는 임대차의 존속기간은 20년을 넘지 못하며(제651조 1항 1문), 당사자의 약정기간이 20년을 넘는 때에는 20년으로 단축된다(제651조 1항 2문).

예외적인 토지임대차는 20년의 최장기의 제한을 받지 않으므로 20년을 넘는 기간으로 약정하여도 무방하지만 존속기간을 '영구무한'으로 정할 수는 없다고 하여야 한다. 그러한 약정을 한 경우에는 20년간 존속한다고 할 것이다.

2) 임대차의 갱신(기간의 연장)

민법은 존속기간을 계약으로 정한 임대차에 대하여 갱신을 인정하고 있는데, 민법이 정하는 갱신에는 계약에 의한 것과 법률에 의한 것 두 가지가 있다.

가) 계약에 의한 갱신

(1) 내 용

(가) 보통의 경우

당사자가 계약으로 정한 임대차의 존속기간은 갱신할 수 있다(제651조 2항 1문). 그러나 그 기간은 갱신한 날로부터 10년을 넘지 못한다(제651조 2항 2문). 그리고 최장기간의 제한을 받지 않는 토지임대차(제651조 1항 참조)도 갱신할 수 있으며, 그 경우에는 10년의 기간 제한을 받지 않는다고 할 것이다. 갱신의 횟수에는 제한이 없다. 처분의 능력 및 권한이 없는 자가 하는 단기임대차의 경우에도 제619조의 법정기간을 넘지 않는 범위에서 그 기간을 갱신할 수 있다(제620조 본문). 다만 그 기간만료 전 토지에 대해서는 1년, 건물 기타 공작물에 대해서는 3월 내에 갱신하여야 한다(동조 단서).

(나) 건물 기타 공작물의 소유 또는 식목·채염·목축을 목적으로 한 토지임대차의 경우

건물 기타 공작물의 소유 또는 식목·채염·목축을 목적으로 한 토지임대차의 기간이 만료한 경우에, 건물·수목 기타 지상시설이 현존한 때에는, 임차인은 계약의 갱신을 청구할 수 있다(제643조·제283조 1항).

이 갱신청구권이 인정되는 임대차는 최장기간의 제한을 받지 않는 토지 임대차(제651조 1항)의 범위보다 넓다. 그리고 갱신청구권을 행사할 수 있으려면 임대차 기간이 만료하고 그 때 건물·수목 기타의 지상 시설이 현존하고 있어야만 한다. 임차인의 채무불이행 등의 사유로 임대차계약이 해지된 경우에는 계약갱신청구권이 없다.[576] 임차인의 갱신 청구권은 형성권이 아니고 청구권이다. 따라서 갱신청구에 의하여 갱신의 효과가 생기지 는 않으며, 임대인이 그에 응하여 갱신계약을 체결하여야 갱신의 효과가 생긴다. 그리고 민법규정상 임차인이 그 권리를 행사하여도 임대인은 이를 거절할 수 있다(제643조, 제283조 2항 참조).

나) 묵시의 갱신

임대차기간이 만료한 후 임차인이 임차물의 사용·수익을 계속하는 경우에, 임대인이 상당한 기간 내에 이의를 하지 않는 때에는 전 임대차와 동일한 조건으로 다시 임대차한 것으로 본다(제639조 1항 본문). 따라서 임대인이 소로써 임대건물의 철거와 대지의 인도를 청구하고 있으면 특별한 사정이 없는 한 그 후부터는 묵시의 갱신을 인

576) 대법원 1972. 12. 26. 선고 72다2013 판결.

정할 수 없다.[577] 다만, 존속기간은 약정이 없는 것으로 다루어져서 당사자는 언제든지 계약해지의 통고를 할 수 있고, 일정한 기간이 경과하면 해지의 효력이 생긴다(제639조 1항 단서, 제635조). 이를 묵시의 갱신 또는 법정갱신이라고 한다.

묵시의 갱신이 되는 경우에는, 전 임대차에 대하여 제3자가 제공한 담보는 전 임대차기간이 만료된 때에 법률상 당연히 소멸한다(제639조 2항). 이 때 소멸하는 담보는 제3자가 제공한 것만이며, 당사자가 제공한 것은 소멸하지 않는다. 제639조는 제652조에 강행규정으로 열거되어 있지 않으나, 동조가 의용민법(동법 제619조 참조)에서와 달리 의제규정으로 개정된 점을 고려할 때 강행규정이라고 새겨야 한다.[578]

(1) 지상물매수청구권(존속기간갱신의 간접적 강제)

(가) 의 의

임대인이 임차인의 갱신청구를 거절하면 임차인은 지상시설의 매수청구권을 행사할 수 있다. 이 지상물매수청구권은 형성권이다.

(나) 요 건

① 건물 기타 공작물의 소유 또는 식목·채염·목축을 목적으로 한 토지임대차

매수청구권이 인정되기 위해서는 건물 기타 공작물의 소유 또는 식목·채염·목축을 목적으로 한 토지임대차이어야 한다. 판례는 임대인과 임차인이 토지와 그 지상의 기존 건물에 관하여 임대차계약을 체결한 후 임차인이 임대인의 동의하에 기존 건물을 철거하고 그 지상에 건물을 신축한 경우, 약정 임대차기간이 1년이고 신축 건물 완공 당시의 잔존 임대차기간이 4개월에 불과함에도 임차인이 많은 비용을 들여 내구연한이 상당한 건물을 신축하였고 임대인이 기존 건물의 철거 및 건물신축을 승낙한 점 등에 비추어, 토지와 기존 건물을 임대목적물로 하였던 당초의 임대차체이 신축 건물의 소유를 목적으로 하는 토지 임대차계약으로 변경되었다고 보고 있다.[579] 지상시설이 건물 기타 공작물인 경우에는 토지임대차가 그것들의 소유를 목적으로 하였어야 한다. 따라서 노점상의 간이천막을 설치하기 위하여 토지를 임차한 경우에는 매수청구권이 없다.[580] 화초의 판매용지로 임차한 자가 그 위에 비닐하우스를 설치한 때에도 같다.[581]

---

577) 대법원 1967. 1. 24. 선고 66다2202 판결.
578) 대법원 1964. 12. 8. 선고 64누62 판결.
579) 대법원 2002. 11. 13. 선고 2002다46003 판결.
580) 대법원 1994. 4. 12. 선고 93다37649 판결.

② 임대차기간의 만료

토지임차권이 '기간만료'로 인하여 소멸하였을 것을 요한다. 따라서 토지임차인의 차임연체 등 채무불이행을 이유로 임대차계약이 해지된 경우에는 매수청구권이 없다.[582] 이는 매수청구권이 계약갱신청구를 전제로 하는 것이어서 갱신청구가 인정되지 아니하는 이상 매수청구도 인정할 수 없기 때문이다. 임차인이 임차권 무단양도·무단전대 등으로 계약이 해지된 경우에도 매수청구권이 인정되지 아니한다. 판례는 기간의 정함이 없는 임대차에 있어서 임대인의 해지통고에 의하여 임차권이 소멸한 경우에도 매수청구권을 인정한다.[583] 그리고 이 때 임차인이 계약갱신청구를 했는지도 묻지 않는다.[584]

③ 건물, 식목 기타 지상시설의 현존

㉮ 서 설

이들 지상시설은 반드시 임차인 자신이 설치하여야 하는 것은 아니고 이미 설치되어 있는 시설을 양수하였어도 무방하며, 임대인의 동의를 얻어야 하는 것도 아니다. 건물 등의 지상시설이 객관적으로 경제적 가치가 있는지 또는 임대인에게 소용이 있는지는 묻지 않는다.[585] 그리고 매수청구권의 대상이 되는 건물은 그것이 토지의 임대목적에 반하여 축조되고 임대인이 예상할 수 없을 정도의 고가의 것이라는 특별한 사정이 없는 한 임대차기간 중에 축조되었다고 하더라도 그 만료시에 그 가치가 잔존하고 있으면 그 범위에 포함되는 것이고, 반드시 임대차계약 당시의 기존건물이거나 임대인의 동의를 얻어 신축한 것에 한정되지 않는다.[586] 또한 행정관청의 허가를 받은 적법한 건물이 아니라도 무방하다.[587]

㉯ 문제되는 경우

㉠ 지상건물이 여러 필지에 걸쳐서 존재하는 경우

임차인 소유 건물이 임대인이 임대한 토지 외에 임차인 또는 제3자 소유의 토지 위에 걸쳐서 건립되어 있는 경우에 어떤 범위에서 매수청구를 할 수 있는지에 관하여 판례는 과거에는, 특별한 사정이 없는 한 매수청구를 할 수 없다는 것[588] 인접한 임차

581) 대법원 1997. 2. 14. 선고 96다46668 판결.
582) 대법원 2003. 4. 22. 선고 2003다7685 판결.
583) 대법원 1995. 12. 26. 선고 95다42195 판결.
584) 대법원 2009. 11. 26. 선고 2009다70012 판결.
585) 대법원 2002. 5. 31. 선고 2001다42080 판결.
586) 대법원 1993. 11. 12. 선고 93다34589 판결.
587) 대법원 1997. 12. 23. 선고 97다37753 판결.

인 소유 대지 위에 건립된 건물부분이 효용가치가 극히 적은 경우에 있어서 건물 전체에 대한 매수청구권을 인정한 것[589]이 있어서 통일되어 있지 않았다. 그런데 그 후 전원합의체 판결에 의하여 이들 판결을 모두 폐기하고, 그러한 경우에는 '임차지 상에서 있는 건물부분 중 구분소유의 객체가 될 수 있는 부분에 한하여 임차인에게 매수청구가 허용된다'고 하였다.[590]

㉡ 건물에 저당권이 설정되어 있는 경우

건물에 저당권(또는 근저당권)이 설정되어 있더라도 매수청구권을 행사할 수 있다.[591] 그리고 판례는, 이러한 경우에도 그 건물의 매수가격은 건물 자체의 가격 외에 건물의 위치, 주변 토지의 여러 사정 등을 종합적으로 고려하여 매수청구권 행사 당시 건물이 현재하는 대로의 상태에서 평가 된 시가 상당액을 의미하고, 여기에서 근저당권의 채권최고액이나 피담보채무액을 공제한 금액을 매수가격으로 정할 것은 아니며, 다만 매수청구권을 행사한 지상건물 소유자가 위와 같은 근저당권을 말소하지 않는 경우 토지소유자는 제588조에 의하여 위 근저당권의 말소등기가 될 때까지 그 채권최고액에 상당한 대금의 지급을 거절할 수 있다고 한다.[592]

④ 계약갱신청구의 거절

매수청구권은 계약갱신청구권을 보완하는 형식으로 규정되어 있으므로 임대차계약기간이 만료함에 따라 임차인은 임대인에 대하여 계약갱신을 구할 수 있고, 이때에 임대인이 이를 동의한다면 매수청구권을 행사할 여지가 없게 되지만, 만일 임대인이 계약갱신청구를 거절한다면 비로소 매수청구권을 행사할 수 있게 되는 것이다.

(다) 지상물매수청구권의 행사

① 당 사 자

임대인이 계약의 갱신을 원하지 않는 때에는 토지임차인은 상당한 가액으로 건물 수목 기타 지상시설의 매수를 청구할 수 있다(제643조, 제283조 2항). 이 매수청구권은 지상시설의 소유자만이 행사할 수 있고, 따라서 건물을 신축한 토지 임차인이 그 건물을 타인에게 양도한 경우에는 그 임차인은 매수청구권을 행사할 수 없다.[593] 그리고 매

588) 대법원 1972. 5. 23. 선고 72다341 판결.
589) 대법원 1991. 3. 27. 선고 90다카20357 판결.
590) 대법원 1996. 3. 21. 선고 93다42634 전원합의체 판결.
591) 대법원 2008. 5. 29. 선고 2007다4356 판결.
592) 대법원 2008. 5. 29. 선고 2007다4356 판결.
593) 대법원 1993. 7. 27. 선고 93다6386 판결.

수청구권의 상대방은 원칙적으로 기간만료(또는 해지통고)로 인하여 임차권이 소멸할 당시의 토지소유자인 임대인이지만, 건물에 관하여 보존등기를 하여 제3자에게 대항할 수 있는 토지임차권(제622조)을 가지고 있는 토지 임차인은 임차권 소멸 후 임대인으로부터 토지를 양수한 제3자(새로운 소유자)에 대하여 매수청구권을 행사할 수 있다.[594] 건물에 관하여 보존등기가 되어 있으면 임대인이 임대차계약의 종료 전에 목적토지를 처분한 경우에도 임차권을 가지고 토지양수인에게 대항할 수 있고, 따라서 임차인은 토지양수인에게 매수청구권을 행사할 수 있다. 대법원 1994. 7. 29. 선고 93다59717, 59724 판결은 임대인이 임차권 소멸 당시에 토지소유권을 상실한 경우에는 매수청구권을 행사할 수 없다고 한다.

② 소송상의 문제점

이 매수청구권은 그 행사에 특정한 방식이 요구되지 않는 것으로서 재판상으로뿐만 아니라 재판 외에서도 행사할 수 있고, 그 행사시기에 대하여도 제한이 없으므로 임차인이 건물 매수청구권을 제1심에서 행사하였다가 철회한 후 항소심에서 다시 행사하여도 무방하다.[595] 그리고 판례는, 토지임차인이 건물의 매수청구권을 행사할 수 있음에도 불구하고 이를 행사하지 않은 채 토지의 임대인이 제기한 토지인도 및 건물철거 소송에서 패소하여 그 패소판결이 확정되었다고 하더라도, 그 확정판결에 의하여 건물 철거가 집행되지 않은 이상, 토지의 임차인은 건물 매수청구권을 행사하여 별소로써 임대인에 대하여 건물 매매대금의 지급을 구할 수 있다고 한다.[596]

토지임대인인 원고가 임차인인 피고 소유의 건물철거 및 대지인도를 구하는데 피고가 건물매수청구권(제643조)행사의 항변을 한 경우, 원래의 철거 및 대지인도청구 중에는 건물명도를 구하는 청구가 포함되어 있지 않으므로 청구를 기각해야 하고 상환이행판결을 할 수 없다. 상환명도판결을 하기 위해서는 원고가 교환적·예비적으로 청구를 변경하여야 하고, 법원은 임대인에게 종전 청구를 유지할 것인지 아니면 대금지급과 상환으로 건물명도를 청구할 의사가 있는지에 대해 석명할 의무가 있고, 이를 하지 아니하면 위법하다.[597] 만일 원고가 청구를 변경한 경우 토지임차인의 건물 소유권이전등기 및 명도의무와 토지임대인의 건물대금지급의무는 동시이행의 관계에 있다.[598] 또한 임차인의 건물 매수청구권이 인정되는 경우에는, 임대인의 건물철거

594) 대법원 1996. 6. 14. 선고 96다14517 판결.
595) 대법원 2002. 5. 31. 선고 2001다42080 판결.
596) 대법원 1995. 12. 26. 선고 95다42195 판결.
597) 대법원 1995. 7. 11. 선고 94다34265 전원합의체 판결.

및 대지인도청구는 건물 매매대금의 지급과 상환으로 구하지 않으면 기각될 수밖에 없다고 한다.[599)]

(라) 효 과

① 지상물매매계약의 성립

지상시설 매수청구권은 형성권이어서 그 권리가 행사되면 임대인과 임차인 사이에 지상시설에 관한 매매가 성립하며, 임대인은 매수를 거절하지 못한다.[600)] 임차인이 지상물매수청구권사한 후에 그 임대인인 대지의 소유자로부터 매수대금을 지급 받을 때까지 그 지상건물 등의 인도를 거부할 수 있다고 하여도, 지상건물 등의 점유·사용을 통하여 그 부지를 계속하여 점유 사용하는 한 그로 인한 부당이득으로서 부지의 임료 상당액은 이를 반환할 의무가 있다.[601)]

② 건물가격

건물 매수청구권을 행사한 경우에 그 건물의 매수가격은 건물 자체의 가격 외에 건물의 위치·주변토지의 여러 사정 등을 종합적으로 고려하여 매수청구권의 행사 당시 건물이 현존하는 대로의 상태에서 평가된 시가이다.[602)] 시가를 산정함에 있어서 그 건물에서 임차인이 영업을 하면서 얻고 있었던 수익까지 고려할 것은 아니다.[603)] 그리고 건물의 매수청구가 있으면 건물시가를 대금으로 하는 매매계약이 체결된 것과 같은 효과가 생길 뿐이므로, 임차인이 기존건물을 철거하고 새건물을 신축하기 위하여 지출한 비용을 임대인이 보상할 의무는 없다.[604)] 건물에 저당권이 설정되어 있는 경우에도 매수청구권이 인정되는데,[605)] 이러한 경우에는 '시가상당액에서 저당채무액을 공제한 금액'을 매매가격으로 정하여야 할 것이다.

토지임차인의 매수청구권 행사로 지상건물에 대하여 매매가 성립한 경우에, 토지임차인의 건물인도의무 및 그 소유권이전등기의무와 토지임대인의 건물 대금지급의무는 서로 대가관계에 있는 채무이므로, 임차인은 임대인의 건물인도청구에 대하여 대금지급과의 동시이행을 주장할 수 있다.[606)] 그리고 임차인이 그 의무를 모두 이행

598) 대법원 1991. 4. 9. 선고 91다3260 판결.
599) 대법원 2009. 11. 26. 선고 2009다70012 판결.
600) 대법원 1995. 7. 11. 선고 94다34265 전원합의체 판결.
601) 대법원 2001. 6. 1. 선고 99다60535 판결.
602) 대법원 2002. 11. 13. 선고 2002다46003 판결.
603) 대법원 1997. 12. 23. 선고 97다37753 판결.
604) 대법원 2002. 11. 13. 선고 2002다46003 판결.
605) 대법원 1972. 5. 23. 선고 72다341 판결.

하지 않았다면 임대인에게 그 지연손해금을 청구할 수 없다.607)

(마) 편면적 강행규정

① 원 칙

계약의 갱신청구권과 지상시설의 매수청구권을 규정한 제643조는 강행규정이며, 그에 위반하는 약정으로서 임차인에게 불리한 것은 효력이 없다. 즉 편면적 강행규정이다.

② 예 외

임차인(또는 전차인)에게 불리한 약정인지는 우선 당해 계약의 조건 자체에 의하여 가려져야 하지만, 계약체결 경위와 제반사정 등을 종합적으로 고려하여 실질적으로 임차인 등에게 불리하다고 볼 수 없는 특별한 사정을 인정할 수 있을 때에는 강행규정에 저촉되지 않는 것으로 보아야 한다.608) 또한 제652조는 임대차기간이 만료하여 계약갱신청구 및 건물매수청구권을 자유롭게 행사할 수 있는 상태에 놓인 후에 그 권리행사를 포기하겠다는 특약을 맺는 것까지 막는 것은 아니다.

(바) 전차인의 매수청구권

건물 기타 공작물의 소유 또는 식목·채염·목축을 목적으로 한 토지임차인이 적법하게 그 토지를 전대한 경우에 임대차 및 전대차의 기간이 동시에 만료되고 건물, 식목 기타 지상시설이 현존한 때에는 전차인은 임대인에 대하여 전전대차와 동일한 조건으로 임대할 것을 청구할 수 있으며(제644조 1항), 이 경우 임대인이 임대할 것을 원하지 아니하는 때에는 제283조 제2항의 규정을 준용한다(동조 2항). 그리고 제644조의 규정은 지상권자가 그 토지를 임대한 경우에 준용한다(제645조).

[서식 62] 임대차계약 갱신거절통지서

임대차계약 갱신거절통지서

본인 소유의 OO도 OO군 OO면 OO리 00 대지 300평방미터에 대한 귀하와의

606) 대법원 1991. 4. 9. 선고 91다3260 판결.
607) 대법원 1998. 5. 8. 선고 98다2389 판결.
608) 대법원 2011. 5. 26. 선고 2011다1231 판결.

3년의 토지임대차계약이 20○○년 ○월 ○일 기간만료로써 소멸되었으나 귀하는 위 대지를 더 사용할 사정이 있다는 이유로 위 계약의 갱신을 요청하였는바, 본인은 조만간 위 지상에 주택을 건립할 예정에 있으므로 귀하의 갱신청구를 거절합니다.

20○○년 월 일

주소 : ○○시 ○○구 ○○길 00
토지임대인 : ○ ○ ○ (인)

주 소 : ○○시 ○○구 ○○길 00
토지임차인: 양 ○ ○ 귀하

나. 계약으로 기간을 정하지 않은 경우

임대차의 당사자가 그 존속기간을 계약으로 정하지 않은 때는, 당사자는 언제든지 계약해지의 통고를 할 수 있고(제635조 1항), 그 경우 해지의 효력은 상대방이 해지통고를 받은 날로부터 일정한 기간이 경과한 후에 생긴다. 임대인의 건물철거소송의 제기 자체도 해지의 통고에 해당한다.[609] 그 기간을 해지기간이라고 하는데, 해지기간은 토지·건물 기타 공작물에 대 하여는 임대인이 해지를 통고한 경우에는 6개월이고, 임차인이 해지를 경우에는 1개월이다.

당사자가 존속기간을 정하였을지라도 당사자 일방 또는 쌍방이 그 기간 내에 해지할 권리를 보류한 때에는 제635조가 준용된다(제636조). 제635조는 편면적 강행규정이다(제652조). 임대차계약이 해지의 통고로 종료된 경우에, 이전에 그 임대물이 적법하게 전대되었을 때에는, 임대인은 전차인에 대하여 그 사유를 통지하지 않으면 해지로써 전차인에게 대항하지 못한다(제638조 1항). 전차인이 임대인의 통지를 받은 때에는 제635조 제2항이 준용되어 통지를 받은 날로부터 일정기간이 경과한 후에 해지의 효력이 생긴다(제638조 2항). 이 규정도 강행규정이다(제652조).

609) 대법원 1984. 3. 27. 선고 83다카841 판결.

다. 단기임대차의 존속기간

임대차는 처분행위가 아니고 관리행위이어서 처분의 능력이나 권한이 없는 자도 이를 할 수 있다. 그러나 지나치게 장기로 임대차를 하는 것은 실질적으로는 처분행위와 같아지므로, 민법은 처분의 능력 또는 권한 없는 자에 대하여는 일정한 기간을 넘는 임대차를 금지하고 있다. 즉 그러한 자가 행한 임대차는, 식목·채염 또는 석조·석회조·연와조 및 이와 유사한 건축을 목적으로 한 토지의 임대차의 경우에는 10년(제619조 1호), 기타의 토지의 임대차의 경우에는 5년(제619조 2호), 건물 기타 공작물의 임대차의 경우에는 3년(제619조 3호), 동산의 임대차의 경우에는 6개월(제619조 4호)을 넘지 못한다. 이를 보통 '단기임대차'라고 한다.

'처분의 능력 또는 권한 없는 자'는 '관리능력은 있어도 처분능력은 없는 자'와 '관리권한은 있어도 처분권한은 없는 자'를 가리키는데, 민법상 전자에 해당하는 자는 없으며, 후자에 해당하는 자에는 부재자의 재산관리인(제25조)·권한이 정해져 있지 않은 대리인(제118조)·후견인(제950조, 946조)·상속재산관리인(제1023조 2항, 제1047조 2항, 제1053조 2항) 등이 있다.

단기임대차의 기간은 계약으로 갱신할 수 있으나(제620조 본문), 그러려면 존속기간이 만료 될 때까지의 기간이 토지에 대하여는 1년, 건물 기타 공작물에 대하여는 3개월, 동산에 대하여는 1개월 이내에 있어야 하며, 그 이전에 갱신하지 못한다(제620조 단서). 그리고 갱신되는 기간은 제619조가 정하는 것을 넘지 못한다.

처분권한 없는 자가 제619조가 정한 기간을 넘는 임대차를 한 경우의 효과는 권한을 정하는 법률규정에 따라 해석되어야 하나, 보통은 무권대리가 될 것이다. 그 때 그 계약이 전부무효(제130조 참조)로 될 것인가가 문제이나, 통설은 일부무효의 법리를 적용하여 만일에 그러한 단기라면 임차인 쪽에서 계약을 하지 않았으리라고 인정될 만한 사정이 없는 한 제619조의 기간으로 단축된다고 해석한다. 그러나 거기에는 제126조가 적용되어야 할 것이다.

라. 임대차의 종료

손속기간의 만료는 임대차의 존속기간을 약정을 경우에는 그 기간의 만료로 종료한다. 임대차의 존속기간을 약정하지 않은 때에는 당사자는 언제든지 계약해지의 통고를 할 수 있다(민법 제635조 1항). 임대차는 상대방이 이 통고를 받은 날로부터 일정기간이 경과함으로써 종료한다. 이것은 강행규정이다(민법 제652조). 임대차 기간의 약정이 있을 때에도, 당사자의 일방 또는 쌍방이 그 기간 내에 해지할 권리를 유보한 때에는 민법 제635조의 규정이 준용된다(민법 제636조). 임차인이 파산선고를 받은 경우에는 임대차 기간의 약정이 있는 때에도 임대인 또는 파산관재인 제635조에 의하여 계약해지의 통고를 할 수 있으며(민법 제637조 1항), 일정한 기간의 경과로 해지의 효력이 생긴다. 그리고 이 경우 각 당사자는 상대방에 대하여 계약해지로 인하여 생긴 손해배상을 청구하지 못한다(민법 제637조 2항). 민법은 일정한 경우에 기간의 유무와는 관계없이 해지할 수 있는 것으로 하고 그 효과로서 곧 계약이 종료하도록 하고 있다.

임차인이 해지할 수 있는 경우로는 ① 임대인이 임차인의 의사에 반하여 보존행위를 하는 때(민법 제625조), ② 임차물의 일부가 임차인이 과실에 의하지 않고서 멸실한 경우, 그 잔존 부분만으로는 임차의 목적을 달성할 수 없을 때이다(민법 제627조 2항). 임대인이 해지할 수 있는 경우로는 ① 임차인이 임대인의 동의 없이 제3자에게 임차권을 양도하거나 또는 전대한 때(민법 제629조 2항), ② 2기의 차임액에 달하도록 차임이 연체된 때이다(민법 제640조, 제641조). 그밖에 당사자의 일방의 채무불이행이 있을 때이다(민법 제544조, 제546조). 주택임대차에 있어서 해지의 특칙은 주택임대차보호법에 의한 묵시적 갱신의 경우이다(동법 제6조 1항). 이 경우 임차인은 언제든지 임대인에 대하여 계약해지의 통고를 할 수 있다. 임대인이 그 통고를 받은 날로부터 3월이 경과하면 그 효력이 생긴다(동법 제6조의 2).

마. 임차물반환의무

임대차 관계는 임대차가 종료한 때에 장래에 대해서만 소멸하고, 그때에 임차인은 임차물을 임대인에게 반환할 의무를 부담하므로 임차물을 원상에 회복하여 반환하여야 하며, 그것에 부속시킨 물건은 철거할 수 있다(민법 제654조, 제615조).

반면에 부속물의 사회경제적 가치를 유지시키기 위하여 임차인에게 유익비의 상환청구, 지상물의 매수청구권과 부속물의 매수청구권이 인정된다.

[기본사례] 원고(임대인) → 피고(임차인)
임대차기간 종료되어 임대목적물의 인도를 구함

[부대청구] 차임상당 부당이득 청구

바. 청구취지

[주 청 구] 피고는 원고에게 별지목록 기재 건물(토지)를 인도하라.
[부대청구] 피고는 원고에게 2000. 10. 1.부터 인도완료일까지 원 금 500,000원 비율에 의한 금원을 지급하라.

사. 청구원인

[청구원인] ○ 원고 소유의 부동산인 사실
○ 피고가 점유중인 사실
○ 임대차가 종료한 사실
[부대청구] 임대목적물을 계속 사용 수익한 사실

1) 청구원인에 있어서 요건사실은 임대차계약체결, 건물을 임차인에게 인도한 사실, 임대차종료의 원인이 되는 사실(기간만료, 차임연체를 이유로 한 해지 등)이 요건사실이다. 입증방법으로는 예컨대 임대차계약서, 부동산등기부등본, 해지통고서 등이다.

2) 공동임차인에게 청구하는 경우에는 불가분채무이므로 "각자" 인도하라고 청구해야 한다.

3) 임차인이 이행보조자, 임대인의 동의를 얻지 아니한 전차인이나 임차권의 양수인 등 원고와 임대차관계에 있지 아니한 자에 대하여는 위 청구를 할 수 없으므로, 이 경우 소유권에 기한 인도청구 등으로 청구원인을 변경하도록 보정을 권고한다.

아. 요건사실

요건사실	* 임대차계약의 체결 * 건물을 임차인에게 인도한 사실 * 임대차종료의 원인이 되는 사실(기간만료, 해지)

1) 임대차종료를 원인으로 한 건물인도청구의 청구원인에 있어서 요건사실은 임대

차계약의 체결사실, 건물을 임차인에게 인도한 사실, 임대차종료의 원인이 되는 사실(기간만료, 해지), 피고가 점유 중인 사실 등이 요건사실이다. 입증방법으로는 임대차계약서, 부동산등기부등본, 해지통고서 등이 있다.

2) 목적물의 반환과 임대차 존속 중의 연체차임을 함께 청구하는 경우, 원고는 연체차임채권의 발생사실로서 차임약정사실만을 주장·입증하면 되고, 차임지급사실은 피고의 재항변사유가 된다. 그리고 임대차 종료 후의 부당이득을 함께 청구하는 경우에는 피고가 임대차 종료 후 목적물을 계속 사용·수익한 사실이 입증되면 되므로, 부당이득에 관한 요건사실 중 손해사실과 인과관계에 관하여 별도로 입증할 필요가 없다.[610]

3) 임대차 종료 후에 피고가 건물을 계속사용 수익하고 있음을 들어 차임 상당의 부당이득반환청구를 병합하는 경우가 대부분이나, 이 경우 피고가 단순히 보증금반환을 위한 동시이행항변권의 행사로 단순히 점유하는데 그치지 아니하고 본래의 임대차계약상 목적에 따라 건물을 계속 사용, 수익함으로써 실질적인 이득을 취하고 이로 인하여 임대인에게 손해가 발생한 사실이 요건사실이 이다. 입증방법으로는 영업허가증 등을 제출하고, 과세자료제출명령신청 등을 할 수 있다.

자. 항변 등

[주요항변] 묵시의 갱신 항변
동시이행 항변
부속물매수청구
유치권 항변
권리금반환청구

610) 다만, 임차인이 임대차계약 종료 후 유치권 또는 동시이행항변권과 같은 인도거절권능을 가지고 이를 행사하기 위한 방편으로 목적물을 점유하고 있을 뿐, 본래의 임대차계약상의 목적에 따라 사용, 수익하지 아니하여 실질적인 이익을 얻은 바 없는 경우에는 그로 인하여 임대인에게 손해가 발생하였다 하더라도 임차인의 부당이득반환의무는 성립하지 아니한다(대법원 1998. 7. 10. 선고 98다8554 판결 등 참조). 따라서 원고로서는 피고가 임차목적물을 점유하고 있다는 사실을 주장·입증하는 것만으로는 부족하고, 피고가 목적물을 본래의 용법대로 사용·수익하고 있다는 사실까지 주장·입증하여야 한다.

1) 묵시의 갱신 항변(민법 제639조)

기간만료로 종료되었다는 원고의 주장에 대하여, 피고는 원고가 종료 후에도 목적물을 계속 사용, 수익하였고, 종료 후 상당한 기간 내에 이를 제기하지 않았다는 묵시의 갱신 항변을 할 수 있고, 원고는 주택임대차의 경우에는 기간만료 전 6월에서 1월 사이에 갱신거절의 통지(주택임대차보호법 제6조)를 하였다는 재항변을 할 수 있고, 이에 대한 입증방법으로는 내용증명 등이 있으며, 또는 차임2기 연체로 해지통지(민법 제640조)하였다는 재항변을 할 수 있지만, 막바로 그 해지를 청구원인으로 하여 건물인도청구를 할 수 있는데 이때 차임2기 연체는 연속할 필요가 없고, 차임연체사실을 원고가 입증하여야 한다. 입증방법으로는 내용증명 등이 있다.

주택임대차보호법 적용 상가 임차인의 계약갱신요구권 행사에 의한 항변을 할 수 있다. 이에 대하여 원고는 위 법률 제10조 제1항 소정의 갱신거절사유로 재항변이 가능하다. 입증방법으로는 갱신요구서 등을 제출할 수 있다.

2) 동시이행 항변

피고는 임대차보증금에서 인도시까지 연체차임 등을 공제한 나머지의 반환과 동시에 인도하겠다는 동시이행항변을 할 수 있다. 입증방법으로 임대차계약서, 보증금 영수증 등 제출할 수 있다.

3) 부속물매수청구 항변(민법 제646조)

건물의 사용편익을 위하여 원고의 동의를 얻어서 또는 임대인에게서 매수하여 건물에 부착함으로써 건물의 객관적 이용가치를 증가시키는 부속물이 있음과 그 부속물의 가격 및 원고에게 이를 매수하라고 통보하였음을 들어 그 부속물 대금을 지급받기까지는 건물을 인도해줄 수 없다는 동시이행 항변을 할 수 있다.[611] 이는 편면적 상행규정이다(민법 제652조). 입증방법으로는 공사대금영수증, 사진 등을 제출하고, 감정신청 등을 할 수 있다.

예 5층 건물 중 공부상 용도가 음식점인 1, 2층을 임차하여 대중음식점을 경영하면서 음식점 영업의 편익을 위하여 한 시설물이 건물의 사용에 객관적인 편익을 가져온 경우(대법원 1993. 2. 26. 선고 92다41627 판결)

이에 대하여 원고는 부속물매수청구권을 미리 배제하는 특약이 있고, 그것이 임차인에

---

611) 피고가 자신의 영업을 위하여 지출 또는 부속한 경우는 유익비 또는 부속물에 해당하지 않는다.

게 불리하지 아니하다는 재항변할 수 있다.

※ 건물 임차인이 자신의 비용을 들여 증축한 부분을 임대인 소유로 귀속시키기로 하는 약정은 임차인이 원상회복의무를 면하는 대신 투입비용의 변상이나 권리주장을 포기하는 내용이 포함된 것으로서 특별한 사정이 없는 한 유효하다(대법원 1996. 8. 20 선고94다44705, 44712 판결).

4) 유치권 항변(민법 제626조)

피고는 점유 중에 얼마의 돈을 들여 화장실 등을 보수하였거나 개축하였고 개축으로 인 하여 현재 그 지출액 이상으로 건물의 가치가 증가된 사실을 주장, 입증하면서 그 필요비나 유익비를 상환받기까지는 인도해 줄 수 없다는 항변을 할 수 있는데, 그에 대한 입증방법으로는 개축공사대금영수증, 감정신청 등이 있고, 이에 대하여 원고는 유익비포기약정 및 임대차가 종료되면 원상복구하여 인도하기로 한 약정이 있다는 재항변을 할 수 있는데 그에 대한 입증방법으로는 포기약정이 기재된 임대차 계약서 등이 있다.

차. 권리금반환청구

일정기간 이상 임차권보장을 약속받고 원고인 임대인에게 권리금을 지급하였는데 원고의 사정으로 임대차계약이 중도 해지됨으로써 당초 보장된 기간 동안의 이용이 불가능하였다는 등의 특별한 사정이 있는 경우에만 권리금이 인정될 수 있다.

[서식 63] 건물명도 및 임료상당의 부당이득반환청구 등 청구의 소(공유지분 무단사용)

소　　장

원 고　　1. 남궁 ○ ○
　　　　　서울시 OO구 OO동 95 OO팰리스 103-802
　　　　2. 남궁 ○ ○
　　　　　서울시 OO구 OO동 OOO아파트 104-1204
　　　　원고들의 소송대리인 변호사 OOO

서울 OO구 OO동 1712-4 OO빌딩 401호
Tel. (02) 000-0000, Fax. (02) 000-0000, 우 : 000-000

피 고 남궁 O
서울시 OO구 OO동 135-36 OO주택 58

건물명도청구 등의 소

청 구 취 지

1. 피고는 원고들에게 별지2. 목록 기재 주택들을 인도하고, 20OO. 2. 23.부터 위 주택들의 인도일까지 매월 임료상당의 금원 중 각 1/7지분에 해당하는 금원을 이행하라.
2. 소송비용은 피고의 부담으로 한다.
3. 위 제1항은 가집행할 수 있다.

라는 판결을 구합니다.

청 구 원 인

1. 당사자 기초사실

원고들과 피고는 부(父) 망 남궁O의 자녀들입니다. 망 남궁O은 20OO. 2. 22. 사망하였고, 별지2. 목록 기재 주택들은 망 남궁O의 소유로 별지1.목록 기재 상속지분비율로 공동상속 받은 상속재산입니다.

2. 청구의 기초사실

피고는 20OO. 2. 22. 망 남궁O이 사망한 이후부터 현재까지 다른 상속인을 배제하고, 별지2. 목록 기재 주택과 위 주택 내에 있는 망 남궁O이 생전에 사용하여 온 가재도구 등 일체의 동산을 점거하고 있는 상태이고,

특히 별지2. 목록 기재 주택 중 제1항 주택 내에는 망 남궁O이 생전에 수집한 고가의 고미술품이 소장되어 있습니다.

그간 원고들을 비롯한 망 남궁O의 상속인들은 수차에 걸쳐 이 사건 주택에 대한 상속재산분할에 관한 협의를 수차에 걸쳐 시도하였으나, 피고는 매번 아무런 이유나 대안도 없이 협의를 거절하면서 별지 2. 목록 기재 주택들을 무단으로 사용, 수익하여 오고 있습니다.

특히, 별지2. 목록 기재 제1항 주택 내에 있는 고미술품 등은 돈으로 환산할

수 없는 높은 가치를 가지고 있고, 그 이동이 손쉬운 관계로 피고에 의해 은익되거나, 타에게 처분될 위험이 높아 그 보전의 필요성이 높은 상태에 있습니다.

3. 청구권의 내용

가. 이 사건 주택들은 망 남궁O의 상속인들 사이에 각 상속지분비율에 따른 공유관계에 있고, 민법은 공유물에 대한 관리는 전체공유자의 과반수에 의하여 그 관리방법을 정할 수 있다고 규정하고 있습니다. 그런데 피고는 이러한 협의 절차 없이 이 사건 주택 전체를 무단점유하고 있습니다.
따라서 원고들은 이 사건 주택에 대한 각 1/7에 해당하는 공유지분을 가지고 있는 공유자로서 피고에 의해 무단점유하고 있는 이 사건 주택을 보전행위 차원에서 명도를 구할 권리가 있다할 것입니다.

나. 또한 피고는 이 사건 주택을 사용, 수익을 통하여 얻고 있는 이득 중 피고가 보유하고 있는 공유지분(1/7지분)을 제외한 나머지 지분에 대해 아무런 권원 없이 부당한 이득을 취득하고 있습니다.
따라서 피고는 원고들에게 이 사건 주택을 피고가 무단 점유한 20OO. 2. 23.(남궁O이 사망 익일)부터 원고들에게 이 사건 주택을 명도할 때까지 임료상당의 금원 중 원고들의 공유지분에 해당하는 각 1/7 지분에 상응하는 임료상당의 부당이득을 반환할 의무가 있습니다.

입 증 방 법

1. 갑 제1호증 가족관계등록부
1. 갑 제2호증 재적등본
1. 갑 제3호증 각 등기부등본
1. 갑 제4호증 서화, 골동품 등 동산 내역표

첨 부 서 면

1. 위 입증방법 각 1통
1. 토지대장 2통
1. 건물대장 2통
1. 송달료납부서 1통

20OO. . .

원고인의 소송대리인
변호사 ○ ○ ○

OO지방법원 귀중

[서식 64] 건물인도청구의 소(임대차기간만료)

소 장

원 고 ○ ○ ○ (000000-0000000)
OO시 OO구 OO길 00 (우편번호 00000)
전화·휴대폰번호 :
팩스번호, 전자우편(e-mail)주소 :

피 고 ○ ○ ○ (000000-0000000)
OO시 OO구 OO길 00 (우편번호 00000)
전화·휴대폰번호 :
팩스번호, 전자우편(e-mail)주소 :

건물인도청구의 소

청 구 취 지

1. 피고는 원고로부터 95,000,000원을 지급받음과 동시에 원고에게 별지목록 기재 건물을 인도하라.
2. 소송비용은 피고가 부담한다.
3. 위 제1항은 가집행할 수 있다.

라는 판결을 구합니다.

청 구 원 인

1. 원고는 피고에게 19○○. ○. ○. 별지목록 기재 건물을 전세보증금 95,000,000원, 임차기간 24개월로 정하여 임대하였습니다.

2. 위 임차기간이 만료되기 6개월 전부터 1개월 전인 20○○. ○.경 원고는 피고와 위 임대기간 연장문제에 관하여 논의를 하였고, 당시 우리나라가 국제통화기금(IMF)관리체제가 끝나 전세시세가 다소 오른 시점이라 다시 그 기간을 연장하되 전세보증금액을 올려달라고 요청하였습니다.

3. 그런데 피고는 느닷없이 보일러가 고장났다는 등, 지붕에 비가 샌다는 등 엉뚱한 구실을 붙여 전세보증금 95,000,000원과 수리비용 등 7,500,000원을 청구하면서 위와 같은 돈을 모두 주기 전까지는 집을 비워줄 수 없다고 억지를 부리고 있습니다.

4. 따라서 원고는 피고로부터 위 건물을 인도받기 위하여 이 사건 소송제기에 이른 것입니다.

입 증 방 법

1. 갑 제1호증	전세계약서
1. 갑 제2호증	부동산등기사항증명서
1. 갑 제3호증	건축물대장등본
1. 갑 제4호증의 1, 2	각 통고서
1. 갑 제5호증	사실확인서

첨 부 서 류

1. 위 입증방법	각 1통
1. 토지대장등본	1통
1. 소장부본	1통
1. 송달료납부서	1통

20○○. . .

위 원고 ○ ○ ○ (서명 또는 날인)

OO지방법원 귀중

[별 지]

부동산의 표시

OO시 OO구 OO동 OO
[도로명주소] OO시 OO구 OO로 OO 지상 블록조 목조지붕 단층주택 60㎡. 끝.

[서식 65] **임대차보증금반환청구의 소**(상속인들 상대)

소 장

원 고 이 몽 룡 (000000-0000000) (전화 : 000-0000)
OO시 OO구 OO로 12(OO동) (우 : 00000)

피 고 1. 이 미 녀 (000000-0000000)
2. 김 일 남 (000000-0000000)
3. 김 이 남 (000000-0000000)
위 피고들의 주소 OO시 OO구 OO로 23(OO동) (우 : 00000)

임대차보증금반환 청구의 소

청 구 취 지

1. 원고에게 피고 이미녀는 15,000,000원, 피고 김일남, 같은 피고 김이남은 각

10,000,000원과 각 이에 대하여 이 사건 소장부본 송달다음날부터 다 갚는 날까지 연 12%의 비율로 계산한 돈을 지급하라.

2. 소송비용은 피고들의 부담으로 한다.
3. 제1항은 가집행할 수 있다.

라는 판결을 구합니다.

청 구 원 인

1. 원고는 피고들이 피상속인인 소외 망 김길동으로부터 동인의 소유였던 OO시 OO구 OO로 12(OO동)에 소재한 주택 82㎡를 임차한 임차인이고, 피고 이미녀는 소외 망 김길동의 배우자이고, 피고 김일남, 같은 김이남은 소외 망 김길동의 아들로서 소외 망 김길동의 상속인들입니다.

2. 원고는 소외 망 김길동으로부터 20OO. O. O. OO시 OO구 OO로 12(OO동) 소재 소외 망 김길동 소유의 건물을 임대차보증금 35,000,000원, 임대차기간 20OO. O. O.부터 24개월간(2년)으로 정한 임대차계약을 체결하고, 거주하고 있었는데, 소외 망 김길동은 20OO. O. O.교통사고로 사망함으로써 피고들은 소외 김길동의 배우자 및 아들로서 소외 김길동의 정당한 상속인들입니다.

3. 한편, 원고는 임대차기간만료 1개월 전인 20OO. O. O.피고들에게 임대차계약 갱신거절을 통지하고, 임차보증금을 반환할 것을 촉구하였으나 피고들은 임차기간이 만료된 현재까지 정당한 이유 없이 임차보증금을 지급하지 않고 있습니다.

4. 따라서 원고는 피고들의 법정상속지분에 따라 피고 이미녀로부터는 15,000,000원(35,000,000원×3/7), 피고 김일남, 같은 김이남으로 부터는 각 10,000,000(35,000,000원×3/7)과 각 이에 대하여 이 사건 소장부본 송달다음날부터 다 갚는 날까지 소송촉진등에관한특례법 소정의 연 12%의 비율로 계산한 지연손해금을 지급 받고자 본 소 청구에 이르렀습니다.

입 증 방 법

1. 갑 제1호증	건물등기부등본
1. 갑 제2호증	임대차계약서 사본
1. 갑 제3호증	내용증명(통고서) 사본
1. 갑 제4호증	제적등본
1. 갑 제3호증	가족관계증명서

기타 입증서류는 변론시 수시 제출하겠습니다.

첨 부 서 류

1. 위 입증서류 1통
1. 주민등록초본 4통
1. 소장부본 3통

20 . . .

위 원고 이 몽 룡 (인)

OO지방법원 귀중

[서식 66] 임대차보증금반환청구의 소(임대인의 변동사실, 임대차종료를 원인)

소 장

원 고 O O O (000000-0000000) (전화 : 000-0000)
OO시 OO구 OO로 12(OO동) (우 : 00000)

피 고 O O O (000000-0000000)
OO시 OO구 OO로 23(OO동) (우 : 00000)

임대차보증금반환 청구의 소

청 구 취 지

1. 피고는 원고에게 50,000,000원과 이에 대하여 이 사건 소장부본 송달다음날부터 다 갚는 날까지 연 12%의 비율로 계산한 돈을 지급하라.

2. 소송비용은 피고의 부담으로 한다.
3. 위 제1항은 가집행 할 수 있다.
라는 판결을 구합니다.

청 구 원 인

1. 원고와 소외 홍길동간에 체결한 임대차계약 및 보증금지급

원고는 소외 홍길동 사이에 20〇〇. 〇. 〇. 동인 소유의 〇〇시 〇〇구 〇〇로 34(〇〇동)에 소재한 시멘트 블록조 스레브지붕 2층 주택 1동 87㎡을 차임 월 200,000원, 매월 말일 지급 다음달분 지급, 임대차기간의 약정 없이 임대차계약을 체결하고, 같은 날 보증금으로 금 50,000,000원에 소외 홍길동에게 지급하고, 그 전세권등기를 마쳤습니다.

2. 피고의 임대차지위 승계

위 임대차계약에 기하여 원고가 위 건물을 사용 중에 20〇〇. 〇. 〇, 소외 홍길동에게 위 건물을 매도하고, 피고는 같은 날 피고 명의로 소유권이전등기를 경료함으로써 임대인의 지위를 승계하였습니다.

3. 임대차의 종료와 건물의 명도

피고는 위 건물의 소유권을 취득한 후 종종 원고에게 본 건 건물의 명도를 요구하였으므로 원고는 피고와 합의한 끝에 20〇〇. 〇. 〇. 위 임대차계약을 합의해지하고, 원고는 20〇〇. 〇. 〇. 위 건물을 명도하였습니다.

4. 보증금반환청구의 불이행

위 임대차계약의 합의해지시에 피고는 원고에게 원고가 건물명도를 완료한 때에는 즉시 임대차보증금 50,000,000원을 반환하겠다는 약속을 하였음에도 불구하고 정당한 이유 없이 이를 이행하지 않고 있습니다.

5. 그러므로 원고는 임대차보증금 50,000,000원과 이에 대하여 이 사건 소장부본 송달다음날부터 다 갚는 날까지 소송촉진등에관한특례법에서 정한 연 12%의 비율로 계산한 지연손해금을 지급 받고자 본 소 청구에 이른 것입니다.

입 증 방 법

1. 갑 제1호증	건물등기부등본
1. 갑 제2호증	임대차계약서 사본

기타 입증서류는 변론시 수시 제출하겠습니다.

첨 부 서 류

1. 위 입증서류 1통
1. 주민등록초본 2통
1. 소장부본 1통

20 . . .

위 원고 ○ ○ ○ (인)

OO지방법원 귀중

Ⅳ. 건물철거 및 토지인도청구

1. 용어의 개념 정리

특정물의 인도를 명하는 경우에는 원칙적으로 "인도"라는 용어를 사용하는바 인도란 물건에 대한 직접적 지배, 즉 점유를 이전하는 것을 의미하므로 목적물이 동산이든 토지이든, 건물이든 가리지 않고 언제나 "인도"라는 용어를 사용한다.612)

주의할 것은 "인도"는 강제집행에 있어 현상 그대로의 점유이전을 의미한다는 점에서 현상이 변경을 수반하는, 즉 토지의 정착물에 따라 건물에 대하여는 "철거", 수목, 입목 등에 대하여는 "수거", 분묘에 대하여는 "굴이" 등의 용어를 사용하고, 비정착물에 대한 제거를 구할 때에는 "수거"라는 용어를 사용하는 것이 관례이다.

---

612) 점유이전의 특수한 개념으로서 구법(구 민사소송법 690) 아래서는 "명도"가 사용되고 있었다. 즉 명도란 부동산에서(주로 건물, 때로는 부속 토지까지 포함한다)에서 침식용구(살림), 사무용품, 영업용물품 등을 비치하고 거주, 영업 등을 하면서 그 부동산을 점유 하고 있는 경우에 그 부동산 내에 있는 점유자의 물품을 부동산 밖으로 반출한 후 점유를 이전하는 것을 의미하였다. 따라서 동산에 대하여는 물론 부동산(특히 건물)이 경우에도 이에 해당하지 아니하는 경우에는 명도라는 용어를 사용하지 않았고, 또 이와 같은 물품의 반출행위는 명도하는 개념 안에 당연히 포함되어 있었다. 그러나 위와 같이 전면 개정된 민사집행법에서는 "명도"라는 개념을 따로 인정하지 않고, "인도"의 개념에 포괄시키고 있다.

인도와 구별되는 개념으로 건물로부터의 "퇴거"가 있다. 퇴거란 건물 점유자의 점유를 풀어 그 건물로부터 점유자를 쫓아내고 아울러 그 건물 내에 있는 점유자의 살림 등 물품을 반출하는 것을 의미한다. 인도와 비슷하나, 점유의 해제만으로 집행이 종료되고 점유의 이전으로까지 나아가지는 아니한다는 점에서 구별된다.

2. 소 송 물

소유권에 기한 부동산인도·철거·퇴거 청구에 있어서 소송물은 소유권에 기한 방해배제청구권이며,[613] 상대방이 청거를 구하는 지상건물의 소유자든가 점유자라는 주장은 소송물과 관계없이 철거청구권의 행사를 이유 있게 하기 위한 공격방어방법에 불과하다.

임대차계약이 종료된 후 부동산인도의 권원은, 일반적으로 구 소송물이론에 입각한 판례의 입장은 소유권과 임대차계약의 종료를 원인으로 하는 것은 별개의 소송물이라고 보지만, 임대차가 종료된 후의 반환청구는 일반적으로 소유권에 기한 것인지, 임대차계약의 종료를 원인으로 하는 것인지 밝히지 아니한 채 이루어지고 판결도 마찬가지다.

> [기본사례] 원고(소유자) → 피고(점유자)
> 원고 소유의 토지에 피고가 건물을 소유하면서 점유하고 있어 건물의 철거와 토지의 인도를 구함
>
> [부대청구] 차임상당 손해배상 청구

3. 청구취지

> [주 청 구] 피고는 원고에게 별지 제1목록 기재 건물을 철거하고, 별지 제2목록 기재 토지를 인도하라.
>
> [부대청구] 피고는 원고에게 20OO. 10. 1.부터 인도완료일까지 원 금 500,000원

613) 예컨대 타인의 토지 위에 건물을 짓는 건축행위가 이미 완료되었다 하더라도 건물이 토지상에 존속하는 한, 이는 토지소유권의 행사를 방해하는 것이고, 따라서 토지소유자는 민법 제214조 전단에 기초한 소유권방해배제청구권을 행사함으로써 건물의 철거를 요구할 수 있다는 것이 확립된 판례이다(대법원 1999. 7. 9. 선고 98다57457, 57464 판결).

> 비율에 의한 금원을 지급하라.

4. 청구원인

> [청구원인] ○ 토지가 원고의 소유인 사실
> ○ 피고가 그 지상에 건물을 소유하면서 토지를 점유하고 있는 사실
> [부대청구] 차임 상당 손해가 발생한 사실

가. 토지 인도를 명하는 판결의 효력은 건물 철거에 미치지 않는 바, 건물 철거의 집행권원을 얻기 전에는 토지의 인도집행이 불가능하므로, 토지상에 타인의 건물이 있는 경우 토지의 인도를 받기 위해서는 지상건물의 철거를 먼저 구하여야 한다(주문 및 이유 기재에 있어서도 철거 부분을 먼저 설시한다). 지상건물의 소유자는 지상건물의 소유를 통하여 그 대지를 점유하는 것이므로, 원고는 피고가 지상건물을 소유한 사실을 입증하면, 피고의 대지점유사실까지 입증하는 셈이 된다. 이 경우 건물의 소유자가 실제로 건물을 점유하고 있는지의 여부는 묻지 않는다.

나. 한편, 건물철거는 그 소유권의 종국적 처분에 해당하는 사실행위이므로 원칙적으로는 그 소유자(민법상 원칙적으로는 등기명의자)에게만 그 철거처분권이 있다 할 것이고, 예외적으로 건물을 전소유자로부터 매수하여 점유하고 있는 등 그 권리의 범위 내에서 그 점유 중인 건물에 대하여 법률상 또는 사실상 처분을 할 수 있는 지위에 있는 자에게도 그 철거처분권이 있다. 다만, 미등기건물에 대한 양도담보계약상의 채권자의 지위를 승계하여 건물을 관리하고 있는 자는 건물의 소유자가 아님은 물론 건물에 대하여 법률상 또는 사실상 처분권을 가지고 있는 자라고 할 수도 없다 할 것이어서 건물에 대한 철거처분권을 가지고 있는 자라고 할 수 없다.[614)]

---

614) 원심이 확정한 사실관계에 의하더라도, 피고는 이 사건 건물의 원시취득자인 청수개발과 이 사건 건물에 관하여 양도담보계약을 체결한 한국산업은행으로부터 양도담보계약상의 지위를 승계하여 이 사건 건물을 관리하고 있을 뿐이라는 것이므로(피담보채무의 변제기가 경과하였으나 피고가 아직 담보권의 행사로서 귀속정산에 의하여 이 사건 건물을 자기의 소유로 귀속시킬 의사를 표시한 바도 없다), 피고가 이 사건 건물의 소유자가 아님은 물론 위와 같은 입장에 있는 피고를 이 사건 건물에 대하여 법률상 사실상 처분권을 가지고 있는 자라고 할 수도 없다 할 것이고, 따라서 피고에게는 이 사건 건물에 대한 철거처분권이 있다고 볼 수 없다. 그럼에도 불구하고, 원심이 피고에 대하여

다. 지상건물 소유자 이외의 자가 지상건물을 점유하고 있는 때에는 지상건물에 대한 점유·사용으로 인하여 대지인 토지의 소유권이 방해되고 있는 것이므로, 토지 소유자는 방해배제로서 건물의 점유자에 대하여 건물퇴거를 청구할 수 있다[615](이 경우 피고가 변론 종결 당시 건물을 점유하고 있는 사실이 요건사실이 된다). 그리고 이는 건물점유자가 건물소유자로부터 임차인으로서 그 건물임차권이 이른바 대항력을 가진다고 해서 달라지지 아니한다.[616] 한편, 건물의 소유자가 아닌 건물의 단순한 점유자의 부지에 대한 지배는 건물 점유의 내용을 이루거나 건물 점유의 반사적 효과에 불과한 것이므로(비점유설), 건물 점유자에 대하여 토지 인도 주문을 내어서는 안 된다.

5. 요건사실

<table>
<tr><td rowspan="2">요건사실</td><td>○ 인도청구의 경우
* 원고의 목적물 소유
* 피고의 목적물 점유</td></tr>
<tr><td>○ 건물철거 및 퇴거청구의 경우
* 원고의 목적물 소유
* 피고의 지상건물 소유(건물철거의 경우), 피고의 제3자 소유 건물 점유(건물퇴거의 경우)
[부대청구] 차임상당의 손해가 발생한 사실</td></tr>
</table>

가. 토지가 원고의 소유인 사실

1) 원고의 목적물 소유사실은 목적물의 소유권이 원고에게 귀속되어 있다는 권리

이 사건 건물의 철거 및 이 사건 토지의 인도를 구하는 원고의 청구를 인용한 것은 미등기부동산에 대한 양도담보계약상의 채권자의 지위 및 건물철거의무자에 관한 법리를 오해하여 판결 결과에 영향을 미친 위법을 저지른 경우에 해당한다(대법원 2003. 1. 24. 선고 2002다61521 판결).

615) 반면, 건물의 소유자에 대하여는 그가 그 건물을 직접 점유하고 있다고 하더라도 토지 소유자로서는 그 건물의 철거와 그 대지 부분의 인도를 청구할 수 있을 뿐, 그 건물에서 퇴거할 것을 청구할 수는 없다.

616) 건물임차권의 대항력은 기본적으로 건물에 관한 것이고 토지를 목적으로 하는 것이 아니므로 이로써 토지소유권을 제약할 수 없고, 토지에 있는 건물에 대하여 대항력 있는 임차권이 존재한다고 하여도 이를 토지소유자에 대하여 대항할 수 있는 토지사용권이라고 할 수는 없다. 바꾸어 말하면, 건물에 관한 임차권이 대항력을 갖춘 후에 그 대지의 소유권을 취득한 사람은 민법 제622조 제1항이나 주택임대차보호법 제3조 제1항 등에서 그 임차권의 대항을 받는 것으로 정하여진 '제3자'에 해당한다고 할 수 없는 것이다(대법원 2010. 8. 19. 선고 2010다43801 판결).

관계가 아니라 원고가 목적물의 소유권을 취득한 구체적 사실을 의미하는 것이므로, 그 취득경위가 원시취득 또는 승계취득인지, 법률규정에 의한 취득 또는 법률행위에 의한 취득인지 여부를 불문하고 원고는 그에 해당하는 구체적인 사실을 주장·입증하여야 한다. 그런데 목적물이 부동산인 경우에는 이에 관한 소유권이전등기를 마친 사실을 입증함으로써 등기의 추정력을 이용하여 원고 소유사실을 추정받을 수 있다. 여기에서의 추정은 법률상의 추정이므로 등기원인의 무효를 주장하며 원고의 소유사실을 다투는 것은 피고가 주장·입증하여야 할 항변사유에 해당한다. 한편, 권리자백에 대하여는 법원이 구속되지 아니하나,[617] 이 경우에는 원고의 소유사실에 대한 자백이 성립한다.

2) 불법점유를 원인으로 하는 소제기의 경우 토지가 원고의 소유인데 피고가 그 지상에 건물을 소유하면서 토지를 점유하고 있는 사실이 요건사실이다. 이에 대한 입증방법으로는 부동산등기부, 사진, 무허가건축물대장 등이 있다. 무허가 건물일 경우에는 건물신축자 또는 그로부터 건물을 매수한 자 등 건물에 대한 사실상 처분을 가진 자를 상대로 하여야 한다.

원고의 목적물 소유사실은 목적물의 소유권이 원고에게 귀속되어 있다는 권리관계에 아니라 원고가 목적물의 소유권을 취득한 구체적 사실을 의미하는 것이므로, 그 취득경위가 원시취득 또는 승계취득인지, 법률규정에 의한 취득 또는 법률행위에 의한 취득인지 여부를 불문하고 원고는 그에 해당하는 구체적인 사실을 주장입증하면 된다. 그런데 목적물이 부동산인 경우에는 이에 관한 소유권이전등기를 마친 사실을 입증함으로써 등기의 추정력을 이용하여 원고의 소유사실을 추정 받을 수 있다. 여기에서 추정은 법률상의 추정이므로 등기원인이 무효를 주장하며 원고의 소유사실을 다투는 것은 피고가 주장·입증하여야 할 항변사유에 해당한다.

3) 원고의 소유 여부를 판단하는 기준시점은 사실심 변론종결 당시이므로, 소유권 행사시킬 수 없는 것이므로 소유권을 상실한 전 소유자는 제3자인 불법점유자에 대하여 소유권에 기한 물권적 청구권에 의한 방해배제를 구할 수 있다.[618] 또 공유자는 보존행위의 하나로 점유자를 상대로 공유물 전부의 반환을 구할 수 있으므로, 원고가 목적물의 공유자인 사실을 주장, 입증하여도 된다. 그러나 피고가 과반수 지분을 가지

---

617) 대법원 1992. 2. 12. 선고 91다31494 판결.
618) 대법원 1880. 9. 9. 선고 80다7 판결.

고 있는 경우에는 공유물의 관리방법으로 공유물을 배타적으로 사용·수익하기로 정할 수 있으므로 소수지분권자인 원고로서는 피고가 점유하는 목적물의 인도를 구할 수 없다.

여기서 말하는 피고의 점유사실은 원고의 소유권을 현실적으로 방해하는 직접 점유사실을 의미하므로, 제3자에게 그 부동산을 임대한 간접점유자를 상대로 인도청구하는 것은 주장 자체로 이유 없다. 피고에게 목적물을 점유할 정당한 권원이 없다는 사실은 청구원인의 요건사실이 아니고, 반대로 피고에게 정당한 점유권원이 있다는 사실이 피고의 항변사유로 된다.

4) 소유토지상에 타인의 건물을 소유하고 있는 경우 그 토지를 인도받기 위해서는 그 전제로 지상건물의 철구를 구하여야 한다. 물론 건물 철거를 구하지 않은 채 토지 인도만 구하더라도 그 청구가 인용되겠지만, 토지 인도를 명하는 판결의 효력이 건물 철거에 미치지 않으므로 따로 건물철거의 집행권원을 얻기 전에는 토지의 인도집행이 불가능하다. 지상건물의 소유자는 지상건물의 소유를 통하여 그 대지를 점유하는 것이므로, 원고는 피고가 지상건물을 소유한 사실을 입증하면 피고의 대지점유 사실까지 입증하는 셈이 된다.

5) 지상건물의 소유자 이외의 자가 지상건물을 점유하고 있는 때에는 지상건물에 대한 점유사용으로 인하여 대지인 토지의 소유권이 방해되고 있는 것이므로 토지 소유자는 방해배제로서 점유자에 대한 건물퇴거를 청구할 수 있다. 이 경우 피고가 변론종결 당시 건물을 점유하고 있는 사실이 요건사실로 된다.

나아가 소유자가 아닌 건물의 단순한 점유자가 대지인 토지를 점유하고 있는 것에 관하여는 점유설과 비점유설에 따라 건물 점유자에 대하여는 대지 인도 주문을 내지 않고 있다.[619]

나. 임대차종료를 원인으로 토지인도를 구할 경우

토지임대차계약을 체결한 사실가 토지를 임차인에게 인도한 사실 및 임대차종료의 원인이 되는 사실(기간만료, 해지)이 요건사실로 추가되고, 토지점유사실은 요건사실에서 제외된다. 입증방법으로는 임대차계약서, 해지통고서 등을 제출하면 된다.

619) 대법원 2003. 11. 13. 선고 2002다57935 판결.

다. 건물철거를 동시에 구하는 경우

토지인도를 구하기 위해 그 지상 건물의 철거를 동시에 청구하는 경우 건물철거청구는 토지인도청구의 수단에 해당하므로 그 가액은 소송목적물의 값에 산입하지 아니하나, 수단인 건물철거청구의 가액이 주된 토지인도청구의 가액보다 다액인 경우에는 그 다액을 소송목적의 값으로 한다(인지규칙 제21조 단서).

라. 무허가 건물의 철거를 구할 경우

사실상 처분권자를 피고로 하여야 한다. 건물철거는 그 소유권의 종국적 처분에 해당하는 사실행위 이므로 원칙적으로는 그 소유자(등기명의자)에게만 그 철거처분권이 있다고 할 것이나 그 건물을 매수하여 점유하고 있는 자는 등기부상 아직 소유자로서의 등기명의가 없다 하더라도 그 권리의 범위 내에서 그 점유 중인 건물에 대하여 법률상 또는 사실상 처분을 할 수 있는 지위에 있으므로 그 건물의 건립으로 불법점유를 당하고 있는 토지 소유자는 위와 같은 지위에 있는 건물점유자에게 그 철거를 구할 수 있다(대법원 1988. 9. 27. 선고 88다카4017 판결).

마. 철거대상건물이 강제집행을 할 수 있을 정도로 특정되었는지 검토하여 미흡하면 검증, 감정신청을 하도록 촉구한다.

바. 불법점유로 인한 손해배상청구를 병합청구

불법점유로 인한 손해배상 또는 부당이득반환청구를 병합청구하는 경우에는 손해가 토지의 차임 상당액으로 추정되므로 그 차임이 요건사실임이다. 임료 상당액의 입증을 위하여 임료감정신청을 하도록 권고한다.

6. 항변 등

[주요항변] 묵시의 갱신 항변
지상물매수청구 항변
정당한 점유권원의 존재
유치권의 항변
신의성실의 원칙, 권리남용

가. 묵시의 갱신 항변

기간만료로 종료되었다는 원고의 주장에 대하여, 피고는 원고가 종료 후에도 목적물을 계속 사용, 수익하였고, 종료 후 상당한 기간 내에 이를 제기 하지 않았다는 묵시의 갱신항변을 할 수 있다. 이에 대하여 원고는 주택임대차의 경우에는 기간만료 전 6월에서 1월 사이에 갱신거절의 통지(주택임대차보호법 제6조)를 하였다는 재항변을 할 수 있는데 그에 대한 입증방법으로는 내용증명 등이 있고, 또는 차임2기연체로 해지통지(민법 제640조)하였다는 재항변을 할 수 있지만, 곧바로 해지를 새로운 청구원인으로 하여 건물인도청구를 할 수 있다. 차임2기 연체는 연속할 필요가 없고, 차임연체사실을 원고가 입증하여야 하여야 하는데, 입증방법으로는 내용증명 등이 있다. 다만, 부속물매수청구권 행사로 인한 동시이행항변은 여기서는 불가능하다(철거하므로 임대인에게 무익하기 때문).

나. 지상물매수청구 항변(민법 제643조, 제283조 2항)

건물의 소유를 목적으로 하는 토지임대차가 해지가 아닌 기간만료로 종료되었음을 이 유로 하는 원고의 청구에 대하여는 피고가 기간만료시에 그 건물이 현존하는 사실과 원고가 토지임대차계약의 갱신을 거절한 사실 및 피고가 원고에게 건물을 매수하라고 통보한 사실을 항변할 수 있는데, 그에 대한 입증방법으로는 건축물대장, 갱신거절통지서, 매수통보서 등이 있다. 지상물매수청구권의 항변이 있으면 법원은 원고에게 건물소유권이전등기청구와 건물인도청구로 변경하도록 석명할 의무가 있으므로(대법원 1995. 7. 11.선고 94다34265 전원합의체 판결), 재판장에게 기록을 즉시 인계하여 석명조치를 할 수 있도록 하여야 하다. 이때, 지상물매수청구권을 미리 배제하는 특약으로서 토지 임차인에게 불리한 것은 무효이므로 원고가 그러한 특약을 들어 재항변을 할 수 없다.

다. 정당한 점유권원 주장

피고에게 정당한 점유권원이 있다는 사실은 항변사유로 되고, 그럴 경우 이들 권리의 각 발생원인은 정당한 점유권원의 요건사실이 된다{예컨대, 점유를 권리로 하는 제한물권(지상권, 전세권, 유치권), 점유를 내용으로 하는 채권적 권리(임대차), 동시이행항변권}.

부동산을 매수하여 이를 인도받아 점유하고 있는 매수인은 등기부상 아직 소유자로서의 등기명의가 없다하더라도 그 권리의 범위 내에서는 그 점유 중인 부동산에 대하여 법률상 또는 사실상 이를 점유하고 처분할 권한이 있으므로, 오직 그 등기명의를 넘겨 줄 의무만 지고 있는 매도인으로서는 그 등기명의가 자기에게 남아 있다는 사실만으로 매수인의 점거를 불법점거라 할 수는 없다.[620] 한편 매매계약이 적법하게 해제되면 매수인은 그 목적물을 점유할 권원을 상실하므로,[621] 이 경우 매매계약의 해제사실은 원고의 재항변사유로 된다.

라. 취득시효완성 주장

목적물에 대하여 취득시효가 완성됨으로써 소유자에 대하여 이전등기청구권을 가지된 경우에도 인도를 거부할 정당한 권원이 있으므로,[622] 피고는 당해 부동산을 20년간 점유한 사실을 주장하며 취득시효 완성의 항변을 할 수 있고, 이에 대하여 원고로서는 취득시효가 중단되었다거나 점유자가 시효이익을 포기하였다는 등을 들어 재항변을 할 수 있다.

마. 법정지상권이 있다는 항변

민법 제366조에 의하여 발생하는 법정지상권이 있다는 항변이 있는 경우 저당권설정 당시 토지상에 건물이 존재한다는 사실, 저당권설정 당시 토지와 건물의 소유자가 동일한 사실, 토지나 건물에 설정된 저당권의 실행으로 토지 및 건물의 소유권이 각 분리된 사실을 주장, 입증하여야 하고, 관습상의 법정지상권의 경우 토지와 건물이 동인인의 소유에 속하였던 사실, 매매 기타 적법한 원인으로 소유자가 달라진 사실이 그 요건사실이다.

이에 대하여 원고는 피고가 대지상의 건물만을 매수하면서 대지소유자와 사이에 건물소유를 위한 임대차계약을 체결한 사실, 건물을 철거하기로 합의한 사실 등을 주장하며 재항변 할 수 있다. 그러나 민법 제366조는 가치권과 이용권의 조절을 위한 공익상의 이유로 지상권의 설정을 강제하는 저당권설정 당사자 간의 특약으로 저당목적물인 토지에 대하여 법정지상권은 배제하는 약정을 하더라도 그 특약은 효력이 없다.[623]

---

620) 대법원 1977. 3. 8. 선고 76다2461 판결, 대법원 1999. 1. 15. 선고 98다43953 판결.
621) 대법원 1991. 9. 24. 선고 91다9756, 9763(반소) 판결.
622) 대법원 1988. 5. 10. 선고 87다카1979 판결, 1993. 5. 25. 선고 92다51820 판결.
623) 대법원 1988. 10. 25. 선고 87다카1564 판결.

건물의 소유를 목적으로 하는 토지임대차가 해지가 아닌 기간만료로 종료되었음을 이유로 하는 원고의 청구에 대하여는, 피고가 기간 만료시에 그 건물이 현존하는 사실과 원고가 토지임대차계약의 갱신을 거절한 사실 및 피고가 원고에게 건물을 매수하라고 통고한 사실을 들어 지상물매수청구권항변을 할 수 있다. 입증방법으로는 건축물대장, 갱신거절통지서, 매수통보서 등이 있다.

바. 관습법상 법정지상권 항변

토지 및 건축물이 동일인의 소유였다가 그 후 매매 등으로 인하여 각 소유자가 달라진 경우 관습법상 법정지상권 성립의 항변을 할 수 있다. 입증방법으로는 토지 및 건물 각 부동산등기부등본 등이 있다.

사. 권리남용, 신의칙위반 항변

신의성실의 원칙, 권리남용의 위배 여부는 당사자의 주장이 없더라도 법원이 직권으로 판단할 수 있으므로,[624] 엄격한 의미에서는 주장책임이 적용되는 공격방어방법이라 할 수는 없으나, 그렇다고 하여 당사자의 주장이 있음에도 법원이 이에 대하여 판단을 하여도 무방한 것은 아니므로 당사자 이러한 사유로 들어 항변하고 있는 이상 이를 독립한 공격방어방법으로 취급하여야 한다.

판례에 의하면, 대지소유자가 매매계약을 체결하면서 매수인에게 사전 대지사용을 승낙하고 그에 터 잡아 제3자가 매수인과 도급계약을 체결하고 그 지상에 건물을 신축한 경우 대지소유자가 매수인과의 매매계약을 해제한 다음 제3자에 대하여 신축된 건물의 철거를 구하는 것은 신의성실의 원칙에 비추어도 용인할 만한 것이 못되고,[625] 법정지상권을 가진 건물소유자로부터 건물을 양수하면서 법정지상권을 양도받기로 한 자에 대하여 대지소유자가 소유권에 기하여 건물철거를 구함은 지상권의 부담을 용인하고 그 설정등기절차를 이행할 의무 있는 자가 그 권리자를 상대로 한 청구라 할 것이므로 신의칙상 허용될 수 없다.[626] 또 권리의 행사가 정당한 이익 없이 오직 상대방에게 고통이나 손해를 입힐 것을 목적으로 하는 것이거나 권리의 사회적,

---

624) 대법원 1989. 9. 29. 선고 88다카17181 판결, 대법원 1995. 12. 22. 선고 94다42129 판결, 대법원 1998. 8. 21. 선고 97다37821 판결.
625) 대법원 1991. 9. 24. 선고 91다9756, 9763 판결, 대법원 1993. 7. 27. 선고 93다20986, 20993 판결.
626) 대법원 1985. 4. 29. 선고 84다카1131 판결, 대법원 1995. 4. 11. 선고 94다39925 판결.

경제적 목적에 위반한 것일 때는 권리남용으로서 허용되지 않는데,[627] 이에 해당하는지 여부는 구체적 사안에 따라 달라질 수밖에 없겠지만 주관적 요건인 전자보다는 객관적 요건인 후자가 점점 중시되는 것이 판례의 흐름이다.

[서식 67] 건물철거등청구 소장

소　　　장

원 고　　정 ○ ○ (000000-0000000)　(전화 :　　　　　　)
　　　　○○시 ○○로 15-3　(우 :　　　　)

피 고　　1. 김 ○ ○ (000000-0000000)
　　　　　○○시 ○○로 125-1　(우 :　　　　)
　　　　2. 백 ○ ○ (000000-0000000)
　　　　　○○시 ○○1동 산125-1　(우 :　　　　)
　　　　3. 차 ○ ○ (000000-0000000)
　　　　　○○시 ○○1동 산125-1　(우 :　　　　)

건물철거 등 청구의 소

청 구 취 지

1. 원고에게, ○○시 ○○로 산125-1 임야 1,863㎡ 중
   가. 피고 김○○는 별지 도면 표시 ㉠부분 33㎡ 지상의 시멘트 블록조 기와지붕 단층주택
   1동 33㎡를 철거하고, 위 ㉠부분 임야 33㎡를,
   나. 피고 백○○은 별지 도면 표시 ㉡부분 33㎡ 지상의 시멘트 블록조 기와지붕 단층주택
   1동 33㎡를 철거하고, 위 ㉡부분 임야 33㎡를,
   다. 피고 차○○은 별지 도면 표시 ㉢부분 39㎡ 지상의 시멘트 블록조 기와지붕 단층주택

627) 대법원 2003. 11. 27. 선고 2003다40422 판결, 대법원 2010. 2. 25. 선고 2009다58173 판결.

1동 39㎡를 철거하고, 위 ㉢부분 임야 39㎡를 각 인도하라.
2. 소송비용은 피고들의 부담으로 한다.
3. 위 제1항은 가집행할 수 있다.
라는 판결을 구합니다.

청 구 원 인

1. OO시 OO1동 산125-1 임야 1,863㎡는 원고 소유의 토지입니다.

2. 피고는 모두 위 각 토지를 점유, 사용할 정당한 권원이 없음에도 불구하고 청구취지 기재 각 토지부분을 점유, 사용하며 그 지상에 청구취지 기재 각 건물(무허가 가건물)을 소유하고 있습니다.

3. 따라서 원고는 피고들에게 청구취지 기재 각 건물의 철거와 점유부분 토지의 각 인도를 구하기 위하여 본 소 청구에 이른 것입니다.

입 증 방 법

1. 갑 제1호증의 1, 2　　　　각 등기부등본
그 밖의 입증서류는 변론시 수시 제출하겠습니다.

첨 부 서 류

1. 위 입증서류	각 1통
1. 주민등록초본	4통
1. 소장 부본	3통

2000. O. O.

위 원고 정 O O (인)

OO지방법원 귀중

해 설

1. 인도청구의 목적물이 토지인 경우 그 소유자가 단지 인도청구만을 구하여 승소하더라도 토지의 인도를 명한 집행권원의 효력은 그 지상에 건립·식재된 건물이나 수목의 인도에까지 미치지 아니하므로 그 지상에 건립·식재된 건물이나 수목의 철거가지 추가로 구하여야 한다.
2. 원고 소유 토지상에 타인의 건물을 소유하고 있는 경우 그 토지를 인도받기 위해서는 그 전제로 지상건물의 철거를 구하여야 한다. 물론 건물철거를 구하지 않은 채 토지인도만을 구하더라도 그 청구가 인용되겠지만, 토지인도를 명하는 판결의 효력이 건물철거에는 미치지 않으므로 따로 건물의 철거의 집행권원을 얻기 전에는 인도집행이 불가능하다. 지상건물 소유자 이외의 자가 지상건물을 점유하고 있는 때에는 지상건물에 대한 점유사용으로 인하여 대지인 토지의 소유권이 방해되고 있는 것이므로 토지 소유자는 방해배제로서 점유자에 대한 건물퇴거를 청구할 수 있다.
3. 건물의 공유자들이 부담하는 철거의무는 성질상 불가분채무라 할 것이어서 각 공유자가 건물 전체에 대한 철거의무를 부담하나, 각 공유자가 자기의 지분 한도 내에서 위와 같은 의무를 부담하는 것이므로 공유자 전원을 피고로 삼지 않고 그 중 일부만을 피고로 하여서도 건물 전체의 철거를 구할 수 있다.
4. 자신의 소유 토지 위에 타인이 소유한 건물을 건물 소유자 이외의 자가 점유하고 있는 때(건물의 임차인 등 단순 점유자는 토지를 점유한 것으로 보지 않음에 유의)에는 건물에 대한 점유사용으로 인하여 대지인 토지의 소유권이 방해되고 있는 것이므로, 토지 소유자는 방해배제로서 점유자에 대한 건물퇴거를 청구가능하다. 따라서 소유자와 별개의 이해관계를 갖고 있는 임차인 등의 퇴거청구의 상대방이 되나, 건물의 소유자 및 그 보조자(세대를 같이하는 '가족'의 경우에는 별도의 집행권원 없이도 집행가능)에 대하여는 철거청구로 족하고 퇴거청구는 불필요하다.
5. 사회통념상 건물은 그 대지를 떠나서는 존재할 수 없는 것이고, 건물의 소유자는 현실로 건물이나 대지를 점거하고 있지 않더라도 건물의 소유를 위하여 그 대지를 점유한다고 보아야 한다(대법원 1991. 6. 25. 선고 91다10329 판결). 따라서 건물에 대하여 철거를 구하는 토지의 소유자는 상대방이 자신의 토지에 건물을 소유한 사실을 입증하면 그 대지의 점유사실까지 입증하는 셈이 된다.
6. 토지 중 건물이 소재하지 않은 부분도 영업을 위한 공간으로 사용되고 있는 경우 토지 전체가 건물의 소재 및 그 사용에 필요한 대지에 해당한다고 할 것이나, 그렇지 않은 경우에는 1필의 토지 중 건물의 대지에 해당하는 부분에 한하여 건물 소유에 따른 토지의 점유가 인정될 수도 있다.
7. 건물철거는 그 소유권의 종국적 처분에 해당하는 사실행위이므로 원칙적으로 그 소유자(등기명의자)에게만 그 철거처분권이 있다고 할 것이나, 그 건물을 매수하여 점유하고 있는 자는 등기부상 아직 소유자로서의 등기명의가 없다 하더라도 그 권리의 범위 내에서 그 점유중인 건물에 대하여 법률상 또는 사실상 처분을 할 수 있는 지위에 있으므로 그 건물의 건립으로 불법점유를 당하고 있는 토지소유자는 위와 같은 지위에 있는 건물점유자에게 그 철거를 구할

수 있다(대법원 1988. 9. 27. 선고 88다카4017 판결).

8. 공동으로 타인의 소유물을 점유·사용함으로써 얻은 부당이득의 반환채무는 불가분채무이므로 각 공유자는 채무 전부를 이행할 의무가 있는 바, 건물의 공유자로서 그 부당이득 전부를 원고에게 반환할 채무를 부담한다(대법원 1991. 10. 8. 선고 91다3901 판결, 2001. 12. 11. 선고 2000다13948 판결).
9. 건물 소유자는 토지를 점유함으로써 사용이익 상당의 이익을 얻고, 토지 소유자는 동액 상당의 손해가 발생한다. 대부분 동액의 수익과 손해가 발생하나, 불일치하는 경우는 적은 금액을 기준으로 한다(피고가 얻은 수익 중 원고의 손해 범위 내에서만 인정됨).
10. 타인의 토지 위에 권한 없이 건물을 소유하는 사람이 그 토지의 사용이익을 부당이득으로 반환하여야 할 경우 그 차임 상당액의 산정에 있어 지상에 존재하는 건물로 인하여 토지의 사용이 제한되고 있다는 사정은 고려할 필요가 없다(대법원 1995. 9. 15. 선고 94다61144 판결). 피고가 악의의 수익자인 경우에는 법정이자 상당액 및 이자의 이행지체로 인한 지연손해금도 가산한다(민법 제748조 제2항, 부당이득 악의의 수익자 반환범위).

[서식 68] 건물철거 및 토지인도 등 청구의 소(불법점유사용)

소 장

원 고 최 ○ ○ (000000-0000000)
서울 ○○구 ○○동 00-0, 401호
소송대리인 변호사 ○ ○ ○
○○시 ○○동 000-00 ○○빌딩 0층
전화 031) 000-0000, 팩스 031) 000-0000

피 고 김 ○ ○(19○○. ○. ○.생)
경기 ○○시 ○○읍 ○○리 000

토지인도 등 청구의 소

청 구 취 지

1. 피고는 원고에게 별지 목록 기재 각 토지상의 조립식 건물 및 축사 등을 철거하고 별지 목록 기재 각 토지를 인도하라.
2. 피고는 원고에게 20○○. 11. 1.부터 제1항의 명도 및 인도를 마칠 때까지 월

금 500,000원의 비율에 의한 금원을 지급하라.
3. 소송비용은 피고의 부담으로 한다.
4. 제1항 및 제2항은 각 가집행할 수 있다.
라는 판결을 구합니다.

청 구 원 인

1. 원고는 별지 목록 기재 각 토지의 소유자입니다.

원고는 20○○. 1. 20.경 별지 목록 기재 각 토지(이하 '이 사건 각 토지'라 합니다)를 매수하고 20○○. 11. 20.경 소유권이전등기를 마친 이 사건 각 토지의 소유자입니다(갑 제1호증의 1 내지 4 각 부동산등기부등본 참조).

2. 피고는 원고의 토지상에 조립식 건물을 지어 사용하는 등으로 원고 소유 토지를 불법점유해 오고 있습니다.

가. 첫째, 피고는 20○○. 10.경 이 사건 각 토지 중 경기 ○○시 ○○읍 ○○리 126 토지상에 무단으로 조립식 건물을 신축하여 현재까지 위 건물에 거주해 오고 있습니다.

둘째, 피고는 20○○. 5.경 이 사건 각 토지 중 위 ○○리 124 토지 및 위 ○○리 125 토지상에 무단으로 축사를 건립하여 현재까지 그곳에서 닭, 오리, 돼지 등의 가축들을 사육해 오고 있습니다.

셋째, 피고는 이 사건 토지 중 위 ○○리 116 토지를 수년 전부터 이 사건 각 토지 인근에 있는 공원묘지의 진입로 등으로 사용하며 점유해 오고 있습니다. 참고로, 피고는 위 공원묘지의 관리인입니다.

나. 피고는 원고와의 사이에 아무런 계약관계도 없이, 그 밖에 점유나 사용을 정당화할 아무런 권원도 없는 상태에서 위와 같이 이 사건 각 토지를 점유·사용해 오면서 여태까지 원고에게 아무런 대가도 지불한 바 없습니다.

3. 피고의 철거 및 인도 의무, 임료 상당 부당이득금 지급 의무

가. 피고는 위와 같이 아무런 권원 없이 이 사건 각 토지를 불법으로 점유·사용하고 있으므로 이 사건 각 토지상에 건립된 위 조립식 건물 등 일체의 건축물이나 공작물, 시설 등을 철거하고 원고에게 이 사건 각 토지를 인도할 의무가 있습니다.

다만, 철거를 구하는 건축물 등의 정확한 위치 및 면적 등은 아래 4.항에서 말씀드리는 바와 같은 현장검증 및 측량감정을 거친 후에 특정하기로 하고, 그에 맞추어 청구취지를 정정하겠습니다.

나. 피고는 원고 소유의 이 사건 각 토지를 위와 같이 사용해 오고 있으므로

점유·사용을 시작한 20○○. 10. 이후인 20○○. 11. 1.부터 위 철거 및 인도 의무의 이행을 마칠 때까지 계산한 이 사건 각 토지의 임료 상당액을 부당이득으로서 원고에게 반환할 의무가 있습니다.

이 사건 각 토지에 대한 임료의 액수는 아래 4.항에서 말씀드리는 바와 같은 임료감정을 통해 밝히기로 하고, 그 후 각 토지별로 부당이득금 산정의 시기(始期) 및 액수를 특정하여 청구취지를 정리하겠습니다.

다만, 본 소장을 통해서는 후일 청구취지를 변경할 것을 전제로 일단 20○○. 11. 1.부터 월 금 500,000원으로 계산한 금원만을 구하기로 합니다.

4. 증거의 신청

가. 청구취지 제1항의 내용을 명확히 하기 위하여 이 사건 각 토지에 대한 현장검증 및 측량감정을 신청하고자 합니다.

나. 이 사건 각 토지의 임료 액수를 밝힘으로써 청구취지 제2항의 내용을 정리하기 위하여 이 사건 각 토지에 대한 임료감정을 신청하고자 합니다.

5. 결 론

따라서 원고는 피고를 상대로 이 사건 각 토지상에 건립된 위 조립식 건물 및 축사 등의 철거와 이 사건 각 토지의 인도를 구하고, 아울러 이 사건 각 토지의 점유·사용에 따른 임료 상당 부당이득금의 지급을 청구하기 위하여 이 사건 소제기에 이른 것입니다.

입 증 방 법

1. 갑 제1호증의 1 내지 4　　　　각 부동산등기부등본

첨 부 서 류

1. 위 각 입증방법	1부
1. 소송위임장	1부
1. 납부서	1부

20○○.　　.　　.

원고 소송대리인
변호사 ○ ○ ○

OO지방법원 귀중

[서식 69] **건물인도청구 소장**(건물인도, 공동점유사건)

소 장

원 고 1. 장 철 호
2. 장 석 호
3. 장 재 호

피 고 1. 김 희 순
2. 김 희 경

건물인도 청구의 소

청 구 취 지

1. 피고들은 원고들에게 잡석조 초가 단층 주택 건평 56.19㎡, 돌담조 초가 창고 19.83㎡를 명도하라.
2. 소송비용은 피고들의 부담으로 한다.
3. 위 제1항은 가집행할 수 있다.

라는 판결을 구합니다.

청 구 원 인

1. 위 건물들은 원고들의 선대 망 장봉호 소유의 미등기건물입니다.
   위 장봉호는 2002. 6. 25. 사망하여 원고들이 공동상속하였습니다.
2. 그런데 피고들은 위 건물들을 불법점유하고 있습니다.
3. 따라서 원고들은 피고들에 대하여 소유권에 기해 그 명도를 청구하고자 이 사건 청구에 이른 것입니다.

입 증 방 법

변론시 수시 제출하겠습니다.

첨 부 서 류

1. 주민등록초본	5통
1. 가족관계증명서	1통
1. 건축물대장등본	1통
1. 개별토지가격확인원	1통
1. 소장 부본	2통
1. 납부서	1통

이 하 생 략

V. 공 유

1. 서 설[628)]

공유란 물건이 지분에 의하여 수인의 소유로 된 것(제262조 1항), 즉 공동목적을 위한 인적 결합관계가 없는 수인이 물건을 공동으로 소유하는 것을 말한다. 공유관계는 법률행위 또는 법률의 규정에 의하여 성립이 되는데, 수인이 하나의 물건을 공동으로 소유하기로 합의하는 경우에서와 같이 법률행위에 의한 것이 공유가 성립하는 전형적인 형태이다. 공유를 성립시키는 의사표시는 묵시적이라도 무방하지만, 부동산에 관해서는 등기요건 때문에 묵시적 의사표시에 의한 공유의 성립을 인정하기가 쉽지 않다. 법률행위에 의하여 부동산에 관한 공유를 성립시키기 위해서는 공유의 등기와 지분의 등기(부동산등기법 제44조 1항)를 하여야 한다(제186조). 이에 반해 타인의 물건 속에서의 매장물의 발견(제254조)이나 주종을 구별할 수 없는 동산의 부합 또는 혼화(제257조, 제258조)에 의하여 공유가 성립한다. 구분소유에서의 공용부분(제215조 1항)과 경계에

628) 지원림, 민법강의, 636면.

설치된 경계표 담, 구거 등도 공유에 속하는데, 이러한 경우에는 분할청구권이 인정되지 않는다. 그 밖에 귀속불명의 부부재산도 부부의 공유로 추정된다(제830조). 공동상속재산의 법적 성질에 관하여, 지분의 처분이 제한되어 있으며(제1011조) 공동상속재산의 분할 역시 상당히 제한되어 있는 점(제1012조) 등을 이유로 합유로 이해하는 입장도 있으나, 제1006조의 법문대로 공유로 새길 것이다. 공동포괄수증재산도 마찬가지이다(제1078조).

2. 공유의 지분

가. 지분의 개념

공유와 표리관계에 서는 지분의 의미에 관하여 다수설인 양적 분할설은 1개의 소유권의 분량적 일부분이라고 한다.[629] 즉 지분은 각 공유자가 목적물에 대하여 가지는 소유의 비율이다. 따라서 어느 공유자가 다른 공유자의 지분을 전부 매수하면(지분의 집중), 그는 단독소유자가 된다.

나. 지분의 비율

지분의 비율은 법률의 규정 또는 공유자의 의사표시에 의하여 결정되고, 이들이 없는 경우에는 균등한 것으로 추정된다(제262조 2항). 다만 부동산에 대해서는 부동산등기법 제48조 제4항에 따라 지분을 등기하여야 하기 때문에 지분 균등의 추정이 유지될 여지가 크지 않다. 그런데 가령 공유물분할소송에서 등기부상의 지분과 실제의 지분이 다른 경우에 지분을 양수하여 등기까지 경료한 제3자에 대하여 원칙적으로 등기부상의 지분을 기준으로 할 수밖에 없지만, 원래의 공유자들 사이에서는 실제의 지분이 그 기준으로 하여 그 실제의 지분을 초과하거나 적게 인정할 수 없다.[630] 공유자의 1인이 지분을 포기하거나 상속인 없이 사망한 경우에, 그 지분은 다른 공유자에게 각각 그 지분의 비율로 귀속된다(제267조).

다. 지분의 처분

공유자는 그의 지분을 자유롭게 처분할 수 있다(제263조 전단). 따라서 그의 지분을

629) 이와 달리 다수소유권경합설에 의하면, 다른 공유자의 소유권에 의하여 제한되는 소유권이라고 한다.
630) 대법원 2001. 3. 9. 선고 98다51169 판결.

양도하거나 담보로 제공하거나 포기할 수 있다. 지분을 처분함에 다른 공유자의 동의를 요하지 않으며, 지분처분금지의 특약이 있더라도 이 특약을 등기할 길이 없으므로 이는 채권적 효력을 가질 뿐이다. 다만 집합건물의 공용부분에 대해서는 일정한 제한이 있다.

지분은 소유권과 같은 방법으로 처분되는바, 공시방법을 갖추어야 한다. 그리고 지분이 양도되면 양도인과 다른 공유자 사이의 공유관계가 양수인에게 그대로 이전된다. 문제되는 것은 부동산공유에서의 분할금지의 특약과 공유자 상호간에 이미 성립한 개개의 채권·채무도 양수인에게 승계되는가 하는 점인데, 분할금지의 특약을 등기하지 않았다면(부동산등기법 제67조 1항 참조) 양수인에게 대항할 수 없고, 이미 성립한 개개의 채권·채무는 양수인에게 승계되지 않는다 할 것이다. 판례는 공유자가 다른 공유자의 동의 없이 공유물을 처분할 수는 없으나 그 지분은 단독으로 처분할 수 있으므로, 복수의 권리자가 소유권이전청구권을 보존하기 위하여 가등기를 마쳐 둔 경우 특별한 사정이 없는 한 그 권리자 중한 사람은 자신의 지분에 관하여 단독으로 그 가등기에 기한 본등기를 청구할 수 있다. 이는 명의신탁 해지에 따라 발생한 소유권이전청구권을 보존하기 위하여 복수의 권리자 명의로 가등기를 마쳐 둔 경우에도 마찬가지이며, 이때 그 가등기원인을 매매예약으로 하였다는 이유만으로 가등기권리자 전원이 동시에 본등기절차의 이행을 청구하여야 한다고 볼 수 없다고 한다. 또한 명의신탁 해지권은 형성권으로 준공유에 속하지만, 일단 명의신탁이 해지된 후에는 각자가 지분에 상응하는 소유권이전의 본등기를 청구할 수 있다고 한다.[631]

3. 공유자간의 법률관계[632]

가. 공유물의 사용·수익

각 공유자는 공유물 전부를 지분의 비율로 사용·수익할 수 있다(제263조 후단). 그런데 사용·수익의 객체는 공유물 전체이지 공유물의 특정부분이 아니며, 지분의 비율로 사용할 수 있다는 것은 그 비율만큼 배타적으로 사용할 수 있다는 의미가 아니다. 따라서 공유자 누구도 공유물 전부뿐만 아니라 지분비율에 상응하는 부분도 배타적으로 사용하지 못한다. 공유물로부터 천연과실이 발생하는 경우에, 그 과실은 새로운 공유

631) 대법원 2002. 7. 9. 선고 2001다43922, 43939 판결.
632) 지원림, 민법강의, 638면 이하 참조.

물로서 그 위에 다시 공유관계가 성립한다. 이 점은 법정과실의 경우에도 마찬가지이다. 다만 임대료와 같은 가분채권에서는 제408조에 따라 각 공유자가 분할채권을 취득한다.

나. 공유물의 관리 및 보존

1) 공유물의 관리

공유물의 이용 및 개량 등 관리에 관한 사항은 공유자의 지분의 과반수로 결정한다(제265조). 공유물의 관리행위는 공유물을 이용·개량하는 행위를 말하며, 공유물의 처분이나 변경에 이르지 않는 것이어야 한다. 따라서 각 공유자의 개인적 수요를 충족하기 위한 사용·수익 개념과는 관점이 다르다. 공유자 사이에 공유물을 사용·수익할 구제적 방법을 정하는 것은 공유물의 관리에 관한 사항이지만, 그 사용·수익의 내용이 공유물의 기존의 모습에 본질적 변화를 일으켜 '관리' 아닌 '처분'이나 '변경'의 정도에 이르는 것이어서는 안 될 것이고, 예컨대 다수지분권자라 하여 나대지에 새로이 건물을 건축한다든지 하는 것은 '관리'의 범위를 넘는 것이 될 것이다.[633]

그리고 관리에 관한 결정은 '공유자'의 과반수가 아니라 지분의 과반수에 의한다. 따라서 공유자 중 1인이 과반수의 지분을 가진 경우에는 그 공유자는 별도의 결정을 거치지 않고 독자적으로 관리행위를 할 수 있다. 1/2 지분권자는 다른 1/2 지분권자와의 협의 없이 공유물을 배타적으로 독점 사용할 수 없다. 공유물 전부에 대해서도 마찬가지이다. 나아가 공유토지에 관하여 점유취득시효가 완성된 후 취득시효 완성 당시의 공유자들 일부로부터 과반수에 미치지 못하는 소수지분을 양수 취득한 제3자는 나머지 과반수 지분에 관하여 취득시효에 의한 소유권이전등기를 경료받아 과반수 지분권자가 될 지위에 있는 시효취득자(점유자)에 대하여 지상건물의 철거와 토지의 인도 등 점유배제를 청구할 수 없다.[634]

판례는 공유자가 공유물을 타인에게 임대하는 행위 및 그 임대차계약을 해지하는 행위는 공유물의 관리행위에 해당하므로 민법 제265조 본문에 의하여 공유자의 지분의 과반수로써 결정하여야 한다. 상가건물임대차보호법이 적용되는 상가건물의 공유자인 임대인이 같은 법 제10조 제4한에 의하여 임차인에게 갱신거절의 통지를 하는 행위는 실질적으로 임대차계약의 해지와 같이 공유물의 임대차를 종료시키는 것이므

---

633) 대법원 2001. 11. 27. 선고 2000다33638, 33645 판결.
634) 대법원 2001. 11. 27. 선고 2000다33638 판결.

로 공유물의 관리행위에 해당하여 공유자의 지분의 과반수로써 결정하여야 한다고 하였다.[635] 반면 과반수 지분권자가 나대지에 건물을 신축하여 소유하거나 제3자에게 건물소유를 위하여 공유지를 임대하는 것은 원칙적으로 관리의 범위를 넘어서는 것으로 평가되고, 따라서 제264조가 적용되어야 한다.[636] 임대차계약 등 관리행위에 해당하는 계약의 해제, 해지도 관리행위에 해당한다. 판례는 위토경작계약의 해지에 관하여, 이는 관리행위이므로 지분의 과반수의 결의가 필요하다고 하였다.[637] 그러나 매매계약과 같이 공유물의 처분·변경에 관한 계약의 해제, 해지에는 공유자 전원의 동의가 필요하다고 보아야 한다. 즉, 계약의 해제가 현상유지를 내용으로 하는 경우에 관리행위에 속하지만, 그것이 공유물의 소유권 귀속을 달리하게 하는 것이라면 처분·변경에 해당한다.

관리방법에 관한 제265조 본문은 임의규정인바 공유자들이 그와 다른 방법을 정하면 그에 의하고, 공유자간의 공유물에 대한 사용수익·관리에 관한 특약은 공유자의 특정승계인에게도 당연히 승계된다. 그런데 이러한 특약 후에 공유자에 변경이 있고 특약을 변경할 만한 사정이 있다면 공유자 지분의 과반수의 결정으로 기존특약을 변경할 수 있고,[638] 공유물에 관한 특약이 지분권자로서의 사용수익권을 사실상 포기하는 등으로 공유지분권의 본질적 부분을 침해한다고 볼 수 있는 경우에는 특정승계인이 그러한 사실을 알고도 공유지분권을 취득하였다는 등의 특별한 사정이 없는 한 특정승계인에게 당연히 승계되는 것으로 볼 수는 없다.[639]

2) 공유물의 보존

공유물의 보존행위는 공유자 각자가 할 수 있다(제265조). 보존이란 목적물의 멸실·훼손을 방지하고 그 현상을 유지하기 위하여 하는 사실상 법률상의 행위를 말한다. 필요한 경우에는 공유물의 인도청구도 가능하다.[640] 가령 나대지인 공유지 위에 공유자 중 1인 또는 제3자가 건물을 신축한 경우에, 공유자 각자는 보존행위로 건물의 철거 및 대지 전부의 인도를 청구할 수 있지만 그로 인한 부당이득반환은 대지점유부분의 통상의 차임에 해당하는 액 중 자신의 지분에 해당하는 부분에 한정된다.[641] 공유

635) 대법원 2010. 9. 9. 선고 2010다3790 판결.
636) 대법원 2002. 5. 14. 선고 2002다9378 판결.
637) 대법원 1964. 9. 22. 선고 64다288 판결.
638) 대법원 2005. 5. 12. 선고 2005다1827 판결.
639) 대법원 2009. 12. 10. 선고 2009다54294 판결.
640) 대법원 1994. 3. 22. 선고 93다9392 전원합의체 판결.

물의 보존행위를 각 공유자가 단독으로 할 수 있는 이유는 보존행위가 다른 공유자에게도 이익이 되는 것이 보통이고, 또 긴급을 요하는 경우가 많기 때문이다. 따라서 어느 공유자가 보존행위를 한 결과가 다른 공유자의 이해와 충돌될 때에는 그 행사는 보존행위로 될 수 없다. 공유자 1인이 자신의 공유지분이 아닌 다른 공유자의 공유지분을 침해하는 원인 무효의 등기의 말소를 구하는 것은 공유물의 보존행위가 아니다.[642)]

3) 공유물의 처분·변경

공유자는 다른 공유자의 동의 없이 공유물을 처분하거나 변경하지 못한다(제264조). 여기서 처분이라 함은 법률상 및 사실상의 처분을 포함하며, 변경이라고 함은 사실상의 물리적인 변경을 의미한다. 처분의 대표적인 예는 공유물의 양도이지만, 담보물권의 설정도 이에 포함된다. 전세권 등 용익물권의 설정이 공유물의 처분에 해당하느냐에 관하여 임대와의 균형을 고려하여 처분에 해당하지 않는다는 견해도 있으나, 이는 실질적으로 공유물의 처분에 해당한다 할 것이다. 판례는 지상권 설정을 처분행위로 본다.

공유물을 처분하기 위하여 공유자 전원의 동의가 있어야 하는바, 공유자 1인에 의한 처분행위는 무효이지만, 다른 공유자의 사전동의 또는 사후추인이 있다면 그 범위 내에서 유효라 할 것인데 이때 공유물의 처분에 관하여 다른 공유자들이 사전동의하였다는 사실은 변론주의가 적용되는 요건사실이다.[643)] 판례는 공유자 1인에 의한 처분이더라도 그 공유자의 지분범위 내에서는 유효이므로, 처분자의 지분의 범위 내에서는 말소등기를 청구할 수 없다는 것이 판례의 태도이다.[644)]

4) 경매에 있어서의 특칙

공유자 1인의 지분이 경매에 의하여 처분되는 경우에는 민사집행법상 다른 공유자의 이익이 특별히 고려된다. 즉 공유지분을 경매할 경우에 집행법원은 지분에 대하여 경매개시결정이 있음을 등기하고 다른 공유자에게 그 경매개시결정이 있다는 것을 통지하여야 한다(민집 제139조 1항). 나아가 만일 다른 공유자가 매각기일까지 대법원규칙

641) 대법원 2002. 10. 11. 선고 2000다17803 판결.
642) 대법원 2010. 1. 14. 선고 2009다67429 판결.
643) 대법원 2008. 4. 24. 선고 2008다5073 판결.
644) 대법원 1965. 4. 22. 선고 65다268 전원합의체 판결.

이 정하는 바에 따라 집행법원이 정하는 금액과 방법에 맞는 보증을 제공하고 최고가매수신고가격과 같은 가격으로 위 지분의 우선매수를 신고하면, 집행법원은 최고가매수신고가 있더라도 그 공유자에게 매각을 허가하여야 한다(민집 제140조 1, 2항). 여러 사람의 공유자가 우선매수신고를 한 경우에는 원칙적으로 각 공유지분의 비율에 따라 위 지분을 매수하게 된다(민집 제140조 3항).

5) 공유물에 대한 부담

각 공유자는 지분의 비율로 공유물의 관리비용 기타 의무를 부담한다(제266조 1항). 여기서 관리비용은 공유물의 유지·개량을 위하여 지출된 비용을 말하고, 기타의 의무는 공유물에 부과되는 세금 등을 말한다. 그런데 제266조 제1항은 임의규정이어서 공유자가 이와 달리 약정할 수 있다. 이 규정은 공유자들 사이의 내부적인 부담관계에 관한 것이고, 공유자가 공유물의 관리에 관하여 제3자와의 사이에 계약을 체결한 경우에 그 계약에 기하여 제3자가 지출한 관리비용의 상환의무를 누가 어떠한 내용으로 부담하는가는 일차적으로 계약의 해석으로 정하여진다.[645]

한편 제3자에 대한 관계에서는 동항이 적용되지 않는다. 즉 대외적으로 공유물에 대한 부담은 원칙적으로 불가분채무이고, 따라서 공유자 각자가 부담 전부를 이행할 의무를 진다.[646] 부담 전부를 이행한 공유자 1인이 다른 공유자에 대하여 위 기준에 따른 구상권을 가짐은 물론이다.

공유자가 1년 이상 관리비용 기타 부담의 의무를 이행하지 않는 경우에, 다른 공유자는 상당한 가액을 지급하고 그 자의 지분을 매수할 수 있다(제266조 2항). 이러한 지분매수청구권은 형성권으로서 이를 행사하기 위하여 매수대상이 되는 지분 전부에 대한 매매대금을 제공하거나 지급하여야 한다.[647]

4. 공유의 주장

가. 지분의 대외적 주장

1) 지분의 확인청구 등

다른 공유자 또는 제3자에 의하여 자기의 지분을 부인당한 공유자는 지분을 부인

645) 대법원 2009. 11. 12. 선고 2009다54034, 54041 판결.
646) 대법원 1985. 4. 9. 선고 83다카1775 판결.
647) 대법원 1992. 10. 9. 선고 92다25656 판결.

하는 자를 상대로 지분확인의 소를 제기할 수 있다.[648] 이 소송은 필수적 공동소송이 아니다. 즉 지분을 부인당한 공유자는 단독으로 지분을 부인하는 자에 대하여 소를 제기할 수 있다. 이 경우에 지분권의 주장에 의하여 중단되는 시효는 지분의 범위에 그치고, 등기도 그 지분에 한정된다. 공유자 일부가 제3자를 상대로 다른 공유자의 지분의 확인을 구하는 것은 '타인의 권리관계의 확인을 구하는 소'에 해당하므로, 그 타인간의 권리관계가 자기의 권리관계에 영향을 미치는 경우에 한하여 확인의 이익이 있다.[649]

수인이 공동으로 부동산을 매수하였는데 매도인이 이전등기에 협력하지 않는 경우에, 각 공유자는 단독으로 자기의 지분에 관하여 이전등기를 청구할 수 있다. 나아가 공유부동산이 공유자 1인의 단독명의로 등기되어 있다면 다른 공유자는 단독으로 자기의 지분에 관하여 공유등기를 청구할 수 있고, 다른 공유자의 초과지분등기에 의하여 자기의 지분이 침해되었다면 단독으로 초과지분등기의 말소와 자기 지분에 대한 이전등기를 청구할 수 있다.[650] 다만 공동의 매수인이 공동하여 매도인으로부터 부동산에 대한 소유권이전등기를 이전 받기로 화해계약을 체결한 경우, 매도인을 상대로 한 소유권이전등기청구는 공유자 단독으로 할 수 있는 보존행위가 아닐 뿐만 아니라, 위 공유관계는 공유자 전원에 대하여 합일적으로만 확정되어야 하므로 공유자 전원이 이를 청구해야 한다.[651]

2) 지분침해에 대한 방해제거청구 등

제3자 또는 다른 공유자가 공유물의 사용을 방해하는 경우에, 각 공유자는 지분에 기하여 단독으로 공유물의 반환 또는 방해제거를 청구할 수 있다.

가) 제3자에 대한 경우

제3자가 공유물을 불법점유하는 경우에 각 공유자는 단독으로 공유물 전부의 인도를 청구할 수 있다.[652] 그 근거 및 내용에 관하여 판례는 보존행위를 근거로 공유물

648) 대법원 1994. 11. 11. 선고 94다35008 판결.
649) 대법원 1994. 11. 11. 선고 94다35008 판결.
650) 대법원 1991. 9. 10. 선고 91다2984 판결.
651) 대법원 1961. 5. 4. 선고 4292민상853 판결.
652) 이 경우 비용상환의무를 누가 부담하는가, 즉 각 공유자가 지분비율에 따라 분할채무로서 비용상환의무를 지는지 아니면 공유자 전원의 불가분채무가 성립하는지가 문제된다. 그런데 점유자가 그 상환을 구할 수 있는 비용은 제266조의 관리비용 기타의무에 상응하는바, 동조의 의무에 관하여 각 공유자는 대외적으로 전부채무를 부담한다 할 것이다. 이때 비용상환청구권을 피담보채권으로 하여 유치권을 행사할

전부의 인도를 청구할 수 있다고 한다.[653] 이 경우 관리방법에 관하여 미리 협의가 없더라도 공유물의 관리에 관한 사항을 단독으로 결정할 수 있다고 한다.[654] 또한 각 공유자는 단독으로 원인 없이 제3자 앞으로 경료된 등기 전부의 말소를 청구할 수 있다.[655] 제3자가 공유물을 불법점유하여 사용·수익하는 경우에 다른 공유자는 단독으로 자기의 지분범위 안에서 부당이득반환청구권 및 손해배상청구권을 행사할 수 있다. 제3자가 공유물을 멸실시킨 경우에, 각 공유자는 자기의 지분범위 안에서 단독으로 손해배상을 청구할 수 있다.

대판 2006. 11. 24. 2006다49307, 49314는 공동상속인 중 1인이 상속재산인 건물에 거주함으로써 상속재산인 그 건물부지를 사용·수익하고 있는 경우에, 특별한 사정이 없는 한 위 공동상속인은 건물뿐만 아니라 토지에 관해서도 다른 공동상속인의 공유지분에 해당하는 부분을 부당이득으로 반환하여야 한다고 하였다. 그런데 과반수 지분을 가진 공유자는 관리방법에 관한 사전협의 없이 배타적으로 사용 수익할 수 있다 하더라도, 그로 말미암아 지분은 있으되 사용·수익을 전혀 하지 못하여 손해를 입고 있는 소수지분권자에 대하여 그 지분에 상응하는 임료 상당의 부당이득을 하고 있으므로 이를 반환할 의무가 있는데, 그 과반수 지분의 공유자로부터 다시 특정부분의 사용·수익을 허락받은 제3자의 점유는 다수지분권자의 공유물관리권에 터 잡은 적법한 점유이므로 그 제3자는 소수지분권자에 대하여도 그 점유로 인하여 법률상 원인 없이 이득을 얻고 있다고는 볼 수 없다.[656]

나) 공유자에 대한 경우

일부공유자가 함부로 공유물을 배타적으로 점유하는 경우에 다른 공유자는 단독으로 방해제거를 청구할 수 있는바, 그 근거에 관하여 판례는 보존행위임을 든다. 판례는 이 경우 공유물 전부의 인도청구까지도 허용하고 있는데, 이에 대해서 명도청구를 허용하게 되면 무용한 분쟁의 악순환을 야기시킬 수 있다. 즉 공유물을 점유하는 소수지분권자에 대하여 공유물의 명도를 청구한 -다른 소수지분권자가 공유물을 명도받아 자신이 단독으로 점유하게 되면, 소수지분권자가 공유물을 배타적으로 점유하는

수 있음은 물론이다.

653) 대법원 1968. 11. 26. 선고 68다1675 판결, 학설은 대체로 지분에 기한 물권적 청구권을 근거로 하며, 불가분채권에 관한 규정(제409조)을 유추하여 자기에게 반환할 것을 청구할 수 있다고 한다.

654) 대법원 1991. 4. 12. 선고 90다20220 판결.

655) 대법원 1966. 4. 19. 선고 66다415 판결.

656) 대법원 2002. 5. 14. 선고 2002다9738 판결.

점에서는 명도를 청구하기 전의 상태와 다를 바가 없고 먼저의 소송에서 패소하여 공유물을 명도하여 준 소수지분권자도 명도를 받은 소수지분권자를 상대로 다시 명도소송을 제기하여 무의미한 소송의 반복을 피할 수 없게 된다는 비판이 있다.[657)]

일부공유자가 공유물을 배타적으로 사용·수익하는 경우에 다른 공유자는 단독으로 자기의 지분범위 안에서 부당이득반환청구권 및 손해배상청구권을 행사할 수 있다. 이 점은 지분의 과반수에 의하여 적법하게 관리방법으로 정하여졌거나 나아가 제3자로 하여금 사용·수익하게 하는 경우에도 마찬가지이다.

그런데 과반수 지분권자가 공유물을 배타적으로 사용하거나 통상의 차임으로 제3자에게 임대한 경우에 부당이득이나 손해배상의 기준은 차임 상당액이지만, 가령 제3자에게 시가보다 싸게 임대하였다면, 다른 공유자가 차임 중 자기 지분에 해당하는 부분을 부당이득으로 반환할 수 있는 외에 통상의 차임과의 차액에 해당하는 부분 중 자기 지분에 해당하는 부분을 손해배상으로 과반수 지분권자에게 청구할 수 있고, 과반수 지분권자와 제3자 사이에 사용대차가 성립한 경우에도 통상의 차임을 기초로 한 손해배상을 과반수 지분권자에게 청구할 수 있다.

2) 공유관계의 대외적 주장

제3자에 의한 침해에 대하여 각 공유자는 단독으로 지분권을 주장할 수 있는데, 그 밖에 공유관계 자체도 주장할 수 있는가? 이 문제는 일부공유자가 공유관계를 주장하여 얻은 판결의 효력(기판력)이 다른 공유자에게 미치는지와 관련되는바, 학설은 공유자 전원이 공동으로 공유관계를 주장하여야 한다고 하는 반면(필수적 공동소송), 판례는 공유관계의 확인청구나 등기(말소)청구에 대하여 보존행위에 해당함을 이유로 공유자 각자가 공유관계를 주장할 수 있다고 하고,[658)] 공유관계에 기한 방해제거청구에 대하여 지분권의 주장으로 선해하여 공유자 각자의 청구를 인정한다.

대판 2009. 2. 26. 2006다72802는 부동산의 공유자의 1인은 당해 부동산에 관하여 제3자 명의로 원인무효의 소유권이전등기가 경료되어 있는 경우 공유물에 관한 보존행위로서 제3자에 대하여 그 등기 전부의 말소를 구할 수 있으나, 공유자가 다른 공유자의 지분권을 대외적으로 주장하는 것을 공유물의 멸실·훼손을 방지하고 공유물의 현상을 유지하는 사실적·법률적 행위인 공유물의 보존행위에 속한다고 할 수 없다고

657) 김영일, 공유자 상호간의 공유물의 보존행위, 민사재판의 제문제 제4권.
658) 대법원 1993. 5. 11. 선고 92다52870 판결.

하면서, 부동산공유자 중 1인이 제3자와 무효로 된 가등기를 유용하기로 하는 합의를 하고 그 가등기에 터 잡아 순차로 소유권이전등기가 이루어진 사안에서, 다른 공유자가 자신의 소유지분을 침해하는 지분을 초과하는 부분에 대해서는 그 말소를 구할 수 없다고 하였다.

건물의 공유자 중 1인에 대한 건물철거청구의 경우에, 판례는 이는 필수적 공동소송이 아니며 지분권의 한도에서 처분권을 가짐을 이유로 일부공유자에 대한 이러한 청구도 인용하고 있다.[659] 다만 그 집행을 위해서는 지분의 합이 1이 되어야 함은 물론이다.

5. 공유물의 분할

가. 분할의 자유

각 공유자는 언제든지 공유물의 분할을 청구하여 공유관계를 종료시킬 수 있다(제268조 1항 본문). 공유는 소유자가 우연히 복수이기 때문에 부득이 그 범위 내에서 구속된 상태에 있고, 각 공유자간에는 아무런 인적 결합이 존재하지 않으므로 각자는 언제든지 공유관계를 종료시키는 권한을 유보하고 있는 것이다. 이와 같은 공유물분할 의 자유는 지분처분의 자유와 더불어 공유를 합유나 총유와 구별케 하는 가장 특징적인 것이다. 공유물분할청구권의 법적 성격은 형성권에 해당하고 이는 공유관계가 존재하는 한 언제든지 행사할 수 있으므로 소멸시효에 걸리지 않는다.

다만 건물의 구분소유에서 공용부분과 경계에 설치된 경계표 등에 대하여는 분할을 청구할 수 없다(동조 3항). 그러나 공유자들의 약정으로 5년을 넘지 않는 기간 내에서 분할을 금지할 수 있다(동조 1항 단서, 2항. 상속재산의 분할에 관한 제1012조도 참조). 부동산의 공유에서 분할금지의 특약은 등기되어야 하며(부동산등기법 제89조), 등기되지 않으면 지분양수인에게 대항할 수 없다.

659) 대법원 1993. 2. 23. 선고 92다49218 판결.

[서식 70] 공유물분할청구의 소(분할협의불성립)

소 장

원 고 김 ○ ○
OO시 OO읍 OO리 55
소송대리인 법무법인 OO
담당변호사 김 ○ ○
서울 OO구 OO동 1714-12 OO빌딩 1층
(우 : 00000, 전화 : 000-0000, 팩스 : 000-0000)

피 고 1. 김 ○ ○
OOO시 OO읍 OO리 764 OO아파트 102동 403호

2. 김 ○ ○
서울 OO구 OO동 587 OO대림아파트 101동 1202호

3. 주식회사 OO시티
서울 OO구 OO동 299-32
대표이사 한 ○ ○

공유물분할 등 청구의 소

청 구 취 지

1. 피고 주식회사 OO시티는 원고에게 별지 목록 기재 부동산에 관하여 OO지방법원 OOO등기소 20OO. 11. 29. 접수 제OOOO호로 마친 지분이전등기 말소절차를 이행하라.
2. 위 부동산에 관하여 별지 도면 표시 1, 2, 3, 4, 1의 각 점을 차례로 연결한 선내 (가)부분 34551.6㎡는 원고의 소유로, 같은 도면 표시 3, 4, 5, 6, 3의 각 점을 차례로 연결한 선내 (나)부분 23034.6㎡는 피고들의 소유로 각 분할한다.
3. 소송비용은 피고들의 부담으로 한다.

라는 판결을 구합니다.

청 구 원 인

1. 당사자들의 관계

원고와 피고 김OO, 김OO은 형제지간으로 별지 목록 기재 부동산(이하 "이 사건 토지"이라 합니다)의 공유자이며, 피고 주식회사 OO시티(이하 "회사"라고만 합니다)는 이 사건 토지의 분할 전 토지인 "OOO시 OO읍 OO리 산 163-1" 토지(이하 "분할 전 토지"라고 합니다)의 공유자였다가 자신의 지분만큼 분할을 하여 간 자로서 이 사건 토지에 관하여는 아무런 지분을 가지고 있지 않은 자입니다.

2. 이 사건 토지의 소유관계 변동 내용(갑 제1호증의 1, 2 각 부동산등기등본)

가. 1986. 9. 11.을 기준으로 한 분할 전 토지의 지분 보유 현황

이 사건 토지의 분할 전 토지는 1900. 9. 11.을 기준으로 할 때, 원고 형제들이 아래와 같이 지분을 소유하고 있었습니다.

① 원고 김OO 1/5 = 16192.4/80962
② 소외 김OO 1/5 = 16192.4/80962
③ 소외 김OO 1/5 = 16192.4/80962
④ 피고 김OO 1/5 = 16192.4/80962
⑤ 피고 김OO 1/5 = 16192.4/80962

나. 2000. 11. 3.을 기준으로 한 분할 전 토지의 지분 보유 현황

이후 김OO의 지분이 임의경매로 인하여 소외 고OO에게 이전되었고, 소외 이OO이라는 자는 고OO의 지분 전부와 원고, 소외 김OO, 피고 김OO, 피고 김OO의 지분 중 각 일부씩(5114/80962)를 매수하여 2000. 11. 3.을 기준으로 할 때, 지분 보유 현황은 아래와 같았습니다.

① 원고 김OO 11078.4/80962
② 소외 김OO 11078.4/80962
③ 소외 이OO 36648.4/80962
④ 피고 김OO 11078.4/80962
⑤ 피고 김OO 11078.4/80962

다. 2000. 11. 15.을 기준으로 한 분할 전 토지의 지분 보유 현황

이후 이OO의 지분 중 11078.4/80962가 원고에게 이전되었고, 이OO의 나머지 지분은 피고 회사에 이전되었다가 그것이 다시 소외 주식회사 OO부동산신탁에 이전되었으며, 한편, 피고 김OO의 지분 전부인 11078.4/80962가 또 원고에게 이전되어 2000. 11. 15.을 기준으로 할 때 지분 보유 현황은 아래

와 같습니다.

① 원고 김OO　　33235.2/80962(= 83088/202405)
② 소외 김OO　　없어짐
③ OO부동산신탁　　25570/80962(= 63925/202405)
④ 피고 김OO　　11078.4/80962(= 27696/202405)
⑤ 피고 김OO　　11078.4/80962(= 27696/202405)

라. 20OO. 11. 29.을 기준으로 한 이 사건 토지의 지분 보유 현황 - 현재까지 유지

그 이후 20OO. 11. 29. 피고 회사는 OO부동산신탁에 신탁하였던 지분을 신탁해지를 원인으로 다시 이전 받아 온 뒤 나머지 공유자인 원고, 피고 김OO, 김OO의 동의하에 자신의 지분만큼을 분할하여 그 지번을 이전 그대로인 OOO시 OO읍 OO리 산 163-1 임야 25570㎡로 소유하게 되었고, 이 사건 토지는 산163-16이라는 새로운 지번이 부여된 것입니다. 그런데 피고 회사는 “분할 전 토지”를 “분할 후 산163-1”과 “이 사건 토지”로 분할하면서 이 사건 토지에 관한 자신의 지분 등기를 말소하는 절차를 이행하지 않았습니다.

한편, 분할 전 토지의 분할 과정에서 원래 80962㎡로 등재되어 있는 토지의 면적이 83156㎡임이 확인되어 등록사항정정이 있었습니다.

따라서, 번호 ②자리의 소외 김OO이 공유자 중에서 빠져 나갔고, 번호 ③자리의 피고 회사도 분할로 인하여 공유자 중에서 빠져 나감에 따라 이 사건 토지의 면적은 57586㎡(83156㎡－25570㎡)가 되었고, 지분 보유 현황은 20OO. 12. 29.을 기준으로 할 때 아래와 같이 되었습니다(다항에서 보면 아시겠지만 원고의 지분 비율이 피고 김OO, 김OO의 그것의 정확히 3배입니다).

① 원고 김OO　　3/5 (= 34551.6/57586)
② 소외 김OO　　없음
③ 피고 회사　　없음
④ 피고 김OO　　1/5(= 11517.2/57586)
⑤ 피고 김OO　　1/5(= 11517.2/57586)

3. 피고 회사에 대한 지분 말소 청구

앞서 본 바와 같이 피고 회사는 분할로 인하여 “분할 후 산 163-1” 토지를 단독 소유하게 되면서 이 사건 토지에 관한 지분을 말소하였어야 하나 이를 말소하지 않은 자입니다.

따라서, 청구취지 제1항과 같이 말소를 구합니다.

이 사건 토지에 관한 피고 회사의 등기부상 지분은63295/202456이고, 이 사건

토지의 실제 지분권자는 원고 3/5, 피고 김OO 1/5, 피고 김OO 1/5이므로 피고 회사는 위 3명의 지분권자에게 가분적으로 말소를 하여야 하지 않느냐는 의문이 제기될 수 있으나, "공유자의 1인이 공유물에 관한 보존행위로서 제3자에 대하여 등기 전부의 말소를 구할 수 있다"라고 하는 것이 대법원의 판례입니다(대법원 1993. 5. 11. 선고 92다52870 판결).

4. 피고 김OO, 김OO에 대한 공유물분할 청구

앞서 본 바와 같이 이 사건 토지는 원고와 피고 김OO, 김OO의 공동 소OO유이나 20OO. 12. 29. 피고 회사가 분할을 하던 시점 무렵부터 원고와 피고 김OO, 김OO 사이에서도 공유관계를 해소하여 각자의 지분 비율대로 분할할 것이 예정되어 있었으며, 원고가 취득할 부분은 별지 도면 표시1, 2, 3, 4, 1의 각 점을 이은 선내 (가)부분으로 하기로 하였습니다.

원고가 위 (가)부분을 취득하기로 한 이유는, 원고는 사단법인 한국불교 OO종 OO사 주지인바(갑 제2호증 임명장, 갑 제3호증 승려증), 위 (가)부분을 절터로 조성하기 위하여 기초 공사를 그 동안 계속 해 왔고(갑 제4호증의 1 내지 4 각 절터 조성 사진), 석굴을 만들고 거기에 법상을 설치해 두었으며(갑 제5호증의 1, 2 각 석굴법상 사진), 부도를 설치하여 두었기 때문입니다(갑 제6호증의 1, 2 각 부도 사진).

그런데, 피고 김OO, 김OO은 지금에 이르러 공유물분할에 협조하지 않고 있어 부득이 청구취지 제2항과 같은 판결을 얻기 위하여 이 사건 소제기에 이르게 되었습니다.

5. 결 론

이상 본 바와 같이 원고의 청구는 모두 이유 있음이 명백하므로 청구취지대로의 판결을 선고하여 주시기 바랍니다.

입 증 방 법

1. 갑 제1호증의 1, 2	각 부동산등기부등본
1. 갑 제2호증	임명장
1. 갑 제3호증	승려증
1. 갑 제4호증의 1 내지 4	각 절터 조성 사진
1. 갑 제5호증의 1, 2	각 석굴법상 사진
1. 갑 제6호증의 1, 2	각 부도 사진

첨 부 서 류

1. 위임장 및 담당변호사지정서 각1통
1. 위 입증방법 각1통
1. 송달료납부서 1통
1. 법인등기부등본 1통

2000.　.　.

원고 소송대리인
법무법인 OO
담당변호사 김 ○ ○

OO지방법원 귀중

[서식 71] **공유물분할청구의 소**(분할협의불성립)

소 장

원 고 노 ○ ○
성남시 OO구 OO동 3613
(전화, 휴대폰, 팩스, e-mail)
소송대리인 법무법인 OO
담당변호사 김 ○ ○
서울 OO구 OO동 1714-12 OO빌딩 1층
(우 : 00000, 전화 : 000-0000, 팩스 : 000-0000)

피 고 강 ○ ○
성남시 OO구 OO동 110 OO아파트 905-701호

(전화, 휴대폰, 팩스, e-mail)

공유물분할 등 청구의 소

청 구 취 지

1. 경기 OO시 OO구 OO동 3613 알씨 및 연와조 스라브지붕 3층 근린생활시설 664.075㎡에 관하여 별지 도면 표시 1, 2, 3, 4, 1의 각 점을 차례로 연결한 선내 (가)부분 70.155㎡는 원고의 소유로, 같은 도면 표시 3, 4, 5, 6, 3의 각 점을 차례로 연결한 선내 (나)부분 593.920㎡는 피고의 소유로 각 분할한다.
2. 소송비용은 피고의 부담으로 한다.

라는 판결을 구합니다.

청 구 원 인

1. 당사자들의 관계

원고와 피고는 경기 OO시 OO구 OO동 3613 알씨 및 연와조 스라브지붕 3층 근린생활시설 664.075㎡ 건물(이하, "이 사건 건물"라고 합니다)의 공유자입니다. 원고의 지분권은 664.075분의 70.155이고, 피고의 지분권은 664.075분의 593.920입니다. 원고와 피고는 이 사건 건물에 관하여 측량감정을 통하여 자신의 지분권만큼 분할하고자 합니다.

2. 1900. 11. 2. 기준으로 한 이 사건 건물의 지분권 현황이 현재까지 유지됨

원고는 1900. 11. 2.경 매도인 강OO으로부터 이 사건 건물의 지분권 664.075분의70.155를 매수하고 지분권이전등기를 완료하였습니다. 따라서 1900. 11. 2. 및 현재를 기준으로 할 때, 원피고의 지분권 보유 현황은 아래와 같았습니다.

① 원고 = 70.155/664.075

② 피고 = 593.920/664.075

3. 원고와 피고 사이의 공유물분할 청구

앞서 본 바와 같이 이 사건 건물은 원고와 피고의 공동 소유이나 지금까지 공유물을 분할하지 않았지만, 원고와 피고 사이에서는 공유관계를 해소하여 각자의 지분 비율대로 분할할 것이 어느 정도 예정되어 있었습니다.

그런데, 지금에 와서 피고가 이 사건 건물에 관한 공유물분할에 협조하지 않고 있어 부득이 청구취지와 같은 판결을 얻기 위하여 이 사건 소제기에 이르게

되었습니다. 향후 이 사건 건물에 대하여 측량감정을 통하여 원고와 피고 사이의 분할면적을 특정하고자 합니다.

4. 결 론

이상과 같이 원고의 청구는 모두 이유 있음이 명백하므로 청구취지대로의 판결을 선고하여 주시기 바랍니다.

입 증 방 법

1. 갑 제1호증 건물등기부등본
1. 갑 제2호증 토지등기부등본
1. 갑 제3호증 건축물도면

첨 부 서 류

1. 위임장 및 담당변호사지정서 각 1통
1. 위 입증방법 각 1통
1. 송달료납부서 1통

20○○. . .

원고 소송대리인
법무법인 ○○
담당변호사 김 ○ ○

○○지방법원 ○○지원 민사과 귀중

[서식 72] 공유물분할청구의 소(공동매수, 임야)

소 장

원 고 ○ ○ ○ (000000-0000000)
○○시 ○○구 ○○길 00 (우편번호 00000)
전화·휴대폰번호 :
팩스번호, 전자우편(e-mail)주소 :

피 고 ○ ○ ○ (000000-0000000)
○○시 ○○구 ○○길 00 (우편번호 00000)
전화·휴대폰번호 :
팩스번호, 전자우편(e-mail)주소 :

공유물분할청구의 소

청 구 취 지

1. 별지목록 기재 토지를, 그 중 별지도면 표시 ㄱ, ㄴ, ㄷ, ㄹ, ㄱ의 각 점을 차례로 연결한 선내 ㉮부분 ○○○㎡는 원고의 소유로, 같은 도면 표시 ㄹ, ㄷ, ㅂ, ㅁ, ㄹ의 각 점을 차례로 연결한 선내 ㉯부분 ○○○㎡는 피고의 소유로 각 분할한다.
2 소송비용은 피고의 부담으로 한다.

라는 판결을 구합니다.

청 구 원 인

1. 원고와 피고는 별지목록 기재 임야를 20○○. ○. ○. 소외인 ○○○로부터 금 10,000,000원에 매수하면서 3 : 2 비율로 출연하고, 지분등기도 원고가 3/5, 피고가 2/5로 하였습니다.

2. 원고는 피고에게 여러 차례에 걸쳐 별지목록 기재 임야의 분할을 청구하였으나, 피고는 별지목록 기재 임야가 분할되면 형질을 변경하여 위락시설로 개발하기에는 부적합한 작은 필지가 되어 임야의 시가가 떨어진다는 이유로 분할에 응하

지 않고 있습니다.

3. 그러나 원·피고 사이에는 매수할 때부터 분할 할 수 없다는 특약이 없었으므로 피고가 원고의 청구에 응하지 아니할 아무런 이유도 없습니다.

4. 그런데도 피고는 원고의 청구에 응하지 아니하므로 원고로서는 부득이 청구취지와 같은 판결을 구하고자 이 사건 소송을 제기하기에 이른 것입니다.

입 증 방 법

1. 갑 제1호증 부동산등기사항전부증명서
1. 갑 제2호증 토지대장등본
1. 갑 제3호증 공유에 관한 계약서
1. 갑 제4호증 지적도등본
1. 갑 제5호증 현황측량도

첨 부 서 류

1. 위 입증방법 각 1통
1. 소장부본 1통
1. 송달료납부서 1통

20OO. . .

위 원고 O O O (서명 또는 날인)

OO지방법원 귀중

[서식 73] 공유물분할청구의 소(상속된 공유토지 분할)

소　　장

원　고　1. 정　○　○ (000000-0000000)
　　OO시 OO구 OO길 00 (우편번호 00000)
　　전화·휴대폰번호 :
　　팩스번호, 전자우편(e-mail)주소 :

2. 정　○　○ (000000-0000000)
　　OO시 OO구 OO길 00 (우편번호 00000)
　　전화·휴대폰번호 :
　　팩스번호, 전자우편(e-mail)주소 :

3. 정　○　○ (000000-0000000)
　　OO시 OO구 OO길 00 (우편번호 00000)
　　전화·휴대폰번호 :
　　팩스번호, 전자우편(e-mail)주소 :

4. 정　○　○ (000000-0000000)
　　OO시 OO구 OO길 00 (우편번호 00000)
　　전화·휴대폰번호 :
　　팩스번호, 전자우편(e-mail)주소 :

피　고　1. 정　○　○ (000000-0000000)
　　OO시 OO구 OO길 00 (우편번호 00000)
　　전화·휴대폰번호 :
　　팩스번호, 전자우편(e-mail)주소 :

2. 정　○　○ (000000-0000000)
　　OO시 OO구 OO길 00 (우편번호 00000)
　　전화·휴대폰번호 :
　　팩스번호, 전자우편(e-mail)주소 :

3. 정　○　○ (000000-0000000)
　　OO시 OO구 OO길 00 (우편번호 00000)
　　전화·휴대폰번호 :
　　팩스번호, 전자우편(e-mail)주소 :

4. 정 ○ ○ (000000-0000000)
OO시 OO구 OO길 00 (우편번호 00000)
전화·휴대폰번호 :
팩스번호, 전자우편(e-mail)주소 :

5. 정 ○ ○ (000000-0000000)
OO시 OO구 OO길 00 (우편번호 00000)
전화·휴대폰번호 :
팩스번호, 전자우편(e-mail)주소 :

공유물분할청구의 소

청 구 취 지

1. 별지목록 기재 부동산에 관하여 별지도면 표시 "4,5,6,7,4"의 각 점을 차례로 연결한 선내의 (가)부분 719.9㎡를 원고 정OO, 같은 정OO, 같은 정OO, 같은 정OO의 공유로, 같은 도면 표시 "1,2,3,4,7,8,9,1"의 각 점을 차례로 연결한 선내의 (나)부분 867.1㎡를 피고들의 공유로 분할한다. 만약 현물분할이 불가능할 때에는 위 부동산을 경매에 붙여 그 대금 중에서 경매비용을 공제한 금액 중 각 615분의 72를 원고 정OO, 원고 정OO, 원고 정OO에게, 615분의 63을 원고 정OO에게, 615분의 102를 피고 정OO에게, 각 615분의 72를 피고 정OO, 피고 정OO, 피고 정OO에게, 615분의 18을 피고 정OO에게 각 배당한다.
2. 소송비용은 피고들이 부담한다.

라는 판결을 구합니다.

청 구 원 인

1. 원·피고들 사이의 관계

원고 정OO(19OO. 1. 21.생)은 소외 망 정OO(19OO. 10. 5.사망)과 어머니인 같은 망 민OO(19OO. 6. 29.사망) 사이에서 태어난 5남 4녀 중 4남, 원고 정OO(19OO. 3. 10.생)는 5남, 원고 정OO(19OO. 1. 16.생)는 3녀이며, 같은 정OO(19OO. 11. 28.생)는 차남, 피고 정OO(19OO. 5. 4.생)는 장남, 같은 정OO(19OO. 10. 1.생)는 3남, 같은 정OO(19OO. 4. 4.생)는 장녀, 같은 정OO(19OO. 2. 7.생)는 차녀, 같은 정OO(19OO. 12. 1.생)은 4녀입니다.

2. 분할대상 부동산인 별지 부동산목록 기재 부동산은 원래 원·피고들의 아버지인

위 정OO의 소유였는데 위 정OO이 1900. 10. 5. 사망함으로써 원·피고들과 위 민OO은 망 정OO의 소유인 위 부동산을 법정상속분에 따라서 공동 상속하였습니다. 그 후 위 민OO도 1900. 6. 29. 사망함으로써 원·피고들은 망 민OO의 소유지분에 관하여 각 공유지분의 법정상속분에 따라서 공동 상속을 하였습니다.

3. **일부 피고들의 불법행위**

원고와 피고들이 별지 부동산목록 기재 각 부동산들을 위 정OO, 민OO로부터 상속받기 이전은 물론 현재까지도 위 부동산들의 대부분은 공장부지로서 매년 위 대지상의 건물소유자인 소외 김OO로부터 임대료를 받고 있어 막대한 임대수익이 발생함에도 불구하고, 피고들 가운데 피고 정OO, 같은 정OO, 같은 정OO 등은 위 민OO이 사망한 1900. 7. 6. 무렵 이후부터 현재까지 위 각 부동산들이 마치 자신들만의 소유인 양 행세하면서 위 부동산 임대수입을 매년 독차지하고 있습니다. 원고들은 그 동안 무수히 위 피고 3형제들에게 위 부동산의 임대수입을 법정상속분대로 분배할 것을 요구하여 왔으나 번번이 묵살해 버리고 있습니다.

4. **결 론**

원고들은 위에서 본바와 같은 피고 3형제들의 장기간에 걸친 불법행위를 더 이상 좌시할 수만은 없어, 별지 부동산목록 기재 각 부동산들에 대하여 위치, 형태, 면적 등 입지조건을 감안하여 모든 공유자간에 이해관계의 형평을 이루도록 하는 범위 내에서 원고들의 각 공유지분을 합산한 것에 상응하는 부분, 특히 별지 부동산목록 기재 부동산에 관하여 별지도면 표시 "4,5,6,7,4"의 각 점을 차례로 연결한 선내의 (가)부분 719.9㎡{1,587×(72/615 : 정OO지분+72/615 : 정OO지분 + 72/615 : 정OO지분 + 63/615 : 정OO지분)}를 원고 정OO, 같은 정OO, 같은 정OO, 같은 정OO의 공유로, 같은 도면 표시 "1,2,3,4,7,8,9,1"의 각점을 순차로 연결한 선내의 (나)부분 867.1㎡(1,587×336/615)를 피고들의 공유로 각 분할하며, 만약 현물분할이 불가능할 때에는 위 각 부동산을 경매에 붙여 별지 부동산목록 기재 각 부동산에 관하여는 그 대금 중에서 경매비용을 공제한 금액 중 원고 정OO, 원고 정OO, 원고 정OO에게 각 615분의 72를, 원고 정OO에게 615분의 63을, 피고 정OO에게 615분의 102를, 피고 정OO, 피고 정OO, 피고 정OO에게 각 615분의 72를, 피고 정OO에게 615분의 18을 각 대금으로 분할 청구하고자 이 사건 소를 제기하기에 이른 것입니다.

입 증 방 법

1. 갑 제1호증의 1 내지 2	기본증명서 (단, 2007.12.31. 이전 사망한 경우 제적등본)
1. 갑 제2호증의 1 내지 9	각 가족관계증명서 (또는, 상속관계를 확인할 수 있는 제적등본)
1. 갑 제3호증의 1 내지 9	각 주민등록표등본
1. 갑 제4호증의 1 내지 13	각 부동산등기사항증명서
1. 갑 제5호증의 1 내지 13	각 토지대장등본
1. 갑 제6호증	지적도등본
1. 갑 제7호증	현황측량도

첨 부 서 류

1. 위 입증방법	각 1통
1. 소장부본	5통
1. 송달료납부서	1통

2000. . .

위 원고 1. 정 ㅇ ㅇ (서명 또는 날인)
2. 정 ㅇ ㅇ (서명 또는 날인)
3. 정 ㅇ ㅇ (서명 또는 날인)
4. 정 ㅇ ㅇ (서명 또는 날인)

OO지방법원 OO지원 귀중

[서식 74] 공유물분할합의서

공유물분할합의서

갑·을은 공유물의 분할방법을 다음과 같이 합의한다.

제1조 (공유물의 표시) 갑·을이 균등한 지분으로 공유하고 있는 부동산은 다음과 같다.

OO시 OO구 OO동 OO번지

대 OO평

제2조 (분할의 방법) 위 공유부동산은 현물로써 분할한다.

제3조 (분할의 표시) 위 공유부동산은 중앙의 OO점을 기준선으로 하여 분할하되 당사자간에 동일한 면적으로 하며 그 분할선은 별지 도면과 같다.

제4조 (분할의 절차) 분할로 인한 분필절차에 관한 등기, 측량비, 기타의 비용은 갑·을이 균분하여 부담한다. 분필로 인하여 소유권이전등기절차에 필요한 서류는 OO년 O월 O일 OO장소에서 상호 교환하여야 한다.

제5조 (분할의 시기) 분할절차는 OO년 O월 O일까지 완료하고 동일분할이 이루어지는 것으로 한다.

제6조 (담보책임) 분할된 이후 1년 이내에 분할된 부분에 관하여 공유로 인한 권리관계를 주장하는 자가 있을 경우 쌍방은 서로 책임을 진다.

제7조 (계약의 해제와 손해배상) 이 공유물의 분할절차를 진행하던 중 당사자 일방이 그가 부담한 의무를 이행치 아니할 경우 손해액은 10만원으로 예정하고 상대방에게 이를 배상하여야 하며 그 이후는 위 공유물을 매매하여 가액으로 분할하기로 한다. 단 당사자 일방이 공유물을 매수하고자 할 경우는 평가액의 반액을 상대방에게 지급하고 단독명의로 소유권이전등기를 완료하는 데 필요한 의무를 이행하여야 한다.

본 계약서 2통을 작성하여 각 1통씩 보유한다.

20 년 월 일

(갑) ○ ○ ○ (인)

(을) ○ ○ ○ (인)

나. 분할의 방법

1) 분할청구

공유자의 분할청구권은 형성권에 속한다.[660] 즉 공유자 1인이 이를 행사하면 어떤 방법에 의해서든지 공유물을 분할하여야 하는 법률관계가 발생한다. 그런데 공유자 전원이 분할절차에 참여하여야 하며, 공유자의 일부가 제외된 공유물분할은 무효이다.

2) 협의에 의한 분할

공유물분할은 우선 공유자간의 협의에 의하여 한다. 분할의 청구는 공유자 각자가 이를 할 수 있으나, 분할을 실행함에 있어서는 공유자 전원이 참가하여야 한다. 각 공유자가 분할에 관하여 모두 직접적인 이해관계를 갖기 때문이다. 따라서 공유자 의 일부를 제외하고 분할절차를 진행하면 그 분할은 효력이 없다.[661] 협의에 의하여 분할하는 경우에 그 방법에 제한이 없는데, 그 방법으로 공유물을 그대로 양적으로 분할하는 현물분할, 공유물을 매각하여 그 대금을 분할하는 대금분할 및 공유자의 1인이 단독소유권을 취득하고 다른 공유자는 지분의 가격을 지급받는 가격배상(그 실질은 지분의 매매이다)이 있다.

3) 재판상 분할

협의에 의한 분할이 성립하지 않는 경우에 재판상 분할이 행하여진다(제269조 1항). 이미 분할에 관한 협의가 성립한 경우에 공유물분할의 소를 제기하거나 유지하는 것은 허용되지 않는다.[662] 그런데 공유물분할의 소는 '형식적 형성의 소'로서, 공유자 상호간의 지분의 교환 또는 매매를 통하여 공유의 객체를 단독소유권의 대상으로 하여 그 객체에 대한 공유관계를 해소하는 것을 말하므로, 법원은 공유물분할을 청구하는 자가 구하는 방법에 구애받지 않고 자유로운 재량에 따라 공유관계나 그 객체인 물건의 제반 상황에 따라 공유자의 지분비율에 따른 합리적인 분할을 하면 된다.[663] 그리고 그 판결이 확정된 경우 물권변동의 효과는 설령 등기가 없더라도 바로 발생한다(제

---

660) 대법원 1991. 11. 21. 선고 91다27228 판결.

661) 대법원 1966. 11. 22. 선고 66다1402 판결.

662) 대법원 1995. 1. 12. 선고 94다30348, 30355 판결, 협의는 하였으나 분할의 방법에 관해 합의가 성립되지 않는 경우뿐만 아니라 공유자 중 일부가 분할에 반대하는 경우에는 재판상 분할이 가능하다.

663) 대법원 2004. 10. 14. 선고 2004다30583 판결.

187조). 공유지분비율에 따른다 함은 지분에 따른 가액비율에 따름을 의미한다.[664] 그리고 공유물분할의 소는 공유자 전원이 원·피고로 참여하여야 하는 필수적 공동소송이다. 일부가 누락된 경우에 민사소송법 제68조에 의하여 추가할 수 있다.

가) 현물분할 원칙

재판에 의하여 공유물을 분할하는 경우에 현물분할에 의함이 원칙이다. 현물분할의 경우에는 공유물의 위치·면적·사용가치·이용상황·주위환경 등을 고려하여 공평하게 정하여야 한다.[665] 한편 토지를 분할하는 경우에는 원칙적으로는 각 공유자가 취득하는 토지의 면적이 그 공유지분의 비율과 같아야 할 것이나, 반드시 그렇게 하지 아니하면 안 되는 것은 아니고, 토지의 형상이나 위치, 그 이용상황이나 경제적 가치가 균등하지 아니할 때에는 이와 같은 제반 사정을 고려하여 경제적가치가 지분비율에 상응되도록 분할하는 것도 허용된다.[666] 각 공유자가 취득하는 현물의 가격과 지분의 가액에 과부족이 생기지 않도록 하는 합리적인 현물분할 방법이 없고, 그렇다고 하여 경매를 명하여 대금분할을 하는 것은 더욱 불합리한 경우에는 공유지분의 가액 이상의 현물을 취득하는 공유자는 그 초과부분의 대가를 지급하여 과부족을 조정하게 하여 분할을 하는 것도 현물분할의 한 형태로서 허용되고[667] 여러 사람이 공유하는 물건을 현물분할하는 경우에는 분할을 원하지 않는 나머지 공유자는 공유로 남는 방법도 허용된다.[668] 나아가 공유관계의 발생원인과 공유지분의 비율 및 분할된 경우의 경제적 가치, 분할방법에 관한 공유자의 희망 등의 사정을 종합적으로 고려하여 당해 공유물을 특정한자에게 취득시키는 것이 상당하다고 인정되고, 다른 공유자에게는 그 지분의 가격을 취득시키는 것이 공유자 간의 실질적인 공평을 해치지 않는다고 안정되는 특별한 사정이 있는 때에는 공유물을 공유자 중의 1인의 단독소유 또는 수인의 공유로 하되 현물을 소유하게 되는 공유자로 하여금 다른 공유자에 대하여 그 지분의 적정하고도 합리적인 가격을 배상시키는 방법에 의한 분할도 현물분할의 하나로 허용된다.[669]

---

664) 대법원 1993. 12. 7. 선고 93다27819 판결.
665) 대법원 1969. 12. 29. 선고 68다2425 판결.
666) 대법원 2004. 7. 22. 선고 2004다10183 판결.
667) 대법원 1990. 8. 28. 선고 90다카7620 판결.
668) 대법원 2004. 7. 22. 선고 2004다10183 판결.
669) 대법원 2004. 10. 14. 선고 2004다30583 판결.

나) 대금분할을 하는 경우

다만 현물로 분할할 수 없거나 분할로 인하여 그 가격이 현저히 감소될 염려가 있으면 공유물을 경매하여 그 대금을 분할하여야 한다(제269조 2항). 여기서 '현물로 분할할 수 없다'는 요건을 물리적으로 엄격하게 해석할 것은 아니고, 공유물의 성질, 위치나 면적, 이용상황, 분할 후의 사용가치 등에 비추어 보아 현물분할을 하는 것이 곤란하거나 부적당한 경우를 포함하며, '현물로 분할을 하게 되면 현저히 그 가액이 감손될 염려가 있는 경우'라는 것은 공유자의 한 사람이라도 현물분할에 의하여 단독으로 소유하게 될 부분의 가액이 분할 전의 소유지분 가액보다 현저하게 감손될 염려가 있는 경우도 포함한다.[670)]

4) 특별법에 의한 분할

공유토지를 현재의 점유상태를 기준으로 간이한 절차에 따라 분할할 수 있게 함으로써 토지에 대한 소유권행사와 토지의 이용에 따르는 불편을 해소하고 토지관리제도의 적정을 기함을 목적으로 공유토지분할에 관한 특례법은 공유토지로서 공유자 총수의 3분의 1 이상이 그 지상에 건물을 소유하는 방법(제3자로 하여금 건물을 소유하게 하는 경우를 포함한다)으로 1년 이상 자기지분에 상당하는 토지부분을 특정하여 점유하고 있는 토지의 분할에 대한 특례를 규정하는데, 원칙적으로 각 공유자가 현재 점유하고 있는 상태를 기준으로 하여 행한다(동법 제5조 1항).

5) 분할의 효과

가) 소유권의 변동

분할로 공유관계는 종료하고, '현물분할'의 경우에는 '지분교환' 그리고 '대금분할' 및 '가격배상'의 경우에는 '지분매매'가 일어난다. 교환 또는 매매인 이상 분할의 효과는 소급하지 않는다. 다만 공동상속재산의 분할은 예외적으로 소급효가 인정된다(제1015조). 공유물분할에 의하여 공유관계는 종료하고, 각 공유자는 분할된 부분에 대하여 소유권을 취득한다. 그 효력발생시기는 협의상 분할의 경우에 등기시, 재판상 분할의 경우에는 판결확정시이다(제187조에 따라 등기를 요하지 않는다).

나) 공유자 사이의 담보책임

대금분할의 경우를 제외하면 공유물의 분할은 실질적으로 지분의 교환 또는 매매

---

670) 대법원 2001. 3. 9. 선고 98다51169 판결.

이다. 따라서 각 공유자는 다른 공유자가 분할로 인하여 취득한 물건에 관하여 그 지분의 비율로 매도인과 동일한 담보책임을 진다(제270조). 담보책임의 일반적 효과로 손해배상, 대금감액청구 및 해제를 들 수 있는데, 이중 해제는 재판상 분할의 경우에 인정되지 않는다.

다) 공유물상의 제한물권

공유물상의 담보물권 또는 용익물권은 어떠한 방법에 의한 분할에도 영향을 받지 않고 그 물건 위에 존속한다. 다만, 용익물권이 처음부터 공유물의 일부에만 설정되었던 경우에는 당연히 그 부분 위에서만 존속한다(제293조 2항).

라) 공유물상의 담보물권

대금분할이나 가격배상의 경우에 공유지분 위에 존재하던 담보물권은 공유물이 누구의 소유로 되든지 관계없이 그 지분의 비율에 따라 공유물 위에 존속하는데,[671] 제3자 또는 다른 공유자가 공유물의 소유권을 취득하면 담보권자는 물상대위의 규정(제342조, 제370조)에 따라 지분을 가지던 자가 취득하는 대금 또는 가격에 대하여 권리를 행사할 수 있다 할 것이다. 한편 현물분할의 경우에 공유지분 위의 담보물권은 그 대상이었던 지분의 소유자가 취득하는 부분에 대해서만 존속한다는 입장도 있지만, 담보물권의 불가분성에 비추어 공유지분 위의 담보물권은 분할된 개개의 물건 위에 그 지분의 비율에 따라 존속한다는 것이 판례의 입장이다.[672]

마) 공유물 분할과 관습법상 법정지상권

공유자간에 그 중 1인 또는 수인 소유의 건물이 있는 공유대지를 분할하여 각기 단독소유로 귀속케 한 결과 그 대지와 지상건물이 소유자를 달리하게 된 경우 건물소유자는 그 건물부분을 철거한다는 등의 특별한 사정이 없는 한 그 건물의 부지와 아울러 건물의 유지 및 사용에 필요한 범위 내에서 인접토지에 대하여 관습법상 법정지상권을 취득한다.[673] 그러나, 토지의 공유자 중의 1인이 공유토지 위에 건물을 소유하고 있다가 토지지분만을 전매한 경우, 만일 당해 토지 자체에 대하여 건물의 소유를 위한 관습법상 법정지상권이 성립된 것으로 보게 된다면, 이는 마치 토지공유자의 1인으로 하여금 다른 공유자의 지분에 대하여서까지 지상권설정의 처분행위를 허용하

671) 대법원 1993. 1. 19. 선고 92다30603 판결.
672) 대법원 1989. 8. 8. 선고 88다카24868 판결.
673) 대법원 1974. 2. 12. 선고 73다353 판결.

는 셈이 되어 부당하고,[674] 토지공유자의 한 사람이 다른 공유자의 지분 과반수의 동의를 얻어 건물을 건축한 후 토지와 건물의 소유자가 달라진 경우 토지에 관하여 관습법상 법정지상권이 성립되는 것으로 보게 되면 이는 토지공유자의 1인으로 하여금 자신의 지분을 제외한 다른 공유자의 지분에 대하여서까지 지상권설정의 처분행위를 허용하는 셈이 되어 부당하다고 한다.[675]

> [기본사례] 원고(공유자 1인) → 피고(다른 공유자)
> 수인의 공유물 분할을 구함

6. 청구취지

가. 현물분할을 구하는 경우

> 서울 OO구 OO동 산 12-1 임야 12,321㎡ 중 별지도면 표시 1, 2, 3, 4, 1의 각 점을 순차로 연결한 선내 가 부분 4107㎡는 원고의 소유로 별지도면 표시 3, 4, 5, 6, 7, 8, 3의 각점을 순차로 연결한 선내 나 부분 8214㎡는 피고의 소유로 각 분할한다.

나. 대금분할을 구하는 경우

> 별지목록 기재 각 부동산을 경매에 부쳐 그 대금에서 경매비용을 공제한 나머지 금액을 원고와 피고에게 각 1/2의 비율로 분배한다.

다. 가격보상에 의한 현물분할을 구하는 경우

> 1. 별지 목록 기재 부동산을 분할하여 피고의 소유로 한다.
> 2. 피고는 원고에게 20,000,000원 및 이에 대하여 이 판결확정일 다음날부터 완제일까지 연 5%의 비율로 계산한 금원을 지급하라.

674) 대법원 1987. 6. 23. 선고 86다카2188 판결.
675) 대법원 1993. 4. 13. 선고 92다55756 판결.

1) 형식적 형성의 소

법원은 공유물분할을 청구하는 자가 구하는 방법에 구애받지 아니하고 자유로운 재량 에 따라 합리적인 방법으로 공유물을 분할 할 수 있으므로 실질은 비송사건이나 형식은 소송사건인 형식적 형성의 소이다. 따라서 통상의 소와는 달리 청구취지를 명확히 할 필요는 없으므로, 분할을 구하는 공유물이 무엇인가를 알아 볼 수 있을 정도로 명시하고, 법원의 분할 판결을 청구하는 의사 표시가 분명히 나타나 있다면 구체적인 분할방법이 기재되어 있지 않아도 된다. 다만 위 3가지 청구취지 중에는 원고가 구하는 분할방법이 어느 것인지만 확인 → 청구취지와 청구원인이 다른 경우에는 원고가 구하는 분할방법이 무엇인지를 보정권고한다.

※ 보정권고 : 청구취지에서는 현물분할을 구하면서도 청구원인에서는 대금분할을 구하고 있는바, 원고가 구하는 분할방법이 무엇인지를 명백히 밝히고, 필요할 경우 청구취지를 정리할 것

다만, 공유물을 여러 개의 물건으로 분할한 다음 공유물분할을 원하는 공유자는 물건을 단독 소유하게 하고, 공유물 분할을 원하지 않는 공유자는 나머지 물건을 공동 소유하게 하는 것도 가능하다(대법원 1993. 12. 7. 선고 93다27819 판결).

예 ~, 별지도면 표시 3, 4, 5, 6, 7, 8, 3의 각 점을 순차로 연결한 선내 나부분 8214㎡는 피고들의 소유로 각 분할한다.

2) 필수적 공동 소송

피고는 원고를 제외한 나머지 공유자 전원이 되어야 한다. 따라서 공유물분할소송이 접수되면 즉시 부동산등기부등본(주식의 경우에는 주주명부)을 검토하여 공유자 전원이 피고로 되었는지를 확인하고 누락된 경우 재판장에게 기록을 인계하여 피고를 추가할 수 있도록 하여야 한다. 공유자 전원이 당사자가 되지 않으면 소 각하되고, 판결이 선고되었다고 하더라도 효력이 없다. 당사자 전부가 합의하지 않는 한 임의 조정이 되지 않으므로, 조정에 일부만 동의한 경우에는 공유자 전원에 대하여 강제조정으로 함이 타당하며, 일부 항소한 경우에도 전원이 상급심으로 이송됨 → 원, 피고 당사자로 공유자 전원을 표기하여 항소심에서 누락되는 일이 없도록 하여야 한다.

3) 구분소유적 공유관계 해소를 목적으로 하는 경우

구분소유적 공유관계는 1필의 토지 중 위치, 평수가 특정된 일부를 양수하고서도

분필 에 의한 소유권이전등기를 하지 않고, 편의상 그 필지의 전체 평수에 대한 양수 부분의 면적비율에 상응하는 공유지분이전등기를 경료한 경우이다. 이때 특정부분을 소유하고 있다고 주장하는 공유자는 다른 공유자를 상대로 그 특정부분에 대한 명의신탁 해지를 원인으로 한 지분이전등기절차의 이행을 구할 수 있을 뿐 이에 갈음하여 공유물분할청구를 할 수 없다(대법원 1996. 2. 23. 선고 955다8430 판결).

청구원인에 위와 같은 취지의 기재가 있거나, 또는 당사자의 서면공방에서 위와 같은 취지의 주장이 있을 경우 즉시 재판장에게 기록을 인계하여 조치(청구취지변경 등)를 받아야 한다.

4) 상속재산분할을 구하는 경우

피상속인이 사망하고 공동상속인들이 상속재산을 공동으로 상속하여 그 분할을 구하는 경우에는 가정법원의 전속 관할인 가사비송사건에 해당한다(가사소송법 제2조 1항). 명의신탁자가 수인에게 부동산의 명의를 신탁한 경우 공동명의수탁자의 일부가 나머지 공동명의수탁자를 상대로 공유물분할청구를 제기할 수 없다.

7. 청구원인

[청구원인] 원고와 피고들이 공유하고 있는 사실

8. 요건사실

요건사실	원고와 피고들이 공유하고 있는 사실

가. 원고와 피고들이 공유하고 있다는 사실이 요건사실이다. 입증방법으로 등기부등본 등을 제출할 수 있다.

나. 법률상 분할금지되는 경우

법률상 분할금지되는 경우는 수인이 한 채의 건물을 구분하여 일부분씩을 소유한 경우 그 건물과 그 부속물 중 공유하는 부분(민법 제215조), 상린자의 공유로 추정되는 경계선상에 설치된 경계표, 담, 구거(민법 제239조), 구분소유권의 목적인 건물이 속하는 1동의 건물의 대지(집합건물의 소유및관리에 관한법률 제8조) 등이다.

다. 공동명의수탁자의 분할청구

명의신탁자가 수인에게 부동산의 명의를 신탁한 경우 공동명의 수탁자의 일부가 나머지 공동명의수탁자를 상대로 공유물분할청구를 제기할 수 없다(대법원 1993. 2. 9. 선고 92다37482 판결).

라. 검증, 감정

당사자 사이에 공유지분이나 분할방법에 대하여 다투지 않으면 검증, 감정신청 하도록 촉구하고, 공유지분이나 분할방법에 대하여 적극적으로 다툴 경우에는 재판장에게 기록을 인계하여 검증, 감정시기, 방법 등에 관하여 조치를 받아야 한다.

마. 감정인 선정에서 주의사항(측량감정에 있어서 감정 방법과 감정인 선정등에 관한 예규, 재민 97-3) : 다른 감정인 선정시 지적정리 불가능(판결정정 절차에서 재감정을 하여야 하는 일이 발생할 수 있다)

1. 지적법에 의한 지적측량 중 경계점좌표등록부가 비치된 지역(수치지역_에서의 지적측량 : 대한지적공사의 본사, 본부, 지사(이하 대한지적공사라고 한다)에 감정을 촉탁하거나 지적법에 의하여 등록된 지적측량업자 또는 그 소속 지적기술사, 지적기사, 지적산업기사 중에서 감정인을 선정하고 감정을 명해야 한다.
2. 지적법에 의한 지적측량 중 경계점좌표등록부가 비치되지 않은 지역(도해지역)에서의 지적측량 : 대한지적공사에 감정 촉탁

바. 분할방법에 대한 근거 확인

공유물의 종류, 성질, 면적, 위치, 사용가치, 도로 등 주변상황, 가격, 공유자의 사용수익의 현황과 분할 후의 이용 상황, 장래의 이용가치 및 토지의 경우에는 토질, 수리 등까지 고려하여 분할 후의 각 범위가 위치적으로나 지형적으로 공유자에게 가장 이용가치가 큰 방법으로 분할하여야 하고, 이와 같은 요소를 참작하여 법원이 자유재량으로 분할하므로 당사자가 주장하는 분할방법에 대한 근거가 있어야 한다. 따라서 근

거에 대한 설명이 없는 경우 보정권고한다.

※ 보정권고 : 원고는 청구취지에서 별지도면 A 와 B를 잇는 선으로 분할을 구하는 바, 이와 같이 구하는 근거를 구체적으로 밝힐 것

피고도 분할을 원하고 있으면서도 분할방법을 제시하지 않거나, 또는 적극적으로 분할에 반대하고 있는 경우에도 분할방법을 제시하도록 적극적으로 보정권고 한다.

※ 보정권고 1 : 원고가 구하는 분할방법에 대하여 다른 의견이 있으면 그 안을 제시할 것

※ 보정권고 2 : 분할에 대하여 반대하더라도 원고가 구하는 분할청구가 받아들여질 경우 분할안을 제시할 것

9. 항변 등

[주요항변] ① 분할금지의 항변
② 분할합의 항변

가. 분할금지의 항변(민법 제268조 1항)

분할하지 아니하기로 하였다는 항변을 할 수 있는데, 공유물분할 및 분할금지 특약은 당연히 승계되지 아니한다.[676] 입증방법으로는 합의서 등을 제출할 수 있다. 분할금지 기간을 정하지 아니하거나 5년을 초과한 경우에도 그 기간은 5년으로 본다. 이에 대하여 원고는 그 후 공유자 전원이 분할하기로 하였다는 재항변을 할 수 있는데 그에 대한 입증방법으로는 분할합의서 등이 있고, 또한 공유자가 파산선고(파산법 제58조) 회사정리절차개시결정(회사정리법 제61조)을 받았다는 재항변을 할 수 있는데 그에 대한 입증방법으로는 파산결정문, 회사정리절차개시결정문 등이 있다.

나. 분할합의 항변

공유자 사이에 분할의 방법에 관하여 합의가 성립한 경우에 공유자는 이에 따라야

676) 대법원 1975. 11. 11. 선고 75다82 판결.

하 고, 공유물분할소송을 제기할 수 없다. 따라서 재판장에게 기록을 즉시 인계하여 조치를 받아야 한다.

만일, 합의에 따른 지분이전등기절차이행 또는 대금지급청구소송을 할 수 있을 뿐이고, 제기된 공유물분할소송은 각하된다(대법원 1995. 1. 12 선고 94다30348, 30355 판결).

Ⅵ. 경계확정의 소

1. 의 의

서로 인접하고 있는 토지의 소유자는 공동비용으로 통상의 경계표나 담을 설치할 수 있다(민법 제237조 1항). 경계는 이미 확정되어 있어야 하며, 경계표나 담의 설치로 경계가 정하여 지는 것은 아니다. 경계에 관하여 다툼이 있으면, 경계확인의 소에 의하여 결정하여야 한다.

> [기본사례] 원고(소유자) → 피고(인접 소유자)
> 현실의 경계선이 불확실하여 지적공부상의 경계를 현실로 나타내고자 함

2. 청구취지

> 원고 소유의 별지 제1목록 기재토지와 피고 소유의 별지 제2목록기재 토지와의 경계선은, 별지 제1목록 기재 토지상의 별지 제3목록기재 건물의 동북쪽 모퉁이인 별지도면 표시 ㄱ점으로부터 별지 제2목록 토지상의 별지 제4목록 기재 건물의 서북쪽 모퉁이인 별지도면 ㅅ점을 향하여 3.5미터 거리인 별지도면 표시 1점과, 별지 제3목록 기재건물의 동남쪽 모퉁이인 별지도면 표시 ㄴ점으로부터 별지 제4목록기재 건물의 서남쪽 모충이인 별지도면 표시 0점을 향하여 2미터 거리인 별지도면 표시 2점을 연결한 직선으로 확정한다.

가. 형식적 형성의 소

당사자 쌍방이 주장하는 경계선에 기속되지 아니하고 스스로 진실하다고 인정되는 바 에 따라 경계를 확정하는 소로써 그 특징으로는 경계 위치에 관하여 당사자 사이

에 합의가 있어도 효력이 없고, 처분권주의의 적용이 없으며(화해, 인낙불능), 청구기각의 판결을 할 수 없고, 당사자는 일정선을 경계로 하여 주장 및 입증을 할 필요가 없다. 따라서 청구취지에서 특정의 경계선을 적을 필요가 없고, 공정으로 인증된 경계의 확정만을 구하는 것이므로 소유관계가 나타날 필요도 없다.

나. 관 할

보통재판적 이외에 부동산이 있는 곳의 법원에도 제기할 수 있다(민소 제20조).

다. 당사자 적격

서로 경계를 접한 인지의 소유자이어야 하고, 인접하는 토지의 한편 또는 양편이 수인이 공유에 속하는 경우 그 경계의 확정을 구하는 소송은 고유필수적 공동소송이므로(대법원 2001. 6. 26. 선고 2000다24207 판결), 누락된 경우에는 재판장에게 즉시 기록을 인계하여 조치를 받아야 한다. 공유자 중 인접지와의 경계확정의 소를 제기하는데 동의하지 않는 경우 인접지 소유자 및 제기에 동의하지 않는 공유자 모두를 피고로 하여 소를 제기하여야 한다.

라. 권리보호의 필요

당사자 사이에 다툼이 있다는 사실만으로 권리보호의 이익이 있다. 다만, 지적도에 의해 명확한 공법상의 경계가 설정되어 있는 상태에서 상대방이 그 경계를 침범하였다는 이유로 경계확정의 소를 제기한 경우에는 공적으로 설정 인증된 경계에 다툼이 있는 것이 아니므로 그 침범대지의 인도를 구하는 외에 별도로 그 경계의 확인을 구하는 것은 소의 이익이 부적합하다(대법원 1991. 4. 9. 선고 90다12649 판결).

3. 청구원인

[청구원인] 공부상 등록된 토지 또는 건물인 사실

4. 요건사실

요건사실	공부상 등록된 토지 또는 건물인 사실

가. 요건사실은 공부상 등록된 토지 또는 건물인 사실 이다. 만일, 임야대장에는 분할되어 지번, 지적이 부여된 것으로 표시되어 있고, 등기부상 분필등기까지 되어 있으나 임야도상으로는 표시가 전혀 되지 아니한 임야의 경우 비록 분할측량원도의 기재가 있다 하더라도 지적법상 분할절차를 거쳐 지적공부상 분할등록이 마쳐졌다고, 할 수 없으므로 이러한 임야는 토지로서 아예 존재하지 아니하거나 특정할 수 없고 그 등기도 1개토지의 일부에 대한 것으로서 무효이다.[677)]

나. 직권증거조사

당사자들이 주장하는 경계선 이외의 경계선을 확정할 필요가 있을 경우 재판장에게 기록 인계하여 조치를 받아 당사자에 대하여 측량감정신청을 촉구하여야 한다.

다. 청구의 포기, 인낙, 재판상 화해

경계는 공법상의 것으로 임의처분이 허용되지 않으므로, 당사자가 합의가 성립한 경우에는 계쟁지에 관한 소유권확인의 소로 변경하여 화해조서를 작성하도록 한다. 이때 소변경절차를 취하지 않으면 소 취하 내지 소송종료의 합의를 합의조항에 기재하도록 한다.

라. 검증, 감정

재판장에게 기록을 인계하여 검증, 감정시기, 방법들에 관하여 조치를 받아야 한다.

마. 경계측량

감정인이 경계복원측량을 해 본 경험이 있는지를 확인하고, 처음 하는 경우에는 그 방법을 자세히 알려 주어 재측량을 하는 경우가 없도록 하여야 한다. 이때 소관청 보관의 측량원도가 있어야 하고, 만일 없다면 정부기록보존소에 대한 토지조사사업

677) 대법원 1998.11.27. 선고97 다24948 판결.

당시의 측량원도에 대한 문서송부 촉탁하여 확인하여야 하므로, 미제출시 원고에게 증거를 제출하도록 촉구하여야 한다. 또한 등록 당시의 기초점을 찾을 수 없는 경우에는 등록 당시와 비슷한 조건의 기지점을 기준으로 하고, 기지점도 찾지 못하면 도근점을 기준으로 한다.

바. 감정인 선정에서의 주의사항(측량감정에 있어서 감정 방법과 감정인 선정 등에 관한 예규, 재민 97-3) : 다른 감정인 선정시 지적정리 불가능(판결정정 절차에서 재감정을 하여야 하는 일이 발생할 수 있다)

1. 지적법에 의한 지적측량 중 경계점좌표등록부가 비치된 지역(수치지역_에서의 지적측량 : 대한지적공사의 본사, 본부, 지사(이하 대한지적공사라고 한다)에 감정을 촉탁하거나 지적법에 의하여 등록된 지적측량업자 또는 그 소속 지적기술사, 지적기사, 지적산업기사 중에서 감정인을 선정하고 감정을 명해야 한다.
2. 지적법에 의한 지적측량 중 경계점좌표등록부가 비치되지 않은 지역(도해지역)에서의 지적측량 : 대한지적공사에 감정 촉탁

5. 항변 등

경계확정의 소는 인접하는 토지의 경계를 확정을 구하는 소이고, 그 토지에 관한 소유권의 범위나 실체상 권리의 확인을 목적으로 하는 것은 아니므로, 당사자가 토지 일부를 시효취득하였는지의 여부는 토지경계확정의 소에서 심리할 대상이 되지 못한다.[678]

[서식 75] 경계확정청구의 소(경계선분쟁)

소 장

원 고 이 ○ ○
서울 OO구 OO동 135
(전화, 휴대폰, 팩스, e-mail)

678) 대법원 1993. 10.9. 선고92다44503 판결.

피 고 임 ○ ○
서울 OO구 OO동 143
(전화, 휴대폰, 팩스, e-mail)

경계확정 청구의 소

청 구 취 지

1. 원고 소유인 서울 OO구 OO동 135 대 250㎡와 피고 소유인 서울 OO구 OO동 143 대 221평방미터의 경계선은 별지도면표시 "가, 나, 다, 라, 마, 바, 사, 가"를 순차적으로 연결하는 선임을 확정한다.
2. 소송비용은 피고의 부담으로 한다.

라는 판결을 구합니다.

청 구 원 인

1. 원고는 서울 OO구 OO동 135 대 250㎡를 20OO. 5. 13. 소외 김OO으로부터 매매를 원인으로 한 소유권이전등기를 필한 적법한 소유자이고, 피고는 20OO. 7. 19. 소외 유OO으로부터 같은 곳 143 대 221㎡와 같은 곳 143-2 대 50㎡ 합계 271㎡를 매수한 바 있습니다.

2. 그런데 원고와 피고는 위 양 대지상에 건물 신축을 앞두고 경계선에 대하여 분쟁을 거듭하고 있는바, 원고는 별지도면표시 "가, 나, 다, 라, 마, 바, 사, 가"를 순차적으로 연결한 선이 원고와 피고 대지의 경계선임을 확정하기 위하여 이 사건 청구에 이른 것입니다.

증 거 방 법

1. 갑 제1호증의 1	대지등기부등본
2	토지대장
1. 갑 제2호증	지적도
1. 갑 제3호증의	대지등기부등본
1. 갑 제4호증의 1 내지 2	각 대지등기부등본
1. 갑 제5호증의 1 내지 2	각 토지대장

첨 부 서 류

1. 위 각 입증방법 1통
1. 납부서 1통
1. 소장부본 1통

2000. . .

원고 이 ○ ○ (인)

OO지방법원 귀중

[서식 76] **경계확정청구의 소**(경계선분쟁)

소 장

원 고 이 ○ ○
서울 OO구 OO동 135
(전화, 휴대폰, 팩스, e-mail)

피 고 임 ○ ○
서울 OO구 OO동 143
(전화, 휴대폰, 팩스, e-mail)

경계확정 청구의 소

청 구 취 지

1. 원고 소유인 서울 OO구 OO동 135 대 250㎡와 피고 소유인 서울 OO구 OO동 143 대 221평방미터의 경계선은 별지도면표시 "가, 나, 다, 라, 마, 바, 사, 가"를

순차적으로 연결하는 선임을 확정한다.
2. 소송비용은 피고의 부담으로 한다.
라는 판결을 구합니다.

청 구 원 인

1. 원고는 서울 OO구 OO동 135 대 250㎡를 20OO. 5. 13. 소외 김OO으로부터 매매를 원인으로 한 소유권이전등기를 필한 적법한 소유자이고, 피고는 20OO. 7. 19. 소외 유OO으로부터 같은 곳 143 대 221㎡와 같은 곳 143-2 대 50㎡ 합계 271㎡를 매수한 바 있습니다.

2. 그런데 원고와 피고는 위 양 대지상에 건물 신축을 앞두고 경계선에 대하여 분쟁을 거듭하고 있는바, 원고는 별지도면표시 "가, 나, 다, 라, 마, 바, 사, 가"를 순차적으로 연결한 선이 원고와 피고 대지의 경계선임을 확정하기 위하여 이 사건 청구에 이른 것입니다.

증 거 방 법

1. 갑 제1호증의 1	대지등기부등본
2	토지대장
1. 갑 제2호증	지적도
1. 갑 제3호증의	대지등기부등본
1. 갑 제4호증의 1 내지 2	각 대지등기부등본
1. 갑 제5호증의 1 내지 2	각 토지대장

첨 부 서 류

1. 위 각 입증방법	1통
1. 납부서	1통
1. 소장부본	1통

20OO. . .

원고 이 O O (인)

OO지방법원 귀중

[서식 77] 경계확정청구의 소(경계선분쟁)

소 장

원 고 김 ○ ○
서울시 ○○구 ○○동 11

피 고 최 ○ ○
서울시 ○○구 ○○동 12

토지경계선 확정

청 구 취 지

1. 원고의 소유인 서울시 ○○구 ○○동 11번지 대지 59평 및 같은 동 10번지 대지 13평과 피고 소유인 서울시 ○○구 ○○동 12번지 대지 34평 1작 및 같은 동 16번지 1호 대지 3평의 경계는 별지 도면과 같고, 원고 소유지의 북쪽 블록담의 담쪽 끝의 중심을 (A)점이라 하고, 원고소유지의 서쪽 끝에 있는 개울의 북쪽으로부터 50㎝ 북방에 있는 지점을 (B)점이라 하여 (A)점과 (B)점을 연결하는 선임을 확정한다.
2. 소송비용은 피고의 부담으로 한다.

라는 판결을 구합니다.

청 구 원 인

1. 원고의 소유지

원고는 다음 2필지의 토지를 20○○. ○. ○. 소외 박○○으로부터 매수하여 소유하고 그 지상에 건물을 건축하여 소유하고 있습니다.

(1) 서울시 ○○구 ○○동 11번지 대지 59평(이하 (가)라 약칭한다.)

(2) 같은 동 10번지 대지 13평(이하 (나)라 약칭한다.)

2. 피고의 소유지

피고는 다음 2필지의 토지를 20○○년 ○월경 소외 홍○○으로부터 매수하여 소유하고 있는 자 입니다.

(1) 서울시 ○○구 ○○동 12번지 대지 34평 1작(이하 (다)라 약칭한다.)

(2) 같은 동 16번지 1호의 대지 3평(이하 (라)라 약칭한다.)

3. 원·피고의 경계다툼

피고는 (다), (라)지상에 20○○년 ○월경 건물을 건축하였는바 건물의 지반이 경계를 넘어서 원고 소유의 토지에 침입하여 왔으므로 원고는 그 불법을 따지고 지반 건설의 중지를 요구하였으나 피고는 이에 불응할 뿐 아니라, 도리어 원고와 피고와의 본건 토지경계는 블록담보다 더 남쪽에 있다고 주장하기에 이르렀습니다.

4. 원고주장의 경계선

그러나 원·피고의 위 토지의 전 주인 박○○과 홍○○이 소유하고 있던 당시 경계선상에 상호 공동으로 비용을 각출하여 블록담을 축조하고 그 중심선을 경계로 정한 것입니다. 원고는 그의 지시에 따라 이것을 매수한 것이고 또 실측평수에 있어서도 원고주장의 경계선에 따라 이를 측량하면 (가), (나)의 대지는 ○평, (다), (라)의 대지는 ○평 ○작이 되어 공부면적과 합치하게 됩니다. 그러므로 본 소 청구에 이른 것입니다.

입 증 방 법

1. 갑제1호증　　토지등기부등본　　4통
1. 갑제2호증　　토지대장　　4통
1. 갑제3호증　　지적도　　1통
1. 현장검증을 신청합니다.
1. 검증현장에서 증인 박○○·전○○의 심문을 신청합니다.

첨 부 서 류

1. 위임장　　1통
1. 위 증거서류　　각 1통
1. 소장 부본　　1통
1. 송달료 납부서　　1통

20○○. ○. ○.

위 원고 김 ○ ○ (인)

서울지방법원 귀중

Ⅶ. 사행행위취소소송

1. 총 설

채권자취소권이라 함은 채무자가 채권자를 해함을 알면서 자기 일반재산을 감소시키는 법률행위(사해행위)를 한 경우에 채권자가 그 법률행위를 취소하고 원상으로 회복하는 내용으로 하는 권리를 말하는데(민법 제406조 1항), 이를 사해행위취소권이라고도 한다. 다시 말하면 채무자의 책임재산을 유지할 목적으로 채무자와 제3자 사이에 행하여진 채무자의 재산을 감소시키는 법률행위를 취소하고 채무자의 책임재산으로부터 빠져나간 재산을 도로 채무자의 책임재산에로 회복해 올 권리를 채권자에게 인정하는 제도이다.

가령 채무자가 자기 재산을 함부로 타인에게 증여하거나 제3자가 채무자에게 채무를 부담하고 있는데 채무자가 방만하게 이를 면제해 준 경우에 채권자는 채무자의 증여나 채무면제를 취소하고 채무자의 재산으로부터 일탈한 재산을 회복해 옴으로써 채무자의 재산의 감소를 방지할 수 있다.

채권자취소권은 채무자의 책임재산을 보전하는 기능을 담당한다. 그런데 책임재산을 보전하는 절차법상의 방법으로는 보전처분과 압류도 있으나, 이들은 이미 일탈한 재산을 회복함에 절적하지 못하다.

[기본사례] 원고(채권자) → 피고(수익자 또는 전득자)
원고가 甲정에게 10,000,000원을 대여하였는데 甲이 채무초과 상태에서 자기 소유 부동산에 관하여 친척인 피고 앞으로 근저당권설정등기를

> 경료하였기에 그 말소를 구함

2. 청구취지

> 1. 피고와 소외 甲사이에 별지목록 기재 부동산에 관하여 2000. 10. 1.체결된 근저당 권설정계약을 취소한다.
> 2. 피고는 소외 甲에게 위 부동산에 관하여 서울동부지방법원 2000. 10. 1. 접수 제 12345호로 마친 근저당권설정등기의 말소등기절차를 이행하라.

가. 소송요건

1) 채권자가[679] 채권자취소권을 행사하려면 사해행위로 인하여 이익을 받은 자나 전득한 자를 상대로 그 법률행위의 취소를 청구하는 소송을 제기하여야 되는 것으로서 채무자를 상대로 그 소송을 제기할 수는 없다.[680][681]

2) 채권자취소권의 행사기간은 제척기간으로서 그 준수는 직권조사사항인 소송요건에 해당하므로, 피고의 제척기간 도과주장은 본안 전 항변에 해당한다. 채권자취소

---

679) 개인회생절차 개시결정이 내려진 후에는 채무자가 총채권자에 대한 평등변제를 목적으로 하는 부인권을 행사하여야 하고, 개인회생채권자목록에 기재된 개인회생채권을 변제받거나 변제를 요구하는 일체의 행위를 할 수 없는 개인회생채권자가 개별적 강제집행을 전제로 하여 개개의 채권에 대한 책임재산의 보전을 목적으로 하는 채권자취소소송을 제기할 수는 없다(대법원 2010. 9. 9. 선고 2010다37141 판결). 이 경우에는 소가 부적법하므로 각하하여야 한다.

680) 채권자가 사해행위의 취소와 함께 수익자 또는 전득자로부터 책임재산의 회복을 구하는 사해행위취소의 소를 제기한 경우 그 취소의 효과는 채권자와 수익자 또는 전득자 사이의 관계에서만 생기는 것이므로, 수익자 또는 전득자가 사해행위의 취소로 인한 원상회복 또는 이에 갈음하는 가액배상을 하여야 할 의무를 부담한다고 하더라도 이에 채권자에 대한 관계에서 생기는 법률효과에 불과하고 채무자와 사이에서 그 취소로 인한 법률관계가 형성되는 것은 아니고, 그 취소의 효력이 소급하여 채무자의 책임재산으로 회복되는 것도 아니라 할 것이다. 위의 법리에 따라 원심판결 이유를 기록에 비추어 살펴보면, 원심이 〈압류 및 전부명령 당시 피압류채권이 이미 제3자에 대한 대항요건을 갖추어 양도되어 그 명령이 효력이 없는 것이 되었다면〉, 그 후의 사해행위취소소송에서 위 채권양도계약이 취소되어 동 채권이 원채권자에게 복귀하였다고 하더라도 이미 무효로 된 압류 및 전부명령이 다시 유효로 되어 동 채권이 압류채권자에게 전부되는 것이 아니라고 판단한 다음, 사해행위취소에 의하여 이 사건 파산채권이 소급하여 우학물산의 책임재산으로 회복되었음을 전제로 이 사건 가압류, 압류 및 전부명령이 유효하다는 피고 보조참가인의 주장을 배척한 것은 정당하다(대법원 2006. 8. 24. 선고 2004다23110 판결).

681) 대법원 2004. 8. 30. 선고 2004다21923 판결.

권은 채권자가 취소원인을 안 날로부터 1년, 법률행위가 있은 날로부터 5년 내에 행사하여야 하는데(민법 제406조 2항), '취소원인을 안 날'이라 함은 채권자가 채권자취소권의 요건을 안 날을 의미하는바, 그 법률행위가 채권자를 해하는 행위라는 것 즉, 그에 의하여 채권의 공동담보에 부족이 생기거나 이미 부족상태에 있는 공동담보가 한층 더 부족하게 되어 채권을 완전하게 만족시킬 수 없게 되었으며 나아가 채무자에게 사해의 의사가 있었다는 사실까지 알 것을 요한다(수익자나 전득자의 악의까지 알아야 하는 것은 아니다).[682)]

가) 채권자가 사해행위 취소를 청구하면서 그 보전하고자 하는 채권을 추가하거나 교환하는 것은 그 사해행위취소권을 이유 있게 하는 공격방법에 관한 주장을 변경하는 것일 뿐이지 소송물 또는 청구 자체를 변경하는 것이 아니므로 소의 변경이라 할 수 없으므로, 제척기간의 도과 여부는 제소 당시를 기준으로 하여야 한다.[683)684)]

나) 사해행위의 취소만을 청구한 다음 원상회복을 나중에 청구하는 경우에는 사해행위 취소청구가 제척기간 내에 제기되었다면 원상회복청구는 그 기간이 지난 후에도 할 수 있다.[685)] 그러나, 채권자가 전득자를 상대로 채권자취소권을 행사하기 위해서는, 소송상 공격방법의 주장이 아닌 법원에 소를 제기하는 방법으로 청구하여야 하는

682) ① 채권자가 채무자의 재산상태를 조사한 결과 자신의 채권 총액과 비교하여 채무자 소유의 부동산의 가액이 그에 미치지 못하는 것을 이미 파악하고 있었던 상태에서 채무자의 재산에 대하여 가압류를 하는 과정에서 그 중 일부 부동산에 관하여 제3자 명의의 가등기가 경료된 사실을 확인하였다면, 다른 특별한 사정이 없는 한 채권자는 그 가압류 무렵에는 채무자가 채권자를 해함을 알면서 사해행위를 한 사실을 알았다고 봄이 상당하다(대법원 2005. 3. 25. 선고 2004다66490 판결). ② 채권자가 채무자의 유일한 재산에 대하여 가등기가 경료된 사실을 알고 채무자의 재산상태를 조사한 결과 다른 재산이 없음을 확인한 후 채무자의 재산에 대하여 가압류를 한 경우에는 채권자는 그 가압류 무렵에는 채무자가 채권자를 해함을 알면서 사해행위를 한 사실을 알았다고 봄이 상당하지만, 채권자가 채무자 소유의 부동산에 대한 가압류신청시 첨부한 등기부등본에 수익자 명의의 근저당권설정등기가 경료되어 있었다는 사실만으로는 채권자가 가압류신청 당시 취소원인을 알았다고 인정할 수 없다(대법원 2001. 2. 27. 선고 2000다44348 판결).

683) 대법원 2003. 5. 27. 선고 2001다13532 판결.

684) 공동저당권이 설정된 수 개의 부동산에 관한 일괄 매매행위가 사해행위에 해당함을 이유로 그 매매계약의 전부 취소 및 그 원상회복으로서 각 소유권이전등기의 말소를 구하다가 사해행위 이후 저당권이 소멸된 사정을 감안하여 법률상 이러한 경우 원상회복이 허용되는 범위 내의 가액배상을 구하는 것으로 청구취지를 변경하면서 그에 맞추어 사해행위취소의 청구취지를 변경한 데에 불과한 경우에는 하나의 매매계약으로서의 당해 사해행위의 취소를 구하는 소 제기의 효과는 그대로 유지되고 있다고 봄이 상당하다 할 것이므로 비록 취소소송의 제척기간이 경과한 후에 당초의 청구취지변경이 잘못 되었음을 이유로 다시 위 매매계약의 전부취소 및 소유권이전등기의 말소를 구하는 것으로 청구취지를 변경한다 해도 최초 소 제기시에 발생한 제척기간 준수의 효과에는 영향이 없다(대법원 2005. 5. 27. 선고 2004다67806 판결).

685) 대법원 2001. 9. 4. 선고 2001다14108 판결.

것이고, 〈비록 채권자가 수익자를 상대로 사해행위의 취소를 구하는 소를 이미 제기하여 채무자와 수익자 사이의 법률행위를 취소하는 내용의 판결을 선고받아 확정되었더라도〉 그 판결의 효력은 그 소송의 피고가 아닌 전득자에게는 미칠 수 없는 것이므로, 채권자가 그 소송과는 별도로 전득자에 대하여 채권자취소권을 행사하여 원상회복을 구하기 위해서는 제척기간 안에 전득자에 대한 관계에 있어서 채무자와 수익자 사이의 사해행위를 취소하는 청구를 하지 않으면 아니 되는 것[686]이므로, 위 제소기간이 도과한 후에 제기한 전득자에 대한 청구는 부적법하게 된다.

3) ① 채권자취소권의 요건을 갖춘 각 채권자는 고유의 권리로서 채무자의 재산처분 행위를 취소하고 그 원상회복을 구할 수 있는 것이므로 각 채권자가 동시 또는 이시에 채권자취소 및 원상회복소송을 제기한 경우 이들 소송이 중복제소에 해당하는 것이 아닐 뿐만 아니라, ② 어느 한 채권자가 동일한 사해행위에 관하여 채권자취소 및 원상회복을 하여 승소판결을 받아 그 판결이 확정되었다는 것만으로 그 후에 제기된 다른 채권자의 동일한 청구가 권리보호의 이익이 없어지게 되는 것은 아니고, 〈그에 기하여 재산이나 가액의 회복을 마친 경우〉에 비로소 다른 채권자의 채권자취소 및 원상회복청구는 그와 중첩되는 범위 내에서 권리보호의 이익이 없게 된다.[687] ③ 동일한 사해행위에 관한 취소소송이 중첩된 경우, 선행 소송에서 확정판결로 처분부동산의 감정 평가에 따른 가액반환이 이루어진 이상 후행 소송에서 부동산의 시가를 다시 감정한 결과 위 확정판결에서 인정한 시가보다 평가액이 증가되었다 하더라도, 그 증가된 부분을 위 확정판결에서 인정한 부분과 중첩되지 않는 부분으로 보아 이에

---

686) 그런데 앞서 본 바와 같이 원고가 1998. 6.경 민OO(수익자)를 상대로 사해행위취소 소송을 제기하였으므로 원고는 늦어도 그 무렵에는 민OO이 원고를 해함을 알면서 민OO에게 이 사건 건물을 매도하였음을 알고 있었다고 할 것이고, 그로부터 1년이 경과한 후인 2002. 3. 25.에 제기된 이 사건 소는 민법 제406조 제2항 소정의 제소기간이 도과된 후에 제기된 것이어서 부적법하다고 할 것이다. 그럼에도 불구하고, 원심은 수익자를 상대로 사해행위취소의 소를 제기하여 승소판결을 받은 후 전득자를 상대로 원상회복의 청구를 하는 경우에는 민법 제406조 제2항이 적용되지 않는다고 보아 피고의 제척기간 도과의 항변을 배척하였으니, 원심판결에는 사해행위취소의 소의 제척기간에 관한 법리를 오해한 위법이 있고, 이러한 위법은 판결의 결과에 영향을 미쳤음이 분명하다(대법원 2005. 6. 9. 선고 2004다17535 판결).

687) 기록상 피고 박OO, 이OO이 위 확정판결에 따른 가액배상금을 기술신용보증기금에 지급하여 원상회복이 이루어졌음을 인정할 자료는 없다. 그럼에도 불구하고, 기술신용보증기금이 피고 박OO, 이OO을 상대로 위 각 부동산에 관한 이 사건 각 매매계약이 사해행위임을 이유로 그 계약의 취소 및 가액배상의 이행을 구하는 승소 판결을 받아 확정되었다는 점만으로 원고의 피고 박OO, 이OO에 대한 이 사건 소가 권리보호의 이익이 없어 부적법하다고 한 원심은 사해행위취소의 소에 있어 권리보호의 이익에 관한 법리를 오해하여 판결에 영향을 미친 위법을 저지른 것이라 할 것이다(대법원 2003. 7. 11. 선고 2003다19558 판결).

대하여 다시 가액배상을 명할 수는 없다(권리보호의 이익이 없어 부적법하다).[688]

4) 채권자가 채무자의 부동산에 관한 사해행위를 이유로 수익자를 상대로 그 사해행위의 취소 및 원상회복을 구하는 소송을 제기하여 그 소송계속 중 위 사해행위가 해제 또는 해지되고 채권자가 그 사해행위의 취소에 의해 복귀를 구하는 재산이 벌써 채무자에게 복귀한 경우에는, 특별한 사정이 없는 한, 그 채권자취소소송은 이미 그 목적이 실현되어 더 이상 그 소에 의해 확보할 권리보호의 이익이 없어지는 것이고, 이는 그 목적재산인 부동산의복귀가 그 이전등기의 말소 형식이 아니라 소유권이전등기의 형식을 취하였다고 하여 달라지는 것은 아니다.[689]

나. 피고 : 수익자(또는 전득자)

채무자와 수익자(또는 전득자) 둘 다 피고로 삼아야 하는 것이 아니고, 항상 수익자(또는 전득자)만을 피고로 삼아야 하며 채무자는 피고적격이 없다.

다. 사해행위 취소청구만을 할 수도 있지만, 원상회복청구를 하려면 반드시 취소청구를 병합 청구해야 한다.

→ 누락된 경우 보정권고

3. 청구원인

[청구원인] ① 원고의 甲에 대한 채권이 있는 사실
② 甲이 피고에게 재산을 처분한 사실
③ 甲이 원고를 해할 의사(사해의사)가 있었다는 사실

4. 요건사실

요건사실	① 원고의 甲에 대한 채권이 있는 사실(채권발생의 원인이 되는 사실) ② 甲이 피고에게 유일한 재산(부동산, 동산 등)을 매도하거나 채무초과

688) 대법원 2005. 3. 24. 선고 2004다65367 판결.
689) 대법원 2008. 3. 27. 선고 2007다85157 판결.

상태에서 채권자들 중 한 사람인 피고에게만 근저당권 설정을 해 주거나 대물변제한 사실
③ 甲이 원고를 해할 의사(사해의사)가 있었던 사실

가. 사해행위취소소송에서의 피보전채권은 금전채권이나 종류채권임을 요하고, 소유권이전등기청구권과 같은 특정물채권은 피보전채권이 될 수 없다. 피보전채권이 존재하지 않는 경우나, 특정채권을 피보전채권으로 삼고 있는 경우에는 청구 기각하여야 한다(청구기각설).[690] 한편, 채권자가 채무자를 상대로 그 채무의 이행을 구하는 소를 제기하여 승소판결이 확정되면 채권자취소소송의 상대방인 수익자나 전득자는 그와 같이 확정된 채권자의 채권의 존부나 범위에 관하여 다툴 수 없다.[691]

1) 그리고 원래 채권자는 채권 발생 당시의 채무자의 자력을 신용을 기초로 하는 것이고, 사해행위 당시 아직 존재하지 않은 채권의 경우 그 행위로 인하여 침해된다고 볼 수 없으므로, ① 원칙적으로 채권자취소권에 의하여 보호될 수 있는 채권은 원칙적으로 사해행위라고 볼 수 있는 행위가 행하여지기 전에 발생된 것임을 요하지만,[692] ② 〈그 사해행위 당시에 이미 채권 성립의 기초가 되는 법률관계가 발생〉[693] 되어 있고, 〈가까운 장래에 그 법률관계에 터 잡아 채권이 성립되리라는 점에 대한 고도의 개연성〉이 있으며, 〈실제로 가까운 장래에 그 개연성이 현실화되어 채권이 성립된 경우〉에는, 그 채권도 채권자취소권의 피보전채권이 될 수 있으므로, 이에 관한 일련의 사정을 입증하여도 무방하다.[694][695][696] ③ 한편, 채권자의 채권이 사해행

690) 대법원도 청구기각한 원심판결을 유지하고 있다.
691) 대법원 2003. 7. 11. 선고 2003다19572 판결.
692) 원심은, 윤○○와 피고 문○○ 사이의 위 1996. 2. 10.자 매매예약이 사해행위에 해당함을 이유로 그 취소 및 원상회복을 구하는 원고의 피고 문○○에 대한 청구에 대하여 법률행위의 이행으로서 가등기를 경료하는 경우에 그 채무의 원인되는 법률행위가 취소권을 행사하려는 채권자의 채권보다 앞서 발생한 경우에는 특별한 사정이 없는 한 그 가등기는 채권자취소권의 대상이 될 수 없는데, 윤○○와 피고 문○○ 사이의 위 매매예약은 원고가 눌산건설과 신용보증계약을 체결하기 이전인 1996. 2. 10. 체결된 사실을 인정할 수 있으므로, 원고의 윤○○에 대한 구상금 채권은 이 사건 채권자취소권의 피보전권리가 될 수 없다는 이유로, 이를 배척하였다. 기록에 비추어 살펴보면, 원심의 위 판단은 정당하다(대법원 2002. 4. 12. 선고 2000다43352 판결).
693) 다만, 단순히 신용카드가입계약만을 가리켜 여기에서 말하는 '채권성립의 기초가 되는 법률관계'에 해당한다고 할 수는 없다(대법원 2004. 11. 12. 선고 2004다40955 판결).
694) 원심은, 원고는 원심 공동피고 눌산건설 주식회사(이하 '눌산건설'이라고 한다)가 국민은행으로부터 2억 원을 대출받음에 있어 1996. 10. 31. 눌산건설과 사이에, 눌산건설이 국민은행에 대하여 지게 될 원리금상환채무에 관하여 신용보증을 하기로 하는 신용보증계약을 체결하였고, 눌산건설의 대표이사

인 원심 공동피고 윤OO, 그의 처로서 눌산건설의 감사인 피고 성OO는 원고가 위 신용보증계약에 따라 보증채무를 이행하게 되었을 경우 눌산건설이 원고에 대하여 부담하게 될 대위변제금 및 구상채권보전비용 등 모든 채무를 연대보증한 사실, 눌산건설은 경영의 악화로 1998. 5. 1.부터 위 대출금의 이자지급을 연체하다가 같은 해 7. 13. 부도를 내었고, 이에 원고가 1998. 10. 28. 국민은행에게 원리금조로 합계 금 214,457,052원을 대위변제하였을 뿐만 아니라, 구상금 채권을 보전하기 위하여 금 1,220,310원을 지출한 사실, 윤OO는 눌산건설의 경영이 악화되어 이자를 연체하기 시작한 이후로서 부도가 나기 직전인 1998. 6. 8. 자신의 여동생의 남편인 피고 문OO에게, 자신의 유일한 재산인 이 사건 제1부동에 관하여 1996. 2. 10.자 매매예약을 원인으로 한 소유권이전등기청구권가등기를 경료하였고, 피고 성OO는 1998. 6. 12. 피고 김OO에게, 자신의 유일한 재산인 이 사건 제2부동산에 관하여 1998. 1. 10.자 매매예약을 원인으로 한 소유권이전등기청구권가등기를 경료한 사실을 인정하였다. (…) 원심은, 위에서 인정한 기초사실에 의하면 피고 성OO가 피고 김OO과 위 매매예약을 체결할 당시 원고의 피고 성OO에 대한 구상금 채권이 현실적으로 발생하지 아니하였다 할지라도 이미 구상금 채권의 기초가 되는 법률관계가 발생(신용보증 및 연대보증계약)되어 있었고, 가까운 장래에 그 법률관계에 기하여 원고의 구상금 채권이 성립되리라는 점에 대한 고도의 개연성이 있었으며, 실제로 매매예약 체결 이후 채 4개월도 되지 못한 시점부터 이자의 지급을 연체하다가 부도를 내어 원고가 보증책임을 이행함으로써 위 개연성이 현실화되어 원고의 구상금 채권이 성립하였으므로 원고의 위 구상금 채권도 피보전채권이 될 수 있고, … 원심의 위 사실인정 및 각 판단은 정당하다(대법원 2002. 4. 12. 선고 2000다43352 판결).

695) 〈먼저 2001. 12. 7.자 신용보증계약에 기한 원고의 구상금채권이 채권자취소권의 피보전채권이 될 수 있는지를 보면〉, 위 신용보증계약 체결일은 이 사건 매매계약 체결일인 2001. 9. 20. 이후로서 원고가 사해행위라고 주장하는 이 사건 매매계약 당시에는 아직 채권 성립의 기초가 되는 법률관계가 형성되지도 않았으므로, 위 신용보증계약에 기한 구상금채권은 채권자취소권의 피보전채권이 될 수 없다. 〈다음으로 2001. 4. 26.자 신용보증계약에 기한 원고의 구상금채권의 경우〉, 기록에 의하면 유OO은 위 신용보증계약에 따라 원고로부터 발급받은 신용보증서를 담보로 장수농업협동조합으로부터 대출받은 16,900,000원의 채무에 관하여 2003. 1. 1.에 이르러서야 처음으로 이자지급을 연체하였고 2003. 8. 28. 기한의 이익을 상실하였으며 원고는 2003. 12. 26. 장수농업협동조합에 19,094,467원을 대위변제하고 구상금채권을 취득하였음을 알 수 있는바, 위와 같은 사정에 비추어 보면 이 사건 매매계약 체결 당시 위 신용보증계약에 기한 원고의 구상금채권이 발생하지 않았을 뿐 아니라, 비록 이 사건 매매계약 체결 당시 채권 성립의 기초가 되는 법률관계는 발생되어 있었다고 하더라도 가까운 장래에 그 법률관계에 기하여 채권이 성립하리라는 점에 대한 고도의 개연성이 있었다고 보기도 어렵다. 〈원고는 (…)점에 비추어 2001. 4. 26.자 신용보증계약에 기한 원고의 구상금채권이 성립하리라는 점에 대한 고도의 개연성이 있다는 취지로 주장하나〉, 단순히 소극재산이 적극재산을 초과하고 있었다거나 별건의 보증채무와 관련하여 채무변제 독촉을 받고 있었다는 사정만으로는 그와 같은 개연성이 있다고 단정하기 어렵고, 더구나 이 사건 매매계약 체결 이후인 2001. 12. 7. 원고가 유OO과 별도의 신용보증계약을 체결한 점을 감안하면 더욱 그러하다. 그렇다면 2001. 4. 26.자 신용보증계약에 기한 원고의 구상금채권 및 2001. 12. 7.자 신용보증계약에 기한 원고의 구상금채권이 채권자취소권의 피보전채권이 될 수 있다고 본 원심판결에는 사해행위의 성립요건에 관한 법리를 오해하여 판결에 영향을 미친 위법이 있다(대법원 2006. 9. 28. 선고 2005다8286, 8293 판결).

696) 원심판결 이유와 기록에 의하면, 이 사건 사해행위취소의 피보전채권인 원고의 소외 1에 대한 구상금채권은 원고가 신용보증채무를 이행한 2005. 4. 29. 발생하였으므로 원고가 사해행위로서 취소를 구하는 이 사건 전세권설정계약 체결일인 2004. 10. 29.에는 아직 발생되지 아니하였으나, 이 사건 전세권설정계약 당시 소외 1이 이 사건 신용보증계약의 당사자의 지위에 있었고 주채무자로서 중소기업은행에 대하여 신용보증의 대상인 대출금채무를 부담하고 있었던 이상 원고의 구상금 채권 성립의 기초가 되는 법률관계는 이미 발생되어 있었다고 볼 것인데, 〈보증사고를 일으키지는 아니하였다고 하더라도〉 소외 1이 이미 중소기업은행에 대하여 신용보증의 대상이 되는 10억 원도 넘는 대출금채무를 부담하고 있는 상태에서 이를 변제할 아무런 방도를 강구하지 아니한 채 피고 회사에게 이 사건 전세권설정계약과 아울러 OO산업의 영업 전부를 무상양도하기로 결정하였음에 비추어 이 사건 전세권설정계약 당시에는

위 이전에 성립되어 있는 이상 그 채권이 양도된 경우에도 그 양수인이 채권자 취소권을 행사할 수 있고, 이 경우 〈채권양도의 대항요건을 사해행위 이후에 갖추었더라도〉 채권양수인이 채권자취소권을 행사하는 데 아무런 장애사유가 될 수 없다[697] 할 것이다.

2) 한편, 채권자취소권은 일반채권의 책임재산의 보전을 목적으로 하는 것이고, 그 행사의 효과는 전 채권자에 대하여 효력이 있는 것이라는 점에 비추어, 채권자취소권에 의하여 보호될 수 있는 채권은 원칙적으로 채무자의 공동담보의 감소로 인하여 해를 입을 수 있는 채권이어야 하므로,

가) 채권자취소권을 행사하는 채권자의 채권에 대하여 물상담보권이 있는 경우에,[698]

㉠ 채권자의 채권에 대해 근저당권 등이 설정되어 있고 그 부동산의 가액 〈및〉 채권최고액이 당해 채무액을 초과하여 채무 전액에 대하여 채권자에게 우선변제권이 확보되어 있다면 그 채권은 채권자취소권의 피보전채권이 될 수 없고,[699] ㉡ 당해 채권이 담보부동산의 가액 및 채권최고액을 초과하는 경우 그 담보물로부터 우선변제 받을 금액을 공제한 나머지 채권에 관하여만 채권자취소권이 인정되는데,[700] 이 경우

가까운 장래에 신용보증사고 및 구상금채권이 발생할 고도의 개연성이 있었다고 볼 것이고, 실제로 소외 1이 OO산업을 폐업한 뒤 중소기업은행에게 대출금을 제때 변제하지 못하여 2005. 3. 26. 이 사건 신용보증사고를 일으키고 보증인인 원고가 2005. 4. 29. 중소기업은행에 보증채무를 이행하고 소외 1에 대한 구상금채권을 취득함으로써 그 개연성이 현실화되었으므로, 원고의 소외 1에 대한 구상금채권은 채권자취소권의 피보전채권이 될 수 있다고 할 것이다. 같은 취지의 원심 판단은 정당하고, 거기에 채권자취소권의 피보전채권에 관한 채증법칙 위반, 심리미진, 법리오해 등의 위법이 없다(대법원 2010. 7. 15. 선고 2007다21245 판결).

697) 대법원 2006. 6. 29. 선고 2004다5822 판결.

698) 결론부터 말하자면, ① 〈담보물의 가치가 담보채권자의 채권액을 초과하는 경우〉 담보목적물이나 다른 재산의 처분은 우선변제권이 확보된 담보채권자에 대해서는 사해행위가 되지 않으나, 다만, 담보목적물이라도 우선변제권이 확보된 부분을 제외한 부분은 일반담보에 해당하므로 일반채권자에 대해서는 사해행위가 될 수 있다. ② 이에 반하여, 〈담보물의 가치가 담보채권자의 채권액에 미달하는 경우〉, 담보목적물의 처분은 담보채권자에게든 일반채권자에게든 사해행위가 되지 않으나, 담보물 이외의 다른 재산의 처분은 담보채권자나(그 미달하는 부분에 대해서는 일반채권자의 지위에 있으므로) 일반채권자나 모두에게 사해행위가 될 수 있다.

699) 이 경우 연대보증인이 비록 유일한 재산을 처분하는 법률행위를 하더라도 채권자에 대하여 사해행위가 성립되지 않는다(대법원 2000. 12. 8. 선고 2000다21017 판결).

700) 주채무자 또는 제3자 소유의 부동산에 대하여 채권자 앞으로 근저당권이 설정되어 채권자에게 우선변제권이 확보되어 있다면 그 범위 내에서는 채무자의 재산처분행위는 채권자를 해하지 아니하므로 그 담보물로부터 우선변제받을 액을 공제한 나머지 채권액에 대하여만 채권자취소권이 인정된다(대법원 2002. 4. 12. 선고 2000다63912 판결). 즉 담보부동산이 제3자 소유인 경우에도 공제하여야 한다는 것이다. 위 대법원 판결은, "채권자가 주채무자 아닌 제3자 소유의 재산에 물상담보권을 가지는 경우에는

채권자취소권을 행사하는 채권자로서는 그 담보권의 존재에도 불구하고 자신이 주장하는 피보전채권이 그 우선변제권의 범위 밖에 있다는 점을 주장·입증하여야 한다.

이 경우, 채권자의 채권원리금이 그 우선변제권에 의하여 전액 담보되지 아니하는 경우에는 〈변제충당의 법리를 유추적용〉하여 사해행위 시점에서는 이자채권이 원금채권에 우선하여 우선변제권에 의하여 담보되고 있다고 볼 것이므로 담보되지 아니하는 부분 가운데에는 원금에 해당하는 금원이 포함되어 남아 있게 될 것이고, 따라서 채권자가 채권자취소권을 행사할 수 있는 범위는 그 이후 담보권의 실행 등으로 소멸한 부분을 제외하고 난 다음 실제로 남은 미회수 원리금 전부가 아니라 사해행위 당시 채권최고액 및 담보부동산의 가액을 초과하는 부분에 해당하는 채무원리금 및 그 중 원금 부분에 대한 사실심 변론종결시점까지 발생한 지연이자 상당의 금원이 이에 해당한다.[701]

나) 한편, 채권자취소권을 행사하는 채권자의 채권에는 물상담보가 없고 채무자 소유의 재산이 다른 채권자의 채권에 물상담보로 제공된 경우

㉠ 채무자가 양도한 목적물에 담보권이 설정되어 있는 경우라면 그 목적물 중에서 일반 채권자들의 공동담보에 공하여지는 책임재산은 피담보채권액을 공제한 나머지 부분만이라 할 것[702]이므로, 저당권이 설정되어 있는 재산이 사해행위로 양도된 경우에 그 사해행위는 그 재산의 가액, 즉 시가(공시지가와 일치하는 것은 아니다)에서 저당권의 피담보채권액을 공제한 잔액의 범위 내에서 성립하며, ㉡ 따라서 피담보채권액이 그 재산의 가액을 초과하는 때에는 당해 재산의 양도는 사해행위에 해당하나고 할 수 없고,[703][704] ㉢ 여기서 피담보채권액이라 함은 근저당권의 경우 채권최고액이 아니라

그 우선변제권에 의하여 채권이 변제되더라도 물상보증인이 주채무자나 연대보증인에 대하여 구상권을 취득·행사하게 되므로 채권자로서는 그 담보가치를 주채무자나 연대보증인의 적극재산으로 평가하고 있는 것은 아니라는" 이유로 채권전액에 대하여 사해행위가 성립한다고 판단한 원심판결을 파기하였다.

701) 대법원 2002. 11. 8. 선고 2002다41589 판결. 즉, 채권자취소권의 행사범위를 정함에 있어 피보전채권액을 산정할 때, 사해행위 이후 변론 종결시까지 발생한 이자, 지연손해금이 포함되는데, 채권의 일부에 대하여 우선변제권이 확보된 경우라면, 변제충당의 법리를 유추하여 우선변제권이 확보된 부분을 공제한 나머지 금액 부분을 피보전채권의 원금으로 삼아 변론 종결시까지 지연이자를 가산한 금액을 피보전채권액으로 보아야 한다는 것이다.

702) 대법원 1997. 9. 9. 선고 97다10864 판결.

703) 물론, 이 경우 저당권을 가지고 있는 채권자로서는 우선변제권이 확보되지 않은 채권을 채권자취소권의 피보전채권으로 주장할 수 있고, 담보물 이외의 다른 재산의 처분은 담보채권자에게나 일반채권자에게 모두 사해행위가 될 수 있음은 앞에서 본 바와 같다.

704) 〈원심은, (…) 채무초과의 상태에 있던 소외 1 주식회사는 위 근로자들에 대한 임금채무 등의 지급을 면탈하고자 고의로 채권자들 중의 1인인 피고에게 소외 1 주식회사의 유일한 재산인 이 사건 선박을

실제로 이미 발생하여 있는 채권금액이라고 할 것이다.[705)]

다) 한편, 새로 설정된 담보권의 말소를 구하는 사해행위취소 청구에 앞서 선순위 담보권 설정행위가 사해행위로 인정되어 취소되고 그에 기한 등기가 말소되었거나 채권자가 선순위 담보권과 후순위 담보권에 대한 사해행위취소 및 등기말소를 구하는 소송에서 선순위 담보권 설정행위가 사해행위로 인정되는 경우에는 후순위 담보권 설정행위가 사해행위에 해당하는지 여부를 판단함에 있어 그 선순위 담보권의 피담보채무액을 당해 부동산에 설정된 담보권의 피담보채무액에 포함시켜서는 안 됨을 주의하여야 한다.[706)]

라) 가압류채권자의 경우에는 주의를 요한다.

① 부동산에 대하여 가압류등기가 먼저 되고 나서 채무자가 자신의 채무를 담보하기 위하여 근저당권을 설정한 경우, 대법원은 다음과 같은 이유로 채권자취소권의 행사가 제한적으로 인정된다고 한다. 즉, 이 경우 경매절차의 배당관계에서 근저당권자는 선순위 가압류채권자에 대하여는 우선변제권을 주장할 수 없으므로 그 가압류채권자는 근저당권자와 일반 채권자의 자격에서 평등배당을 받을 수 있으므로, 가압류채

대물변제조로 양도하고, 피고 또한 그러한 정을 알면서 이 사건 선박을 양수하였다고 봄이 상당하고, 한편 위 매매계약 당시 이 사건 선박에 관한 근저당권의 피담보채권 합계액이 이 사건 선박의 시가를 초과하고 있었다고 하더라도, 위 임금 등 채권은 이 사건 선박이 경매될 경우에 그 배당절차에서 근로기준법 제37조 제2항 소정의 최우선변제권 있는 임금 및 퇴직금으로서 1,2순위 각 근저당권의 피담보채권에 우선하여 만족을 받을 수 있으므로, 위 매매계약은 일반채권자가 아닌 최우선변제권 있는 위 임금 등 채권의 대위자인 원고에 대한 관계에 있어서는 원고를 해하는 사해행위에 해당한다고 판단)하였다. 그러나 위와 같은 원심의 판단은 다음과 같은 이유로 수긍하기 어렵다. 채권자취소권은 채무자가 일반채권자의 공동담보가 되는 채무자의 총재산을 감소하게 하는 법률행위를 한 경우에 그 감소행위의 효력을 부인하여 채무자의 재산을 원상으로 회복함으로써 채권의 공동담보를 유지·보전하게 하기 위하여 채권자에게 부여된 권리인 점과 민법 제407조가 채권자취소와 원상회복은 모든 채권자의 이익을 위하여 효력이 있다고 규정하고 있는 점 등에 비추어 보면, 위와 같은 법리는 채권자들 중에 그 채무자에 대하여 임금채권 등 경매 등의 환가절차에서 저당권에 의하여 담보되는 채권보다 우선하여 배당을 받을 수 있는 채권자가 있는 경우에도 마찬가지라고 할 것이고, 피담보채권액이 그 재산의 가액을 초과하는 재산의 양도행위가 저당권의 피담보채권보다 우선하여 배당받을 수 있는 채권자에 대한 관계에 있어서만 사해행위가 된다고 할 수도 없다(대법원 2006. 4. 13. 선고 2005다70090 판결).

705) 대법원 2001. 10. 9.선고 2000다42618 판결.

706) 같은 취지에서 원심이 그 판시와 같은 사실을 인정한 다음 이 사건 제1심판결이 확정됨에 따라 소외 1과 소외 2 사이에 체결된 이 사건 제2순위 근정당권설정계약이 사해행위로서 취소되고 그 등기가 말소되었으므로 이 사건 제2순위 근저당권의 피담보채무액은 이 사건 아파트에 관하여 설정되어 있는 담보권의 피담보채무액에 포함시킬 수 없다고 판단한 것은 정당하다(대법원 2007. 7. 26. 선고 2007다23081 판결).

권자는 채무자의 근저당권설정행위로 인하여 아무런 불이익을 입지 않으므로 채권자취소권을 행사할 수 없다 할 것이나, 채권자의 실제 채권액이 가압류 채권금액보다 많은 경우 〈그 초과하는 부분에 관하여는〉 가압류의 효력이 미치지 아니하여 그 범위 내에서는 채무자의 처분행위가 채권자들의 공동담보를 감소시키는 사해행위가 되므로 그 부분 채권을 피보전채권으로 삼아 당연히 채권자취소권을 행사할 수 있다는 것이다.[707)][708)]

② 반면, 채권자가 이미 자기 채권의 보전을 위하여 가압류를 한 바 있는 부동산을 채무자가 제3자가 부담하는 채무의 담보로 제공하여 근저당권을 설정하여 줌으로써 물상보증을 한 경우에는 대법원은 특별한 제한적 요소의 설시 없이, 채무자가 아무 채무도 없이 다른 사람을 위해 자신의 부동산에 관하여 근저당권을 설정함으로써 물상보증인이 되는 행위는 그 부동산의 담보가치만큼 채무자의 총재산에 감소를 가져오는 것이므로, 그 근저당권이 채권자의 가압류와 동순위의 효력밖에 없다 하여도, 그 자체로 다른 채권자를 해하는 행위가 된다고 판시하고 있다.[709)] 즉, 이 경우 물상보증

---

707) 원심판결 이유에 의하면 이 사건 근저당권설정 이전의 원고의 가압류채권 총액은 합계 257,754,747원인데 비하여 원고의 소외인에 대한 실제 채권액은 약 500,000,000원에 달하여 가압류채권금액을 초과함이 분명하므로 그 초과부분에 터 잡아 채권자취소권을 행사할 수 있다(대법원 2008. 2. 28. 선고 2007다77446 판결).

708) [참고] 그러나, 위 2007다77446 판결에 대해서는 다음과 같은 비판이 있다. 즉, 부동산에 대하여 가압류등기 후에 근저당권설정등기가 경료된 경우, 가압류채권자가 채무자의 근저당권설정행위에 대하여 채권자취소권을 행사할 수 있는지 여부와 가압류채권자와 근저당권자 및 근저당권설정등기 후 강제경매신청을 한 압류채권자 사이의 배당순위는 별개의 문제이므로, 가압류채권자의 채권자 취소권 배제의 근거가 될 수 없고, 가압류는 장래에 금전채권의 강제집행을 보전하기 위한 보전처분으로서 우선적 효력이 인정되지 않으므로, 사해행위 당시 어느 부동산이 가압류되어 있다는 사정은 채권자 평등의 원칙상 채권자의 공동담보로서 그 부동산의 가치에 아무런 영향을 미치지 않는다는 점, 채무초과 상태의 채무자가 자신의 유일한 재산인 채권을 채권자 중의 어느 한 사람에게 채권담보로 제공하는 것이 사해행위에 해당한다는 점을 고려할 때, 가압류가 된 여부나 그 청구채권액의 다과에 관계없이 채무자의 근저당권설정행위에 대하여 사해행위를 인정한 제1심과 원심의 판단이 타당하고, 위 2007다77446 대법원 판결은 부당하다는 것이다(양형우, "채무자의 근저당권설정행위와 가압류채권자의 채권자취소권 : 대법원 2008. 2. 28. 선고 2007다77446 판결," 홍익법학 제10권 제2호 (2009년 6월) pp.343-374, 홍익대학교 법학연구소).

709) 원심은 판시 채택 증거를 종합하여, 원고는 소외 1과 소외 2, 3 등에게 판시 구상금 채권이 있고 그 보전을 위하여 2006. 7. 27. 소외 1 소유의 이 사건 부동산에 가압류결정을 받아 기입등기가 마쳐졌는데, 소외 1이 2006. 8. 1. 피고와 사이에 이 사건 부동산에 관하여 이 사건 근저당권 설정계약을 체결하고, 피고에게 채무자 소외 2, 3, 채권최고액 10억 4,000만 원의 근저당권설정등기를 마쳐준 사실, 이 사건 부동산에 대한 강제경매절차가 진행되어 2008. 2. 22. 실제 배당할 금액 중 판시와 같이 신청채권자인 원고와 근저당권자인 피고에게 채권액에 따라 안분하여 배당하는 내용으로 배당표가 작성된 사실을 인정한 후, 이 사건 근저당권은 사해행위이므로 이를 취소하고 원상회복으로 배당표상 피고에게 배당된 금액을 원고에게 모두 배당하는 것으로 배당표 경정을 구하는 원고의 이 사건 청구에 대하여, 피고는 이 사건 부동산에 관한 근저당권자라 하더라도 원고의 가압류보다 후순위인 이상 원고와의 관계에서는

으로 인하여 일반채권자들이 만족을 얻는 물적 기초가 되는 책임재산이 새로이 감소되는바, 따라서 비록 당해 부동산의 환가대금으로부터는 가압류 채권자가 위와 같이 근저당권을 설정받은 근저당권자와 평등하게 배당을 받을 수 있다고 하더라도, 일반적으로 그 배당으로부터 가압류채권의 충분한 만족을 얻는다는 보장이 없고 가압류채권자는 여전히 다른 책임재산을 공취할 권리를 가지는 이상, 원래 위 가압류채권을 포함한 일반채권들의 만족을 담보하는 책임재산 전체를 놓고 보면 위와 같은 물상보증으로 책임재산이 부족하게 되거나 그 상태가 악화되는 경우에는 역시 가압류채권자도 자기 채권의 충분한 만족을 얻지 못하게 되는 불이익을 받는다고 할 것이므로 위와 같은 가압류채권자라고 하여도 채무자의 물상보증으로 인한 근저당권설정행위에 대하여 채권자취소권을 행사할 수 있다는 것이다.[710)]

나. 채권자취소권의 대상이 되는 사해행위는 채무자가 수익자와 사이에서 한 법률행위여야 하고, 수익자나 전득자가 한 법률행위는 채권자취소권의 대상이 아니므로, 수익자와 전득자 사이의 법률행위의 취소를 구하는 소는 소의 이익이 없어 소를 각하하여야 한다.

1) 채무자의 재산처분행위가 사해행위가 되기 위해서는 그 행위로 말미암아 채무자의 총재산의 감소가 초래되어 채권의 공동담보에 부족이 생기게 되어야 하는 것, 즉 채무자의 소극재산이 적극재산보다 많아져야 하는 것인바,[711)] ① 채무자가 연속하

일반채권자의 지위에서 원고와 동순위로 배당을 받을 수밖에 없으므로, 소외 1이 물상보증인으로서 피고에게 가압류와 동일한 효력 밖에 없는 이 사건 근저당권을 설정하여 주는 것이 원고를 해하는 행위라고는 볼 수 없다고 판단하고 원고의 청구를 배척(원심의 판단)하였다. 그러나 채권자취소권의 대상이 되는 채권자를 해하는 행위라 함은 적극재산을 감소하거나 소극재산을 증가시킴으로써 채무자를 채무초과 상태에 빠지게 하거나 채무 초과상태가 더 나빠지게 하는 행위를 의미하는데, 채무자가 아무 채무도 없이 다른 사람을 위해 자신의 부동산에 관하여 근저당권을 설정함으로써 물상보증인이 되는 행위는 그 부동산의 담보가치만큼 채무자의 총재산에 감소를 가져오는 것이므로, 그 근저당권이 채권자의 가압류와 동순위의 효력밖에 없다 하여도, 그 자체로 다른 채권자를 해하는 행위가 된다고 볼 것이다. 그렇다면 이 사건 근저당권 설정이 원고를 해한다고 볼 수 없다고 한 원심의 판단에는 사해행위에 있어서 행위의 사해성에 관한 법리를 오해함으로써 판결 결과에 영향을 미친 위법이 있다고 할 것이고, 이를 지적하는 상고이유 주장은 이유 있다(대법원 2010. 6. 24. 선고 2010다20617, 20624 판결).

710) 대법원 2010. 1. 28. 선고 2009다90047 판결. 이 판결은 위 2007다77446 판결과 다소 상충되는 듯한 판시를 하고 있는데, 2007다77446 판결은 채무자가 자신의 수익자에 대한 채무를 담보하기 위하여 근저당권을 설정한 사안에 관한 것으로서, 채무자가 물상보증으로 근저당권을 설정한 사안인 2009다90047 판결에 적용하기 적절하지 아니하다는 것이 대법원의 판시내용이다.

711) 사해행위가 성립되려면 채무자가 어떤 법률행위를 함으로써 채무자의 공동담보, 즉 그의 적극재산에서 소극재산을 공제한 금액이 그 법률행위 이전보다 부족하게 되어야 하는 것이므로 수익자가 채무초과상태

여 수 개의 재산처분행위를 한 경우에는, 특별한 사정이 없는 한, 일련의 행위를 일괄하여 그 전체의 사해성 여부를 판단할 것이 아니라 각 행위마다 그로 인하여 무자력이 초래되었는지 여부에 따라 사해성 여부를 판단하여야 하고,[712][713] ② 채무자의 재

에 있는 채무자의 부동산에 관하여 설정된 선순위 담보가등기의 피담보채무를 변제하여 그 가등기를 말소하는 대신 동일한 금액을 피담보채무로 하는 새로운 담보가등기를 설정하는 것은 채무자의 공동담보를 부족하게 하는 것이라고 볼 수 없어 사해행위가 성립한다고 할 수 없지만, 선순위 담보가등기를 말소시킨 후 그 부동산에 관하여 매매예약을 하고, 그에 기하여 소유권이전등기청구권 보전의 가등기를 경료한 경우에는 그 부동산의 가액, 즉 시가에서 피담보채무액을 공제한 잔액의 범위 내에서 사해행위가 성립한다(대법원 2003. 7. 11. 선고 2003다19435 판결).

712) 대법원 2001. 4. 27. 선고 2000다69026 판결.

713) 그러나, 그 일련의 행위들을 하나의 행위로 볼 특별한 사정이 있는 때에는 이를 일괄하여 전체로서 사해성이 있는지 판단하여야 하고, 이때 그러한 특별한 사정이 있는지 여부는 행위의 상대방의 동일성, 각 재산행위의 시간적 근접성, 채무자와 상대방의 관계, 행위의 동기 내지 기회의 동일성 여부 등을 기준으로 결정되어야 한다(대법원 2010. 5. 27. 선고 2010다15387 판결). 다소 분량이 많지만, 이해를 위하여 대법원 판결 전문을 소개한다.

여기상사 주식회사(이하 '여기상사'라고 한다)는 원심판결 별지목록 1. 내지 8. 부동산(양주시 남면 상수리 624 등 공장부지 및 공장건물과 그에 부속된 도로인바, 합하여 하나의 '공장'으로서 경제적 일체를 이룬다. 이하 '이 사건 부동산'이라고 한다)을 소유하고 있던 중 2006. 11. 8. 피고에게 그 중 원심판결 별지목록 1. 내지 4. 부동산을 10억 4,000만 원에 매도하였다(다만 같은 목록 5. 부동산은 2005. 10. 24. 이미 1. 부동산에 합병되어 있었고, 6. 내지 8. 부동산은 부속도로로 사실상 이 사건 부동산 전부를 매도한 것으로 보인다. 이하 '이 사건 매매계약'이라고 한다). 여기상사와 피고는 이 사건 매매계약의 매매대금 중 계약금 3,000만 원은 계약 당일, 1차 중도금 7,000만 원은 같은 달 30일에, 2차 중도금 1억 원은 같은 해 12. 30.에, 잔금 8억 4,000만 원은 2007. 1. 31.에 각 지급하기로 하였다. 다만 이 사건 부동산이 토지거래허가구역 내에 있어서 토지거래허가를 받아야 함을 고려하여 소유권이전등기를 하기 전에 먼저 피고 앞으로 근저당권을 설정해 주고, 토지거래허가에 관한 요건을 갖춘 후 이전등기를 하기로 특약을 하였다. 피고는 2006. 12. 29.까지 이 사건 매매계약에서 정한 계약금, 1차 및 2차 중도금 합계 2억 원을 여기상사에 지급하였고, 위 근저당권설정특약에 따라 이 사건 부동산에 관하여 2007. 1. 17.자의 근저당권설정계약(이하 '이 사건 근저당권설정계약' 이라고 한다)을 원인으로 같은 날 채권최고액 7억 원의 근저당권설정등기가 경료되었다. 또한 피고는 2007. 1. 31. 잔금 중 7,000만 원을 여기상사에 지급하였다.

한편, 〈여기상사의 채권자인 원고는 이 사건 근저당권설정계약이 사해행위라고 주장하면서 이 사건 소로 이 사건 근저당권설정계약의 취소 및 이 사건 부동산에 관한 피고 명의의 근저당권등기의 말소를 청구〉하였다. 이에 대하여 〈원심은 이 사건 근저당권설정계약 당시를 기준으로 여기상사의 채무초과상태 여부를 판단하면서 여기상사가 피고로부터 받은 매매대금 2억 7,000만 원이 반환채무를 그 소극재산에 포함하여 계산〉하였다.

그런데 앞서 본 사실관계에 의하면, 이 사건 매매계약과 이 사건 근저당권설정계약은 계약의 당사자가 동일하고, 그 목적물도 사실상 동일하며, 실질적으로 동시에 이루어졌고(이 사건 근저당권설정등기 및 그 등기원인으로서의 이 사건 근저당권설정계약은 2007. 1. 17. 행하여졌으나 그 근저당권을 설정하기로 하는 합의가 이 사건 매매계약과 동시에 이루어졌음은 앞서 본 바와 같다), 이 사건 부동산이 토지거래허가의 대상임에도 그 허가를 얻지 아니한 채 이 사건 매매계약이 체결되고 또 대금의 일부가 먼저 지급되었으므로 이 사건 근저당권설정계약은 주로 이 사건 매매계약의 이행을 미리 확보할 목적으로 또는 이 사건 매매계약이 무효로 확정되는 경우 이미 지급된 매매대금의 반환을 담보할 목적으로 체결되었음을 알 수 있다. 그렇다면 위 법리에 따라 이 사건 매매계약과 이 사건 근저당권설정계약은 사해행위 여부를 판단함에 있어서 이를 하나의 행위로 봄이 상당하고, 따라서 여기상사의 채무초과상태 등 사해행위의 요건의 구비 여부는 애초의 법률행위인 이 사건 매매계약 당시를 기준으로 판단하여야

산처분행위가 사해행위가 되는지 여부는 처분행위 당시를 기준으로 판단하여야 하는데, 사해성 여부를 판단하기 위한 부동산 가액의 평가는 부동산 가액의 하락이 예상되는 등 특별한 사정이 없는 한 사후에 환가된 가액을 기준으로 할 것이 아니라 사해성 여부가 문제되는 재산처분행위 당시의 시가를 기준으로 하여야 한다.[714][715]

③ 한편, 사해행위에 해당하는 법률행위가 언제 있었는가는 실제로 그러한 사해행위가 이루어진 날을 표준으로 판정할 것이되, 다른 특별한 사정이 없는 한 처분문서에 기초한 것으로 보이는 등기부상 등기원인일자를 중심으로 그러한 사해행위가 실제로 이루어졌는지 여부를 판정할 수밖에 없다.[716] ④ 그리고, 사해행위의 성립여부를 판단하기 위해서는 취소채권자의 채권액이 파악되어야 하는데, 그 산정시기는 사해행위 당시이다.[717] ⑤ 연대보증인의 법률행위가 사해행위에 해당하는지 여부를 판단함에 있어서 주채무에 관하여 주채무자 또는 제3자 소유의 부동산에 대하여 채권자 앞으로 근저당권이 설정되어 있는 등으로 채권자에게 우선변제권이 확보되어 있는 경우가 아닌 이상(이 경우에는 연대보증인이 자신의 유일한 재산을 처분하여도 사해행위가 되지 않는다),[718] 주채무자의 일반적인 자력은 고려할 요소가 아니다.[719]

할 것이다(또한 이 사건 공장에 설치된 기계기구류의 존재 여부 및 그 평가액 등에 대하여도 심리할 필요가 있음을 지적하여 준다). 그럼에도 원심이 이 사건 근저당권설정계약 당시를 기준으로 여기상사의 채무초과상태 등 사해행위의 요건을 판단한 것은 채무자의 연속된 재산행위를 하나의 행위로 보아야 할 경우 사해성 판단의 기준시점에 관한 법리를 오해하여 판결 결과에 영향을 미친 위법이 있다. 이 점을 지적하는 취지가 포함된 상고 논지는 이유 있다(위 대법원 2010다15487 판결).

714) 채무자의 적극재산에 포함되는 부동산이 사해행위가 있은 후에 경매절차에서 경락된 경우에 그 부동산의 평가는 경락된 가액을 기준으로 할 것이 아니라 사해행위 당시의 시가를 기준으로 하여야 할 것이며, 부동산에 대하여 정당한 절차에 따라 산출된 감정평가액은 특별한 사정이 없는 한 그 시가를 반영하는 것으로 보아도 좋을 것이다(위 선고 2000다69026 판결).

715) 대법원 2002. 11. 8. 선고 2002다41589 판결.

716) 대법원 2002. 11. 8. 선고 2002다41589 판결. ① 저당권이 설정되어 있는 부동산이 사해행위로 이전된 경우에 그 사해행위는 부동산의 가액에서 저당권의 피담보채권액을 공제한 잔액의 범위 내에서만 성립한다고 보아야 하므로, 사해행위 후 변제 등에 의하여 저당권설정등기가 말소된 경우 그 부동산의 가액에서 저당권의 피담보채무액을 공제한 잔액의 한도에서 사해행위를 취소하고 그 가액의 배상을 구할 수 있을 뿐이지만, ② 사해행위 시점에서 이미 저당권설정등기가 말소된 경우에는 위와 같은 법리는 적용될 여지는 없는 것이기 때문에, 사해행위가 언제 있었는지 여부의 판단은 사해행위의 성립범위와 원상회복방법의 결정에 있어서 매우 중요한 문제이다.

717) 사해행위 성립이 인정되는 것을 전제로 가액배상할 금액을 변론종결시를 기준으로 산정하는 것과 차이가 있음을 주의하여야 한다.

718) 이러한 경우 주채무의 보증인이 있더라도 채무자가 보증인에 대하여 부담하는 사전구상채무를 별도로 소극재산으로 평가할 수는 없고, 보증인이 변제로 채권자를 대위할 경우 자기의 권리에 의하여 구상할 수 있는 범위에서 채권 및 그 담보에 관한 권리를 행사할 수 있으므로, 사전구상권을 피보전권리로 주장하는 보증인에 대하여도 사해행위가 성립하지 않는다(대법원 2009. 6. 23. 선고 2009다549 판결).

719) 대법원 2003. 7. 8. 선고 2003다13246 판결.

2) 채무자가 재산처분행위를 할 당시 그의 적극재산 중 부동산과 채권이 있어 그 재산의 합계가 채무액을 초과한다고 하더라도 그 적극재산을 산정함에 있어서는 다른 특별한 사정이 없는 한 실질적으로 재산적 가치가 없어 채권의 공동담보로서의 역할을 할 수 없는 재산은 이를 제외하여야 할 것이고, 그 재산이 채권인 경우에는 그것이 용이하게 변제를 받을 수 있는 확실성이 있는 것인지 여부를 합리적으로 판정하여 그것이 긍정되는 경우에 한하여 적극재산에 포함시켜야 할 것인바,[720] ① 부동산 실권리자명의 등기에 관한 법률 제4조 제2항 본문이 적용되어 채무자 명의의 위 소유권이전등기는 무효인 경우에는, 위 부동산은 채무자의 소유가 아니기 때문에 이를 채무자의 일반 채권자들의 공동담보에 공하여지는 책임재산이라고 볼 수 없고, 채무자가 위 부동산에 관하여 제3자와 매매계약을 체결하고 그에게 소유권이전등기를 마쳐주었다 하더라도 그로써 채무자의 책임재산에 감소를 초래한 것이라고 할 수 없으므로 이를 들어 채무자의 일반 채권자들을 해하는 사해행위에 해당한다고 할 수 없으나,[721] ② 부동산 실권리자명의 등기에 관한 법률 제4조 제2항 단서에 의해 신탁부동산의 소유권을 취득한 이른바 계약명의신탁 약정의 명의수탁자가, 채무초과 상태에서 명의신탁자나 그가 지정하는 사람에게 신탁부동산을 양도하는 행위는 사해행위에 해당한다.[722] ③ 한편, 압류금지재산은 공동담보가 될 수 없으므로 이를 적극재산에 포함시켜서는 아니 된다.[723] ④ 채권자취소권 행사의 요건인 채무자의 무자력 여부를 판단

720) 채무자 명의의 정기예금에 관하여 무기명 양도성예금증서가 발행되었고, 그 양도성예금증서를 채무자가 아닌 제3자가 소지하다가 다른 사람에게 처분한 경우, 그 정기예금은 양도성예금증서의 소지인에게 지급될 것이므로 채무자의 적극재산으로 보기 어렵고, 그 양도성예금증서도 채권자들이 그 존재를 쉽게 파악하고 이를 집행의 대상으로 삼을 수 있었다는 특별한 사정이 있는 경우라야만 그 양도성예금증서가 표창하는 예금채권 상당액을 위 채무자의 적극재산으로 볼 수 있다(대법원 2006. 2. 10. 선고 2004다2564 판결).

721) 대법원 2008. 9. 25. 선고 2008다41635 판결. 위 판결에서는 이른바 중간생략등기형 명의신탁 또는 3자간 명의신탁 약정에 기하여 채무자인 명의수탁자 앞으로 소유권이전등기가 경료된 사안에서 사해행위의 성립을 부정하였다.

722) 명의신탁자와 명의수탁자 사이의 명의신탁 약정의 무효에도 불구하고 부동산 실권리자명의 등기에 관한 법률 제4조 제2항 단서에 의하여 그 명의수탁자는 당해 부동산의 완전한 소유권을 취득하게 되고, 다만 명의신탁자에 대하여 그로부터 제공받은 매수자금 상당액의 부당이득반환의무를 부담하게 되는바, 위와 같은 경우에 명의수탁자가 취득한 부동산은 채무자인 명의수탁자의 일반 채권자들의 공동담보에 제공되는 책임재산이 되고, 명의신탁자는 명의수탁자에 대한 관계에서 금전채권자 중 한 명에 지나지 않기 때문이다(대법원 2008. 9. 25. 선고 2007다74874 판결)."

723) 〈원심은, 소외인이 피고에 대한 이 사건 아파트의 증여행위가 사해행위가 되는지에 관하여, 소외인은 이 사건 증여계약을 체결한 지 20여 일 후인 2002. 6. 19. 약 25년간 근무하던 전국은행 연합회에서 퇴직한 사실, 소외인의 2002. 1. 1.부터 2002. 6. 19.까지의 총급여는 43,716,138원이었고, 근속기간 동안의 퇴직금은 121,731,390원이었으며, 2002. 6. 21. 퇴직금 및 급여 등에서 세금 및 대출금 등을 공제한 75,330,089원을 지급받은 사실, 위 퇴직금 및 급여 등에서 공제된 소외인의 채무는 주택구입자금

함에 있어서 그 대상이 되는 소극재산은 원칙적으로 사해행위라고 볼 수 있는 행위가 행하여지기 전에 발생된 것임을 요하지만, 그 사해행위 당시에 이미 채무 성립의 기초가 되는 법률관계가 성립되어 있고, 가까운 장래에 그 법률관계가 터 잡아 채무가 성립되리라는 점에 대한 고도의 개연성이 있으며, 실제로 가까운 장래에 그 개연성이 현실화되어 채무가 성립된 경우에는 그 채무도 채무자의 소극재산에 포함시켜야 한다.[724]

3) 구체적 법률행위에 따라 사해행위 성립 여부를 살펴보면,

① ㉠ 채무자가 자기의 유일한 재산인 부동산을 매각하여 소비하기 쉬운 금전으로 바꾸거나 타인에게 무상으로 이전하여 주는 행위는 특별한 사정이 없는 한 채권자에 대하여 사해행위가 되므로, 매각의 대상이 채무자의 유일한 재산인 부동산인 사실을 입증하면 매각대금의 적정성 여부와 관계없이 사해행위가 되며, 이 경우 채무자의 사해의 의사도 사실상 추정된다.[725] ㉡ 그리고 채무자가 이미 채무초과에 빠져 있는 상

2,014,400원, 생활안정자금 20,254,794원, 신협 상환금 6,964,067원, 외환은행 압류금 13,505,330원, 합계 42,738,591원인 사실을 인정한 다음, 이 사건 증여계약 당시 소외인의 적극재산은 이 사건 아파트 및 퇴직금 상당액이고 소극재산은 원고에 대한 이 사건 연대보증채무금 10,642,093원{990만 원 + (990만 원 × 152/365 × 18%)}, 원고에 대한 가계일반자금대출금 12,492,699원, 퇴직금에서 공제한 채무금 42,738,591원 등 합계 65,873,383원이었는바, 이 사건 증여계약 당시 소외인의 채무 합계는 퇴직금의 약 54% 정도에 불과하였으므로 이 사건 아파트 외에 달리 재산세나 종합토지세가 부과되는 재산이 없었다는 점만으로는 이 사건 증여계약이 원고에 대한 사해행위가 된다고 인정하기 부족하다고 판단〉하였다. (…) 그러나, 민사집행법 제246조 제1항 제4호에 의하면, 급료·연금·봉급·상여금·퇴직금·퇴직연금 그 밖에 이와 비슷한 성질을 가진 급여채권의 2분의 1에 해당하는 금액은 제2항의 경우를 제외하고는 압류를 할 수 없다고 규정되어 있으므로, 소외인이 이 사건 아파트를 피고에게 증여할 당시 그의 퇴직금 121,731,390원(이 사건 아파트의 증여일로부터 20여 일 후 소외인이 전국은행연합회에서 퇴직할 당시의 퇴직금 액수이나 이 사건 아파트 증여 당시의 퇴직금 액수도 이와 큰 차이가 없을 것이고, 그 차액은 이 사건 사해행위 여부를 판단함에 지장이 없어서 이를 기준으로 한다.) 중 2분의 1에 해당하는 금액인 60,865,695원은 압류가 금지되어 원칙적으로 적극재산에 포함될 수 없고, 그 나머지 2분의 1에 해당하는 금액인 60,865,695원만이 적극재산에 포함된다고 할 것이다. 그렇다면 이 사건 아파트 증여 당시 소외인의 채무 합계 65,873,383원은 그의 적극재산의 퇴직금 60,865,695원을 초과하므로, 특별한 사정이 없는 한, 이 사건 증여계약으로 말미암아 소외인의 소극재산이 적극재산보다 많게 되어 사해행위가 성립한다고 보아야 할 것이다. 그럼에도 불구하고, 원심이 소외인의 퇴직금 전액을 적극재산으로 보아 이 사건 증여계약에 불구하고 그의 적극재산이 채무 총액을 초과한다고 보아 사해행위가 성립하지 아니한다고 판단한 것은 심리를 다하지 아니하였거나 사해행위의 성립에 관한 법리를 오해한 위법을 저지른 것이라 할 것이다(대법원 2005. 1. 28. 선고 2004다58963 판결).

724) 원심은 이 사건 매매계약 당시 소외 1의 원고에 대한 위 구상금채무는 이미 그 성립의 기초가 되는 법률관계가 존재하고 있었고, 가까운 장래에 그 법률관계에 기하여 채무가 성립되리라는 점에 대한 고도의 개연성이 있었으며, 그 후 실제로 그 개연성이 현실화되어 위 구상금채무가 발생하였으므로 소외 1의 무자력 여부를 판단함에 있어 위 구상금채무가 소외 1의 소극재산에 포함된다고 보고, 이 사건 매매계약 당시 소외 1이 채무초과 상태에 있었다고 판단하였는바, 원심의 이러한 판단은 앞서 본 법리에 따른 것으로 정당하다(대법원 2011. 1. 13. 선고 2010다68084 판결).

태에서 채권자 중 한 사람과 통모하여 그 채권자만 우선적으로 채권의 만족을 얻도록 할 의도로 매각한 사실을 입증하여도 된다.[726] ㉢ 채무자가 채무가 초과된 상태에서 근저당권이 설정된 자신의 부동산을 제3자에게 양도하고 그 양도대금은 근저당권의 피담보채무를 인수함으로써 그 지급에 갈음하기로 약정한 경우, 채무자로서는 실제로 매매대금을 한 푼도 지급받지 아니한 채 일반채권자들의 공동담보에 공하여져 있던 부동산을 부당하게 저렴한 가액으로 제3자에게 양도한 것으로 될 것이어서, 그와 같은 양도행위도 채권자를 해하는 사해행위에 해당한다.[727]

② ㉠ 이미 채무초과의 상태에 빠져 있는 채무자가 그의 유일한 재산인 부동산을 채권자 중의 어느 한 사람에게 채권담보로 제공하는 행위는 다른 특별한 사정이 없는 한 다른 채권자들에 대한 관계에서 채권자취소권의 대상이 되는 사해행위가 되고,[728][729][730] 이는 이미 채무초과의 상태에 빠져 있는 채무자가 그의 유일한 재산인

---

725) 이 사건에서 원심이 인정한 바와 같이 소외 2가 〈그 액수가 확정된 여부에 관계없이 원고에 대한 신원보증책임이 있는 상태에서〉 그의 유일한 재산인 원심 판시 부동산들을 처 또는 아들인 피고들에게 증여함으로써 무자력이 되었다면 특별한 사정이 없는 한 그와 같은 증여행위는 원고에 대하여 사해행위가 되고, 이 경우 소외 2의 사행의 의사는 추정된다고 볼 것이므로, 원심으로서는 이 사건 증여계약이 사해행위임을 인정한 후 나아가 소외 2와 피고들에게 그러한 의사가 없었다는 피고들의 항변에 관하여 판단을 하였어야 할 것이다. 그럼에도 불구하고 원심이 위와 같이 소외 2가 이 사건 증여계약을 체결한 무렵 자신이 원고에 대하여 신원보증책임이 있음을 알았다고 볼 증거가 없다고 판단하여 원고의 사해행위 주장을 배척한 것은 채증법칙을 위반하여 사실을 오인하였거나 사해의 의사의 추정에 관한 법리를 오해하고 심리를 다하지 아니한 위법을 저질렀다고 할 것이므로 상고이유의 주장은 이유가 있다(대법원 2001. 4. 24. 선고 2000다41875 판결).

726) 채무자인 소외 경OO은 이미 채무초과에 빠져 있는 상태에서 채권자 중 한 사람인 피고와 통모하여 피고만 우선적으로 채권의 만족을 얻도록 할 의도로 자기 소유의 중요한 재산인 이 사건 섬유공장 건물 및 그 대지를 피고에게 매각하되, 피고는 그 매수대금을 한푼도 현실로 지급함이 없이 그 대금의 일부는 피고의 경OO에 대한 기존의 채권과 대등액에서 상계하고, 경OO이 위 대지를 담보로 은행으로부터 대출 받은 융자금의 반환채무를 피고가 인수하며, 그 나머지 금원은 위 공장 건물을 위 경OO이 다시 임차하여 계속 사용함에 있어서 그 임차보증금으로 대체하기로 약정한 것으로서 비록 소론과 같이 경OO이 피고로부터 공장 건물을 임차하여 원사를 전량 공급받고 운영자금을 지원 받아 현 상태대로 영업을 계속함으로써 〈경제적 갱생을 도모할 의도였다거나, 그 매매가격이 시가에 상당한 가격이라고 할지라도〉 경OO의 위 매각행위는 원고 등 다른 채권자를 해할 의사로 한 법률행위에 해당하고 피고에게도 악의가 있었다고 보아야 할 것이므로, 같은 취지의 원심판단은 옳고 원심판결에 소론과 같은 채권자취소권에 관한 법리오해의 위법 등이 있다고 할 수 없다(대법원 1995. 6. 30. 94다14582 판결).

727) 대법원 1996. 5. 14. 선고 95다50875 판결.

728) 대법원 2002. 4. 12. 선고 2000다43352 판결.

729) 다만, 어느 특정 채권자에 대한 담보제공행위가 사해행위가 되기 위하여는 채무자가 이미 채무초과 상태에 있을 것과 그 채권자에게만 다른 채권자에 비하여 우선변제를 받을 수 있도록 하여 다른 일반 채권자의 공동담보를 감소시키는 결과를 초래할 것을 그 요건으로 하며, 특정 채권자에게 부동산을 담보로 제공한 경우 그 담보물이 채무자 소유의 유일한 부동산인 경우에 한하여만 사해행위가 성립한다고 볼 수는 없다(대법원 2008. 2. 14. 선고 2005다47106, 47113 판결).

730) 그러나, 자금난으로 사업을 계속 추진하기 어려운 상황에 처한 채무자가 자금을 융통하여 사업을

채권을 채권자 중의 어느 한 사람에게 채권담보로 제공하는 경우에도 마찬가지[731]이다. ㉡ 또한 비록 채무자가 사업의 갱생이나 계속 추진의 의도였다 하더라도 〈신규자금의 융통 없이 단지 기존채무의 이행을 유예받기 위하여〉 자신의 채권자 중 한 사람에게 담보를 제공하는 행위는 다른 특별한 사정이 없는 한 다른 채권자들에 대한 관계에서는 사해행위에 해당한다고 보아야 한다.[732] ㉢ 주택임대차보호법 제8조의 소액보증금 최우선변제권은 임차목적 주택에 대하여 저당권에 의하여 담보된 채권, 조세 등에 우선하여 변제받을 수 있는 일종의 법정담보물권을 부여한 것이므로, 채무자가 채무초과상태에서 채무자 소유의 유일한 주택에 대하여 위 법조 소정의 임차권을 설정해 준 행위는 채무초과상태에서의 담보제공행위로서 채무자의 총재산의 감소를 초래하는 행위가 되는 것이고, 그 임차권설정행위는 사해행위취소의 대상이 된다.[733][734]

계속 추진하는 것이 채무 변제력을 갖게 되는 최선의 방법이라고 생각하고 자금을 융통하기 위하여 부득이 부동산을 특정 채권자에게 담보로 제공하고 그로부터 신규자금을 추가로 융통받았다면 특별한 사정이 없는 한 채무자의 담보권 설정행위는 사해행위에 해당하지 않으며, 다만 사업의 계속 추진과는 아무런 관계가 없는 기존 채무를 아울러 피담보채무 범위에 포함시켰다면, 그 부분에 한하여 사해행위에 해당할 여지는 있다(대법원 2002. 3. 29. 선고 2000다25842 판결). 한편, 채무자가 신규자금의 융통 없이 단지 기존채무의 이행을 유예받기 위하여 채권자 중 한 사람에게 담보를 제공하는 행위는, 그것이 비록 사업의 갱생이나 계속 추진의 의도에서 비롯된 것이라 할지라도, 다른 채권자들에 대한 관계에서 사해행위에 해당한다고 한 사례로, 대법원 2009. 3. 12. 선고 2008다29215 판결 참조.

731) 대법원 2007. 2. 23. 선고 2006다47301 판결.

732) 대법원 2010. 4. 29. 선고 2009다104564 판결. 이 판결에서는 위와 같은 판시의 근거로 "이미 채무초과 상태에 빠진 채무자에게 있어서 채권자의 강제집행 내지 가압류 등 채권회수를 위한 집행보전조치로 발생하는 사업추진상의 어려움은 그러한 조치를 행하는 채권자의 채권액이나 변제기의 도래 여부에 관계없이 동일하게 발생할 수 있는 사정이다. 또한 특정 채권자가 당시로서 채무자에 대하여 위와 같은 채권회수조치에 적극성을 보였다는 사정만으로 채권자들 사이에서 우선적 담보제공의 필요성에 관한 차별적 평가를 하기는 어렵다. 나아가 채무자가 사업활동에서 실제로 활용할 수 있는 신규자금의 유입과 기존채무의 이행기의 연장 내지 채권회수조치의 유예는 사업의 갱생이나 계속적 추진을 위하여 가지는 경제적 의미가 동일하다고 볼 수 없다"는 점을 들고 있다.
그리하여 "이 사건에서 제2근저당권 설정계약 당시 주식회사 풍양페트로(이하 '풍양페트로' 라 한다)가 채무초과 상태에 있었고, 이 사건 토지와 건물의 등기부만 보더라도 그러한 사정이 분명하게 드러나므로, 피고 역시 이 사건 제2근저당권 설정계약 당시 위와 같은 사정을 알고 있었다고 보이고, 또한 피고는 새로운 자금의 출연 없이 풍양페트로의 경영상태의 악화라는 우연한 사정과 그에 따른 피고의 경매신청 및 취하, 대출기간 연장 등의 조치만으로 피고가 새롭게 풍양페트로의 책임재산으로 편입된 이 사건 건물에 대하여 우선권을 갖는다면 원고를 비롯한 다른 채권자들의 관계에서 형평에 반한다고 판단하였는바, 앞서 본 법리 및 기록에 비추어 보면, 원심이 이러한 판단은 정당하고, 피고가 상고이유에서 주장하는 사해의사에 관한 심리미진 등의 잘못이 없다."고 판단한 것이다(위 대법원 2009다104564 판결).

733) 대법원 2005. 5. 13. 선고 2003다50771 판결.

734) 그 밖에 전세권설정계약이 사해행위에 해당한다고 판시한 대법원 2010. 7. 15. 선고 2007다21245 판결도 참고할 것. 이 대법원 판결은, 전세권설정계약이 사해행위에 해당함을 이유로 한 사해행위 취소소송에서, 채무자가 일반채권자들을 위한 공동담보가 부족한 상태에서 책임재산의 주요부분을 구성하는 부동산에 관하여 제3자에게 우선변제권이 있는 전세권을 설정하여 주고 전세금을 취득함으로써 그 부동산의 담보가치 일부를 은닉 또는 소비하기 쉽게 현금화하여 그 공동담보 부족상태를 실질적으로 심화시킨

③ ㉠ 채권자가 채무의 변제를 구하는 것은 그의 당연한 권리행사이므로 다른 채권자가 존재한다는 이유로 이것이 방해받아서는 아니되고 채무자도 채무의 본지에 따라 채무를 이행할 의무를 부담하고 있어 다른 채권자가 있다는 이유로 그 채무이행을 거절하지는 못하므로, 채무자가 채무초과의 상태에서 특정채권자에게 채무의 본지에 따른 변제를 함으로써 다른 채권자의 공동담보가 감소하는 결과가 되는 경우에도 그 변제는 채무자가 〈특히 일부의 채권자와 통모하여 다른 채권자를 해할 의사를 가지고 변제를 한 경우가 아닌 한〉 원칙적으로 사해행위가 되는 것이 아니라고 할 것[735]인바, ㉡ 기존 금전채무의 변제에 갈음하여 다른 금전채권을 양도하는 경우에도 이와 마찬가지[736]이다. ㉢ 채무자가 특히 일부의 채권자와 통모하여 다른 채권자를 해할 의사를 가지고 변제 내지 채권양도를 하였는지 여부는 사해행위임을 주장하는 사람이 입증하여야 한다.[737] ㉣ 사해행위의 취소를 구하는 채권자가 채무자의 수익자에 대한 금원지급행위를 증여라고 주장함에 대하여, 수익자는 이를 기존 채무에 대한 변제로서 받은 것이라고 다투고 있는 경우, 이는 채권자의 주장사실에 대한 부인에 해당하므로, 결국 위 금원지급행위가 사해행위로 인정되기 위하여는 그 금전지급행위가 증여에 해당한다는 사실이 입증되거나 변제에 해당하지만 채권자를 해할 의사 등 앞서 본 특별한 사정이 있음이 입증되어야 할 것이고, 그에 대한 입증책임은 사해행위를 주장하는 측에 있다.[738]

④ ㉠ 변제와 동일한 맥락에서, 기존채무를 소멸시키기 위한 방법으로 대물변제가 있었고 그것이 상당한 가격으로 된 것이라면 채권자취소권의 대상이 될 수 없으므로,[739] 사해행위임을 주장하기 위해서는 저가로 평가하여 대물변제한 사실을 입증하여야 한다. ㉡ 한편, 이미 채무초과의 상태에 빠져 있는 채무자가 그의 유일한 재산인

점, 채무자가 당시 이미 부담하고 있었던 채무를 변제할 별다른 상환계획도 세우지 아니한 상태에서 위 임대차 및 전세권설정계약에 수반하여 자신이 운영하던 사업체의 영업까지 사실상 전부 양도하면서도 그에 대해서는 아무런 대가도 받지 아니한 채 장차 위 제3자에게 다시 반환하여야 할 임대차보증금 겸 전세금에 대하여 일정기간 동안의 금융을 얻었을 뿐 전세권설정계약을 통하여 전세금을 취득한 목적이 채권자 일반을 위하여 변제자력을 회복 또는 향상시키고자 한 것도 아니었던 점 등에 비추어 보면, 위 전세권설정계약은 채권자를 해하는 사해행위에 해당한다고 한 사례이다.

735) 부동산의 명의수탁자가 신탁행위에 기한 반환의무의 이행으로서 신탁부동산의 소유권이전등기를 경료하는 행위는 기존채무의 이행으로서 사해행위를 구성하지 않는 것도 같은 맥락에서 이해할 수 있다(대법원 2007. 4. 26. 선고 2006다79704 판결).

736) 대법원 2003. 6. 24. 선고 2003다1205 판결.

737) 대법원 2004. 5. 28. 선고 2003다60822 판결.

738) 대법원 2007. 5. 31. 선고 2005다28686 판결.

739) 대법원 1962. 11. 15. 선고 62다634 판결.

부동산을 채권자들 가운데 어느 한 사람에게 대물변제로 제공하는 행위는 다른 특별한 사정이 없는 한 다른 채권자들에 대한 관계에서 사해행위가 된다.[740][741] ㉢ 그러나, 채권자들의 공동담보가 되는 채무자의 총재산에 대하여 다른 채권자에우선하여 변제를 받을 수 있는 권리를 가지는 채권자는 처음부터 채무자의 재산에 대한 환가절차에서 다른 채권자에 우선하여 배당을 받을 수 있는 지위에 있으므로, 그와 같은 우선변제권 있는 채권자에 대한 대물변제의 제공행위는 특별한 사정이 없는 한 다른 채권자들의 이익을 해한다고 볼 수 없어 사해행위가 되지 않는다.[742]

⑤ 무자력상태의 채무자가 기존채무에 관한 특정의 채권자로 하여금 채무자가 가지는 채권에 대하여 압류 및 추심명령을 받음으로써 강제집행절차를 통하여 사실상 우선변제를 받게 할 목적으로 그 기존채무에 관하여 강제집행을 승낙하는 취지가 기재된 공정증서를 작성하여 주어 채권자가 채무자의 그 채권에 관하여 압류 및 추심명령을 얻은 경우에는 그와 같은 공정증서 작성의 원인이 된 채권자와 채무자의 합의는 기존채무의 이행에 관한 별도의 계약인 이른바 채무변제계약에 해당하는 것으로서 다른 일반채권자의 이익을 해하여 사해행위가 된다.[743]

---

740) 대법원 1996. 10. 29. 선고 96다23207 판결.

741) 다만, 이러한 경우에도 위에서 본 바와 같은 사해성의 일반적인 판단기준에 비추어 그 행위가 궁극적으로 일반채권자를 해하는 행위로 볼 수 없는 경우에는 사해행위의 성립이 부정될 수 있다(대법원 2010. 9.30. 선고 2007다2718 판결). 위 대법원 판결에서는, 채무초과 상태의 채무자가 유일한 재산인 전세권과 전세금반환채권을 특정 채권자에게 그 채무 일부에 대한 대물변제조로 양도한 행위가 최고액 채권자와의 거래관계를 유지하면서 채무초과 상태에 있던 회사의 갱생을 도모하기 위한 유일한 방안이었던 점 등을 감안하면, 위 양도해위가 다른 채권자를 해하는 사해행위라고 단정하기 어렵다고 한 원심의 판단을 수긍하였다.

742) 또한, 저당권이 설정되어 있는 재산이 사해행위로 양도된 경우에 그 사해행위는 그 재산의 가책, 즉 시가에서 저당권의 피담보채권액을 공제한 잔액의 범위 내에서 성립하고, 피담보채권액이 그 재산의 가액을 초과하는 때에는 당해 재산의 양도는 사해행위에 해당한다고 할 수 없다고 할 인바, 이와 같은 법리는 채권자들 중에 그 채무자에 대하여 경매 등의 환가절차에서 저당권에 의하여 담보되는 채권보다 우선하여 배당을 받을 수 있는 채권자가 있는 경우에도 마찬가지라고 할 것이므로 피담보채권액이 그 재산의 가액을 초과하는 재산의 양도행위가 저당권의 피담보채권보다 우선하여 배당받을 수 있는 채권자에 대한 관계에 있어서만 사해행위가 된다고 할 수도 없다. 같은 취지에서 원심이, 동남교통이 채무초가의 상태에서 그의 유일한 재산인 이 사건 승합자동차를 동남교통 근로자들에게 대물변제로 제공하였다고 하더라도 〈우선변제권 있는 임금 등 채권자인 위 근로자〉들에 대한 대물변제의 제공행위가 사해행위에 해당하지 않는다고 판단한 것은 정당하고, 거기에 상고이유로 주장하는 바와 같은 채증법칙 위반이나 사해행위에 관한 법리오해 등의 위법이 없다(대법원 2008. 2. 14. 선고 2006다33357 판결).

743) 기록에 의하면, 무자력상태에 있던 소외 1은 2007년 5월 소외 2로부터 자신의 유일한 재산인 주식회사 국민은행(이하 '국민은행' 이라고 한다)에 대한 예금채권을 가압류당하자 대여금채권자인 피고에게 연락하여 자신의 예금채권이 가압류되었음을 알려준 사실, 이에 피고는 위 예금채권으로부터 자신의 대여금채권을 우선변제받기 위하여 소외 1에게 공정증서를 작성하여 줄 것을 요청하였고 소외 1이 이에 동의하여, 2007. 5. 14.에 "2002. 7. 15.자 대여금 5,000만 원, 이자 월 3%, 변제기 2003. 12. 30.인

⑥ 사해행위취소권은 채무자와 수익자 간의 사해행위를 취소함으로써 채무자의 책임재산을 보전하는데 그 목적이 있으므로, 공법상의 허가권 등의 양도행위가 사해행위로서 채권자취소권의 대상이 되기 위해서는, 행정관청의 허가 없이 그 허가권 등을 자유로이 양도할 수 있는 등으로 그 허가권 등이 독립한 재산적 가치를 가지고 있어 민사집행법 제251조 소정의 '그 밖의 재산권' 에 대한 집행방법에 의하여 강제집행할 수 있어야 하는바, 민사집행법 제251조 소정의 강제집행의 대상이 될 수 없는 어업허가를 양도한 행위는 채권자취소권의 대상이 될 수 없다.[744]

다. 채권자취소권의 주관적 요건인 채무자가 채권자를 해함을 안다는 이른바 채무자의 악의, 즉 사해의사는 채무자의 재산처분 행위에 의하여 그 재산이 감소되어 채권의 공동담보에 부족이 생기거나 이미 부족 상태에 있는 공동담보가 한층 더 부족하게 됨으로써 채권자의 채권을 완전하게 만족시킬 수 없게 된다는 사실을 인식하는 것을 의미하고, 그러한 인식은 일반 채권자에 대한 관계에서 있으면 충분하고 특정의 채권자를 해한다는 인식이 있어야 하는 것은 아니다.[745] 채무자의 사해의사를 판단함에 있어 사해행위 당시의 사정을 기준으로 하여야 할 것이나, 사해행위라고 주장하는 행위 이후의 채무자의 변제 노력과 채권자의 태도 등도 사해의사의 유무를 판단함에 있어 다른 사정과 더불어 간접사실로 삼을 수도 있음은 물론이다.[746]

소배대차계약에 관하여, 같은 달 16.에 2002. 10. 23.자 대여금 5,000만 원, 이자 월 3%. 변제기 2003. 12. 30., 지연이자 연 60%인 소비대차계약에 관하여 강제집행 승낙의 취지가 기재된 이 사건 각 공정증서가 작성된 사실, 피고는 바로 이 사건 각 공정증서를 집행권원으로 위 예금채권에 대한 압류 및 추심명령을 신청하여 2007. 6. 4. 위 예금채권에 대하여 압류 및 추심명령을 받은 사실, 이에 국민은행은 2007. 6. 19. 압류 등의 경합을 이유로 위 예금 36,410,015원을 집행 공탁하였고, 집행법원은 같은 해 7. 13. 위 집행공탁금에 대한 배당절차에서 위 가압류채권자 소외 2와 함께 피고를 추심채권자로서 각 1순위의 배당권리자로 하여 배당표를 작성한 사실을 알 수 있다. 그리고 원고가 이 사건에서 사해행위취소에 따른 원상회복으로 피고가 위 배당표에 따라 지급받을 배당금채권의 양도 및 그 양도에 관한 통지를 청구하고 있음은 기록상 명백하다. 사실관계가 이와 같다면 소외 1은 피고로 하여금 위 예금채권에 대한 강제집행의 형식을 빌어 피고의 대여금채권을 사실상 우선 변제받게 할 목적으로 이 사건 각 공정증서를 작성하여 주었고 그에 기하여 이 사건 압류 및 추심명령이 행하여지기에 이르렀다고 할 것이므로, 앞서 본 법리에 따라 이 사건 각 공정증서 작성의 원인이 된 소외 1과 피고의 위와 같은 채무변제계약은 채권자취소의 대상인 사해행위에 해당한다고 할 것이다. 그럼에도 불구하고 원심이 그 판시와 같은 이유를 들어 위 채무변제계약이 사해행위에 해당하지 아니한다고 판단한 것에는 채권자취소의 대상인 사해행위에 관한 법리를 오해하여 판결 결과에 영향을 미친 위법이 있다(대법원 2010. 4. 29. 선고2009다33884 판결)." 이 경우의 원상회복방법에 관하여는 약속어음의 발생 사해행위에 관한 3) 다) 이하 참조.

744) 대법원 2010. 4. 29. 선고 2009다105734 판결.

745) 대법원 2004. 7. 9. 선고 2004다12004 판결.

746) 대법원 2003. 12. 12. 선고 2001다57884 판결.

라. 주요 입증방법

주요입증방법으로는 소비대차계약서, 부동산등기부등본, 재산세 과세자료, 호적등본(친족관계인 경우) 등이 있다.

5. 채권자취소권의 행사범위

가. 취소의 범위는 책임재산의 보전을 위하여 필요하고 충분한 범위 내로 한정되는 것이므로, 원칙적으로 취소채권자의 피보전채권액을 초과하여 취소권을 행사할 수는 없다.

1) 피보전채권액의 산정은 사해행위 당시를 기준으로 판단하므로 사해행위 이후 새로 발생한 채권은 원칙적으로 포함되지 않는다.[747] 다만, 사해행위 이후 사실심 변론종결 당시까지 발생한 이자나 지연손해금은 원본채권에서 파생된 것으로서 채권액에 포함된다. 그리고 취소채권자의 채권액 중 일부에 대하여 우선변제권이 확보되어 있는 경우에는 우선변제권이 확보된 부분을 제외한 부분만이 취소권 행사의 범위를 정하는 기준이 되며, 이 경우 채권 중 우선변제권이 확보된 부분을 판단함에 있어 변제충당의 법리가 유추적용 됨은 앞서 본 바와 같다.[748] 한편, 다른 채권자가 배당 요구할 것이 명백한 경우 가령, 원고들이 다른 채권자들과 함께 채권자단을 구성하고 있는 경우[749]에는 이에 관한 사실을 주장·입증하여, 다른 채권자의 채권액까지 포함하여 채권자취소권을 행사할 수 있다.

2) 사해행위의 목적물이 복수인 경우 사해행위 전부를 취소하지 않더라도 채권자의 채권을 보전하는 데에 지장이 없다면 피보전채권액 범위 내의 목적물을 특정하여 그에 관한 처분행위만을 취소하여야 하며, 목적물이 가분인 경우에도 역시 취소가 제한된다. 즉, 사해행위취소권은 채권의 공동담보를 보전하는 것을 목적으로 하므로, 그 취소의 범위는 공동담보의 보전에 필요하고 충분한 범위에 한정되고, 따라서 채무자가 사해행위에 의하여 비로소 채무초과상태에 이르게 되는 경우에, 채권자는 사해행위가 가분인 한 그 중 채권의 공동담보로 부족하게 되는 부분만을 자신의 채권액을 한도로 취소하면 족하고, 그 행위 전부를 취소할 수는 없는 것이다.[750] 다만, 사회경

---

747) 단, 예외적으로 사해행위 이후 발생한 채권이 피보전채권이 인정되는 경우라면 당연히 포함될 것이다.
748) 매우 중요한 법리이므로 반드시 숙지하여야 한다.
749) 대법원 1997. 9. 9. 선고 97다10864 판결.
750) 원심은, 원고에 대하여 5억 5천만 원의 임대차보증금반환채무 등을 지고 있던 소외 1이 2007. 1. 18.

제적 단일성과 거래의 실정을 고려할 때 목적물이 불가분인 경우라면 목적물 전체에 대하여 취소권을 행사할 수 있다.751)

6. 원상회복부분

가 원상회복의 방법

1) 원물반환의 원칙

가) 목적물 그 자체를 반환하는 것이 원칙으로, ① 목적물이 동산인 경우에는 당해 동산을 소유, 점유하고 있는 수익자 또는 전득자를 상대로 인도청구를 하여야 하고(이 경우 취소채권자 자신에게 인도할 것을 청구할 수 있다), ② 목적물이 부동산 또는 이에 준하는

그 남편 소외 2의 피고에 대한 2억 5천만 원의 차용금채무를 연대 보증한 사실, 위 연대보증 당시 소외 1은 적극재산으로 시가 665,155,650원의 이 사건 부동산을 포함하여 도합 692,655,650원, 소극재산으로 588,520,547원이 있었는데, 위 연대보증으로 인하여 소극재산이 838,520,547원(= 588,520547원 + 2억 5천만 원)이 됨으로써 소극재산이 145,864,897원(= 838,520,547원 - 665,155,650원(??)이 많은 채무초과 상태에 이르게 되었다는 사실을 인정하였다. 나아가 원심은, 따라서 위 연대보증계약 중 소극재산이 적극재산을 넘게 되는 부분이 사해행위에 해당한다고 판단하고, 위 연대보증계약 중 그 부분의 취소를 명하였다. (…) 그렇지 아니하고 그 행위 전부를 취소할 수 있다고 하면, 다음과 같은 불합리가 있다. 만일 이 사건의 경우에 소외 1이 소외 2의 채무를 1억 원의 범위에서 연대 보증하였다고 하자. 이때 그 연대보증이 있어도 소외 1의 적극재산은 여전히 소극재산보다 많아서 그가 채무초과상태에 빠지지 않으므로 위 연대보증은 사해행위에 해당하지 아니하여, 원고는 그 연대보증행위에 대하여 전혀 사해취소를 할 수 없다. 그런데 소외 1이 1억 1천만 원의 범위에서 연대 보증하였다면, 그는 이제 채무초과상태가 되므로, 원고는 돌연 그 연대보증행위 전부의 취소를 구할 수 있게 되는 것이다. 따라서 원심이 위에서 본 대로 위 연대보증계약 중 그로 인하여 채무자 소외 1의 소극재산이 적극재산을 넘게 되는 부분에 한하여 사해행위로서 그 취소를 명한 것은 앞서 본 법리에 좇은 것으로서 정당하다(대법원 2010. 8. 19. 선고 2010다36209 판결).

위 대법원 판결 중 "145,864,897원(=838,520,547 - 665,155,650원)" 계산 수식에서 "665,155,650원"은 연대보증 당시 소외 1의 적극재산 합계인 '692,655,650원'의 오기로 보인다. 참고로, 위 대법원의 상고기각 판결로 확정된 원심판결은, 소외 1과 피고 2 사이의 체결된 위 연대보증계약 중 위 채무 초과부분인 104,135,103원(=250,000,000원 - 145,864,897원)을 초과하는 부분은 채권자들을 해하는 사해행위에 해당한다고 판시함과 동시에 피고(수익자이자 채권자)는 소외 1(주 채무자이자 연대보증인)에게 위와 같이 연대보증계약이 취소되었다는 내용의 통지를 할 의무가 있다고 판시하였는바, 그 주문을 소개하면 다음과 같다.

1. 소외 1과 피고 사이에 체결된 2007. 1. 18.자 주채무자 소외 2 차용금액 250,000,000원으로 된 연대보증계약 중 104,135,103원을 초과하는 부분을 취소한다. 2. 피고는 소외 1에게 위와 같이 연대보증계약이 취소되었다는 내용의 통지를 하라. 3. 원고의 나머지 청구를 기각한다(대전고등법원 2010. 4. 15. 선고 2009나8381 판결).

751) 동일인의 소유인 토지와 건물의 처분행위를 채권자취소권에 의하여 취소하는 경우 그 중 대지의 가격이 채권자의 채권액보다 다액이라 하더라도 대지와 건물 중 일방만을 취소하게 되면 건물의 소유자와 대지의 소유자가 다르게 되어 가격과 효용을 현저히 감소시킬 것이므로 전부를 취소함이 정당하다(대법원 1975. 2. 25. 선고 74다2114 판결).

권리인 경우에는 수익자 또는 전득자 명의로 이전된 등기 등의 말소를 구하여야 한다. 또한 채권자는 사해행위의 취소로 인한 원상회복 방법으로 수익자 명의의 등기의 말소를 구하는 대신 수익자를 상대로 채무자 앞으로 직접 소유권이전등기절차를 이행할 것을 구할 수도 있다.[752] ③ 목적물이 채권인 경우에는, 수익자가 취득한 채권의 채무자에의 양도와 그 양도 통지 형태가 될 것이다.

나) ① 사해행위로 경료된 근저당권설정등기가 사해행위취소소송의 변론종결시까지 존속하고 있는 경우 그 원상회복은 근저당권설정등기를 말소하는 방법에 의하여야 하고, 사해행위 이전에 설정된 별개의 근저당권이 사해행위 후에 말소되었다는 사정은 원상회복의 방법에 아무런 영향을 주지 아니하고,[753] ② 소유권이전등기청구권보전을 위한 가등기가 사해행위로서 이루어진 경우 그 매매예약을 취소하고 원상회복으로서 가등기를 말소하면 족한 것이고, 가등기 후에 저당권이 말소되었다거나 그 피담보채무가 일부 변제된 점 또는 그 가등기가 사실상 담보가등기라는 점 등은 그와 같은 원상회복의 방법에 아무런 영향을 주지 않는다.[754]

다) 사해행위 후 그 목적물에 관하여 제3자가 저당권이나 지상권 등의 권리를 취득한 경우에는 수익자가 목적물을 저당권 등의 제한이 없는 상태로 회복하여 이전하여 줄 수 있다는 등의 특별한 사정이 없는 한 채권자는 수익자를 상대로 원물반환 대신 그 가액 상당의 배상을 구할 수 있으나, 그렇다고 하여 채권자가 스스로 위험이나 불이익을 감수하면서 원물반환을 구하는 것까지 허용되지 아니하는 것으로 볼 것은 아니고, 그 경우 채권자는 원상회복 방법으로 가액배상 대신 수익자 명의의 등기의 말소를 구하거나 수익자를 상대로 채무자 앞으로 직접 소유권이전등기절차를 이행할 것을 구할 수도 있다.[755] 주의할 것은, 이 경우 원상회복청구권은 사실심 변론종결 당시의

---

752) 대법원 2000. 2. 25. 선고 99다53704 판결. 이 경우 주문은, "피고는 채무자에게 이 사건 부동산에 관하여 이 판결 확정일자 사해행위취소에 기한 원상회복을 원인으로 한 소유권이전등기절차를 이행하라"는 형태가 될 것이다.

753) 대법원 2007. 10. 11. 선고 2007다45364 판결.

754) 대법원 2003. 7. 11. 선고 2003다19435 판결. 가등기한 것만으로는 물권변동의 효력이 발생하지 않기 때문이다.

755) 원상회복의 방법으로 수익자 명의의 등기의 말소를 구하여 승소하더라도 등기상 이해관계 있는 제3자인 저당권자나 지상권자 등의 승낙서나 이에 대항할 수 있는 재판의 등본을 첨부하지 못하여 등기의 말소를 신청할 수 없는 경우도 있을 수 있을 것이나, 채권자 스스로 그와 같은 위험을 감수하면서 수익자 명의의 등기의 말소를 구하는 원상회복 방법을 택한 이상 이를 허용하지 아니할 이유는 없다(대법원 2001. 2. 9. 선고 2000다57139 판결).

채권자의 선택에 따라 원물반환과 가액배상 중 어느 하나로 확정되며, 채권자가 일단 사해행위 취소 및 원상회복으로서 원물반환 청구를 하여 승소 판결이 확정되었다면, 그 후 어떠한 사유로 원물반환의 목적을 달성할 수 없게 되었다고 하더라도 다시 원상회복청구권을 행사하여 가액배상을 청구할 수는 없으므로 그 청구는 권리보호의 이익이 없어 허용되지 않는다[756]는 것이다(소를 각하하여야 한다).

라) 사해행위의 취소 및 원상회복은 책임재산의 보전을 위하여 필요한 범위 내로 한정되어야 하므로 원래의 책임재산을 초과하는 부분까지 원상회복의 범위에 포함된다고 볼 수 없으므로, 부동산에 관한 법률행위가 사해행위에 해당하여 민법 제406조 제1항에 의하여 취소된 경우에 〈수익자 또는 전득자가 사해행위 이후 그 부동산을 직접 사용하거나 제3자에게 임대하였다고 하더라도〉, 당초 채권자의 공동담보를 이루는 채무자의 책임재산은 당해 부동산이었을 뿐 수익자 또는 전득자가 그 부동산을 사용함으로써 얻은 사용이익이나 임차인으로부터 받은 임료상당액까지 채무자의 책임재산이었다고 볼 수 없으므로 수익자 등이 원상회복으로서 당해 부동산을 반환하는 이외에 그 사용이익이나 임료상당액을 반환해야 하는 것은 아니다.[757]

마) 사해행위의 내용이 채무면제, 상계 등과 같이 재산의 급여가 수반되지 않는 행위인 경우에는 채권자는 수익자를 상대방으로 하여 사해행위의 취소를 구함으로써 족하고 별도로 반환청구를 할 여지가 없으며, 그 취소에 의하여 수익자의 채무가 채권자에 대한 관계에서 부활함에 족하다. 같은 맥락에서, 사해행위인 매매가 취소되는 경우에는 그 취소의 효과로 인하여 당연히 취소채권자로서는 위 매매의 효력이 유효하게 존속함을 전제로 하여 이루어진 상계의 효력, 즉 기존채무 소멸의 효과를 부정할 수 있다고 할 것이므로 〈별도로 채무자의 상계의 의사표시를 취소할 것도 없이〉 채무자

---

756) 원심은, 그 채용 증거들을 종합하여, 피고가 이 사건 부동산의 소유자인 심OO로부터 사해행위로서 이 사건 부동산을 매수하여 소유권이전등기를 마친 다음 수산업협동조합중앙회 앞으로 근저당권설정등기를 마쳤는데, 그 후 심<u>OO의 채권자인 원고가 피고를 상대로 사해행위 취소 및 원상회복으로서 심OO에게로의 소유권이전등기를 청구하여 원고 승소 판결이 확정된 사실 및 원고가 위 확정 판결에 따른 소유권이전등기를 지체하던 중 사해행위 이전에 이미 이 사건 부동산에 설정되어 있던 삼성화재해상보험 주식회사의 근저당권이 실행되어 제3자에게 매각됨으로써 심OO에게로의 소유권이전등기가 불가능해진 사실</u>을 인정한 다음, <u>종전 확정 판결에 따른 원물반환이 불가능해졌음을 이유로 가액배상을 구하는 이 사건 주위적 청구 부분의 소를 권리보호의 이익이 없어 부적법하다는 이유로 각하</u>하였는바, 앞서 본 법리에 비추어 보면, 원심은 그 이유 설시를 일부 달리하는 부분은 있으나 주위적 청구가 부적법하다는 결론에 있어서는 정당하다(대법원 2006. 12. 7. 선고 2004다54978 판결).

757) 대법원 2008. 12. 11. 선고 2007다69162 판결.

의 수익자에 대한 기존의 채권이 부활하는 것으로 취급할 수 있다는 것이고, 그로써 취소채권자는 사해행위 취소의 목적을 달성하게 되는 것으로서 달리 수익자에게 반환을 명할 수익이 남아 있는 것도 아니라 할 것이니, 더 나아가 수익자에 대하여 금전채권의 이행을 별도로 직접 또는 대위의 방법에 의하여 구할 것까지는 없다.[758)]

2) 예외적 가액배상

가) 만일 원물반환이 불가능하거나 현저히 곤란한 경우에는 원상회복의무의 이행으로서 사해행위 목적물의 가액 상당을 배상하여야 하는바, 여기에서 원물반환이 불가능하거나 현저히 곤란한 경우라 함은 원물반환이 단순히 절대적, 물리적으로 불능인 경우가 아니라 사회생활상의 경험법칙 또는 거래상의 관념에 비추어 그 이행의 실현을 기대할 수 없는 경우를 말한다.[759)] 원고가 원물반환을 구하는 것이 아니라 가액배상을 구하는 경우에는 예외적으로 가액배상이 허용되는 사정에 관한 사실을 주장·입증하여야 한다.

(1) 어느 부동산에 관한 법률행위가 사해행위에 해당하는 경우에는 원칙적으로 그 사해행위를 취소하고 소유권이전등기의 말소 등 부동산 자체의 회복을 명하여야 하는 것이나, 저당권이 설정되어 있는 부동산이 사해행위로 이전된 경우에 그 사해행위는 부동산의 가액에서 저당권의 피담보채권액을 공제한 잔액의 범위 내에서만 성립한다고 보아야 하고, 사해행위 후 변제 등에 의하여 저당권설정등기가 말소된 경우, 사해행위를 취소하여 그 부동산 자체의 회복을 명하는 것은 당초 일반채권자들의 공동담보로 되어 있지 아니하던 부분까지 회복을 명하는 것이 되어 공평에 반하는 결과가 되므로, 그 부동산의 가액에서 저당권의 피담보채무액을 공제한 잔액의 한도에서 사해행위를 취소하고 그 가액의 배상을 구할 수 있을 뿐이다.[760)]

---

758) 대법원 2003. 8. 22. 선고 2001다64073 판결.

759) 그런데 원심판결 이유와 원심이 채택한 증거에 의하면, 피고가 반환하여야 할 대상은 코스닥상장법인인 엠파스의 보통주이고, 원심 변론종결 당시 엠파스의 총 발행주식은 10,610,710주로서 코스닥 시장에서 활발하게 거래되고 있던 사실을 알 수 있는바, 그렇다면 피고로서는 〈대체물〉인 엠파스의 보통주를 제3자로부터 취득하여 반환할 수 없다는 등의 특별한 사정이 없는 한 위 주식 중 원상회복을 할 수량을 다시 취득하여 이를 원고에게 양도함으로써 원물반환의무를 이행할 수 있는 것이므로, 피고가 소외 2로부터 양도받은 주권 그 자체를 보유하고 있지 않다는 사실만으로 피고의 주식반환의무가 불가능하게 되었다고 할 수는 없다고 할 것이다. 따라서 이와 달리 피고의 원물반환의무가 불가능하게 되었다고 본 원심의 판단에는 채권자취소소송에서의 원상회복의무에 관한 법리를 오해하여 판결에 영향을 미친 위법이 있다고 할 것이다(대법원 2007. 7. 12. 선고 2007다18218 판결).

760) 대법원 2009. 6. 11. 선고 2007다4004 판결. 이 판결에서는, 어느 복합건물의 대지권에 설정된 저당권설정등기를 말소함과 아울러 그 저당권과 동일한 피담보채무를 담보할 목적으로 그 건물에 담보목적의 매매예약

(2) 한편, 최근 사해행위취소소송의 수익자가 건물의 원시취득자로부터 기존의 채권액 상당의 가치 범위 내에서 건물 부분을 양도받기로 약정하였고, 그 건물이 아직 완공되지 않은 상태에서 수익자가 매매계약에 따라 추가공사비를 투입하여 건물을 완공함으로써 그의 비용으로 건물의 객관적 가치를 증대시키고 그 가치가 현존하고 있는 경우, 당해 매매계약 전부를 취소하고 그 원상회복으로서 소유권이전등기의 말소등기절차의 이행을 명하게 되면 당초 일반채권자들의 공동담보로 되어 있지 아니하던 부분까지 회복을 명하는 것이 되어 공평에 반하는 결과가 된다는 이유로, 위 건물의 가액에서 공동담보로 되어 있지 아니한 부분의 가액을 산정하여 이를 공제한 잔액의 한도에서 사해행위를 취소하고 그 한도에서 가액의 배상을 명함이 상당하다고 한 대법원 판결[761]도 주목할 만하다.

(3) ① 가액배상의 지급의무는 그 전제가 되는 사해행위취소라는 형성판결이 확정될 때 비로소 발생하므로 판결이 확정되기 전에는 지체책임을 물을 수 없어 판결확정일까지의 지연손해금은 인정되지 않고, ② 가액배상청구는 장래의 이행을 구하는 것으로서 소촉법 제3조 제1항 단서의 적용을 받게 된다. 결과적으로 가액배상 판결의 경우 판결 확정일 다음날부터 다 갚는 날까지 민법 소정의 연 5%의 비율에 의한 지연손해금을 인정한다.[762]

(4) 원고가 사해행위인 계약 전부의 취소와 부동산 자체의 반환을 구하는 청구취지 속에는 사해행위의 일부취소와 가액배상을 구하는 취지도 포함되어 있다고 볼 수 있으므로 청구취지의 변경이 없더라도 바로 가액반환을 명할 수 있다.[763] 이렇게 법원이 직권으로 가액배상을 명하는 경우, 원고가 원물반환으로 구하는 청구취지 속에는 장래 발생하는 지연손해금의 지급을 구하는 취지까지 포함되어 있다고 해석하기는 어려우므로, 지연손해금의 주문을 내지 않는 것이 타당하고, 실무에 이러한 입장에서 있는 것으로 이해된다.

(5) 채권자취소권은 채무자의 사해행위를 채권자와 수익자 또는 전득자 사이에

으로 인한 가등기를 설정한 후 그 가등기에 기하여 담보권실행의 방법으로 매매계약을 원인으로 한 소유권이전등기를 마치고 이를 일정액으로 평가하여 채무금의 변제에 충당하는 것이 사해행위에 해당하는 경우에도 사해행위취소에 따른 원상회복으로서 원물반환이 인정되지 아니하고, 가액배상만이 인정된다고 봄이 상당하다고 하였다.

761) 대법원 2010. 2. 25. 선고 2007다28819, 28826 판결.

762) 대법원 2009. 1. 15. 선고 2007다61618 판결.

763) 대법원 2002. 11. 8. 선고 2002다41589 판결.

서 상대적으로 취소하고 채무자의 책임재산에서 일탈한 재산을 회복하여 채권자의 강제집행이 가능하도록 하는 것을 본질로 하는 권리이므로, 원상회복을 가액배상으로 하는 경우에 그 이행의 상대방은 채권자이어야 한다.[764]

나) 가액배상의 범위

가액배상은 ① 채권자의 피보전채권액, ② 목적물의 공동담보가액, ③ 수익자·전득자가 취득한 이익 중 가장 적은 금액을 한도로 이루어지는바,[765] 이에 대해서 차례로 보기로 한다.

(1) 채권자의 피보전채권액[766]

이는 원칙적으로 채권자취소권의 행사범위와 동일하다. 피보전채권의 일부에 관하여 우선변제권이 확보되어 있는 경우에는 변제충당의 법리를 유추하여 그 부분만큼을 공제하여야 하고, 변론종결시까지의 이자나 지연손해금을 포함시켜야 한다.

(2) 목적물의 공동담보가액

(가) ① 저당권이 설정되어 있는 부동산에 관하여 사해행위가 이루어진 경우

---

764) 대법원 2008. 4. 24. 선고 2007다84352 판결.

765) 〈원심은, 원고가 이 사건 부동산의 변론종결 무렵의 가액 4억 6천만 원에서 사해행위 후 말소된 근저당권의 피담보채무액 3억 4천만 원을 공제한 나머지 1억 2천만 원의 한도에서 성OO과 피고 정OO 사이의 증여계약을 취소하고 피고 정OO에 대하여 그 가액의 배상을 구할 수 있고, 또한 피고 최OO가 취득한 근저당권의 채권최고액 4억 원에서 위와 같이 말소된 근저당권의 피담보채무액을 공제한 나머지 6천만 원의 한도에서 피고들 사이의 근저당권설정계약을 취소하고 피고 최OO에 대하여 그 가액의 배상을 구할 수 있다고 보고, 원고에게 피고들은 각자 6천만 원·피고 정OO은 6천만 원을 지급할 의무가 있다고 판단〉하였다. 그러나 이 사건에서 보면, 원고가 성OO을 상대로 제기한 공사대금 청구소송에서 1997. 5. 22. "성OO은 원고에게 3천만 원 및 이에 대한 1996. 6. 25.부터 다 갚을 때까지 연 2할 5푼의 비율에 의한 금원을 지급하라는 <u>판결이 선고되고 그대로 확정</u>되었으므로, <u>원고는 3천만 원과 이에 대한 1996. 6. 25.부터 원심변론종결일인 2000. 9. 6.까지 연 2할 5푼의 비율에 의한 31,516,393원을 합한 61,516,393원의 범위 내에서 채권자취소권을 행사할 수 있다</u>. 따라서 원심이, <u>피고 정OO에 대하여 원고의 위 채권액을 초과하여 사해행위를 취소하고 1억 2천만 원의 배상을 명한 것은 채권자취소권의 범위에 관한 법리를 오해하여 판결에 영향을 미친 잘못을 저지른 것</u>이고, 피고 최OO는 기존에 설정되어 있던 근저당권이 모두 말소된 후 <u>근저당권을 취득함으로써 그 피담보채무액 4억 원 상당의 이익을 얻었고, 원심 변론종결시 이 사건 부동산 가액에서 말소된 근저당권 피담보채무액을 공제한 금액도 원고의 채권액을 상회하므로, 원고는 그 채권액 전액에 대하여 채권자취소권을 행사하고 가액의 배상을 구할 수 있다</u>. 그럼에도 불구하고, 원고가 피고 최OO에 대하여는 6천만 원의 범위 내에서만 채권자취소권을 행사할 수 있다고 한 원심의 판단은 채권자취소권의 법리를 오해하여 판결에 영향을 미친 잘못을 저지른 것이다(대법원 2001. 9. 4. 선고 2000다66416 판결).

766) 사해행위취소로 인한 원상회복으로서 가액배상을 명하는 경우에는, 취소채권자는 직접 자기에게 가액배상금을 지급할 것을 청구할 수 있고, 위 지급받은 가액배상금을 분배하는 방법이나 절차 등에 관한 아무런 규정이 없는 현행법 아래에서 다른 채권자들이 위 가액배상금에 대하여 배당요구를 할 수도 없으므로, 결국 채권자는 자신의 채권액을 초과하여 가액배상을 구할 수는 없다(대법원 2008. 11. 13. 선고 2006다1442 판결).

에 그 사해행위는 부동산의 가액에서 저당권의 피담보채권액을 공제한 잔액의 범위 내, 즉 목적물의 공동담보가액 범위 내에서만 성립한다고 보아야 하는데, 사해행위후 변제 등에 의하여 저당권설정등기가 말소된 경우(피담보채권이 소멸한 이상 등기의 현실적인 말소 여부는 묻지 않는다), 사해행위를 취소하여 그 부동산 자체의 회복을 명하는 것은 당초 일반 채권자들의 공동담보로 되어 있지 아니하던 부분까지 회복을 명하는 것이 되어 공평에 반하는 결과가 되므로, 그 부동산의 가액에서 저당권의 피담보채무액을 공제한 잔액의 한도에서 사해행위를 취소하고 그 가액의 배상을 구할 수 있을 뿐[767] 이고, 그와 같은 가액 산정은 사실심 변론종결시를 기준으로 하여야 한다[768](이러한 법리는 그 부동산이 양도담보의 목적으로 이전된 경우에도 마찬가지이다).[769] ② 사해행위의 목적인 부동산에 수 개의 저당권이 설정되어 있다가 사해행위 후 그 중 일부의 저당권만이 말소된 경우에도 가액배상의 방법에 의할 수밖에 없을 것이고, 그 경우 배상하여야 할 가액은 그 부동산의 가액에서 말소된 저당권의 피담보채권액과 말소되지 아니한 저당권의 피담보채권액을 모두 공제하여 산정[770]하여야 한다. ③ 그리고, 그 부동산이 사해행위로 이전된 후 피담보채무 전액이 소멸된 이상 특별한 사정이 없는 한 그 피담보채무의 소멸의 원인이 무엇인지, 소멸의 원인 중에 변제도 포함되어 있는 경우라면 변제에 있어서의 실제자금의 출연주체가 누구인지 여부는 더 나아가 따질 필요가 없다.[771] ④ 설정된 담보물권이 근저당권인 경우 채권최고액이 아니라 변론 종결 당시 실제 피담보채권액을 공제하여야 하나, 이를 알 수 없다면 채권최고액을 기준으로 판단할 수밖에 없다.

(나) 채무자가 사해행위로써 양도한 부동산에 근저당권이 설정되어 있고 가액배상을 하여야 할 경우, 피담보채무액을 공제함에 있어 ① 〈사실심 변론종결 당시의 피담보채무액이 사해행위 당시의 그것보다 현실적으로 증대되어 남아있는 경우〉에는 근저당권의 채권최고액의 범위 내에서 이를 모두 공제하여야 할 것이나, ② 그와 반

767) 위와 같은 법리에 비추어 보면, 어느 복합건물의 대지권에 설정된 저당권설정등기를 말소함과 아울러 그 저당권과 동일한 피담보채무를 담보할 목적으로 그 건물에 담보 목적의 매매예약으로 인한 가등기를 설정한 후 그 가등기에 기하여 담보권실행의 방법으로 매매계약을 원인으로 한 소유권이전등기를 마치고 이를 일정액으로 평가하여 채무금의 변제에 충당하는 것이 사해행위에 해당하는 경우에도 사해행위취소에 따른 원상회복으로서 원물반환이 인정되지 아니하고, 가액배상만이 인정된다고 봄이 상당하다(대법원 2009. 6. 11. 선고 2007다4004 판결).

768) 대법원 2001. 12. 27. 선고 2001다33734 판결.

769) 대법원 2002. 4. 12. 선고 2000다63912 판결.

770) 대법원 1998. 2. 13. 선고 97다6711 판결.

771) 대법원 2002. 11. 8. 선고 2002다41589 판결.

대로 〈수익자에 의하여 피담보채무의 일부가 대위변제되어 사실심 변론종결 당시의 피담보채무액이 사해행위 당시의 그것보다 줄어들게 되었다면〉, 그러한 경우에도 사실심 변론종결 당시의 감소된 피담보채무액만을 공제하는 것은 사해행위 당시 채권자들의 공동담보로 제공되지 아니한 부분까지 회복시키는 결과가 되어 불공평하므로 사해행위 당시의 피담보채무액을 공제[772]하는 방법에 의하여 가액반환의 범위를 확정하여야 한다. ③ 다만, 채무자를 위하여 변제한 자는 변제자대위의 법리에 따라 채권최고액의 범위 내에서 채권자의 근저당권을 행사할 수 있는 것이어서 위와 같이 공제된 금액에서 대위변제된 금원을 또 다시 공제할 것은 아니다.[773]

(다) 한편, ① 공동저당권이 설정되어 있는 수 개의 부동산 중 일부가 양도된 경우에 있어서의 가액배상의 범위를 정하는 기준이 되는 피담보채권액은 특별한 사정이 없는 한 민법 제368조의 규정 취지에 비추어 공동저당권의 목적으로 된 각 부동산의 가액에 비례하여 공동저당권의 피담보채권액을 안분한 금액이라고 보아야 하나,[774] ② 그 수 개의 부동산 중 일부는 채무자의 소유이고 일부는 공동저당권이 설정된 상태에서 이를 취득한 제3취득자의 소유로서 그 제3취득자가 민법 제481조, 제482조의 규정에 의한 변제자대위에 의하여 채무자 소유의 부동산에 대하여 저당권을 행사할 수 있는 지위에 있는 경우라면 채무자 소유 부동산에 관한 피담보채권액은 공동저당권의 피담보채권액 전액으로 보아야 하고, 이러한 법리는 한 개의 공유부동산 중 일부 지분이 채무자의 소유이고 일부는 제3취득자의 소유인 경우에도 마찬가지로 적용된다.[775] ③ 한편, 공동저당권이 설정된 수 개의 부동산 전부의 매매계약이 사해행

---

772) 따라서 사해행위 후 1,2순위 근저당권이 말소되고, 3순위 근저당권의 피담보채권 중 일부가 채무자의 재산에 대한 공매절차를 통하여 변제됨으로써 법원이 사해행위취소로 인한 원상회복으로 가액배상을 명하는 경우, 부동산의 시가에서 공제할 3순위 근저당권의 피담보채권액은 〈공매절차를 통하여 일부 변제된 후가 아닌〉 사해행위 당시의 피담보채권액이 된다(대법원 2007. 7. 12. 선고 2005다65197 판결).

773) 대법원 2005. 10. 14. 선고 2003다60891 판결.

774) 대법원 2003. 11. 13. 선고 2003다39989 판결. 이 판결에 의하여 파기된 원심판결은, 공동저당권자는 담보실행할 저당목적물을 임의로 선택할 수 있음을 이유로 공동저당으로 제공된 부동산의 일부도 그 피담보채권 전액에 관하여 담보로 제공되었다고 판단하고, 피담보채권액이 목적물의 시가를 초과함을 이유로 사해행위가 성립하지 않는다고 판단하였다.

775) 원심판결의 이유에 의하면 원심은 그 채택증거에 의하여 다음과 같은 사실을 인정하였다. 즉, 소외 1이 원심판결 별지 목록 기재 각 부동산(이하 '이 사건 부동산' 이라 한다)에 관하여 주식회사 조흥은행(나중에 주식회사 신한은행을 흡수합병하면서 주식회사 신한은행으로 상호를 변경하였다. 이하 '신한은행' 이라 한다)에 대한 대출금 채무를 담보할 목적으로 신한은행에게 채권최고액 234,000,000원의 근저당권을 설정해 준 다음, 이 사건 부동산 중 4분의 1 지분씩을 소외 2, 3에게 각각 이전해 주고, 자기 소유명의로 남아 있던 나머지 2분의 1 지분(이하 '이 사건 부동산 지분' 이라 한다)에 관하여 한국외환은행(이하 '외환은행' 이라 한다)에 대한 대출금 채무를 담보할 목적으로 외환은행에게 채권최고액 65,000,000원의

위에 해당하는 경우와 같이 사해행위의 목적 부동산 전부가 하나의 계약으로 동일인에게 일괄 양도된 경우에는 사해행위로 되는 매매계약이 공동저당 부동산의 일부를 목적으로 할 때처럼 그 부동산 가액에서 공제하여야 할 피담보채권액의 산정이 문제되지 아니하므로 특별한 사정이 없는 한 그 취소에 따른 배상액의 산정은 목적 부동산 전체의 가액에서 공동저당권의 피담보채권 총액을 공제하는 방식으로 함이 그 취소 채권자의 의사에도 부합한다.776)

(라) ① 가액배상에 있어서는 일반 채권자들의 공동담보로 되어 있어 사해행위가 성립하는 범위 내의 가액 배상을 명하여야 하는 것이므로, 그 부동산에 관하여 주택임대차보호법 제3조 제1항이 정한 대항력을 갖추고 임대차계약서에 확정일자를

근저당권을 설정해 주었다. 그 후 소외 1은 채무초과인 상태에서 피고에게 이 사건 부동산 지분을 매도하고 피고는 그 매매대금의 지급에 갈음하여 소외 1의 신한은행에 대한 근저당권 피담보채무와 외환은행에 대한 근저당권 피담보채무(50,000,000원)를 인수하기로 하는 내용의 매매계약(이하 '이 사건 매매계약' 이라 한다)을 체결하였는데, 당시 이 사건 부동산 지분의 가액은 232,573,100원이었다. 〈원심은 위 인정사실에 기초하여, 이 사건 매매계약 당시 이 사건 부동산 지분이 부담하는 신한은행 근저당권의 피담보채권액을 이 사건 부동산 지분의 비율에 따라 분담되는 117,000,000원이라고 보고(피담보채권액이 채권최고액을 초과하여 채권최고액만을 기준으로 하여 2분의 1 지분 비율로 산정하였다), 이 분담부분과 외환은행 근저당권의 피담보채권액 50,000,000원 합계 167,000,000원을 이 사건 부동산 지분의 가액 232,573,100원에서 공제한 잔액 부분은 원고를 비롯한 일반채권자의 공동담보로 제공되는 책임재산에 해당함에도 소외 1이 이를 피고에게 매도한 것은 채무자의 공동담보를 감소시키는 행위로서 사해행위에 해당한다는 취지로 판단〉하였다.
그러나 원심의 위와 같은 판단은 앞서 본 법리에 비추어 수긍할 수 없다. 원심판결 이유에 의하더라도, 채무자 소외 1이 신한은행에게 이 사건 부동산에 관한 근저당권을 설정해 준 다음 소외 2, 3에게 이 사건 부동산 중 각 4분의 1 지분에 관한 소유권을 이전해 주었고, 이어 이 사건 부동산 지분에 관하여 외환은행에게 근저당권을 설정해 준 후에 피고와 이 사건 매매계약을 체결하였으므로, 소외 2, 3은 신한은행 명의의 근저당권이 설정된 상태에서 이 사건 부동산 주 각 4분의 1 지분을 취득한 제3취득자이다. 그렇다면 〈소외 2, 3은 소외 1의 신한은행 근저당권 피담보채무 내지 그 이행을 인수하는 등의 사정으로 소외 1에 대하여 구상권을 행사할 수 없다는 특별한 사정이 없는 이상〉, 이 사건 매매계약 당시 민법 제481조, 제482조의 규정에 의한 변제자대위에 의하여 소외 1 소유의 이 사건 부동산 지분에 대하여 저당권을 행사할 수 있는 지위에 있었다고 할 것이고, 따라서 이 사건 매매계약 당시 이 사건 부동산 지분이 부담하는 신한은행 근저당권의 피담보채권액은 채권최고액의 전액으로 보아야 할 것이다. 그런데 원심은 소외 2, 3이 소외 1에 대하여 구상권을 행사할 수 없는 특별한 사정이 있는지에 관하여 아무런 판단 없이 곧바로 이 사건 부동산 지분이 부담하는 신한은행 근저당권의 피담보채권액은 그 전체 피담보채권 중 지분의 비율에 따라 안분한 2분의 1 상당 금액이라고 인정하여 이 사건 매매계약을 사해행위로 판단하고 말았으니, 원심판결에는 사해행위에 관한 법리를 오해하여 판결에 영향을 미친 위법이 있고, 이를 지적하는 상고이유의 주장은 이유 있다(대법원 2010. 12. 23. 선고 2008다25671 판결).

776) 한편 사해행위로 인하여 일탈한 재산의 범위는 사해행위 당시 이미 정하여지는 이상 위의 경우에 있어서 그 저당권의 피담보채무의 변제 및 저당권 말소의 원인과 그 자금의 제공자가 누구인지 혹은 그 이익이 잔존하는지 여부는 상관이 없다 할 것이므로, 그 공동저당권 말소의 원인이 하나의 사해행위로서 동일인에게 일괄 양도된 부동산 중 일부에 대한 공동저당권의 실행에 따른 것이라 하여 달리 볼 것도 아니다(대법원 2005. 5. 27. 선고 2004다67806 판결).

받아 임대차보증금 우선변제권을 가진 임차인 또는 같은 법 제8조에 의하여 임대차보증금 중 일정액을 우선하여 변제받을 수 있는 소액임차인이 있는 때에는 수익자가 배상하여야 할 부동산의 가액에서 그 우선변제권 있는 임차보증금 반환채권 금액을 공제[777]하여야 한다. ② 그러나, 위와 같이 우선변제권이 확보된 경우가 아닌 이상, 대항력을 갖추었으나 그전에 이미 선순위 근저당권이 마쳐져 있어 부동산이 경락되는 경우 소멸할 운명에 놓인 임차권의 임차보증금반환채권은, 수익자가 배상할 부동산의 가액에서 공제할 것은 아님[778]은 물론이다.

(마) 다음의 판례는 특히 유의하여야 한다. ① 사해행위 후 그 부동산에 관하여 저당권설정등기가 말소되었음을 이유로 가액배상을 명하는 경우에는 사해행위 당시 일반 채권자들의 공동담보로 되어 있었던 부동산 가액 전부의 배상을 명하여야 하는 것이므로, 그 부동산 가액에서 수익자의 변제로 말소된 채무자 소유의 〈다른〉 부동산에 관한 저당권이나 전세권의 피담보채무액을 공제하여 가액배상액을 산정할 것은 아니다.[779] ② 사해행위 당시 어느 부동산이 가압류되어 있다는 사정은 채권자 평

---

777) 그리고 이러한 법리는, 주택 소유자의 사망으로 인하여 그 주택에 관한 포괄적 권리의무를 승계한 공동상속인들 사이에 이루어진 상속재산 분할협의가 일부 상속인의 채권자에 대한 사해행위에 해당하는 경우 그 상속인의 상속지분을 취득한 수익자로 하여금 원상회복 의무의 이행으로서 지분 가액 상당의 배상을 명하는 경우에도 그대로 적용된다고 할 것이다. 그런데 기록에 의하면, 〈피고는 원심에서 "소외 1과 피고 사이의 상속재산 분할협의의 대상인 이 사건 부동산은 주택으로서 피상속인인 소외 2가 사망하기 전부터 이를 다른 사람들에게 임대하고 있었던 까닭에 소외 1과 피고를 포함한 상속인들은 그 임대보증금 반환채무까지도 승계하게 되었으며, 상속재산 협의분할 후 피고가 위 주택을 원심 공동피고 2에게 매도함에 있어 매매대금 1억 2,500만 원 중 임대보증금 합계 9,500만 원을 공제한 3,000만 원만을 실제로 지급받았으나, 설령 이 사건 상속재산 분할협의가 사해행위에 해당한다고 하더라도 수익자인 피고가 배상하여야 할 부동산의 가액은 임대보증금 반환채무액을 공제하고 남은 위 위 3,000만 원 중 소외 1의 상속지분인 3분의 1에 해당하는 1,000만 원의 범위로 한정되어야 한다는 취지로 주장〉하였고, 이러한 주장에 부합하는 듯한 부동산등기부등본, 임대차계약서, 매매계약서, 통장 사본, 주민등록 초본 등이 증거로 제출되어 있음을 알 수 있으며, 한편 원심판결도 원심 공동피고 2에 대한 청구에 관한 판단 부분에서 원심 공동피고 2가 피고에게 이 사건 부동산 매매대금 중 기존의 임대차보증금을 제외한 나머지 금액 3,000만 원만을 지급한 사실을 인정하고 있다. 사정이 이러하다면, 원심으로서는 위 원심 공동피고 2가 채무자 소외 1의 상속지분을 선의로 전득한 자에 해당하여 원물반환이 불가능하다는 이유로 수익자인 피고에게 그 가액 상당의 배상을 명하기에 앞서 먼저 피고가 주장하는 임대차보증금 반환채권이 주택임대차보호법상의 요건을 갖춘 우선변제권 있는 채권인지를 심리함으로써 소외 1의 상속지분 중 일반 채권자들의 공동담보로 되어 있는 범위, 즉 사해행위가 성립하는 범위를 살펴본 후 그 부분에 한하여 피고에게 가액배상을 명하였어야 할 것이다(대법원 2007. 7. 26. 선고 2007다29119 판결)."

778) 대법원 2001. 6. 12. 선고 99다51197, 51203 판결.

779) 대법원 2007. 5. 31. 선고 2006다18242 판결.
이 판결에 의하면 파기된 원심판결은, 사해행위 후 변제 등에 의하여 저당권설정등기가 말소된 원심판결 별지 목록 제2 기재 부동산(이하 '제2부동산'이하 한다) 중 1/2 지분에 관하여는 그 부동산의 가액에서 저당권의 피담보채무액을 공제한 잔액의 한도에서 사해행위를 취소하고 그 가액의 배상을 구할 수

등의 원칙상 채권자의 공동담보로서 그 부동산의 가치에 아무런 영향을 미치지 아니하므로, 가압류가 된 여부나 그 청구채권액의 다과에 관계없이 그 부동산 전부에 대하여 사해행위가 성립하고, 따라서 〈사해행위 후 수익자 또는 전득자가 그 가압류 청구채권을 변제하거나 채권액 상당을 해방공탁하여 가압류를 해제시키거나 또는 그 집행을 취소시켰다 하더라도〉, 법원이 사해행위를 취소하면서 원상회복으로 원물반환 대신 가액배상을 명하여야 하거나, 다른 사정으로 가액배상을 명하는 경우에도 그 변제액을 공제할 것은 아니고,[780] ③ 사해행위 후 그 목적물에 관하여 선의의 제3자가 저당권을 취득하였음을 이유로 가액배상을 명하는 경우[781]에는 사해행위 당시 일반 채권자들의 공동담보로 되어 있었던 부동산 가액 전부의 배상을 명하여야 할 것이고, 그 가액에서 제3자가 취득한 저당권의 피담보채권액을 공제할 것은 아니고, 증여의 형식으로 이루어진 사해행위를 취소하고 원물반환에 갈음하여 그 목적물 가액의 배상을 명함에 있어서는 수익자에게 부과된 증여세액과 취득세액을 공제하여 가액배상액을 산정할 것도 아니다.[782] ④ 한편, 유류대금 채권을 담보하기 위한 가등기에는 가등기담보 등에 관한 법률이 적용되지 않아 위 가등기로 담보되는 채권은 우선변제권이 없으므로 사해행위로 인한 가액배상액을 산정함에 있어서 위 가등기의 피담보채무액은 가액배상의 공제대상이 되지 않는다.[783]

있다고 전제한 다음, 〈그 가액배상의 범위를 정함에 있어 위 지분의 시가에서 말소된 제2부동산에 관한 근저당권의 피담보채무액 중 피고 분담부분을 공제(원래 공제하여야 하는 부분)하는 이외에도〉, 피고가 제2부동산을 담보로 제공하여 대출받는 한편 추가로 차용하여 마련한 돈으로 채무를 변제하여 원심판결 별지 목록 제1 기재 부동산(이하 '제1부동산'이라 한다)에 관하여 설정된 제1, 2 순위 근저당권등기와 제5순위 전세권등기를 말소하였음을 이유로 그와 같이 말소된 근저당권이나 전세권의 피담보채무액 중 피고 분담부분을 공제하는 것이 원고 등 일반채권자와 수익자인 피고 사이에서 공평하며 가액배상 제도의 인정 취지에 부합한다고 보아, 제2부동산 중 1/2 지분에 관한 가액배상액은 그 시가 171,708,000원에서 말소된 제2부동산에 관한 근저당권의 피담보채무액 4,000만 원(=8,000만 원 × 피고의 지분 1/2)과 말소된 제1부동산에 관한 근저당권과 전세권의 피담보채무액 합계 8,150만 원 {=(제1, 2순위 근저당권의 피담보채무 합계 1억 3,500만 원 + 제5순위 전세금채무 2,800만 원) × 피고의 지분 1/2} 을 모두 공제한 나머지 50,208,000원(=171,708,000원 - 4,000만 원 - 8,150만 원)이 된다고 판단하였다.

780) 대법원 2003. 2. 11. 선고 2002다37474 판결.

781) 이 경우 원물반환도 가능함은 앞서 본 바와 같다.

782) 대법원 2003. 12. 12. 선고 2003다40286 판결.

783) 원심은 그 채택 증거에 의하여 그 판시와 같은 사실을 인정한 다음, 소외 2가 채무초과 상태에서 자신의 유일한 재산인 이 사건 각 부동산을 피고에게 매도한 행위는 특별한 사정이 없는 한 원고와 같은 일반 채권자에 대한 사해행위에 해당하고, 피고가 이 사건 매매계약 이후 제1, 2, 3 근저당권등기 및 압류등기를 말소하였으므로, 이 사건 각 부동산 및 이 사건 부속물의 변론종결 당시의 시가 합계 1,087,565,410원에서 제1, 2, 3 근저당권등기의 피담보채무액의 합계 9억 5,000만원과 국세 및 지방세 체납액 합계 29,051,370원을 공제한 잔액 108,514,040원(=1,087,565,410원 - 979,051,370원)이 이 사건 각 부동산 및 이 사건 부속물이 가지는 공동담보가액이자 수익자가 취득한 이익의 범위로서 사해행위

(3) 수익자·전득자의 이익

수익자·전득자는 자신들이 받은 이익 범위 내에서 반환할 의무가 있는데, 전득자가 목적물의 소유권을 이전받았다면 목적물의 공동담보가액과 받은 이익이 일치하게 되고, 근저당권을 설정 받은 경우라면 피담보채권액이 이익의 가액이 된다.

나. 특수한 경우

1) 근저당권설정계약 중 일부만이 사해행위에 해당하는 경우에는 특별한 사정이 없는 한 그 원상회복은 근저당권설정등기의 채권최고액을 감축하는 근저당권변경등기절차의 이행을 명하는 방법에 의하여야 한다.[784]

2) 근저당권설정계약을 사해행위로서 취소하는 경우 경매절차가 진행되어 타인이

취소 및 가액배상의 기준이 된다고 판단하였다. 나아가 원심은 피고의 공제주장에 관한 판단에서, 소외 1, 2가 소외 3으로부터 120,000,000원 상당의 유류를 공급받고 그 유류대금을 지급하지 않아 제1, 2, 3 근저당권등기 이후 이 사건 각 부동산에 대하여 소외 3 앞으로 마쳐주었다는 가등기에 대하여는 위 가등기가 가등기담보 등에 관한 법률이 적용되지 않아 위 가등기로 담보되는 채권은 우선변제권이 없으므로 위 가등기의 피담보채무액은 이 사건 가액배상의 공제대상이 되지 아니하고, 피고가 위 가등기말소비용 등으로 30,710,000원을 지출하였다거나, 피고가 소외 1에게 송금한 10,000,000원이 차용금 채무로서 제3근저당권의 피담보채무에 포함된다고 인정할 증거가 없으므로 그 각 금액을 사해행위취소 여부 및 가액배상액의 산정에 있어 고려할 것이 아니라는 취지로 판단하였다. 위 법리와 기록에 비추어 살펴보면 원심의 판단은 정당한 것으로 수긍이 가고, 거기에 상고이유에서 주장하는 바와 같은 채증법칙 위배, 사실오인, 심리미진, 법리오해, 석명권불행사 등의 위법이 없다(대법원 2010. 7. 22. 선고 2009다60466 판결).

784) 이 경우 주문은 다음과 같다. "1. 피고와 소외 갑 사이에 별지 목록 기재 부동산에 관하여 2002. 10. 28. 체결된 근저당권설정계약 중 채권최고액 금 400,000,000원을 초과하는 부분을 취소한다. 2. 피고는 소외 갑에게 제1항 부동산에 관하여 …(등기번호)… 로 마친 근저당권설정등기 중 채권최고액 2,000,000,000원을 40,000,000원으로 감축하는 근저당권변경등기절차를 이행하라."
기록에 의하면, 정OO 소유의 원심판결 별지 제1목록 기재 각 부동산에 관하여 2002. 7. 12. 근저당권자 주식회사 OO상호저축은행, 채무자 주식회사 OO피엠씨, 채권최고액 5억 2,000만 원으로 된 근저당권설정등기가 마쳐졌고, 정OO이 2002. 10. 28. 채무초과상태에서 피고로부터 15억 원을 차용하면서 근저당권설정계약을 체결한 후 2002. 10. 29. 근저당권자 피고, 채무자 정OO, 채권최고액 2,000,000,000원으로 된 근저당권설정등기를 마쳤으며, 한편 정OO이 2002. 10. 28. 위와 같이 차용한 돈 중 일부로 위 2002. 7. 12.자 근저당권의 피담보채무 401,911,232원을 변제한 후 2002. 10. 30. 위 주식회사 OO상호저축은행 명의의 근저당권설정등기가 말소된 사실을 알 수 있는바, 〈원심과 같이 2002. 10. 28.자 근저당권설정계약 중 이에 의하여 담보되는 차용금의 일부 금원으로 선순위 근저당권의 피담보채무를 변제한 부분을 제외한 나머지 부분에 대하여만 사해행위가 성립한다고 본다면〉, 위 근저당권설정계약의 채권최고액 20억 원에서 변제한 선순위 근저당권의 피담보채무액을 공제한 잔액의 한도에서 사해행위를 취소하고, 근저당권설정등기의 채권최고액 20억 원을 변제한 선순위 근저당권의 피담보채무액으로 감축하는 근저당권변경등기절차의 이행을 명하였어야 한다. 그럼에도 원심은 이와 달리, 피고에게 가액배상을 명하였으니, 여기에는 사해행위 취소에 관한 법리를 오해하여 판결에 영향을 준 위법이 있다(대법원 2006. 12. 7. 선고 2006다43620 판결).

소유권을 취득하고 근저당권설정등기가 말소되었다면 원물반환이 불가능하므로 가액배상의 방법으로 원상회복을 명할 것인바, ① 이미 배당이 종료되어 수익자가 배당금을 수령하였다면 수익자로 하여금 배당금을 반환하도록 명하여야 하고, ② 배당표가 확정되었으나 채권자의 배당금지급금지가처분으로 인하여 수익자가 배당금을 현실적으로 지급받지 못한 경우에는 배당금지급채권의 양도와 그 채권양도의 통지를 명할 것[785]이나, ③ 채권자가 배당기일에 출석하여 수익자의 배당 부분에 대하여 이의를 하였다면 그 채권자는 사해행위취소의 소와 병합하여 원상회복으로서 배당이의의 소를 제기할 수 있다고 할 것이고, 이 경우 법원으로서는 배당이의의 소를 제기한 당해 채권자 이외의 다른 채권자의 존재를 고려할 필요 없이 그 채권자의 채권이 만족을 받지 못한 한도에서만 근저당권설정계약을 취소하고 그 한도에서만 수익자의 배당액을 삭제하여 당해 채권자의 배당액으로 경정하여야 한다.[786]

④ 한편, 확정된 배당표에 의하여 배당을 실시하는 것은 실체법상의 권리를 확정하는 것이 아니므로, 배당을 받아야 할 채권자가 배당을 받지 못하고 배당을 받지 못할 자가 배당을 받은 경우에는 배당을 받지 못한 채권자로서는 배당에 관하여 이의를 한 여부에 관계없이 배당을 받지 못할 자이면서도 배당을 받았던 자를 상대로 부당이득반환청구권을 가지며, 이는 배당을 받지 못한 그 채권자가 일반채권자라거나 배당이의소송에서 승소하여 배당표를 경정한 것이 사해행위 취소판결에 의한 것이라고 하여 달리 볼 것은 아닌바, 이 때 배당이의소송을 통하여 자신이 배당받아야 할 금원보다 초과하여 배당받은 채권자는 그 초과 부분을 적법하게 배당요구를 하였으나 배당이의소송에서 참여하지 못한 다른 채권자에게 부당이득으로서 반환할 의무가 있을 뿐 이를 사해행위를 한 채무자에게 반환할 의무는 없다.[787]

---

785) 이러한 법리는 경매법원이 수익자에게 배당하여야 할 금원을 수익자에게 배당하지 않고 다른 사람에게 배당하는 바람에 수익자가 배당금을 지급받지 못하고, 자신의 권리 이상으로 배당을 받은 다른 사람에 대하여 부당이득반환채권을 취득한 경우에도 마찬가지라고 봄이 상당하다. 위 법리에 비추어 보면, 피고가 농협중앙회에 대한 위 부당이득반환채권을 포기하였다는 등의 특별한 사정이 없는 한, 피고에 대하여 그 원상회복으로서 농협중앙회에 대한 위 부당이득반환채권의 양도절차의 이행을 명함은 별론으로 하고, 실제 배당받지도 아니한 금원 상당액의 지급을 명할 수는 없다. 그런데도 원심은 판시와 같은 이유로 피고에게 사해행위취소에 의한 원상회복으로서 위 45,155,645원의 가액배상금을 지급할 의무가 있다고 판단하였으니, 원심판결에는 필요한 심리를 다하지 아니하였거나, 사해행위취소에 의한 원상회복방법에 관한 법리를 오해하여 판결에 영향을 미친 위법이 있고, 이를 지적하는 취지의 상고이유의 주장은 이유 있다(대법원 2008. 12. 11. 선고 2007다91398, 91404 판결).

786) 대법원 2004. 1. 17. 선고 2003다6200 판결.

787) 원심판결 이유를 위 법리와 기록에 비추어 보면, 원심이 사해행위로 근저당권을 설정 받은 한국수출입은행에게 배당된 금원은 그 경매절차에서 배당 요구하였던 다른 채권자들 사이에서 분배되어야 할 금원으로

3) 약속어음의 발행과 관련하여,

가) 채무자가 적극재산인 채권을 특정 채권자로 하여금 강제집행의 형식을 빌려 압류·전부받게 할 목적으로 채무부담행위를 하고 그에 대한 강제집행을 승낙하는 취지의 공정증서를 작성해 주어 채권자가 채권을 압류·전부받은 경우, 그로 인하여 채무자가 채무초과 상태에 이르거나 그 상태가 심화되었다면 사해행위가 성립하는 바,[788] ① 〈기존 채무의 지급을 위하여〉 약속어음이 발행된 경우에는 특별한 사정이 없는 한 그 약속어음의 발행으로 인하여 채무자의 채무가 새로이 증가되는 것이 아니므로 그 약속어음의 발행이 사해행위에 해당한다고 할 수 없지만,[789] ② 채무자가 약속어음을 발행함으로써 〈새로운 채무를 부담하게 되는 경우〉에 있어서는, 그 채무부담으로 인하여 채무자가 채무초과상태에 빠지거나 이미 빠져 있던 채무초과 상태가 더욱 악화, 심화된다면, 그 약속어음의 발행은 다른 채권자를 해하는 것으로서 사해행위에 해당한다.[790]

서, 배당이의소송을 제기하여 배당표를 경정 받음으로써 위 배당금을 자신의 안분액보다 초과하여 수령한 피고로서는 그 부분에 관하여는 권리 없는 자가 배당을 받아간 경우에 해당하여 이를 나머지 채권자인 원고에게 반환할 의무가 있을 뿐 채무자인 소외인에게 이를 반환할 의무는 없다는 이유로, 소외인에 대한 이 사건 배당금 반환채무가 존재함을 전제로 한 피고인 상계주장을 배척한 것은 정당하다. 상고이유에서 인용하는 대법원 2008. 6. 12. 선고 2007다37837 판결은 부동산에 대한 경매절차가 개시되지 아니한 사안에 관한 것으로, 이 사건과 같이 경매절차가 개시되어 사해행위로 설정된 근저당권에 배당된 금원을 분배받을 수 있는 채권자의 범위가 한정된 경우에는 위 판례를 적용할 수 없다. 원심판결에는 상고이유에서 주장하는 바와 같은 채권자취소권과 배당이의 및 부당이득반환의무에 관한 법리오해 등의 위법이 없다(대법원 2011. 2. 10. 선고 2010다90708 판결). 위 대법원 2007다37837 판결에 관하여는, 아래 '라. 취소 및 원상회복의 부수적 문제' 이하 참조.

788) 대법원 2009. 1. 15. 선고 2007다61618 판결.

789) 채권자취소권이 대상이 되는 채권자를 해하는 행위라 함은 재산권을 목적으로 한 법률행위로서 그로 인하여 채무자의 소극재산이 적극재산을 초과하게 되거나 채무초과상태가 더 나빠지게 하는 행위를 뜻한다. 따라서 채무자가 이전부터 있는 채무의 변제를 위하여 약속어음을 발행하는 행위는 소극재산을 증가시키는 행위가 아니므로 그것만으로는 다른 채권자를 해하는 행위라고 보기 어렵다. 한편, 이 사건에서 보면, 진OO은 피고에 대한 차용금채무의 변제를 위하여 이 사건 약속어음을 발행하였다가 그로부터 5개월 더 지난 뒤 어음금 청구에 관하여 강제집행을 승낙하는 취지의 공정증서를 작성하여 주었는데, 피고가 이 사건 약속어음과 공정증서를 이용하여 진OO의 전세금반환채권에 대한 압류 및 전부명령을 받았다고 하여 이로써 바로 진OO이 전세금반환채권을 피고에게 양도한 것과 같다고 볼 수는 없고, 또 진OO이 피고와 짜고 원고를 해할 의사로 이 사건 약속어음을 발행하였다고 볼 자료도 없다(대법원 2002. 8. 27. 선고 2002다27903 판결).

790) 이 사건에서 위 약속어음 발행 당시 피고가 소외 회사에 대하여 가지고 있던 채권은 건물의 임대보증금 7,800만 원의 채권과 월 200만 원 내지 180만 원씩에 의한 약 8개월분의 임료채권, 그리고 이 사건 부동산을 담보제공함에 따라 장차 취득하게 될 구상금채권이고, 그 중 장래의 구상금 채권은 그 발생 여부 및 범위가 불확실한 것이었는데도 소외 회사가 액면금 10억 원의 일람출급식으로 된 이 사건 약속어음을 발행·교부하였던 것이므로 위 약속어음의 발행은 위 임대보증금 등의 기존의 채무의 지급을 위한 것이라고는 할 수 없고 오히려 새로운 채무부담행위로 보아야 할 것이고, 그로 인하여 소외 회사의 채무초과상태가 심화되었다고 할 것이므로 위 약속어음의 발행은 소외 회사의 소극재산을

나) 채무자의 약속어음의 발행이 사해행위에 해당하는 경우, ① 〈그 어음을 발행받은 수익자가 약속어음에 관하여 공정증서를 작성 받는 등으로 채무명의를 얻어 강제집행에까지 나아간 때에는〉,[791] 채권자는 사해행위인 약속어음의 발행행위를 취소하고 강제집행의 결과 수익자가 얻은 환가금이나 추심금 또는 전부금의 반환이나 전부채권의 양도를 원상회복으로서 구할 수 있지만, ② 〈아직 강제집행절차가 종료되지 아니한 경우에 있어서는〉, 수익자가 어음채권을 취득한 것 외에 어떤 구체적인 수익을 얻었다고 할 수 없고, 채무명의를 얻은 것 자체를 원상회복의 대상이 되는 수익에 해당한다고도 할 수 없으므로 그 채무명의의 반환이나 인도 등에 의한 원상회복을 청구할 여지는 없다.[792] ③ 한편, 장래의 미확정의 채권이 압류 전부되고 상당 기간이 경과되거나 일정한 조건이 성취되는 등의 사정이 있는 경우에는, 그 채권의 객관적 가치는 압류 전부될 당시와는 차이가 있을 수 있으므로 어떤 채무부담행위에 대한 강제집행승낙문구가 기재된 공정증서의 작성과 이를 이용한 채권자의 채권압류전부를 채무자가 자신의 채권을 특정채권자에게 양도한 것과 다를 바가 없는 것으로 볼 특별한 사정이 있어 그 채무부담행위가 사해행위로서 취소되는 경우에 있어서도, 그 압류전부된 채권의 가치가 압류전부를 전후하여 달라졌다면, 원상회복으로서 그 압류전부된 채권 자체의 양도에 의한 반환을 구할 수는 없고, 압류전부될 당시에 있어서의 그 채권의 가액의 배상을 구하여야 한다.[793]

7. 취소 및 원상회복의 부수적 문제

가. 채권자가 어느 수익자(전득자 포함)에 대하여 사해행위취소 및 원상회복청구를 하

증가시키는 것으로서 사해행위에 해당한다고 할 것이다. 같은 취지의 원심판결은 정당하고, 거기에 사해행위에 관한 법리오해 등의 위법이 있다고 할 수 없다(대법원 2002. 10. 25. 선고 2000다64441 판결).

791) 채무자가 처음부터 특정 채권자로 하여금 채무자의 적극재산인 채권을 강제집행의 형식을 빌어 압류전부받게 할 목적으로 채무부담행위를 하고 그와 아울러 그에 대하여 강제집행을 승낙하는 취지가 기재된 공정증서를 작성하여 주고 채권자는 이를 이용하여 채무자의 채권을 압류전부받은 때와 같이, 실질에 있어 채무자가 자신의 채권을 특정 채권자에게 양도한 것과 다를 바가 없는 것으로 볼 수 있기 때문(2002. 10. 25. 선고 2000다7783 판결)에 사해행위가 된다.

792) 이 사건에서, 원고들의 소외 회사에 대한 채권 원금액의 합계는 이 사건 약속어음의 액면금 10억원에 미달하는 477,950,415원에 지나지 아니하고, 위 약속어음 공정증서에 기한 피고의 채권압류 및 전부명령이 아직 확정되지 아니하였음에도 불구하고, 원심은 원고들의 채권액을 초과하는 액면금 10억 원의 이 사건 약속어음 발행행위 전부를 취소하고 그에 따른 원상회복으로서 위 약속어음 공정증서 정본의 인도를 명하고 말았으니, 원심판결에는 사해행위취소의 범위 및 원상회복에 관한 법리를 오해하여 판결에 영향을 미친 위법이 있다(위 2000다64441 판결).

793) 대법원 2002. 10. 25. 선고 2000다7783 판결.

여 승소판결을 받아 그 판결이 확정되었다 하더라도 그에 기하여 재산이나 가액의 회복을 마치지 아니한 이상 채권자는 자신의 피보전채권에 기하여 다른 수익자에 대하여 별도로 사해행위취소 및 원상회복청구를 할 수 있고, 채권자가 여러 수익자를 상대로 사해행위취소 및 원상회복청구의 소를 제기하여 여러 개의 소송이 계속중인 경우에는 각 소송에서 채권자의 청구에 따라 사해행위의 취소 및 원상회복을 명하는 판결을 선고하여야 하며, 수익자가 가액배상을 하여야 할 경우에도 〈수익자 등이 반환하여야 할 가액을 채권자의 채권액에 비례하여 채권자별로 안분한 범위 내에서 반환을 명할 것이 아니라, 다른 소송의 결과를 참작할 필요 없이〉 수익자가 반환하여야 할 가액 범위 내에서 채권자의 피보전채권 전액의 반환을 명하여야 한다.[794] 그리고 이러한 법리는 채무자가 동시에 여러 부동산을 수인의 수익자들에게 처분한 결과 채무초과 상태가 됨으로써 그와 같은 각각의 처분행위가 모두 사해행위로 되고, 채권자가 그 수익자들을 공동피고로 하여 사해행위취소 및 원상회복을 구하여 각 수익자들이 부담하는 원상회복의무의 대상이 되는 책임재산의 가액을 합산한 금액이 채권자의 피보전채권액을 초과하는 경우에도 마찬가지[795]이고, 여러 명의 채권자들이 제기한 각 사해행위취소 및 원상회복청구의 소가 민사소송법 제141조에 의하여 병합되어 하나의 소송절차에서 심판을 받는 경우에도 역시 마찬가지이다.[796]

나. 사해행위의 취소와 원상회복은 모든 채권자의 이익을 위하여 그 효력이 있으므로(민법 제407조), 채권자취소권의 행사로 채무자에게 회복된 재산에 대하여 취소채권자

794) 원심판결 이유에 의하면, 원심은 그 채용 증거들에 의하여 그 판시와 같은 사실을 인정한 다음, 소외 1과 피고 1 사이에 이 사건 아파트에 관하여 2006. 3. 1. 체결한 매매계약은 사해행위에 해당하므로 그 가액인 560,000,000원에서 사해행위 당시 이 사건 아파트에 설정되어 있던 근저당권 중 말소된 근저당권의 피담보채무의 합계 310,981,080원을 공제한 249,018,920원의 한도 내에서 취소되어야 한다고 판단하였다. 또한, 원심의 인정 사실에 의하면, 원고가 소외 1에 대하여 가지는 피보전채권은 이 사건 아파트의 가액을 초과하고 있음을 알 수 있다. 이와 같은 경우 원심으로서는 위 법리에 따라 이 사건 아파트의 수익자인 피고 1, 2에게 위 매매계약의 취소에 따른 원상회복의무로서 반환되어야 할 가액의 전액인 249,018,920원을 원고에 대하여 각자 지급할 것을 명하였어야 할 것이다. 그럼에도 원심은 수인의 채권자가 수익자 등에게 사해행위의 취소 및 원상회복을 청구하고 채권자들의 총채권액이 수익자 등이 배상할 가액을 초과하는 경우에는 수익자 등으로 하여금 배상할 가액을 채권자들의 채무자에 대한 각 채권액의 비율에 따라 안분하여 지급하도록 함이 상당하다는 이유로, 가액배상금액을 소외 2에 대한 제1심 공동원고 신용보증기금의 채권액과 원고의 채권액의 비율로 안분하여 원고에 대하여 89,714,689원만의 지급을 명하고 말았으니, 원심의 이와 같은 판단에는 사해행위취소의 경우 수익자가 반환하여야 할 가액의 범위에 관한 법리를 오해하여 판결에 영향을 미친 위법이 있다고 할 것이다. 따라서 이 점을 지적하는 상고이유의 주장은 이유있다(대법원 2008. 6. 12. 선고 2008다8690, 8706 판결).

795) 대법원 2008. 11. 13. 선고 2006다1442 판결.

796) 위 2008다8690, 8706 판결.

가 우선변제권을 가지는 것이 아니라 다른 채권자도 총채권액 중 자기의 채권에 해당하는 안분액을 변제받을 수 있는 것이지만. 이는 채권의 공동담보로 회복된 채무자의 책임재산으로부터 민사집행법 등의 법률상 절차를 거쳐 다른 채권자도 안분액을 지급받을 수 있다는 것을 의미하는 것일 뿐, 다른 채권자가 이러한 법률상 절차를 거치지 아니하고 취소채권자를 상대로 하여 안분액의 지급을 직접 구할 수 있는 권리를 취득한다거나, 취소채권자에게 인도받은 재산 또는 가액배상금에 대한 분배의무가 인정된다고 볼 수는 없다.[797]

다. 사해행위 취소와 원상회복의 효력과 관련하여,

1) 취소채권자는 특별한 사정이 없는 한 자신의 채권액 범위 내에서 채무자의 책임재산을 회복하기 위하여 채권자취소권을 행사할 수 있고 그 취소에 따른 효력을 주장할 수 있을 뿐이며, 채무자에 대한 채권 보전이 아니라 제3자에 대한 채권 만족을 위해서는 사해행위취소의 효력을 주장할 수 없다.[798]

---

797) 가액배상금을 수령한 취소채권자가 이러한 분배의무를 부담하지 아니함으로 인하여 사실상 우선변제를 받는 불공평한 결과를 초래하는 경우가 생기더라도, 이러한 불공평은 채무자에 대한 파산절차 등 도산절차를 통하여 시정하거나 가액배상금의 분배절차에 관한 별도의 법률 규정을 마련하여 개선하는 것은 별론으로 하고, 현행 채권자취소 관련 규정의 해석상으로는 불가피하다(대법원 2008. 6. 12. 선고 2007다37837 판결).

798) 원심판결 이유에 의하면 원심은, 그 판시와 같이 원고가 주식회사 OO테크닉스(이하 'OO테크닉스'라고 한다)에 대한 집행력 있는 판결정본에 기하여 이 사건 각 부동산에 관하여 강제경매를 신청한 사실, 한편 위 강제경매신청 이전에 피고가 주식회사 OO코퍼레이션(이하 'OO코퍼레이션'이라고 한다)으로부터 OO테크닉스에 대하여 가지는 채권을 양도받아 OO테크닉스를 상대로 채권양수금 청구소송을 제기하고 그 과정에서 임의조정이 성립된 사실, <u>그 후 원고는 피고를 상대로 OO코퍼레이션의 피고에 대한 채권양도행위가 사해행위에 해당한다는 이유로 위 채권양도 계약의 일부취소와 취소된 금액 범위에서 취소통지를 하라는 내용의 승소확정판결</u>을 받았는데, OO테크닉스에 대한 위 강제경매사건에서 피고가 위 임의조정의 조정조서 정본에 기하여 배당요구를 하였고, 경매법원이 신청채권자인 원고와 피고에게 그 채권금액의 일부(원고 26.42%, 피고 26.41%)를 각 배당하는 내용의 배당표를 작성하자 이에 원고가 이의를 제기한 사실을 인정한 다음, 〈피고가 경매법원에 배당요구한 채권은 OO코퍼레이션의 채권양도행위에 기인한 채권이고 이에 대하여는 원고가 피고를 상대로 사해행위 취소소송을 제기하여 승소판결이 확정된 이상 피고는 그 취소된 범위 내에서 채권양수인으로서의 지위를 상실하였으므로 피고에 대한 배당액을 원고가 배당이의한 금액의 범위 내에서 피고에 대한 배당액 중 위 취소금액이 피고의 배당요구금액에서 차지하는 비율에 해당하는 만큼 감액하여 이를 원고에게 배당하여야 한다는 주장〉에 대하여, 다음과 같은 이유로 이를 배척하였다.
즉 원심은, 원고가 OO코퍼레이션의 채권자로서의 지위와 OO테크닉스의 채권자로서의 지위를 겸하고 있음을 이유로, OO코퍼레이션에 대한 채권자의 지위에서 수익자인 피고와 사이에서 채권자취소권의 행사에 따른 채권양도 취소의 효력을, 제3채무자인 OO테크닉스를 집행채무자로 하는 배당절차에서 주장할 수 있다고 한다면, <u>〈OO코퍼레이션의 다른 채권자들은 OO테크닉스의 채권자가 아닌 이상 사해행위취소의 효력을 향유할 수 없게 될 뿐만 아니라〉 〈OO코퍼레이션의 모든 채권자의 이익을 위하여 효력이 발휘되어야 할 채권자취소권의 행사로써 원고는 OO코퍼레이션이 아닌 OO테크닉스에 대한 자신의 채권을 만족시키는 것이 되어 부당</u>〉하다고 할 것이고, 따라서 OO테크닉스 소유의 이 사건

2) 사해행위의 취소는 취소소송의 당사자 간에 상대적으로 취소의 효력이 있는 것으로 당사자 이외의 제3자는 다른 특별한 사정이 없는 이상 취소로 그 법률관계에 영향을 받지 않는바, 사해행위의 취소에 상대적 효력만을 인정하는 것은 사해행위 취소채권자와 수익자 그리고 제3자의 이익을 조정하기 위한 것으로 그 취소의 효력이 미치지 아니하는 제3자의 범위를 사해행위를 기초로 목적부동산에 관하여 새롭게 법률행위를 한 그 목적부동산의 전득자 등만으로 한정할 것은 아니므로, 수익자와 새로운 법률관계를 맺은 것이 아니라 수익자의 고유채권자로서 이미 가지고 있던 채권 확보를 위하여 수익자가 사해행위로 취득한 근저당권에 배당된 배당금을 가압류한 자에게 사해행위취소 판결의 효력이 미친다고 볼 수 없다.[799)]

3) 사해행위 이후에 채권을 취득한 채권자는 채권의 취득 당시에 사해행위취소에 의하여 회복되는 재산을 채권자의 공동담보로 파악하지 아니한 자로서 민법 제407조에 정한 사해행위취소와 원상회복의 효력을 받는 채권자에 포함되지 아니한다.[800)]

4) 근저당권자에게 배당하기로 한 배당금에 대하여 지급금지가처분결정이 있어 경매법원이 그 배당금을 공탁한 후 그 근저당권설정계약이 사해행위로 취소된 경우, 취소채권자가 배당금지급청구권에 대한 채권압류 및 추심명령에 기하여 배당금을 우선 수령하였다면, 적법하게 배당 요구하였던 다른 채권자들과의 관계에서 부당이득이 된다.[801)]

각 부동산에 관한 경매사건에서 원고는 OO코퍼레이션의 채권자로 서가 아니라 OO테크닉스의 채권자로서 피고의 배당요구채권에 관한 배당에 대하여 이의를 제기하는 것이고 다만 우연히 채권자 취소소송의 채무자인 OO코퍼레이션의 채권자로서의 지위를 함께 가지고 있는 것에 불과할 뿐이므로, OO테크닉스의 채권자의 지위에서 제기한 이 사건 배당이의소송에서 원고는 위 사해행위취소의 효력을 주장할 수는 없다고 보아야 한다는 것이다. 위 법리에 비추어 원심판결 이유를 살펴보면, 원심이 위와 같이 사행행위 취소소송의 채무자가 아닌 제3자의 책임재산에 관한 배당절차에서 사해행위취소의 효력에 기한 원고의 이의사유 주장을 배척한 조치는 수긍할 수 있고, 거기에 상고이유에서 주장하는 바와 같은 사해행위취소나 배당이의의 효력에 관한 법리오해 등의 위법이 있다고 할 수 없다(대법원 2010. 5. 27. 선고 2007다40802 판결).

799) 대법원 2009. 6. 11. 선고 2008다7109 판결.

800) 대법원 2009. 6. 23. 선고 2009다18502 판결.

801) 채권자취소의 효과는 채무자에게 미치지 아니하고 채무자와 수익자와의 법률관계에도 아무런 영향을 미치지 아니하므로 취소채권자의 사해행위취소 및 원상회복청구에 의하여 채무자에게로 회복된 재산은 취소채권자 및 다른 채권자에 대한 관계에서 채무자의 책임재산으로 취급될 뿐 채무자가 직접 그 재산에 대하여 어떤 권리를 취득하는 것은 아니라는 점 등에 비추어 보면, 그 공탁금은 그 경매절차에서 적법하게 배당 요구하였던 다른 채권자들에게 추가 배당함이 상당하고, 그 공탁금지급청구권에 관한 채권압류 및 추심명령은 추가배당절차에서 배당되고 남은 잉여금에 한하여 효력이 있을 뿐이다. 따라서 취소채권자나 적법하게 배당 요구하였던 다른 채권자들로서는 추가배당 이외의 다른 절차를 통하여

5) 채무자의 특정 채권자에 대한 담보권설정행위가 사해행위로 취소 확정된 경우에는 취소채권자 및 그 취소의 효력을 받는 다른 채권자에 대한 관계에서는 무효이므로 그 취소된 담보권자는 별도의 배당요구를 하여 배당요구채권자로서 배당받는 것은 별론으로 하고 '담보권자'로서는 배당받을 수 없다고 할 것이며, 이는 사해행위취소 및 원상회복의 판결이 확정되었으나 그 담보권 등기가 말소되지 않고 있다가 경매로 인한 매각으로 말소된 경우에도 마찬가지이다.[802)]

8. 항변 등

[본안전 항변] 제척기간

[본안에 관한 항변] ① 원고의 채권소멸항변
② 선의의 항변

가. 제척기간

원고가 사해행위임을 안 날부터 1년, 사해행위일부터 5년이 지나서 이 사건 소를 제기하였다는 본안전 항변을 할 수 있다. 만일 부동산등기부등본에 의하여 가처분등기 후 1년이 경과한 사실이 확인될 경우 보정권고 후 재판장에게 기록 인계하여야 한다.

※ 보정권고 : 채권자취소소송은 그 행위를 안 날로부터 1년 내에 제기하여야 하는 바(민법 제406조 2항), 근저당권처분금지가처분 등기 후 1년이 경과 후 제기된 이 사건 소송이 적법하다는 법적 근거를 밝힐 것

나. 원고의 채권 소멸 항변

피보전채권(원고의 甲에 대한 채권)이 시효 소멸하였거나 변제되었다(甲이 변제하였음)는

채권의 만족을 얻을 수는 없으므로, 취소채권자라고 하더라도 배당금지급청구권에 대한 채권압류 및 추심명령에 기하여 배당금을 우선 수령하는 것은 허용되지 아니하고, 취소채권자가 그와 같은 절차를 거쳐 배당금을 우선 수령하였다면 적법하게 배당 요구하였던 다른 채권자들과의 관계에서 부당이득이 성립한다(대법원 2009. 5. 14. 선고 2007다64310 판결).

802) 대법원 2009. 12. 10. 선고 2009다56627 판결.

항변을 할 수 있고, 그에 관한 입증방법으로는 영수증 등이 있다.

다. 수익자, 전득자의 선의[803)]

민법 제406조 제1항 단서의 규정형식상, 사해행위취소소송에 있어서 수익자 내지 전득자가 사해행위임을 몰랐다는 사실은 그 수익자 등 자신에게 입증책임이 있는 것[804)][805)]이므로, 이를 주장하며 항변할 수 있다. 수익자 등의 선의 여부만이 문제되고 수익자의 선의에 과실이 있는지 여부는 문제되지 아니한다.[806)] ① 선의 여부의 판단은 수익자에 있어서는 채무자와의 법률행위 당시이고, 전득자에 있어서는 전득행위 당시를 기준으로 판단한다. ② 한편, 전득자의 악의를 판단함에 있어서는 단지 전득자가 전득행위 당시 채무자와 수익자 사이의 법률행위의 사해성을 인식하였는지 여부만이 문제가 될 뿐이지, 수익자와 전득자 사이의 전득행위가 다시 채권자를 해하는 행위로서 사해행위의 요건을 갖추어야 하는 것이 아님[807)]은 당연하다. ③ 수익자 등이 선의였음을 인정함에 있어서는 객관적이고도 납득할 만한 증거자료 등에 의하여야 하고, 채무자의 일방적인 진술이나 제3자의 추측에 불과한 진술 등에만 터 잡아 그 사해행위 당시 수익자가 선의였다고 선뜻 단정하여서는 안 된다.[808)] ④ 사해행위인지가 문제되는 법률행위가 대리인에 의하여 이루어진 때에는 수익자의 사해의사 또는 전득자의 사해행위에 대한 악의의 유무는 대리인을 표준으로 결정한다.[809)]

라. 채무자의 자력 회복

처분행위 당시에는 채권자를 해하는 것이었다고 하더라도 그 후 채무자가 자력을 회복하여 사해행위취소권을 행사하는 사실심의 변론종결시에는 채권자를 해하지 않

---

803) 부동산 매매계약이 사해행위에 해당함을 이유로 한 사해행위취소소송에서, 매매계약 당사자 사이에 친인척관계나 거래관계가 없어 채권채무관계나 재산상태 등에 관하여 알기 어려운 상태였고, 매매대금의 지급 등 계약의 이행이 정상적으로 이루어지는 등의 제반 사정상 사해행위의 수익자와 전득자가 각 매매계약 체결 당시 선의라고 봄이 상당함에도 불구하고, 악의의 추정이 번복되지 않는다고 한 원심판결을 파기한 사례로, 대법원 2010. 2. 11. 선고 2009다80484 판결 참조.

804) 채무자의 제3자에 대한 담보제공행위가 객관적으로 사해행위에 해당하는 경우 수익자의 악의는 추정되는 것이므로 수익자가 그 법률행위 당시 선의였다는 입증을 하지 못하는 한 채권자는 그 법률행위를 취소하고 그에 따른 원사외복을 청구할 수 있다(대법원 2010. 4. 29. 선고 2009다104564 판결).

805) 대법원 2010. 2. 25. 선고 2007다28819, 28826 판결.

806) 대법원 2008. 7. 10. 선고 2007다74621 판결.

807) 대법원 2006. 7. 4. 선고 2004다61280 판결.

808) 대법원 2006. 7. 4. 선고 2004다61280 판결.

809) 대법원 2006. 9. 8. 선고 2006다22661 판결.

게 된 경우에는 책임재산 보전의 필요성이 없어지게 되어 채권자취소권이 소멸하며, 이 경우 그러한 사정변경이 있다는 사실은 채권자취소소송의 상대방이 입증하여야 하므로,[810] 채무자의 자력에 관한 사정변경사실은 유효한 항변사유가 된다.

마. 피보전채권의 시효소멸

소멸시효를 원용할 수 있는 사람은 권리의 소멸에 의하여 직접 이익을 받는 자에 한정되는바, 사해행위취소소송의 상대방이 된 사해행위의 수익자는 사해행위가 취소되면 사해행위에 의하여 얻은 이익을 상실하게 되나, 사해행위취소권을 행사하는 채권자의 채권이 소멸되면 그와 같은 이익의 상실을 면할 수 있는 지위에 있으므로, 그 채권의 소멸에 의하여 직접 이익을 받는 자에 해당하고,[811] 이를 유효한 항변사유로 주장할 수 있다.

[서식 78] 사해행위취소 등 청구의 소(사해행위취소 및 원상회복청구)

소　　　장

원　고　　석 ○ ○ (64****－*******)
서울 OO초구 OO동 1682 OO아파트 110-302
원고의 소송대리인 법무법인 OO
서울 OO구 OO동 1552-12 OO빌딩 3층 우 : 00000
대표전화 : (02) 000-0000, 팩스 : (02) 000-0000

피　고　　이 ○ ○ (67****－*******)
서울 OO구 OO동 OO아파트 112-101

사해행위취소 등

810) 대법원 2007. 11. 29. 선고 2007다54849 판결.
811) 대법원 2007. 11. 29. 선고 2007다54849 판결. 단, 채무자에 대한 이행소송과 수익자에 대한 사해행위취소소송의 결과가 불일치하는 상황이 발생할 수 있으므로, 가급적 양 소송을 병합함이 바람직할 것이다.

청 구 취 지

1. 피고 이OO은 원고에게 금 1,000,000,000원 및 이에 대하여 20OO. 7. 16.부터 이 사건 소장부본 송달일까지 연 5%, 그 다음날부터 다 갚는 날까지 연 12%의 비율에 의한 금원을 지급하라.
2. 피고 이OO과 피고 이OO 사이의 별지기재 부동산에 대한 20OO. 10. 14.자 매매예약은 취소한다.
3. 소송비용은 피고들 부담으로 한다.
4. 위 제1항은 가집행할 수 있다.

라는 판결을 구합니다.

청 구 이 유

1. 당사자 기초사실

원고는 피고 이OO과 소외 임OO, 민OO을 연대피고로 하여 금 10억원을 대여하여 준 자이고, 피고 이OO은 (주)OO의 운영자금으로 위 돈을 차용한 자이며, 피고 이OO는 (주)OO의 대표이사를 역임한 자로서 피고 이OO과는 동서지간입니다.

2. 대여금 채권에 대한 연대채무

20OO. 9. 26. 원고는 피고 민OO이 자신과 실질적 관련이 있던 소외 주식회사 OO(이하 '소외 회사' 라고 합니다)의 운영자금 조달을 위해 10억 원의 긴급 콜자금을 부탁함에 따라 피고 이OO과 소외 임OO, 민OO에게 10억 원을 대여(이하 이 사건 '대여금'이라고 함)하여 주었습니다(갑제1호증 영수증 참조).

그리고 이를 담보하기 위하여 원고는 20OO. 10. 1. (주)OO부터 공증인가 법무법인 OO 증서 20OO년 제OOOO호 집행력 있는 공증 약속어음을 담보로 받아 두었습니다(갑 제2호증 공증약속어음 참조).

3. 채무불이행

이 사건 대여금의 연대피고들은 원고로부터 이 사건 대여금을 차용한 후 (주)OO의 자금사정이 여의치 못하여 위 변제기에 변제하지 못하였고, 이에 따라 원고는 20OO. 7. 15.자를 변제기로 하여 피고와 소외 임OO, 민OO 공동명의로 하는 지불각서를 받았습니다(갑 제3호증 지불각서 참조).

그런데 (주)OO는 구 경영진의 자금횡령 사건 등으로 20OO. 11. 3. 최종적으로 상장폐지 되었고, 원고는 최근까지 연대피고들에게 변제를 독촉하였으나, 서로 책임을 전가하며 임의이행을 거부하였습니다(갑 제4호증 (주)소에 상장폐지공시 등 참조).

이에 원고는 피고는 연대피고 중 1인이며, 실질적으로 이 사건 대여금과 관련하여 모든 행위를 주도한 피고 이OO을 상대로 이 사건 청구에 이르게 되었습니다.

4. 피고의 재산처분행위

가. 피보전채권의 존재

이 사건 대여금 채권의 성립일은 20OO. 9. 26.이고, 피고 이OO은 자신의 명의로 있던 별지 기재 부동산의 1/2지분을 20OO. 10. 14.자 OO지방법원 OO등기소 접수 제OOOO호 매매예약을 원인으로 한 소유권이전청구권가등기를 피고 이OO에게 경료하여 주었습니다(갑 제5호증 부동산등기부등본 참조).

나. 사해행위

피고 이OO은 (주)OO가 상장폐지 상태에 이르면서 심각한 자금난에 이르게 되자, 장차 원고가 피고에게 대여금 반환을 청구할 것을 예견하고, 20OO. 10. 14. 피고 이OO의 책임재산인 이 사건 부동산에 대한 지분을 동서지간에 있던 피고 이OO에게 소유권이전가등기를 경료하였습니다.

피고 이OO의 위와 같은 처분행위는 필연적으로 그의 일반재산의 감소를 초래를 통한 채권의 공동담보에 부족이 생기게 되었으며, 이로 인해 피고 이OO은 채무초과 상태에 이르게 되었습니다.

따라서 피고 이OO이 피고 이OO에게 이 사건 부동산에 대한 자신의 지분에 대해 매매예약을 원인한 처분행위는 사해행위가 된다고 할 것입니다.

다. 사해의사

앞서 본바와 같이, 이 사건 처분행위를 할 당시 피고 이OO이 보유하고 있던 전체 재산으로도 원고의 채권마저도 만족시킬 수 없는 채무초과상태에 있었다는 점, 피고 이OO의 처분행위 상대방인 피고 이OO는 피고 이OO의 처의 언니 남편인 동서지간으로 피고 이OO이 채무초과상태를 잘 알고 있었다는 점, 또한 피고 이OO는 피고 이OO이 (주)OO의 등기이사로서 내세운 자로서 (주)OO의 사정과 피고 이OO의 채무초과 상태를 누구보다 잘 알고 있었다는 점 등에 비추어 피고 피고 이OO과 수익자 피고 이OO 사이에 사전에 통모하에 사행의사를 가지고 이 사건 처분행위를 하였음이 명백합니다.

5. 결 론

그렇다면,

가. 피고 이OO은 원고에게 금 1,000,000,000원 및 이에 대하여 20OO. 7. 16.부터

이 사건 소장부본 송달일까지 연 5%, 그 다음날부터 다 갚는 날까지 연 12%의 비율에 의한 금원을 지급할 의무가 있고,

나. 피고 이OO의 이 사건 부동산에 관한 처분행위는 원고의 채권을 침해하는 사해행위에 해당한다할 것이므로, 사해행위취소 및 각 원상회복됨이 마땅하므로 청구취지와 같은 판결을 구합니다.

입 증 방 법

1. 갑 제1호증	영수증
1. 갑 제2호증	공증약속어음
1. 갑 제3호증의 1	지불각서
2	인감증명서
1. 갑 제4호증의 1	(주)소예 상장폐지 공시
2	법인등기부등본
1. 갑 제5호증	부동산등기부등본

첨 부 서 류

1. 위 입증방법	1통
1. 송달료 납부영수증	1통
1. 소송위임장	1통

20OO. . .

원고의 소송대리인
법무법인 OO
담당변호사 정 O O

OO지방법원 귀중

[서식 79] 사해행위취소 등 청구의 소(사해행위취소 및 원상회복청구)

소 장

원 고 ○ ○ ○ (000000-0000000)
OO시 OO구 OO길 00 (우편번호 00000)
전화·휴대폰번호 :
팩스번호, 전자우편(e-mail)주소 :

피 고 ○ ○ ○ (000000-0000000)
OO시 OO구 OO길 00 (우편번호 00000)
전화·휴대폰번호 :
팩스번호, 전자우편(e-mail)주소 :

사해행위취소 등 청구의 소

청 구 취 지

1. 피고와 소외 OOO 사이에 별지목록 기재 부동산에 관하여 20OO. O. O. 체결한 부동산매매계약을 취소한다.
2. 피고는 원고에게 위 부동산에 관하여 OO지방법원 OO등기소 20OO. O. O. 접수 제OOO호로써 20OO. O. O. 매매를 원인으로 마친 소유권이전등기의 말소등기 절차를 이행하라.
3. 소송비용은 피고의 부담으로 한다.

라는 판결을 구합니다.

청 구 원 인

1. 원고는 20OO. O. O. 소외 OOO에게 금 30,000,000원을 이자 월 2%, 변제기 20OO. O. O.로 정하여 대여하였습니다. 위 돈을 대여할 당시, 원고가 채권회수에 대한 우려를 하자 OOO은 자신 소유의 별지목록 기재 부동산의 등기부등본을 보이면서 원고에게 만일 자신이 채무를 이행하지 못할 때에는 별지목록 기재 부동산을 임의대로 처분하여 대여금 변제에 충당하여도 아무런 이의를 제기하지 않겠다고 말하면서, 이를 증명하고자 위의 내용이 담긴 각서 및 별지목록 기재 부동산의 처분권에 대한 위임장을 작성하여 교부해주었습니다.

2. 한편, 피고는 OOO와 친분관계가 있는 바, OOO가 원고에게 위 각서 및 위임장을 써줄 당시 입회를 하여 별지목록 기재의 부동산을 처분하게 되면 원고가 채권확보를 할 수 없게 된다는 사실을 잘 알고 있었습니다.

3. 그럼에도 불구하고 피고는 20OO. O. O. OOO로부터 강제집행을 면하게 하여 달라는 부탁을 받고 별지목록 기재의 부동산에 관하여 OO법원 OO등기소(접수 제OOO호)에 매매를 원인으로 하여 소유권이전등기를 마쳤습니다.

4. 위에서 보듯이 OOO은 원고에 대한 강제집행을 면탈할 목적으로 별지목록 기재의 부동산을 피고에게 가장으로 처분한 사람이고, 피고는 소외인의 이러한 사정을 잘 알면서도 소외인과 공모하여 가장매매를 통하여 소외인의 별지목록 기재의 부동산을 취득한 악의의 수익자인 것이 명백하다 할 것입니다.

5. 따라서 피고와 소외인이 공모하여 행한 별지목록 기재 부동산에 대한 매매계약은 원고의 소외인에 대한 채권보전을 해하는 악의의 법률행위로서 취소되어야 할 것이며, 아울러 그로 인해 피고가 OO지방법원 OO등기소 20OO. O. O. 접수 제OOO호로 경료한 소유권이전등기는 말소되어야 마땅하다 할 것이므로, 원고는 부득이 청구취지와 같은 판결을 구하고자 이 사건 청구에 이르게 되었습니다.

입 증 방 법

1. 갑 제1호증	차용증
1. 갑 제2호증	각서
1. 갑 제3호증	위임장
1. 갑 제4호증	인감증명
1. 갑 제5호증의 1, 2	각 부동산등기사항전부증명서
1. 갑 제6호증	토지대장등본
1. 갑 제7호증	건축물대장등본

첨 부 서 류

1. 위 입증방법	각 1통
1. 소장부본	1통
1. 송달료납부서	1통

2000. . .

위 원고 ○ ○ ○ (서명 또는 날인)

OO지방법원 귀중

[서식 80] 사해행위취소 등 청구의 소(공유지분 증여계약 취소)

소 장

원 고 ○ ○ ○ (000000-0000000)
OO시 OO구 OO길 00 (우편번호 00000)
전화·휴대폰번호 :
팩스번호, 전자우편(e-mail)주소 :

피 고 ○ ○ ○ (000000-0000000)
OO시 OO구 OO길 00 (우편번호 00000)
전화·휴대폰번호 :
팩스번호, 전자우편(e-mail)주소 :

사해행위취소 등 청구의 소

청 구 취 지

1. 피고와 소외 OOO 사이에 OO시 OO구 OO동 00 임야 12,853㎡ 중 5분의 1 소유지분에 관하여 20OO. O. O. 체결된 증여계약을 취소한다.
2. 피고는 소외 OOO(주소 : OO시 OO구 OO동 00)에게 위 부동산 중 위 지분에 관하여 OO지방법원 OO등기소 20OO. O. O. 접수 제OOO호로 마친 소유권이전등기의 말소등기절차를 이행하라.
3. 소송비용은 피고의 부담으로 한다.

라는 판결을 구합니다.

청 구 원 인

1. 원고는 20○○. ○.경 소외 ○○○에게 금 20,000,000원을 빌려주었습니다. 소외 ○○○는 당시 원고에게 발행·교부하여 준 당좌수표의 부도로 인하여 수사를 받던 중 원고에게 합의금 일부로 금 10,000,000원을 변제하였고, 나머지 금 10,000,000원은 20○○. ○. ○.까지 갚겠으며 이를 어길 경우 월 2%에 해당하는 지연이자를 지급하기로 약정하였습니다. 그런데도 소외 ○○○는 원고의 지급요청에도 별다른 이유 없이 지금까지 지급을 거절하고 있습니다.
   따라서 소외 ○○○는 원고에게 나머지 차용금 10,000,000원 및 이에 대하여 변제기일 다음날인 20○○. ○. ○.부터 다 갚는 날까지 연 24%의 비율에 의한 지연손해금을 지급할 의무가 있다고 할 것입니다.

2. 그런데, 소외 ○○○는 20○○. ○. ○. 자신의 딸인 피고에게 ○○시 ○○구 ○○동 00 임야 12,853㎡(다음부터 이 사건 부동산이라 함) 중 자신의 5분의 1 소유지분을 증여하면서 같은 날 ○○지방법원 ○○등기소 접수 제○○○호로 증여에 의한 소유권이전등기까지 마쳤습니다.
   원고는 위와 같은 사실을 20○○. ○. ○. 이 사건 부동산의 등기등본발급신청을 하였다가 발견하게 되었습니다.

3. 소외 ○○○는 위 증여 당시 원고에게 나머지 차용금 10,000,000원에 대한 원리금을 갚을 의무가 있었고, 이미 채무초과의 상태에 있음에도 불구하고 자신의 유일한 재산인 이 사건 부동산에 대한 소유지분을 피고에게 증여했던 것입니다.
   위와 같이 채무초과 상태에 있던 소외 ○○○가 자신의 유일한 재산인 이 사건 부동산에 대한 소유지분을 증여할 하등의 이유가 없는 딸인 피고에게 증여한 행위는 조만간 원고로부터 들이닥칠 강제집행을 면탈하기 위하여 이루어진 것이라 할 것이므로 소외 ○○○의 소유지분에 대한 위 증여계약은 채권자인 원고를 해하는 사해행위라고 할 것이고 따라서 마땅히 취소되어야 할 것입니다.

4. 따라서 원고는 위 사해행위로 이루어진 피고와 소외 ○○○간의 이 사건 부동산 중 소외 ○○○의 5분의 1지분에 관한 20○○. ○. ○.자 증여계약의 취소를 구하고 그 원상회복으로서 이를 원인으로 이루어진 소유권이전등기의 말소를 구하기 위하여 이 사건 청구에 이른 것입니다.

입 증 방 법

1. 갑 제1호증　　　　　　　현금 차용증
1. 갑 제2호증　　　　　　　부동산등기사항전부증명서
1. 갑 제3호증　　　　　　　임야대장등본

첨 부 서 류

1. 위 입증방법　　　　　　　　　　각 1통
1. 소장부본　　　　　　　　　　　　1통
1. 송달료납부서　　　　　　　　　　1통

2000.　　.　　.

위 원고 ○ ○ ○ (서명 또는 날인)

OO지방법원 귀중

[서식 81] 사해행위취소 등 청구의 소(증여계약취소, 진정명의회복)

소 장

원 고　○ ○ ○ (000000-0000000)
OO시 OO구 OO길 00 (우편번호 00000)
전화·휴대폰번호 :
팩스번호, 전자우편(e-mail)주소 :

피 고　○ ○ ○ (000000-0000000)
OO시 OO구 OO길 00 (우편번호 00000)

전화·휴대폰번호 :
팩스번호, 전자우편(e-mail)주소 :

사해행위취소 등 청구의 소

청 구 취 지

1. 피고와 소외 OOO 사이에 별지목록 기재 부동산에 관하여 20OO. O. O. 체결된 증여계약을 취소한다.
2. 피고는 소외 OOO에게 위 부동산에 관하여 서울OO지방법원 OO등기소 20OO. 3. 3. 접수 제1234호로 마친 소유권이전등기의 말소등기절차를 이행하라.
3. 소송비용은 피고의 부담으로 한다.

라는 판결을 구합니다.

청 구 원 인

1. 원고와 소외 OOO는 중학교 때부터 친구로 가깝게 지내던 사이인 바, 원고는 20OO. O. O.경 위 OOO로부터 '남편이 교통사고를 당해서 돈이 급하게 필요하다. 1달 안에 갚겠다'는 이야기를 듣고 20OO. O. O. 위 OOO에게 금 30,000,000원을 변제기 20OO. O. O.까지로 정하여 빌려주었습니다. 그런데 위 OOO는 위 변제기가 지나도록 계속 돈을 갚지 않았고, 이에 원고는 부득이 소외 OOO를 상대로 OO지방법원 OO지원 20OO가단OOOO호 대여금청구소송을 제기하여 20OO. O. O. 승소판결을 받았습니다.

2. 한편, 소외 OOO는 위 판결이 선고된 직후인 20OO. O. O. 자신의 유일한 재산인 별지목록 기재 부동산을 그 아들인 피고에게 증여하고 같은 날 피고의 명의로 소유권이전등기를 마쳤습니다.

3. 그런데 채무자인 소외 OOO의 위와 같은 증여는 채권자인 원고를 해함을 알고서 한 법률행위로서 사해행위에 해당함이 명백하다고 할 것이고, 피고도 소외 OOO의 아들로서 위와 같은 사해행위임을 알고 있었음이 명백하다고 할 것입니다.

4. 따라서 원고는 사해행위인 피고와 소외 OOO와의 위 부동산에 관한 증여계약을 취소하고, 사해행위 결과에 대한 원상회복을 원인으로 피고에 대하여 소외 OOO 앞으로의 소유권이전등기절차의 이행을 구하기 위하여 이 사건 소를 제기

합니다.

입 증 방 법

1. 갑 제1호증 집행력있는 판결문
1. 갑 제2호증 부동산등기사항전부증명서
1. 갑 제3호증 토지대장등본
1. 갑 제4호증 건축물대장등본

첨 부 서 류

1. 위 입증방법 각 1통
1. 소장부본 1통
1. 송달료납부서 1통

20○○. . .

위 원고 ○ ○ ○ (서명 또는 날인)

○○지방법원 귀중

[별 지]

부동산의 표시

1동의 건물의 표시

○○시 ○○구 ○○동 00 ○○○아파트 제5동

[도로명주소] ○○시 ○○구 ○○로 00

전유부분 건물의 표시

건물의 번호 : 5-2-203

구　　　조 : 철근콘크리트조

면　　　적 : 2층 203호 56.19㎡

대지권의 표시

토지의 표시 : ○○시 ○○구 ○○동 00 대 4003㎡

대지권의 종류 : 위 토지의 소유권

대지권의 비율 : 4003분의 36.124. 끝.

[서식 82] 사해행위취소등청구 소장(가등기말소)

소　　　장

원　고　　○○농업협동조합 (000000-0000000)　(전화 :　　　　)
　　　　　전남 ○○군 ○○읍 ○○로 ○○○
　　　　　조합장 ○　○　○
　　　　　송달장소 : 전남 ○○군 ○○읍 ○○로 ○○○○, ○○농협 ○○지점
　　　　　　　　　(우 :　　　　)

피　고　　○　○　○ (000000-0000000)
　　　　　전남 ○○군 ○○읍 ○○로 ○○○　(우 :　　　　)

사해행위취소 등 청구의 소

청 구 취 지

1. 피고와 소외 ○○○간의 별지 목록 기재 부동산에 관하여 20○○. 8. 14.자 매매예약은 취소한다.
2. 원고에 대하여 피고는 별지 목록 기재 부동산에 관하여 ○○지방법원 ○○ 등기소 20○○. 9. 2. 접수 제○○○○○호로 마친 소유권이전청구권 가등기의 말소등기절차를 이행하라.
3. 소송비용은 피고의 부담으로 한다.

라는 판결을 구합니다.

청 구 원 인

1. 원고의 채권

원고 조합은 소외 OOO에게 20OO. 1. 2. 공제대출금으로 40,000,000원을 대여하면서, 대출기간만료일은 20OO. 1. 2. 이자는 연 11.9%, 연체이율은 연 17%로 정하여 지급하기로 하되, 만약 원금 또는 이자지급을 지체할 때에는 지급하여야할 금액에 대하여 소외 OOO이가 공제계약으로 예치한 공제금 또는 해지환급금에서 자동 상계하여도 이의 없기로 하며, 대출기간만료일에 위 채무를 이행하지 않거나 이자 등을 지급하여야 할 때로부터 계속하여 1개월간 지체하는 등의 사유로 기한의 이익을 상실할 때에는 그때로부터 대출금잔액 전부에 대하여 다 갚는 날까지 각 지연배상금을 가산하여 일시에 지급하기로 대출거래약정을 체결하면서 소외 OOO과 같은 OOO은 위 약정시 연대보증하였습니다.

2. 피고 등의 사해행위

가. 그런데 소외 OOO은 위 대출금에 관하여 20OO. 11. 19.까지의 이자만을 지급였는 데, 동 대출금은 소외 OOO이 주채무자인 소외 OOO이가 위 상환기일이 곧 도래하면 위 대출금을 갚을 능력과 의사가 없음을 알고, 소외 OOO은 별지 기재 부동산을 피고와 통모하여 허위채권을 가장하여 20OO. 8. 14. 매매예약을 원인으로 OO지방법원 OO등기소 20OO. 9. 2. 등기 접수 제OOOOO호로서 소유권이전등기청구권가등기절차를 경료하였습니다.

나. 연대보증인 소외 OOO은 위 부동산 이외에는 아무런 재산이 없는 자이고, 원고는 소외 OOO의 친족으로서, 소외 OOO은 주채무자인 소외 OOO이가 원고에게 부담하고 있는 채무를 이행하지 않을 조짐을 보이자, 위 연대보증채무의 지급을 면하기 위하여 피고와 통모하여 원고로부터 위 부동산에 대한 강제집행을 면탈할 목적으로 채권자인 원고를 해함을 알면서도 허위로 별지 기재 부동산에 대하여 가장 매매예약을 원인으로 하여 소유권이전등기청구권가등기를 마친 것입니다.

3. 따라서 원고는 소외 OOO의 채권자로서 채권자를 해할 목적으로 위 소외 OOO과 피고간에 통모, 가장하여 허위로 체결된 위 매매예약을 취소를 구하는 한편 원고는 피고 앞으로 원인없이 경료된 위 가등기의 말소를 구하고자 본 소 청구에 이르렀습니다.

입 증 방 법

1. 갑 제1호증	공제대출거래약정서 사본
1. 갑 제2호증	대출금거래내역조회 사본
1. 갑 제3호증	특수채권상환조회표 사본
1. 갑 제4호증의 1 내지 2	각 토지등기부등본
1. 갑 제5호증의 1 내지 2	각 토지대장
1. 갑 제6호증	제적등본
1. 갑 제7호증의 1 내지 2	각 가족관계증명서

기타 입증서류는 수시 제출하겠습니다.

첨 부 서 류

1. 위 입증서류	각 1통
1. 법인등기부초본	1통
1. 주민등록초본	1통
1. 소장부본	1통
1. 위임장	1통

20○○. ○. ○.

위 원고 ○○농업협동조합

조합장 ○ ○ ○ (인)

○○지방법원 ○○지원 귀중

부 동 산 목 록

1. 전남 ○○군 ○○읍 ○○리 ○○○○ 답 1105㎡

2. 위 같 은 리 ○○○○ 임야 992㎡

- 이 상 -

소 가 계 산 표

1. **목적물가액**

가. 전남 OO군 OO읍 OO리 OOOO 답 1105㎡
[{공시지가 : ㎡당 6,310원 {(1105 × 6,310) × 30/100} = 금 2,091,765원]

나. 위 같 은 리 OOOO 임야 992㎡
[{공시지가 : ㎡당 385원 {(992 × 385) × 30/100} = 금 114,576원]

계 2,206,341원

2. **소송물가액 : 금 2,206,341원**

(사해행위 취소로 인한 가등기말소등기 청구권이므로 취소되는 법률행위의 목적의 가액을 한도로 한 신청인의 채권액임)

- 이 상 -

Ⅷ. 채권자대위소송

1. 개 념

채권자대위권은 채권자가 자기 채권을 보전하기 위하여 채무자의 권리를 행사할 수 있는 권리이다(민법 제404조 1항 본문). 가령 채무자가 제3자에 대하여 가진 채권을 행사하지 않기 때문에 그 채권이 소멸시효에 걸릴 염려가 있는 경우 또는 채무자가 타인에게 부동산을 매수하였으나 그가 매도인에 대하여 등기청구권을 행사하지 않기 때문에 소유권을 취득하지 못하게 될 위험이 있는 경우에 채권자는 채무자의 채권을 대신 행사하여 시효를 중단시키거나 채무자의 등기청구권을 대신 행사하여 채무자가 소유권을 취득하게 할 수 있다.

2. 요 건

가. 피보전채권에 관한 요건

1) 채권의 존부

채권자대위권의 취지에 따라 그에 의하여 보전될 채권이 유효하게 존재하여야 함은 당연한 요건이다. 보전될 채권은 그 발생원인을 불문하고 널리 청구권을 의미한다. 또한 채권자의 채권이 채무자의 제3자에 대한 권리보다 먼저 성립되어야 하는 것도 아니다. 이 요건이 존부는 당사자적격의 문제라는 것이 확립된 판례의 입장이므로,[812] 채권자에 대한 피보전권리의 존부는 법원이 직권으로 조사하여야 할 사항이고, 변론주의가 적용될 여지가 없으며, 이 요건이 결여된 경우에 채권자대위소송은 부적법하여 각하된다.

2) 보전의 필요성

채권자대위권을 행사하기 위해서는 채권보전의 필요성이 있어야 하며, 이 요건은 채무자의 권리를 대신 행사하지 않으면 채무자의 재산이 감소하고 그 때문에 채권의 변제를 받을 수 없게 될 우려가 있을 때 충족된다. 따라서 대위행사에 의하여 재산의 감소가 방지될 수 있다고 하는 것만으로는 불충분하다. 판례는 채권보전의 필요성을 사실심의 변론종결 당시를 표준으로 판단한다.[813] 이 요건이 결여된 경우에도 채권자대위소송은 부적법하여 각하된다.

3) 피보전채권이 이행기 도래(민법 제404조 제2항)

피보전채권의 이행기가 도래하지 않은 경우에도 채권자대위권을 인정한다면 채무자의 기한의 이익을 박탈하게 되므로, 피보전채권의 이행기 도래가 요건으로 된다.

나. 대위의 객체에 관한 요건

채권의 공동담보에 적합한 채무자의 권리는 모두 원칙적으로 대위행사의 목적인 권리에 해당한다. 반면 권리자 자신이 권리를 행사할 것인지 여부를 결정하여야 비로소 그 권리행사가 의미를 가지게 되는 종류의 권리[814]는 비록 그 행사에 의하여 채무

812) 대법원 2000. 6. 9. 선고 98다18155호 판결.
813) 대법원 1976. 7. 23. 선고 75다1086호 판결.

자의 재산이 유지되고 채권의 보전에 기여하더라도 대위의 목적으로 되지 못한다(민법 제404조 1항 단서). 나아가 압류금지채권[815]도 대위행사할 수 없다는 것이 통설의 입장이다. 위에서 언급한 일신전속권과 압류금지채권을 제외한 권리, 즉 채무자의 일반재산을 구성하는 재산권은 대위의 목적이 된다. 따라서 청구권, 형성권, 환매권 등은 물론 채권자대위권과 채권자취소권도 대위의 목적이 될 수 있다. 그러나 채무자인 임차인의 임차보증금반환청구권을 대위행사할 수 있지만, 임대차계약상의 지위(해지권)를 대위행사 할 수 없음은 물론이다.[816]

다. 채무자가 스스로 그의 권리를 행사하지 않을 것

채무자가 그의 권리의 행사에 착수한 이상 그 행사가 불완전하더라도, 다시 말하면 그 행사의 방법이나 결과 여하를 불문하고 채권자는 대위권을 행사할 수 없다.[817]

> [기본사례] 원고(채권자) → 피고(제3채무자)
> 피고(乙)가 2000. 10. 1. 甲에게, 甲이 2000. 10. 1. 원고에게 부동산을 각 매도한 경우

3. 청구취지

가. 甲을 피고로 하지 않은 경우

> 피고는 소외 甲 (000000-0000000, 서울 OO구 OO동 2가 251)에게 별지목록 기재 부동산에 관하여 2000. 10. 1. 매매를 원인으로 한 소유권이전등기절차를 이행하라.

채권자가 채권자대위권에 의하여 채무자의 권리에 관한 소송상의 청구를 하는 경우에는 피고(제2채무자)로 하여금 채무자에게 이행할 것을 청구하여야 하고, 직접 원고

814) 행사상의 일신전속권 예, 친족간의 부양료청구권, 위자료청구권 등.

815) 임금청구권 등.

816) 그런데 채권자의 대위행사가 소송행위를 통하여 행하여질 수 있음은 당연하지만, 이미 채무자와 제3자 사이에 소송이 개시된 후 소송수행상의 개개의 행위를 대위하는 것은 허용되지 않는다는 것이 통설·판례의 입장이다.

817) 대법원 1992. 2. 25. 91다9312호 판결.

에게 이행할 것을 청구하지 못하는 것이 원칙이다.

나. 甲을 피고로 한 경우

> 1. 별지목록 기재 부동산에 관하여,
> 가. 피고 乙은 피고 甲에게 2000. 10. 1. 매매를 원인으로 한,
> 나. 피고 甲은 원고에게 2000. 10. 1. 매매를 원인으로 한,
> 각 소유권이전등기절차를 이행하라.

다. 채권자인 원고에게 직접 이행할 것을 구하는 경우

> 피고는 원고에게 금 10,000,000원 및 이에 대한 2000. 10. 1.부터 이사건 소장부본 송달일까지는 연 5%의, 그 다음날부터 완제일까지는 연 12%의 각 비율에 의한 금원을 지급하라.

금전의 지급 또는 기타 물건의 인도를 목적으로 하는 채권과 같이 변제의 수령을 요하는 경우에는 만약 채무자가 그 수령을 거절하면 채권자가 목적을 달할 수 없게 되고 또 채권을 대위행사하는 권한에 당연히 변제수령의 권한도 포함되어 있기 때문에, 원고는 피고에 대하여 채무자가 아니라 원고 자신에게 직접 이행할 것을 청구할 수 있다(대법원 1980. 7. 8. 선고 79다1928 판결).

4. 청구원인

> [청구원인] 甲이 피고로부터 부동산 등을 매수한 사실
> 그 후 원고가 甲으로부터 그 부동산 등을 매수한 사실

채권자는 자기 이름으로 그러나 채무자의 입장에서 채무자의 권리를 행사한다. 이때 채권자와 채무자사이에 위임에 준하는 법정채권관계가 성립하고, 그 결과 채권자는 채무자의 권리를 대위행사함에 있어서 선량한 관리자의 주의의무를 부담한다 할 것이다. 그리고 채권자대위권은 재판상 또는 재판 외에서 행사할 수 있다. 또한 채권

자는 권리의 행사에 해당하는 모든 행위를 대위할 수 있다. 대위행사 시 청구원인 사실에는 甲이 피고로부터 부동산 등을 매수한 사실 및 그 후 원고가 甲으로부터 그 부동산 등을 매수한 사실을 기재한다.

5. 요건사실

<table>
<tr><td rowspan="2">요건사실</td><td>* 특정물(부동산등기청구권 등)에 관한 권리보전
– 甲이 피고로부터 부동산 등을 매수한 사실
– 그 후 원고가 甲으로부터 그 부동산 등을 매수한 사실</td></tr>
<tr><td>* 금전채권보전
– 원고가 甲에게 금전을 대여한 사실
– 甲이 피고에게 부동산을 얼마에 매도한 사실
– 甲은 위 매매대금채권 이외에는 원고의 대여금채권을 위한 책임재산이 없는 사실(무자력한 사실)

– 甲이 자신의 권리를 행사하지 않은 사실(대위 요건)
– 원고의 甲에 대한 채권이 이행기에 도래한 사실(대위요건)
– 도래하지 않아도 법원의 허가를 받으면 가능함(민법 제404조 2항)</td></tr>
</table>

주요입증방법으로 특정물에 관한 권리보전사건의 경우 매매계약서 등을 제출하면 되고, 금전채권보전사건의 경우에는 차용증서, 매매계약서 등의 제출 및 구청 등에 대한 과세정보제출명령신청을 할 수 있다.

6. 항변 등

[본안전 항변] ① 피보전채권의 소멸
② 甲이 이미 권리를 재판상이나 재판 외에서 행사하였거나 행사하고 있는 사실

[본안에 관한 항변] 피고의 甲에 대한 일반적인 항변

가. 피고의 甲에 대한 일반적인 항변

피고는 피대위채권(甲의 피고에 대한 채권)의 발생원이이 무효라거나 변제되었다는 본안전 항변을 할 수 있다.

나. 甲의 원고에 대한 항변권 행사

피고는 피보전채권(원고의 甲에 대한 채권)의 발생원인이 무효라거나 변제되었다는 본안전 항변을 할 수 있다. 다만, 채권자대위권에 기한 청구에서 제3채무자는 채무자가 채권자에 대하여 가지는 항변으로 대항할 수 없을뿐더러, 채권의 소멸시효가 완성된 경우 이를 원용할 수 있는 자 는 시효이익을 직접 받는 자뿐이고 채권자대위소송의 제3채무자는 이를 행사할 수 없다(대법원 1993. 3. 26. 선고 92다25472 판결). 피보전채권의 부존재는 대위요건의 흠결로서 소각하사유이다. 이에 관한 주요입증방법으로는 영수증 등이 있다.

다. 피고는 甲이 이미 권리를 재판상이나 재판 외에서 행사하였거나 행사하고 있는 사실을 들어 본안전 항변을 할 수 있다. 이때 甲의 권리행사가 소제기인 경우에는 중복제소로 부적법하다는 본안전항변도 가능하다. 대위요건의 흠결은 소각하사유이고, 법원이 직권으로 조사하여야 한다. 그에 관한 주요입증방법으로는 소제기 증명원 등이 있다.

[서식 83] 소유권이전등기청구의 소(채권자대위)

소 장

원 고 최 ○ ○ (000000-0000000)
경북 OO시 OO구 OO동 946 OO아파트 000-0000

송달장소 : 서울 OO구 OO동 0000-00 OO빌딩 1층
(전화 : 00-000-0000 / 팩스 : 00-000-0000)

피 고 1. 김 ○ ○ (000000-0000000)

OO시 OO구 OO동 914-5 OO아파트 000-000

2. 박 O O

OO도 OO시 OO동 0000-00

소유권이등기청구소송 등

청 구 취 지

1. 피고 박OO은 피고 김OO에게 별지 1 목록 기재 부동산에 대한 매매를 원인으로 한 소유권이전등기절차를 이행하라.
2. 피고 김OO은 원고에게 별지 2 목록 기재 지분에 대한 소유권이전등기절차를 이행하라.
3. 소송비용은 피고들의 부담으로 한다.

라는 재판을 구합니다.

청 구 원 인

1. 원고의 피고 김OO에 대한 매수자금반환청구권의 발생

가. 피고 김OO은 2008. 3.경부터 원고에게 자신이 별지목록 기재 부동산을 매입하여 OO타운을 짓는데 돈을 출연할 경우 그에 대한 보장책으로 토지매입과정을 투명하게 진행하고, 매매계약서에도 원고를 공동매수인으로 등재해 줄 것이며, 매입토지 중 채권자의 출연액에 상응하는 토지지분{6,050평(20000㎡)}에 대한 소유권이전등기를 경료해 주겠다는 약속을 하였습니다(갑 제1호증 : 녹취록 참조). 원고는 그러한 약속을 믿고 2008.6.4.부터 2009.11.26.까지 수회에 걸쳐 금 368,812,650원을 매수자금으로 출연하였습니다(갑 제2호증 : 출연금내역, 갑 제3호증 : 예금거래실적증명서, 갑 제4호증 : 요구불거래내역의뢰조회표, 갑 제5호증 : 예금거래실적증명서 각 참조).

나. 하지만 김OO은 당초의 약속과는 달리, 원고에게 이 사건 부동산의 매매가격, 계약금 및 잔금의 지급시기 등 매매와 관련된 모든 것들을 감춘 채 은밀히 진행하였고, 원고를 매수인으로 해주기 위해 원고와 공동명의로 작성하겠다던 매매계약서조차 자신의 단독명의로 작성할 만큼 원고를 철저히 배제하였습니다. 심지어 최근에는 이를 항의하는 원고의 전화마저 고의로 피하며 아예 연락조차 두절하였을 정도로, 더 이상 김OO이 위 가.항의 약속을 임의로 이행할 것을 기대하는 것은 불가능한 상황입니다. 결국 김OO은원고를철저

히기망하며돈을편취한것입니다.

다. 피고 김OO은 피고 박OO과 별지1 목록 기재 부동산에 관하여 단독으로 매매계약을 체결하고 곧 잔금지급과 상환으로 등기를 넘겨받을 형편입니다.

2. 피고 박OO의 김OO에 대한 소유권이전등기절차이행의무

위 제1.항에서 말씀드린 바와 같이 현재 김OO은 박OO과 별지1 목록 기재 부동산에 대한 매매계약을 체결하였을 뿐만 아니라, 그 계약에 따른 이행으로 이미 박OO에게 계약금 및 중도금 등을 지급한 상태입니다. 김OO이 박OO에게지급한계약금및중도금에는원고로부터받은금 3억 6,000만원 상당의 금원도 포함되어 있습니다.

따라서 박OO은 위 매매계약에 따른 이행으로 김OO에게 별지1 목록 기재부동산에 대한 소유권이전등기절차를 이행할 의무가 있습니다.

3. 김OO의 박OO에 대한 소유권이전등기청구권 불행사

이렇듯 김OO은 박OO에 대하여 소유권이전등기청구권이 존재하고 또한 현재 그 권리를 행사 하는데 아무런 장애도 없는 상태입니다. 그럼에도 불구하고 김OO은 지금껏 위 박OO에 대한 자신의 권리를 스스로 행사하지 아니 할 뿐만 아니라 적극적으로 그 의무이행을 촉구하지도 않는 상황입니다.

4. 결 론

따라서 원고는 피고 김OO의 채권자로서 민법 제404조 채권자대위권에 기하여 피고 박OO에 대하여 피고 김OO에게 별지1 목록 기재 부동산에 대한 매매를 원인으로 한 소유권이전등기절차의 이행을 구하고, 아울러 피고 김OO에 대하여 원고에게 별지2 목록 기재 지분에 대한 소유권이전등기절차의 이행을 각 구하기 위하여 이 사건 청구에 이른 것입니다.

입 증 방 법

1. 갑 제1호증	녹취록
1. 갑 제2호증	출연금내역
1. 갑 제3호증	예금거래실적증명서
1. 갑 제4호증	요구불거래내역의뢰조회표
1. 갑 제5호증	예금거래실적증명서

첨 부 서 류

1. 위 각 입증방법 1부
1. 부동산등기부등본 2부
1. 토지대장 2부
1. 송달료 납부영수증 1부

20OO. . .

원고 최 ○ ○ (인)

OO지방법원 귀중

[서식 84] 소유권확인등청구 소장(소유자 미복구 토지, 토지거래허가 신청절차협력청구, 채권자대위)

소 장

원 고 구 ○ 소 (000000-0000000) (전화 :)
OO시 OO2로 744 (우 :)

피 고 1. 양 ○ 진 (000000-0000000)
OO시 OO로 303 (우 :)
2. 대 한 민 국
법률상 대표자 법무부장관 ○ ○ ○

소유권확인 등 청구의 소

청 구 취 지

1. 피고 양O진과 피고 대한민국 사이에 있어서 제주 OOO군 OO읍 OO리 1704 임야 107㎡는 피고 양O진의 소유임을 확인한다.
2. 피고 양O진은 원고에 대하여 전항 기재 부동산에 관하여 20OO. 7. 8. 매매를 원인으로 한 토지거래허가신청절차를 이행하라.

라는 판결을 구합니다.

청 구 원 인

1. 원고는 20OO. 7. 8. 피고 양O진의 아버지인 소외 망 양O권으로부터 토지거래규제구역 내에 있는 청구취지 기재의 부동산을 대금 5,000,000원에 매수하였습니다.
   소외 망 양O권은 20OO. 11. 7. 사망하여 그의 유일한 상속인인 피고 양O진이 단독상속 하여 그의 권리의무를 승계하였습니다.
   청구취지 기재의 부동산에 관한 등기부 등 관계공부가 멸실되어 토지대장상 소유자미복구로 되어 있으나 청구취지 기재의 부동산은 위 양오권의 소유였습니다.
   토지대장 소관청인 피고 대한민국 산하 구좌읍사무소는 소유자미복구로 되어 있다는 이유로 위 부동산이 피고 양O진의 소유인 사실을 다투고 있습니다.
2. 따라서 원고는 피고 대한민국에 대하여는 원고의 피고 양O진에 대한 토지거래허가신청 절차의 협력의무의 이행청구권을 보전하기 위하여 피고 양O진을 대위하여 위 부동산이 피고 양O진 소유임의 확인을 청구하고, 피고 양O진에 대하여는 20OO. 7. 8. 매매를 원인으로 하여 토지거래허가신청절차의 이행을 청구하여 이 사건 소를 제기합니다.

입 증 방 법

변론시 수시 제출하겠습니다.

첨 부 서 류

1. 주민등록초본	2통
1. 소장 부본	2통
1. 납부서	1통

2000. O. O.

위 원고 구 O 소 (인)

제주지방법원 귀중

해 설

취득시효완성을 원인으로 한 소유권이전등기청구권에 기하여 채무자를 대위하여 피고 대한민국에 대하여 계쟁 부동산이 피대위자인 채무자의 소유임의 확인을 청구하는 사례이다. 이 판결에 의하면 채권자대위를 통하여서도 채무자의 확인 청구권을 행사할 수 있음을 알 수 있다. 그리고 이 판결은 피대위자가 80세의 고령이라고 하더라도 생존하는 것으로 추정된다고 한다.

[서식 85] 소유권확인청구 소장(사정, 상속, 주소 미설정 토지)

소 장

원 고 강 O 수 (000000-0000000) (전화 :)
서울 OO구 OO로 77 (우:)

피 고 대 한 민 국
법률상 대표자 법무부장관 김 O 기

소유권확인의 소

청 구 취 지

1. 서울 OO구 OO동 18 대 127㎡는 원고의 소유임을 확인한다.
2. 소송비용은 피고의 부담으로 한다.

라는 판결을 구합니다.

청 구 원 인

1. 서울 OO구 OO동 18 대 127㎡(이하 '이 사건 부동산'이라고 한다)는 원고의 피상속인인 소외 망 강O학이 사정받은 동인 소유의 토지였는데 위 강O학은 2000. 4. 5. 사망하여 동인의 장남으로서 호주상속인인 원고가 단독으로 상속하였습니다.

2. 그런데 피고 산하 토지대장 소관청은 토지대장에 소유자 성명 강O학만 기재되어 있고 위 강O학의 주소가 등록(설정)되어 있지 아니하다는 이유로 이 사건 부동산이 원고의 소유임을 다투고 있습니다.

3. 따라서 원고는 피고에 대하여 이 사건 부동산이 원고의 소유임의 확인을 청구하여 이 사건 소를 제기합니다.

입 증 방 법

변론시 수시 제출하겠습니다.

첨 부 서 류

1. 주민등록초본	1통
1. 소장 부본	1통
1. 납부서	1통

2000. O. O.

위 원고 강 성 수 (인)

서울중앙지방법원 귀중

[서식 86] 소유권확인청구 소장(금전소비대차계약, 원시취득, 채권자 대위에 의한 확인청구)

소 장

원 고 강 O 필 (000000-0000000) (전화 :)
서울 OO구 OO로 704 (우 :)

피 고 대 한 민 국
법률상 대표자 법무부장관 O O O

소유권확인 청구의 소

청 구 취 지

1. 서울 OO구 OO동 1104 대 95㎡ 지상 철근조 스라브지붕 단층 주택 70㎡는 소외 장O소(張O召,서울 OO구 OO동 7)의 소유임을 확인한다.
2. 소송비용은 피고의 부담으로 한다.

라는 판결을 구합니다.

청 구 원 인

1. 원고는 20OO. 7. 9. 소외 장O소에게 금 20,000,000원을 이자 월 2%, 반환기한 20OO. 7. 9.로 정하여 대여한 사실이 있습니다. 그런데 소외 장O소는 위 대여금의 반환기한이 도래하였는데도 무자력이어서 위 대여금을 반환하지 못하고 있습니다.
   한편 청구취지 기재의 주택은 소외 장O소가 신축하여 그가 원시취득한 그의 소유임에도 불구하고 피고 산하 건축물관리대장 소관청은 건축허가가 소외 장O소 명의로 나 있다는 이유로 청구취지 기재의 주택이 소외 장O소의 소유임을 다투고 있습니다.

2. 따라서 원고는 원고의 소외 장O소에 대한 위 대여금반환채권을 보전하기 위하여 소외 장O소를 대위하여 피고에 대하여 청구취지 기재의 주택이 소외 장O소의 소유임의 확인을 청구하여 이 사건 소를 제기합니다.

입 증 방 법

1. 갑 제1호증 건축허가신청서
   그 밖의 입증서류는 변론시 수시 제출하겠습니다.

첨 부 서 류

1. 위 입증서류 사본	각 1통
1. 주민등록초본	1통
1. 토지가격확인원	1통
1. 소장 부본	1통
1. 납부서	1통

2000. O. O.

위 원고 강 O 필 (인)

서울중앙지방법원 귀중

[서식 87] 채무부존재확인청구 소장(소비대차계약, 면제로 인한 채권소멸)

소 장

원 고 장 O 순 (000000-0000000) (전화 :)
서울 OO구 OO로 7 (우 :)

피 고 김 O 상 (000000-0000000)
서울 OO구 OO로 8 (우 :)

채무부존재확인 청구의 소

청 구 취 지

1. 원고와 피고 사이의 2000. 7. 1.자 금전소비대차계약에 의한 원금 10,000,000원과 이에 대한 이자 기타 일체의 채무는 존재하지 아니함을 확인한다.
2. 소송비용은 피고의 부담으로 한다.

라는 판결을 구합니다.

청 구 원 인

1. 피고는 원고에 대하여 2000. 7. 1. 금 10,000,000원을 이자는 월 2%, 변제기는 2000. 7. 1.로 정하여 대여한 사실이 있는데 피고는 이의 변제를 요구하고 있습니다.
   그러나 원고는 피고로부터 2000. 10. 1. 위 채무를 면제받았습니다.
2. 따라서 위 채무는 소멸하여 존재하지 않으므로 원고는 피고에 대하여 이의 확인을 청구하여 이 사건 소를 제기합니다.

입 증 방 법

변론시 수시 제출하겠습니다.

첨 부 서 류

1. 주민등록초본 2통
1. 소장 부본 1통
1. 납부서 1통

2000. O. O.

위 원고 장 O 순 (인)

서울중앙지방법원 귀중

해 설

법률효과를 받으려는 자는 그 법률효과의 발생을 규정한 법조(권리근거규정)의 요건사실에 대하여 주장입증책임을 부담하고, 법률효과 소멸의 효과를 받으려는 자는 그 요건사실에 대하여 주장입증책임을 부담한다. 따라서 소비대차계약의 효과를 받으려는 자가 소비대차사실의 주장입증책임을 지고 면제의 효과를 받으려는 자가 면제사실의 주장입증책임을 진다. 소극적 확인의 소에서도 이러한 주장입증책임의 원칙은 그대로 타당하다. 다만 소극적 확인의 소에서는 어떠한 권리 또는 법률관계의 부존재가 소송물이냐를 특정해야 하기 때문에 그 한도에서 원고가 필요한 권리관계의 주장책임을 진다고 보아야 할 것이다.

이 사안에서는 원고와 피고 사이에 소비대차계약사실에 대하여는 다툼이 없고 면제사실에 대하여만 다툼이 있다. 면제사실은 채무소멸의 효과를 받으려는 채무자가 입증하여야 한다.

만약 소비대차계약체결사실에 대하여 다툼이 있으면 소비대차계약의 효과를 받으려는 피고가 소비대차계약체결사실을 입증하여야 할 것이고 이 입증이 성공한 후에 원고는 면제의 효과를 받으려면 면제사실을 입증하여야 할 것이다.

Ⅸ. 임대차보증금반환

1. 임대차보증금의 의의

우리나라에서는 종래부터 독특하게 부동산임대차에 있어서 보증금이 수수되는 관습이 있어 왔다. 특히, 주택임대차에 있어서는 차임의 지급방법이 임차인의 전세금에 대한 이자채권과 임대인의 임대료채권을 상계하는 방법으로 이루어지고 있으며 이때 전세금을 보증금으로 보고 있기 때문에 주택임대차에 있어서는 일반적으로 보증금이 수수되고 있다. 그리고 영업용건물의 임대차에 있어서는 일반적으로 보증부 월세의 방법으로 차임지급방법으로 취하므로 영업용건물의 임대차에 있어서도 일반적으로 보증금이 수수된다.

이와 같은 보증금은 임대인과 임차인 간의 보증금 계약[818)]에 의하여 임차인 또는 제3자가 임대인에게 교부하는 금전 기타 유가물을 말하는바 부동산 임대차에 있어서

---

818) 이 보증금계약은 부동산임대차의 종된 계약으로서, 그것은 금전의 수수를 수반하는 요물계약으로서 행하여지는 것이 보통이나 반드시 요물계약으로서 행하여지는 것이 아니며, 보증금을 교부한다는 채권·채무를 발생하게 하는 낙성계약도 유효하다. 보증금계약이 낙성계약으로 행하여진 경우에 임차인이 보증금을 지급하지 않으면 임대인은 임대차계약을 해지할 수 있다고 하여야 할 것이다. 그러므로 임대차계약의 유효한 성립을 전제로 보증금계약은 성립하므로 보증금계약은 반드시 임대차계약과 동시에 이루어져야 하는 것은 아니지만 임대차가 유효하게 성립하여야만 보증금계약도 유효하게 된다.

임대차 관계에서 발생하는 임대차 존속중의 임료뿐만 아니라 건물명도의무이행에 이르기까지 발생한 손해배상채권 등 임대인이 임차인에 대하여 갖는 일체의 채권을 담보하는 것으로서 임대차종료 후에 임대인에게 명도할 때 체불임료 등 모든 피담보채무를 공제한 잔액이 있을 것을 조건으로 하여, 그 잔액에 관한 임차인의 보증금반환청구권이 발생한다.

[기본사례] 원고(임차인) → 피고(임대인)
원고는 피고로부터 다세대 주택 1동을 임대보증금 50,000,000원에 임차하였는데, 임대차가 종료되었으므로 임대보증금반환을 구함

[부대청구] 지연손해금(임대건물인도일 이후의 지연이자 청구)

2. 보증금의 사회적 작용

보증금은 부동산임대차 특히 건물임대차에 있어서 임차물 훼손시 임차인의 손해배상채무를 담보하는 기능과 차임연체시 차임에의 충당금으로서의 기능을 담당하는 외에 차임의 변칙적 지급방법으로 이용된다. 전세에 의한 임대차에 있어서는 보증금에 대한 이자로써 차임을 지급하는 기능을 갖는다. 보증금의 이러한 기능 외에도 임대인측에서 살펴보면 보증금은 피담보채무로서의 성질 내지 기능도 갖는다.

이와 같이 보증금은 임차인이 임대인에 대한 채무담보의 기능 이외에 차임의 지급수단으로서도 이용되고 있는 것이 거래의 실정이며, 보증금의 감소는 실질적으로 차임의 감액효과를 가져오므로 임대차관계의 존속 중에 임차인은 보증금에 의한 차임의 충당을 요구할 수 없으나 임대차관계의 종료 후에는 임차인이 보증금에 의한 연체차임의 충당을 요구할 수 있다.

3. 청구취지

피고는 원고에게 금 50,000,000원 및 이에 대하여 2000. 1. 1.부터 이 사건 소장부본 송달일까지는 연 5%의, 그 다음날부터 완제일까지는 연 12%의 각 비율에 의한 금원을 지급하라.

※ 지연손해금 : 2003. 12. 31.까지 임대목적물을 반환한 경우

가. 임대인들이 여러 명인 경우

임대인이 여러 명인 경우에는 불가분채무이므로, "각자"에게 전액청구하여야 한다.

> 피고들은 각자 원고에게 금 50,000,000원 및 이에 대하여 2000. 1. 1.부터 이 사건 소장부본 송달일까지는 연 5%의, 그 다음날부터 완제일까지는 연 12%의 각 비율에 의한 금원을 지급하라.

나. 급부의 내용이 가분인 채무가 공동상속된 경우

금전채무와 같이 급부의 내용이 가분인 채무가 공동상속된 경우 상속개시와 동시에 당연히 법정상속분에 따라 공동상속인에게 분할되어 귀속된다는 판례의[819] 입장과 마찬가지로 임대인이 사망한 경우 공동상속인의 임대차보증금반환채무도 법정상속분에 따라 공동상속인에 분할되어 귀속된다고 할 것이다. 다만, 공동상속인들 사이의 협의분할약정으로 채권자의 승낙이 없는 한 이를 근거로 공동상속인 중 일부가 임대보증금 전체에 대한 반환책임을 면할 수 없을 것이다.

이때, 공동임차인의 임대차보증금반환청구권이 분할채권인지 불가분채권인지에 관하여 견해에 관하여는, 공공임차인의 임대인에 대한 차임지급채무는 연대채무의 관계에 있고(민법 제654, 616조), 공동임대인의 임대차보증금반환채무가 불가분이라는 점을 근거로 공동임차인의 임대차보증금반환청구권도 불가분이라고 보는 견해와, 민법 제408조가 다수당사자 사이의 채권관계는 원칙적으로 분할채권으로 규정하고 있음을 들어 이 경우도 분할채권으로 보아야 한다는 견해가 대립하고 있다. 불가분채권설을 취하면, 민법 제409조에 의하여 공동임차인 중 1인이 모든 임차인을 위하여 이행을 청구할 수 있으므로 단독으로 임대차보증금 전책에 대하여 청구할 수 있다.

4. 청구원인

> [청구원인] ○ 임대차계약을 체결하고
> ○ 보증금을 지급한 사실
> ○ 임대차가 종료한 사실

819) 대법원 1997. 6. 24. 선고 97다8809 판결.

[부대청구] 지연손해금을 구하는 경우에는 임대목적물을 인도한 사실

5. 요건사실

요건사실	ㅇ 임대차보증금반환 * 임대차계약을 체결한 사실 * 보증금을 지급한 사실 * 임대차가 종료한 사실
	ㅇ 부대청구(지연손해금) * 임대목적물을 인도한 사실

임대차가 종료한 사실을 주장·입증하여야 한다. 이때 임차인의 목적물반환 여부는 요건사실에 포함되지 않는다. 만일, 임대차종료를 원인으로 한 임대보증금 반환을 구하는 경우에는 기간만료 또는 해지원인 등을 밝혀야 하는데, 입증방법으로는 임대차계약서, 영수증, 내용증명(해지통지서) 등이 있다.

가. 임대차계약의 체결

임대차계약은 임대인이 임차인에게 목적물을 사용·수익하게 하고, 그 대가로 임차인이 차임을 지급하는 것을 합의함으로써 성립한다. 이러한 합의에 의하여 임대차계약의 중심적 효과인 임대인의 차임청구권 및 임차인의 목적물에 대한 사용수익청구권이 발생한다. 따라서 임대차계약의 체결사실에는 임차목적물, 차임이 구체적으로 특정되어 있어야 한다.

매매, 교환 등의 매매형식과는 달리 일정한 가치를 일정기간 차주에게 이용하게 하는 것을 특색으로 하는 소비대차, 사용대차, 임대차 등의 대차형 계약에 있어서는 목적물을 건네자마자 바로 반환받는다는 것은 무의미한 일이므로 반호나시기의 합의는 단순한 법률행위의 부관에 그치는 것이 아니고 계약의 불가결한 요소에 해당한다. 따라서 임대차계약의 성립을 주장하는 자로서는 항상 임대기간에 관한 사실까지 주장·입증하지 않으면 안 된다.[820)]

나. 임대차의 종료[821)][822)]

1) 임대기간의 만료[823)]

가장 일반적인 종료원인으로, ① 임대차기간의 정함이 있는 경우 그 기간이 만료된 사실은 법원에 현저한 사실이므로, 따로 증거에 의하여 입증할 필요는 없고,[824)] ② 임대차기간의 정함이 없는 경우에는 임대인에게 계약 해지의 통고를 하여 그 의사표

---

820) 소비대차에서와 마찬가지로 기간의 정하이 없는 경우 그 사실에 대한 주장·입증책임에 관하여 합의흠결설과 합의흠결부정설이 대립이 있는데, 합의흠결부정설에 의하면 임대기간의 정함이 없는 때라 함은 당사자가 반환시기를 민법 제635조 제1항의 계약해지의 통고를 한 때로 합의한 것으로 해석할 수 있다고 하면서 임대차계약의 성립을 주장하는 자가 임대기간의 정함이 없음을 주장·입증하여야 한다고 한다.

821) 계약기간의 만료, 임대차계약의 해지 등 종료원인에 따라 소송물이 달라지는지에 대하여 논란이 있으나, 하나의 소송물로 보는 것이 현재의 실무이다.

822) 임대차 목적물이 공유물인 경우에는 주의하여야 한다. 공유자가 공유물을 타인에게 임대하는 행위 및 그 임대차계약을 해지하는 행위는 공유물의 관리행위에 해당하므로 민법 제265조 본문에 의하여 공유자의 지분의 과반수로써 결정하여야 하는바(대법원 1962. 4. 4. 선고 62다1 판결 등 참조). 상가건물 임대차보호법이 적용되는 상가건물의 공유자인 임대인이 같은 법 제10조 제4항에 의하여 임차인에게 갱신 거절의 통지를 하는 행위는 실질적으로 임대차계약의 해지와 같이 공유물의 임대차를 종료시키는 것이므로, 공유물의 관리행위에 해당하고, 따라서 공유자의 지분의 과반수로써 결정하여야 한다. 원심판결 이유에 의하면, 상가인 이 사건 건물의 공유자로서 임대인 중 1인인 원고가 피고들과의 각 임대차계약에 관하여 갱신거절의 의사를 표시하였음을 들어 피고들의 각 임차 부분의 명도를 청구하는 원고의 이 사건 청구에 대하여, 원심은, 원고는 이 사건 건물의 1/2 지분권자에 불과하고 위 갱신거절에 관하여 나머지 1/2 지분권자인 소외인이 동의하였음을 인정할 증거가 없으므로 원고의 갱신거절의 의사표시가 유효하다고 볼 수 없다는 이유로 원고의 청구를 배척하였는바, 원심의 이러한 판단은 앞서 본 법리에 비추어 정당하여 수긍이 가고, 거기에 상고이유에서 주장하는 바와 같은 상가건물 임대차보호법상의 묵시의 갱신 또는 공유물의 관리행위에 관한 법리를 오해한 잘못이 없다(대법원 2010. 9. 9. 선고 2010다37905 판결).

823) 존속기간의 정함이 있는 계속적 계약관계는 그 기간이 만료되면 종료한다. 한편 그 계약에서 계약의 갱신 또는 존속기간의 연장에 관하여 별도의 약정이 있는 경우에는 그 약정이 정하는 바에 따라 계약이 갱신되거나 존속기간이 연장되고, 그러한 약정이 없는 경우에는 법정갱신 등에 관한 별도의 법규정이 없는 한 당사자가 새로이 계약의 갱신 등에 관하여 합의하여야 한다. 이는 계속적 계약관계에 해당하는 가맹점(프랜차이즈)계약관계에서도 다를 바 없다. 따라서 법 규정 또는 당해 가맹점계약의 해석에 좇아 가맹점사업자가 가맹본부에 대하여 갱신을 청구할 권리를 가지거나, 가맹본부의 갱신 거절이 당해 가맹점계약의 체결 경위·목적이나 내용, 그 계약관계의 전개 양상, 당사자의 이익 상황 및 가맹점계약 일반의 고유한 특성 등에 비추어 신의칙에 반하여 허용되지 아니하는 등의 특별한 사정이 없는 한, 가맹본부는 가맹점사업자의 갱신 요청을 받아들여 갱신 등에 합의할 것인지 여부를 스스로 판단·결정할 자유를 가지며, 그에 있어서 정당한 사유 또는 합리적 사유가 있는 경우에 한하여 갱신을 거절할 수 있는 것은 아니다(대법원 2010. 7. 15. 선고 2010다30041 판결). 가맹본부가 가맹점사업자와 존속기간이 3년인 가맹점계약을 체결한 후 두 차례 갱신하여 오다가 두 번째 갱신된 가맹점계약에서 정한 바에 따라 그 계약의 존속기간 만료일 3개월 전에 가맹점계약을 갱신 또는 연장하지 않겠다고 통지한 사안에서, 위 가맹점계약은 특별한 사정이 없는 한 그 존속기간의 만료로 종료되었다고 한 사례이다.

824) 다만, 이러한 경우에는 후술하는 바와 같이 임차인으로서는 임대차계약이 묵시적 갱신되었다고 항변할 수 있으므로 임대인으로서는 미리 갱신거절의 통지를 하였음을 주장·입증하는 것도 가능하다.

시가 임대인에게 도달한 사실 및 그 때로부터 민법 제635조 제2항의 소정의 일정한 기간이 경과한 사실을 주장·입증하여야 한다.

한편, 민법 제651조 제1항은 그 입법취지가 너무 오랜 기간에 걸쳐 임차인에게 임차물의 이용을 맡겨 놓으면 임차물의 관리가 소홀하여지고 임차물의 개량이 잘 이루어지지 않아 발생할 수 있는 사회경제적인 손실을 방지하는 데에 있는 점 및 약정기간이 20년을 넘을 때는 그 기간을 20년으로 단축한다는 규정형식에 비추어 볼 때, 위 규정은 개인의 의사에 의하여 그 적용을 배제할 수 없는 강행규정이라고 봄이 상당하며, 민법 제651조 제1항이 민법 제652조에 포함되어 있지 않다거나, 임차물이 견고한 철근콘크리트 건물이고 임대인이 임차인으로부터 관리비를 징수하면서 임차물을 관리하고 있다거나, 민법 제651조 제1항이 제정될 당시에 비하여 현재 건축기술이 발달하여 건물이 훨씬 견고해졌다는 사유만으로 달리 해석할 것은 아니다.[825]

2) 이행불능을 이유로 한 해지

가) 임대차는 당사자 일방이 상대방에게 목적물을 사용·수익하게 할 것을 약정하고 상대방이 이에 대하여 차임을 지급할 것을 약정함으로써 성립하는 것으로서 임대인이 그 목적물에 대한 소유권 기타 이를 임대할 권한이 있을 것을 성립요건으로 하고 있지 아니하므로, 임대차계약이 성립된 후 그 존속기간 중에 임대인이 임대차 목적물에 대한 소유권을 상실한 사실 그 자체만으로 바로 임대차에 직접적인 영향을 미친다고 볼 수는 없어 임대인의 의무가 이행불능 상태에 빠졌다고 단정할 수는 없으나, ② 임대인이 임대차 목적물의 소유권을 제3자에게 양도하고 그 소유권을 취득한 제3자가 임차인에게 그 임대차 목적물의 인도를 요구하여 이를 인도하였다면 임대인이 임차인에게 임대차 목적물을 사용·수익케 할 의무는 이행불능이 된다.[826] 이 경우 원

---

825) 이와 같은 취지에서 원심이 원고들과 피고 사이의 이 사건 계약이 배타적인 점용권 유사의 권리의 매매라는 일종의 무명계약에 해당하므로 민법 제651조 제1항을 적용할 수 없다거나, <u>위 규정이 강행법규라고 하더라도 임대인을 위한 편면적 강행법규로 보아야 한다는 피고의 주장을 배척</u>한 것은 정당한 것으로 수긍이 가고, (…) 기록에 의하면, 이 사건 임대차계약상 임대료는 임대기간에 상응하여 책정되었음을 알 수 있으므로 임대기간에 관한 약정과 임대료에 관한 약정이 별개의 약정이라고 볼 수 없고, <u>30년의 임대차기간에 해당하는 임대료를 선납한 것을 임대차기간 중 20년 외의 나머지 10년의 임대차기간에 대한 갱신의 의사표시로 보는 것은 강행법규인 민법 제651조 제1항을 잠탈하는 결과를 가져오게 되어 허용할 수 없다</u> 할 것이므로, 이점을 지적하는 상고이유의 주장은 그 이유 없다(위 2003다19961 판결).

826) 대법원 1996. 3. 8. 선고 95다15087 판결. 위 판결은 "이러한 이행불능이 일시적이라고 볼 만한 특별한 사정이 없다면 임대차는 당사자의 해지 의사표시를 기다릴 필요 없이 당연히 종료되었다고 볼 것이지, 임대인의 채무가 손해배상채무로 변환된 상태로 채권·채무관계가 존속한다고 볼 수 없다"라고 하고

고로서는 이러한 이행불능에 관한 사실과 이를 이유로 한 해지사실을 주장·입증하여 임대차보증금의 반환을 구할 수 있다(물론 임대차계약의 해지는 소장의 송달로써 할 수 있고, 이 경우에는 해지사실을 따로 입증할 필요가 없으나, 소장 송달 이전의 시기부터 임대차보증금에 대한 지연손해금을 청구하기 위해서는 해지의 시점을 입증하여야 한다).

나) 대항력을 갖는 주택임대차나 상가건물임대차 등의 경우, 임차목적물의 소유권이 신소유자에게 이전되면, 그가 임대인의 지위를 승계한 것으로 되므로, 새로이 소유권을 취득한 제3자로부터 인도청구가 있다 하더라도 계약의 해지를 할 여지는 없다. ① 이와 같이 양수인이 임대인의 지위를 승계하는 경우에는 임대차보증금 반환채무도 부동산의 소유권과 결합하여 일체로서 이전하는 것이므로 양도인의 임대인으로서의 지위나 보증금 반환채무는 소멸[827][828]하고, ② 주택임대차보호법 제3조 제1항의 대항요건을 갖춘 임차인의 임대차보증금반환채권에 대한 압류 및 전부명령이 확정되어 임차인의 임대차보증금반환채권이 집행채권자에게 이전된 경우 제3채무자인 임대인으로서는 임차인에 대하여 부담하고 있던 채무를 집행채권자에 대하여 부담하게 될 뿐 그가 임대차목적물인 주택의 소유자로서 이를 제3자에게 매도할 권능은 그대로 보유하는 것이며, 위와 같이 소유자인 임대인이 당해 주택을 매도한 경우 주택임대차보호법 제3조 제2항에 따라 전부채권자에 대한 보증금지급의무를 면하게 되므로, 결국 임대인은 전부금지급의무를 부담하지 않는다.[829]

있다.

827) 이는 전세권의 경우에도 마찬가지이다. 전세권이 성립한 후 전세목적물의 소유권이 이전된 경우 민법이 전세권 관계로부터 생기는 상환청구, 소멸청구, 갱신청구, 전세금증감청구, 원상회복, 매수청구 등의 법률관계의 당사자로 규정하고 있는 전세권설정자 또는 소유자는 모두 목저물의 소유권을 취득한 신 소유자로 새길 수밖에 없다고 할 것이므로, 전세권은 전세권자와 목적물의 소유권을 취득한 신 소유자 사이에서 계속 동일한 내용으로 존속하게 된다고 보아야 할 것이고, 따라서 목적물의 신 소유자는 구소유자와 전세권자 사이에 성립한 전세권의 내용에 따른 권리의무의 직접적인 당사자가 되어 전세권이 소멸하는 때에 전세권자에 대하여 전세권설정자의 지위에서 전세금 반환의무를 부담하게 된다(대법원 2006. 5. 11. 선고 2006다6072 판결).

828) 주택의 임차인이 제3자에 대한 대항력을 갖추기 전에 임차주택의 소유권이 양도되어 당연히 양수인이 임대차보증금 반환채무를 면책적으로 인수한 것으로 볼 수 없는 경우 주택임차인의 어떠한 행위를 임대차보증금 반환채무의 면책적 인수에 대한 묵시적 승낙의 의사표시에 해당한다고 볼 것인지 여부는 그 행위 당시 임대차보증금의 객관적 회수가능성 등 제반 사정을 고려하여 신중하게 판단하여야 한다(대법원 2008. 9. 11. 선고 2008다39663 판결). 위 대법원 판결에서는, 임차목적물의 소유권이 제3자에게 양도된 후, 임차인이 주민등록을 하고 임대차계약서에 확정일자를 받고 일정기간 거주하였다고 하더라도, 이는 주택임차인으로서 통상 취하는 조치에 불과하고, 임대차보증금 반환채권의 객관적 회수가능성이 의문시되는 상황이었음을 이유로, 매도인인 임대인을 면책시키는 임대차보증금 반환채무의 면책적 인수에 대한 승낙이나 추인을 볼 수 없다고 판단한 후, 원심을 파기하였다(원심은, 임차인이 임대인 지위 승계를 전제로 행동하였다고 봄이 상당하고, 임대인 지위승계 약정에 대해 승낙 또는 추인하였다고 봄이 상당하다고 판단한 후, 임차인의 원임대인, 즉 전 소유자에 대한 임대차보증금반환청구를 기각하였음).

③ 그러나, 임차인의 보호를 위한 임대차보호법의 입법 취지에 비추어 임차인이 임대인의 지위승계를 원하지 않는 경우에는 임차인이 임차주택의 양도사실을 안 때로부터 상당한 기간 내에 이의를 제기함으로써 승계되는 임대차관계의 구속으로부터 벗어날 수 있다고 봄이 상당하고, 그와 같은 경우에는 양도인의 임차인에 대한 보증금 반환채무는 소멸하지 않는다.[830)]

3) 임대인의 수선의무 위반을 이유로 한 해지

목적물에 대한 임대인의 수선의무는 민법 제623조에 의하여 당연히 발생하는 것으로서, 수선에 필요한 상태라 함은, 목적물의 파손의 정도가 적은 비용으로 손쉽게 고칠 수 있는 사소한 것을 넘어 그것을 수선하지 않으면 임차인이 계약에서 정한 용법에 따라 사용·수익하는 것이 불가능한 경우를 말한다(수선이 불가능한 경우에는, 임대목적물의 전부 또는 일부 멸실에 의한 이행불능의 문제가 된다). 임대인이 이러한 수선의무를 이행하지 않을 경우 임차인은 이를 이유로 임대차계약을 해지할 수 있는데, 이러한 수선의무는 임대인의 귀책사유로 수선이 필요하게 되었을 것을 요구하지 아니하므로,[831)] 피고가

---

829) 대법원 2005. 9. 9. 선고 2005다23773 판결.

830) 기록에 의하면, 우OO는 이 사건 주택을 양수하면서 다른 임차인들과는 새로이 임대차계약서를 작성하거나 기존의 계약서에 전세보증금 채무를 승계한다는 문구를 삽입하는 등의 조치를 취하면서 원고에게도 보증금을 반환하겠다는 의사를 표시한 사실, 이에 원고는 우OO에게 수령거절의 의사표시를 하지 아니한 채 오히려 이 사건 주택에 관한 임의경매절차가 개시되자 그 경매법원에 임차인으로서 권리신고 및 배당요구를 한 사실을 알 수 있는바, 이러한 사정에 비추어 보면 원고는 주택임대차보호법에 의하여 우OO가 임대인의 지위를 승계하는 것을 전제로 해동하였다고 봄이 상당하고, 원심이 들고 있는 사정만으로는 원고가 임대인의 지위승계에 대하여 이의를 제기한 것으로 단정하기는 어렵다(대법원 2002. 9. 4. 선고 2001다64615 판결).

831) 임대차계약에 있어서 임대인은 임대차 목적물을, 계약 존속 중 그 사용·수익에 필요한 상태를 유지하게 할 의무(이하 '임대인의 수선의무'라 한다)를 부담하는 것이므로(민법 제623조), 목적물에 파손 또는 장해가 생긴 경우 그것이 임차인이 별 비용을 들이지 아니하고도 손쉽게 고칠 수 있을 정도의 사소한 것이어서 임차인의 사용·수익을 방해할 정도의 것이 아니라면 임대인은 수선의무를 부담하지 않지만, 그것을 수선하지 아니하면 임차인이 계약에 의하여 정하여진 목적에 따라 사용·수익할 수 없는 상태로 될 정도의 것이라면, 임대인은 그 수선의무를 부담한다 할 것이고, 이는 자신에게 귀책사유가 있는 임대차 목적물의 훼손의 경우에는 물론 자신에게 귀책사유가 없는 훼손의 경우에도 마찬가지라 할 것이다. 원심판결 이유에 의하면, 원심은 제1심판결 이유를 인용하여 그 판시와 같은 사실을 인정한 다음, 원고들이 원인불명의 이 사건 화재로 인하여 일부 소훼된 이 사건 성형외과 및 치과 점포에 관하여 임대인인 피고에게 사용·수익에 필요한 상태를 만들어 줄 것을 청구하였음에도 피고가 그 이행에 착수하지 아니하였고, 이사건 화재현장감식이 이루어진 이후에는 화재현장을 보존해야 할 특별한 사정도 없어 보이므로, 적어도 이사건 화재현장감식이 끝난 후부터는 수선공사를 시작하지 아니함으로써 피고가 정당한 이유 없이 임차목적물의 수선의무를 지체하였다고 보아야 하며, 원고들이 2007. 12. 31.까지 기한을 정하여 원상복구공사를 해달라고 한 것은 그때까지 복구공사를 완료하여 달라는 뜻에서는 그 기간이 상당하지 않을 수 있으나, 적어도 그 기간 안에 공사에 착수하여 달라는 의무에서는 상당한 기간을 정하여 이행을 최고한 것이라고 보아야 하고, 따라서 피고의 수선의무

불가항력으로 목적물이 훼손된 사실을 주장하여도 이는 유효한 항변이 될 수 없다.

6. 기타 - 주택임대차보호법 관련[832)]

가. 임차인이 임대인으로부터 목적물을 양수한 제3자에 대하여 임대차보증금의 반환을 구하기 위해서는, 그가 임대인의 지위를 승계하였거나 보증금반환채무를 인수하였을 것이 필요하다. 따라서 이 경우 원고로서는 이에 관한 요건사실, 가령 원고가 주택임대차보호법 또는 상가건물임대차보호법 소정의 대항력에 관한 요건을 갖춘 사실[833)]을 주장·입증하면 된다.

① ㉠ 주택임대차보호법이 적용되는 임대차는 반드시 임차인과 주택의 소유자인 임대인 사이에 임대차계약이 체결된 경우에 한정된다고 할 수는 없고, 주택의 소유자는 아니지만 주택에 관하여 적법하게 임대차계약을 체결할 수 있는 권한(적법한 임대권

이행지체를 원인으로 한 원고들의 2008. 1. 2.자 해지통보는 적법하며, 이로써 원고들과 피고 사이의 각 임대차계약은 위 해지통보가 피고에게 도달한 2008. 1. 4. 종료되었다고 판단한 후, 피고가 원고들에게 반환할 각 해당 임차보증금에서 원고들의 해지 이후의 연체차임, 중도해지 위약금, 소송발생으로 인한 위약금을 각 공제하여야 한다는 피고의 주장을 배척하였다. 앞서 본 법리와 기록에 비추어 살펴보면, 원심의 이와 같은 판단은 정당한 것으로 수긍할 수 있고, 거기에 임대인의 수선의무의 존부, 이행지체를 이유로 한 계약 해지, 처분문서의 해석, 위약금 약정의 효력 등에 관하여 상고이유의 주장과 같은 법리오해 등의 위법이 있다고 할 수 없다(대법원 2010. 4. 29. 선고 2009다96984 판결).

832) 민사변호사실무 시험에서 항상 나온다고 하여도 과언이 아닌 만큼, 매우 중요하다. 다만, 세부적인 논점이 출제되기보다는 임차인의 대항력, 우선변제권 등 주택임대차보호법의 핵심법리를 묻는 경우가 많은 만큼, 어느 경우에 임차인이 제3자에 대항력을 주장할 수 있는지를 중심으로 내용을 숙지하는 것이 좋다고 생각된다. 상세한 내용은 주택임대차보호법 교재를 참고하는 것이 유익하다.

833) 주택임대차보호법 제3조 제1항에 의한 대항력을 갖춘 주택임차인이 〈임대인의 동의를 얻어 적법하게 임차권을 양도하거나 전대한 경우〉에 있어서 양수인이나 전차인에게 점유가 승계되고 주민등록이 단절된 것으로 볼 수 없을 정도의 기간 내에 전입신고가 이루어졌다면 비록 위 임차권의 양도나 전대에 의하여 임차권의 공시방법인 점유와 주민등록이 변경되었다 하더라도 원래의 임차인이 갖는 임차권의 대항력은 소멸되지 아니하고 동일성을 유지한 채로 존속한다고 보아야 한다. 이러한 경우 임차권 양도에 의하여 임차권은 동일성을 유지하면서 양수인에게 이전되고 원래의 임차인은 임대차관계에서 탈퇴하므로 임차권 양수인은 원래의 임차인이 주택임대차보호법 제3조의2 제2항 및 동법 제8조 제1항에 의하여 가지는 우선변제권을 행사할 수 있고, 전차인은 원래의 임차인이 주택임대차보호법 제3조의2 제2항 및 동법 제8조 제1항에 의하여 가지는 우선변제권을 대위 행사할 수 있다고 할 것이다. 원심판결 이유를 기록에 비추어 살펴보면, 판시 원고들이 임차권의 양수인 내지 전차인으로서 원래의 임차인의 확정일자를 원용하여 우선변제권을 행사한다는 취지의 주장에는 위 법리에 따른 주장이 포함되어 있다고 볼 여지가 충분하고, 원심이, 판시 원고들이 이 사건 태영아파트에 대한 경매신청의 등기 전부터 배당요구의 종기까지 대하요건을 유지한 소액임차인 내지 소액전차인으로서 소액보증금에 대한 우선변제권이 있고, 이 사건 태영아파트에 관한 피고 명의의 근저당권 설정일인 2005. 3. 21. 전에 확정일자를 갖추 임차인으로서 판시 보증금 전액에 대하여 우선하여 변제받을 권리가 있다는 취지로 판단한 것은, 그 설시에 있어 일부 적절하지 않은 부분이 있으나, 위 법리에 부합하는 것이어서 그 결론에 있어서 정당한 것으로 수긍이 되고, 거기에 상고이유로 주장하는 법리오해 등의 위법이 없다(대법원 2010. 6. 10. 선고 2009다101275 판결).

한)을 가진 명의신탁자 사이에 임대차계약이 체결된 경우도 포함된다고 할 것이고,[834)] ㉡ 주택의 명의신탁자가 임대차계약을 체결한 후 명의수탁자가 명의신탁자로부터 주택을 임대할 권리를 포함하여 주택에 대한 처분권한을 종국적으로 이전받는 경우에 임차인이 주택의 인도와 주민등록을 마친 이상 명의수탁자는 주택임대차보호법 제3조 제2항의 규정에 의하여 임차인과의 관계에서 그 주택의 양수인으로서 임대인의 지위를 승계하였다고 보아야 하며[835)] ㉢ 소유권을 취득하였다가 계약해제로 인하여 소유권을 상실하게 된 임대인으로부터 그 계약이 해제되기 전에 주택을 임차받아 주택의인도와 주민등록을 마침으로써 주택임대차보호법 제3조 제1항에 의한 대항요건을 갖춘 임차인은 민법 제548조 제1항 단서의 규정에 따라 계약해제로 인하여 권리를 침해받지 않는 제3자에 해당하므로 임대인의 임대권원의 바탕이 되는 계약의 해제에도 불구하고 자신의 임차권을 새로운 소유자에게 대항할 수 있고, 이 경우 계약해제로 소유권을 회복한 제3자는 주택임대차보호법 제3조 제2항에 따라 임대인의 지위를 승계[836)][837)]한다. ㉣ 주택에 관하여 최선순위로 전세권설정등기를 마치고 등기부상 새로운 이해관계인이 없는 상태에서 전세권설정계약과 계약당사자, 계약목적물 및 보증금(전세금액) 등에 있어서 동일성이 인정되는 임대차계약을 체결하여 주택임대차보호법상 대하요건을 갖추었다면, 전세권자로서의 지위와 주택임대차보호법상 대항력을 갖춘 임차인으로서의 지위를 함께 가지게 되는바, 최선순위 전세권자로서 배당요구를 하여 전세권이 매각으로 소멸되었다 하더라도 변제받지 못한 나머지 보증금에 기하여

---

834) 이 경우 임차인은 등기부상 주택의 소유자인 명의수탁자에 대한 관계에서도 적법한 임대차임을 주장할 수 있는 반면 명의수탁자는 임차인에 대하여 그 소유자임을 내세워 명도를 구할 수 없다(대법원 1999. 4. 23. 선고 98다49753 판결).

835) 위 대법원 1999. 4. 23. 선고 98다49753 판결.

836) 대법원 2003. 8. 22. 선고 2003다12717 판결. 그러나, 매도인으로부터 매매계약의 해제를 해제조건부로 전세 권한을 부여받은 매수인이 주택을 임대한 후 매도인과 매수인 사이의 매매계약이 해제됨으로써 해제조건이 성취되어 그 때부터 매수인이 주택을 전세 놓을 권한을 상실하게 되었다면, 임차인은 전세계약을 체결할 권한이 없는 자와 사이에 전세계약을 체결한 임차인과 마찬가지로 매도인에 대한 관계에서 그 주택에 대한 사용수익권을 주장할 수 없게 되어 매도인의 명도 청구에 대항할 수 없고, 이러한 법리는 임차인이 그 주택에 입주하고 주민등록까지 마쳐 주택임대차보호법상의 대항요건을 구비하였거나 전세계약서에 확정일자를 부여받았다고 하더라도 마찬가지임은 주의하여야 한다(대법원 1995. 12. 12. 선고 95다32037 판결).

837) 따라서, 아파트 수분양자가 분양자로부터 열쇠를 교부받아 임차인을 입주케 하고 임차인이 주택임대차보호법상 대항력을 갖춘 후, 수분양자가 분양계약상 아파트 입주를 위하여 요구되는 의무를 다하지 못하여 분양계약이 해제되어 수분양자가 주택의 소유권을 취득하지 못한 사안에서, 임차인인 아프트 소유자인 분양자에 대하여 임차권으로 대항할 수 있다(대법원 2008. 4. 10. 선고 2007다38908, 38915 판결).

대항력을 행사할 수 있고, 그 범위 내에서 임차주택의 매수인은 임대인의 지위를 승계한 것으로 보아야 한다.[838]

㉤ 그러나, 대항요건을 갖춘 주택임차인이라고 하더라도 그에 앞서 담보권을 취득한 담보권자에게는 대항할 수 없고, 그러한 경우에는 그 주택임차인은 그 담보권에 기한 환가절차에서 당해 주택을 취득하는 취득자에 대하여도 자신의 임차권을 주장할 수 없다고 할 것인바, 이러한 법리는 채무의 담보를 위하여 부동산의 소유권을 이전하는 양도담보의 경우에도 그대로 타당하므로, 임차인은 귀속정산의 방법에 의하여 소유권을 이전받은 양도담보권자에게 대항할 수 없다.[839] ㉥ 그리고, 매도인이 매매대금을 모두 지급받기 전에 매수인에게 매매목적물에 관한 소유권이전등기를 경료하면서 매수인과 사이에 매매계약이 해제될 경우 매수인이 매도인에게 매매목적물에 관한 소유권이전등기를 하여 주기로 하는 별도의 약정을 하였다면, 매도인은 매수인에 대하여 그 약정 자체에 의한 소유권이전등기절차의 이행을 청구할 수 있고, 매도인의 이와 같은 소유권이전등기청구권 역시 소유권의 이전을 목적으로 하는 청구권이라 할 것이므로 부동산등기법 제3조 소정의 가등기에 의하여 보전될 수 있다고 할 것이며, 소유권이전등기청구권을 보전하기 위하여 가등기를 경료한 자가 그 가등기에 기하여 본등기를 경료한 경우에 가등기의 순위보전의 효력에 의하여 중간처분이 실효되는 효과를 가져 오므로, 가등기가 경료된 후 비로소 상가건물 임대차보호법 소정의 대항력을 취득한 상가건물의 임차인으로서는 그 가등기에 기하여 본등기를 경료한 자에 대하여 임대차의 효력으로써 대항할 수 없다.[840]

② ㉠ 한편, 건물이 미등기인 관계로 그 건물에 대하여 아직 소유권이전등기를 경료하지는 못하였지만 그 건물에 대하여 사실상 소유자로서의 권리를 행사하고 있는 자는, 전소유자로부터 위 건물의 일부를 임차한 자에 대한 관계에서는 위 사실상 소유자가 동법 제3조 제2항 소정의 주택의 양수인으로서 임대인의 지위를 승계하였다고 볼 수 있으나,

838) 대법원 2010. 7. 26. 자 2010마900 결정. 이러한 경우 전세권과 더불어 주택임대차보호법상의 대항력을 갖추는 것은 자신의 지위를 강화하기 위한 것이지 원래 가졌던 권리를 포기하고 다른 권리로 대체하려는 것은 아니라는 점, 자신의 지위를 강화하기 위하여 설정한 전세권으로 인하여 오히려 주택임대차보호법상의 대항력이 소멸된다는 것은 부당하다는 점, 동일인이 같은 주택에 대하여 전세권과 대항력을 함께 가지므로 대항력으로 인하여 전세권 설정 당시 확보한 담보가치가 훼손되는 문제는 발생하지 않는다는 점 등을 고려한 것이다.

839) 대법원 2010. 1. 5. 선고 2000다47682 판결.

840) 대법원 2007. 6. 28. 선고 2007다25599 판결.

㉡ 주택임대차보호법 제3조 제2항의 규정에 의하여 임대인의 지위를 승계한 것으로 보게 되는 임차주택의 양수인이 될 수 있는 경우는 주택을 임대할 권리나 이를 수반하는 권리를 종국적, 확정적으로 이전받게 되는 경우라야 하므로 매매, 증여, 경매, 상속, 공용징수 등에 의하여 임차주택의 소유권을 취득한 자 등은 위 조항에서 말하는 임차주택의 양수인에 해당 된다고 할 것이나, 이른바 주택의 양도담보의 경우는 채권담보를 위하여 신탁적으로 양도담보권자에게 주택의 소유권이 이전될 뿐이어서, 특별한 사정이 없는 한, 양도담보권자가 주택의 사용수익권을 갖게 되는 것이 아니고 또 주택의 소유권이 양도담보권자에게 확정적, 종국적으로 이전되는 것도 아니므로 양도담보권자는 이 법 조항에서 말하는 '양수인'에 해당되지 아니한다(따라서, 양도담보권자가 양수인임을 전제로, 그에 대하여 임대차보증금반환청구를 할 수 없다).841)

예 원고는 2000. 1. 1.(계약일자) 피고로부터 서울 OO구 OO동 OO아파트 000동 000호(임차목적물)를 임대보증금 5천만원(임대보증금액), 임대기간 2년간(임대기간)으로 정하여 임차하고 그 임대보증금을 지급하였는데, 그 기간이 만료되었다.

나. 지연손해금을 구할 경우

지연손해금도 청구하는 경우 원고가 임대차목적물을 반환하였다는 점도 요건사실이므로 임대목적물 반환에 대한 주장 없이 지연손해금을 청구하는 경우 보정권고하고, 임대목적물을 반환하여 동시이행관계를 소멸시킨 다음날부터 지연손해금을 가산한다. 이때 청구원인 에서 목적물 반환 없이 지연손해금 구하거나(보정권고 1), 반환여부가 명맥하지 않은 경우(보정권고 2)에는 보정권고 한다.

※ 보정권고 1 : 임대보증금에 대한 지연손해금은 건물(토지)을 반환하여야만 구할 수 있는바, 건물(토지)을 반환하지 않고도 지연손해금을 구할 수 있는 법적 근거를 밝힐 것(만일, 잘못 청구한 경우에는 청구취지를 정리할 것)

※ 보정권고 2 : 임대보증금에 대한 지연손해금은 건물(토지)을 반환하여야만 구할 수 있는바, 건물(토지)을 반환하였는지 명백히 하고, 반환하지 않았다면 청구취지를 정리 할 것

841) 대법원 1993. 11. 23. 선고 93다4083 판결. 물론, 양도담보권자가 귀속정산의 방식으로 확정적으로 소유권을 취득하였다면 '양수인'에 해당한다고 보아야 할 것이다. 다만, 이 경우라도 선행된 양도담보인 경우라면 대항력을 주장할 수 없음은 앞서 2000다47682 판결에서 본 바와 같다.

7. 항변 등

[본안전 항변] 채권의 압류·추심항변

[주요항변] ① 묵시의 갱신 항변
② 공제 항변
③ 임대인지위 양도 항변
④ 동시이행의 항변
⑤ 보증금반환채권이 양도, 전부되었다는 항변

가. 묵시적 갱신

1) 원고가 임대기간의 만료를 이유로 임대차종료를 주장하면, 피고는 이에 대한 항변으로 민법 제639조 제1항 본문에 의한 묵시적 갱신을 주장하면 임대차종료를 다툴 수 있다. 이 경우 피고는 임차인인 원고가 기간 만료 후에도 목적물을 계속 사용·수익한 사실과 피고가 상당한 기간 내에 이의를 하지 않은 사실을 주장·입증하여야 한다.

2) ① 원고가 임차인으로부터 임대차보증금반환채권을 양수하여 그 지급을 구하는 소를 제기한 경우, 피고가 된 임대인은 위 반환채권의 양도통지를 받은 후에는 임대인과 임차인 사이에 임대차계약의 갱신이나 계약기간 연장에 관하여 묵시적 합의가 있었더라도 그 합의의 효과는 양수인인 원고에 대하여는 미칠 수 없으므로,[842] 원고는 재항변으로 묵시적 갱신이 있기 전에 피고가 임대차보증금반환채권의 양도통지를 받은 사실을 주장하며 묵시적 갱신의 효력을 다툴 수 있다. ② 또 갱신된 임대차는 기간이 정함이 없는 임대차가 되는 것이므로,[843] 원고는 재항변으로서 민법 제635조에 다

842) 임대인이 임대차보증금반환청구채권의 양도통지를 받은 후에는 임대인과 임차인 사이에 임대차 계약의 갱신이나 계약기간 연장에 관하여 명시적 또는 묵시적 합의가 있더라도 그 합의의 효과는 보증금반환채권의 양수인에 대하여는 미칠 수 없다(대법원 1989. 4. 25. 선고 88다카4253, 4260 판결). 이는 임대차기간 만료 후에는 임대차보증금반환채권을 현실적으로 행사할 수 있으리라는 양수인의 기대를 보호할 필요가 있다는 점에 기초한 것임을 고려하면, 위 '갱신'에는 당사자 합의에 의한 것뿐만 아니라 민법 제639조 제1항의 묵시의 갱신도 포함되는 것이라고 보아야 한다(그리고 이는 권리이전효가 있는 전부명령의 경우에도 동일하다). 같은 맥락에서, 채권양수금이나 전부금청구인 경우에 있어서는 ① 양수·전부가 있기 전에 기간갱신이나 연자의 약정이 있었던 경우에는, 양수·전부채권자에게 대항할 수 있으므로 이는 유효한 권리행사저지 항변사유가 되나 ② 반면 피고가 묵시적 갱신을 주장하거나, 전부명령이 송달된 후의 시점에 기간연장합의가 있었다는 주장을 한다면, 이는 그 주장 자체로 원고에게 대항할 수 없는 항변 유사의 주장이 된다.

843) 임대차기간 만료일이 1989. 12. 30.인 주택임대차계약이 묵시적으로 갱신된 경우에 있어 묵시적으로

른 계약해지의 통고에 의한 임대차종료를 주장할 수 있다. ③ 주택임대차보호법의 적용을 받는 임대차가 법 제6조 제1항에 따라 묵시적으로 갱신된 경우,[844] 위 법 제6조 제2항에 의하여 묵시적으로 갱신된 임대차의 존속기간은 정함이 없는 것으로 보지만, 법 제4조 제1항에 의하여 다시 그 기간은 2년이 된다. 임차인도 일단 묵시적 갱신의 효과에 구속되지만, 법 제6조의2에 의하여 언제든지 임대인에 대하여 해지의 통지(3월 후 효력발생)를 함으로써 임대차에서 벗어날 수 있다(다만, 주택임대차보호법이 민법에 대한 특별법임을 고려할 때 임차인은 통고 후 1월 후에 효력이 발생하는 민법 제635조에 의한 해지통고는 할 수 없다고 볼 것이다. 다른 한편, 임대인도 묵시적 갱신의 효과에 구속이 되고, 위 법 제6조의2의 규정이 임대인에게 적용이 없음은 조문상 명백하고, 위 조항의 취지를 고려할 때 민법 제635조의 적용도 없다고 해야 할 것이므로, 결국 임대인은 2년의 기간의 구속을 받게 된다).

3) 한편, 민법 제639조 제1항의 묵시의 갱신은 임차인의 신뢰를 보호하기 위하여 인정되는 것이고, 이 경우 같은 조 제2항에 의하여 제3자가 제공한 담보는 소멸한다고 규정한 것은 담보를 제공한 자의 예상하지 못한 불이익을 방지하기 위한 것이라 할 것이므로, 민법 제639조 제2항은 당사자들의 합의에 따른 임대차 기간연장의 경우에는 적용되지 않는다.[845]

나. 공 제

1) 부동산임대차에 있어서 임차인이 임대인에게 지급하는 임대차보증금은 임대차관계가 종료되어 목적물을 반환하는 때까지 그 임대차관계에서 발생하는 임차인의 모든 채무를 담보하는 것으로서, 임대인의 임대차보증금 반환의무는 임대차관계가 종료되는 경우에 그 임대차보증금 중에서 목적물을 반환받을 때까지 생긴 연체차임 등 임차인의 모든 채무를 공제한 나머지 금액에 관하여서만 비로소 이행기에 도달하는 것[846](임차보증금반환채권은 임대차종료시에 발생하고 바로 이행기에 도달하지만, 그 반환액수는 인

갱신된 임대차계약은 전의 임대차와 동일한 조건(존속기간은 제외)으로 다시 임대차를 한 것으로 보아야 하므로 같은 날짜인 1989. 12. 30.자로 개정된 주택임대차보호법의 시행 당시 존속 중이던 종래의 임대차계약이 계속되는 것이 아니라 종래의 임대차계약과는 별개의 임대차계약이 그 법 시행이후에 개시된 것이라고 보아야 할 것이고, 따라서 이에 대하여는 구 임대차보호법이 적용될 여지가 없고 개정된 주택임대차보호법 제4조의 규정이 적용되어 위 계약은 기간의 정함이 없는 임대차계약으로서 그 임대차기간은 2년으로 의제된다(대법원 1992. 1. 17. 선고 91다25017 판결).

844) 이 경우 위 법 제6조 제2항에 의하여 기간의 정함이 없는 임대차나 되나, 같은 법 제4조 제1항에 의하여 갱신된 임대차의 존속기간은 결국 2년으로 된다.

845) 대법원 2005. 4. 14. 선고 2004다63292 판결.

846) ① 임대차보증금 반환 채권을 양도함에 있어서 임대인이 아무런 이의를 보류하지 아니한 채 채권양도를

도시에 확정된다)이므로, 그 피담보채무 상당액은 임대차관계의 종료 후 목적물이 반환될 때에, 특별한 사정이 없는 한, 별도의 의사표시 없이[847] 보증금에서 당연히 공제되는 것이므로, 임대인은 임대차보증금에서 그 피담보채무를 공제한 나머지만을 임차인에게 반환할 의무가 있고,[848] 임대인은 임대차와 관련된 자신의 채권을 우선변제 받을 수 있게 된다(이에 따라 임차인의 다른 채권자는 임차인의 임대차보증금반환채권에 관하여 임대인에게 우선하여 변제받을 방법이 없다).

그리고, 〈임대보증금이 수수된 임대차계약에서 차임채권에 관하여 압류 및 추심명령이 있었다 하더라도〉, 당해 임대차계약이 종료되어 목적물이 반환될 때에는 그때까지 추심되지 아니한 채 잔존하는 차임채권 상당액도 임대보증금에서 당연히 공제된다.[849]

2) 이러한 임대인의 공제의 주장은, 피고로 되는 임대인의 항변사항이며, 그 요건사실은 공제대상 채권의 발생사실이다. 이에 대하여 원고인 임차인으로서는 연체차임의 지급과 같이, 기발생 공제대상 채권이 소멸하였음을 재항변사유로 주장할 수 있다.[850]

승낙하였어도 임차 목적물을 개축하는 등 하여 임차인이 부담할 원상복구비용 상당의 손해배상액은 반환할 임대차보증금에서 당연히 공제할 수 있다 할 것이나, ② 임대인과 임차인 사이에서 장래 임대목적물 반환시 위 원상복구비용의 보증금 명목으로 지급하기로 약정한 금액은, 임대차관계에서 당연히 발생하는 임차인의 채무가 아니라 임대인과 임차인 사이의 약정에 기하여 비로소 발생하는 채무에 불과하므로, 반환할 임대차보증금에서 당연히 공제할 수 있는 것은 아니라 할 것이어서, 임대차보증금 반환 채권을 양도하기 전에 임차인과 사이에 이와 같은 약정을 한 임대인이 이와 같은 약정에 기한 원상복구비용의 보증금 청구 채권이 존재한다는 이의를 보류하지 아니한 채 채권양도를 승낙하였다면 민법 제451조 제1항이 적용되어 그 원상복구비용의 보증금 청구 채권으로 채권양수인에게 대항할 수 없다(대법원 2002. 12. 10. 선고 2002다52657 판결).

847) 다만, 소송상 공제의 주장이 필요함은 물론이다(실체법과 소송법의 준별).

848) 대법원 2005. 9. 28. 선고 2005다8323, 8330 판결.

849) 원심은, 원고 등이 피고에게 반환하여야 할 임대보증금의 산정에 관하여 소외 송OO가 1998. 2. 9. 원고 등의 피고들에 대한 차임채권에 대하여 채권압류 및 추심명령을 받았고, 위 명령이 피고들에게 송달되었으므로, 위 명령이 송달된 이후의 차임은 임대보증금에서 공제할 수 없다는 피고들의 주장에 대하여, 그 채용 증거들에 의하여 소외 송OO가 1998. 2. 9. 광주지방법원 순천지원에서 98타기781, 782호로 위 주장과 같은 채권압류 및 추심명령을 받았고, 위 명령이 그 무렵 피고들에게 송달된 사실을 인정한 다음, 임대인이 임대차계약에 기하여 임차인에게 갖는 차임채권에 대하여 채권압류 및 추심명령이 있었다 하더라도 추심권자가 변제를 받기 전에 임대차가 종료되어 임차목적물을 임대인에게 명도한 때에는 그 차임채권은 당연히 임대보증금에서 공제된다고 판단하여, 위 주장을 배척하였다. 같은 취지의 원심의 판단은 정당하다(대법원 2004. 12. 23. 선고 2004다56554 판결).

850) 임대차계약의 경우 임대차보증금에서 그 피담보채무 등을 공제하려면 임대인으로서는 그 피담보채무인 연체차임, 연체관리비 등을 임대차보증금에서 공제하여야 한다는 주장을 하여야 하고 나아가 그 임대차보증금에서 공제될 차임채권, 관리비채권 등의 발생원인에 관하여 주장·입증을 하여야 하는 것이며, 다만 그 발생한 채권이 변제 등의 이유로 소멸하였는지에 관하여는 임차인이 주장·입증책임을 부담한다

가) 임대차 존속 중의 연체차임

피고는 연체차임채권의 발생사실로서 차임 약정사실만을 주장·입증하면 되고, 차임지급사실은 원고의 재항변사유가 된다.

나) 임대차 종료 후의 부당이득

원고가 임대차 종료 후 목적물을 계속 사용·수익한 사실이 입증되면, 원고가 차임 상당의 이득을 얻고 이로 인하여 피고가 손해를 입었다는 사실이 사실상 추정되므로, 부당이득에 관한 요건사실 중 피고의 손해사실과 인과관계에 대해서는 별도로 입증할 필요가 없다. ① 다만, 임차인이 임대차 계약 종료 후 유치권 또는 동시이행항변권과 같은 인도거절권능을 가지고 이를 행사하기 위한 방편으로 목적물을 점유하고 있을 뿐 본래의 임대차계약상의 목적에 따라 사용·수익을 하지 아니하여 실질적인 이익을 얻은 바 없는 경우에는 그로 인하여 임대인에게 손해가 발생하였다 하더라도 임차인의 부당이득반환의무는 성립하지 아니한다(이는 임차인의 사정으로 인하여 임차건물 부분을 사용·수익을 하지 못하였거나 임차인이 자신의 시설물을 반출하지 아니하였다고 하더라도 마찬가지이다).[851][852][853] 따라서 피고로서는 원고가 임차목적물을 점유하고 있다는 사실을 주장·

(대법원 2005. 9. 28. 선고 2005다8323, 8330 판결).

851) 원심은, 피고가 이 사건 임대차계약이 1999. 3. 29.자로 해지된 이후 같은 해 8월 31일까지만 이 사건 부동산을 점유하면서 미용실로 사용·수익하였을 뿐이고 그 이후부터는 이 사건 부동산에 비록 피고가 그의 가재도구 등을 방치하였다 하여도 이를 위 임대차계약상의 목적인 미용실로 사용·수익한 바는 없었다고 인정한 다음, 피고가 1999년 9월 이후의 기간에도 차임 상당의 부당이득을 얻고 있다고 할 수도 없다고 판단하여 원고의 이 부분 청구를 기각하였는바, 기록에 비추어 살펴보면, 원심의 위 사실인정 및 판단은 정당한 것으로 수긍이 되고, 거기에 상고이유 주장과 같은 채증법칙 위반이나 법리오해 등의 위법이 있다고 할 수 없다(대법원 2001. 3. 9. 선고 2000다73490 판결).

852) 원심이 적법하게 확정한 바와 같이 피고들이 이 사건 임대차가 종료한 이후의 1996. 6. 20. 이 사건 볼링장의 문을 닫고 더 이상 경영하지 아니하였다면, 피고들은 그 다음날인 1996. 6. 21.부터는 이 사건 볼링장을 이 사건 임대차계약상의 목적에 따라 사용·수익하지 아니하여 실질적인 이득을 얻은 바 없다고 할 것이므로 원고는 피고들이 이 사건 볼링장의 사용·수익을 종료한 날인 1996. 6. 20.까지의 임료 및 부당이득을 구할 수 있을 뿐이다. 원심이 같은 취지에서 피고들이 원고에게 지급하여야 할 1996. 6. 20.까지의 연체임료 및 임료 상당의 부당이득금 합계 금 286,693,800원이 원고가 피고들에게 반환하여야 할 임차보증금 350,000,000원보다 적다는 이유로 원고의 피고들에 대한 이 사건 청구를 배척한 조치는 정당하고, 거기에 상고이유에서 지적하는 바와 같은 임료 상당의 부당이득에 관한 법리오해 등의 위법이 있다고 할 수 없다(대법원 1998. 7. 10. 선고 98다8554 판결).

853) 원심이 들고 있는 증거들을 모두 종합하여 보더라도 원고가 하나은행에서 임차보증금을 반환한 2003. 4. 1. 이후 피고가 계속 이 사건 부동산을 예식장 등으로 점유·사용하여 왔다는 사실을 인정하기에는 부족하다고 보일 뿐이고 달리 이를 인정할 만한 증거를 찾아볼 수 없는 반면, 오히려 피고는, 2000. 12.경 원고에게 이 사건 부동산의 열쇠를 교부함으로써 이미 이 사건 부동산을 명도한 바 있고, 다만 원고의 승낙 아래 드레스 등 일부 비품과 집기들(반소청구로 인도를 구했던 물건들이다. 이하 '이 사건 비품등'이라 한다)을 이 사건 부동산에 보관시켜 두었으며, 2003. 6. 4.경 원고의 요구에 따라 이 사건 비품 등을 수거하려고 하였으나 원고의 관리인이 문을 열어주지 않는 바람에 실제 수거를

입증하는 것만으로는 부족하고, 원고(또는 그의 승낙을 받은 점유자)가 목적물을 본래의 용법대로 사용·수익하고 있는 사실까지 주장·입증하여야 한다.[854] ② 그러나, 타인 소유의 토지 위에 권한 없이 건물을 소유하고 있는 자는 그 자체로서 특별한 사정이 없는 한 법률상 원인 없이 타인의 재산으로 토지의 차임에 상당하는 이익을 얻고 이로 인하여 타인에게 동액 상당의 손해를 주고 있다고 보아야 하고, 건물 이외의 공작물의 소유를 목적으로 한 〈토지〉 전대차의 경우에도 이와 마찬가지[855]라는 점은 주의하여야 한다.

다) 임대차목적물의 멸실·훼손에 따른 손해배상

임차인은 임대차 종료시 임대인에게 목적물을 반환하여야 할 의무를 부담하므로, 피고가 목적물이 멸실·훼손됨에 따라 목적물반환의무의 전부 또는 일부가 이행불능되었다는 이유로 그 전보배상청구권 상당액의 공제를 주장하게 위해서는 목적물의 멸실·훼손사실과 그 손해액을 주장·입증하면 되고, 그 이행불능이 임차인인 원고의 귀

하지 못하게 된 것 뿐이라고 주장하면서 이에 부합하는 증거들을 제출하고 있고, (…) 사정이 이러하다면, 피고는 2000. 12. 31.경 원고에게 이 사건 부동산의 열쇠를 넘겨줌으로써 일응 이 사건 부동산을 명도했다고 봄이 상당하고, 따라서 그 이후에도 피고가 이 사건 부동산을 계속 점유·사용하고 있다고 보기는 어렵다고 할 것이다. 다만, 피고가 원고에게 이 사건 부동산의 열쇠를 넘겨준 이후에도 이 사건 비품 등을 남겨 놓고 있었다고 하더라도 이는 원고측의 승낙 또는 묵인 아래 이루어진 것으로 보일 뿐이므로 이로써 피고가 이 사건 부동산을 무단으로 점유·사용하고 있다고 볼 수는 없을 것이다. 그럼에도 불구하고, 피고가 이 사건 부동산을 무단으로 점유·사용하여 부당이득을 얻고 있었음을 전제로 그 반환을 명한 원심판결에는 채증법칙을 위배하여 사실을 오인하였거나 점유와 부당이득에 관한 법리를 오해하여 판결에 영향을 미친 위법이 있다(대법원 2005. 9. 30. 선고 2005다24677 판결).

854) 임대차 종료 후 원고의 임차목적물 점유와 관련하여 피고는 부당이득반환채권의 발생 대신 불법점유로 인한 손해배상채권의 발생을 주장할 수도 있는데, 이 경우 원고는 임차보증금반환채무와 동시이행을 주장하며 목적물의 반환을 거절한 권능을 가지고 있으므로, 원고의 점유를 불법점유로 주장하기 위해서는 피고가 잔존임대차보증금반환채무의 이행제공이 계속되어 왔음을 주장·입증하여야 한다.

855) 기록에 의하면, 이 사건 전대차는 카센터 운영을 목적으로 한 토지 전대차로서, 이 사건 전대차계약이 2004. 10.경 적법하게 해지된 이후에도 피고가 이 사건 토지에서 계속 영업을 하다가 2005. 5. 21. 이후로는 영업을 하지 아니하였으나, 그 지상에는 피고 소유의 주벽이 설치되어 있지 아니한 철구조물에 천막을 씌운 카센터건물과 콘테이너박스가 잔존한 사실이 인정되는바, 이 사건 전대차가 적법하게 해지되었다면 피고는 위 공작물의 소유를 위하여 그 부지가 된 이 사건 토지를 점유한다고 보아야 할 것이므로, 특별한 사정이 없는 한 이 사건 토지 인도 완료일까지 그 토지를 점유·사용함에 따른 차임 상당의 부당이득금을 반환할 의무가 있다고 할 것이다. 그럼에도 불구하고, 원심은 피고가 이 사건 토지 위의 공작물을 철거하여 토지를 인도하였는지, 또는 원고와 소외인 사이의 임대차계약이 종료되어 피고가 임대인인 소외인으로부터 이 사건 토지의 인도청구나 차임 상당 부당이득금 반환청구를 받았다는 등의 특별한 사정이 있는지에 관하여 심리를 하지 아니한 채 단지 피고가 2005. 5. 21. 이후 이 사건 토지 상에서 운영하던 카센터 영업을 중단하였다는 이유만으로 원고의 2005. 5. 21. 이후의 부당이득반환청구를 배척하였는바, 이러한 원심판결에는 부당이득에 관한 법리를 오해하여 판결에 영향을 미친 위법이 있다고 할 것이므로, 이를 지적하는 상고논지는 이유 있다(대법원 2007. 8. 23. 선고 2007다21856, 21863 판결).

책사유로 말미암은 것이 아니라는 사실은 원고의 재항변사유가 된다.[856)]

다. 임대차목적물 인도와의 동시이행

1) 임대인과 임차인이 임대차계약을 체결하면서 임대차보증금을 전세금으로 하는 전세권설정등기를 경료한 경우 임대차보증금은 전세금의 성질을 겸하게 되므로, 당사자 사이에 다른 약정이 없는 한 임대차보증금 반환의무는 민법 제317조에 따라 전세권설정등기의 말소의무와도 동시이행관계에 있다.[857)] 그러나 주택임대차보호법상 임차권등기의 경우는 다르다.[858)]

---

856) 원심판결 이유에 의하면, 〈원심은 피고가 원고 2에게 반환하여야 할 임차보증금에서 이 사건 화재로 인한 수리비 상당 손해액을 공제하여야 한다는 피고의 주장에 대하여, 이 사건 화재가 임차인의 귀책사유로 인하여 발생하였다는 점에 대한 증명이 없는 한 피고는 이 사건 성형외과 및 치과를 수선해 줄 의무가 있고, 원고들은 수선이 되지 않은 상태에서 임대차가 종료한 경우, 수선이 되지 않은 임차목적물을 그대로 반환함으로써 그 임대차 목적물 반환의무를 다하는 것이 된다고 전제한 후, 원고 2의 귀책사유로 인하여 이 사건 화재가 발생하였음을 인정할 증거가 없다는 이유로 피고의 위 공제 주장을 배척〉하였다. 그러나 원심의 위와 같은 판단은 아래와 같은 이유로 수긍할 수 없다. 임차인의 임대차 목적물 반환의무가 이행불능이 된 경우 <u>임차인이 그 이행불능으로 인한 손해배상책임을 면하려면 그 이행불능이 임차인의 귀책사유로 말미암은 것이 아님을 입증할 책임이 있고, 임차건물이 화재로 소훼된 경우에 있어서 그 화재의 발생원인이 불명인 때에도 임차인이 그 책임을 면하려면 그 임차건물의 그 임차건물의 보존에 관하여 선량한 관리자의 주의의무를 다하였음을 입증하여야 하는 것이며</u>(대법원 1982. 8. 24. 선고82다카254 판결, 대법원 1999. 9. 21. 선고 99다36273 판결, 대법원 2001. 1. 19. 선고 2000다57351 판결 등 참조), <u>이러한 법리는 임대차의 종료 당시 임차목적물 반환채무가 이행불능 상태는 아니지만 반환된 임차건물이 화재로 인하여 훼손되었음을 이유로 손해배상을 구하는 경우에도 동일하게 적용되고, 나아가 그 임대차계약이 임대인의 수선의무 자체로 해지된 경우라도 마찬가지</u>라 할 것이다. 또한, 건물의 규모와 구조로 볼 때 그 건물 중 임차한 부분과 그 밖의 부분이 상호 유지·존립함에 있어서 구조상 불가분의 일체를 이루는 관계에 있고, 그 임차 부분에서 화재가 발생하여 건물의 방화 구조상 건물의 다른 부분에까지 연소되어 피해가 발생한 경우라면, 임차인은 임차 부분에 한하지 않고 그 건물의 유지·존립과 불가분의 일체관계가 있는 다른 부분이 소훼되어 임대인이 입게 된 손해도 배상할 의무가 있다고 할 것이다(대법원 1997. 12. 23. 선고 97다41509 판결, 대법원 2004. 2. 27. 선고 2002다39456 판결 등 참조). 그렇다면 원심이 화재로 인하여 임차건물의 소훼된 경우에 있어서 임차인의 손해배상의무와 관련하여 귀책사유 존부에 관한 입증책임이 마치 임대인에게 있음을 전제하고 임차인인 원고 2의 귀책사유로 인하여 이 사건 화재가 발생하였다는 점을 인정할 증거가 없다는 이유로 피고의 원고 2에 대한 수리비 상당의 손해배상금 공제 주장을 배척한 것은 화재로 인하여 임차건물이 소훼된 경우에 있어서 임차인의 손해배상의무에 관한 입증책임의 법리를 오해한 것이고, 이러한 위법은 판결 결과에 영향을 미쳤음이 분명하다. 상고이유 중 이 점을 지적하는 부분은 이유 있다(대법원 2010. 4. 29. 선고 2009다96984 판결).

857) 대법원 2011. 3. 24. 선고 2010다95062 판결.

858) 그러나, 주택임대차보호법 제3조의3 규정에 의한 임차권등기는 이미 임대차계약이 종료하였음에도 임대인이 그 보증금을 반환하지 않는 상태에서 경료되게 되므로, 이미 사실상 이행지체에 빠진 임대인의 임대차보증금의 반환의무와 그에 대응하는 임차인의 권리를 보전하기 위하여 새로이 경료하는 임차권등기에 대한 임차인의 말소의무를 동시이행관계에 있는 것으로 해석할 것은 아니고, 특히 <u>위 임차권등기는 임차인으로 하여금 기왕의 대항력이나 우선변제권을 유지하도록 해주는 담보적 기능만을 주목적으로 하는 점</u> 등에 비추어 볼 때, <u>임대인의 임대차보증금의 반환의무가 임차인의 임차권등기 말소의무보다</u>

2) ① 임대인의 보증금반환채무와 임차인의 목적물인도의무는 동시이행의 관계에 있고, 임차인의 임차보증금반환청구권이 제3자에게 양도되거나 전부된 경우에도 채권의 동일성은 그대로 유지되는 것이므로, 임대인인 피고로서는 여전히 목적물의 인도와의 동시이행을 주장할 수 있다. ② 이에 대하여 원고는 재항변으로 피고에게 목적물을 인도하였거나, 계속하여 그 이행의 제공을 한 사실을 주장할 수 있다. ③ 한편, 만일 임차인이 보증금 외에 이에 대한 지연손해금까지 구하는 경우라면, 임대인에게 임차목적물을 인도하였거나, 인도의 제공을 한 사실까지 주장·입증하여야 한다(존재효과설).

3) 임대차관계가 종료된 후 임차인이 목적물을 임대인에게 반환하였으면 임대인은 보증금을 무조건으로 반환하여야 하고, 임차인으로부터 목적물의 인도를 받는 것과의 상환이행을 주장할 수 없음은 당연한데, 이는 종전의 임차인이 임대인으로부터 새로 목적물을 임차한 사람에게 그 목적물을 임대인의 동의 아래 직접 넘긴 경우에도 다를 바가 없다. 이 경우 임차인의 행위는 임대인이 임차인으로부터 목적물을 인도받아 이를 새로운 임차인에게 다시 인도하는 것을 사실적인 실행의 면에서 간략하게 한 것으로서, 법적으로는 두 번의 인도가 행하여진 것으로 보아야 하므로, 역시 임대차관계 종료로 인한 임차인의 임대인에 대한 목적물 반환의무는 이로써 제대로 이행되었다고 할 것이기 때문이다.[859]

[서식 88] 임대차보증금반환청구의 소(임대차계약만료)

소 장

원 고 노 ○ ○
OO시 OO동 000-00 OO공단 000

송달장소 : 서울 OO구 OO동 0000-0 OO빌딩 000호
Tel. (02)-000-0000, Fax. (02) 000-0000, 우. 00000

먼저 이행되어야 할 의무이다(대법원 2005. 6. 9. 선고 2005다4529 판결).

859) 대법원 2009. 6. 25. 선고 2008다55634 판결.

피 고　　이 ○ ○
　　　　　○○시 ○○구 ○○동 000-0 (우 : 00000)

임차보증금반환 청구의 소

청 구 취 지

1. 피고는 원고에게 금 10,956,830원 및 이에 대하여 20○○. 10. 26.부터 이 사건 소장부본 송달일까지 연 5%의, 그 다음날부터 다 갚는 날까지 연 12%의 이율에 의한 금원을 지급하라.
2. 소송비용은 피고부담으로 한다.
3. 위 제1항은 가집행 할 수 있다.

라는 판결을 구합니다.

청 구 원 인

1. 임대차계약체결

원고와 피고는 20○○. 4. 16. ○○시 ○○구 ○○동 000-0 소재 1층(이하 '위 점포'라고 합니다)에 대하여 임차기간 20○○. 4. 16.부터 20○○. 4. 15.까지, 임차보증금 33,900,000원으로 하는 임대차계약을 체결하고, 계약당일에 계약금 15,000,000원을, 20○○. 4. 16. 잔금 18,900,000원을 각 지급하고 위 점포를 인도받아 사용하여 왔습니다(갑 제 1호증 임대차계약서 참조).

2. 임대차계약종료

원고는 위 점포에 주형 및 금형을 종목으로 하는 ○○○○이라는 상호로 영업하다가 위 점포의 임대차 종료기간 1개월 전인 20○○. 3.경 피고는 재계약의사가 없음을 통지하여 왔고, 이에 원고는 새로 사업장을 얻어 위 점포에 설치에 되어 있는 각종 기계들을 새로운 사업장으로 옮기는데 시간이 필요하여 20○○. 10. 25.자로 위 점포를 피고에게 인도하여 주었습니다.

3. 원고의 청구권의 내용

원고가 위 점포에 대한 지연차임 및 공과금은 20○○. 8. 1.부터 위 점포를 피고에게 인도하여 준 20○○. 10. 25.까지 금 15,443,170원이고, 위 점포를 피고에게 인도하여 줄 당시 위 임차보증금의 일부금으로 7,500,000원을 반환 받았기 때문에 피고는 원고에게 위 점포에 대한 임차보증금 33,900,000원 중 금 22,943,170원을 제외한 금10,956,830원을 반환 할 의무가 있습니다.

– 구체적 내역 –

가. 임차료 지체차임 : 금 15,443,170원(8월, 9월, 10월분 지체차임)

(1) 2000. 8.분(8. 1. ~ 8. 31.) : 금 5,463,810원(부가가치세 포함, 갑제 2호증의 1, 2 각 세금계산서 참조)

1) 임차차임 3,390,000원

2) 전기요금 1,577,100원

(2) 위 같은 해 9.분(9. 1. ~9. 30) : 금 5,759,160원(부가가치세 포함, 갑제 2호증의 3, 4 각 세금계산서 참조)

1) 임차차임 3,390,000원

2) 전기요금 1,845,600원

(3) 위 같은 해 10.분(10. 1. ~ 10. 25.) : 금 4,220,200원(부가가치세 포함, 갑제 2호증의 5, 6 각 세금계산서 참조)

1) 임차차임 2,825,000원

2) 전기요금 1,395,200원

나. 임차보증금 중 일부금으로 반환받은 금액 : 금 7,500,000원

다. 소 계

금 22,943,170원 = 금 15,443,170원(지체차임) +7,500,000원

4. 결 어

따라서 피고는 원고에게 임차보증금 33,900,000원 중 미지급된 월세와 공과금 및 일부 반환 받은 금원을 제외 한 금10,956,830원의 임차보증금을 반환 할 의무가 있음에도 새로운 임차인이 들어오면 받아가라고 억지를 부리며 현재까지 반환을 거절하여 이 사건 소에 이르게 되었습니다.

입 증 방 법

1. 갑 제 1호증 임대차계약서
1. 갑 제 2호증의 1 내지 6 각 세금계산서

첨 부 서 면

1. 위 입증방법 각 1통
1. 송달료납부서 1통

20OO. . .

원고 노 O O

OO지방법원 귀중

[서식 89] 임대보증금반환청구 소장(임대차계약, 기간만료, 명도)

소 장

원 고 고 O 화 (000000-0000000) (전화 :)
인천 OO구 OO로 11 (우 :)

피 고 편 O 무 (000000-0000000)
인천 OO구 OO로 90 (우 :)

임대보증금반환 청구의 소

청 구 취 지

1. 피고는 원고에게 30,000,000원 및 이에 대하여 20OO. 2. 8.부터 이 사건 소장부본 송달일까지는 연 5%, 그 다음날부터 다 갚는 날까지는 연 12%의 각 비율로 계산한 돈을 지급하라.
2. 소송비용은 피고의 부담으로 한다.

3. 위 제1항은 가집행할 수 있다.
라는 판결을 구합니다.

청 구 원 인

1. 원고는 20○○. 4. 4. 피고로부터 ○○○지하상가 제18호 점포(이하 "이 사건 점포"라 한다)를 보증금 30,000,000원, 차임 무료, 기간 20○○. 4. 4. 까지로 정하여 임차하였습니다. 그 후 원고와 피고는 기간을 20○○. 1. 31.까지로 갱신하였습니다. 그리하여 원고와 피고 사이의 위 임대차계약은 20○○. 1. 31. 기간만료로 인하여 종료되었습니다. 그리고 원고는 20○○. 2. 7. 이 사건 점포를 피고에게 명도하였습니다.

2. 따라서 원고는 피고에 대하여 위 임대차보증금계약에 따라 보증금 30,000,000원과 이에 대하여 이 사건 점포명도 다음날부터 이 사건 소장부본 송달일까지는 민법 소정의 연 5%, 그 다음날부터 다 갚는 날까지는 소송촉진등에관한특례법 소정의 연 12%의 각 비율로 계산한 지연손해금의 지급을 구하고자 이 사건 소를 제기합니다.

입 증 방 법

변론시 수시 제출하겠습니다.

첨 부 서 류

1. 주민등록초본 2통
1. 소장 부본 1통
1. 납부서 1통

20○○. ○. ○.

위 원고 고 ○ 화 (인)

인천지방법원 귀중

[서식 90] 보증금반환청구 소장(임대차계약, 계약종료, 반환받을 보증금의 존재)

소　　　장

원 고　　한 ○ 순 (000000-0000000)
의정부시 OO로 OOO-O
소송대리인 변호사 백 ○ ○　(전화 :　　　　)
의정부시 OO동 OOO　(우 :　　　　)

피 고　　전 ○ 우 (000000-0000000)
의정부시 OOO로 OOO-OO　(우 :　　　　)

보증금반환 청구의 소

청 구 취 지

1. 피고는 원고에게 15,000,000원 및 이에 대하여 20OO. 12. 6.부터 이 사건 소장 부본 송달일까지는 연 5%, 그 다음날부터 다 갚는 날까지는 연 12%의 각 비율로 계산한 돈을 지급하라.
2. 소송비용은 피고의 부담으로 한다.
3. 위 제1항은 가집행할 수 있다.

라는 판결을 구합니다.

청 구 원 인

1. 원고는 피고와 사이에 20OO. 7. 29. 의정부시 OO동 435-9 지상 골조, 지붕, 층수, 용도, 면적 불상의 건물 중 부엌 딸린 가게 1개 면적 불상에 관하여 보증금 10,000,000원, 월 차임 150,000원, 기간 20OO. 8. 7.부터 24개월 동안으로 정하고 임대차계약을 체결한 사실이 있습니다. 그 후 20OO. 8. 7. 위 임대차계약이 기간만료로 종료되고 20OO. 12. 5. 원고는 피고에게 위 임차물을 반환하였습니다.
   그러나 피고는 연체차임 기타 아무런 채권도 원고에 대하여 가지고 있지 않으면서 위 보증금을 반환하지 않고 있습니다.

2. 따라서 원고는 피고에 대하여 20OO. 7. 29.자 임대차계약에 기한 보증금

15,000,000원 과 이에 대한 임차물반환 다음날부터 위 보증금을 다 반환하는 날까지의 지연손해금의 각 지급을 청구합니다.

입 증 방 법

1. 갑 제1호증 월세계약서
   그 밖의 입증서류는 변론시 수시 제출하겠습니다.

첨 부 서 류

1. 위 입증서류 사본 각 1통
1. 주민등록초본 2통
1. 소장부본 1통
1. 납부서 1통

20○○. ○. ○.

원고 소송대리인 변호사 백 ○ ○ (인)

의정부지방법원 귀중

X. 임대차목적물반환청구

1. 청구원인

요건사실	임대차계약의 체결＋목적물의 인도＋임대차의 종료

가. 이 청구에서는 임대차보증금반환청구에서의 임대차보증금의 지급사실 대신 목적물의 인도사실을 요건사실로 한다. 타인 소유의 물건에 대한 임대차계약도 유효하

게 성립하는 것이므로, 임대인은 목적물이 자신의 소유인 점을 주장·입증할 필요가 없다. 목적물의 반환과 함께 연체차임이나 부당이득의 반환을 청구하는 경우에는 각각의 청구권 발생에 관한 요건사실을 추가로 주장·입증하면 된다.

나. 적법한 전대차가 있는 경우 임대인은 직접 계약관계에 있지 아니한 전차인에 대하여도 민법 630조 1항에 의하여 임대인으로서의 권리를 행사할 수 있고, 전차인은 전대차계약에 기하여 부담하는 의무의 범위 내에서 직접 임대인에 대하여 의무를 부담한다.

따라서 임대인이 임차인과 사이의 임대차 종료를 이유로 전차인에 대하여 직접 목적물의 반환을 청구하는 경우에는 그 청구원인사실로서 ① 임대인이 임차인과 임대차계약을 체결한 사실, ② 임대인이 임차인에게 목적물을 인도한 사실, ③ 임차인이 임대인의 동의를 얻어 전차인과 임대차 또는 사용대차계약을 체결한 사실, ④ 임차인이 전차인에게 목적물을 인도한 사실, ⑤ 임대차가 종료한 사실을 주장·입증하여야 한다. 다만, 전차인의 권리를 임대인과 의사만으로 해석하는 것은 허용되지 아니하므로(민법 제631조), 의 요건사실 중 ⑤의 임대차 종료원인으로서 합의해지를 주장하는 것은 주장 자체로 이유가 없게 된다.[860)]

2. 가능한 공격방어방법

가. 매수청구권의 행사

1) 부속물매수청구권의 경우

임대인이 임대한 건물의 인도와 함께 임차인이 시설한 부속물의 청거를 구할 경우 임차인이 민법 646조에 의한 부속물매수청구권의 행사를 주장하는 것은 임대인의 부속물철거청구에 대하여는 철거청구권의 소멸사유로, 건물인도청구에 대하여는 부속물 매수대금의 지급과의 동시이행이라는 인도청구권의 행사저지사유로 기능하는 유효한 항변이다.[861)] 여기서 말하는 부속물이라 함은 건물에 부속된 물건으로 임차인의 소유에 속하고, 건물의 구성부분이 되지 아니한 것으로서 건물의 사용에 객관적인 편익을 가져오게 하는 물건이라 할 것이므로, 부속된 물건이 오로지 임차인의 특수목적

---

860) 같은 맥락에서 임차인이 임차권을 포기하였다는 주장도 전차인의 권리를 소멸케 하는 사유가 되지 못하므로(통설) 주장 자체로 이유 없게 된다.

861) 대법원 1981. 11. 10 선고 81다378 판결.

에 사용하기 위하여 부속된 것일 때는 이를 부속물매수청구권의 대상이 되는 물건이라 할 수 없다.[862)]

민법 646조에서 임대차의 종료원인를 제한하고 있지는 않으나, 임차인의 차임연체 등 채무불이행을 이유로 임대차계약이 해지된 경우에는 부속물매수청구권이 부정되므로,[863)] 청구원인단계에서 이미 임차인의 채무불이행으로 인한 임대차 종료사실이 인정된 경우에는 부속물매수청구권 행사의 항변은 유효한 항변이 되지 못한다.

부속물매수청구권의 행사를 주장하는 피고로서는 ① 임대인의 동의를 얻어 부속물을 설치하였거나 그 부속물이 임대인으로부터 매수한 것인 사실, ② 그 부속물이 현존하는 사실, ③ 매수청구권을 행사한 사실은 물론,[864)] 동시이행의 범위를 정하기 우하여 매수청구권 행사 당시 부속물의 시가까지 주장·입증하여야 한다.

부속물매수청구권을 배제 또는 제한함으로써 임차인에게 불리한 특약을 맺는 것은 원칙적으로 효력이 없으나(민법 제652조), 임대차계약의 과정을 전체적으로 살펴보아 그러한 특약이 임차인에게 불리하지 않은 것이라면 그 효력이 있으므로, 원고는 매수청구권 포기의 특약사실과 임대차계약의 과정을 전체적으로 살펴볼 때 그 특약이 임차인 등에게 일방적으로 불리한 것이 아니라는 사정에 관한 사실[865)]을 주장하며 재항변할 수 있다.

2) 지상물배수청구권의 경우[866)]

임대인이 임대한 토지의 인도와 함께 임차인이 건축한 지상물의 철거를 구할 경우

862) 대법원 1993. 10. 8. 선고 93다25738, 25745 판결.
이 경우 당해 건물의 객관적인 사용목적은 건물 자체의 구조와 임대차계약 당시 당사자 사이에 합의된 사용목적, 기타 건물의 위치, 주변의 환경 등 제반 사정을 참작하여 정하여 지는 것이라 할 것이다(대법원 1993. 2. 26. 선고 92다41627 판결).

863) 대법원 1990. 1. 23. 선고 88다카7245, 7252 판결.

864) 원칙적으로 임대차계약이 체결되었다가 종료한 사실도 요건사실에 포함된다 할 것이지만, 이는 이미 청구원인사실의 인정단계에서 판단되었을 것이므로 따로 주장·입증할 필요가 없다.

865) 대법원 1982. 1. 19. 선고 81다1001 판결(건물임차인인 피고들이 증·개축한 시설물과 부대시설을 포기하고 임대차 종료시의 평상대로 임대인의 소유에 귀속하기로 하는 대가로 임대차계약의 보증금 및 월차임을 파격적으로 저렴하게 하고, 그 임대기간도 장기간으로 약정하고, 임대인은 임대차계약의 종료 즉시 임대건물을 철거하고 그 부지에 건물을 신축하려고 하고 있으며 임대차계약 당시부터 임차인도 그와 같은 사정을 알고 있었던 경우).
대법원 1992. 9. 8. 선고 92다24998, 25007 판결(임차보증금과 차임을 시가보다 저렴하게 해주고 그 대신 임차인은 임대차가 종료될 때 그가 설치한 부속물에 대한 시설비나 필요비, 유익비, 권리금 등을 일체 청구하지 아니하기로 약정한 경우).

866) 건물철거 및 토지인도의 확정판결 후에 지상물매수청구권을 행사하여 청구이의의 소를 제기하거나 대금지급청구의 소를 제기하는 것이 가능한가라는 문제와 관련하여 기판력의 시적 한계에 반하여

임차인이 민법 643조에 의한 자상물매수청구권을 행사하는 것은 임대인의 지상물철거청구뿐만 아니라 토지인도청구에 대하여도 각 권리소멸사유로 기능하는 유효한 항변이다[867)]

임차인의 차임연체, 무단전대 등 채무불이행으로 계약이 해지된 경우에는 지상물매수청구권이 인정되지 않으며,[868)] 임차인으로부터 지상건물을 양수한 자는 적법한 토지 인차권의 양수인 또는 전차인으로서의 요건을 갖추지 않는 한 양도인인 임차인을 대위하여 매수청구권을 행사할 수 없다.[869)] 지상물매수청구권 행사의 상대방은 원칙적으로 임차권 소멸 당시의 토지소유자인 임대인이다[870)]

지상물매수청구권의 행사를 주장하는 피고로서는 ① 지상물 소유의 목적으로 토지임대차계약을 체결한 사실, ② 임차인이 지상물을 건축하여 현존하고 있는 사실,[871)] ③ 계약갱신을 청구하였으나 임대인이 이를 거절한 사실,[872)] ④ 매수청구권을 행사한 사실을 주장·입증하면 되고, 그 매매대금의 지급을 반소로 구하지 않는 한 매수청구권 행사 당시 지상물의 시가까지 주장·입증하여야 할 필요는 없다.[873)] 다만, 원고가 피고의 지상물매수청구권 행사의 항변이 받아들여질 것에 대비하여 예비적으로 지상물의 인도 및 소유권이전등기청구를 하고 있는 경우라면 피고는 이와 동시이

허용되지 않는다는 견해도 있으나, 판례는 그 판결에 의하여 건물철거가 집행되지 아니한 이상 매수청구권을 행사하여 별소로 임대인에게 매매대금의 지급을 청구할 수 있다고 한다(대법원 1995. 12. 26. 선고 95다42195 판결).

867) 대법원 1995. 2. 3. 선고 94다51178, 51185 판결에 의하면, 원고가 청구를 변경하지 않는 한 건물철거청구와 대지인도청구를 모두 기각할 수밖에 없다고 한다.

868) 대법원 2003. 4. 22. 선고 2003다7685 판결.

869) 임차인이 토지에 관한 임대차기간이 만료하기 전에 지상건물을 양도하였다면 이미 건물의 소유자가 아니어서 매수청구권을 행사할 수 없으므로(대법원 1993. 7. 27. 선고 93다6386판결), 지상건물의 양수인이 임차인을 대위하여 매수청구권을 행사할 수도 없다.

870) 한편, 건물 소유를 목적으로 하는 토지임대차에 있어서 임차인 소유 건물이 임대인이 임대한 토지 외에 임차인 또는 제3자 소유의 토지 위에 걸쳐서 건립되어 있는 경우에는, 임차지 상에 서 있는 건물 부분 중 구분소유의 객체가 될 수 있는 부분에 대하여 매수청구가 허용된다(대법원 1996. 3. 21. 선고 93다42643 판결).

871) 임차인의 지상물매수청구권의 대상이 되는 건물은 부속물해수청구권의 경우와는 달리 임대차계약 당시의 기존건물이거나 임대인의 동의를 얻어 신축한 것에 한정되지 않는다(대법원 1993. 11. 12. 선고 93다34589 판결). 또한, 행정관청의 허가를 얻은 적법한 건물이 아니더라도 매수청구권의 대상이 될 수 있다(대법원 1997. 12. 23. 선고 97다37753 판결).

872) 다만, 기한의 정함이 없는 임대차에 있어서 임대인에 의한 해지통고에 의하여 그 임차권이 소멸한 경우에는 임차인의 계약갱신 청구의 유무에 불구하고 지상물매수청구권이 인정된다(대법원 1995. 12. 26. 선고 95다42195 판결).

873) 임대차계약이 종료한 사실 및 그 종료원인사실은 이미 청구원인단계에서 인정되었을 것이므로, 이를 다시 주장·입증할 필요가 없다. 한편, 청구원인단계에서 그 종료원인이 임차인의 채무불이행으로 인한 해지였음이 밝혀진 경우라면 지상물매수청구권행사의 항변은 주장 자체로 이유 없게 된다.

행관계에 있는 지상물매매대금의 범위를 정하기 위하여 지상물의 시가를 주장·입증하여야 한다.

지상물매수청구권 행사의 항변이 받아들여지면 청구취지의 변경이 없는 한 임대인의 지상물철거 및 토지인도청구는 기각하여야 할 것이나,[874] 법원으로서는 석명권을 적절히 행사하여 임대인으로 하여금 건물철거청구를 건물소유권이전등기·건물인도청구[875]로 변경하게 한 후 매매대금과의 상환이행을 명하는 판결을 하여야 하며, 이와 같은 석명권 행사 없이 그냥 기각하면 위법하다.[876]

3) 임대차보증금과의 동시이행

가) 임차인인 피고는 임대차보증금의 반환과 동시이행의 항변을 주장할 수 있는데, 이 경우 피고는 임대차보증금 지급사실만 주장·입증하면 되고, 이에 대하여 원고는 재항변으로서 공제대상채권의 발생사실을 주장·입증하여 그 공제를 주장할 수 있으며, 차임의 지급과 같은 공제대상채권의 소멸사실은 피고의 재재항변사유가 된다.

나) 임대인이 전차인에 대하여 목적물의 직접 반환을 청구한 경우 적법하게 전차한 전차인이라도 임대인에게 직접 전대차보증금반환청구권을 취득하는 것은 아니므로 전재차보증금의 반환과 동시이행의 항변을 주장할 수는 없지만, 임차인의 임대차보증금반환청구권에 기한 동시이행항변권을 원용할 수는 있다.[877]

다) 유 치 권

(1) 필요비상환청구권의 경우

임차인이 임차물의 보존관리를 위하여 필요한 비용을 지출한 경우 그러한 필요비상환청구권에 기하여 유치권을 행사할 수 있다.

이 경우 피고는 목적물에 관하여 일정 비용을 지출한 사실 및 그 비용이 목적물의

874) 대법원 1966. 5. 24. 선고 66다548 판결, 1966. 6. 28. 선고 66다712 판결.

875) 대지와 건물부지가 일치할 경우 건물인도청구 이외에 별도의 대지인도청구는 불필요하다.

876) 대법원 1991. 4. 9. 선고 91다3260 판결, 1995. 7. 11. 선고 94다34265 판결.

877) 대법원 1988. 4. 25. 선고 87다카2509 판결은 이러한 입장을 전제로, 대항력을 갖춘 주택임차인이 적법하게 전대한 경우 그 전차인이 임차인의 주민등록퇴거일로부터 주민등록법상의 전입신고기간 내에 전입신고를 마치고 주택을 인도받아 점유를 계속하고 있다면 원래의 임차인이 갖는 임차권의 대항력은 소멸되지 아니하고 동일성을 유지한 채로 존속하므로, 임차인이 대항력을 취득한 후에 경료된 근저당권의 실행으로 소유권을 취득하게 된 자에 대하여 전차인은 임차인의 동시이행항변권을 원용하여 임차인이 보증금의 반환을 받을 때까지 주택을 적법하게 점유, 사용할 권리를 갖는다고 판시하고 있다.

보존에 필요한 사실을 주장·입증하면 되고, 가액의 현존 여부는 따질 필요가 없다.[878)]

(2) 유익비상환청구권의 경우

임차인이 목적물의 객관적 가치를 증가시키기 위하여 유익비를 지출한 경우 그러한 유익비상환청구권에 기하여 유치권을 행사할 수 있다.[879)] 유익비의 상환범위는 임차인이 유익비로 지출한 비용과 현존하는 증가액 중 임대인이 선택하는 바에 따라 정하여지므로 임차인인 피고로서는 임대인인 원고의 선택권을 위하여 실제로 지출한 비용과 현존하는 증가액 모두에 대한 주장·입증책임을 진다.[880)]

(3) 비용상환청구권의 포기 등

필요비, 유익비 등 비용상환청구권에 관한 민법 626조는 강행규정이 아니므로 당사자 사이의 특약으로 비용상환청구권을 포기하거나 제한하는 것이 가능하다.[881)] 이러한 특약의 존재는 유치권항변에 대한 재항변사유로 된다.

---

878) 지출한 비용이 통상적인 비용액수를 초과하는 경우 그 초과분에 대하여는 필요비상환청구권이 인정되지 않는다고 보아야 할 것인데, 이때 통상액의 초과 여부에 대한 주장·입증책임을 상대방인 임대인에게 있다.

879) 필요시는 지출한 즉시 그 상환을 청구할 수 있음에 비하여, 유익비는 임대차가 종료하여야만 비로소 그 청구를 할 수 있다.
한편, 민법 203조 2항에 의한 점유자의 유익비상환청구권은 점유자가 회복자로부터 점유물의 반환을 청구받거나, 회복자에게 점유물을 반환한 때에 비로소 발생하는데(대법원 1993. 12. 38. 선고 93다30471, 30488 판결), 이는 점유자가 계약관계 등 적법하게 점유할 권리를 가지지 않아 소유자의 소유물반환청구에 응하여야 할 의무가 있는 경우에 성립되는 것으로서, 이 경우 점유자는 그 비용을 지출할 당시의 소유자가 누구이었는지 관계없이 점유회복 당시의 소유자는 그 비용을 지출할 당시의 소유자가 누구이었는지 관계없이 점유회복 당시의 소유자 즉 회복자에 대하여 비용상환청구권을 행사할 수 있다(대법원 2003. 7. 25. 선고 2001다64752 판결).

880) 대법원 2002. 11. 22. 선고 2001다40381 판결.

881) 예컨대, 건물의 임차인이 임대차관계 종료시에는 건물을 원상으로 복구하여 임대인에게 명도하기로 약정한 것은 특별한 사정이 없는 한 건물에 지출한 각종 유익비 또는 필요비의 상환청구권을 미리 포기하기로 한 추지의 특약이라고 볼 수 있고(대법원 1975. 4. 22. 선고 73다2010 판결), 임대차계약에서 "임차인은 임대인의 승인 하에 개축 또는 변조할 수 있으나 부동산의 반환기일 전에 임차인의 부담으로 원상복구키로 한다."라고 약정한 경우, 이는 유익비상환청구권의 사전포기에 해당하며(대법원 1995. 6. 30. 선고 95다12927 판결), 건물 임차인이 자신의 비용을 들여 증축한 부분을 임대인 소유로 귀속시키기로 하는 약정은 임차인이 원상회복의무를 면하는 대신 투입비용의 변상이나 권리주장을 포기하는 내용이 포함된 것으로서 특별한 사정이 없는 한 유효한다(대법원 1996. 8. 20. 선고 95다44705, 44712 판결).

[서식 91] 건물명도청구의 소(임대차계약해지)

소 장

원 고 채 ○ ○
강원도 OO군 OO면 OO리 00
소송대리인 변호사 강 ○ ○
서울 OO구 OO동 000 OO빌딩 2층
(우) 000-000, 전화 : 02-000-0000, 팩스 : 02-000-0000

피 고 주식회사 OO
송 달 장 소 : 서울 OO구 OO동 00 OO빌딩 3층
등기부상 주소 : 경기도 OO시 OO구 OO동 000
대표이사 박 ○ ○

건물명도 등 청구의 소

청 구 취 지

1. 피고는 원고에게,
   가. 별지 목록 기재 건물을 명도하고,
   나. 금 2,800,000원과 20OO. 9. 13.부터 위 명도완료시까지 월 금 700,000원으로 계산한 금원을 지급하라.
2. 소송비용은 피고가 부담한다.
3. 제1항은 가집행할 수 있다.

라는 판결을 구합니다.

청 구 원 인

1. 당사자들의 지위

원고는 별지 목록 기재 건물(이하 '이 사건 목적물'이라 합니다)의 소유권자이며(갑 제1호증 등기부등본), 피고는 이 사건 목적물의 임차인이자 점유자입니다.

2. 이 사건 목적물에 대한 임대차계약의 체결

가. 원고는 이 사건 목적물을 소유하고 있는 바, 소외 오OO가 관리를 하여 주겠

다고 자청하여 원고는 지방에 거주하고 있는 관계로 오OO에게 동 목적물의 관리를 부탁하였던 것입니다.

나. 그러던 어느 날 소외 오OO는 이 사건 목적물을 그의 친구인 소외 임OO에게 보증금 없이 월세 금 700,000원으로 하여 임대를 놓았다고 하여 이에 원고가 임대차계약서를 줄 것을 요구하자, 오OO는 임대차계약서를 작성하지 않고 구두로 정하여 임대를 하였다며 차후 임OO이 임대료를 연체할 경우 오OO가 임대료 지불 및 건물명도에 관한 모든 것을 책임지겠다고 하여 원고는 이를 신뢰하고 임OO이 기사용하고 있었기에 그대로 두었습니다.

다. 그러나 소외 임OO은 임대료를 제대로 지불하지 않고 늘 연체하여, 원고는 임대차계약을 해지하고 임OO와 오OO를 상대로 건물명도소송(20OO가단OOOO)을 제기하여 20OO. 10. 12. 승소판결을 받은 바 있습니다(갑 제2호증 판결문).

3. 피고의 임차권 양수와 점유 이전 및 차임 연체

그 후 소외인들이 연체차임을 지급하면서 통사정하여 하는 수 없이 전과 동일한 조건으로 임대하여 왔는데, 근래 피고가 임차권을 양수받고 점유를 이전받은 후 9월 현재 4개월분 임대료 2,800,000원을 연체하고 있습니다.

4. 임대차계약의 해지

이에 신청인이 연체차임의 지급을 요구하자, 피신청인은 20OO. 9. 9.자 각서를 통하여 9. 16.까지 임대료 및 관리비를 정산한 후 부동산을 명도할 것을 약속한 바 있으나 이를 이행치 않고 있습니다(갑 제3호증 각서). 따라서 이 사건 임대차관계는 합의해지되었다고 할 것입니다.

5. 피고의 명도의무 및 부당이득반환의무

따라서 피고는 이 사건 목적물을 원상으로 회복하고, 원고에게 명도할 의무가 있습니다.

그리고 계약의 만료로 피고는 이 사건 점포를 법률상 원인 없이 점유하여 사용, 수익하고 있는 바 이 사건 목적물의 차임상당의 부당이득을 취하고 있으므로, 위 명도의 완료시까지 차임상당액을 지급할 의무가 있다고 하겠습니다.

입 증 방 법

1. 갑 제1호증 등기부등본

2. 갑 제2호증 판결문
3. 갑 제3호증 각서

첨 부 서 류

1. 위 각 입증방법 각 1통
2. 소송위임장 1통
3. 법인 등기부등본 1통
4. 토지대장 1통
5. 집합건축물대장 1통
6. 소장부본 1통
7. 송달료 납부영수증 1통

20○○. . .

위 원고의 대리인
변호사 강 ○ ○

○○지방법원 귀중

[서식 92] 토지인도청구 소장(토지인도, 임대차종료, 소유권, 선택적 병합, 장래이행청구사건)

소 장

원 고 김 ○ 주 (000000-0000000) (전화 :)
서울 ○○구 ○○로 178 (우 :)

피 고 오 ○ 식 (000000-0000000)
서울 ○○구 ○○로 154 (우 :)

토지인도청구의 소

청 구 취 지

1. 피고는 원고에게 서울 OO구 OO동 20 전 300㎡ 지상 블록조 철제 및 비닐지붕 단층 점포 약 400㎡를 철거하고 동 토지 지상 대리석 일체를 취거 하여 동 토지를 인도하고, 금 9,999,999원과 이에 대하여 이 사건 소장부본 송달일부터 다 갚는 날까지는 연 12%의 비율로 계산한 돈을 지급하고, 20OO. O. O.부터 위 토지인도 완료일까지는 월 금 3,333,333원의 비율로 계산한 돈을 지급하라.
2. 소송비용은 피고의 부담으로 한다.
3. 위 제1항은 가집행할 수 있다.

라는 판결을 구합니다.

청 구 원 인

1. 원고는 20OO. O. O. 원고의 대리인인 소외 김석주를 통하여 피고에게 청구취지 기재 토지를 기간은 20OO. O. O.까지, 보증금은 없이, 임료는 연 금 3,500,000원으로 정하여 임대한 사실이 있습니다.

2. 그리고 피고는 위 토지상에 청구취지 기재 단층 점포를 짓고 대리석을 쌓아 두고 위 토지를 대리석등의 전시판매소로 점유하고 있습니다.

3. 위 임대차계약은 20OO. O. O. 기간만료로 종료하게 되자 임료 금 20,000,000원, 기간 20OO. O. O.까지로 정하여 6개월을 기간 갱신한 사실이 있습니다.

4. 그러므로 위 임대차계약은 20OO. O. O. 계약기간 만료로 종료되었습니다.

5. 따라서 피고는 원고에게 임대차계약상의 원상회복 및 임대차목적물반환의무에 따라 위 토지를 원상으로 회복하여 반환할 의무가 있습니다.

6. 한편 위 토지는 원고의 소유입니다.
   따라서 피고는 소유자인 원고의 물권적 청구권 행사에 순응하여 위 토지를 원상으로 회복하여 반환할 의무가 있습니다.

7. 또한 피고는 20OO. O. O.부터 20OO. O. O.까지 법률상 원인 없이 원고의 위 토지를 사용하여 이익을 얻고 이로 인하여 매 6월 금 20,000,000원의 비율로 계산한 위 약정임료 상당의 손해, 즉 월 금 3,333,333원(원 미만은 포기함)의 비율로 계산한 금원 상당의 손해(이 금액을 계산하면 금 9,999,999원이 됨)를

원고에게 가하였습니다.

8. 따라서 피고는 부당이득금으로 금 9,999,999원을 원고에게 반환할 의무가 있습니다.

9. 피고는 원고에 대한 위 토지반환의무뿐만이 아니라 현재의 부당이득반환의무 자체를 다투고 있어 장래의 부당이득의 지급을 그 이행기에 기대할 수 없습니다. 따라서 장래의 부당이득의 지급은 미리 청구할 필요가 있습니다.

10. 따라서 원고는 피고에 대하여 선택적으로 임대차계약 또는 소유권에 기하여 위 토지의 원상회복 및 반환을 청구하고 아울러 현재의 부당이득과 그 지연손해금의 지급을 청구하며, 장래의 부당이득의 반환을 미리 청구합니다.

입 증 방 법

1. 갑 제1호증 토지등기부등본
1. 갑 제2호증 임대차계약서

그 밖의 입증서류는 변론시 수시 제출하겠습니다.

첨 부 서 류

1. 위 입증서류 각 1통
1. 주민등록초본 2통
1. 토지가격확인원 1통
1. 소장 부본 1통
1. 납부서 1통
1. 위임장 1통

20○○. ○. ○.

위 원고 김 ○ 주 (인)

서울동부지방법원 귀중

해 설

1. 부당이득은 현재의 부당이득뿐만 아니라 장래의 부당이득도 그 이행기에 지급을 기대할 수 없어 미리 청구할 필요가 있으면 미리 청구할 수 있다.
2. 부당이득반환채무가 기한이 있는 채무인지 여부에 관하여 언급하고 있는 분은 없는 것 같다. 불법행위와는 달리 부당이득은 위법성이 없는 행위이므로 이행의 기한이 없는 것으로 보아 이행청구를 받은 때로부터 지체책임이 있는 것으로 해석하는 것이 타당할 것 같다. 따라서 지연손해금은 이행청구의 날, 즉 소장 송달일부터 청구하면 될 것으로 생각한다.

[서식 93] 토지인도등청구 소장(토지인도, 부당이득, 임대차종료, 건물철거, 장래이행청구사건)

소 장

원 고 학교법인 OO학원 (000000-0000000) (전화 :)
서울 OO구 OO로 OOO (우 :)
이사장 장 O 철

피 고 전 O 탈 (000000-0000000)
서울 OO구 OO로 OO (우 :)

토지인도 등 청구의 소

청 구 취 지

1. 피고는 원고에게 서울 OO구 OO로 85-7 지상 별지 제1 목록 기재 수목 및 석조물, 같은 동 185 지상 별지 제2 목록 기재 수목 및 석조물, 같은 동 산 111 지상 별지 제3목록 기재 수목을 각 수거 내지 취거하고, 같은 동 산 111 지상 목조 루핑 가건물 주택 1동(무허가건물) 13.22㎡를 철거하고 위 각 토지를 인도하고, 20OO. 3. 1.부터 위 각 토지의 인도완료일까지 연 금 10,000,000원의 비율로 계산한 돈을 지급하라.
2. 소송비용은 피고의 부담으로 한다.

라는 판결 및 가집행의 선고를 구합니다.

청 구 원 인

1. 서울 OO구 OO동 85-7 대 145㎡("㉮ 토지")와 같은 동 185 대 152㎡("㉯ 토지") 및 같은 동 산 111 임야 1289㎡("㉰ 토지")는 원고의 소유입니다.

2. 원고는 20OO. 3. 2. 보증금은 없이 임료는 연 금 10,000,000원, 기간은 20OO. 3. 1.부터 20OO. 2. 28.까지 2년으로 각 정하여 피고에게 ㉮, ㉯, ㉰토지를 임대하였습니다.

3. 현재 ㉮ 토지에는 별지 제1 목록 기재 수목 및 석조물, ㉯ 토지에는 별지 제2 목록 기재 수목 및 석조물이 각 식재 내지 전시되어 있고, ㉰ 토지에는 별지 제3 목록 기재 수목과 목조 루핑 가건물 주택 1동 13.22㎡가 식재 내지 건립되어 있습니다.

4. 피고는 19OO. 3. 1. 부터 ㉮, ㉯, ㉰ 토지를 법률상 원인 없이 사용하여 이득을 얻고 이로 인하여 원고에게 위 임대차계약 체결시 약정한 임료 상당의 손해를 가하고 있습니다.

5. 위 임대차계약은 20OO. 2. 29. 기간만료로 종료되었습니다.

6. 따라서 원고는 피고에게 임대차계약 종료에 의하여 ㉮, ㉯, ㉰ 토지의 원상회복 및 반환을 청구하고, 아울러 피고는 ㉮, ㉯, ㉰ 토지의 법률상 원인 없는 사용으로 인한 현재의 부당이득금의 지급을 거절하고 있어 원고로서는 미리 청구할 필요가 있으므로 ㉮, ㉯, ㉰ 토지의 인도완료일까지의 장래의 부당이득금까지 일괄하여 그 지급을 청구합니다.

입 증 방 법

1. 갑 제1호증 등기부등본
1. 갑 제2호증 부동산임대차계약서

그 밖의 입증서류는 변론시 수시 제출하겠습니다.

첨 부 서 류

1. 위 입증서류 각 1통
1. 법인등기부등본 1통
1. 주민등록초본 2통

1. 토지가격확인원 1통
1. 소장 부본 1통
1. 납부서 1통
1. 위임장 1통

2000. ○. ○.

위 원고 학교법인 하늘학원
이사장 장 ○ 철 (인)

서울서부지방법원 귀중

XI. 계약금 반환

1. 계약금 반환의 개념

가. 계약금이라 함은 계약을 체결함에 있어 당사자의 일방이 상대방에 대하여 교부하는 금전 기타의 유가물[882]을 말한다. 계약금은 교부하는 목적에 따라 여러 종류가 있고 그 목적에 따라 그 효력도 다르나, 현재에 있어서 중요한 것은 다음의 세 가지로 나누어진다.

1) 증약계약금

계약이 유효하게 성립하였다는 증거로서의 의미를 갖는 계약금이다. 당사자 사이

882) 판례에 의하면, 계약금은 계약체결시에 현금 등 유가물이 현실적으로 지급되어야 할 필요는 없다고 한다. 대법원 1991. 5. 28. 선고 91다9190 판결. 매매계약을 맺을 때 매수인의 사정으로 실제로는 그 다음날 계약금을 지급하기로 하면서도 형식상 매도인이 계약금을 받아서 이를 다시 매수인에게 보관한 것으로 하여 매수인이 매도인에게 현금보관증을 작성, 교부하였다면, 위 계약금은 계약해제권유보를 위한 해제금의 성질을 갖는다 할 것이고, 당사자 사이에는 적어도 그 다음날까지는 계약금이 현실로 지급된 것과 마찬가지의 구속력을 갖게 된 것이라고 할 것이어서, 당사자는 약정된 계약금의 배액상환 또는 포기 등에 의하지 아니하는 한 계약을 해제할 수 없기로 약정한 것으로 보는 것이 상당하다.

에 계약금이 교부되어 있으면 그것은 적어도 어떤 합의가 있었다는 증거가 되므로, 계약금이 어떠한 명목으로 교부되었던 간에 그것은 언제나 증약금으로서의 성질(최소 한도의 성질)을 갖는다고 할 것이다.

2) 위약계약금

이에 속하는 계약금에는 다시 두 가지가 있다. 그 하나는 위약벌의 성질을 갖는 것으로서 계약위반이 있을 때에 그것을 수령한 자가 위약별로서 몰수하는 계약금인데, 이 경우에는 채무불이행에 의한 손해배상을 위약계약금과는 별도로 청구할 수 있다 할 것이다. 다른 하나는 손해배상의 예정으로서의 성질을 갖는 계약금인데 통상의 경우 위약계약금은 그와 같은 성질을 가진 것으로 보아 민법 제398조 제4항에서는 위약금의 약정을 손해배상액의 예정으로 추정하고 있다.

3) 해약계약금

일방 당사자가 계약금을 대상으로 임의로 계약을 해제할 수 있도록 계약해제권유보로서의 기능을 하는 계약금을 말하며, 이 계약금을 교부한 자는 그것을 포기함으로써, 그리고 이 계약금을 수령한 자는 그 배액을 상환함으로써 계약을 해제할 수 있다.

나. 근대 거래사회에서 강하게 요청되는 계약준수의 원리라는 측면에서 보면, 위의 각 계약금개념은 그 위치를 달리하고 있다. 즉, 증약계약금은 계약성립의 증거로서 작용하는 것이고, 위약벌로서의 계약금은 계약의 이행을 확보함을 목적으로 하는 것이므로 양자 모두 계약준수의 원리에 합치하는 개념이다. 그러나 해약계약금은 유효하게 성립한 계약의 효력을 계약금만 손해보면 언제든지(다만 이행의 착수전) 임의로 부정할 수 있도록 하는 것이므로 계약 준수의 원리에 반하는 개념이고, 손해배상의 예정으로서의 위약계약금은 위약의 사후처리를 신속 간편하게 할 수 있기는 하지만 손해배상액의 과소하게 정해진 경우에는 손쉽게 위약이 행하여져 계약준수(또는 실손해의 배상)의 원리를 간접적으로 부정하는 것이 된다.

따라서 위와 같은 각 계약금개념은 구체적 소송사건에 있어서, 해약계약금의 경우 "계약의 해제, 계약금액 한도의 배상" 등의 법적 효과와 결부됨에 반하여, 증약계약금, 위약계약금의 경우는 이와 양립할 수 없는 "계약의 준수, 실손해의 배상" 등의 법적 효과와 결부되어 서로 대립적으로 사용된다. 그러므로 구체적인 분쟁해결에 있어서 계약금의 해석은 위와 같이 대립하는 2개의 법리 중 어느 것을 우선시킬 것인가에 관한 평가의 문제로 귀착되는 것이라 할 것이고, 직접적으로는 개개의 계약에 있어서 당사자의 의사를 어떻게 파악할 것인가 하는 계약(의사표시)의 해석의 문제라 할 것이다.

> [기본사례] 원고(매수인) → 피고(매도인)
> 원고는 피고에게 2000. 10. 1. 중고 피아노 1대를 5,000,000원에 매수하기로 하고 계약금으로 500,000원을 지급하였는데, 피고의 불이행으로 계약을 해제하여 지급한 위 계약금의 반환을 구함

2. 청구취지

> 피고는 원고에게 금 5,000,000원 및 이에 대하여 2000. 10. 1.부터 이 사건 소장부분 송달일까지는 연 5%의 그 다음날부터 완제일까지는 연 12%의 각 비율에 의한 금원을 지급하라.

3. 청구원인

> [청구원인] ○ 매매계약을 체결한 사실
> ○ 계약금을 지급한 사실
> ○ 매매계약이 취소, 해제 등으로 소멸한 사실

4. 요건사실

요건사실	* 매매계약을 체결한 사실 * 계약금을 지급한 사실 * 매매계약의 취소, 해제 등으로 소멸한 사실 – 매매계약이 반사회질서행위인 사실(계약의 무효)이나 기망에 의 하여 체결된 것이어서 취소한 사실 – 매도인(피고)이 계약상 채무를 불이행하여 해제한 사실 – 합의해제한 사실

가. 공통된 요건사실

청구원인에 있어서 요건사실은 매매계약 체결사실, 계약금지급사실이 공통되는 요건사실 이다.

나. 개별 요건사실

매매계약이 반사회질서행위인 사실(계약의 무효)이나 기망에 의하여 체결된 것이어서 취소한 사실, 매도인(피고)이 계약상 채무를 불이행하여 해제한 사실, 합의해제한 사실 등이 각 개별적인 요건사실 이다.

> 예 원고는 2003. 10. 1. 피고와 중고 피아노 1대를 매매대금 5,000,000원, 인도일 2003. 10.10.로 정하여 매수하기로 하는 매매계약을 체결하고, 그 자리에서 피고에게 계약금 500,000원을 지급하였는데, 피고가 위 인도일에 인도하지 아니하고, 이에 잔금 4,500,000원을 준비하고 피고에게 2003. 10. 20.까지 위 피아노의 인도를 최고하였음에도 이를 이행하지 아니하여 2003. 10.21. 피고에게 위 매매계약 해제의 의사표시를 하였다.

입증방법으로는 예컨대, 매매계약서, 영수증, 취소통지서, 해제통지서, 해제합의서 등이 있다.

다. 이행지체를 이유로 한 계약해제의 경우에는 특정한 채무를 이행하지 아니한 사실만으로는 부족하고, 원고가 상당한 기간을 정하여 피고에게 이행을 최고하였는데도 이행하지 아니하여 해제의사표시를 한 사실까지가 요건사실이다. 입증방법으로는 이행최고서, 해제 통지서 등을 제출할 수 있다.

라. 지연손해금의 기산일

지연손해금의 기산일은 매매계약 해제일이 아니고 계약금을 지급받은 날이다(당일 포함, 민법 548조 2항, 성질은 법정이자). 다만, 피고가 이행의무의 존부나 범위에 관해 항쟁함이 상당한 경우에는 소장부본 송달 다음날부터 선고일까지는 민법이나 상법상의 법정지연손해금을 적용하여 연 5% 또는 6%, 그 다음날부터 다 갚는 날까지는 연 12%의 이율을 적용한다.

※ 청구취지에 기산일을 위 지급받은 날보다 뒤로 기재하였다고 하더라도 보정권

고 할 것은 아니나(처분권주의), 앞으로 기재한 경우에는 보정권고

5. 항변 등

> [주요항변] ① 계약금 몰취의 항변
> ② 기한유예의 항변

가. 계약금 몰취의 항변

합의해제를 원인으로 한 계약금반환청구에 대하여, 피고는 원고가 오히려 채무불이행 하였고 그 경우 계약금을 몰취하기로 약정하였음(손해배상예정액 약정이 있음)을 들어 계약금을 반환할 수 없다는 항변을 할 수 있다. 입증방법으로는 예컨대 매매계약서 등이 있다.

나. 기한유예의 항변

당초의 이행기를 도과하여 이행지체로 인한 해제를 원인으로 한 계약금반환청구에 관하여, 원고로부터 당초의 인도일을 연기(유예)받았기에 해제가 부적법 하다는 항변이 가능하다. 입증방법으로는 기한유예 합의서, 기한유예통지서 등이 있다.

다. 원고의 계약상 채무불이행을 모두 항변으로 주장할 수 있다.

[서식 94] 매매대금청구의 소(잔대금청구)

소 장

원 고 유 ○ ○ (000000-0000000)
서울 OO구 OO동 000-000 OO빌라 000호

소송대리인 변호사 오 ○ ○
서울 OO구 OO동 0000-0 OO빌딩 000호

Tel. (02) 000-0000, Fax. (02) 000-0000, 우. 00000

피 고 이 ○ ○ (000000-0000000)
○○시 ○○구 ○○동 000-0

매매대금청구

청 구 취 지

1. 피고는 원고에게 30,000,000원에 대해 이 사건 소장 부본 송달 일부터 완제일까지 연 12%의 각 비율에 의한 금원을 지급하라.
2. 소송비용은 피고부담으로 한다.
3. 제1항은 가집행할 수 있다.

라는 판결을 구합니다.

청 구 원 인

1. 원고와 피고 사이의 매매계약

가. 원고는 20○○. 12. 초경 ○○고속버스 운전기사로서 향후 노후 대책을 마련하기 위해 일부 운전기사들에게 돈을 모아 원고 명의로 소외 금 ○○으로부터 ○○도 ○○군 ○○면 ○○리 000 전 9,306㎡(이하 '본건 토지'라고 합니다)를 매수하였습니다.

나. 그 후 일부 운전기사가 매매대금 잔금을 마련하지 못하여 금○○에게 주어야 할 잔금을 지급하기 어려운 상황에 이르게 됨에 따라 20○○. 3. 30. 원고는 하는 수 없이 피고에게 본건 토지를 금 7,000만원에 전매하게 되었습니다. 그리고 본건 토지의 소유권은 위 금○○에서 피고에게로 직접 소유권이전등기를 해 줌과 동시 매매대금 중 계약금 및 중도금으로 40,000,000원을 지급하며, 잔금 30,000,000원은 본건 토지의 일부에 지어진 무허가 건물을 점유하는 사람이 이사하는 즉시 지급하기로 하였습니다.

2. 피고의 본건 토지의 처분 및 원고에 대한 잔금이행 거부

위 합의에 따라 원고는 피고로부터 계약금 및 중도금으로 4,000만원을 지급받은 상태에서 20○○. 4. 16. ○○지방법원 ○○등기소 접수 제○○○호로 위 금

OO로부터 피고에게로 소유권이전등기를 하여 주었습니다.

그 후 피고는 본건 토지를 사용하여 오다가 소외 장OO에게 처분하고 20OO. 6. 22.자 매매를 원인으로 20OO. 6. 25. 위 같은 등기소 접수 제OOO호로 소유권이전등기를 하여 주었습니다.

3. **청구권의 내용**

원고는 위와 같이 피고가 본건 토지의 소유권을 위 장OO에게 처분함에 따라 피고에게 종전 매매대금 중 미지급한 잔금 30,000,000원을 지급을 요구하였고, 그럼에도 피고는 현재까지 원고에게 임의이행을 거부함에 따라 이건 소송에 이르게 되었습니다.

입 증 서 면

1. 갑 제1호증　　　　매매계약서
1. 갑 제2호증　　　　토지 등기부등본

첨 부 서 류

1. 위 입증서면　　　　각 1통
1. 위임장　　　　1통
1. 송달료 납부서　　　　1통

20OO.　.　.

원고의 소송대리인
변호사　오 O O

서울OO지방법원　귀중

[서식 95] 계약금등반환청구 소장(매매계약해제, 원상회복의무)

소 장

원 고 김 ○ 호 (000000-0000000) (전화:)
제주시 ○○1동 111 (우:)

피 고 박 ○ 호 (000000-0000000)
제주시 ○○2동 333 (우:)

계약금 등 반환 청구의 소

청 구 취 지

1. 피고는 원고에게 73,120,000원 및 이에 대하여 20○○. 11. 2.부터 이 사건 소장 부본 송달일까지는 연 5%, 그 다음날부터 다 갚는 날까지는 연 12%의 각 비율로 계산한 돈을 지급하라.
2. 소송비용은 피고의 부담으로 한다.
3. 위 제1항은 가집행할 수 있다.

라는 판결을 구합니다.

청 구 원 인

1. 원고는 20○○. 10. 19. 피고로부터 생고구마(육지산, 상등품) 30만관(1관은 3.75kg임)을 금 2,040,000,000원(1관당 공장도착가는 금 6,880원임)에 20○○. 11. 20.까지 인도받기로 하고 매수한 사실이 있습니다. 그리고 그 날 원고는 계약금 90,000,000원, 20○○. 11. 2. 중도금 32,000,000원을 각 지급하였습니다. 그런데 피고는 생고구마 인도기한이 지나도록 생고구마(육지산, 하등품) 9,600관만을 인도할 뿐 생고구마 30만관 전부를 원고에게 인도하지 아니하였습니다. 이에 원고는 피고에 대하여 20○○. 12. 15.까지 생고구마 30만 관을 인도하라고 최고한 바 있습니다.
   그럼에도 불구하고 피고는 이를 이행하지 않고 있어 원고는 이를 이유로 이 소장의 송달로써 위 매매계약을 해제합니다.

2. 그러므로 피고는 이행지체를 이유로 한 계약해제에 인한 원상회복으로서 원고

에게 이미 지급 받은 금 122,000,000원에서 원고가 인도받은 생고구마 9,600관 대금 48,880,000원(인도받은 생고구마 9,600관 대금은 65,280,000원이 되나, 20○○. 11. 4. 원고와 피고는 원고가 체당한 운임 금 16,400,000원을 위 생고구마 대금에서 공제하기로 약정한 사실이 있으므로 이를 공제하면 금 48,880,000원이 됨)을 공제한 금 73,120,000원과 민법 제548조 제2항에 의한 이자를 원고에게 반환할 의무가 있습니다.

입 증 방 법

변론시 수시 제출하겠습니다.

첨 부 서 류

1. 주민등록초본	2통
1. 소장 부본	1통
1. 납부서	1통

20○○. ○. ○.

위 원고 김 ○ 호 (인)

제주지방법원 귀중

해 설

1. 항변 등에 관한 판단

가. 위약금약정에 근거하여 계약금 몰취의 항변 : 매매계약서

합의해제를 원인으로 한 계약금반환청구에 대하여, 피고는 원고(매수인)가 오히려 채무불이행하였고 그 경우 계약금을 몰취하기로 위약금약정(손해배상예정액 약정이 있음)하였으나 계약금을 반환할 수 없다는 항변

나. 기한유예의 항변 : 기한유예서(기한유예합의서, 기한유예통지서)

이행지체로 인한 해제를 원인으로 한 계약금반환청구에 관하여, 원고로부터 당초의 인도일을 연기(유예)받았기에 해제가 부적법하다는 항변

[서식 96] 계약금반환청구 소장(위약금)

소 장

원 고 김 O 호 (000000-0000000) (전화:)
제주시 OO1로 111 (우:)

피 고 박 O 호 (000000-0000000)
제주시 OO2로 333 (우:)

위약금 청구의 소

청 구 취 지

1. 피고는 원고에게 30,000,000원 및 이에 대하여 이 사건 소장부본 송달 다음날부터 다 갚는 날까지 연 12%의 비율로 계산한 돈을 지급하라.
2. 소송비용은 피고의 부담으로 한다.
3. 위 제1항은 가집행할 수 있다.

라는 판결을 구합니다.

청 구 원 인

1. 원고는 20OO. 10. 4. 피고로부터 피고의 망 박O홍 소유인 경기도 OO시 OO면 OO리 산 133 임야 147,527㎡를 대금 60,000,000원에 매수키로 하고 계약당일 계약금으로 금 30,000,000원을 지급하였고, 잔금은 20OO. 1. 4. 지급하기로 하였습니다.
   그리로 본 건 임야는 피고의 망 부 박O홍 명의로 되어 있어 상속절차를 밟아 위 잔금지급기일까지 원고에게 소유권이전등기를 하여 주기로 약정하였습니다.
2. 그런데 피고는 잔금지급기일까지 본 건 임야에 대한 상속절차를 마치지 못하였고, 기타 원고에게 소유권이전등기절차를 이행하여 줄 조치를 취하지 아니하였으므로 원고는 부득이 계약을 해제하고 계약서 제8조에 따라 위 계약금 60,000,000원의 배액을 피고로부터 받아야 합니다.
3. 그런데 피고는 그동안 수회에 걸쳐서 금 30,000,000원을 지급하였을 분 나머지 금 30,000,000원을 지급하지 아니하므로 위 금 30,000,000원의 지급을 구하고자

본 소 청구에 이르렀습니다.

입 증 방 법

1. 갑 제1호증　　　　　　계약서
1. 갑 제2호증　　　　　　통고서

그 밖의 입증서류는 변론시 수시 제출하겠습니다.

첨 부 서 류

1. 위 입증서류 사본　　　　　　각 1통
1. 주민등록초본　　　　　　2통
1. 소장 부본　　　　　　1통
1. 납부서　　　　　　1통

20○○. ○. ○.

위 원고　김 ○ 호　(인)

제주지방법원　귀중

해 설

1. 매매계약에 있어서 계약금은 당사자 일방이 이행에 착수할 때까지 매수인은 이를 포기하고 매도인은 그 배액을 상환하여 계약을 해제할 수 있는 해약금의 성질을 가지고 있고 다만 당사자의 일방이 위약한 경우 그 계약금을 위약금으로 하는 특약이 있는 경우에만 손해배상액의 예정으로서 성질을 갖는 것이다(대법원 1987. 2. 24. 선고 86누438 판결).
2. 매매계약서에 매수인이 계약사항을 불이행시에는 매도인이 일방적으로 해약하여도 이의할 수 없고 납부한 계약금을 매도인의 소유로 한다고 규정하고 있는 경우에도 위와 같은 약정에 따라 위 계약금이 위약금으로 몰취되었다는 권리멸각사유는 매도인에게 그 주장책임이 있다(대법원 1990. 2. 27. 선고 89다카19412 판결)

3. 항변 등에 관한 판단

가. 위약금약정에 근거하여 계약금 몰취의 항변 : 매매계약서

합의해제를 원인으로 한 계약금반환청구에 대하여, 피고는 원고(매수인)가 오히려 채무불이행하였고 그 경우 계약금을 몰취하기로 위약금약정(손해배상예정액 약정이 있음)하였으나 계약금을 반환할 수 없다는 항변

나. 기한유예의 항변 : 기한유예서(기한유예합의서, 기한유예통지서)

이행지체로 인한 해제를 원인으로 한 계약금반환청구에 관하여, 원고로부터 당초의 인도일을 연기(유예)받았기에 해제가 부적법하다는 항변

XII. 공사대금

1. 공사대금의 개념

공사도급계약은 낙성계약이므로 공사대금 채권은 공사도급계약의 체결과 동시에 발생한다. 따라서 수급인의 채권자는 공사의 완성 전이라도 공사대금 채권에 대하여 압류·전부명령을 받을 수 있다. 다만 건설업자가 도급받은 건설공사의 도급금액 중 당해 공사의 근로자에게 지급하여야 할 노임에 상당하는 금액[883]에 대하여는 압류가 금지된다(건설산업기본법 제88조 1항). 도급인의 경우 공사대금채무와 수급인의 완성한 건축물을 인도할 채무는 서로 동시이행관계에 있다. 따라서 도급인이 약정한 공사대금을 지급하지 않는 한 수급인은 목적물의 인도를 거부할 수 있다.

[기본사례] 원고(수급인) → 피고(도급인)
공사업자인 원고는 피고로부터 건물 1동의 신축공사를 금 1억원에 도급받아 2000. 10. 1. 완공하여 피고에게 그 공사대금을 구함

2. 청구취지

피고는 원고에게 금 100,000,000원 및 이에 대하여 2000. 10. 2.부터 이 사

883) 여기서 노임에 상당하는 금액은 당해 건설공사의 도급금액 중 산축내역서에 기재된 노임을 합산하여 이를 산정하며, 건설공사의 발주자(하도급인 경우에는 수급인 포함)는 위 노임을 도급계약서 또는 하도급계약서에 명시하여야 한다(건설산업기본법시행령 제84조).

> 건 소장부본 송달일까지는 연 5%의, 그 다음날부터 완제일까지는 연 12%의 각 비율에 의한 금원을 지급하라.

※ 지연손해금

약정된 공사대금지급일시 및 공사완료일시, 완성물인도 시를 명확히 하여야 하고, 이에 따라 지연손해금의 기산일을 정확히 하여야 한다.

– 불명확한 경우 보정권고

※ 보정권고 : 약정된 공사대금의 지급일시와 공사완료일 및 완성물 인도시기를 명백히 밝힐 것

3. 청구원인

> [청구원인] ○ 도급계약을 체결한 사실
> ○ 건축공사를 전부 또는 일부 완성한 사실

4. 요건사실

요건사실	* 도급계약체결사실 * 건축공사를 전부(공사대금 전액 청구시) 또는 일부(기성고 대금청구시) 완성한 사실

가. 공사대금 청구와 관련된 요건사실은 도급계약체결사실과 건축공사를 전부(공사대금 전액 청구시) 또는 일부(기성고 대금청구시) 완성한 사실 등이다. 단, 완성한 건물을 인도한 사실은 지연손해금 청구 시 요건사실로 추가 된다.

예 원고는 2000. 10. 1. 피고로부터 서울 OO구 OO동 2-1 대지상 지상 5층, 지하 1층의 건물신축을 1억원에 도급받아 2003. 10. 1. 완공하였다.

나. 공사도급계약 내용 일반(공사도급계약일자, 도급인, 수급인, 공사내용, 공사도급 금액, 약정 착공일, 약정 준공일)을 명백히 하여야한다. 입증방법으로는 도급계약서, 견적서, 설계도

면, 건물인도서 등을 제출하면 된다. 기성고를 구할 경우에는 기성고 감정서가 제출되었는지를 확인하고, 없을 경우(또는 피고가 이를 다툴 경우) 검증, 감정신청하도록 하여야 한다.

다. 주의사항

1) 공동수급인이 동업(민법상 조합)으로 도급계약을 체결한 경우

공사대금청구는 필수적 공동소송이므로, 원고가 탈루되어 있는지 여부를 확인하고 누락된 경우 보정권고를 하여야 한다.

※ 보정권고 : 공동수급인이 동업으로 도급계약을 체결한 경우 필수적 공동소송에 해당하므로 공동수급인인 OOO을 원고로 추가 할 것

2) 공동도급인이 동업(민법상 조합)으로 도급계약을 체결한 경우

공사대금채무는 불가분채무 또는 상법 제57조1항의 연대채무이므로, 청구취지에 중첩적 의무관계 즉, "각자" 또는 "연대하여"의 표시 유무를 확인하고, 누락된 경우 보정권고를 하여야 한다.

※ 보정권고 : 공동도급인 상호간의 관계(각자, 연대하여)가 누락되었으므로 보정할 것

3) 지급을 구하는 공사대금의 내역과 관련하여

지급을 구하는 공사대금의 내역과 관련하여 주장 및 증거가 누락된 경우에는 제출하도록 촉구하여야 한다. 만일 ① 전부완공한 경우, 완공일이 언제인지를 분명히 하여야 하고, ② 일부완공한 경우, 도급인과 수급인 사이에 기성고에 관한 정산이 있었다면 그 기성금이 얼마인지를, 정산합의가 없었다면 기성고(율)가 얼마인지를 밝혀야 하며, ③ 추가공사대금 구하는 경우, 추가공사의 약정 내용, 산정 기준 등에 관하여 구체적으로 밝혀야 한다.

5. 항변 등

[주요항변] ① 동시이행항변
② 해제 항변

③ 상계 항변

가. 동시이행항변

1) 하자보수청구(민법 제667조1항)

피고(도급인)는 완공된 목적물이나 기성고 부분에 하자가 있음과 상당한 기간을 정하여 하자보수청구를 하였음을 들어 하자보수가 완료될 때까지 공사대금의 지급을 거절할 수 있다. 이때 제척기간이 1년이므로 확인하여야 한다(민법 제670조). 입증방법 하자감정서, 검증신청 등을 할 수 있다.

2) 원고는 하자보수이행의 동시이행항변에 대하여는 하자가 중요하지 아니하고 그 보수에 과다한 비용이 드는 사실을 주장·입증하여 하자보수이행의무가 없음을 재항변한다. 다만, 피고가 하자보수에 갈음하는 손해배상청구로 항변을 바꾸면 되므로 원고의 재항변은 실효성이 없게 되는 경우가 있다.

3) 원고는 목적물의 하자가 피고가 제공한 재료의 성질이나 피고의 지시 때문에 발생하였다(민법 제669조)는 재항변을 할 수 있다. 입증방법으로는 지시서, 제품검사서 등을 제출하면 된다. 피고(도급인)는 완공된 목적물이나 기성고 부분에 하자가 있음과 하자보수에 갈음 (중요하지 아니한 하자이고 그 보수에 과다한 비용이 드는 경우가 그 대표적인 경우임)하거나, 또는 하자보수에 추가하여 손해배상을 청구한 사실을 들어 그 배상을 받을 때까지 공사대금의 지급을 거절한다는 동시이행 항변을 주장할 수 있다. 피고가 위 손해배상청구권으로 상계항변을 할 수도 있으나 이 경우에는 동시 이행항변까지 하는 것은 의미가 없다. 이때, 제척기간이 1년이므로 확인하여야 한다(민법 제670조). 입증방법으로는 공사대금영수증, 견적서, 감정신청 등을 할 수 있다.

4) 원고는 목적물의 하자가 피고가 제공한 재료의 성질이나 피고의 지시 때문에 발생하였다(민법 제669조)는 재항변을 할 수 있다. 입증방법으로는 지시서, 제품검사서 등을 제출하면 된다.

나. 해제 항변

피고는 목적물(건물 기타 공작물은 제외)에 계약의 목적을 달성 할 수 없을 정도의 중

대한 하자가 있음과 이를 이유로 도급계약을 해제하였다는 항변을 할 수 있다. 이때 제척기간이 1년이므로 확인하여야 한다(민법 제670조). 입증방법으로는 하자감정서, 해제통지서 등을 제출하면 된다. 또한, 피고는 건물 기타 공작물이 완공되기 전에 원고의 일반 채무불이행을 이유로 계약을 해제할 수 있으나, 그 해제는 미완성된 부분에만 효력이 있으므로 원고가 기성고 대금을 청구하는 경우에는 항변이 될 수 없다. 이때 원고는 목적물의 하자가 피고가 제공한 재료의 성질이나 피고의 지시 때문에 발생하였다(민법 제669조)는 재항변을 할 수 있다. 입증방법으로는 지시서, 제품검사서 등을 제출하면 된다.

다. 상계 항변

피고가 지체상금 약정과 지체일수를 주장하여 지체상금(손해배상예정액)을 청구하면서 공사대금과 상계한다는 항변할 수 있다. 입증방법으로는 상계통지서 등을 제출하면 된다.

라. 공사대금 등 건축관련 소송에서의 감정과 사실조회에 관한 주의사항

1) 현장검증신청은 하지 않고 감정만을 신청한 경우

재판장과 협의하여 현장검증이 필요하면 신청 총구

2) 감정인 지정은 원칙적으로 재판장과 협의

특히 당사자가 건축사 외에 특정분야의 기술사 등을 감정인으로 지정하기를 원하는 경우 또는 사건 내용에 따라 특정분야의 기술사가 필요한 경우

3) 감정료 산정서 제출 단계

감정인으로부터 감정료 산정서가 제출되면 신청인 측에 제시하여 감정료에 대한 의견을 표시할 기회를 부여하고, 동종 유형의 사건과 비교하여 감정료가 과다한지 여부를 재판장과 협의

4) 예납결정 전 감액 여부 절차

감정료가 고액이거나 신청인이 감정료에 대하여 의견을 제시한 경우 감정료 예납명령을 하기 전에 미리 예납금액에 대하여 재판장과 협의 및 결정

5) 감정준비명령의 송달

재판부 또는 사건 내용에 따라 감정준비명령을 할 필요가 있는 경우

6) 감정자료(관련자료)의 제출과 그에 대한 의견표명

[서식 97] 공사대금청구의 소(공사대금미지급)

소 장

원 고 OO건설 주식회사
서울 OO구 OO동 826-26
대표이사 임 O O

피 고 이 O O
서울 OO구 OO동 296-10

공사대금 등 청구의 소

청 구 취 지

1. 피고는 원고에게 금 30,00,000원 및 위 금원에 대하여 20OO. 3. 17.부터 이 사건 소장 부본 송달일까지는 연 6%의, 그 다음날부터 완제일까지 연 12%의 비율에 의한 금원을 지급하라.
2. 소송비용은 피고의 부담으로 한다.
3. 위 제1항은 가집행할 수 있다.

라는 재판을 구합니다.

청 구 원 인

1. **당사자관계**

원고 OO건설 주식회사(이하 '원고회사'라고 합니다)는 주택건설업 등을 목적으로 설립된 법인으로서, 피고가 발주한 서울 OO구 OO동 277-17 외 10필지 지상에 신축하는 건물(이하 '이 사건 건물'이라고 합니다)에 관하여 공사도급계약을

체결한 자이고, 피고는 OO개발 대표자로서 위 상가 건물에 관하여 원고회사와 공사도급계약을 체결한 발주자입니다(갑 제1호증 법인등기부등본 참조).

2. **공사도급계약 체결**

원고회사와 피고는 19OO. 9. 15. OO 국립공원 집단지설지구 내 이 사건 건물의 신축공사에 관하여 도급계약을 체결하였습니다.

공사도급계약은 총공사대금은 5,356,700,000원(부가세 별도)으로 하되, 착공전 계약금으로 총공사대금의 5%를, 기성금은 기성실적에 따라 현금으로, 잔금은 준공 후 2개월 이내에 각 지불하고, 공사기간은 원칙적으로 착공 후 1년 6개월 내에 하기로 약정하였습니다(갑 제2호증의 1 공사도급계약서 참조).

이후 원고회사는 19OO. 12. 22. 피고와 이 사건 건물 내 A동 기둥위치 변경 및 신설로 인한 설계변경으로 금 65,000,000원의 추가공사 계약을 체결하였습니다(갑 제2호증의 2 추가공사 계약서 참조).

3. **공사완료 및 피고의 공사대금 미지급**

원고회사는 20OO. 3. 16. 피고와의 공사도급계약 및 추가 공사계약에 따른 공사를 완료하였고, 관할청으로부터 건축 사용승인을 득하였습니다(갑 제3호증 사용승인서 참조).

한편, 피고는 이 사건 건물을 분양하기 위한 광고비 등으로 사용하기 위하여 원고회사에 금원 차용을 요청하여, 원고회사는 20OO. 5. 20. 금 1억원을, 같은 해 6. 3. 금 50,000,000원 이상 합계 금 150,000,000원을 대여하였습니다(갑 제4호증의 1 차용증, 2 확인증 각 참조).

따라서 피고는 원고에게 이 사건 건물에 관한 공사대금 5,963,870,000원과 대여금 150,000,000원 이상 합계 6,113,870,000원을 지급하여야 합니다.

그런데 피고는 아직까지 위 공사대금 중 아래 기재와 같이 금 5,623,922,000원(1,563,500,000원 + 대물변제 4,060,422,000원)만을 지급하고 나머지 339,948,000원과 대여금 150,000,000원 이상 합계 489,948,000원을 지급하지 아니하고 있습니다.

피고가 원고회사에게 공사대금으로 변제한 내역은,

20OO. 10. 23.- 600,000,000원, 20OO. 11. 8.- 24,500,000원
20OO. 12. 23.- 288,000,000원, 20OO. 2. 25.- 30,000,000원
20OO. 8. 10.- 100,000,000원, 20OO. 8. 18.- 40,000,000원
20OO. 8. 28.- 52,000,000원, 20OO. 10. 6.- 100,000,000원
20OO. 4. 17.- 2,000,000원, 20OO. 5. 17.- 5,000,000원

2000. 5. 21.- 5,000,000원, 2000. 10. 8.- 50,000,000원
2000. 10. 22.- 10,000,000원, 2000. 10. 31.- 100,000,000원
2000. 11. 6.- 50,000,000원, 2000. 11. 17.- 27,000,000원
2000. 11. 26.- 50,000,000원, 2000. 12. 18.- 30,000,000원

이상 합계 1,563,500,000원이고,

2000. 5. 10. 공사대금에 대하여 이 사건 건물 중
A동 지하 B01호 내지 B12호, B15호(13개 호실)
A동 1층 116호(1개 호실),
A동 2층 219호 내지 222호(4개 호실)
B동 지하 B01호 내지 B13호(13개 호실)
B동 2층 201호 내지 212호(12개 호실)

이상 43개 호실을 4,060,422,000원으로 계산하여 대물변제하였습니다.

4. 결 론

그렇다면 피고는 원고회사에게 공사대금 미지급 금 및 대여금 합계 489,948,000원을 지급하여야할 것이나, <u>우선 일부로서</u> 위 금원 중 30,000,000원 및 위 금원에 대하여 공사완공일인 2000. 3. 16. 다음날부터 이 사건 소장 부본 송달일까지는 상법 소정의 연 6%의, 그 다음날부터 완제일까지 소송촉진 등에 관한 특례법 소정의 연 12% 비율에 의한 지연손해금을 지급하여야 할 것이기에 이와 같은 청구에 이른 것입니다.

입 증 방 법

1. 갑 제1호증	법인등기부등본
1. 갑 제2호증의 1	공사도급계약서
1. 갑 제2호증의 2	추가공사 계약서
1. 갑 제3호증	사용승인서
1. 갑 제4호증의 1	차용증
1. 갑 제4호증의 2	확인증

첨 부 서 류

1. 위 각 입증방법	1통
2. 납부서	1통

20OO. . .

원고 OO건설 주식회사
대표이사 임 O O (인)

OO지방법원 민사과 귀중

[서식 98] 공사대금청구의 소(공사잔대금 미지급)

소 장

원 고 주식회사 OOOO
서울 OO구 OO동 198-7 OO빌딩 5층
대표이사 김 O O
원고의 소송대리인 법무법인 OO
서울 OO구 OO동 1714-12 OO빌딩 1층
(전화 : 02-000-0000 / 팩스 : 02 : 000-0000)

피 고 주식회사 OOOO
서울 OO구 OO동 60-1 OO빌딩 지하 1층
대표이사 황 O O
(전화, 팩스. e-mail)

공사대금 청구의 소

청 구 취 지

1. 피고는 원고에게 금 26,000,000원 및 이에 대하여 20OO. 2. 4.부터 이 사건 소장부본 송달 일까지는 연 6%, 그 다음날부터 다 갚는 날까지는 연 12%의 각 비율에 의한 금원을 지급하라.

2. 소송비용은 피고의 부담으로 한다.
3. 위 제1항은 가집행할 수 있다.
라는 판결을 구합니다

청 구 원 인

1. 원고와 피고의 공사도급계약체결

원고 주식회사 OOOO(이하 '원고 회사'라고만 합니다)은 피고 주식회사OOOO (이하 '피고 회사'라고만 합니다)와 20OO. 1. 2.경 서울 OO구 OO3가 60-1 OO 빌딩 지하 1층 내에 있는 'OO휘트니스센터, 내장공사(이하 '이 사건 공사'라고만 합니다)에 대하여 총 공사비 95,000,000원(부가가치세 포함한 금액입니다. 계약서 상의 총 공사비 91,000,000원은 부가가치세를 제외한 금액입니다)으로 정하여 공사도급계약을 체결하였습니다(이하 '이 사건 계약'이라고만 합니다) (갑 제1호증 : 공사계약서 참조).

한편, 원고 회사가 피고 회사와 이 사건 계약을 체결할 당시에는 대표이사가 소외 송OO이었지만, 그 후 소외 황OO으로 변경된 상태입니다(갑 제2호증 : 법인등기부등본 참조).

2. 공사대금채권의 발생

그 후 원고 회사는 이 사건 계약에 따라 20OO. 1. 2.경 이 사건 공사에 착공하여 같은 달 20.경 이 사건 공사를 모두 마무리 하였습니다.

그럼에도 피고 회사는 위 공사비 95,000,000원 중, 20OO. 1. 11. 금 15,000,000원, 같은 날 금 5,000,000원, 같은 달 15. 금 3,000,000원, 같은 달 29. 금 27,000,000원, 같은 해 4. 24. 금 5,000,000원, 같은 해 5. 20. 금 3,000,000원, 같은 해 7. 17. 금 3,000,000원, 같은 해 9. 20. 금 8,000,000원 합계 금 69,000,000원만을 지급한 채, 지금까지 수차에 걸친 독촉에도 나머지 금 26,000,000원을 지급치 아니하고 있습니다(갑 제3증의 1, 2 : 각 내용증명 각 참조).

3. 결 론

따라서 원고는 위 공사잔금 26,000,000원 및 이에 대하여 20OO. 2. 4.부터 이 사건 소장 부본 송달일까지는 상법 소정의 연 6%의, 그 다음날부터 다 갚는 날까지는 소송촉진 등에 관한 특례법 소정의 연 12%의 각 비율에 의한 지연손해금의 지급을 각 구하고자 이 사건 청구에 이른 것입니다.

입 증 방 법

1. 갑 제1호증 공사계약서
1. 갑 제2호증 법인등기부등본
1. 갑 제3호증의 1, 2 내용증명

첨 부 서 류

1. 위 각 입증방법
1. 소송위임장
1. 담당변호사 지정서

20OO. . .

원고 소송대리인
법무법인 OO
담당변호사 김 O O

OO지방법원 귀중

[서식 99] 하도급대금청구의 소(하도급대금 과소지급)

소 장

원 고 김 O O
경남 OO시 OO면 OO리 530-4
소송대리인 법무법인 OO
담당변호사 김 O O
서울 OO구 OO동 1714-12 OO빌딩 1층

(우 : 00000, 전화 : 000-0000, 팩스 : 000-0000)

피 고 　OO건업 주식회사
서울 OO구 OO동 899-2 OO빌딩 2층(우 : 00000)
대표이사 김 O O
(전화, 팩스. e-mail)

하도급대금 청구의 소

청 구 취 지

1. 피고 OO건업 주식회사는 원고에게 금42,063,000 및 이에 대한 20OO. 4. 1.부터 이 사건 소장부본 송달일까지는 연6%의, 그 다음날부터 다 갚는 날까지는 연 12%의 비율에 의한 각 금원을 지급하라.
2. 소송비용은 피고의 부담으로 한다.
3. 위 제 제1항은 가집행할 수 있다.

라는 판결을 구합니다.

청 구 원 인

1. 당사자들의 관계

피고 OO건업 주식회사(이하 '피고 회사'라고 합니다)는 소외 OO건설주식회사(이하 'OO'라고 합니다)로부터 위 OO가 OO시 OO면 OO리에 신축하는 'OO아파트'신축공사 중 제1공구의 거푸집해체 및 정리작업(이하 이 사건 '거푸집해체작업등'이라 합니다)을 도급받은 자이고, 원고는 피고 회사로부터 이 사건 거푸집해체작업등을 하도급 받은 자입니다.

2. 이 사건 하도급 계약의 체결

원고는 20OO. 9. 15. 피고 회사와 사이에 이 사건 거푸집해체작업등에 대하여 하도급계약을 체결하였고, 하도급대금은 ㎡당 3,000원으로 정하였습니다. 그리고 20OO. 10. 중순경에는 소외 OO건영주식회사(이하 'OO건영'이라 합니다)와 사이에 소외 OO건영이 위 OO로부터 OO아파트 신축공사 중 제2공구의 자재정리 및 청소작업(이하 이 사건 '자재정리작업등'이라 합니다)을 도급받은 것을 하도급 받는 계약을 체결하였고 하도급대금은 ㎡당 2,000원으로 정하였습니다.

다만, 원고와 피고 회사, OO건영은 하도급계약을 체결하면서 원고가 수행할 각 공구의 작업면적이나 공사기간에 대하여는 사전에 특정하지 않았고, 실제로 원고가 수행한 작업면적 만큼을 사후에 계산하여 원고가 수행한 작업면적에 따라 하도급대금을 정산 지급하기로 약정하였습니다.

3. 피고의 하도급 대금의 과소 지급

원고는 피고 회사와 계약한 제1공구에 대하여는 20OO. 3.말까지 이 사건 거푸집해체작업등을 진행하였고, 하도급대금은 피고 OO건업이 계산한 작업면적 58,542㎡에 따라 그에 대한 하도급대금만을 지급받았습니다. 그리고 소외 OO건영과 계약한 제2공구에 대하여는 20OO. 4.초까지 이 사건 자재정리작업 등을 진행하였고, 하도급대금은 OO건영이 계산한 작업면적 58,500㎡에 따라 그에 대한 하도급대금만을 지급받았습니다.

그런데 원고는 피고 회사와 OO건영이 계산한 작업면적이 실제 원고가 수행한 작업면적 보다 현저하게 과소 계산된 것으로 판단되어 원고가 소외 'OO건축적산연구소'에 의뢰하여 원고가 작업한 제1공구 및 제2공구의 작업면적을 계산해 본 결과 실제로 제1공구에서 원고가 수행한 이 사건 거푸집해체작업등의 작업면적은 72,563㎡였고, 제2공구에서 원고가 수행한 이 사건 자재정리작업 등의 작업면적은 71,955㎡로 밝혀졌습니다.

즉, 원고는 피고 회사로부터 이 사건 거푸집해체작업등의 하도급대금 금 42,063,000(계산 : 72,563 - 58542 × 3,000)을 과소 지급 받았고, 소외 OO건영으로부터는 이 사건 자재정리장업 등의 하도급대금 금 26,910,000원(계산 : 71,955 - 58,500 × 2,000)을 과소 지급 받은 것이 밝혀진 것입니다.

이에 원고가 피고 회사와 소외 OO건영에게 위와 같이 과소 지급된 각 하도급대금의 지급을 요청하였는데, 소외 OO건영은 하도급대금이 과소 지급된 사실을 인정하고 과소 지급된 하도급 대금을 정산 지급하였으나, 피고 회사는 현재까지 특별한 이유 없이 원고의 요구를 거절하고 있습니다.

4. 결 론

이상과 같은 이유로 피고 회사는 원고에 대하여 과소 지급된 하도급 대금을 지급할 의무가 있습니다. 따라서 피고 회사는 원고에게 금 42,063,000원 및 원고가 이 사건 거푸집해체작업등을 마친 20OO. 3.말경의 다음날인 20OO. 4. 1.부터 이 사건 소장부본 송달일까지는 상법 소정의 연 6%의, 그 다음날부터 다 갚는 날까지는 소송촉진 등에 관한 특례법 소정의 연 12%의 각 비율에 의한 지연손해금을 지급할 의무가 있다고 할 것이므로, 원고의 청구를 인용하여 주시기 바랍니다.

입 증 방 법

1. 갑 제1호증 물량산출서

첨 부 서 류

1. 위 입증방법
1. 소장부본
1. 위임장 및 담당변호사 지정서 각 1부

20OO. . .

위 원고의 소송대리인
법무법인 O O
담당변호사 김 O O

OO지방법원 귀중

[서식 100] 보수금청구 소장(도급계약사건)

소 장

원 고 박 O 호 (000000-0000000) (전화:)
서울 OO구 OO로 734 (우:)

피 고 이 O 봉 (000000-0000000)
서울 OO구 OO로 8345 (우:)

보수금 청구의 소

청 구 취 지

1. 피고는 원고에게 18,700,000원 및 이에 대하여 20○○. 10. 15.부터 이 사건 소장 부본 송달일까지는 연 5%, 그 다음날부터 다 갚는 날까지는 연 12%의 각 비율로 계산한 돈을 지급하라.
2. 소송비용은 피고의 부담으로 한다.
3. 위 제1항은 가집행할 수 있다.

라는 판결을 구합니다.

청 구 원 인

1. 원고는 20○○. 9. 3. 피고로부터 피고가 도급받은 수원시 ○○구 ○○동 224 지상 건축주 홍○희의 건물신축공사 가운데 씨아이피(C.I.P.)공사를 보수금은 18,700,000원, 보수지급기일은 공사완료일로 각 정하여 재도급받았습니다.

2. 따라서 원고는 도급계약을 원인으로 하여 피고에게 보수금 18,700,000원과 이에 대한 공사완료일로부터 다 갚는 날까지 민법 및 소촉법 소정의 각 지연손해금의 지급을 청구합니다.

입 증 방 법

변론시 수시 제출하겠습니다.

첨 부 서 류

1. 주민등록초본	2통
1. 소장 부본	1통
1. 납부서	1통

20○○. ○. ○.

위 원고 박 ○ 호 (인)

서울서부지방법원 귀중

해 설

도급보수금청구에 있어서 요건사실은 도급계약체결사실만이고 목적물의 인도사실은 피고가 목적물의 인도와 동시에 보수를 지급하겠다고 동시이행의 항변을 한 경우에 원고가 재항변으로 주장입증할 사항이고 일의 완성사실도 피고가 일을 먼저 완성해야 보수를 지급하겠다고 선이행의 항변을 한 경우 원고가 재항변으로 주장입증할 사항이라고 생각한다. 따라서 소장에 목적물의 인도사실이나 일의 완성사실을 반드시 기재하여야 하는 것은 아니라고 생각한다. 일단은 도급계약체결사실만 주장하면 논리적 순서에 따른 최초의 주장책임은 다한 것으로 볼 수 있을 것이다.

[서식 101] 공사대금청구 소장(건축도급계약, 조건불성취에 대한 반신의 행위, 기한도래, 부가가치세, 지체상금사건)

소 장

원 고 김 O 창 (000000-0000000) (전화 :)
인천 OO구 OO로 1473 (우 :)

피 고 박 O 진 (000000-0000000)
인천 OO구 OO로 83 (우 :)

공사대금 청구의 소

청 구 취 지

1. 피고는 원고에게 345,200,000원 및 이에 대하여 이 사건 소장부본 송달 다음날부터 다 갚는 날까지 연 12%의 비율로 계산한 돈을 지급하라.
2. 소송비용은 피고의 부담으로 한다.
3. 위 제1항은 가집행할 수 있다.

라는 판결을 구합니다.

청 구 원 인

1. 원고는 20OO. 9. 16. 피고로부터 인천 OO구 OO동 1107 지상에 건물을 증축하는 공사를 기간 20OO. 10. 3.부터 20OO. 1. 30.까지, 공사대금 365,200,000원

(평당 1,000,000원, 총건평 332평, 부가가치세 포함)으로 정하여 도급받으면서 선수금으로 금 20,000,000원을 받고 나머지 공사대금은 준공 후 건물을 분양하여 그 분양대금으로 지급받기로 약정한 사실이 있습니다.

2. 원고는 위 공사를 완료하고 20○○. 11. 29. 준공검사를 마쳐 피고에게 인도하였습니다.

3. 그런데 피고는 건물이 분양되지 않는다는 이유로 공사대금 잔금 345,200,000원의 지급을 거절하고 있습니다.

4. 그러나 건물이 분양되지 않는 것은 피고가 위 ○○동 1107 대지에 관하여 근저당권을 설정하고 임의경매가 진행되게 하여 소외 ○○은행이 낙찰받게 한 때문입니다.
   즉, 건물이 분양되지 않는 것은 피고의 책임 있는 사유로 인한 것입니다.

5. 그러므로 원고는 민법 제150조 제1항을 유추하여 건물이 분양되어 기한이 도래한 것으로 주장합니다.

6. 따라서 피고는 원고에게 도급계약에 의하여 지급되지 아니한 공사대금 345,200,000원과 이에 대한 지연손해금을 지급할 의무가 있습니다.

입 증 방 법

변론시 수시 제출하겠습니다.

첨 부 서 류

1. 주민등록초본	2통
1. 소장 부본	1통
1. 납부서	1통

20○○. ○. ○.

위 원고 김 ○ 창 (인)

인천지방법원 귀중

해 설

원래 법률행위는 성립과 동시에 바로 효력을 발생하는 것이 원칙이므로 이러한 법률행위의 시기(始期)의 존재는 권리발생을 방해하는 사실로서 상대방이 이를 입증할 책임이 있고, 이에 대하여 시기의 도래사실은 권리발생을 완전하게 하는 것이므로 권리행사자가 이를 입증할 책임이 있다. 그러나 계약내용을 일괄적으로 기재한다는 의미가 있으므로 이 사례에서는 공사잔대금 지급기한의 존재사실을 기재하여 주고 기한의 도래사실까지 주장하고 있다. 한편 주장입증책임에 관한 위 이론에 의하면 공사대금(도급계약의 보수금의 성질을 가짐)청구시 논리적 순서에 따라 최초로 주장하여야 할 사실, 즉 소장에 반드시 기재하여야 할 청구원인(필요적 기재사항)은 다음과 같이 될 것이다.

[서식 102] **공사대금청구 소장**(도급계약)

소 장

원 고 주식회사 OO건업 (000000-0000000) (전화 :)
서울 OO구 OO로 OOO (우 :)
대표이사 정 O O

피 고 OO토건 주식회사 (000000-0000000)
서울 OO구 OO로 OO (우 :)

공사대금 청구의 소

청 구 취 지

1. 피고는 원고에게 48,000,000원 및 이에 대하여 20OO. 11. 1.부터 이 사건 소장 부본 송달일까지는 연 5%, 그 다음날부터 다 갚는 날까지는 연 12%의 각 비율로 계산한 돈을 지급하라.
2. 소송비용은 피고의 부담으로 한다.
3. 위 제1항은 가집행할 수 있다.

라는 판결을 구합니다.

청 구 원 인

1. 가. 원고는 2000. 9. 20. 피고와 사이에 서울 OO구 OO동 OO 전력구공사(총공수 190공, 총심도 1,640m) 도급계약을 체결하고 도급금액은 금 77,000,000원(부가가치세 포함)으로, 공사기간은 2000. 9. 21.부터 같은 해 10. 20.까지로 약정하였습니다.

   나. 위 공사계약에 따라 원고는 같은 해 9. 21.부터 공사를 시작하여 시공하게 되었는데, 공사진행 도중 설계변경으로 인하여 원고와 피고는 2000. 9. 30. 공사계약 변경계약을 체결하고 도급금액은 금 93,500,000원(공급가액 85,000,000원 + 부가가치세 8,500,000원)으로, 공사기간은 2010. 9. 30.부터 같은 해 10. 31.까지로 변경하였던 것입니다.

2. 원고는 위 공사계약에 따라 위 공사기간 내에 이를 완료해 주었으나, 피고는 원고에게 위 공사대금 중 3차례에 걸쳐 금 45,000,000원만 지급해 주었을 뿐, 나머지 금 48,500,000원을 지금까지 지급하지 않고 있습니다.

3. 따라서 원고는 피고에 대하여 위 공사잔대금 48,500,000원 및 이에 대한 공사완료일 다음날인 2000. 11. 1.부터 이 사건 소장부본 송달일까지는 연 5%, 그 다음날부터 다 갚는 날까지는 소송촉진등에관한특례법 소정의 연 12%의 각 비율로 계산한 지연손해금을 각 지급받고자 이 사건 청구에 이른 것입니다.

입 증 방 법

1. 갑 제1호증의 1　　도급계약서
1. 갑 제2호증의 2　　도급계약변경합의서
1. 갑 제2호증의 1 내지 3　　각 입금표
1. 갑 제2호증　　공사대금청구서

그 밖의 입증서류는 변론시 수시 제출하겠습니다.

첨 부 서 류

1. 위 입증서류 사본　　1통
1. 법인등기부초본　　2통
1. 소장 부본　　1통

2000. O. O.

위 원고 주식회사 OO건업
대표이사 정 O O (인)

서울중앙지방법원 귀중

XIII. 인접공사로 인한 손해배상청구

[기본사례] 원고(건물소유자) → 피고(공사업자)
피고의 2000. 10. 1. 공사로 인하여 원고의 건물벽에 균열이 가는 등의 손해를 입어 그 손해배상을 구함

1. 청구취지

피고는 원고에게 금 10,000,000원 및 이에 대하여 2000. 10. 1.부터 이 사건 소장부본 송달일까지는 연 5%의, 그 다음날부터 완제일까지는 연 12%의 각 비율에 의한 금원을 지급하라.

2. 청구원인

[청구원인] ① 피고가 인접지에서 공사한 사실
② 건물 등에 일정액의 손해가 발생한 사실

3. 요건사실

요건사실	① 피고가 인접지에서 공사한 사실 ② 그로 인하여 원고의 건물 등에 일정액의 손해가 발생한 사실

가. 인접공사로 인한 손해배상청구소송의 경우 피고가 인접지에서 공사한 사실 및 그로 인하여 원고의 건물 등에 일정액의 손해가 발생한 사실 등이 요건사실이다. 입증방법으로는 입증방법 : 건축허가서, 착공신고서, 하자견적서 등을 제출할 수 있고, 하자보수비감정신청 등을 할 수 있다.

나. 직접 시공자 이외에 도급인 또는 건축주도 피고로 한 경우에는 도급인 또는 건축주에게 도급 또는 지시에 관한 중대한 과실이 있다거나(민법 제757조), 또는 공작물 등의 설치, 보존에 하자가 있음(민법 제758조)을 요건사실로 추가하여야 한다.

4. 항변 등

[주요항변] 손해배상액 감경

피고는 원고의 손해에는 건물노후화에 따른 자연발생적인 현상도 경합되어 발생하였다는 손해배상액 감액 항변을 할 수 있다. 그에 대한 입증방법으로는 감정신청(기여도를 감정신청에 의하여 산정하도록 권고) 등을 할 수 있다.

5. 공사대금 등 건축관련 소송에서의 감정과 사실조회에 관한 주의사항

가. 일반적 감정 점검사항

1) 현장검증신청은 하지 않고 감정만을 신청한 경우

→ 재판장과 협의하여 현장검증이 필요하면 신청 촉구한다.

2) 감정인 지정은 원칙적으로 재판장과 협의

※ 특히 당사자가 건축사 외에 특정분야의 기술사 등을 감정인으로 지정하기를 원

하는 경우 또는 사건내용에 따라 특정분야의 기술사가 필요한 경우 감정인 지정은 원칙적으로 재판장과 협의한다.

3) 감정료 산정서 제출 단계

감정인으로부터 감정료 산정서가 제출되면 신청인 측에 제시하여 감정료에 대한 의견 을 표시할 기회를 부여하고, 동종 유형의 사건과 비교하여 감정료가 과다한지 여부를 재판장과 협의한다.

4) 예납결정 전 감액 여부 절차

감정료가 고액이거나 신청인이 감정료에 대하여 의견을 제시한 경우 감정료 예납명령을 하기 전에 미리 예납금액에 대하여 재판장과 협의 및 결정한다.

5) 감정준비명령의 송달

재판부 또는 사건 내용에 따라 감정준비명령을 할 필요가 있는 경우 감정준비명령을 송달한다.

6) 감정자료의 제출과 그에 대한 의견표명

당사자에게 설계도서 등이 없는 경우 감정기일 전 허가관청에 사실조회, 송부촉탁 등을 하도록 촉구한다. 설계도서가 여럿 존재하는 경우(변경전, 후 설계도서) 감정의 기준이 될 설계도서의 확정에 관하여 재판장과 협의한다. 상대방이 제출한 관련 자료에 대한 당사자의 의견을 사전에 밝히도록 촉구한다.

7) 협의 및 확인

감정시행 중 필요할 경우 감정인 및 당사자들과의 절차 협의를 하고, 감정서 제출이 지연되지 않도록 감정인에게 확인 및 촉구한다.

8) 감정서 제출시

당사자에게 즉시 고지하고, 감정결과를 다투는 경우 기일지정 전이라도 감정인에 대한 사실조회 등의 절차이행을 촉구한다.

9) 감정서 제출 이후

당사자에게 의견제시를 요구하고, 청구취지, 원인을 변경할 필요가 있는 경우 청구

취지의 변경을 보정권고한다.

10) 부당 감정료

부당하게 과다한 감정료를 제시하거나 감정서의 부실 등으로 문제가 있다고 보이는 경우 재판장과 협의하여 차후 감정인 지정에서 제외 하다.

나. 기성고 감정에 특수한 점검사항

1) 피고가 원고 주장의 기성율과 다른 기성율을 주장할 경우

피고에게도 그 주장에 따른 기성고의 감정신청을 유도한다.

2) 원고가 공사를 중단한 후 피고의 직영이나 다른 시공자에 의해 완공된 경우

중단된 시점까지의 시공상태를 확인할 수 있는 시공확인서, 기성확인서 등의 자료나 현장사진 등을 사전에 제출하도록 촉구한다.

다. 하자, 미시공 감정에 특수한 점검사항

1) 감정신청서의 감정사항이 개별적으로 구체화되어 있지 않고 포괄적인 형태로 되어 있는 경우 보정권고를 한다.

※ 보정권고 : 감정사항을 구체적으로 적시하고, 필요한 경우 하자, 미시공 일람표를 작성하여 제출할 것

2) 하자보수비의 산정근거, 기준시점 등에 관하여 감정기일에 정리가 된 경우 그 사항을 조서에 누락 없이 기재한다.

라. 사실조회 등

1) 도착시 당사자에게 즉시 고지하여 필요시 추가로 조회신청 등을 할 수 있도록 조치한다.

2) 기일이 지정되어 있는 경우

기일이전에 회보가 도착할 수 있도록 연락 및 독촉한다.

3) 기일이 지정되어 있지 않거나 기일이 추후 지정되어 있는 경우

수시로 회보도착 여부를 확인하고 연락 및 독촉한다.

4) 감정인에 대한 사실조회 중 감정이이 추가 비용을 요구하는 경우

추가 감정으로 처리할 것인지 재판장과 협의 후 처리 한다.

5) 사실조회 등으로 감정금액의 변동이 생길 경우

그 결과를 모두 반영한 최종적인 감정금액 산출내역이 제출되어 있는지 확인한다.

[서식 103] 손해배상청구의 소(인접지 공사)

소 장

원 고 1. 민 ○ ○ (000000-0000000)
2. 이 ○ ○ (000000-0000000)
각 피고의 주소 : 서울 OO구 OO동 000-00
원고들의 소송대리인 법무법인 OO
담당변호사 김OO, 문OO, 김OO, 정OO, 이OO
서울 OO구 OO동 0000-00 OO빌딩 1층
(전화 : 02-000-0000 / 팩스 : 00-000-0000)

피 고 1. 강 ○ ○
2. 이 ○ ○
위 각 서울OO구 OO동 000-00
3. 주식회사 OO
서울 OO구 OO동 00-0 OO빌딩 000호

손해배상(기) 청구의 소

청 구 취 지

1. 피고들은 각자 원고 민OO에게 40,000,000원, 원고 이OO에게 금 10,000,000원 및

위 각 금원에 대한 20OO.3.1.부터 이 사건 소장부본 송달일까지는 연 5%, 그 다음날부터 다 갚는 날까지는 연 12%의 각 비율에 의한 금원을 지급하라.
2. 소송비용은 피고들의 부담으로 한다.
3. 제1항은 가집행할 수 있다.
라는 판결을 구합니다.

청 구 원 인

1. 손해배상책임의 발생

가. 원고 민OO는 서울 OO구 OO동 000-00의 토지(이하 '이 사건 토지'라 합니다) 및 지상 건물(이하 '이 사건 건물'이라 합니다)을 소유한 자이며, 원고 이OO은 원고 민OO의 남편으로서 이 사건 건물에 동거 하는 자 입니다.

나. 피고회사는 이 사건 토지 및 건물과 연접한 같은 강OO, 이OO 소유의 서울 OO구 OO동 000-00 지상에 근린생활시설을 신축하기 위한 건축공사를 도급받아 공사를 진행한 수급인입니다. 즉 위 피고들은 도급인과 수급인의 관계입니다.

다. 피고회사는 20OO. 2. 22.경부터 지하공사를 하기 전, 3일간 바닥 콘크리트를 깨는 작업을 하였고, 이 사건 건물에 거주하고 있던 원고들이 그 기간 동안 건물이 흔들리는 것을 느낄 정도의 진동이 있었습니다.
피고회사는 터파기공사를 하면서 이 사건 토지에 연접하여 H빔을 박고, 지하흙막이 공사를 거쳐 지반굴착공사를 하게 되어 있었습니다. H빔을 박는 과정에 발생하는 진동이 바닥콘크리트를 제거할 때 느끼는 진동보다 더 컸습니다. 이러한 진동들로 인해 이 사건 건물들에 균열 및 변형이 발생하였습니다.

라. 원고들은 피고회사가 지하 흙막이 공사과정에 H빔을 8개 박도록 설계되었던 것으로 들었으나 원고들이 확인 한 바로는 6개만 박은 것으로 알고 있습니다. 겨울이 끝나서 지반이 해빙과정에 있었기 때문에 지반 흙이 공사과정에 쏟아져 내리게 되면 이 사건 토지의 지반이 기울기 마련입니다. 피고회사는 이런 상황을 방지해야 할 주의의무가 있음에도 오히려 H빔을 6개만 박았고 흙막이 공사를 소홀히 하여 이 사건 토지의 지반이 기울게 되는 원인을 제공하였습니다. 이런 결과 이 사건 건물이 기울고 이 사건 건물의 벽체 및 슬라브 등 주요 구조부 전반과 내외부 마감부위 등에 변형 및 균열이 심화되었습니다.

마. 원고는 피고회사의 현장소장에게 이러한 사정을 이야기 하고 시급한 방지조

치를 요구하였으나 기울기를 측정하는 계측기를 설치할 뿐 어떠한 조치도 취하지 아니한 채 공사를 강행하였던 것입니다. 이미 진동으로 인한 이 사건 토지 및 건물에 변형이 생긴 이후에 계측기를 설치하여 기울기의 변화를 측정하겠다는 것이 이치에 맞지 않습니다. 피고회사는 이 사건 건물의 뒤편에 균열이 보이는 부분에 대해서도 원고들에게 고지하지 아니한 채 시멘트로 덧대어 균열부분을 가리기도 하였습니다.

공사진행 중에 원고 민OO가 피고회사의 현장소장을 불러서 이 사건 건물의 현관문이 닫히지 않고 벽체 균열이 심해서 벽체가 뒤로 밀려 있다고 설명까지 하였으나 현관문이 열리도록 바닥 표면을 깎아 준 조치 이외에 어떤 보수조치나 방지조치도 없었습니다. 이 사건 건물에 변형이 일어나고 있는데 임시방편으로 현관문을 열 수 있도록 바닥을 낮춰 주는 것이 보수조치일 수는 없습니다. 현재 이 사건 건물의 곳곳에서 잡음이 많이 생겨서 이 사건 건물에서 생활하는 원고들은 매일 건물이 무너질 것 같은 공포감에 떨며 지내고 있습니다.

원고들은 이 사건 토지 및 건물의 변형과 균열 등이 피고회사의 건축공사로 인한 것이라는 것을 입증하기 위해 감정인의 감정과 법원의 현장검증을 신청할 예정입니다.

2. 손해배상의 범위

가. 재산적 손해

이 사건 토지의 지반보강공사비, 이 사건 건물의 변형 및 균열 보수공사비, 혹은 보수공사가 건물의 변형 및 균열의 진행을 방지하지 못할 단계라면 철거 및 신축 공사비, 공사기간 동안 원고들이 이 사건 건물에 거주하지 못한다면 이주비와 공사기간 동안 거주할 곳의 차임상당액 등을 청구합니다. 또한 보수공사가 완료된다 하더라도 이 사건 토지 및 건물의 기울임으로 인한 이 사건 토지 및 건물의 가격이 감소할 것이므로 이러한 가격 감소분도 청구합니다.

건물소유자인 원고 민OO는 일단 잠정적으로 일부청구로서 금 3,000만원을 청구합니다. 원고들은 보수비용의 감정을 신청할 예정이며 이 감정결과에 따라 청구취지를 확장할 예정입니다.

나. 원고들의 위자료 청구

이 사건 토지 및 건물의 변형과 균열로 인하여 원고들은 발을 딛고 움직일 때마다, 문을 열고 닫을 때마다, 집에서 이상한 소리가 날 때마다 건물이 무너질 것 같은 공포감에 시달리고 있습니다. 퇴근하고 편히 쉬어야 할 집이 공포의 대상이 되었습니다. 원고들이 겪고 있는 정신적 고통에 대하여 위자료로서 적어도 원고별로 각 1,000만원씩은 인정되어야 합니다.

3. 결 론

피고들에 대하여 원고들이 보수공사를 요구하고 있음에도 불구하고 피고들은 전혀 아무런 조치도 취하지 아니한 채 방관만 하고 있습니다. 원고들의 청구를 인용하여 주시기 바랍니다.

입 증 방 법

1. 갑 제1호증의 1, 2	부동산등기부등본
1. 갑 제2호증의 1, 2	부동산등기부등본
1. 갑 제3호증	지적도
1. 갑 제4호증	주민등록등본(원고 민OO)
1. 갑 제5호증	각 사진

첨 부 서 류

1. 위 각 입증방법
1. 법인등기부등본
1. 납부서
1. 소송위임장
1. 담당변호사 지정서

20OO. . .

원고 소송대리인
법무법인 OO
담당변호사 김 ○ ○
문 ○ ○
김 ○ ○
정 ○ ○
이 ○ ○

서울OO지방법원 귀중

[서식 104] 손해배상청구 소장(굴착공사)

소 장

원 고 방 O 상 (000000-0000000) (전화:)
서울 OO구 OO로 145 (우:)

피 고 주식회사 OO (000000-0000000)
서울 OO구 OO로 17 (우:)
대표이사 전 O 민

손해배상(기) 청구의 소

청 구 취 지

1. 피고는 원고에게 9,955,500원 및 이에 대하여 이 사건 소장부본 송달 다음날부터 갚는 날까지 연 12%의 비율로 계산한 돈을 지급하라.
2. 소송비용은 피고의 부담으로 한다.
3. 위 제1항은 가집행할 수 있다.

라는 판결을 구합니다.

청 구 원 인

1. 피고는 아파트 대지 조성을 위하여 20OO. 봄 경 서울 OO구 OO로 145 인근 언덕의 일부를 깎아내리고, 20OO. 여름 경 위 같은 로 145 인근에서 굴착기로 굴착작업을 하고, 20OO. O.경 위 같은 로 145 인근에서 중장비로 하수도관을 매설하는 작업을 하였다.

   이로 말미암아 위 같은 로 145 소재 원고의 소유의 가옥에 균열이 생기고 일부 벽은 도괴하는 등 손해가 발생하였습니다.

   피고에게는 위와 같은 작업을 하는 데 있어서 원고의 소유의 가옥에 손해가 발생할 수 있다는 사실을 예견하여 이를 막기 위하여 필요한 방어공사나 진동방지시설 등의 조치를 취하지 아니한 과실이 있습니다.

   원고는 그 소유의 가옥의 파손으로 인하여 수리비 9,955,500원 상당의 손해를 입었습니다.

2. 따라서 원고는 피고에 대하여 불법행위를 원인으로 하여 손해배상금 9,955,500원과 그에 대한 지연손해금의 지급을 청구하는 바입니다.

입 증 방 법

변론시 수시 제출하겠습니다.

첨 부 서 류

1. 주민등록초본 1통
1. 법인등기부등본 1통
1. 소장 부본 1통
1. 납부서 1통

20OO. O. O.

위 원고 방 O 상 (인)

서울중앙지방법원 귀중

해 설

1. 대법원 93다38284 판결은 토석의 굴취 또는 절개 등으로 토지가 훼손됨으로써 토지소유자가 입게 되는 통상의 손해는 훼손된 부분을 원상회복시키는데 소요되는 비용 상당액이라고 할 것이고, 그 비용이 과다하거나 원상회복이 사실상 불가능한 때에는 훼손으로 인하여 토지 자체의 교환가치가 감소된 부분이 통상의 손해라고 할 것이라고 한다. 이 판례의 취지에 따라 이 사건 소장에서는 원상회복에 필요한 수리비를 청구하고 있다. 수리비는 현장검증과 수리비감정신청을 통하여 입증하면 될 것이다.
2. 이 사건 청구원인은 굴착행위사실과 인과관계(청구원인 중 '이로 인하여'라는 기재 부분), 그리고 손해발생사실 및 상대방의 과실의 존재, 손해액, 청구권원, 청구금액의 순서로 기재하고 있다. '손해'란 법익에 관하여 받은 불이익이다. 따라서 법에 의하여 보호되는 이익이 인정되지 아니하는 경우 피해가 있더라도 손해로 인정받을 수 없다. 예를 들면 통상적으로 동네 골목길로서 주로 사실상 자주 통행하여 왔다고 하더라도 그 토지가 자신의 것이 아니거나 통행권이 없는 경우에는 토지소유자나 제3자가 그 통로를 막아 교통을 방해하여 피해가 엄청나더라도

손해배상을 청구할 수 없다.

3. 농작물 피해와 같은 경우는 피해작물의 그루 수가 수천 개에 달하고 그것도 모두 고사한 것이 아니라 부분적으로 고사한 것과 전체적으로 고사한 것이 섞여 있는 경우에는 피해 발생 즉시 증거보전신청을 하여 현장검증 및 피해감정을 해 두지 아니하면 나중에는 입증곤란에 빠지게 되는 경우가 많다.
   침수 피해의 경우도 비슷하다. 침수된 물건이 수 백 개에 달하고 침수 후에 모두 그 교환가치가 전무하게 되지 아니한 경우 손해액 입증이 곤란하게 되는데 이러한 경우에도 증거보전이 필수적이다.

[서식 105] **손해배상청구 소장**(건축공사로 인한 인접건물의 균열)

소 장

원 고 정 O 철 (000000-0000000) (전화 :)
강원 OO군 O면 OO2리 1 (우 :)

피 고 주식회사 OO건설 (000000-0000000)
강원 OO군 O면 OO리 2 (우 :)
대표이사 김 O 철

손해배상(기) 청구의 소

청 구 취 지

1. 피고는 원고에게 150,000,000원 및 이에 대하여 20OO. 12. 1.부터 이 사건 소장 부본 송달일까지는 연 5%, 그 다음날부터 다 갚는 날까지는 연 12%의 각 비율로 계산한 돈을 지급하라.
2. 소송비용은 피고의 부담으로 한다.
3. 위 제1항은 가집행할 수 있다.

라는 판결을 구합니다.

청 구 원 인

1. 원고는 강원 OO군 O면 OO2리 1170 및 같은 리 1140 지상 시멘트 벽돌조 슬래

브지붕 2층 점포, 소매점, 주택 354.81㎡의 소유자입니다.

2. 피고는 소외 전O철, 소외 강O호, 소외 염O호로부터 건물건축공사를 도급받아 20OO. 3. 20.부터 20OO. 11. 경까지 사이에 강원 OO군 O면 OO2리 1148 지상에 건물시공을 하였습니다.

3. 그런데 피고는 지하굴착작업을 함에 있어서 건설장비의 사용 등으로 인한 소음과 진동, 인접토지의 지하수 유출 등으로 인한 영향으로 원고의 소유의 위 건물에 균열이 발생하지 않도록 안전조치를 취하여야 함에도 불구하고 이를 소홀히 하여 굴토작업 및 암반굴착작업, 자재 수송 등을 시행한 과실로 원고의 소유의 위 건물에 조적 벽체 균열, 변형, 지붕 균열, 바닥 균열 등의 하자를 발생시켰습니다.
   이로 말미암은 수리비로 일단 금 140,000,000원을 청구하고 추후 수리비 감정결과에 따라 확정 청구할 예정입니다.

4. 원고는 피고의 위와 같은 과실 있는 불법행위로 인하여 소유권을 침해당하는 손해를 입었을 뿐만 아니라, 위 건물이 균형을 잃어 출입문이 닫히지 않고 비가 새며 갑자기 각목이 주방 싱크대 창문을 내리치기도 하고 일광이 차단되어 낮에도 내부에 전등을 켜야만 생활이 가능한 정도이고 시멘트 가루가 집안으로 날아드는 등 심한 정신적 고통을 받고 있다. 따라서 이로 인한 위자료로 피고는 원고에게 금 10,000,000원을 지급하여야 할 것입니다.

5. 이에 원고는 피고에 대하여 하자보수비 금 140,000,000원, 위자료 금 10,000,000원 합계 금 150,000,000원의 손해배상금을 불법행위를 원인으로 하여 청구하고, 동시에 그 지연손해금으로 불법행위일 이후인 20OO. 12. 1.부터 이 사건 소장부본 송달일까지 연 5%, 그 다음날부터 다 갚는 날까지는 연 12%의 각 비율로 계산한 돈의 지급을 청구하는 바입니다.

입 증 방 법

1. 갑 제1호증	건물관리대장 등본
1. 갑 제2호증	진정서 회신
1. 갑 제3호증	건물등기부 등본
1. 갑 제4호증	지적도 등본
1. 갑 제5호증의 1 내지 13	각 사진

그 밖의 입증서류는 변론시 수시 제출하겠습니다.

첨 부 서 류

1. 위 입증서류 1통
1. 주민등록초본 1통
1. 법인등기부초본 1통
1. 소장 부본 1통
1. 납부서 1통

20○○. ○. ○.

위 원고 정 ○ 철 (인)

○○지방법원 귀중

해 설

감정신청서에는 감정할 사항으로 검증결과 확인되는 조적 벽체 균열, 변형, 지붕균열, 바닥균열 등을 보수, 수리하여 피고가 지하굴착공사를 하기 전의 원상으로 복구하는데 필요한 보수, 수리비의 감정 및 그 보수, 수리로써 원상회복이 불가능한 경우 피고의 불법행위 전후의 원고의 소유의 건물의 각 시가를 감정함으로써 그 시가 감소액의 확인 등을 기재하여야 한다.

[서식 106] 손해배상청구 소장(토석의 굴취)

소 장

원 고 강 ○ 익 (000000-0000000) (전화 :)
서울 ○○구 ○○로 2길 517 (우 :)

피 고 소청기업주식회사 (000000-0000000)
서울 ○○구 ○○로 80 (우 :)

대표이사 김 O 동

손해배상(기) 청구의 소

청 구 취 지

1. 피고는 원고에게 9,000,000원 및 이에 대하여 20OO. 1. 1.부터 이 사건 소장부본 송달일까지는 연 5%, 그 다음날부터 다 갚는 날까지는 연 12%의 각 비율로 계산한 돈을 지급하라.
2. 소송비용은 피고의 부담으로 한다.
3. 위 제1항은 가집행할 수 있다.

라는 판결을 구합니다.

청 구 원 인

1. 제주시 OO동 8-1 전 727㎡(이하 '이 사건 토지'라고 한다)는 원고의 소유입니다.
   그런데 피고회사는 원고의 승낙 없이 19OO. 12.경부터 19OO. 12. 31.까지 이 사건 토지의 흙 및 암석 등을 지하로 30m 이상 채취함으로써 이 사건 토지를 쓸모가 없게 황폐화시켰습니다.
   원고는 피고회사의 고의로 인한 위 소유권침해로 그 원상복구비 금 9,000,000원(추후 감정 결과에 따라 손해액을 확정할 것임) 상당의 손해를 입었습니다.

2. 따라서 원고는 불법행위를 원인으로 하여 피고회사에 대하여 위 금 9,000,000원과 이에 대한 이 사건 소장송달일까지는 연 5%, 그 다음날부터 다 갚는 날까지는 소송촉진등에관한특례법 소정의 연 12%의 각 비율로 계산한 지연손해금의 지급을 청구하는 바입니다.

입 증 방 법

1. 갑 제1호증 등기부등본
1. 갑 제2호증 토지대장 등본
1. 갑 제3호증 도시계획사실확인원

그 밖의 입증서류는 변론시 수시 제출하겠습니다.

첨 부 서 류

1. 위 입증서류 1통
1. 주민등록초본 1통
1. 법인등기부초본 1통
1. 소장부본 1통
1. 납부서 1통

20OO. O. O.

위 원고 강 O 익 (인)

서울중앙지방법원 귀중

해 설

이 사건에서 피고는 원고의 손해액은 위 토지의 현재 시가와 토석 채취 이전의 시가와의 차액을 초과하는 원상복구비는 될 수 없다고 주장하였다. 즉 교환가격의 차액을 한정되어야 한다고 주장하였다.

또 이 사건 손해배상청구권은 시효소멸하였다고 주장하였다. 이에 대하여 원고는 피고회사의 상무가 시효이익을 포기하였다고 주장하였고 피고는 피고회사의 대표권 없는 상무의 시효이익의 포기는 피고에게 효력을 미칠 수 없다고 주장하였었다.

XIV. 공작물 점유자, 소유자의 배상책임

1. 의 의

공작물 등의 점유자 또는 소유자는 공작물 설치 또는 보존의 하자로 인하여 타인에게 손해가 발생한 경우에 그 손해에 대하여 배상책임을 진다(민법 제758조).[884][885] 이

884) 대법원 2003. 2. 28. 선고 2002다65516 판결. 건물 일부의 임차인이 건물 외벽에 설치한 간판이 추락하여 행인이 부상한 경우에 건물 소유자는 건물 외벽의 직접점유자로서 제758조 제1항 소정의 손해배상책임을

책임은 책임주체의 가해행위를 요건을 하지 않고, 손해발생의 위험이 있는 공작물을 방치하였다는 데 그 귀책근거가 있다는 점에서 일반불법행위와 구별된다.

2. 요 건

가. 공작물은 인공적 작업에 의하여 제작된 물건을 말하는데, 건물, 철도건널목, 고압전주, 배수시설, 축대 등이 이에 속한다.886)

나. 공작물의 설치·보존 또는 식물의 식재·보존에 하자가 있어야 한다. 이 중 공작물의 하자란 공작물이 이 용도에 따라 객관적으로 요구되는 성질 및 설비를 설치 당시부터 갖추지 못하였거나 설치 후에 불완전하게 되었음을 말한다. 하자의 존재에 대하여 피해자가 입증책임을 지지만, 주위에 있는 다른 건물에는 이상이 없는데 유독 계쟁건물만이 무너진 경우에는 공작물의 하자가 추정되기도 한다.887)

다. 공작물 등의 하자로 인하여 손해가 발생하여야 한다(인과관계). 그런데 공작물에 하자가 있다면 일응 인과관계가 추정된다고 할 것이지만, 하자가 있는 이상 거기에 폭우와 같은 자연력이 경합하여 또는 제3자나 피해자의 행위가 경합하여 손해가 발생하였더라도 무방하다.888)

라. 점유자에게는 면책사유가 없어야 한다. 즉 점유자는 손해의 방지에 필요한 주의를 게을리하지 않았다면 책임을 면한다(민법 제751조 1항 단서).

3. 효 과

가. 공작물 등의 설치 또는 보존의 하자로 인한 배상책임을 1차적으로 점유자가 지는데, 그의 책임은 손해방지의무의 해태로 인한 과실책임이다. 한편, 점유자의 책임이

부담한다고 하였다.

885) 민법 제758조의 취지(대법원 1996. 11. 22. 선고 96다39219 판결). 민법 제758조는 공작물의 설치·보존의 하자로 인하여 타인에게 손해를 가한 경우 그 점유자 또는 소유자에게 일반불법행위와 달리 이른바 위험책임의 법리에 따라 책임을 가중시킨 규정일 뿐이고, 그 공작물 시공자가 그 시공상의 고의·과실로 인하여 피해자에게 가한 손해를 민법 제750조에 의하여 직접 책임을 부담하게 되는 것을 배제하는 취지의 규정은 아니다.

886) 대법원 1993. 6. 29. 선고 93다11913호 판결. 전기자체는 공작물이 아니라는 판례의 입장이 있다.

887) 대법원 1974. 11. 26. 선고 74다246 판결.

888) 대법원 1994. 11. 22. 선고 94다32924 판결. 영조물이 설치·보존상의 하자에 관한 판례.

성립하지 않는 경우에 2차적으로 소유자(법률상의 소유자를 말하므로, 부동산의 경우에 제186조에 따른 소유권이전등기를 갖춘 자가 이에 속한다)가 손해배상책임을 지는데, 그의 책임은 손해발생의 위험성을 내포한 하자 있는 공작물을 방치한데 대한 위험책임이다.

나. 점유자·소유자 외에 "그 손해의 원인에 대한 책임이 있는 자"가 있다면, 배상을 한 점유자 또는 소유자가 그 책임 있는 자에 대하여 구상권을 행사할 수 있다(민법 제758조 3항).

[서식 107] 손해배상(기)청구의 소(공작물의 하자, 점유자를 상대로)

소 장

원 고 ○ ○ ○ (000000-0000000)
ㅇㅇ시 ㅇㅇ구 ㅇㅇ길 00 (우편번호 00000)
전화·휴대폰번호 :
팩스번호, 전자우편(e-mail)주소 :

피 고 ○ ○ ○ (000000-0000000)
ㅇㅇ시 ㅇㅇ구 ㅇㅇ길 00 (우편번호 00000)
전화·휴대폰번호 :
팩스번호, 전자우편(e-mail)주소 :

손해배상(기)청구의 소

청 구 취 지

1. 피고는 원고에게 금 10,000,000원 및 이에 대한 20ㅇㅇ. 10. 20.부터 이 사건 소장부본 송달일까지는 연 5%의, 그 다음날부터 다 갚는 날까지 연 12%의 각 비율에 의한 돈을 지급하라.
2. 소송비용은 피고가 부담한다.
3. 위 제1항은 가집행 할 수 있다.

라는 판결을 구합니다.

청 구 원 인

1. **당사자들의 관계**

원고는 ○○시 ○○구 ○○길 00 소재 4층 건물 1층에서 "○○"라는 상호로 의류점을 경영하다가 피고의 공작물보존상의 하자로 인하여 화재피해를 당한 사람이고, 피고는 같은 건물 2층에서 "○○○"라는 상호로 음식점을 경영하던 사람으로서 공작물의 점유자로서 보존상의 하자에 따른 손해배상책임을 지는 사람입니다.

2. **손해배상책임의 발생**

위에서 밝힌 대로 원·피고는 같은 건물에서 점포를 운영하던 사람들이고, 피고는 음식점경영을 위하여 비상구통로에 20Kg들이 액화석유가스(L.P.G.)통(다음부터 이 사건 가스통이라 함)을 설치하고 그곳으로부터 피고의 음식점 주방까지 호스로 연결하여 가스를 사용하여 왔는데, 가스통이 설치되어 있던 위 비상구통로는 그 폭이 1m, 길이가 5m로서 평소에는 바깥 출입문을 잠근 채 가스통을 교환할 때에만 문을 열었으므로 환기가 되지 아니하여 가스 누출시 적체될 위험성이 많았으나 가스통의 공급업자(가스판매업자)와 가스충전업자가 이 사건 가스통에 대한 안전상태를 점검하지 아니한 채 이를 공급함에 따라, 사고 당시 위 가스통의 상단에 가스의 누출을 방지하기 위하여 장치된 밸브의 부품인 스핀들이 파손되어 위 가스가 누출되었는데, 20○○. 10. 20. 22:47경 피고가 가스가 누출되고 있는 것을 발견하고 밸브를 닫아 그 누출을 차단하려고 하였으나, 밸브의 고장으로 닫히지 아니하여 위 가스가 통로에 적체되다가 불씨에 의하여 폭발하면서 화재가 발생하여 원고의 의류점내의 내부시설과 의류가 불에 타 못쓰게 되는 손해를 입었는바, 위 화재는 이 사건 가스통의 하자 자체로 인하여 직접 발생한 것이므로, 피고는 공작물인 이 사건 가스통의 점유자로서 화재로 인하여 원고가 입은 손해를 배상할 책임이 있다고 할 것입니다.

3. **손해배상책임의 범위**

원고는 화재로 소실된 내부시설의 복구 및 청소를 위하여 금 5,000,000원을 지출하였고, 판매를 위해 화재전날 구입하여 매장에 진열 중이던 의류 100점, 금 5,000,000원어치가 모두 소실하였으므로 피고가 원고에게 배상해야 할 돈은 총 10,000,000원입니다.

4. **결 론**

사정이 위와 같으므로 원고는 피고로부터 금 10,000,000원 및 이에 대한 이 사건 사고발생일인 20○○. 10. 20.부터 이 사건 소장부본 송달일까지는 민법에서 정한 연 5%의, 그 다음날부터 다 갚는 날까지는 소송촉진 등에 관한 특례법에서 정한 연 12%의 각 비율에 의한 지연손해금을 받기 위하여 이 사건 소송에 이르게 되었습니다.

입 증 방 법

1. 갑 제1호증의 1, 2 각 현장사진
1. 갑 제2호증 화재증명원
1. 갑 제3호증의 1, 2 각 영수증
1. 갑 제4호증 거래명세표

첨 부 서 류

1. 위 입증방법 각 1통
1. 소장부본 1통
1. 송달료납부서 1통

20○○. . .

위 원고 ○ ○ ○ (서명 또는 날인)

○○지방법원 귀중

XV. 감독자 또는 사용자의 배상책임

1. 사용자책임의 의의 및 기능

가. 사용자책임이라 함은 자기와 사용관계에 있는 피용자가 그 사무집행에 관하여 제3자에게 가해행위를 한 경우, 사용자가 그로 인한 손해배상의무를 직접 피해자에 대하여 부담하는 것(민법 제756조)으로서 근대 민법의 자기책임의 원칙에 대한 중대한 예외를 이룬다. 물론 동법 동조 제1항 단서에 의하면 사용자가 피용자의 선임 및 감독

에 상당한 주의를 한 때 또는 상당한 주의를 하여도 손해가 있을 경우에는 그 사용자책임을 부담하지 않는다. 그러나 우리나라 판례에 따르면 사실상 위 단서 조항에도 불구하고 사용자책임이 전반적으로 인정되고 있다는데 특징이 있다. 그리하여 사용자책임법리에 따라 피해자에게 직접 손해배상의무를 이행한 사용자는 자기 피용자에게 구상권을 행사할 수 있다.

나. 이러한 사용자책임은 가사노동적 사용관계뿐만 아니라, 기업 측이 다수의 피용자를 유기적으로 활용함으로써 누리게 되는 거대한 수익과 기업활동에 따른 피할 수 없는 위험에 상응하여 피용자에 의해 제3자가 입게 된 손해를 기업이 배상케 함이 공평하며 피해자가 충분한 구제를 얻을 수 있게 된다는 점을 이유로 널리 기업에 있어서의 사용관계에도 적용된다.

> [기본사례] 원고(피해자) → 피고(가해자의 감독자 또는 사용자)
> 피고 甲이 사용자 乙의 지시에 따라 2000. 10. 1. 공사용 자재를 운반하던 중 실수로 원고에게 상해를 가함

2. 청구취지

> 피고들은 각자 원고에게 금 10,000,000원 및 이에 대하여 2000. 10. 1.부터 이 사건 소장부본 송달일까지는 연 5%의, 그 다음날부터 완제일까지는 연 12%의 각 비율에 의한 금원을 지급하라.

3. 청구원인

> [청구원인] * 피용자(피감독자)의 고의·과실로 원고가 손해를 입은 사실
> * 피고가 사용자(감독자)인 사실

4. 요건사실

요건사실	* 피용자(피감독자)의 고의·과실로 원고가 손해를 입은 사실 * 피고가 사용자(감독자)인 사실

가. 피용자가 그 사무집행에 관하여 고의 또는 과실로 원고의 일정한 권리나 보호법익을 침해하였고, 그로 인하여 원고에게 일정한 손해가 발생한 사실, 피고가 사용자(그에 갈음하여 사무를 감독하는 자 포함)인 사실이 청구원인 사실이다. 입증방법으로는 공소장, 형사판결문, 상해, 사망진단서, 치료비영수증, 수리비영수증, 급여명세서, 건설물가, 간이명세표, 신체감정촉탁신청, 형사기록송부촉탁신청, 호적등본, 재직증명서 등이 있다.

나. 피용자의 책임과 사용자의 책임은 부진정연대채무관계에 있고, 사용자가 피해자에게 배상한 뒤, 피용자에게 구상할 수 있다(민법 제756조 3항). 단, 국가배상법이 적용될 때는 공무원(피용자)에게 고의 또는 중대한 과실이 있어야 한다(국가배상법 제2조 2항).

다. 사용관계가 존재하여야 하고, 피용자가 그 사무집행[889)][890)]에 관하여 제3자에게 손해를 가한 것이어야 한다. 민법 제756조 소종의 '사무집행에 관하여'라는 규정의 뜻은 원칙적으로 그것이 피용자의 직무범위에 속하는 행위이어야 할 것이나 피용자의 직무집행행위 그 자체는 아니나 그 행위의 외형으로 관찰하여 마치 직무의 범위 내에 속하는 것과 같이 보이는 행위도 포함하는 것이라고 새겨야 한다. 사용관계는 명시적

---

889) 사무집행에 대한 관련성은 그 외형을 기준으로 판단한다는 외형이론이 학설 및 판례(대법원 1985. 8. 13. 선고 84다카979 판결)의 입장이다. 위 판례는 사용자책임에 있어서의 사무집행관련성은 그 범위에 있어 입법근거인 보상책임의 원리에 입각하여 해석하여야 할 것이라고 하면서, 원칙적으로 그것이 피용자의 직무범위에 속하여야 할 것이나, 이와 같이 극단적으로 그 범위를 좁게 해석하면 거래의 안전을 도모하려는 입법취지를 도외시하는 결과가 된다고 하였다. 그래서 업무집행관련성에 있어서 업무의 범위는 피용자의 집행행위 자체는 아니나 그 행위의 외형으로 관찰하여 마치 직무의 범위 내에 속하는 것과 같이 보이는 행위도 포함한다거 하여 그 성립범위를 확대하고 있다. 외형이론의 구체적 내용에 관하여, 판례는 외형상 객관적으로 사용자의 사무집행에 관련된 것인지의 여부는 피용자의 본래의 직무와 불법행위와의 관련 정도 및 사용자에게 손해배상에 대한 위험 창출과 방지조치 결여의 책임이 어느 정도 있는지를 고려하여 판단하여야 한다고 한다(대법원 1992. 2. 25. 선고 91다39146 판결; 대법원 1992. 9. 22. 선고 92다25939 판결 등 참조).

890) 대법원 2008. 2. 1. 선고 2006다33418, 33425 판결. 위 판결은 외형이론이 적용된 최근의 사례로서, 공군부대 내 인사관리와 복지시설 관리·운영업무를 담당하는 인사처장이 적법한 권한자인 관리처장의 위임 없이 카드회사에 법인카드 발급과 사용한도 증액신청 등을 한 사안에서, 일련의 행위가 외형상·객관적으로 국가의 사무집행행위 또는 그와 관련된 것으로 볼 여지가 충분하다고 한 사례이다.

인 고용관계에 국한되지 않으며, 여러 가지 형태로 주장될 수 있다.

5. 항변 등

> [주요항변] ① 감독의무를 해태하지 않았다는 등의 항변
> ② 위법성조각 항변
> ③ 소멸시효 항변
> ④ 과실상계

가. 사용자책임은 피용자의 불법행위책임을 전제로 하므로, 사용자는 피용자의 손해배상의무의 발생장해사유나 소멸사유를 항변으로 주장·입증하여야 한다.

1) 사용자가 피용자의 선임 및 그 사무감독에 상당한 주의를 하였거나 상당한 주의를 하였더라도 손해의 발생을 피할 수 없었다는 점을 주장·입증하여 면책항변이 가능하다(민법 제756조 1항 단서). 즉 이득 두 면책사유 중 어느 하나를 입증하면 그 책임을 면하는 것이고, 그 가운데서 후자 즉 상당한 주의를 하여도 손해가 발생하였으리라는 것을 사용자의 부주의와 손해의 발생과의 사이에 인과관계가 없으면 책임은 생기지 않는다는 것이며, 사용자책임에 관하여 과실책임주의를 취하고 있는 이상 당연한 것으로서 주의적 규정에 지나지 않는다고 할 것이다. 이들 두 면책사유의 입증책임은 모두 사용자가 부담하지만,[891] 판례는 이에 관한 사용자의 면책주장을 거의 인정하지 않고 있으며, 그 결과 사용자책임은 무과실책임에 가까운 것으로 되어 있다.

2) 사용자는 피용자와의 사용·피용관계가 피용자의 가해행위 이전에 이미 소멸하였음을 항변으로서 주장·입증할 수 있다. 다만, 그 소멸은 법률상의 관계의 소멸, 예컨대, 고용관계의 해약으로 족하지 않고 사실상의 지휘 감독관계의 소멸이어야 한다. 피용자가 사직했어도 잔무정리에 종사하고 있는 기간이었다면 사용자와의 사용·피용관계는 아직 소멸되었다고 볼 수 없다.

3) 피용자의 내심이 직무의 집행을 목적으로 한 것이 아니며, 이러한 사실을 피용자의 가해행위 당시 피해자가 알고 있었거나 알지 못한 데에 중과실이 있는 경우에는,

---

891) 대법원 1969. 1. 28. 선고 68다578 판결.

사용자는 위 각 사실을 항변으로 주장·입증하여 사용자책임을 면할 수 있다.

나. 위법성 조각 항변

1) 정당방위 : 타인의 불법행위에 대하여 자기 또는 제3자의 이익을 방위하기 위하여 부득이 원고에게 손해를 가하였다는 항변을 할 수 있다.

2) 긴급피난 : 급박한 위난을 피하기 위하여 부득이 원고에게 손해를 가하였다는 항변을 할 수 있다.

3) 자력구제 : 자기의 권리를 보전하기 위하여 국가기관의 구제를 기다릴 여유가 없어서 스스로 선량한 풍속이나 사회질서에 반하지 아니하고 사회적으로 허용되는 정도의 수단을 사용하여 원고에게 손해를 가하였다는 항변을 할 수 있다.

4) 기 타 : 선량한 풍속이나 사회질서에 반하지 아니하는 피해자의 승낙을 얻었거나 기타 정당한 사무관리, 권리행사, 업무행위라는 항변을 할 수 있다.

5) 공공의 이익 : 명예훼손의 불법행위 청구에 대하여, 국민 모두가 알아야 하는 공공의 이익을 위하여 한 행위라는 항변을 할 수 있다.

다. 소멸시효 항변(민법 제766조)

손해 및 가해자를 안 날부터 3년 또는 불법행위를 한 날부터 10년이 경과하여 소를 제기 하였다는 항변을 할 수 있다. 이에 대하여 원고는 가압류를 한 사실 등을 들어 시표중단의 재항변을 할 수 있다.

라. 과실상계(민법 제763조, 제369조)

원고가 불법행위를 유발하였다는 등 과실상계 주장을 할 수 있다. 이는 직권조사사항(대법원 1996. 10. 25. 선고 96다30113 판결)이지만, 자기에게 유리한 결과를 얻기 위한 주장 입증은 필요하다.

마. 기 타

불법행위로 인하여 원고에게 이득이 생겼음을 주장하여 손해배상액에서 그 이득을 공제한 다는 내용의 손익공제주장을 할 수 있다.

[서식 108] 손해배상청구 소장(공작물책임과 사용자책임의 선택적 청구)

소 장

원 고 1. 정 ○ ○ (000000-0000000)
2. 장 ○ ○ (000000-0000000)
3. 정 ○ ○ (000000-0000000)
4. 정 ○ ○ (000000-0000000)
위 원고들의 주소 : ○○시 ○○동 354-10 ○○아파트 1동 309호

피 고 ○○주식회사 (000000-0000000)
서울 ○○구 ○○로 3가 72
대표이사 부 ○ ○

손해배상(산) 청구의 소

청 구 취 지

1. 피고는 원고 정○○에게 17,276,255원, 원고 장○○에게 5,000,000원, 원고 정○○, 원고 정○○에게 각 500,000원과 각 이에 대하여 20○○. 7. 7.부터 이 사건 소장 부본 송달일까지는 연 5%, 그 다음날부터 다 갚는 날까지는 연 12%의 각 비율로 계산한 돈을 각 지급하라.
2. 소송비용은 피고가 부담으로 한다.
3. 위 제1항은 가집행할 수 있다.

라는 판결을 구합니다.

청 구 원 인

1. 원고 정○○는 20○○. 7. 6. 07:10경 ○○시 성○○ 소재 주식회사 ○○공장 신축현장에서 꼬여 있는 물 호스를 곧게 펴려고 잡아당기다가 웅덩이에 떨어져 요추압박 골절상을 입었다.

2. 당시 위 웅덩이는 뚜껑이 없는 등 통상의 안전성이 결여되어 공작물로서의 설치 보존상의 하자가 있었다. 그리고 위 웅덩이의 점유자는 피고회사였다.

3. 한편 피고회사는 사고 전날 소외 주OO로 하여금 위 공장 신축현장에 하수구 설치를 위한 웅덩이를 파게 하였다. 그 때 소외 주OO은 파 놓은 웅덩이에 시멘트뚜껑을 덮는 작업을 하다가 어두워지자 작업을 중단하고 파놓은 웅덩이 일부를 그대로 방치하여 안전표시등을 설치하는 등의 안전조치를 취하지 아니한 과실이 있다.

4. 원고 정OO는 1900. 5. 22.생이고 기대여명은 20년 정도이다. 그리고 소외 OOOO주식회사의 경비요원으로 일하면서 월 1,200,000원의 소득을 얻고 있었다. 원고 정OO는 위 사고가 없었더라면 최소한 도시일용노동에 종사하면서 월 1,154,626원(= 52,483원 × 22일)의 소득을 사고일부터 55세까지 얻을 수 있었을 터였는데 위 사고로 말미암아 35%의 가동능력을 상실하였다.
따라서 원고 정OO의 일실수입은 다음과 같이 계산한 금 17,263,378원이 된다고 할 것이다.

   1,154,626원 × 5.9140 + 1,154,626원 × 0.35 × (31.7354 - 5.9140)
   = 17,263,378원
   사고일로부터 6개월 간 입원치료
   6개월 해당 호프만지수 5.9140
   사고일로부터 55세가 되는 2013. 5. 22.까지 34개월
   34개월 해당 호프만지수 31.7354

5. 한편 원고 정OO는 향후수술이 필요하고 그 수술비의 사고 당시 현가는 최소한 금 1,000,000원이라고 할 것이다(정확한 것은 신체감정 후 확정할 것이다).

6. 또한 원고 정OO와 그의 아내인 원고 장OO, 아들인 원고 정OO, 원고 정OO는 피고회사의 불법행위로 인하여 상당한 정신적 고통을 받았다.
그 위자료로는 원고 정OO가 금 15,000,000원, 원고 장OO가 금 5,000,000원, 원고 정OO, 원고 정OO가 각 금 500,000원씩이 상당할 것이다.

7. 그러므로 피고회사는 공작물의 설치 보존상의 하자로 원고들에게 손해를 가하였거나, 소외 주OO을 사용하여 그의 사무에 종사하게 하고 소외 주OO이 그 사무에 관하여 원고들에게 손해를 가하였으므로, 그 손해액에서 중 원고 정OO에게 이미 지급된 휴업급여금과 장해보상금 합계 금 15,987,123원을 공제한 금원을 원고들에게 지급하고, 또한 이에 대하여 법 소정의 지연손해금을 지급할 의무가 있다.

입 증 방 법

1. 갑 제1호증의 1, 2 건설업임금실태조사보고서 표지 및 내용
1. 갑 제2호증 가족관계증명서
1. 갑 제3호증의 1, 2 생명표 표지 및 내용
1. 갑 제4호증 향후수술비추정서
1. 갑 제5호증 진단서
1. 추후 신체감정, 형사사건기록(업무상과실치상) 문서송부촉탁신청예정

첨 부 서 류

1. 위 입증서류 사본 각 1통
1. 주민등록초본 4통
1. 법인등기부초본 1통
1. 소장부본 1통
1. 납부서 1통

20OO. . .

위 원고 1. 정 ○ ○ (인)
2. 장 ○ ○ (인)
3. 정 ○ ○ (인)
4. 정 ○ ○ (인)

서울OO지방법원 귀중

XVI. 부당이득반환청구

1. 부당이득제도의 의의

채권발생 원인으로서의 부당이득이라 함은 법률상 원인 없이 타인의 재산이나 노무로 인하여 이익을 얻고, 그로 말미암아 타인에게 손해를 주게 된 경우에 그 이익을 말한다. 이 이익을 손실자에게 반환시킴으로써 재화이전의 실질적 형평을 실현시키려는 제도가 부당이득제도이다. 예를 들면 채무자가 그의 채무를 이미 변제하였음에도 불구하고 그 변제한 사실을 잊고 채권자에게 또 다시 변제하였다면 그 두 번째의 변제는 채권자에게 있어서는 법률상 원인 없는 부당이득이 된다. 그러므로 채권자가 받은 그 부당이득은 채무자에게 되돌려 주는 것이 정의관념에 합치할 뿐만 아니라, 형평의 유지에도 맞게 된다. 위의 사례에서 채무자인 손실자와 채권자인 이득자 사이에는 다른 특별한 법률관계가 존재하지 않고 또한 이득자에게도 아무런 귀책사유가 없다면 불법행위에 의한 손해배상청구권도 행사할 수 없다. 그렇다고 채권자의 이 부당한 이득을 그대로 두는 것도 정의롭지 못하므로 이를 반환시킬 새로운 법률관계의 성립을 인정하는 것이 필요하다. 이러한 새로운 법률관계를 제공하는 것이 바로 부당이득제도이다.

[기본사례] 원고(손실자) → 피고(이득자)
피고가 2000. 10. 1.부터 허락없이 원고의 토지를 점유사용

2. 청구취지

피고는 원고에게 금 10,000,000원 및 이에 대하여 소장부본송달 다음날부터 완제일까지는 연 12%의 각 비율에 의한 금원을 지급하라.

※ 2000. 10. 1.부터 소장부본 송달일까지의 차임 상당 부당이득금을 합산하여 청구

3. 청구원인

> [청구원인] ○ 원고에게 손실이 발생하고 그로 인하여 피고에게 이득이 발생한 사실
> ○ 이득의 발생에 법률상 원인이 없는 사실
> ○ 이득을 얻은 물건의 가액

가. ① 부당이득반환청구에 있어서 이득이라 함은 실질적인 이익을 즉, 타인 소유의 토지 위에 권한 없이 건물을 소유하고 있는 자는 그 자체로 특별한 사정이 없는 한 법률상 원인 없이 타인의 재산으로 인하여 토지의 차임에 상당하는 이익을 얻고 이로 인하여 타인에게 동액 상당의 손해를 주고 있다고 보아야 하므로, 이 경우에는 피고의 지상건물 소유사실을 주장·입증하면 되고, 별도로 토지의 사용·수익사실을 입증할 필요는 없다. ② 한편 부당이득반환청구에 있어서 이득이라 함은 실질적인 이익을 가리키는 것이므로, 임차인이 임대차 종료 후 건물을 점유하고 있다 하여도 이를 본래의 용도대로 사용하지 못하여 실질적인 이득을 얻은 바 없다면, 그로 인하여 임대인에게 손해기 발생하였더라도 임차인의 부당이득반환의무는 성립될 여지가 없다(이는 어디까지나 원고가 주장하여야 할 부당이득반환청구권 발생의 요건사실이므로, 이에 대한 피고의 주장은 부인에 불과함을 주의하여야 한다).

나. 원고의 손해라 함은, 원고가 목적물에 관하여 가지는 사용·수익권이 침해당한 것을 의미하는데, 구체적으로는 과실수취권이 있는 권리 즉 소유권, 지상권, 전세권, 사용차권, 임차권 등이 이에 해당한다.[892] ① ㉠ 임대인에게 소유권 기타 임대할 권한이 없다고 하더라도 임대차계약은 유효하게 성립하는 것이므로, 임대차가 종료된 경우 특별한 사정이 없는 한 임차인은 임대인에게 임차물의 사용·수익으로 인한 차임

892) 판례에 의하면 임대인에게 소유권 기타 임대할 권한이 없다 하더라도 임대차계약은 유효하게 성립될 수 있으므로, 임대차가 종료된 경우 특별한 사정이 없는 한 임차인은 임차물의 사용·수익으로 인한 차임 상당의 부당이득을 반환할 의무가 있다(대법원 2001. 6. 29. 선고 2000다68290호 판결). 이러한 경우 원고의 사용수익권에 관한 사실은 원고가 피고에게 목적물을 임대한 사실과 그 임대차계약이 종료한 사실로 대체된다. 그런데 임차인이 진실한 소유자로부터 목적물의 반환청구나 차임 내지 그 해당액의 지급요구를 받는 등의 이유로 임대인이 임차인으로 하여금 사용·수익케 할 수가 없게 되었다면 임대인의 채무는 이행불능으로 되고, 임차인은 이행불능으로 인한 임대차의 종료를 이유로 그 때 이후의 임대인의 차임지급청구(즉 차임 상당 부당이득의 반환)를 거절할 수 있으므로(대법원 1996. 9. 6. 선고 94다546441호 판결), 피고로서는 이러한 이행불능에 관한 사유를 들어 항변할 수 있다.

상당의 부당이득을 반환할 의무가 있다. 이 경우에는 '원고가 피고에게 목적물을 임대한 사실'과 '그 임대차계약이 종료한 사실'이 원고의 사용수익권 침해, 즉 원고의 손해에 관한 요건사실이 된다(물론, 임차인이 임차 당시의 본래 용도대로 사용·수익한 사실은 여전히 피고의 수익에 관한 사실이므로, 원고가 추가적으로 주장·입증하여야 함은 당연하다). ㉡ 이 경우 임차인이 진실한 소유자로부터 목적물의 반환청구나 임료 내지 그 해당액의 지급요구를 받는 등의 이유로 임대인이 임차인으로 하여금 사용·수익케 할 수 없게 되었다면 임대인의 채무는 이행불능이 되고, 임차인은 이행불능으로 인한 임대차의 종료를 이유로 그 때 이후의 임대인의 차임지급청구(즉, 차임 상당의 부당이득금의 반환)를 거절할 수 있으므로, 피고로서는 이러한 이행불능에 관한 사유를 들어 항변할 수 있다. 그리고 이와 같은 법리는 임차인이 임차물을 전대하였다가 임대차 및 전대차가 모두 종료된 경우의 전차인에 대하여도 특별한 사정이 없는 한 그대로 적용된다.[893)]

② 한편, 불법점유가 없었더라도 소유자에게 임료 상당의 이익이나 기타 소득이 발생할 여지가 없다는 특별한 사정이 있다면 소유자가 부당이득반환을 구할 수 없는데,[894)] 이러한 특별한 사정은 불법점유사실로부터 원고의 손해발생사실을 사실상 추정시키는 경험칙의 적용을 방해하는 기능을 하므로 피고의 이에 관한 주장은 항변이 아니라, 원고의 손해발생사실에 대한 간접반증으로서의 의미를 갖는다.

판례도 금융기관이 대출금 채무의 담보를 위하여 채무자 또는 물상보증인 소유의 토지에 저당권을 취득함과 아울러 그 토지에 지료를 지급하지 아니하는 지상권을 취

893) 즉, 전차인이 전대차 종료 후 이를 사용 수익 하는 경우에 전대인에게 부당이득반환의무가 있지만, 임대차의 종료로 인하여 임대인으로부터 차임지급 등의 요구를 받으면 그 때부터 전대인이 전차인으로 하여금 사용 수익케 할 수 없게 되어 전대인의 채무는 이행불능이 되는 것이다. 가령, 소유자들이 전차인이던 피고에 대하여 목적물의 반환과 차임 상당 손해배상을 청구하였다면, 소유자들이 피고에 대하여 위와 같은 청구를 한 2004. 5. 4. 이후에는 피고는 임차인인 원고에 대한 관계에서 더 이상 차임 상당 부당이득을 반환할 의무가 있다고 할 수는 없다(대법원 2005. 5. 26. 선고 2005다4048, 4055 판결).

894) 이 사건 구거는 원래 농업용 수로로만 사용되던 토지로서 구거의 소유자인 원고가 이 사건 구거의 원상태 그대로 또는 그 상단을 복개하여 농업용 수로 이외의 다른 용도로 활용할 상황은 아니었으며 피고에 의한 상단 복개 후에도 농업용 수로로서의 이용은 계속되고 있는 사정을 알 수 있는바, 이런 상태에서 피고가 이 사건 구거 중 일부를 복개하여 주민들의 편의를 위하여 제공하였다고 하더라도, 이로 인하여 구거의 소유자인 원고가 위 구거 부분을 사용·수익하지 못함으로 인한 손해를 입었다고 보기는 어려우므로, 원심이 원고의 임료 상당 부당이득반환청구를 배척한 조치는 결론에 있어 정당하다고 할 것이다. 상고이유는 피고의 구거 복개로 인하여 원고에게 농업용수의 공급장애, 제방 범람의 위험 증가, 준설비용의 증대 등으로 인한 손해가 발생하였다고 주장하나, 원고가 이와 같은 손해의 발생을 주장하여 배상청구를 하는 것은 별론으로 하고, 이와 같은 사정을 들어 원고에게 토지사용불능으로 인한 손해가 생겼다고 하여 그에 따른 부당이득반환을 청구할 수는 없는 것이다(대법원 2002. 12. 6. 선고 2000다57375 판결).

득하면서 채무자 등으로 하여금 그 토지를 계속하여 점유, 사용토록 하는 경우, 특별한 사정이 없는 한 당해 지상권은 저당권이 실행될 때까지 제3자가 용익권을 취득하거나 목적 토지의 담보가치를 하락시키는 침해행위를 하는 것을 배제함으로써 저당부동산의 담보가치를 확보하는 데에 그 목적이 있다고 할 것이고, 그 경우 지상권의 목적 토지를 점유, 사용함으로써 임료 상당의 이익이나 기타 소득을 얻을 수 있었다고 보기 어려우므로, 그 목적 토지의 소유자 또는 제3자가 저당권 및 지상권의 목적 토지를 점유, 사용한다는 사정만으로는 금융기관에게 어떠한 손해가 발생하였다고 볼 수 없다고 한다.[895]

다. 손해와 이득 사이의 인과관계는 직접적인 인과관계에 한정되지 않는다. 점유로 인한 부당이득반환청구에 있어서는 손해 및 이득사실이 인정되면 인과관계는 사실상 추정되므로 이에 관한 별도의 입증은 필요 없다.

라. 점유로 인한 부당이득반환청구에 있어서는 수익자인 피고가 법률상 원인이 있음을 항변으로 주장하여야 한다는 것이 판례[896]이다.

4. 부당이득반환청구권의 범위

가. ① 통상 점유사용으로 인한 부당이득액은 차임 상당액이므로, 당사자 사이에 약정 차임이 있는 경우에는 그 사실을 주장·입증하여 약정차임 상당액의 반환을 구할 수 있고, 약정차임이 없는 경우에는 감정에 의하여 인정되는 차임 상당액의 반환을 구할 수 있다. ② 그러나 원칙적으로 부당이득반환의무의 구체적인 내용은 의무자가 실제로 어떠한 구체적 이익을 얻었는지에 좇아 정하여지는 것이므로, 어느 경우에나

---

895) 원심은 그 판시와 같은 사실을 인정한 다음, 원고가 이 사건 제1, 2토지에 관하여 저당권과 함께 취득한 지상권은 제3자가 용익권을 취득하거나 목적 토지의 담보가치를 하락시키는 침해행위를 하는 것을 배제함으로써 근저당목적물의 담보가치를 확보하는데 그 목적이 있는 것이므로, 피고들이 이 사건 제1토지 위에 도로를 개설하고 이 사건 제1토지와 제2토지의 사이에 옹벽을 설치하여 지상권의 목적이 된 이 사건 제1, 2토지를 사용, 수익할 수 없게 되었다고 하더라도, 원고로서는 담보가치 감소로 인한 손해배상을 구하는 외에 별도로 지상권 자체의 침해를 이유로 이 사건 제1, 2 토지에 대한 임료 상당의 손해배상을 청구할 수 없다고 판단하였다. 위 법리에 비추어 살펴보면, 원심의 이와 같은 판단은 정당하고, 거기에 상고이유는 주장하는 바와 같은 물권법정주의나 지상권의 성립 및 효력 또는 손해배상의 범위에 관한 법리오해 등의 위법이 없다(대법원 2008. 1. 17. 선고 2006다586 판결). 이는 손해배상에 관한 판례이지만, 원고의 손해 내지 손실이 없었다고 판단한 저에서 부당이득의 경우에도 적용될 수 있을 것으로 보인다.

896) 대법원 2002. 11. 22. 선고 2001다6213 판결 외 다수.

위와 같이 추상적으로 산정된 차임 상당액이 부당이득반환의 대상이 된다고 할 수는 없는 바, 이와 관련하여 최근 대법원 판례는 유치권자가 유치물에 관하여 제3자와 전세계약을 체결하여 전세금을 수령한 경우, 간접점유자인 유치권자가 반환하여야 할 부당이득은 전세금에 대한 법정이자 상당액이라고 판시한 바 있다.[897]

나. ① 일반적인 부당이득반환의 경우 선의의 수익자는 받은 이익이 현존한 한도 내에서 반환할 의무가 있고, 악의의 수익자는 그 받은 이익에 이자를 붙여 반환하고 손해가 있으면 이를 배상할 의무가 있다(이 경우 점유일 이후의 법정이자뿐만 아니라 법정이자 지급의무의 이행지체로 인한 지연손해금까지 인정된다는 것이 판례[898]이다). ② 현재의 실무와 학설상으로는, 금전상 이익의 현존은 추정되므로 수익자에게 이익의 감소사실을 입증할 책임이 있다고 봄이 일반적이고, 이에 의하면 수익자가 받은 이익의 반환만을 구할 경우에는 원고가 피고의 선의 및 그 이익의 현존사실 또는 피고의 악의 사실을 주장·입증할 필요가 없다. ③ 한편, 부당이득에 대한 이자 등의 지급을 구하기 위해서는 피고의 악의 사실까지 주장·입증하여야 할 것이나, 선의의 수익자가 패소한 때에는 그 소를 제기한 때로부터 악의의 수익자로 간주되는 것인바(여기 민법 제749조 2항에서의 '그 소'라 함은, 부당이득을 이유로 그 반환을 구하는 소를 가리킨다는 점에서 민법 제197조 2항의 '본권에 관한 소'와 다르다), 이자의 반환을 소 제기 이후부터 구할 경우에는 따로 악의사실을

897) 이 경우 부당이득반환의무의 구체적인 내용은 다른 부당이득반환청구에서와 마찬가지로 의무자가 실제로 어떠한 구체적 이익을 얻었는지에 좇아 정하여진다. 따라서 유치권자가 유치물에 관하여 제3자와의 사이에 전세계약을 체결하여 전세금을 수령하였다면 전세금이 종국에는 전세입자에게 반환되어야 할 것임에 비추어 다른 특별한 사정이 없는 한 그가 얻은 <u>구체적 이익은 그가 전세금으로 수령한 금전의 이용가능성</u>이고, 그가 이와 같이 구체적으로 얻은 이익과 관계없이 추상적으로 산정된 차임 상당액을 부당이득으로 반환하여야 한다고 할 수 없다. 그리고 <u>이러한 이용가능성은 그 자체 현물로 반환될 수 없는 성질의 것이므로 그 '가액'을 산정하여 반환을 명하여야 할 것인바, 그 가액은 결국 전세금에 대한 법정이자 상당액</u>이라고 할 것이다. 원심이 인정한 사실관계 및 기록에 의하면, 원고는 이 사건 빌라 중 202호, 302호, 401호 및 402호를 제3자에게 각 전세 주어 그들로부터 각 전세금을 수령한 사실을 알 수 있다. 그렇다면 이 사건에서 원고가 유치권자로서 점유하는 위 4세대에 관하여 피고에게 반환하여야 할 부당이득을 산정함에 있어서, 원고가 실제로 얻은 전세금의 법정이자 상당액이 아니라 월 차임 상당액을 기준으로 삼은 원심에는 부당이득반환의무에 관한 법리를 오해하여 판결 결과에 영향을 미친 위법이 있다고 할 것이다. 나아가 원심은 원고가 이 사건 빌라 중 101호, 102호 및 202호에 관하여도 원고의 채권자나 딸이 거주하는 형태로 이를 점유·사용하고 있다고만 한 다음 원고가 피고에게 그 월 차임 상당액의 부당이득반환의무가 있다고 판단하였다. 그러나 앞서 본 법리에 비추어보면, 원고와 위 각 세대에 실제로 거주하는 사람 사이의 위 각 세대의 사용에 관한 법률관계 등을 심리함으로써 원고가 구체적으로 얻은 이익의 종류 및 내용을 밝힌 다음에 원고의 부당이득반화의무를 확정하였어야 했다. 그에 이르지 아니한 채 만연히 월 차임 상당액의 부당이득반환의무를 긍정한 원심에는 필요한 심리를 다하지 아니한 위법이 있다고 할 것이다(대법원 2009. 12. 24. 선고 2009다32324 판결).

898) 대법원 2003. 11. 14. 선고 2001다61869 판결.

입증할 필요가 없다.

다. 일반적으로 점유 사용으로 인한 부당이득반환의무의 종기는 목적물의 인도 완료일이 된다. 다만, 피고가 원고에게 목적물을 인도하지 아니하더라도 인도하는 날 이전에 그 사용·수익을 종료할 수도 있는 예외적 경우에는 피고의 의무불이행사유가 인도하는 날까지 존속한다는 것을 변론종결 당시에 확정적으로 예정할 수 없어, 이 경우에는 목적물의 사용·수익 종료일을 종기로 삼아야 한다.

라. 한편, 부당이득반환의무자가 악의의 수익자라는 점에 대하여는 이를 주장하는 측에서 입증책임을 진다. 여기서 '악의'라고 함은, 민법 제749조 제2항에서 악의로 의제되는 경우 등은 별론으로 하고, 자신의 이익 보유가 법률상 원인 없는 것임을 인식하는 것을 말하고, 그 이익의 보유를 법률상 원인이 없는 것이 되도록 하는 사정, 즉 부당이득반환의무의 발생요건에 해당하는 사실이 있음을 인식하는 것만으로는 부족하다. 따라서 계약명의신탁에서 명의수탁자가 수령한 매수자금이 명의신탁약정에 기하여 지급되었다는 사실을 알았다고 하여도 그 명의신탁약정이 부동산 실권리자명의 등기에 관한 법률 제4조 제1항에 의하여 무효임을 알았다는 등의 사정이 부가되지 아니하는 한 명의수탁자가 그 금전의 보유에 관하여 법률상 원인 없음을 알았다고 섣사리 말할 수 없다는 것이 판례이다.[899)]

마. 소 결 론

따라서 원고에게, 피고 박OO은 이 사건 건물에서 퇴거하고, 피고 강OO는 이 사건

899) 대법원 2010. 1. 28. 선고 2009다24187, 21194 판결. 위 판결에서는 매도인이 선의인 계약명의신탁에 있어서 명의수탁자의 부당이득반환의무의 범위가 문제되었다. 즉, 이 경우 명의수탁자는 명의신탁 부동산의 소유권을 취득하는 한편, 명의신탁자에 대하여 부동산 매수자금(1억 1,300만원)을 부당이득으로 반환할 의무가 있는데, 원심판결에서는 명의신탁자가 구하는 대로 위 매수자금에 대하여 명의수탁자 앞으로 소유권이전등기가 행하여진 1997. 11. 13.부터 명의신탁자가 구하는 바에 따라 원심판결 선고일인 2009. 2. 12.까지는 민법이 정한 연 5%의, 그 다음부터 다 갚는 날까지는 소송촉진 등에 관한 특례법이 정한 연 12%의 각 비율에 의한 지연손해금을 지급할 의무가 있다고 판단하였다. 대법원은 이 중 지연손해금 청구부분에 관한 판단 부분의 오류를 지적하였는데, ① 우선 부당이득반환의무는 이행기간의 정함이 없는 채무이므로 그 채무자는 이행청구를 받은 때에 비로소 지체책임을 지는데, 기록에 의하면 명의신탁자가 달리 명의수탁자를 상대로 그 전에 매수자금의 반환을 청구한 바가 없고, ② 위와 같은 지연손해금청구를 부당이득반환의무를 반환하는 악의 수익자로서의 손해배상책임(민법 제748조 제2항)을 인정하는 취지라고 할지라도, 기록에 의하면, 명의수탁자 앞으로 소유권이전등기가 행하여진 1997. 11. 13. 당시에 명의수탁자가 매수자금에 관하여 이를 보유할 법률상 원인이 없어서 반환하여야할 것임을 알고 있었다고 하기는 어렵다는 것이다.

건물을 철거하고, 이 사건 토지를 인도하며, 위 2006. 3. 27.부터 이 사건 토지의 인도 완료일까지 위 월 금 2,630,000원의 비율에 의한 부당이득금을 지급할 의무가 있다.

5. 요건사실

요건사실	* 원고에게 손실이 발생하고, 그로 인하여 피고에게 이득이 발생한 사실 * 이득의 발생에 법률상 원인이 없을 것 * 이득을 얻은 물건의 가액

가. 원고에게 손실이 발생하고 그로 인하여 피고에게 이득이 발생한 사실, 이득의 발생에 법률상 원인이 없는 사실, 이득을 얻은 물건의 가액(가액반환을 구하는 경우) 등이 요건사실이다. 민법이 들고 있는 대표적인 예로는 원고가 채무가 없음(채무를 발생시키는 원인이 되는 법률행위가 없었거나 있었어도 무효, 취소하였음)에도 피고에게 변제를 한 경우(= 비채변제)이다. 입증방법으로는 영수증, 무통장입금증 등을 제출할 수 있고, 과세정보제출명령신청에 따라 제출된 자료를 입증방법으로 제출할 수 있다.

나. 취득한 이익 전부와 그 이익을 취득한 날부터의 법정이자(민법 제748조 2항)를 구하는 경우에는 피고가 악의의 취득자(법률상 원인 없음을 아는 취득자)임을 원고가 주장, 입증 하여야하고, 무단 점유로 인한 부당이득금반환청구의 경우 측량 미 차임감정이 필수적이므로, 검증, 감정신청을 촉구하여야 한다.

다. 손해와 이득 사이에 인과관계의 의미로 판례는 이른바 '사회관념상 인과관계'론을 취하고 있다.[900] 갑의 손실이 을의 이익으로 돌아간다고 사회관념상 인정되는 한

900) 대법원 1997. 11. 28. 선고 96다21751 판결. 우 판결이 따르고 있는 '사회관념상의 인과관계'라 함은 부당이득에서의 인과관계는 사회관념상 그 연락을 인정할 수 있는 것이면 충분하며, 반드시 직접적인 것일 필요는 없다는 것이다. 즉 부당이득법에서 손해란 손실자가 현실로 그 재산을 이용할 수 이었는가를 묻지 않고 사회관념상 그 이익이 손실자에게 당연히 귀속되어야 할 것이라고 판단되는 경우에 인정된다는 것이다. 이 견해는 일본의 아처영 교수가 일본에서 금전편취나 횡령에 의한 부당이득이 문제되었을 때, 처음에는 직접적인 인관관계가 존재하지 않는다는 이유로 부당이득반환청구를 배척하였지만, 그 후 금전을 편취하거나 횡령한 중간자(제3자)의 자유의사가 개입되었다는 사실이 부당이득을 직접 청구할 수 없는 원인이 될 수 없다고 하여 직접적 인과관계 대신 사회관념상의 인과관계라는 판단기준을 주장하게 된 것이다. 즉 직접적인 인과관계를 요건으로 하는 입장을 취하면, 수익과 손실 사이에 중간사실, 특히 제3자가 개입하게 되는 경우에는 인과관계의 직접성이 언제나 부정될 수밖에 없고, 그렇게 되면 결국 부당이득의 성립도 인정되지 않게 되므로 결국 부당이득제도를 지나치게 경직시키게 되어 부당이득 본래의 취지에도 부합하지 않는다는 점을 강조한다. 따라서 직접성이라는 요소를 완화시킨다는 단계를

부당이득의 성립으로서 필요한 인과관계의 존재를 폭넓게 인정하고 있다.

라. 비채변제를 원인으로 부당이득금 반환을 청구하는 자가 채무를 존재하지 아니한 사실만 주장·입증하면 족할 것이고, 그 채무가 존재하지 아니함을 알지 못하고 지급하였음을 주장·입증할 책임은 없다.901)

6. 항변 등

[주요항변] ① 불법원인급여 항변
② 악의의 변제 또는 도의관념적합 항변

가. 불법원인급여 항변(민법 제746조)

피고는 불법한 원인(예건대 도박계약, 부첩계약)으로 이익을 취득하였음을 들어 반환청구를 거절하는 불법원인급여의 항변을 할 수 있다. 입증방법으로는 도박자금차용증, 부첩계약서 등이 있고, 이에 대하여 원고는 불법원인이 피고에게만 있다(예컨대 민법 104조의 불공정한 법률행위)는 재항변할 수 있다.

나. 악의의 변제 또는 도의관념적합 항변(민법 제742조, 제744조)

비채변제를 요건사실로 하는 경우, 원고가 채무없음을 알면서 변제한 것이라거나, 또는 그 변제가 도의관념에 적합함을 들어 반환의무가 없다는 항변을 할 수 있다. 원고는 자기가 채무 없음을 알면서 변제하였더라도 변제를 강제 당한 경우나 강제집행이나 변제거절로 인한 사실상의 손해를 피하기 위하여 부득이 변제하였다는 재항변할 수 있다. 입증방법으로는 강제집행예고서 등이 있다.

다. 사용수익권의 채권적 포기

국가나 지방자치단체가 개인의 토지를 도로로 사용함으로써 이를 점유·관리하는 경우,902) 일반적으로 토지소유자에게 부당이득반환청구권이 인정되나, 토지소유자가

거쳐 직접적인 인과관계에 대체하여 사회관련상의 인과관계라는 판단기준으로 전환하게 된 것이다.

901) 대법원 1962. 6. 28. 선고 61다1453 판결.

그 사용수익권을 포기한 사실 또는 도로사용을 승낙한 사실을 항변으로 주장·입증하면 부당이득이 인정되지 아니한다.

다만, 소유권의 사용·수익 권능을 대세적으로 포기할 수는 없고, 토지의 소유권자가 그 토지에 관한 사용수익권을 점유자에 대한 관계에서 채권적으로 '포기'하였다고 하여도, 그것이 점유자의 사용·수익을 일시적으로 인정하는 취지라면, 이는 사용대차의 계약관계에 다름 아니므로, 사용대주인 소유권자는 계약관계의 해지 기타 그 종료를 내세워 토지의 반환 및 그 원상회복으로서의 건물의 철거(민법 제615조 참조)를 청구할 수 있다. 결국 사용수익권의 채권적 포기를 이유로 위 청구들이 배척되려면, 그 포기가 일시적인 것이 아닌 영구적인 것이어야 한다.[903)]

[서식 109] 부당이득금반환청구의 소(매매계약무효 – 계약금반환)

소 장

원 고 주식회사 OO
OO시 OO로 00-0 OO프라자 411
대표이사 최 O O
원고 송달장소
서울 OO구 OO로 000 OO빌딩 3층
전화 : (02) 000-0000, 팩스 : (02) 000-0000, 우 : 00000

피 고 윤 O O (50****-*******)
OO시 OO면 OO리 867-3

부당이득반환

902) 지방자치단체가 소유·관리하는 차도, 인도 등에 의해 둘러싸인 삼각형 형상의 사유지가 그 모양과 위치 등 여러 사정에 비추어 위 차도, 인도 등과 일체로서 일반인의 통행에 제공한 토지라고 봄이 상당하므로, 그러한 상황에서 지방자치단체가 그 토지상의 보도블록을 제거하였다고 하더라도 그 토지가 종전과 마찬가지로 인접 토지와 함께 구분 없이 일반인의 통행에 사용되고 있는 이상 여전히 지방자치단체가 이를 점유하고 있다고 본 사례로, 대법원 2010. 1. 14. 선고 2009다77075 판결 참조.

903) 대법원 2009. 3. 26. 선고 2009다228, 235 판결.

904) 피고가 제기한 수원지방법원 2009가합20799(항소심 서울고등법원 2010나55042) 매매대금청구 사건의 판결문을 바탕으로 사실관계를 적시합니다.

청 구 취 지

1. 피고는 원고에게 금 264,397,690원 및 이에 대하여 20○○. 4. 10.부터 이 사건 소장부본 송달일까지 연 5%, 그 다음날부터 다 갚는 날까지 연 12%의 비율에 의한 금원을 이행하라.
2. 소송비용은 피고부담으로 한다.
3. 위 제1항의 가집행할 수 있다.

라는 판결을 구합니다.

청 구 이 유

1. 당사자 기초사실

원고는 20○○. 8.경부터 20○○. 4.경까지 이 사건 토지를 비롯한 ○○시 ○○면 ○○리 869 일대 80필지를 공동주택건설사업 시행을 목적으로 매입하였고, 피고와 사이에도 20○○. 4. 6. 피고 소유의 ○○시 ○○면 ○○리 867-3 대265㎡ 및 그 지상 철근콘크리트조 및 조적조 스라브지붕 3층 근린생활시설 및 주택 1층 155㎡, 2층 155㎡, 3층 118.47㎡(이하 '이사건 부동산'이라고 합니다) 위 토지에 대한 매매대금 8억 원과 지상 건물에 대한 매매대금으로 7억 원으로 하는 매매계약을 체결[904)](이하 '이 사건 매매계약'이라고 합니다)하였습니다(갑 제1호증 인증매매계약서, 갑 제2호증의 1,2 각 부동산등기부등본 참조).

원고는 위 부동산들의 매수자금을 (주)○○상호저축은행 등 금융기관들로부터 '브릿지론'대출을 받아 지불하여야 했고, 그런데 이 사건 부동산 인근지역이 국토의 계획 및 이용에 관한 법률에 의한 토지거래허가구역 내에 있었기 때문에 원고 명의로 소유권이전등기를 할 수 없어, 원고와 피고 사이에 이 사건 부동산을 우선 신탁회사에 신탁하여 놓기로 합의하였고, 피고는 주식회사 ○○부동산신탁 사이에 이 사건 부동산에 대해 피고를 위탁자로, (주)○○부동산신탁을 수탁자로, 위 금융기관들을 신탁원본의 우선수익자로, 원고를 주 피고로 하는 부동산담보신탁계약(이하 '이 사건 신탁계약'이라고 합니다)을 체결하였습니다(갑 제3호증 부동산담보신탁계약서 참조).

이에 따라 20○○. 4. 9.경 피고는 주식회사 ○○부동산신탁에게 신탁을 원인으로 한 소유권이전등기를 함과 동시에 원고도 피고에게 토지대금으로 8억 원[피고의 ○○○○협동조합에 대한 채무 11,175,577원을 대변제하고, 남은 788, 824,243원을 피고 명의의 ○○은행 통장으로 송금함]을 지급하였습니다(갑 제4호증 통장사본 참조).

2. **이 사건 부동산의 수용 및 매매계약의 확정적 무효**

가. 이 사건 매매계약의 확정적 무효

원고는 피고 등 토지소유자로부터 토지사용승낙을 받아 공동주택건설사업을 추진하던 20OO. 12. 20.경 이 사건 토지를 비롯한 사업주지에 대하여 택지개발촉진법에 따른 'OO시 OO2기 택지개발예정지구'가 지정고시(건설교통부 고시 제2007-601 되면서 이 사건 부동산은 한국토지공사에 수용되었습니다(갑 제5호증의 1 사실조회, 2. 손실보상액명세 각 참조).

대법원은 '국토이용관리법상 토지거래허가를 받지 않아 거래계약이 유동적 무효의 상태에 있는 경우, 유동적 무효의 상태의 계약은 관할 관청의 불허가처분이 있을 뿐만 아니라, 당사자 쌍방이 허가신청협력의무의 이행거절 의사를 명백히 표시한 경우에는 허가 전 거래계약관계, 즉, 유동적 무효상태가 더 이상 지속된다고 볼 수 없으므로, 계약관계는 확정적으로 무효가 된다고 할 것이고, 그와 같은 법리는 거래계약상 일방의 채무가 이행불능임이 명백하고 나아가 상대방이 거래계약의 존속을 더 이상 바라지 않고 있는 경우에도 마찬가지라고 하며, 거래계약이 확정적으로 무효가 된 경우에는 거래계약이 확정적으로 무효로 됨에 귀책사유가 있는 자라고 하더라도 그 계약의 무효를 주장할 수 있다(대법원 19OO. 2. 28. 선고 94다OOOO 판결, 대법원 19OO. 7. 25. 선고 97다OOOO, OOOO 판결 등 참조)'라고 판시하고 있습니다.

이 사건에 되돌아와 살펴보면, 원고와 피고가 이 사건 매매계약을 체결한 후 OO시로부터 토지거래허가를 받기 전에 이 사건 부동산이 공동주택지개발지구로 지정되어 한국토지공사가 수용되었고, 이로 인해 원고의 소유권이전채무는 이행불능이 됨으로써 이 사건 매매계약은 확정적으로 무효가 되었습니다.

나. 동일 기초사실을 바탕으로 한, 원고와 피고 사이의 소송의 결과

이 사건과 당사자(다만 원고와 피고만 바뀌었음) 및 기초사실이 동일한 OO지방법원 20OO가합OOOO(항소심 OO고등법원 20OO나OOOO) 매매대금 청구 사건의 판결에서, '이 사건 매매계약은 이 사건 부동산이 OO시로부터 토지거래허가를 받기 전에 OO토지공사에게 수용됨으로써 확정적으로 무효가 되었다.'라고 보아 원고를 상대로 한 피고의 매매대금 청구는 기각으로 확정되었습니다(갑 제6호증의 1,2 각 판결문 참조).

3. **부당이득반환 채권**

원고는 이 사건 부동산의 매매대금으로 20OO. 4. 9.피고에게 토지대금으로 8억원을 지급하였습니다. 그런데 OO토지개발공사가 이 사건 부동산의 수용으로 인한 손실보상액은 총 535,602,310원(토지 277,720,000원 + 건물 257,882,310원)

으로 인정되었고(갑 제4호증의 2 손실보상액명세 참조), 위 손실보상액은 원고를 피고로, (주)OO상호저축은행 등 금융기관들을 우선수익자로 하는 담보신탁계약에 따라 우선수익자들에게 지급되었습니다.

따라서 피고는 원고로부터 지급 받은 매매대금을 전부 반환하여야 할 부당이득반환 의무가 있으나, 원고가 금융기관에게 부담하여야 할 원고의 채무를 담보신탁계약에 따라 수익자인 금융기관이 수용보상금 535,602,310원을 우선 지급받았기 때문에 위 금원 상당을 상계하고 남은 264,397,690원(800,000,000원-535,602,310원)을 원고에게 부당이득으로 반환할 의무가 있습니다.

4. 결 어

이상과 같이 원고와 피고 사이에 체결한 이 사건 부동산매매계약은 OO시로부터 토지거래허가를 받지 못한 상태에서 OO토지공사에게 수용됨으로써 확정적으로 무효되었고, 따라서 피고는 원고에게 청구취지와 같은 금원을 부당이득으로 반환할 의무가 있습니다.

입 증 방 법

1. 갑 제1호증	인증매매계약서
1. 갑 제2호증의 1, 2	각 부동산등기부등본
1. 갑 제3호증	부동산담보신탁계약서
1. 갑 제4호증	통장사본
1. 갑 제5호증의 1	사실조회
2	손실보상액명세
1. 갑 제6호증의 1, 2	각 판결문

첨 부 서 류

1. 위 입증방법	각 1부
1. 법인등기부등본	1부
1. 등록세 영수필증	1부

20OO. . .

원고의 소송대리인

법무법인 OO
담당변호사 O O O

OO지방법원 귀중

[서식 110] 부당이득반환청구의 소(매매계약 무효 등)

소 장

원 고 이 O O (52**** - *******)
서울 OO구 OO동 221-26
소송대리인 변호사 OOO
서울 OO구 OO동 1712-12 OO빌딩 401호
Tel. (02) 000-0000, Fax. (02) 000-0000, 우 : 000-000

피 고 박 O O (75**** - ********)
안양시 OO구 OO동 1109-4 OO아파트 제606동 1801호

부당이득반환청구의 소 등

청 구 취 지

1. 피고는 원고에게 71,500,000원 및 이에 대한 20OO. 1. 29.부터 이 사건 소장 송달 일까지 5%, 그 다음날부터 완제일까지 연 12%의 각 비율에 의한 금원을 지급하라.
2. 소송비용은 피고부담으로 한다.
3. 제1항은 가집행할 수 있다.

라는 판결을 구합니다.

청 구 원 인

1. 당사자의 기초사실

피고는 OO시 OO구 OO동 189-9 소재 토지(이하 '이 사건 토지'라고 합니다)상에 약 100평정도의 비닐하우스 1통을 지어 놓고, 그 내부에 각종 화훼들을 식재하거나 보관(이하 '이 사건 화훼판매장 '이라고 합니다)하면서 불특정 다수인에게 판매하여 온 자이고, 원고는 피고로부터 이 사건 화훼판매장을 매수한 자입니다.

2. 원고와 피고 사이의 매수합의 내용

이 사건 화훼판매장의 부지는 피고가 소외 최OO로부터 20여년 이상을 임차관계를 유지하면서 화훼사업을 하여 온 곳입니다.

20OO. 1. 27. 원고는 피고로부터 위 토지의 지상에 설치된 비닐하우스 1동 등 이 사건 화해판매장을 금 71,500,000원에 매수하는 매매계약을 체결(이하 '이 사건 매매계약'이라고 합니다)하였습니다.

원고는 위 매매계약을 체결할 당시 화훼농장의 특성상 장기간 토지이용기간이 보장되지 않으면 안 되었기 때문에 이 사건 토지를 안정적으로 이용할 수 있는 관계가 유지되는 것이 이 사건 계약에서 무엇보다 중요한 문제임을 피고에게 제시하였고, 이에 피고는 원고에게 이 사건 토지는 장기간 사용이 보장된 토지로서 토지이용과 관련하여 그 어떠한 문제도 없다며 이 사건 매매계약서에 "지주문제는 이상 없음을 확인함. 박OO"이라는 내용의 자필, 서명을 해 주었습니다(갑제 1호증 매매계약서 참조).

원고는 피고의 위와 같은 말을 신뢰하고 20OO. 1. 25. 계약금 2,000,000원을, 위 같은 달 27. 중도금 10,000,000원을, 위 같은 달 29. 잔금 59,500,000원을 각 피고에게 지급하였습니다.

3. 이 사건 매매계약의 하자(피고의 기망행위)

가. 위와 같이 20OO. 1. 25. 이 사건 매매계약을 체결한 당시 피고는 원고에게 "지주문제는 이상 없음을 확인함"까지 하여 주었으나, 실은 그 이전인 20OO. 10. 30.경에 이미 토지소유자 최OO과 20OO자OOOO호 토지인도 등 제소전화해를 하고 20OO. 7. 25.까지 이 사건 토지상의 지상물을 모두 철거한 뒤, 토지를 토지 소유자에게 인도해 주기로 하는 제소전화해를 한 이후였습니다(갑 제2호증 제소전화해조서 참조). 그럼에도 피고는 마친 토지 이용관계에 아무런 하자도 없는 것처럼 원고를 속이고 이 사건 매매계약을 체결한 것입니다.

나. 위와 같은 상황에서 원고는 전 재산이라고 할 수 있는 이 사건 화훼판매장을 지키기 위해 동분서주하면서 토지소유자 최OO에게 임차권을 보장하여 줄 것을 요구하였으나, 위 최OO은 통고서를 통해 이미 수차례에 걸쳐 충분한 시간을 주고 이 사건 부동산에 대한 개발계획에 따라 이 사건 토지의 지상물을 철거하여 줄 것을 사전 예고한 바 있다면서, 만약, 원고가 임의적으로 철거하지 않으면 위 제소전화해조서에 따라 강제 철거하겠다는 최후통첩을 보냈습니다. 현재 이 사건 토지의 소유자 최OO은 소송대리인을 선임하여 강제집행 절차를 준비하고 있습니다.

이에 원고는 피고에게 이 사건 매매대금을 반환하여 줄 것을 요구하였습니다. 그러자 피고는 위 화해조서는 형식적으로 작성된 것이며, 자신은 이미 원고에게 이 사건 화훼판매장을 매도하였기 때문에 위 최OO의 토지인도 청구는 원고가 부담할 위험이지 자신과는 상관없는 일이라며 책임을 회피하고 있습니다.

4. 원고의 청구의 내용(선택적 청구)

가. 이 사건 매매계약은 피고의 사기에 의해 이루어진 법률행위로 무효입니다. 위에서 본바와 같이 피고는 이미 토지소유자와 제소전화해까지 끝마치고 이 사건 화훼판매장을 철거하여 주기로 합의까지 하여 놓았으면서도, 원고에게 마치 이 사건 토지를 이용하여 지속적으로 화훼판매업을 할 수 있는 것처럼 기망하였고, 위와 같은 피고의 기망에 속아 이 사건 매매계약을 체결한 것으로 이는 하자있는 의사표시에 해당합니다. 원고는 그 동안 피고에게 유무선 통신을 통해 이 사건 매매계약은 사기라며 취소의 의사표시를 하였습니다. 따라서 이 사건 매매계약은 취소되었고, 그렇다면 피고는 원고에게 이 사건 매도대금인 금 71,5000,000원을 반환하여 줄 의무가 있습니다.

나. 불법행위에 기한 손해배상청구

피고는 이미 이 사건 토지가 토지 소유자에게 그 지상물을 철거하고 인도하기로 한다는 제소전화해까지 하여 놓고도 마치 원고에게 이 사건 토지의 이용관계에 전혀 하자가 없는 것처럼 고의적으로 기망하였습니다. 원고는 위와 같은 피고의 기망행위를 신뢰한 나머지 이 사건 매매계약을 체결하였고, 그로 인해 매매대금 상당의 손해를 입었는바, 위와 같은 피고의 행위는 불법행위에 해당합니다. 따라서 피고는 원고에게 이 사건 화훼판매장을 매수대금으로 받은 금 71,5000,000원 상당의 손해를 배상해 줄 의무가 있습니다.

5. 결 어

이상에서 본바와 같이 피고의 기망행위로 체결된 이 사건 매매계약은 하자 있는 법률행위로 무효이고, 또한 피고의 위 행위는 불법행위에도 해당합니다. 따라서 피고는 원고에게 금 71,500,000원 및 이에 대한 20OO. 1. 29.부터(편의상 잔금지급시점을 기산점으로 삼음) 이 사건 소장 송달 일까지 5%, 그 다음날부터 완제일까지 연 12%의 각 비율에 의한 금원을 부당이득반환 의무 또는 불법행위에 기한 손해배상 의무가 있습니다.

입 증 서 면

1. 갑 제1호증	매매계약서
1. 갑 제2호증	제소전화해조서

첨 부 서 류

1. 위 입증서면	각 1통
1. 위임장	1통
1. 송달료 납부서	1통

20OO. . .

원고의 소송대리인
변호사 O O O

OO지방법원 귀중

[서식 111] 부당이득반환청구의 소(도로점유)

소 장

원 고 유 ○ ○ (주민등록번호 000000-0000000)
서울 성동구 구의로12길 3

피 고 1. 서울특별시
대표자 시장 ○ ○ ○
주소
전화번호(휴대폰 포함), 팩스번호, 전자우편(e-mail)

2. ○○구청
대표자 구청장 ○ ○ ○
주소
전화번호(휴대폰 포함), 팩스번호, 전자우편(e-mail)

부당이득반환청구의 소

청 구 취 지

1. 피고들은 연대하여 원고에게 금40,000,000원 및 이에 대하여 이사건 소장 송달 익일부터 완제일까지 연 12%의 비율에 의한 금원을 지급하라.
2. 소송비용은 피고들의 부담으로 한다.
3. 위 제 1항은 가집행할 수 있다.

라는 판결을 구합니다.

청 구 원 인

1. 별지목록 기재 각 부동산은 원래 원고의 망부 유○○(20○○. 10. 3. 사망)의 소유였으나 20○○. 12. 24. 재산상속 등기를 하여 상속받은 원고의 소유입니다.

2. 그런데 피고들은 19○○년경부터 위 각 부동산(이하 이 사건 토지라 한다)을 도로에 편입한 이래 수용 또는 매수절차를 거침이 없이 지금까지 일반공중 및 차량 등의 통행에 제공하는 도로로 점유 사용함으로써 법률상 원인 없이 이 사건 토지의 임료 상당액의 이득을 얻고 원고에게 같은 액 상당의 손해를 가하

고 있습니다.

3. 따라서 피고들은 20○○. 2. 2부터 이사건 소장 송달일까지 그 임료 상당액을 부당이득금으로 원고에게 반환할 의무가 있다 할 것인 바, 정확한 액수는 추후 감정결과에 따라 확정하기로 하고 그중에서 우선 금 40,000,000원 및 이에 대한 이 사건 소장 송달 익일부터 완제일까지 소송 촉진 등에 관한 특례법 소정의 연 12%의 비율에 의한 지연 손해금의 연대지급을 구하기 위하여 이 사건 청구에 이른 것입니다.

입 증 방 법

1. 갑 제1호증의 1. 2　　　　등기사항전부증명서
1. 갑 제2호증의 1. 2　　　　토지대장 등본
1. 갑 제3호증의 1. 2　　　　도시계획시설확인원

그 밖의 입증방법은 소송의 진행에 따라 제출하겠습니다.

첨 부 서 류

1. 위 입증방법　　　　각 1통
1. 소장부본　　　　2통
1. 위임장　　　　1통
1. 납부서　　　　1통

20○○. ○. ○.

위 원고 ○ ○ ○ (인)

서울중앙지방법원 귀중

XVII. 매매대금

1. 매매대금의 개념

쌍무계약의 본질적 특징은 급부와 반대급부의 법적 결합에 있다. 즉, 계약당사자는 반대급부를 얻기 위하여 상대방에게 자신의 급부를 이행하며, 이는 상대방의 반대급부에 대하여 상환으로 이행되므로 양급부는 상호 견련성을 가진다.[905] 예컨대 매매계약에 있어서 매도인은 매매목적물의 대가인 매매대금을 얻기 위하여 목적물을 인도하며, 매수인은 매매목적물을 얻기 위하여 매매대금을 지급해야 하는 낙성, 쌍무, 불요식의 유상계약이다(민법 제563조). 그러므로 쌍무계약의 급부가 계약 당사자의 특별한 파기 또는 장애 없이 이행되면 쌍무계약은 정상적으로 소멸한다.

2. 요건사실

가. 매매대금만을 청구하는 경우

1) 원고는 청구원인으로 매매계약의 체결사실, 즉 "원고는 피고에게 어떤 재산권을 이전하여 주기로 하고, 피고는 일정액의 대금을 지급하기로 한 사실"만 주장하면 된다.[906]

대금지급기간한에 관한 합의와 그 도래 사실은 대금지급기한이 매매의 본질적 요소가 아니라는 점에서 이를 청구원인으로 주장할 필요가 없고, 또한 목적물의 재산권이 매도인에게 귀속되었다는 사실은 민법상 타인의 권리에 대한 매매가 허용된다는 점에서 역시 이를 청구원인으로 주장할 필요가 없다. 또 매도인이 자신의 채무를 이행한 사실은 매수인의 동시이행항변에 대한 재항변의 요건사실이므로 이를 청구원인 단계에서 주장·입증할 것은 아니다.

2) 매매계약의 특정을 위해서는, ① 쌍방당사자, ② 계약일시, ③ 목적물 ④ 매매대금의 4가지 사항을 적시하여 한다.

---

905) 이와 관련하여 최근의 판례는 가계약서에 잔금 지급시기가 기재되지 않았고 후에 그 정식계약서가 작성되지 않았다 하더라도, 가계약서 작성 당시 매매계약의 중요 사항인 매매목적물과 매매대금 등이 특정되고 중도금 지급방법에 관한 합의가 있었음을 이유로 매매계약이 유효하게 성립하였다고 판단한 원심의 판단을 지지하고 있다.

906) 이 약정에 의하여 매도인의 매매대금지급청구권과 매수인의 재산권이전청구권이 발생하고, 또 바로 이행할 수 있기 때문이다.

> [기본사례] 원고(매도인) → 피고(매수인)
> 원고는 피고에게 2000. 1. 1. 아파트를 8억 원에 매도하였다.
> [부대청구] 지연손해금(소유권이전·인도를 완료한 경우)

3. 청구취지

> 피고는 원고에게 금 800,000,000원 및 이에 대하여 2000. 4. 1.부터 이 사건 소장 부본 송달일까지는 연 5%의, 그 다음날부터 다 갚는 날까지는 연 12%의 각 비율에 의한 금원을 지급하라.

가. 매매대금에 대한 이자를 함께 청구하는 경우

요건사실	원고가 매도인으로서 매매대금에 대한 이자의 지급을 구하기 위해서는 피고에게 목적물을 매각한 사실과 일정시점에서 피고에게 목적물을 현실적으로 인도한 사실을 주장·입증하면 족하다(민법 제578조).

1) 민법 제587존 제1문에서는 인도하지 아니한 목적물로부터 생긴 과실수취권이 매도인에게 있음을, 제2문에서는 매수인이 목적물을 인도받은 날부터 대금의 이자를 지급할 의무가 있음을 각 규정하고 있는바, 이는 매매당사자 사이의 형평을 꾀하기 위하여 매매 목적물의 인도시를 기준으로 과실수취권의 귀속을 정하고 있는 것이다. 매매목적물이 인도되지 아니하더라도 매수인이 대금을 완제한 때에는 그 시점 이후의 과실은 매수인에게 귀속되지만, 매매목적물이 인도되지 아니하고 또한 매수인이 대금을 완제하지 아니한 때에는 매도인의 이행지체가 있더라도 과실은 매도인에게 귀속되는 것이므로 매수인은 인도의무의 지체로 인한 손해배상금의 지급을 구할 수 없다.[907][908]

---

907) 특정물의 매매에 있어서 매수인의 대금지급 채무가 이행지체에 빠졌다 하더라도 그 목적물이 매수인에게 인도될 때 까지는 매도인은 그 목적물에서 생기는 과실을 수취할 수 있는 한편 그 목적물의 관리 보존의 비용도 자기가 부담하여야 하는 것이고, 그 반면 매수인은 매매대금의 이자를 지급할 필요가 없는 것이므로 <u>매도인은 매수인의 대금지급의무와 이행의 지체를 이유로 하여 그 목적물의 인도가 이루어지기 이전의 기간 동안의 목적물의 관리보존의 비용의 상환이나 매매대금의 이자 상당액의</u>

① 이에 따라 매도인은 인도하지 아니한 목적물로부터 생긴 과실을 수취함으로써 매수인에게 발생한 손해를 배상하지 않아도 되고, 매수인은 매매대금을 지급하지 않은 데에 대한 지체책임을 지지 않아도 된다. ② 한편, 위 규정은 당사자 간에 이행기에 관한 특약이 없어서, 매도인의 채무와 매수인의 채무가 동시이행의 관계에 있는 경우에 적용되는 것이고, 일방이 선이행의무를 부담하기로 약정한 경우에는 당사자의 의사에 따라 위 규정의 적용은 배제된다(민법 제587조 단서. 다만, 선이행의무를 부담하고 있는 당사자가 이행지체에 빠져 있던 중 다른 당사자의 채무의 이행기가 도래하여 이때부터 쌍방의 채무가 동시이행의 관계에 놓이게 된다면, 다시 제587조가 적용될 여지가 있다).

2) ① 매도인은 목적물의 인도를 지체한 경우에도 매수인으로부터 대금을 지급받지 않는 한 현실적으로 목적물을 인도할 때까지 목적물로부터 생긴 과실을 수취할 수 있으므로, 매수인은 매도인에 대하여 인도지체를 이유로 손해배상을 구할 수 없다(부동산 매매에 있어 목적부동산을 제3자가 점유하고 있어 인도받지 아니한 매수인이 명도소송의 방편으로 미리 소유권이전등기를 경료 받았다 하여도 아직 매매대금을 완납하지 않은 이상 부동산으로부터 발생하는 과실은 매도인에게 귀속된다). 다만, 매매 목적물을 인도하기 전이라도 매도인이 이미 대금을 지급받은 때에는 매도인은 대금을 지급받은 때로부터 과실수취권을 상실하게 된다.[909] ② 매수인 또한 매매대금의 지급을 지체하고 있더라도 목적물을 인도받을 때까지는 이자를 지급할 필요가 없으며, 목적물의 인도를 받은 날부터 이자를 지급하면 된다.

3) 결국, 원고가 매도인으로서 매매대금에 대한 이자의 지급을 구하기 위해서는 피고에게 목적물을 매각한 사실과 일정 시점에서 피고에게 목적물을 현실로 인도한 사실을 주장·입증하여야 한다(한편 목적물을 인도받았더라도 대금지급기한에 관한 약정이 있고 그 기한이 목적물을 인도받은 날보다 뒤라면 그 기한까지는 매매대금에 대한 이자를 지급할 필요가 없으

손해배상청구를 할 수 없다 할 것인바, 기록에 의하면 매매목적물인 이 사건 부동산이 매수인인 원고에게 인도되지 아니하고 있음이 명백하므로 매도인인 피고가 원고의 대금지급의무 이행의 지체로 인하여 그 주장과 같은 손해를 입었다 하더라도 원고에게 그 배상청구를 할 수 없는 것이므로 원심이 위 손해배상청구권을 반대 채권으로 하는 피고의 동시이행항변을 배척한 것은 정당하고 논지는 이유 없다(대법원 1981. 5. 26. 선고 80다211 판결).

908) 대법원 2004. 4. 23. 선고 2004다8210 판결.

909) 또한 담보목적으로 가등기를 경료한 채권자가 가등기담보권을 실행하여 채무자에게 담보권실행을 통지한 경우, 청산금을 지급할 여지가 없는 때에는 2월의 청산기간이 경과함으로써 청산절차는 종료하고 채권자는 더 이상의 반대급부의 제공 없이 채무자에 대하여 소유권이전등기청구권과 목적물 인도청구권을 가지므로, 담보목적물에 대한 과실수취권을 포함한 사용·수익권은 청산절차의 종료와 함께 채권자에게 귀속된다(대법원 2001. 2. 27. 선고 2000다20465 판결).

므로, 피고로서는 이와 같은 대금지급기한의 약정사실을 항변으로 주장·입증하여 그 때까지의 이자지급을 면할 수 있다).

나. 매매대금에 대한 지연손해금을 함께 청구하는 경우

요건사실	원고가 매매계약이 체결사실 외에 대금지급기한의 도래한 사실 및 목적물을 인도한 사실(+소유권이전등기의무의 이행·이행의 제공+손해의 발생 및 범위)을 주장하여야 한다.

1) ① 원고가 매매대금청구권의 발생사실로서 매매계약의 체결사실을 주장·입증하면, 매수인의 매매대금지급의무와 동시이행의 관계에 있는 매도인의 소유권이전의무의 발생에 대한 요건사실까지 함께 주장·입증하는 셈이 되는데(공격방법의 불가피한 불이익진술), 동시이행의 항변권의 이행지체저지효 때문에 원고로서는 자신의 채무인 소유권이전의무의 이행 또는 이행의 제공사실까지도 주장·입증하여야 비로소 매수인의 매매대금지급의무가 이행지체에 빠지게 된다(매수인의 동시이행항변권의 존재효과).[910] 따라서 부동산 매매의 경우에는 소유권이전등기의 이행 또는 이행제공사실로서 목적물 소유권이전에 관련된 등기서류를 교부 또는 제공한 사실을 주장·입증하여야 한다(동산 매매의 경우에는 목적물의 인도가 소유권이전의무의 이행이므로, 목적물 인도를 주장·입증하면 족하다).

② 한편 매도인은 특별한 사정이 없는 한 제한이나 부담이 없는 완전한 소유권을 이전하여 주어야 할 의무가 있는 것이기 때문에, 매매 목적물에 가압류등기, 근저당권설정등기 등이 마쳐져 있는 경우라면, 원고로서는 소유권이전에 관련된 등기서류뿐만 아니라 이들 등기의 말소에 필요한 서류까지 교부 또는 제공한 사실을 주장·입증하여야 한다(피담보채무를 모두 변제하였음을 주장·입증하는 것만으로는 부족하다).

2) 대금지급기한에 관한 약정(확정기간, 불확정기한, 기한의 정함이 없는 채무)이 있는 경우, 그 기한이 확정기한이라면 확정기한에 관한 약정사실만 주장·입증하면 되고, 그 기한의 도과 여부는 법원에 현저하므로, 이에 대한 별도의 주장·입증은 필요하지 않다.

---

910) 그리고 이는 상대방이 동시이행의 항변권을 행사하였는지 여부와는 무관한 것이기 때문에(당연호), 만일 동시이행의 관계가 인정되는 사안임에도 불구하고 자신 채무의 이행 또는 이행의 제공을 주장·입증하지 않으면, 청구원인 단계에서 지연손해금 부분이 이유 없음을 설시하여야 한다.

3) ① 한편 매수인의 대금지급채무가 이행지체에 빠졌다 하더라도 목적물이 매수인에게 인도될 때까지는 매수인은 매매대금의 이자를 지급할 필요가 없으므로, 원고는 목적물을 인도한 사실을 주장·입증하여야만 매수인의 대금지급의무 이행지체를 이유로 한 손해배상청구를 할 수 있다. ② 다만, 목적물이 인도되지 않은 경우에도 원고가 목적물인도기한보다 앞서는 대금지급기한의 약정사실을 주장·입증하면 매수인인 피고는 대금지급기한 다음날부터 매도인의 목적물 인도의무와 다시 동시이행의 관계에 놓이게 되는 목적물 인도기한까지는 이행지체 책임을 부담하게 된다.

4) 다만, 손해의 발생 및 그 범위는 원래 원고가 주장·입증하여야 하나, 매매대금과 같이 금전채무를 이행하지 않은 경우에는 특칙이 있다. 즉, ① 민사법정이율에 의한 지연손해금을 주장하는 경우에는 별도의 사실을 입증하지 않더라도 민법 제397조를 적용하여 매매대금에 대한 연 5%의 민사법정이율에 의한 금원을 손해로 인정할 수 있고, ② 상사법정이율인 연 6%의 비율에 의한 지연손해금을 주장하는 경우에는 매매대금채무가 상행위로 발생한 사실을 주장·입증하여야 하는데, 상인의 행위로 매매대금채무가 발생한 사실, 즉 매매계약 당사자의 일방이 상인인 사실을 주장·입증[911)]하면 특별한 사정이 없는 한 상사법정이율의 적용을 주장할 수 있게 된다. ③ 만일 원고가 약정비율에 의한 지연손해금의 지급을 주장하는 경우에는 지연손해금 비율에 의한 약정사실을 주장·입증하여야 하며, 이러한 약정은 손해배상액의 예정[912)]으

911) 상인의 행위는 영업을 위하여 하는 것으로 추정되고, 상인이 영업을 위하여 하는 행위는 상행위로 보기 때문이다(상법 제47조).

912) 한편, 채무불이행에 관한 손해배상액의 예정은 당사자의 합의로 행하여지는 것으로서, 그 내용이 어떠한가, 특히 어떠한 유형의 채무불이행에 관한 손해배상을 예정한 것인가는 무엇보다도 당해 약정의 해석에 의하여 정하여지는 것이므로, 당해 손해배상액의 예정 약정이 어떠한 채무불이행을 예정하고 있는지를 구체적으로 살펴야 한다.
이와 관련하여 최근 대법원 2010. 1. 28. 선고 2009다41137, 41144 판결은, "공사도급계약을 체결하면서 건설교통부 고시 '민간건설공사 표준도급계약 일반조건'을 계약의 일부로 편입하기로 합의 하였고, 위 일반조건에서 지체상금에 관한 규정과 별도로 계약의 해제·해지로 인한 손해배상청구에 관한 규정을 두고 있는 경우, 채무불이행에 관한 손해배상액의 예정은 당사자의 합의로 행하여지는 것으로서, 그 내용이 어떠한가, 특히 어떠한 유형의 채무불이행에 관한 손해배상을 예정한 것인가는 무엇보다도 당해 약정의 해석에 의하여 정하여지는바, 위 일반조건의 지체상금약정은 수급인이 공사완성의 기한 내에 공사를 완성하지 못한 경우에 완공의 지체로 인한 손해배상책임에 관하여 손해배상액을 예정하였다고 해석할 것이고, 수급인이 완공의 지체가 아니라 그 공사를 부실하게 한 것과 같은 불완전급부 등으로 인하여 발생한 손해는 그 부실공사 등과 상당인관계가 있는 완공의 지체로 인하여 발생한 것이 아닌 한 위 지체상금약정에 의하여 처리되지 아니하고 도급인은 위 일반조건의 손해배상약정에 기하여 별도로 그 배상을 청구할 수 있다. 이 경우 손해배상의 범위는 민법 제393조 등과 같은 그 범위확정에 관한 일반법리에 의하여 정하여지고, 그것이 위 지체상금약정에 기하여 산정되는 지체상금액에 제한되어 이를 넘지 못한다고 볼 것이 아니다."라고 판시한 바 있다. 한편, 수급인이 완공기한

로서 성격을 갖는다.[913] 이 경우 채권자는 채무불이행 사실만 증명하면 손해의 발생 및 그 액수를 증명하지 아니하고 예정된 배상액을 청구할 수 있으나, 예정된 배상액만 청구할 수 있고 실제 손해배상액의 지급을 구하거나, 예정된 배상액과 별도로 특별한 사정으로 인한 손해의 배상을 구할 수도 없으며, 피고로서도 실제 손해가 발생하지 않은 사실 또는 실손해액이 예정배상액보다 적다는 사실을 입증하더라도 손해배상책임을 면하거나 예정배상액과의 차액만큼 감액을 받을 수는 없다. 다만, 채무자인 피고로서는 채권자와 채무불이행에 있어 채무자의 귀책사유를 묻지 아니한다는 약정을 하지 아니한 이상 자신의 귀책사유가 없음을 주장·증명함으로써 예정된 배상액의 지급책임을 면할 수 있다.[914]

4. 청구원인

> [청구원인] 매매계약을 체결한 사실
> [부대청구] 매매목적물에 대한 소유권이전·인도를 마친 사실

가. 원고는 청구원인으로 매매계약의 체결사실, 즉 "원고는 피고에게 어떤 재산권을 이전하여 주기로 하고, 피고는 일정액의 대금을 지급하기로 약정한 사실"만을 주장·입증하면 된다. 이 약정에 의하여 매도인의 매매대금 지급청구권과매수인의 재산권이전청구권이 발생하고, 또 바로 이행을 청구할 수 있기 때문이다. 입증방법으로는 매매계약서, 인수증 등이 있다.

예 원고는 2000. 1. 1.(계약일) 피고에게 서울 OO구 OO동 675-1 OO아파트 000동 000호(목적물)를 금 8억 원(매매대금)에 매도하였다.

내에 공사를 완성하지 못한 채 공사를 중단하고 계약이 해제된 결과 완공이 지연된 경우에 있어서 지체상금은 약정 준공일 다음날부터 발생하되 그 종기는 수급인이 공사를 중단하거나 기타 해제사유가 있어 도급인이 공사도급계약을 해제할 수 있었을 때(실제로 해제한 때가 아니다)부터 도급인이 다른 업자에게 맡겨서 공사를 완성할 수 있었던 시점까지이고, 수급인이 책임질 수 없는 사유로 인하여 공사가 지연된 경우에는 그 기간만큼 공제되어야 한다(대법원 2006. 4. 28. 선고 2004다39511 판결 등 참조).

913) 역으로 원고가 자신이 입은 실손해액을 입증하여 그 배상을 구하는 경우에, 피고는 항변으로 손해배상액의 예정에 관한 약정의 존재를 주장·입증하여 손해배상 예정액을 초과하는 실손해부분에 대한 책임을 면할 수 있다.

914) 대법원 2010. 2. 25. 선고 2009다83797 판결.

나. 매매목적물의 소유권이전·인도는 요건사실이 아님

다만, 지연손해금을 같이 청구하는 경우에는 매매목적물을 인도한 사실이 요건사실임 → 지급일 약정이 없다면 인도일 다음날이 기산일이고, 약정이 있다면 지급일 전에 인도하였더라도 약정지급일 다음날이 기산일이다.

5. 답변서 등에 대한 검토

가. 피고는 매매목적물의 소유권이전·인도와 동시이행의 항변을 할 수 있고, 피고의 동시이행항변에 대하여 원고가 매매목적물의 소유권이전·인도의무를 이행 또는 이행제공하였음을 들어 재항변할 수 있다.

나. 피고는 매매계약의 무효·취소(무능력, 사기, 강박, 착오 등)항변을 할 수 있고, 이에 대하여 원고가 피고의 법정대리인이 위 매매에 동의하였다거나, 이미 법정대리인에 의하여 처분이 허락된 범위 내의 재산을 매수한 것이라거나, 피고가 그 법정대리인에게 1월 이상의 기간을 정해 추인 여부의 확답을 최고하였는데도 그 기간이 결하였다는 등의 재항변을 할 수 있다.

다. 피고가 매매목적물에 하자가 있다고 하여 하자담보책임을 물어 매매계약을 해제하였으니 대금지급의무가 없다고 하거나(하자의 중대함), 대금을 감액하여야 한다고(하자가 중대하지 아니함) 항변할 수 있다. 피고가 하자담보책임을 물로 항변을 하는 경우, 위 매매가 상인간의 매매일 경우에는, 매매목적물을 수령한 즉시 검사하여 발견된 하자를 원고에게 통지하였다는 사실(즉시 발견할 수 없는 하자의 경우에는 6개월 내에 통지)도 주장하여야 한다. 피고의 하자담보책임 항변에 대하여 원고는 피고가 악의라는 항변이 가능하다(6개월의 제척기간을 도과하였다는 주장은 직권조사사상에 대한 촉구의미임).

라. 피고가 원고의 매매목적물 이전·인도의무 불이행을 이유로 계약해제의 항변을 하는 경우, 동시이행관계에 있는 자기의 대금지급의무(선이행 의무 있던 중도금지급의무도 잔금일까지 지체하면 그때부터 잔금과 함께 동시이행에 걸리게 된다)를 이행 또는 이행제공하고 상당한 기간을 정해 원고에게 이행최고를 하였으며 그래도 해제의사를 표시할 때까지 원고가 이행의무를 이행하지 아니하였음을 주장하여야 한다.

6. 항변 등

[주요항변] ① 동시이행항변
② 취소의 항변
③ 소멸시효의 항변
④ 하자담보책임의 항변
⑤ 계약해제의 항변

가. 동시이행항변

매수인(피고)은 매매대금의 지급의무와 목적물의 이전·인도의무가 동시이행관계에 있다는 항변을 할 수 있다. 입증방법으로는 매매계약서 등이 있다. 이에 대하여 원고는 매매목적물의 이전·인도의무를 이행 또는 이행제공 하였다는 재항변할 수 있다. 입증방법으로는 등기부등본, 인도증서, 인감증명, 내용증명 등을 제출하면 된다.

나. 취소의 항변(민법 제5조 2항)

피고는 미성년자 이므로 매매계약을 취소한다는 항변을 할 수 있다. 입증방법으로는 호적등본, 내용증명 등이 있다. 이에 대하여 원고는 피고의 법정대리인이 위 매매에 동의하였다는 재항변, 이미 법정대리인에 의하여 처분이 허락된 범위 내의 재산을 매수하였다는 재항변, 피고나 그 법정대리인에게 1월 이상의 기간을 정하여 추인여부의 확답을 최고하였는데도 그 기간이 경하였다는 재항변, 사실로써 능력자로 믿게 하거나 법정대리인의 동의가 있는 것으로 믿게 하였다는 재항변(민법 제17조), 법정대리인으로부터 허락을 얻은 특정한 영업에 해당한다는 재항변(민법 제8조) 등을 할 수 있다. 입증방법으로는 동의서, 처분허락서, 최고서 등을 제출할 수 있다.

다. 소멸시효의 항변

일반이 매매한 물건의 대가는 10년으로 시효소멸(민법 제162조)로 소멸하고, 상인이 판매한 상품의 대가는 3년의 단기소멸시효(민법 제163조 6호)로 소멸한다.

라. 하자담보책임 항변(민법 제570조, 상법 제69조)

매매목적물에 하자가 있다고 하여 하자담보책임을 물어 매매계약을 해제하였으므로 대금지급의무가 없다고 하거나(하자가 중대함), 대금을 감액하여야 한다는(하자가 중대하지 아니함) 항변을 할 수 있다. 입증방법으로는 하자감정서, 사진, 내용증명 등을 제출하고, 하자감정신청을 할 수 있다. 반면, 상인간의 매매일 경우에는 매매목적물을 수령한 즉시 검사하여 발견된 하자를 원고에게 통지하였다는 사실(즉시 발견할 수 없는 하자의 경우 6월내에 통지)도 주장하여야 한다. 입증방법으로는 내용증명 등을 제출하면 된다. 이에 대하여 원고는 피고가 악의이므로 하자담보책임을 청구할 수 없다는 재항변(제척기간 6개월 도과는 직권조사사항이므로 재항변은 아님)할 수 있다.

마. 계약해제의 항변(매매목적물 이전·인도의무 불이행을 이유로 함)

동시이행관계에 있는 자기의 대금지급의무(선이행 의무였던 중도금지급의무도 잔금 기일까지 지체하면 그때부터 잔금과 함께 동시이행에 걸리게 됨)를 이행 또는 이행제공하고 상당한 기간을 정하여 원고에게 이행최고 하였으며 그래도 해제의사를 표시할 때까지 원고가 이행의무를 이행하지 아니하였음을 주장하여야 한다. 입증방법으로는 내용증명, 통장 등을 제출하면 된다.

[서식 112] 매매대금반환청구의 소(매수토지의 실제면적이 부족한 경우)

소 장

원 고 ○ ○ ○ (000000-0000000)
OO시 OO구 OO길 00 (우편번호 00000)
전화·휴대폰번호 :
팩스번호, 전자우편(e-mail)주소 :

피 고 ○ ○ ○ (000000-0000000)
OO시 OO구 OO길 00 (우편번호 00000)
전화·휴대폰번호 :
팩스번호, 전자우편(e-mail)주소 :

매매대금반환청구의 소

청 구 취 지

1. 피고는 원고에게 금 81,000,000원 및 이 사건 소장부본 송달된 다음날부터 다 갚을 때까지 연 12%의 비율에 의한 돈을 지급하라
2. 소송비용은 피고가 부담한다.
3. 위 제1항은 가집행 할 수 있다.

라는 판결을 구합니다.

청 구 원 인

1. 원고는 피고로부터 OO시 OO구 OO동 00번지 소재 대지 1,650㎡를 ㎡당 30만원에 매입하기로 하는 계약을 20OO. O. O. 체결하고 그 대금 495,000,000원을 20OO. O. O.까지 전액 지급하였으며, 이에 따라 소유권이전등기도 마쳤습니다. 그리고 위 계약당시 실제 측량에 의해 면적에 차이가 있을 경우에는 정산을 하기로 하였습니다.

2. 원고는 위 대지 위에 전원주택 2동을 짓기 위해 20OO. O. O. OO시 OO구 OO동 OO번지 소재 'OOO건축사 사무소'에 설계를 위임하고 측량을 하였던 바, 실제 면적은 1,380㎡로 270㎡가 부족하였습니다.

3. 따라서 원고는 피고에 대하여 내용증명우편으로 위 부족면적에 대한 금액의 반환을 요구하였으나 피고는 이에 응하지 않고 있으므로 청구취지와 같은 판결을 받고자 이 사건 소송을 제기하게 되었습니다.

입 증 방 법

1. 갑 제1호증	계약서
1. 갑 제2호증	부동산등기사항증명서
1. 갑 제3호증	지적측량도면

첨 부 서 류

1. 위 입증방법	각 1통
1. 소장부본	1통
1. 송달료납부서	1통

20○○. . .

위 원고 ○ ○ ○ (서명 또는 날인)

○○지방법원 귀중

[서식 113] **매매대금반환청구의 소**(토지임차인의 매수청구, 건물철거 전)

소 장

원 고 배 ○ ○ (000000-0000000)
○○시 ○○구 ○○길 00 (우편번호 00000)
전화·휴대폰번호 :
팩스번호, 전자우편(e-mail)주소 :

피 고 이 ○ ○ (000000-0000000)
○○시 ○○구 ○○길 00 (우편번호 00000)
전화·휴대폰번호 :
팩스번호, 전자우편(e-mail)주소 :

매매대금청구의 소

청 구 취 지

1. 피고는 원고에게 금 14,030,800원을 지급하라.
2. 소송비용은 피고가 부담한다.
3. 위 제1항은 가집행 할 수 있다.

라는 판결을 구합니다.

청 구 원 인

1. 경기 OO군 OO면 OO리 00 대지 OOO㎡는 원래 별지목록 기재 주택 등의 신축 당시 그 실질적인 소유자이던 피고의 부친인 소외 망 배OO가 소유·관리해오던 밭(전)이었는데, 19OO년경 원고의 부친인 소외 망 이OO가 소외 배OO로부터 별지목록 기재 주택 등을 짓기 위해 매년 쌀 7말씩(현재는 매년 두 가마니)을 임차료로 지급하기로 약정하고 임차한 후 온갖 정성과 비용을 들여 대지로 형질 변경 하여 그 위에 별지목록 기재 주택 등을 신축한 것입니다(증인 OOO의 증언 참조).

2. 그 후 원고의 부친인 소외 망 이OO와 원고는 피고측에서 요구하는 대로 인상된 임료를 지체함이 없이 지급해오면서 지금까지 약 24년 동안 별지목록 기재주택 등에서 살아 왔고, 19OO. O. O.경 원고의 부친인 소외 망 이OO의 사망 후 원고가 이를 상속받아 원고의 가족들이 거주하고 있습니다.

3. 그런데 최근에 피고가 원고 소유인 별지목록 기재 주택 등을 철거하고 대지를 인도하여 달라는 요청을 하는바, 원고로서는 생활의 터전인 별지목록 기재 주택 등에 그대로 살 수 있도록 요청(계약의 갱신청구)하였으나 피고는 두 차례에 걸쳐 내용증명우편으로 이를 명백히 거절한 바 있습니다.

4. 위 대지 위에는 현재 주택 1동, 창고 1동, 축사 1동 등 시가 약 14,030,800원 상당의 별지목록 기재 건물이 현존하고 있는바, 원고는 부득이 피고에게 20OO. O. O. 이의 매수를 청구하였으므로 피고는 시가 상당인 위 금액으로 이를 매수할 의무가 있습니다.

5. 따라서 원고는 피고로부터 별지목록 기재 주택 등에 대한 매매대금 14,030,800원을 지급 받기 위하여 이 사건 소송제기에 이른 것입니다.

입 증 방 법

1. 갑 제1호증 시가감정서
1. 갑 제2호증 입증서(증인 OOO의 증언)
1. 갑 제3호증 통고서(내용증명우편)
1. 갑 제4호증 부동산등기사항증명서
1. 갑 제5호증 건축물대장등본

첨 부 서 류

1. 위 입증방법 각 1통
1. 소장부본 1통
1. 송달료납부서 1통

20OO. . .

위 원고 이 O O (서명 또는 날인)

OO지방법원 귀중

[별 지]

부동산의 표시

경기 OO군 OO면 OO리 OO 대 OOO㎡ 지상

철근콘크리트조 평슬래브지붕 단층주택 OO㎡.

시멘블럭조 스레트지붕 창고 OO㎡

시멘블럭조 스레트지붕 축사 OOO㎡. 끝

[서식 114] **계약금반환청구의 소**(계약금반환 및 계약합의해제)

소 장

원 고 O O O (000000-0000000)

OO시 OO구 OO길 00 (우편번호 00000)
전화·휴대폰번호 :
팩스번호, 전자우편(e-mail)주소 :

피 고 O O O (000000-0000000)
OO시 OO구 OO길 00 (우편번호 00000)
전화·휴대폰번호 :
팩스번호, 전자우편(e-mail)주소 :

계약금반환청구의 소

청 구 취 지

1. 피고는 원고에게 금 3,000,000원 및 이에 대한 이 사건 소장부본이 송달된 다음날부터 다 갚을 때까지 연 12%의 비율에 의한 돈을 지급하라.
2. 소송비용은 피고가 부담한다.
3. 위 제1항은 가집행 할 수 있다.

라는 판결을 원합니다.

청 구 원 인

1. 당사자들의 지위

피고는 소외 OOO 소유 OO도 OO시 OO읍 OO길 00의 0 소재 3층 건물 중 3층 방1칸을 임차하여 살고 있던 임차인이고, 원고는 피고와 위 건물에 대한 전대차계약을 체결했던 자입니다.

2. 원고는 20OO. O. O. 피고와의 사이에 보증금 15,000,000원에 위 방1칸에 대하여 전대차계약을 체결하면서 일단 계약금으로 금 3,000,000을 지급했고, 잔금은 1개월 뒤 입주할 때에 지급하기로 약속한 사실이 있습니다.

3. 그러나, 계약 바로 뒤에 원고측에 피치 못할 사정이 생겨 같은 날 피고를 찾아가 계약의 해제를 요청했고, 피고도 불과 몇 시간만에 계약해제를 요구한 점, 원고가 경제적으로 어려운 상황이라는 점 등을 고려했는지 선선히 이에 응했고, 계약금으로 받은 돈 3,000,000원은 일단 써버렸으니 당장은 줄 수 없고 나중에 돌려주겠노라고 약속한 사실이 있습니다.

4. 그 뒤 원고는 기회 있을 때마다 계약금을 돌려줄 것을 요청했으나, 피고는 그 반환을 차일피일 미루어 오다, 2000. O. O. 계약금 중 금 2,000,000원은 같은 해 O. O.까지 반환할 것이고, 나머지 금 1,000,000원은 새 임차인이 조만간 들어올 것이니 그때 반환하겠다는 내용의 확인서를 작성하여 원고에 교부한 바 있습니다.

5. 그러나 피고는 약속과 달리 같은 해 O. O.에 금 2,000,000원을 반환하지 않았음은 물론이고, 2000. O. O. 소외 OOO가 새 임차인으로 들어왔는데도 불구하고 아직까지도 위 금 3,000,000원을 반환하지 않고 있습니다.

6. 사정이 위와 같으므로 원고로서는 부득이 금 3,000,000원 및 이에 대한 이 사건 소장부본이 송달된 다음날부터 다 갚을 때까지 소송촉진 등에 관한 특례법 소정 연 12%의 비율에 의한 지연손해금을 받고자 이 사건 청구에 이른 것입니다.

입 증 방 법

1. 갑 제1호증 확인서

첨 부 서 류

1. 위 입증방법 1통
1. 소장부본 1통
1. 송달료납부서 1통

2000. . .

위 원고 O O O (서명 또는 날인)

OO지방법원 귀중

[서식 115] 계약금반환청구의 소(계약목적달성불능으로 계약해제)

소 장

원 고 ○ ○ ○ (000000-0000000)
○○시 ○○구 ○○길 00 (우편번호 00000)
전화·휴대폰번호 :
팩스번호, 전자우편(e-mail)주소 :

피 고 ○ ○ ○ (000000-0000000)
○○시 ○○구 ○○길 00 (우편번호 00000)
전화·휴대폰번호 :
팩스번호, 전자우편(e-mail)주소 :

계약금반환청구의 소

청 구 취 지

1. 피고는 원고에게 금 5,000,000원 및 이에 대하여 20○○. ○. ○.부터 이 사건 소장부본 송달일까지는 연 5%, 그 다음날부터 다 갚을 때까지는 연 12%의 비율에 의한 돈을 지급하라.
2. 소송비용은 피고가 부담한다.
3. 위 제1항은 가집행 할 수 있다.

라는 판결을 구합니다.

청 구 원 인

1. 원고는 20○○. ○. ○. 피고와의 사이에 피고 소유인 ○○시 ○○동 00번지 대지 100평을 대금 50,000,000원에 매수하기로 하는 매매계약을 체결하고 같은 날 원고는 피고에게 계약금 5,000,000원을 지급하였습니다.

2. 원고는 위 대지에 공장을 건축하여 김치제조업을 경영할 목적으로 위 대지를 매수한 것이었으나, 위 대지의 일부가 ○○시의 도시계획사업으로 인하여 토지 구획정리의 도로용지에 해당하여 조만간 도시계획사업이 실시되면 위 대지의 서쪽 약 1/3 가량의 부분이 도로에 편입되어 공장을 건축할 수도 없고 또한

건축허가도 나오지 않을 것이라는 사실을 알게 되었습니다.

3. 그런데 원고는 피고에게 계약체결 전에 피고의 토지를 구입하는 목적을 명확히 말하였으며, 피고는 원고에게 공장을 건축하는데 아무런 문제가 없다고 확약한 사실이 있고, 원고는 위 대지에 공장을 신축할 수 없다면 위 대지를 매수할 이유가 없으므로 위 매매계약을 해제하기로 하고 2000. ○. ○. 내용증명우편으로 피고에게 매매계약해지의 의사표시를 하였습니다. 그러므로 피고는 위 계약해제에 의한 원상회복의무의 이행으로 원고가 교부한 계약금 5,000,000원을 반환할 의무가 있다할 것입니다.

4. 따라서 피고는 원고에게 계약금 5,000,000원 및 이에 대하여 2000. ○. ○.부터 이 사건 소장부본 송달일까지는 민법 소정의 연 5%, 그 다음날부터 다 갚을 때까지는 소송촉진 등에 관한 특례법 소정의 연 12%의 각 비율에 의한 지연손해금을 지급할 의무가 있다고 할 것이므로 이 사건 청구에 이른 것입니다.

입 증 방 법

1. 갑 제1호증 매매계약서
1. 갑 제2호증 계약금 영수증
1. 갑 제3호증 토지대장등본
1. 갑 제4호증 도시계획사실확인원
1. 갑 제5호증 통고서(내용증명우편)

첨 부 서 류

1. 위 입증방법 각 1통
1. 소장부본 1통
1. 송달료납부서 1통

2000. . .

위 원고 ○ ○ ○ (서명 또는 날인)

OO지방법원 귀중

[서식 116] 약정금청구의 소(계약 합의해제시 계약금의 일부를 반환받기로 한 금액)

소 장

원 고 ○ ○ ○ (000000-0000000)
○○시 ○○구 ○○길 00 (우편번호 00000)
전화·휴대폰번호 :
팩스번호, 전자우편(e-mail)주소 :

피 고 ○ ○ ○ (000000-0000000)
○○시 ○○구 ○○길 00 (우편번호 00000)
전화·휴대폰번호 :
팩스번호, 전자우편(e-mail)주소 :

약정금청구의 소

청 구 취 지

1. 피고는 원고에게 금 5,000,000원 및 이에 대한 20○○. ○. ○.부터 이 사건 소장부본 송달일까지는 연 5%의, 그 다음날부터 다 갚는 날까지는 연 12%의 각 비율에 의한 돈을 지급하라.
2. 소송비용은 피고가 부담한다.
3. 제1항은 가집행 할 수 있다.

라는 판결을 구합니다.

청 구 원 인

1. 원고는 20○○. ○. ○. 피고로부터 ○○시 ○○구 ○○로 ○○지상 철근콘크리트조 슬래브지붕 3층 연립주택 중 3층 3호 64.96㎡를 대금 50,000,000원에 매수하기로 계약을 체결하였고, 계약금으로 금 10,000,000원을 지급하였습니다. 그러나 원고가 위 부동산을 매수할 필요가 없어져 피고에게 그러한 사정을 이야기하여 위 부동산매매계약을 해제하기로 하고, 다만 계약금으로 지급한 금 10,000,000원 중 금 5,000,000원을 20○○. ○. ○.에 원고에게 반환하기로 약정하였습니다.

2. 그런데 피고는 지금에 와서 계약금으로 받은 금 10,000,000원 모두 자기에게

권리가 있는 것이므로, 위와 같이 약정한 금 5,000,000원을 반환하지 않겠다고 합니다. 그러나 화해는 당사자가 상호 양보하여 당사자간의 분쟁을 종지할 것을 약정함으로써 그 효력이 생기는 계약인바, 원고와 피고의 위와 같은 합의로 계약금 중 금 5,000,000원을 20OO. O. O.에 원고에게 반환하기로 하는 화해계약이 성립되었다고 할 것이며, 화해계약은 당사자일방이 양보한 권리가 소멸되고 상대방이 화해로 인하여 그 권리를 취득하는 효력이 있으므로(민법 제732조 참조), 피고는 원고에게 위 약정금 5,000,000원을 지급하여야 마땅하다고 할 것입니다.

3. 따라서 원고는 피고로부터 위 약정금 5,000,000원 및 이에 대하여 위 약정금의 지급기일 다음날인 20OO. O. O.부터 이 사건 소장부본 송달일까지는 민법에서 정한 연 5%의, 그 다음날부터 다 갚는 날까지는 소송촉진 등에 관한 특례법에서 정한 연 12%의 각 비율에 의한 지연손해금을 지급 받고자 이 사건 소를 제기합니다.

입 증 방 법

1. 갑 제1호증 　　　　약정서

첨 부 서 류

1. 위 입증방법 　　　　1통
1. 소장부본 　　　　1통
1. 송달료납부서 　　　　1통

20OO. . .

위 원고 O O O (서명 또는 날인)

OO지방법원 OO지원 귀중

[서식 117] **계약금반환청구의 소**(매도인의 계약불이행 의사표시)

소 장

원 고 ○ ○ ○ (000000-0000000)
○○시 ○○구 ○○길 00 (우편번호 00000)
전화·휴대폰번호 :
팩스번호, 전자우편(e-mail)주소 :

피 고 ○ ○ ○ (000000-0000000)
○○시 ○○구 ○○길 00 (우편번호 00000)
전화·휴대폰번호 :
팩스번호, 전자우편(e-mail)주소 :

계약금반환청구의 소

청 구 취 지

1. 피고는 원고에게 금 2,000,000원 및 이에 대한 이 사건 소장부본이 송달된 다음 날부터 다 갚을 때까지 연 12%의 각 비율에 의한 돈을 지급하라.
2. 소송비용은 피고가 부담한다.
3. 위 제1항은 가집행 할 수 있다.

라는 판결을 원합니다.

청 구 원 인

1. 원고는 20○○. ○. ○. 피고와의 사이에 피고소유 ○○시 ○○구 ○○길 000의 00 소재 점포에 대하여 임대차보증금 5,000,000원, 월세 금 1,300,000원, 계약기간을 20○○. ○. ○.부터 12개월로 하는 점포임대차계약을 체결하고 같은 날 계약금으로 금 2,000,000원을 지급하였고 잔금은 20○○. ○. ○.에 지급하기로 약정하였습니다.

2. 원고가 위 잔금지급기일에 금 3,000,000원을 준비하여 피고에게 잔금을 지급하려 하였으나 피고는 시세보다 너무 싼 가격에 점포가 임대되었으니 임대차보증금을 3,000,000원 더 증액하여 주지 않으면 점포를 임대해줄 수 없다며 잔금

수령을 거부하였습니다.

3. 원고가 피고에게 여러 차례 계약내용대로 이행할 것을 주장하였으나 피고가 요지부동이라 할 수 없이 피고에게 계약해제통지를 하고 계약금 2,000,000원의 반환을 요구하였으나 피고는 오히려 원고가 잔금지급기일을 어겼다며 계약금을 반환치 않고 있습니다.

4. 사정이 위와 같으므로 원고로서는 부득이 금 2,000,000원 및 이에 대한 이 사건 소장부본이 송달된 다음날부터 다 갚을 때까지 소송촉진 등에 관한 특례법에서 정한 연 12%의 비율에 의한 지연손해금을 받고자 이 사건 청구에 이른 것입니다.

입 증 방 법

1. 갑 제1호증　　임대차계약서
1. 갑 제2호증　　내용증명통고서
1. 갑 제3호증　　확인서

첨 부 서 류

1. 위 입증방법　　각 1통
1. 소장부본　　1통
1. 송달료납부서　　1통

20○○. . .

위 원고 ○ ○ ○ (서명 또는 날인)

○○지방법원 귀중

| 제4장 일조권침해 등 |

제1절 일조권 침해

Ⅰ. 서 설

1. 일조권의 의의

건물에서의 일조권 보호는 심리적, 시각적 효과와 더불어 쾌적하고 위생적인 환경 유지를 위해 필요불가결하다. 여기서 일조권이란 북측 건물의 거주자가 인접한 남측 토지상의 공간을 통하여 햇빛을 받고 있었는데, 남측 토지의 사용권자가 그 토지 위에 건물 기타 공작물을 설치함으로써 이를 방해받는 경우에 북측 거주자가 일정한 햇빛을 받기 위하여 법적으로 그 보호를 요구할 수 있는 권리이다. 태양의 광선을 확보하는 권리 또는 이웃의 집이나 건물이 자기의 집을 가리지 못하도록 하여 햇빛을 받아 쬘 수 있는 권리라고 표현하기도 한다.

2. 일조권의 법적 성격

가. 학 설

일조 침해에 대한 피해자의 방해제거 및 방해예방청구권과 손해배상청구권을 법률적으로 어떻게 구성할 것인가에 대하여는 다음과 같은 논의가 있다.

1) 물 권 설

일조방해가 토지나 건물의 소유권을 침해하는 것이므로 일조보호가 정당화된다는 입장이다. 이는 부동산의 지배나 이용뿐 아니라 인간이 건강하고 쾌적한 생활을 할 제 이익도 부동산의 소유권의 개념에 포함시켜서 인간다운 생활의 보호를 확대하려는 견해이다.

2) 인격권설

일조방해를 인격권의 침해로 구성하는 입장으로서 일조방해의 주된 피해법익이 개인의 쾌적한 생활이익의 침해이므로 인격권의 침해로 볼 수 있다는 것이다.

3) 환경권설

일조권의 법적근거로 환경권이라는 새로운 하나의 절대권을 인정하여, 환경권을 추상적인 권리가 아니라 직접 침해행위의 배제를 구할 수 있는 구체적이고 배타적인 지배권으로 보아야 한다는 견해이다.

4) 일조권설

일조방해로 인한 손해배상과 방해제거 및 방해예방청구는 곧바로 일조권에 근거한다고 주장하는 입장이다. 일조권은 햇빛의 향유를 위하여 사회적 통념과 과학적 지식에 의하여 설정된 일조기준의 한도 내에서 인정되는 것으로서, 일조의 방해가 설정된 기준을 초과하는 경우에 일조권의 침해가 인정된다.

5) 불법행위설

일조방해로 인한 방해제거청구나 방해예방청구, 손해배상청구의 근거로서 물권이나 인격권 등의 침해를 요하지 않고, 일조방해로 손해가 생긴 이상 손해배상이나 방해제거 내지 방해예방청구가 불법행위의 효과로서 가능하다고 하는 견해이다.

6) 생활이익향수권설

일조는 한편으로 개인의 건강하고 쾌적한 생활을 위한 필요불가결한 요소임과 동시에 다른 한편으로는 토지상의 자원으로서 토지의 사용과 밀접 불가분한 관계에 있는 것이므로 물권적 성격과 인격권적 성격을 함께 지니고 있다고 보는 이 설은 물권적 청구권과 인격적 청구권을 포함한 생활이익향수권을 상정하고서 일조침해에 대한 법적 근거를 이 생활이익향수권에서 찾는다.

나. 판 례

위 각설과 관련하여 대법원의 판례를 살펴보면, 대법원 1995. 5. 23.자 94마2218 결정(공작물설치금지가처분) 및 대법원 1995. 9. 15. 선고 95다23378 판결(공사중지가처분이의)은 일조권에 관한 직접적인 사건들은 아니었지만, "환경권에 관한 헌법 제35조의 규정이 개개의 국민에게 직접적으로 구체적인 사법상의 권리를 부여한 것이라고 보기는 어렵다."고 하여 환경권에 관하여 그 구체적인 권리성을 부정하였고, 대법원 1997. 7. 22. 선고 96다56153 판결(공사금가처분)도 환경권의 법적 성실에 관하여 "환경권은 명문의 법률규정이나 관계 법령의 규정 취지 및 조리에 비추어 권리의 주체, 대상, 내용, 행사 방법 등이 구체적으로 정립될 수 있어야만 인정되는 것이다."고 하여 사법상의 권리로서의 환경권을 인정하는 명문의 규정이 없는데도 환경권에 기하여 직접 방해제거청구권을 인정할 수 없다고 하면서, "어느 토지나 건물의 소유자가 종전부터 향유하고 있던 경관이나 조망, 조용하고 쾌적한 종교적 환경 등이 그에게 하나의 생활이익으로서의 가치를 가지고 있다고 객관적으로 인정된다면 법적인 보호의 대상이 될 수 있는 것이라 할 것이므로, 인접 대지에 건물을 신축함으로써 그와 같은 생활이익이 침해되고 그 침해가 사회통념상 일반적으로 수인할 정도를 넘어선다고 인정되는 경우에는 토지 등의 소유자는 소유권에 기하여 방해의 제거나 예방을 위하여 필요한 청구를 할 수 있다."고 판시하였고, 대법원 2010. 6. 26. 선고 2010다44928, 44935 판결도 "주거의 일조는 쾌적하고 건강한 생활에 필요한 생활이익으로서 법적 보호의 대상이 되는 것이다."라고 판시하여 표현상 물권설이나 생활이익향수권설에 의하여 일조권을 파악하는 것으로 보았다.

3. 일조권보호를 위한 법률의 규정

현행법상 건축물의 일조권보호를 위한 종합적인 규정은 없다. 다만, 건축법 및 그 시행령에 신축건물의 높이를 규제하는 등의 규정을 둠으로써 일조권을 보호하고 있다.

일조보호를 위한 건축물의 높이제한 관련 규정

건축법 제61조 (일조 등의 확보를 위한 건축물의 높이 제한)

① 전용주거지역과 일반주거지역 안에서 건축하는 건축물의 높이는 일조(일조) 등의 확보를 위하여 정북방향(정북방향)의 인접 대지경계선으로부터의 거리에 따라 대통령령으로 정하는 높이 이하로 하여야 한다.

② 공동주택(일반상업지역과 중심상업지역에 건축하는 것은 제외한다)의 높이는 제1항에 따른 기준에 맞아야 할 뿐만 아니라 대통령령으로 정하는 높이 이하로 하여야 한다.

③ 다음 각 호의 어느 하나에 해당하면 제1항에도 불구하고 건축물의 높이를 정남방향의 인접 대지경계선으로부터의 거리에 따라 대통령령으로 정하는 높이 이하로 할 수 있다.

1. 「택지개발촉진법」 제3조에 따른 택지개발예정지구인 경우
2. 「주택법」 제16조에 따른 대지조성사업지구인 경우
3. 「지역균형개발및지방중소기업육성에관한법률」 제4조와 제9조에 따른 광역개발권역 및 개발촉진지구인 경우
4. 「산업입지및개발에관한법률」 제6조부터 제8조까지의 규정에 따른 국가산업단지, 일반산업단지, 도시첨단산업단지 및 농공단지인 경우
5. 「도시개발법」 제2조 제1항 제1호에 따른 도시개발구역인 경우
6. 「도시 및 주거환경정비법」 제4조에 따른 정비구역인 경우
7. 정북방향으로 도로, 공원, 하천 등 건축이 금지된 공지에 접하는 대지인 경우
8. 정북방향으로 접하고 있는 대지의 소유자와 합의한 경우나 그 밖에 대통령령으로 정하는 경우

④ 2층 이하로서 높이가 8m 이하인 건축물에는 해당 지방자치단체의 조례로 정하는 바에 따라 제1항부터 제3항까지의 규정을 적용하지 아니할 수 있다.

건축법 시행령 제86조 (일조 등의 확보를 위한 건축물의 높이 제한)

① 전용주거지역이나 일반주거지역에서 건축물을 건축하는 경우에는 법 제61조 제1항에 따라 건축물의 각 부분을 정북 방향으로의 인접 대지경계선으로부터 다음 각 호의 범위에서 건축조례로 정하는 거리 이상을 띄어 건축하여야 한다. 다만, 건축물의 미관 향상을 위하여 너비 20m 이상의 도로(자동차·보행자·자전거 전용도로를 포함한다)로서 건축조례로 정하는 도로에 접한 대지(도로와 대지 사이에 도시계획시설인 완충녹지가 있는 경우 그 대지를 포함한다) 상호 간에 건축하는 건축물의 경우에는 그러하지 아니하다.

1. 높이 4m 이하인 부분 : 인접 대지경계선으로부터 1m 이상
2. 높이 8m 이하인 부분 : 인접 대지경계선으로부터 2m 이상
3. 높이 8m를 초과하는 부분 : 인접 대지경계선으로부터 해당 건축물 각 부분 높이의 2분의 1 이상

② 법 제61조 제2항에 따라 공동주택은 제1항에 따른 기준에 적합하여야 할 뿐만 아니라 다음 각 호의 기준에 적합하여야 한다. 다만, 채광을 위한 창문 등이 있는

벽면에서 직각 방향으로 인접 대지경계선까지의 수평거리가 1m 이상으로서 건축조례로 정하는 거리 이상인 다세대주택은 제1호를 적용하지 아니한다.

1. 건축물(기숙사는 제외한다)의 각 부분의 높이는 그 부분으로부터 채광을 위한 창문 등이 있는 벽면에서 직각 방향으로 인접 대지경계선까지의 수평거리의 2배(근린상업지역 또는 준주거지역의 건축물은 4배) 이하로 할 것
2. 같은 대지에서 두 동 이상의 건축물이 서로 마주보고 있는 경우(한 동의 건축물 각 부분이 서로 마주보고 있는 경우를 포함한다)에 건축물 각 부분 사이의 거리는 다음 각 목의 거리 이상을 띄어 건축할 것. 다만, 그 대지의 모든 세대가 동지를 기준으로 9시에서 15시 사이에 2시간 이상을 계속하여 일조를 확보할 수 있는 거리 이상으로 할 수 있다.
   가. 채광을 위한 창문 등이 있는 벽면으로부터 직각방향으로 건축물 각 부분 높이의 0.5배(도시형 생활주택의 경우에는 0.25배) 이상의 범위에서 건축조례로 정하는 거리 이상
   나. (가)목에도 불구하고 서로 마주보는 건축물 중 남쪽 방향(마주보는 두 동의 축이 남동에서 남서 방향인 경우만 해당한다)의 건축물 높이가 낮고, 주된 개구부(거실과 주된 침실이 있는 부분의 개구부를 말한다)의 방향이 남쪽을 향하는 경우에는 높은 건축물 각 부분의 높이의 0.4배(도시형 생활주택의 경우에는 0.2배) 이상의 범위에서 건축조례로 정하는 거리 이상이고 낮은 건축물 각 부분의 높이의 0.5배(도시형 생활주택의 경우에는 0.25배) 이상의 범위에서 건축조례로 정하는 거리 이상
   다. (가)목에도 불구하고 건축물과 부대시설 또는 복리시설이 서로 마주보고 있는 경우에는 부대시설 또는 복리시설 각 부분 높이의 1배 이상
   라. 채광창(창 넓이가 0.5㎡ 이상인 창을 말한다)이 없는 벽면과 측벽이 마주보는 경우에는 8m 이상
   마. 측벽과 측벽이 마주보는 경우[마주보는 측벽 중 하나의 측벽에 채광을 위한 창문 등이 설치되어 있지 아니한 바닥면적 3㎡ 이하의 발코니(출입을 위한 개구부를 포함한다)를 설치하는 경우를 포함한다]에는 4m 이상
3. 제3조 제1항 제4호에 따른 주택단지에 두 동 이상의 건축물이 법 제2조 제1항 제11호에 따른 도로를 사이에 두고 서로 마주보고 있는 경우에는 제2호 (가)목부터 (다)목까지의 규정을 적용하지 아니하되, 해당 도로의 중심선을 인접 대지경계선으로 보아 제1호를 적용한다.

③ 법 제61조 제3항 각 호 외의 부분에서 "대통령령으로 정하는 높이"란 제1항에 따른 높이의 범위에서 특별자치도지사 또는 시장·군수·구청장이 정하여 고시하는 높이를 말한다.

> ④ 특별자치도지사 또는 시장·군수·구청장은 제3항에 따라 건축물의 높이를 고시하려면 국토해양부령으로 정하는 바에 따라 미리 해당 지역주민의 의견을 들어야 한다. 다만, 법 제61조 제3항 제1호부터 제6호까지의 어느 하나에 해당하는 지역인 경우로서 건축위원회의 심의를 거친 경우에는 그러하지 아니하다.
> ⑤ 제1항부터 제4항까지를 적용할 때 건축물을 건축하려는 대지와 다른 대지 사이에 공원(「도시공원및녹지등에관한법률」 제2조 제3호에 따른 도시공원 중 지방건축위원회의 심의를 거쳐 허가권자가 공원의 일조 등을 확보할 필요가 있다고 인정하는 공원은 제외한다), 도로, 철도, 하천, 광장, 공공공지, 녹지, 유수지, 자동차 전용 도로, 유원지, 그 밖에 건축이 허용되지 아니하는 공지가 있는 경우에는 그 반대편의 대지경계선(공동주택은 인접 대지경계선과 그 반대편 대지경계선의 중심선)을 인접 대지경계선으로 한다.

Ⅱ. 분쟁의 당사자

1. 손해배상청구권을 가지는 자(원고, 피해자)

가. 피해건물의 소유자 및 거주자

일조권, 조망권, 생활상의 불편으로 인한 위자료 청구는 침해받는 건물에 거주하고 있는 자라야 이를 청구할 수 있는 것이고, 거주하지 않는 소유자의 정신적 고통은 피해 건물의 교환가치 하락에 대한 보상으로 위자된다고 볼 것이다. 다시 말해, 일조방해로 인하여 생활상의 불편을 겪어 정신적 고통을 받은 데에 대한 위자료 청구는 피해건물의 거주자에 한하여 인정된다.

나. 일조방해가 초래된 후 피해 건물의 소유권을 취득한 자

가해건물이 완공되어 일조방해가 초래된 후에 피해건물의 소유권을 새로이 취득한 자는 일조방해로 인한 재산적 손해 및 정신적 손해에 대한 배상을 구할 수 없다. 그와 같은 손해는 일조방해가 초래된 시점에 생긴 것이고, 새로 취득하는 사람은 그 취득가격에 일조가 방해되는 사정을 반영할 수 있었기 때문이다. 그 후 새로운 소유자가 건물을 취득하면서 그 취득가격에 일조방해로 인한 가치하락분이나 주거 환경의 악화를 반영하지 않았다 하더라도 이는 양자 사이의 하자담보책임 등의 문제가 될 수 있다.

다만 새로운 소유자가 전 소유자로부터 이미 발생한 손해배상청구권을 양수하여 청구할 수는 있다.

다. 실질적인 처분권자

피해건물을 분양받아 대금을 완납하고 거주하고 있으나, 절차상의 문제로 소유권 보존등기를 못하고 있는 경우와 같이 비록 법률상 소유권을 취득하지 못하였으나 실질적인 처분권자라고 볼 수 있는 경우에는 손해배상청구권이 있다고 보았다. 그러나 단순히 건물을 매수한 후 대금을 지급하고도 아직 이전등기를 마치지 못하였을 뿐인 자는 법률상 소유권자에게 인정되는 손해배상청구권을 행사할 수 없다.

2. 손해배상청구의 상대방이 될 수 있는 자(피고, 가해자)

가. 가해건물의 소유자 및 공사시행자

가해건물의 소유자가 1차적인 책임주체가 된다. 그러나 가해건물이 다세대주택이나 아파트 등의 집합건물인 경우 구분소유자들은 건축주로부터 전유부분을 분양받았을 뿐 가해건물의 건축행위에는 전혀 관여한 바가 없으므로 수분양자들인 구분소유자들에게 손해배상책임을 묻기 어렵다. 가해건물의 소유자가 아닌 공사시행자(재개발조합이나 재건축조합, 주택조합 등)도 피고가 될 수 있다.

나. 가해건물의 수급인

가해건물의 수급인에 대하여 일조 침해를 이유로 손해배상청구를 할 수 있는지에 대하여는 학설상의 논란이 있지만, 대법원은 피해건물의 소유자 및 거주자들이 가해건물에 관하여 소외 조합으로부터 신축공사를 도급받은 건축회사를 상대로 한 손해배상청구에 관하여 원심인 서울고등법원(2003. 10. 29. 선고 2002나22016 판결)이 "소외 조합은 재건축사업을 함에 있어서 조합원들이 소유한 토지 및 건축물을 현물출자하고 주택건설 전문업자를 공동사업자로 영입하여 참여조합원의 자격을 부여한 다음, 이 사건 아파트 및 부대시설을 시공하도록 한 사실, 피고는 이 사건 아파트 공사를 도급받으면서 조합원의 이주비 지급 및 금원융자비용 대여, 공사완공 시까지의 조합운영비, 건축설계비, 기타 소외 조합이 필요로 하는 비용을 제공하기로 하고 나아가 이 사건 아파트 신축공사비를 자신의 비용으로 충당하는 등 참여조합원으로서 설계변경에서 시공 전반에 이르기까지 주도적 역할을 한 후, 그 대가로 이 사건 아파트의 신축 완료 후 조합원들에게 기존 분양면적(대지지분 기준)의 151%를 공급하고 나머지 잔여 세대를 피고가 일반에 분양하는 방법으로 위 투입자금을 회수하기로 한 사실, 비록 한라·세진종합건축사사무소에서 이 사건 아파트의 최초 설계안을 작성하였으나, 최초 작성된 이 사건 아파트의 배치도와 실제 건축된 후의 배치 상황이 상당히 다르고 실제 건축인허가를 받는 과정에서 피고의 요구가 반영된 설계변경이 이루어지는 등 이 사건 아파트 단지가 최초 배치도와는 다르게 재배치된 사실, 소외 조합과 원고들 사이의 일조권 등 침해에 대한 토론회에 피고의 현장소장이 참여하여 적극적으로 일조권 문제와 관련한 설계변경 가능성을 언급하는 등 원고들과 소외 조합 사이의 분쟁에 관여한 사실을 인정한 다음, 그 인정 사실에 기하여, 피고는 이 사건 아파트 신축공사의 단순한 수급인으로서 이를 시공한 것이 아니라 위 재건축 사업을 수주하면서 소외 조합 및 조합원들의 필요비용을 모두 제공하고 나아가 이 사건 공사비를 자신의 비용으로 충당하는 등 이 사건 아파트 신축을 소외 조합과 함께 주도적으로 진행한 후, 그 대가로 조합원들 지분을 제외한 잔여 세대를 일반에 분양하는 방법으로 위 투입자금을 회수하기로 한 것으로 보이므로, 피고는 이 사건 아파트 신축의 사실상 공동 사업주체로서 소외 조합과 이해관계를 같이 하면서 이 사건 아파트를 신축하였다고 할 것이어서, 피고가 이 사건 아파트의 건축주가 아니라 시공사라고 하더라도 이 사건 아파트의 신축으로 인한 피해에 대하여 손해배상책임을 져야 한다고 판단하였다."

다. 피해건물의 시공자 및 분양자

공동주택을 분양받았으나 그 주택에 충분한 일조가 확보되지 않는 경우에 이를 분양받은 자가 분양회사를 상대로 일조 방해를 원인으로 한 손해배상청구를 할 수 있는지 여부에 대하여 서울고등법원 판결은 아파트를 분양한 건설회사에 대하여 불법행위를 원인으로 한 손해배상책임을 인정하였으나, 그 상고심인 대법원은 "분양회사가 신축한 아파트를 분양받은 자는 분양된 아파트에서 일정한 일조시간을 확보할 수 없다고 하더라도, 이를 가지고 위 아파트가 매매목적물로서 거래상 통상 갖추어야 하거나 당사자의 특약에 의하여 보유하여야 할 품질이나 성질을 갖추지 못한 것이라거나, 또는 분양회사가 수분양자에게 분양하는 아파트의 일조 상황 등에 관하여 정확한 정보를 제공할 신의칙상 의무를 게을리하였다고 볼 여지가 있을지는 몰라도, 분양회사가 신축한 아파트로 인하여 수분양자가 직사광선이 차단되는 불이익을 입게 되었다고 볼 수는 없으므로 분양회사에게 일조방해를 원인으로 하는 불법행위책임을 물을 수는 없다."고 원심판결을 파기환송하였다. 따라서 분양회사로부터 일정한 일조시간을 확보할 수 없는 아파트를 분양받은 경우에는 분양회사에 대하여 일정한 요건 아래 매도인으로서의 책임을 묻는 것은 별론으로 하고, 분양회사가 신축한 아파트로 인하여 수분양자가 직사광선이 차단되는 불이익을 입게 되었다고 볼 수 없으므로 분양회사에게 일조방해를 원인으로 하는 불법행위책임을 물을 수는 없다. 피해건물의 시공자에 대하여도 책임을 인정하기는 어려울 것이다.

라. 건축허가 등을 한 행정청이 속한 국가 또는 지방자치단체

건축허가 등 처분 자체의 위법이 인정되지 아니하는 경우에는 국가 또는 지방자치단체에 대하여는 손해배상청구를 할 수 없다는 견해가 일반적이다.

하급심 판결이기는 하지만, 서울지방법원 판결은 "서울시 강남구를 피고로 삼아 강남구의 건축허가 담당공무원이 건축법에서 위임하고 있는 일조시간의 확보를 위한 규정을 마련하지 않은 채 제정되어 위법한 서울특별시조례를 만연히 적용한 과실로 가해 건물의 건축을 허가하였다는 이유로 불법행위에 해당한다는 원고 주장에 대하여, 서울시 조례가 건축법상의 위임규정에 위반된 것으로서 위법한 것이고 그와 같이 위법한 조례를 이 사건 건축허가의 근거로 삼았다고 하더라도 법률전문가가 아닌 피고 강남구의 담당공무원에게 처분의 근거가 되는 법규의 위법성 여부까지 정밀하게 검토한 후 적용하여야 할 의무가 있다고는 할 수 없으므로 건축허가를 함에 있어 위법한 내용의 조례를 적용하였다는 사실만으로 당연히 불법행위책임을 지울 수 없는 없다."고 판단하였다.

또한 서울고등법원 판결은 지역주민들이 건물 건축으로 인하여 일조 방해가 발생할 것을 예상할 수 있었음에도 행정지도를 게을리 하여 이를 방치하였음을 이유로 구리시를 상대로 손해배상을 청구한 사안에서, "건축허가권자는 건축허가신청을 심사한 결과 그 허가신청이 건축법, 도시계획법 등 관계 법규에서 정하는 제한에 배치되지 않아 법정요건에 합치하는 경우에는 특별한 사정이 없는 한 이를 허가하여야 하고, 공익상 필요가 없음에도 불구하고 요건을 갖춘 자에 대한 허가를 관계 법령에서 정하는 제한사유 이외의 사유를 들어 거부할 수는 없는 것인바, 성원아파트의 건축행위가 일부 원고들에 대하여 불법행위가 된다고 하더라도 피고 구리시의 피고회사에 대한 성원아파트의 건축허가가 건축법 및 관계법령(건축법 시행령, 구리시 조례)에 따른 것이라면, 나아가 피고 구리시가 일부 원고들의 일조권 등이 침해받지 않도록 하는 조건을 부가하거나 행정지도를 할 법률상 아무런 근거가 없다 할 것이므로, 원고들의 피고 구리시에 대한 청구는 나머지 점에 관하여 더 살펴볼 필요 없이 이유 없다." 판단하여, 손해배상청구를 배척하였다.

다만, 예외적으로 손해배상청구가 인정된 사례가 있다. 대법원은 가해 건물이 건축법 제53조 및 건축법 시행령 제86조 제1항에 따라 일반주거지역 안에서 높이 8m 이상의 건축물을 건축하는 경우에 해당되어 일조 등의 확보를 위하여 정북방향으로의 인접대지 경계선까지 건축물의 각 부분 높이의 1/2 이상 거리를 띄어야 하는데도, 서울시 ○○구청장이 관계법령을 오해한 나머지 가해 건축물이 원고 소유 주택과 건축법상의 이격거리를 확보하지 아니하였음에도 건축허가를 해준 잘못이 있음을 이유로 피고 서울시 ○○구에 대한 손해배상청구를 인정하였다.

Ⅲ. 일조권 보호의 판단기준(수인한도론)

1. 서 설

수인한도론이란 가해자와 피해자의 이익, 즉 가해자 측의 건물이 건축됨으로써 피해자가 받는 일조 등 생활이익의 침해와 가해자의 권리행사의 사회적 타당성을 비교, 형량하여 상린자 상호 간에 어느 정도 수인을 필요로 하며 그 한계를 넘는 경우에 피해자에게 손해배상청구원이나 방해제거 및 방해예방청구권 등의 구제책을 인정한다고 하는 이론으로 일본의 통설, 판례이고, 우리나의 판례도 같다. 이렇듯 일조권이 침해되거나 침해우려가 있는 때 어느 정도 수인하지 않으면 안 되는 범위가 있어 그 범위를 초과하는 때에 비로소 위법하게 되는 것이다.

그 수인한도는 피해의 종류와 정도, 가해행위의 태양, 방지조치의 난이도, 지역성, 기타 일체의 사정을 참작하여 구체적 사안에 따라 개별적으로 정하여야 한다.

2. 수인한도 판단의 제요소

가. 일조피해의 정도

일조분쟁의 수인한도를 파악함에 있어서는 우선 다음의 점을 유의하여 일조피해가 관연 어느 정도의 것인가가 확정되어야 한다.

먼저 일조피해에 관하여는 일정한 기준일과 기준시간대가 문제되는데, 기준일은 피해가 극대화되는 동지를 기준으로 한다. 기준시간대에 관하여 초기 일본 판례는 일출부터 일조를 동가치로 취급하였으나 후기 일본 판례는 일조 에너지양을 문제로 해서 오전 8시부터 오후 4시까지, 혹은 오전 9시부터 오후 3시까지의 일조피해를 중시하는 입장(실무상 전자가 더 많음)을 취하고 있고, 우리의 실무도 거의 같다.

나. 지역적 특성

가해 건물 및 피해 건물을 둘러싸고 있는 주변의 지역적 특성은 수인한도를 판단하는 매우 중요한 요소이다. 무엇보다 해당 지역이 주거지역인지 아니면 상업지역이거나 공업지역인지가 수인한도에 중요한 영향을 미친다. 이때 법규성이 지정되어 있는 것과 지역이 실태가 다르다면 실태를 기준으로 판단하여야 할 것이나, 피해 건물 건축 당시에는 비록 인접 토지에 건물이 건축되어 있지 않았다 하더라도 인접 토지가 개발 중인 사업용지여서 가까운 시일에 건물이 건축되리라고 예상할 수 있는 경우에는 수인한도 판단에 있어서도 나대지를 기준으로 할 수 없다. 지역성은 항구적으로 고정된 것이 아니라 시간이 지남에 따라 변할 수 있는 것이고, 따라서 수인한도도 함께 변할 수 있음을 유의하여야 한다.

상업지역이나 공업지역에서도 현실로 일조이익을 향유하는 사람이 있으므로 지역적 특성에 따라 손해배상 청구를 억제해도 무방하다는 것은 타당하지 않다는 점을 들면서 손해배상청구의 인용 여부를 결정하는 데 지역적 특성이 과대평가되는 것은 바람직하지 않다는 견해도 있으나 일조의 가치는 상업지역 또는 공업지역보다 주거지역에서 훨씬 큰 의미를 갖는 점을 감안하면, 피해 건물과 가해 건물이 각각 어느 용도지역에 위치하고 있는지는 피해 건물의 수인한도를 판단하는 데 많은 영향을 미칠 것이다.

상업지역과 같이 건물이 고층화의 요구가 강하고, 일조의 회복이 곤란한 경우에는 압박감이나 채광이 중첩적으로 문제되는 경우가 많다. 그러나 통풍, 채광, 압박감에 한정하여 보면, 그 성질상 일조저해의 정도가 높은 경우에는 이들 피해도 크고, 이조저해의 정도가 낮으면 이들 피해도 낮게 되는 관계에 있으므로, 이들 피해는 일조저하에 의하여 대표된다고 말할 수 있다.

다. 공법적 규제의 준수 여부

건축법령의 규정 중에는 일조확보를 직접적인 목적으로 하지 않지만 건축을 제한함으로써 사실상 일조확보에 도움을 주는 규정들도 있다. 예를 들어, 용적률, 건폐율에 관한 규정이나 이격거리, 건물높이 제한에 관한 규정들이 그것이며, 이들 규정을 위반하는 경우 수인한도를 초과하는 것으로 인정될 여지가 있다. 이와 관련하여 대법원은 "건축법 등 관계 법령에 일조방해에 관한 직접적인 단속법규가 있다면 동 법규에 적합한지 여부가 사법상 위법성을 판단함에 있어서 중요한 판단자료가 될 것이지만, 이러한 공법적 규제에 의하여 확보하고자 하는 일조는 원래 사법상 보호되는 일조권을 공법적인 면에서도 가능한 한 보증하려는 것으로서 특별한 사정이 없는 한 일조권 보호를 위한 최소한도의 기준으로 봄이 상당하고, 구체적인 경우에 있어서는 어떠한 건물신축이 건축 당시의 공법적 규제에 형식적으로 적합하다고 하더라도 현실적인 일조방해의 정도가 현저하게 커 사회통념상 수인한도를 넘은 경우에는 위법행위로 평가될 수 있다."고 판시하였다.

라. 건물의 용도 및 피해건물 또는 토지의 용도

가해건물의 공공성이 크면 클수록 그로 인한 일조방해에 대하여 수인할 범위는 넓어지고 위법성의 범위도 줄어든다. 공공건물은 공공성이 크다고 할 수 있으나, 관공서 등 공공건물이 아니라 하더라도 공공성을 가질 수 있다. 공공성은 방해제거 및 예방청구소송에서는 수인한도 판단 요소로서 중요한 역할을 하지만 손해배상청구소송에서는 고려될 수 없다는 견해도 있다.

한편, 피해건물의 용도가 창고, 공장, 사무소 등일 경우 일반주택에 비하여 일조를 필요로 하는 정도가 낮고, 같은 주택이라고 하더라도 거의 비워두는 독신자숙소 등은 일반 주택에 비하여 일조를 필요로 하는 정도가 낮다고 볼 수 있다. 또한 피해건물이 태양열 시스템을 사용하는 건물이거나 피해 토지에 작물을 경작하는 경우와 같이 일조가 피해 건물 또는 토지에 미치는 영향이 일반적인 경우보다 크다면 이는 수인한도에 영향을 미칠 수 있다.

마. 피해건물의 상태

피해건물이 건축법상 이격거리 규정에 어긋나게 남쪽 대지 경계선에 너무 가깝게 건축되었거나 피해건물의 지반이 너무 낮은 경우에는 이를 감안하여 수인한도를 정하여야 한다. 이 경우 감정기술상 가능하다면 피해 건물이 건축법상 대지경계선으로부터 이격거리를 준수하여 건축된 상태를 가상하여 그 상태 하에서 가해 건물의 건축에 의한 일조 방해의 정도를 측정하여 수인한도 초과 여부를 판단하여야 하겠지만 그것이 어렵다면 현 상태 하에서의 일조 방해의 정도와 다른 요소를 참작하여 수인한도 초과 여부를 결정한 후 수인한도를 초과하였다고 판단되는 경우에는 다시 피해 건물의 건축법 위반을 손해배상액 산정에 있어서 참작할 수 있을 것이다.

피해건물이 아파트 등 공동주택인 경우에는 각 구분소유 부분별로 수인한도를 판단하여야 한다. 저층 부분이라 하더라도 일조 확보의 이익을 포기하였다고 볼 수는 없지만 고층 부분에 비하여 일조 확보가 충분하지 못하리라는 점을 예상할 수 있으므로 저층 부분의 소유자와 고층 부분의 소유자의 수인한도는 다를 수 있다.

바. 피해회피의 가능성

가해자 측 입장에서 일조 방해를 피하기 위한 경제적, 기술적인 배려가 가능한 경우에는 그 범위 내에서 피해자의 수인범위를 초과한다고 판단할 수 있다. 피해자 측의 회피가능은 피해 건물이 당해 지역의 특성에 적합하지 않은 경우에 고려될 수 있다. 예를 들면, 주위에 대부분 2층 건물이 있는 지역에서 피해건물만이 1층 건물이라면 피해건물을 2층으로 함으로써 피해를 회피할 가능성이 있는 사정을 고려할 수 있지만, 이 경우 피해건물이 3층이라면 피해를 회피할 수 있었을 것이라는 사정은 고려될 수 없을 것이다. 피해건물의 임차인은 건물임차를 그만둠으로써 일조방해의 결과를 회피할 수 있으므로 회피가능성이 소유자에 비하여 높다. 손해배상청구의 경우에는 임차인의 손해와 소유자의 손해의 내용이 일치하지 않으므로 회피가능성의 차이가 문제되지 않으나, 방해제거 및 예방청구의 경우에는 회피가능성이 큰 임차인으로서는 가해자 측이 입을 손해와의 형평상 인용될 가능성이 매우 낮다고 볼 수 있다.

사. 건물의 선·후 관계

1) 피해 건물이 먼저 건축된 경우

일조권침해가 문제되는 대부분의 사안은 피해 건물이 먼저 건축된 경우라고 해도 좋을 정도이다.

피해자가 이웃 토지에 고층 건물이 신축될 예정임을 알고서도 피해건물을 매수하거나 임차한 경우 수인한도 판단에 있어서 피해자에게 불리하게 작용한다. 대규모 아파트단지에 북쪽 토지 위에 아파트를 건축하거나 그 아파트를 매수하는 자의 입장에서는 남쪽에 건축가능한 아파트로 인하여 향후 일조방해가 있을 것을 예상할 수 있으므로 그러한 경우에는 당초 예상 가능한 범위 내의 건축인 경우에는 수인한도의 범위 내에 있다고 보아야 할 경우가 많을 것이다. 또한, 가해건물이 완성되지 않았더라도 골조가 완성되었거나 건축계획이 알려졌다면 피해건물의 취득자는 이를 예상하고 있었으므로 역시 수인한도 판단에서 불리한 입장에 서게 된다.

2) 가해건물이 먼저 건축된 경우

실무상 가해건물이 먼저 건축된 경우 일조 방해가 문제되는 사례는 찾아보기 어렵다. 피해건물을 건축하는 사람은 가해건물로 인해 일조 방행의 결과를 미리 예측할 수 있으므로 이를 회피할 수 있으므로 이를 회피할 수 있고 피해건물을 새로이 매수하는 사람은 일조가 방해되는 상황을 매매가격에 이미 반영시켰을 것이기 때문이다. 따라서 매수가격이나 임료가 저렴한 경우에는 이러한 사정이 분명히 나타난 것으로 인정될 수 있기 때문에 수인한도 판단 시 피해자에게 불리한 요소가 된다.

아. 건축제한의 합의가 있는 경우

가해 건물의 건축주와 피해 건물의 소유자 사이에 기해 건물을 일정한 층수 이상으로 건축하지 않기로 하거나 일정한 층수 이상으로 건축하려면 피해 건물 소유자의 동의를 받기로 사전에 합의가 있었던 경우에 기해 건물의 건축주가 그 합의에 반하여 피해 건물 소유자의 동의를 얻지 않고 일정한 층수 이상으로 건축을 하려 한다면 이는 수인한도의 범위를 초과할 가능성이 크다.

한편, 이 경우에는 수인한도를 초과하는 데 따른 구제와는 별도로 계약상의 구속력에 의하여 피해 건물의 소유자는 합의에 반하는 가해 건물 건축 부분에 대하여 공사금지를 구할 수 있으며, 이는 물권설이나 인격권설 등과 관계없이 계약에 기하여 인정된다고 할 것이다. 이 경우에는 합의 내용은 엄격하게 해석하여야 할 것이다.

또 당사자 사이의 위와 같은 합의는 없지만 피해 건물을 매도하는 자가 피해 건물의 남쪽 조망 및 일조가 우수함을 강조하고 매수인으로 하여금 남쪽 토지에 당분간 건물이 건축될 예정이 없다는 신뢰를 갖게 하여 건물을 매도한 후 스스로 그 남쪽에 다시 가해 건물을 신축한 사건에서 가해건물의 건축주(피해 건물의 매도인)는 피해 건물의 조망 또는 일조를 방해하지 않을 신의칙상 의무가 있다는 이유를 들어 미완성 부분의 공사금지를 인용한 일본의 재판례가 있다.

Ⅳ. 복수건물에 의한 일조방해(복합일조방해)

1. 침해의 유형

기존의 가해건물(甲)에 의한 일조피해가 이미 존재하는 곳에 새로운 가해건물(乙)이 또 다시 건축됨으로 인하여 피해건물(丙)에 복합적으로 일조피해가 생기는 경우가 복합일조피해의 전형이다. 하지만, 가해건물들이 동시에 건축되는 경우에도 복합일조피해의 문제가 나타나기도 한다.

2. 책임의 분배

가. 가해건물들이 동시에 건축되는 경우

동시에 또는 거의 같은 시기에 건축된 가해건물들이 피해건물에 대하여 전체적으로 수인한도를 초과하는 일조 침해의 결과를 야기한 경우, 각 가해 건물들이 함께 피해건물의 소유자 등이 종래 향유하던 일조를 침해하게 된다는 점을 예견할 수 있었다면 특별한 사정이 없는 한 각 가해건물의 건축자 등은 일조 침해로 피해건물의 소유자 등이 입은 손해 전부에 대하여 공동불법행위자로서의 책임을 부담한다. 그러나 일조방해를 이유로 한 공사금지가처분을 인용할 경우에 있어서는 전체 일조방해에 대한 각 가해건물의 기여도에 따라 일부 부분에 대한 공사금지를 명하여야 한다.

나. 가해건물들이 시간적 관련성을 갖지 아니하고 건축된 경우

기존의 가해건물(甲)에 의한 일조피해가 이미 존재하는 곳에 새로운 가해건물(乙)이 또 다시 건축됨으로 인하여 피해건물(丙)에 복합적으로 일조피해가 생기는 경우가 복합일조피해의 전형이다. 이때에는 기존 건물의 건축행위와 새로운 건물의 건축행위 사이에 행위관련성을 인정할 수 없으므로 각 가해행위 사이에 공동불법행위가 성립하지 아니하고, 각 가해자는 다른 가해자와 무관하게 각자의 행위에 따른 책임을 부담한다.

한편, 기존 건물의 건립으로 인하여 피해건물에 발생한 일조방해의 정도가 수인한도를 넘지 않고 있었는데 그로부터 상당한 기간이 경과한 후 타인 소유의 인접건물이 신축되고 그 기존 건물과 인접건물로 인하여 생긴 일영이 결합하여 피해건물에 수인한도를 넘는 일조방해가 발생한 때에는, 피해건물의 소유자 등은 인접건물의 신축 전에 기존 건물로 인하여 발생한 일조방해의 정도가 수인한도를 넘지 아니하여 기존 건물로 인한 일조방해를 수인할 의무가 있었으므로, 특별한 사정이 없는 한 기존 건물 소유자와 무관하게 신축된 인접건물로 인하여 수인한도를 넘게 된 일조방해의 결과에 대하여는 인접건물의 소유자를 상대로 불법행위책임을 물을 수 있는지는 별론으로 하고 기존 건물의 소유자를 상대로 불법행위책임을 물을 수 없다.

또한, 피해건물이 이미 타인 소유의 다른 기존 건물에 의하여 일조방해를 받고 있는 상황에서 가해건물이 신축됨으로써 일조방해의 정도가 심화되어 피해건물에 수인한도를 넘는 일조방해의 피해가 발생하고 그로 인하여 피해건물의 재산적 가치가 하락된 경우 신축건물 소유자는 피해건물 소유자에 대하여 불법행위로 인한 재산상 손해배상책임을 부담한다. 그런데 이때 다른 기존 건물의 일조방해가 위와 같이 수인한도를 넘는 데 기여한 부분에 대한 책임을 신축건물의 소유자에게 전부 부담시킨다면 신축건물의 소유자는 이미 건립되어 있던 기존 건물로 인한 일조방해를 자신의 전적인 책임으로 인수하는 것이 되어 불합리하고, 반대로 기존 건물의 일조방해가 수인한도를 넘는 데 기여한 부분에 대한 책임을 피해건물의 소유자에게 전부 부담시킨다면, 실제로 기존 건물과 신축건물에 의하여 생긴 일영이 결합하여 피해건물에 수인한도를 넘는 일조방해의 피해가 발생하였는데도 피해자가 아무런 구제를 받을 수 없게 될 수 있으므로 이 역시 불합리하다. 따라서 이러한 경우에는 상린관계에 있는 이웃 간의 토지이용의 합리적인 조정이라는 요청과 손해부담의 공평이라는 손해배상제도의 이념에 비추어, 특별한 사정이 없는 한 기존 건물의 일조방해가 수인한도를 넘는 데 기여함으로써 피해건물의 소유자가 입게 된 재산적 손해가 신축건물의 소유자와 피해건물의 소유자 사이에서 합리적이고 공평하게 분담될 수 있도록 정하여야 하고, 이를 위해서는 특히 가해건물이 신축되기 전부터 있었던 기존 건물로 인한 일조방해의 정도, 신축건물에 의하여 발생하는 일조방해의 정도, 가해건물 신축 후 위 두 개의 원인이 결합하여 피해건물에 끼치는 전체 일조방해의 정도, 기존 건물로 인한 일조방해와 신축건물에 의한 일조방해가 겹치는 정도, 신축건물에 의하여 발생하는 일조방해시간이 전체 일조방해시간 중 차지하는 비율 등을 고려하여야 한다.

V. 손해배상청구의 요건 및 범위

1. 손해배상청구의 요건

일조권 침해로 인한 손해배상청구권자는 건물소유자뿐만 아니라 건물거주자인 동거가족, 임차권자, 전세권자 등은 물론이고 병원의 입원환자, 유치원아, 보육원아도 될 수 있으며, 피해건물에 거주하지 않는 토지·건물의 소유자도 재산적·정신적 손해에 대한 손해배상을 청구할 수 있다. 그러나 일조권 침해가 되고 있는 토지 또는 건물을 매수해서 이주한 자가 청구권자가 될 수 있는지 문제 된다. 예를 들면, 전소유자나 거주자가 이미 가해자로부터 손해배상을 받았다면 새로운 소유자가 거주자는 동일한 일조권 침해를 이유로 손해배상을 청구할 수 없다. 그러나 구소유자와 가해자가 일조분쟁의 상태에 있거나 구소유자가 이미 발생했던 손해배상청구권을 신소유자에게 양도한다는 합의가 존재하는 경우에는 신소유자도 원고가 될 수 있다. 판례에 의하면 일조권 침해에 대한 손해배상청구권은 불법행위의 일종으로 시효에 따라 소멸한다. 즉 손해가 발생한 후 3년이 경과하거나, 불법행위를 한 날부터 10년이 경과한 때 손해배상청구권은 시효로 소멸한다. 한편 피고는 일반적으로 가해건물의 주인인 소유자인 경우가 많다. 배상책임자와 소유자가 다른 경우에 최조 배상책임자는 건축업자로부터 인도 받은 후 단기간에 소유자에게 인도하므로 최초 배상책임자가 손해배상책임을 지는 경우는 드물고 통상 소유자가 책임을 지게 된다. 가해건물의 소유자에 변경이 있는 경우에는 변경전후의 손해에 대해 배상책임자가 구분되어야 하며, 따라서 광열비의 지출 등에 대하여는 취득시를 경계로 책임의 분할이 이루어져야 한다. 다만, 피해건물의 가치저하 등 계속적으로 발생·존속하는 피해에 대하여는 신거주자의 소유권 취득 후부터 그가 방해자의 지위에서 배상책임을 부담한다. 손해배상청구는 통상 공사완공 후에 생기는 문제로서 건축업자는 공사완성 직후 배상책임자에게 인도하는 즉시 침해자로 지위를 면하게 되기 때문이다. 다만 일조침해가 건축업자의 잘못된 공사방법에 의한 경우나 공사의 장기화에 의한 경우에 건축업자의 피해자로서의 지위의 존속기간 중에 발생한 손해에 대하여는 건축업자가 독자적인 손해배상책임을 부담한다. 도한 당해 건물이 건축법규에 위반되는 것으로서 그로 인한 일조권 침해에 대한

고의 또는 과실이 있었던 경우에는 건축업자도 손해배상책임이 인정될 수 있다.

2. 손해배상의 종류와 범위

가. 재산적 손해(토지·건물의 가치하락 금액)

일조방해로 인한 건물이나 토지의 가치하락금액이 손해배상의 대상이 된다.

1) 가격하락분을 일정비율 손해로 인정한 사안

대법원은 일조장해, 사생활 침해, 시야차단으로 인한 압박감, 소음, 분진, 진동 등과 같은 생활이익의 침해로 인하여 발생한 재산상 손해 항목 중 토지·가옥의 가격저하에 의한 손해의 산정방법에 대하여 "일조장해, 사생활 침해, 시야차단으로 인한 압박감, 소음, 분진, 진동 등과 같은 생활이익의 침해로 인하여 발생한 재산적 손해의 항목 중 토지·가옥의 가격저하에 의한 손해를 산정함에 있어서는 광열비·건조비 등의 지출 증대와는 별도로 일조장해 등과 상당인과관계가 있는 정상가격의 감소액을 부동산감정 등의 방법으로 평가하여야 할 것이고, 분양된 아파트가 일조피해를 입고 있는 경우 그 아파트의 시세가 분양대금에 물가상승률이나 예금금리를 감안한 금액보다 높게 유지된다고 하여 그 소유자에게 당해 아파트의 가격저하로 인한 손해가 발생하지 아니하였다고 볼 수 없다."고 판시한 후, 일조침해와 조망·프라이버시·통풍 침해 등을 아울러 고려하여 그 침해 전후의 통상적인 아파트 가격의 차이에 관한 감정 결과에 터 잡아 원고들의 각 아파트가 일조침해 등으로 말미암아 그 정상가격에 비하여 각 세대별로 금 14,260,000원 내지 금 21,700,000원의 가격하락분이 발생한 것으로 인정하는 한편, 피고나 롯데건설의 각 아파트 건축행위에 법규 위반이 없는 점 및 원고들 측의 수분양자로서의 수인한도와 관련된 감액사유 등을 종합적으로 고려하여 피고가 배상하여야 할 손해액을 위 각 세대별 가격하락분의 50%로 봄이 상당하다고 판단한 원심을 유지하였다.

또한 위 대법원 판결이 아파트 가격하락분의 50%를 손해로 인정한 것과 마찬가지로 하급심이기는 하지만 서울고등법원은 "세대별로 5,833,000원 내지 8,889,000원의 부동산 가격하락을 인정한 다음, 인접 대지 위에 건물이 건축됨으로 인하여 일조방해가 생기더라도 그 방해의 정도가 상회통념상 일반적으로 인용되는 수인한도를 넘지 않은 경우 그 정의 일조 방해는 수인하여야 하는 것인데 이 사건 아파트의 건축으로 인하여 원고들 주택에 생긴 일조방해가 수인한도를 넘지 않는 것이었다면 그로 인하여 원고들의 주택에 어느 정도 가격하락이 발생하였더라도 피고들이 이를 배상할 책임이 없다고 할 수는 없으므로, 이 사건에서 일조방해가 전혀 없는 경우를 상정한 정상가격을 기준으로 산정한 가격하락분 전부를 피고들에게 부담시키는 것은 부당하고 이를 원고들과 피고들이 어느 정도 분담하는 것이 형평의 원칙에 부합한다고 할 것이며, 또 피고들이 건축법상의 거리제한 규정을 준수하여 이 사건 아파트를 건축한 사정 및 부동산 가격은 당해 부동산과 공공편의시설과의 거리 및 접근성, 인근토지의 이용상황과의 적합성, 공법상·사법상의 규제, 부동산의 면적, 구조 등 복합적인 요소에 의하여 형성되는 것으로 일조침해로 인한 부동산 가격하락분을 산정하는 것이 사실상 불가능한 사정 등을 감안하여 볼 때, 피고들이 배상하여야 할 재산적 손해액은 감정결과에 나타난 각 세대별 부동산 가력하락분의 60%로 봄이 상당하다."고 판단하였다.

또한 서울고등법원 판결은 "이 사건 아파트가 신축되기 이전에 이미 5층짜리 아파트가 들어서 있어 그로 인하여 일조권, 조망권 등에 일부 제한을 받고 있었던 점을 고려하여 부동산의 시가하락분 전부에 대하여 책임을 부담하는 것은 신의칙 또는 형평의 원칙상 불합리하다는 이유로 그 하락분의 50~80%를 손해액으로 인정하였다."

2) 가격하락분 전액을 손해로 인정한 사안

서울고등법원 2004. 4. 13. 선고 2003나40141 판결은 토지 및 주택의 가격하락액 전액을 손해로 인정하였다.

3) 정상적인 주택가격의 일정비율을 가격하락분으로 인정한 사안

하급심이기는 하지만 서울고등법원 판결은 "주거환경으로 적합한 일조와 조망, 사생활 보호를 필요로 하는 주거지역에 소재하고 있는 주택 및 그 대지에 대하여 일조, 조망 등의 침해가 발생하게 되면, 그 시가가 하락하여 같은 금액 상당의 재산상 손해가 발생하게 되고, 가사 그와 같은 시가의 하락이 장기간에 걸쳐 서서히 이루어져, 침해가 발생한 직후 시가가 하락한 사례를 발견하기 어려운 경우라고 하더라도, 당해 토지나 건물을 소유하고 있는 자로서는 침해가 발생하기 전의 정상적인 환경성능을 상실하게 됨은 물론, 주거용도로서의 적정한 기능을 유지하게 위하여 주로 난방비 및 조명비를 추가로 부담하게 될 것이어서, 일정한 기간이 경과하면 사실된 환경성능의 금전적 가치와 추가로 부담하게 되는 난방비 및 조명비의 합계액 상당의 가격이 하락한 상태로 거래하게 될 것임이 경험칙상 명백하므로, 일조, 조망 등이 침해되었으나, 아직까지 이를 반영한 거래가격이 형성되지 아니한 경우의 재산상 손해는 침해가 발생하기 전의 정상적인 주택의 가격에서 환경성능이 차지하는 비중과 침해된 환경성능 상실률에 기하여 평가한 환경성능상실분의 평가액과 추가 난방비 및 조명비의 합계액으로 봄이 상당하다고 판시한 후, 피고들의 불법행위로 인하여 이 사건 주택의 일조, 조망 등이 침해되었으나, 아직까지 이를 반영한 시가가 형성되지 아니한 사실, 정상적인 주택의 가격에서 환경성능이 차지하는 비중은 경제성장에 따른 소득수준의 향상으로 삶의 질에 대한 관심이 증대하면서 환경이 중시되는 최근의 경향에 따라 20% 상당이라고 할 것이고, 이에 기하여 산정한 피고들의 불법행위로 인하여 이 사건 주택에서 상실된 환경성능상실분의 평가액은 금 17,256,000원인 사실, 이 사건 주택에서 쾌적하고 건강한 주거생활을 영위할 수 있도록 주거공간으로서의 기능을 유지하기 위하여 추가로 지출하게 될 난방비는 금 278,000원, 조명비는 금 4,598,940원인 사실을 인정할 수 있으므로, 피고들이 원고에게 지급하여야 할 손해액은 위 각 금원의 합계 금 22,132,940원이라고 인정하였다."

나. 광열비, 건조비 등의 지출 증대

토지·건물의 가격하락으로 인한 손해와는 별도로 일조방해의 결과로서 난방, 조명 등을 위한 광열비 또는 세탁물의 건조비 등이 증가하는 경우 이를 손해로 볼 수 있다. 하지만, 광열비, 건조비 등의 지출증대로 인한 손해액을 특정하기는 쉽지 않다. 이와 관련하여 하급심이기는 하지만, 서울고등법원 판결은 "이 사건 아파트의 신축으로 인하여 원고들이 난방비가 더 소유되리라는 사실을 일응 인정할 수 있으나, 이 사건 감정결과는 장래에 발생할 영구적인 난방비 손해를 바닥면적당 도시가스 사용량을 기준으로 추정하여 현가로 계산한 것에 불과하고, 세대별 가구원 수, 난방시설, 난방연료, 난방기간 등이 상이하고 이에 따라 난방비 증가액도 달라지는 점을 고려하면, 이를 원고들이 입은 실제 난방비 손해라고 곧바로 인정하기 어렵고 나아가 원고들이 장래까지 계속하여 각 주택에 거주하리라는 점에 관한 입증이 없으며, 또한 위와 같은 난방비를 포함한 주거비의 상승은 결국 원고 소유 주택들의 시세하락으로 인한 재산상의 손해에 반영되었다는 점을 고려할 때, 원고들이 실제로 입게 된 난방비 손해에 대한 구체적인 입증이 없는 한 위 감정결과만으로 원고들이 그 주장과 같은 난방비 손해를 입었다고 단정할 수는 없다."고 판시한 사례가 있다.

3. 정신적 손해

일조권 침해는 통상 주거환경 또는 생활환경 악화로 인한 정신적 고통을 수반하며 이에 대하여 금전으로 배상하여야 하는데, 위자료의 액수가 문제된다. 위자료의 액수는 일조권 침해 사례의 구체적 특징 즉, 피해의 정도, 지역성, 회피가능성, 가해건물의 건축법 등의 제반규정위반 여부, 가해행위의 피해이익의 사회적 평가 등 제 요소를 고려하여 산정하여야 할 것이다. 또한 일조권 침해건물에 거주하지 않는 건물소유자나 토지소유자에게도 위자료청구를 인정할 것인지 문제이나, 판례에 따르면, 피해건물에 거주하지 않고 가까운 장래에 거주할 계획도 없는 소유자에게는 인정되지 않는다. 또한, 토지·건물의 가격하락에 의한 정신적 고통은 물론이고 금전적으로 산정하기 어려운 손해에 대해서도 보완적으로 전보될 수 있는데, 예를 들어, 일조권침해에 의한 재산적 손해 중에는 그 손해액의 입증이 곤란한 것이 많을 뿐 아니라 습기의 증가, 식물의 성장저해, 병자 및 유아의 일광욕 기회의 감소 등 금전으로 산출하기 곤란한 일상생활상의 불이익도 있는 것이므로 이러한 손해에 대한 보완적 기능을 담당할 수 있는 위자료의 역할은 커진다.

Ⅵ. 소멸시효의 기산점

일반적으로 위법한 건축행위에 의하여 건물 등이 준공되거나 외부골조공사가 완료되면 그 건축행위에 따른 일영의 증가는 더 이상 발생하지 않게 되고 해당 토지의 소유자는 그 시점에 이러한 일조방해행위로 인하여 현재 또는 장래에 발생 가능한 재산상 손해나 정신적 손해 등을 예견할 수 있다고 할 것이므로, 이러한 손해배상청구권에 관한 민법 제766조 제1항 소정의 소멸시효는 원칙적으로 그때부터 진행한다. 다만, 위와 같은 일조방해로 인하여 건물 등의 소유자 내지 실질적 처분권자가 피해자에 대하여 건물 등의 전부 또는 일부에 대한 철거의무를 부담하는 경우가 있다면, 이러한 철거의무를 계속적으로 이행하지 않는 부작위는 새로운 불법행위가 되고 그 손해는 날마다 새로운 불법행위에 기하여 발생하는 것이므로 피해자가 그 각 손해를 안 때로부터 각별로 소멸시효가 진행한다.

Ⅶ. 일조권 침해에 대한 구제수단

1. 손해배상 청구

일조방해의 경우에 사법상의 구제수단으로 가장 널리 활용되고 있는 것이 손해배상청구이다. 일조방해를 이유로 손해배상청구를 하는 경우 그 손해로 주장될 수 있는 것은 일조방해로 인한 토지나 건물의 가격 저하, 영업수익의 저하, 광열비 등의 지출 증대로 인한 재산적 손해와 거주환경의 악화로 인한 위자료의 청구 등이다. 실무상 주거지역에서의 일조침해가 일반적이라 영업수익의 저하를 손해배상으로 내용으로 주장하는 경우는 거의 없고, 그에 관한 입증도 쉽지 아니할 것이다. 광열비 등의 지출 증대의 경우 그 입증이 되지 않더라도 위자료를 산정함에 있어 이를 고려하는 경우가 드물지 않게 있다. 습기의 증가, 곰팡이의 발생 증가, 식물의 성장 저해, 환자와 유아의 일광욕 기회의 감소 등 일상생활상의 불이익에 대하여는 이것을 계량화하여 금전으로 산출하는 것이 곤란할 것이며, 결국 위자료 산정에 참작할 수밖에 없을 것이다.

2. 방해제거 및 방해예방청구

건축물의 신축으로 인하여 이웃 토지이용자의 일조권을 침해하거나 침해할 염려가 있는 경우에는 이웃 토지의 소유자 등은 방해의 제거나 예방을 청구할 수 있다. 실무상 소유자가 아닌 사람의 신청에 의한 공사금지가처분이 인용되는 경우는 거의 없다. 이때, 완성된 건물에 대하여는 그 철거를, 신축 중인 건물에 대하여는 공사의 중지를 각 청구할 수 있다. 다만, 완성된 건물에 대하여 철거청구를 인용하는 경우에는 국가경제적인 측면 등 신중한 고려를 하여야 할 것이다.

3. 보상청구

두 법익이 충돌할 때 타인의 법익의 회생을 조정하기 위한 책임인 희생책임으로서의 보상청구권에 대하여 우리 민법에서는 명문의 규정을 두고 있지 아니하나, 우리 민법상에서 이러한 조정적 보상청구권을 인정하기 위한 해석론적 시도가 전혀 불가능한 것은 아니고, “토지 소유자의 매연, 열기체, 음향, 진동 기타 이에 유사한 것으로 이웃 토지의 사용을 방해하거나 이웃 거주자의 생활에 고통을 주지 아니하도록 적당한 조처를 할 의무가 있다”고 규정하고 있는 민법 제217조 제1항의 적당한 조처 청구의 한 내용으로서 보상청구권을 인정할 수 있으므로, 일조방해로 인하여 일방의 법익이 침해되었으나, 고의나 과실의 입증의 어려움으로 손해배상청구권이 인정되지 않고, 또한 이미 완성된 건물에 대한 철거청구가 국민경제 대한 고려 등의 이유로 인정되지 않는 경우에, 이러한 피해자의 희생을 위하여 보상청구가 인정될 수 있다는 견해가 있으나, 이에 관한 법적 근거나 미약한 것으로 보이고, 실무상으로도 보상청구가 인용된 사례를 찾아 볼 수 없다.

4. 일조권 침해에 대한 감정의 문제

건축허가 또는 아파트사업계획 승인이 모든 건축관계법령에 따라 적법하게 발급된 것이라 하여도 그로 인한 일조권의 침해가 사회적수인의 한도를 넘는 한 불법행위를 구성하는 것으로 판단하고 있다. 이를 통하여 건축법상의 일조권의 범위와 민사상 일조권의 범위가 일치하지 않는다는 점이 명백히 밝혀졌지만 합치되는 방향으로 해석함이 상당하다. 일조침해를 청구원인으로 한 공사금지소송에서 수인한도와 손해배상청구소송에서의 수인한도가 상이할 수 없다. 그러나 일조침해의 신청원인을 공사금가처분소송에서는 피보전권리의 존재 이외의 보전의 필요성이 인정되어야 할 것이다. 일조침해를 원인으로 한 분쟁이 궁극적으로 금전 손해배상으로 해결하는 것이 상당하다고 판단되는 경우에는 가처분소송단계에서 공사금지가처분을 인용함에 있어 신중하여야 할 것이다.

[서식 118] 손해배상청구의 소(일조권, 조망권 침해 등)

소 장

원 고 (선정당사자)	○ ○ ○ (주민등록번호 000000-0000000) 서울 OO구 OO로 OOO (우편번호 00000) 전화번호(휴대폰 포함), 팩스번호, 전자우편(e-mail)
피 고	OO건설주식회사 서울 OO구 OO로 OO (우편번호 00000)

대표이사 ○ ○ ○
전화번호(휴대폰 포함), 팩스번호,
전자우편(e-mail)

손해배상(기)청구의 소

청 구 취 지

1. 피고는 원고에게 금 ○○○원 및 이에 대하여 이 사건 소장부본 송달 다음날부터 이 사건 판결선고일까지는 연 5% 의, 그 다음날부터 다 갚는 날까지는 연 12%의 각 비율에 의한 돈을 지급하라.
2. 소송비용은 피고의 부담으로 한다.
3. 위 제1항은 가집행 할 수 있다.

라는 판결을 구합니다.

청 구 원 인

1. 당사자들의 지위

원고는 소외 주식회사 ○○건설이 신축하여 분양한 ○○시 ○○구 ○○ ○○ 소재 ○층 높이의 아파트 중 ○○동 ○층 ○○○호를 분양 받아 사용하고 있는 사람이고, 피고는 원고가 분양 받은 위 아파트의 이웃에 ○층 높이의 아파트 2개동 및 ○층 높이의 아파트 1개동을 신축하여 일반 분양한 회사입니다.

2. 손해배상책임의 발생

가. 일조권 침해

(1) 원고는 19○○. ○. ○. 소외 주식회사 ○○건설이 신축하여 분양한 ○○시 ○○구 ○○동 ○○ 소재 ○층 건물의 아파트 중 ○○동 ○○○호에 대하여 분양계약을 체결하고 분양대금을 지급한 후 위 일자에 입주하여 생활하여 오고 있는바, 분양당시 위 1층 ○○○호는 거실 등이 남향으로 위치하여 있어 ○층임에도 불구하고 일조량이 동지를 기준으로 최소한 4시간 정도는 확보가 되는 상황이었습니다.

(2) 이러한 상태에서 20○○. ○. ○.부터 원고가 분양 받은 아파트의 이웃 지번이자 피고 소유인 ○○시 ○○구 ○○동 ○○○에 피고가 ○층 높이의 아파트 3개동을 신축하게 되었고, 원고는 당시 이러한 피고의 아파트신축계획을 알게 된 후 위 높이의 아파트가 들어선다 하여도 통풍 및 전망에는 약간의 피해가 예상되지만 그 외의 피해가 없다는 사실 및 위 아파트의 신축이

건축법상 하자가 없다는 사실을 알고 위 신축아파트의 신축과정을 지켜볼 수밖에 없던 차에 2000. 0.경부터 위 3개동의 아파트 중 2개동에 대하여 그 건축 높이를 O층에서 O층으로 건축허가를 변경하여 증축을 하게 된 사실을 알게 되었고, 이와 같이 아파트가 신축되게 되면 동절기 기준으로 4시간 정도 확보되던 일조권의 혜택이 1시간 정도로 줄어들게 되어 이러한 이유를 들어 피고에 대하여 증축부분의 건축공사를 중지하여 줄 것을 여러 차례 요청하였음에도 불구하고, 피고는 행정상으로 하자가 없기에 건축공사를 중단할 수 없다고 하면서 계속 공사 진행을 하여 결국 2000. 0. 0. 사용검사를 받고 현재는 입주를 앞둔 시기에 있습니다.

(3) 피고가 신축한 위 아파트로 인하여 원고가 예상하는 원고 거주 아파트의 피해 일조량은 추분에서 동지, 춘분에 걸쳐 일일 확보되던 기존 일조시간에서 일일 많게는 7시간에서 6시간 정도의 일조침해가 예상되는바, 이 일조량의 침해에 대하여는 추후 현장검증 및 감정을 통하여 구체적으로 입증하기로 하되, 피고로서는 위와 같은 일조권 및 통풍, 전망권의 침해로 인하여 원고가 입은 손해를 배상할 책임이 있다 할 것입니다.

나. 조망권 침해 등

초고층의 이 사건 건물의 신축으로 인하여 OO아파트의 입주자인 원고들은 종래 누려오던 천혜의 경승지인 OO에 대한 조망권을 침해당하는 피해를 입게 되었습니다. 어느 토지나 건물의 소유자가 종전부터 향유하고 있던 경관이나 조망의 이익이 그에게 하나의 생활이익으로서의 가치를 가지고 있다고 객관적으로 인정된다면 조망권은 법적 보호의 대상이 될 수 있습니다(대법원 1999. 7. 27. 선고 98다47528 판결).

3. 손해배상의 범위

주거의 일조는 쾌적하고 건강한 생활에 필요한 생활이익으로서 법적 보호의 대상이 되는 것이며, 어떤 토지의 거주자가 인접한 타인의 토지 위를 거쳐서 태양의 직사광선을 받고 있는데, 그 인접 토지의 사용권자가 건물 등을 건축함으로써 직사광선이 차단되는 불이익을 입게 되고, 그 일조방해의 정도가 사회통념상 일반적으로 인용하는 수인한도를 넘어서는 경우에는 그 건축행위는 정당한 권리행사로서의 범위를 벗어나거나 권리남용에 이르는 행위로서 위법한 가해행위로 평가되어 일조방해로 인한 불법행위가 성립한다고 할 것인데(대법원 2001. 6. 26. 선고 2000다44928 판결), 이 사건 피고의 신축건물이 건축법에 따라 건축되었다 하더라도 위 신축건물로 인하여 위에서와 같은 일조권 등의 침해가 인정되고 이러한 침해정도는 사회통념상 원고가 수인할 수 있는 범위내의 침해라 할 수 없으며, 따라서 이와 같은 일조권 등의 침해는 피침해자인 원고에 대한 불법행위를 구성한다고 볼 것이며 이에 대하여 피고는 금전으로나마 원고에게 배상을 할 의무가 있는바, 그 금액은 이 사건 일조권 침해의 경위, 일조권 침해의 정도와 현황, 피해회피의 가능성 등 제반 사정을 참작할 때 최소한 금 OOO원은 되어야 할 것입니다.

4. **결 론**

따라서 원고는 피고로부터 금 OOO원 및 이에 대한 원고의 일조권 등을 침해하기 시작한 날이라고 인정되는 피고가 신축한 위 아파트의 사용검사일인 20OO. O. O.부터 이 사건 소장부본 송달일까지는 민법에서 정한 연 5%의, 그 다음날부터 다 갚는 날까지는 소송촉진 등에 관한 특례법에서 정한 연 12%의 각 비율에 의한 지연손해금을 지급 받기 위하여 이 사건 청구에 이른 것입니다.

입 증 방 법

1. 갑 제1호증	부동산등기사항전부증명서
1. 갑 제2호증	주민등록등본
1. 갑 제3호증	지적도등본
1. 갑 제4호증	통고서

첨 부 서 류

1. 위 입증방법 각	1통
1. 법인등기사항전부증명서	1통
1. 소장부본	1통
1. 송달료납부서	1통

20OO. . .

원고 김 O O (인)

서울중앙지방법원 귀중

[서식 119] 일조감정신청서(불법 증축)

감 정 신 청 서

사 건 20OO가단OOOOO
원 고 박 O O
피 고 이 O O

위 사건에 관하여 원고의 소송대리인은 다음과 같이 그 주장사실을 입증하기 위하여 일조시간 등에 대한 감정을 신청합니다.

다 음

1. 감정할 곳(감정의 목적물)

가. 원고소유 피해건물
서울 OO구 OO동 OO
철근콘크리트 라멘조 경사지붕 O층 근린생활시설 및 주택
1층 내지 4층 각 OO.O㎡
지층 OOO.OO㎡
층별용도 지층 : 음식점, 1층 : 소매점, 2층 : 사무실, 3,4층 : 주택

나. 피고소유 가해건물
서울 OO구 OO동 OO-O 주건축물 제1동
철근콘크리트구조 평슬라브지붕 5층 공동주택
4층 OOO.OO㎡ 외 불법 증축부분
5층 OO.OO㎡ 외 불법 증축부분
옥탑1층 OO.OO㎡ 외 불법 증축부분

2. 감정사항

가. 피고의 위 불법 증축 부분의 설치 전, 후의 원고 건물의 아래 총 일조시간 및 연속 일조시간

층수	구 분	총 일조시간	연속 일조시간
1층	이 사건 불법 증축 부분 설치 전		
	이 사건 불법 증축 부분 설치 후		

2층	이 사건 불법 증축 부분 설치 전		
	이 사건 불법 증축 부분 설치 후		
3층	이 사건 불법 증축 부분 설치 전		
	이 사건 불법 증축 부분 설치 후		
4층	이 사건 불법 증축 부분 설치 전		
	이 사건 불법 증축 부분 설치 후		

- 총 일조시간 : 동짓날 기준으로 8시부터 16시까지 사이의 8시간 중 총 일조시간
- 연속 일조시간 : 동짓날 기준으로 9시부터 15까지 사이의 6시간 중 연속 일조시간

나. 이 사건 불법 증축 부분에 대한 철거의무가 인정되지 않을 경우 원고 건물의 시가하락분

3. 입증취지

피고의 가해 건물 4, 5층 및 옥탑의 불법 증축 부분의 설치 전, 후의 원고 피해 건물의 층별 총 일조시간 및 연속 일조시간을 감정함으로써 피고의 불법 증축 부분으로 인하여 원고 건물의 일조권 침해 여부 및 침해되었다면 그로 인한 시가하락 상당의 손해액을 입증하고자 합니다.

첨부서류 : 집합건축물대장

2000. . .

원고 소송대리인 법무법인 OO

담당변호사 김 O O

서울중앙지방법원 민사 제O단독 귀중

[서식 120] 일조감정신청서(인근지역 신축)

현장검증 및 감정신청서

사 건 20OO가합OOOO 손해배상(기)
원 고 O O O 외 O명
피 고 OO아파트재건축조합 외 O명

위 사건에 관하여 원고들 소송대리인은 그 주장사실을 입증하기 위하여 다음과 같이 현장검증 및 감정을 신청합니다.

다 음

1. 검증 및 감정의 목적물
   가. OO시 OO구 OO동 OOO-O OO 아파트
   OOO호. OOO호, OOO호 (일조권 피해세대)
   나. OO시 OO구 OO동 OO-OO외 O필지 지상 OO아파트 단지
   (위 가항과 인접하여 신축된 OO동, OO동)
   다. 위 아파트 및 주변 환경

2. 검증감정으로 입증하고자 하는 사항
   OO시 OO구 OO동 OOO외 OO필지 지상에 OO아파트 OO동, OO동이 신축됨에 인접한 OO시 OO구 OO동 OOO-O OO아파트에 일조권 및 조망권의 침해가 있고, 천공율의 감소 및 프라이버시가 침해가 발생한 사실

3. 감정 사항
   별지 기재와 같습니다.

4. 희망하는 감정기관
   귀원이 지정하는 일조권 피해 전문 감정기관

20OO. . .

원고 O O O (인)

OO지방법원 OO지원 제O민사부 귀중

[별 지] 감정할 사항

감정할 사항

1. 감정목적물
   가. OO시 OO구 OO동 OOO-O OO아파트 OO세대
   OOO호, OOO호, OOO호,
   나. OO시 OO구 OO동 OOO-O 외 O필지 지상 OO아파트 단지
   (OO아파트와 인접하여 신축된 OO동, OO동)

2. 위 OO아파트의 신축으로 인하여위 가항 OO아파트 OO세대에 대하여 발생한 일조권, 조망권 및 프라이버시침해, 천공율 감소 현황을 알 수 있는 분석보고서 작성하여 제출할 것

[서식 121] 일조권감정신청서

검증 및 감정신청

사 건 20OO가단OOO 손해배상(기)
원 고 김 O O 외 1
피 고 김 O O

위 사건에 대하여 원고들은 아래와 같이 검증 및 감정을 신청합니다.

1. 검증 신청
가. 검증의 목적물
(1) 서울 OO구 OO동 OOO-OO 소재 원고 김OO 소유 이 사건 단독주택 및

같은 동 OOO-OO 소재 원고 김OO 소유 이 사건 단독주택

(2) 같은 동 OOO-OO 소재 피고가 신축한 이 사건 공동주택

나. 검증할 사항

원고들 소유 이 사건 단독주택들이 피고가 신축한 이 사건 공동 주택에 의해 일조권, 조망권 및 프라이버시권이 침해받고 있는지 여부 및 그 정도

다. 입증취지

피고의 이 사건 공동주택 신축공사에 의하여 원고들의 소유 건물이 소장 청구원인 제1항 나호 기재와 같이 일조권, 조망권 및 프라이버시권이 침해된 사실

2. 감정신청

가. 감정 목적물

(1) 서울 OO구 OO동 OOO-OO 지상 연와조 슬라브, 시멘트와즙지붕 지하 1층 지상 2층 단독주택 지하 1층 OOO.Om², 지상 1층 OOO.OOm², 2층 OO.OOm²

(2) 같은 동 OOO-OO 지상 연와조 경사슬라브 위 시멘트와즙지붕 지하 1층 지상 2층 단독주택 지하 1층 OOO.OOm², 지상 1층 OO.OOm², 2층 OO.OOm²

나. 감정사항

별지 기재와 같음

다. 감 정 인

위 나.항의 일조권, 조망권 및 프라이버시권의 침해 여부 및 그 정도와 그로 인한 건물의 가격하락 여부 및 그 정도를 감정할 수 있는 자격을 가진 자 중에서 귀원이 지정한 자

라. 입증취지

원고들 소유 이 사건 단독주택들이 피고가 신축한 이 사건 공동주택에 의해서 일조권, 조망권 및 프라이버시권 등이 침해되는지와 침해된다면 그 정도 및 그로 인한 집값 하락의 정도 등에 관하여 입증하고자 함

2OOO. O. O.

위 원고들의 소송대리인

변호사 ○ ○ ○

서울중앙지방법원 민사 제O단독 귀중

감 정 사 항

1. 원고들 소유 이 사건 단독주택들이 피고가 건축한 서울 OO구 OO동 OOO-OO 지상 이 사건 공동주택에 의해 일조권, 조망권, 프라이버시권 등이 침해받고 있는지 여부에 관련하여(원고들을 각각 분리하여 감정결과를 표기하여 주시기 바랍니다)

가. 일조권 침해와 관련하여

(1) 동지일을 기준으로 OO:OO부터 OO:OO까지 사이의 O시간 중 일조 시간이 연속하여 확보되는 시간이 몇 시간인지

(2) 동지일을 기준으로 OO:OO에서 OO:OO까지 사이의 O시간 중 일조 시간이 통틀어서 몇 시간 확보되는지

(3) 감정결과 일조권 침해가 있다면 일조권 침해의 정도는 어느 정도인지(계량화할 수 있다면 그 수치는 얼마인지)

(4) 일조시간 이외의 방법으로 일조권 침해를 측정했을 경우 일조권침해가 있는지 여부 및 침해가 있다면 침해의 정도는 어느 정도인지(계량화 할 수 있다면 그 수치는 얼마인지)

(5) 감정결과 일조권 침해가 있다면 그로 인한 집값 하락 여부와 그 정도는(구체적으로 그 금액을 명시하거나 또는 하락비율이 몇 %인지로 표시바람)

나. 조망권 침해와 관련하여

(1) 원고들의 소유 이 사건 단독주택들의 거실 중앙, 거실 앞 및 안방의 조망률은 몇 %인지

(2) 원고들 소유 이 사건 단독주택들이 침해받고 있는 조망침해율은 몇 %인지

(3) 원고들 소유 이 사건 단독주택들의 천공률은 몇 %인지

(4) 감정결과 조망권 침해가 있다면 그 정도 및 조망권 침해로 인하여 원고들이 느끼는 압박감이 어느 정도인지(계량화할 수 있다면 그 수치로 표시바람)

(5) 조망률이나 천공률 이외의 방법으로 조망권 침해를 측정했을 경우 조망권 침해가 있는지 여부 및 침해가 있다면 그 정도(계량화 할 수 있다면 그 수치로 표시바람)

(6) 감정결과 조망권 침해가 있다면 그로 인한 집값 하락 여부와 그 정도는(구체적으로 그 금액을 명시하거나 또는 하락비율이 몇 %인지로 표시바람)

다. 프라이버시권 침해와 관련하여

(1) 원고들 소유 이 사건 단독주택들이 침해받는 프라이버시의 정도는 몇 등급인지(그 등급이면 어느 정도의 침해를 의미하는지 자세한 설명과 침해정도를 나타내는 다른 수치가 있다면 그 수치로도 표시바람)

(2) 프라이버시 침해등급 이외의 방법으로 프라이버시권 침해를 측정했을 경우 프라이버시 침해가 있는지 여부 및 침해가 있다면 그 정도는(계량화할 수 있다면 그 수치는 얼마인지)

(3) 감정결과 프라이버시권 침해가 있다면 그로 인한 집값 하락 여부와 그 정도는(구체적으로 그 금액을 명시하거나 또는 하락비율이 몇 %인지로 표시바람)

2. 일조권, 조망권 및 프라이버시권 등의 침해로 인한 집값 하락이 있는지 여부에 관련하여(원고들을 각각 분리 하여 감정결과를 표기하여 주시기 바랍니다)
감정결과 각 권리들이 침해가 있다면 각 권리들의 침해로 인한 집값 하락 여부와 그 정도는(구체적으로 그 금액을 명시하거나 또는 하락비율이 몇 %인지로 표시바람) 또한 각 권리들의 침해가 복합적으로 작용할 경우 전체적인 집값 하락 정도는(구체적으로 그 금액을 명시하거나 또는 하락비율이 몇 %인지로 표시바람)

[서식 122] 일조권감정신청서

현장검증 및 감정신청

사　건　　2000가합0000　손해배상(기)

원　고　　0 0 0 외 0명

피　고　　00아파트재건축정비사업조합 외 1

위 사건에 관하여 원고들의 소송대리인은 주장사실의 입증을 위하여 다음과 같이 검증 및 감정을 신청합니다.

다 음

1. 검증신청

가. 검증의 목적물

서울 OO구 OO동 OOO-OO 외 O필지 소재 원고들 소유 OO맨션 O개동 O가구의 이 사건 다세대 주택

같은 동 OOO-OO 외 O필지 소재 피고들이 신축 중인 OO아파트 O개동 O가구의 이 사건 공동주택

나. 검증할 사항

원고들의 소유인 이 사건 OO맨션 O개동 O가구의 다세대주택들은 피고들이 신축 중인 이 사건 공동주택에 의해 일조권, 조망권, 프라이버시권이 침해받고 있는지 여부 및 그 정도

다. 입증취지

피고들의 이 사건 공동주택 신축공사에 의하여 원고들의 소유 맨션은 소장 청구원인 제2항 기재와 같이 일조권, 조망권, 프라이버시권이 침해되고 있음을 입증하고자 합니다.

2. 감정신청

가. 감정 목적 및 감정사항

별지목록 기재와 같습니다.

나. 입증취지

원고들 소유의 이 사건 맨션은 피고들이 신축한 이 사건 공동주택에 의해서 일조권, 조망권 및 프라이버시권 등이 침해되는지와 침해된다면 그 정도 및 그로 인한 집값하락의 정도 등에 관하여 입증하고자 합니다.

20OO. O. O.

위 원고들의 소송대리인

변호사 O O O (인)

서울중앙지방법원 민사 제O부 귀중

[별 지]

감 정 사 항

1. 감정대상 목적물
   서울 OO구 OO동 OOO-OO 외 O필지 소재 원고들 소유 OO맨션 O개동 O가구의 이 사건 다세대주택
   같은 동 OOO-OO 외 O필지 소재 피고들이 신축 중인 OO아파트 O개동 O가구의 이 사건 공동주택

2. 원고들 소유의 위 가.항의 이 사건 맨션은 피고들이 건축 중인 위 나.항의 이 사건 공동주택 OO아파트에 의해 일조권, 조망권, 프라이버시권 등이 침해받고 있는지 여부와 관련하여(원고들을 각각 분리하여 감정결과를 표기하여 주시기 바랍니다)
   가. 일조권 침해와 관련하여
      (1) 동지일을 기준으로 OO:OO부터 OO:OO까지 사이의 O시간 중 일조 시간이 연속하여 확보되는 시간이 몇 시간인지
      (2) 동지일을 기준으로 OO:OO에서 OO:OO까지 사이의 O시간 중 일조 시간이 통틀어서 몇 시간 확보되는지
      (3) 감정결과 일조권 침해가 있다면 일조권 침해의 정도는 어느 정도인지(계량화할 수 있다면 그 수치는 얼마인지)
      (4) 일조시간 이외의 방법으로 일조권 침해를 측정했을 경우 일조권 침해가 있는지 여부 및 침해가 있다면 침해의 정도는 어느 정도인지(계량화할 수 있다면 그 수치는 얼마인지)
      (5) 감정결과 일조권 침해가 있다면 그로 인한 집값 하락 여부와 그 정도는(구체적으로 그 금액을 명시하거나 또는 하락비율이 몇 %인지로 표시바람)
   나. 조망권 침해와 관련하여
      (1) 원고들의 소유 이 사건 단독주택들의 거실 중앙, 거실 앞 및 안방의 조망률은 몇 %인지
      (2) 원고들 소유 이 사건 단독주택들이 침해받고 있는 조망침해율은 몇 %인지
      (3) 원고들 소유 이 사건 단독주택들의 천공률은 몇 %인지
      (4) 감정결과 조망권 침해가 있다면 그 정도 및 조망권 침해로 인하여 원고들이 느끼는 압박감이 어느 정도인지(계량화할 수 있다면 그 수치로 표시바람)

(5) 조망률이나 천공률 이외의 방법으로 조망권 침해를 측정했을 경우 조망권 침해가 있는지 여부 및 침해가 있다면 그 정도(계량화할 수 있다면 그 수치로 표시바람)

(6) 감정결과 조망권 침해가 있다면 그로 인한 집값 하락 여부와 그 정도는(구체적으로 그 금액을 명시하거나 또는 하락비율이 몇 %인지로 표시바람)

다. 프라이버시권 침해와 관련하여

(1) 원고들 소유 이 사건 단독주택들이 침해받는 프라이버시의 정도는 몇 등급인지(그 등급이면 어느 정도의 침해를 의미하는지 자세한 설명과 침해정도를 나타내는 다른 수치가 있다면 그 수치로도 표시바람)

(2) 프라이버시 침해등급 이외의 방법으로 프라이버시권 침해를 측정했을 경우 프라이버시 침해가 있는지 여부 및 침해가 있다면 그 정도는(계량화할 수 있다면 그 수치는 얼마인지)

(3) 감정결과 프라이버시권 침해가 있다면 그로 인한 집값 하락 여부와 그 정도는(구체적으로 그 금액을 명시하거나 또는 하락비율이 몇 %인지로 표시바람)

3. 일조권, 조망권 및 프라이버시권 등의 침해로 인한 집값 하락이 있는지 여부에 관련하여(원고들을 각각 분리 하여 감정결과를 표기하여 주시기 바랍니다)
감정결과 각 권리들이 침해가 있다면 각 권리들의 침해로 인한 집값 하락 여부와 그 정도는(구체적으로 그 금액을 명시하거나 또는 하락비율이 몇 %인지로 표시바람) 또한 각 권리들의 침해가 복합적으로 작용할 경우 전체적인 집값 하락 정도는(구체적으로 그 금액을 명시하거나 또는 하락비율이 몇 %인지로 표시바람)

[서식 123] 손해배상(기)청구의 소(일조권침해)

소 장

원 고 O O O (000000-0000000)
OO시 OO구 OO동 OO (우편번호 00000)
전화·휴대폰번호 : 팩스번호, 전자우편(e-mail)주소 :

피 고 OO건설

주식회사 ○○시 ○○구 ○○동 ○○ (우편번호 00000)
대표이사 ○ ○ ○
전화·휴대폰번호 : 팩스번호, 전자우편(e-mail)주소 :

손해배상(기)청구의 소

청 구 취 지

1. 피고는 원고에게 금 ○○○원 및 이에 대하여 이 사건 소장부본 송달 다음날부터 이 사건 판결 선고일까지는 연 5%의, 그 다음날부터 다 갚는 날까지는 연 12%의 각 비율에 의한 돈을 지급하라.
2. 소송비용은 피고의 부담으로 한다.
3. 위 제1항은 가집행할 수 있다.

라는 판결을 원합니다.

청 구 원 인

1. 당사자들의 지위원고는 소외 주식회사 ○○건설이 신축하여 분양한 ○○시 ○○구 ○○동 ○○ 소재 ○층 높이의 아파트 중 1층 ○○○호를 분양 받아 사용하고 있는 사람이고, 피고는 원고가 분양 받은 위 아파트의 이웃에 ○층 높이의 아파트 ○개동 및 ○층 높이의 아파트 ○개동을 신축하여 일반 분양한 회사입니다.

2. **손해배상책임의 발생**

가. 원고는 19○○. ○. ○. 소외 주식회사 ○○건설이 신축하여 분양한 ○○시 ○○구 ○○동 ○○ 소재 ○층 건물의 아파트 중 ○층 ○○○호에 대하여 분양계약을 체결하고 분양대금을 지급한 후 위 일자에 입주하여 생활하여 오고 있는바, 분양당시 위 ○층 ○○○호는 거실 등이 남향으로 위치하여 있어 ○층임에도 불구하고 일조량이 동지를 기준으로 최소한 ○시간 정도는 확보가 되는 상황이었습니다.

나. 이러한 상태에서 20○○. ○. ○.부터 원고가 분양 받은 아파트의 이웃 지번이자 피고 소유인 ○○시 ○○구 ○○동 ○○○에 피고가 ○층 높이의 아파트 3개동을 신축하게 되었고, 원고는 당시 이러한 피고의 아파트신축계획을 알게 된 후 위 높이의 아파트가 들어선다 하여도 통풍 및 전망에는 약간의 피해가 예상되지만 그 외의 피해가 없다는 사실 및 위 아파트의 신축이 건축법상 하자가 없다는 사실을 알고 위 신축아파트의 신축과정을 지켜볼 수밖에 없던 차에 20○○. ○.경부터 위 ○개동의 아파트 중 ○개동에 대하여 그 건축

높이를 O층에서 O층으로 건축허가를 변경하여 증축을 하게 된 사실을 알게 되었고, 이와 같이 아파트가 신축되게 되면 통풍 및 전망권에 대한 피해는 차치하고 동절기 기준으로 O시간 정도 확보되던 일조권의 혜택이 O시간 정도로 줄어들게 되어 이러한 이유를 들어 피고에 대하여 증축부분의 건축공사를 중지하여 줄 것을 여러 차례 요청하였음에도 불구하고, 피고는 행정상으로 하자가 없기에 건축공사를 중단할 수 없다고 하면서 계속 공사 진행을 하여 결국 2000. O. O. 사용검사를 받고 현재는 입주를 앞둔 시기에 있습니다.

다. 피고가 신축한 위 아파트로 인하여 원고가 예상하는 원고 거주 아파트의 피해 일조량은 추분에서 동지, 춘분에 걸쳐 일일 확보되던 기존 일조시간에서 일일 많게는 O시간에서 O시간 정도의 일조침해가 예상되는바, 이 일조량의 침해에 대하여는 추후 현장검증 및 감정을 통하여 구체적으로 입증하기로 하되, 피고로서는 위와 같은 일조권 및 통풍, 전망권의 침해로 인하여 원고가 입은 손해를 배상할 책임이 있다 할 것입니다.

3. 손해배상의 범위주거의 일조는 쾌적하고 건강한 생활에 필요한 생활이익으로서 법적 보호의 대상이 되는 것이며, 어떤 토지의 거주자가 인접한 타인의 토지 위를 거쳐서 태양의 직사광선을 받고 있는데, 그 인접 토지의 사용권자가 건물 등을 건축함으로써 직사광선이 차단되는 불이익을 입게 되고, 그 일조방해의 정도가 사회통념상 일반적으로 인용하는 수인한도를 넘어서는 경우에는 그 건축행위는 정당한 권리행사로서의 범위를 벗어나거나 권리남용에 이르는 행위로서 위법한 가해행위로 평가되어 일조방해로 인한 불법행위가 성립한다고 할 것인데(대법원 2001. 6. 26. 선고 2000다44928 판결), 이 사건 피고의 신축건물이 건축법에 따라 건축되었다 하더라도 위 신축건물로 인하여 위에서와 같은 일조권 등의 침해가 인정되고 이러한 침해정도는 사회통념상 원고가 수인할 수 있는 범위내의 침해라 할 수 없으며, 따라서 이와 같은 일조권 등의 침해는 피침해자인 원고에 대한 불법행위를 구성한다고 볼 것이며 이에 대하여 피고는 금전으로나마 원고에게 배상을 할 의무가 있는바, 그 금액은 이 사건 일조권 침해의 경위, 일조권 침해의 정도와 현황, 피해회피의 가능성 등 제반 사정을 참작할 때 최소한 금 OOO원은 되어야 할 것입니다.

4. **결 론**

따라서 원고는 피고로부터 금 OOO원 및 이에 대한 원고의 일조권 등을 침해하기 시작한 날이라고 인정되는 피고가 신축한 위 아파트의 사용검사일인 20OO. O. O.부터 이 사건 소장부본 송달일까지는 민법에서 정한 연 O%의, 그 다음날부터 다 갚는 날까지는 소송촉진등에관한특례법에서 정한 연 O%의 각 비율에 의한 지연손해금을 지급 받기 위하여 이 사건 청구에 이른 것입니다.

입 증 방 법

1. 갑 제1호증 부동산등기부등본
1. 갑 제2호증 주민등록등본
1. 갑 제3호증 지적도등본
1. 갑 제4호증 통고서

첨 부 서 류

1. 위 입증방법각 1통
1. 법인등기부등본 1통
1. 소장부본 1통
1. 송달료납부서 1통

20OO. O. O.

위 원고 O O O (서명 또는 날인)

OO지방법원 귀중

제2절 조망권 침해

Ⅰ. 서 설

1. 의 의

조망권이란 "먼 곳을 바라 볼 수 있는 권리, 내지는 먼 곳의 경치를 볼 권리"를 말한다. 이와 비슷한 정의로는 "건물소유자 또는 점유자가 일정의 풍경을 기타 다른 것에 의해 방해받지 않고 조망할 수 있는 권능"이라고 한다. 즉 조망권이란 토지나 건물의 소유자가 종전부터 향유하고 있던 아름다운 경관이나 조망 등이 타인의 토지위에 건축물 등을 신축함으로써 방해되는 경우에 이를 법적으로 보호받을 수 있느냐의 여부가 조망권이라는 이름으로 논의된다. 이러한 조망에 관한 권리는 전형적인 환경침해의 문제는 아니나 환경침해와 유사한 면을 가지고 있다. 즉 조망의 방해는 인접한 부동산의 소유자 사이에서 일어나는 계속적인 침해이며, 대개 가해자의 적법한 권리의 행사에서 비롯되고 이를 통하여 피해자의 재산적 이익 또는 인격적 이익이 침해되는 듯한 모습을 가지고 있으므로 환경침해와 유사하다. 그러나 조망의 방해는 일반적인 환경침해와는 상이한 데, 환경침해는 불가량물 등의 유입에 의한 적극적인 침해이나 조망의 방해는 소극적인 침해라는 점에서 그 특색이 있다. 또한 피해의 발생범위에서 보면 환경침해는 넓은 범위에 걸쳐서 피해를 발생시키는데 반하여 조망의 방해는 상린관계적 분쟁으로 나타나는 것이 보통이므로 일반적인 환경침해와는 차이가 있다.

조망권의 내용 및 어떤 경우에 그 침해가 있었다고 볼 것인지는 국내에서 아직 구체적이고 본격적인 논의가 이루어지지 않고, 실제 소송에서는 일조권의 침해를 주장하면서 조망권 및 프라이버시의 침해를 함께 주장하는 경우가 대부분이다. 일조권 침해와 조망권의 침해를 함께 주장한 사건에서 일조권 침해를 인정하면서 이와 함께 조망 및 프라이버시 침해까지 인정한 판결례는 더러 있으나, 일조권 침해를 인정하지 않으면서 이와 별도로 조망침해로 인한 손해배상을 인정하는 경우는 거의 없다. 객관적인 법적 보호의 대상이 될 정도의 특별한 조망이 아니라 단순히 주택가에서 새로운 건물로 인하여 기존 건물에서 바라다 보이는 시야가 좁아졌다는 것만으로는 그 정도가 현저히 심하지 않는 한 조망침해 등으로 인한 손해배상을 인정하기는 어려울 것이다.

2. 조망권의 보호

조망 저해와 조망권이 침해된 경우에 사법적 보호를 받을 수 있기 위해서는 우선, 조망권이 이익, 즉 재산적 성질을 가지는 것이, 그 근거이다.

가. 영업이익

조망권이 영업이익으로서 보호를 받기 위해서는 일반적으로 피해자 측의 영업상 손실의 중대성, 피해자 측으로부터의 대상지불의 신청을 가해자가 거절할 것, 가해자 측에서 회피가능성이 있고, 동시에 악의가 있을 것, 등을 요구하고 있다.

나. 생활이익

조망에 대한 생활이익에 대하여는 “일반적으로 풍경이 조망의 가치를 가지게 되는 것은 그 풍경을 보는 자에게 미적 만족감과 정신적 평온 등을 주는 점에 있어서 개인의 생활상 적지 않은 의의 내지 가치를 가지는 것에 기초하지만, 이러한 조망자체가 가지는 일반적, 추상적인 가치는 구체적인 경우에 이것과 결부되어, 생활관계 여하에 따라 어떤 경우에는 경제적 가치로서, 어떤 경우에는 사회적, 문화적 가치로서 또 어떤 경우에는 일상생활의 차원에 있어서 사적 가치를 가질 수 있으며, 그 각각에 따라 다른 성질과 내용에 의해 구체적인 이익을 형성한다. 이러한 이익에 대해서 법적 견지에서 어떠한 경우에, 어느 정도의, 또 어떠한 형태로 보호해야하는가에 대해서도, 위와 같은 이익이 구체적인 성질과 내용에 따라 그것이 가지는 사회적 의의 내지 가치를 평가하고, 이것을 경합하는 다른 가치 내지 이익과의 관련에 있어서 이것을 결정해야 한다.”고 한다.

Ⅱ. 조망권의 인정 여부

조망권이 인정되기 위해서는 일반통념에 비추어 조망가치가 있는 경관이 존재할 것, 당해 건물의 가치가 당해 경관의 조망에 상당히 의존하고 있을 것, 조망의 보존 및 유지가 주의 토지의 이용 상황과 조화를 이룰 것, 당해 조망이익이 사회적, 문화적으로 중요한 가치를 갖는다는 것 등이 객관적으로 인정될 것을 전제한다. 따라서 그것들이 객관적으로 인정되지 아니할 경우 조망권은 인정되지 않는다. 이에 관련하여 대법원은 "어느 토지나 건물의 소유자가 종전부터 향유하고 있던 경관이나 조망이 그에게 하나의 생활이익으로서의 가치를 가지고 있다고 객관적으로 인정된다면 법적인 보호의 대상이 될 수 있는 것인바, 이와 같은 조망이익은 원칙적으로 특정의 장소가 그 장소로부터 외부를 조망함에 있어 특별한 가치를 가지고 있고, 그와 같은 조망이익의 향유를 하나의 중요한 목적으로 하여 그 장소에 건물이 건축된 경우와 같이 당해 건물의 소유자나 점유자가 그 건물로부터 향유하는 조망이익이 사회통념상 독자의 이익으로 승인되어야 할 정도로 중요성을 갖는다고 인정되는 경우에 비로소 법적인 보호의 대상이 되는 것이라고 할 것이고, 그와 같은 정도에 이르지 못하는 조망이익의 경우에는 특별한 사정이 없는 한 법적인 보호의 대상이 될 수 없다."고 판시하여 조망권을 인정하고 있다.

Ⅲ. 조망권의 법적 보호요건

1. 조망가치의 필요성

조망이익이 법적으로 인정되고 보호받는 가치가 되기 위해서는 조망하는 장소나 조망되는 장소의 모두가 지역적으로 특수한 위치와 조망을 객관적으로 갖춘 곳이어야 된다. 조망가치가 주관적이면 개인마다 평가가 다르게 되어 모든 경치에 조망이익을 인정할 수 없게 된다. 그러므로 조망이익을 인정하기 위해서는 조망하는 장소나 조망되는 장소 모두가 지역적으로 특수한 위치에 있어야 한다. 즉 일반적으로 조망은 풍물을 바라보는 자에게 미적 만족감과 정신적 편안함을 부여하는 점에 있어서 생활상 적지 않은 가치를 가지고 있다. 어느 토지나 건물의 소유자가 종전부터 향유하고 있던 조망, 조용하고 쾌적한 환경 등이 그에게 있어 하나의 생활이익으로서의 가치를 지닌다고 객관적으로 인정된다면 법적보호의 대상이 될 수 있다. 그러나 보통의 지역에 인공적으로 특별한 시설을 갖춤으로써 향수하는 조망이익은 여기서 말하는 조망이익과 틀린 것으로써 제외된다. 그러므로 일반적인 지역에 인공적 방법으로 고층의 건축물이나 아파트를 신축하여 누리게 된 조망이익은 법적으로 보호받을 수 없고, 조망함에 있어서 특별한 가치를 가지고 있어 그 조망의 이익이 사회통념상 독자의 이익으로 승인되어야 할 정도로 중요성을 가지고 이어야 한다. 즉 일반지역에서 인공적으로 얻은 것은 당해 장소의 경관의 가치가 해당 경관의 조망에 의존하지 않으므로 조망권을 주장할 수 없다.

2. 권 원 성

조망권을 주장할 수 있는 경우로는 소유자와 점유자가 있다. 대법원은 당해건물의 소유자를 조망보호의 주된 대상으로 판시하고 있기는 하나, 점유자도 조망보호를 받을 수 있는 가능성을 열어두고 있고, 조망권인 인격권적 성격을 갖는 면을 부인할 수 없으므로 토지나 건물의 소유자만이 조망이익을 갖는 것으로 한정할 것은 아니라고 한다. 이때 소유자 및 점유자는 조망하는 장소에서 거주와 활동을 할 수 있는 소유자와 점유자에 한한다. 즉 시설을 하지 않고 소유하는 것은 조망에 대한 잠재적인 가능성만을 있게 할 뿐이므로 이러한 가능성에 대해서는 보호의 대상으로 하지 않는다. 그러나 위 나대지 상태의 토지에 대하여 건축설계가 마무리된 상태에서 건축물의 신축만 남아있는 상태에서는 조망권을 주장할 수 있다. 조망하는 곳에서 거주 또는 활동할 수 있는 시설을 소유하는 자는 조망권이 인정되지만, 시설을 소유하지 않는 토지소유자는 잠재적 가능성을 가진 자에 그치므로 보호되지 않는다는 견해가 있다.

3. 장소의 조망성

건축된 건물이 주변 조망을 감상할 목적으로 건축 되어서 장소 자체가 해당 조망에 의존하고 있어야 한다. 즉 조망을 하기 위한 자체로 건물 용도가 설계되어 그 건축물의 가치가 조망이라는 것이 없어지면 장소적 가치도 없어지는 것을 말한다. 그러므로 조망이라고 인정할 만한 가치가 없는 곳에 대한 전망의 이익은 구성하지 않는다. 즉 조망이 생활이익으로서 가치가 인정되려면 조망이익은 원칙적으로 특정의 장소가 그 장소로부터 외부를 조망함에 있어 특별한 가치를 가지고 있어야 할 것이다.

4. 시간적 선주(先住)

선주자가 누리던 기존의 조망권이 침해될 때 문제가 되는 것이므로 뒤에 건물을 지은 자는 선주자의 건물에 대하여 조망권 침해를 주장할 수 없다고 보는 것이 일반적이다.

5. 조망목적성과 주변 토지 이용과의 조화성

조망을 목적으로 지어진 건축물이 조망이익을 가지려면 주변 토지의 이용과 발전 및 변화 가능성을 검토하여야 한다. 즉 주거지역인지 상업지역인지의 여부 또는 조망을 목적으로 지어진 관광지대인지의 여부에 따라 조망권이 인정된다. 예를 들어, 관광지의 호텔, 음식점 등 풍광이 수려한 곳의 조망을 기초로 하여 영업을 하고 있는 경우와 같이 조망이 영업상의 중요한 하나의 이익으로서 재산적 가치를 가지고 있는 경우, 한강변의 아파트나 별장 등 조망권이 가격형성과 사용이익에 결정적인 원인이 되어 있는 경우가 이에 해당한다.

Ⅳ. 조망권보호의 판단기준(수인한도)

조망권의 침해는 조망권자가 기존에 누리던 조망이 차단되면서 침해가 된다. 대부분 침해자의 건물의 신축에 의한 재산권행사로 인하여 기존에 조망권자가 누리던 환경적 이익인 조망이 침해를 받게 된다. 이 경우에 조망권자 침해자에게 법적인 보호대상이 되기 위해서는 침해자의 행위가 위법한 가해행위가 되어야 하고, 조망이익의 침해정도가 사회통념상 일반적으로 인용하는 수인한도를 넘어야 한다. 그 수인한도를 넘었는지 여부는 조망의 대상이 되는 경관의 내용과 피해건물이 입지하고 있는 지역에 있어서 건조물의 전체적 상황 등의 사정을 포함한 넓은 의미에서의 지역성, 피해건물의 위치 및 구조와 조망상황, 특히 조망과의 관계에서의 건물의 건축·사용목적 등 피해건물의 상황, 주관적 성격이 강한 것인지 여부와 여관·식당 등의 영업과 같이 경제적 이익과 밀접하게 결부되어 있는지 여부 등 당해 조망이익의 내용, 가해건물의 위치 및 구조와 조망방해의 상황 및 건축·사용목적 등 가해건물의 상황, 가해건물 건축의 경위, 조망방해를 회피할 수 있는 가능성의 유무, 조망방해에 관하여 가해자 측이 해의를 가졌는지의 유무, 조망이익이 피해이익으로서 보호가 필요한 정도 등 모든 사정을 종합적으로 고려하여 판단하여야 한다.

예를 들어, 대법원은 한강변 아파트의 한강 조망권에 관하여 "조망의 대상과 그에 대한 조망의 이익을 누리는 건물 사이에 타인 소유의 토지가 있지만 그 토지 위에 건물이 건축되어 있지 않거나 저층의 건물만이 건축되어 있어 그 결과 타인의 토지를 통한 조망의 향수가 가능하였던 경우, 그 타인은 자신의 토지에 대한 소유권을 자유롭게 행사하여 그 토지 위에 건물을 건축할 수 있고, 그 건물 신축이 국토의계획및이용에관한법률에 의하여 정해진 지역의 용도에 부합하고 건물의 높이나 이격거리에 관한 건축관계법규에 어긋나지 않으며 조망 향수자가 누리던 조망의 이익을 부당하게 침해하려는 해의에 의한 것으로서 권리의 남용에 이를 정도가 아닌 한 인접한 토지에서 조망의 이익을 누리던 자라도 이를 함부로 막을 수는 없으며, 따라서 조망의 이익은 주변에 있는 객관적 상황의 변화에 의하여 저절로 변용 내지 제약을 받을 수밖에 없고, 그 이익의 향수자가 이러한 변화를 당연히 제약할 수 있는 것도 아니다."고 판시하면서, 5층짜리 아파트의 뒤에 그보다 높은 10층짜리 건물을 세움으로써 한강 조망을 확보한 경우와 같이 보통의 지역에 인공적으로 특별한 시설을 갖춤으로써 누릴 수 있게 된 조망의 이익은 법적으로 보호받을 수 없다고 한 사례가 있다.

또한, 조망권에 관한 수인한도의 기준으로 하급심이기는 하지만, "인간의 시야는 원추체로서 일상생활에 작용하는 시야의 범위는 시선의 좌우측 및 상하 30도로서 60도가 한계이고, 마주보는 건물에서 조망, 압박감과 관련하여 수직시야의 범위는 외부공간을 감안할 때 위쪽 시야만이 고려의 대상으로 중요하며, 압박감의 대표인자로서 거실 창 면적에서 하늘이 보이는 면적비율을 의미하는 천공률은 지평선을 고려할 때 최고 50% 내외인바, 천공률에 따라 실제로 느낄 수 있는 폐쇄감의 정도는 40% 이상이면 양호하고, 30% 이상 40% 미만이면 보통이며, 20% 이상 30% 미만이면 약간 심하고, 10% 이상 20% 미만이면 심하고, 10% 미만이면 매우 심한 정도가 된다."고 판시하며 그 기준을 자세히 하고 있다.

V. 사법적 구제

1. 방해제거청구

소유자는 소유권을 방해하는 자에 대하여 방해의 제거를 청구할 수 있다(민법 제214조). 청구권의 당사자는 소유권의 내용의 실현이 점유의 상실 이외의 방법으로 방해되고 있는 피해자이다. 방해의 기준 시는 사실심의 변론종결시를 기준으로 결정하며, 지금 소유권을 방해받고 있어야 하므로, 방해받고 있는 소유권을 타인에게 양도한 때에는 그 양수인만이 청구권을 갖는다. 청구의 상대방은 가해자 즉 방해상태를 일으켜 놓고 있는 조망방해자가 된다.

방해배제청구가 받아들여지기 위해서는 방해의 정도가 피해자의 수인의 한도를 넘어서야 한다. 일반적인 방해제거청구는 완성된 건물에 대한 철거형태를 청구를 하게 된다. 이 조망권은 환경권는 달리 반사적 이익으로서의 성격이 강하고, 공기오염 등과 같은 만큼 절실한 생활이익이 아니다. 침해방법이 소극적이고, 침해자의 권리행사가 공법규제에 위배되지 않는다는 점에서 수인한도의 판단에 엄밀성을 요구한다. 그래서 방해제거를 위한 철거청구가 받아들여진 경우가 없다. 이런 경우에 대비하여 방해예방청구권으로서 공사중지 가처분 신청을 병행하고 있다.

2. 방해예방청구

소유권에 의한 방해예방청구는 소유자의 소유권을 방해할 염려가 있는 행위를 하는 자에 대하여, 그 예방이나 손해배상의 담보를 청구할 수 있다(민법 제214조). 그러므로 조망권의 침해가 현실적으로 발생하지는 않았지만 앞으로 발생할 염려가 있는 경우에 예상되는 침해를 저기하기에 필요한 일체의 작위·부작위를 청구할 수 있는 권리이다. 청구의 상대방은 방해의 위험을 현실적으로 야기한 자에 한하지 아니하고 현재에 있어서 방해유발원인을 자기 지배 내에 가지고 있는 자까지 포함한다.

방해예방이란 방해를 미리 막는데 필요하고 방해의 원인을 배제하는데 필요한 모든 방법을 말한다. 따라서 조망권이 침해되었거나 침해될 가능성이 있는 때에는 피해자는 조망권 침해에 대한 방해예방을 청구할 수 있다. 조망권은 침해가 되면 일단 그 구제가 힘들다는 특징이 있다. 그러므로 미리 그 방해를 예방하는 것이 매우 중요하다. 방해예방청구의 대부분은 공사중지 가처분 신청의 형태로 이루어지고 있다. 판례는 종교적 환경권, 교육환경권, 조망권 등이 수인한도를 넘어섰다고 판단하여 공사중지 가처분을 인정한 사례가 있다.

3. 손해배상청구

조망권을 침해받는 경우에 피해자는 가해자에 대하여 불법행위를 원인으로 한 손해배상을 청구할 수 있다. 이때 손해배상은 재산상 손해와 정신상의 손해로 구분할 수 있다. 재산상 손해에는 조망방해에 다른 여관, 식당 등의 영업이익 감소나 토지 및 건물의 가치 하락 등이 있는데, 이는 조망권 침해가 있기 전의 수익과 방해가 확정된 후에 수익과의 차액을 산정하여서 결정하면 된다. 또한 조망방해가 사람에게 미치는 정신적·심리적 효과가 크므로 재산권손해에 수반하는 특별손해로서의 정신적 손해가 아니라 재산상 손해와는 별도로 위자료 배상이 인정될 필요가 있다. 판례도 위자료청구의 주체를 침해받는 건물에 거주하는 자로 한정하면서 조망권 침해에 대한 위자료 배상을 인정하고 있다.

[서식 124] 일조권감정신청서

현장검증 및 감정신청

사 건 20OO가합OOOO 손해배상(기)

원 고 O O O 외 O명

피 고 OO아파트재건축정비사업조합 외 1

위 사건에 관하여 원고들의 소송대리인은 주장사실의 입증을 위하여 다음과 같이 검증 및 감정을 신청합니다.

다 음

1. 검증신청

가. 검증의 목적물

서울 OO구 OO동 OOO-OO 외 O필지 소재 원고들 소유 OO맨션 O개동 O가구의 이 사건 다세대 주택

같은 동 OOO-OO 외 O필지 소재 피고들이 신축중인 OO아파트 O개동 O가구의 이 사건 공동주택

나. 검증할 사항

원고들의 소유인 이 사건 OO맨션 O개동 O가구의 다세대주택들은 피고들이 신축중인 이 사건 공동주택에 의해 조망권이 침해받고 있는지 여부 및 그 정도

다. 입증취지

피고들의 이 사건 공동주택 신축공사에 의하여 원고들의 소유 맨션은 소장 청구원인 제2항 기재와 같이 조망권이 침해되고 있음을 입증하고자 합니다.

2. 감정신청

가. 감정 목적 및 감정사항

별지목록 기재와 같습니다.

나. 입증취지

원고들 소유의 이 사건 맨션은 피고들이 신축한 이 사건 공동주택에 의해서 조망권 이 침해되는지와 침해된다면 그 정도 및 그로 인한 집값하락의 정도 등에 관하여 입증하고자 합니다.

20○○. ○. ○.

위 원고들의 소송대리인

변호사 ○ ○ ○ (인)

서울중앙지방법원 민사 제○부 귀중

[별 지]

감 정 사 항

1. 감정대상 목적물

가. 서울 ○○구 ○○동 ○○○-○○ 외 ○필지 소재 원고들 소유 ○○맨션 ○개동 ○가구의 이 사건 다세대주택

나. 같은 동 ○○○-○○ 외 ○필지 소재 피고들이 신축중인 ○○아파트 ○개동 ○가구의 이 사건 공동주택

2. 원고들 소유의 위 가.항의 이 사건 맨션은 피고들이 건축 중인 위 나.항으 이 사건 공동주택 ○○아파트에 의해 조망권이 침해받고 있는지 여부와 관련하여 (원고들을 각각 분리하여 감정결과를 표기하여 주시기 바랍니다)

3. 조망권 침해와 관련하여

(1) 원고들의 소유 이 사건 단독주택들의 거실중앙, 거실 앞 및 안방의 조망률은 몇 %인지
(2) 원고들 소유 이 사건 단독주택들이 침해받고 있는 조망침해율은 몇 %인지
(3) 원고들 소유 이 사건 단독주택들의 천공률은 몇 %인지
(4) 감정결과 조망권 침해가 있다면 그 정도 및 조망권 침해로 인하여 원고들이 느끼는 압박감이 어느 정도인지(계량화할 수 있다면 그 수치로 표시바람)
(5) 조망률이나 천공률 이외의 방법으로 조망권 침해를 측정했을 경우 조망권 침해가 있는지 여부 및 침해가 있다면 그 정도(계량화할 수 있다면 그 수치로 표시바람)
(6) 감정결과 조망권 침해가 있다면 그로 인한 집값하락여부와 그 정도는(구체적으로 그 금액을 명시하거나 또는 하락비율이 몇 %인지로 표시바람)

제5장 사실조회 등

I. 감 정

1. 의 의

감정은 제3자로 하여금 법원의 명에 의하여 당해 소송에서 법원이 모르는 법규 또는 경험칙 또는 법원을 대신하여 경험칙을 구체적 사실에 적용하여 얻은 사실판단을 법원에 보고하게 하는 증거조사이다. 보고된 법규나 경험칙 또는 사실판단을 감정의 결과라고 하고, 법원으로부터 감정을 명령받은 사람을 감정인이라고 하고, 감정에 필요한 학식과 경험이 있는 사람은 감정할 의무를 진다(민소 제334조 2항). 감정은 인증의 일종이나, 전문지식이나 이를 이용한 판단의 결과를 증거로 하고 대체성이 있다는 점에서 증인과 구별된다. 다만, 특별한 학식과 경험에 의하여 알게 된 사실에 관한 신문은 감정증인으로서 증인신문에 관한 규정에 따른다(민소 제340조).

건설소송의 경우 감정은, ① 공사가 중단된 경우의 기성고나 미완성 부분의 공사비를 산정하는 공사비 적산감정, ② 하자의 발생과 보수공사비를 산정하는 하자감정, ③ 건축물의 손상에 대한 원인 또는 상태의 감정 등이 대부분인데,[915] 감정 내용이 매우 복잡하며 감정할 사항이 양적으로 매우 많고, 비용이 크게 소요되므로 감정신청은 신중히 하여야 할 것이다.

2. 감정의 대상

가. 감정대상

감정의 목적이 될 수 있는 법규는 외국법규, 관습 등이고, 사실판단에 관한 감정은 부동산 기타 재산권의 시가, 부동산 등의 임대료, 토지의 경계측량, 건물 등의 사용재료, 공사의 하자의 유무와 그 정도, 수리비용, 필적, 인영, 지문, 사용된 잉크 또는 용지의 동일성, 사람의 정신상태, 상해의 부위와 정도, 향후치료 소요일수, 노동능력상실정도 등이다.

---

915) 윤재윤, 앞의 책, 549면.

나. 감정절차

대법원 재판예규인 감정인 등 선정과 감정료 산정기준 등에 관한 예규 및 공사비 등 감정인 선정 등에 관한 예규를 고려하여 서울중앙지방법원이 실무상 운영하고 있는 하자감정의 절차를 정리하면 아래와 같다.

감정신청 ▸ 감장채부의 결정 ▸ 감정인 후보자 3인 선정(전산프로그램에 의함) ▸ 법원의 감정인 후보자들에 대한 후보자 선정 통지 ▸ 감정인 후보자들이 법원에 대한 감정인의 자격, 경력, 예상감정료 등 제출(통상 후보자 선정 통지 후 1개월 이내) ▸ 법원의 쌍방 당사자에 대한 감정인 선정에 관한 의견 제출 통지(통상 2주일 이내) ▸ 쌍방 당사자의 감정인 선정에 관한 의견 제출 ▸ 감정인 선정 결정 및 감정기일의 지정 ▸ 감정료 예납(감정을 신청한 당사자) ▸ 당사자 쌍방의 감정에 관한 주장사항 제출 ▸ 감정기일 실시(법원이 감정인에게 기준도면, 감정 시 유의사항, 감정서 제출기한 지정) ▸ 감정실시 및 감정서 제출 ▸ 감정보완 / 감정인심문 / 재감정

법원에서 감정인 지정
• computer 2~3인 무작위 추천후 선정

▼

감정인에게 유선 연락
• 감정기능 여부 확인, 감정신청시 및 관련서류 송부

▼

감정료 산정시 제출
• 기록검토, 기준에 따른 감정료 산정, 법원송부

▼

대리인, 당사자에게 납부명령
• 감정료 적정 여부 검토, 납부요청

▼

감정인 소환통보
• 일자, 시간, 장소통보

▼

현장검증 및 감정
• 재판장, 대리인, 당사자, 감정인 • 감정인 제1차 신분 • 현장 검증 감정시 보증 관련자료 제출함

▼

▼

현장조사

- 원고, 피고 필히 참석 요망
- 의견청취 → 특기사항 기록으로 표시

▼

감정보고서 완료, 제출

- 감정 수수료 청구(법원) 및 수령
- 당사자에게 세금 계산서 교부
- 감정보고서 3부 작성(법원 1부, 신청지)1부, 보관 1부

▼

재판기간

감 정 보완신청	감정인 신 문	재감정
(사실조회 보완감정)	제2자	

▼

종 결

다. 감정의 종류

현행 감정인등 선정과 감정료 산정기준 등에 관한 예규(이하 감정예규)는 건축분야 감정으로 공사비, 유익비, 하자보수비, 건축물의 구조 공정, 그 밖에 이에 준하는 사항의 감정을 들고 있다(감정예규 제2조). 이를 실제 건설소송에서 자주 발생하는 유형별로 정리하면 ① 하자 감정 ② 공사비 감정 ③ 건축물 피해 감정 ④ 건축측량 상태확인 감정 ⑤ 용역비 감정 ⑥ 특수분야 감정 ⑦ 유익비나 원상회복비용을 다루는 건축 기타 감정 등 7가지 종류로 나눌 수 있다. 실제 소송에서는 여러 유형이 복합적으로 혼재된 경우도 많다. 이 때문에 감정을 채택하고 적정한 감정인을 선정하기 위해서는 감정신청내용에 대한 정확한 이해가 요구된다. 건설 .감정을 종류별로 분류하면 다음과 같다.

1) 하자 감정

하자 감정은 하자의 원인을 파악하고 보수비용을 산정하는 감정이다 건축물의 하

자는 일반적으로 완성된 건축물이 공사계약에서 정한 내용과 달리 구조적 기능적 결함이 있거나 거래관념상 일반적으로 건축물이 갖추어야 할 내구성 강도 등의 품질을 제대로 갖추고 있지 아니하여 그 사용가치 또는 교환가치를 감소시키는 결함을 뜻한다. 건축공정별로는 설계과정에서 발생한 하자인 설계상 하자, 건축시공과정에서 발생한 하자인 시공상 하자, 감리과정에서 발생한 감리상 하자, 건축물을 인도받은 후 도급인 등이 사용하는 과정에서 발생하는 하자로 나눌 수 있다.

2) 공사비 감정

기성고 감정은 공사가 중단된 경우 이미 시공한 부분에 관하여 수급인에게 지급할 공사대금을 산정하기 위한 감정이다 기성고의 산정방법으로는 ① 이미 시공한 부분에 실제 소요 된 비용 ② 약정 총공사비에서 미시공한 부분의 완성에 실제로 소요될 공사비를 공제한 금액 ③ 약정 총공사비에 기성고 비율을 곱한 금액을 상정할 수 있는데, 대법원은 일관되게 공사가 ,중단되었을 경우의 기성 공사대금은 위 ③의 방식에 의해 산정하여야 한다고 판시하고 있다.

3) 건축물 피해감정(인접지 공사로 인한 피해 등 감정)

인접지의 건설공사로 인해 건축물에 피해가 발생하는 사례가 있다. 예를 들면 건물 철거로 인한 진동으로 인근 건물에 균열이 발생하는 경우 굴착공사로 인하여 인근 건물에 지반, 거동과 침하가 발생하는 경우를 들 수 있다. 간혹 자재의 낙하나 붕괴로 인근 건물에 손상이 발생하는 경우도 있다. 철거 공법과 지하굴착 공법이 발전하고 안전조치가 강화됐음에도 불구하고 인접지의 건설공사로 인한 피해는 갈수록 증가하고 있다. 이때 건축물 피해의 원인 및 손상 상태에 대한 감정이 요구된다. 감정은 건설현장의 철거 공법 토지 굴착과 인접건물 균열 발생의 상당인과관계와 피해의 확대 가능성 기존 건물의 노후상태 건물의 붕괴가능성 여부까지 상당히 넓은 범위에 걸쳐 수행되어야 한다.

기본적으로 보수공사비 상당액이 감정의 대상이 되나 피해 건물이 건축된 지 상당한 기간이 경과하였거나 원래 하자가 있었다고 인정되는 경우에는 그 기여도를 산정할 것도 명하여야 한다. 경우에 따라서는 대체주거비 영업손해 차임상당손해 안전진단비용 등 간접적 손해에 관한 감정이 필요할 수도 있다.

4) 건축측량 상태확인 감정

실무상 흔한 경우는 아니나 하자나 공사비에 대한 감정 외에 건축물의 특정 상태를 확인하기 위한 감정이 있다. 대표적인 사례로 공동주택의 전유부분 및 공유부분 면적의 재산정이나 분배의 적정성을 판단하여야 하는 경우를 들 수 있다. 그 밖에 도로로 둘러싸인 지역에서의 건축물의 높이 제한 규정(건축법 제60조) 이나 일조 등의 확보를 위한 높이 제한 규정(건축법 제61조)과 관련하여 실제 건축물의 높이를 측량하는 사례도 있다.

건축물에 대한 측량(이하 건축측량 이라 한다)은 지적측량과 목적과 방법을 달리하는 것으로 건축물 내외의 길이나 면적 높이를 실제적으로 계측한 후 그 결과를 다시 건축법 시행령 제119조(면적 등의 산정방법)에 의해 산정하여야 한다. 따라서 이러한 유형의 감정은 지적측량사가 아닌 건축사와 같은 건설분야 감정인을 지정하여야 제대로 된 감정결과를 얻을 수 있다. 그 밖에 어떤 공정의 시공 여부 공사의 진척도나 공정률을 특정하거나 시공된 자재의 재 ,질이나 규격 적용공법 등과 같은 상태를 확인하는 감정도 있다.

5) 각종 용역비 감정(설계비, 감리비, 타당서 조사 등 감정)

건축설계용역이나 감리용역의 경우 일정한 단계까지 용역업무를 수행한 후 계약이 해제되거나 약정 조건이 변경되어 분쟁이 발생하기도 한다. 용역 도중에 계약이 해지됐을 때도 마찬가지다 이러한 경우 진행된 용역의 수행비율 산정은 감정을 통해 확인하는 것이 보통이다.

설계용역의 경우 설계자가 일정한 단계까지 용역업무를 수행하다가 중단된 경우 실제 진행된 수행비율에 의해 설계보수를 산정할 것인지 아니면 계약서에 단계별로 구분 기재된 지불 비율에 의해 산정할 것인지 다툼이 있을 수 있다. 설계용역계약서에 기재되어 있는 단계별 용역비의 지불비율이 지불시기와 방법에 대하여 규정하고 있는 것이지 그것이 반드시 설계용역의 수행비율과 일치한다고 볼 수 없다면 감정이 필요한 것이다. 이러한 설계보수비는 원칙적으로 공공발주사업에 대한 건축사의 업무범위와 대가기준 국토교통부 고시(제2009-129호, 2009. 3. 29.) 제정을 기준으로 감정하여 수행비율을 산정하도록 하고 민간발주사업의 경우에도 위 대가기준을 참고하도록 한다.

드물게는 용역비 총액이 확정되지 않은 상태의 설계용역비에 대한 감정이 필요할 때도 있다. 이처럼 용역비 총액이 확정되어 있지 않지만 객관적으로 직접 투입 인원을 파악할 수 있는 경우는 엔지니어링사업 대가의 기준 산업통상자원부 고시(제2014-166호, 2014. 10.31.)에서 규정하고 있는 실비정액 가산식 을 적용할 수 있다. 이는 직접인건비, 직접경비, 제경비, 기술료와 부가가치세를 합산하여 대가를 산출하는 방식이다

직접 투입인원에 대한 객관적 검증이 불가능 한 경우는 실비정액 가산식 을 적용할 수 없다. 이런 경우는 유사 유형의 설계용역 사례를 분석하여 수행비율을 추정하고 역시 유사 규모의 시중 설계비에 적용하여 설계비용을 산정할 수 있다. 이때에는 사전에 감정신청 현황을 면밀히 분석한 후 재판부의 지침에 따라 이러한 제한적 상황을 전제적 조건으로 명시하고 감정에 착수하도록 하여야 한다. 이러한 절차적 요건이 미비할 시에는 불필요한 사실조회나 감 .정보완이 요청될 수 있기 때문이다.

6) 특수분야 감정

일반적으로 건축기계설비나 건축전기설비 등과 관련된 사항은 건축분야 전문가에 의해감정이 가능하다. 하지만 대형 플랜트와 같은 특수한 분야의 문제라면 건축분야의 전문가가 아닌 각 해당 분야의 전문가의 감정이 필요하다. 교량이나 대형 토목구조물에 대한 사건을 예로 들 수 있다. 감정예규는 이처럼 공사비등의 감정인 이 수행할 수 없는 분야에 대한 감정을 위하여 특수분야 전문가 명단을 별도로 작성 관리하도록 하고 있다(제47조 이하). 특수분야 감정인은 그 전문영역이 다양하므로 사건의 취지에 적합한 감정인이 감정을 수행하여야한다.

7) 유익비 및 원상회복, 화재 손상 등 감정

임차인이 유익비를 지출한 경우에는 임대차 종료 시에 그 가액의 증가가 현존한 때에 한하여 임대인을 상대로 지출한 금액이나 증가액의 상환을 청구할 수 있다(민법 제626조 2항). 이에 따라 임대차 계약의 종료나 해지 시 임차물건의 내부시설에 대한 유익비를 감정하여야 하는 사례가 종종 발생한다. 유익비 감정은 우선 유익비 상환청구의 대상이 무엇인지 특정하는 것이 중요하다. 일반적으로 임차 건물의 객관적 가치를 증가시키되 건물에 부합되어 독립성이 없는 것이 유익비 상환청구의 대상이 되고, 임차 건물로부터 분리가 가능하나 그 경우 경제적인 가치가 손상되는 것은 부속물 매수청구의 대상이 된다. 임차인의 주관적인 취미나 특수한 사업 목적만을 위하여 지출된 비용은 상환청구의 대상에 포함되지 않는다.

임대차계약서에 거의 빠지지 않고 기재되는 문구가 바로 임차인의 임대차목적물 원상회복의무 조항이다. 즉 임대차계약이 종료되면 임차인은 임대인에게 임대차목적물을 원상으로 회복해서 반환한다거나 원래 상태 그대로 반환한다는 취지의 계약문구가 바로 그것이다. 이 조항을 두고 임대인과 임차인간에 분쟁이 적지 않은데 임대차목적물을 원상으로 회복하는 방법과 그에 필요한 금액을 두고 양자 간에 시각 차이가 크기 때문이다. 따라서 임대차보증금 반환 소송에서 이러한 원상회복을 이유로 제기되는 공사비용 감정에서는 재판부가 원상에 대한 합리적인 기준을 제시할 필요가 있다. 예를 들어 동일 건물 내 신축 당시의 형상을 그대로 유지하고 있는 방실이 있다면 그 방실의 마감자재를 기준으로 할 수 있다. 또는 유사한 용도의 인근 건축물을 기준으로 할 수도 있다.

예기치 않은 화재나 수해로 인해 건축물에 야기된 손해의 액수를 산정하여야 하는 감정도 종종 발생한다. 불법행위 등으로 인하여 건물이 훼손된 경우 수리가 가능하다면 그 수리비가 통상의 손해이나 훼손 당시 그 건물이 이미 내용연수가 다 된 낡은 건물이어서 원상으로 회복시키는 데 소요되는 수리비가 건물의 교환가치를 초과하는 경우에는 형평의 원칙상 그 손해액은 그 건물의 교환가치 범위 내로 제한되어야 할 것이다. 또한 수리로 인하여 훼손 전 .보다 건물의 교환가치가 증가하는 경우에는 그 수리비에서 교환가치 증가분을 공제한 금액이손해가 된다.[916)]

[표 2] 건설감정의 종류

감정의 종류	구체적인 감정내용
1. 하자 감정	• 완성된 건축물에 공사계약에서 정한 내용과 다른 구조적, 기능적 결함이 있거나 거래 통념상 일반적으로 갖추어야 할 내구성, 강도 등의 품질을 제대로 갖추고 있지 아니한 결과 그 사용가치 또는 교환가치를 감소시키는 결점을 뜻하는 하자의 발생원인 및 보수금액 또는 교환가치를 산정하는 감정
2. 공사비 감정	• 기성고 감정 • 설계변경으로 인한 추가공사비 • 공사중단으로 인한 손해 감정 • 공사중단 현황에 대한 증거보전절차

916) 대법원 2004. 2. 27. 선고 2002다39456 판결.

<table>
<tr><td colspan="2">3. 건축물 피해 감정</td><td>• 인접지 건물의 공사 등으로 인한 피해</td></tr>
<tr><td colspan="2">4. 건축측량·상태확인 감정</td><td>• 건축물의 면적 측정 및 산정
• 집합건축물의 전유부분, 공유부분의 면적 측정, 건축물의 높이 측량(일조권, 도로에 의한 높이 제한 등)
• 공정의 시공 여부, 공사 진척도, 공정률 확인
• 시공된 재질이나 재료의 규격, 상태, 공법 확인</td></tr>
<tr><td colspan="2">5. 용역비 감정</td><td>• 설계용역비, 감리용역비 및 기타 기술용역에 관한 용역비 산정</td></tr>
<tr><td colspan="2">6. 특수분야 감정</td><td>• 기계설비, 전기설비, 소방설비, 토목분야 등</td></tr>
<tr><td rowspan="2">7. 건축 기타 감정</td><td>유익비 및 원상회복비 감정</td><td>• 유익비 상환청구, 부속물 매수청구 등
• 임차건물 원상회복비 산정</td></tr>
<tr><td>화재에 의한 손상 평가</td><td>• 화재로 인해 전소되거나, 일부가 훼손된 경우의 내구연한에 따른 피해금액의 산정</td></tr>
</table>

3. 감정의 신청 및 감정인의 지정

가. 감정의 신청

1) 원칙적으로 증인신문규정을 준용하고(민소 제333조), 당사자의 신청에 의해 행하는 것이 원칙이지만, 당사자가 신청한 증거에 의하여 심증을 얻을 수 없을 경우에는 직권으로 감정을 명할 수 있다(민소 제292조).

2) 감정을 신청하는 때에는 감정을 구하는 사항을 적은 서면을 함께 제출하여야 하고, 상대방에게 송달하여야 한다(규칙 제101조 1항, 2항). 감정신청을 할 때에 감정인을 지정할 필요가 없으며, 그러한 기재가 있더라도 법원은 구속되지 않는다(민소 제335조).

3) 법원은 필요하다고 인정한 때에는 공공기간, 학교, 그 밖에 상당한 설비가 있는 단체 또는 외국의 공공기관에 감정을 촉탁할 수 있고, 지정한 사람으로 하여금 감정서를 설명하게 할 수 있으므로(민소 제341조), 이를 활용하는 것이 좋다. 감정은 법원이 직권으로 명할 수 있으나, 당사자의 신청에 의하여 행하는 것이 일반적이다.

[서식 125] 감정신청서

감정신청서

사 건 20○○가단○○○○ 손해배상

원 고 정 ○ ○

피 고 박 ○ ○

위 사건에 관하여 원고의 소송대리인은 주장사실의 입증을 위하여 다음과 같이 감정을 신청합니다.

다 음

1. **감정목적 부동산**
   ① 서울 ○○구 ○○동 ○가 000-0 대 000㎡
   ② 위 지상 목조기와지붕 단층주택 00.00㎡

2. **감정의 목적**
   위 부동산에 관하여 손해발생의 원인 및 손해액을 밝히기 위함입니다.

3. **감정할 사항**
   별지와 같습니다.

20○○. . .

원고의 소송대리인 법무법인 ○○
담당변호사 김 ○ ○

○○지방법원 민사 제○단독 귀중

[별 지] 감정사항

감 정 사 항

1. 감정목적물

① 서울 OO구 OO동 O가 000-0 대 000㎡

② 위 지상 목조기와지붕 단층주택 00.00㎡

2. 감정할 사항

가. 하자감정

1) 서울 OO구 OO동 O가 000-0에 있는 토지 위 건물신축공사로 인하여 같은 동 000-0에 있는 토지의 지반이 침하되었는지 여부

2) 지반침하의 정도와 태양

3) 지반침하의 원상복구방법과 그 예상비용, 기간

4) 위 건물신축공사로 인하여 같은 동 000-0에 있는 토지와 건물에 균열이 발생하였는지, 기존 균열이 심화되었는지 여부

5) 균열의 정도와 태양

6) 균열의 원상복구방법과 그 예상비용, 기간

7) 위 건물 신축공사로 인하여 같은 동 000-0에 있는 건물에 뒤틀림이 발생하였는지, 기존 뒤틀림이 심화되었는지 여부

8) 뒤틀림의 보수방법과 그 예상비용, 기간

9) 건물신축공사로 인하여 같은 동 000-0에 있는 창고의 담이 붕괴되었고, 창고 안 물건이 훼손되었는지 여부

10) 창고의 보수방법과 그 예상비용, 기간 및 창고 안 물건에 발생한 손해액

11) 건물신축공사로 인하여 같은 동 000-0에 있는 건물의 보일러실에 누수가 발생하였는지, 보일러실의 누수로 인하여 집안 바닥에 손상이 발생하였는지 여부

12) 보일러실 누수의 보수방법과 예상비용, 기간 및 보일러실 누수로 인하여 집안 바닥에 발생한 손해액

13) 위 보수기간 중 입주민이 이사를 가야 하는지 여부

14) 지반침하와 토지, 건물의 균열 및 뒤틀림, 창고의 훼손, 보일러실 누수로 인하여 발생한 확대손해가 얼마인지

나. 시세감정

위 지반침하, 균열, 뒤틀림, 창고의 훼손, 보일러실 누수 등으로 인하여 같은

동 000-0 있는 토지와 건물의 가치하락이 얼마인지 산정하여 주시기 바랍니다. 끝.

[서식 126] 검증 및 감정신청서(아파트의 하자)

검증및감정신청서

사 건 20OO가합OOO 손해배상(기)

원 고 OO아파트입주자대표회의

피 고 (주)OO건설 외 3

위 사건에 관하여 원고는 그 주장사실을 입증하기 위하여 다음과 같이 검증 및 감정을 신청합니다.

다 음

1. 검증 및 감정의 목적

피고들이 시공, 보증하여 분양한 OO동 OO아파트의 임의설계변경으로 사용검사 전 부실공사(도면과 시방서와 다르게 공사한 내용), 불량공사(품질이 나쁜 내용), 미시공 공사(덜한 공사내용), 오시공 공사(잘못 공사한 내용) 및 사용검사 후 하자(瑕疵)공사(도면과 시방서대로 이행하였으나 원인이 불분명한 결함 공사내용)를 각 관련법규(주택법, 건설기술관리법, 건설산업기본법, 건축법)와 각 분야별(토목, 구조, 설비, 전기, 기계, 조경, 건축, 소화 등)과 연차별(1, 2, 3, 5, 10년) 하자를 정밀히 조사하여 원상회복 또는 보수보강에 소요되는 비용을 산출하고 올바른 준공도서 인계 여부를 확인하는데 그 목적이 있습니다.

2. 검증 및 감정의 목적물

가. OO아파트 6개동 257세대와 그 부속시설물－공용, 전용
OO시 OO구 OO동 000-00
전화 000-000-0000(관리사무소)

나. 세대수 현황

동 별	층 수		세대수	채권양도세대
101	15층	33평형	60	58
102	15층		60	57
103	15층		28	22
104	15층	36평형	60	58
105	15층		30	29
106	10층		19	16
6개동			257세대	240(갑 제8호증의2 참조)

다. 건축물 개요

첨부 1. [별표 1] 규약 관리대상의 범위 참조

3. 검증 및 감정할 사항

가. 위 목적물에 존재하는 총 하자내역

① 주택법 제46조, 주택법 시행령 제59조 제1항, 건설기술관리법 제24조, 건설산업기본법 시행령 제30조 관련하여 사용검사 이전 부실, 불량, 미·오시공 공사내역과 사용검사 이후 하자보수대상시설공사의 구분 및 하자의 범위와 하자보수책임기간에서 공사상의 잘못으로 인한 균열, 처짐, 비틀림, 들뜸, 침하, 파손, 붕괴, 누수, 누출 작동 또는 기능불량, 부착 또는 접지불량 및 결선불량, 고사 및 입상불량 등으로 건축물 또는 시설물의 기능상, 미관상 또는 안전상 지장을 초래할 정도의 하자를 사용검사 전·후(1, 2, 3, 5, 10년차) 구분하고 각 분야(토목, 구조, 기계, 전기, 통신, 소화, 배관, 조경, 환경〈소음, 결로, 곰팡이〉, 건축 등)으로 구분하여 부실, 불량, 미시공, 오시공 공사 내용 감정

② 첨부 2 OO아파트 하자목록

③ 첨부 3 하자보수요청 공문(갑 제6호증의 1부터 15)

④ 첨부 4 세대별 하자보수요청 3권(2007년도, 2008년도, 2009년도)

⑤ 첨부 5 하자조사보고서

나. 서류인계 확인

시설물의 안전관리에 관한 특별법 시행규칙 제20조 [별표 6]과 건설기술관리법 시행령 38조의16과 공사시방서(특별, 일반)에 의하여 시공·감리자가 입주자대표회의에 인계하여야 할 준공관련서류 인계

4. 원상회복 또는 하자보수비 산출시점 및 적용 대가기준

① 산정시기 : 소장 송달 시점(소제기일 20OO. O. O.)

② 기능상·안전상·미관상 하자가 중요하지 않으면서 그 보수에 과다한 비용을 요하는 하자는 그 차액만 계산

③ 보수가 가능한 하자는 하자보수에 실제로 소요되는 비용으로 계산

④ 하자가 중요하면서도 보수를 할 수 없는 경우에는 그 차액이 아니라 재시공 비용을 하자보수에 갈음한 손해액으로 계산

⑤ 당해 연도 일위대가를 물가정보, 정부표준품셈 등을 종합하여 합리적 가격으로 산정하여 주시기 바랍니다.

5. 감정 및 비용산정상 유의사항

① 사용검사일 전후 구분(사용검사일 20OO. O. O.)
사용검사 이전에 발생한 하자와 사용검사 이후에 발생한 하자를 구분하고 그 비용을 산출하여 총괄표 작성

② 하자발생시기의 적시
각 하자별 하자발생시기를 알 수 있는 경우와 원고의 피고에 대한 하자보수 요청 공문 등을 참작하여 하자발생시기를 추정할 수 있으면 각 하자발생시기 적시

③ 균 열
건식과 습식 균열을 구별하고, 건식 균열의 경우 0.3㎜를 기준으로 구별하여 그 보수비용을 별도 계산

④ 균열의 보수방법으로서 도장을 하는 경우
전체도장과 부분도장의 면적과 비율을 따로 산정, 부분 도장의 경우 도장 폭을 얼마를 기준으로 산정한 것인지 여부, 도장 횟수 적시, 바탕처리와 관련하여 수성페인트 긁어내기 공사비용 산정

⑤ 전유부분의 경우
전 세대 방문의 체크리스트와 전개도 작성, 발코니 비용 포함, 연차별·항목별·세대별 하자보수비용 각 적시

⑥ 공용부분 : 분야별(토목, 구조, 설비, 전기, 소음, 조경, 소화 등) 책임기술사 감정

⑦ 슬래브 및 보 하부 균열보수시 가설공사비용 산출

⑧ 외벽 도장 및 균열보수 시 고소작업이 필요하면 할증률 적시

⑨ 토목(지중배수계획) 및 구조(내진철근) 설치 여부를 반드시 감정하여 보강비용 산출

⑩ 하자보수 후 현장 정리비 산출

⑪ 공사비의 구성

순공사비, 부가가치세 포함 금액으로 구분, 직접 공사비(인건비, 재료비, 장비비)와 간접공사비(경비, 보험, 비상이주비)로 구분, 간접공사비는 보수·보강·설계·감리·상세도 작성 등의 기술경비를 충분히 산출 요망

⑫ 협력기술사의 필요 및 인적사항 기재

예를 들어 기계기술사가 감정인으로 지정된 경우, 설비·배관·전기 등 분야와 관련된 감정은 협력기술사가 필요할 것으로 판단되는데 이 경우 협력기술사의 인적사항 명시

6. 당사자의 입회

하자위험성이 내재되어 있는 곳을 확인하기 위하여 건축물 및 시설물의 은폐된 부분을 파손하여 원상 복구하는 경우에는 원·피고 측 관계인을 입회시켜 확인한 동의서를 감정서에 첨부바람

7. 첨부서류

위 첨부서류 중 첨부 3 하자보수요청 공문(갑 제6호증의 1부터 15), 첨부 4 세대별 하자보수요청 3권(2007년도, 2008년도, 2009년도), 첨부 5 하자조사보고서는 감정기일 또는 별도로 감정인에게 제출하도록 하겠습니다.

20○○. . .

원고의 소송대리인 법무법인 ○○

담당변호사 ○ ○ ○

○○지방법원 제○민사부 귀중

[서식 127] 감정보완신청서

감정보완신청서

사　　　건　　2000가단0000　손해배상(기)

원고(반소피고)　　박 ○ ○

피고(반소원고)　　이 ○ ○

피　　　고　　유 ○ ○

위 사건에 관하여 원고(반소피고) 소송대리인은 2000. 0. 0.자 감정서에 대하여 다음과 같이 감정보완을 신청합니다.

다　　　음

1. 감정보완할 곳

감정인 박 ○ ○
서울 OO구 OO동 175-1 OO빌딩 104호
전 화 :

2. 감정보완사항

별지와 같음

3. 입증 취지

2000. 0. 0.자 박OO 감정인의 원고 신청 감정서에 의하면 침수로 인하여 지층 상가에 있던 소파 등에 손상을 입었는바, 그 손해액 산정과 관련하여 '현재 대부분의 물품이 철거되어 있고, 원고 제출 침수 당시의 사진을 분석한 결과 침수에 의해 해당물품이 파손되거나 사용 못할 정도로 훼손된 흔적 및 정황은 발견하지 못하여, 침수에 의해 부분적으로 손상된 부위에 대해 잔손보기 보수비를 산정하여 손해액에 갈음하는 비용으로 산정하였음'이라고 기재되어 있습니다.

감정인은 구체적인 실제 피해의 정도를 고려하지 않고 일률적으로 '잔손보기 보수비'를 산정하였으나, 피해물품들은 침수로 인하여 정상적인 작동 및 사용이 불가능하여 잔손보기로는 본래의 효용을 다할 수 없을 정도로 손상되었습니다. 따라서 피해물품 들의 교환가치 상당액이 손해액으로 산정되어야 할 것이므로 감정보완을 신청하오니 채택하여 주시기 바랍니다.

20OO. . .

원고 소송대리인 법무법인 OO
담당변호사 김 O O

OO지방법원 민사 제O단독 귀중

[별지] 감정보완사항

감정보완할 사항

(손해액 관련) 피해물품 들의 '교환가치 상당액'을 기준으로 감정가를 재산정해 주시고, 이에 따른 항목별 개별 및 전체 감정금액 조정표(조정 전과 조정 후의 비교가 가능하고, 개별 및 전체 금액을 법원에서 파악할 수 있도록)를 다시 작성하여 법원에 송부하여 주시기 바랍니다(감정인 의견에 교환가치 상당액이 손해액이 아니더라도, 법원이 이를 손해액으로 판단할 경우를 대비하여 감정가를 기재해 주시기 바랍니다). 끝.

[서식 128] 유익비감정신청

유익비감정신청서

사　건　　2000가단0000호　부당이득

원　고　　김 ○ ○

피　고　　박 ○ ○

위 사건에 관하여 원고의 소송대리인은 변론의 필요에 의하여 다음과 같이 측량 및 시가, 임료 등의 감정을 신청합니다.

－ 다　　　음 －

1. 감정의 목적물

서울 OO구 OO로 OO길 000-0 소재 OO편의점 50㎡ 점포에 시설한 유리, 및 창호, 바닥, 벽체, 천장과 전기, 배수관 등 일체의 시설물

2. 감정할 사항

위 점포에 시행한 유리 및 창호, 바닥, 벽체 및 천장공사와 전기공사, 급배수관 설비공사 등으로 이룩된 시설 중, 민법 제646조 제1항 규정의 임차인의 부속물 매수청구권의 대상이 되는 부속물에 해당하는 시설 및 그에 대한 현재까지의 감가상각 후의 가액(위 건물 또는 점포에 부속된 물건으로서, 피고의 소유에 속하고 건물의 구성부분으로 되지 아니한 채 객관적으로 건물의 사용에 편익을 가져오게 하는 물건, 예컨대 유리출입문이나 새시 등 참고로 판례는 부속물임을 판단하는 요소로 건물의 객관적인 사용목적, 건물자체의 구조, 공부상의 용도 등 그 건물의 일반적인 용도, 임대차 계약 당시 당사자 사이에 합의된 그 물건의 사용목적, 기타 건물의 위치, 주변의 환경 등을 들고 있습니다(대법원 1995. 6. 30. 선고 95다12927 판결).

3. 감 정 인

귀원이 지정하는 감정인

2000.　○.　○.

위 원고의 소송대리인
변호사 박 ○ ○ (인)

서울OO지방법원 귀중

[서식 129] 현장검증에 대한 의견서

현장검증관련원고의견서

사 건 20OO나OOOO 공사대금

원 고 김 ○ ○

피 고 김 ○ ○

위 사건에 관하여 원고는 다음과 같이 검증절차에서의 의견을 진술합니다.

다 음

1. 일조권 침해의 설계상 하자의 존부 및 손해의 발생 여부에 관하여

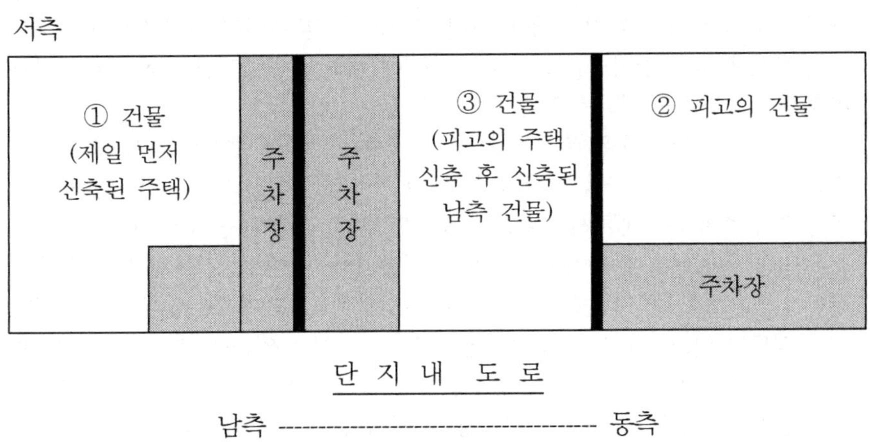

가장 먼저 건축된 ① 건물은 북측으로 주차장을 확보하여 신축을 하였습니다. 그 후 피고 소유 ② 건물이 신축되었습니다. 피고와 원고 및 설계자는 각 호수의 방의 개수를 3개씩 만들기 위해서는, 그리고 건축법이 요구하는 화단 및 5대의 주차공간을 확보하기 위해서는 피고 토지의 모양 상 주차장을 남측이 아닌 동측에 배치하고, 남북으로 길게 건물을 설계하는 것이 경제성 면에서 유리하다고 상의, 판단하여 위와 같이 건물과 주차장의 배치를 결정하고 시공한 것입니다. 따라서 이 사건 설계상의 하자 문제는 단순히 거실창의 위치 문제만이 아니라, 주차장을 어느 곳에 앉힐 것인지의 문제, 방의 개수를 몇 개로 할 것이며 거실과 방의 크기를 얼마로 할 것인지의 문제 등과 연결되어 있는 것입니다. 피고 주장과 같이 거실창의 일조권만이 문제된다면, 그 설계 당시부터 위 문제 하나만을 고려하여 ③ 건물과 동일하게 주차장을 남측으로 앉히면 거실창의 일조권 문제가 현재보다는 조금 더 나았을 것입니다. 그 대신 토지 모양에 따른 건물의 경제성이나 각 호수의 면적 활용도는 저감되었을 것입니다. 그 설계 당시에는 여러 개의 가설계도를 놓고 어느 것이 더 경제적인지 토의하고 상의하여 결정한 후 이를 시공자가 시행한 것인데, 이제 와서 거실창 위치화 일조권 문제만을 한정하여 주장하면서 이를 원고의 전적인 잘못이라고 한다면, 원고로서는 부당하지 않을 수 없는 것입니다. 차라리 그 당시 건물 수익성이 저감되더라도 주차장을 남측에 배치하고 동서방향으로 길게 건물을 앉히면서 거실창을 남측으로 냈다면(③ 건물과 같이), 이처럼 소송에서 억울한 비난을 당하지 않았을 것입니다. 만일 그 당시 상호 합의하여 위와 같이 남측에 주차장을 배치하였다면, 이번에는 반대로 피고가 원고의 공사대금 청구에 대하여 오히려 "왜 주차장을 남측에 배치하였는지, 왜 방을 3개를 넣지 않아 수익성을 악화시켰는지"에 대하여 비난하면서 반소를 제기하였을 것입니다. 또한 만일 ③ 건물의 대지 소유자가 건물축조를 하지 않은 채로 현재까지 있었다면, 피고는 원고에게 "왜 거실창을 남측에 내지 않고 동측에 내어 일조량을 적게 하였는지, 왜 주차장을 남측에 배치하여 방의 개수에 따른 수익성을 악화시켰는지"에 대하여 비난하면서 이 사건에서와 마찬가지로 반소를 제기하였을 것입니다.

피고의 ② 건물이 신축된 후 ③ 건물의 건축주는 남쪽에 주차장을 2줄로 위치시키고, 동서로 길게 건물을 신축하였습니다. ③ 건물의 건축주로서도 현재와 같이 남측에 주차장을 배치시킬 수도 있었지만, 피고와 같이 동측에, 또는 ① 건물 소유자와 같이 북측에 위치시킬 수도 있었습니다. 이미 ① 건물의 북측에 주차장이 있었으므로, ③ 건물은 ① 건물과 사이에 이격거리가 2~3m 존재하여 이미 어느 정도의 일조가 가능하여, ③ 건물 건축주로서는 일조를 위하여 반드시 주차장을 남측에 설치할 필요는 없었습니다. 동측이나 북측에 얼마든지 설치가 가능하였던 것입니다. 이는 토지모양, 수익성 등을 종합적으로 고려한 당시의 그 건물 건축주와 시공자, 설계자의 성향, 판단, 상의에 의해 결정되는 것입니다. 따라서, 피고의 건물에 대한 일조권 침해는, 피고의 과실에 의한 것이 아니라 남쪽으로 주차장을 낸 ③ 건물 신축이라는 우연적, 후발적 요소에 의하여 발생하였습니다.

또한, 피고 건물의 2층 남쪽 창문과 동쪽 창문의 위치, 2층 내부의 거실과 부엌의 구조에 비추어 거실의 위치를 동쪽으로 하였더라도, 현재의 일조권과 차이가 없습니다. 왜냐하면 서측과 동측으로도 이미 넓은 창문을 다수 만들어 놓음으로써 혹시 발생할 수 있는 남측 일조의 부족을 미리 방지하도록 되어 있기 때문입니다. 다른 건물들과 달리 이 사건 피고 건물은 동, 남, 서측으로 모두 넓은 창들이 시원하게 뚫려 있습니다.

특히, 도시계획사업을 추진하는 개발공사가 분양하는, 다닥다닥 붙어 있는 택지지구(통상 택지 60~70평 내외를 분양)에 있어서 남측 거실창에 일조량이 항상, 충분히 들어오는 것을 기대하고 건축을 한다는 것도 매우 이례적인 일입니다. 이 사건 건물을 포함한 인근 모든 건물의 택지는 '대한주택공사'가 OO OO지구 택지개발사업을 통하여 공급한 택지입니다. 대지가 200~300평 되는 전원주택단지가 아닌 택지개발사업지구 내 택지 소유자는 가능한 한 정해진 건폐율 내에서 대지 면적을 충분히 활용하여 건물을 넓게 앉힘으로써 수익성을 제고하려고 하는 것이 통상적 의사인바, 그러한 좁은 면적의 택지지구의 대지 소유자가 자신의 건물에서는 일조량을 충분하고 완벽하게 확보하고자 기대하고 이를 하지 못하였다고 비난한다는 것 자체가 현실과 맞지 않는 억지 주장, 억지 기대라 하지 않을 수 없습니다. 일조량만이 문제된다면 동, 서, 남측으로 이격거리를 많이 두고 건물을 작게 앉히면 되는 간단한 문제이나, 이러한 경우 수익성이 크게 낮아지는 것입니다. 이 사건 건물 주위의 다른 건물들도 남측 창을 통하여 일조가 충분히 확보되는 건물은 거의 없습니다. 따라서 이 사건 피고로서는, 도대체 얼마의 일조가 침해 되었는지, 또 인근 다른 건물들과 비교하였을 때 과연 침해 정도가 심대한지, 그로 인한 손해가 얼마인지 여부 등을 감정 등을 통하여 정확히 입증하여야 합니다. 원심에서는 일조 침해에 대한 전문적 심리나 감정, 판단이 전혀 없었습니다.

마지막으로 중요한 것은, 통상 택지지구 내 건물의 1, 2층은 어차피 일조가 많이 들기 불가능한 곳입니다. 피고의 주장과 같이 ③ 건물과 주차장 등 이격거리가 현재의 1m가 아닌 2.5~4m가 되어 거실창을 남측으로 낸 데 아무런 문제가 없다고 가정하더라도, 어차피 68평 정도의 택지에 건물을 앉혀야 하고 바로 옆 남측 대지 역시 약 70평 정도로서 토지활용도를 최고로 하여 건물을 앉혀야 하는 상황입니다. 이처럼 피고가 상정하는 정상적 설계의 상황에서 이격거리가 2.5~4m 정도라면, 이러한 상황에서는 남측의 1, 2층 세대에 남측 창문을 통한 일조량

미확보는 택지지구에서 불가피한 것이어서, 1, 2층(이 사건 피고 건물 101호, 201호)의 일조 감소와 설계상 하자로 인한 일조 손해와는 논리적 인과관계가 부존재합니다. 만일 ③ 건물이 주차장을 북쪽으로 배치시켜 현재의 1m 이격거리보다 더 많은 2.5~4m의 이격거리가 존재하였더라도, 어차피 피고 건물의 101호, 201호의 일조량은 현재와 동일하게 부족하였을 것입니다. 따라서 좁은 이격거리나 피고 주장 설계상의 하자와, 101호, 201호의 일조량의 감소와는 인과관계가 없습니다.

피고는 일조량 감소로 인해 실제 손해가 발생하였는지 여부에 관하여, 감정은 물론이고, 101호와102호, 201호와 202호, 301호와 302호의 각 세대별 임대차계약서를 비교 가능하도록 법원에 제출하여 자신의 주장을 입증해야 할 것입니다.

2. 옥탑방은 처음부터 고려되지 않은 사항이었습니다.

옥탑방의 건축은 경제성을 고려하여 옥상에 먼저 바닥이 있는 폐쇄된 공간을 확보하여 놓은 후, 준공이 끝난 다음 위 폐쇄된 공간에 방문과 창문 등을 내어 통풍이 되는 방을 만드는 절차로 이루어집니다. 그런데 이 사건 부동산에는 처음부터 옥탑방은 고려되지 않았기에 이러한 폐쇄된 공간이 설계되지 않았고, 시공되지도 않았습니다.

피고가 공사 당시 매주 공사현장을 방문하여 이러한 사항을 확인하였고, 설계도면을 살펴보면 이 사건 부동산 공사 시 옥상에 폐쇄된 공간을 고려하지 않고 설계된 사실을 알 수 있습니다.

또한, OO동 지역은 민속촌 지역이라는 특수성 때문에 건축물 지붕이 뾰족한 구조를 가져야 합니다. 건축물 지붕이 뾰족한 구조를 갖추어야 하는 실정이기 때문에, 평평한 지붕 모양의 다른 지역 건축물에 비교하여 옥탑방을 설치해야 할 상황이라면, 미리 평평하고 단단한 바닥을 갖춘 폐쇄된 공간을 옥상(지붕)에 설치한 후, 준공 후 그 공간에 방을 들이는 작업이 행해져야 합니다. 이렇게 하지 않으면 준공 후 다시 옥상의 대부분을 헐고 옥탑방을 설치해야 하는데 이는 시간, 공간 및 비용 등의 막대한 증가를 가져오게 됩니다. 이러한 경제적 비효율에 비추어서도 처음부터 옥탑방 시공을 염두에 두거나 계획하고 설계나 시공이 행해진 것이 아님을 잘 알 수 있습니다. 그리고 이에 대하여 피고는 공사 당시에는 물론이고 준공 및 입주 이후에도, 더 나아가 공사대금 지급이행각서를 작성해 줄 당시까지 상당기간 경과한 시점에서도 어떠한 이의제기가 없었습니다.

위와 같은 사정을 종합하면, 원고가 옥탑방을 시공하여 주기로 하였으며, 그 대가로 6,000만 원의 추가 시공비가 별도로 추가 약정된 것이라는 피고의 주장은 사실이 아님을 잘 알 수 있습니다.

2000. . .

원고 소송대리인 법무법인 OO
담당변호사 김 ○ ○

OO지방법원 제O민사(항소)부 귀중

[서식 130] 측량 및 시가(임료)감정신청서

측량 및 시가감정신청서

사 건 20OO가단OOOO호 부당이득

원 고 김 ○ ○

피 고 박 ○ ○

위 사건에 관하여 원고의 소송대리인은 변론의 필요에 의하여 다음과 같이 측량 및 시가, 임료 등의 감정을 신청합니다.

- 다 음 -

1. 감정의 목적물

서울 OO구 OO로 O길 000-0 소재 토지와 그 지상 건축물 및 그 부속물

2. 감정할 사항

가. 위 감정목적물 중 토지의 지상 건축물 및 그 부속물이 차지하고 있는 토지의 면적

나. 위 감정목적물 중 토지에 대한 20OO. O. O.경 및 본 감정시를 각 기준으로 한 시가

다. 위 감정 목적물 중 토지에 대한 20OO. O. O.경부터 본 감정시까지 토지시가

에 연간 기대이율을 곱하여 산출된 지상권을 상응하는 연차임 상당의 임료

3. 감정인

귀원이 지정하는 감정인

2000. O. O.

위 원고의 소송대리인
변호사 박 O O (인)

서울OO지방법원 귀중

[서식 131] 감정신청서

감 정 신 청 서

사 건 2000가합OOOO호 채무부존재확인

원 고 장 O O

피 고 문 O O

위 당사자 간 귀원 2000가합OOOO 채무부존재확인 청구사건에 관하여 원고의 소송대리인은 주장사실을 입증하기 위하여 다음과 같이 감정을 신청합니다.

다 음

1. 감정의 목적물

경기도 OO시 OO구 OO동 OO 외 5필지상의 건물.

2. **감정할 사항**
   별지와 같음.

3. **감정의 목적**
   위 건물에 대한 하자 및 미시공 부분을 감정해서 공사대금과 정산하고자 합니다.

4. **감정인 선임의견**
   감정의 공정성을 확보하기 위해 귀 법원의 판단에 일임하겠습니다.

2000. ○. ○.

원고의 소송대리인
변호사 송 ○ ○

서울남부지방법원 제0민사부 귀중

〈별지〉

감 정 사 항

1. **옥상누수**
   1) 콘크리트 공사 : 철근콘크리트 공사가 수밀하게 되지 않아 누수가 발생하였는지 여부와 발생하였다면 누수방지에 필요한 보수방법과 공사비용
   2) 방수공사 미시공 : 옥상에 우레탄 방수시공을 하지 않았는지 여부와 옥상 누수방지에 필요한 방수공법과 그 공사비용

2. **지하주차장 누수**
   1) 지하보호벽 : 방수 및 구배유도파이프의 미시공으로 인해 지하보호벽 내부의 물이 유도되지 않아 누수가 발생 했는지 여부와 그러한 누수방지에 필요한 보수방법과 그 공사비용
   2) 트렌치 미설치 : 주차장 주위에 트렌치가 설치되어 있지 않아 물이 흐르더라

도 트렌치 쪽으로 유도될 수 없어 집수정으로 물이 모이지 않는지 여부와 트렌치 시공시 소요되는 공사비용

나. 감정 채부결정

법원은 감정이 필요하다고 판단되면 채택결정을 한다. 감정인은 결정하지 않은 채 감정을 하기로 한다는 취지의 결정만을 하는 것이 보통이다.

감정사항은 신청인이 감정을 구하는 사항을 토대로 하여 결정하는 것이 원칙이나, 예컨대, 건축하자감정과 같이 감정사항에 대하여 상대방의 의견 제출이 예상되는 경우나, 일조권침해 사건 등에서 사고원인에 대한 감정을 실시하는 경우에 감정사항을 적절하게 결정하기 위해서는 감정사항을 정하기에 앞서 상대방에게 이에 관한 의견을 제출할 수 있는 기회를 부여하는 것이 상당하다.

건설사건에서의 감정은 감정료가 고액이고 감정결과가 복잡하기 때문에 자칫 감정의 시행으로 인하여 분쟁이 더 심화되거나, 수천만 원이나 되는 감정료 부담문제로 조정 가능성이 더 줄어들 가능성이 있기 때문에 법원은 감정결과 없이 종국적 판결이나 조정이 가능한지를 먼저 살펴 신중히 그 채부를 결정할 필요가 있다.[917] 특히 사실의 존부나 당사자적격 등 법리적인 판단에 따라 결론이 도출될 수 있는 사건이나, 필요한 전문지식을 다른 증거방법, 예컨대 증인신문, 사감정서, 문헌 등에 의하여 획득할 수 있는 사건인 경우에는 굳이 감정을 채택할 필요가 없을 것이다. 실무상 도급인이 이미 부도난 상태여서 사실상 변제자력이 없음에도 불구하고 기성고를 확정하기 위하여 감정인 감정을 명하여야 하는 경우가 있는데, 이러한 경우에는 고액의 감정비용을 들이는 것보다 감리자의 감리보고서 등 관련증거를 참작하여 기성고를 확정하는 것이 당사자들의 이익에 부합할 수도 있다.[918]

다. 감정인 지정결정

감정인은 수소법원, 수명법관 또는 수탁판사가 지정한다. 감정인은 학식과 경험이 있는 자 중에서 지정하여야 하지만, 반드시 감정을 직업으로 하거나 감정사항을 전문

917) 윤재윤, 앞의 책, 551면.
918) 법원행정처, 건설재판실무편람, 2006, 18면.

적으로 또는 직업적으로 취급하는 사람일 필요는 없다.

통상 건설사건의 감정인은 '감정인등 선정과 감정료 산정기준 등에 관한 예규'(재판예규 제1211호)에 따라 이루어진다. 이에 의하면, 각급 법원장 또는 지원장은 매년 12월 20일까지 건축사, 건축구조기술사, 건축시공기술사, 등의 국가기술자격을 가진 자로서 소속단체가 추천한 자 또는 본인이 신청한 자 중에서 적절한 자를 감정인 명단에 등재할 감정인으로 지정한 후 법원행정처에서 작성한 감정인선정전산프로그램을 이용하여 감정인 명단 중에서 1인을 무작위로 선정한다.

그런데 건설사건 감정의 경우 그 전문분야가 다양하고, 사건의 내용이 여러 분야에 걸쳐 관련 전문지식을 필요로 하는 경우도 있으므로 ① 재판장이 '감정인선정전산프로그램'을 이용하여 감정인명단 중에서 1인을 무작위로 추출·선정하는 것이 적절하지 아니하다고 인정하여 '복수 후보자 선정 후 감정인 지정'을 명하는 경우, ② 감정사항에 비추어 적합한 자격을 갖춘 자가 감정인 명단에 등재되어 있을 때에는 감정인선정전산프로그램에 의하여 2인 또는 3인의 감정인 후보자를 선정한 다음 감정인 후보자의 전문 분야, 경력, 예상감정료 및 당사자의 의견 등을 종합하여 감정인을 지정한다. 다만, 이와 같은 방식으로 감정인을 지정하는 경우에도 감정인 명단에 등재된 자 전원에게 균등한 기회가 부여되도록 하되, 후보자로 선정되었으나 감정인으로 지정되지 아니한 것이 3회에 이르면 1회 지정된 것으로 본다. 또한 감정사항을 감정하기에 적합한 자격을 갖춘 자가 감정인 명단에 등재되어 있지 않은 것으로 인정되는 경우에는 외부의 공공단체, 교육기관, 연구기관 등에 후보자 추천을 의뢰하는 등 적절한 방법으로 적격자를 선정하여 감정인을 지정한다(제25조).

라. 감정료의 결정과 예납

위 '감정인등 선정과 감정료 산정기준 등에 관한 예규'에 의하면, 공사비, 유익비, 건축물의 구조, 공정 그 밖에 이에 준하는 건설감정의 감정료는 감정인의 자격에 따라 '건축사용역의 범위와 대가기준'(건설교통부공고 2002-270호) 중 감정에 관한 업무의 대가규정 또는 '엔지니어링사업대가의 기준'(지식경제부공고 2008-109호)이 정한 소정의 금액으로 한다. 다만, 제경비는 직접인건비의 80%, 기술료는 직접인건비와 제경비를 합한 금액의 15% 이내로 한다(제40조).

재판장은 필요한 경우에 감정인에게 개략적인 감정사항 및 감정목적물을 알려주고, 감정목적물에 대한 감정료의 예상액과 그 산출근거를 기재한 예상감정료산정서를 제출하게 할 수 있다. 공사비 등의 감정인은 감정을 시행하기 전에 항목별, 투입인원별로 자세한 직접인건비 산출내역서를 제출하여야 한다. 감정인이 예상감정료산정서 등을 제출한 경우에, 법원은 이를 감정신청인에게 보여주어 그 적절성에 관한 의견을 제시할 기회를 부여하여야 한다(제42조).

재판장은 감정의 대상, 방법, 감정인 등이 제출한 예상감정료산정서, 감정신청인이 제시한 의견 등을 종합하여 감정료의 예납액을 명한다(제43조).

재판장은 감정서가 제출되고 감정결과에 대한 검토 절차가 모두 마쳐진 다음, 감정서 내용의 충실도, 감정서 제출의 지연 여부, 감정인 등의 감정절차 협조 정도, 감정인 등이 제출한 감정료산정서의 근거, 감정료에 대한 당사자의 의견, 제출된 내역서의 금액 및 그 밖의 구체적 사정을 참작하여 감정료를 결정한다. 다만, 재판장은 감정서가 제출된 직후에 예납액의 2분의 1 범위 내에서 제1차 감정료를 결정하여 지급하고, 감정결과에 대한 검토 절차가 모두 마쳐진 다음 결정된 감정료에서 제1차 감정료를 공제한 나머지 감정료를 지급할 수 있다(제44조).

4. 감정기일

가. 감정기일의 진행

감정이 채택되고 감정료가 예납되면 재판부는 감정인신문기일을 지정하여 당사자와 감정인을 소환한다. 재판부가 신청인이 제출한 감정신청서의 내용대로 감정을 명하고, 당사자들과 감정인도 감정사항과 감정료 등에 대하여 별다른 의견을 제시하지 않은 채 감정기일이 형식적으로 진행되는 방식되는 방식은 피하는 것이 바람직하다. 따라서 감정기일 이전에 쟁점정리절차를 통하여 사건의 쟁점을 확정한 다음 감정기일에서는, ① 그 쟁점의 해결을 위하여 반드시 필요한 감정사항만을 추출하고, ② 감정의 전제사실을 감정인에게 명확하게 고지하며, ③ 감정자료를 확정적으로 한정시켜주는 절차가 반드시 이루어져야 한다.[919]

나. 감정사항의 확정

감정사항은 간결하고 명료하게 일문일답의 방식으로 작성되어 잘못 이해될 여지가 없도록 하여야 할 것이며, 감정사항이 수개에 이르는 경우에는 이를 항목으로 나누어

---

919) 건설재판실무편람, 23면.

기재함으로써 중복을 피하고 시간적, 논리적 순서로 배열하도록 함이 바람직하다. 재판부는 감정기일에 반드시 감정사항에 대한 감정인의 의견을 물어보도록 하고, 필요한 경우 감정신청서를 참조하여 당사자들 및 감정인과 협의하여 감정사항을 적절하게 새로이 작성할 필요가 있다.[920)]

1) 공사비 감정에 있어서 감정사항을 확정하기 위해서는 감정신청인의 신청만으로 확정하지 아니하고 가능한 한 현장검증을 실시하여 공사현장에서 감정사항을 확정하여야 할 것이다. 건축공사에 여러 시공자가 관여한 경우에는 전체 건축공정 중에서 기성고 비율을 구하는 시공자가 시공한 부분을 명확히 확정하여야 하고, 시공부분에 대하여 다툼이 있으면 다툼이 있는 부분을 명시하여 각 부분별로 공사기성고를 감정하여야 한다.[921)] 대법원 판례상 기성고 비율을 산정하는 방식을 고려하면 감정할 사항은, 완성된 부분과 미완성된 부분의 확정, 이미 완성된 부분에 소요된 공사비, 미시공 부분을 완성하는데 소요될 공사비, 전체 공사비 가운데 이미 완성된 부분에 소요된 비용이 차지하는 비율을 감정하는 형식으로 되어야 할 것이다.

한편, 추가·변경공사비용을 감정함에 있어서는 공사도급계약의 내용에 비추어 수급인이 지적하는 사항이 추가공사 또는 변경공사에 해당하는지 여부, 추가공사 당시 소요되었을 비용, 변경공사에 소요된 당시의 비용과 도급계약에 정한 변경 전 공사비용의 차액이 감정사항이 될 것이다.[922)]

2) 하자감정의 경우에는 도급인 측에서 하자가 발생한 원인이 자신의 책임에서 비롯된 것이 아니라 설계자 또는 감리자에게 있음을 주장하는 경우이거나, 수급인 측에서 건축완료시에는 아무런 문제가 없었으나 건축주의 사용상 과실에 기인하거나 건물의 노후화에 따라 불가항력적으로 발생하는 하자임을 주장하는 경우에는 감정사항에 당해 하자의 원인이 시공, 설계, 감리 중 어느 단계에 있는지 또는 사용상의 과실이나 건축물의 노후화에 기인하는 것인지가 반드시 포함되어야 할 것이다. 특히 하자의 발생원인이 복합적으로 판명될 가능성이 높은 경우에는 해당 당사자의 하자발생 기여도를 산정하여야 할 것이다.[923)]

---

920) 건설재판실무편람, 24면.
921) 강재철, “건설감정시행에 있어 유의사항”, 「건설재판실무논단」, 서울중앙지방법원 건설실무연구회, 2006, 579면.
922) 건설재판실무편람, 28면.
923) 건설재판실무편람, 26면.

한편 하자보수가 불가능하거나 하자가 중요하지 않은데 그 보수에 과다한 비용을 요하는 경우에는 하자보수비가 아니라 현 상태와 하자 없는 상태와의 교환가치 차액이 손해배상액의 기준이 되는 것이므로 감정신청인이 보수에 필요한 금액만을 구하는 경우에도 위와 같은 점을 고려하여 위 차액도 감정의 대상으로 삼아야 한다.[924] 또한 당사자들이 주장하는 보수방법이 다른 경우에는 감정기일에 당사자들과 감정인의 협의를 거쳐 특별한 사정이 없는 한 목적달성이 가능한 보수방법 중 최소의 비용이 소요되는 방법을 시공하는 비용을 산정하도록 함이 타당하다.

하자보증인을 상대로 한 사건의 경우에는 하자보수의 대상이 되는 하자의 발생기간을 명백히 하여 감정이 이루어지도록 하여야 한다.[925]

3) 수급인 등의 시공상 불법행위로 인하여 하자가 발생한 건물이 신축건물이 아니어서 그 건물에 사용상 하자 또는 기간의 경과에 따른 노후 부분이 공존함에도 불구하고 손해배상을 구하는 당사자들은 건물의 기존의 하자 등을 포함한 전체의 하자를 모두 시공상 불법행위로 인한 하자라고 구하는 경우가 많은데, 건물의 기존의 하자와 시공상 불법행위로 인하여 새로이 생긴 하자를 명확히 구분하여 산정할 것을 감정사항으로 정하여야 하고, 기존의 하자 등이 시공상 불법행위로 인하여 확대된 경우에는 손해발생에 기존의 하자 등이 기여한 정도도 감정사항으로 할 필요가 있다.[926]

다. 감정의 전제사실 확정

감정을 실시함에 있어서 그 감정의 전제가 되는 사실을 사전에 명확히 하여야 한다. 감정기일에 전제사실의 확정이 가능한 경우에는 재판부와 당사자들 사이의 협의를 거쳐 이를 명백하게 확정한 후 감정인에게 그 내용을 고지하고 감정서에도 이를 기재하도록 하며, 감정기일조서에도 기재할 필요가 있다.

감정의 전제사실에 대하여 당사들 간의 주장이 상반되는 경우, 예컨대 하자보수비를 청구하는 사안에서 하자의 판정기준이 되는 공사계약 내용 자체에 대하여 당사들 사이에 다툼이 있거나, 추가공사비를 청구하는 사안에서 추가 공사계약의 존재 여부에 대하여 다툼이 있는 경우가 있는데, 이러한 경우 감정의 전제되는 사실의 인정 여부는 재판부의 전권에 속하는 것이기 때문에 사안에 따라서는 재판부가 전제되는 사

924) 건설재판실무편람, 27면; 윤재윤, 앞의 책, 563면.
925) 건설재판실무편람, 27면.
926) 건설재판실무편람, 28면.

실을 미리 확정한 후 감정을 명하는 것이 바람직한 경우도 있다.[927]

1) 공사비용의 산정기초가 되는 인건비와 자재비용 등은 그 기준산정 시점에 따라 큰 차이를 가져오게 되므로 감정기일에 이를 명백히 정하여야 한다. 공사비 산정의 기준시점은 공사계약상 정해진 공사비 지급시점이 기준이 됨이 원칙이나, 이러한 약정이 없는 경우에는 공사의 완공 및 인도시(공사잔대금 청구), 공사계약의 해제시(기성고 청구), 추가공사의 완료시(추가공사비 청구), 하자보수 청구시(하자보수비 청구) 등 청구의 내용에 따라 기준시점이 달라진다. 공사시점과 감정시점이 큰 차이가 없다면 통상 법원이 당사자들과 협의를 거쳐 기준시점을 감정시점으로 정리하여 이를 조서에 기재하기도 한다.[928]

2) 기성고나 하자보수의 판단기준은 1차적으로 공사계약 및 그 부속도서에 기재된 시설내용 및 자재 종류에 따라야 한다.[929]

라. 감정자료의 확정

감정은 제시된 감정자료에 의하여 행하여지므로 감정자료가 무엇인가에 따라 결론이 달라진다. 감정자료를 선택함에 있어서 신중하게 확인하여야 하는바, 법원이 감정자료로 지정한 것, 당사자 쌍방이 감정자료로 동의한 것, 기타 감정에 필요한 것으로 공정성에 지장이 없는 것만이 해당된다.[930] 따라서 감정인이 당사자로부터 공사계약서, 설계도면, 시방서, 내역서 등 기본자료를 교부받았을 때에는 반드시 상대편 당사자의 확인을 받아야 하고, 다툼이 있을 때에는 감정을 명하는 재판부의 확인을 받아야 하며, 재판장의 명령에 따라 복수감정을 하는 방법도 있다.[931]

한편, 각 당사자는 감정기일에 상대방이 제출한 서면의 진정성, 유효성, 공사관련성에 대한 의견을 밝힐 수 있고, 이에 대하여 다툼이 있는 경우에는 재판부가 감정인에 대하여 이를 감안하여 조건부 감정을 명하기도 한다.[932]

927) 건설재판실무편람, 25면.
928) 건설재판실무편람, 25면; 윤재윤, 앞의 책, 566면.
929) 윤재윤, 앞의 책, 566면.
930) 건설재판실무편람, 29면.
931) 강재철, 앞의 글, 580면.
932) 윤재윤, 앞의 책, 565면.

5. 감정인 기피신청

감정인은 수소법원, 수명법관 또는 수탁판사가 지정한다(민소 제335조). 감정인이 성실히 감정할 수 없는 사유가 있는 때에는 당사자는 기피신청을 할 수 있다(민소 제336조).

기피신청은 기피사유를 소명하여 수소법원, 수명법관 또는 수탁판사에게 하여야 한다(민소 제337조). 기피신청에 대한 재판은 결정의 형식으로 하며 당사자의 심문 여부, 감정인의 의견진술기회 부여 여부 등은 법원의 재량에 속한다. 기피가 이유 있다고 하는 결정인 있게 되면 감정인은 그 자격을 상실하게 되므로 더 이상 감정을 할 수 없고 감정의견의 진술이 있은 후인 경우에는 감정의견은 효력이 없다.

[서식 132] 감정인기피신청서

감정인기피신청

사 건　　20○○가합○○○○　토지소유권이전등기 청구사건

원 고　　김 ○ ○

피 고　　박 ○ ○

위 사건에 관하여, 원고 신청의 감정에 대하여 피고는 다음과 같이 감정인에 대한 기피신청을합니다.

신 청 취 지

서울중앙지방법원 20○○가합○○○○ 토지소유권이전등기청구사건에 관하여, 감정인 박○○에 대한 기피는 그 이유 있다.
라는 재판을 구합니다.

신 청 이 유

위 사건에 관하여, 감정인으로 선임지정된 감정인 박○○은 전문감정인으로 그

자격은 인정되나, 원고와 같은 밀양 박씨 OO공파 종중 사람이며, 더욱이 원고와는 친족관계에 있으므로, 이 사건 감정인으로 성실한 감정을 하기에는 정실에 기울 우려가 있는 이와 같은 사정이 있으므로 감정인이 아직 감정에 관하여 의견을 진술하기 전에 피고는 기피의 신청을 합니다.

소 명 방 법

1. 친족을 증명하는 증명서 1통
2. 가족관계증명서 1통

20OO. O. O.

피고 박 O O (인)

서울중앙지방법원 귀중

6. 감정서 제출 및 이후의 절차

가. 감정서의 제출

재판장은 감정인으로 하여금 서면이나 말로써 의견을 진술하게 할 수 있고, 여러 감정인에게 감정을 명하는 경우에는 다함께 또는 따로따로 의견을 진술하게 할 수 있다(법 제339조). 통상 보고서로 제출되며, 이는 감정결과로 증거가 되는 것이지 서증이 아니다.

감정의 결과는 증거조사의 결과이므로 법정에 현출된 이상 당사자가 원용한다는 진술을 하지 않아도 증거자료로 사용할 수 있다. 실무에 있어서는 감정결과에 대한 법원의 판단을 받기 위하여 감정 결과가 유리한 당사자 측에서 이를 원용한다는 진술을 하는 것이 보통이다.

감정의 결과를 현실적으로 증거로 채용하느냐 여부는 다른 증거와 마찬가지로 법관의 자유심증에 의한다.

[서식 133] 감정서(표준양식)933)

감 정 서

1. 감정의 일반사항

가. 감정목적물에 관한 사항

① 감정목적물의 표시 : 위치, 면적, 용도, 구조

② 건축관련 행정사항 : 건축허가, 설계변경, 사용검사 일자 등

③ 전경사진과 조감도면

나. 감정의 목적

① 감정의 목적

② 감정신청사항 내역

다. 감정의 진행사항

① 감정준비사항

② 감정기일의 주요정리사항

③ 당사자와의 접촉사항 : 날짜, 주요내용, 기타 특기사항

라. 감정의 기본자료

① 감정기일에 확인된 자료

② 원고 제출자료(감정자료로 사용 여부 표시)

③ 피고 제출자료(감정자료로 사용 여부 표시)

④ 기타 감정인이 취득한 자료 등

⑤ 감정자료의 특기사항

마. 감정의 기준

① 감정대상 범위

② 감정시점

③ 감정가격의 기준

④ 다른 요인의 기여도

바. 감정결론

항목별로 결론 / 이유

933) 윤재윤, 앞의 책, 581면.

> **2. 항목별 구체적 감정사항**
> 가. 원고와 피고의 주장 대비
> 나. 각 항목별 분석
> 다. 기본 산출수식표(공사량 산출서, 일위대가표, 자재단가표 등)
>
> **3. 첨부자료** : 명세서, 관련도서, 기타 참고자료 등

나. 감정보완신청 등

감정결과에 불명료한 점이 있는 경우에는 감정인에게 보완감정신청을 하거나 감정보완촉탁신청을 하여 감정결과를 보충할 수 있고, 감정의 결과 경위 등에 납득할 수 없는 사유가 있는 때에는 재감정 신청을 하기도 한다. 그 채부는 법원의 직권사항이다. 동일 사항에 대한 수개의 상반된 감정결과 중 그 어느 것에 의하여 사실인정을 하는가는 법원의 자유심증의 범위에 속하는 것으로 논리와 경험칙에 위반되지 아니하는 한 적법하다.

법원은 필요하다고 인정한 때에는 공공기관, 학교, 그 밖에 상당한 설비가 있는 단체 또는 외국의 감정을 촉탁할 수 있고, 지정한 사람으로 하여금 감정서를 설명하게 할 수 있다. 이 경우에는 선서에 관한 규정을 적용하지 아니한다(법 제341조).

7. 건설감정의 특수성[934]

가. 건설감정의 특수성

감정이란 특수한 학식과 경험을 가진 자에게 그 전문적인 지식 또는 그 지식을 이용한 판단을 보고하게 하는 증거방법인데, 건설감정은 다른 감정과 달리 전문지식을 적용할 전제사실을 주도적으로 수집하고, 이를 기초로 감정의견을 제출하는 경우가 대부분이다. 건설소송에서의 감정은 사건의 결론을 좌우하는 가장 중요한 요소가 된다.

나. 건설감정결과에 대한 불만 사유

재판당사자들이 건설감정결과에 대하여 감정인에 대한 감정보완신청을 하거나 심

934) 사법연수원, 테마특강 자료집 －건설소송실무(제41기), 2011, 54~66면을 참고하여 정리한 것임.

지어 재감정신청이 신청되는 감정결과에 불만이 많은 실정이다. 그 이유는 첫째, 건설감정의 본질적 한계를 들 수 있다. 설계, 기초공사, 각종 본 공사 등 순차적으로 이루어지는 공정별 시공내용과 책임을 판별하기가 어렵고, 더구나 건설감정에 있어서 감정의 전제사실을 수집하는 과정에서 감정인의 주관적 판단(예컨대, 시공량 적산에 있어서 설계도상 특정되지 않은 창틀이나 모서리부분의 평가, 노동력 소요량 평가 등 세부적인 사항의 판단은 주관적일 수밖에 없다는 것이 감정인들의 솔직한 고백이다)을 피할 수 없으며, 감정할 사항이 질적으로 다양하고 양적으로 많이 복잡하다. 둘째, 당사자, 소송대리인, 재판부 등 소송관계자들의 전문지식 부족으로 이한 감정기일 준비 불충분이 또 한 가지 이유이다. 셋째, 감정료가 고액인데 비하여 감정신청인이 의도한 대로 감정결과가 나오지 않는 경우 감정에 대한 불신의 원인이 된다. 특히 집합건물의 하자감정의 경우에는 소송제기 전 원고 측에서 미리 시공기술사 등에게 의뢰하여 예상 하자보수비용을 산출하게 되는데 법원에서 선임한 감정인의 감정결과가 그 예상에 미치지 못하는 경우에는 감정인을 불신하게 되고, 재감정을 요구하는 경우가 많다. 또한 건축주와 시공자가 시공과정에서 인접건물에 균열 등이 발생함으로 인하여 제3자에게 손해를 발생하게 하여 소송에 있어서 그 원인과 보수비용의 감정에 있어서 감정결과가 어느 정도 예상되고, 그에 따른 소송승소이익과 그 감정료와 대비하여 큰 이득이 없다고 판단되는 경우에는 감정료를 납부하지 않는 경우도 있다.

8. 건설감정 시행 전에 정리할 기본사항

가. 건설감정을 실시함이 없이 종국적인 판결이나 조정이 가능한지 여부를 먼저 살펴 신중히 그 채부를 결정할 필요성이 있다. 사실의 존부나 당사자적격 등 법리적인 판단에 따라 결론이 도출될 수 있는 사건, 필요한 전문적인 지식을 다른 방법, 예를 들면 증인신문, 사감정서, 문헌 등에 의하여 획득할 수 있는 사건, 감정료가 고액인 경우 조정기일을 미리 열어 감정료를 고려하여 조정을 권고하거나, 조정위원에 의한 간이감정의 방법을 채택할 수 있는 사건, 도급인이 부도가 나서 변제자력이 없는데 기성고 확정을 하기 위하여 감정이 필요한 경우 당사자의 합의에 의하여 감리자의 감리보고서 등으로 기성고를 확정시킬 수 있는 사건인지 확인할 필요가 있다.

나. 감정신청이 되고 이를 채택하기 전에 재판당사자의 주장과 그 상대방에 대한 주

장을 듣고 준비절차기일을 열어 쟁점정리절차를 시행하여 감정의 필요성에 대하여 면밀히 검토를 하고, 감정사항, 감정자료, 감정조건에 대한 충분한 검토가 있는 다음 검증과 함께 감정을 채택함이 바람직하다.

다. 당사자 사이에 다툼이 있는 부분은 감정의 조건을 합의하거나 각 주장에 따라 감정의 조건을 달리하여 조건부 감정을 행함으로써 사후에 감정의 전제조건에 대한 불필요한 분쟁을 최소화할 수 있다. 일반적인 감정사항을 만연이 신청하는 사후검정식이나 과다한 노력을 요하는 사건검정식 약정을 피하고 최소한의 노력으로 상당한 효과를 거둘 수 있다.

9. 감정서 제출 이후의 절차

가. 감정보완신청

감정결과에 불만을 가지거나 감정결과에 의문이 있거나 감정사항에 누락이 있는 경우에는 당사자는 재판부에게 그 사항에 대하여 감정인에게 설명을 요구하거나 그 보완을 요구하는 신청을 하면서 감정내용을 다투는 경우가 많다. 특히 감정사항, 감정자료, 감정조건을 확정하지 못하고 감정인이 확인하고 확보된 것만으로 감정을 진행한 경우에는 더욱 그러하다. 재판부는 먼저 신청인으로 하여금 확인하고 싶은 사항, 의문점, 반론할 점을 준비하면으로 자세히 밝히도록 하고 상대방에게도 반론할 기회도 부여한 후 신청인이 주장한 사항에 대하여 감정인에게 보완설명을 요구할 필요가 있는지를 신중하게 검토하고, 신청사항을 적절히 정리하여야 한다.[935]

나. 감정인 신문

감정에 불복하는 당사자가 감정인 신문이나 증인신문의 신청이 있는 경우 그 채무결정을 신중하게 하고 가능한 한 앞서 본바와 같은 감정보완신청을 하도록 유도하는 것이 바람직하다. 감정인에 대하여 감정인으로서 증인신청하는 경우가 많으나 감정결과에 관하여 보충신문을 하는 경우에는 전문지식에 기한 의견을 제시하는 것이기 때문에 건설감정의 경우 감정이 증인으로 되는 경우가 거의 없다. 감정인 신문은 감정내용의 정확한 내용을 이해하기 위한 설명회 방식으로 진행하는 것이 바람직하다.

---

935) 법원행정처, 앞의 책, 31면.

다. 재감정 여부

감정결과에 대하여 감정보완신청에 대한 감정보충서, 감정인 신문결과로도 그 내용이 불충분하거나, 감정절차가 위법한 경우에는 동일 감정인 또는 다른 감정인에게 재감정을 명하여야 한다. 재감정의 채택 여부는 재판부의 직권사항이므로 감정결과상 보충 및 수정이 가능한 경우에는 감정보충서 등으로 해결하고, 종전 감정결과를 수용하기 어려운 경우에만 허용하여야 할 것이다. 종전 감정과 재감정의 각 결과가 불일치하거나 편차가 심할 경우에는 어떠한 감정결과를 채택할지 판단하기가 어렵고, 다시 재재감정을 하는 경우까지도 발생할 우려가 있다.

10. 건설감정의 종류와 감정의 기본사항

건설감정은 크게 3가지의 유형으로 나뉜다. 공사가 중단된 경우의 기성고 비율의 산정과 추가공사비산청을 위한 적산감정, 하자의 발생과 보수비공사를 산정하는 하자감정, 건축물의 손상에 대한 원인 또는 상태의 감정 등으로 나뉘고, 구체적인 소송사건에서는 중복되어 감정이 이루어지는 경우가 많다.

가. 적산감정

감정대상을 확정하기 위해서는 감정신청인의 신청서만으로 확정하지 아니하고 현장검증을 실시하여 공사현장에서 감정대상을 확정하여야 할 것이다. 건축공사에 여러 시공자가 관여하였던 경우에는 전체 건축공정 중에서 기성고 비율을 구하는 시공자가 시공한 공사부분을 명확하게 확정하여야 할 것이고, 시공부분에 다툼이 있으면 다툼이 있는 부분을 명시하여 각 부분별로 감정함으로써 판결 시에 각 시공 공사금의 구분이 가능하도록 한다.

한편 추가공사 또는 변경시공비용을 감정하는 경우에는 당초의 설계도면, 시방서 등에 의하여 인정되는 공사도급계약에 비추어 구체적으로 시공된 공사부분이 추가공사 또는 변경공사에 해당하는지의 여부를 확정하여야 하고, 추가공사의 경우 그 공사 당시 소요되었을 비용, 변경공사의 경우 변경 공사에 소요된 당시의 공사비용과 도급계약에 정한 변경전 공사비용의 차액이 감정사항이 될 것이다.

나. 감정자료

감정은 재판당사자로부터 제시된 감정자료를 기초로 하는 것이므로 감정자료가 무엇인가에 따라 그 결론이 달라지므로 감정자료를 선택함에 있어 신중하게 확인하여야 할 것이다. 법원이 감정자료를 지정한 것, 당사자 쌍방이 감정자료로 동의한 것, 감정에 필요한 것으로 공정성에 지정이 없는 것만을 감정자료로 하여야 할 것이다.

감정인이 재판부로부터 감정자료를 제공받아야 할 것이지만 절차를 생략하여 당사자로부터 감정자료를 제공받는 것을 허용하되, 당사자로부터 공사계약서, 설계도면, 시방서, 내역서 등 감정자료를 교부받았을 때에는 반드시 상대편 당사자의 확인을 받아야 하고, 다툼이 있는 시에는 감정을 명하는 재판부의 확인을 받아야 하며, 재판장의 명령에 딸 복수감정을 하어야 할 것이다. 이와 같은 내용은 감정기일에 감정인에게 반드시 확인하여야 할 사항이다.

기성고 비율을 감정할 때에는 공사계약시 제시된 설계도면, 건축업자와 건축주가 합의된 설계도면, 그 후 건축주가 일방적으로 변경한 설계도면 등이 제출되는 경우에는 원칙적으로 건축업자와 건축주가 합의된 설계도면 기준으로 기성고 비율을 감정하여야 할 것이고, 감정인이 임의로 다른 설계도면을 기준으로 기성고 비율을 산정하여서는 아니 될 것이다.

다. 감정기준

기성고 비율의 산정 방법은 우선 약정된 공사의 내역과 그중 이미 완성된 부분의 공사 내용과 아직 완성되지 아니한 공사 내용을 확정한 뒤, 공사대금 지급의무가 발생한 시점을 기준으로 이미 완성된 부분에 관한 공사비와 미완성된 부분을 완성하는데 소요될 공사비를 평가하여 그 전체 공사비 가운데 이미 완성된 부분에 소요된 비용이 차지하는 비율을 산정하여 확정하는 바,[936] 이미 완성된 부분에 관한 공사비와 미완성된 부분을 완성하는 데 소요될 공사비산출은 우선 기존 공사도급계약에 따른 시방서, 일위대가표 등을 기준으로 하여 산출하고, 이를 알 수 없는 경우에는 정부품셈기준으로 하여 산출하되 하되 일관된 기준으로 산출하여야 한다.

추가공사의 내용이 당초의 공사와 동일성이 인정되지 아니하면 민법 제665조에 비추어 추가공사대금의 지급시기는 특별한 사정이 없는 한 추가공사를 완료한 때라고

936) 대법원 1996. 1. 23. 선고 94다31631, 31648 판결.

할 것이므로 추가공사대금 산정의 기준이 되는 공사단가는 추가공사완료시 공사단가라고 할 것이다. 다만 추가공사가 설계변경을 거치고 당사자 사이에서 민간건설표준도급계약서가 작성되었거나 관급공사인 경우에는 추가공사대금은 위 표준계약서 일반조건 제19조나 국가를 당사자로 하는 계약에 관한 법률 시행령 제65조 및 공사계약일반조건 제20조 등에 따라 설계변경 당시 공사단가에 낙찰률을 곱한 금액으로 산정되어야 한다.

11. 하자감정

가. 하자의 의의

건축물의 하자는 일반적으로 완성된 건축물에 공사계약에서 정한 내용과 다른 구조적 기능적 결함이 있거나, 거래관념상 통상 건축물이 갖추어야 할 내구성, 강도 등의 품질을 제대로 갖추고 있지 아니한 결과 그 사용가치 또는 교환가치를 감쇄시키는 결점을 뜻한다.

나. 하자의 종류

건축물의 하자를 여러 기준으로 분류할 수 있지만 건축공정에 따라, 설계과정에서 발생한 하자인 설계상의 하자, 건축시공과정에서 발생한 하자인 시공상의 하자, 감리과정에서 발생한 감리상의 하자, 건축물을 인도받은 후 도급인 등이 사용하는 과정에서 후발적으로 발생하는 하자로 구분할 수 있다. 공사수급인이 하자보수책임을 부담하는 하자는 건축시공과정에서 발생한 시공상의 하자이다. 감정실시단계에서 건축물에 나타나 있는 하자가 설계상의 하자와 시공사의 하자 또는 사용자의 과실 등 복합적인 원인에 의하여 발생된 경우에는 이를 구분하여 시공상의 하자가 기여한 부분만을 고려하여 하자보수비를 산출하여야 한다.

다. 하자판정의 자료

계약상 성상약정위반으로 인한 하자는 도급계약서, 설계도, 시방서, 표준명세서, 특기명세서, 현장설명서 등 통상계약서에 첨부되는 서류를 기준으로 판단한다.

1) 건축허가도면과 사용승인검사를 받은 도면이 상이한 경우에는 어떠한 도면을

기준으로 하여야 할 것인가? 건축주와 공사수급인의 합의로 설계변경을 한 경우가 대부분이므로 사용승인검사를 받은 도면을 기준으로 하여야 할 것이고, 집합건물의 분양이 경우에도 분양자와 수분양자 사이의 분양계약서에 통상적으로 '계약시 체결된 건물의 면적 및 대지지분은 건축허가변경에 따라 일부 변경될 수 있으며 계약서와 등기부상의 면적 차이에 대하여는 초기분양가를 기준으로 정산한다'는 문구가 삽입되는 경우가 대부분이므로 사용승인검사를 받은 도면으로 하자 여부를 판정함이 상당하다.

2) 같은 건물을 건축한다고 하더라도 최고급자재를 사용하면 단위면적당 단가가 높은 경우부터 덤핑에 가까운 가격으로 하급자재를 사용하여 그 절반에도 못 미치는 낮은 단가를 정한 경우까지 다양한 경우가 있다. 이러한 경우에는 공사도급계약의 목적, 시방서, 계약체결시의 사정, 공사대금액수, 모델하우스 또는 광고지 내용 등을 고려하여 계약상 양 당사자가 묵시적이거나 명시적으로 예정한 '공사의 등급'을 판단하여 그 등에 따른 하자보수비를 산정하여야 한다.

3) 설계시공일괄입찰방식의 경우에는 도급인이 의욕하는 공사목적물의 설치목적을 기준으로 설계상 및 시공상의 하자를 판정하여야 할 것이다.

4) 당사자 사이의 계약내용에 나타난 사정을 종합하여 객관적으로 인정되는 통상의 용도에 사용할 성상을 결여한 경우도 건축상의 하자에 해당하고, 이를 판단하기 위하여 건축법, 같은 법 시행령, 건축물의구조기준등에관한규칙, 건축물의 주조내력에 관한 기준 등 건축관련법령에서 정한 기준이 고려될 수 있지만, 계약내용에 나타난 사정이 우선하므로 위와 같은 건축관련법령을 준수하였다고 하여 언제나 담보책임이 면제되는 것은 아니다.

5) 예정된 공정이 모두 종료하였다고 인정되지만 건물의 주요 구조부분에 공사가 누락된 경우인 미시공과 당초의 계약내용을 임의로 변경한 시공인 변경시공은 좁은 의미의 하자에는 해당하지 않지만, 하자담보책임에서 말하는 하자에는 부실시공을 포함하여 미시공과 변경시공을 포함하는 개념으로 이해된다.

6) 건축공사 도급인과 수급인 사이에 도급계약서, 설계도면, 시방서, 산출내역서 등의 건축 관련 도서들이 분쟁이 없는 경우에는 이를 기준으로 하고, 분쟁이 있는 경우에는 어느 자료를 기준으로 할 것인가를 하자감정을 명할 때이나 현장검증 시에 이를 확정을 하여야 할 것이고, 확정되지 아니하는 경우에는 일단 감정신청이 원하는

기준으로 감정을 하고, 상대방에게는 자신이 원하는 기준으로 감정하는데 소요되는 추가비용을 부담하게 하여 복수의 감정을 명하게 하고 어느 감정을 채택할 것인가는 재판과정에서 판단하아야 할 것이다.

[서식 134] 하자감정신청서

감 정 신 청 서

사 건 2000가단0000 손해배상

원 고 정 ○ ○

피 고 박 ○ ○

위 사건에 관하여 원고의 소송대리인은 주장사실의 입증을 위하여 다음과 같이 감정을 신청합니다.

다 음

1. 감정목적 부동산
   ① 서울 OO구 OO동 O가 OOO-O 대 OOO㎡
   ② 위 지상 목조기와지붕 단층주택 OO.OO㎡

2. 감정의 목적
   위 부동산에 관하여 손해발생의 원인 및 손해액을 밝히기 위함입니다.

3. 감정할 사항별지와 같습니다.

2000. O. O.

원고의 소송대리인
법무법인 OO

담당 변호사 김 ○ ○

OO지방법원 민사 제O단독 귀중

[별 지]

감 정 사 항

1. 감정목적물
   ① 서울 OO구 OO동 O가 OOO-O 대 OOO㎡
   ② 위 지상 목조기와지붕 단층주택 OO.OO㎡

2. 감정할 사항
   가. 하자감정
   1) 서울 OO구 OO동 O가 OOO-O에 있는 토지 위 건물신축공사로 인하여 같은 동 OOO-O에 있는 토지의 지반이 침하되었는지 여부
   2) 지반침하의 정도와 태양
   3) 지반침하의 원상복구방법과 그 예상비용, 기간
   4) 위 건물신축공사로 인하여 같은 동 OOO-O에 있는 토지와 건물에 균열이 발생하였는지, 기존 균열이 심화되었는지 여부
   5) 균열의 정도와 태양
   6) 균열의 원상복구방법과 그 예상비용, 기간
   7) 위 건물 신축공사로 인하여 같은 동 OOO-O에 있는 건물에 뒤틀림이 발생하였는지, 기존 뒤틀림이 심화되었는지 여부
   8) 뒤틀림의 보수방법과 그 예상비용, 기간
   9) 건물신축공사로 인하여 같은 동 OOO-O에 있는 창고의 담이 붕괴되었고, 창고 안 물건이 훼손되었는지 여부
   10) 창고의 보수방법과 그 예상비용, 기간 및 창고 안 물건에 발생한 손해액
   11) 건물신축공사로 인하여 같은 동 OOO-O에 있는 건물의 보일러실에 누수가 발생하였는지, 보일러실의 누수로 인하여 집안 바닥에 손상이 발생하였는지 여부
   12) 보일러실 누수의 보수방법과 예상비용, 기간 및 보일러실 누수로 인하여

집안 바닥에 발생한 손해액
13) 위 보수기간 중 입주민이 이사를 가야 하는지 여부
14) 지반침하와 토지, 건물의 균열 및 뒤틀림, 창고의 훼손, 보일러실 누수로 인하여 발생한 확대손해가 얼마인지

나. 시세감정

위 지반침하, 균열, 뒤틀림, 창고의 훼손, 보일러실 누수 등으로 인하여 같은 동 OOO-O 있는 토지와 건물의 가치하락이 얼마인지 산정하여 주시기 바랍니다. 끝.

Ⅱ. 서 증

1. 의 의

가. 서증의 개념

서증이란 문서의 의미, 내용이 증거자료가 되는 방법이다. 문서가 증거방법이 되더라도 증명의 대상이 그 문서의 의미, 내용이 아니고 문서의 지질, 형상, 필적 또는 인영의 동일성이 될 경우에는 그 문서는 서증이 아니고 검증의 대상 내재 목적물이다.

문서를 대상으로 하더라도 그 기재내용을 증거자료로 하는 것이 아니라 문서의 존재, 외형, 현상 등을 증거자료로 하는 경우에는 서증이 아니라 검증이 된다.

나. 문서의 종류

1) 공문서는 공무원이 그 권한 내의 사항에 관하여 정규의 방식에 따라 직무상 작성한 문서이고, 그 이외의 문서는 모두 사문서이다. 양자를 구별하는 실익은 공문서는 형식적 증거력(진정 성립)이 인정되지만 사문서는 진정 성립이 추정되지 않아 증명해야 한다는 점에 있다.

2) 처분문서는 증명할 법률행위를 포함하고 이를 나타내고 있는 문서로서 법원의 판결서, 행정처분을 기재한 문서, 화해조서 등의 공문서와 각종계약서, 유언서, 어음, 수표, 해약통지서 등의 사문서를 말한다. 보고문서는 외부적 사실 내지 사건 또는 사람의 내심의 상태에 대한 보고, 의견, 판단, 감상 등을 기재한 문서로 공무소가 발생하

는 사실증명서(등기부등본)와 공문서를 비롯하여 영수증, 장부, 일기, 진단서 등이다. 처분문서와 보고문서의 구별은 문서의 증거가치를 따지는데 실익이 있는 것으로서 처분문서의 진정 성립이 인정되면 특단의 사정이 없는 한 그 내용이 되는 법률행위의 존재가 인정되어 그 법률행위가 있었던 것으로 증명된다. 그러나 그 법적행위의 해석·요건·효력과 그 증서속의 보고적 부분(일시·장소 등)에 대하여는 반증을 할 수 있다.

3) 원본은 일정한 사상을 표현하기 위하여 최초에 확정적으로 작성한 서면으로서 판결원본, 계약서 원본 등이고, 등본은 원본을 완전히 옮겨 쓴 문서이다. 등본 중에서 그 내용이 원본과 동일하다는 것을 증명하는 공문서를 인증 있는 등본(등기부 등본, 가옥대장 등)이라 하고, 원본과 동일한 효력을 가지는 것을 정본이라고 한다(판결, 결정, 명령 등의 정본).

초본은 등본의 일종으로 원본의 일부분만이 필요한 때에 원본 내용 중의 일부만을 기재한 문서이고, 부본은 문서 말미에 등·초본임을 밝히지 않은 것을 말한다(실무에서는 문서 특히 증거서류를 제출함에 있어 '사본임. OOO' 또는 '부본임. OOO'라고 기재한 다음 도장을 날인하고 있으나, 그 문서 자체가 부본이므로 위에서와 같은 취지의 기재는 별로 의미가 없다).

4) 법원에 문서를 제출하거나 보낼 때에는 원본, 정본 또는 인증이 있는 등본으로 하여야 한다(민소 제355조 1항).

2. 문서의 증거능력과 증거력

가. 문서의 증거능력

1) 증거능력이라 함은 추상적으로 증거조사의 대상이 될 수 있는 자격을 말한다. 민사소송에 있어서는 형사소송과 달리 원칙적으로 증거능력에 제한이 없다.

2) 문서에 증거능력이 인정되는 경우에 증명력, 즉 그 증거에 의하여 어떤 사실을 인정할지 여부를 판단함에 있어서는, 먼저 문서가 작성명의인의 의사에 의하여 작성된 것인가(형식적 증거력)를 확정한 다음, 그 문서의 기재내용이 진실한 것으로서 요증사항을 인정할 자료인가(실질적 증거력)를 검토한다.

나. 문서의 형식적 증거력(문서의 인부)

1) 문서의 증거력을 판단함에 있어서는 우선 형식적 증거력의 유무를 조사하여 이

를 확실히 하고, 다음 형식적 증거력이 있다고 할 때에 실질적 증거력을 검토하는 것이 순서이다. 문서가 입증자가 주장하는 특정인의 의사에 기한 작성된 것을 문서의 진정성립이라고 하고, 진정하게 성립된 문서를 형식적 증거력이 있다고 한다. 즉 문서의 진정성립이란 입증자가 작성자라고 주장하는 자가 진실로 작성한 것이고 다른 사람에 의해 위조·변조된 것이 아님을 뜻하며, 그 문서의 내용이 객관적으로 진실하다는 것까지 말하는 것은 아니다.

2) 서증이 제출된 경우에는 그 형식적 증거력의 조사를 위하여 법원은 상대방에게 그것의 진정성립을 인정하느냐 않느냐를 물어보는 절차를 밟는 것이 실무이다. 원고가 낸 갑호증은 피고에게, 피고가 낸 을호증은 원고에게 문서의 작성자로 기재된 사람이 작성한 문서임을 인정하는지의 답변을 구한다. 문서의 인부는 서증의 형식적 증거력을 확정하여 요증사실을 명백히 하는 역할을 한다.

3) 이때에 상대방의 답변을 '성립의 인부'라고 한다. 성립의 인부에는 기본적으로 「성립인정」, 「부인」, 「부지」의 세 가지가 있다.

문서가 작성명의자에 의하여 작성된 것임을 인정하는 경우에는 그 작성자가 본인 또는 자기 당사자인 경우뿐 아니라 상대방이나 제3자가 작성한 것이더라도 「성립인정」으로 답변한다. 문서의 성립을 인정하게 되면 작성명의자가 그 문서의 내용과 같은 의사 또는 관념을 표시하였다는 사실이 인정되므로 그 문서를 증거로 제출한 당사자는 그 문서가 진정하게 작성되었음을 입증할 책임을 면하고, 법원이 그 내용을 믿을 것인가 여부만 남게 된다. 문서의 성립을 인정한다고 하여 곧바로 그 기재 내용이 진실한 것으로 인정되는 것은 아니나, 처분문서의 경우에는 특별한 사정이 없는 한 그 기재와 같은 의사표시를 한 것으로 인정된다. 처분문서가 아니고, 요증사실과 직접적인 관련이 없으며, 객관적으로 보아 위조의 가능성이 적은 문서, 예컨대 예금통장과 같은 경우에는 작성 과정을 모르더라도 성립을 인정하여 심리를 촉진할 수 있다.

이에 반하여 작성명의자가 작성한 것이 아닐 경우에는 「부인」으로 답하고, 작성명의자가 작성을 하였는지 여부를 모르는 문서의 경우에는 「부지」로 답한다. 제3자가 작성한 문서는 '부지'로 답할 수 있으나 자기의 명의로 작성된 문서에 대하여는 성립을 인정하든지 아니면 부인하든지 하여야 한다. 그러나 문서에 날인된 자기 명의의 인영이 자기가 사용하던 것인지 여부를 알 수 없는 경우에는 그 사유를 설명하고 부지로 답할 수밖에 없을 것이다. 문서의 진정성립에 관하여 상대방이 부인 또는 부지로 답변하며 다투는 경우에는 그 문서에 기재된 사실에 관하여 입증책임이 있는 당사자가 이를 입증하여야 한다. 자기 명의로 작성되었음에도 성립을 부인하면 문서제출자에게 진정성립에 관한 입증책임이 부과되나, 그 문서에 작성명의자의 인영이나 필적이 사용된 경우 문서 전체의 진정성립이 추정되는 수도 있으므로 문서의 인부에 관하여 '부인'을 답한 것만으로 부족하고, 별도로 '위조항변' 및 그 입증을 하여야 한다.

4) 공문서와 사문서가 결합되어 있거나 다수의 작성명의자가 있는 경우로서 그 일부만 인정하고 나머지를 다투는 때에는 '공성부분 성립인정, 사성부분 부인(부지)', '작성명의자 甲 부분은 성립인정, 乙 부분은 부인(부지)'로 답한다. 상대방이 내용증명을 보내고 이를 증거로 제출하는 경우에는 '공성부분 및 수령사실 인정, 나머지 부분 부지'로 답하기도 한다.

5) 상대방이 제출한 문서가 자기에게도 유리한 증거가 되는 경우에는 '성립인정'에 그치지 아니하고 나아가 '이익으로 원용한다'고 답하고, 문서의 성립은 인정하되 제출자의 주장에 부합하는 그 문서의 내용은 수긍할 수 없는 경우 '입증취지 부인'이라고 첨가한다. 이익으로 원용하면 그 증거를 거듭 제출하지 않아도 자기가 제출한 것과 같은 효과가 있으며, 문서의 진정성립을 인정한다고 하여 그 내용까지 인정하는 것은 아니므로 굳이 '입증취지 부인'이라는 답변을 첨가할 필요가 없으나, 그 문서의 내용에 관하여 다투고 있음을 명백히 하기 위하여 위와 같이 답변하기도 한다.

6) 문서의 인부는 신중하게 하여야 하며, 상대방의 서증을 충분히 검토하지 못하여 문서의 내용을 알지 못하는 경우에는 인부를 보류하였다가 내용을 검토하여 차회 기일에 인부를 하여야 하고, 함부로 인부를 하여서는 아니 된다. 문서의 진정성립을 인정한 경우에는 주요사실에 대한 재판상의 자백과 마찬가지로 자백한 상대방은 이를 자유롭게 철회할 수 없다.[937]

7) 문서의 방식과 취지에 의하여 공문서로 인정되는 때에는 진정한 공문서로 추정된다(민소 제356조 1항).

8) 사문서는 문서에 찍힌 인영이 그 명의인의 인장에 의하여 현출된 인영임이 인정되는 경우에는 특별한 사정이 없는 한 그 인영의 진정성립, 즉 날인행위가 작성명의인

937) 대법원 2002. 2. 5. 선고 2001다72029 판결.

의 의사에 기하여 이루어진 것으로 추정되고, 따라서 이에 반하여 문서가 위조된 것임을 주장하는 자는 적극적으로 위 인영이 명의인의 의사에 반하여 날인된 것임을 입증하여야 한다.

그리고 위와 같이 그 문서에 현출된 서명이나 날인 또는 무인이 그 작성명의인 본인 또는 대리인의 의사에 기한 것임이 인정되는 때에는 그 문서의 인영 이외 부분을 포함한 그 전부가 진정하게 성립된 것으로 추정된다(민소 제358조).

따라서 자기 당사자가 작성한 문서의 진정성립을 부인하는 때에는 인영부분, 즉 인영의 동일성 또는 그 진정성립(날인행위)까지 부인하는 것인지를 명확히 해야 하는 바, 인영은 인정하면서 그 날인행위가 본인의 의사에 기한 것이 아니라는 이유로 문서의 진정성립을 부인하는 경우에는 '인영부분 인정'이라고 인부하고, 그 인영이 타인에 의하여 도용되었다는 것을 주장·입증하여야 한다.

9) 백지문서에 서명, 날인만 하였을 때는 '서명사실만 인정', '날인사실만 인정' 또는 '인영부분 성립인정'이라고 인부하고, 부당하게 타인에 의해 백지부분이 보충되었음을 주장·입증하여야 한다.

10) 공증인이 작성한 공정증서, 사서증서의 인증서는 공문서와 같이 강한 추정력이 부여되며, 그 효과에 의하여 사문서 부분도 진정하게 진정성립이 추정된다.

11) 문서가 진정하게 성립된 것인지 어떤지는 필적 또는 인영의 대조에 의하여 증명할 수 있다(민사소송법 제359조). 이것은 검증의 일종인데 법원은 대조에 의하여 필요한 필적이나 인영 있는 문서, 그 밖의 물건의 제출을 명할 수 있고, 또 대조를 위하여 상대방에게 문자를 손수 쓰도록 명할 수 있다(민사소송법 제361조 1항).

다. 문서의 실질적 증거력

문서의 실질적 증거력이란 어떤 문서가 요증사실을 증명하기에 얼마나 유용한가의 증거가치를 말한다.

처분문서의 경우에는 그 진정성립이 인정되는 이상 기재내용대로 법률행위의 존재 및 내용을 인정하여야 하고, 법원이 이의 내용을 믿지 아니하고 이를 배척함에는 합리적인 이유 설시가 필요하다.

반면에 보고문서는 작성자의 신분·직업·성격·작성의 목적·시기·기재방법 등 여러 가지 사정을 고려하여 법관의 자유심증으로 결정한다. 다만, 공문서인 보고문서, 즉 등기부, 제적부, 가족관계등록부 등은 그 기재사실이 진실이라고 강력한 추정을 받는다.

3. 서증의 신청

서증의 신청은 당사자가 증명하고자 하는 사실에 관하여 증거방법이 될 문서를 특정하여 법원에 그 열람을 구하는 행위이다.

당사자가 소지하고 있는 문서이면 법원에 직접 문서를 제출하는 방식, 상대 또는 제3자가 가지고 있는 문서로서 제출할 의무가 있는 문서이면 문서를 가진 사람에게 그것을 제출하도록 명할 것을 신청하는 방식(민소 제343조), 소지자가 가지고 있는 문서를 제출할 의무가 없으면 문서를 가지고 있는 사람에게 그 문서를 보내도록 촉탁할 것을 신청하는 방식(민소 제352조), 송부촉탁도 어려운 문서는 그 문서가 있는 장소에 서증을 신청하는 방식(규칙 제112조)으로 할 수 있다. 당사자가 상업장부를 소지하고 있는 경우에는 당사자의 신청이 없더라도 법원은 직권으로 그 장부의 제출을 명할 수 있다(상법 제32조).

가. 문서의 직접 제출

입증하고자 하는 당사자가 문서를 소지한 경우에는 서증을 신청함에 있어서는 이를 법원에 직접 제출하여야 한다. 제출은 변론기일이나 준비절차기일에 현실로 제출할 것을 요하며, 준비서면에 첨부된 문서는 준비서면이 진술간주되어도 서증을 제출한 것으로 되지 아니한다.

문서는 원본, 정본 또는 인증 있는 등본을 제출하는 것이 원칙이나, 상대방이 원본의 존재나 성립을 인정하고 사본으로서 원본에 갈음하는 것에 대하여 이의가 없는 경우에는 사본을 원본에 갈음하여 제출할 수 있고, 이 경우 그 원본이 제출된 경우와 동일한 효과가 생긴다. 반면에 상대방이 원본의 존재를 부인하는 경우에는 다른 증거에 의하여 사본과 같은 원본이 존재하고 또 그 원본이 진정하게 성립되었음이 인정되어야 증거로 채택될 수 있다.

나. 문서제출명령신청

1) 의 의

문서제출명령신청은 상대방 또는 제3자가 가지고 있는 제출의무 있는 문서에 대하여 그 문서의 제출명령을 구하는 신청이이다(민소 제343조 후단).

2) 대상 - 제출의무 있는 문서(민소 제344조)

① 당사자(즉 상대방)가 소송에서 인용한 문서를 스스로 소지하고 있는 때
② 신청자(거증자)가 문서소지자에 대하여 그것을 넘겨 달라고 하거나 보겠다고 요구할 수 있는 사법상의 권리를 가지고 있는 때
③ 문서가 신청자(거증자)의 이익을 위하여 작성되었거나 신청자와 문서소지자 간의 법률관계에 관하여 작성된 것인 때

3) 문서제출신청의 방식

문서제출명령의 신청에 있어서는 문서의 표시와 취지, 소지자, 증명할 사실, 제출의무의 원인을 명시하여야 한다(민소 제345조). 그런데 상대방이 어떤 문서를 소지하고 있는지 몰라서 신청자가 문서의 표시와 증명할 사실을 특정하여 신청하기 어려울 때가 많은 데, 이럴 때 법원은 필요하다고 인정될 경우 신청대상이 되는 문서의 취지나 문서로 증명할 사실을 개괄적으로 표시한 당사자의 신청에 따라, 상대방 당사자에게 표시한 당사자의 신청에 따라, 상대방 당사자에게 신청내용과 관련하여 가지고 있는 문서 또는 신청내용과 관련하여 서증으로 제출할 문서에 관해 그 표시와 취지 등을 적어 내도록 명할 수 있다고 규정하여 문서공개제도를 도입하여, 만일 당사자가 이 명령에 따르지 않으면 나중에 그 목록에서 누락된 문서를 서증으로 제출할 때 적시에 제출되지 아니한 공격방어방법으로서 각하하거나(민소 제149조), 재정기간을 활용하여 각하하는 방법으로(민소 제147조 1항) 제재하는 것을 고려할 수 있고, 변론의 전 취지로 불리하게 참작할 수 있다.

4) 제출신청의 허가 여부에 대한 재판(민소 제347조)

법원은 문서제출신청에 정당한 이유가 있다고 인정한 때에는 결정으로 문서를 가진 사람에게 그 제출을 명할 수 있다. 문서제출의 신청이 문서의 일부에 대하여만 이유 있다고 인정한 때에는 그 부분만의 제출 을 명하여야 한다. 제3자에 대하여 문서의

제출을 명하는 경우에는 제3자 또는 그가 지정하는 자를 심문하여야 한다. 법원은 문서가 민소 제344조에 해당하는지 판단하기 위하여 필요하다고 인정하는 때에는 문서를 가지고 있는 사람에게 그 문서를 제시하도록 명할 수 있다. 이 경우 법원은 그 문서를 다른 사람이 보도록 하여서는 안 된다.

5) 불복신청

문서제출의 신청에 관한 결정에 대하여는 즉시항고 할 수 있다(민소 제348조).

6) 제재방법

① 당사자가 문서를 제출하지 아니한 때 민소 제347조의1, 제2항 및 제4항의 규정에 의한 명령에 따르지 아니한 때에는 법원은 문서의 기재에 대한 상대방의 주장을 진실한 것으로 인정할 수 있다(민소 제349조).

② 제3자의 경우 문서제출명령에 관하여 제3자가 문서의 제출명령에 응하지 아니할 때에는 법원은 결정으로 500만 원 이하의 과태료에 처할 수 있고, 이에 대하여는 즉시항고 할 수 있다(민소 제351조, 제318조, 제311조 1항, 8항).

[서식 135] 문서제출명령신청

문서제출명령 신청

사 건 20○○가합○○○○ 부동산소유권이전등기말소등

원 고 전 ○ ○

피 고 구 ○ ○

위 사건에 관하여 원고 소송대리인은 다음과 같이 문서제출명령을 신청합니다.

다 음

1. 문서의 표시 및 소지자

피고가 소지하고 있는,

가. 원고와 피고 사이에 20OO. O. O. 체결한 금전소비대차계약서 1통
나. 원고와 피고 사이에 20OO. O. O. 체결한 서울 OO구 OO동 1731-1 대 1568.23㎡에 관한 매도증서
다. 원고가 피고에게 교부한 위 대지에 관한 약정서

2. 문서의 취지

20OO. O. O. 원고가 피고로부터 금 1억 원을 차용하였을 때 이 사건 부동산을 양도담보로 제공한 것이므로 원고가 피고에게 동 원금 및 이자를 완제하였을 때에는 즉시 소유권을 반환한다는 특약이 있는 문서입니다.

3. 입증취지

이 사건 부동산은 피고의 주장과 같이 대물변제로 소유권 이전한 것이 아니라 양도담보로 제공한 사실을 입증하고자 합니다.

4. 문서 제출의무의 원인

위 문서는 원·피고 사이의 법률관계에 관하여 작성된 것으로 피고가 소지하고 있습니다.

20OO. . .

원고 소송대리인 법무법인 OO
담당변호사 김 O O

OO지방법원 제O민사부 귀중

다. 문서송부촉탁

1) 의 의

문서송부촉탁은 문서의 제출의무에 관계없이 그 문서소지자를 상대로 그 문서를 법원에 송부하여 줄 것을 촉탁할 것을 신청함으로써 하는 신청방법이다(민소 제352조).

2) 대 상

등기부, 호적부 등과 같이 법령상 문서의 정본·등본의 교부 청구권이 보장되어 있는 경우에는 문서송부촉탁을 할 수 없다(민소 제353조 단서, 그러나 실무에서는 부득이한 사유로 촉탁신청을 하여 송부받는 경우도 있다). 문서송부촉탁을 받은 자는 그에 응하여야 할 법률상 의무가 없고 불응한 경우 제재규정도 없다. 따라서 문서소자가가 불응하는 경우에는 당사자는 법원에 서증조사를 신청하거나 소지자가 민사소송법 제344조 소정의 제출의무있는 자인 경우에는 문서제출명령을 신청하여 그 목적을 달성하여야 한다.

3) 신청방법 및 채부결정

문서송부촉탁은 법원, 검찰청 기타의 공공기관이 보관하고 있는 기록의 일부에 대하여도 할 수 있다(규칙 제113조 1항). 송부촉탁의 신청은 변론(준비)기일에서 할 수 있으나, 증거신청의 일종이므로 기일 전에도 할 수 있다(민소 제289조 2항). 법원은 문서송부촉탁신청이 부당하면 기각하고 정당하면 채택결정을 한다. 법원으로부터 문서의 송부를 받은 사람은 정당한 사유가 없는 한 이에 협력하여야 한다. 송부를 촉탁 받은 사람이 문서를 보관하고 있지 아니하거나 촉탁에 다를 수 없는 사정이 있는 때에는 법원에 그 사유를 통지하여야 한다(민소 제352조의 2).

[서식 136] 문서송부촉탁신청

문서송부촉탁신청

사 건 20OO가단OOOO 소유권이전등기말소등

원 고 심 O O

피 고 조 O O

위 사건에 관하여 원고는 아래와 같이 문서송부촉탁을 신청합니다.

1. 송부촉탁할 기관

서울중앙지방법원등기소

2. 문서의 표시

서울 OO구 OO동 000-00 대 986.56㎡에 관하여 위 등기소 20OO. O. O. 접수 제OOOO호로 한 소유권이전등기의 등기신청서류 일체

3. 입증취지

위조서류에 의하여 소유권이전등기가 되었음을 입증하고자 함

20OO. . .

원고 조 O O (인)

OO지방법원 민사 제O단독 귀중

[서식 137] **문서송부촉탁신청**(공사대금청구)

O O 법 원

제 O 부

20OO. O. O.

수 신 서울특별시장
참 조 건설국장
제 목 문서송부촉탁
원 고 O O O
서울특별시 OO구 OO동
피 고 O O O
서울특별시 OO구 OO동 OOO-O

위 당사자 간의 당원 20OO가합OOO 공사대금 청구사건의 심리에 필요하니 아

래 문서를 송부하여 주시기 바랍니다.

아 래

문서의 표시 : 서울특별시 건설국 20○○. ○. ○. 접수 제○○호 ○○○신청의 건축허가 신청서 및 그 부속서류 각 1통

위 사건의 다음 변론기일은 20○○. ○. ○.이므로 그때까지 도착되도록 배려하여 주시기 바랍니다.

20○○. ○. ○.

재판장 판사 ○ ○ ○

라. 문서가 있는 곳에서의 증거조사(법원 밖 서증조사)

제3자가 가지고 있는 문서를 문서제출신청이나 문서송부촉탁에 의하여 서증으로 신청할 수 없거나 신청하기 어려운 사정이 있는 때에는 법원은 그 문서가 있는 장소에서 서증의 신청을 받아 조사할 수 있다. 이 경우 신청인은 서증으로 신청한 문서의 사본을 법원에 제출하여야 한다. 예컨대 미완결인 사건기록이나 기소중지된 수사기록 등의 경우에 촉탁에 따른 문서의 송부를 기다릴 시간적 여유가 없거나 수탁기관이 촉탁에 응하지 아니할 때가 있으므로 법원 밖에서의 증거조사의 형식을 취하게 된 것이다.

법원 밖에서의 증거조사이므로 문서 소재장소에서 서증조사기일이 열리게 된다. 거기서 당사자는 서증으로 신청하고자 하는 문서를 개별적으로 지적하면서 서증으로서의 부호와 번호를 붙인 후 사본을 제출한다. 실무에서는 서증조사 현장에서 즉시 사본하여 제출하는 것이 곤란하므로 현장에서는 서증으로 제출할 문서를 열람 확인한 후 그 문서를 복사하여 서증 부호와 번호를 붙여 다음 변론기일에 법원에 제출함과 아울러 상대방에게 부본을 교부한다.

현재는 재판부가 서증조사를 하기 위하여 검찰청 등 현장에 직접 가는 경우는 거

의 없고, 대부분 인증등본 송부촉탁신청 방식을 활용하고 있으나, 문서 소지 기관이 인증등본 송부 촉탁에 응하지 아니하는 경우에는 서증 조사의 형식을 취할 수밖에 없다.

[서식 138] 서증조사신청

서 증 조 사 신 청

사 건 20○○가단○○○ 소유권보존 등기말소

원 고 권 ○ ○

피 고 안 ○ ○

위 사건에 관하여 원고의 소송대리인은 그 주장 사실을 입증하기 위하여 아래와 같이 서증조사를 신청합니다.

아 래

1. **기록보관장소**
   ○○시 ○○구청

2. **검증할 기록**
   ○○시 ○○구 ○○동 000-00 대 2,569㎡에 관하여 20○○. ○. ○. 법률 제○○○호에 의거하여 소유자가 ○○○에서 ○○○으로 변동될 때 관계서류 일체

20○○. . .

원고의 소송대리인
변호사 정 ○ ○

○○지방법원 귀중

4. 서증의 제출

가. 문서의 제출은 원본, 정본 또는 인증이 있는 등본으로 하도록 되어 있다. 그러나 실무에 있어서는 보관의 번거로움 때문에 제출자가 원본을 법정에 제출하면 그 문서의 사본을 제출하게 하여 원본과 대조한 뒤 사본을 기록에 가철하고 원본을 반환하는 방법을 취하고 있다.

나. 문서를 제출하여 서증의 신청을 하는 때에는 문서의 기재상 명백한 경우를 제외하고는 문서의 제목·작성자 및 작성일을 밝혀야 하고, 상대방의 수에 1을 더한 수의 사본을 함께 제출하여야 하며, 사본은 명확한 것이어야 한다. 문서의 일부를 증거로 하는 때에도 문서의 전부를 제출하여야 하나, 그 사본은 재판장의 허가를 받아 증거로 원용할 부분의 초본만을 제출할 수 있다(민사소송규칙 제105조).

다. 재판장은 서증의 내용을 이해하기 어렵거나 서증의 수가 방대한 경우 또는 서증의 입증취지가 불명확한 경우에는 당사자에게 서증과 증명할 사실의 관계를 구체적으로 밝힌 설명서를 제출할 것을 명할 수 있고, 서증이 국어 아닌 문자 또는 부호로 되어 있는 때에는 그 문서의 번역문을 붙여야 한다. 다만, 문서의 일부를 증거로 하는 때에는 재판장의 허가를 받아 그 부분의 번역문만을 붙일 수 있다(규칙 제106조).

라. 당사자가 위 서증 사본을 작성하는 때에는 서증 내용의 전부를 복사하여야 하고, 이 경우 재판장이 필요하다고 인정하는 때에는 서증 사본에 원본과 틀림이 없다는 취지를 적고 기명날인 또는 서명하여야 한다. 서증 사본에는 원고가 제출하는 것은 '갑', 피고가 제출하는 것은 '을', 독립당사자참가인이 제출하는 것은 '병'으로, 같은 부호를 사용할 당사자가 여러 사람인 때에는 위 부호 다음에 '가', '나', '다' 등의 가지부호를 붙이고, 서증의 제출순서에 따른 번호를 붙여야 한다(규칙 제107조). 같은 종류에 속하는 서증(영수증 10장이 일시에 제출되는 경우 갑 제O호증의 1 내지 10으로 부여할 수 있다) 또는 관련되는 서증(편지의 봉투와 내용물, 책자의 표지와 내용의 경우에는 갑 제○호증의 1, 2로 부여할 수 있다)에는 가지부호를 붙이는 것이 좋다. 피고가 2인인 경우 피고 (1)이 제출하는 서증은 「을가제O호증」으로, 피고 (2)가 제출하는 서증은 「을나제O호증」으로 각 표시할 수 있다. 보조참가인이 있는 경우 그가 제출한 서증을 피참가인(당사자본인)이 제출한 서증으로부터 구별할 필요가 있는 경우에도 이용할 수 있다.

Ⅲ. 검 증

1. 의 의

검증은 법관이 직접 자기의 오관의 작용에 의하여 사물의 성상이나 현상을 보거나 듣고 느낀 인식을 증거자료로 하는 증거조사 방법이다. 예컨대, 토지의 경계확정사건이나 건물인도청구사건 및 토지인도청구사건에서 계쟁토지 부분이나 경계선의 상황을 본다든지, 교통사고로 인한 손해배상청구사건에서 사고가 발생하였던 현장의 상황을 보는 경우 등이 이에 해당한다. 검증도 원칙적으로 당사자의 신청에 의한다. 신청의 방법에 관하여는 서증의 신청에 관한 규정이 준용된다.

2. 검증의 대상

검증의 대상이 되는 사물을 검증물이라고 한다. 검증은 자동차 사고의 현장, 각종 공사장 또는 기계로 인한 사고, 토지의 경계상황 등과 같이 주로 시각에 의하여 인식할 수 있는 것에 많이 활용되나, 소음·가스의 냄새 등 청각 또는 후각에 의하여 인식할 수 있는 것도 검증의 대상이 된다. 서증의 진정성립 인정을 위한 필적 또는 인영의 대조, 지질, 연대 등을 조사하는 것은 육안에 의한 판별이 가능한 범위 내에서 검증절차에 의하여야 한다. 녹음테이프에 대한 증거조사는 검증의 방법에 의하여야 하며, 대화자의 부지중 비밀로 녹음하였다는 사실만으로는 증거능력이 없다고 할 수 없다(대법원 1981. 4. 14. 선고 80다2314 판결).

3. 검증의 신청 및 절차

검증도 원칙적으로 당사자의 신청에 의함이 원칙이다. 당사자가 검증을 신청하고자 하는 때에는 검증의 목적을 표시하여 신청하여야 한다(민소 제364조). 또, 그에 의하여 증명할 사실의 관계를 구체적으로 명시하여야 한다(규칙 제74조). 검증할 목적물을 제출하거나 보내는 데는 서증신청 규정을 준용한다(민소 제366조 1항). 검증에 비용이 필요한 경우, 법원의 예납명령(규칙 제77조)에 의해 당사자가 예납하여야 한다.

4. 검증시 수인의무와 수인의무 위반

명문의 규정은 없지만 증인과 마찬가지로 정당한 사유가 없는 한 검증이 시행될 경우에 검증을 참고 받아들일 공법상의 의무가 있다 할 것이고, 또 제3자가 정당한 사유 없이 제출명령에 따르지 아니한 때에는 법원은 결정으로 200만 원 이하의 과태료에 처한다. 이 결정에 대하여는 즉시 항고할 수 있다(민소 제366조 2항). 검증 목적물의 제출을 거부할 수 있는 정당한 사유에 관하여 명문의 규정이 없어 그 범위가 문제되나, 증언 거부 사유(민소 제314조, 제315조)를 유추 적용할 수 있다.

5. 현장검증

건물하자가 쟁점인 사건에서는 현장의 상황을 확인하는 것이 그 후의 심리에 유익한 경우가 많으므로 재판부가 현장을 검증하는 것이 바람직하다. 현장에 나가기 전에 재판부는 미리 검증할 사항과 질문할 사항 등을 충분히 연구하여야 하고, 당사자들 역시 검증시에 효과적으로 강조할 사항을 미리 준비하여야 한다.[938]

현장 검증 시에는 사진 촬영 및 거리측정 등이 필요한 경우가 많은데 법원에서 사진기 및 줄자 등을 준비하지 못하는 경우에 대비하여 미리 사진기 등을 준비할 필요가 있다. 당사자가 지배하는 현장을 검증하는 경우 그 당사자가 검증을 할 수 있도록 배려를 하지만, 법원이 강제력을 사용해야 할 경우도 있다. 법원은 검증을 위하여 남의 토지, 주거, 관리 중인 가옥, 건조물, 항공기, 선박, 차량, 그 밖의 시설물 안에 들어갈 수 있고, 이 경우 저항을 받은 때에는 경찰공무원에게 원조를 요청할 수 있으므로(법 제366조 3항, 제342조 1항) 위와 같은 처분이 필요한 경우 그 사실을 소명하여 미리 대비할 수 있도록 한다.

[서식 139] 현장검증신청

현 장 검 증 신 청

사 건　　20OO가합OOOO　건물철거 등

938) 윤재윤, 앞의 책, 542면.

원 고 박 ○ ○
서울 OO구 OO동 000-0

피 고 정 ○ ○
서울 OO구 OO동 000-0

위 사건에 관하여 원고는 아래와 같이 현장검증을 신청합니다.

아 래

1. 검증의 목적
이 사건 피고가 원고 소유의 대지를 불법점유하고 있는 사실확인 및 원고의 주장사실을 명백히 하는데 있음.

2. 검증할 장소
서울시 OO구 OO동 000-00 대 000㎡ 및 지상의 가건물

3. 검증할 사항
원고가 소유하고 있는 대지의 지번이 000-00임을 확인하고 피고가 점유하고 있는 가건물의 현황검증

첨 부 서 류

1. 현장도면 1부
2. 현장사진 1장

20OO. . .

원고 박 ○ ○ (인)

OO지방법원 귀중

[서식 140] 검증 및 감정신청

검증 및 감정신청

사 건 20○○가단○○○○ 건물철거 등

원 고 ○ ○ ○
○○ ○○군 ○○면 ○○리 000-0

피 고 ○ ○ ○ 외 6
○○ ○○군 ○○읍 ○○리 000-0

위 사건에 관하여 원고는 그 주장사실을 입증하기 위하여 아래와 같이 검증 및 감정을 신청합니다.

아 래

1. 목 적 물
○○ ○○군 ○○읍 ○○리 000-00 대 450㎡

2. 검증사항
피고가 위 대지위에 건축물을 축조하여 점유하고 있는 사실

3. 감정사항
위 지상건축물의 구조, 용도, 평수, 점유자 특정

20○○. . .

원고 소송 대리인 변호사 ○ ○ ○

○○지방법원 귀중

[서식 141] 검증 및 감정신청

검증 및 감정신청

사　건　　20OO가합OOOO　손해배상(기)

원　고　　이　O　O

피　고　　정　O　O

위 사건에 관하여 원고 소송대리인은 주장사실의 입증을 위하여 아래와 같이 검증 및 감정을 신청합니다.

아　　　　래

1. 검　증

가. 검증의 목적물

서울 OO구 OO동 000-00 소재 원고 소유 건물 및 위 건물 남쪽에 인접하여 피고가 건축하는 건물

나. 검증할 사항

(1) 원고 소유 건물의 경사·파손의 위치, 정도

(2) 원고 소유 건물의 지반이 내려앉은 상황

(3) 피고의 건축 현장 현황, 지하 굴착 정도 등

다. 입증취지

피고의 이 사건 건물 신축공사에 의하여 원고 소유 건물이 소장 청구원인 제2항 기재와 같이 손괴된 사실

2. 감　정

가. 감정의 목적물

서울 OO구 OO동 000-00 소재 원고 소유의 철근콘크리트구조 경사지붕 3층 (1층 147.16㎡, 2층 137.53㎡, 124.27㎡)

나. 감정사항

이 사건 건물 파손부분을 원상대로 복구하고 내려앉은 지반과 건물 경사상태를 원상복구하기 위한 방법 및 그 경비, 원상회복이 불가능하다면 이로 인하

여 건물이 감가된 가액

다. 감정인

귀원이 지정한 자

라. 입증취지

이 사건 건물의 지반을 원상대로 복구하고 경사·파손한 건물을 원상태로 복귀하기 위한 방법 및 그 비용을 입증하고자 합니다. 끝.

20OO. . .

원고의 소송대리인 법무법인 OO

담당변호사 O O O

OO지방법원 제O민사부 귀중

[서식 142] 감정신청서(하자)

검증 및 감정신청

사 건 20OO가합 OOOO호 하자보수보증금

원 고 OO아파트 입주자대표회의

피 고 주식회사 OO보증보험 외 2

위 사건에 관하여 원고의 소송대리인은 주장사실을 입증하기 위하여 다음과 같이 OO아파트에 대한 현장검증 및 감정을 신청합니다.

다 음

1. 검증 및 감정목적물

가. 위치 : 서울 OO구 OO로 OO(OO동)
나. 위 목적물의 개요
(1) 준공일 : 20OO. 11. 1.
(2) 규 모 : 15개동 635세대 및 부대시설

2. 검증 및 감정신청의 취지

이 사건 OO아파트 건축, 분양한 사업주체인 피고 OO건설 주식회사와 OO자산신탁 주식회사가 위 아파트를 건축하면서 사업승인 당시의 설계도면과 달리 시공하거나, 미시공 또는 시공상의 잘못으로 인하여 부실시공하여 이 사건 아파트에 발생한 각 하자내용을 해당 항목별로 확정하고 그 보수에 소요되는 객관적인 하자보수내용을 신청하고자 합니다.

3. 감정의 지정에 관한 의견

가. 이 사건 공동주택인 아파트의 하자감정을 하는 경우에 대규모 건축물에 대한 감정경험이 전무하거나 설계업무에 치중하는 건축사가 감정인으로 선정될 경우, 직접 자신이 감정을 하지 아니하고 제3의 기관에게 도급을 주는 등의 방법으로 부실감정을 할 우려가 있다고 사료되며, 하자감정은 부실시공으로 발생된 하자를 비롯하여 미시공, 오시공, 변경시공 등에 대한 조사를 하고 그에 따른 적정한 보수공사비를 산출하는 것이 주목적이므로 귀원이 감정인을 선정함에 있어서 이 사건 아파트와 같은 대규모 공동주택에 관한 하자감정 경력이 있고, 건축시공기술자 자격을 기본적으로 소지하고 있는 자를 이 사건 하자감정인으로 선정함이 전문성과 객관성 및 공정성을 담보할 수 있다고 사료되는바, 이 점을 참작하시어 감정인을 지정하여 주실 것을 앙망합니다.

나. 귀원이 예정한 감정인 중 전문분야, 가정능력, 하자감정경력, 보유인력 및 장비, 예상감정료 산출근거, 하자감정에 소요되는 예상기간(감정결과 제출예상기한) 등을 증빙할 수 있는 자료를 위 감정인으로부터 미리 제출받아, 원·피고 쌍방의 의견을 제출할 수 있는 기회를 부여하여 주시기 바랍니다.

4. 감정할 사항

별지 기재와 같음

20OO. O. O.

원고의 소송대리인
변호사 김 O O (인)

OO지방법원 귀중

Ⅳ. 사실조회

1. 의 의

법원은 공공기관·학교, 그 밖의 단체·개인 또는 외국의 공공기관에게 그 업무에 속하는 사항에 관하여 필요한 조사 또는 보관 중인 문서의 등본·사본의 송부를 촉탁할 수 있다(민사소송법 제294조). 이에 따라 충분한 인적·물적인 설비나 자료를 가지고 있는 국가 또는 공공단체의 기관이나 회사 등 공사의 단체에 대하여 소송상 다툼이 된 사실의 진부를 판단하는데 필요한 자료를 조사 보고하게 함으로써 증거를 수집하는 증거조사방법이 사실조회이다.

2. 절 차

조사촉탁은 당사자의 신청 또는 법원의 직권으로도 할 수 있다. 조사촉탁의 결과를 증거로 함에는 법원이 변론기일에 제시하여 당사자에게 의견 진술의 기회를 주어야 하며, 유리한 당사자는 이를 원용하면 족하고, 서증으로 제출할 필요는 없으나, 사실조회서에 첨부서류로 보내온 문서에 대하여는 서증으로 제출할 필요가 있는 경우도 있다. 조사회보서의 내용이 불분명한 경우에는 다시 조사촉탁을 할 수도 있고, 보고를 한 단체가 지정한 자로 하여금 직접 법원에 나와서 설명하게 할 수도 있다.

[서식 143] 사실조회신청서

사 실 조 회 신 청

사 건 2000가단OOOO 손해배상(기)

원 고 정 O O

피　고　　신 ○ ○

위 사건에 관하여 원고 소송대리인은 아래와 같이 사실조회를 신청합니다.

다　　　　음

1. **사실조회할 곳**
   감정인 남 ○ ○
   서울 OO구 OO동 00-0 OO빌딩 101호
   전 화 :

2. **사실조회할 내용**
   별지 기재와 같습니다.

2OOO.　 .　 .

원고 소송대리인 법무법인 OO
담당변호사 김 ○ ○

OO지방법원 민사 제O단독 귀중

[별지] 사실조회 내용

사 실 조 회 내 용

1. (인과관계 관련) 감정인은 이 사건 건물의 피해와 관련하여 ① 감정서 제23쪽에 해당 건물의 침하 피해 발생원인은 지하굴착보다는 건물 신축시 발생된 직, 간접진동에 의하여 노후화를 촉진시켜 균열이 발생되거나 심화된 것으로 판단됨, ② 제25쪽에 해당건물의 균열은 건물 신축시 발생된 직, 간접진동에 의하여 노후화를 촉진시켜 균열이 발생되거나 심화된 것으로 판단됨, ③ 제27쪽에 해

당건물의 뒤틀림은 건물 신축시 발생된 직, 간접진동에 의하여 노후화를 촉진시켜 뒤틀림이 발생되거나 심화된 것으로 판단됨, ④ 제31쪽에 난방배관 누수는 인접건물 신축시 발생된 직, 간접진동에 의하여 난방 누수가 심화된 것으로 판단됨, 이라고 기재하였으나, 이 사건 건물은 견고하게 축조된 한옥건물로 이 사건 공사가 있기 전에는 해당 건물의 침하나, 균열, 뒤틀림, 난방배관 누수가 없었습니다.

이와 관련하여

(1) 지하굴착시 상당한 정도의 진동이 발생될 것인데, 지하굴착 이외의 건물 신축시 발생된 직, 간접진동이 구체적으로 어떠한 공정에서 발생하였는지,

(2) 지하굴착은 이 사건 건물의 피해에 전혀 기여를 안했는지,

(3) 건물신축시 발생된 직, 간접진동이 이 사건 건물의 피해에 대한 직접적인 원인인지 여부

(4) 이 사건 건물의 바닥침하, 벽의 균열, 보일러누수는 건물 신축 이후에 발생하였는데, 건물 노후화가 어떻게 위 피해에 기여할 수 있는지 여부

(5) 건물 신축이 이 사건 건물의 피해에 기여한 정도를 구체적으로 밝혀주시기 바랍니다.

2. (보수방법 관련) 감정인은 감정서에 신축공사로 인한 피해 기여도를 가늠할 수 없어 발생된 하자에 대하여 현재 발생된 현상만 보수하는 소극적 보수방법과 원고가 제출한 적극적 보수방법을 검토하여 산출함이라고 기재하고 있습니다.

이와 관련하여

(1) 소극적 보수방법으로 피해의 외형만을 보수하는 방법으로 판단되는데, 소극적 보수만으로 신축공사로 인한 이 사건 건물의 피해를 원상복구할 수 있는지 여부

(2) 소극적 보수방법으로 이 사건 건물의 피해가 심화되는 것을 방지할 수 있는지 여부

(3) 이 사건 건물의 피해에 대한 적절한 보수방법이 소극적 보수방법인지, 적극적 보수방법인지 여부를 밝혀주시기 바랍니다.

3. (지붕누수보수 관련) 소극적 보수의 경우 지붕누수보수가 별도의 항목으로 책정되지 않고 16항 주방벽 콘센트 누수, 22항 방2 벽, 바닥누수, 23항 방4 툇마루 처짐 보수에 포함되어 있으나, 적극적 보수의 경우에는 별도의 항목으로 책정되어 있습니다.

이와 관련하여

(1) 지붕의 누수가 주방, 방2, 방4 상단 부분에만 발생하였는지, 위 상단의 기와

만 보수하면 더 이상의 누수는 발생하지 않는지 여부

(2) 지붕 전체에 누수의 원인이 있음을 전제로 지붕누수보수 항목을 별도로 책정하여 보수비용을 산정하여 주시기 바랍니다(감정인의 의견이 다르더라도 법원에서 지붕 전체에 누수의 원인이 있다고 판단할 경우에 대비하여 보수비용을 산정하여 주시기 바랍니다).

4. (대문 기둥 관련) 감정인은 대문 부분의 하자와 관련하여 1항 대문기둥하부 석재 틈발생, 2항 대문기둥 이질접합부 틈발생의 하자만 있다고 기재하였습니다. 이와 관련하여

(1) 감정시 대문 기둥 옆 벽면 부분에도 균열이 발생하였다는 사실이 확인되었는데, 대문 기둥 옆 벽면 부분의 균열이 이 사건 신축공사로 발생한 피해인지 여부

(2) 대문 기둥 옆 벽면 부분의 균열이 피해임을 전제로 피해액을 산출하여 별도의 항목으로 책정하여 소극적 보수비용 및 적극적 보수비용을 산정하여 주시기 바랍니다(감정인의 의견이 다를지라도 법원에서 대문 기둥 옆 벽면 부분의 균열이 피해로 판단할 경우에 대비하여 보수비용을 산정하여 주시기 바랍니다).

5. (주방바닥 난방배관 누수 관련) 감정인은 주방바닥 난방배관 누수와 관련하여 감정서 제31쪽에 주방과 안방 사이 문틀에 난방배관이 누수 되어 바닥 목재가 훼손되었다고 기재하면서 주방 바닥의 철거 후 보수 및 마감재시공만을 피해액으로 산정하였는데, 감정시 감정인께서 주방바닥 난방배관 누수로 인하여 주방벽 나무훼손 및 주방과 인접해 있는 방1 부분 바닥에도 피해가 발생한 사실을 확인하였습니다.
이와 관련하여,

(1) 주방바닥 난방배관 누수로 인하여 주방벽 나무훼손 및 주방과 인접해 있는 방1 바닥부분에도 피해가 발생하였는지 여부

(2) 주방바닥 난방배관 누수로 인하여 주방벽 나무훼손 및 주방과 인접해 있는 방1 바닥 부분에 피해가 발생하였음을 전제로 피해액을 산출하여 별도의 항목으로 책정하여 소극적 보수비용 및 적극적 보수비용을 산정하여 주시기 바랍니다(감정인의 의견이 다를지라도 법원에서 피해로 판단할 경우에 대비하여 보수비용을 산정하여 주시기 바랍니다).

6. (공사로 인한 지반침하 관련) 감정인은 감정서 제25쪽에서 욕실 및 보일러실은 경계벽에 붙여 조적하여 지붕 슬래브로 구성되어 있으며, 현재 불안정한 구조로

지붕 스라브에서 누수 되고 있으며 욕실 외벽 및 내부 코너 벽의 균열이 확인된다고 기재하고 있으면서, 욕실 및 보일러실 부분의 피해 보수에 관하여 충전식 균열보수, 타일 재시공, 변기 재설치, 충전식 보수, 내열코킹의 보수방법만을 기재하고 있습니다. 또한 현장에서 감정인은 욕실 내부에 간이 기둥을 설치하지 아니하면 욕실 및 보일러실이 무너질 위험이 있다고 말을 하였습니다.

이와 관련하여

(1) 욕실 및 보일러실의 불안정한 구조가 이 사건 공사로 인한 것인지 여부

(2) 욕실 및 보일러실의 불안정한 구조로 인하여 욕실 및 보일러실이 무너질 위험이 있는지 여부

(3) 욕실 및 보일러실이 무너지는 것을 방지하기 위하여 필요한 보수방법

(4) 욕실 및 보일러실바닥의 방수비용

(5) 욕실 및 보일러실이 무너지는 것을 방지하기 위하여 필요한 보수비용을 별도로 산정하여 주시기 바랍니다(감정인의 의견이 다를지라도 법원에서 대문 기둥 옆 벽면 부분의 균열이 피해로 판단할 경우에 대비하여 보수비용을 산정하여 주시기 바랍니다).

7. (뒤틀림 관련) 감정인은 감정서 제27쪽에 건물의 뒤틀림이 발생되거나 심화된 것으로 판단된다고 기재하면서, 건물의 뒤틀림으로 인한 피해를 ① 주방과 방1 출입문 개폐불량 ② 방1과 거실 출입문 개폐불량 ③ 방4의 툇마루가 벌어짐에 한정된다고 기재하였습니다. 위 피해는 건물의 뒤틀림으로 인한 피해 중 일부분에 불과합니다.

이와 관련하여

(1) 건물의 뒤틀림으로 발생한 피해가 위 3개의 피해에 불과한지 여부, 건물의 뒤틀림으로 인하여 건물 전체에 피해가 발생하였는지 여부

(2) 방2, 방3, 방4, 주방문들로 뒤틀림이 발생하였으며, 누수로 인하여 이 사건 건물의 기둥 및 나무들이 썩어가고 있는데, 이 부분에 대하여도 피해가 발생하였는지 여부

(3) 건물의 뒤틀림으로 인하여 건물 전체에 발생한 피해보수비용을 산정하여 주시기 바랍니다(감정인의 의견이 다를지라도 법원에서 피해로 판단할 경우에 대비하여 보수비용을 산정하여 주시기 바랍니다).

8. (지반침하와 관련) 감정인은 감정서 제23쪽에 해당건물의 침하 피해 발생과 관련하여 건물 전체에 영향을 미칠 정도의 침하가 발생되었다고 판단되지 않으나, 피해부위에 지속적으로 빗물이 유입되면 피해가 심화될 우려가 있으며, 피해현상으로 ① 대문 주위의 화강석 균열 및 줄눈이 벌어져 틈이 발생함 ② 마당

화강석 경계석의 줄눈이 탈락되고 벌어져 틈이 발생하였고, 주변 타일에 균열이 발생함이라고 기재하였습니다.
이와 관련하여
(1) 위 피해가 지반침하로 인한 것이라면 대문 주위와 마당에만 지반침하가 발생하였는지, 건물 전체에 지반침하가 발생하였는지 여부
(2) 지반침하가 발생하였다면 지반침하로 인한 피해가 위 항목에 한정되는지 여부
(3) 소극적 보수방법만으로 지반침하를 원상회복시킬 수 있는지 여부
(4) 건물 전체에 지반침하가 발생하였음을 전제로 피해보수비용을 산정하여 주시기 바랍니다(감정인의 의견이 다를지라도 법원에서 피해로 판단할 경우에 대비하여 보수비용을 산정하여 주시기 바랍니다)

9. (창고 및 욕실 위쪽 물받이 관련) 피고가 창고 천정부분과 욕실위쪽의 물받이를 훼손하였는바, 이 부분에 대한 감정이 누락되어 있습니다.
이와 관련하여
(1) 창고천정부분과 욕실 위쪽의 물받이 훼손피해에 대한 피해액
(2) 피고가 몰래 쌓은 창고의 외벽에 균열이 발생하였는데, 이 부분에 대한 피해액을 산정하여 주시기 바랍니다(감정인의 의견이 다를지라도 법원에서 피해로 판단할 경우에 대비하여 보수비용을 산정하여 주시기 바랍니다). 끝.

[서식 144] 사실조회신청(지적공사)

사 실 조 회 신 청

사 건 20OO가단OOOO 건물철거 등

원 고 안 O O 외 1명

피 고 유 O O 외 2명

위 사건에 대하여 원고들의 소송대리인은 주장사실을 입증하기 위하여 다음과 같이 사실조회를 신청합니다.

다　　　음

1. **사실조회할 곳**

가. OO지적공사

서울 OO구 OO로 141(OO동 45) (우 : 00000)

사장 이 O O

<u>소관 : 경기도본부 OO지사</u>

경기 OO시 OO동 20-4 (우 : 00000)

(전화 : 031-000-0000 / 팩스 : 031-000-0000)

나. 안성OO경기 OO시 OO길 25 (우 : 00000)

대표자 시장 이 O O

(전화 : 031-000-0000 / 팩스 : 031-000-0000)

2. **사실조회의 목적**

가. 별지 도면과 같이 ㉮ 부분은 과거 경기 OO시 OO면 OO리 산 168-2 토지입니다(현재 필지 분할되어 633-12, 633-32로 됨). 그 바로 우상단의 ㉯ 부분은 원고들 소유의 산 162-7 토지입니다(그러나 OO시에서 지적도를 잘못 작성하여 지적도상 지번기재는 633-1, 2, 6 등의 지번으로 표시되고 있습니다). 그리고 그 바로 우상단의 ㉰ 부분이 바로 피고들이 실제 소유한 633-1, 2, 6 등의 5필지 토지입니다.

나. 그런데 이 사건 토지의 관할 관청인 OO시청은 '지적도'를 작성하면서 지번을 잘못 부여하여 원고들 소유의 ㉯ 토지에 피고들 소유의 ㉰ 토지 지번을 부여하여 지적도를 작성하였습니다. 그리하여 현재의 지적도 상에는 원고들 소유의 토지의 지번은 나타나지 않고 그 토지가 633-1, 633-2, 633-6 등 지번으로 기재되어 있으며, 이에 반해 실제 피고들 소유 토지인 ㉯ 토지 바로 우측상단의 ㉰ 토지 부분은 아예 지번 부여 자체가 되어 있지 않은 상황입니다. 그런데 이에 반하여 '임야도'에는 원고들 소유 토지가 정확히 기재되어 있습니다.

다. 그러한 연유로, 원고는 지적측량 소관기관인 대한지적공사와 이 사건 토지의 관할 관청인 OO시청을 상대로 633-1, 633-2, 633-6 등 지적 복구 당시 측량착오로 인하여 원고들 소유의 산 162-7 토지의 임야도 위치와 중복되도록 등록하였다는 사실의 확인을 통하여, 지적공부상 경계표시의 오류정정 및 이 사건 부동산의 실제 소유관계를 명확히 하고자 합니다.

3. **사실조회사항**

별지와 같습니다.

별첨 - 지적도 등본 1부
임야도 1부

2000. O. O.

원고들의 소송대리인
담당변호사 함 O O

OO지방법원 민사 O단독 귀중

[별 지]

OO시청에 대한 사실조회 사항 (1)

1. 가. OO시청이 경기 OO시 OO면 OO리 633-1, 633-2, 633-6 등 지적 복구 당시 착오로 인하여 같은 곳 산 162-7 토지의 임야도 위치와 중복되도록 등록한 사안과 관련하여,
 나. 위와 같이 중복 등록된 이유는, OO시청이 '지적도'를 작성하면서 지번을 잘못 부여한데 따른 지적오류가 맞는지,
 다. (맞다면) 지금까지 등록사항 정정을 하지 아니한 이유가 무엇인지,
 라. 언제 등록사항 정정을 할 것인지,
2. 대한지적공사로부터 받은 올바른 지적측량도면 등 그 관련 서류일체를 사본하여 송부하여 주시기 바랍니다.

대한지적공사에 대한 사실조회 사항 (2)

1. 가. OO시청이 경기 OO시 OO면 OO리 633-1, 633-2, 633-6 등 지적 복구 당시 착오로 인하여 같은 곳 산 162-7 토지의 임야도 위치와 중복되도록 등록한 사안과 관련하여,
 나. 위와 같이 중복 등록된 이유는, OO시청이 이 사건 토지에 대한 '지적도'를 작성하면서 지번을 잘못 부여한데 따른 지적오류가 맞는지,
 다. (맞다면) 무슨 연유로 지적측량을 거부하는지,

라. 올바른 지적측량도면을 OO시청에 보냈는지,

2. 귀 공사가 OO시청에 보낸 지적측량도면 등 관련 서류일체를 사본하여 송부하여 주시기 바랍니다.

[서식 145] 사실조회촉탁신청(주민센터)

사 실 조 회 촉 탁 신 청

사 건 20OO가단OOOO 건물철거 및 토지인도

원 고 윤 O O 외 1명

피 고 이 O O 외 1명

위 사건에 관하여 원고들의 소송대리인은 주장사실의 입증을 위하여 다음과 같이 사실조회를 신청합니다.

다 음

1. **사실조회의 목적**

원고들은 이 사건 토지인 경기 OO시 OO동구 OO동 OOO 대 416㎡의 공동소유자(각 1/2 지분)들이고, 피고들을 원고들의 위 토지상에 무허가건물을 지어 사용하는 등으로 원고들 소유의 이 사건 토지를 불법, 점유해오고 있는 자들로, 위 토지상에 신축된 건물 등 일체의 시설을 철거하고 원들에게 위 토지를 인도할 의무가 있는 자들입니다.

이에 원고들은 피고들을 상대로 20OO. O. O. 이 사건 토지인도 및 건물철거 등 청구의 소를 제기하기에 이르렀지만, 문제는 피고들 중 이OO의 경우는 수취인불명 또는 폐문부재를 원인으로 수개월이 지난 지금껏 소장부본의 송달조차 이루어지지 아니한 상태라는 것입니다. 그 때문에 원고들은 동인에 대한 소장부본의 송달을 위하여 귀원의 보정명령에 따라 이미 2차례에 걸친 야간특별송달신청까지 해보았지만 그에 대한 아무런 성과도 없는 상황이기도 합니다.

더구나 원고들의 소송대리인은 귀원의 20OO. O. O.자 주소보정명령 때에는 귀 재판부의 실무관으로부터 피고 이OO를 피고 이OO로 정정해야 될 것 같다는 권고까지 받기도 하여, 피고를 명확히 특정하여야 하는 문제까지 발생한 상황이기도 합니다. 그에 대한 보정은 아직 이루어지지 아니한 상태입니다.

이에 원고들의 소송대리인은 이 사건 주소지에 대한 전입세대열람 등을 통하여 피고 이OO(또는 이OO)를 특정하고, 동인에 대한 당사자표시정정 등을 통하여 원활한 소송을 진하고자 이 사건 사실조회촉탁신청을 하고자 합니다.

2. 사실조회할 곳

OO동 주민센터

주민담당

(우) 00000 경기도 OO시 OO구 OO로 OOO

전화 031-000-0000, 팩스 031 000-0000

3. 조회사항

별지와 같습니다.

20OO. O. O.

원고들의 소송대리인

법무법인 OO

담당변호사 송 O O

OO지방법원 OO지원 민사 제O단독 귀중

[별 지]

사실조회사항

"경기 OO시 OO동구 OO동 OOO"

1. 위 주소지에 현재 주민등록이 되어 있는 사람들은 누구인지?

2. 위 각 거주자(주민등록자)들에 대한 주민등록초본 각 1통씩 및 전입세대열람 각 1통을 각 발급하여 송부하여 주시기 바랍니다. 끝.

V. 증거보전

1. 증거보전의 의의

증거보전은 소송계속 전 또는 소송계속 중에 본래의 증거조사를 행할 때까지 기다리자면 그 증거방법의 조사가 불가능하거나 또는 곤란하게 될 사정이 있는 경우에 본안의 소송절차와 별도로 미리 증거조사를 해 두었다가 본안소송에서 사실인정에 쓰기 위한 증거조사방법이다(민소 제375조). 증거보전의 대상이 되는 것은 모든 증거방법이다. 즉, 증인신문·감정·서증조사·문서제출명령·문서송부촉탁·검증·당사자본인 신문 등이다.

2. 요 건(증거보전의 필요성)

증거보전은 미리 증거조사를 하지 아니하면 그 증거를 사용하기 곤란한 사정이 있어야 하고(민소 제375조), 증거보전을 필요로 하는 사유는 신청인이 이를 소명하여야 한다(민소 제377조 2항).

3. 증거보전신청의 관할

가. 소제기 후

소제기 후에 증거보전신청을 하는 경우의 관할법원은 그 증거를 사용할 심급의 법원이 되나(민소 제376조 1항 전단), 특히 급박한 경우에는 소 제기 뒤에도 소 제기 전에 증거보전신청을 하는 경우의 관할법원에 신청할 수 있다(민소 제372조 2항). 다만, 제1심 법원이 변론을 종결한 때에는 변론재개의 신청과 함께 증거보전신청을 하는 경우가 아니면 제2심 법원이 관할법원이 된다.

나. 소제기 전

소제기 전에 증거보전신청을 하는 경우의 관할법원은 신문을 받을 증인, 감정인, 당사자의 거소 또는 증거로 할 문서를 소지하는 자의 거소 또는 검증물의 소재지를 관할하는 지방법원이다(민소 제376조 1항 전단). 단독판사의 소관이다(법원조직법 제32조).

다. 관할이송

증거보전신청이 관할법원 이외의 법원에 제출되었을 때에는 민사소송법 34조를 유추하여 이송할 수 있고, 또한 같은 법 35조를 유추하여 손해 또는 지연을 피하기 위하여도 이송할 수 있다고 해석된다.

4. 증거보전의 절차

증거보전 신청인은 서면으로 하여야 하고, 신청서에는 상대방의 표시, 증명할 사실, 증거보전의 사유를 명시하고 그에 관한 소명자료를 붙여야 한다(민소 제376조, 제377조, 규칙 제124조). 신청 시 신청비용을 법원에 예납하여야 한다. 소송이 계속 중에는 직권으로 증거보전을 결정하여야 한다(민소 제379조). 증거보전신청에 대한 허부의 재판은 변론 없이 이루어지는데, 증거보전신청을 받아들이는 결정에 대하여는 불복신청을 할 수가 없고(민소 제380조), 이를 각하하는 결정에 대하여는 항고할 수 있다(민소 제439조).

증거보전절차에서 신문한 증인이라도 당사자가 변론에서 다시 신문을 신청하는 때에는 수소법원은 그 증인을 신문하여야 한다(민소 제384조).

5. 증거보전의 효력

증거보전결과를 변론에 상정하고 변론조서에 기재함으로써 소송자료가 된다.

[서식 146] 증거보전신청서

증 거 보 전 신 청

수입인지
1000원

신 청 인　박 ○ ○ (740000-1000000)
서울시 OO구 OO동 125

피신청인　정 ○ ○ (750000-1000000)
서울시 OO구 OO동 256

신청인은 피신청인을 상대로 손해배상청구소송을 준비하고 있는데, 아래와 같이 증거보전의 사유가 있어 증인의 신문을 구합니다.

① 증명할 사실신청인이 상대방으로부터 20OO. O. O. 별지 목록 기재의 물건을 대금 OOO만원에 매수한 사실

② 증인의 표시증인 : 김 ○ ○ (720000-1000000)
주소 : 서울시 OO구 OO동 123호 (OO병원)

* 위 증인은 현재 위함으로 위 병원에 입원 중이므로 임상 신문을 하여 주시기 바랍니다.

③ 증인신문사항별지 기재와 같음.

신 청 이 유

1. 신청인은 20OO. O. O. 상대방에게서 별지 목록 기재 물건을 매수하고 그 대금까지 지급하였으나(입금증 참조) 상대방이 매매사실을 부인하며 그 인도를 거절하므로 상대방을 상대로 하여 인도청구의 소를 제기하려고 합니다.

2. 위 매매계약은 위 증인의 중개 및 입회로 이루어져 위 증인이 유일하게 그 내용을 알고 있습니다.

3. 그런데 위 증인은 20OO. O. O. 위암 말기 진단을 받고 위 병원에 입원 중인바, 최근 병세가 악화되어 곧 사망할지도 모르므로 조속히 신문을 하여 두지 아니하면 본안소송에서 증인신문을 할 수 없게 될 사정이 있습니다.

소 명 방 법

1. 입금증 1통
1. 진단서 1통

첨 부 서 류

1. 위 소명방법 1통

2000. ○. ○.

위 신청인 박 ○ ○ (인)

서울중앙지방법원 귀중

■ 작성·접수방법

1. 증거보전 신청서의 제출은 ① 소제기 뒤에 증거보전신청을 하는 경우에는 그 증거를 사용할 심급의 법원에 하여야 하고, ② 소제기 전에 증거보전신청을 하는 경우에는 신문을 받을 사람(증인, 감정인, 당사자 등)이나 문서를 가진 사람의 거소 또는 검증하고자 하는 목적물이 있는 곳을 관할하는 지방법원에서 하여야 한다(법 제376조 제1항). ③그러나 급박한 경우에는 소 제기 뒤에도 소 제기 전에 증거보전신청을 하는 경우의 관할법원에 신청할 수 있다(법 제376조 제2항).1부를 담당 재판부에 제출한다.
2. 신청서에는 증거보전의 사유에 관한 소명자료를 붙여야 하고(규칙 제124조), 인지대 1,000원, 송달료 31,200원(5,200원×3회×2인)을 납부하여야 한다.

[서식 147] 증거보전신청서

증거보전신청서

신 청 인　이 ○ ○
서울 ○○구 ○○동 000-0
대리인 법무법인 ○○
담당변호사 김 ○ ○
서울 ○○구 ○○동 000-0 ○○빌딩 902층
(전화: 00-000-0000 / 팩스: 00-000-0000)

피신청인　박 ○ ○
서울 ○○구 ○○동 000-0 ○○아파트 101동 1005호

증명하여야 할 사실

신청인은 피신청인과 ○○시 ○구 ○○동 000-0 건축용도변경 공사도급계약을 체결하고서 공사를 진행하던 중, 피신청인의 계약에 포함되어 있지도 아니한 부분에 대한 추가시공 요구, 제품 상향 요구 및 대금 미지급으로 인하여 공사를 중단한 상태인 바, 위 공사 중단 시점에 현존하는 기성구조물의 공사진척 정도(기성고율)

보전을 요하는 증거방법

1. **현장검증**
   가. 검증의 목적
   신청인이 ○○시 ○○구 ○○동 000-0 지상에 ○○○ 리모델링 공사를 진행 중 현재까지 시공한 기성구조물의 현존상황을 명백히 함
   나. 검증목적물
   ○○시 ○○구 ○○동 000-0 지상 기성 공사 구조물
   다. 검증할 사항
   신청인이 위 공사를 착공한 이래 현재까지 시공(토목공사,골조공사, 기초전기공사, 기초설비공사 포함)한 구조물의 현존상황

2. 감 정

가. 감정의 목적

신청인이 OO시 OO구 OO동 000-0 지상에 OOO 리모델링 공사를 진행 중 현재까지 시공한 기성구조물의 공사진척 정도(기성고율)를 명백히 함

나. 감정목적물

검증목적물과 같음

다. 감정할 사항

신청인이 시공(토목공사, 골조공사, 기초전기공사, 기초설비공사 포함)한 기성구조물의 공사진척 정도(기성고율)

라. 감정인의 지정

귀원에서 적의 지정하여 주시기 바랍니다.

증거보전의 사유

1. 신청인은 20OO. O. O. 피신청인과 OO시 OO구 OO동 000-0에 공사대금 000,000,000원의 요양원 리모델링 공사도급계약(이하 '이 사건 공사계약'이라 합니다)을 체결하였고, 체결 직후 신청인은 공사에 착수하였습니다(소갑 제1호증 공사도급계약서).

2. 신청인은 공사도급계약서에 따라 공사를 진행하였으나, 공사를 진행하던 중 계약 당시 견적서에 포함되어 있지 않던 부분과 건물의 기존 하자부분으로 인하여 추가공사를 하여야 할 부분이 발생하여 피신청인이 추가공사를 요구하였습니다.

3. 이에 신청인은 피신청인에게 000,000,000원의 추가견적서를 제출하였고(소갑 제2호증 견적서), 신청인과 피신청인은 최종 공사금액을 000,000,000원으로 합의하여 공사를 진행하였습니다.

4. 신청인이 공사를 진행하는 과정에서, 피신청인은 신청인에게 공사진행상황과는 관계없이 공사 원가장부 공개를 요구하였고, 신청인에게 공사로 인한 이익이 많이 남을 것이라는 추측으로 계약 내용에 포함되어 있지도 아니한 제품 상향 및 추가시공 요구를 계속 하였습니다.

5. 피신청인의 무리한 요구로 인하여 이미 공사한 부분에 대한 철거 및 재시공이 반복됨으로써 견적서보다 과다한 공사비용이 들게 되었고, 신청인은 피신청인에게 공사진행 상황 및 향후 진행사항, 공사 중 변경내용에 따른 목록 등을 제시

하며 향후 추가 공사비용 등에 관한 협의를 요구하였습니다{소갑 제3호증 내용증명, 소갑 제4호증 공사진행상황 및 향후 진행상황, 소갑 제5호증 공사 중 변경내용에 따른 목록, 소갑 제6호증 OOO 공종별 원가장부, 소갑 제7호증 추후(예정) 공종 / 업체, 소갑 제8호증 향후공사 견적서}.

6. 그러나, 피신청인은 추가 공사비용에 대한 아무런 책임을 부담할 수 없다고 하면서, 공사를 계속할 것을 요구하기만 하여, 신청인은 현재 공사를 중단할 수밖에 없었습니다.

7. 위와 같은 상황에서 신청인은 신청인이 현재까지 공사하였던 기성구조물의 기성고율에 관하여 증거보전을 통하여 그 내용을 확정하여 후일의 분쟁을 예방하고자 이 사건 신청에 이르게 된 것입니다.

8. 현재 신청인은 피신청인의 기성고율에 따른 공사대금 미지급으로 인하여 막대한 금전적인 손해를 입고 있는 상황입니다. 하오니 증거보전절차 및 현장검증과 감정이 속히 이루어질 수 있도록 8월 하순의 기일을 지정하여 주실 것을 삼가 요청드리는 바입니다.

소 명 방 법

1. 소갑 제1호증	공사도급계약서
1. 소갑 제2호증	견적서
1. 소갑 제4호증	공사진행상황 및 향후 진행상황
1. 소갑 제5호증	공사 중 변경내용에 따른 목록
1. 소갑 제6호증	OOO 공종별 원가장부
1. 소갑 제7호증	추후(예정) 공종 / 업체
1. 소갑 제8호증	향후공사 견적서
1. 소갑 제9호증	피신청인 내용증명
1. 소갑 제10호증	신청인 내용증명

20OO. . .

위 신청인의 대리인 법무법인 OO

담당변호사 김 O O

OO지방법원 귀중

[서식 148] 증거보전신청

증거보전신청서

신 청 인 지 ○ ○ (000000-0000000)
서울 OO구 OO동 00-0
신청대리인 법무법인 OO
담당변호사 김 ○ ○
서울 OO구 OO동 000-00 OO빌딩 207층
(전화 : 00-000-0000, 팩스 : 00-000-0000)

피신청인 주식회사 OO
OO시 OO구 OO동 000-0
대표이사 김 ○ ○

증명하여야 할 사실

신청인은 신청외 OO건설 주식회사와 사이에 서울 OO구 OO동 000-0에 근린생활시설 신축공사 도급계약을 체결하였고, 피신청인은 OO건설 주식회사와 하도급계약을 체결하여 하수급인으로서 위 공사를 진행하였으나, 준공예정일인 20OO. O. O.이 경과하여도 아직 미시공된 부분이 있으며 이미 시공된 부분에는 하자가 존재하는 바, 위 건물의 공사진척 정도(기성고율) 및 하자보수 비용

보전을 요하는 증거방법

1. **현장검증**
가. 검증의 목적
OO건설 주식회사가 서울 OO구 OO동 000-0에 근린생활시설 신축공사 진행

중 준공일인 20○○. ○. ○.이 경과한 이후 20○○. ○. ○. 공사를 중단하였는바, 중단 시점까지 시공한 기성구조물의 현존상황을 명백히 함

나. 검증목적물

서울 ○○구 ○○동 000-0 지상 기성 공사 구조물

다. 검증할 사항

○○건설 주식회사가 위 공사를 착공한 이래 20○○. ○. ○. 공사중단 시점까지 시공(토목공사, 골조공사, 기초전기공사, 기초설비공사 포함)한 구조물의 현존상황

2. 감 정

가. 감정의 목적

○○건설 주식회사가 서울 ○○구 ○○동 000-0에 근린생활시설 신축공사 진행 중 준공일인 20○○. ○. ○.이 경과한 이후 20○○. ○. ○. 공사를 중단하였는바, 시공한 기성구조물의 공사진척 정도(기성고율) 및 하자의 존부와 그 보수비용을 명백히 함

나. 감정목적물

검증목적물과 같음

다. 감정할 사항

○○건설 주식회사가 시공(토목공사, 골조공사, 기초전기공사, 기초설비공사 포함)한 기성구조물의 공사진척 정도(기성고율) 및 하자보수 비용

라. 감정인의 지정

귀원에서 적의 지정하여 주시기 바랍니다.

증거보전의 사유

1. 신청인은 20○○. ○. ○. 신청외 ○○건설 주식회사와 서울 ○○구 ○○동 000-0 지상에 근린생활시설 신축공사 도급계약을 체결하였고(소갑 제1호증 계약내역서), 피신청인은 ○○건설 주식회사와 위 공사에 대하여 하도급계약을 체결하고 공사를 진행한 하수급인입니다.

2. 하수급인인 피신청인은 현재 신청인을 상대로 미지급된 공사대금을 지급하라는 내용의 지급명령신청을 하였고, 신청인은 위 지급명령신청에 이의신청을 하여 정식재판이 계속될 예정입니다. 신청인이 재판을 준비하기 위해서는 먼저 공사기성고를 검증 및 감정(이하 '감정 등'이라 합니다)을 통해 평가하여 공사가 완료되었는지 여부를 먼저 확인하여야 합니다. 또한 하자의 존부 및

그 보수비용도 확인해야 합니다.

또한 신청인은 이 사건 증거보전절차를 통하여 공사기성고 및 하자보수 비용이 확인되는 즉시 하일종합건설 주식회사를 상대로 부당이득반환 및 손해배상청구의 본안소송을 제기할 예정입니다.

3. 신청인이 위에서 말씀드린 바와 같이, OO건설 주식회사는 공사진행을 지체하던 중 자금난을 이유로 20OO. O. O.경 일방적으로 공사를 중단하였습니다. 신청인이 공사를 재개하기 위해서는 OO건설 주식회사가 완료한 공사부분과 제3의 건축업자가 수행한 공사부분을 분리하여 확정할 필요가 있습니다. 만약 위와 같이 공사부분을 별도로 확정하지 않는다면 신청인과 OO건설 주식회사의 법률관계를 해결할 수 없는 상황이 발생할 수 있기 때문입니다.

OO건설 주식회사가 완료한 공사부분을 분리하여 확정하기 위해서는 공사기성고 등의 감정 등이 필요합니다. 그런데 신청인이 본안소송을 제기한 후 본안소송에서 감정 등의 절차를 진행하게 되면 이 사건 증거보전절차를 통하는 것에 비하여 최소한 3개월에서 4개월 이상의 기간이 더 소요되고 위 기간 동안 신청인은 공사를 재개할 수 없어 막대한 손해가 발생하게 됩니다.

4. 위와 같은 상황에서 신청인은 OO건설 주식회사가 기존에 공사하였던 기성구조물의 기성고율 및 하자보수 비용에 관하여 증거보전을 통하여 그 내용을 확정하여 후일의 분쟁을 예방하기 위하여 이 사건 증거보전신청을 하기에 이른 것입니다.

소 명 방 법

1. 소갑 제1호증	건축공사 계약서
2. 소갑 제2호증	내용증명서
3. 소갑 제3호증	사진

첨 부 서 류

1. 위 소명방법	각 1통
2. 신청서부본	1통
3. 소송위임장	1통
4. 담당변호사지정서	1통
5. 법인등기부등본	1통

2000. . .

위 신청인의 대리인
담당변호사 김 ○ ○

OO지방법원 민사신청과 귀중

[서식 149] 증거보전신청서

증 거 보 전 신 청 서

신 청 인 이 ○ ○
서울 OO구 OO동 OOO-O
대리인 법무법인 OO 담당변호사 김 ○ ○
서울 OO구 OO동 OOO-O OO빌딩 902층
(전화 : 02-000-0000 / 팩스 : 02-000-0000)

피신청인 박 ○ ○
서울 OO구 OO동 OOO-O OO아파트 101동 1005호

증명하여야 할 사실

신청인은 피신청인과 OO시 OO구 OO동 OOO-O 건축용도변경 공사도급계약을 체결하고서 공사를 진행하던 중, 피신청인의 계약에 포함되어 있지도 아니한 부분에 대한 추가시공 요구, 제품 상향 요구 및 대금 미지급으로 인하여 공사를 중단한 상태인 바, 위 공사 중단 시점에 현존하는 기성구조물의 공사진척 정도(기성고율)

보전을 요하는 증거방법

1. 현장검증

가. 검증의 목적
신청인이 OO시 OO구 OO동 OOO-O 지상에 OOO리모델링 공사를 진행 중 현재까지 시공한 기성구조물의 현존상황을 명백히 함

나. 검증목적물OO시 OO구 OO동 OOO-O 지상 기성 공사 구조물

다. 검증할 사항신청인이 위 공사를 착공한 이래 현재까지 시공(토목공사, 골조공사, 기초전기공사, 기초설비공사 포함)한 구조물의 현존상황

2. 감 정

가. 감정의 목적신청인이 OO시 OO구 OO동 OOO-O 지상에 OOO 리모델링 공사를 진행 중 현재까지 시공한 기성구조물의 공사진척 정도(기성고율)를 명백히 함

나. 감정목적물검증목적물과 같음

다. 감정할 사항신청인이 시공(토목공사, 골조공사, 기초전기공사, 기초설비공사 포함)한 기성구조물의 공사진척 정도(기성고율)

라. 감정인의 지정귀원에서 적의 지정하여 주시기 바랍니다.

증거보전의 사유

1. 신청인은 20OO. O. O. 피신청인과 OO시 OO구 OO동 OOO-O에 공사대금 OOOO원의 요양원 리모델링 공사도급계약(이하 '이 사건 공사계약'이라 합니다)을 체결하였고, 체결 직후 신청인은 공사에 착수하였습니다(소갑 제1호증 공사도급계약서).

2. 신청인은 공사도급계약서에 따라 공사를 진행하였으나, 공사를 진행하던 중 계약 당시 견적서에 포함되어 있지 않던 부분과 건물의 기존 하자부분으로 인하여 추가공사를 하여야 할 부분이 발생하여 피신청인이 추가공사를 요구하였습니다.

3. 이에 신청인은 피신청인에게 OOOO원의 추가견적서를 제출하였고(소갑 제2호증 견적서), 신청인과 피신청인은 최종 공사금액을 OOOO원으로 합의하여 공사를 진행하였습니다.

4. 신청인이 공사를 진행하는 과정에서, 피신청인은 신청인에게 공사진행 상황과는 관계없이 공사 원가장부 공개를 요구하였고, 신청인에게 공사로 인한 이익이

많이 남을 것이라는 추측으로 계약 내용에 포함되어 있지도 아니한 제품 상향 및 추가시공 요구를 계속 하였습니다.

5. 피신청인의 무리한 요구로 인하여 이미 공사한 부분에 대한 철거 및 재시공이 반복됨으로써 견적서보다 과다한 공사비용이 들게 되었고, 신청인은 피신청인에게 공사진행 상황 및 향후 진행 상황, 공사 중 변경내용에 따른 목록 등을 제시하며 향후 추가 공사비용 등에 관한 협의를 요구하였습니다(소갑 제3호증 내용증명, 소갑 제4호증 공사진행 상황 및 향후 진행 상황, 소갑 제5호증 공사 중 변경내용에 따른 목록, 소갑 제6호증 OOO 공종별 원가장부, 소갑 제7호증 추후(예정) 공종 / 업체, 소갑 제8호증 향후 공사 견적서).

6. 그러나, 피신청인은 추가 공사비용에 대한 아무런 책임을 부담할 수 없다고 하면서, 공사를 계속할 것을 요구하기만 하여, 신청인은 현재 공사를 중단할 수밖에 없었습니다.

7. 위와 같은 상황에서 신청인은 신청인이 현재까지 공사하였던 기성구조물의 기성고율에 관하여 증거보전을 통하여 그 내용을 확정하여 후일의 분쟁을 예방하고자 이 사건 신청에 이르게 된 것입니다.

8. 현재 신청인은 피신청인의 기성고율에 따른 공사대금 미지급으로 인하여 막대한 금전적인 손해를 입고 있는 상황입니다. 하오니 증거보전절차 및 현장검증과 감정이 속히 이루어질 수 있도록 8월 하순의 기일을 지정하여 주실 것을 삼가 요청드리는 바입니다.

소 명 방 법

1. 소갑 제1호증	공사도급계약서
1. 소갑 제2호증	견적서
1. 소갑 제4호증	공사진행상황 및 향후 진행상황
1. 소갑 제5호증	공사 중 변경내용에 따른 목록
1. 소갑 제6호증	OOO 공종별 원가장부
1. 소갑 제7호증	추후(예정) 공종 / 업체
1. 소갑 제8호증	향후공사 견적서
1. 소갑 제9호증	피신청인 내용증명
1. 소갑 제10호증	신청인 내용증명

2000. O. O.

위 신청인의 대리인
법무법인 OO
담당변호사 김 O O

OO지방법원 귀중

부 록

〈송달료 조견표〉

법원 송달료 조견표(2021. 9. 1. 기준) 송달료 1회분 5,200원

구분	사건내용 및 사건기호	납부기준 (당사자 2인 기준)	비고
민사	민사소액(가소) : 2천만원 미만	당사자수×10회분	
	민사단독사건(가단) : 1억 미만	당사자수×15회분	
	민사합의사건(가합) : 1억원 이상	당사자수×15회분	
	민사항소사건(나) : 2심 소장제출	당사자수×12회분	
	민사상고사건(다) : 3심 소장제출	당사자수×8회분	
	민사항고사건(라)	당사자수×5회분	
	민사재항고사건(마)	당사자수×5회분	
	민사특별항고사건(그)	당사자수×3회분	
	민사준항고사건(바)	당사자수×3회분	
	화해사건(자)	당사자수×4회분	
	지급명령신청사건(차) : 독촉사건	당사자수×4회분	
	민사조정사건(머) : 합의, 조정관련	당사자수×5회분	
	부동산등 경매사건(타경)	(이해관계인+3)×35,500(10회)	
	기타집행사건(타기) : 추심, 전부, 인도명령	당사자수×2회분	
	부동산가압류·가처분신청(카단, 카합)	당사자수×3회분	
	임시의 지위를 정하는 가처분(카합, 카단)	당사자수×8회분	
	부동산가압류·가처분이의신청, 경정취소(카단, 카합)	당사자수×8회분	
	채권, 동산 가압류·가처분 신청(카단, 카합)	당사자수×3회분	
	공시최고 신청사건(카공) : 어음, 수표 분실관련	당사자수×3회분	
	담보권리행사 최고사건(카담)	당사자수×3회분	
	담보취소, 담보물제공, 담보변경(카담)	당사자수×2회분	
	담보권리행사최고사건	당사자수×3회분	
	화해사건(자) : 계약에 관해 미리 판결을 받아둠	당사자수×4회분	
	재산관계명시 신청(카명) : 재산공개사건	당사자수×5회분	
	재산조회(카조)	당사자수×2회분 (단 조회대상수 가산함)	
	판결결정, 정정, 제소명령, 강제집행정지사건 특별대리인선임사건, 증거보전, 해방공탁(카기)	당사자수×2회분	

	소송구조사건(카구)	신청인수×2회분	
	채권등 집행(타채), 기타집행(타기)	당사자수×2회분	
	비송사건(비합, 비단)	당사자수×2회분	
가사	이혼관련사건(드단, 드합, 느단, 느합, 즈단, 즈합)	당사자수×12회분	
	가사항소사건(르)	당사자수×10회분	
	가사상고(므)	당사자수×8회분	
	가사항고(브)	당사자수×3회분	
	가사재항고(스)	당사자수×5회분	
	상속포기사건(호파)	기족인원×14,200(4회분)	
	호적정정, 개명사건(호파)	당사자수×5회분	
	가사조정사건(너) : 당사자간 합의조정관련	당사자수×5회분	
	가사신청사건(즈합, 즈단, 즈기)	당사자수×3회분	

서식색인

사항색인

[ㅇ]

[ㅈ]

[ㅊ]

[ㅌ]

[ㅍ]

[ㅎ]

저자약력

■ 저 자

법학박사 **김동근**

숭실대학교 법과대학 법학과 졸업(법학사)
한성대학교 부동산대학원 졸업(부동산학석사)
숭실대학교 법학대학원 졸업(법학박사)

건국대학교 부동산정책연구소(부동산컨설팅과정 수료)
명지대학교 투자정보대학원(경매컨설팅과정 수료)
영산대학교 법무대학원(민사특별교육과정 수료)

현, 숭실대학교 외래교수
중앙법률사무교육원 교수
RTN부동산·경제TV 부동산전문위원
내외일보 논설위원겸 취재기자(건설·부동산부분 전문기자)
내외경제 논설위원겸 취재기자(건설·부동산부분 전문기자)
사단법인 대한부동산학회 이사
한국법무보호학회 이사
한국부동산경영학회 섭외분과위원회 위원
한국부동산학회 정회원
법무법인 태한 부설 건설·부동산법률연구소 소장

【논 문】

- 주택재개발·재건축사업의 개선방안에 관한 법적연구, 숭실대학교 박사학위논문, 2012. 6.
- 주택재건축 매도청구권행사상 문제점 및 개선방안에 관한 연구(숭실대학교 법학논총 27집), 2012. 3.
- 정비사업조합설립·운용상의 개선방안에 관한 연구, 대한부동산학회지, 대한부동산학회, 제30권 제2호(통권 제35호). 2012. 12.
- 정비사업조합설립추진위원회설립·운용상의 문제점 및 개선방안에 관한 입법정책적 연구, 부동산학보, 한국부동산학회, 제52집, 2013. 2.
- 정비사업전문관리업제도의 문제점 및 개선방안에 관한 연구, 부동산학보, 한국부동산학회, 제54집, 2013. 8.
- 관리처분계획인가 단계의 주요쟁점 및 개선방안에 관한 연구, 부동산경영, 한국부동산경영학회, 제8집, 2013. 12.
- 주택정비사업으로 인하여 발생하는 주거이전비 보상에 관한 연구, 대한부동산학회지, 대한부동산학회, 제30권 제2호(통권 제35호), 2014. 1.

【저 서】

- 핵심 재개발·재건축분쟁실무(진원사)
- 건축분쟁소송실무(진원사)
- 부동산소송(진원사)
- 민법총칙(진원사)
- 요건사실론 (진원사)
- 누구나 쉽게 따라할 수 있는 민사소송(진원사)
- 신종합법률실무대전Ⅰ,Ⅱ,Ⅲ(진원사)
- 유형별 민사집행법 판례 정리집 상, 하(진원사)
- 민법의 이해와 실무(중앙법률사무교육원)
- 가사소송 Ⅰ(진원사)
- 가소소송 Ⅱ(진원사)
- 가사소송법실무(진원사)
- 재개발·재건축 핵심 판례정리집 상, 하(진원사)
- 나홀로 하는 민사소송실무(진원사)
- 나홀로 하는 어음·수표소송(진원사)

■ **감 수**

변호사 정동근

서울대학교 경제학과, 법학과

서울대학교 대학원 법학과(민법전공)

사법연수원 40기

회사법, 전자거래법 전공

법무법인 태한(기업법부, 건설, 재건축·재개발 전문) 소속변호사

【저 서】

- 건축분쟁소송실무(진원사)
- 핵심재개발·재건축분쟁실무(진원사)

[제2판] **나홀로 하는 부동산소송실무**

저　자 김동근	2014년 5월 2일 초 판 발행
발행인 양진수	2023년 6월 14일 제2판 인쇄
발행처 진원사	2023년 6월 28일 제2판 발행

서울시 송파구 법원로 9길 26, C동 1107호 (문정동, H비즈니스파크)

전화 : 02) 916-1850 / 팩스 : 02) 916-3442

신고번호 제 2018 - 000026호

http://www.jinwonsa.co.kr

e-mail : hhansin@hanmail.net

도서출판 진원사

ISBN : 978-89-6346-625-5　93360　　**정가 35,000원**